法學叢書

商　　法 (下)

[제 4 판]

鄭　東　潤 著

法　文　社

Commercial Law II

4th Edition

By

DONG-YOON CHUNG
Professor Emeritus, Korea University

2011
Bobmun Sa
Paju Bookcity, Korea

제4판 머리말

이번 제4판은 어음법의 개정을 반영하고 보험편의 설명을 보완한 것이다.

우리 어음법은 1930년 어음법통일조약, 수표법은 1931년 수표법통일조약을 각각 기초로 한 것이므로 국내 사정에 의하여 이를 변경할 수 없는 속성을 가지고 있다. 따라서 1961. 1. 20. 법률 제1001호로 제정된 어음법과 같은 날 법률 제1002호로 제정된 수표법은 제정된 이래 한 번도 개정된 일이 없이 오랫동안 그대로 시행되어 왔다.

그러다가 1995. 12. 6. 법률 제5009호로 어음법, 법률 제5010호로 수표법의 일부가 각 개정되었는데, 이는 종래 어음행위의 방식으로 기명날인만 인정하던 것을 기명날인 외에 서명만으로 어음행위를 할 수 있도록 보완한 것이었다. 외국인은 서명만으로 법률행위를 하는 것이 일반적이고 내국인도 서명을 하는 경우가 많아진 것을 반영한 것이지만, 이는 통일조약의 틀을 벗어난 것은 아니다.

2007. 5. 17.에는 법률 제8441호로 어음법, 법률 제8440호로 수표법의 각 일부개정이 있었는데, 이것은 정보기술의 발전을 반영하여 전자적 정보의 형태로 지급제시를 하는 방법을 추가로 규정하고 금융기관 사이의 조사업무 위임을 규정한 것이었다. 이는 통일조약에 없는 지급제시의 방법을 새로 규정하였다는 점에서 큰 의미를 가진다고 할 수 있다.

2010. 3. 31.에는 법률 제10198호로 어음법, 법률 제10197호로 수표법이 각 일부 개정되었는데, 이는 법문장의 한자 표기를 한글로 바꾸고, 어려운 용어를 쉬운 우리말로 풀어 쓰고, 복잡한 문장은 체계를 정리하여 다듬은 것이었다. 종래의 한문용어를 우리말로 풀어 쓴 예로서는 소구(遡求)를 상환청구(償還請求)로, 보전(補箋)을 보충지로, 말미(末尾)를 끝부분으로 바꾸어 표현한 것을 들 수 있다. 이번 개정은 통일조약의 문언을 바꾸어 표현한 것일 뿐 내용을 바꾸는 것은 아니었다.

이번 판에서는 위 어음법의 개정을 반영하는 외에 근래에 활발히 이용되는 전자어음에 관한 설명을 추가하였다.

보험편에 관하여는 그 개정안이 성안되어 2008년 8월 6일 국회에 제출되었으나 아직 심의 중에 있어 이를 반영하지 아니하였고, 다만 타인을 위한 손해보험에서 보험자의 보험계약자에 대한 청구권대위가 가능한가를 둘러싸고 논쟁이 있어 왔는데, 이 점에 관한 저자의 입장과 그 논거를 분명히 설명하였다.

그리고 상법 제6편으로 항공운송에 관한 규정을 신설하는 개정안도 2008년 12월 31일 국회에 제출되었으나 아직 심의 중에 있으므로, 이에 관한 설명도 뒤로 미루었다.

제4판의 편집에 있어서도 법문사 이재필 이사님의 노고가 컸다. 이 자리를 빌려 감사의 뜻을 전한다.

2010. 11. 20.

저 자 씀

제3판 머리말

개정판이 출간된 이후에 이 책에서 다루고 있는 어음·수표법, 보험법 및 해상법에 관하여 여러 가지 사정변경이 있었다.

첫째로 관련 법률의 중요한 개정이 있었다. 우선 상법 중 해상편이 2007. 8. 3. 전면적으로 개정되어 2008. 8. 3.부터 시행될 예정이다. 이는 해상 실무의 변화에 따라 해상법을 새로운 체계에 따라 정리하고 그 내용을 현대화한 것이다. 다음 2007. 5. 17.에는 어음법과 수표법이 개정되어 전자적 방법에 의한 어음·수표의 지급제시가 허용되었고, 동법은 같은 해 11. 17.부터 이미 시행되고 있다. 같은 날 전자어음의 발행 및 유통에 관한 법률도 개정되었다. 이들은 전자기술의 발전을 실정법에 접목한 것으로서, 전자선하증권의 도입과 함께 우리나라의 IT 강국으로서의 면모를 잘 보여주고 있다. 보험업법도 여러 차례 개정되었다.

둘째로 중요한 법률의 개정안이 국회에 제출되어 심의를 기다리고 있다. 즉 정부(법무부)는 2007년 상법 중 보험편에 관한 개정법률안을 작성하였는데, 이 개정 법률안은 법제처의 심사를 마치고 2008. 1. 국회에 제출되어 이제 국회의 본격적인 심의를 기다리고 있는 중이다. 이 개정안은 그 동안 현행 보험법에 관하여 학계와 실무계에서 논란이 되던 많은 문제점을 해결하고 분명히 한 것으로서, 이것이 국회를 통과하면 우리 보험법을 한 단계 업그레이드(upgrade)시킬 것으로 기대된다.

셋째로 이 책의 직접적인 대상은 아니지만 여기에서 다루는 법률문제와 관련을 가지는 많은 다른 법령의 개폐와 약관의 변경이 있었고, 중요한 대법원판례가 다수 발표되었으며, 학자들에 의하여 많은 연구논문이 발표되었다. 그리고 이 책에서 다루는 법률현상이 현실적으로 큰 의미를 갖고 관심의 대상이 되었으니, 태안 앞바다의 기름유출사건이 바로 그 예의 하나이다.

제3판은 위에서 말한 여러 가지 변화를 참작하여 앞서 펴낸 개정판의 내용을 새롭게 하고 풍부하게 한 것이다. 즉 상법 해상편에 관한 개정법률과 어음·수표법의 개정 및 보험업법의 개정을 반영하여 내용을 수정하고 보완하는 동시에, 아직 국회의 심의를 기다리고 있는 중이지만, 조만간 법률로 확정될 것이라 예상되는 상법 보험편에 관한 개정법률안의 내용도 친절하게 설명하였다. 물론 개정안은 아직 법률이 아니므로 그것이 개정안상의 제도임을 일일이 밝혀 독자가 오해하지 않도록 배려하였다. 그리고 그 동안 새로 나온 대법원판결과 학자들의 연구성과를 소개하였고, 해상법에 관한 외국의 사례와 해석을 보완하였으며, 태안 기름유출사고와 관련하여 기름유출(oil spill)에 관한 국내외의 사례와 판례를 간략하게 살펴보았다.

바쁘신 가운데서도 내용은 물론 교정에 이르기까지 조언과 수고를 아끼지 아니한 고려대학교 김경욱 교수, 중앙대학교 함영주 교수, 계명대학교 김재두 교수와 법무법인 광장의 황병탁 변호사의 노고에 감사드린다. 또한 실무에서 익힌 경험과 해박한 지식을 바탕으로 보험법과 해상법 분야에서 많은 조언을 하여 준 고려대학교 박세민 교수와 부산대학교 김인현 교수에게도 고마움을 전한다. 아울러 초판으로부터 계속하여 이 책의 장정과 체제에 대하여 배려하여 주신 법문사 이재필 이사께 깊은 감사의 뜻을 표하는 바이다.

2008. 2. 28.

저 자 씀

개정판 머리말

이번 개정판은 초판이 출간된 이래 발생한 여러 가지의 변화를 반영하여 책의 내용을 보완한 것이다. 필자가 학교의 보직을 맡게 되어 수년간 개정작업이 늦어진 것을 사과드린다.

어음·수표법의 분야에서는 중요한 대법원판결이 다수 선고되었는데, 백지어음과 백지수표의 보충권의 소멸시효, 지급장소의 기재에 의한 지급지의 보충에 관한 것이 주목할 만하다. 그리고 전자기술의 발전에 따른 무권화의 경향과 등록증권 내지 전자증권의 등장은 앞으로 많은 관심을 기울여야 할 사항이라고 본다.

보험법의 분야에서는 변액보험과 어음보험이 활성화되고, 권원보험이 새로 도입된 점을 고려하여 이들에 관한 설명을 보완 내지 추가하였고, 타인을 위한 보험계약에서 보험계약자에 의하여 보험사고가 발생한 경우 보험자의 청구권대위와 보험계약자의 보험금청구권의 상호관계에 관하여 살펴보았다. 해상법의 분야에서는 새로운 해양환경에 따른 해상법의 변화, 예컨대 해상보험에서의 보험위부제도의 변화, 선하증권의 무권화 등에 관하여 언급하였으며, 영미의 charter party와 우리 상법상의 제도와의 관련성을 분명히 하도록 노력하였다. 보험법과 해상법의 영역에서는 영미의 영향력이 크므로, 특정 문제에 관한 영미법의 해결방법을 소개하였으며, 보험법 해상법의 분야에서 새로 나온 대법원판례와 헌법재판소의 결정도 충실하게 소개하였다.

그 동안 중견학자와 신진학자에 의하여 보험법과 해상법분야에서 참신하고 충실한 연구업적을 담은 저서가 출간되었으므로 이들의 연구성과를 소개하는 한편, 제기된 문제에 대하여 저자의 견해를 밝혔다.

또한 구 민사소송법이 전면 개정되어, 새 민사소송법과 민사집행법으로 분리되고, 법률용어도 일부 바뀌었으므로, 이러한 변화를 반영하여 관련부분을 새로 서술하고, 아울러 그 밖의 많은 부분의 설명도 보완하였다. 앞으로 독자에게 더 충실한 내용을 전달하기 위하여 계속 노력할 것을 다짐한다. 독자 여러분의 질정과 비판을 바란다.

끝으로 개정판이 나오기까지 도와주신 법문사 이재필 이사와 고려대학교 대학원 박사과정의 우세나 양에게 감사드린다.

2003. 9.

고려대학교 법과대학 연구실에서

저 자 씀

머 리 말

이 책은 어음·수표법, 보험법 및 해상법을 간결하게 설명한 것으로서, 금년 봄에 펴낸 상법(상)의 후속편이다. 그러므로 이 책이 겨냥하는 독자층·목표·서술방법과 방침 등은 상권에 있어서와 대체로 같다. 즉 이 책은 상법을 가능한 한 쉽고 간략하게 서술하여 누구든지 상법에 가까이 다가갈 수 있도록 하는 것을 목표로 하였으며, 이를 위하여 한자의 사용은 되도록 억제하였고, 발음이 어렵거나 특이한 경우에는 괄호 안에 이를 한글로 표시하였으며, 오랫동안 관용되어 온 일본식의 표현은 우리 어법에 맞게 순화하였고, 어려운 법률용어에 대하여는 간단한 해설을 부쳤다.

이 책은 상법의 전반과 중요한 논점을 간결하고 요령있게 설명함으로써 법률을 전공하는 법학도에게는 국가시험에 대한 준비와 최종정리를 위한 기본서로서 활용할 수 있게 하고, 법률을 전공하지 않는 경상계열의 학생과 일반인에게는 상법을 쉽게 이해할 수 있게 하려고 노력하였다. 그러나 그것이 얼마나 성공하였는지 걱정이 앞서며, 독자의 비판과 질정을 바라마지 않는다.

상법(상)에서 다룬 상법총칙·상행위법과 회사법에 관하여는 그 각각을 상세하게 다룬 저자의 단행본이 있고, 여기에서 다룬 대상 중 어음·수표법에 관하여도 저자의 단행본이 있음에 반하여, 나머지 보험법과 해상법에 관하여는 저자에 의한 별개의 단행본이 없다. 그러한 이유로 보험법·해상법의 분야에서는 다른 분야에서보다 약간 더 상세하게 학설을 소개하였음을 밝혀둔다. 그리고 간결한 서술이라는 한계는 있었지만, 보험자의 고지의무, 변액보험, 생명보험의 피보험이익, 운항수탁자, P&I 보험 등 새로운 내용과 새로운 해석을 적지 아니 포함시켰다. 다만 살아있는 법으로서의 대법원판례를 상세하게 소개하고 해설한 것은 상권에 있어서와 같다.

이 책이 나오기까지 많은 분의 도움을 받았다. 우선 연구년을 허용하여 이 책을 집필할 수 있게 하여 준 고려대학교에 감사드린다. 다음 보험법의 분야에서는 보험의 본고장인 영국에서 보험법을 전공한 신진학자인 충북대학교 박세민 교수의 도움을 받았고, 해상법의 분야에서는 선장을 역임하여 해운실무와 이론에 두루 정통한 목포해양대학교 김인현 교수와 우리나라 최고의 해상분야 전문변호사인 최종현 변호사의 도움을 받았다. 위 세 분에게 충심으로 감사의 인사를 드린다. 교정작업은 고려대학교 박사과정 수료연구생 김재두 군, 석사과정의 이용준 군과 사법시험에 합격하고 입교를 기다리고 있는 정승식 법학석사가 도와주었다. 또한 상법 상·하의 출간을 간곡하게 독려하여 오늘 그 완결을 보게 한 법문사 편집부 최복현 상무이사와 영업부 정현성 차장에게 감사드리며, 항상 꼼꼼히 저자의 책을 챙겨주는 편집부 이재필 부장에게도 감사의 인사를 드린다.

2000. 8.

고려대학교 법과대학 연구실에서

저 자 씀

차　　례

제 1 부　어음·手票法

제 1 편　有價證券의 基礎理論

제 2 편　어음·手票에 관한 通則

제3편 어 음

제4편 手 票

제5편 새로운 支給手段

제2부 保險法

제1편 序 論

제2편 保險契約

제3편 損害保險 總說

제4편 損害保險 各論

제5편 人 保 險

제3부 海商法

제1편 序 論

제2편 海上企業組織

제3편 海上企業活動(海上運送)

제4편 海上企業危險(海上損害)

參考文獻

[國內書]

著者	書名	發行年度	引用略語
金星泰	保險法講論	2001	김성태
金仁顯	海商法	2003	김인현
金仁顯	海商法(제2판)	2007	김인현(2판)
朴容燮	해상법론	1994	박용섭
裵炳泰	주석 海商法	1977	배병태
徐燉珏	제3전정 商法講義(下)	1985	서돈각
徐燉珏·鄭完溶	제4전정 商法講義(下卷)	1996	서돈각·정완용
孫珠瓚	제8정 증보판 商法(下)	2000	손주찬
宋相現·金炫	신정판 海商法原論	1999	송상현·김현
宋相現·金炫	海商法原論(제3판)	2005	송상현·김현(3판)
梁承圭	제2판 保險法	1992	양승규
梁承圭·朴吉俊	제5판 商法要論	1999	양승규·박길준
李基秀	개정판 商法學(下)	1999	이기수
李哲松	개정판 어음·手票法	1995	이철송
鄭燦亨	제2판 商法講義(下)	2000	정찬형
鄭燦亨	제10판 商法講義(下)	2008	정찬형(10판)
鄭熙喆	商法學(下)	1990	정희철
蔡利植	商法講義(下)	1992	채이식
崔基元	제10판 商法學新論(下)	2000	최기원

[日本書]

著者	書名	發行年度	引用略語
加藤勝郎·金澤理	保險法·海商法要說	1996	加藤·金澤
西島梅治	제3판 保險法	1998	西島
石田滿	개정판 商法 III(保險法)	1997	石田
田邊康平	신판 현대 保險法	1995	田邊
田中誠二	증보판 海商法詳論	1985	田中
田村諄之輔·平出慶道	보정 제2판 保險法·海商法	1999	田村·平出
酒巻俊雄·石山卓磨	保險法·海商法	1997	酒巻·石山
重田晴生·中元啓司·志津田一彦·伊藤敦司	海商法	1994	重田 등
	中村眞澄海商法	1990	中村

坂 口 光 男	保險法	1991	坂口
戸 田 修 三	신정 제5판 海商法	1990	戸田
戸田修三・西島梅治	保險法・海商法	1996	戸田・西島

[歐美書]

Abraham	Insurance Law and Regulation	1995	Abraham
Abraham	Insurance Law and Regulation, 3rd ed.	2001	Abraham, 3rd ed.
Birds	Modern Insurance Law	1997	Birds
Collinvaux	Collinvaux's Law of Insurance, 6th ed.	1990	Collinvaux
Healy & Sharpe	Admiralty, 3rd ed.	1998	Healy & Sharpe
Hodgin	Insurance Law	1998	Hodgin
Hofmann	Privatversicherungsrecht, 4 Aufl.	1998	Hofmann
Ivamy	Chalmer's Marine Insurance Act	1906	Ivamy
Keeton & Widiss	Insurance Law	1988	Keeton & Widiss
Kimball	Cases and Materials on Insurance Law	1992	Kimball
Lowry & Rawrings	Insurance Law	1999	Lowry & Rawrings
Lucas	Admiralty, Cases and Materials, 4th ed.	1996	Lucas
Lucas	Admiralty, Cases and Materials, 5th ed.	2003	Lucas, 5th ed.
MacGillivray & Parkington	Insurance Law, 7th ed.	1981	MacGillivray & Parkington
Prölss/Martin	Versicherungsvertragsgesetz	1998	Prölss/Martin
Prössmann/Rabe	Seehandelsrecht	2000	Prössmann/Rabe
Puttfarken	Seehandelsrecht	1997	Puttfarken
Rolf Herber	Seehandelsrecht	1999	Herber
Schoenbaum	Admiralty and Maritime Law, 2nd ed.	1999	Schoenbaum
Schoenbaum	Admiralty and Maritime Law, 3rd ed.	2001	Schoenbaum, 3rd ed.
Schoenbaum	Admiralty and Maritime Law, 4th ed.	2004	Schoenbaum, 4th ed.
Templeman	Marine Insurance, 5th ed.	1981	Templeman
York & Whelan	Insurance Law, 2nd ed.	1988	York & Whelan

略 語 表

1. 法令의 略語

憲	憲法
民	民法
刑	刑法
어	어음法
手	手票法
信	信託法
商施	商法施行法
民訴	民事訴訟法
民執	民事執行法
非訟	非訟事件節次法
約規	約款의規制에관한法律
資市	자본시장과 금융투자업에 관한 법률
證去	證券去來法
債登	公社債登錄法
銀行	銀行法
信託	信託業法
保險	保險業法
回破	채무자회생 및 파산에 관한 법률
도株	도이칠란트株式法
도有	도이칠란트有限會社法
日商	日本商法
日會	日本會社法
프商	프랑스商法
商施規	商法의一部規定의施行에관한規程

2. 判例의 略語

大判 98.12.23,97 다 20649.	大法院 1988.12.23. 선고, 97 다 20649 判決.
日大判 33.5.5, 民集 12.11.1074.	日本 大審院 1933.5.5. 宣告 判決, 大審院 民事判例集 12卷 11號 1074面.
日最判 65.4.9,19.3.647.	日本 最高裁判所 1965.4.9. 宣告判決, 最高裁判所 民事判例集 19卷 3號 647面.
BGHZ 50.5.	Entscheidungen des Bundesgerichtshofs in Zivilsachen, Band 50, Seite 5.

3. 기 타

317 II ③	商法 第317條 第2項 第3號(법령명이 없이 조문만 인용한 경우는 상법의 조문을 가리킴).

제 1 부　어음 · 手票法

제 1 편

有價證券의 基礎理論

제 1 장

有價證券의 概念

제 1 절 有價證券의 社會的作用

1. 現代生活과 有價證券

오늘날 다액의 금전의 지급은 수표(특히 자기앞수표)에 의하여 행하여지고 있고, 상인간의 물품대금의 결제는 국내에서는 약속어음, 국제간에는 환어음에 의하여 이루어지고 있다. 그리고 여유자금이 있는 사람은 주식회사의 주식·사채에 투자를 하여 주권·사채권을 취득하고, 상품의 수출상인(송하인)은 해운회사로부터 선하증권을 발행받고, 물건을 창고에 보관하는 자는 창고업자로부터 창고증권을 발행받는다. 이처럼 오늘날 우리의 경제생활에 있어서는 권리 내지 재화를 증권화하는 현상이 현저하여졌고(權利의 證券化), 그 결과로 유가증권은 지급 및 신용, 자금조달 및 투자, 또 재화유통의 수단으로서 매우 중요한 기능을 영위하고 있고, 현대의 생활은 유가증권을 떠나서는 생각할 수 없게 되었다.

2. 有價證券의 機能—權利의 證券化

(1) 유가증권은 여러가지 기능을 가지고 있으나, 가장 중요한 것은 권리를 증권과 결합하여 이를 물화(物化)함으로써, 권리를 증권화하지 않는 경우에 수반하는 많은 위험과 불안을 제거하여 권리의 유통성을 높이는 데 있다.

(2) 증권화하지 아니한 채권에 있어서는 ① **債權者**는 채무자가 채권의 존재를 다투는 경우에는 다른 간접증거에 의하여 이를 증명하여야 하고, 또 채권을 제3자에게 양도함에 있어서 채무자에게 대항하려면 채권양도를 채무자

에게 통지하거나 이에 관하여 채무자의 승낙을 받아야 하고, 채무자 이외의 제3자에게 대항하려면 확정일자 있는 증서에 의하여 위 통지를 하거나 승낙을 받아야 한다(民 450). ② **債務者**는 진정한 채권자에게 채무의 이행을 하는 경우에만 채무를 면할 수 있으므로, 진정한 채권자가 아닌 자에게 잘못 지급을 하면 진정한 채권자에게 다시 지급을 하지 않으면 안되는 위험이 뒤따른다. ③ 채권을 양수하려는 **第3者**는 만일 양도인이 진정한 채권자가 아닌 경우에는 아무리 그를 진정한 채권자로 믿었더라도 선의취득이 인정되지 아니하므로 채권을 취득할 수 없다. 뿐만 아니라 채권양도의 경우에 채무자가 채권양도의 사실을 모르고 종전의 채권자에게 이행을 하면 채무자는 채무를 면하므로(民 450 I), 이 경우에도 양수인은 채권양수의 실효를 거둘 수 없다. 이처럼 권리를 증권화하지 않는 경우에는 채무자가 의무를 이행하고, 채권자가 권리를 행사하거나 양도함에 있어서 불편과 위험이 따르고, 또 제3자로서는 안심하고 권리의 양도를 받을 수 없다.

(3) 그러나 증권화한 채권에 있어서는 ① **債權者**는 증권을 소지하고 있으면 권리자로서 추정을 받게 되어 적극적으로 권리자임을 증명할 필요가 없고, 도리어 채무자가 이를 다투려면 반증을 제시하여야 한다(資格授與的效力). ② **債務者**는 증권을 소지하고 있는 자를 권리자로 취급하면 책임을 면하고(免責的效力), 증권을 제시하지 않는 권리자에게는 채무를 이행할 의무가 없다(提示强制). ③ **第3取得者**는 증권을 소지하고 있는 양도인을 진정한 권리자로 믿고 권리를 양수하면 설사 양도인이 진정한 권리자가 아닌 경우에도 선의취득의 보호를 받고(善意取得), 권리의 내용은 증권의 문언에 따라 결정되므로, 채무자가 전자(讓渡人)에 대하여 항변을 가지고 있더라도 그것이 증권의 문언에 나타나지 않으면 제3취득자는 그 항변의 대항을 받지 않는다(抗辯의 制限). 뿐만 아니라 권리가 증권화한 경우에는 배서 또는 단순한 교부와 같은 간편한 방법으로 양도할 수 있게 된다(權利讓渡節次의 簡易化). 이처럼 권리와 증권의 결합은 거래의 안전을 보호하고 증권에 결합된 권리의 유통성을 제고하는 데에 이바지하게 된다.

3. 有價證券의 機能喪失－資本市場證券과 脫證券化

위에서 설명한 유가증권의 기능은 자본시장증권(주권과 사채권)에 있어서는 중대한 변화를 초래하였고, 여기에서는 권리를 증권화한다는 것이 거의 의미를 잃어버리는 단계에 이르렀다. 자본시장증권에서 비롯된 탈증권화(脫證券化)의 현상은 컴퓨터 기술의 보급과 접목되어, 자본시장증권 이외의 증권에도 파급되었고, 이러한 추세는 유가증권제도 전체에 대하여 그에 상응하는 기능상실을 초래하였다.

(1) 資本市場證券에 있어서의 變化

(가) 證券의 混藏任置와 預託決濟 권리를 증권화하고, 증권이 대량으로 발행·유통되는 경우에는 이를 안전하게 보관하기 위하여 보관전문기관에 맡기는 현상이 나타났으며, 이 경우에 증권을 예탁받은 보관기관은 동일한 종류의 증권이라면 이를 각 권리자별로 분리하지 않고 혼합적으로 보관하는 혼장임치(混藏任置) 또는 혼합보관의 방법을 택하였다. ㉠ 이 경우에 증권상의 권리의 행사, 예컨대 주주의 의결권행사는 주권의 현실적인 제시없이 가능하여졌고, 이익배당이나 사채이자의 지급도 점차 보관기관의 증명만 있으면 가능하게 되었다. ㉡ 또한 권리의 양도의 경우에도 실제로 증권을 주고받지 않고 보관증명서 또는 예치증의 양도나 장부상의 대체(對替)로 결제하는 예탁결제로 발전되었으며, 이 대체거래를 통하여 증권이라는 현물의 수수가 없는 권리의 양도가 널리 행하여지게 되었다. 이처럼 증권상의 권리를 행사하거나 양도함에 있어 증권의 제시나 교부가 필요 없게 되는 시대가 찾아옴에 따라, 권리를 증권화하고 그 권리의 행사에 증권을 수수하려고 하였던 유가증권의 본래의 기능은 점차 상실되어 가고 있다. 이처럼 유가증권은 언제나 예탁기관의 창고에 숨겨져 있고, 권리의 행사와 양도를 위하여 개개의 유가증권이 아무런 역할을 하지 못하게 되자, 비싼 비용을 들여 증권을 인쇄하고 보관할 필요가 있는가 하는 의문이 제기되었다.

(나) 包括證券의 發行 제1단계로는 개별증권 대신에 이른바 포괄증권을 발행하게 되었는데, 이것은 다수의 개별적 권리를 담고 있는 유가증권이며, 이를 통하여 수백만의 개별증권을 인쇄·보관하는 비용을 절약시키는 한편, 권리의 증권화라는 외형은 원칙적으로 유지할 수 있었다. 그러나 이 경우에 개별증권의 교부는 청구할 수 없고, 개개의 권리자는 장부상의 대체거래를 통하여만 권리를 처분할 수 있으므로, 포괄증권이라는 편법을 이용하여 실제로는 증권없는 권리의 양도가 허용된 셈이었다.

(다) 登錄證券(價値權)의 誕生－脫證券化　제2단계로는 아예 증권을 작성하지 않고 장부상의 기재(등록)만으로 권리의 처분·행사를 허용하기에 이르렀으니, 이처럼 증권과 결합하지 아니한 주식·사채 등 「장부상의 증권」을 「등록증권」, 「전자증권」 또는 「가치권」이라 부른다. 이러한 현상은 「증권없는 사회」의 전주곡이며, 「유가증권으로부터 가치권으로」의 발전이라고도 한다.

(2) 金錢市場 및 財貨流通證券에 있어서의 變化

자본시장증권에서 발전한 위 탈증권화 현상은 컴퓨터기술과 정보통신기술의 발달에 힘입어 재화유통증권과 금전시장증권에도 일부 나타나고 있다.

① 재화유통의 유가증권에 관하여 보면, 서류제작비용의 절감, 신속한 화물의 수령(선하증권이 화물보다 늦게 도착하는 예가 많다) 및 서류위조·변조에 의한 사기방지 등의 목적으로, 정규의 선하증권을 이용하여 화물을 인도받는 예는 점점 줄어들고, 그 대신 약식선하증권(short form bill of lading)이나 목적지선하증권(destination bill of lading)을 이용하거나 또는 아예 선하증권을 발행하지 않고 해상화물운송장(sea waybill)만을 발행하는 예가 많아지고 있다. 그리고 아무런 서류를 만들지 않고 전자문서교환(EDI: Electronic Data Interchange)제도를 응용하여, 送荷人·受荷人·運送人 등이 통신센터를 통하여 전자장치에 의하여 운송에 관한 정보를 교환하고 운송물을 인도받을 날이 다가오고 있다.

② 금전시장의 유가증권인 수표·어음의 이용실태를 보면, 신용카드(credit card), 선불카드(prepaid card), 직불카드(debit card) 및 전자자금이체제도(Electronic Funds Transfer System) 등이 수표의 지급기능을 대신함으로써 수표의 이용률이 감소되고 있음을 알 수 있다. 이들 현상은 유가증권의 전통적인 기능을 크게 침해하고 있는 것이다.

(3) 우리 나라의 現實

우리 나라에서도 유가증권의 예탁결제(預託決濟), 주권불소지 및 등록사채의 각 제도가 인정되고, 전자자금이체제도도 널리 이용되고 있다. ① 유가증권예탁결제제도는 증권예탁원이 보관기관이 되어, 여기에 유가증권을 예탁한 예탁자·고객 사이에서는 유가증권의 수수에 갈음하여 예탁자계좌부(預託者計座簿)·고객계좌부(顧客計座簿) 사이의 대체로써 결제를 하는 제도이다(證去 173, 174의 3). ② 주권불소지제도는 주권불소지의 신고를 하면 그 주식에 관하여 주권을 발행하지 않는 것이다(358의 2). 그러나 그 주식을 양도하려면 주권을 발행받아야 하므로, 미국의 무주권주식 제도보다는 불완전하다. ③ 등록사채의 경우에는 사채권이 발행되지 않고, 그 이전 및 입질은 공사채원부의 등록에 의하여 행하므로(公社債登錄法 5, 6), 이것은 하나의 가치권이라 할 수 있다. ④ 해상운송과 관련하여 해상화물운송장이 적지않게 이용되고 있으며, ⑤ 선불카드·직불카드와 전자자금이체가 지급의 수단으로서 많이 이용되어 수표의 지급기능을 대신하고 있다.

4. 有價證券制度의 장래

앞에서 자본시장의 유가증권에 관한 한 증권의 혼장임치 및 예탁결제와 탈증권화 등을 통하여 유가증권의 기능이 크게 상실되기에 이르렀음을 살펴보았다. 위와 같은 현상은 유가증권과 유가증권법에 대하여는 중대한 위협임에 틀림이 없다. 그러나 어음과 수표는 현재 각국에서 매우 많이 이용되고 있고, 앞으로도 계속 많이 활용되리라고 전망되므로, 유가증권에 대한 법규제와 이에 관한 이해는 여전히 중요한 과제라고 아니할 수 없다.

제2절 有價證券에 대한 法規制

(1) 우리 나라에는 유가증권 전체를 포괄적으로 규율하는 법은 없고,[1] 유가증권 가운데 중요한 것을 개별적으로 규율하는 특별규정이 있을 뿐이다. 즉 어음에 관하여 어음법(1962. 1. 20. 法律 제1001호), 수표에 관하여 수표법(1962. 1. 20. 法律 제1002호)이 있고, 자본시장증권인 주권과 사채권, 그리고 재화유통의 증권인 화물상환증·선하증권 및 창고증권에 관하여 상법에 규정이 있으며(128~133, 813~820, 155~159), 무기명증권과 지시증권에 관하여 민법에 규정이 있다(民 523~526, 508~522). 또한 상품권에 관하여는 상품권법(1994. 1. 5. 法律 제4700호), 선불카드에 관하여는 여신전문금융업법(1997. 8. 28. 法律 제5374호)이 규정하고 있다.

(2) 이처럼 유가증권에 관한 법규가 여러 법에 산재하여 있고, 또 다소 불완전하지만, 유가증권의 성립, 권리의 행사 및 양도에 관한 일정한 원칙을 포

1) 스위스(스위스債務法 965 이하), 터키(터키商法 557 이하), 미국(Uniform Commercial Code, Art. 3, 7, 8) 등의 국가는 이에 관한 統一的立法을 가지고 있다.

함한 독립한 법영역으로서의 유가증권법이 존재하며, 유가증권의 일반이론은 어음법·수표법을 이해하는 데에 기초가 된다. 유가증권법의 법적 지위를 보면, 유가증권은 이미 기업만에 의하여 이용되는 특수한 제도가 아니라, 일반인에게도 개방된 것이므로 이를 상법에 속한다고 볼 수는 없고, 한편 유가증권에 담긴 권리는 단순히 물권법과 채권법의 지배 하에만 둘 수 없는 특수한 점이 많으므로 이를 민법에 포함시킬 수도 없다. 그러므로 이는 상법이나 물권법 또는 채권법의 어느 것에도 귀속시키기 어렵고, 사법체계 중 재산법의 새로운 분야를 이루는 것이라고 본다.

제3절 有價證券의 意義

「유가증권」(Wertpapier)[1]이라 함은 사권을 체화(體化)한 증권으로서, 그 권리의 주장(행사)을 위하여 증권의 소지가 필요한 것을 말한다.

(1) 私權을 體化하는 證券

유가증권이란 사권을 체화한 증권이다.[2] 증권이므로, 증권을 작성하지 않는 가치권(등록증권)은 유가증권이 아니다. 또한 권리를 체화하여야 하므로 단순히 사실을 증명할 뿐인 증서(예컨대 차용증서, 운송장)는 그것이 아무리 가치가 있더라도 유가증권이 아니다. 유가증권은 사법의 영역에 속하는 권리, 즉 사권을 체화하는 증권이므로, 공법적인 법적 지위를 나타내는 증권, 예컨대 국적증서, 여권, 영업허가장, 공물에 대한 특별이용권을 체화하는 증권, 임명장 따위는 유가증권이 아니다.[3] 사권을 담고 있는 한 그것이 채권이든, 물권이든, 사원권이든 상관이 없다. 여기에서 사권을 「체화한다」(담고 있다)고 함은 권리를 증권화·유체화(有體化, verkörpern; embody)하여 권리와 증권이 융합되어 있는 상태를 가리킨다.

---

1) 有價證券이라고 하는 용어는 도이칠란트의 Wertpapier를 번역한 것이다. 영미법에서는 유가증권이라는 개념은 없고 流通證券(negotiable instruments)이라는 용어가 쓰인다. 프랑스에도 有價證券이라는 용어는 없고 流通證券(titres négociables)이라는 용어가 쓰인다.

2) 흔히 사권을 표창(表彰)하는 증권이라고 설명한다.

3) 우편수표에 있어서 수표의 발행인과 수취인 사이의 관계는 사법의 지배를 받으므로 우편수표는 유가증권이다. 또 공채에 있어서는 국가 또는 공공단체가 채무자이지만, 발행인과 소지인과의 채권채무관계는 사법의 영역에 속하므로 공채도 역시 유가증권이다.

(2) 證券의 所持

(가) 유가증권은 증권상의 권리의 행사를 위하여 증권의 소지가 필요한 것을 말하는데, 이 점에 관하여는 다툼이 있다. 사권이 증권으로 문서화되었다고 하여 그 모두가 유가증권이 되는 것은 아니고(예컨대 차용증서는 소비대차의 법률관계를 증명하고 있지만 유가증권은 아니다), 이에 덧붙여 「사권과 증권의 융합」이 이루어져야 하는데, 이 융합의 의미에 관하여 많은 학설이 대립하고 있다. 즉 ① 「권리의 발생·이전·행사의 전부 또는 일부」에 증권을 필요로 하는 것이라고 정의하는 견해(通說: 정찬형, 6-7면), ② 「권리의 이전 및 행사」에 증권을 필요로 하는 것이라고 정의하는 견해(有力說: 양승규, 38면), ③ 「권리의 이전(처분)」에 증권을 필요로 하는 것이라고 정의하는 견해(少數說: 최기원, 18면), ④ 「권리의 행사(주장)」에 증권을 필요로 하기만 하면 족하다고 정의하는 견해(우리나라의 有力說이며, 도이칠란트의 通說) 등이다.

(나) 생각건대, 제1설은 유가증권에 있어서의 권리와 증권과의 결합의 구조를 전혀 무시하고, 단지 그 외면적인 특징에만 착안하여 최대공약수를 정한데 지나지 아니한다. 이 견해에 따르면, 권리의 발생에만 증권을 요하고 권리의 행사 또는 이전에는 증권을 요하지 않는 유가증권도 있고, 또 권리의 이전에는 증권을 요하지만 권리의 행사에는 증권을 요하지 않는 유가증권도 있는 것처럼 보이지만, 그러한 유가증권은 결코 없다. 따라서 이 견해는 유가증권을 이론적으로 제대로 파악할 수도 없고 그 실체에도 맞지 아니하므로 부당하다. 제2설은 권리의 행사와 이전을 대등하게 취급하고 있으나, 권리의 행사에 증권을 필요로 한다면 권리행사의 한 형태인 이전에도 논리 필연적으로 증권이 필요하게 될 것이므로 그럴 필요는 없으며, 상속이나 회사합병 등 포괄승계의 경우에는 권리의 이전에 증권의 소지를 필요로 하지 않으므로 이 견해도 받아들이기 힘들다. 제3설에 의하면, 권리를 이전·처분하려면 증권을 이전하여야 하므로, 증권에 대한 소유권을 이전하면 증권 상의 권리도 이전하는 경우, 즉 증권의 교부·배서에 의하여 권리가 이전되는 「무기명증권」(民 523)과 「지시증권」(民 508)만이 유가증권에 해당하고, 「기명증권」은 유가증권이 아니게 된다(왜냐하면 기명증권에 있어서는 증권을 이전하여야만 권리가 이전하는 것은 아니기 때문이다). 증권을 이전하면 증권상의 권리가 따라서 이전하는 것으로 하면 무권리자로부터 증권을 취득하더라도 증권상의 권리를 선의취득할 수 있으므로(民 514, 524, 어 16 II, 手 21), 이 견해에서 유가증권이라고 정의하는 무기명증권과 지시증권을 「공신(公信)의 유가증권」이라고도 부른다. 이 견해

에서는 공신의 유가증권만을 유가증권으로 보고 기명증권은 그 정의에서 제외하므로, 「좁은 의미의 유가증권」의 개념이라고 말할 수 있다. 그러나 이 견해에 의하면 배서금지어음(어 11 II)이나 기명식창고증권(157, 130但) 같은 기명증권은 모두 유가증권이 아니라고 하여야 하는데, 보통의 어음이나 창고증권을 유가증권이라고 하면서, 배서금지어음이나 기명식창고증권을 유가증권이 아니라고 보는 것은 기이하다. 뿐만 아니라 권리의 이전에 증권을 필요로 하는 것은 권리의 행사에 증권을 필요로 하는 당연한 결과이므로, 이 견해는 주객을 전도한 느낌이 있다. 그리고 앞에서 본 바와 같이 상속이나 회사의 합병 등 포괄승계의 경우에는 권리의 이전에 증권을 필요로 하지 않는다. 따라서 제3설도 정당하지 못하다. 결국 「권리의 행사」, 즉 「권리의 주장」에 증권의 소지를 필요로 하는 것이 유가증권이라고 정의하는 제4설이 가장 타당하다고 생각된다(다만 제권판결을 받은 경우에는 예외적으로 증권의 소지없이 권리를 행사할 수 있다). 이 견해에 따르면, 무기명증권과 지시증권뿐만 아니라 기명증권도 유가증권의 개념에 포함되므로, 이를 「넓은 의미의 유가증권」의 개념이라고 말할 수 있다.

넷째의 견해에 대하여 일부 학자는 기명주권의 경우에는 일단 주주명부에 명의개서를 하면 주권의 제시 없이 주주권을 행사할 수 있는데, 그렇다면 기명주권은 유가증권이 아니냐고 반문한다. 그러나 기명주권의 경우에 권리행사시마다 주권의 제시를 요하게 하면 주주에게도 불편하고 회사에게도 번잡하므로, 일단 주주가 주권을 제시하여 주주명부에 명의개서를 하면 주주명부에 기재된 주주에게 주권의 제시 없이 권리의 행사를 인정하고 있는 것이요, 말하자면 주주명부의 기재에 주권의 제시에 갈음하는 효력을 인정한 것이며, 또 주주가 주주명부에 명의개서를 하려면 일단 주권을 제시하여야 하므로 간접적으로 주권의 제시를 요구하고 있는 것이라고 할 수 있다. 따라서 위 비판은 정당하지 못하다. 또 이 견해에 대하여는 회사설립시 또는 신주발행시의 원시주주나 주권불소지제도를 이용하고 있는 주주가 주권없이 주주의 권리를 행사할 수 있음을 들어 비판하는 학자가 있으나, 이 경우는 증권 자체가 발행되지 아니한 경우이고, 위의 정의는 권리가 증권에 결합된 것을 전제로 하므로 위 비판도 부당하다.

(3) 要 約

「유가증권」이란 사권을 체화하고 있는 증권으로서, 그 권리의 행사를 위하여 증권의 소지를 필요로 하는 것을 가리킨다. 그러므로 ① 「권리의 발생」(成立)을 위하여서는 증권의 소지가 꼭 필요한 것은 아니다(예컨대 주권은 주주권을 체화하고 있는 유가증권이지만, 주주권은 주권을 작성하기 전에도 이미 존재하고 있다). ② 「권리의 이전」(讓渡)을 위하여도 반드시 증권의 소지를 필요로 하는 것은 아니다(예컨대 일부의 기명증권은 증권의 양도 없이 단순한 합의로도 양도될 수 있다). ③ 「권리의 소멸」도 증권의 운명과 필연적인 관련을 가지고 있지 않다(예컨대 어음증권이 소실되었다고 하더라도 어음상의 권리가 소멸하는 것은 아니다. 이 경우에는 除權判決을 받음으로써 증권 없이 어음상의 권리를 행사할 수 있다).

제4절 有價證券과 구별하여야 할 槪念

1. 證據證券(證據書類)

(1) 「증거증권」은 일정한 법률관계의 존부 또는 내용에 관한 증거자료의 효력만이 인정되는 증권, 즉 단순히 사권의 증명에만 이바지하는 서류이다. 이것은 재산권을 체화하는 것이 아니고 또 권리의 행사에 증권을 필요로 하지도 않는다. 금전차용증, 영수증, 운송장, 유한회사사원의 지분증권, 인보험증권 등이 이에 해당한다.

(2) 모든 유가증권은 일정한 법률관계를 증명하는 데 이바지한다는 의미에서 증거증권으로서의 성질도 가지고 있으나, 모든 증거증권이 유가증권인 것은 아니다.

2. 免責證券

(1) 「면책증권」은 채무자가 증권의 소지인에게 이행을 하면 악의·중과실이 없는 한 면책되는 효력이 인정되는 증권을 가리키며, 자격증권(資格證券)이라고도 한다. 이것은 오로지 채무자의 변제정리를 목적으로 작성된 것이요, 재산권을 체화한 것이 아니므로, 이에 의하여 권리의 양도를 할 수 없고, 또 진정한 권리자는 증권을 상실하여도 권리자임을 증명하면 권리의 행사가 가능하다. 짐표·신발표 등이 이에 해당한다.

(2) 많은 유가증권은 면책증권이다. 예컨대 무기명증권·지시증권의 경우에는 권리자가 권리를 행사하려면 증권을 제시하여야 하므로 유가증권이고, 채

무자는 증권의 소지인에게 선의이며 중대한 과실없이 이행하면 면책되므로 면책증권이다. 그러나 이 두 기능이 항상 병존하는 것은 아니며, 기명증권(예컨대 기명식 화물상환증이나 기명식선하증권)의 경우에는 권리자는 증권을 제시하고 권리를 행사할 수 있으므로 유가증권이지만, 채무자가 증권의 소지인에게 선의로 이행하여도 원칙적으로 보호되지 않기 때문에 면책증권은 아니다.

(3) 반대로 면책증권이지만 유가증권이 아닌 것도 있다(예컨대 신발표나 짐표 따위). 왜냐하면 옷표의 경우에 보관자는 옷표를 가지고 있는 자에게 옷을 내줄 수 있으므로 면책증권이지만, 권리자는 옷표를 잃어버렸을 경우에 다른 방법으로 자기의 권리를 증명한 때에는 옷의 반환을 청구할 수 있으므로 유가증권이 아니다.

3. 金額券(金券)

「금액권」은 법률에 의하여 특정한 목적을 위하여 금전에 갈음하여 사용되는 증권을 말한다. 예컨대 은행권(지폐), 우표, 수입인지 따위가 그것이다. 이것은 증권 자체가 특정한 금전적 가치를 가지며, 발행자에 대한 청구권을 체화하는 것이 아니므로 유가증권이 아니다. 금액권은 이를 상실하면 그만이고, 제권판결에 의하여 권리행사의 가능성을 회복할 수 없다.

4. 기타의 證券

(1) 乘車券·乘船券

「승차권」에는 여러 형태가 있어서 그 법적 성질과 효력을 일률적으로 말하기 어려우나 대체로 운송청구권이라는 사법상의 권리를 체화하고 있는 유가증권이라고 말할 수 있다.

① 가장 일반적인 형태인 승차 전에 무기명식으로 발행되는 「보통승차권」은 운송청구권을 체화하고 있고, 승차하려면 이를 제시(소지)하여야 하므로, 유가증권이라고 본다(通說). 옛 판례는 전차의 보통승차권이 운임에 해당하는 현금을 선급하였음을 증명하는 표권(表券)이고 유가증권이 아니라고 판시한 바 있다(60. 2. 18, 4291 民上 906). 보통승차권은 승차 전 또는 개찰 전에는 양도가 가능하다. 승차 후 또는 개찰 후에는 양도성이 없으므로 유가증권이 아니라고 보는 견해가 있으나, 양도성이 (넓은 의미의) 유가증권의 개념요소는 아니고, 승차 또는 개찰 후에도 하차시나 승무원의 요구가 있을 때에 이를 제시하여야 하

므로 여전히 유가증권성을 잃지 않는다고 본다.

② 통용기간과 통용구간을 정하여 특정인에게 발행되는 기명식의 「정기승차권」에 관하여도 양도성이 없다는 이유로 유가증권이 아니라고 보는 견해가 있으나, 이것은 통용구간과 기간을 지정한 포괄적인 운송청구권을 체화하고 있고, 승하차시에 제시하여야 하므로 유가증권이라고 본다.

③ 무기명식의 「회수승차권」(回數乘車券)은 일정한 횟수 반복하여 승차를 할 수 있는 승차권으로서, 승차구간, 통용기간, 금액, 승차등급 등이 지정되어 있는 것이 보통이다. 다수설은 회수승차권은 운임의 선급을 증명하는 단순한 표권이라고 보지만, 이것도 승객이 희망하는 각 노선에서 금액에 해당하는 횟수와 구간의 범위 내의 포괄적 운송청구권을 체화하고 있으며, 승하차시에 제시하여야 하므로, 역시 유가증권이라고 보아야 옳다. 무기명식의 정액승차권(예컨대 지하철 정액승차권)도 마찬가지로 본다.

④ 승차권을 발매한 후에 운임이 인상된 경우 운송인은 그 승차권소지인에 대하여 차액을 징수할 수 있는가가 문제된다. 이것은 주로 회수승차권에 관하여 문제된다. 회수승차권의 법적 성질을 운임의 선급을 증명하는 단순한 표권이라고 보는 견해에 의하면, 승차권소지인은 당연히 그 차액을 지급하여야 하지만, 이를 유가증권으로 보는 견해는 이 점에 관한 해결이 여러 가지로 갈라진다. 이 문제는 법령·운송약관 또는 상관습에 의하여 결정하여야 한다고 생각한다.

(2) 商品券

「상품권」은 발행인이 소지인에 대하여 일정한 가액에 상당하는 물품을 인도하거나 용역을 제공할 것을 약속하여 발행한 일람출급(一覽出給)의 무기명 유가증권이다. 이것은 발행인이 경영하는 시설에서 상품의 구입 또는 노무의 제공을 받는 권리를 체화하고 있으므로 유가증권의 하나이며, 이를 발행한 상인이 이용하는 사적인 금전대용증권이다. 상품권법(1994. 1. 5. 法律 제4700호)이 이에 관하여 규율하고 있다.

(3) 讓渡性預金證書

「양도성예금증서」는 은행이 일정한 금액을 예수(預受)하였음을 인정하고 만기에 위 금액을 반환하기로 약속하는 증권을 가리킨다. 증서의 최저발행금액이 정하여져 있고, 무기명 할인식으로 발행되며, 만기는 30일 이상 270일

이내이고, 만기 이전에는 중도해약이 불가능하다. 양도가 자유로운 점에서 보통의 정기예금채권과 다르고, 양도는 증서의 교부에 의하여 하며, 만기에 증서와 상환하여 지급받는다. 이것은 예금채권을 체화하고 있고, 그 권리의 행사를 위하여 증권의 소지를 필요로 하므로 유가증권의 일종이다. 그 성질은 지급약속증권으로서 약속어음에 가깝고, 무기명증권이다.

(4) 航空運送證券

「항공운송증권」은 항공운송계약과 관련하여 발행되는 여객에 관한 「항공권」(passenger ticket), 수하물에 관한 「수하물표」(baggage ticket) 및 화물에 관한 「항공운송장」(air waybill) 등 세 가지 증권을 총칭하는 용어이다.

① 航空券은 항공운송인이 여객의 운송을 인수하였을 때에 작성·교부하는 것으로서, 여객의 성명을 기재하는 것은 요구되지 아니하므로(와르소조약 제3조 1항), 기명식은 물론 지시식·무기명식으로도 발행될 수 있으며, 항공권의 부존재·멸실 또는 기재사항의 불비는 운송계약의 효력에 영향을 미치지 아니하여(개정조약 제3조 2항), 여객이 운송채권을 행사함에 있어서 증권의 소지가 필요한 것은 아니므로, 이는 운송계약의 체결 및 조건에 관한 증거증권이고, 유가증권은 아니라고 본다.[1] 와르소조약 개정조약 제3조 2항은 이를 명문으로 밝히고 있다.

② 手荷物票는 항공운송인이 수하물의 운송을 인수한 때에 작성·교부하는 증권으로서, 수하물표의 부존재, 멸실 또는 기재사항의 불비는 운송계약의 효력에 영향을 미치지 아니하므로(개정조약 제4조 2호), 이는 수하물의 탁송 및 운송의 조건에 관한 증거증권이고, 유가증권은 아니라고 본다(개정조약 제3조 b).

③ 航空運送狀은 송하인이 항공운송인의 청구에 의하여 작성교부하는 증권(이 점에서 항공운송인이 작성교부하는 위의 두 증권과 다르다)으로서, 육상운송의 운송장의 기재사항과 유사한 사항이 기재된다. 항공운송장은 운송인용(송하인이 서명), 수하인용(송하인과 운송인이 서명) 및 송하인용(운송인이 서명) 등 3통이 발행되는데, 운송인용과 수하인용은 권리의 행사에 필요한 것이 아니므로 유가증권이 아니다. 문제는 송하인용인데, 항공운송인은 송하인용의 항공운송장의 제시를 요구하지 않은 채 송하인의 처분지시를 따를 때에는 이로 인하여 위 항공운송장의 정당한 소지인이 입은 손해를 배상할 책임을 질 뿐이고,

---

1) 有價證券說로서는 서돈각·정완용, 17면; 정찬형, 8면; 崔埈璿, 國際航空運送法論(1989), 164면.

운송물인도청구권을 행사함에 있어서 위 증권의 소지 내지 제시가 필요한 것은 아니므로, 송하인용의 항공운송장도 유가증권이 아니라고 본다.

(5) 海上貨物運送狀

「해상화물운송장」(sea waybill)은 해상운송인이 운송물의 수령을 증명하고 운송의 조건을 알릴 목적으로 송하인에게 발행하는 서면으로서, 발행인인 운송인은 해상화물운송장에 명기된 수하인에게 직접 운송물을 인도한다. 매매계약과 관련없이 해상으로 물건을 운송하거나 운송물이 선하증권보다 먼저 양륙항에 도착하는 경우 등에 널리 이용된다. 이것은 운송물인도청구권을 체화하고 있지 않고 또 이를 소지하지 않고도 수하인은 운송물을 수령할 수 있으므로, 이것은 넓은 의미의 유가증권이 아니고, 또한 양도성이 없으므로 좁은 의미의 유가증권도 아니며, 단순한 증거증권에 불과하다.

(6) 保險證券

「보험증권」(insurance policy)은 보험계약의 성립과 내용을 증명하기 위하여 보험자가 소정의 사항을 기재하고 기명날인 또는 서명하여 보험계약자에게 교부하는 증권이다. 보험증권은 증거증권·면책증권 및 요식증권이지만, 유가증권은 아니다. 인보험증권과 손해보험증권을 가리지 않고 증권이 없어도 보험금을 청구할 수 있기 때문이다(상세는 제2부 제2편 제3장 보험증권에 관한 설명 참조).

(7) 先給카드(先拂카드)

「선급카드」(prepaid card)는 일정한 금액을 선급하고 발행받은 증표를 가리키며, 누구에 대하여 사용할 수 있는가에 따라 自家發行型·第3者發行型 및 共同發行型 등이 있고, 그 용도에 따라 물품의 구입 또는 역무의 제공을 받고 그 대가의 지급을 위하여 이용되는 것과 발행자에 대하여 직접 물품의 급여 또는 역무의 제공을 청구할 수 있는 것으로 나누어진다. 공중전화카드가 대표적인 예이지만, 상품권도 이 범주에 들어간다. 1997. 8. 28. 제정된 여신전문금융업법이 이를 규율하고 있다(同法 2 ⑧, 22). 선급카드의 법적 성질에 관하여는 금권설과 유가증권설의 대립이 있으나, 상품 또는 역무의 급여청구권 또는 대금채무의 면책을 받을 수 있는 법적 지위(형성권)를 체화하는 유가증권으로 볼 수 있다.

제 2 장
有價證券의 種類

유가증권은 여러가지 기준에 의하여 이를 분류할 수 있다.

1. 經濟的目的에 따른 分類

유가증권은 그 경제적 목적에 따라 다음의 세 가지로 분류할 수 있다.

(1) 金錢市場의 有價證券

지급 및 신용의 목적에 이바지하는 유가증권을 가리키며, 「지급 및 신용거래의 유가증권」 또는 「금전증권」이라고도 말한다. 지급기능을 가지는 유가증권의 대표는 수표이고, 신용목적에 이바지하는 유가증권의 대표는 어음이다. 이들은 가장 철저한 유가증권이며, 개별적으로 발행된다는 특징이 있으므로, 「개별증권」이라고도 한다.

(2) 資本市場의 有價證券

발행자를 위하여는 자본조달의 목적에 이바지하고, 취득자를 위하여는 자본투자의 목적에 이바지하는 유가증권을 말하며, 「투자증권」이라고도 한다. 주권·사채권 등이 가장 고전적인 형태이다. 이들은 대량으로 발행된다는 특징이 있으므로, 「대량증권」이라고도 한다. 이들은 대체로 법적으로 특히 규율되는 시장, 즉 증권거래소 등 자본시장을 통하여 거래되는 것이 보통이다. 자본시장의 유가증권은 그 소지인에게 일정한 수익, 예컨대 사채권자에게는 이자, 주주에게는 이익배당을 얻게 함으로써 재산분배 및 소득분배의 수단이 된다.

(3) 財貨流通의 有價證券

증서에 기재된 재화의 처분을 용이하게 하는 데 이바지하는 유가증권으로서, 「물품증권」이라고도 부른다. 선하증권·창고증권이 그 대표적 예이다. 이들 증권에 있어서는 증권의 교부가 재화의 인도와 마찬가지의 물권적 효력을 가지므로, 이른바 「인도증권」에 해당한다.

2. 證券에 體化된 權利의 種類에 따른 分類

유가증권은 그 증권에 체화된 권리에 따라 다음의 세 가지로 나누어진다.

(1) 債權的有價證券

채권을 체화하는 유가증권이며, 「채권증권」이라고 한다. 가장 숫자도 많고 중요한 유가증권이다. 어음·수표, 채권, 화물상환증·창고증권·선하증권 등이 이에 속한다. 학자 중에는 수표, 인수가 안 된 환어음(약속어음과 인수된 환어음 제외) 등 지급인에 대한 청구권이 없는 증권을 「권한(權限)증권」이라 하여 보통의 채권증권과 구별하는 분이 있으나, 이들은 비록 지급인에 대한 권리를 체화하지는 않지만, 발행인 또는 배서인에 대한 상환청구권(소구권)을 체화하고 있으므로, 역시 채권증권의 하나로서, 이를 따로 구별할 필요는 없다고 본다(通說). 채권증권은 다시 금전채권을 체화하는 「금전증권」(예컨대 어음·수표)과 물품인도채권을 체화하는 「물품증권」(예컨대 화물상환증·창고증권·선하증권)으로 나누어진다.

(2) 物權的有價證券

물권을 체화하는 유가증권으로서, 「물권증권」이라고 한다. 우리나라에는 그 예가 없으나, 도이칠란트의 저당증권, 토지채무증권, 정기토지채무증권 등이 이에 해당한다. 위에 말한 물품증권(채권증권의 하나)과 구별하여야 한다.

(3) 社員權的有價證券

사단에 있어서의 사원인 지위, 즉 사원권을 체화하는 유가증권을 말하며, 「사원권증권」이라고 한다. 주권이 그 대표적인 예이다(유한회사의 사원의 지분증권은 단순한 증거증권에 불과하다).

3. 證券上의 權利者의 指定方法에 따른 分類

유가증권은 증권상의 권리자의 지정방법에 따라 다음의 네 가지(실질적으로 세 가지)로 나누어진다.

(1) 記名證券

① 증권상에 특정인을 권리자로 기재한 증권을 말하며, 「지명(指名)증권」이

라고도 한다. 증권상에 기재된 특정인 및 그로부터 보통의 지명채권양도의 방법으로 증권을 양수한 자가 권리를 행사할 수 있고 배서양도는 인정되지 아니한다. 기명사채권, 배서금지의 취지가 기재된 어음·수표, 배서가 금지된 화물상환증·창고증권·선하증권이 이에 해당한다.

② 기명증권은 유통성은 적지만, 권리의 행사에는 증권을 필요로 하고, 그 결과 권리의 이전에도 원칙적으로 증권의 인도를 하여야 하는 점(大判 89. 10. 24. 88 다카 20774)에서 유가증권에 포함된다. 뿐만 아니라 기명증권 역시 무기명증권이나 지시증권과 같이 「안전기능」을 가지고 있다. 즉 기명증권의 채무자는 증권과 상환하지 않고 지급을 하면 선의라도 면책되지 않으므로, 이를 양수인측으로부터 보면, 증권을 입수하기만 하면 채무자에 대한 양도통지의 대항요건을 취하지 아니하여도 그 지위는 안전하다고 말할 수 있다(안전기능). 물론 무기명증권이나 지시증권에 있어서는 항변의 절단, 선의취득 등의 「유통기능」까지 인정됨에 반하여, 기명증권에는 유통기능이 없다는 점에서 기명증권은 무기명증권이나 지시증권에 비하여 유통성이 뒤떨어진다.

(2) 指示證券

① 증권상에 기재된 자 또는 그가 지시하는 자를 권리자로 하는 증권을 말하며, 지시는 배서에 의하므로 「배서(背書)증권」이라고도 부른다. 지시증권과 기명증권은 특정인을 권리자로 기재하는 점에서는 같으나, 지시증권은 배서를 할 수 있다는 점에서 기명증권과 구별된다.

② 지시증권에는 증권상에 당사자의 지시문구(「아무개 또는 그 지시인에게」)가 기재되어야 하는 것이 원칙이지만, 그러한 뜻의 기재가 없어도 법률상 당연히 배서에 의하여 양도할 수 있는 것도 있다. 전자를 「선택적지시증권」(민법 제508조의 지시채권증서), 후자를 「법률상 당연한 지시증권」 또는 「태생적(胎生的)지시증권」(어음·수표, 화물상환증·선하증권·창고증권 등)이라고 한다(어 11, 77 Ⅰ①, 手 14, 商 130, 157, 820). 법률상 당연한 지시증권에 관하여 배서를 금지하려면 지시금지(배서금지)의 뜻을 적극적으로 기재하여야 하며, 이를 「배서금지증권」, 「지시금지증권」 또는 「금전증권(禁轉證券)」이라고 부른다.

③ 배서에는 선의취득, 항변의 절단, 담보적 효력 등 특별한 효력이 인정되므로, 지시증권은 법에서 인정한 경우에만 허용된다. 이를 「지시증권법정주의」라고 한다.

(3) 無記名證券

① 증권상에 권리자로서 특정인을 지정하지 아니하고, 증권의 정당한 소지인을 권리자로 취급하는 증권을 말하며, 「소지인출급식(所持人出給式)증권」이라고도 한다. 무기명식의 수표·사채권 등이 대표적 예이나, 화물상환증·선하증권·창고증권에도 이 방식이 인정된다(手 5 Ⅰ③, 商 357, 480, 民 523, 商 65). 무기명주권은 물론, 기명주권도 그 점유자가 권리자로 추정되므로 모두 무기명증권에 속한다(336). 환어음과 약속어음에는 이 방식이 인정되지 아니한다.

② 무기명증권에 관하여도 유가증권법정주의가 지배한다.

(4) 選擇無記名證券

① 증권상에 특정인을 권리자로 지정하고 있지만, 이와 동시에 증권의 정당한 소지인도 정당한 권리자로 취급하는 증권을 말하며(「甲 또는 이 증권의 소지인에게」라고 기재된다), 「지명소지인출급(指名所持人出給)증권」이라고도 부른다.

② 선택무기명증권은 무기명증권과 동일한 효력이 있다. 수표에 이 형식의 것이 많지만(手5 Ⅱ), 화물상환증·선하증권·창고증권에 대하여도 인정된다(民 525, 商 65).

4. 權利의 成立에 證券의 發行이 필요한가에 따른 分類

유가증권은 증권의 발행이 권리의 성립을 위하여 필요한가 아닌가에 따라 설권증권과 선언증권으로 나누어진다.

(1) 設權證券

권리의 발생에 증권의 발행을 요하는 증권, 환언하면 증권의 발행에 의하여 비로소 권리가 발생하는 증권을 말한다. 어음·수표가 이에 해당한다.

(2) 宣言證券

이미 발생한 권리를 증권화한데 불과한 증권을 가리키며, 「비설권증권(非設權證券)」이라고도 한다. 주권이 대표적인 예이나, 어음·수표 이외의 것은 모두 선언증권이다. 설권증권·선언증권의 구별은 유가증권·증거증권 사이의 구별과 아무런 관계가 없으며, 증거증권에도 두 가지 성격의 것이 모두 있다. 예컨대 차용증서는 선언적이지만, 유언장은 설권적이다.

5. 證券上의 權利와 原因行爲의 관련에 따른 分類

유가증권은 증권상의 권리가 원인관계와 어떠한 관련을 가졌는가에 따라 다음 두 가지로 분류된다.

(1) 有因證券

증권상의 권리가 그 원인으로 되어 있는 법률관계와 관련을 가지고 있는 증권, 환언하면 법률상 유효한 원인이 존재하여야만 증권상의 권리가 발생하는 유가증권이며, 「요인(要因)증권」이라고도 한다. 어음·수표 이외의 유가증권(화물상환증·선하증권·주권 등)은 일반적으로 유인증권이다. 이들 증권은 실질적 관계에 의한 제약을 받으므로, 예컨대 운송물을 받지 않고 화물상환증을 발행하면 증권은 무효이고(空券, 다만 선의의 제3취득자에 대하여는 외관에 따른 책임을 진다), 주식이 존재하지 않음에도 불구하고 주권을 발행하면 그것은 무효이다.

(2) 無因證券

증권상의 권리가 그 원인으로 되어 있는 법률관계와 관련이 없는 증권, 환언하면 증권상의 권리의 발생이 원인을 요건으로 하지 않는 증권이며, 「불요인증권」 또는 「추상증권」이라고도 한다. 어음·수표가 그 대표이다. 어음행위는 매매·소비대차 등의 원인관계에 기하여 행하여지지만, 이와 별개·독자의 증권적 행위이고, 따라서 원인관계에 관하여 무효·취소·부존재 등의 사유가 존재하는 경우에도 이를 기초로 하는 어음행위와 어음상의 권리에 아무런 영향을 미치지 아니한다. 다만 원인관계에 관하여 위에 말한 사정이 있을 때에는 어음행위의 직접적 당사자 사이에서는 어음채무자가 인적 항변으로서 이를 주장하여 지급을 거절할 수 있을 뿐이다.

6. 善意者保護의 정도에 따른 分類

유가증권은 증권의 문언을 믿은 선의의 제3자가 보호를 받는가 어떤가에 따라 문언증권과 비문언증권으로 갈라진다.

(1) 文言證券

① 증권에 체화된 권리의 내용이 증권의 기재내용에 따라 결정되므로 선의의 제3자는 증권의 기재내용을 무조건 신뢰할 수 있는 증권, 환언하면 증권

상의 법률관계의 내용이 증권에 기재된 문언만에 의하여 정하여지는 증권을 가리킨다. 무인증권인 어음·수표 이외에 유인증권인 화물상환증·선하증권·창고증권 등이 이에 속한다. 문언증권은 「공신(公信)의 증권」이라고도 하며, 무기명증권과 지시증권은 문언증권이다.

② 유인증권임과 동시에 문언증권이 될 수 있는 것은 모순되는 것처럼 보이지만, 일반적으로 위 증권상의 권리의 내용이 증권기재의 문언만에 의하여 정하여진다고 하는 것은 증권의 의무자는 증권의 취득자에 대하여 증권에 기재되지 아니한 사항을 가지고 대항할 수 없다는 것을 의미하고, 따라서 예컨대 운송물을 수취하지 않았음에도 화물상환증에 이를 수취하였다고 기재한 경우에는 증권은 무효로 되지만, 이것을 가지고 채무자는 선의의 취득자에게 대항할 수 없고, 기재에 따른 표현책임 내지는 금반언에 의한 책임을 지지 않으면 안된다.

(2) 非文言證券

증권상의 권리의 내용이 항상 실질적 관계에 의하여 결정되고, 증권의 기재문언이 실질과 다른 경우에도 이에 의하여 권리의 내용이 좌우되지 아니하는 증권을 말한다. 주권이 이에 해당한다.

(3) 文言證券과 無因證券과의 關係

① 문언증권과 무인증권은 별개의 개념이고 이론상 서로 관련이 없다. 전자는 순전히 증권상의 권리관계의 범위 내의 문제임에 반하여, 후자는 증권상의 권리관계와 증권 외의 원인관계가 어떠한 관계를 가지고 있는가의 문제이다. 이것은 화물상환증과 어음은 다같이 문언증권이나, 전자는 유인증권, 후자는 무인증권인 것만 보아도 알 수 있다. 그러나 본래 무인증권은 증권의 작성에 의하여 창조된 추상적 권리를 체화하는 것이므로, 그 권리의 내용은 당연히 증권상의 기재문언에 따라 결정되는 것이니, 무인증권은 당연히 문언증권이다.

② 문언증권과 유인증권과의 관계에 관하여, 양자의 성질은 본래 모순하는 것이므로 요인증권에 있어서 문언성이 인정되는 것은 요인증권이 부분적으로 무인증권화하는 것이라고 보는 견해도 있으나, 요인증권의 요인성은 증권상의 권리가 증권면에 나타나지 아니한 원인관계에 의존하는 것을 말하는 것이 아니고, 원인관계를 증권상에 기재할 것을 요구하고 그 한도에서 원인관계에 의

한 영향을 면하지 못하는 것을 말하는 것이므로, 요인증권성과 문언증권성은 서로 다른 평면의 관념이고 모순되는 것은 아니라고 본다(多數說).[1)]

1) 우리나라의 통설은 위에 말한 분류 외에도 유가증권을 完全有價證券과 不完全有價證券으로 나누고 있다. 그러나 권리의 행사에 증권의 소지를 필요로 하는 한 그것은 모두 완전한 유가증권이다. 따라서 이른바 불완전유가증권이란 있을 수 없고, 통설의 분류는 유가증권의 개념에 관한 오해를 전제로 하고 있어 부적당하다.

제 3 장

有價證券의 屬性

모든 유가증권에 공통된 표지(標識)는 아니지만(따라서 유가증권의 개념정의에 포함시킬 수는 없다), 많은 유가증권에 대체로 인정되는 속성으로서는 다음과 같은 것들이 있다.

1. 要式證券性

유가증권은 거래의 안전을 위하여 법률에 의하여 그 방식과 기재사항이 정하여져 있다(요식증권).

(1) 유가증권에는 최소한도로 일정한 사항이 기재되어야 한다. 다만 요식성의 정도는 유가증권의 종류에 따라 다르다. ① 어음·수표는 요식성이 가장 엄격하여, 법정의 기재사항이 흠결되면, 법이 특히 구제를 예정하는 경우를 제외하고는 증권 자체를 무효로 한다. ② 그 밖의 유가증권에 있어서는 한두 가지의 기재사항이 빠지더라도 그것이 본질적인 것이 아닌 한 증권을 무효로 만들지는 않는다.

(2) 유가증권에 법정의 기재사항 이외의 사항을 기재한 경우의 효력은 일정하지 않다. ① 어음·수표 이외의 유가증권에 있어서는 법정사항 이외의 사항을 자유로 기재할 수 있다. ② 어음·수표에 있어서는 법정사항 이외의 사항을 기재한 때에는 법이 특히 허용한 경우에만 그 기재사항의 효력이 인정될 뿐, 그 이외의 기재사항은 어음·수표법상의 효력이 생기지 아니할 뿐만 아니라, 어떠한 기재는 오히려 어음·수표 자체를 무효로 한다(예컨대 分割出給의 기재, 어 33 II).

2. 提示證券性

「제시증권」은 증권의 제시가 없는 한 채무자가 변제를 할 필요가 없고, 따라서 이행지체의 책임을 지지 않는 증권을 말한다. 어음·수표는 물론, 그 밖의 지시식 또는 무기명식의 유가증권(화물상환증·창고증권·선하증권)은 보통 이 성질을 가진다. 그러나 기명주권의 경우에는 주주명부에 명의개서만 하면, 권리의 행사시마다 증권을 제시할 필요가 없으므로, 제시증권이 아니다.

3. 相換證券性

「상환증권」은 증권과 맞바꾸지 않으면 채무의 변제를 할 필요가 없는 증권을 가리키며, 「환수(還受)증권」이라고도 한다. 어음·수표, 화물상환증·창고증권·선하증권은 모두 이 성질을 가지고 있으나, 주권은 이 성질을 가지지 아니한다. 다만 화물상환증·창고증권·선하증권에 관하여도 상관습에 의하여 담보를 제공하게 하거나(保證渡) 또는 무담보로(假渡) 증권과 상환하지 않고 화물 등을 인도하는 수가 있다. 제시증권은 보통 상환증권이지만, 양자는 개념상 불가분은 아니다.

4. 文言證券性

「문언증권」은 전술한 바와 같이 증권상의 권리의 내용이 증권의 기재문언만에 의하여 정하여지는 것이고, 당사자는 증권 이외의 증거방법으로 그 문언의 의의를 변경하거나 또는 보충할 수 없는 증권이다. 어음·수표가 그 전형적인 것이지만, 화물상환증·창고증권·선하증권 등도 이 성질을 가지고 있으나(131, 157, 820), 주권은 이러한 성질이 없다. 증권상의 권리의 내용이 증권에 기재된 문언만에 의하여 정하여진다고 하는 것은 증권의 의무자는 증권의 취득자에 대하여 증권의 문언으로부터 알 수 없는 사항, 즉 증권에 기재되지 아니한 사항을 가지고 대항할 수 없다는 것을 의미한다(抗辯의 排除).

5. 免責證券性

「면책증권」은 전술한 바와 같이 채무자가 증권의 소지인에게 변제를 하면 악의 또는 중대한 과실이 없는 한 그 증권소지인이 무권리자라도 책임을 면하는 증권을 가리킨다. 유가증권 중 다수는 면책증권이지만, 기명증권 중 일부에 대하여는 면책적 효력이 인정되지 아니한다.

6. 資格授與的效力

증권의 소지인이 증권상의 권리자로서의 자격을 인정받는 것을 증권의 「자격수여적 효력」이라고 하며, 이는 채권자의 지위를 강화하여 주는 역할을 한다. 유가증권 가운데 무기명증권이나 배서의 연속있는 지시증권의 소지인에게는 자격수여적 효력이 인정되지만, 기명증권에 있어서는 증권을 소지하고 있어도 자격수여적 효력이 인정되지 않는다.

7. 善意取得者의 保護

유가증권에 있어서는 거래의 안전과 유통성의 확보를 위하여 선의취득자의 보호가 요구된다. 무기명증권과 지시증권에 있어서는 민법에 의하여(民 514, 524), 어음·수표에 있어서는 어음법·수표법에 의하여(어 16 II, 手 21) 선의취득을 통한 거래의 안전보호가 인정되고 있다(公信의 有價證券). 그러나 기명증권에 있어서는 원칙적으로 위와 같은 보호가 인정되지 않는다.

8. 有價證券法定主義

법의 특별한 보호가 부여되고 있는 유가증권은 법이 인정하는 경우에만 인정되는데, 이를 유가증권법정주의 또는 유가증권한정주의라고 한다. 지시증권과 무기명증권 및 기명증권 가운데 물권과 사원권을 체화하는 유가증권에 관하여는 법정주의가 적용되지만, 채권을 체화하는 기명증권에 관하여는 그 적용이 없다고 본다.

제 2 편

어음·手票에 관한 通則

제 1 장
어음·手票의 槪念

제1절 어음·手票의 意義

어음과 수표(手票)는 모두 일정한 금액의 지급을 목적으로 하는 유가증권인데, 어음에는 환어음과 약속어음의 두 가지가 있다.

제1 換어음·約束어음·手票의 定義

일정한 금액의 지급을 목적으로 하는 「금전채권증권」에는 지급약속(支給約束)증권과 지급위탁(支給委託)증권 등 두 가지 형태가 있다.

(1) 「약속어음」은 발행인 자신이 일정한 금액을 지급할 것을 약속하는 형식의 유가증권이며, 지급약속증권의 하나이다.[1)]

(2) 「환어음」은 발행인이 제3자(支給人)에게 일정한 금액의 지급을 위탁하는 형식의 유가증권이며, 지급위탁증권의 하나이다.

(3) 「수표」도 발행인이 제3자(銀行)에게 일정한 금액의 지급을 위탁하는 형식의 유가증권으로서, 지급위탁증권인 점에서 환어음과 같으며, 그 법률적 성질과 형식도 비슷하다. 다만 수표는 만기가 일람출급(一覽出給)이고, 지급인이 은행으로 한정되어 있는 점에 특색이 있다.

---

1) 支給約束證券에는 約束어음 외에 讓渡性定期預金證書(certificate of deposit)가 있다.

제2 換어음·約束어음·手票의 異同

1. 共通點

환어음·약속어음·수표는 모두 일정한 금액의 지급을 목적으로 하는 유가증권이고(金錢債權證券), 화폐제도로써 달성할 수 없는 경제적 기능을 수행하고 있는 기술적 제도라는 점에서 공통하다. 이들은 또한 제시증권성, 상환증권성, 면책증권성, 문언증권성, 법률상 당연한 지시증권성 등 유가증권이 일반적으로 가지는 속성을 공통으로 하는 외에, 다른 유가증권과는 달리 설권증권성, 무인증권성, 절대적 요식증권성을 가지고 있다.

2. 差異點

(1) 經濟的機能의 差異

환어음과 약속어음은 신용기능을 주로 함에 반하여, 수표는 신용기능을 가지지 않고 주로 지급수단으로서 이용되는 점에서 양자는 근본적 차이가 있다(어음·수표의 기능은 후술).

(2) 法律的構成의 差異

환어음과 수표는 지급위탁증권이고, 약속어음은 지급약속증권이므로, 다음과 같은 차이가 나타난다.

(가) 當事者의 差異: 환어음과 수표에는 발행인·수취인·지급인의 3 당사자가 있어야 함에 반하여, 약속어음에는 발행인과 수취인의 2 당사자만 있으면 된다. 수표는 지급증권으로서의 신용을 확보하기 위하여 지급인의 자격을 은행으로 한정하고 있는 점에서(手 3), 환어음과 다르다.

(나) 債務者의 差異

① 主債務者를 보면, 약속어음은 지급약속증권이므로 발행인 자신이 그 발행에 의하여 당연히 최종적인 지급채무를 부담하는 주채무자가 된다(어 78 I, 28 I). 이에 반하여 환어음과 수표는 지급위탁증권이므로, 그 발행에 의하여 지급인이 당연히 지급채무를 부담하는 것이 아니어서, 발행의 단계에서는 주채무자가 없다가, 환어음에 있어서는 지급인이 인수를 하면 그때에 최종적인 지급의

무를 부담하는 주채무자가 되지만(어 28 I), 수표에 있어서는 지급인이 지급보증을 하여도 그는 지급제시기간 내에 지급제시가 있을 때에 한하여 지급채무를 부담할 뿐 그 이외의 경우에는 최종적인 지급채무를 부담하는 것이 아니므로 주채무자가 되지 않는다. 요컨대 약속어음에 있어서는 발행 당초부터 발행인이 주채무자로서 존재하고, 환어음에 있어서는 지급인이 인수한 경우에만 그 때부터 주채무자로 됨에 반하여, 수표에 있어서는 끝까지 주채무자는 생기지 않는다.

② **償還義務者**[1]를 보면, 약속어음의 경우에는 배서인·보증인만이 상환의무자임에 반하여, 환어음의 경우에는 그 밖에 발행인도 상환의무자가 되고, 수표의 경우에는 배서인·보증인·발행인 외에 지급보증인까지 상환의무자이다.

(다) **支給委託에 관련된 差異**: 지급위탁증권인 환어음과 수표에 있어서는 발행인이 아닌 지급인이 지급을 하므로 발행인과 지급인 사이에 「자금관계」가 필요하고 또 수취인이 지급인에게 지급을 청구할 수 있는 권리가 없으므로, 수취인의 지위를 안정시키기 위하여 환어음에는 인수, 수표에는 지급보증의 제도가 마련되어 있다. 그러나 지급약속증권인 약속어음에는 자금관계가 불필요하고, 발행인이 스스로 지급을 약속하였으므로 인수·지급보증의 제도도 없다.

(라) **기타의 差異**: 환어음과 수표에는 복본제도가 인정되고 있으나(어 64-66, 手 48, 49), 약속어음에는 이 제도가 없다. 또 환어음과 약속어음에서는 그 유통을 조장하기 위하여 등본제도가 인정되고 있으나(어 67, 68, 77 I ⑥), 수표에는 이 제도가 없다.

제2절 어음·手票의 法的性質

1. 要式證券性

어음·수표에는 반드시 기재하여야 할 사항이 법정되어 있어서, 그 하나라

1) 환어음의 인수나 환어음·약속어음·수표의 지급이 거절된 경우에 합동하여 어음금 또는 수표금을 지급할 의무를 부담하는 자로서 주채무자가 아닌 자를 가리키며, 주채무자와 달리 적법한 지급제시 등 상환청구의 요건을 갖춘 경우에만 지급의무를 부담한다.

도 흠결하면 특별한 규정에 의하여 구제되지 않는 한 어음·수표로서의 효력이 발생하지 않는다는 점(어 1, 75, 手 1)에서 가장 엄격한 요식증권이다.

2. 文言證券性

어음·수표상의 권리의 내용은 어음·수표상에 기재된 문언에 따라 결정되고, 어음·수표 외의 사유로써 이를 변경할 수 없다. 따라서 문언을 신뢰하고 어음·수표를 선의로 취득한 자는 증권에 기재되지 아니한 사항을 가지고 의무자로부터 대항을 받지 아니한다(抗辯의 排除).

3. 無因證券性

어음·수표상의 권리는 그 원인인 법률관계와는 무관계이고, 원인관계의 흠결이나 하자(瑕疵)는 어음상의 권리의 존부에 영향을 미치지 아니한다. 그러나 최근 일본에서는 어음행위의 무인성에 대하여 수정을 가하여 일부 어음행위는 유인행위라고 하는 견해가 나오고 있다(二段階說).

4. 指示證券性

어음·수표는 지시식으로 발행된 때는 물론, 기명식으로 지시문구가 없는 때에도 배서에 의하여 양도할 수 있다(법률상 당연한 지시증권). 만일 발행인이 어음·수표의 배서양도를 바라지 아니할 때에는 특히 지시금지(背書禁止)의 뜻을 어음·수표상에 명기하지 않으면 안된다(어 11 II, 77, 手 14 II). 다만 수표는 무기명식·선택무기명식으로도 발행할 수 있고(手 5), 이 때에는 단순한 인도에 의하여 양도할 수 있다.

5. 設權證券性

어음·수표상의 권리는 어음·수표라는 증권상에 어음(수표)행위를 함으로써 비로소 발생한다. 이 점에서 기존의 권리를 체화하는 데 불과한 다른 유가증권과 다르다.

6. 金錢債權證券性

어음·수표는 일정한 금전의 지급을 목적으로 하며, 상품의 급여를 목적으로 하는 것은 인정되지 아니한다. 그러므로 어음·수표에는 일정한 금액을 기재하여야 한다.

7. 그 밖의 性質

어음·수표는 그 밖에도 유가증권이 일반적으로 가지는 提示證券性(어음·수표상의 청구는 현실로 어음·수표를 제시하고 하여야 한다), 相換(還受)證券性(어음·수표의 지급은 어음·수표와 상환으로만 이를 하여야 한다), 免責證券性(어음·수표의 정당한 소지인에게 악의 또는 중대한 과실없이 지급하면 채무자는 면책된다)을 가진다.

제3절 어음·手票의 經濟的機能

1. 支給手段으로서의 機能

(1) 「어음」은 원래 지급수단으로서 발달하여 왔으며, 오늘날에도 국제거래에서는 환어음이 지급수단으로서 이용되고 있고, 국내거래에서도 일정기간 후에 대금을 지급하는 경우에는 대금지급기한을 만기로 하는 약속어음을 발행교부하고 만기에 지급을 하는 일이 많다.

그러나 어음의 지급기능은 궁극적으로 어음채무자의 신용을 기초로 하는 것이므로, 신용기능과 결합하여 지급기능을 수행하고 있다고 할 수 있다.

(2) 이에 반하여 「수표」는 단순한 지급수단으로서 널리 이용되고 있으며, 지급기능이 본래의 기능이다.

2. 信用手段으로서의 機能

「어음」의 주된 기능은 신용수단으로 이용되는 데에 있다. 이에 반하여 수표의 신용증권화는 엄격히 금지되고 있다(手 4 後, 7, 15, 25, 28, 29, 51 등).

(1) 商品의 資金化手段

현재의 신용거래에서는 매도인이 매수인에게 상품을 인도하여도, 그 대금의 지급이 즉시 이행되지 않고, 매도인은 매수인으로부터 매매대금을 어음금액으로 하고, 대금지급기일을 만기로 하는 어음(약속어음 또는 자기앞 환어음으로서 인수된 것)의 교부를 받는 것이 보통이다. 이처럼 공급된 상품의 대금지급을 위하여 발행된 어음을 「商業어음」이라 한다. 상업어음의 경우에는 매수인은 만기까지 자기의 신용을 이용할 수 있고, 한편 매도인은 그 어음을 만기까지 가지고 있다가 어음금의 지급을 받을 수도 있으나, 매도인 자신이 다른 사람에게 지급할 것이 있으면, 이 어음에 배서를 하여 자기의 채무의 변제에 충당할 수 있고, 매도인이 곧 현금을 입수하고 싶으면, 그 어음을 은행 등 금융기관에 배서양도하고, 은행 등으로부터 그 대가를 받을 수도 있다(어음割引). 오늘날에는 위와 반대로 채무자(買受人)가 채권자(賣渡人)로 하여금 채무자를 지급인으로 하여 환어음을 발행하게 하고 스스로 인수를 한 다음에, 채무자의 거래은행으로부터 할인을 받아 은행지로나 수표를 통하여 대금을 즉시 채권자에게 지급하는 예도 있다. 이처럼 어음은 금전지급의 시간적 간격을 극복하고 매수인에게 신용을 창출하는 작용을 한다.

(2) 金融手段

어음은 현실의 상거래에 기하지 않고 단지 금융의 목적으로 발행되는 일도 있는데, 이러한 어음을 「융통(融通)어음」(信用어음)이라고 한다. 융통어음을 수수하는 당사자 사이의 관계는 보통 위임이다. 융통어음(약속어음의 경우)의 발행인은 자기의 반대급여의 이행을 연기받는 형태로 상대방(수취인)으로부터 신용을 받는 것이 아니라(상업어음의 경우는 발행인이 스스로 신용을 받는다), 도리어 상대방에게 신용을 주기 위하여 이를 발행하는 것이 원칙이다.[1)]

융통어음은 크게 두 가지 부류로 나눌 수 있다. 하나는 금융기관에 의하여 전문적인 신용업무의 하나로 행하여지는 것이고(은행이 고객으로 하여금 은행 앞으로 환어음을 발행하게 하고 은행이 이를 인수하는 형태로 행하여지며, 이를 銀行引受라 한다), 다른 하나는 전문적인 금융기관이 아니라 친척 또는 친구 등에 의하여 호의로 인수(환어음) 또는 발행(약속어음)되는 것인데, 후자의 융통어음을 특히 「호의(好意)어음」이라고 부른다. 호의어음은 그 배후에 상거래가 없고 그 금액을 마음대로 정할 수 있으므로 본질적으로 위험이 뒤따른다. 자금을 필요로 하는 두 사람이 서로 상대방에게 융통어음을 발행하는 이른바 「기승(騎乘)어음」 또는 「교환(交換)어음」의 경우에는 위 위험이 현실화한다.

1) 다만 新種企業어음의 경우에는 약속어음의 발행인이 상대방으로부터 스스로 신용을 받는다.

3. 擔保手段으로서의 機能

「어음」은 채권담보를 위하여 담보수단으로서 이용된다. 금전소비대차에 있어서 차용증서에 갈음하여 또는 이와 함께 대주(貸主)가 차주(借主)에게 변제기를 지급기일로 하는 약속어음 또는 인수된 자기앞환어음을 발행하도록 요구하는 일이 있는데(어음貸付), 이 때에는 대여금의 변제기가 도래하면 대주는 소비대차계약에 기하여 반환을 청구할 수도 있고, 어음에 기하여 지급을 청구할 수도 있어서, 대주의 지위는 일층 강력하여진다. 그 밖에도 은행은 상업어음을 담보로 하여 어음대부를 하는 일도 있고(商業어음擔保貸付), 또 당좌대월계약이나 고용계약 등에 의하여 장래 발생할는지도 모르는 채무의 이행을 담보하기 위하여 어음을 받아두는 일도 있다. 이처럼 담보의 목적에 이바지하는 어음을 「담보(擔保)어음」 또는 「공탁(供託)어음」이라고 부른다.

4. 推尋手段으로서의 機能

「어음」은 채권의 추심을 위하여도 이용된다. ① 국제간의 거래에서 매도인 甲이 매수인 乙에 대한 매매대금을 추심하려고 하면, 甲은 乙을 지급인으로 하는 「환어음」을 발행하여 이것을 은행에서 할인받음으로써 곧 대금채권을 추심한 것과 같은 결과를 얻을 수 있고, 어음을 할인한 은행이 만기에 乙로부터 어음금의 지급을 받으면, 甲乙간의 매매대금지급의 관계도 종료한다. 그러나 국제간의 거래에 있어서 甲이 발행한 환어음의 지급성이 보장될 수 없기 때문에 여기에 운송증권의 물적 담보를 결부시켜 「화환(貨換)어음」을 발행하는 것이고, 이것만으로도 담보가 부족하다고 하여 다시 은행의 인적 신용인 「상업신용장(商業信用狀)」을 이용하는 것이 보통이다. ② 이에 반하여 국내거래에서는 「약속어음」이 추심의 기능을 담당하는 수가 있다. 예컨대 매도인이 매수인으로부터 매매대금의 지급을 위하여 약속어음을 교부받고 자기의 거래은행으로부터 위 어음을 할인받으면 매매대금을 추심한 것이 된다.

5. 送金手段으로서의 機能

(1) 「환어음」은 송금수단으로서 이용된다. 예를 들면 서울의 甲이 뉴욕의 乙에게 매매대금의 지급을 위하여 송금을 할 필요가 있는 경우에, 서울의 丙

은행에 현금을 납입하고, 丙은행으로부터 뉴욕에 있는 丙의 지점 또는 거래은행 丁을 지급인으로 하는 환어음을 받아, 이를 乙에게 보냄으로써 송금의 목적을 달성할 수 있다. 이 경우 환어음은 금전지급에 따르는 장소적 간격을 극복하는 작용을 하며, 양국 간의 총송금액과 총수금액의 다소에 의하여 환어음에 대한 수요공급이 변동되어 환시세를 형성하게 된다. 국내거래에 있어서는 수표, 우편환, 전신환 및 온라인 입금과 같은 전자자금이체(電子資金移替. EFT) 등의 송금방법이 주로 이용되고 있으므로 어음의 송금수단으로서의 기능은 그리 중요하지 않다.

(2) 「수표」도 환어음과 같이 송금수단으로서의 기능을 가진다. 송금의 목적을 위하여 이용되는 수표를 「송금수표(送金手票)」라고 한다.

6. 要 約

이상을 요약하면, 환어음은 신용기능을 위주로 하면서, 송금·추심·담보 및 지급의 기능을 가지고, 약속어음은 신용기능을 위주로 하면서 추심·담보 및 지급의 기능을 가지며, 수표는 지급기능을 위주로 하면서 송금의 기능을 가진다.

7. 어음·手票의 濫用

어음·수표는 매우 편리하고 유익한 제도로서 현재의 경제사회에 필요불가결한 것이지만, 그 반면에 이것이 남용되는 폐해도 없지 않다.

(1) 無因性의 濫用

어음·수표는 그것이 발행된 원인이 된 법률관계가 무효이더라도 어음 자체의 효력에는 영향을 미치지 않는다(無因性)는 점을 이용하여, 도박채권이나 폭리행위로 인한 채권의 지급을 받기 위하여 채무자로부터 어음이나 수표의 교부를 받아 이를 선의의 제3자에게 양도하는 등 위법한 목적을 위하여 악용되는 수가 있다.

(2) 要式性의 濫用

법률에 정한 방식(어 1, 75, 手 1)을 흠결한 어음·수표는 원칙적으로 무효로 된다(어 2, 76, 手 2)는 점을 악용하여 일부러 요건이 흠결된 어음·수표를 발행하여 놓고, 그 지급의 청구를 받을 때에는 무효를 주장하여 지급을 거절하는 자가 있다.

그러나 이러한 경우에는 신의칙에 의하여 요건흠결로 인한 무효의 주장을 배척하여야 할 것이다.

(3) 信用機能의 濫用

자금이 없는 자가 함부로 어음이나 수표를 발행하여 소지인에게 손해를 끼치는 경우가 적지 않고, 또 신용이 없는 자가 가공인물의 이름으로 어음을 발행하거나 인수를 하여 이를 할인받는 일도 있으며(虛無어음, 地下室어음), 무자력자들끼리 상거래가 없음에도 불구하고 서로 짜고 각기 상대방을 수취인으로 하는 약속어음을 발행하거나 상대방이 발행한 환어음에 인수를 하여 할인을 받는 일이 있다(交換어음, 騎乘어음). 이것은 부당하게 신용을 남용하는 것이며, 기승어음은 부도가 나기 쉬워 어음소지인을 해하게 된다.

(4) 어음·手票制度의 將來

이러한 어음·수표의 남용을 이유로 하여 어음·수표제도에 대하여 도덕적 또는 계급적 입장에서 강한 비판을 가하는 자도 있으나, 아무리 유용한 제도라고 할지라도 다소의 폐해를 수반하는 것은 면하기 어려울 뿐만 아니라, 어음·수표의 효용은 그 폐해보다 훨씬 크므로, 어음·수표 그 자체의 폐지를 주장하는 것은 타당하지 않다. 다만 어음·수표제도의 폐해에 대하여는 가능한 한 그 방지책을 강구하여야 할 것이고, 항상 법률기술적인 개선을 위하여 노력함과 함께, 어음·수표에 관한 지식의 보급에 힘써, 피해를 최소화하도록 노력하여야 할 것이다.

제4절 어음·手票의 經濟的分類

제1 어음의 經濟的分類

1. 商業어음·融通어음

(1) 意 義

어음발행의 원인으로서 상거래가 있는가 없는가에 따른 분류이다.

① 상업어음은 상거래가 원인이 되어 발행되는 어음이며, 「진정(眞正)어음」, 「실(實)어음」 또는 「상품(商品)어음」이라고도 한다.

② 융통어음은 당사자 간에 매매·도급 등 현실적인 상거래가 없이 오직 자금융통의 목적을 위하여 발행된 어음을 말하며, 「빈어음」·「대(貸)어음」·「차(借)어음」이라고 부른다. 그 가운데 친구·친척 등에 의하여 호의적으로 발행된 경우를 특히 「호의어음」이라고 한다. 자금을 바라는 쌍방이 서로 교환적으로 융통어음을 발행하여 교부하는 경우에 이를 「기승어음」 또는 「교환어음」이라 부르고, 이러한 현상을 어음기승(騎乘)이라 하는데, 어음남용의 한 가지 예이다. 융통어음으로서는 보통 약속어음이 이용되지만, 발행인이 인수한 환어음이 쓰이는 일도 없지 않다. 「기업어음」(C.P.)은 융통어음의 하나이다.

(2) 融通어음의 效力·性質

(가) 原 則: ① 융통어음(好意어음)은 발행인(약속어음) 또는 인수인(환어음)이 수취인에 대하여 금전을 지급할 원인채무가 없이 발행된 것이므로, 「당사자 간」에서는 이러한 사유를 항변으로 대항할 수 있다. 즉 만기에 수취인이 어음금의 지급을 청구하여 오는 경우에는 어음채무자는 융통어음이라는 항변을 내세워 어음금의 지급을 거절할 수 있다.

② 그러나 융통어음이 「제3자에게 배서양도된 경우」에는 사정은 달라진다. 제3취득자가 융통어음임을 모른 경우(선의인 경우)에는 말할 것도 없고, 융통어음임을 알고 취득한 경우(악의인 경우)에도 발행인은 융통어음임을 이유로 하여 어음금의 지급을 거절할 수 없다. 원래 융통어음은 그 발행인이 수취인으로 하여금 이

것을 이용(어음할인 등의 방법에 의하여)하여 금전의 융통을 받을 수 있도록 허용한 것이요, 수취인으로부터 타인의 수중에 넘어가는 것을 당연한 운명으로 하고 있으므로, 융통어음을 발행한 자는 그 어음을 양도받은 제3자에 대하여는 그가 융통어음이라는 사실에 관하여 악의이더라도 융통어음이라는 항변을 대항하여 지급을 거절할 수 없기 때문이다(大判 94. 5. 10, 93 다 58721; 69. 9. 30, 69 다 975·976; 79. 10. 30, 79 다 479 등).

(나) 例 外: ① 융통어음은 그 직접의 당사자 사이에서는 지급의무가 없는 것이 원칙이지만, 서로 상대방으로부터 융통어음을 발행받은 경우(이른바 交換어음의 경우)에, 상대방으로부터 수취한 융통어음이 상대방에 의하여 지급된 때에는, 직접의 상대방에 대하여도 자기가 발행한 융통어음의 어음금을 지급하지 않으면 안된다. 이 경우에는 융통어음의 항변은 불가하다(日最判 54. 4. 2. 民集 8. 4. 782).

② 융통어음은 일단 제3자에게 넘어가면 그 지급을 거절할 수 없는 것이 원칙이지만, 만일 상대방이 그 발행의 융통어음을 지급하지 아니한 때에는, 상대방 발행의 융통어음의 부도를 알면서 자기가 발행한 융통어음을 취득한 제3자에 대하여는 어음금의 지급을 거절할 수가 있다(大判 95. 1. 20, 94 다 50489; 94. 5. 10, 93 다 58721; 90. 4. 25, 89 다카 20740).

③ 융통어음이 재차 이용된 경우에는 발행인은 이를 인적 항변으로 대항할 수 있다(日最判 65. 12. 21. 民集 19. 9. 2300).

(다) 抗辯의 性質: 융통어음의 항변의 성질에 관하여 종래의 통설은 이를 인적 항변의 일종으로 보아 왔으나, 이는 인적 항변과는 다른 별개의 항변의 유형으로 보는 것이 옳다(後述함).

2. 貸付어음·割引어음·擔保어음

이것은 주로 은행거래와 관련하여 어음이 수수되는 목적에 따른 분류이다.

(1) 「대부어음」은 금전소비대차에 있어서 그 지급을 확보하고 또 차용증서로 대용하기 위하여 차주가 대주에게 교부하는 어음을 말한다.

(2) 「할인어음」은 은행 또는 사채업자로부터 할인받은 어음을 가리킨다. 어음의 할인이라 함은 아직 만기가 도래하지 않은 어음의 소지인이 만기까지의 이자를 어음금액에서 공제한 금액을 지급받고 그 권리를 양도하는 거래를 말한다. 일단 할인한 어음을 다시 할인하는 것을 재할인이라 한다.

(3) 「담보어음」은 현재의 채무 또는 장래 발생할지도 모르는 채무의 이행

을 담보하기 위하여 발행되는 어음이며, 「공탁어음」이라고도 한다. 보통 배서금지의 기재를 하고 수취인에게 교부한다. 어음금지급을 위하여 물적 담보가 있는 「담보부어음」과 구별하여야 한다.

3. 企業어음·仲介어음·(표지)팩토링어음·貿易어음

(1) 기업어음(C. P.)[1]은 우량적격업체가 자금융통의 목적으로 발행한 어음을 단기금융회사 또는 종합금융회사가 매입하여 다시 일반투자가에게 매출하는 것 가운데 일정한 내용을 가진 것을 말하며, 보통 약속어음의 형식으로 발행된다. 그러므로 C. P.는 법률적으로는 약속어음의 일종이고, 경제적으로는 융통어음의 범주에 속하는 것이다. 금액(1,000만원), 만기까지의 기간(30일 이상 270일 이내), 중도환매와 보증의 가능성 등의 차이에 따라 「고정금리 기업어음」과 「자유금리 기업어음」으로 나누어진다. 종래에는 이를 「신종기업어음」이라고 하였다.

C. P.를 둘러싼 법률관계 가운데에서 특히 문제가 되는 것은 C. P.가 부도된 경우에 일반투자가인 어음소지인과 이를 매출한 종금사 등과의 관계이다. 종금사는 무담보배서의 방법에 의하여 일반투자가에게 이를 매출하므로, 어음소지인이 종금사에 대하여 어음상의 책임을 물을 수 없다. 그 밖에 일반투자가가 종금사에 대하여 원인관계상의 책임(매도인의 하자담보책임, 발행회사의 신용도에 대한 조사에 있어서의 과실 또는 그 신용도에 관한 진실에 반한 설명 등을 원인으로 한 불법행위책임, C.P.의 매매가 소비대차의 성질도 兼有한다고 보아 차주로서의 변제책임 등)을 물을 수 있느냐가 문제된다. 판례는 이 가운데 불법행위로 인한 손해배상책임의 발생가능성만을 제한된 범위 내에서 인정하고 있을 뿐이다(大判 2006. 6. 29, 2005다49799; 77. 9. 13, 77 다 1210; 大決 84. 11. 15, 84 다카 1227).

(2) 중개어음은 우량적격업체가 발행한 어음을 종금사의 중개로 고객이 직접 매입하는 경우의 어음을 가리킨다. 기업어음의 경우에는 우량적격업체가 발행한 어음을 종금사가 일단 매입하였다가 이를 다시 고객에게 매출하는 것임에 반하여, 중개어음의 경우에는 종금사가 이를 매입·매출하는 것이 아니라 발행인인 우량적격업체와 수취인인 고객 사이에서 매매의 중개를 할 뿐이다. 발행금액이 1000만원 이상이고, 만기는 30일 이상 180일 이내에서 정하여진다. 중도해약은 불가하고 재중개에 의하여만 처분할 수 있다.

(3) 표지팩토링어음은 종금사 등이 자신이 보유하고 있는 원어음인 팩토링

---

1) C. P.는 commercial paper의 약자이다.

어음을 근거로 하여 발행하여 고객에게 매출하는 어음을 말한다. 「표지(表紙)어음」(cover note)의 일종이다. 발행금액은 500만원 이상이고, 만기는 발행일로부터 180일 이내이다. 종금사가 직접 발행하는 어음이므로 안전성을 갖추고 있고, 중도해약이 가능하므로 환금성도 구비하고 있다. 원어음인 팩트링어음은 종래의 상업어음을 할인에 의하여 종금사가 취득한 것, 즉 종금사가 팩토링의 수단으로 할인·취득한 상업어음을 가리킨다. 이것은 금액, 만기가 일정하지 아니하며 직접 고객에게 매출하기 어려우므로, 이를 근거로 하여 고객의 수요에 따를 수 있는 표지팩토링어음을 발행하게 되는 것이다.

(4) 무역어음은 해외금융기관(수입상의 거래은행)이 개설한 취소불능 화환신용장 또는 이에 근거한 내국신용장을 받은 수출업체가 소요자금을 조달할 목적으로 수출상품을 선적하기 전에 수출대금인 신용장상의 금액의 범위 내에서 인수기관을 지급인으로, 자기자신을 수취인으로 하여 발행한 환어음을 가리킨다. 발행인 겸 수취인인 수출업자는 인수기관으로부터 인수를 받은 뒤에 이를 중개기관에 양도하여 어음할인의 방법으로 현금을 입수한다. 수출업체는 선적을 끝내면 즉시 신용장조건에 따라 환어음을 발행하고 선적서류와 함께 이를 무역어음인수기관에 인도하고 인수기관은 이 서류를 가지고 신용장개설은행 또는 다른 금융기관으로부터 수출대금을 받아 무역어음의 만기결제자금을 상환하고 나머지를 수출업체에 지급한다. 무역어음은 상거래가 원인이 되어 발행되므로 상업어음의 일종이고, 그 형식이 환어음이라는 점에서 기업어음과 구별된다. 발행금액은 500만원 이상 10만원 단위로 발행되며, 만기는 발행일로부터 180일 이내이다.

4. 貨換어음(荷換어음)

이에 관하여는 어음의 실질관계에서 자세히 설명한다.

5. 그 밖의 分類

(1) 委託어음

발행인이 타인(委託者)의 계산으로 발행한 어음을 말한다.

(2) 延期어음(新어음)

이미 발행된 어음(舊어음)의 만기가 도래하였을 때 당사자가 합의하여 그 지급을 연기하기 위하여 발행된 어음이며, 「개서(改書)어음」이라고도 한다.

(3) 뵈는 어음

발행인이 어음채무를 부담할 의사없이 또 어음이 유통될 것을 예상하지 아니하고, 단지 수취인의 대외적 신용을 높이거나 결산상 장부를 맞추는 등 제3자에게 보이기 위하여 발행하는 어음을 말하며, 「보이기 어음」이라고도 한다. 뵈는 어음의 경우에는 어음을 작성하여도 어음상의 권리는 발생하지 아니하므로, 그것이 약속에 반하여 제3자의 수중에 들어가더라도 제3자가 악의인 때에는 발행인은 어음상의 책임을 지지 아니한다. 그러나 제3자가 뵈는 어음이라는 사실에 관하여 선의인 때에는 발행인은 유효하게 어음상의 권리가 발생한 듯한 외관을 발생시켰으므로 어음상의 책임을 면하지 못한다(日最判 50. 2. 10, 民集 4. 2. 23).

(4) 딱지어음

딱지어음이란 어음을 발행하는 사람이 만기에 그 어음이 지급될 가능성이 없다는 점, 즉 부도가 나리라는 사정을 알면서 발행하는 어음을 가리킨다. 대법원은 딱지어음을 발행하는 것은 수취인에 대한 관계에서 사기죄를 구성한다고 보고 있으나, 최후소지인에 대한 관계에서는 발행인이 최후소지인의 전자들과 사이에 공범관계에 있다는 등의 특별한 사정이 없는 한 사기죄를 구성하지 않는다고 본다(大判 2005. 10. 13, 2005도4589; 1998. 2. 10, 97도3040; 2005. 4. 15, 2005도652 등). 이러한 딱지어음도 어음요건을 구비하는 한 어음법상으로는 유효한 어음이다. 따라서 이 어음에 기명날인한 자는 어음상의 책임을 진다.

(5) 單名어음·複名어음

「단명어음」은 어음상의 채무자의 수가 1명인 어음이며, 담보없이 자금을 융통하는 수단으로 이용된다. 약속어음의 경우는 발행인 한 사람이 어음채무자이고 수취인은 은행이며 배서가 없는 것을 가리키고, 환어음의 경우는 발행인이 동시에 지급인이면서 인수인인 어음으로서 은행을 수취인으로 한 것을 말한다. 이에 반하여 「복명어음」은 어음채무자가 다수인 어음이며, 어음할인의 경우에 많이 이용된다.

(6) 不渡어음

환어음의 지급인·인수인 또는 약속어음의 발행인이 지급을 거절한 어음이다.

(7) 預金어음

은행으로부터 예금을 찾아 다른 사람에게 교부하고자 하는 자가 이에 따르는 위험과 번잡을 피하기 위하여 그에 해당하는 금액의 증권을 수취하는 경우에 이를 예금어음이라 한다. 이는 법률상의 어음이 아니다.

제2 手票의 經濟的分類

1. 當座手票·家計手票

당좌수표는 사업을 경영하는 개인 또는 법인이 은행과 당좌거래계약을 체결하고 발행하는 수표이고, 가계수표는 사업을 경영하지 않는 개인이 은행과 가계종합예금거래계약을 체결하고 발행하는 수표를 말한다. 외국의 「개인수표」(personal check)에 해당한다. 수표의 금액에 일정한 제한이 있으나, 법률적 성질은 보통의 수표와 같다.

2. 保證手票·쿠퐁

보증수표는 이른바 「自己앞手票」, 즉 발행인이 지급인을 겸하는 수표이고(그 상세한 설명은 수표법으로 미룬다), 쿠퐁(coupon)은 소액의 정액 자기앞수표를 여러 장 묶은 수표철(綴)을 말한다.

3. 旅行者手票

여행자수표(traveler's check: T/C)는 해외여행자들이 현금의 휴대에 따르는 위험을 피하기 위하여 이용하며, 여행지에서 그 곳의 화폐로 현금화할 수 있는 유가증권이다(상세한 설명은 수표법으로 미룬다).

4. 郵便手票

우편수표는 체신관서의 우편대체계좌에 가입한 자가 체신관서를 지급인으로 하여 발행하거나 우편대체관서가 자기를 지급인으로 하여 발행하는 수표를 말한다(상세한 것은 수표법의 설명으로 미룬다)[1].

---

1) 예산회계법의 개정(2002. 12. 30)과 폐지(2006. 10. 4)에 따라 국고수표의 제도는 폐지되고,

5. 先日字手票·後日字手票

선일자수표는 실제 발행된 날짜보다 후의 날짜를 발행일자로 한 수표이며, 「연수표(延手票)」라고도 한다. 이에 반하여 후일자수표는 실제 발행된 날짜보다 앞의 날짜를 발행일자로 한 수표이다.

6. 기타의 分類

위탁수표(委託手票)는 발행인이 타인의 계산으로 발행한 수표이고, 송금수표(送金手票)는 은행이 그 본지점간 또는 거래은행을 상대로 하여 송금의 목적으로 발행한 수표이다.

제5절 어음·手票制度의 沿革

(1) 유럽에서 발생한 어음의 기원에 관하여는 로마법의 자필증서 또는 8세기경의 아라비아의 제도 등을 지적하는 견해를 비롯하여 여러가지 학설이 있으나, 12세기경 이탈리아 및 중부유럽의 도시에서 환전상이 송금의 목적으로 발행한 증서를 그 기원으로 보는 견해가 통설로 되어 있다. 즉 중세후기에 상거래의 증대와 여행객의 증가(예컨대 도이칠란트의 법학도가 이탈리아의 대학에 유학하는 등) 및 교회의 건설을 위하여 많은 돈이 로마와 아비뇽 등지로 송금되어야 하였다. 그러나 당시 금전의 수송은 많은 비용과 위험을 수반하였고, 또 각국은 금전의 수출을 금지하고 있었고, 게다가 각지의 金種이 서로 달랐다. 이러한 사정 하에서 어음이 송금과 금종교환의 목적으로 환전상에 의하여 이용되었다. 예컨대 플로렌스의 상인이 베니스로 송금을 하려고 하면, 그는 플로렌스의 환전상에게 화폐를 지급하고, 위 환전상은 위 금전을 수령하였다는 뜻 및 베니스에서 베니스의 화폐로 해당금액을 지급할 것을 약속하는 뜻의 증서(支給約束書)를 교부하였는데, 이 증서가 오늘날의 약속어음의 원형이라고 생각되고 있다. 그런데 플로렌스의 환전상은 베니스에서 스스로 지급할 수가 없으므로, 그는 그와 거래관계가 있는 베니스의 환전상에게 지급을 위탁하는 지급위탁서를 첨부하여 고객에게 교부하게 되었다. 그리하여 지급약속서에 지급위탁서가 부가하게 되었고, 이 문서를 수령한 플로렌스의 상인은 이를 베니스에 있는 송금수취인에게 송부하고 송금수취인은 이를 베니스의 환전상에게 제시하여 베니스의 화폐로 지급을 받음으로써 송금과 환전의 작용을

지출업무를 전자화하였다.

다하게 되었다. 환어음이 위 두 문서의 결합으로부터 발전하였는지 또는 독립적으로 발전하였는지 혹은 위 두 문서의 어느 하나로부터 발전하였는지에 관하여는 아직 법사학적으로 충분히 규명되어 있지 않으나, 위 지급위탁서와 관련하여 14세기경에 환어음이 성립한 것으로 풀이되고 있다.

어떻든 유럽 각지의 환전상들은 프랑스의 샹파뉴나 리용 같은 커다란 시장에 모여 어음의 청산을 하였고, 어음법은 이들 환전상 및 시장법원의 판결을 통하여 점차 통일적으로 발전하였다. 그런데 당시 교회법에서는 이자를 금지하였으므로 신용의 목적을 위하여 어음을 이용하는 것은 허용되지 아니하였고, 어음금액에는 환전상의 수고와 현금수송에 따르는 비용만을 포함시킬 수 있었다. 그리하여 곧 어음은 이지(異地)간의 것만이 허용되게 되었고, 이자금지의 영향으로 약속어음은 배척되기에 이르고, 환어음이 약속어음을 압도하고 발달하였다.

어음이 금전지급의 기능만을 담당하고 환전상에 의하여만 이용되던 동안에는 어음의 유통은 불필요하였으나, 16세기 이후로는 상인들이 점차 스스로 어음을 발행하게 되었다. 동시에 어음의 수취인을 미리 확정시키지 말아야 할 필요성이 등장하였다. 그리하여 어음 위에 권리자를 지정하되 지시문구를 첨가하게 되었고, 이와 관련하여 배서제도가 생겨났다. 그리고 뒤에는 지급인에 의한 인수제도도 생겨났다. 그리고 어음의 유통이 빈번하여지자 거래의 안전보호와 항변의 배제가 요청되어 이에 관한 관습법이 발생하였고, 환전상과 시장의 역할이 줄어듦에 따라 성문의 어음법이 제정되기에 이르렀다. 그러나 당시 도이칠란트는 수많은 도시와 영토가 각각 독자적인 어음법을 가지고 있어서 19세기 중엽 어음법을 통일하기까지에는 56개나 되는 상이한 어음법이 존재하였다고 한다. 그러다가 어음법의 통일이 요구되자 1847년 라이프치히(Leipzig)에서 어음법 통일을 위한 회의가 열려, 보통도이칠란트어음조례(Allgemeine Deutsche Wechselordnung)가 성립되어 1848년 연방법으로 공포되기에 이르렀고, 대부분의 방(邦)이 이를 채택하였다. 이 조례는 1871년 제국법이 되었다가 1934년 현행 도이칠란트어음법에 의하여 대체되기까지 시행되었다. 이 도이칠란트어음조례는 많은 다른 나라, 특히 스위스, 스칸디나비아제국, 러시아, 일본 등의 입법의 모형이 되었다(그 이후의 어음제도의 발전에 관하여는 뒤의 어음법·수표법의 연혁을 참조할 것).

(2) 수표는 어음과 전혀 다른 기원을 가지고 또 발달의 경로도 달리하고 있다. 수표의 기원에 관하여도 견해의 대립이 없는 바는 아니지만, 대체로 수표는 13·14세기경 영국·도이칠란트 등에서 왕후·도시 등이 현금의 지급을 요하는 경우에 그 출납관 또는 채무자 앞으로 지급명령서를 발행하여 지급의 위탁을 하였는데, 이것이 수표의 기원이라고 하는 설이 유력하다. 그러나 이 지급지시는 공권적 기초에 의한 것이므로 이를 수표의 기원으로 보는 것은 부적당하지 않을까 생각한다. 현재의 수표제도는 14세기경 이탈리아에서 발생하여 네덜란드를 거쳐 영국으로 건너가 17세기경부터 크게 발전을 본 것이 그 기원이라고 생각된다. 영국에서는 현금을 환전업자

임과 동시에 금은업자인 자에게 맡기고, 필요가 있으면 그 사람 앞으로 지급위탁서를 발행하여 지급을 하여 오다가, 곧 금은업자로부터 발달한 은행 앞으로 이를 발행하게 되었다. 그리하여 18세기말에는 어음교환소가 설립되고 집단적 결제가 행하여지게 되고 수표의 이용이 점점 보급되었다. 이렇게 하여 영국에서 발달한 수표제도는 19세기 중엽에 다시 대륙제국에도 보급되게 되었다.

제 2 장

어음法·手票法

제1절 어음·手票法

(1) 넓은 의미로 어음법·수표법이라 함은 어음·수표에 관한 사법법규의 전체를 말하며(實質的意義의 어음법·수표법), 좁은 의미로 어음법·수표법이라고 하면 어음·수표의 특질 및 그 거래의 필요에 응하기 위하여 특히 마련된 어음·수표에 특유한 규정을 말한다(形式的意義의 어음법·수표법).

(2) 형식적 의의의 어음법·수표법은 1961. 1. 20. 법률 제1001호로 공포된 어음법(1995. 12. 6. 법률 제5009호, 2007. 5. 17. 법률 제8441호, 2010. 3. 31. 법률 제10198호로 개정)과 같은 날 법률 제1002호로 공포된 수표법(1995. 12. 6. 법률 제5010호, 2007. 5. 17. 법률 제8440호, 2010. 3. 31. 법률 제10197호로 개정)을 가리킨다. 실질적 의의의 어음법·수표법에는 위에 말한 형식적 의의의 어음법·수표법 외에 일반 민상법의 규정으로서 어음·수표관계에 적용되는 것(能力, 表見代理, 意思表示, 權利의 一般消滅事由 등에 관한 것), 즉 민사어음법·수표법과 거절증서령(1970. 4. 15. 大統領令 제4919호)이 포함된다.

(3) 어음·수표의 거래를 규율하는 법규는 위에 말한 사법 외에도 형법(유가증권위조에 관한 규정, 刑 214~217), 부정수표단속법(법률 제645호), 행정법(인지첩용에 대한 규정, 印紙稅法 2), 민사소송법(어음에 관한 소의 특별재판적에 관한 규정, 어음·수표에 관한 가집행선고에 관한 규정, 공시최고절차에 관한 규정, 증권상의 채권의 강제집행에 관한 규정, 民訴 9, 213 但, 475 이하, 民執 233 등), 채무자 회생 및 파산에 관한 법률(102, 123, 333, 393), 섭외사법(34~43) 등의 공법에도 존재하지만, 이것들은 어음·수표법에 포함되지 아니한다.

제2절 어음法·手票法의 沿革

(1) 어음법·수표법은 당초에는 관습법의 형태로 성립하였다가, 어음에 관하여는 17세기 후반(1673년의 프랑스의 商事條例를 효시로 한다) 이래로, 수표에 관하여는 19세기 후반(1865년의 프랑스법이 효시이다) 이래로, 각국에서 제정법이 잇달아 제정되었다.

(2) 입법예로서는 종래 프랑스법계, 도이칠란트법계 및 영미법계가 대립하여 왔다. 프랑스법계는 어음관계와 그 실질관계를 엄격히 구별하지 않고, 어음상의 권리와 원인관계와의 관련을 유지하여 온 것이 특징이고, 도이칠란트법계는 실질관계로부터 어음관계를 엄격히 분리하고 또 형식주의적인 것이 특징이었으며, 영미법계는 도이칠란트법에 비하여 어음·수표의 기재요건이 엄격하지 않고, 어음에 관하여 분할지급을 인정하였으며, 위조의 서명이 있는 어음 또는 수표에 관한 선의취득 및 선의의 지급인의 면책을 인정하지 않는 점에 있어서 큰 차이를 보이고 있었다.[1)]

(3) 도이칠란트에서는 전술한 바와 같이 19세기 중엽까지 각 방, 각 도시가 각각 고유한 어음법을 가지고 있다가(1843년경에는 56개의 어음법이 존재하였다), 어음법의 통일에 대한 요구가 높아지자 1848년 「보통도이칠란트어음조례」(Allgemeine Deutsche Wechselordnung)가 제정되어 국내통일법의 성립을 보게 되었다. 1908년에 이것에 수정을 가한 어음조례가 제정되었고, 같은 해에 수표법도 성립하였다. 프랑스에서는 위에 말한 1673년의 상사조례를 기초로 하여 1807년에 나폴레옹에 의하여 상법전(Code de commerce)이 제정되었고, 어음법은 그 일부로서 존재하였다. 영국에서는 어음법이 오랫동안 관습법으로 발달하여 오다가 1882년에 종래의 관습법·특별법령·판례 등을 수집정리한 어음법(Bills of Exchange Act, BEA)이 제정되었고, 수표도 환어음의 일종으로서 그 가운데 규정되어 있다. 그 후 1917년과 1957년에 어음법을 보완하는 법률이 제정되었으며, 선의의 지급은행의 면책을 규정하고 있는 점이 과거와 다르다. 미국에서는 19세기말까지 판례법 외에 각 주별로 주법에 의하여 어음·수표를 규제하여 온 관계로 매우 불편하였으므로, 통일주법위원회가 영국법을 참조하여 1896년에 통일유통증권법을 마련하였고, 모든 주가 이를 채택하여 드디어 통일법이 실현되었다. 그러다가 1952년 통일상법전(Uniform Commercial Code) 제3장 유통증권(流通證券. Negotiable Instruments)에서 판례의 이론을 가미하여 새로 규정을 하였고, 몇 차례의 개정을 거쳐, 미국의 어음·수표에 관한 법을 근대화·명료화하고 재구성하였다.

---

1) 어음상의 권리와 약인(約因. consideration)이 이론상 분리되지 않았지만 이 점에 있어서는 실질상 도이칠란트법과 큰 차이는 없었다.

(4) 위에 말한 프랑스, 도이칠란트 및 영미의 각 어음법은 모두 모범적인 것이므로, 세계의 여러 나라들이 그 어느 하나를 모범으로 하여 어음법을 제정한 결과 세계의 어음법은 대체로 위의 세 법계로 나누어져 있었다. 그러나 국제 간의 거래가 활발하여짐에 따라 이처럼 각국의 어음법이 상이한 것은 여러가지로 불편함이 드러나게 되었고, 그리하여 어음·수표법에 관한 국제적 통일을 위한 운동이 일어났다. 즉 1880년대에 국제법협회, 국제법학회 등에 의하여 수차 통일어음법안이 발표되었고, 1910년, 1912년에 네덜란드정부 주최하에 헤이그(Hague)에서 어음법통일을 위한 국제회의가 개최되었다. 거기에서 통일어음규칙을 정하여 이에 관한 조약의 제정에 성공하였다. 1912년 회의에서는 수표법의 통일에 관하여도 토의하여, 수표법통일규칙의 초안을 결의의 형식으로 가결하였다. 그러나 1914년에 제1차 세계대전이 발발하여 그 실시를 보지 못하였다. 그러다가 제1차 세계대전 종료 후에 다시 통일운동이 일어났다. 1920년 국제연맹의 경제위원회에서 어음법·수표법의 통일문제가 연구되기에 이르렀고, 수차의 회의 끝에, 국제연맹 주최 하에 1930년 및 1931년에 제네바(Geneva)에서 어음법통일회의 및 수표법통일회의가 개최되어 통일조약의 성립을 보았다. 그리하여 제네바통일조약에 참가한 제국은 차례로 위 조약에 기하여 종래의 어음법·수표법을 개정함에 이르렀다. 도이칠란트는 1933년에 통일조약에 의거한 어음법·수표법을 제정하였고(1934. 4. 1. 부터 시행), 프랑스는 1935년에 어음법의 개정과 새 수표법의 제정을 하였고, 유럽의 여러 나라도 통일조약에 의거한 입법을 하였다. 우리 나라와 일본도 통일법에 따라 어음법과 수표법을 제정하였다. 그러나 영국·미국 및 기타의 영미법계의 제국은 처음부터 통일조약에 참가할 의사가 없었기 때문에 이 통일조약을 따르지 않고 있다. 그리하여 현재에는 세계의 어음법·수표법은 제네바통일조약 이전의 3법계의 대립에 갈음하여, 제네바통일조약을 따르는 통일법계와 영미법계의 2법계로 나누어져 있고, 따라서 아직은 진정한 세계통일법이 성립하지 못한 상태에 있다. 통일어음법은 도이칠란트법계와 프랑스법계 등 대륙법계를 통일한 것이고, 특히 도이치칠트법적 색채가 농후하다. 그러나 도이칠란트법과 프랑스법 사이의 근본적 차이점은 유보사항으로 되어 있어서, 통일법 채용 후에도 도이칠란트법계와 프랑스법계 사이에는 아직도 중요한 차이가 남아 있음을 주의하여야 한다.

(5) 최근에 국제거래가 빈번하여지고 그 거래량이 방대하여짐에 따라 국제적 결제수단인 어음과 수표에 관한 통일적 규율이 매우 긴요하게 되자, 국제연합 국제무역거래법위원회(The United Nations Commission on International Trade Law: UNCITRAL)에서 국제환어음 및 약속어음에 관한 협약안을 성안하여 오랫동안 심의한 끝에 1989. 12. 9. 제43차 UN총회(43/165)에서 최종적으로 「국제환어음및국제약속어음에관한유엔협약」(United Nations Convention on International Bills of Exchange and International Promissory Notes)을 채택하였다. 그러나 이것은 각국의 어음법 자체를 통일하려고 하는 것이 아니고, 국제어음으로 작성된 것에 한하여만 적용되는 법규이다(상세한 내용은 후술한다).

제3절 어음法·手票法의 任務와 特色

제1 어음法·手票法의 任務

어음법·수표법은 유가증권법으로서 유통성의 확보를 기본적 이념으로 하고 있다. 그런데 어음·수표의 유통성을 확보하기 위하여는 지급의 확실성이 보장되어야 한다. 이처럼 유통성의 확보와 피지급성의 확보라는 두 가지 요청을 조화있게 실현하는 것이 어음법·수표법의 임무로 되어 있다.

제2 어음法·手票法의 特色

어음법·수표법은 유가증권법의 하나로서, 강행법적·기술적·형식적·통일적 성질을 가지고 있다. 즉 ① 어음·수표는 많은 사람 사이를 전전유통하므로 그 유통성을 확보하기 위하여 그에 관한 규정을 당사자가 자유로 변경할 수 없도록 하여 이를 강행규정으로 하고 있다. ② 또한 어음·수표는 금전의 지급이나 신용의 이용을 위한 수단으로서 안출된 기술적 제도이므로, 이에 관한 법규도 극히 기술적이고 윤리적 색채가 희박하다. ③ 그리고 어음·수표는 많은 사람 사이를 유통하므로 이에 관한 법률관계는 그 증권을 중심으로 하여 형식적으로 해결될 것이 요구되고, 그리하여 이에 관한 법은 형식적인 성질을 가진다. ④ 또한 어음·수표는 그 유통이 국제적이고, 비윤리적·기술적인 제도이므로 이에 관한 법적 규율은 세계통일적인 경향을 띠고 있다. 위에 말한 어음법·수표법에 관한 통일조약도 이러한 경향의 소산이다.

제 3 장
어음·手票上의 權利의 成立(어음理論)

제1절 總 說

어음(수표)에 체화(體化)된 권리 또는 어음(수표)채무의 발생·성립에 관한 논의를 어음이론 또는 어음학설이라고 한다. 19세기에 이르러 여러가지 어음채무의 발생원인을 통일적으로 설명하기 위하여 갖가지 어음이론이 제창되어 개념법학의 정화(精華)라고 할 만큼 많은 어음이론이 주장되어 다투어졌으나, 오늘날에 와서는 점차 학자들의 관심을 벗어나고 있다. 그러나 어음이론은 오늘날에 있어서도 여전히 중요한 문제이고, 특히 교부계약의 흠결과 관련하여 실제적으로 중요한 의미를 가지고 있음을 간과하여서는 안된다.

제2절 중요한 어음理論

[設例 1] 甲은 어음의 필수적 기재사항을 기재하고 기명날인 또는 서명을 하여 어음을 작성한 후 이를 수취인 乙에게 교부하였다. 乙이 금치산자인 경우에 甲의 어음상의 채무의 효력 여하.

[設例 2] 甲은 어음의 필수적 기재사항을 기재하고 기명날인 또는 서명을 하여 어음을 작성한 후 아직 수취인 乙에게 교부하지 않고 책상서랍에 보관하고 있는 동안에, 丙이 이를 절취하여 乙의 배서를 위조한 후 자기가 피배서인으로서 다시 선의이며 중과실이 없는 丁에게 배서양도하였다. 甲은 丁에 대하여 어음상의 채무를 부담하는지 여부.

[設例 3] 甲은 어음의 필수적 기재사항을 기재하여 어음을 작성한 후 수취인 乙에게 교부하기 위하여 乙 앞으로 이를 우송하였던 바, 우송 도중에 丙이 이를 절취하여 乙의 배서를 위조한 후 자기가 乙로부터 배서받은 양하여 선의이며 중과실이 없는 丁에게 배서양도하였다. 甲은 丁에 대하여 어음상의 채무를 부담하는지 여부.

위 세 가지 설례의 경우에 甲이 발행인으로서 어음상의 채무를 부담하는가, 환언하면 위 경우에 어음상에 유효하게 권리가 결합되어 어음상의 권리가 성립하였는가 아닌가를 판단함에 있어서는 어음이론으로서 어떠한 입장을 취하는가 하는 것이 결정적인 기준이 되는 것이다.

잡다한 어음이론을 크게 나누면 계약설, 단독행위설 및 절충설로 3분할 수 있다. 계약설의 대표적인 것은 교부계약설이고, 단독행위설의 대표는 창조설이며, 그 아류(亞類)로서 발행설이 있다. 절충설에도 여러 갈래가 있으나, 권리외관설 및 2단계설을 그 대표로 꼽을 수 있다.

1. 交付契約說(契約說)

(1) 어음상의 권리의 성립을 위하여는 증권의 작성 외에 기명날인 또는 서명을 한 자와 상대방 사이에 교부계약이 필요하다고 보는 견해이다. 이에 의하면, 어음채무도 일반 채무와 마찬가지로 당사자간의 계약에 의하여 발생하지만, 위 계약은 어음의 수수가 따르는 요식행위로서, 어음증권이 상대방에 교부되어 도달하는 외에 상대방의 수령능력과 승낙의 의사표시를 필요로 한다(民 112, 531).[1)]

(2) 이 설에 의하면 유효한 증권의 교부가 필요하므로, 어떠한 이유에 의하여서든 증권의 교부가 행하여지지 않은 경우(交付契約의 欠缺)에는 어음상의 권리의무는 발생하지 아니하고, 따라서 어음에 기명날인 또는 서명을 한 자는 선의의 어음소지인에 대하여도 어음채무를 부담하지 않는 것으로 된다. 또한 증권의 교부는 교부계약의 이행으로서 행하여져야 하므로, 어음에 기명날인 또는 서명을 한 자가 어음능력을 가져야 할 뿐만 아니라, 어음교부의 상대방도 의사표시를 수령하고 승낙의 의사표시(民 112, 531)를 할 수 있는 능력을 가져야 한다. 따라서 기명날인 또는 서명을 한 자가 무능력자인 경우는 교부계약을

1) 어음채무자가 직접의 당사자 이외의 후자(수취인 다음의 소지인)에 대하여도 어음채무를 부담하는 것을 설명함에 있어서는 견해가 갈라진다(第3者를 위한 契約說, 承繼說, 背書人媒介說, 更改說 등).

취소할 수 있고, 교부의 상대방이 무능력자인 경우에도 교부계약을 취소할 수 있는 것이 원칙이지만, 어음의 교부계약은 상대방에 대하여는 어음상의 권리만을 취득하는 행위에 해당되므로, 미성년자와 한정치산자의 경우에는 교부계약은 유효하게 성립한다(금치산자의 경우에만 취소가 가능하다).

2. 創 造 說

어음상의 권리의 성립을 위하여는 증권의 작성, 즉 창조만 있으면 충분하다는 견해이다. 이에 의하면, 어음채무자가 방식을 갖춘 어음증권에 기명날인 또는 서명을 함으로써 어음채권과 채무가 성립한다. 즉 어음행위는 어음채무자로 될 자가 불특정다수자에 대하여 일방적으로 채무부담의 의사표시를 함으로써 성립하는 단독행위이고, 증권의 교부는 필요하지 않다고 한다.[1] 창조설의 아류에 속하는 것으로서 다음의 발행설이 있다.

3. 發 行 說

어음상의 권리의 성립을 위하여는 증권의 작성 외에 기명날인 또는 서명을 한 자의 의사에 의한 증권의 점유이전이 필요하다고 보는 견해이다. 어음행위의 성립을 위하여 교부계약이 필요하지 않은 점에서 교부계약설과 다르고, 기명날인 또는 서명을 한 자의 의사에 기한 어음의 점유이전을 필요로 하는 점에서 창조설과 다르다. 발행설은 다시 증권의 작성후 어음행위자가 그 의사에 기하여 「어음교부의 상대방」에게 어음을 교부함으로써 어음채무가 성립한다는 견해와 어음교부의 상대방인가 아닌가는 묻지 않고 어음행위자의 의사에 기하여 「누구에게든」 어음의 점유가 이전되면 어음채무가 성립한다는 견해로 나누어진다. 앞의 견해는 교부계약설과 유사하지만, 점유이전행위는 단독행위로서 상대방의 수령능력과 승낙의 의사표시를 요하지 않는 점에서 교부계약설과 구별된다. 이처럼 발행설은 결과에 있어서 교부계약설과 창조설의 중간적 견해이나, 어음행위는 증권의 작성후 기명날인 또는 서명을 한 자의

1) 이처럼 일방적인 행위에 의하여 발생한 채무에 관하여 어음상의 채권자를 어떻게 정할 것인가에 관하여는 다시 견해가 갈라진다. 즉 어음상에 채권자로 지정된 자가 善意인가 惡意인가를 불문하고 어음의 점유를 취득하면 족하다고 풀이하는 설(純正創造說 또는 占有取得說), 어음의 점유를 선의로 취득한 자만을 어음채권자라고 하는 설(善意說) 및 어음증권의 소유권을 취득한 자일 것을 요한다는 설(所有權取得說) 등이 있다.

의사에 기하여 어음의 점유이전을 하는 행위, 즉 발행에 의하여 성립하는 일방적 행위(單獨行爲)라고 보는 점에서 근본적으로는 창조설의 변종에 불과하다.

4. 二段階說(修正創造說)

(1) 어음의 발행은 증권의 작성과 교부라는 2단계의 행위로 이루어지며, 그것은 단독행위와 계약의 양 요소를 가지는 것으로 본다. 즉 제1단계의 「증권의 작성」은 기명날인 또는 서명을 한 자의 단독행위이며(이것은 無因行爲라고 한다), 이 때에 기명날인 또는 서명을 한 자가 어음채무를 부담하면서 이 채무에 대응하는 권리가 성립하고, 그 권리는 증권과 결합됨에 이른다. 제1단계, 즉 어음을 작성하여 아직 상대방에 교부하기 전의 상태에 있어서는 어음의 작성자 자신이 어음의 권리자임과 동시에 채무자로서, 현실로 그 권리를 행사할 수는 없지만, 이를 처분할 수는 있는 상태에 있다고 한다. 다음에 제2단계의 「증권의 교부」는 이렇게 하여 성립한 권리를 상대방에게 이전하는 행위이고(이것은 有因行爲라고 한다), 그것은 발행 및 배서의 경우에는 당사자 사이의 계약이라고 한다.

(2) 그 결과 증권의 교부가 없는데도 유통에 놓여진 경우(교부계약의 흠결)에 선의이고 중대한 과실없이 증권을 양수한 자는 이미 존재하는 어음상의 권리를 선의취득하는 것으로 되어, 기명날인 또는 서명을 한 자는 어음상의 책임을 부담하게 된다고 한다. 이 설은 최근 일본에서 이른바 동대학파(東大學派)에 의하여 유력하게 주장되는 견해이다.

5. 權利外觀說

(1) 어음상의 권리의 성립에는 원칙적으로 교부계약(내지 발행)이 필요하지만, 그것이 흠결하여도, 어음에 기명날인 또는 서명을 함으로써 어음을 작성한 자는 증권의 작성이라고 하는 행위에 의하여 어음채무를 부담한 것과 같은 외관을 작출하고 제3자의 신뢰를 야기시켰으므로, 이 외관을 믿고 어음을 취득한 제3자에 대하여는 외관대로의 책임, 즉 어음상의 책임을 지지 않으면 안된다고 한다. 여기에서 외관의 야기란 어음에 기명날인 또는 서명을 하는 것을 가리킨다. 이 설은 교부계약설(내지 발행설)의 결함을 보충하여 주는 견해이다.

(2) 이 설에 의하면, 기명날인 또는 서명을 한 후 교부 전에 어음을 상실

한 경우에 기명날인 또는 서명을 한 자는 어음행위의 직접의 상대방에 대하여는 교부 내지 발행의 흠결로 인하여 어음상의 채무를 지지 않지만, 어음을 선의로 취득한 제3자에 대하여는 외관야기의 이유로 어음상의 책임을 지지 않으면 안된다. 또한 기명날인 또는 서명에 의한 외관의 야기는 의사표시가 아니므로 민법의 의사표시에 관한 법칙은 적용되지 않고, 따라서 어음상의 의사표시가 의사의 흠결이나 의사표시의 하자(瑕疵)를 이유로 하여 무효 또는 취소된 경우에도 기명날인 또는 서명을 한 자는 선의의 제3취득자에 대하여 외관에 따라 어음상의 책임을 지는 것으로 된다.

제3절 批判과 私見

(1) **創造說**을 주장하는 학자는 이 설이 거래의 안전보호에 우수하다는 점을 내세운다. 창조설에 의하면 교부계약이 흠결된 경우(예컨대 어음을 작성하여 금고에 보관 중에 도난당한 경우)에도 이미 어음상의 권리가 발생된 뒤이므로, 어음을 선의로 취득한 제3자가 어음상의 권리를 취득할 수 있게 되어 거래의 안전에 이바지하는 것을 부정할 수 없다. 그러나 창조설은 다음과 같은 이론적 난점이 있을 뿐만 아니라, 실제적으로도 만족스러운 결과를 가져오지 못하는 결점이 있다. ① 창조설에 의하면, 어음이 수취인에게 교부되기 전에는 「작성자 자신에 대한 채권」 또는 「휴지(休止)하고 있는 채권」을 상정하여야 하는데 이는 불합리하다. ② 창조설은 어음의 작성이라는 서면행위를 일방적 법률행위라고 보는 데, 단순한 증권의 작성을 법률행위라고 볼 수는 없다. 왜냐하면 그는 언제든지 이를 철회할 수 있으므로(편지에 매수의 청약을 기재하였다가 뒤에 편지를 붙이지 않고 버리는 경우를 보라), 증권의 작성만으로는 법률효과가 발생할 수 없기 때문이다. ③ 창조설은 실제적으로 만족할 만한 결과를 가져오지 못한다. 이 설에 의하면, 무권대리인에 의한 증권의 발행은 상대방 없는 단독행위로서 완전히 무효이고 추인할 수 없고(民 136), 증권의 점유를 잃은 경우에 증권의 습득자나 악의의 취득자까지 어음상의 권리를 취득하는 것으로 보아야 하며,[1] 창조행위 자체에 하자가 있는 경우(예컨대 창조행위가 사기·강박 또는 착오에 의하여 이루어진 경우)에는

---

1) 이러한 결과는 매우 부당하여 도저히 승인할 수 없으므로, 창조설은 善意說 또는 所有權說로 발전하였고, 이에 의하면 증권의 단순한 창조만으로는 부족하고 그 소지인이 증권의 점유를 선의로

법률행위의 일반이론에 의하여 창조행위 자체가 취소되어 권리가 발생하지 아니하므로 선의취득자도 보호받지 못하게 된다. 이렇듯 창조설은 한편으로는 악의의 취득자나 습득자까지 보호하는 점에서 보호의 범위가 지나치게 넓은 반면에, 다른 한편으로는 선의취득자까지 보호를 하지 못하는 점에서 보호의 범위가 너무 좁아, 그 실제적 결과가 매우 부당하다.

(2) **發行說**에 관하여 보면, 이 설은 창조설의 아류로서 창조설에 대한 비판이 그대로 타당하다. 즉 어음을 작성하여 기명날인 또는 서명을 한 자가 자발적 의사에 기하여 증권의 점유이전을 하더라도 그것이 수취인 또는 제3자에게 도달하기 전(설례 3에서와 같이 우송 도중)에는 누가 어음상의 권리자인가가 문제되고, 이 경우에는 창조설에서와 마찬가지로 자기 자신에 대한 권리 또는 권리자미정의 어음채무나 휴지하는 권리 등을 인정하여야 하는 이론적 난점이 있다. 더욱이 증권을 작성하여 기명날인 또는 서명을 한 자의 의사에 기하여 점유이전을 하면 왜 그 단계에서 어음상의 채권·채무가 발생하는지 이론적 근거가 명백하지 못하다. 또한 실제적으로도 기명날인 또는 서명을 한 후 작성자의 의사에 기한 점유이전이 있기 이전 단계에서 어음을 상실한 경우에는 어음상의 채무가 발생하지 아니하였으므로, 이를 선의로 취득한 제3자가 보호를 받지 못하는 결점이 있고, 발행행위 자체에 하자가 있는 경우에도 선의의 제3취득자가 보호받지 못하는 것 역시 창조설에서 설명한 바와 같다.

(3) **二段階說**에도 이론적·실제적 난점이 있다. 이론적으로 가장 문제되는 것은 이 설이 어음행위를 두 단계로 나누어 제2단계인 어음권리이전행위를 유인행위라고 보는 점이다. 어음행위의 무인성을 근본으로 하여 발전되어 온 도이칠란트어음법을 계수한 일본어음법의 해석에 유인성을 끌어들이는 것은 무모한 시도라고 생각되며(이득상환청구권은 어음행위의 무인성을 전제로 한 규정이다), 또 2단계설이 유인성이론으로 해결하려고 하는 문제는 뒤에 보는 바와 같이 종래의 어음행위 무인성이론으로도 충분히 해결이 가능하다. 뿐만 아니라 어음을 발행하는 자의 의사를 합리적으로 풀이한다면 그는 어음상의 채무를 부담하려고 한다고 보는 것이 자연스럽고, 그것이 제1단계인 어음채무부담행위와 제2단계인 어음권리이전행위로 구성된다고 보는 것은 부자연스럽다. 또한 제1단계에 있어서 이미 성립한 권리가 누구에게 귀속되는가가 문제되고, 역시 어음채무자 자신에 대한 권

취득하거나 증권의 소유권까지 취득하였어야 한다.

리 또는 잠자는 권리 등 부자연스러운 이론을 면할 수 없는 결점이 있다.

(4) 결국 **交付契約說**이 이론적으로 가장 타당하다고 할 수 있다. ① 계약설은 권리의 설정을 위하여는 계약이 필요하다는 일반적 원칙에 합치하고, 자기 자신에 대한 권리나 휴지하는 권리와 같은 이론적 배리(背理)가 없으며, 권리를 설정하려는 의사는 증권의 교부에 결정적으로 나타나므로, 당사자의 의사나 거래의 현실에 맞는다. ② 다만 계약설을 취하는 경우에는 교부계약의 흠결의 경우에 선의의 제3취득자를 보호할 수 없어 거래의 안전을 기할 수 없다는 결점이 있으므로, 계약설은 권리외관설에 의하여 보충되어야 한다. ③ 이처럼 권리외관설에 의하여 보완된 교부계약설의 입장이 이론적으로나 실제적으로 가장 타당하다고 확신한다(도이칠란트의 지배적 학설이고, 우리 나라의 유력설).

(5) **契約說**과 **權利外觀說**을 결합하면, 어음의 발행인과 어음상의 권리의 최초의 취득자 사이에서 어음상의 채권·채무의 성립을 위하여는 증권의 작성행위(어음요건의 기재와 발행인의 기명날인 또는 서명)만으로는 부족하고, 여기에 유효한 교부계약이 첨가되어야 한다. 그러나 교부계약이 흠결된 경우에도 기명날인 또는 서명을 한 자가 그에게 귀책시킬 수 있는 사유로 권리의 외관을 야기한 경우에는 선의의 어음취득자에 대하여는 어음채무를 부담하지 않으면 안된다. 기명날인 또는 서명을 한 자에게 귀책사유가 없는 경우, 예컨대 기명날인 또는 서명이 위조되거나, 절대적 강제에 의하거나, 또는 무권대리에 의한 경우에는 어음상의 채무를 부담하지 않으며, 어음취득자의 주관적 요건으로서는 어음법 제10조 단서, 제16조 2항을 유추적용하여 선의·무중과실(無重過失)이 필요하다고 생각한다(상세한 것은 후술하는 어음항변론을 참조할 것).

계약설을 기본으로 한 권리외관설에 대하여는 다음과 같은 비판이 있다. 즉 ① 계약설에 대하여는 수령능력이 없는 자는 어음상의 권리를 단독으로 취득할 수 없게 되어 민법의 일반원칙(民 5 I 但, 10)에 반하고, 의사의 흠결에 의하여 완전한 승낙이 없는 때에는 어음채무가 발생하지 아니하여 선의의 제3취득자를 해하게 되어 부당하며, ② 권리외관설에 대하여는 언제 어음상의 권리가 성립하느냐를 따지는 어음이론의 문제점에 대하여 아무런 해답을 주지 못하여 쓸모가 없으며, ③ 계약설에 권리외관설을 결합하는 경우에는 그 보호되는 한계가 명백하지 못하다는 것이다.

위 비판에 대하여는 ① 상대방의 수령능력이 필요하다고 하는 것은 민법의 일반원칙을 말한 것이고 민법의 체계에 반하는 결과를 인정한다는 뜻은 아니다. 교부계약의 내용은 채무를 부담하는 것과 권리를 이전하는 것 및 양자를 겸하는 것 등 다양하고, 권리를 이전하는 것이 많은데, 이처럼 권리를 이전하는 경우에는 상대방이 무능력자(미성년자, 한정치산자)라도 상관이 없으며(民 5 I 但, 10), 의사의 흠결의 문제는 창조설과 발행설에서도 똑같이 발생한다. ② 권리외관의 작출은 어음증권의 작성 내지 발행, 즉 어음에 어음요건을 기재하고 기명날인 또는 서명을 하는 행위로서 족하고, 여기에 덧붙여 증권을 유통시키는 것까지 요하는 것은 아니라고 본다. ③ 계약설을 기본으로 하면서 권리외관설에 의한 보완을 꾀하는 경우에 어음상의 권리의 성립시기는 증권을 작성교부하거나 교부의 외관이 있는 때로서 그 성립시기가 분명하다.

제4절 判例의 立場

대법원은 1989. 10. 24의 판결(88 다카 24776)에서, 「약속어음의 작성자가 어음요건을 갖추어 유통시킬 의사로 그 어음에 자기의 이름을 서명날인(기명날인의 오해-필자주)하여 상대방에게 교부하는 단독행위를 발행이라 일컫는 것이므로, 일상의 용어에 있어 사람들이 발행이라는 표현을 쓴다 하여도 위에서 본 바와 같은 의미로 쓴 것이 아닌 경우에는 어음법상의 발행으로 볼 것이 아니다」, 「간이절차에 의한 민사분쟁사건처리특례법과 공증인법에 의하여 변호사들이나 공증인이 공증인법 제56조의 2 제1항 소정의 공정증서를 작성하기 위하여 같은 법조 제2항 소정의 자로부터 촉탁을 받아 어음을 접수한 경우에는 비록 그 어음발행인이 작성된 어음을 수취인에게 교부하지 않았다 하더라도 그 어음의 수취인과 함께 촉탁하였을 때에는 그 접수시에 위에서 본 공증인이 수취인의 기관으로서 교부받은 것으로 보는 것이 옳으므로, 위와 같은 경우에 해당하는 이 사건에 있어서 그 설시 약속어음을 아직 발행되지 않은 어음이라고 판단한 것은 잘못」이라고 판시하고 있다. 이 판결은 「상대방에게 교부하는 단독행위」라고 하는 모호한 설시를 하고 있기 때문에 그것이 어음이론 중 어느 것을 채택한 것인가에 관하여는 다툼이 있다. 단독행위라고 하는 설시부분에 의미를 부여하는 학자는 대법원이 발행설을 취한 것으로 풀이하고 있지만(多數說),

위 판결의 사안을 보면, 발행인이 어음요건을 갖추어 기명날인을 한 뒤에 이를 유통시킬 의사로써 수취인과 함께 공증인 사무실에 가서 공증을 위하여 공증인에게 이를 교부하였던 것이다. 발행인이 공증인에게 기본어음을 교부하였지만, 이것은 수취인의 대리인으로서의 공증인에게 교부한 것이요, 따라서 이것은 발행인이 수취인에게 직접 교부한 것으로 보아야 한다는 것이 위 대법원판결의 판시내용이다. 그렇다면 위 판결은 약속어음의 발행이란 어음요건을 갖추어 어음증권을 작성하고 발행의 기명날인을 한 후 작성자가 이를 수취인에게 교부하는 행위를 가리키는 것으로 풀이하고 있는 것이다. 수취인에 대한 교부행위가 필요하다고 보는 점에서, 위 대법원판결은 교부계약설을 취한 것이라고 풀이하는 것이 옳다고 보며, 교부행위를 단독행위라고 설시한 것은 표현상의 오류로 보아야 할 것이다(同旨: 최기원, 91면). 대법원은 1999. 11. 26의 판결(99다34307)에서 「어음을 유통시킬 의사로 어음상에 발행인으로 기명날인하여 외관을 갖춘 어음을 작성한 자는 그 어음이 도난·분실 등으로 인하여 그의 의사에 의하지 아니하고 유통되었다고 하더라도, 배서가 연속되어 있는 그 어음을 외관을 신뢰하고 취득한 소지인에 대하여는 그 소지인이 악의 내지 중과실에 의하여 그 어음을 취득하였음을 주장·입증하지 아니하는 한 발행인으로서의 어음상의 채무를 부담한다」고 판시한 일이 있는데, 이 판결은 권리외관설과 결합한 교부계약설의 입장에 선 것으로 풀이할 수 있을 것이다(이 판결이 권리외관설에 의하여 발행설을 보충한 것이라고 풀이하는 견해로서는 정찬형, 77면 참조).

제 4 장
어음行爲(手票行爲)

제 1 절 어음行爲의 概念

제 1 어음行爲의 意義

(1)「어음행위」는 어음이라는 특수한 증권상에 행하여지는 법률행위로서 일반의 법률행위 또는 상행위에 비하여 특수성을 가지고 있다. 어음행위를 정의함에는 다음 네 가지 접근방법이 있다. 즉 ① 형식적 입장에서, 어음행위란「기명날인 또는 서명을 요건으로 하는 요식의 서면행위」라고 정의하는 견해, ② 형식적·실질적인 양면에서, 어음행위란「기명날인 또는 서명을 요건으로 하는 요식의 서면행위로서, 그 결과 어음상의 채무를 부담하게 되는 행위」라고 정의하는 견해, ③ 형식적 의의와 실질적 의의를 분리하여, 어음행위는「형식적으로 보면 기명날인 또는 서명을 요건으로 하는 요식의 증권적 법률행위이고, 실질적으로 보면 어음상 채무부담의 원인이 되는 법률행위」라고 정의하는 견해, ④ 실질적 입장에서, 어음행위는「어음상의 채무의 발생원인이 되는 법률행위」라고 정의하는 견해 등이다.

(2) 생각건대, 형식적 정의는 그 내용이 너무 공허한 흠이 있고, 어음의 지급 또는 영수행위를 설명하기 어려운 난점이 있다. 왜냐하면 어음소지인이 일부 지급을 받음에 있어 어음에 그 뜻을 기재하고 기명날인 또는 서명을 하는 수도 있는데, 어음금의 수령은 어음행위가 아니기 때문이다. 반면에 실질

적 정의는 배서나 환어음의 발행 등을 설명하는 데 궁색하다. 왜냐하면 배서는 권리의 이전을, 또 환어음의 발행은 지급의 위탁을 직접적인 목적으로 하고 있고 채무부담을 목적으로 하는 행위가 아니며, 무담보배서나 추심위임배서도 어음상의 채무를 발생시키지 않기 때문이다. 따라서 형식적·실질적 양면에서 고찰하여, 어음행위란 기명날인 또는 서명을 요건으로 하는 요식의 서면행위로서, 원칙적으로 그 결과로서 어음상의 채무의 부담을 발생시키는 법률행위라고 정의하는 것이 옳다고 본다. 「원칙적으로」란 어음상의 채무의 부담을 발생시키지 않는 경우도 예외적으로 있기 때문이며(예컨대 무담보배서), 「그 결과로서 어음상의 채무의 부담을 발생시킨다」고 한 것은 어음상의 채무가 의사표시상의 효력으로서가 아니라 법정의 효력으로서 발생되는 경우(예컨대 배서, 환어음의 발행 등)도 포함시키기 위한 것이다.

제2 어음行爲의 種類

(1) 환어음에는 발행·인수·배서·참가인수·보증의 다섯 가지가 있고, 약속어음에는 발행·배서·보증의 세 가지만 있으며, 수표에는 발행·배서·보증·지급보증 등 네 가지가 있다. 지급 또는 참가지급은 변제 또는 변제에 유사한 행위로서 어음(수표)행위가 아니다.

(2) 위에 말한 어음(수표)행위 가운데 발행은 어음과 수표를 창조하는 행위이며, 그 이후의 어음(수표)행위의 기초가 되므로 「기본적 어음(수표)행위」라고 부르고, 그 밖의 어음(수표)행위는 발행에 의하여 창조된 어음·수표 위에 행하여지는 행위이기 때문에 「부속적 어음(수표)행위」라고 부른다. 기본어음·수표가 요건의 흠결로 인하여 무효가 되면, 그 위에 행하여진 부속적 어음(수표)행위는 모두 무효가 된다.

제3 어음行爲의 成立要件

어음행위가 유효하게 성립하기 위하여는, 첫째로 어음행위자가 증권에 일정한 사항을 기재하고 기명날인 또는 서명을 하여야 하고(形式的要件), 둘째로 어음행위도 법률행위인 까닭에 능력이 있는 자의 하자없는 의사표시에 의하여

행하여지는 것이 필요하다(實質的要件). 나아가 작성된 증권을 상대방에게 교부하는 것이 필요하다(交付契約說).

1. 形式的要件

증권에 법정의 기재사항을 기재하고, 어음행위자가 기명날인 또는 서명을 하여야 한다.

(1) 法定事項의 記載(要式의 書面行爲)

어음행위가 유효하게 성립하기 위하여는 각 어음행위마다 법정되어 있는 일정한 기재사항을 기재하여야 한다. 어음행위의 요식성은 매우 엄격하여 법정기재사항을 흠결한 때에는 뒤에 보는 바와 같이 어음 자체를 무효로 하는 수도 있다. 부속적 어음행위에 있어서는 그 행위의 고유한 방식 외에 전제되는 행위의 방식도 구비하여야 하며, 그 어느 것이 갖추어지지 아니하여도 그 행위는 무효가 된다. 어음행위는 원칙적으로 증권면상, 즉 어음면상에 하여야 하지만, 배서나 보증은 보충지(補箋)나 등본에도 할 수 있다(어 13II, 31I).

(2) 記名捺印 또는 署名

모든 어음행위에 공통되는 형식적 요건은 어음행위자의 기명날인 또는 서명이다.

(가) 記 名: 어음행위자의 명칭을 표시하는 것인데, 방법에 제한이 없으므로, 직접 자서하든, 타이프라이터·활자·고무인으로 표시하든 관계가 없다. 명칭으로서는 성명·상호·아호 모두 무방하며, 거래계에서 널리 인정된 것이면 족하고, 꼭 호적상의 명칭을 사용하여야 하는 것은 아니다(大判 69. 7. 22, 69 다 742). 기명이 없고 날인만 있는 어음행위는 무효이다(大判 62. 1. 31, 4294 民上 200).

(나) 捺 印: 인장을 찍는 것인데, 도장의 종류는 불문하며, 인감도장이 아니라도 무방하다. 또한 인장의 명의가 기명자의 명의와 합치되어야 하는 것도 아니다(大判 78. 2. 28, 77 다 2489). 어음행위자가 타인의 기명을 하고 타인의 인장을 날인하는 경우에도 어음행위의 형식적 요건을 갖춘다고 본다. 다만 이 경우에 그 타인에게 어음행위의 효력이 미치는가는 대리권의 유무에 따라 결정될 것이다. 무인(拇印) 또는 지장의 효력이 문제되지만, 무인은 육안으로 식별할 수 없고 특수한 기구와 특별한 기능에 의하지 않고는 이를 식별할 수 없으므로, 신속한 유통을 생명으로 하는 어음상에 행하여지는 어음행위의 요건으로서는

부적당하므로 무효라고 본다(通說. 大判 62. 11. 1, 62 다 604).

(다) **署 名**: 행위자가 자기의 명칭을 자기 손으로 기재하는 자서(自署)를 뜻하는데, 외국인은 「外國人의署名捺印에관한法律」(1958. 7. 12. 法律 제488호)에 의하여 일찍부터 어음행위를 하는 경우에 서명만으로 할 수 있었다. 그러나 내국인이 서명만으로 한 어음행위의 효력에 관하여는 다툼이 있었는데(통설은 무효로 풀이함), 1995. 12. 6. 어음법개정법률(제5009호)과 수표법개정법률(제5010호)은 서명제도를 도입하여, 이제는 내국인도 서명만으로 어음행위를 유효하게 할 수 있게 되었다.

(라) **記名捺印 또는**

① 「기명날인」은 본인이 직접 하는 것이 보통이지만, 타인이 이를 대행할 수도 있다. 기명날인의 대행에는 (ㄱ) 대행자가 본인으로부터 일정한 범위의 대리권을 수여받고 스스로의 재량으로 본인명의로 기명날인을 하는 이른바 「대리적 대행」(예컨대 회사의 경리과장이 대표이사의 기명날인을 하는 경우)과 (ㄴ) 대행자가 본인의 수족으로서 본인의 기명날인을 하는 이른바 「고유의 대행」(예컨대 점포의 점원이 주인의 지시에 따라 단순히 기계적으로 기명날인을 하는 경우)의 두 가지가 있다. 대리적 대행이든 고유의 대행이든 기명날인의 방법으로서 유효한 것임은 말할 것도 없다(大判 99. 3. 9, 97 다 7745; 69. 9. 30, 69 다 964; 87. 4. 14, 85 다카 1189).

② 「서명」의 대행, 즉 본인의 자서(自署)를 타인이 대신하는 것이 유효한가는 문제이다. 자서를 타인이 대신하는 것은 자서의 본질에 반하고 또 기명날인의 대행의 방식이 인정되고 있다는 이유로 서명의 대행을 무효라고 보는 것이 다수설이지만, 필적에 의하여 행위자의 식별이 가능하고, 행위자가 권한을 가지고 있는 한 서명의 대행을 무효라고 할 필요는 없을 것이다.

(마) **會社 기타 法人의 記名捺印 또는 署名**

① **代理形式**에 의한 어음행위 회사 기타 법인이 어음행위를 하는 경우에는 대표기관이 법인의 명칭과 법인을 위하여 하는 뜻(代表關係)을 표시하고, 대표기관 자신이 기명날인 또는 서명을 하여야 한다(大判 87. 4. 14, 85 다카 1189). 따라서 대표이사 또는 대표기관의 대표자격표시와 그 기명날인 또는 서명이 없으면 어음행위는 무효이며(大判 99. 10. 8, 99 다 30367; 64. 10. 31, 63 다 1168),[1] 법인의 명칭 다음에 대표기관의 표시가 없이 자연인의 기명날인 또는 서명이 있는 경우(예컨대 甲會社 乙)에는 설사 그 자연

---

1) 주식회사 국민은행중부지점이라 하고 대표자 기명날인이 없는 경우에 그 배서는 무효라고 하였다.

인이 법인의 대표자라도 법인의 어음행위로 볼 수 없다(大判 59. 8. 27, 4291 民上 287).[1] 어음을 발행한 후에 회사의 상호가 변경되더라도 회사의 기명날인 또는 서명으로서 유효하다(大判 70. 11. 24, 70 다 2205).

② 代行形式에 의한 어음행위 회사 기타 법인이 대행형식에 의한 어음행위(대표자가 회사명을 기재하고 회사의 인장 또는 대표자직인만을 찍은 경우)를 할 수 있는가에 관하여는 정당한 대표자가 어음행위를 하였는가 여부가 어음상 식별되어야 한다는 이유로 이를 부정하는 견해(多數說)와 정당한 대표자가 회사의 인장 내지 직인을 찍은 것이 명확한 경우에는 회사의 책임을 인정하여야 한다는 견해(少數說)가 대립하고 있으며, 대법원판례는 갈라지고 있다.[2]

(바) 組合의 記名捺印 또는 署名

조합은 법인격이 없으므로 조합원 전원이 어음에 기명날인 또는 서명을 하는 것이 원칙이지만, 거래의 신속·원활을 위하여 대법원은 대표조합원이 조합명과 대표자격을 표시하고 총 조합원을 대리하여 기명날인 또는 서명을 하는 방법(甲組合 代表者 乙)도 유효하다고 한다(大判 70. 8. 31, 70 다 1360).

2. 實質的要件

어음행위가 어음능력이 있는 자의 하자없는 의사표시에 의하여 행하여져야 한다.

(1) 어음能力

어음능력에는 어음상의 권리의무의 주체가 될 수 있는 「어음권리능력」과 유효한 어음행위를 스스로 할 수 있는 「어음행위능력」이 있는데, 어음법에 특별규정이 없으므로, 민법의 일반원칙이 여기에 적용된다.

(가) 어음權利能力

① 自然人은 모두 권리능력이 있으므로(民 3) 당연히 어음권리능력을 가진다. 法人은 정관 소정의 목적의 범위 내에서 권리능력을 가지지만(民 34), 회사에 관하여는 목적범위에 의한 제한을 부정하는 설이 유력하고, 제한을 긍정하는 입

1) 취지가 다른 것으로서 大判 79. 9. 13, 79 다 15가 있으나, 이것은 자백이 있었던 경우이므로 선례로 삼을 수 없을 것이다.

2) 부정설: 大判 64. 10. 31, 63 다 1168; 日最判 66. 9. 13, 民集 7. 1359. 긍정설: 大判 69. 9. 23, 69 다 930; 87. 4. 14, 85 다카 1189. 법인에 있어서는 기관의 행위가 법인의 행위로 평가되고 기관의 행위를 떠난 법인의 행위는 있을 수 없으므로 다수설이 옳다고 본다.

장에서도 어음행위는 금전지급의 수단으로서 목적범위 내에 속한다고 풀이하고 있다. 설사 어음발행의 원인관계가 목적의 범위 외라도 그것은 어음행위의 추상성 때문에 인적 항변사유가 됨에 그친다.

② 민법상의 조합이나 권리능력없는 사단에 의하여 또는 이들에 대하여 어음이 발행된 경우에 그 어음행위는 어음권리능력이 없는 자에 의한 것이므로 무효라고 보는 것이 통설이지만, 이들의 어음권리능력을 인정하는 견해도 없지 않다. 일반적으로 권리능력이 인정되지 않고 있는 권리능력없는 사단 또는 재단이나 민법상의 조합에 대하여 유독 어음에 관한 권리능력만을 인정할 수는 없으나, 그렇다고 하여 권리능력없는 사단 또는 재단이나 민법상의 조합의 이름으로 행하여진 어음행위의 효력이 반드시 무효인 것은 아니다.

(ㄱ) **權利能力없는 社團**의 대표자가 사단명을 기재하고 대표관계를 표시하여 어음행위를 한 경우에 관하여는 사단의 대표자가 어음법 제8조에 따라 개인적으로 책임을 진다고 풀이하는 견해(**代表者責任說**), 법인 아닌 사단의 구성원이 공동하여 어음상의 책임을 진다고 하는 견해(**構成員共同責任說**)도 있으나, 위 경우에 사단명의 표시는 권리능력없는 사단의 구성원이 사단관계에서 가지는 권리의무관계를 총괄적으로 간명하게 표시한 것으로 보아, 단체의 구성원이 어음행위를 한 것으로 보고, 이 경우에는 권리능력없는 사단의 구성원은 사단의 재산만으로 책임을 진다고 보아야 할 것이다(**社團責任說**)(大判 92. 7. 10, 92 다 2431; 日最判 69. 11. 4, 民集 23. 11. 1951. 다만 권리능력없는 재단에 관한 것임). 어음상의 기명날인 또는 서명이 권리능력없는 사단 또는 재단의 이름으로 되어 있고 어음의 취득자도 이를 신뢰한 것이므로, 대표자책임설이나 구성원공동책임설은 타당하지 않다.

(ㄴ) **民法上의 組合**에서 대표조합원이 조합명을 기재하고 대표자격으로 기명날인 또는 서명을 하는 등 조합과 관련하여 어음행위가 이루어진 경우에 관하여, 조합원들이 공동하여 어음행위를 한 것으로 보아 전조합원이 합동책임(어 47)을 진다고 풀이하는 견해(**組合員合同責任說**), 대표조합원이 어음행위자 또는 무권대리인으로서 개인적으로 책임(어 8)을 진다는 견해(**代表者個人責任說**) 등이 있으나, 이 경우에 조합원은 조합관계에서 어음행위를 하였고, 이 어음을 취득한 자도 조합관계임을 알고 이를 취득하였으므로, 조합원은 제1차적으로 조합재산으로 책임을 지고, 그것으로 부족할 때에는 각 조합원이 분담부분의 범위 내에서 개인재산으로 책임을 진다고 풀이한다(**組合 및 組合員責任說**). 조

합이 조합관계에서 매매·소비대차 등의 법률행위를 한 경우에 비하여, 조합이 어음행위를 한 경우만을 특히 다르게 취급할 이유는 없으므로, 조합원합동책임설과 대표자개인책임설은 찬성하기 어렵다. 그러나 판례는 조합원합동책임설을 취하고 있다(大判 70. 8. 31. 70 다 1360).

(ㄷ) **設立中의 會社**도 어음권리능력이 있다고 본다.

(나) 어음行爲能力

① **法人**의 경우에는 대표기관에 의한 어음행위가 법인의 어음행위가 되기 때문에 어음행위능력을 문제로 삼을 여지는 없다. 이에 반하여 **自然人**의 어음행위능력의 유무는 민법의 일반원칙에 따라 결정된다. 그러므로

(ㄱ) **意思無能力者**는 전혀 행위능력이 없으므로, 그 어음행위는 당연히 무효이다.

(ㄴ) **未成年者**가 법정대리인의 동의를 얻지 않고 한 어음행위는 이를 취소할 수 있다(民 5 II). 동의는 원인행위뿐만 아니라 어음행위에 관하여도 필요하다. 미성년자가 단순히 권리를 얻거나 의무를 면하는 행위에 관하여는 법정대리인의 동의를 필요로 하지 않지만(民 5 I 但), 어음행위는 항상 채무부담 또는 채권양도를 내용으로 하므로 이 단서에 해당하지 않는다고 본다. 영업의 허락을 얻은 미성년자(民 8)는 그 영업에 관하여는 어음행위능력을 가지는데, 그가 영업의 범위 외에서 어음행위를 한 경우에 관하여, 거래의 안전보호보다는 미성년자의 보호가 우선되어야 한다는 이유로 취소할 수 있다는 견해(通說)가 있으나, 어음행위는 항상 영업범위 내에 속하는 행위로 보아 이를 취소할 수 없다고 풀이하여 거래의 안전을 우선시켜야 한다고 본다(少數說). 특정재산의 처분을 허락받은 미성년자는 그 재산에 관하여 어음행위능력을 가진다(通說).

(ㄷ) **禁治產者**가 한 어음행위는 후견인의 동의의 유무에 불과하고 항상 취소할 수 있다(民 13).

(ㄹ) **限定治產者**는 미성년자와 동일한 행위능력을 가지고 있으므로(民 10), 미성년자의 어음행위능력에 관한 설명은 그대로 한정치산자에 대하여도 타당하다.

② 어음행위가 처음부터 무효인 경우는 물론, 뒤에 행위자의 무능력을 이유로 하여 취소된 경우에도 취소의 효과는 소급하므로 행위는 처음부터 무효인 것으로 본다(民 141). 이 무능력을 이유로 한 어음행위의 무효 또는 취소의 효과는 절대적이므로, 어음취득자의 선의·악의를 묻지 않고, 무능력자는 어음상

의 책임을 지지 아니하며, 이른바 물적 항변(物的抗辯; 歸責可能性에 관한 抗辯)의 사유에 속한다. 또한 어음행위자의 무능력에 대한 선의는 보호받지 못한다고 본다(善意取得에 관한 설명 참조).

③ 어음행위능력의 유무는 어음행위의 시를 기준으로 하여 결정한다. 여기에서 어음행위시라고 하는 것은 어음에 기명날인 또는 서명을 하고 이것을 상대방에게 교부하기 위하여 어음이 행위자의 손을 떠날 때를 말한다. 그 뒤에 어음능력을 상실하여도 어음행위의 효력에는 아무 영향이 없다. 어음행위능력이 없다는 것의 증명책임은 이를 주장하는 측에 있다(通說).

④ 무능력으로 인하여 취소될 어음행위는 법정대리인 또는 능력을 취득한 본인이 추인할 수 있다(民 143, 144). 어음행위의 취소 또는 추인은 단순한 의사표시에 의하여 이를 할 수 있다. 일반의 법률행위의 취소 또는 추인의 의사표시는 취소할 행위의 직접의 상대방에 대하여 할 것으로 규정되어 있으나(民 142, 143 II), 어음행위에 관하여는 직접의 상대방에 한하지 않고, 그 후의 취득자에 대하여도 취소 또는 추인을 할 수 있다고 본다(通說). 어음취득자가 어음행위의 취소 또는 추인에 관하여 가장 직접적인 이해관계를 가지기 때문이다.

⑤ 어떠한 어음행위가 무능력을 이유로 하여 무효 또는 취소된 경우에도, 그 어음에 기명날인 또는 서명을 한 다른 사람의 어음상의 채무에는 아무런 영향이 없다(어음行爲獨立의 原則. 어 7).

(2) 意思表示의 瑕疵 등

어음행위의 의사표시에 하자(瑕疵)가 있는 경우의 효력에 관하여 어음법에 특별한 규정이 없으므로, 여기에는 민법의 규정이 원칙적으로 적용되지만, 어음행위의 특수성을 고려하여야 한다.

① **非眞意意思表示**(心裡留保)에 관한 민법의 규정(民 107)은 어음행위에도 그대로 적용된다. 그리하여 어음행위자가 진의 아님을 알고 한 어음행위도 유효하나, 상대방이 어음행위자의 진의 아님을 알았거나 알 수 있었을 때에는 무효이다. 그러나 이 무효는 선의의 제3자에게 대항할 수 없다.

② **虛僞表示**에 관한 민법의 원칙(民 108)도 어음행위에 적용된다. 즉 상대방과 통정한 허위의 어음행위는 무효이나, 그 무효로써 선의의 제3자(어음발행행위의 직접상대방 이외의 자)에게 대항하지 못한다(大判 96. 8. 23, 96 다 18076).

③ **錯誤**에 관한 민법의 원칙(民 109) 역시 어음행위에 적용된다. 어음행위의 내

용의 중요부분에 착오가 있을 때에는 그 어음행위는 취소할 수 있으나, 그 착오가 어음행위자의 중대한 과실로 인한 때에는 취소하지 못한다. 그리고 이를 취소한 경우에도 선의의 제3자에게는 이를 대항하지 못한다.

④ **詐欺 또는 强迫**에 관한 민법의 규정(民 110)도 어음행위에 적용된다. 그리하여 사기나 강박에 의한 어음행위는 이를 취소할 수 있다(大判 70. 7. 28, 70 다 1295; 97. 5. 16, 96 다 49513). 그러나 이 경우에도 선의의 제3자(어음발행행위의 직접상대방 이외의 자)에게는 대항하지 못한다.

⑤ **善良한 風俗 기타 社會秩序**에 **反하는 法律行爲**와 **不公正한 法律行爲**를 무효로 하는 민법의 규정(民 103, 104)에 관하여, 통설은 어음행위는 무인적 행위이고 정형적 행위이므로, 어음행위 자체는 선량한 풍속 기타 사회질서에 반하거나 폭리행위에 해당하는 내용을 가질 수 없고, 따라서 민법 제103조와 제104조는 어음행위에 적용될 수 없고 어음행위 자체를 무효로 하는 것은 아니라고 한다(다만 원인행위에 대하여만 적용되고, 인적 항변의 문제가 될 뿐이라고 한다). 그러나 선량한 풍속의 위반이나 폭리행위가 어음행위 자체에까지 관련된 경우(예컨대 어음기승의 경우나 현저하게 불공정한 행위와 일체가 되어 어음이 발행된 경우)에는 그 어음행위를 무효로 하여야 한다고 생각한다. 일본과 도이칠란트의 판례도 원인행위가 사회질서에 위반하는 경우에는 이를 원인으로 하는 어음행위까지 무효라고 판시하는 것이 많다(日最判 69. 3. 27, 民集 23. 3. 601; 71. 4. 9, 民集 25. 3. 264; BGH WM 1960. 1381; 1973. 66; 1974.774).

3. 證券의 交付

어음능력자가 요식의 서면행위를 실질적으로 유효하게 하면, 그것으로써 어음행위가 유효하게 성립하는가, 아니면 이에 덧붙여 어음증권을 상대방에게 교부하여야 하는가에 관하여는 어음이론에 따라 결론이 달라진다. 교부계약설의 입장에서는 이를 긍정하고, 어음행위와 이에 따른 어음상의 채권·채무가 유효하게 성립하려면, 어음능력자가 어음증권상에 법정의 기재사항을 기재하고 기명날인 또는 서명을 하여 이것을 상대방에 교부하여야 한다.

제4 어음行爲의 解釋

1. 어음行爲解釋의 原則

어음행위를 해석함에 있어서는 보통의 법률행위와는 달리 다음과 같은 원칙이 지배한다.

(1) 어음外觀解釋의 原則

이것은 두 가지 내용을 가진다.

① 어음행위의 效力은 어음상의 기재에 따라 형식적으로 발생한다는 것, 즉 어음에 기재된 사항이 사실과 합치하지 않더라도 어음행위는 어음상의 기재에 따라 효력이 발생한다는 것을 뜻한다. 예컨대 어음에 기재된 발행일 또는 발행지는 실제로 어음이 발행된 날 또는 곳을 기록한 것이 아니라 그 날 또는 곳을 발행일 또는 발행지로 삼는 어음을 발행한 것이므로, 그것이 사실과 다르더라도 어음행위의 효력은 기재된 바에 따라 유효하다. 마찬가지로 어음의 법정요건의 구비여부는 오직 어음면의 기재 자체에 의하여 판단하고, 어음면의 기재가 객관적 사실과 다르더라도 발행행위는 이에 의하여 그 효력에 영향이 없으며(大判 61. 8. 10, 4293 民上 714; 69. 7. 22, 69 다 742), 배서의 연속은 어음의 기재상 형식적으로 연속되어 있으면 족하고, 실질적으로 유효한 것임을 요하지 아니하므로, 위조된 배서가 개재하더라도 배서의 연속이 흠결되는 것은 아니다(大判 74. 9. 24, 74 다 902). 이 원칙은 어음거래의 안전을 꾀하기 위한 것이 아니라 어음상의 기재가 의사표시의 내용을 이루기 때문에 인정된 것이므로, 어음의 취득자가 어음상의 기재와 사실이 일치하지 않는다는 것을 알고 있을 때에도 마찬가지이다. 다만 이 원칙은 어음행위의 효력이 증권상에 기재된 바에 따라 결정된다는 것을 말할 뿐이고, 그 어음행위가 실제 언제 행하여졌는가라고 하는 객관적 사실을 결정함에 있어서는 적용되지 아니한다. 이것은 어디까지나 실제로 어음행위가 행하여진 객관적 사실에 의하여야 한다. 따라서 발행당시의 행위능력이 문제로 된 경우에는 어음상에 발행일로 기재된 바에 의하는 것이 아니라, 실제 발행행위가 행하여진 일시에 있어서의 상태에 의하여 결정되고, 또 기한후배서인가 아닌가는 그 배서날짜로 기재된 바에 의하지 않고, 실제로 배서가 행하여진 날짜에 따라 결정하여야 한다.

② 어음채무의 內容은 오로지 어음상의 기재에 따라 객관적으로 해석하지 않으면 안된다고 하는 것을 뜻한다. 보통의 법률행위에 있어서는 반드시 그 표시된 문언에 의하지 않고 모든 사정을 종합하여 당사자의 진의를 탐구하여 이를 해석하여야 하지만, 어음행위의 해석에 있어서는 오로지 증권면에 기재된 문언만을 기초로 하여 객관적으로 판단할 것이고, 증권 외의 사정에 의하

여 증권의 문언을 변경하여 해석하거나 증권의 문언을 보충하여 해석하여서는 아니된다. 이것은 어음행위의 문언성으로부터 당연히 도출되는 결론이다. 그러므로 예컨대 어음에 기재가 없음에도 불구하고 어음보증이나 배서양도의 행위가 있다고 할 수는 없다(大判 2000. 12. 8, 2000 다 33737; 日大判 31. 9. 25, 新聞 3320. 17).

(2) 어음有效解釋의 原則

어음행위는 무효로 해석하기보다는 신의성실의 원칙에 따라 유효로 해석하여야 한다는 원칙이다. 즉 어음행위를 해석함에 있어서는 문자의 지엽에 구애하거나 지나친 형식주의에 치우칠 것이 아니며, 탈자·오자·문언상의 오류 같은 것이 있어도 그 의미가 명백하면 이를 트집잡아 어음행위를 무효로 하여서는 안된다는 것이다. 예컨대 어음의 발행일로서 2월 30일이 기재되어 있는 경우에는 2월 말일을 기재한 것으로 보아 어음을 유효로 풀이하고(大判 81. 7. 28, 80 다 1295), 지급지와 지급장소가 다른 경우에는 어음요건이 아닌 지급장소의 기재가 없는 것으로 보아 어음을 유효로 해석하며(大判 70. 7. 24, 70 다 965), 어음면상 지급지의 표시가 없으나 지급장소의 기재로부터 지급지에 해당하는 일정 지역이 추지될 수 있는 경우에는 지급지의 기재가 보충된 것으로 보아 어음을 유효로 해석하는 것(大判 2001. 11. 30, 2000 다 7387) 등이다.

(3) 어음所持人 有利解釋의 原則

어음상의 기재가 다의적이고 그 기재 자체로부터는 그 의미를 하나로 풀이할 수 없는 경우에는, 어음소지인은 그 가운데 어떠한 해석이라도 선택하여 어음채무자의 책임을 물을 수 있다고 하는 원칙이다. 예컨대 부가 처의 명의로 영업을 하면서 처의 명의로 어음을 발행한 경우에는 어음소지인은 부나 처 중 누구에 대하여도 어음발행인으로서의 책임을 물을 수 있다는 것이다. 이것은 법률행위의 일반적인 해석으로도 가능할 것이다.[1)]

1) 그 밖에 어음법의 이념에 기한 해석, 당사자 의사의 사회관념 내지 거래관념에 기한 해석 등을 해석원칙으로 내세우는 견해가 있으나(이기수, 172면; 田中, 上, 96-97면), 이것은 법률행위의 일반적인 해석원칙에 지나지 않는다고 본다(同旨: 정찬형, 89면).

2. 어음當事者 複數記載의 解釋

(1) 發行人의 複數

수인이 공동하여 어음을 발행하는 경우(共同發行)에는 수인이 중첩적으로(甲과 乙), 선택적으로(甲 또는 乙) 또는 순차적으로(제1차로 甲, 제2차로 乙) 기명날인 또는 서명을 하는 방법이 가능한데, 중첩적 기재만이 적법하다고 본다(通說). 발행인이 기명날인 또는 서명을 하는 장소에 복수의 기명날인 또는 서명이 열기되어 있는 경우에는 그 사이에 특별한 차이가 없는 한 공동발행으로 풀이하여야 할 것이다(상세한 것은 후술).

(2) 受取人의 複數

수취인을 복수기재하는 것도 상관이 없다. 복수인을 중첩적으로 기재한 경우에는 권리행사나 배서는 전원이 또는 그 가운데 1인이 전원을 대리하여 하여야 하고, 선택적 또는 순위적으로 기재한 경우에는 어음을 교부받은 자가 단독으로 이를 행할 수 있다.

(3) 支給人의 複數

지급인을 복수기재하는 것도 가능하나, 중첩적 기재만이 허용되고, 선택적 기재는 어음관계를 불명확하게 하므로 무효이다. 순위적 기재를 한 때에는 예비지급인(어55 I)을 기재한 것으로 풀이할 수 있다.

3. 어음當事者의 決定

(1) 法人의 어음行爲

대표기관이 법인명을 표시하고, 법인을 대표한다는 뜻을 표시하고, 스스로 기명날인 또는 서명을 하여야 한다. 그런데 단지 법인명만을 표시하고 대표 내지 대리의 표시를 하지 않고, 대표자 개인의 기명날인 또는 서명만이 있는 경우(대표자가 법인의 인장 또는 대표자직인을 찍는 경우도 있다)에, 이 어음행위는 법인을 위하여 한 것인가 또는 대표자 개인을 위하여 한 것인가가 불명확하다. 이 점에 관하여는 ① 이를 법인의 어음행위로 보는 견해, ② 이와 반대로 대표자 개인의 어음행위로 보는 견해, ③ 어음소지인의 선택에 따라 법인과 대표자 개인 중 누구에게도 청구할 수 있다는 견해 등이 대립하고 있다. 일본의 다수설과 최고재판소는 제3설을 취하고 있으나(日最判 72. 2. 10. 民集 26. 1. 17), 어음의 문언증권성에 비추어 법인을 대표한다는 취지의 기재가 없는 이상 대표자 개인의 기명날인 또는 서명으로 보고, 법인명은 그의 근무처를 나타내는 것으로 보아야 할 것이다. 대법원판결은 나뉘어 있다.[1)]

(2) 他人名義의 어음行爲

타인명의에 의한 어음행위에는 ① 행위자가 명의인인 타인의 기관으로서 기명날인 또는 서명을 대행하는 경우(예컨대 점포의 점원이 주인의 지시에 따라 주인의 수족으로서 어음에 기명날인 또는 서명을 대신하는 경우), ② 어음위조의 경우 및 ③ 타인명의를 자기를 표시하는 명칭으로 사용하여 어음행위를 하는 경우(예컨대 평소 처의 명의로 영업을 하여온 부가 처의 명의로 환어음에 인수의 기명날인 또는 서명을 한 경우, 회사의 대표이사 甲이 회사가 어음거래정지처분을 받았기 때문에 그의 실형인 乙의 명의로 은행에 당좌계좌를 개설하고 乙의 명의로 어음을 발행한 경우) 등 세 가지가 있다.

①의 경우에는 명의인인 타인이 어음행위자로서 어음상의 책임을 부담하여야 하는 것이 당연하고, ②의 경우에는 명의인인 타인은 어음상 아무런 책임을 지지 않고, 다만 어음위조자의 책임만이 문제되는데, 어음위조자에게 어음법 제8조를 유추적용하여 어음상의 책임을 인정하여야 할 것이다. ③의 경우에는 타인의 명의를 자신을 표시하는 명칭으로 사용한 것이므로 자신이 어음행위자로서 어음상의 책임을 져야 한다(日最判 68. 12. 12. 民集 22. 132963). 이 경우에 종래에는 타인명의로 어음행위를 하는 것이 관용(慣用)되어온 것을 요구하는 견해가 많았으나, 단 1회의 어음행위라도 자기를 표시하기 위하여 타인의 명의를 사용한 경우에는 어음행위자로서 어음상의 책임을 져야 할 것이다.

제2절 어음行爲의 特性

어음행위는 보통의 법률행위에 비하여 여러가지 특성을 가지고 있다.

1) 個人責任說: 大判 59. 8. 27, 4291 民上 287. 法人責任說: 大判 79. 3. 13, 79 다 15(단 법인책임을 자백한 경우).

1. 無因性(抽象性)

(1) 意 義

어음행위는 매매·도급 기타의 실질관계를 원인으로 하여 그 수단으로서 행하여지는 것이 보통이지만, 그 원인관계가 무효·취소되거나 부존재하더라도 어음행위는 원인관계로부터 분리되어 유효하게 존재하는데(大判 97. 7. 25, 96 다 52649; 84. 1. 24, 82 다카 1405), 이를 어음행위의 무인성(추상성) 또는 무색적 성질(중성적 성질)이라고 한다. 이것은 어음의 무인증권성을 행위의 면으로부터 파악한 개념이다.

(2) 根 據

어음법 제1조와 제75조는 어음요건으로서 환어음의 경우에는 「조건 없이 일정한 금액을 지급할 것을 위탁하는 뜻」을, 약속어음의 경우에는 「조건 없이 일정한 금액을 지급할 것을 약속하는 뜻」을 적어야 한다고 규정하고 있고(만일 어음의 효력을 원인관계에 의존시킬 때에는 그 어음은 무효이다. 大判 1971. 4. 20, 71 다 428), 제26조는 어음의 인수는 「조건 없이」 하여야 한다고 규정하고 있으며(이에 위반할 때에는 인수를 무효로 만든다), 제12조는 배서에 관하여도 조건을 붙이는 것을 허용하지 않고 있다(배서에 조건을 붙인 때에는 그 조건을 적지 아니한 것으로 본다).

이처럼 어음법은 가장 중요한 어음행위인 발행·인수 및 배서에 관하여 명문으로 이들의 효력을 원인관계 또는 자금관계에 의존시킬 수 없음을 규정하고 있고, 이득상환청구권제도(어 79)를 인정하고 있는데, 위에 말한 여러 규정은 어음행위의 무인성의 실정법적 근거이다. 이러한 어음법의 정신은 어음법에 명문의 규정이 없는 다른 어음행위에 관하여도 원칙적으로 그대로 타당하다고 보아야 할 것이다.

(3) 機 能

어음행위의 무인성은 다음의 기능을 가진다. 즉

① 제3자에 대한 관계에서 어음거래의 안전을 꾀하고 어음의 유통성을 확보하는 데에 이바지한다. 이것은 원인관계가 무효이더라도 어음상의 권리는 유효하게 존속한다는 점과 어음을 취득하는 제3자에 대하여는 원칙적으로 원인관계상의 항변이 절단된다는 점에 기인한다.[1)]

---

1) 예컨대 甲이 乙에게 물품을 매도하고 그 매매대금의 지급을 위하여 乙이 매도인 甲에게 약속어음을 발행교부하였는데, 甲·乙 사이의 매매계약이 무효이었다고 하자. 이 경우에 甲·乙 사이의 매매계약이 무효라고 하더라도 그 대금지급을 위하여 乙이 甲에게 발행한 약속어음은 이와는 관계

② 어음수수의 당사자간에서 증명책임의 전환을 가져온다. 어음상의 권리 자체는 원인관계와 상관없이 유효하게 존재하므로, 어음상의 권리자는 그 어음채권의 원인관계가 유효하다는 것을 주장·증명할 필요는 없고, 도리어 어음채무자 측에서 원인관계에 하자가 있다는 것을 주장·증명하지 않으면 안되기 때문이다.[1)]

③ 어음채권과 원인채권이 각각 별개로 존속하고 양도될 수 있도록 하여준다. 예컨대 매매대금의 지급을 위하여 약속어음을 발행한 경우에는 원인관계상의 매매대금채권과 어음상의 권리는 전혀 별개의 독립적인 권리이므로, 양자는 각각 독립적으로 양도될 수 있고, 어음채권을 양도한다고 하여 원인채권이 따라서 양도되는 것은 아니다.

(4) 交付有因說과 그 難點

위에서 설명한 바와 같이 어음행위는 그 원인관계로부터 분리되어 원인행위의 무효·취소 또는 소멸에 의하여 영향을 받지 않는 이른바 무인행위라고 이해하는 것이 우리 나라·도이칠란트 및 일본에 있어서 학자들의 일치된 견해이었는데, 최근 일본에서는 어음행위의 무인성이론에 대하여 부분적으로 이의를 제기하는 견해가 주장되고 있다. 이 일본의 새 이론은 어음행위를 어음채무부담행위와 어음권리이전행위로 나누어, 그 가운데 어음권리이전행위(交付)는 유인행위라고 한다(이른바 交付有因說). 이 견해는 어음이론에 관하여 2단계설(修正創造說)을 주장하는 학자들에 의하여 피력되고 있는데, 이에 의하면 어음행위는 증권의 작성과 그 교부의 2단계로 구성되어 있고, 제1단계의 「증권의 작성」은 어음행위자가 어음상의 채무를 부담하는 의사를 표시하고, 이에 대응하여 성립된 권리를 증권에 결합시키는 행위로서 무인행위이고, 제2단계의 「증권의 교부」는 그 권리를 이전하는 행위로서 유인행위라고 주장한다. 이 설은 다음과 같은 현상을 설명하기 위하여 주장되었다. 예컨대 甲이 乙을 수취인으로 하여 약속어음을 발행교부하고 乙은 차용금의 담보를 위하여 이를 丙에게 배서양도한 경우에, 乙이 丙에게 채무를 변제하였음에도 불구하고 丙이 어음을 乙에게 반환하지 않고 소지하고 있음을 기화로 하여, 丙이 발행인인 甲에 대하여 약

없이 여전히 유효하고 또 乙은 위 매매계약의 무효를 선의의 제3자에게 대항할 수 없으므로, 甲으로부터 위 약속어음을 취득하는 丙으로서는 甲·乙 사이의 원인관계에 관하여 조사할 필요가 없이 안심하고 甲으로부터 위 약속어음을 취득할 수 있는 것이다. 그리하여 어음행위의 무인성은 어음의 유통성을 높여주는 기능을 수행한다.

1) 앞의 예에서 어음채무자 乙은 어음수수의 직접의 상대방인 어음채권자 甲에 대하여는 원인관계에 기한 항변, 즉 위 매매계약이 무효이므로 그 대금지급을 위하여 발행된 위 약속어음을 지급할 수 없다는 항변은 할 수 있다(다만 위 약속어음이 甲으로부터 제3자에게 양도되면 항변이 절단될 뿐이다). 大判 98. 5. 22, 96 다 52205.

속어음금의 지급을 청구하였다고 하자. 종래의 어음행위무인론에 의하면 이 경우에 丙은 乙·丙 사이의 대차관계가 소멸하였지만 어음관계는 이와 관계가 없으므로 丙은 여전히 어음상의 권리자이고, 따라서 이 경우에 甲은 丙에게 어음금을 지급하여야 하고, 乙丙간의 관계는 乙이 丙에게 부당이득반환청구를 하여 해결할 것이라고 풀이하였다(大判 97. 7. 25, 96 다 52649). 그러나 이렇게 풀이하는 것은 甲乙丙 사이의 문제를 일거에 해결하는 방법이 되지 못하고 여러 번의 소송을 반복하여야 하는 결점이 있다. 그러므로 이 경우에는 丙으로 하여금 처음부터 어음금청구를 할 수 없도록 하는 것이 타당하다. 교부유인설에서는 이러한 결론을 이끌어내기 위하여 乙이 丙에게 배서양도함에 있어서 배서의 기명날인 또는 서명을 하는 제1단계의 어음채무부담행위는 무인행위이지만, 乙이 이를 丙에게 교부하는 제2단계의 어음권리이전행위는 유인행위인데, 乙이 丙에게 차용금을 변제하여 원인관계가 소멸하였으므로, 유인행위인 乙丙 사이의 어음권리이전행위도 그 효력을 상실하여, 어음상의 권리는 乙로 복귀하고, 丙은 무권리자로 되므로, 위 설례의 경우 甲은 丙에 대하여 무권리자의 항변을 대항하여 어음금의 지급을 거절할 수 있다는 것이다.

그러나 어음행위를 둘로 나누어 그 가운데 어음권리이전행위는 유인행위라고 풀이하는 일본의 새 학설에는 찬성할 수가 없다. 우선 이러한 해석은 어음법의 연혁에 반한다. 우리 어음법의 기본이 되는 도이칠란트법은 원인관계와 어음관계의 단절을 그 가장 기본적인 골격으로 하고 있다. 뿐만 아니라 위 설례의 경우에 丙의 甲에 대한 어음금청구를 배척하기 위하여 꼭 교부유인설에 의하지 않으면 안되는 것도 아니다. 어음법의 해석에 있어서도 신의칙이 적용되는 것은 일반적으로 인정되고 있는데, 위 경우에 丙이 원인관계상의 대여금을 반환받고도 우연히 어음을 반환하지 않고 소지하고 있음을 기화로 하여 다시 甲에게 어음금청구를 하는 것은 신의칙에 반하여 허용되어서는 아니된다. 그러므로 이 경우에 어음행위무인론을 관철하여 丙은 여전히 어음상의 권리자이지만, 그가 甲에 대하여 어음상의 권리를 행사하는 것은 권리의 남용에 해당하고, 따라서 甲은 丙에 대하여 권리남용의 항변을 주장하여 어음금의 지급을 거절할 수 있는 것이다. 대법원은 어음행위의 무인성을 전제로 하여, 설례와 유사한 사건에서 권리남용의 이론으로 丙의 어음금청구를 배척한 원심판결에 대한 상고허가신청을 기각하였는 바(春川地判 83. 10. 27, 83 나 115, 上?許可申請棄却 大決 84. 2. 14, 83 다카 2221; 日最判 1968. 12. 25,民集 22. 13. 3548), 이것은 매우 타당한 해석이다.

(5) 關聯問題

① 어음행위의 무인성과 관련하여 어음행위가 회사의 목적범위내의 행위인가 아닌가가 논의되나, 어음권리능력에 관하여 설명한 바와 같이 회사는 당연히 어음행위를 할 수 있다는 것이 통설이다.

② 민법 제124조, 상법 제398조 또는 제199조의 거래에 어음행위가 포함

되는가에 관하여, 어음행위의 무인성을 근거로 하여 어음행위에 위 민상법의 규정이 적용되지 않는다는 견해가 있으나, 어음행위도 위 거래에 포함된다고 본다(상세한 것은 어음行爲의 代理部分을 참조할 것).

2. 要 式 性

어음행위는 법정의 사항을 기재하고 행위자가 기명날인 또는 서명을 하여야만 성립하므로 요식행위이다. 따라서 어음행위는 법정의 요건을 흠결하면 무효이고, 그러한 의미에서 어음행위는 정형성을 가지고, 또 자유성이 부정된 행위이다(私的自治原則의 排除). 이것은 어음이 빈번한 유통의 대상이 되므로, 그 내용을 누구라도 쉽게 알 수 있게 하기 위한 것이다.

3. 文 言 性

(1) 어음행위의 내용은 오로지 어음상의 기재에 의하여 정하여지고, 증권에 기재된 내용이 어음 외의 실질관계와 다른 경우에도 그 실질관계에 의하여 수정되지 아니한다. 그리하여 어음상의 기재를 신뢰한 자는 보호되는 것이고, 어음의 유통성은 높아지는 것이다. 어음행위의 문언성은 어음의 문언증권성을 행위의 면으로부터 파악한 것에 지나지 아니한다.

(2) 이 문언성의 결과로 어음상의 기재에 의하여 인정되지 않는 사항은 어음 외의 사정에 의하여 보충할 수가 없다. 그러므로 예컨대 법인의 대표자가 법인을 대표하여 어음을 발행한 경우에 어음에 법인을 위하여 한다는 뜻을 표시하지 아니한 이상, 어음 외의 증거를 가지고 그것이 법인을 위하여 한 것인가 어떤가를 결정하는 것은 허용되지 아니한다(日最判 72. 2. 20. 民集 26. 1. 17). 그러나 이것은 어음상의 의사표시의 내용에 관한 것이므로, 그 의사표시가 행하여진 때에 행위자가 능력을 가지고 있었는가 또는 어음상의 대리인이 실제로 대리권을 가지고 있었는가 등은 어음 외의 증거를 가지고 결정할 수밖에 없다. 이것은 무능력자나 본인의 보호에 관한 문제이기 때문이다.

4. 書面性·設權性

어음행위는 어음이라는 서면(證券)상에 행하여지는 의사표시이고(書面性), 어음상의 권리는 어음이라는 증권상에 행하여지는 어음행위에 의하여 비로소 발생한다(設權性). 어음행위의 설권성은 무인성으로부터 도출되는 하나의 속성이다. 따라서 무인증권은 반드시 설권증권이다.

5. 獨立性

(1) 意　義

동일한 어음상에 행하여지는 각 어음행위는 그 전제가 되는 다른 어음행위가 형식의 흠결 이외의 사유로써 무효가 되더라도 그 효력에 아무 영향을 받지 아니한다. 이것은 각 어음행위가 독립성을 가지기 때문이며, 이를 「어음행위독립의 원칙」 또는 「어음채무독립의 원칙」이라고 부른다. 이처럼 각 어음행위는 각각 독립적으로 그 효력의 유무가 결정되며, 어떤 어음행위가 실질적으로 무효일 때에도 그로 인하여 다른 어음행위의 효력에 아무 영향이 없다는 것은 일반의 법률행위에 비하여 어음행위가 가지는 큰 특성 중의 하나이다. 다만 이 원칙은 어음행위가 실질적으로 무효인 경우에 적용되는 것이고, 선행하는 다른 어음행위가 형식의 흠결로 인하여 무효인 경우에는 이 원칙이 적용되지 않고, 후행하는 어음행위도 역시 무효로 돌아감을 주의하여야 한다(예컨대 약속어음의 발행인이 기명무인을 하여 발행행위가 형식의 흠결로 무효인 때에는 위 어음상에 한 배서나 보증도 역시 무효로 돌아간다).

이 원칙의 성문법상의 근거는 어음법 제7조, 제32조 제2항, 제65조, 제69조, 제77조 및 수표법 제10조, 제27조 제2항 등이다.

(2) 理論的根據

어음행위독립의 원칙의 이론적 근거에 관하여는 ① 어음의 유통보호를 위하여 법이 특히 정책적으로 인정한 특칙이라고 풀이하는 견해(特則說), ② 어음행위는 1통의 어음 위에 중첩적으로 행하여지는 경우에도 다른 어음행위와 관계없이 하는 독립적인 법률행위이므로 그 효력을 독립적으로 판단하는 것은 당연한 사리를 선언한 것에 불과하다는 견해(當然法則說) 및 ③ 다른 어음행위를 전제로 하지 않는 발행·인수에 있어서는 당연한 사리를 정한 주의적 규정에 지나지 아니하나, 다른 어음행위의 존재를 전제로 하는 배서·보증·참가인수 등에 있어서는 법이 특히 어음거래의 안전을 위하여 인정한 특칙이라고 하는 견해(折衷說) 등이 있다. 생각건대, 어음행위가 다른 어음행위를 전제로 하지 않는 경우에는 다른 어음행위의 유무효를 문제로 삼을 여지조차 없으므로, 이 경우와 그 밖의 경우를 구별하는 절충설은 무의미하며, 어음상에 독립적으로 어음행위를 하므로 그 효력을 독립적으로 판단하여야 한다는 당연법칙설은 예컨대 동일부동산 위에 매매·저당권설정 등 수개의 법률행위가 독립적으로 이루어지는 경우에 왜 이들 법률행위가 독립성을 가지지 못하는가를 설명하지 못한다. 어음은 다수인 사이를 전전유통하는 유가증권으로서 어음거래의 안전을 꾀할 필요가 있고, 어음행위독립의 원칙은 이러한 필요에서 법이 특히 인정한 특칙이라고 보아야 할 것이다.

(3) 適用範圍

① 어음행위독립의 원칙은 「형식상 완전한 어음」을 전제로 한다. 따라서 선행의 어음행위에 형식상의 흠결이 있는 경우, 예컨대, 무인(拇印)한 어음상에 배서나 보증을 한 경우에는 어음행위독립의 원칙은 적용되지 아니하고, 위 배서나 보증도 무효로 돌아간다.

② 어음행위독립의 원칙은 선행의 어음행위를 전제로 하지 않는 「발행」에 관하여는 처음부터 문제가 되지 않는 반면, 「보증·참가인수 및 지급보증」에 관하여 적용되는 점에 관하여는 이론이 없다(어 II 32).

③ 「인수」에 관하여 어음행위독립의 원칙이 적용되는가에 관하여는 다툼이 있으나,[1] 인수는 환어음을 창설하는 행위가 아니고, 논리적으로는 발행을 전제로 하고 있는 부속적 어음행위에 지나지 않으므로, 인수인이 독립적으로 어음채무를 부담하는 것은 이 원칙의 적용에 의한 것이라고 본다.

④ 「배서」의 경우에 어음행위독립의 원칙이 적용되는가에 관하여 우리 나라에서는 적용긍정설로 통일되어 있고, 대법원판례도 적용을 인정하고 있다(大判 77.12.13, 77 다 1753). 적용부정설은 일본의 일부 학자가 주장하고 있는데, 그에 의하면 배서는 어음상의 권리를 양도하는 행위이므로, 앞의 배서가 실질적으로 무효이면 권리의 양도가 없고, 따라서 뒤의 배서도 앞에서 양도받지 않은 권리를 양도할 수 없어 무효로 되는 것이니, 이 경우에 뒤의 배서가 독립하여 유효로 된다는 결과를 인정하는 어음행위독립의 원칙은 배서에는 적용되지 않는다고 한다. 그러나 이러한 해석은 어음법 제15조에 반하고, 또 어음행위독립의 원칙은 어음거래의 안전과 어음의 유통보호를 위하여 법이 특히 인정한 법칙인

1) 일부 학설은 인수에는 이 원칙이 적용되지 않는다고 풀이한다. 이들은 환어음의 인수행위는 약속어음의 발행과 같이 어음상의 주채무자로서의 채무를 부담하는 행위이고 또 인수가 발행보다 먼저 행하여지는 일이 많다는 점을 논거로 한다.

바, 배서에 관하여 이 원칙의 적용을 배제하는 경우에는 어음거래의 안전은 크게 위협을 받게 되므로, 이는 부당하다고 본다.[1)]

(4) 惡意의 어음取得者와 어음行爲獨立의 原則

어음취득자가 전제인 어음행위의 무효에 관하여 악의인 때에도 이 원칙을 적용할 것인가[2)]에 관하여는 이를 긍정하는 견해와 부정하는 견해가 대립하고 있다.

① 適用肯定說은 어음행위독립의 원칙의 근거에 관하여 어떠한 입장을 취하는가에 따라 이유가 다르다. 즉 (ㄱ) 당연법칙설에서는 위 원칙은 어음행위의 성질 자체로부터 유래하는 것이므로 상대방이 선의이냐 악의이냐 하는 것은 위 원칙과는 아무런 관계가 없고, 따라서 어음행위독립의 원칙이 어음취득자가 악의인 경우에도 적용되는 것은 자명한 사리라고 한다. (ㄴ) 특칙설에서는 이 원칙은 단순히 어음의 선의취득자를 보호한다고 하는 요청에서 발생한 것이 아니라, 여기에서 한 걸음 더 나아가 개개의 어음행위의 확실성을 높여 어음의 신용을 증진시키려고 하는 제도이므로, 어음취득자의 선의·악의를 따질

1) 예컨대 甲회사의 경리과장 A가 甲회사의 명의로 약속어음을 僞造發行하여 이를 그 정을 모르는 乙에게 교부하고, 乙이 이를 丙에게 背書讓渡한 경우에, 배서에 관하여 어음행위독립의 원칙이 적용되지 않는다는 입장에 서면, 어음의 선의의 소지인인 丙은 발행명의자인 甲에 대하여도 어음금의 지급을 청구할 수 없고(甲은 발행의 피위조자이므로), 또 배서인인 乙에 대하여도 상환청구를 할 수 없다는 결과가 된다. 결국 丙은 하나의 휴지를 소지한 것과 같게 되어 어음의 유통은 심한 타격을 받게 될 것이다. 이처럼 부당한 결론을 피하기 위하여, 적용부정설의 입장에서도 丙이 어음상의 권리를 선의취득하는 것을 인정하고, 한편 발행의 피위조자인 甲에게 어음상의 책임을 물을 수는 없고, 오직 가능한 해결방법은 배서인인 乙에게 어음채무를 부담시키는 길뿐이므로, 배서인인 乙은 丙이 어음상의 권리를 선의취득하는 결과 反射的效果로서 어음채무를 부담하게 된다고 설명하고 있다. 그러나 어음행위독립의 원칙과 선의취득의 제도는 그 작용하는 측면이 다르다. 즉 어음행위독립의 원칙은 어음채무부담에 관한 특칙인 반면, 선의취득의 제도는 어음상의 권리의 취득에 관한 특칙이다. 따라서 배서에 관한 적용부정설이 선의취득의 효과로서 배서인이 어음채무를 부담하게 된다고 설명하는 것은 권리취득의 면에 관한 선의취득의 제도와 채무부담의 면에 관한 어음행위독립의 원칙과를 혼동한 것이라는 비판을 면할 수 없다. 본래 선의취득은 유효한 어음행위에 의하여 어음상의 권리가 성립존재하는 것을 전제로 하여 그 귀속의 변동(본래의 권리자로부터 선의취득자로)을 일으키는 것이요, 무효인 행위를 유효로 하거나 존재하지 않는 권리를 존재하게 할 수는 없다. 그러므로 위 예에서 피배서인인 丙이 선의취득을 한 결과로 무효인 배서의 배서인 乙의 배서가 유효하여지고 그 결과 乙이 丙에 대한 담보책임을 진다거나 丙이 乙에 대한 권리를 취득하는 것은 있을 수 없다. 이 점에서 적용부정설의 설명은 부당하다고 아니할 수 없다.

2) 예컨대 乙이 甲명의로 어음을 위조발행하여 乙이 수취인이 된 다음에 이를 丙에게 배서양도한 경우 또는 甲이 어음을 발행하여 乙에게 교부하였던 바 丙이 이를 乙로부터 절취하여 乙의 배서를 위조하여 丙이 피배서인이 된 다음에 이를 丁에게 배서양도한 경우에, 前例에 있어서 丙 또는 後例에 있어서 丁이 각각 前者인 乙 또는 丙이 무권리자임을 알고 있는 경우에도 소지인은 배서인인 乙 또는 丙에 대하여 擔保責任을 물을 수 있는가 하는 문제이다.

필요가 없다고 한다.[1)]

② **適用否定說**에 의하면, 어음행위독립의 원칙은 어음의 유통보호를 위한 특칙이므로 어음의 선의취득자에 관하여만 인정할 것이라고 한다. 그 이유는 (ㄱ) 악의의 어음취득자에 대한 관계에서도 어음행위독립의 원칙을 인정하여 어음취득자가 직접의 배서인에 대하여 상환청구권을 취득한다고 하면, 본래 어음의 반환을 청구할 수 있는 자로부터 어음의 반환청구권을 박탈하는 것이 되어 부당하고, (ㄴ) 상환청구권은 본래 어음의 정당한 소지인이 만기에 적법한 지급제시를 하였음에도 불구하고 지급을 받지 못한 때에 취득하는 권리이므로, 무권리자인 어음의 악의취득자가 취득할 수 있는 성질의 것이 아니라고 하고, (ㄷ) 발행이 위조로서 무효인 경우에도 발행인의 표현책임이 성립할 여지가 있는 경우에는 선의의 어음취득자가 생기는 것을 저지하기 위하여 어음을 회수하여 둘 필요가 있다는 점을 들고 있다.

③ **通說**은 악의의 어음취득자에 대하여도 어음행위독립의 원칙이 적용되는 것을 긍정하고 있으나, 이 문제에 관한 대법원판례는 아직 없다. 그런데 일본

1) 어음행위독립의 원칙이 어음취득자가 악의인 경우에도 적용된다고 하는 견해를 취할 때에는 어음행위독립의 원칙과 선의취득의 제도와의 상호관계가 문제로 된다. 예컨대 乙이 甲명의로 약속어음을 위조발행하여 乙이 수취인이 된 후 乙이 이를 丙에게 배서양도하였는바 丙이 乙에 의한 위조발행을 알고 있는 경우 또는 甲이 약속어음을 발행하여 乙에게 교부하였는 바 丙이 乙로부터 이를 절취하여 乙명의의 배서를 위조하여 丙이 배서를 받은 형식을 취하고 丙이 다시 그러한 사실을 아는 丁에게 이를 배서양도한 경우에, 어음행위독립의 원칙을 적용하면 배서인(前例의 乙 또는 後例의 丙)은 소지인에 대하여 담보책임을 지게 된다. 그러나 악의의 어음취득자(前例의 丙 또는 後例의 丁)는 어음법 제16조 제2항 단서에 의하여 위 어음을 반환하여야 하는 것은 아닌가, 만일 위 어음을 반환하지 않으면 안된다고 한다면, 소지인은 배서인에 대하여 어음상의 권리를 행사할 수 없는 것이 아닌가 하는 의문이 생긴다. 즉 한편으로는 악의의 어음취득자가 배서인에 대하여 담보책임을 물을 수 있는 것같이 풀이되고(어음行爲獨立의 原則), 다른 한편으로는 악의의 어음취득자가 배서인에 대하여 아무런 책임을 물을 수 없는 것처럼 보인다(善意取得의 原則). 위 문제에 관하여는 適用肯定說을 취하는 학자 사이에서도 견해가 나누어져 있다. 그 가운데 유력설에 의하면, 악의의 어음취득자도 배서인에 대하여 상환청구권을 취득하여 어음상의 권리자로 되지만(어음行爲獨立의 原則에 의함), 앞에 말한 두번째 예와 같이 배서가 무효인 경우에는 악의의 어음취득자는 어음법 제16조 제2항의 「어음의 占有를 잃는 者」와의 관계에서 어음을 반환하지 않으면 안되므로(丁은 乙에게 어음을 반환해야 한다) 결국 그는 어음상의 권리를 행사할 수 없게 되지만(善意取得의 規定에 의함), 이에 반하여 앞에 말한 첫번째 예에 있어서와 같이 발행이 무효인 경우에는 어음취득자가 발행의 무효에 관하여 악의인 경우에도 수취인 乙이 배서인으로서 부담하는 상환의무에 대하여는 권리자의 지위를 가지고(어음行爲獨立의 原則에 의함), 또 발행인은 피위조자로서 어음상 아무런 권리도 가지지 아니하므로, 어음취득자는 발행인에게 어음을 반환할 의무가 없어 결국 배서인에 대하여 어음상의 권리를 행사할 수 있는 것이라고 한다(善意取得의 規定을 적용하여도 어음취득자는 어음을 반환할 의무가 없다).

의 최고재판소판결은 악의의 어음취득자에 대한 관계에서도 어음행위독립의 원칙이 적용된다고 하는 입장을 취하고 있다. 즉 어음발행인의 대표자명의가 진실에 반하여 어음발행이 무효이고 그러한 사정을 어음소지인이 어음취득시에 알고 있었다고 하더라도 그러한 사정은 배서인으로서의 어음상의 책임에 아무런 소장(消長)을 가져오지 아니하므로, 악의의 어음취득자는 배서인에 대하여 상환책임을 물을 수 있다고 한다(日最判 58. 3. 20. 民集 12. 4. 583). 생각건대 어음행위독립의 원칙은 어음의 유통을 보호하는 데 그치지 않고 더 나아가 어음의 신용을 증진시키기 위한 것이고, 또 어음채무부담에 관한 특칙으로서, 어음상의 권리를 취득하는 자의 선의·악의에 의하여 그 적용이 좌우될 것은 아니므로, 어음취득자가 악의인 경우에도 적용된다고 풀이하여야 할 것이다(多數說).

6. 協 同 性

모든 어음행위는 일정한 금액(어음금)의 지급과 그 지급을 받을 지위의 유통성의 확보라는 공동의 목적을 달성하기 위한 것으로서 협동적 성질을 가지고, 어음채무의 합동성(어 47, 手 43)이나 어음에 있어서의 당사자자격의 겸병(예컨대 자기앞어음·수표나 자기지시어음·수표, 어 3 I·II, 手 6 I·II)은 모두 이 협동성의 하나의 표현이라고 설명하는 것이 보통이다.

제3절 어음行爲의 代理

제1 總 說

(1) 어음행위는 재산법적 법률행위로서 대리에 적합하므로 실제로 대리나 대표방식에 의하여 많이 행하여지고 있다. 그런데 어음법은 어음행위의 대리의 방식·효력에 관하여 아무런 규정을 두지 않고, 다만 무권대리인의 책임에 관하여 정하고 있을 뿐이므로, 어음행위의 대리에 관하여는 어음행위의 본질 또는 어음법의 정신에 반하지 않는 한 민법의 대리에 관한 규정이 적용된다. 다만 어음의 문언성 때문에 일부 수정을 받는다.

(2) 어음행위의 대리가 유효하게 성립하기 위하여는 실질적 요건으로서 대

리인(代表機關)이 본인을 위하여 어음행위를 할 권한, 즉 대리권이 있어야 하고, 형식적 요건으로서 대리관계가 증권면에 명시되지 않으면 안된다(顯名主義)(大判 68. 5. 28, 68 다 480).

제2 形式的要件—代理의 方式

1. 顯名主義

어음행위의 대리의 표시는 본인의 표시, 대리관계의 표시 및 대리인의 기명날인 또는 서명 등 세 가지 요소를 필요로 하며, 이를 대리표시의 3요소라고 한다.

(1) 本人의 表示

① 어음행위의 대리에는 본인을 명시하여야 한다. 본인을 위하여 한다는 뜻이 기재되지 않으면 아무리 대리의사가 있더라도 본인에게 효과가 미치지 않고, 대리인 자신의 어음행위로 인정된다.

② 본인이 「자연인」인 경우에는 성명·아호·상호·통칭 등으로 표시하고, 「법인」인 경우에는 법인의 명칭을 표시한다. 「조합」의 경우에는 앞에 말한 바와 같이 조합원 전원을 표시하거나 대표조합원이 조합명과 대표자격을 표시하는 두 가지 방법이 가능하다.

「권리능력이 없는 사단 또는 재단」의 경우에는 권리능력없는 사단 또는 재단의 명칭을 표시하면 족하고, 이 경우 대표자가 대표자격을 표시하고 기명날인 또는 서명을 하였다면, 대표자 개인이 어음상의 책임을 지지 아니하고, 법인격없는 사단 또는 재단이 어음상의 책임을 진다고 본다(大判 92. 7. 10, 92 다 2431; 어음권리능력에 관한 설명 참조).

③ 민법에 있어서는 본인의 이름을 표시하지 않고 대리행위를 한 경우에도 상대방이 대리인으로서 한 것임을 알거나 알 수 있었을 때에는 그 행위의 효력이 본인에 대하여 미치지만(民 115 但書), 이 규정은 어음행위의 대리에는 적용되지 아니하므로, 본인은 어음상의 책임을 지지 아니한다.[1] 상법 제48조도 역시

1) 예컨대 영업상의 대리권을 가진 支配人이 영업주의 영업을 위하여 어음을 발행하고 상대방이 이 사정을 알고 있더라도 그 지배인의 개인적인 기명날인 또는 서명만 있고 대리관계의 표시가 없으면 본인에 대한 효력이 발생하지 않고, 지배인 자신이 어음상의 책임을 진다.

적용되지 않는다. 어음행위는 증권상의 행위이고 증권상의 기재에 따른 효과가 발생하기 때문이다(文言性).

문제는 이 경우에 대리인이 상대방에 대하여 어음상의 책임을 지는가이다. (ㄱ) 상대방이 대리인으로 하는 것임을 알지 못한 경우에는 기명날인 또는 서명을 한 대리인은 스스로 어음상의 책임을 진다. (ㄴ) 상대방이 대리인으로 하는 것임을 알거나 알 수 있었을 경우에 관하여는 견해가 갈라지지만, 민법 제115조 단서는 대리인과 상대방 사이의 원인관계에 적용되므로, 대리인은 상대방에 대하여 이를 인적 항변으로 대항하여 어음상의 책임을 면할 수 있다고 본다(多數說). 악의의 상대방을 보호할 필요는 없기 때문이다. 이 견해에 의하면 상대방은 본인과 대리인 누구에 대하여도 어음상의 권리를 행사할 수 없게 된다. 이에 반하여 상대방이 대리행위임을 안 경우에도 어음행위의 문언성에 따라 대리인은 상대방에 대하여 인적 항변으로 대항할 수 없고 어음상의 책임을 져야 한다고 풀이하는 견해가 있다(少數說).

(2) 代理關係의 表示(代理文句)

대리인은 본인을 위하여 하는 것임(대리관계 내지 대리자격)을 표시하여야 한다. 대리 또는 대표임을 직접 의미하는 글자를 써야만 하는 것은 아니고, 그 표시는 본인을 위하여 어음행위를 한다는 취지를 인식할 수 있는 정도로 하면 된다(大判 73. 12. 26, 73 다 1436; 78. 12. 13, 78 다 1567 등 다수). 보통은 대리인의 견서(肩書)로서 표시되지만, 증권의 본문 중에서 대리관계를 표시하여도 좋다.

본인이 「자연인」인 경우에는 대리인이라는 표시가 일반적으로 쓰인다(甲代理人 乙). 법정대리의 경우에는 친권자·후견인 등, 임의대리의 경우에는 지배인·지점장 등의 구체적 표시도 허용된다. 본인이 「법인」인 경우에는 그 종류에 따라 대표표시가 달라진다(인적회사에서는 사원·대표사원 따위이고, 물적회사에서는 대표이사 등이며, 공익법인에서는 이사·대표이사 따위이다).

(3) 代理人의 記名捺印 또는 署名

대리인은 어음에 자기의 기명날인 또는 서명을 하여야 한다. 대리인의 기명날인 또는 서명이 없는 어음행위는 무효이다. 복대리인은 대리인의 대리인이 아니고 본인의 대리인이므로, 대리권을 수여한 대리인을 표시할 필요는 없고, 복대리인 자신의 대리자격을 표시하고 기명날인 또는 서명을 하면 된다.

2. 記名捺印의 代行 및 署名의 代行

(1) 대리의 방식으로서 앞에 말한 방식 이외에 이른바 기명날인 또는 서명의 대행, 즉 기관방식에 의한 대리가 널리 행하여지고 있다. 「기명날인의 대행」은 대리인이 직접 본인을 위하여 기명을 하고 본인의 날인을 하는 것이며, 「서명의 대행」은 대리인이 본인을 대신하여 본인의 서명을 그대로 본따 서명을 하는 것이다.

(2) 기명날인 또는 서명의 대행에는 ① 타인이 권한을 부여한 범위 내에서 대리인이 자기의 의사결정에 따라 타인의 명의로 기명날인 또는 서명을 하는 경우(代理的代行)와 ② 자기의 재량으로 어음행위를 할 권한이 없고 그 때마다 명령받은 대로 본인의 수족으로서 어음행위를 대행하는 경우(固有의 代行)의 두 가지가 있다.

(3) 기명날인의 대행은 어음행위의 대리방식으로서 유효하다고 본다(通說. 大判 99. 3. 9, 97 다 7745; 87. 4. 14, 85 다카 1189). 서명의 대행이 가능한가에 관하여, 서명은 가장 개성적인 행위이고 타인에게 대리시킬 수 없으며, 자서(自署)에 한한다는 등의 이유로 이를 부정하는 견해가 많으나, 타인이 서명을 하였더라도 필적에 의하여 행위자를 식별할 수 있고, 그 행위자가 권한을 가지고 있다면 본인의 책임을 부정할 필요는 없다고 생각한다.[1] 기명날인 또는 서명의 대행은 이론적으로 보면 표시기관에 의한 본인 자신의 어음행위에 지나지 않는다.

제3 實質的要件—代理權

대리인이 본인으로부터 어음행위를 할 권한, 즉 대리권을 수여받았어야 한다. 그러한 권한이 없는 경우에는 무권대리 내지 위조로 돌아간다.[2]

---

1) 일본의 관례는 서명의 대행(대리)을 유효하다고 보고 있고(日最判 33. 5. 16, 民集 12. 1164면), 미국의 統一商法典(§3-402)과 國際換어음및國際約束어음에관한國際聯合協約(§36 I)은 서명의 대행을 명문으로 인정하고 있다.

2) 大判 87. 4. 14, 85 다카 1189. 경리사무에 관한 대리권이 있다고 하여 당연히 어음행위에 대한 대리권이 수반되는 것은 아니다(大判 78. 3. 28, 77 다 2292).

1. 代理權授與方式

어음행위에 관한 대리권은 본인의 수권행위에 의하여 부여되거나(任意代理權), 법률의 규정, 법원의 선임 기타 본인 이외의 사인의 지정에 의하여 발생한다(法定代理權). 어음대리권의 수여에 관하여는 특별한 방식이 정하여져 있지 않으나, 위임장을 교부하는 것이 보통이다.

2. 代理權의 制限과 어음行爲

(1) 自己契約과 雙方代理의 禁止

민법 제124조는 자기계약과 쌍방대리를 금지하고 있다. 이 규정이 어음행위에 적용되는가에 관하여, 어음행위는 무색적 행위이고 이해충돌을 일으킬 염려가 없다는 이유로 이를 부정하는 견해(不適用說)가 있으나, 어음행위는 원인관계상의 채무보다 엄격한 채무를 부담하게 하여 본인에게 불리하므로[1] 어음행위에도 동조가 적용된다고 본다(適用說, 通說). 민법 제124조 위반의 어음행위의 효력에 관하여는 무효설·유효설 및 상대적 무효설이 대립하고 있으나 뒤에 말하는 상법 제398조 위반의 경우와 같이 상대적 무효설을 취하면 좋다고 생각한다(日最判 72. 4. 4, 民集 26. 3. 373; 朝高判 1916. 2. 29).

(2) 理事 및 社員의 自己去來

① 상법 제398조는 이사의 자기거래를, 또 제199조는 사원의 자기거래를 각각 금지하고 있다. 어음행위가 여기의 자기거래에 포함되는가에 관하여, 원인관계에 관하여 이사회의 승인을 받은 이상 원인채무의 지급수단에 불과한 어음행위에 관하여 재차 승인을 받을 필요는 없다고 이를 부정하는 견해가 있으나, 앞에서 말한 바와 같이 어음행위는 원인채무의 변제수단임에 그치지 않고 원인채무보다 훨씬 엄격하고 불리한 어음채무를 부담하게 하므로, 어음행위도 자기거래에 포함된다고 풀이하는 견해가 타당하다. 대법원도 상법 제398조가 어음행위에도 적용된다는 견해를 취하고 있다(大判 94. 10. 11, 94 다 24626; 78. 3. 28, 78 다 4; 78. 11. 14, 78 다 513 등).

---

1) 어음행위에 의한 어음채무에 대하여는 항변의 절단이 인정되고 증명책임이 경감되어 있으며, 특히 은행도어음의 경우에는 부도처분의 제재를 받을 염려가 있고, 어음채무에 대하여는 반드시 가집행선고를 하게 되어 있는 점(民訴 213 I 但) 등 어음행위는 그 원인관계상의 채무에 비하여 행위자에게 많은 불이익을 준다.

② 상법 제398조 위반의 어음행위의 효력에 관하여도 무효설, 유효설 및 절충설(效力浮動說, 相對的無效說) 등이 대립하고 있으나, 대법원이 채택하고 있고(大判 78. 8. 23, 78 다 4; 73. 10. 31, 73 다 954 등) 많은 학자들의 지지를 받고 있는 상대적 무효설이 타당하다고 생각한다. 이에 의하면 이사와 회사 사이에 이사회의 승인을 받지 않고 어음거래를 한 경우에는 회사는 그 이사 또는 어음행위의 상대방에 대하여는 이사회의 승인을 받지 아니하였음을 이유로 하여 그 어음행위(발행, 배서 등)의 무효를 주장할 수 있으나, 위 어음이 일단 제3자에게 양도된 경우에는 어음거래의 안전을 위하여, 회사는 그 제3자에 대하여는 그 어음행위에 관하여 이사회의 승인이 없었다는 것 외에 그 제3자가 이에 관하여 악의였음을 주장·증명하여야만 위 어음행위의 무효를 주장하여 어음상의 책임을 면할 수 있다.

3. 法人의 代表機關의 權限濫用(代理權의 濫用)

(1) 대표이사가 외형상으로는 회사를 대표하여 어음행위를 하였으나 실제는 자기의 채무변제를 위하여 한 것과 같은 대표권남용의 경우에, 그 행위의 대외적 효력이 문제된다. 이 문제는 어음법에 특유한 문제가 아니라, 대리권남용 일반의 문제이다.

(2) 이에 관하여는 다음과 같은 견해의 대립이 있다.

① **心裡留保說**　대표권남용행위는 원칙적으로 유효하나, 상대방이 이를 알거나 알 수 있었을 때에는 민법 제107조 단서를 유추적용하여 예외적으로 무효라고 풀이하는 견해이다(日最判 1969. 11. 14. 民集 23. 11. 2023). 그러나 대표권남용의 경우에는 심리유보의 경우와 같이 행위의 법률적 효과에 관하여 표시와 진의 사이에 저어(齟齬)가 있는 것이 아니고, 행위의 법률적 효과만을 대표이사가 빼앗으려고 할 뿐이므로 이 견해는 이론적으로 부당하다.

② **權利濫用說**　권한남용의 어음행위 그 자체는 객관적으로 대리권의 범위 내의 행위이므로 회사에 대하여는 완전히 유효하고, 그것은 상대방이나 어음취득자가 권한남용의 사실을 알고 있어도 마찬가지이지만, 본인인 회사는 악의의 상대방에 대하여는 권리남용의 법리 또는 신의성실의 원칙에 따라 어음채무의 이행을 거절할 수 있다고 하는 견해이다.

③ **代表權制限說**　권한남용을 대표기관에 가하여진 대표권의 제한(商 209 II, 269, 389

(Ⅲ, 567)의 위반으로 보아 선의의 제3자에 대하여 이를 대항할 수 없다고 풀이하는 견해이다. 그러나 대표권의 제한이라고 하면 구체적으로 금액의 제한 등을 가리키는 것이 보통이므로, 권한남용을 대표권의 제한이라 보는 것은 타당하지 않다.

④ **利益衡量說** 회사와 상대방의 이익형량에 의하여 문제를 해결하여야 한다는 견해로서, 이에 의하면 대표권남용행위는 원칙적으로 무효이나, 선의의 상대방에게는 무효를 주장할 수 없다고 한다. 그러나 대표이사의 대표행위의 내심이 자기 또는 제3자의 이익에 있다고 하여 그 권한 내의 행위를 무효라고 풀이하는 것은 부당하다.

(3) 위에서 말한 이유로 권리남용설이 타당하다고 생각한다. 대법원은 처음에 권리남용설을 취하였다가(大判 87. 10. 13, 86 다카 1522), 1988년 대법원이 개편된 다음에 심리유보설로 선회하였다(大判 88. 8. 9, 86 다카 1858). 그리고 최근에 이르러서는 다시 태도를 바꾸어 「대표이사가 회사의 영리목적과 관계없이 자기의 개인적인 이익을 위하여 그 권한을 남용한 것에 불과하고 다만 이 경우 상대방이 대표이사의 진의를 알았거나 알 수 있었을 때에는 그로 인하여 취득한 권리를 회사에 대하여 주장하는 것은 신의칙에 반하는 것이므로 회사는 상대방의 악의를 입증하여 그 행위의 효력을 부인할 수 있을 것이다」라고 설시하고 그 선례로서 앞에 든 상반되는 두 판결을 인용하고 있다(大判 90. 3. 13, 89 다카 24360). 심리유보설과 권리남용설의 실제적인 차이는 상대방이 과실로 인하여 대표이사의 대표권남용을 알지 못한 경우(대표이사의 진의를 알 수 있었을 때)에 발생한다. 이 경우에 전설에 의하면 회사는 책임을 면하지만, 후설에 의하면 회사가 책임을 진다. 그 이유는 대법원이 권리남용의 요건으로서 가해의 의사 내지 목적을 요구하고 있기 때문이다(大判 90. 5. 22, 87 다카 1712). 그런데도 대법원은 판시 전단에서는 「진의를 알 수 있었을 때」라고 하여 과실로 알지 못한 경우를 포함시키면서, 판시 후단에서는 「상대방의 악의를 입증하여」라고 하여 과실 있는 경우를 제외시키고 있어서 그 진의가 무엇인지 가늠하기 어렵다.

제4 無權代理

대리인이 대리권없이 대리행위를 하는 무권대리의 경우에는 본인과 무권대리인의 책임이 문제된다.

1. 本人의 責任

어음(수표)행위의 무권대리의 경우에는 본인은 아무런 어음(수표)상의 책임을 지지 않는 것이 원칙이다. 왜냐하면 본인에게 책임을 지울 歸責原因이 없기 때문이다. 그러나 다음의 세 가지 경우에는 예외적으로 본인이 책임을 부담한다.

(1) 본인이 무권대리행위를 추인하는 경우이다. 이 경우에는 무권대리행위는 처음부터 유효한 대리행위로 되어(民 130, 133), 본인에 대하여 효력이 있고, 본인은 어음상의 책임을 진다. 이 경우 추인의 상대방은 직접 상대방뿐만 아니라 수시의 어음소지인도 해당한다(日大判 22. 9. 28, 民集 12. 22. 2362).

(2) 본인에 대하여 표현책임(表見責任)을 인정할 기초가 있는 경우이다. 이 경우에는 무권대리인의 어음행위에 대하여 본인이 표현대리 내지 표현대행의 법리에 의하여 어음상의 책임을 지게 된다.

(3) 본인이 무권대리행위에 대하여 민법상의 손해배상책임(民 35, 756)을 지는 경우이다. 이 책임은 어음상의 책임이 아니므로, 책임액은 손해액이고 과실상계도 허용된다.

2. 無權代理人의 責任

(1) 總 說

① 무권대리인은 무권대리행위에 관하여 본인의 추인이 없는 이상 스스로 어음상의 책임을 진다(어 8). 이 책임의 성질은 대리권이 있다는 뜻의 표시에 기하여 법률상 부담하는 담보책임이라고 풀이되고 있다. 어음소지인이 어음행위자에게 대리권한이 없는 것을 알면서 어음을 취득한 때에는 무권대리인은 이것을 항변으로 하여 어음상의 책임을 면할 수 있다(民 135 II·原因關係).

② 무권대리인에게 직접 어음상의 책임을 지운 어음법 제8조와 수표법 제11조는 선의의 어음취득자를 보호함으로써 어음의 신용을 높이고 그 유통을 보호하기 위한 것이며, 상대방의 선택에 좇아 무권대리인에게 이행 또는 손해배상의 책임을 지우고 있는 민법 제135조 제1항에 대한 특칙이다.

(2) 責任의 要件

(가) 어음상에 대리인으로서 기명날인 또는 서명을 하였을 것: 대리권없이 타인의 기명날인 또는 서명만을 어음상에 나타냈을 때에는 이른바 위조로서 위조자로서의 책임을 질 뿐이다.

(나) 대리권을 가지지 않으며, 본인의 추인을 받지 않았을 것: 본인이 추인하면 어음행위의 효력은 본인에게 귀속하여 무권대리인은 어음상의 책임을 지지 않는다. 이 경우에 추인의 성질에 관하여 ① 무권대리인의 책임은 대리행위시에 발생하고 본인의 추인이 있으면 소급적으로 소멸한다고 보는 견해(解除條件說)와 ② 무권대리인의 책임은 본인의 추인거절시에 비로소 발생하고, 본인의 추인은 무권대리인의 책임이 발생하지 않았음을 확인하는 것이라고 보는 견해(停止條件說)가 대립하고 있다. 어음법 제8조는 어음취득자의 신뢰를 보호하는 규정이므로, 어음소지인의 신뢰가 배반당한 때, 즉 추인이 거절되었을 때 자칭대리인의 책임이 발생하고, 추인은 확인적 효력이 있는 것으로 본다.

(다) 표현대리의 성립여부: 표현대리가 성립되지 않으면 무권대리인이 책임을 지지만, 표현대리가 성립하여 본인이 책임을 진다고 하여 무권대리인이 당연히 면책되는 것이 아니라고 본다(多數說. 日最判 58. 6. 17. 民集 12. 10. 1532면). 다만 이 경우에 본인 또는 무권대리인의 어느 일방에 대하여만 책임을 추궁할 수 있는가(擇一說) 또는 동시에 중첩적으로 양자의 책임을 추궁할 수 있는가(重疊說)가 문제되지만, 일단 본인에게 책임을 지운 이상 어음소지인의 신뢰는 충분히 보호되었으므로 무권대리인에게 거듭 책임을 지울 필요는 없다고 본다(日最判 58. 6. 17. 民集 12. 10. 1532면은 중첩설).

(라) 상대방 또는 어음취득자가 선의일 것: 악의의 어음취득자는 보호할 필요가 없기 때문이다. 과실있는 선의자도 어음의 유통보호를 위하여 보호하여야 한다고 본다(民 135 II 의 適用排除). 다만 원인관계에는 민법 제135조 제2항이 적용된다.

(마) 대리행위 자체에 하자가 없을 것: 자칭대리인(무권대리인) 자신이 무능력자인 경우에는 자칭대리인은 책임을 지지 않는다(多數說). 그러나 본인이 실재하지 않는 경우에도 자칭대리인은 어음법 제8조의 책임을 지며, 본인이 어음능력을 흠결한 경우에도 대리권의 흠결로 보아 무권대리인이 책임을 진다고 본다(通說. BGHZ 59. 185 f.; 日最判 1963. 11. 9, 民集 17. 11. 1401).

(3) 代理權欠缺의 證明責任

자칭대리인에게 어음상의 책임을 추궁함에 있어서 원고측에서 본인에 의한 추인거절의 사실을 증명하여야 한다는 견해와 자칭대리인(被告)측에서 대리권의 존재 또는 추인을 증명하여 항변할 수 있다는 견해가 대립하고 있으나, 본인의 추인거절에 의하여 자칭대리인의 책임이 발생한다고 보아야 하므로 전설이 타당하다.

(4) 責任의 性質과 內容

(가) 어음상의 責任: 자칭대리인이 지는 책임은 어음상의 책임이고, 그 내용은 만일 대리권이 있었더라면 본인이 부담하였을 책임과 같다.

(나) 抗辯의 範圍: 무권대리인은 본인과 동일한 책임을 부담하므로 본인이 가지는 항변을 원용할 수 있다. 그러나 어음행위와 원인관계 이외의 사정으로 인하여 본인이 가지는 항변(예, 相計, 無能力者 등)은 예외이다.

(다) 責任의 保全: 상환청구의 경우에는 지급인에 대한 거절증서를 작성하여야 하므로 무권대리인에 대하여는 아무 절차를 취할 필요가 없다. 상환청구의 통지는 무권대리인에게 하여야 할 것이나, 어음 면에 무권대리인의 주소가 기재되지 않은 경우에는 통지할 필요가 없고, 통지하지 않아도 과실이 없으므로 손해배상책임은 없다(어45 Ⅰ·Ⅲ·Ⅳ, 手41 Ⅰ·Ⅳ). 시효중단의 절차는 채무자인 무권대리인에 대하여 하여야 할 것이나, 본인에 대한 절차를 밟은 경우에는 무권대리인에 대하여도 효력이 생긴다고 본다.

(5) 어음상의 責任을 이행한 無權代理人의 權利

(가) 무권대리인이 상환의무자로서 어음금 등을 지급한 때에는 본인과 같은 권리를 취득하고(어8), 재상환청구를 할 수 있는 지위에 선다. 무권대리인이 가지는 권리는 본인의 그것과 동일하므로, 무권대리인으로부터 청구를 받은 어음채무자는 무권대리인에 대한 어음항변은 물론 본인에 대하여 가지는 어음항변도 대항할 수 있다.

(나) 무권대리인의 권리취득은 법률의 규정에 의한 독립적인 취득이며, 그가 취득하는 권리는 본인의 전자에 대한 어음상의 권리이고, 본인에 대한 권리가 아니다. 무권대리인과 본인과의 관계는 민법의 일반원칙(民481)에 따라 결정된다.

3. 本人의 無權代理人에 대한 權利

(1) 본인이 어음상의 권리를 갖지 않는 경우(예컨대, 약속어음의 발행, 환어음의 인수의 무권대리)에는 무권대리인이 본인이 이름으로 어음행위를 하더라도 본인은 아무 손해를 입지 않으므로, 후일 무권대리인이 어음상의 의무를 이행하여 어음상의 권리자가 되더라도 본인과는 아무 관계가 없다.

(2) 본인이 어음상의 권리를 가지는 경우(예컨대 배서양도의 무권대리)에는 본인은 이에 의하여 어음의 소지를 상실하게 되므로, 후일 무권대리인이 어음상의 의무를 이행하여 어음상의 권리자로 되었을 때에는 본인은 무권대리인에 대하여 어음의 반환청구권을 가진다고 본다(多數說).[1]

4. 越權代理(超權代理)

(1) 대리권이 있는 대리인이 대리권의 범위를 초월하여 어음행위를 한 경우, 예컨대 50만원까지 어음행위를 수권받은 대리인이 100만원의 어음행위를 한 경우를 월권대리 또는 초권대리라고 한다. 권한을 초과하는 부분은 무권대리이므로, 어음법 제8조는 협의의 무권대리와 함께 이에 관하여 규정하고 있다.

(2) 이 경우에 본인과 월권대리인의 책임의 범위에 관하여는 견해가 대립하고 있다.

(가) **本人無責任說**: 대리인이 어음금 전액에 대하여 책임을 지고, 이를 이행하면 대리권이 있었던 부분에 관하여 본인에게 구상할 수 있다고 하는 견해이다.

(나) **責任併行說(全額責任說)**: 대리인은 전액에 관하여 책임을 지고, 본인은 수권한 범위에서 책임을 진다고 하는 견해이다.

(다) **責任分擔說(超過部分責任說)**: 본인은 수권의 범위내에서, 대리인은 월권의 범위내에서 책임을 진다고 하는 견해이다.

생각건대 어음의 문언증권성과 어음의 유통보호를 위하여 대리인에게 어음금 전액에 대한 책임을 지우고, 또 본인에게도 수권의 범위내에서 책임을 지도록 하는 제2설이 타당하다(大判2001. 2. 23, 2000 다 45303; 多數說). 다만 법률에 특별한 규정이 있

1) 본인의 어음상의 권리는 제3자의 선의취득에 의하여 이미 상실되었으므로, 무권대리인에 대하여 불법행위법상의 손해배상청구권만 가진다는 견해가 있다(이철송, 111면).

는 경우에는 동조항에 따라 본인이 어음금전액에 관하여 책임을 지는 일이 있음을 주의하여야 한다(法人의 理事, 民 60; 支配人, 11 III; 會社代表者, 269, 389 III).

(3) 어음행위의 월권대리가 경우에 따라서는 권한을 넘은 표현대리(民 126)에 해당하는 수도 있으나, 양자는 구별하여야 한다. 어음행위의 표현대리가 성립하려면 제3자가 대리인에게 대리권이 있다고 믿을 만한 정당한 이유가 있어야 하므로, 정당한 이유가 없을 때에는 월권대리의 법리에 따라 처리할 수밖에 없다. 또 표현대리가 성립하면 본인은 어음금액의 전액에 관하여 어음상의 책임을 지지만, 월권대리의 경우에는 본인은 수권의 범위내에서만 책임을 진다(第2說, 第3說의 경우).

제5 表見代理

1. 序　說

(1) 대리권이 없는 자의 대리행위에 의하여 본인으로서 표시된 자의 어음상의 책임은 발생하지 않는 것이 원칙이지만, 표현대리·표현대표 등 표현책임이 성립하는 경우에는 본인이 어음상의 책임을 진다.

(2) 어음법은 어음행위의 표현대리에 관하여 특별한 규정을 두고 있지 아니하므로, 민법 및 상법의 규정이 적용된다.

2. 民法上의 表見代理

(1) 민법은 대리권수여의 표시에 의한 표현대리(民 125), 권한을 넘은 표현대리(民 126), 대리권 소멸후의 표현대리(民 129) 등 세 가지 유형을 규정하고 있다. 어음행위에 관하여도 이들 각 유형에 해당하는 경우가 있고, 때에 따라서는 두 개의 유형이 경합하는 경우도 있다. 이 경우에 어음상 본인으로 표시되어 있는 자는 제3자에 대하여 어음상의 책임을 진다.

(2) 대리권수여의 표시에 의한 표현대리의 경우를 제외하고 여기에서 제3자가 누구를 가리키는가에 관하여는 ① 무권대리행위의 직접의 상대방만을 가리키고, 그 후의 어음취득자(제3취득자)는 이에 해당하지 않는다는 견해(直接相對方限定說), ② 직접의 상대방뿐만 아니라 널리 제3취득자도 포함한다는

견해(第3取得者包含說)와 ③ 제3자는 직접의 상대방만을 가리킨다고 해석하면서 별도의 이론(권리외관이론 또는 민법 제756조의 사용자책임)에 의하여 제3취득자를 보호하려고 하는 견해 등이 대립하고 있다. 통설은 제3취득자포함설을 취하고 있으나, 대법원판례의 주류는 직접상대방한정설을 따르고 있다(大判 99. 1. 29, 98 다 27470; 94. 5. 27, 93 다 21521; 86. 9. 9, 84 다카 2310). 직접상대방한정설은 민법에서 말하는 정당한 이유란 어음 수수시의 구체적 사정을 말하는 것이므로, 이러한 사정은 원칙적으로 직접의 상대방 이외의 제3취득자에는 인정되지 않는다는 것을 그 논거로 한다. 그러나 여러 사람에게 전전유통되는 어음의 특성에 비추어 제3취득자를 보호할 수 있는 제3취득자포함설이 타당하다고 본다.

3. 表見代行

(1) 무권한자가 대행방식으로 어음을 발행하여 이를 위조한 경우에도 정당한 이유가 있으면 표현대리의 유추적용에 의하여 본인에게 어음상의 책임을 지울 수 있다고 본다(大判 2000. 3. 23, 99 다 50385; 69. 9. 30, 69 다 964; 71. 5. 24, 71 다 471; 89. 3. 28, 87 다카 2152, 2153).

(2) 표현대행이 성립하는 경우에 본인과 표현대행인이 지는 어음상의 책임은 표현대리가 성립하는 경우와 같다.

4. 商法上의 表見代理 및 表見代表

상법의 특별규정에 의하여 표현지배인(14, 11 Ⅰ), 부실등기로 인한 지배인(39), 대리권이 제한된 지배인(11 Ⅲ)의 어음행위에 관하여는 선의의 제3자에 대하여 영업주가 책임을 지고, 표현대표이사(395), 부실등기에 의한 대표이사(39), 대표권이 제한된 대표이사(389 Ⅲ, 209 Ⅱ)의 어음행위에 관하여도 회사는 선의의 제3자에 대하여 책임을 진다. 공동대표제를 취하는 회사에서 이사가 단독으로 어음행위를 한 때에도 같다.

제6 本人의 損害賠償責任

(1) 무권대리행위의 본인이 민법상의 손해배상책임(民 35 Ⅰ, 756)을 지는 일이 있다. 즉 법인의 대표자 또는 피용자가 법인 또는 사용자를 본인으로 하여 무권한으로 어음행위를 대리하고 이에 의하여 제3자에게 손해를 가한 경우에, 그

무권대리행위가 그 직무에 관하여 또는 그 사무집행에 관하여 행하여진 것이면 법인 또는 사용자가 손해배상책임을 진다(大判 88. 11. 22, 86 다카 1923).

(2) 이 손해배상책임은 어음상의 책임과는 근거를 달리하고 있고, 책임금액도 손해액으로서 어음금액과 일치하지 않으며, 또 과실상계도 인정된다.

제7 名義貸與에 의한 어음行爲

1. 名義貸與와 어음行爲

타인에게 자기의 성명 또는 상호를 사용하여 영업을 할 것을 허락한 자는 자기를 영업주로 오인하여 거래한 제3자에 대하여 그 타인과 연대하여 변제할 책임이 있다(24). 그리하여 어음행위에 관하여 자기의 명의를 사용할 것을 타인에게 허락한 자가 어음상의 책임을 지는가가 문제된다. 이것은 영업을 영위하기 위하여 명의를 대여한 경우에 그 영업상의 채무변제의 수단으로서 어음을 사용한 때와 어음행위 그 자체를 하게 할 목적으로 명의를 대여한 경우와를 구별하여 관찰하여야 한다.

2. 營業을 위한 名義貸與

이 경우에는 영업전반에 관하여 이미 명의대여가 성립하고 있으므로, 어음행위에 대하여도 본인인 명의대여자가 책임을 지는 것은 당연하다(大判 69. 3. 31, 68 다 2270). 그리고 명의차용자도 명의대여자의 이름으로 자기의 어음행위를 한 것이므로 책임을 진다. 양자의 책임관계는 합동책임이라고 보는 견해도 있으나, 명의대여자는 명의차용자의 어음행위에 대하여 명의대여를 하였기 때문에 책임을 지는 것이요, 스스로 어음행위를 한 일이 없으므로, 복수의 어음행위가 있음을 전제로 하는 합동책임이 아니라, 상법 제24조에 따른 연대책임관계에 있다고 본다.

3. 어음行爲를 위한 名義貸與

타인의 은행계좌를 자기를 위하여 사용하는 경우 또는 특정한 어음거래에 관하여 타인명의로 자기의 계산에 의한 어음행위를 하는 경우에도 상법 제24

조의 적용 또는 유추적용을 긍정하는 견해가 많다. 그러나 상법 제24조에서 말하는 영업이라 함은 영업을 영위하는 것을 말하고 단지 어음행위를 하는 것은 이에 포함되지 않으며, 또 명의차용자가 명의대여자의 명의로 어음행위를 한 경우에는 어음행위의 문언성에 비추어 명의대여자의 어음행위로 보거나, 타인명의의 어음행위의 하나로서 명의차용자의 어음행위로 보아 그 어느 1인에게 어음상의 책임을 지우는 것은 가능하지만, 하나의 어음행위를 명의대여자와 명의차용자의 두 명의 어음행위로 볼 수는 없고, 또 어음법상 복수의 어음행위자는 합동책임을 지는데(어 47), 상법 제24조는 연대책임을 인정하므로, 이 경우에는 상법 제24조를 유추적용할 수 없을 것이다(日最判 67. 6. 6, 判時 487. 56; 68. 12. 12, 民集 22. 13. 2963).

제4절 어음의 僞造와 變造

제1 總 說

1. 序 說

권한없는 자가 어음상에 기명날인 또는 서명을 하거나 또는 권한없는 자가 어음상의 기재사항을 변경한 경우, 환언하면 어음행위 그 자체나 내용을 위작(僞作)하는 경우에는 어음의 위조·변조로서 형법상으로 문제가 되지만, 어음법상으로도 외관을 신뢰한 자를 보호할 것인가, 진실한 채무자를 보호할 것인가가 문제된다.

2. 僞造와 變造의 意義

(1) 僞 造

권한없는 자가 타인의 기명날인 또는 서명을 위작하여 마치 그 타인이 어음행위를 한 듯한 외관을 작출하는 행위, 즉 권한없이 어음면에 부진정한 기명날인 또는 서명을 나타내는 것을 말한다. 발행·배서·인수·보증 등 모든 어음행위에 관하여 있을 수 있다. 어음면에 가설인을 지급인 또는 수취인으로 기재하는 행위 또는 백지식배서가 있는 경우에 정당한 소지인이 아닌 자가 자기를 피배서인으로 기재하는 행위 등은 위조가 아니다. 위조는 보통 타인의 인장을 도용한다든가, 타인으로부터 보관받고 있는 인장을 모용(冒用)하는 경우 또는 다른 목적으로 된 타인의 기명날인 또는 서명을 어음의 기명날인 또는 서명으로 악용하는 경우 등에 발생한다. 위조의 방법은 묻지 아니하며, 고의·과실을 요하지 아니한다.

(2) 變 造

권한없이 기명날인 또는 서명 이외의 어음의 기재사항을 변경하는 것을 말한다. 어음의 필수적 기재사항이든 임의적 또는 유익적 기재사항이든 이를 불문한다. 변조의 방법에는 제한이 없으며, 현존 문구의 변개나 그 제거, 신문구의 첨가 등이 모두 이에 포함된다. 또 변조자의 고의·과실은 그 요건이 아니다.

(3) 僞造와 變造의 差異

위조와 변조는 허위의 외관을 조작하는 대상이 기명날인 또는 서명인가 아닌가에 따라 구별된다. 즉 위조는 기명날인 또는 서명한 자에 관하여 허위의 외관을 조작하는 것임에 반하여, 변조는 기명날인 또는 서명 이외의 어음의 의사표시의 내용에 관하여 허위의 외관을 조작하는 것을 가리킨다. 환언하면 위조는 어음행위(어음채무)의 주체를 위작하는 행위임에 대하여, 변조는 어음행위(어음채무)의 내용을 위작하는 행위이다.

(4) 僞造와 無權代理의 差異

어음상에 대리자격의 표시가 있는가 없는가를 기준으로 하여, 권한없이 대리의 방식에 의하여 어음행위를 한 경우가 무권대리이고, 권한없이 기명날인 또는 서명의 대행의 방식(즉 대리자격의 표시없이 직접 타인의 명의로 기명날인 또는 서명을 함)에 의하여 어음행위를 한 경우가 위조이다(大判 2000. 3. 23, 99 다 50385).[1]

따라서 위조의 경우에는 피위조자의 기명날인 또는 서명만 있고 위조행위자의 기명날인 또는 서명은 어음상의 기재에 나타나지 않음에 반하여, 무권대리의 경우에는 무권대리를 한 자의 기명날인 또는 서명이 어음면에 나타나게 된다.

---

1) 일부 학설과 일본의 판례는 권한없이 직접 타인의 명의로 어음행위를 하는 자(無權代行者)가 본인을 위한 의사가 있는가 없는가에 따라, 본인을 위한 의사가 있는 경우에는 무권대리이고, 자기를 위한 의사로 행위한 때에는 위조라고 구별하고 있다.

(5) 變造와 어음의 毁滅

변조의 경우에는 변조후에도 어음요건이 구비되어 어음 자체는 유효하지만, 어음의 훼멸의 경우에는 어음의 내용을 변경한 후에 어음요건이 결여하게 되어 어음으로서의 효력을 상실하게 된다.

(6) 變造와 白地어음의 補充權의 濫用

변조는 이미 기재되어 있는 어음의 기재사항을 부당히 변경하는 것임에 반하여, 백지어음의 부당보충은 아직 기재되어 있지 아니한 어음의 기재사항을 부당하게 기입(보충)하는 것이다. 어음의 기재사항이 이미 기재되어 있는가 아닌가에 따른 구별이다. 백지어음의 보충권을 남용하여 미리 합의한 바와 다른 보충을 하는 것은 변조가 아니다. 변조는 기존의 완성어음의 내용을 변경하는 것이 많지만, 백지어음 중의 유효한 기재사항을 무권한으로 변경하는 경우에도 백지어음의 변조로 된다.

(7) 記名捺印 또는 署名의 變更

기명날인 또는 서명의 변경은 진정한 기명날인 또는 서명을 한 자에 대하여는 변조가 될 것이고, 새 기명날인 또는 서명에 대하여는 권한없이 어음면에 나타내어진 것이므로 위조가 된다. 이 경우에 변경전의 기명날인 또는 서명을 한 자는 그것이 지워졌더라도 어음상의 책임을 부담한다고 본다.

제 2 僞造의 效果

위조의 효과는 피위조자·위조자 및 위조의 어음상에 어음행위를 한 자에 대한 관계로 나누어 살펴보아야 한다.

1. 被僞造者의 責任

피위조자는 원칙적으로 누구에 대하여도 어음상의 책임을 지지 아니한다. 즉 피위조자는 누가 청구하든 그 선의·악의를 불문하고, 위조의 항변을 대항하여 위 청구를 배척할 수 있다(物的抗辯 또는 歸責可能性에 관한 抗辯). 그러나 피위조자는 다음 세 가지 경우에는 예외적으로 어음상 또는 민사상의 책임을 지게 된다.

(1) 僞造의 追認

(가) 어음이 위조된 경우에 피위조자가 위조의 기명날인 또는 서명을 추인할 수 있는가에 관하여 종래에는 위조의 어음행위는 절대적으로 무효이므로 후일 이를 추인하여도 유효하여질 수 없고, 다만 새로운 어음행위를 한 것으로 보아 추인한 때로부터 효력을 발생한다고 풀이하여 왔다.

(나) 그러나 무권대리와 어음의 위조는 대리방식을 취하느냐 대행방식을 취하느냐의 차이밖에 없고, 대행도 대리의 한 방법으로 인정되고 있으므로, 무권대리의 추인에 관한 규정을 유추적용하여 위조의 추인을 인정할 수 있다고본다(有力說. BGH NJW 1963, 148ff.; 日最判 66. 7. 1, 判時 459. 74. 처가 권한없이 부의 인장을 사용하여 약속어음을 발행한 경우에 부의 추인에 의하여 발행행위는 처음부터 본인에게 효력을 미친다고 한다). 위조의 추인을 부정하는 설도 어음행위의 효력의 발생시기가 다를 뿐 결과적으로 큰 차이가 없다.

(다) 추인은 명시적으로도 묵시적으로도 할 수 있다.

(2) 表見責任과 信義則上의 責任

(가) 어음의 위조의 경우에도 표현대리에 관한 민법의 규정을 유추적용하여 피위조자의 어음상의 책임을 인정할 수 있다(通說. 大判 2003. 3. 23, 99 다 50385; 81. 3. 24, 81 다 4). 이에 반하여 표현대리의 규정은 대리방식을 전제로 하고 있으므로, 대리방식을 취하지 않는 어음의 위조의 경우에 이를 적용하는 것은 부당하다고 비판하면서, 피위조자의 책임은 권리외관이론에 의하여야 한다는 견해도 유력하게 주장되고 있다.

(나) 피위조자가 위조의 항변을 주장하는 것이 구체적인 경우에 「선행행위와 모순되는 행위의 금지」의 견지에서 신의성실의 원칙에 반하는 때에는 피위조자는 어음상의 책임을 진다고 본다. 예컨대 피위조자가 위조된 정을 알면서 동일한 위조자에 의한 위조어음의 어음금을 지급하여 계속적인 어음의 위조를 가능하게 한 경우와 같다. 도이칠란트와 영미에서도 위조의 경우에 신의칙 내지 금반언에 의한 책임을 인정하고 있다.

(3) 損害賠償責任

(가) 피용자에 의하여 어음이 위조된 경우에는 민법 제756조에 의하여 피위조자가 사용자로서 불법행위로 인한 손해배상책임을 지는 경우가 많다(大判 77. 2. 22, 75 다 1680; 72. 7. 31, 72 다 1082; 72. 5. 31, 72 다 611; 67. 2. 7, 65 다 1702; 66. 9. 20, 66 다 1166; 78. 8. 22, 78 다 756; 82. 6. 8, 82 다 150; 82. 10. 26, 81 다 509; 85. 8. 13, 84 다카 979 등). 물론 어음의 위조가 피용자의 사무집행에 관하여 이루어져야 함은 물론이다. 이 경우의 피

위조자의 책임은 어음상의 책임이 아니라 일반불법행위법상의 책임이므로, 어음소지인에게 과실이 있을 때에는 과실상계가 허용된다.

(나) 이 경우에 위조된 어음·수표를 할인에 의하여 취득한 사람이 입게 되는 손해의 액은 어음·수표의 액면금액이 아니라 특별한 사정이 없는 한 그 위조어음·수표를 취득하기 위하여 현실적으로 출연한 할인금에 상당하는 금액이다. 대법원은 처음에 손해액이 어음의 액면금이라는 견해를 고집하여 오다가, 전원합의체 판결을 통하여 현실적으로 출연한 할인금이라고 견해를 고쳤다(大(全)判 92. 6. 23, 91 다 43848).

(다) 어음행위 중 배서가 위조된 경우에 어음소지인이 지급제시기간내에 적법한 지급제시를 하지 못하여 상환청구권을 상실한 때에도 배서의 위조자의 사용자에 대하여 손해배상청구를 할 수 있는가가 문제된다. 대법원은 처음에는 이 경우에 어음소지인의 손해를 「상환청구할 수 있는 이익의 상실」로 보아 부정설을 취하였으나(大判 74. 12. 24, 74 다 808), 뒤에 이르러 전원합의체 판결을 통하여 위 손해를 어음소지인이 「어음의 취득시에 지급한 대가의 상실」로 풀이하면서 긍정설로 태도를 바꾸었다(大(全)判 1994. 11. 8, 93 다 21514). 생각건대 어음의 위조에 대한 사용자책임을 묻는 것은 어음금청구가 아니므로 어음법상 상환청구권의 유무를 따질 필요가 없고, 또 어음소지인은 어음의 위조가 없었더라면 대가를 상실하지 아니하였을 것이므로 어음의 위조와 대가의 상실 간에는 인과관계가 있고, 따라서 이 경우에도 사용자책임을 인정하는 긍정설이 타당하다.

(4) 被僞造者의 어음金支給

피위조자가 위조인 줄 알면서 지급한 경우에는 위조의 추인(民 139 但)이 되어 유효한 지급이 된다. 이에 반하여 위조인 줄 모르고 지급한 경우에는 어음금의 반환을 청구할 수 있는 것이 원칙이고, 다만 지급이 있기 때문에 어음상의 권리보전절차를 밟는 것이 늦어짐으로써 어음상의 권리를 상실한 자에 대하여는 착오를 이유로 하여 어음금의 반환을 청구할 수 없다(民 744 참조).

2. 僞造者의 責任

(1) 어음의 위조자는 어음증권면에 그의 기명날인 또는 서명이 없고 따라서 그의 어음행위가 없으므로, 어음의 문언증권성에 따라 어음상의 책임을 질 근거가 없다. 따라서 종래에는 어음위조자는 불법행위법상의 책임을 지는 것

은 별론으로 하고, 어음상의 책임을 지지 않는다고 풀이하여 왔다.

(2) 그러나 최근에는 위조자에게도 어음상의 책임을 인정하는 것이 일반적이다(日最判 74. 6. 28. 民集 28. 3. 655). 다만 위조자의 어음상의 책임을 인정하는 근거에 관하여는 ① 어음법 제8조의 정신을 원용하여 위조자에게 위조된 문구에 따르는 어음상의 책임을 지우는 견해(어음법 제8조 類推適用說)[1]와 ② 어음법 제8조는 대리관계가 어음상에 표시되어 있는 경우에 관한 규정이므로, 이를 위조의 경우에 유추적용하는 것은 부당하다고 비판하면서, 오히려 위조자는 피위조자의 명칭을 자기를 표시하는 명칭으로 삼아 어음에 기명날인 또는 서명을 하였으므로, 어음상의 책임을 지는 것이라고 풀이하는 견해(僞造者行爲說)가 대립하고 있다. 생각건대, 위조자가 피위조자의 명칭을 자기를 표시하는 명칭으로 사용할 의사를 가졌다고 보기는 어렵고, 무권대리와 위조는 권한없는 자가 대리의 방식으로 어음행위를 하였는가, 대행의 방식으로 어음행위를 하였는가의 차이밖에 없고, 양자는 기본적으로 그 구조가 동일하므로, 前說이 타당하다고 생각한다.

(3) 위에 말한 어음상의 책임 외에 어음의 위조자가 형법상의 책임과 민법상의 불법행위책임을 지는 것은 말할 나위도 없다.

3. 僞造어음 위에 어음行爲를 한 者의 責任

위조어음상에 진정하게 어음행위를 한 자는 어음행위독립의 원칙(어 7, 77 II)에 의하여 그 문구에 따라 어음상의 책임을 진다(大判 77. 12. 13, 77 다 1753). 위조의 사실을 알고 있던 모르던 마찬가지이다.

4. 僞造어음을 支給한 者의 責任

이에 관하여는 지급의 효과에 관한 설명(제3편 제6장 제5)을 참조하라.

5. 僞造의 證明責任

(1) 어음소지인의 어음금청구에 대하여 어음채무자가 자기의 기명날인 또

1) 이 견해에 의하면 어음법 제8조 소정의 무권대리인의 책임은 본인을 負責者로 표시한 데 대한 담보책임인데, 위조자는 한층 더 직접적으로 피위조자를 부책자로 표시하였으므로, 무권대리인에 준하여 위조자에게 어음상의 책임을 인정하여야 한다고 한다.

는 서명이 위조되었다고 주장하는 경우에 누가 위조의 증명책임을 지는가에 관하여는 어음소지인(원고)에게 증명책임이 있다는 견해와 어음채무자(피고)에게 증명책임이 있다는 견해가 대립하고 있다.

(2) 어음소지인의 어음금청구에 대하여 어음채무자가 위조의 주장을 하는 것은 원고(어음소지인)의 주장사실(어음채무자가 진정하게 기명날인 또는 서명을 하였다는 주장)에 대한 적극부인이므로, 원고가 피고(어음채무자)의 기명날인 또는 서명의 진정을 증명할 책임이 있으며, 이것은 연속된 배서 중의 하나가 위조된 경우에 그 위조배서의 피위조자에 대하여 어음금청구를 하는 경우에도 마찬가지라고 본다(어음所持人證明說).

(3) 대법원은 배서가 위조된 경우에 관하여 배서가 형식적으로 연속되어 있으면 그 소지인은 정당한 권리자로 추정된다는 점(어 16 I)을 논거로 하여 이 경우에는 위조의 사실을 주장하는 배서인(어음채무자)이 위조의 사실 및 어음소지인이 선의취득을 하지 아니한 사실을 증명하여야 한다고 해석하여 왔다(어음債務者證明說)(大判 87. 7. 7, 86 다카 2154). 그러나 여기에서 정당한 권리자로 추정된다고 하는 뜻은 피위조자를 제외한 나머지 어음채무자(예컨대 위 사건에 있어서 어음발행인)에 대하여 어음금청구를 할 수 있는 권리자로 추정된다고 하는 뜻에 지나지 아니한다. 또한 위조의 항변은 「귀책가능성의 항변」(종래의 물적 항변의 하나)에 해당되므로 피위조자는 누구에 대하여도 어음상의 책임을 지지 아니한다. 이러한 사리에 비추어 위 판결은 증명책임의 소재를 오해한 부당한 판결이라 아니할 수 없고, 많은 학자들로부터 비판을 받았다. 그리하여 대법원은 1993. 8. 24. 全員合議體判決을 통하여, 어음채무자로 기재되어 있는 사람이 자신의 기명날인이 위조된 것이라고 주장하는 경우에는 그 사람에 대하여 어음채무의 이행을 청구하는 어음소지인이 그 기명날인의 진정을 증명하지 않으면 안된다고 판시하여, 어음소지인증명설을 채택하였다(大(全)判 93. 8. 24, 93 다 4151; 大判 98. 2. 10, 97 다 31113).

제3 變造의 效果

변조의 효과는 변조전에 기명날인 또는 서명한 자와 변조후에 기명날인 또는 서명한 자에 대한 관계 및 변조자 자신의 책임으로 나누어 살펴보아야 한다. 다만, 변조의 경우에는 변조된 사실을 알고 어음을 취득한 자도 어음상의 권리를 유효하게 취득하게 됨을 주의하여야 한다.

1. 變造前에 記名捺印 또는 署名한 者의 責任

(1) 원래 文句에 따른 責任

(가) 어음의 변조 전에 기명날인 또는 서명을 한 자는 원래 문구, 즉 기명날인 또는 서명 당시의 문구에 따라 책임을 진다(어 69, 77 I ⑦). 그는 원래 문구를 의사의 내용으로 하는 어음행위를 하였기 때문이다(大判 80. 3. 25, 80 다 2689; 81. 10. 13, 81 다 726). 변조전의 문구를 인식할 수 있는 흔적이 남아 있든 없든, 그 문구가 어음요건에 관계되는 것이든 아니든 상관없으며, 원래 문구에 의한 책임이 변조후의 문구에 의한 책임보다 무거운 경우에도 원래 문구에 따라 책임을 진다.

(나) 다만 변조 전에 기명날인 또는 서명한 자가 변조하기 쉽도록 부주의하게 기재를 한 경우(즉 자기의 과실로서 변조의 기회를 준 경우)와 변조 전에 기명날인 또는 서명을 한 자가 변조를 추인한 경우에는 예외적으로 변조 전에 기명날인 또는 서명을 한 자가 변조된 문구에 따라 책임을 진다. 그리고 피변조자와 변조자 사이에 특별한 관계가 있을 때에는 피변조자가 민법상의 손해배상책임을 지는 경우가 있다(民 35, 756).

(다) 어음의 변조의 결과 어음요건이 결여된 경우, 즉 어음의 훼멸의 경우에도 어음소지인은 변조전의 문구를 증명하여 어음상의 권리를 행사할 수 있다.

(2) 記名捺印 또는 署名을 變更한 경우

이 경우에는 원래 기명날인 또는 서명을 한 자가 어음상의 책임을 진다. 일단 진정한 기명날인 또는 서명을 한 자는 자기의 기명날인 또는 서명이 자기 모르는 사이에 말소되었다고 하여 어음상의 책임을 면할 이유는 없기 때문이다. 새로이 기명날인 또는 서명이 조작된 자는 피위조자이므로 원칙적으로 누구에 대하여도 어음상의 책임을 지지 아니한다.

2. 變造後에 記名捺印 또는 署名한 者의 責任

변조후에 기명날인 또는 서명한 자는 변조된 문구에 따른 책임을 진다(어 69, 77 I ⑦). 변조된 문구를 의사표시의 내용으로 하였기 때문이다. 그러나 변조로 인하여 어음요건이 결여된 뒤에 기명날인 또는 서명을 한 자는 아무런 어음상의 책임을 지지 아니한다. 왜냐하면, 어음행위독립의 원칙은 형식적으로 유효한 어음을 전제로 하기 때문이다. 변조로 인하여 어음요건이 결여된 경우에도 변조전에 기명날인 또는 서명한 자는 원래 문구에 따라 어음상의 책임을 지는 것은 말할 나위도 없다.

3. 특수한 경우(1) — 滿期의 變造

만기에 변조가 있는 경우에는 변조전에 기명날인 또는 서명을 한 자에 대하여는 원래의 만기를 기준으로 하여(大判 96. 2. 23, 95 다 49936), 또 변조후에 기명날인 또는 서명을 한 자에 대하여는 변경된 만기를 기준으로 하여, 각각 보전절차를 이행하여야 한다.

4. 특수한 경우(2) — 受取人欄의 變造

(1) 수취인의 이름을 말소하여 마치 수취인란이 백지인 것처럼 변경하거나 수취인의 이름 甲을 乙로 변경하는 것도 변조에 해당한다고 본다(多數說. 大判 81. 10. 13, 81 다 726, 81 다카 90; 81. 11. 10, 80 다 2689).[1)]

(2) 수취인 이름의 변조가 어음소지인의 형식적 자격에 어떠한 영향을 미치는가에 관하여는 ① 변조의 항변은 물적 항변이므로 발행인은 선의의 소지인에 대하여도 수취인 이름의 변조를 대항할 수 있고, 따라서 소지인은 원래의 수취인으로부터 어음을 취득한 경로를 증명하지 않는 한 발행인에 대하여 어음금을 청구할 수 없다고 하는 견해(어음소지인의 형식적 자격을 부정한다. 日最判 65. 11. 10, 民集 20. 9. 1697)와 ② 수취인의 이름은 배서의 연속에 있어서 1요소에 불과하고, 배서의 연속은 순수하게 형식적으로 존재하면 족하므로, 이 경우 수취인 이름의 변조가 있더라도 배서의 연속이 인정되는 한 어음법 제16조 제1항에 기하여 소지인의 형식적 자격을 인정하여 발행인에 대한 청구를 허용하려는 견해(日最判 74. 12. 24, 民集 28. 10. 214)가 대립하고 있다. 어음외관해석의 원칙 및 어음거래의 안전을 위하여 後說에 찬성한다.

(3) 어음보증인이 특정한 수취인에 대한 관계에서 발행인을 위하여 보증을 한 경우에 뒤에 발행인이 수취인란을 지우고 다른 사람을 수취인으로 기재하여 그에게 어음을 교부한 때에는 보증인은 변조후의 수취인에 대한 관계에서

---

1) 수취인란의 기재는 권리의 귀속에 관한 것이고 어음상의 권리관계의 내용이 아니므로, 그 기재의 변경은 변조에 해당하지 아니한다는 견해도 있다.

는 어음보증인으로서 책임을 지지 않는다(大判 81. 10. 13, 81 다 726, 81 다카 90; 80. 3. 25, 80 다 2689).

5. 變造者의 責任

(1) 변조자의 어음상 책임에 관하여, 종래의 통설은 변조자는 어음상에 기명날인 또는 서명을 하지 아니하였다는 이유로 이를 부정하여 왔으나, 어음법 제8조의 유추적용에 의하여 변조자의 어음책임을 인정하는 것이 타당하다고 본다. 변조된 문구에 의한 변조자 자신의 어음행위로 보려는 고찰방법도 있으나 부당하다고 본다.

(2) 변조자가 불법행위책임을 지는 것은 말할 나위도 없다.

6. 變造어음을 支給한 者의 責任

이에 관하여는 지급의 효과에 관한 설명을 참조하라.

7. 變造의 證明責任

(1) 변조어음에 있어서는 기명날인 또는 서명이 변조전에 행하여졌는가 변조후에 행하여졌는가에 따라 어음채무자의 책임이 달라지므로, 이에 관한 증명책임의 분배가 매우 중요하다.

(2) 이에 관하여는 ① 어음면상 변조의 사실이 명백한가 아닌가를 기준으로 하여, 변조가 어음면상 명백하지 아니한 때에는 소지인은 일응 현재의 문구에 따라 청구할 것이니 채무자가 현재의 문구에 따른 책임을 면하려고 하면 자기의 기명날인 또는 서명후에 변조가 행하여진 사실을 증명하여야 하고, 변조가 어음면상 명백한 때에는 채무자는 일응 현재의 문구에 따른 책임을 질 필요는 없고, 따라서 소지인이 현재의 문구에 따른 책임을 묻기 위하여는 채무자의 기명날인 또는 서명이 변조 후에 행하여졌다는 것을 증명하여야 한다고 풀이하는 견해(抗辯說), ② 어음소지인의 어음금청구에 대하여 채무자가 변조의 사실을 주장하는 것은 소송법상 채무부담의 간접부인이므로, 변조의 사실이 어음면상 명백한가 아닌가에 관계없이 채무자가 부담할 채무의 내용에 관한 증명책임은 항상 소지인에게 있다고 풀이하는 견해(否認說), ③ 어음문구의 변조가 어음상의 책임을 확대하는가 축소하는가에 따라, 전자의 경우에

는 소지인, 후자의 경우에는 채무자에게 증명책임이 있다고 풀이하는 견해(折衷說) 및 ④ 변조의 효과를 주장하는 자가 증명책임을 진다는 견해(變造主張者證明說) 등이 있다. 권리를 주장하는 당사자가 권리근거사실을 주장·증명하여야 한다는 증명책임분배의 일반원칙에 비추어 부인설이 옳다(日最判 67. 3. 14, 民集 21. 2. 347).

(3) 대법원은 일찍이 지급기일의 변조의 사실이 어음면상 명백한 사건에서 약속어음변조의 법률효과를 주장하는 자는 그 약속어음의 변조된 사실, 즉 그 약속어음에 기명날인할 당시의 어음 문구에 관하여 증명책임을 진다고 하면서, 어음채무자인 배서인이 자기의 기명날인후에 지급기일이 변조된 사실을 증명하여야 한다고 판시하여 마지막 견해를 채택하였었다(大判 85. 11. 12, 85 다카 131). 그러나 위 판결은 많은 비판을 받았고, 대법원은 그 뒤에 위와 동일한 사안에 관하여 어음소지인(原告)측에서 배서인인 피고가 지급기일의 변경 후에 배서의 기명날인을 하였거나 지급기일의 변경에 동의한 사실을 증명하여야 한다고 판시하여 부인설을 채택하였다(大判 96. 2. 23, 95 다 49936; 87. 3. 24, 86 다카 37).

제4 僞造者와 變造者의 어음상의 權利

어음상의 의무를 이행하고 어음을 환수한 위조·변조자도 어음법 제8조를 유추적용하여 어음상의 권리를 취득한다고 본다.

제 5 장

어음상의 權利義務

제 1 절 어음상의 權利義務의 槪念

1. 意　義

(1) 「어음상의 권리」라 함은 어음금의 지급을 목적으로 하는 권리 및 이에 갈음하는 권리를 말한다. 어음상의 권리는 어음행위에 의하여 발생하며, 그 권리의 행사에 어음증권의 소지를 필요로 한다. 어음법에서 「어음으로부터 생기는 권리」(어 14 Ⅰ, 63 Ⅰ), 「어음상의 청구권」(어 70 Ⅰ)이라고 하는 것이 이에 해당한다. 어음상의 권리에는 ① 환어음의 인수인 또는 약속어음의 발행인에 대한 어음금지급청구권과 같이 어음의 목적을 직접 달성하기 위하여 부여된 권리, ② 배서인에 대한 상환청구권(遡求權), 보증인 및 참가인수인에 대한 권리, 보증인 및 참가인수인이 주채무자 및 피참가인과 전자에 대하여 가지는 권리, 참가지급인이 인수인, 약속어음의 발행인, 피참가인 및 그 전자에 대하여 가지는 권리와 같이 첫째의 권리에 갈음하는 권리가 있다.

(2) 「어음상의 의무」는 어음상의 권리에 대응하는 의무로서, 어음법에서 「어음채무」(어 7), 「어음상의 채무」(어 32 Ⅲ, 63 Ⅰ)라고 하는 것이 이에 해당한다.

2. 어음法上의 權利와의 差異

(1) 「어음법상의 권리」라 함은 어음법에 규정되어 있으나 어음상의 권리가 아닌 것으로서, 어음관계의 원만한 진전을 위한 보조적·부수적 목적을 위하

여 인정된 것이다. 어음금액의 지급을 직접적인 목적으로 하지 않는 권리이며, 권리의 행사에 어음증권의 소지를 필요로 하지 아니한다. 또 어음상의 권리가 어음행위에 의하여 발생한다고 하는 본질적 공통성을 가짐에 반하여, 어음법상의 권리에는 그러한 공통성이 없다.

(2) 어음법상의 권리에는 어음의 악의취득자에 대한 어음반환청구권, 소구의 통지를 해태한 자에 대한 손해배상청구권, 복본 또는 원본교부청구권, 이득상환청구권 등이 있다.

3. 어음상의 權利와 어음所有權

(1) 어음은 설권적 증권으로서, 어음상의 권리의 발생·이전·행사에는 원칙적으로 어음증권의 소지를 요하지만, 어음상의 권리를 취득하기 위하여 어음의 소유권까지 필요한 것은 아니다. 다시 말하면 어음상의 권리의 취득에는 어음의 소지만 필요하고 어음의 소유권은 반드시 필요한 것은 아니다. 왜냐하면 어음상의 권리가 성립하기 위하여는 그것이 결합될 물체만 있으면 되지, 그 물체가 어음행위자의 소유임을 요하지 않기 때문이다. 그리하여 어음증권의 소유권을 취득하여도 어음상의 권리를 취득하지 못하는 경우가 있고(소액의 어음에 고가의 그림을 그린 경우를 생각하여 보라), 반대로 어음증권의 소유권을 상실하여도 어음상의 권리를 잃지 않는 수도 있다(어음을 소실한 경우를 생각하여 보라). 이 경우에는 제권판결을 얻으면 어음증권없이도 어음상의 권리를 행사할 수 있는 것이다.

(2) 도이칠란트의 통설은 어음상의 권리의 취득에는 어음소유권의 취득이 반드시 전제되어야 하며, 어음증권의 소유권을 갖지 않으면 어음상의 권리를 취득하지 못한다고 풀이한다(어음所有權說). 이 견해에 의하면 어음을 배서에 의하여 양도하는 것은 어음이라는 증권의 소유권을 양도하는 것이고, 그 양수인은 증권에 관한 소유권취득의 효과로서 어음상의 채권을 원시취득하는 것으로 된다(所有權取得說). 그러나 어음을 배서에 의하여 양도하는 것은 배서인이 가지는 채권을 배서라고 하는 특수한 방법에 의하여 양도하는 채권양도행위라고 풀이하여야 할 것이다(債權讓渡說). 왜냐하면 증권은 그것 자체로는 1매의 지편에 불과하여 별다른 가치가 없고, 어음의 소지인이 어음채무자에 대하여 가지는 채권에 가치가 있으므로, 어음의 양도는 어음채권의 양도로 구성하는 것이 타당하기 때문이다. 그러므로 어음소유권설은 이를 지지할 수 없다.

4. 어음상의 義務의 特色

(1) 債權者身元에 대한 債務者의 不知

어음채무자는 만기에 어음채권자가 어음을 제시하고 지급을 구하기까지에는 누가 실제의 채권자인지 알 수 없는 것이 원칙이다. 이러한 특성을 고려하여 어음법은 지급지·지급장소, 지급제시, 만기, 어음금액의 공탁(어 42) 등에 관한 규정을 두고 있다.

(2) 提示(履行請求)의 義務

보통의 채무에 있어서는 변제기가 도래하여도 채권자가 이행을 청구하느냐 않느냐는 그 자유에 속하지만(물론 소멸시효의 위험은 고려하여야 한다), 어음에 있어서는 그 만기가 확정일출급, 일람후정기출급, 발행일자후정기출급인 경우에는 일정한 기간 내에 어음을 제시하고 지급을 구하지 않으면 안된다. 만일 어음채권자가 위 기간 내에 지급제시를 하지 아니하면 배서인 등 상환의무자에 대한 상환청구권을 상실하는 불이익을 입게 된다. 수표의 경우에도 마찬가지이다.

(3) 無因性(抽象性)

어음채무는 어음행위에 의하여 발생하는데, 어음행위는 무인행위이므로, 어음채무도 무인성을 가진다.

(4) 동일한 어음상의 수개의 어음債務

하나의 어음 위에 수개의 어음채무가 병존할 수 있는데(예컨대 약속어음의 발행인·배서인·보증인 등), 이 경우에는 ① 각 어음채무는 독립성을 가지고, ② 여러 어음채무자는 채권자에 대하여 합동책임(合同責任)을 진다. 합동책임은 연대책임과 다르다.

(5) 어음債務의 分割制限

어음채무의 발생단계에서 하나의 어음에 관하여 채무를 분할하여, 어음금액의 일부마다 각별로 수개의 만기를 정하는 분할출급(分割出給)어음은 허용되지 아니한다(어 33 II)(처음부터 금액을 쪼개어 각 금액마다 각별로 어음을 발행하면서 각 어음의 만기를 달리하는 것은 상관이 없다). 또한 어음금액의 일부에 대한 배서는 무효이다(어 12 II). 다만 이에 대한 예외로서 이미 발생한 어음채무에 대한 일부지급은 허용된다(어 39 II). 일부지급의 수령을 강제하더라도 소지인에게 불리하지 않고(그는 지급받지 못한 부분에 대하여 前者에 상환청구할 수 있다), 또 상환의무자는 일부지급 부분에 대한 상환의무를 면하는 이익이 있기 때문이다.

(6) 어음債務의 短期消滅時效

어음채무에 관하여는 특별히 단기의 소멸시효가 규정되어 있다(後述).

제2절 어음상의 權利의 取得

제1 總 說

어음상의 권리를 취득하는 방법에는 원시취득과 승계취득의 두 가지가 있다. 원시취득에는 어음행위에 의하여 발생하는 경우와 선의취득의 경우가 있고, 승계취득에는 어음법적 방법에 의한 경우와 비어음법적 방법에 의한 경우가 있다. 어음법적 방법에 의한 경우는 기명식 또는 지시식어음의 배서, 최후의 배서가 백지식인 때에는 단순한 교부에 의하여 어음상의 권리를 승계취득하는 경우이고, 비어음법적 방법에 의한 경우는 지명채권양도의 방법, 전부명령 등 특정승계에 의하거나, 상속, 회사의 합병, 포괄유증 등 포괄승계에 의하여 어음상의 권리를 승계취득하는 경우를 가리킨다.

제2 어음의 善意取得

1. 意 義

(1) 어음의 선의취득이라 함은 배서의 연속이 있는 어음의 적법한 소지인(형식적 자격자)으로부터 배서 또는 교부(최후의 배서가 백지식인 경우)에 의하여 어음을 취득한 자는 악의 또는 중과실이 없는 한 설사 배서인이 무권리자이거나 또는 배서행위가 무권대리인 혹은 무처분권자에 의하여 행하여진 경우에도 어음상의 권리를 취득하는 제도를 말한다(어 16 II).

(2) 선의취득은 권리외관이론을 근거로 하고 있다. 즉 배서의 연속있는 어음의 소지인은 어음법 제16조 제1항에 의하여 권리자로 추정되고 있으므로(資格授與的效力), 이처럼 권리자의 외관이 있는 자를 권리자라고 믿고 어음을 배서에 의하여 취득한 사람은 위 외관의 신뢰를 보호받아야 마땅하고, 여기에 선의취득이 인정되는 근거가 있다.

(3) 어음의 선의취득은 민법상의 동산의 선의취득(民 249)과 그 취지를 같이하지만, 어음법은 어음의 유통성에 비추어 민법의 규정보다 보호의 범위를 훨씬

넓히고 있다. 즉 ① 민법에서는 경과실의 경우를 보호하지 아니하나(民 249 참조), 어음법에서는 이 경우도 취득자를 보호하고 있고, ② 민법상으로는 도품·유실물에 대한 특칙이 있으나(民 250, 251), 어음법상으로는 그러한 특칙이 없고, ③ 민법상으로는 무권리자인 경우에만 선의취득을 인정하는 것이 지배적 견해임에 반하여, 어음법상으로는 그 이외의 경우에도 선의취득의 성립을 인정하는 견해가 많다. 다만 민법상으로도 지시채권과 무기명채권의 경우에는 어음법에서와 같은 보호를 부여하고 있다(民 514, 524).

2. 要 件

선의취득이 인정되기 위하여는 다음에 말하는 적극적 요건과 소극적 요건이 갖추어져야 한다. 전자는 취득을 주장하는 어음소지인에게 증명책임이 있고, 후자는 이를 다투는 어음채무자에게 그 증명책임이 있다.

(1) 積極的要件

(가) 어음법적 방법에 의하여 어음을 취득하였을 것: 선의취득은 어음에 특유한 유통방법, 즉 배서 또는 교부(최후의 배서가 백지식인 경우)에 의한 취득에 관하여만 인정된다. 따라서 상속, 회사의 합병 등 포괄승계에 의한 취득, 지명채권양도방법이나 전부명령 등 특정승계에 의한 취득의 경우에는 선의취득이 인정되지 아니한다. 또한 배서에 의한 경우라도 기한후배서(기한후교부)는 지명채권양도의 효력밖에 없고 또 추심위임배서는 추심위임의 목적으로 행하여지므로 선의취득이 인정되지 않는다.

(나) 취득자는 形式的資格을 가질 것(背書의 連續): 어음의 취득자가 배서의 연속있는 어음소지인으로부터 어음을 취득하였어야 한다. 배서의 연속있는 어음소지인만이 권리자로서의 외관을 구비하고 있기 때문이다. 다만 배서의 연속에 흠결이 있는 경우에도 실질적으로 권리의 이전이 있었음을 증명하면 배서의 단절이 가교되어 선의취득을 할 수 있다고 본다(架橋說).

(다) 無權利者, 無處分權者 또는 無權代理人으로부터 어음을 취득하였을 것: 선의취득이 인정되는 범위에 관하여는 다툼이 있다. 민법상 동산의 선의취득에 있어서는 양도인이 무권리자인 경우(양도행위 자체는 완전 유효)에만 선의취득에 의한 보호가 인정되고 있고, 따라서 어음법에 있어서도 양도인이 무권리자인 경우에 어음의 선의취득이 인정되는 점에 관하여는 아무 이론이 없다.

그런데 근년에 이르러서 양도인은 권리자이지만, 배서 또는 교부라는 어음양도행위 자체에 장해가 있어 무효 또는 취소될 수 있는 경우, 예컨대 양도인의 무능력, 양도인의 대리인의 대리권흠결, 의사표시의 하자 등 일체의 경우에도 어음의 선의취득을 인정할 것인가가 문제되고 있다.

이 문제에 관하여는 ① 어음의 양도인이 무권리자인 경우에 한하는 견해(종래의 통설), ② 양도인이 무권리자인 경우뿐만 아니라, 취득행위 자체에 하자가 있는 경우, 예컨대 양도인의 무능력, 무처분권, 무권대리, 의사표시의 하자와 양도인의 인적 동일성의 흠결 등의 경우까지 포함하여 널리 이를 인정하려고 하는 견해(도이칠란트의 현재의 통설·판례), ③ 위 두 견해의 중간적 입장으로서, 양도인이 무권리자인 경우 외에 양도행위 자체에 하자가 있는 모든 경우까지 선의취득을 광범위하게 인정하는 것은 이를 반대하고, 무권대리 등 극히 제한된 범위 내에서만 추가로 선의취득을 인정하는 견해 등이 대립하고 있다. 생각건대 선의취득은 배서의 자격수여적 효력에 상응하여 배서연속의 형식적 자격을 신뢰한 자를 보호하려는 제도이므로, 이러한 제도의 취지에 비추어 보호의 범위를 정하여야 할 것이다. 따라서 양도인이 무권리자인 경우(양도인의 인적 상위의 경우 포함) 외에 양도행위가 무처분권자나 무권대리인에 의하여 된 경우(어음면상 대리인 등의 형식적 자격이 인정됨)에만 선의취득이 가능하다고 본다. 배서인의 능력, 교부계약의 하자 등은 배서의 연속이나 어음의 외관과 아무런 관련이 없으며, 무능력제도의 취지 등을 고려할 때에 이 경우에까지 선의취득을 인정하는 것은 부당하다고 본다. 대법원판례도 무권리자 외에 무권대리의 경우에 한하여 어음의 선의취득을 인정하고 있다(大判 95. 2. 10, 94 다 55217; 93. 9. 24, 93 다 32118; 日最判 1960. 1. 12, 民集 14. 1. 1).

(2) 消極的要件

(가) 取得者에게 惡意나 重過失이 없을 것: ① 취득자에게 악의 또는 중과실이 없어야 한다. 「악의」란 양도인의 무권리·무처분권 또는 무대리권을 알고 있는 것이고, 「중대한 과실」은 그것을 모르고 있지만 모르는 데 대한 부주의의 정도가 현저한 것을 말한다.[1] 양도인까지의 중간에 무권리자가 있다

1) 판례에 의하면, 일요일에 자기앞수표를 취득하면서 그 뒷면에 기재된 전화번호에 전화를 걸어 확인하지 아니한 경우(大判 84. 11. 27, 84 다 466), 자기앞수표를 취득하면서 주민등록증 등에 의하여 양도인의 인적 사항을 확인하지 아니한 경우(大判 81. 6. 23, 81 다 167; 90. 11. 30, 90 다 23394), 자기앞수표를 취득하면서 발행은행에 도난신고 등이 있는지 확인하지 아니한 채 수표뒷면에 전화번호와 서명만을 기재케 한 경우(大判 90. 12. 21, 90 다카 28023), 은행이 자기에게 거액

는 것을 알았더라도 직접의 전자인 양도인이 권리자라 믿었고 그 믿음에 대하여 중과실이 없으면 선의취득이 인정된다(通說; shelter rule, 掩蔽物의 法則).

② 악의·중과실의 유무는 어음취득의 시를 표준으로 하여 결정하므로, 그 뒤에 사정을 알게 되었더라도 선의취득에 아무 영향이 없다. 그러므로 백지어음에 있어서는 어음취득의 시를 표준으로 하여 그때에 선의·무중과실이면, 백지보충의 시에 사정을 알았더라도 상관이 없고, 어음개서의 경우에는 원시어음의 선의취득자는 개서에 즈음하여 항변사유를 알고 개서어음을 취득하여도 신구어음의 동일성에 기하여 선의취득자로서 보호된다(日最判 60. 2. 11, 民集 14. 2. 184).

(나) 어음취득에 관하여 獨自의 經濟的利益을 가질 것: 피배서인은 어음의 취득에 관하여 독립된 경제적 이익을 가져야 한다. 그렇지 아니한 경우에는 이를 보호할 가치가 없기 때문이다. 따라서 단순히 어음금추심의 대리권만을 주는 것에 불과한 추심위임배서의 피배서인에게는 선의취득이 인정되지 않는다. 숨은 추심위임배서의 경우에도 같다. 그러나 입질배서의 경우에는 경제적 이익이 있으므로 질권의 선의취득이 인정된다(어음상의 권리 자체가 선의취득되는 것은 아니다).

3. 效 果

(1) 선의취득자는 어음상의 권리를 취득하고, 본래의 어음권리자는 권리를 잃게 된다. 어음법 제16조 제2항에서는 「어음을 반환할 의무가 없다」라고 규정하였으나, 어음은 어음상의 권리를 가지는 자에게 귀속하므로, 같은 뜻이다. 선의취득에 의한 어음상의 권리의 취득은 원시취득이다(通說).[1]

(2) 선의취득자로부터 어음상의 권리를 승계취득한 자는 설사 선의취득자의 전자가 무권리자라는 사실에 관하여 악의·중과실이 있더라도 어음상의 권리의 취득에 아무런 영향이 없다(이를 영미법에서는 掩蔽物의 法則, shelter rule이라고 한다).

의 채무를 진 종업원이 발행한 거액의 어음을 별다른 조사없이 취득하는 경우(BGH, WM 1968. 507, 508) 등에는 중대한 과실이 있고, 발행인이 폭리행위로 발행되었다는 통지를 하였음에도 아무런 조사를 하지 아니하고 어음을 취득한 경우도 중대한 과실이 있다(Baumbach/Hefermehl, WG Art 16, Rdn. 10). 그러나 자기앞수표를 취득하면서 발행은행에 확인을 하였으면 소지인의 주민등록증을 확인하지 아니하더라도 중과실이 없고(大判 87. 8. 18, 86 다카 2502), 최후의 배서가 백지식인 어음을 취득하는 사채업자가 어음에 기재된 최후배서인에 대하여 누구에게 양도하였는지 알아보지 아니하였다고 하여 중과실이 있다고 할 수 없다(大判 85. 5. 28, 85 다카 152; 87. 6. 9, 86 다카 2079)고 한다.

1) 이를 承繼取得으로 보는 견해가 있다.

(3) 선의취득은 어음상의 권리가 이미 존재하는 것을 전제로 하여 누가 권리자인가라는 권리의 소재에 관한 제도이므로, 이것은 어음상에 기명날인 또는 서명이 표시되어 있는 사람이 반드시 어음상의 채무를 부담한다는 것을 의미하지는 않는다. 따라서 예컨대 피위조자나 어음행위를 취소한 무능력자 등은 선의취득자에 대하여도 어음상의 책임을 지지 아니한다.

4. 善意取得과 어음抗辯 및 除權判決과의 관계

(1) 선의취득에 관한 어음법 제16조 제2항과 항변의 절단에 관한 어음법 제17조는 별개이므로, 어음의 선의취득자는 반드시 완전한 어음상의 권리를 취득하는 것이 아니고, 항변이 부착한 권리를 취득하는 수도 있다. 즉 어음의 취득자가 항변이 부착된 것은 알고 있었지만, 양도인이 무권리자임을 알지 못한 경우 등에는 항변이 붙어 있는 어음상의 권리를 취득하게 된다. 이는 우리 어음법이 선의취득과 인적 항변의 절단에 관한 주관적 요건을 달리한데서 나오는 현상이다.

(2) 어음을 분실하거나 도난당한 경우에 그 어음을 선의취득한 자와 위 어음에 대하여 제권판결을 받은 자 사이에서 누구에게 어음상의 권리가 귀속되는 것인가가 문제된다. 이 점에 관하여는 어음의 상실에 관한 부분에서 자세히 설명하기로 한다.

제3절 어음상의 權利의 行使

제1 總　說

(1) 어음상의 권리의 행사라 함은 어음상의 권리의 내용을 현실화하는 것을 말한다. 즉 어음소지인 등이 주채무자인 환어음의 인수인이나 약속어음의 발행인 또는 주채무자가 아닌 환어음의 지급인에게 「지급을 청구」하고, 지급이 거절되거나 지급이 현저하게 불확실하게 되었을 때에는 배서인, 환어음(수표)의 발행인 등 상환의무자에게 「상환을 청구」하는 것을 가리킨다.

(2) 어음상의 권리행사는 민·상법의 일반규정에 따르지만, 어음법은 어음

의 특수성에 비추어 이에 대한 특별규정을 두고 있다. 즉 ① 어음상의 권리를 행사함에는 반드시 어음을 제시하여야 한다(支給提示). ② 지급이 거절된 경우에 상환청구권을 행사하려면 권리보전절차를 취하지 않으면 안된다. ③ 어음채무자의 항변을 일정한 경우에 제한하고 있다.

(3) 어음법은 어음상의 권리의 행사를 확실히 하여 어음의 유통성을 보장하기 위하여 어음상의 의무를 특히 엄격하게 규정하고 있는데, 이를 「어음엄정의 법칙」이라고 한다. 어음엄정에는 형식적 엄정과 실질적 엄정이 있다. 「형식적 엄정」은 ① 어음의 형식요건의 엄격한 준수(어음의 발행시에 필수적 기재사항을 모두 기재하여야 한다는 것), ② 기간 및 법률행위의 엄정(상환청구권을 행사하기 위하여는 지급제시기간 및 거절증서에 관한 엄격한 규정을 준수하여야 하며, 이를 준수하지 못하는 경우에는 상환청구권을 상실하게 되는 것), ③ 어음채권자를 위한 신속하고 엄격한 소송절차(어음소송)의 완비 등을 뜻한다. 「실질적 엄정」은 어음채권의 내용은 어음증권의 문언에 따라 결정되어야 하며, 그 해결 내지 보충을 위하여 어음 외의 사정(어음증권으로부터 알 수 없는 사정)이 고려되어서는 아니된다는 것을 뜻하며, 그 결과 어음항변은 일정한 범위 내에서만 대항할 수 있다.

여기에서는 어음상의 권리의 행사에 관련된 문제 가운데 어음항변의 제한에 관하여만 설명하고, 그 밖의 문제는 해당부분의 설명으로 미룬다.

제2 어음抗辯論

1. 어음抗辯의 槪念

「어음항변」이라 함은 어음에 의하여 청구를 받은 자(어음채무자)가 그 청구자에 대하여 제출할 수 있는 일체의 방어방법을 말한다. 여기에서 말하는 항변은 소송법에서 말하는 「항변」[1] 뿐만 아니라, 청구권의 「부인」[2]까지도 포함하는 넓은 개념이다. 따라서 어음항변이란 어음상의 권리의 행사를 거절하

1) 소송법상으로 항변이라고 하면, 반대규범의 요건사실을 주장하는 것으로서, 구체적으로 말하면 상대방이 주장하는 권리가 처음부터 성립될 수 없게 하는 사실(권리장애적 항변, 예컨대 강행법규의 위반 등 무효사유), 상대방이 주장하는 권리가 일단 성립한 뒤에 소멸한 사실(권리멸각적 항변, 예컨대 변제·해제) 및 상대방이 주장하는 권리가 발생하여 아직 존속하고 있으나 그 권리의 행사를 저지시킬 수 있는 사실(권리저지적 항변, 예컨대 유치권, 동시이행의 항변)을 주장하는 것이다.

2) 소송법상으로 부인이라 함은 상대방이 주장하는 사실을 부정하는 것이다. 예컨대, 어음을 발행한 일이 없다고 하든가, 어음요건의 흠결을 주장하는 것이다.

기 위한 모든 사유를 가리킨다. 어음항변에 관한 논의를 어음항변론이라고 하며, 그 중심과제는 일단 성립한 항변이 어느 범위 내에서 제한 또는 절단되느냐 하는 것이다.

2. 어음抗辯制限의 法則과 그 根據

(1) 어음법 제17조는 「환어음에 의하여 청구를 받은 자는 발행인 또는 종전의 소지인에 대한 인적 관계로 인한 항변으로써 소지인에게 대항하지 못한다. 그러나 소지인이 그 채무자를 해할 것을 알고 어음을 취득한 경우에는 그러하지 아니하다」고 규정하고 있고, 어음법 제77조 제1항 제1호에서는 이를 약속어음에 관하여 준용하고 있다. 위의 원칙을 「어음항변의 제한」 또는 「인적항변의 절단」이라고 한다. 이 원칙은 어음의 유통성을 보호하기 위한 것이므로 어음의 제2 이하의 취득자를 위하여 작용하는 것이요, 어음수수의 직접적 당사자인 최초의 수취인에 대하여는 모든 항변을 대항할 수 있다.

예컨대, 매매계약을 원인으로 하여 매수인 甲이 매도인 乙에 대하여 매매대금의 지급을 위하여 약속어음을 발행교부하였던 바 그 매매계약이 무효이었다고 하는 경우에, 乙이 甲에 대하여 위 약속어음금을 청구하는 때에는 甲은 위 매매계약이 무효라는 항변으로써 어음금의 지급을 거절할 수 있다. 그러나 이 항변은 甲의 乙에 대한 인적 항변이므로, 이 어음이 乙로부터 丙으로 배서양도되고 丙이 甲에 대하여 어음금을 청구한 경우에는 甲은 丙에 대하여 위 항변을 대항하여 어음금의 지급을 거절할 수 없다. 丙은 甲·乙 사이의 인적 항변의 존재를 걱정할 필요없이 어음을 취득할 수 있으므로 어음거래의 안전을 꾀할 수 있다. 그러나 丙이 甲을 해할 것을 알고, 즉 자기가 어음을 취득하면 甲이 인적 항변을 대항할 수 없어 해를 입는다는 정을 알고 어음을 취득한 때에는, 甲은 丙에 대하여 어음금의 지급을 거절할 수 있다(이른바 악의의 항변이다).

(2) 어음항변제한의 법칙의 근거에 관하여는 두 견해가 대립하고 있다.

① **政策說** 채권양도의 일반원칙에 의하면, 양수인은 양도인이 가지는 권리 이상의 것을 취득하지 못하므로(누구도 자기가 가진 권리 이상을 타인에게 양도하지 못한다), 채무자는 양도인에게 대항할 수 있었던 모든 항변을 양수인에 대하여도 대항할 수 있다(民 451 II). 그런데 어음에 관하여도 이 원칙을 관철한다면, 어음의 유통이 반복됨에 따라 항변이 누적되는 결과로 되어 어음소지인은 무수한 항변의 대항을 받게 되어 어음의 유통성을 심히 해하게 되므로, 어음법 제17조는 어음의 유통을 확보

하고 어음취득자를 보호하기 위하여 법이 특히 정책적으로 인정한 규정이라고 보는 견해이다. 이 견해를 취하는 학자들은 어음항변제한의 이론적 근거를 「권리외관이론」에서 구하는 것이 보통이지만(通說), 어음의 「무인성」, 「문언성」에서 구하는 분도 있다.

② **當然說** 인적 항변은 원래 양수인에게 승계되지 않는 것이므로, 이른바 어음항변의 제한은 어음법 제17조를 기다리지 않고도 당연한 법리라고 하는 견해이며, 그 이론적 근거를 어음행위의 「독립성」에서 구한다. 일반적으로 권리의 양도인은 그가 가진 권리 이상을 양수인에게 넘길 수 없는 것이므로, 어음법 제17조는 이에 대한 예외를 이루는 것이고, 그것은 어음증권에 결합된 권리의 외관, 즉 증권의 내용을 신뢰한 자를 보호함으로써 어음의 유통성을 확보하기 위하여 인정된 것이니, 이는 권리외관이론에 따라 법이 정책적으로 인정한 특칙이라고 본다.

3. 어음抗辯의 分類

어음항변은 여러가지 기준에 의하여 이를 분류할 수 있다.

(1) **抗辯의 效力에 따른 分類**

(가) 어음항변은 그 효력에 따라 「물적 항변(絶對的抗辯)」과 「인적 항변(相對的抗辯)」으로 분류할 수 있다. 전자는 어음에 의하여 청구를 받은 자가 모든 청구자에 대하여 대항할 수 있는 항변이고, 후자는 어음에 의하여 청구를 받은 자가 특정한 청구자에 대하여만 대항할 수 있는 항변, 즉 청구를 받은 자와 청구자 사이의 인적 관계에 기한 항변이다. 따라서 어음항변제한의 법칙은 인적 항변에 관하여 적용된다.

(나) 양자의 구별은 해석에 의하여 결정된다. 통설적 견해에 의하면,

① **物的抗辯**에 속하는 것으로서는, (ㄱ) 「어음상의 기재에 기한 항변」, 예컨대 어음요건의 흠결, 만기의 미도래, 어음에 기재된 지급·상계·면제, 시효의 완성 따위, (ㄴ) 「어음행위의 효력에 관한 항변」, 예컨대 행위무능력, 무권대리, 어음의 위조·변조, 공시최고에 의한 제권판결, 어음금액의 공탁에 의한 어음채무의 소멸(어 42) 따위가 있다.

② **人的抗辯**은 물적 항변을 제외한 그 이외의 모든 항변을 말하는데, 여기에는 (ㄱ) 「어음의 실질관계에 기한 항변」, 예컨대 원인계약의 무효·취소·해제·소멸 등, (ㄴ) 「어음행위의 성립에 관한 하자의 항변」, 예컨대 교부계약에 있어서의 의사의 흠

결·하자, 어음교부의 흠결, 백지어음의 보충권의 남용 따위, (ㄷ) 「어음 외의 특약에 기한 항변」, 예컨대 지급의 유예, 청구하지 아니한다는 합의 등, (ㄹ) 「어음에 기재되지 아니한 어음상의 권리의 소멸의 항변」, 예컨대 어음과 상환하지 아니한 지급, 어음에 기재하지 아니한 일부지급 등, (ㅁ) 「무권리·무자격의 항변」, 예컨대 배서의 불연속, 실질적 무권리(습득·도취 등) 등이 있다.

(다) 어음항변을 인적 항변과 물적 항변으로 나누어 설명하는 2분법(종래의 통설)은 어음항변 가운데에는 제한이 가능한 것과 제한이 불능한 것의 두 가지가 있다는 것을 밝히는 것 이상의 아무런 가치가 없다. ① 어음항변론의 중심과제는 일정한 항변은 왜 이를 제한할 수 있는가를 탐구하는 데에 있는데, 양분법은 이 점에 관하여 아무런 해답을 주지 못하고 있고, 인적 항변은 항변의 제한이 가능하므로 인적 항변이라고 하는 것이니, 말하자면 물음에 물음으로써 답하는 것이고, 자칫 순환론법에 빠질 염려가 있다. ② 뿐만 아니라 어음항변 가운데에는 물적 항변과 인적 항변의 그 어느 것에도 속하지 않는 것(예컨대 융통어음의 항변이나 교부계약흠결의 항변 따위)들이 있는데, 종래의 2분법은 이를 설명할 수 없다.

(라) 최근에는 종래와 같이 어음항변을 그 효력에 따라 분류하면서도 항변의 절단이 가능한 항변에 종래의 인적 항변과는 다른 것이 있음을 인정하여, 「물적 항변」, 「어음법 제17조가 적용되는 인적 항변」, 「어음법 제17조가 적용되지 않는 인적 항변」으로 3분하고, 어음법 제17조가 적용되지 않는 인적 항변으로서 교부계약의 흠결, 교부계약의 하자 등을 포함시키는 견해가 유력하여지고 있다(정찬형, 361면 이하). 이 견해는 종래의 인적 항변과 다른 요건 하에 항변의 절단이 가능한 새로운 항변(신어음항변)이 있다는 것을 인정하는 점에서는 종래의 통설보다 앞선 것이지만, 2분법이 가지는 기본적인 문제점은 전혀 해결하지 못하고 있으며, 인적 항변에 전혀 이질적인 두 가지 항변을 포함시켜 개념의 혼동을 가져오는 난점이 있다.

(2) 抗辯의 成立要件에 따른 分類

(가) 어음항변은 그 성립요건을 기준으로 하여, 「내용적 항변(증권상의 항변)」, 「어음의 효력에 관한 항변」 및 「인적 항변」으로 3분할 수 있다.[1)]

1) 도이칠란트의 일부 학자는 도이칠란트민법 제796조(무기명채권증서의 발행인은 증서의 소지인에 대하여 발행의 효력에 관한 항변 또는 증서로부터 알 수 있는 항변, 또는 소지인에 대하여 직접 발생한 항변만을 대항할 수 있다) 및 도이칠란트상법 제364조 제2항(지시증권의 정당한 소지인에 대하여 채무자는 증권상의 의사표시의 효력에 관한 항변 또는 증권의 내용으로부터 알 수 있는 항변 또는 소지인에 대하여 직접 발생한 항변만을 대항할 수 있다)에 따라 이 분류법을 취한다.

(나) 이 설에 의하면,

① **內容的抗辯**(증권상의 항변)은 증권의 내용으로부터 알 수 있는 항변이며, 예컨대 어음요건 흠결의 항변, 어음면상 명백한 지급필의 항변, 배서불연속의 항변, 상환청구권보전절차 흠결의 항변 따위가 이에 속한다. 이 항변은 어음증권의 내용으로부터 알 수 있으므로 거래의 안전보호는 문제로 되지 않고 따라서 항변의 제한은 불가하므로, 종래의 2분법에서 말하는 물적 항변의 범주에 들어간다.

② **어음의 效力에 관한 抗辯**(어음채무의 유효성에 관한 항변)은 어음증권 자체로부터는 알 수 없는 어음채무의 효력에 관한 항변이며, 예컨대, 어음의 위조·변조의 항변, 무능력의 항변, 무권대리의 항변, 교부계약흠결의 항변, 교부계약의 무효 또는 취소의 항변 따위가 이에 속한다. 어음채무의 유효성에 관한 항변의 효력은 일정하지 않고, 그 가운데 일부, 예컨대 위조·변조, 무능력, 무권대리, 절대적 강제의 항변은 이른바 물적 항변에 속하나 그 외의 것, 예컨대 교부계약의 흠결, 교부계약에 있어서의 의사의 하자(사기·강박, 착오) 등의 항변은 종래의 인적 항변과는 다른 새로운 유형의 항변으로 보고 있다. 즉 종래의 인적 항변은 어음법 제17조에 의하여 채무자를 해할 것을 알고 어음을 취득한 때에만 소지인에게 이를 대항할 수 있으나, 교부계약의 흠결, 교부계약에 있어서의 의사의 하자 등의 경우에는 소지인에게 악의 또는 중과실만 있으면(해의가 없더라도) 이에 대항할 수 있다고 한다.

③ **人的抗辯**은 어음채무의 객관적인 존속과는 관계없이 어음채무자와 특정한 어음채권자 사이의 특별한 인적 법률관계(어음법 외의 법률관계)에 기하여 발생하는 항변을 가리킨다. 예컨대, 원인계약의 무효·취소·해제 등 원인관계로부터 발생하는 항변 및 만기의 유예 등 어음 외에서 성립한 특별한 약정에 기한 항변 따위가 이에 속한다. 이것은 종래의 통설이 말하는 인적 항변에 해당한다.

(다) 어음항변의 성립요건에 따른 3분법은 종래의 2분법에 없는 새로운 유형의 어음항변(신어음항변)을 인정하고 있으며, 어음항변의 성립요건을 고려하였다는 점에서 어음항변의 효력만을 기준으로 한 종래의 2분법보다는 우수하다. 그러나 이 분류방법에 있어서도 분류의 기준이 되는 실질적 근거 내지 이유가 표명되어 있지 않고, 권리외관이론과의 관련을 충분히 밝히지 못하고 있으며(이 설은 둘째 유형인 어음의 효력에 관한 항변을 두 가지로 나누는 기준으로서 권리외관이론을 원용하고 있을 뿐이다), 서로 전혀 효력이 상이한 두 가지의 항변을 어음의 효력에 관한 항변이라는 하나의 범주에 포함시키고 있는 것 등이 문제이다. 우리 나라에도 최근에 어음항변을 그 성립요건에 따라 3분하는 견해가 출현하였다(최기원, 331면 이하).

(3) **權利外觀理論에 따른 分類**

(가) 어음항변은 권리외관이론을 기초로 하여 분류할 수 있다. 도이칠란트

의 「카나리스」(Canaris)교수는 어음항변을 외관책임의 성립요건과 관련하여 다음 여섯 가지로 분류한다.

① **直接的抗辯** 어음소지인에 대하여 직접적으로 발생한 항변이며, 언제든지 어음소지인에게 대항할 수 있다. 예컨대, 항변이 성립된 뒤 어음이 더 이상 양도되지 아니한 경우, 어음법적 방법에 의하지 아니한 어음취득의 경우(예컨대, 상속, 지명채권 양도방법에 의한 양도) 등이 이에 해당한다.

② **內容的抗辯(證券上의 抗辯)** 증권의 내용 자체로부터 발생하는 항변을 말한다. 이 항변은 증권의 내용 자체로부터 알 수 있고, 따라서 보호할 만한 권리외관이 결여되어 있으므로, 모든 어음소지인에 대하여 대항할 수 있다. 예컨대, 어음요건의 흠결, 보전절차의 흠결, 시효소멸, 어음면에 기재된 만기유예의 항변 따위가 이에 속한다.

③ **歸責可能性에 관한 抗辯** 어음채무자에게 외관의 성립에 대한 책임을 지울 수 있는 요건이 흠결된 경우를 말한다. 권리외관에 대한 책임을 지우기 위하여는 어음채무자에게 귀책사유가 있어야 되는데, 어음채무자에게 외관에 따른 책임을 지울 수 있는 사유가 없는 경우이다. 예컨대, 어음의 위조·변조, 무능력, 무권대리, 절대적 강제의 항변이 이에 해당한다.

④ **어음의 效力에 관한 抗辯(어음債務의 有效性에 관한 항변)** 어음채무의 유효성, 즉 어음채무를 발생시키는 법률행위의 유효성에 관한 항변을 가리킨다. 예컨대, 교부계약의 흠결 및 교부계약의 하자 또는 어음을 환수하지 않고 한 어음채무변제의 항변이 이에 해당한다. 이 항변의 효력은 종전의 인적 항변과는 다르고, 어음소지인에게 악의 또는 중대한 과실이 있으면 이를 대항할 수 있다(종래의 통설과 판례는 이들 항변을 단순한 인적항변으로 보아 왔다. 大判 97. 5. 16, 96 다 49513; 96. 3. 22, 95 다 56033).

⑤ **人的抗辯** 어음의 원인관계 또는 어음외의 특약으로부터 발생하는 항변이며, 예컨대, 원인계약의 무효·취소·부존재, 지급유예의 특약 따위이다. 인적 항변의 경우에는 어음소지인이 채무자를 해할 것을 알고 어음을 취득한 경우에만 항변의 대항이 가능하다. 즉 어음소지인이 항변사실의 존재를 아는 것만으로는 부족하고, 거기에 덧붙여 자기가 어음을 취득함으로써 어음채무자가 항변의 절단을 받아 손해를 입는다는 사실까지 알아야만, 어음채무자는 항변의 대항을 할 수 있다.

⑥ **排除不要의 抗辯** 그 성질상 항변의 제한이나 배제를 필요로 하지 아니하는 항변을 가리킨다. 이 경우에는 항변이 존재하고 또 그것을 알고 있더라도 어음소지인은 어음금을 청구할 수 있는 권한을 가진다. 예컨대, 융통어음의 항변이 이에 속한다(종래의 통설은 융통어음의 항변도 인적 항변으로 보고 있다).

(나) 위의 어음항변 분류방법은 어음항변제한의 근거가 되는 권리외관이론과의 관련이 뚜렷하고, 왜 어느 항변은 이를 제한할 수 없는가 하는 이유를

명백히 설명할 수 있는 장점이 있고, 종래의 인적 항변과는 다른 효력을 가지는 이른바 어음의 효력에 관한 항변(신어음항변)이 있다는 것을 밝히고, 융통어음의 특질을 규명하였다는 점에서 높이 평가할 만하다. 그러나 이른바 직접적 항변은 어음항변의 한 종류로 볼 것이 아니라 어음항변의 제한법칙이 적용되는 범위의 문제로 보는 것이 옳다고 생각한다. 왜냐하면 항변이 발생한 당사자 사이에서 언제든지 이를 대항할 수 있는 것은 그 항변의 고유한 성질 때문에 그러한 것이 아니기 때문이다.

(4) 私 見

(가) 위에서 살펴본 바와 같이 어음항변론의 중심과제인 특정한 항변의 제한가능성 및 그 주관적 요건을 분석하는 데 가장 명백한 해답을 제공하는 것은 권리외관이론에 따른 분류방법이다. 다만 이른바 직접적 항변은 어음항변 제한의 적용범위의 문제이므로, 권리외관이론에 따라 어음항변을 구별하되, 「증권상의 항변(내용적 항변)」, 「귀책가능성에 관한 항변」, 「어음의 효력에 관한 항변」, 「인적 항변」 및 「배제불요의 항변」의 다섯 가지로 분류하는 것이 타당하다고 본다. 앞의 두 가지는 배제(절단)가 불가능한 항변(종래의 물적 항변)이고, 뒤의 두 가지는 배제가 가능한 항변이며, 맨 끝의 것은 배제가 불필요한 항변이다.

(나) 어떻든 어음항변의 성립요건이나 권리외관이론에 따라 항변을 분류하는 학자들은 공통적으로 종래의 물적 항변과 인적 항변의 어느 것에도 해당하지 않는 제3의 항변(어음채무의 유효성에 관한 항변)을 인정하고 있으며, 일본에서는 이를 「신어음항변」이라 부르고 있는데, 이처럼 새로운 어음항변을 인정하여야 하는 이유는 다음 두 가지이다.

① **白地어음의 不當補充과의 均衡的解釋** 어음법 제10조에 의하면, 백지어음을 부당보충한 때에는 어음채무자는 어음소지인이 이에 관하여 악의 또는 중대한 과실만 있어도 항변을 대항할 수 있다. 백지어음의 발행인은 그 부당보충의 위험을 예상하면서 자발적으로 기명날인 또는 서명을 한 자이다. 이에 반하여 사기 또는 강박에 의하여 어음에 기명날인 또는 서명을 한 발행인, 즉 교부계약에 의사의 하자가 있는 경우에는 발행인은 자기의 진정한 의사에 반하여 기명날인 또는 서명을 하였다. 위 두 사람을 비교하여 보면 사기 또는 강박에 의하여 진의에 반하여 어음행위를 한 자가 더 보호를 받아야 마땅하

다. 그런데 종래의 통설에 따르면 이와 거꾸로 백지어음의 발행인이 더 보호를 받는 결과가 되어 부당하다.

예컨대, 환어음의 발행인이 미리 약정한 수통의 어음 가운데 슬쩍 다른 백지어음을 끼워 넣어 안경이 없이 글을 읽을 수 없는 인수인으로부터 인수의 기명날인 또는 서명을 받았기 때문에 인수인이 뒤에 기망을 이유로 위 인수를 취소한 경우에는, 종래의 견해에 의하면 이는 인적 항변이므로, 인수인은 어음의 소지인이 자기를 해할 것을 알고 어음을 취득한 경우에 한하여 위 항변을 대항할 수 있다. 이에 반하여 인수인이 자발적으로 백지어음에 인수를 하였는데, 인수인으로부터 환어음을 교부받은 발행인이 약정에 반하여 백지를 부당보충한 경우에는, 인수인은 어음의 소지인이 이에 관하여 악의 또는 중과실만 있어도 위 항변을 대항할 수 있다. 따라서 종래의 통설에 의하면 자기의 의사에 반하여 어음거래에 관여하게 된 자가 스스로 미완성의 어음을 거래시킨 자보다 더 무거운 책임을 지게 되어 불합리하다.

이러한 불합리를 해결하기 위하여는 교부계약의 하자의 경우에도 어음법 제10조 단서 또는 제16조 제2항 단서의 규정을 유추적용하여, 어음취득자에게 중대한 과실만 있어도(악의의 경우는 물론이다) 어음채무자는 항변을 대항할 수 있다고 해석하여야 한다.

② **善意取得과의 均衡的解釋** 진정한 어음상의 권리자(예컨대 수취인)가 강박에 의하여 어음을 교부하고 뒤에 이를 이유로 교부를 취소하면, 어음의 제3취득자는 어음법 제16조 제2항에 의하여 중대한 과실만 있어도 보호를 받지 못한다. 이에 반하여 어음상의 채무자(예컨대 인수인)가 강박에 의하여 어음행위(예컨대 인수의 기명날인 또는 서명)를 하고 뒤에 이를 이유로 어음행위를 취소하면, 종래의 통설에 의하면 이는 인적 항변이므로 어음의 제3취득자는 어음법 제17조에 의하여 채무자를 해할 의사가 있을 때에만 보호를 받지 못한다. 그런데 아직 성립하지 아니한 어음채권의 취득자(후자의 경우)가 이미 성립은 하였으나 양도인에게 귀속되지 아니하는 어음채권의 취득자(전자의 경우)보다 더 강하게 보호되어야 할 이유는 없으며, 위 예에서 거래의 안전보호가 더 요청되는 것은 전자의 경우이다. 왜냐하면 전자의 경우에 선의취득이 부정되면 어음취득자는 아무런 어음상의 권리를 취득하지 못함에 반하여, 후자의 경우에는 특정한 채무자(위 예에서는 인수인)에 대한 채권만을 잃고 다른 채무자에 대한 권리(발행인·배서인 등에 대한 권리)는 남아 있기 때문이다. 그럼에도 불구하고 종래의 2분법에 의하면 후자가 더 보호되는 기이한 결과로 되어 부당하다.

4. 各種의 어음抗辯과 그 制限可能 與否

(1) 制限(切斷)이 不能한 어음抗辯

① 內容的抗辯(證券上의 抗辯) 이것은 증권의 기재내용 자체로부터 발생하는 항변이다. 어음을 취득하는 자가 어음의 기재로부터 즉시 알 수 있으므로 보호할 만한 외관이 결여되어 있고, 따라서 모든 어음소지인에게 대항할 수 있다. 어음요건의 흠결, 상환청구권보전절차의 흠결, 소멸시효의 완성(大判 62. 10. 11. 62 다 446), 만기미도래, 배서의 불연속 등이 이에 해당한다.

② 歸責可能性에 관한 抗辯 이것은 어음채무자에게 어음외관의 성립에 대한 귀책사유가 흠결된 경우의 항변이므로, 이 항변도 모든 어음소지인에게 대항할 수 있다. 예컨대 어음의 위조·변조, 무능력, 무권대리, 절대적 강제의 항변이 이에 해당한다. 어음행위가 강행법규에 위반되어 무효라는 항변[1]도 여기에 포함시킬 수 있다.

(2) 制限(切斷)이 가능한 어음抗辯

① 人的抗辯 이것은 어음채무의 객관적인 성립·존속 또는 효력과 관계없이 어음채무자와 특정한 어음채권자 사이의 어음외적 법률관계로부터 발생하는 항변이다. 어음의 「실질관계」로부터 발생하는 항변, 예컨대 원인계약의 무효·취소·해제·소멸[2]의 항변 및 「어음외의 특약」으로부터 발생하는 항변, 예컨대 지급유예의 특약 따위의 항변이 이에 속한다. 강행법규 위반이 원인행위의 무효만을 가져올 때에는 인적 항변사유가 됨에 불과하다.[3] 인적 항변은 어음이 양도되어 새로운 어음소지인의 수중에 들어가게 되면 원칙적으로 절단되지만, 새로운 어음소지인이 「채무자를 해할 것을 알고」 어음을 취득한 경우에는 예외적으로 항변이 절단되지 않는다.

② 어음의 效力에 관한 抗辯(어음債務의 有效性에 관한 抗辯) 이것은 어음채무 자체의 유효성, 즉 어음채무가 유효하게 성립하고 또 존속하느냐에 관한 항변이며, 어음의 실질관계와는 관계가 없다. 예컨대 어음교부계약의 흠결 또

---

1) 大判 63. 1. 17, 62 다 807(농협); 65. 7. 20, 65 다 992(토지개량조합); 82. 6. 8, 82 다 150(농협); 85. 2. 26, 85 다카 527(새마을금고); 85. 11. 26, 85 다카 122(상호신용금고) 등.

2) 大判 55. 5. 5, 4287 民上 359(이자제한법 제한초과이자가 포함된 경우); 65. 6. 22, 65 다 734(이사회의 승인없는 이사의 자기거래), 71. 3. 23, 71 다 101(도급공사의 불이행) 등.

3) 大判 55. 5. 5, 4287 民上 359(이자제한법위반); 75. 1. 14, 74 다 1399(긴급명령위반).

는 교부계약의 의사표시의 하자(착오·사기·강박에 의한 기명날인 또는 서명)의 항변과 어음을 환수하지 않고 한 어음채무의 지급의 항변, 백지어음의 부당보충의 항변(어 10), 상법 제398조 및 민법 제124조 위반의 항변 등이 이에 속한다. 종래의 통설과 대법원 판례[1)]는 이를 인적 항변의 일종으로 보고 있으나, 이것이 부당함은 앞에서 말한 바와 같다. 어음의 효력에 관한 항변도 어음이 양도되어 새로운 어음소지인의 수중에 들어가면 원칙적으로 절단되지만, 새로운 어음소지인이 「악의 또는 중과실」로 어음을 취득한 경우에는 예외적으로 항변이 절단되지 않는 점에서, 인적 항변의 경우와는 그 주관적 요건을 달리한다.

(3) 制限(切斷)이 불필요한 抗辯

이것은 성질상 항변의 제한 또는 절단을 필요로 하지 아니하는 항변이다. 이 경우에는 어음소지인이 항변의 존재를 알고 있더라도 어음채무자는 항변을 대항할 수 없다. 어음취득자가 융통어음임을 알고 있어도 발행인은 융통어음의 항변을 대항하여 어음금의 지급을 거절할 수 없고(大判 57. 3. 21, 4290 民上 20; 68. 8. 31, 65 다 1217; 79. 10. 30, 79 다 479), 또 어음개서를 하면서 구어음의 할인을 허용한 경우에도 어음채무자는 구어음의 할인자에 대하여 어음개서의 항변을 대항하여 어음금의 지급을 거절할 수 없다.

(4) 要 約

내용적 항변과 귀책가능성에 관한 항변은 항변사유가 발생한 뒤에 어음이 양도되어 선의의 어음소지인의 수중에 들어가더라도 그에게 항변의 대항이 가능하고(따라서 항변의 절단이 인정되지 아니한다), 배제불요의 항변은 항변사유가 발생한 뒤에 어음이 양도되어 악의의 어음소지인이 이를 취득하여도 그에게 항변의 대항이 불가능하며(따라서 언제나 항변이 절단된다), 인적 항변과 어음의 효력에 관한 항변은 항변사유가 발생한 뒤에 어음을 취득하는 소지인이 선의이면 그에게 항변의 대항이 불능하나, 선의가 아니면 항변의 대항이 가능하다(선의의 내용은 인적 항변의 경우에는 해의가 없는 것이고, 어음의 효력에 관한 항변의 경우에는 악의 또는 중과실이 없는 것이다).

---

1) 大判 70. 7. 28, 70 다 1295(협박에 의한 어음발행); 97. 5. 16, 96 다 49513; 73. 1. 30, 72 다 1355(기망에 의한 어음발행); 62. 7. 19, 62 다 181(어음을 환수하지 아니한 지급). 大判 87. 4. 14, 85 다카 1189는 배서의 기명날인 후에 교부계약이 흠결된 경우에 어음취득자의 악의 또는 중과실을 문제삼아야 한다고 판시하지만, 이것은 어음의 효력에 관한 항변의 문제가 아니라 선의취득에 관한 것이다.

5. 어음抗辯制限의 適用範圍

(1) 總 說

어음항변제한(절단)의 법칙은 어디까지나 어음의 유통성을 높이기 위한 것이므로, 어음의 유통보호와 관련이 없는 경우에는 항변의 제한이 인정되지 아니한다. 다음에 그러한 경우를 살펴보기로 한다.

(2) 어음의 讓渡가 없는 경우

항변사유가 발생한 후에 어음의 유통이 아직 없는 경우에는 항변의 제한을 인정할 필요가 없다. 따라서 항변이 발생한 직접의 상대방에 대하여는 모든 항변을 대항할 수 있다(大判 65. 10. 19, 65 다 1594; 73. 1. 30, 72 다 1355). 이처럼 어음항변은 그 항변사유가 발생한 당사자 사이에서만 대항이 가능한 것을 「항변의 개별성」이라고 한다.

(3) 어음法的流通方法에 의하지 않은 경우

항변제한의 법칙은 어음법에 특유한 양도방법, 즉 배서 또는 교부(최후의 배서가 백지식인 경우)에 의하여 양도된 경우에만 적용된다. 환어음을 수취인에게 발행하는 경우에도 같다(인수인은 발행인에 대한 항변으로써 수취인에게 대항할 수 없다). 따라서 상속, 회사의 합병 등 포괄승계의 경우 및 전부명령, 지명채권의 양도방법에 의한 양도 등 특정승계의 경우에는 어음항변이 제한되지 아니한다. 기한후배서는 지명채권양도의 효력밖에 없으므로(어 20 I), 기한후배서의 경우에도 항변의 절단이 인정되지 아니한다(大判 71. 3. 23, 71 다 101; 82. 4. 13, 81 다카 353; 83. 9. 27, 81 다카 1293).

(4) 獨立된 經濟的利益이 없는 경우

어음항변제한의 법칙은 독립된 경제적 이익이 없는 어음취득의 경우 및 법적으로 보호할 만한 가치가 없는 어음취득의 경우에는 적용되지 않는다. 예컨대 추심위임배서의 경우(大判 90. 4. 13, 89 다카 1084; 1970. 7. 28, 70 다 1295), 무상취득의 경우, 양도인과 양수인이 실질적으로 동일인인 경우(1인회사로부터 1인주주에게 배서양도하거나 그 반대의 경우) 등이 이에 해당한다.

(5) 어음取得者가 善意가 아닌 경우

인적 항변에 있어서는 어음소지인이 어음채무자를 해할 것을 알고 어음을 취득한 때(어 17 단서), 또 어음의 효력에 관한 항변에 있어서는 어음소지인이 항변사유에 관하여 악의 또는 중대한 과실이 있을 때에는 각각 어음채무자는 소지인의 전자에 대한 항변으로써 소지인에게 대항할 수 있다. 이것을 「악의의 항변」이라고 한다.

6. 惡意의 抗辯

(1) 總　說

① 어음법은 어음소지인이 「채무자를 해할 것을 알고」 어음을 취득한 때에는 어음항변(人的抗辯)은 절단되지 않고, 채무자는 소지인의 전자에 대항할 수 있는 항변을 가지고 소지인에게 대항할 수 있다고 규정하고 있는데(어17但), 이처럼 채무자를 해할 것을 알고 어음을 취득하였다고 하는 항변을 종래에 「악의의 항변」이라고 불러왔다. 악의의 항변은 항변의 절단을 배척하는 것이고, 전자에 대한 인적 항변 승계의 항변에 지나지 아니한다. 따라서 어음소지인의 권리행사를 인정하면 신의성실의 원칙에 반하여 권리남용으로 되는 경우에 인정되는 특수한 인적 항변인 「일반악의의 항변」과는 구별하여야 한다.

② 제한이 가능한 항변으로서 인적 항변만을 인정하는 경우에는 악의의 항변은 인적 항변이 제한되지 않도록 하기 위한 항변에 그치지만, 인적 항변 외에 어음채무의 효력에 관한 항변까지 인정하는 경우에는 악의의 항변은 넓게 위 두 가지 항변이 제한되지 않도록 하는 항변을 모두 포함하는 개념으로 이해하여야 할 것이다.

(2) 制度의 趣旨

① 어음항변의 제한은 어음의 유통보호를 위한 정책적 제도라고 이해하는 통설의 입장에서는, 악의의 항변은 전자의 어음항변이 소지인에게 계승되는 것이므로, 이를 원칙에의 복귀라고 본다. 왜냐하면 악의자까지 보호할 필요는 없기 때문이다.

② 이에 반하여 어음항변의 제한을 어음행위에 관하여 당연한 법리라고 이해하는 소수설의 입장에서는, 악의의 항변은 어음당사자간의 형평의 확보를 목적으로 하여 법정한 특수한 어음항변이라고 한다.

(3) 人的抗辯의 경우의 惡意의 內容

① 소지인이 「채무자를 해할 것을 알고」 어음을 취득하는 것이다. 이 해의 또는 악의의 내용에 관하여는 다툼이 있다.

(ㄱ) 共謀說:　　소지인과 전자와의 사이에 채무자를 해하는 의사를 가지고

하는 사기적 공모를 요한다고 본다.

(ㄴ) **單純認識說(了知說):** 소지인이 전자에 관한 항변의 존재를 아는 것, 즉 악의로 족하다고 본다.

(ㄷ) **害意說:** 소지인이 전자에 관한 항변사유의 존재를 인식하는 것만으로는 부족하고, 그 외에 자기가 어음을 취득함으로써 항변이 절단되고 따라서 채무자가 해를 입는다는 것을 알아야 한다고 본다. 즉 채무자를 해하는 인식이 있어야 하고 또 그것으로 족하다고 한다.

② 통설과 판례는 제3설을 따르고 있다(大判 96. 5. 28, 96 다 7120; 96. 5. 14, 96 다 3449). 따라서 이것을 「해의(害意)의 항변」이라 부르는 것이 더 정확할 것이다. 어음법 제17조의 해의와 악의(단순한 인식)의 관계를 보면, 소지인이 인적 항변의 존재를 알면서 어음을 취득하는 경우에는 특별한 사정이 없는 한 그 결과 인적 항변이 제한되고 채무자의 이익이 해하여짐에 이른다는 것을 알고 취득하였다고 인정되므로, 인적 항변의 존재를 알고 어음을 취득하면, 즉 악의가 있으면 특별한 사정이 없는 한 해의가 인정된다(日大判 44. 6. 23. 民集 23. 14. 378). 그러나 항변의 존재를 알아도 해의가 인정되지 않는 예외적인 경우가 있다. 예컨대 물건의 매도인이 매수인으로부터 약속어음을 발행받아 배서함에 있어서 피배서인이 매매목적물에 하자가 있는 줄은 알았지만 하자 없는 물건의 공급을 통하여 해결되리라 믿고 배서를 받는 경우, 항변사유가 발생한 줄은 알았으나 그것이 이미 소멸된 것으로 믿은 경우, 어음채무자가 유효하게 상환청구권을 행사할 수 있다고 믿는 경우(異說있음) 등이 그러하다. 여기에서 「채무자를 해할 것을 알고」라 함은 확정적 고의의 경우는 물론 미필적 고의의 경우도 포함한다. 그러나 중대한 과실은 이에 해당하지 아니하므로, 어음채무자는 소지인이 중대한 과실로 그러한 사실을 몰랐다고 하더라도 종전 소지인에 대한 인적 항변으로써 소지인에게 대항할 수 없다(大判 96. 3. 22, 95 다 56033).

(4) 어음의 效力에 관한 抗辯의 경우의 惡意의 內容

어음의 효력에 관한 항변의 경우에 「악의의 항변」[1)]이 성립하기 위한 요건은 소지인이 항변사유의 존재에 관하여 악의 또는 중대한 과실이 있는 것이

1) 통설은 「악의의 항변」이라는 말을 인적 항변의 경우에 소지인이 채무자를 해할 것을 알고 어음을 취득하였다는 항변의 뜻으로만 이해하고 있음을 주의하여야 한다. 두 경우를 구별하기 위하여 인적 항변의 경우에는 「害意의 抗辯」, 어음채무의 효력에 관한 항변의 경우에는 「惡意 또는 重過失의 抗辯」이라고 부르는 것도 하나의 방법일 것이다.

다. 여기에서 악의란 항변사유의 존재를 아는 것이고, 중대한 과실은 어음거래상 요구되는 주의를 현저하게 결하여 항변사유의 존재를 알지 못한 것을 가리킨다. 중대한 과실이 포함되는 점에서 인적 항변의 경우의 악의의 요건과 크게 다르다.

(5) 惡意의 存在時期·證明責任

(가) 악의의 존부를 결정하는 시기는 어음을 취득한 때이다(通說). 따라서, 예컨대 어음취득후에 비로소 계약해제의 사실을 안 경우에는 악의의 항변은 성립하지 아니한다. 그러나 어음취득시에는 항변사유가 존재하지 아니하였으나, 어음상의 권리행사시까지 항변사유가 발생할 것을 예상한 때에는 악의가 인정된다. 또 개서 전의 구어음을 취득할 때에 선의이면 개서어음 취득시에 악의이더라도 악의의 항변으로 대항받지 아니한다(日最判 60. 2. 11, 民集 14. 2. 184). 백지어음의 취득시에 선의이면 그 보충시에 항변사유를 알더라도 항변의 대항을 받지 아니한다. 여기에서 말하는 취득은 어음이 전방으로 유통되는 경우의 취득을 말하므로 역배서(還背書)에 의한 취득은 포함하지 아니한다. 이 경우에는 어음의 유통확보가 문제되지 않기 때문이다.

(나) 악의의 증명책임은 어음채무자에 있다(大判 62. 9. 20, 62 다 383).

(6) 惡意의 抗辯이 인정되는 범위

(가) 前前者의 抗辯事由를 알고 취득한 경우(善意者의 介在): 이 경우에는 악의의 항변은 성립하지 않는다(大判 2001. 4. 24, 2001 다 5272; 95. 1. 20, 94 다 50489; 94. 5. 10, 93 다 58721; 90. 4. 25, 89 다카 20740). 직접의 전자가 선의이면 전전자의 항변은 제한되고, 소지인은 깨끗한 권리를 취득할 수 있기 때문이다. 영미에서는 이 원칙을 「엄폐물(掩蔽物)의 법칙(shelter rule)」이라고 부른다. 선의인 전자가 엄폐물의 역할을 하기 때문이다. 다만 역배서에 의하여 다시 악의의 소지인에게 취득된 때에는 악의의 항변이 인정된다.

(나) 善意에 관하여 重過失이 있는 경우: 인적 항변의 경우에는 어음취득자에게 중과실이 있느냐 없느냐는 문제가 되지 아니하므로, 중과실이 있는 경우에도 소지인은 항변의 대항을 받지 아니한다(大判 97. 5. 16, 96 다 49513). 그러나 어음채무의 효력에 관한 항변의 경우에는 중과실이 없어야 한다.

(다) 融通어음·改書어음의 경우: 융통어음 또는 개서어음이라는 사실을 알고 어음을 취득하더라도 악의의 항변이 성립하지 않는다.

7. 약간의 問題

(1) 第3者의 抗辯(後者의 抗辯과 前者의 抗辯)

(가) 원래 어음항변은 그것이 발생한 당사자 사이에서만 대항이 가능하다(어음抗辯의 個別性·屬人性의 原則). 그러나 이 원칙에 의하여 불공정한 결과가 초래되는 경우에는 입법과 해석상 예외가 인정되고 있다. 어음법은 어음소지인(권리자)측을 기준으로 하여 항변사유의 당사자가 아닌 새로운 어음소지인에게 어음항변을 대항할 수 있는 길을 열어 놓았으니, 그것이 위에 말한 악의의 항변이다. 그런데 최근에는 이와 반대로 어음채무자측을 기준으로 하여 어음항변의 당사자가 아닌 어음채무자가 다른 어음채무자에 관하여 생긴 항변사유를 대항할 수 있도록 하려는 움직임이 있다. 이처럼 다른 어음채무자에 관하여 생긴 항변사유를 주장하는 것을 **第3者의 抗辯**이라고 한다. 제3자의 항변에는 후자의 항변과 전자의 항변이 있다.[1] 어음채무독립의 원칙(어 7) 및 인적항변의 절단(어 17)에 관한 어음법의 규정에 비추어 보면, 제3자의 항변은 어음의 유통성을 해하지 않는 경우에 한하여 극히 예외적으로 인정하여야 할 것이다.

(나) **後者의 抗辯**은 어음채무자가 자기의 후자와 어음소지인 사이의 항변사유를 원용하여 어음소지인의 청구를 배척하는 것이다.

① 예컨대 甲이 매매대금의 지급을 위하여 乙에게 약속어음을 발행하고, 乙이 채권담보의 목적으로 이를 丙에게 배서양도하였는데, 乙이 丙에게 채무를 변제하여 배서의 원인관계가 소멸하였다고 하자. 이 경우에 丙이 어음을 소지하고 있음을 기화로 하여 어음발행인 甲에게 어음금청구를 하여 온다면, 甲은 자기의 후자인 乙의 丙에 대한 항변사유(原因債務의 消滅)를 주장하여 丙의 청구를 배척할 수 있는가 하는 문제이다.

이에 관하여는,

(ㄱ) 권리남용설(소지인의 청구는 권리남용에 해당하는 것으로 본다),[2]

---

1) 제3자의 항변이란 용어가 확립된 것은 아니다. 다만 그 가운데 후자의 항변이란 말은 일본에서 어느 정도 정착되어 있다.

2) 春川地判 83. 10. 27, 83 나 115, 上告許可申請棄却 大決 84. 2. 14, 83 다카 2221; 日最判 68. 12. 25, 民集 22. 13. 3548; 73. 11. 16, 民集 27. 10. 1391.

(ㄴ) 어음권리이전행위 有因說(원인관계의 소멸에 의하여 어음상의 권리가 당연히 배서인에게 복귀하여, 소지인은 무권리자가 된다고 한다), (ㄷ) 발행인의 지급의무를 인정하고, 이에 의한 불공정의 시정은 각 당사자 간에 있어서 부당이득 등 민사적 구제에 의할 것이라는 견해 등이 있으나, 후자의 항변의 대항을 인정하면서 그 근거를 권리남용에서 구하는 첫째의 해결 방법이 가장 타당하다고 함은 이미 말하였다(어음행위의 무인성에 관한 설명부분 참조).

② 후자의 항변은 (ㄱ) 어음소지인에 대한 배서의 원인관계가 소멸하거나 부존재하는 경우(日最判 68. 12. 25, 民集 22. 13. 3548), (ㄴ) 위 배서의 원인관계가 불법하거나 위법한 경우(日最判 71. 4. 9, 民集 25. 3. 264), (ㄷ) 어음을 환수하지 않고 지급 또는 상계를 한 경우 등에 인정된다.

(다) 前者의 抗辯은 어음채무자가 자기의 전자와 어음소지인 사이의 항변사유를 원용하여 어음소지인에게 대항하는 것을 가리킨다.[1] 이것은 ① 어음보증인이 피보증인의 항변사유(어음채무의 소멸·부존재·무효·취소)를 주장하는 경우(大判 88. 8. 9, 86 다카 1858),[2] ② 주된 채무자에 대한 어음채무가 지급 또는 시효로 인하여 소멸되었거나 지급유예의 특약이 있을 때에 상환의무자가 이를 원용하는 경우 등에 인정된다.

(2) 二重無權의 抗辯

(가) 이것은 어음소지인과 그 전자 사이의 원인관계 및 그 전자와 전전자 사이의 원인관계가 모두 흠결되어 있는 경우에 어음채무자인 전전자가 어음소지인의 어음금청구에 대하여 대항할 수 있는 항변을 가리킨다. 앞의 예에서 甲과 乙 사이의 원인관계 및 乙과 丙 사이의 원인관계가 모두 소멸한 경우에 丙이 甲에게 어음금을 청구하여 올 때에는 甲은 甲乙 간의 원인관계의 소멸로써 丙에게 대항할 수 있다. 이것을 「이중무권의 항변」이라 한다.

(나) 어음소지인과 그 배서인 간의 원인관계가 소멸되었다는 점에서 후자의 항변과 유사한 점이 있으나, 이와 구별하여야 한다. 2중무권의 경우에는 어음소지인이 어음을 보유할 정당한 이익이 없고 따라서 어음에 관하여 독립

1) 전자의 항변을 부정하는 견해로는 최기원, 343면; 이철송, 157면 참조. 긍정설로는 정찬형, 370면; 양승규, 188면.

2) 예컨대 장래 발생할 차용금채무의 담보를 위하여 약속어음을 발행함에 있어서 발행인을 위하여 어음보증을 하였는데, 위 원인관계상의 차용금 채무가 발생하지 않는 것으로 확정되었음에도 불구하고, 어음수취인이 어음보증인에 대하여 어음금의 지급을 구하는 경우에, 어음보증인이 주된 채무자인 발행인의 어음채무가 부존재함을 항변으로 주장하는 때가 이에 해당한다.

된 경제적 이익을 가지고 있지 아니하므로, 어음채무자는 어음소지인의 전자에 대한 항변을 가지고 어음소지인에게 대항할 수 있는 것이요(어음항변제한의 적용범위 참조), 따라서 이것은 어디까지나 어음채무자 자신이 가지는 항변을 대항하는 것이고, 제3자의 항변을 원용하는 것이 아니다. 이 경우의 어음소지인은 항변제한의 이익을 받을 만한 지위에 있지 않기 때문이다.

(다) 2중무권의 항변은 소지인과 전자 및 전자와 전전자(어음채무자) 사이의 원인관계가 무효·취소되거나 소멸된 경우에 인정된다(日最判 70. 7. 16, 民集 24. 7. 1077).

(3) 無權利의 抗辯

청구자가 무권리자(예컨대 盜犯, 拾得者)라는 항변은 그 청구자에만 대항할 수 있는 인적 항변이다. 그러나 어떠한 어음채무자라도 이를 주장할 수 있는 점에서 다른 인적 항변과 다르다.

(4) 代理權濫用의 抗辯

대리인이 자기 또는 제3자의 이익을 꾀하기 위하여 권한내의 어음행위를 한 경우에 관하여는, 민법 제107조 단서의 규정을 유추하여 상대방이 대리인의 의도를 알거나 알 수 있었을 때에는 본인이 책임을 지지 않지만, 제3자에 배서양도된 경우에는 어음소지인의 악의를 증명한 경우에만 책임을 면한다고 하는 견해(心裡留保說: 大判 88.8. 9, 86 다카 1858), 대리권남용의 사실을 알고 있는 상대방이 본인에 대하여 권리를 행사하는 것은 권리남용 내지 信義則 위반으로서 허용되지 아니하고, 이를 이유로 어음의 지급을 거절하는 것은 인적 항변이 된다고 하는 견해(權利濫用說: 大判 87. 10. 13, 86 다카 1522) 등을 비롯한 여러 가지 견해가 대립하고 있으나, 후설이 옳다고 함은 전술하였다(법인의 대표기관의 권한남용에 관한 설명부분 참조).

(5) 融通어음의 抗辯

종래에는 이를 인적 항변의 일종으로 보면서도, 이것이 제3자에게 양도된 경우에는 제3자가 그러한 사정을 알더라도 발행인을 해할 것을 알고 취득한 것으로 볼 수 없다는 이유로 발행인은 지급을 거절할 수 없다고 풀이하였다. 그러나 융통어음의 항변은 이른바 배제불요의 항변에 속하는 것으로 보아야 함은 전술한 바와 같다.

(6) 交付(契約)欠缺의 抗辯

종래에는 이것을 인적 항변으로 풀이하여 왔으나(大判 97. 5. 16, 96 다 49513; 87. 4. 14, 85 다카 1189), 어음채무의 효력에 관한 항변으로 풀이하는 것이 타당하다(同旨: 大判 99. 11. 26, 99 다 34307).

8. 抗辯의 制限과 善意取得

어음항변의 제한제도와 선의취득제도는 다같이 어음이라는 증권을 신뢰하고 이를 취득한 자를 보호하여 어음의 유통을 강화하고 어음거래의 원활을 꾀하기 위한 제도이므로, 공통되는 점도 적지 아니하나, 다음과 같은 차이가 있다. ① 전자는 권리의 존재·내용에 관한 신뢰를 보호하는 것이고, 후자는 권리의 소재·귀속에 관한 신뢰를 보호하는 것이다. 즉 전자는 어음채무자가 부담할 의무의 내용을 규제함에 대하여, 후자는 어음상의 권리의 귀속을 정하는 규정이어서, 양자는 규제의 차원을 달리한다. 전자에 의하여 희생되는 자는 어음채무자임에 반하여, 후자에 의하여 희생되는 자는 진정한 권리자이다. ② 인적 항변의 제한과 선의취득은 그 주관적 요건을 달리한다. 인적 항변의 경우에는 취득자의 중과실은 문제로 되지 않고, 해의를 요구함에 반하여, 어음채무의 효력에 관한 항변과 선의취득의 경우에는 취득자의 선의·무중과실을 요구한다.

제4절 어음상의 權利의 消滅

제1 總 說

1. 一般的消滅原因

(1) 어음상의 권리도 채권이므로 일반채권의 소멸원인인 지급(변제)·대물변제·상계·경개·면제·공탁 등으로 인하여 소멸한다. 다만 혼동에 의하여는 소멸하지 아니한다(어 11 III).

(2) 支給과 어음의 回收

어음상의 권리는 증권에 기한 채권이므로 지급 등과 상환하여 이를 회수하여 멸각하거나 어음면에 이를 기재하여 두어야 하고, 그렇게 하지 않으면 항변사유가 됨에 불과하다. 종래의 통설은 이를 인적 항변으로 보았으나, 좁은 의미의 어음의 효력에 관한 항변, 이른바 신어음항변으로 보아야 한다. 따라서 어음취득자에게 악의 또는 중대한 과실만 있어도 변제의 항변을 할 수 있으나, 선의·무중과실의 취득자에 대하여 이중으로 어음금액을 지급하는 일이 생길 수 있다(大判 76. 4. 27, 75 다 739; 62. 7. 19, 62 다 181).

(3) 相計와 어음의 提示 또는 交付

(가) 裁判外의 相計의 경우에는 어음의 제시증권성·상환증권성(還受證券性)에 비추어 어음의 제시·교부가 상계의 효력발생요건이다(通說. 大判 91. 4. 9, 91 다 2892; 76. 4. 27, 75 다 739). 이처럼 상계의 의사표시 외에 어음의 제시와 교부를 요구하는 이유는 ① 어음채무자로 하여금 상계를 주장하는 자가 어음채권자인지 아닌지를 확인할 기회를 주고, ② 2중지급의 위험을 방지하며, ③ 어음채무자가 자기의 전자에게 재상환청구하기 위하여 어음의 환수가 필요하기 때문이다. 그러나 ① 반대채권을 가지는 어음채무자가 어음의 환수를 받을 이익을 포기하고 반대채권을 가지고 어음채권과 상계하는 경우(大判 76. 4. 27, 75 다 739), ② 자동채권인 어음채권의 액이 수동채권의 액을 초과하는 때에는 예외적으로 어음의 교부는 필요하지 않다. 그러나 이 경우에도 어음의 제시는 필요하며, 후자의 경우에는 어음채무자는 어음에 일부지급의 기재를 청구할 수 있다(어 39 Ⅲ, 77 Ⅰ ③).

(나) 裁判上의 相計에 어음의 제시와 교부가 필요한가에 관하여는 필요하다고 보는 견해(다만 상대방이 어음채권의 존재를 다투는 때에는 상계에 의한 채권소멸을 확인하는 서면을 받을 수 없으므로 예외적으로 어음의 교부가 불요하다고 한다)[1]와 필요하지 않다는 견해[2]가 대립하고 있으나, 소송상의 상계에 있어서는 어음의 제시와 교부를 요구하지 아니하여도 어음채무자에게 하등 불리하지 않기 때문에 그것이 불필요하다고 생각한다.[3] 즉 소송상 상계의 경우에는 법원이 공권적으로 판단하므로 권리자의 확인이 가능하고, 판결서에 의하여 상계로 인한 채무소멸이 증명되므로 2중지급의 위험이 없고(판결 뒤에 어음을 양도하여도 기한후 배서로 된다), 또 만일 이 경우에 어음의 교부가 필요하다고 하면 어음채권자가 예비적 상계의 항변을 하고 그것에 관하여 법원에서 판단하지 않은 경우에는 일단 채무자에게 교부한 어음을 반환받기가 곤란하기 때문이다(大判 91. 4. 9, 91 다 2892. 대법원은 어음의 제시를 요하는 것 같이 판시한 일이 있으나, 의문이다. 71. 6. 29, 71 다 1047).

---

1) 이 견해는 소송상의 상계의 주장은 사법상의 상계의 의사표시(私法行爲)와 위 상계의 효과의 재판상의 주장(訴訟行爲)이라는 2개의 행위가 병존한다고 풀이하는 입장이다(兩行爲併行說, 私法行爲說).

2) 이것은 소송상의 상계의 주장을 사법행위와 소송행위의 두 가지 성질을 가진 하나의 행위로 보는 입장(兩性說), 또는 이를 소송행위로 보는 입장(訴訟行爲說)에서, 소송상의 상계에 대하여 사법상의 상계와 다른 특별한 취급을 인정하고 있다.

3) 소송상의 상계의 항변의 법적 성질은 이를 사법행위로 보되 소가 취하되거나 각하된 경우에는 상계의 효력이 발생하지 않는 것으로 보는 것이 타당하다(新併存說).

(4) 免除와 供託

① 어음소지인이 환어음의 인수인이나 약속어음의 발행인에 대하여 어음상의 채무를 면제한 때에는 배서인은 당연히 면책된다. 이에 반하여 주채무자가 아닌 어음채무자에 대한 면제는 그와 그 후자만을 면책시킬 뿐이다.

② 지급제시기간내에 지급제시가 없는 경우에는 각 어음채무자는 소지인의 비용과 위험으로 어음금액을 관할관서에 공탁함으로써 어음채무를 면할 수 있다(어 42, 77 Ⅰ③).

2. 어음에 특유한 消滅原因

어음상의 권리에 특유한 소멸원인으로서는 보전절차의 흠결(어 53, 77 Ⅰ④), 일부지급의 거절(어 39 Ⅱ, 77 Ⅰ③), 참가지급의 거절(어 61, 77 Ⅰ⑤), 거절할 수 있는 참가인수의 승낙(어 56 Ⅲ, 77 Ⅰ⑤), 참가지급의 경합이 있는 경우에 자기에게 우선하는 참가지급의 신고인이 있음을 알면서 한 참가지급(어 63 Ⅲ, 77 Ⅰ⑤) 등이 있고, 이외에도 단기의 소멸시효제도(어 70, 77 Ⅰ⑧)가 있다. 그리고 어음이라는 지편이 멸실·훼손되는 경우에 어음상의 권리가 소멸하는가의 문제가 있다. 여기에서는 어음의 멸실·훼손 및 어음시효에 관하여만 설명하고 아울러 어음상의 권리가 일정한 사유로 소멸한 경우에 특히 인정되는 이득상환청구권에 관하여 고찰하고, 나머지는 각각 해당부분의 설명으로 미룬다.

제2 어음時效(手票時效)

1. 序 說

어음법은 어음거래의 신속한 결제의 필요와 어음채무의 엄격성에 대한 완화책으로서 어음채무에 관하여는 특히 단기의 소멸시효를 규정하고 있다. 이것이 어음시효의 제도이다.

2. 時效의 期間

(1) 어음의 시효기간은 다음 세 가지로 나누어 규정되어 있다.

(가) 어음所持人의 주된 **債務者**에 대한 **請求權**: 환어음의 인수인과 약속

어음의 발행인에 대한 어음상의 청구권은 「만기일부터 3년」이 경과함으로써 소멸시효가 완성한다(어 70 Ⅰ, 77 Ⅰ ⑧). 주된 채무자의 보증인·무권대리인·참가인수인에 관하여도 같다. 만기일이 휴일인가 아닌가, 만기일에 지급제시를 하였는가 아닌가를 묻지 아니한다. 어음의 개서 또는 어음관계자 전원의 합의에 의하여 만기를 변경한 때에는 새로운 만기일이 시효의 기산점이 된다.

(나) 어음所持人의 前者에 대한 償還請求權: 어음소지인의 전자에 대한 청구권(償還請求權)은 「거절증서의 날짜 또는 무비용상환의 문구가 적혀 있는 경우에는 만기일부터 1년」의 소멸시효에 걸린다(어 70 Ⅱ, 77 Ⅰ ⑧). 만기전상환청구의 경우도 같다(大判 2003. 3. 14, 2002 다 62555). 전자의 보증인·무권대리인·참가인수인에 대한 권리에 관하여도 같다. 2중으로 거절증서를 작성할 필요가 있는 경우(어 60, 65 Ⅱ)에는 후에 작성한 거절증서의 날짜를 표준으로 한다.

(다) 償還者의 그 前者에 대한 請求權: 어음소지인의 상환청구권 행사에 응하여 어음을 상환한 자의 전자에 대한 청구권, 즉 재상환청구권은 「어음을 환수한 날 또는 그 자가 제소된 날부터 6개월」로써 소멸시효가 완성한다(어 70 Ⅲ, 77 Ⅰ ⑧). 그 전자의 보증인·무권대리인·참가인수인에 대한 권리도 같다.

(2) 수표의 시효기간은 다음 두 가지이다. 즉

(가) 수표소지인이 가지는 상환청구권은 「지급제시기간이 지난 후 6개월」이 경과함으로써 소멸시효가 완성하고(手 51 Ⅰ), 수표채무자의 다른 채무자에 대한 청구권은 그 채무자가 「수표를 환수한 날 또는 그 자가 제소된 날부터 6개월」이 경과하면 소멸시효가 완성한다(手 51 Ⅲ).

(나) 다만 지급보증인에 대한 청구권은 「제시기간이 지난 후 1년간」의 소멸시효에 걸린다(手 58).

(3) 이상의 시효기간을 산정함에 있어서는 그 첫날을 산입하지 아니한다(初日不算入의 原則)(어 73, 77 Ⅰ ⑨, 手 61).

(4) 어음·수표상의 권리가 확정판결에 의하여 확정된 때에는 위의 시효기간과 관계없이 일률적으로 그때부터 다시 10년이 경과하여야만 소멸시효가 완성한다(民 165 Ⅰ).

3. 時效의 中斷

시효중단의 사유와 효과는 모두 민법의 일반원칙에 따르지만 다음과 같은 특칙이 있다.

(1) 時效中斷의 效力範圍

어음상의 채무가 각각 독립한 것에 대응하여 시효의 중단도 그 중단사유가 발생한 자에 대하여만 효력을 발생한다(어 71, 77 Ⅰ ⑧, 手 52).

(2) 時效中斷의 事由

청구·승인 외에 소송고지에 의하여 중단된다.

(가) 請求에 의한 中斷: 청구에는 재판상의 청구와 재판 외의 청구의 두 가지가 있다. 재판상의 청구에서 청구를 변경한 경우 처음의 소제기에 의한 시효중단의 효력은 변경후의 청구에 미치지 않는다(大判 93. 3. 23, 92 다 50942).

① 어음의 提示 재판상의 청구에는 어음의 제시가 필요없다(通說. 大判 59. 2. 19, 4290 民上 588; 62. 1. 31, 4294 民上 110·111). 재판 외의 청구에 관하여는 어음의 제시가 필요하다고 보는 견해도 있으나(大判 62. 12. 20, 62 다 680), 이것은 불필요하다고 보아야 할 것이다. 왜냐하면 시효중단사유인 청구는 채권자가 권리 위에 잠자고 있지 않다는 것을 나타내는 것이므로 그것으로 족하고 또 어음이 압수되어 있는 경우 등에는 이를 제시할 수도 없기 때문이다. 제시불요설이 통설이고 일본의 판례이다(日最判 63. 1. 30, 民集 17. 1. 99).

② 어음의 所持 재판상의 청구에 어음의 제시는 필요없지만, 어음의 소지는 필요하다고 하는 견해가 있었으나, 어음의 소지도 필요없다고 본다(通說. 日最判 63. 1. 30, 民集 17. 1. 99). 어음권리자가 권리 위에 잠자고 있는 것이 아니라는 점이 표시되었기 때문이다. 만일 이를 요구하면 어음을 분실하거나 또는 그것이 압수되어 있는 경우에는 시효중단을 할 수 없어 불합리하다. 마찬가지의 이유로 시효중단을 위한 재판 외의 청구에도 어음의 소지는 불필요하다고 본다.

③ 白地어음에 의한 訴提起 백지어음에 의한 소제기시에 시효중단의 효력이 있는가에 관하여 대법원판례는 두 가지로 나누어져 있으나,[1] 이 경우에도 권리 위에 잠자고 있지 않다는 점은 나타나 있고, 백지를 보충하지 아니한 어음에 대하여도 시효는 진행하므로, 이에 상응하여 백지를 보충하지 아니한 어음에 의한 청구에도 시효중단의 효력을 인정하는 것이 타당하며, 일본도 최근에 대법정판결을 통하여 이를 긍정함에 이르렀다.[2]

1) 긍정한 것으로서는 大判 62. 1. 31, 4294 民上 110·111이 있고, 부정한 것으로서는 大判 62. 12. 20, 62 다 680이 있다.

2) 수취인백지인 어음에 관하여 日最判 66. 11. 2, 民集 20. 9. 1674. 발행일백지인 어음에 관하여 日最判 70. 11. 11, 民集 24. 12. 1876.

(나) **承認에 의한 中斷:** 승인에 의한 소멸시효의 중단에는 어음의 제시가 필요하지 않다(大判 90. 11. 27. 90 다카 21541). 또 상실어음에 관하여 제권판결이 나기 전이라도 채무자가 승인한 때에는 시효중단의 효력이 있다고 본다(日大判 30. 5. 10. 民集 9. 460).

(다) **訴訟告知에 의한 中斷:** 배서인의 다른 배서인 및 환어음의 발행인에 대한 청구권, 즉 재상환청구권은 그 자가 제소된 경우에는 전자에 대한 소송고지를 함으로 인하여 시효중단의 효력이 발생한다(어 80). 배서인의 재상환청구권은 소장의 송달을 받은 날로부터 소멸시효가 진행하므로 6개월이 경과되면 재상환청구권을 행사할 수 없는 경우가 발생한다. 이러한 경우에 재상환의무자에 대하여 소송의 고지를 하여 두면, 그 고지한 자에 대하여 시효중단의 효력이 발생한다.

4. 時效의 效果

(1) 시효기간이 경과되면 소멸시효가 완성되어 어음상의 권리가 소멸한다. 다만 어음채무독립의 원칙에 의하여 어음채무자 중 1인에 대한 권리가 시효로 소멸하더라도 다른 채무자에 대한 권리까지 당연히 소멸되는 것은 아니다. 그리하여 상환청구권(遡求權)이 먼저 시효로 인하여 소멸하여도 어음상의 주채무자(환어음의 인수인이나 약속어음의 발행인)에 대한 청구권에는 아무 영향이 없다.

(2) 주채무자에 대한 청구권이 먼저 시효로 인하여 소멸하였을 경우(주된 채무자에 대한 청구권은 3년, 상환의무자에 대한 청구권은 1년의 소멸시효에 걸리므로, 주된 채무자에 대한 청구권이 먼저 소멸하는 예는 드물지만, 그것이 불가능한 것은 아니다)[1)]에 그것이 상환청구권에 어떠한 영향을 미치는가에 관하여, ① 주채무와 상환청구권 간에는 주종관계가 없고, 주채무의 시효소멸의 경우에는 어음금지급의 목적을 달성한 것이 아니며, 또 어음법 제50조에서 말하는 어음은 외관상 어음인 형식이 있으면 된다는 이유로 주된 채무가 시효소멸하여도 상환채무는 존속한다고 주장하는 견해도 있으나, ② 주된 채무자에 대한 청구권이 시효소멸하면 원칙적으로 상환청구권도 따라서 소멸한다고 본다. 왜냐하면 상환청구권을 행사하려면 재상환청구를 위하여 건전한 어음을 반환하여야 하는데, 주된 채무자에 대한 청구권이 시효소멸하면 배서인이 그 어음을 반환받아 보아야 주채무자에게 청구할 수 없게 되므로, 결국 소지인의 배서인에 대한 상환청구권도 소멸한다고 보아야 하고, 상환청구권은 주채무자에 대한 어음금청구권이 변화한 것이고

---

1) 주된 채무의 시효소멸 후에도 상환의무가 남아 있는 특수한 예로서, 日最判 82. 7. 15, 民集 36. 6. 113. 同評釋 民商 89. 1. 65면 참조.

양자의 관계는 주종의 관계에 있으므로 주된 채무의 시효소멸은 종된 채무의 소멸을 가져온다고 보아야 하기 때문이다(通說. 日大判 23. 4. 6, 民集 12. 6. 551).

(3) 시효소멸한 어음상의 권리를 지명채권양도방법, 기한후배서 또는 어음의 환수에 의하여 취득한 자에 대하여도 어음채무자는 시효소멸의 항변을 할 수 있다고 본다.

제3 利得償還請求權

1. 意義 및 立法理由

「이득상환청구권」이라 함은 어음 또는 수표상의 권리가 보전절차의 흠결 또는 소멸시효로 인하여 소멸한 경우에, 어음 또는 수표의 소지인이 증권상의 채무자(발행인·인수인 또는 배서인)에 대하여 그 받은 이익의 상환을 청구할 수 있는 권리를 말한다(어 79, 手 63). 어음상의 권리에 대하여는 특별한 단기소멸시효의 규정이 있고 또 그 권리의 보전에 대하여 엄격한 절차가 요구되고 있는 결과로, 어음소지인은 자칫하면 위 규정에 따르지 못함으로써 어음상의 권리를 상실하게 되고, 나아가 원인관계상의 청구권까지 잃게 되는 경우가 생긴다. 한편 이 경우에 어음채무자는 어음상의 의무를 면하고, 나아가 어음의 수수로 인하여 취득한 원인관계상의 대가나 자금을 그대로 보유하게 되어 실제상 불공평한 결과를 가져온다. 이러한 불공평을 해결하기 위하여 어음소지인에게 부여한 구제수단이 이득상환청구권이다. 그러므로 이득상환청구권은 형평의 관념에 입각하여 어음법의 기술적·형식적 해결에 대하여 상식적·실질적 수정을 시도한 것이라 말할 수 있다. 이득상환청구권제도는 도이칠란트법계 어음법에 특유한 제도이다.

2. 性　質

(1) 이득상환청구권의 법적 성질에 관하여는 국내외의 학설이 여러가지로 갈라져 있다.[1] ① 민법상의 「손해배상청구권」 또는 「부당이득반환청구권」으로

1) 그 성질을 무엇으로 보는가에 따라 그 시효기간, 어음상의 권리에 대한 담보권의 이전, 이득상환청구권의 양도와 행사방법 등 실제문제에 관하여 차이를 가져온다.

보는 견해: 그러나 이 경우에는 어음채무자에게 채무불이행도 불법행위도 없으므로 손해배상청구권으로 볼 수는 없고 또한 채무자가 법률상 원인 없이 이득한 것도 아니므로 부당이득으로 보기도 어렵다. ② 「어음상의 권리의 잔존물」이라고 보는 견해(殘存物說): 어음상의 권리가 수량적으로 제한을 받아 남아 있는 것이라고 보는 견해인데(도이칠란트의 通說), 이 권리는 어음상의 권리가 소멸한 뒤에 발생하므로, 그 잔존물이라고 보는 것은 부당하다. 또 위 권리는 어음상의 권리와 일정한 관계를 가지므로, 어음상의 권리의 변형물이라고 보는 견해(變形物說)가 있으나, 이 설에서 말하는 변형물이란 그 본질이 무엇인지 분명하지 못한 흠이 있다. ③ 지명채권의 일종으로 보는 견해(指名債權說): 이득상환청구권은 형평의 견지에서 법이 특히 인정한 특별한 청구권으로서 지명채권의 하나라고 본다. 최후의 견해가 타당하다고 생각한다(通說. 大判 65. 4. 13, 64 다 1112; 70. 3. 10, 69 다1370).

(2) 이득상환청구권은 어음상의 권리가 아니고 어음법상의 권리이므로, 어음상의 권리를 위하여 설정된 질권 등 담보권은 당연히 이 청구권 위에 이전하는 것은 아니다. 그리고 이득상환청구권은 민법상의 손해배상청구권 또는 부당이득반환청구권도 아니므로, 어음소지인은 원인관계에 기한 소 또는 어음상의 소에서 패소한 뒤에도 이득상환청구의 소를 제기할 수 있다고 본다.

3. 發生要件

(1) 所持人의 失權

(가) 어음소지인은 「완전한 어음상의 권리자」로서 어음상의 권리를 행사할 수 있었어야 한다. 그러므로 어음요건을 갖추지 아니한 불완전한 어음에 관하여는 이 청구권이 발생하지 아니한다. 백지어음에는 아직 어음상의 권리가 발생되어 있지 아니하므로 백지어음의 소지인은 이득상환청구권을 취득하지 못한다고 본다(通說. 大判 62. 12. 20, 62 다 680).

문제가 되는 것은 어음상의 권리가 소멸할 당시에 이득상환청구권자가 어음증권을 소지하고 있었어야 하는가이다. 이득상환청구권을 어음상의 권리의 잔존물 내지 변형물로 보는 견해에서는 2중지급의 위험을 방지하기 위하여 증권의 소지가 필요하다고 하지만, 이득상환청구권을 법이 공평의 견지에서 특히 인정한 지명채권의 일종이라고 보는 견해에서는 당연히 이를 부정하게 된다(日最判 59. 6. 9, 民集 13. 6. 644).

(나) 어음상의 권리가 「보전절차의 흠결」 및 「소멸시효의 완성」의 두 가지 사유로 소멸한 경우에만 이득상환청구권이 인정된다(어 79). 어음소지인의 과실에 의한 것인가 어떤가는 문제가 되지 아니한다. 위 두 가지 사유 이외의 사유로 소멸한 경우에는 이득상환청구권이 인정되지 아니한다.

(2) 救濟手段의 不存在

(가) 어음소지인이 누구에 대하여 또 어음관계와 원인관계 중 어느 것에 관하여 구제수단이 없어야만 이득상환청구권이 발생하는가 하는 문제를 둘러싸고 다음과 같이 세 갈래로 견해가 나누어지고 있다.

① 이득상환청구를 하려는 「상대방에 대한 어음상의 권리」가 소멸한 것만으로 족하다고 하는 견해이다. 이에 의하면 어음소지인이 다른 어음채무자에 대하여 어음상의 권리를 가지고 있는 경우나 상대방에 대하여 민법상의 구제수단을 가지고 있는 경우에도 이득상환청구가 가능하므로 이를 인정하는 범위가 매우 넓게 된다. 이 설은 이득상환청구권을 어음상의 권리의 변형물로 보는 입장에서 주장되는 수가 많다.

② 청구의 상대방뿐만 아니라 「모든 어음채무자에 대하여 어음상의 권리」가 소멸하여야만 이득상환청구가 가능하다고 하는 견해이다. 이에 의하면 원인관계상의 구제방법이 있느냐 없느냐는 문제되지 않지만, 이 제도가 어음법상의 제도이므로 적어도 어음법상의 구제수단이 없어야 하고, 따라서 모든 어음채무자에 대한 권리가 소멸하여야 하는 것이 원칙이라고 한다. 다만 인수인이 무자력인 경우에는 사실상 그에 대한 어음법상의 구제수단이 없는 것이나 다름이 없으므로, 인수인에 대한 어음상의 권리가 소멸하지 아니하였더라도 예외적으로 발행인에 대하여 상환청구를 할 수 있다고 한다.

③ 어음소지인이 어음법상의 구제수단은 물론 「민법상의 구제수단까지」 갖지 아니하는 경우에 한하여 이득상환청구권이 발생한다는 견해이다. 이 견해에 따르면 이득상환청구를 인정하는 범위가 매우 좁게 된다. 대법원판례는 이 입장을 취하고 있다(大判 59. 9. 10, 4291 民上 717 이래 일관된 태도). 따라서 판례에 의하면, 어음상의 권리가 소멸된 뒤에도 원인채무가 존속하는 경우(大判 93. 3. 23, 92 다 50942; 74. 7. 23, 74 다 131; 59. 9. 10, 4291 民上 717), 어음상의 권리가 소멸된 뒤에 원인채권이 존속하다가 그 원인채권까지 소멸한 경우(大判 63. 5. 15, 63 다 155; 77. 2. 22, 77 다 19) 및 원인채권이 먼저 소멸한 뒤에 어음채권이 시효소멸한

경우(大判 92. 3. 31, 91 다 40443) 등에는 이득상환청구권이 발생하지 아니한다. 왜냐하면 이 경우에 어음채무자의 이득은 어음상의 권리의 소멸로 인한 것이 아니기 때문이다.

(나) 둘째의 견해가 타당하다고 생각한다. 이득상환청구권은 어음상의 권리의 상실에 대한 특별한 구제수단으로서 형평의 견지에서 인정된 것이라는 입법취지에 비추어 보면, 적어도 어음법상의 다른 구제수단이 존재하는 경우에는 그 방법에 의하여 어음상의 권리를 보전하는 것이 마땅하고, 곧바로 이득상환청구권에 의존할 것은 아니다. 반면에 어음법상의 구제와 민법상의 구제 사이에는 법적 보호에 현저한 차이가 있으므로, 민법상의 구제수단이 존재한다는 이유로 이득상환청구권을 부정할 것은 아니다. 뿐만 아니라, 민법상의 구제수단의 부존재는 독립한 요건이 아니라 그것이 존재하는 경우에는 다음에 말하는 이득의 요건을 흠결하는 데 지나지 않는다고 볼 수도 있다(大判 93. 3. 23, 92 다 50942 참조).

(3) 債務者의 利得

(가) 어음채무자(발행인·인수인 또는 배서인)에게 받은 이익, 즉 이득이 있어야 한다. 여기에서 말하는 이득이란 어음상의 권리가 소멸함으로써 그 지급의 필요가 없게 된 것 그 자체, 즉 어음상의 채무를 면한 것을 말하는 것이 아니라, 원인관계에서 현실로 받은 재산상의 이익을 말한다(大判 93. 7. 13, 93 다 10897). 즉 어음수수의 기본관계에서 대가 또는 자금으로 받은 이익을 말한다. 적극적으로 금전을 취득한 경우이든 또는 소극적으로 기존채무를 면한 경우이든 상관이 없다.

(나) 「발행인」은 수취인으로부터 대가를 받고 어음을 발행하였는데, 어음상의 권리가 소멸한 결과로, 환어음에 있어서는 지급인에게 자금을 제공할 필요가 없게 된 때에, 약속어음에 있어서는 지급을 할 필요가 없게 된 때에 각 이득을 한 것이 되고, 「인수인」은 발행인으로부터 자금을 받고 인수하였는데 어음상의 권리의 소멸로 인하여 이를 반환할 필요가 없게 된 때에 이득을 한 것으로 되고, 「배서인」은 예컨대 자기의 계산으로 환어음을 발행시킨 수취인(위탁어음의 경우)이 대가를 받고 이것을 배서하였는데, 어음상의 권리가 소멸한 결과 지급인에게 자금을 제공할 필요가 없게 된 때에 이득을 한 것이 된다.

(다) 민법의 부당이득과는 달리 이득이 현존하는 것 및 어음소지인에게 손해가 있는 것은 요건이 아니다. 따라서 어음채무자가 일단 이득을 한 이상 후

일 다른 사정에 의하여 그 이득을 상실하여도 상관이 없다.

(4) 手票의 利得償還請求權의 문제점

(가) 수표의 이득상환청구권은 수표상의 권리가 소멸한 때에 발생하는데, 「수표상의 권리」(手 63)에는 지급보증인에 대한 지급청구권(手 55) 및 발행인과 배서인에 대한 상환청구권(手 12, 20) 등이 포함된다. 지급제시기간 경과 후에 지급위탁의 취소가 없을 때에 소지인이 가지는 수표금수령권한은 이에 해당하지 않는다(通說. 大判 60. 6. 9, 4292 민상 758).

(나) 수표의 「이득상환청구권의 발생시기」에 관하여는 수표의 경우 지급제시기간이 경과한 후에도 지급위탁의 취소가 없는 한 지급인은 유효한 지급을 할 수 있고 그 결과를 발행인에게 돌릴 수 있는 것(手 32 II)과 관련하여, ① 지급제시기간이 경과하면 수표상의 권리는 확정적으로 소멸하고 이 때에 바로 이득상환청구권이 발생하지만, 그 후 지급위탁의 취소가 없어서 유효한 지급을 하였을 때에는 이미 발생한 이득상환청구권이 소멸한다고 하는 견해(解除條件說)와 ② 지급제시기간이 경과한다고 하여 곧 이득상환청구권이 발생하는 것은 아니고, 지급위탁의 취소나 지급의 거절에 의하여 지급의 가능성이 소멸하는 것을 정지조건으로 하여 이득상환청구권이 성립한다고 하는 견해(停止條件說)가 대립하고 있다. 생각건대 지급제시기간이 경과한 후에도 지급위탁의 취소가 있을 때까지는 지급인이 유효한 지급을 할 수 있다는 수표법 제32조 제2항의 규정은 지급인의 임의의 권한을 규정한 것일 뿐이고, 이 때문에 지급인이 지급할 의무를 부담하는 것은 아니다. 따라서 수표소지인은 지급제시기간이 경과하면 지급인의 임의의 지급을 기대할 수 있을 뿐 지급을 받을 권리가 있는 것은 아니다. 그러므로 수표소지인의 상환청구권(수표에는 주된 채무자가 없다)은 지급제시기간이 경과하면 확정적으로 소멸하고 이득상환청구권도 이때에 즉시 발생하는 것이고, 다만 뒤에 수표금이 지급되면 그것이 소멸한다고 풀이하는 것이 옳다(해제조건설). 대법원도 해제조건설을 따르는 것으로 보인다(大判 81. 3. 10, 81 다 220; 76. 1. 13, 70 다 2462; 70. 1. 27, 69 다 1390; 64. 12. 15, 64 다 1030).

4. 消滅時效

(1) 이득상환청구권의 소멸시효기간에 관하여는 어음법에 아무 규정이 없으므로 그 성질과 관련하여 여러 학설이 대립하고 있다. ① 이득상환청구권을

어음상의 권리의 잔존물 내지 변형물로 보는 견해에서는 그 시효기간도 어음의 경우에는 주된 채무자에 대한 시효기간과 같이 3년으로 보고, 수표의 경우는 최장시효기간인 1년으로 본다. ② 이를 어음법이 특히 인정한 특수한 채권으로서 지명채권의 일종이라고 보는 다수설의 입장에서는 당연히 그 시효기간은 10년이 된다. ③ 그 밖에 이를 상사채권에 준한 것으로 보아 5년으로 보는 견해와 원인채권이 민사채권인가 상사채권인가에 따라 10년 또는 5년이라고 하는 견해도 있다.

생각건대 일본과 달리 어음행위가 절대적 상행위로 규정되어 있지 않은 마당에 이를 상사채권에 준한 것으로 보는 5년설은 부당하고 또 도이칠란트처럼 어음의 경우에는 3년, 수표의 경우에는 1년으로 시효가 완성된다는 명문규정이 없는 우리나라에서 도이칠란트처럼 해석하는 것도 무리이다. 그리고 원인채권의 종류에 따라 시효기간을 달리하는 것은 이득상환청구권을 원인채권과 동일시하는 견해로서 타당하지 못하다. 이득상환청구권을 지명채권의 일종으로 보는 이상 10년설이 타당하다고 생각한다. 다만 도이칠란트 어음법과 같이 입법적으로 해결하는 것이 바람직스럽다.

(2) 소멸시효의 기산점은 어음상의 권리가 소멸한 때, 즉 이득상환청구권을 행사할 수 있을 때이다. 따라서 어음의 경우에 보전절차의 흠결로 인하여 이득상환청구권이 발생한 때에는 지급제시기간이 종료한 날의 익일이고, 시효로 인하여 이득상환청구권이 발생한 때에는 소멸시효기간이 만료한 날의 익일이며, 수표의 경우에는 지급제시기간이 종료한 날의 익일이다(해제조건설).[1)]

5. 當 事 者

(1) 權利者

(가) 어음(수표)상의 권리가 소멸할 당시의 어음(수표)소지인이다(어 79, 手 63). 어음의 소지인이란 단순한 어음증권의 소지인이 아니라, 보전절차의 흠결 또는 소멸시효의 완성으로 인하여 어음상의 권리가 소멸할 당시의 정당한 권리자(어음상의 권리를 행사할 수 있었던 소지인)를 가리킨다. 어음상의 권리자인 한 어떠한 방법으로 권리자로 되었는가는 묻지 않는다. 따라서 보통의 양도배서에 의한 어음소지인, 상

1) 정지조건설에 의할 때에는 지급위탁을 취소한 날 또는 지급을 거절한 날의 익일이 기산점으로 된다.

환에 의하여 어음을 환수한 배서인에 한하지 않고, 이들로부터 상속·합병·채권양도 등에 의하여 어음을 취득한 자도 포함하지만, 지명채권양도의 방법에 의하는 경우에는 그 대항요건 등 양도의 절차를 밟아야 된다(大判 70. 3. 10, 69 다 1370). 그리고 백지어음의 소지인으로서 시효기간이 도과하기까지 백지보충권을 행사하지 아니한 경우에는 이득상환청구권을 행사할 수 없다(大判 62. 12. 20, 62 다 680).

(나) 어음상의 권리가 소멸할 당시의 정당한 어음소지인으로부터 이득상환청구권을 양수한 자도 위 권리를 행사할 수 있다. 양도의 방법은 묻지 않는다. 지급제시기간경과 후에 수표를 취득한 자도 이득상환청구권을 취득하는가에 관하여 판례는 1976. 1. 13. 전원합의체판결(70 다 2462)을 통하여 「제시기간을 도과하여 수표상의 권리가 소멸된 수표를 양도하는 행위는 수표금액의 지급수령권한과 아울러 특별한 사정이 없으면 수표상의 권리의 소멸로 인하여 소지인에게 발생한 이득상환청구권까지도 이를 양도하는 동시에 그에 수반해서 이득을 한 발행인인 은행에 대하여 소지인을 대신하여 그 양도에 관한 통지를 할 수 있는 권능을 부여하는 것」이라고 설시하였으나, 그 후에 대법원은 제시기간경과 후에 수표를 지명채권양도의 방법에 의하지 않고 단순히 양도받은 경우에는 이득상환청구권을 취득하였다고 볼 수 없다고 하고(大判 78. 3. 28, 77 다 2497), 위 전원합의체판결의 법리는 수표상의 권리소멸 당시의 정당한 수표소지인으로부터 수표를 양수한 경우에 한하여 적용된다고 설시하고(大判 81. 6. 23, 81 다 167; 78. 6. 13, 78 다 568), 이어서 수표상의 권리가 소멸할 당시의 정당한 소지인이 누구인지 불명한 경우에 제시기간경과 후에 수표를 양수한 자는 지명채권양도의 방법에 따른 절차를 밟지 않는 한 이득상환청구권을 행사할 수 없다고 판시하였다(大判 83. 3. 8, 83 다 40).

이상의 대법원판례의 입장을 종합하면, 제시기간경과 후에 수표를 취득하는 경우에는 ① 지명채권양도의 절차를 밟아야 하고, ② 수표상의 권리소멸 당시의 정당한 권리자로부터 양도를 받아야 하는 것으로 이해된다. 그리고 수표상의 권리소멸 당시의 정당한 권리자로부터 자기앞수표를 취득한 사람은 이 자기앞수표를 은행에 제시함으로써 양도의 대항요건을 갖춘 것이 된다. 그러므로 지급제시기간경과 후에 수표를 취득하는 자는 그것이 보통의 수표이든 자기앞수표이든 수표상의 권리소멸당시의 정당한 소지인을 확인하지 못하는 한 이득상환청구권을 취득할 수 없는 결과가 된다.

(다) 어음상의 권리가 소멸할 당시의 소지인이 실권당시에 증권을 현실로

소지하고 있거나 소지에 갈음하여 제권판결을 얻고 있는 자이어야 할 필요는 없다. 이득상환청구권은 지명채권의 일종이기 때문이다.

(2) 義務者

(가) 이득상환의무자는 어음의 경우에는 발행인·인수인 또는 배서인이다(어 79). 이 가운데 환어음의 인수인과 약속어음의 발행인이 보통 이득상환의무자로 되지만, 배서인도 간혹 의무자가 될 수 있다.

(나) 수표에 있어서의 이득상환의무자는 발행인·배서인 및 지급보증인이다. 지급보증인은 발행인으로부터 자금을 받고 지급보증을 한 뒤에 수표금을 지급할 필요가 없게 된 경우에 이득을 한 것이 된다.

(다) 위에 말한 사람 이외의 어음·수표채무자, 예컨대 보증인·참가인수인이나 지급인·지급담당자는 이득상환의무자가 아니다.

6. 行使와 讓渡

(1) 利得償還請求權의 行使

(가) 利得償還債務의 履行地는 채무자의 영업소 또는 주소이다(通說). 이득상환청구권을 어음상의 권리의 잔존물 내지 변형물로 보는 입장에서는 이것은 당연한 사리이지만, 이를 단순한 지명채권이라고 풀이하는 입장에서도 채무자는 그 의무의 발생 자체를 알 수 없고 누가 이득상환청구권자인지도 알 수 없으며, 또 어음상의 권리의 소멸로 인하여 종전보다 불리한 지위에 놓여서는 아니되기 때문이다.

(나) 主張證明責任에 관하여는 어음소지인인 청구자가 권리발생요건의 전부와 채무자가 받은 이익의 한도를 주장증명하여야 한다(通說. 大判 94. 2. 25, 93 다 50147). 다만 자기앞수표의 경우에는 수표발행인인 은행이 수표금에 해당하는 이득을 한 것으로 추정되므로(大判 61. 7. 31, 4293 民上 841), 이득의 존재에 관하여는 이를 주장만 하면 된다.

(다) 이득상환의무자는 이득상환청구자의 권리행사에 대하여 어음소지인에 대하여 종래 가지고 있던 抗辯을 가지고 대항할 수 있다. 즉 어음상의 청구에 대하여 대항할 수 있었던 모든 항변으로써 이득상환청구에 대항할 수 있다. 이득상환청구권을 어음상의 권리의 잔존물 내지 변형물로 보는 입장에서는 이것이 당연한 사리이고, 이를 지명채권으로 보는 입장에서도 채무자는 자기와 무관한 사유로 어음상의 권리가 소멸되었다고 하여 종전보다 불리한 지위에

놓여서는 안되기 때문이다.

(라) 이득상환청구권을 행사함에 있어서 어음의 **所持**가 필요한가[1]에 관하여 이득상환청구권을 어음상의 권리의 잔존물 내지 변형물로 보는 견해에 의하면, 어음상의 권리가 소멸된 어음은 이득상환청구권을 체화하는 증권이므로 그 권리행사에는 어음의 소지 또는 제권판결이 필요하고 이를 통하여 2중지급의 위험을 회피할 수 있다고 한다. 이에 반하여 이득상환청구권을 지명채권의 일종으로 보는 입장에서는 그 행사에 어음의 소지 또는 제권판결을 필요로 하지 않게 된다(日最判 59. 6. 9, 民集 13. 6. 664). 소지불요설이 타당하다고 본다.

(2) **利得償還請求權의 讓渡**

(가) 이득상환청구권의 **讓渡方法**에 관하여, 이것을 어음상의 권리의 잔존물 내지 변형물로 보는 입장에서는 이득상환청구권이 어음에 체화되어 있다고 보므로, 어음의 교부만으로 그 권리가 이전되고 그 밖에 별도로 채권양도의 대항요건을 갖출 필요가 없지만, 이를 지명채권의 일종에 지나지 않는다고 보는 견해에 의하면, 이를 양도함에 있어서는 당연히 지명채권양도방법에 의하여야 하고(따라서 대항요건도 갖추어야 한다), 단순히 어음을 배서양도하는 것만으로는 양도의 효력이 없다(大判 70. 3. 10, 69 다 1370). 앞에 말한 1976. 1. 13의 대법원 전원합의체 판결은 제시기간을 도과하여 수표상의 권리가 소멸된 자기앞수표를 양도하는 행위는 수표금액의 지급수령권한과 이득상환청구권을 양도하는 동시에 발행은행에 대한 통지권도 양도하는 것이고, 자기앞수표를 은행에 제시하면 양도의 통지를 하는 것이 되어 대항요건을 갖춘 것으로 보고 있다. 지명채권양도방법에 의하는 경우에는 당사자간의 합의만으로 양도는 성립하고, 어음의 교부는 불필요하다고 본다.

(나) 이득상환청구권은 지명채권양도방법에 의하여 양도되므로, 그 당연한 결과로서 이에 관하여는 **善意取得**이 인정되지 아니한다(大判 80. 5. 13, 80 다 537).

---

1) 이득상환청구권을 취득함에 있어서는 어음의 소지가 불필요하다. 이득상환청구권을 취득하는 자인 어음법 제79조에서 말하는 어음의 소지인이라 함은 어음상의 정당한 권리자이면 족하고 현실로 어음을 소지할 필요는 없다고 해석되고 있기 때문이다. 따라서 어음상의 권리가 시효에 의하여 소멸할 당시에 어음을 상실하고 아직 제권판결을 받지 못하고 있던 사람도 이득상환청구권을 취득할 수 있다. 日最判 59. 6. 9, 民集 13. 6. 66.

7. 利得償還請求權이 인정된 事例

(1) 판례법상 어음에 관하여 이득상환청구권이 인정된 예는 그리 많지 않다. 甲이 乙에 대한 매매대금채무의 지급에 갈음하여 약속어음을 발행하였는데, 어음채무가 시효소멸한 경우(日大判 16. 10. 4, 民錄 22. 1848), 甲이 乙에 대하여 부담하는 도급대금채무의 지급을 위하여 乙에게 약속어음을 발행교부하고, 丙이 그 액면에 해당하는 돈을 지급하고 乙로부터 배서양도를 받았기 때문에 원인관계상 丙이 乙에 대하여 아무런 채권을 가지고 있지 아니한 때에, 丙의 甲·乙에 대한 어음채권이 모두 시효소멸한 경우(日最判 68. 3. 21, 民集 22. 3. 665) 등에는 이득상환청구권이 인정되었다. 그러나 甲이 乙에 대한 매매대금채무의 지급을 위하여 약속어음을 발행하였는데, 그 매매대금채무가 시효소멸한 후에 어음채무가 시효소멸한 경우(大判 92. 3. 31, 91 다 40443), 또는 위 예에서 어음채무가 시효소멸한 뒤에 매매대금채무가 시효소멸한 경우(大判 77. 2. 22, 77 다 19; 63. 5. 15, 63 다 155) 등에는 이득상환청구권이 발생하지 않는다(大判 2000. 5. 26, 2000 다 10376). 왜냐하면 전자의 경우에는 어음을 이용하지 아니하였더라도 청산을 할 필요가 없었던 것이고, 후자의 경우에는 어음채무가 소멸할 당시에는 원인채권이 남아 있었으므로, 어느 경우이든 어음의 수수와 관련하여 취득한 대가는 어음채무의 소멸로 인한 이득이라고 볼 수 없기 때문이다.

(2) 판례법상 수표, 특히 자기앞수표상의 권리가 보전절차의 흠결로 소멸한 경우에는 이득상환청구권이 인정된 예가 많다. 자기앞수표는 보통 원인채무의 지급에 갈음하여 교부되므로 지급제시기간(발행일자로부터 10일, 手 29 Ⅰ)을 도과하는 경우에는 수표상의 권리가 소멸되는 것은 물론 원인채권도 행사할 수 없게 되어 이득상환청구권이 발생한다(大判 61. 12. 21, 4294 民上 324; 81. 3. 10, 81 다 220). 그러나 수표가 원인채무의 이행을 위하여 교부되는 경우에는 절차의 흠결로 수표상의 권리가 소멸하여도 원인채권이 남아 있으므로 이득상환청구권은 발생하지 않는다(大判 64. 12. 15, 64 다 1030).

제4 어음의 抹消·毁損·喪失

1. 어음의 抹消

(1) 意 義

어음의 기명날인 또는 서명 기타의 기재사항을 도말·삭제·첩부 등의 방법에 의하여 제거하는 것을 말한다. 말소의 방법에는 제한이 없다. 어음의 기재내용의 변경에 의하여 어음요건을 권한이 없이 말소한 경우에는 「어음의 변조」가 되고, 말소에 의하여 어음이라고 인정할 만한 것이 존재하지 않게 된 경우에는 「어음의 멸실」(喪失, 毁滅)이 된다.

(2) 效 果

(가) 「말소의 권한이 없는 자」에 의하여 어음이 말소된 때에는 어음의 변조가 되어, 말소전에 기명날인 또는 서명한 사람은 말소전의 문구에 따라, 또 말소 후에 기명날인 또는 서명한 사람은 말소후의 문구에 따라 각각 책임을 진다(어 69). 그러나 어음요건이 무권한으로 말소된 뒤에 기명날인 또는 서명한 자는 어음상의 책임을 부담하지 아니한다. 왜냐하면 어음상의 책임은 형식상 유효한 어음에 기명날인 또는 서명함으로써 발생하기 때문이다.

일단 유효한 어음이 말소할 권한이 없는 자에 의하여 말소되고, 그 결과 어음요건을 흠결하게 된 경우에도 어음상의 권리는 소멸하지 아니한다(通說). 어음의 요식성은 어음상의 권리의 성립시에 필요한 것이고, 그 존속을 위하여는 반드시 필요한 것은 아니기 때문이다. 이것은 어음변조의 경우에 변조 전에 기명날인 또는 서명한 사람이 변조전의 문구에 따라 책임을 부담하는 점(어 69) 및 어음을 상실한 소지인이 제권판결을 받아 어음상의 권리를 행사할 수 있는 점(民訴 492 이하) 등을 보아도 알 수 있다. 따라서 말소된 어음의 소지인은 그 것이 권한없이 말소되었다는 것과 말소된 원래 문구의 내용을 증명하면, 이에 따른 어음상의 권리를 행사할 수 있다.

(나) 「말소의 권한이 있는 자」가 말소하였을 때에는 어음상의 권리는 변경 또는 소멸한다. 발행인은 교부 전에 기명날인 또는 서명 등 기재사항을 말소할 수 있고, 배서인은 교부 전에 자기의 배서를 말소할 수 있으나, 이 경우에

는 아직 발행 또는 배서의 효력이 발생하기 전이므로, 어음상의 권리의 소멸이나 변경의 문제가 일어나지 않는다. 여기에서 말소할 권한이 있는 사람이 말소한 때라 함은 일단 어음행위의 효력이 발생한 뒤에 모든 어음관계자의 동의를 얻어 어음의 기재사항을 말소하는 것이며, 결국 어음의 외관과 실질을 일치시키기 위한 것이다. 말소 후에 기명날인 또는 서명을 한 자는 말소후의 문구에 따라 어음상의 책임을 진다.

(3) **背書의 抹消**

(가) **背書의 抹消와 背書의 連續:** 말소된 배서는 배서의 연속에 관하여 배서를 하지 아니한 것으로 본다(어 I 16). 따라서 배서가 말소된 사실이 있기만 하면 그것이 권리자에 의한 것이든 아니든, 또 과실로 인한 것이든 아니든, 거절증서작성기간경과 전이든 후이든(大判 64. 5. 12, 63 다 55) 이를 묻지 않고 배서를 하지 아니한 것으로 본다. 그리하여 말소에 의하여 배서는 연속이 중단되기도 하고 연속이 생기기도 한다.

(나) **被背書人의 抹消:** 기명식배서에서 피배서인의 명칭만을 말소한 경우의 효과에 관하여는 권한고려설, 백지식배서설 및 배서전부말소설 등 견해가 갈라지고 있으나, 배서전부말소설이 타당하다(배서의 연속에 관한 설명부분 참조).

(다) **어음을 還受한 背書人의 背書抹消權:** 어음을 환수한 배서인은 자기 및 후자의 배서를 말소할 수 있다(어 II 50). 이것은 어음상의 권리자로서의 형식적 자격을 갖추기 위하여 필요한 것은 아니고(다툼 있음), 어음이 분실되거나 기타 사유로 2중지급을 강요당할 위험을 방지하기 위한 것이다.

(라) **還背書에 갈음하여 하는 背書의 抹消(消極的背書):** 환배서를 하는 대신에 종전에 배서인이었던 자의 배서와 그 이후의 배서를 말소하여 그 자에게 어음을 단순히 교부함으로써 어음을 양도하는 수가 있는데, 이러한 방법은 어음법에 규정되어 있지는 않지만, 당사자에게도 편리하고 제3자에게 손해를 줄 염려도 없기 때문에 유효성이 인정된다(日大判 33. 11. 20, 民集 12. 24. 2718).[1)]

---

1) 예컨대 甲이 乙을 수취인으로 하여 발행한 어음이 乙→丙, 丙→丁으로 배서양도된 후에 乙이 다시 丁으로부터 이 어음을 취득하는 경우에는, 乙은 丁으로부터 환배서를 받을 수도 있으나, 그 대신 乙과 丙, 丙과 丁 사이의 배서를 말소하고 丁으로부터 단순히 어음을 인도받을 수도 있다.

2. 어음의 毁損

절단·마멸 기타의 방법에 의하여 어음증권의 일부에 물질적 파손을 가하는 것을 말한다. 어음훼손의 결과로 어음이라고 인정할 만한 것이 존재하지 않게 된 경우에는 어음의 상실이 된다. 어음의 훼손이 어음상의 권리에 미치는 영향은 어음의 말소의 경우와 같다.

3. 어음의 喪失

(1) 意 義

어음의 상실은 소실 등에 의한 어음의 「절대적 상실」(멸실)과 유실·도난 등으로 인하여 어음의 소재가 불분명하게 된 「상대적 상실」(분실) 및 어음이라고 인정할 수 없을 정도의 「말소·훼손」 등을 포함하는 개념이다. 어음이 상실된 경우에도 어음상의 권리가 당연히 소멸되는 것은 아니다. 그러나 어음상의 권리자는 증권을 상실함으로써 어음상의 권리를 행사할 수 없게 되는 동시에(提示證券性, 相換證券性), 그 어음이 선의의 제3자의 손에 들어가게 됨으로써 어음상의 권리를 상실하게 될 염려가 있으므로, 법은 이를 구제하는 수단으로서 공시최고에 의한 제권판결의 제도를 인정하고 있다(民訴 475 이하).[1]

(2) 公示催告

(가) 意 義: 불특정 또는 행방불명된 상대방에 대하여 일정한 기간내에 신고를 하지 않으면 실권한다는 경고를 하면서 그 권리의 신고를 최고하는 법원의 공고이다(民訴 475). 어음을 상실한 경우에도 소정의 기간내에 어음상의 권리를 신고하지 아니하면 그 증권을 무효로 한다는 공고를 행하고, 위 기간내에 신고가 없는 경우에는 그 증권을 무효로 하는 제권판결을 한다.

(나) 節 次: 공시최고의 신청은 그 어음의 최종소지인이 어음에 기재된 지급지의 지방법원에, 그 기재가 없는 때에는 발행인의 보통재판적 있는 지방법원에 하고, 그 법원도 없을 때에는 발행인의 발행 당시에 보통재판적 있던 곳의 지방법원에 한다(民訴 476 II). 약속어음의 발행인도 신청을 할 수 있다(大判 90. 4. 27, 89다카16215). 이 경우에 신청인은 신청원인을 명시하고 이를 소명하여야 한다(民訴 477,494).

---

1) 英美에서는 증권의 상실자에게 손실보상금 또는 보증금(indemnity, security)을 제공하도록 하고 권리를 행사시킨다. BEA §70; U.C.C. §3309.

법원은 신청인의 소명에 의하여 공시최고의 이유가 있다고 판단하면 공시최고를 한다(民訴 479). 공시최고기간은 3개월 이상이다(民訴 481). 이 기간 내에 권리의 신고가 없는 때에는 법원이 제권판결을 선고한다(民訴 487).

(다) 期間중의 善意取得: 공시최고기간 중에도 제3자가 어음을 선의취득하는 것은 가능하고, 어음의 제시자에게 어음채무자가 선의로 지급하면 그 지급은 유효하다. 다만 공시최고신청인은 채무자로 하여금 어음금액을 공탁하게 할 수 있고, 또는 상당한 담보를 제공하고 지급을 받을 수도 있다(民 522, 商 65).

(3) 除權判決

공시최고기간내에 권리의 신고가 없는 때에는 법원은 제권판결을 선고하는데, 이에는 다음 두 가지 효력이 있다.

(가) 消極的效力: 제권판결에 의하여 어음증권은 무효가 된다(民訴 496)(소극적 효력). 이것은 증권만을 무효로 하는 것이고 어음상의 권리 자체를 무효로 하는 것이 아니다.

(나) 積極的效力: 제권판결이 선고되면 공시최고신청인은 어음상의 채무자에 대하여 증권없이도 어음상의 권리를 행사할 수 있다(民訴 497)(적극적 효력).[1] 그러나 제권판결은 공시최고신청인에게 어음상의 권리를 행사할 수 있는 형식적 자격을 인정하는 데 그치는 것이고, 그를 실질적 권리자로 확정하는 것이 아님을 주의하여야 한다(예컨대 어음을 절취하였다가 소실한 도범이 제권판결을 얻더라도 그가 어음상의 권리자로 되는 것은 아니다).

(다) 除權判決과 善意取得: 공시최고기간 중에 제3자가 어음을 선의취득하였으나,[2] 선의취득자가 그 기간 중에 권리의 신고를 하지 아니하여 제권판결이 선고된 경우에, 선의취득자와 제권판결신청인 가운데 누가 우선하는가에 관하여는 견해의 대립이 있다.

① 除權判決取得者優先說 아무리 선의취득자라도 권리의 신고를 하지 아니하면 그 권리를 상실한다고 보는 견해로서, 만일 이렇게 해석하지 아니하면 제권판결취득자가 비용과 시간을 소비하여 공시최고를 한 것이 무용지물이 되어 부당하다고 주장한다(서정갑, 233면).

② 善意取得者優先說 제권판결은 실질적 권리에는 아무런 영향을 미치는

1) 어음채무자도 제권판결과 상환으로만 어음채무를 이행할 의무가 있다.

2) 다만 제권판결의 효력은 소지인이 공시최고 전에 선의취득을 하였는지 여부에 따라 달라지지 않는다. 大判 94. 10. 11, 94 다 18614.

것이 아니므로 제권판결선고전에 어음을 선의취득한 자의 어음상의 권리는 제권판결후에도 존속한다고 보는 견해로서, 현재의 공시최고제도가 공시로서 불충분한 점을 그 논거로 하고 있다(손주찬, 9訂增補版, 137면; 정찬형, 제5판, 416면).

③ 制限的善意取得者保護說 선의취득자 가운데 제권판결 선고 전에 적법하게 권리를 행사한 자만 제권판결취득자에 우선하고, 그렇지 아니한 선의취득자는 제권판결에 의하여 그 권리를 상실하게 된다고 한다(박우동, 法曹 26. 8. 76). 여기에서 권리를 행사한 자라 함은, 예컨대 제권판결 전에 은행에 적법한 지급제시를 한 수표의 소지인, 제권판결 전에 약속어음의 발행인에게 어음금의 지급을 구한 어음소지인 따위를 가리킨다고 한다. 생각건대 제권판결은 그 신청인에게 증권을 소지한 것과 동일한 지위(형식적 자격)를 회복시키는 데 그치고, 신청인을 어음상의 권리자로 확정하는 것은 아니며, 공시최고에 있어서의 공고는 매우 불완전하고 형식적이므로, 권리의 신고를 하지 아니하였다고 하여 이를 상실시키는 것은 너무 가혹하다. 따라서 선의취득자우선설이 타당하다고 생각한다. 일부 학자는 대법원이 제권판결취득자우선설을 취하고 있다고 풀이하고 있으나(宋相現, 新訂版 民事訴訟法, 722면; 註釋民事訴訟法(下), 749면), 그들이 논거로 들고 있는 대법원판결(大判 69. 12. 23, 68 다 2186; 76. 6. 22, 75 다 1010)은 그러한 취지라고 단정하기 어렵다. 왜냐하면, 이 판결은 제권판결의 적극적 효력에 관한 당연한 법리를 확인한 것에 지나지 않으며, 선의취득자우선설의 입장에서도 이와 똑같은 결론에 이르게 되기 때문이다. 대법원은 「수표상실에 관한 제권판결의 효력은 이 판결 이후에 있어서 당해수표를 무효로 하고 공시최고신청인에게 수표를 소지함과 동일한 지위를 회복시키는 것에 그치고, 공시최고신청시에 소급하여 그 수표를 무효로 하는 것이 아니며, 또 공시최고신청인이 실질상의 권리자임을 확정하는 것도 아니라고 할 것인바, 본건에 있어서 원고가 공시최고신청 이전에 본건수표를 선의취득하였다면, 원고가 공시최고기일까지 권리의 신고를 하지 않았다 하여도 당연히 실질적 권리가 상실되는 것이 아니다」라고 판시하여 선의취득자우선설을 취함을 명백히 하고 있다(大判 94. 10. 11, 94 다 18614; 65. 7. 20, 65 다 1002; 65. 11. 30, 65 다 1926).

(라) 證券의 再發行

① 제권판결신청인이 제권판결을 받은 후에 어음의 재발행을 청구할 수 있는가가 문제된다. 주권에 관하여는 이를 인정하는 명문규정(360 II)이 있으나, 어음·수표에 관하여는 아무런 규정이 없기 때문이다. 이에 관하여 주권은 계속

적인 권리관계를 체화하고 있으므로 그 재발행이 인정되지만, 어음·수표는 1회적 내지 단기간의 권리관계를 내포함에 불과하므로 그 재발행은 허용할 수 없다고 하는 부정설이 유력하다(日最判 76. 4. 3. 民集 30. 3. 183). 그러나 어음이 비교적 단기간에 종료하는 권리관계를 체화하는 증권이기는 하지만, 그 재발행을 인정하여도 특별한 불합리는 없고 도리어 편리할 뿐만 아니라, 상법 제360조는 예외규정이 아니라 예시규정으로 보아야 하므로, 이를 긍정하는 것이 타당하다고 본다(서울民地判 85. 4. 9, 84 나 2112).[1)]

② 제권판결이 선고되면 공시최고신청인은 어음상의 채무자에 대하여 어음증권 없이도 어음상의 권리를 행사할 수 있으므로, 공시최고신청인이 정당한 어음상의 권리자인 경우에는 어음증권의 재발행을 인정할 실익은 많지 않다. 그러나 공시최고신청인과 실질적인 어음상의 권리자가 다른 경우(공시최고신청인이 처음부터 권리자가 아니었던 경우나 공시최고기간중에 선의취득자가 생긴 경우)에 실질적인 어음권리자(善意取得者)는 제권판결의 적극적 효력의 혜택을 받을 수 없으므로 어음상의 권리를 행사하기 위하여는 어음증권의 재발행을 인정할 필요가 있는 것이다.

(마) 實質的權利者의 權利行使方法

① 어음의 재발행을 인정하지 않은 경우 또는 어음의 재발행을 인정하더라도 어음의 재발행을 받지 않고 실질적인 권리자가 어음상의 권리를 행사할 수 있다고 풀이하는 경우에 그 방법에 관하여는

(ㄱ) **確實證據說**: 실질적 권리자가 어음채무자에 대하여 확실한 증거방법을 제공하고 권리행사를 할 수 있다고 하는 견해이다. 그러나 어떠한 경우에 확실한 증거방법의 제공이 있었다고 볼 것이냐의 판단이 어렵고, 그 판단을 어음채무자에게 맡기게 되어 어음채무자에게 가혹하며, 또 어음을 소지하고 있지 아니하여 형식적 자격을 갖지 아니한 자의 어음금청구에 어음채무자가 응하여야 하는 이유를 설명할 수 없다.

(ㄴ) **確認訴訟說**: 실질적 권리자가 제권판결취득자를 상대로 하여 자기의 권리의 확인을 구하는 확인소송을 제기하여, 거기에서 얻은 확인판결을 가지고 어음채무자에 대하여 권리를 행사할 수 있다는 견해이다. 그러나 위 확인판결의 기판력은 그 소송의 당사자가 아닌 어음채무자에게 미치지 않는다는 점 및 형식적 자격이 없는 실질적 권리자의 청구에 대하여 채무자가 응하여야 하는 근거가 불명하다. 최근에는

---

1) 도이칠란트는 주권은 물론 무기명채권증서에 관하여도 그 재발행청구권을 명문으로 인정하고 있고(§72 AktG, §800 BGB), 그 밖의 모든 증권에 관하여 재발행청구를 인정하는 견해가 유력하며, 영국은 어음·수표의 재발행을 명문으로 인정하고 있고, 미국은 해석에 의하여 재발행청구권을 인정하고 있다(BEA §69).

위 판결의 효력을 채무자에게도 미치게 하기 위하여 원고(實質的權利者)는 채무자에 대하여 소송고지(民訴 84 이하)를 할 수 있다는 견해가 주장되고 있으나, 참가적 효력은 피참가인(原告)이 패소한 경우에 미치고, 원고가 승소한 경우에는 피고지자(債務者)에 미치지 않으므로(民訴 77, 86), 위 견해도 타당하지 않다. 실질적 권리자가 직접 어음채무자에 대하여 자기가 권리자임의 확인을 구하는 방법도 생각할 수 있으나, 확인판결에는 집행력이 없으므로 채무자가 임의로 이행하지 않는 경우에는 실익이 없다.

(ㄷ) **履行訴訟說:** 실질적 권리자는 채무자에 대하여 어음금의 지급을 구하는 이행의 소를 제기하고, 그 소송절차에서 자기의 권리를 증명하여 승소판결을 받아 권리를 실현할 수 있다는 견해이다. 이 견해 역시 앞의 두 견해와 같이 증권을 소지하지 아니하여 형식적 자격이 없는 실질적 권리자가 어음채무자에 대하여 권리를 행사할 수 있는 근거가 어디에 있는지를 밝히고 있지 못하다.

(ㄹ) **除權判決引導請求說:** 실질적 권리자는 제권판결취득자에 대하여 그 자가 제권판결을 받음으로써 법률의 규정에 의하여 가지는 권리의 양도 또는 제권판결의 정본의 인도를 청구할 수 있다는 견해이다(도이칠란트의 通說). 제권판결은 실질적 권리에 아무런 변동을 가져오는 것이 아니므로 제권판결취득자는 권리자가 아님에도 불구하고 권리자인 형식적 자격을 표상하는 제권판결을 가지고 있는 셈이니, 실질적 권리자는 제권판결취득자에 대하여 형식적 자격을 표상하는 제권판결의 인도를 청구하고, 이 제권판결을 어음채무자에게 제시하고 어음금의 지급을 청구할 수 있으며, 제권판결 인도청구권은 부당이득반환청구권이나 소유물반환청구권에 의하여 밑받침할 수 있을 것이다.

② 우리 나라의 하급심판결(서울民地判 89. 5. 16, 88 나 32304)은 어음발행인의 신청에 의하여 제권판결이 선고된 경우에는 제권판결의 선고 전에 어음상의 권리를 적법하게 취득한 자는 어음발행인에 대하여 위 제권판결에 관계없이 어음상의 권리를 행사할 수 있다고 한다. 그 이유로 하는 바는 어음의 발행인이 스스로 발행한 어음에 대하여 공시최고 및 제권판결을 신청하는 경우는 어음이 교부되기 전에 도난 또는 분실된 어음에 대한 어음채무를 면하기 위한 것일 뿐 스스로 어음상의 권리자로서의 자격을 회복하기 위한 것은 아니므로, 어음상의 권리자의 신청에 의하여 제권판결이 선고된 경우와는 달리 제권판결의 확정 전에 그 어음을 선의취득한 자와 그 제권판결로써 권리행사의 자격을 회복하는 자 사이에 권리행사의 경합상태가 발생할 염려가 없기 때문이라고 한다(同旨: 日最判 72. 4. 6, 民集 26. 3. 455). 그러나 대법원은 어음발행인의 신청에 의하여 제권판결이 선고된 경우에도 제권판결의 선고 전에 어음을 취득한 자는 어음발행인을 포함한 모든 어음채무자에 대하여 어음상의 권리를 행사할 수 없다고 한다(大判 90. 4. 27, 89 다카 16215). 생각건대 실질적 권리자가 제권판결취득자에 대하여 제권판결정본의 인도를 구하는 것은 자기의 형식적 자격을 회복하기 위한 것이므로, 어음채무자가 발행인이냐 아니냐를 구별하지 않는 것도 일리가 있다. 그러나 어음발행인에 대하여 제권판결정본의 인도를 구

하는 이유가 어음발행인에 대하여 어음상의 권리를 행사하는 것이 유일한 목적인 경우(다른 어음채무자가 없는 경우)에는 판결정본의 인도를 구한 뒤에 다시 어음금의 지급을 구하여야 한다고 하는 것은 부질없이 2중의 소송을 강요하는 것에 지나지 않을 것이다. 어음발행인이 아닌 제권판결취득자만에 대하여 어음금청구를 하는 경우에도 사정은 같다. 그렇다면 원칙적으로 실질적 권리자는 제권판결취득자가 아직 어음금을 지급받지 아니하고 제권판결을 소지하고 있는 경우에는 그에게 제권판결정본의 인도를 구하여 어음상의 권리를 행사할 것이요, 제권판결취득자가 제권판결과 상환하여 이미 어음금을 지급받은 경우에는 그에 대하여 제권판결에 의하여 취득한 권리의 양도를 구할 수 있다고 생각한다. 그러나 실질적 권리자가 제권판결취득자인 어음채무자에 대하여 어음금청구를 하는 경우에는 그 예외를 인정하여 실질적 권리자는 그의 실질적 권리를 입증하기만 하면 어음상의 권리를 행사할 수 있다고 보아야 할 것이다(이 경우에 실질적 권리자가 어음채무자에 대하여 제권판결정본의 인도와 병합하여 어음상의 권리의 이행을 구하는 것은 물론 가능할 것이다).

(바) 白地어음과 除權判決

상실된 백지어음에 관하여 제권판결이 선고되면 그 소극적 효력에 의하여 상실된 백지어음은 무효로 되어 판결후의 선의취득이 저지된다. 그러나 백지어음의 소지인은 백지를 보충하기 전에는 어음상의 권리를 행사할 수 없으므로, 백지어음에 관하여 제권판결을 얻어도 곧어음상의 권리를 행사할 수는 없다(즉 적극적 효력에 기한 권리주장은 할 수 없다). 따라서 종전에는 백지어음을 상실한 자가 제권판결을 얻어도 백지보충의 길이 없으므로 어음상의 권리를 행사할 수는 없고 다만 상실어음을 취득한 자의 권리행사를 방지하는 의미밖에 없다는 견해가 유력하였다. 그러나 이렇게 풀이하면 백지어음에 관하여 제권판결을 인정하는 것이 별 의미가 없으므로, 제권판결을 얻은 자가 어음금청구를 할 수 있도록 하는 방안이 필요하다. 그리하여 ① 백지어음에 관하여 제권판결을 얻은 자가 어음외의 의사표시에 의하여 백지를 보충할 수 있다고 보는 견해(大判 98. 9. 4. 97 다 57573. 일본최고재판소는 이를 부정한다. 日最判 1976. 4. 8. 民集 34. 3. 183), ② 제권판결에 백지보충의 의사를 기재한 서면을 첨부하여 지급제시를 할 수 있다는 견해, ③ 백지어음에 관하여 제권판결을 받으면 백지어음의 재발행을 청구하여 여기에 백지보충을 한 다음에 어음상의 권리를 행사할 수 있다는 견해 등이 있다.

어음에 관하여도 증권의 재발행을 청구할 수 있다고 보면, 이론적으로 세번째의 해결방법이 가장 무난하지만, 발행인이 어음의 재발행에 응하지 않는 경우에는 제권판결취득자는 어음의 발행을 소구하여 판결을 받은 다음에 다시 강제집행을 하여야 하고, 이때 그 강제집행의 방법 등이 문제이므로, 언제나 증권의 재발행을 받으라고 요구하는 것은 현실적으로 구제를 거절하는 것이나 다름이 없다. 따라서 대법원이 어음 외의 의사표시에 의한 백지보충을 허용한 충정은 이해할 수 있으나, 아무리 백지어음의 제권판결을 얻은 자를 보호할 필요가 크더라도 어음이론을 완전히 무시하는 해결은 받아들일 수 없다. 그러므로 제권판결의 취득자는 제1차로 어음의 재발행을 요구하여 재발행을 받으면 그 백지어음 위에 보충의 기재를 하고, 만일 재발행을 거절당한 경우에는 제2차로 어음행위의 서면행위성에 비추어 제권판결이나 이에 결합한 서면 위에 보충의 기재를 하고, 이를 제시하여 어음금을 지급받을 수 있다고 본다(제2설).

(사) 除權判決의 騙取:

어음을 분실하거나 도난당한 일이 없음에도 불구하고 거짓으로 그러한 사유를 주장하여 공시최고절차를 거쳐 제권판결을 얻는 수가 있다(예컨대 어음을 정식으로 배서양도한 자가 어음채무를 면하기 위하여 어음을 분실하였다고 허위주장을 하여 제권판결을 받는 경우). 이 경우에도 제권판결에 의하여 어음소지인이 가지고 있는 어음은 무효로 된다. 이때 어음소지인으로서는 제권판결에 대한 불복의 소(民訴 490 II ⑦)를 제기하여 제권판결을 실효시킬 수도 있고, 공시최고신청인을 상대로 하여 불법행위로 인한 손해배상청구를 할 수도 있다(大判 95. 2. 3, 93 다 52334).

제5절 어음상의 權利의 强制的 實現

어음·수표의 소지인이 지급제시기간 내에 이를 지급제시하여 지급자르부터 임의의 지급을 받으면 어음·수표는 소기의 목적을 달성하고, 아무런 법률문제를 남기지 않는다. 그러나 어음·수표를 지급제시하였으나 지급거절된 경우에는 그 지급거절사유의 여하를 불문하고 어음·수표금의 지급을 구하기 위한 절차가 뒤따르게 마련이다. 그 가장 일반적인 방법이 전자에 대한 상환청구(遡求)이다. 그러나 어음의 주된 채무자나 수표의 지급인이 지급거절을 하고 상환의무자 역시 상환청구에 불응하는 경우에는 어음·수표금의 지급을 강제하기 위한 소송절차에 호소할 수밖에 없다. 많은 나라는 어음·수표금의 지급을 구하는 소송에 관하여 특별히 간편한 소송절차를 마련하고 있으나, 우리 현행법상으로는 그러한 특별절차가 마련되어 있지 않고, 일반 민사소송절차를 따르게 하면서 약간의 특칙을 두고 있을 뿐이다. 어음금·수표금의 지급을 구하기 위하여는 어음금 또는 수표금청구소송을 제기할 수 있고 이보다 간편하게 어음금 또는 수표금지급명령(民訴 462 이하)을 신청할 수도 있다. 여기에서 어음금 또는 수표금지급판결이 확정되거나 위 판결에 가집행선고가 붙은 경우 또는 그 지급명령이 확정된 경우에는 이를 집행권원(民執 24, 56-59)으로 하여 채무자의 재산에 대하여 강제집행을 할 수 있다. 그리고 보다 간편하게 어음·수표에 관한 채무명의를 얻는 방법으로서 어음·수표의 공증제도(公證 56의2)가 있다.

제 6 장
어음의 實質關係

제 1 절 總 說

(1) 어음을 주고받는 경우에는 그 배후에 이를 주고받을 실질적 이유 내지 목적이 있는데(예컨대 매매대금의 지급 또는 신용의 제공), 이처럼 어음관계의 이면(裏面)에 있는 관계를 어음의 실질관계 또는 기본관계라고 한다.

이러한 실질관계는 발행인과 지급인 사이 뿐만 아니라, 발행인과 수취인 사이, 수취인과 제1의 피배서인 사이 등과 같이 원칙적으로 모든 어음관계자 사이에 성립한다. 실질관계의 법적 성질과 법적 취급은 어음법의 문제가 아니라 일반사법의 문제이다.

(2) 어음의 실질관계에는 어음수수의 직접 당사자간의 관계인 「원인관계」, 어음지급의 자금에 관하여 어음채무자간에 생기는 관계인 「자금관계」 및 어음을 수수함에 있어서 이를 준비하는 법률관계인 「어음예약」 등 세 가지가 있다.

제 2 절 原因關係(對價關係)

제1 意 義

어음수수의 당사자 사이에서 어음수수(발행·배서 등)의 원인이 되는 법률관계를 「원인관계」라고 한다. 예컨대 매매대금의 지급을 위하여 약속어음을 발행하거나, 손해배상채무의 이행을 위하여 어음을 배서양도하는 경우에, 어음수수의 원인이 되는 매매, 채무의 변제 등 법률관계를 말한다. 또한 어음을 수수함에 있어서는 원칙적으로 반대급여, 즉 대가(對價)가 있으므로, 원인관계를 「대가관계」 또는 「출연(出捐)관계」라고도 부른다. 그러나 융통어음의 경우에는 예외적으로 대가가 없으므로, 대가관계라는 표현보다는 원인관계라는 표현이 더 정확하다.

제 2 原因關係와 어음關係의 分離(어음關係의 抽象性)

1. 抽象性(無因性)

(1) 어음은 여러가지 원인관계에 기하여 수수되지만 어음상의 권리는 원인관계상의 권리 그 자체는 아니고, 어음의 발행에 의하여 창조된 별개의 권리이며, 원인관계와 어음관계는 엄격히 분리되어 있다. 어음을 추상증권이라 하고, 어음상의 권리를 무인적 권리라고 하며, 어음행위를 무인행위라고 하는 것은 이 때문이다. 어음관계의 무인성은 어음의 유통성을 확보하여 주고 어음거래의 안전을 보호하는 기능을 수행한다. 왜냐하면 어음의 취득자는 자기와 관련이 없는 원인관계에 관하여 신경을 쓸 필요가 없기 때문이다.

(2) 원인관계로부터 어음관계가 분리되어 있다는 것은 ① 어음상의 권리가 원인행위의 유·무효의 영향을 받지 않는다는 것을 뜻하고, 이것은 어음의 유통성을 높이는데 이바지한다. ② 원인관계에 하자가 있을 때에는 어음채무자측에서 원인관계에 하자가 있다는 것을 주장·증명하여야 하므로(大判 60. 8. 18, 4292 民上 864; 65. 10. 19, 65 다 1594; 66. 7. 19, 66 다 195), 어음관계의 무인성은 증명책임의 전환을 가져온다. ③ 원인채권과 어음채권이 각각 별개로 존속하고 양도될 수 있음을 뜻한다. 그리하여 어음채권과 원인채권은 각각 독자적으로 양도될 수 있고, 어음채권을 양도한다고 하여 원인채권이 따라서 양도되는 것은 아니다(상세한 것은 어음행위의 무인성 참조).

2. 根據와 限界

(1) 원인관계와 어음관계의 분리는 어음법에 의하여 강행법적으로 규정되

어 있다. 즉 어음의 효력을 원인관계에 의존시킬 때에는 그 어음을 무효로 만들고(어 1②, 75②), 인수는 조건 없이 하여야 하고 위에 위반할 때에는 무효이며(어 26 I), 배서를 함에 있어서 조건을 붙인 때에는 이를 적지 아니한 것으로 본다(어 12 I). 또한 이득상환청구권제도(어 79)는 원인관계와 어음관계의 분리를 전제로 하고 있다.

(2) 이처럼 법이 원인관계와 어음관계의 분리를 인정한 것은 어음의 유통성을 높임으로써 어음거래의 안전을 보호하기 위한 것이다. 따라서 이 목적에 지장을 가져오지 않는 범위 내에서는 원인관계가 어음상의 권리에 영향을 미치게 하여도 상관이 없다(조건부어음보증은 그러한 예의 하나이다). 그러므로 원인관계와 어음관계의 분리는 절대적인 것은 아니고, 양자간에는 어느 정도의 관련성이 인정되는 것이다.

제3 原因關係가 어음關係에 미치는 영향

(1) 人的抗辯의 허용

원인관계의 당사자 사이에 있어서는 원인관계로부터 생기는 항변의 주장이 허용된다(어 17, 77). 이를 허용하여도 어음의 유통성을 저해하지 않고, 도리어 당사자간의 구체적 형평에 합치하기 때문이다(예컨대 매매대금의 지급을 위하여 어음을 발행한 경우에 매매계약이 해제되었다면, 매수인은 매도인의 어음금청구에 대하여 위 해제의 항변을 대항하여 어음금지급을 거절할 수 있다).

(2) 償還請求權(遡求權)의 인정

상환청구권은 어음의 수수에 따르는 원인관계에 기한 담보책임이 어음법에 규정된 것이라 할 수 있다(어 43, 77 I). 또한 보증인이나 참가지급인이 어음금액의 지급에 의하여 취득하는 어음상의 권리(어 32 III, 63 I), 발행인의 인수인에 대한 어음상의 권리(어 28 II)도 본래는 원인관계상의 권리이었던 것을 어음법화한 것이다.

(3) 利得償還請求權의 인정

이득상환청구권도 원인관계가 어음관계에 반영된 예이다(어 79). 어음상의 권리가 시효 또는 보전절차의 흠결로 인하여 소멸한 경우에는 어음상의 채무자는 한편으로 채무를 면하고, 타방 원인관계에 있어서 받은 대가를 보유하게 되어 형평에 반하는 수가 있기 때문에 이를 바로잡는 것이 이득상환청구권이며, 이득상환의무자가 원인관계에서 대가를 얻고 있는 것은 전제로 하고 있다.

제4 어음關係가 原因關係에 미치는 영향

경제적으로 고찰하면, 어음의 수수는 지급수단, 신용수단 또는 담보수단 등 여러가지 목적을 달성하기 위하여 이루어지므로, 어음관계가 원인관계에 어떠한 영향을 미치는 것은 당연하다.

(1) 어음의 수수가 어음 자체, 즉 어음상의 권리 자체의 매매를 목적으로 하여 이루어지는 수가 있다. 어음할인이 그 예이며(通說), 이 경우에는 어음관계의 성립에 의하여 바로 원인관계상의 목적을 달성할 수 있으므로 하자담보의 문제는 별론으로 하고 특별히 문제될 것은 없다.

(2) 어음의 수수가 당사자 사이의 기존채무와 관련하여 이루어지는 경우에는 다음과 같은 세 가지 유형이 있고, 각 유형에 따라 원인채권에 미치는 영향이 상이하다.

(가) 기존채무의 「지급에 갈음하여」 어음이 수수되는 경우가 있다.

① **原因債權의 消滅** 어음의 수수와 동시에 기존채무는 소멸하고, 어음채무가 기존채무를 갈음하게 되며, 따라서 특약이 없는 한 기존채권을 위하여 설정된 담보권·보증 등은 그 효력을 잃게 되며, 채권자는 어음에 의하지 않고는 그 권리를 행사할 수 없다.

② **法的性質** 이에 관하여는 경개설과 대물변제설이 대립하였었고, 당사자의 의사에 따라 그 어느 것인가를 판별할 것이라는 견해도 있었으나, 대물변제설이 옳다고 본다. 만일 이를 경개로 풀이하는 경우에는 구채무가 존재하지 아니하면, 신채무(어음채무)도 발생하지 않는 것으로 되어(民 504), 어음의 무인성과 배치되기 때문이다.

(나) 기존채무의 「지급을 위하여」 어음이 수수되는 경우가 있다.

① **兩債權의 併存** 어음이 지급의 방법으로서 교부되는 것이므로, 기존채무는 소멸하지 않고 추가로 어음채권이 발생하여, 기존채무와 어음채무가 병존하게 된다. 그러나 어느 일방이 이행되면 타방도 소멸한다.

② **兩債權의 行使의 順序** 당사자의 의사가 명백하면 그에 따를 것이지만, 당사자 사이에 특약이 없는 경우에는 원칙적으로 어음상의 권리를 먼저 행사하여야 한다(大判 89. 5. 9, 88 다카 7733. 異趣旨의 것으로서는 大判 60. 8. 18, 4292 民上 864; 76. 11. 23, 76 다 1391). 왜냐하면 이 경우에 어음은

채무자 이외의 자로부터 지급을 받는 수단을 제공하였기 때문이다. 따라서 어음에 의하여 추심을 받지 못하였을 때, 즉 인수 또는 지급이 거절된 때에 비로소 기존채권을 행사할 수 있다. 먼저 어음상의 권리를 행사하여야 함에도 불구하고 어음상의 권리보전절차를 게을리하여 어음상의 권리를 상실한 때에는 기존채권을 행사할 수 없다고 본다.

원인채권을 행사할 수 있는 시기는 어음이 채권자의 수중에 있을 때에는 그 인수 또는 지급이 거절된 때이고, 어음이 제3자의 수중에 옮겨져 있는 경우에는 그 상환을 하여야 할 때이다.

③ 어음債權의 行使方法　어음채권자는 반드시 어음의 만기까지 기다릴 필요없이 만기 전이라도 어음을 할인받아 채무의 변제에 충당할 수 있는데, 이 경우에는 할인에 의하여 취득한 대가가 상실될 염려가 없게 될 때, 환언하면 채권자가 후자로부터의 상환의무를 면할 때까지는 기존채무가 소멸하지 아니한다.

④ 原因債權의 行使와 어음의 返還　어음채권을 제쳐두고 원인채권을 행사하는 경우에 어음을 반환하여야 하는가가 문제되는데, 이 점에 관하여는 네 가지 견해가 대립하고 있다.

(ㄱ) 返還不要說:　원인채권을 행사함에 있어서 어음의 반환은 필요하지 않고, 채무자는 원인채무를 변제한 뒤에야 어음의 반환을 청구할 수 있다는 견해이고, 만일 채권자가 어음을 반환할 수 없을 때에는 손해배상을 청구할 수 있을 뿐이라고 한다. 이 견해는 채무자가 입을 2중지급의 위험이나 불이익을 전혀 무시하고 있으므로 부당하다.

(ㄴ) 返還必要說:　채권자는 먼저 어음을 채무자에게 반환하지 아니하면 원인채권을 행사할 수 없다고 하는 견해로서, 채권자의 이익을 전혀 무시하여 부당하다. 원인채권에 관하여 증서가 없거나 어음을 반환받은 후 채무자가 원인채무를 불이행하는 경우에는 채권자는 매우 불리한 처지에 빠지기 때문이다.

(ㄷ) 어음提供說:　채권자는 어음을 채무자에게 제공하기만 하면 원인채권을 행사할 수 있고, 어음은 원인채권의 변제와 상환으로 인도하면 족하다고 하는 견해이다. 이 설은 그 이론적 근거가 뚜렷하지 못하고, 원인처권을 행사하는 경우에도 어음채권을 행사하는 것과 마찬가지의 제약을 가하는 것이며,

어음이 지급에 갈음하여 수수된 경우와 거의 차이가 없게 되고, 원인채권과 어음채권의 병존을 인정한 실질적 의미가 거의 없어지게 되는 결점이 있다.

(ㄹ) 同時履行抗辯權說: 채무자에게 어음과 상환하여서만 지급한다고 하는 일종의 동시이행의 항변권을 인정하여, 채무자가 항변권을 행사한 경우에는 법원은 어음과 상환하여 지급할 뜻의 상환적 이행의 판결을 하여야 한다는 견해이다(通說. 大判 96. 3. 22, 96 다 1153; 89. 5. 9, 88 다카 7733). 채권자와 채무자의 이익을 조화시킨 것이며, 가장 타당하다고 생각한다. 채무자는 어음·수표의 반환이 없음을 이유로 원인채무의 변제를 거절할 수 있지만, 채권자가 어음·수표의 반환을 제공하지 않고 채무자에게 이행의 최고까지 할 수 없는 것은 아니다(大判 93. 11. 9, 93 다 11203, 11210). 이것은 민법 제536조에서 정한 쌍무계약상의 채권채무관계나 그와 유사한 대가관계가 있기 때문에 인정되는 것이 아니고, 단지 채무자가 2중지급의 위험에 빠지지 않도록 하기 위하여 인정된 것이므로(大判 93. 11. 9, 93 다 11203, 11210), 그 실정법적 근거는 민법 제2조 제1항이라고 할 수 있다.

동시이행항변권은 채무자의 2중 지급의 위험 및 전자에 대한 상환청구권 행사의 곤란을 해소하기 위하여 인정되는 것이므로, 그러한 염려가 없는 경우에는 이 항변권을 인정할 필요가 없다. 따라서 어음채권이 시효에 의하여 소멸하거나 상환청구권보전절차의 흠결로 인하여 소멸하고 또 채무자가 이득상환청구권의 상환의무를 지지 않는 경우, 혹은 어음이 훼멸된 경우 등 예외적인 경우에는 어음의 상환의 항변은 할 수 없다. 채무자가 어음의 지급·상환을 거절한 결과 채권자가 원인채권을 행사하여 온 경우에 관하여 이것은 채무자가 자초한 결과이므로 채무자는 위 항변권을 행사할 수 없다고 풀이하는 견해가 있으나, 이 경우에도 채무자는 사실상 2중 지급의 위험을 지고 상대방이 일단 채무의 내용에 좇아 이행을 제공한 경우에도 타방은 동시이행의 항변권을 상실하지 아니하므로, 채무자의 항변권을 인정하여야 할 것이다. 또 어음의 거절증서작성기간경과 후에 원인채권을 행사하여 온 경우에도 전자에 대한 상환청구권행사의 필요성 및 기한 후 어음취득에 대한 증명의 곤란성 등에 비추어 채권자의 항변권을 인정하여야 한다고 본다.

⑤ 어음債權의 消滅時效와 旣存債權의 運命 어음채권과 원인채권의 분리를 강조하는 입장에서는 어음채권이 시효소멸하더라도 원인채권에는 아무 영향을 미치지 않는다고 풀이하지만(大判 76. 11. 23, 76 다 1391), 원인채무의 지급을 위하여 보다 강력한 효력을

가지는 어음을 발행하여 주었는데 어음채권자가 시효기간을 도과하여 어음채권을 상실한 경우 또는 상환청구권보전절차를 게을리하여 어음채권을 상실한 경우에 어음채권자에게 아무런 불이익을 주지 않는 것은 부당하다. 그리하여 어음채권자가 그 잘못으로 어음채권을 상실한 이상 원인채권을 행사하는 것은 선행행위와 모순되는 행위의 금지원칙에 반한다고 보아 원인채권을 행사할 수 없다고 하는 견해, 어음채권자가 원인채권을 행사하여 오는 경우에는 채무자는 적극적 채권침해로 인한 손해배상청구권이라는 반대채권을 가지고 상계를 할 수 있다고 풀이하는 견해 및 어음채무자가 손해를 입지 아니하였음을 증명하지 않는 한 어음채권자는 원인채권을 행사할 수 없다고 하는 견해가 주장되고 있다. 첫째의 견해가 옳다고 본다.[1)]

다만 원인채권을 행사할 수 없는 것은 원인관계상의 채무자가 어음상의 유일한 채무자가 아닌 경우에 한한다.[2)] 원인관계상의 당사자와 어음관계상의 당사자가 채권자·채무자 두 사람뿐인 경우에는 어음채권이 소멸하였다고 하여 원인채권까지 행사할 수 없게 할 실질적 이유가 없기 때문이다.

어음채권을 행사하여 확정판결을 받은 경우에 원인채권의 시효기간이 위 확정의 시로부터 10년간 연장(民 165)된다고 보는 견해가 있다.[3)] 그러나 원인채권의 시효소멸을 이유로 하여 어음채권에 관한 확정판결의 효력을 뒤집을 수는 없을 것이다.

⑥ 어음債權의 支給과 原因債權의 消滅 어음채권과 원인채권이 병존하는 경우에는 일방의 채권의 만족에 의하여 타방의 채권도 소멸한다. 따라서 어음금이 환어음의 인수인이나 지급인 또는 약속어음의 발행인에 의하여 지급된 때에는 원칙적으로 원인채권도 소멸한다(大判 60. 8. 18, 4292 民上 864). 어음채권자가 어음을 제3자에게 배서양도하여 어음채무자가 제3자에게 어음금을 지급한 경우에도 원인채권은 소멸한다(大判 94. 3. 25, 94 다 2374).

채권자가 어음의 양도에 의하여 만족을 얻은 경우에는 뒤에 어음금이 지

1) 대법원은 채권자가 어음채권을 먼저 행사하여야 하는데 지급기일에 적법하게 지급제시를 하지 아니함으로써 상환청구권(소구권)이 상실된 경우에도, 주된 채무자가 당시 자력이 있었을 때에는 어음을 반환받은 어음채무자가 주된 채무자로부터 채권의 만족을 받을 수 있어 손해는 발생하지 아니하였고, 따라서 그 손해배상청구권으로 상계를 할 수 없다고 한다(大判 95. 10. 13, 93 다 12213). 그러나 수표발행인의 자력이 악화될 것임을 안 경우에는 손해배상청구권으로 상계를 할 수 있다(大判 2001. 7. 13, 2000 다 55324).

2) 예컨대 甲 발행의 환어음을 乙이 인수하여 수취인 丙에게 교부하고, 丙이 이를 매매대금의 지급을 위하여 丁에게 배서양도하였던 바, 인수인 乙이 만기에 지급을 거절하였으나, 소지인 丁이 상환청구권보전절차를 게을리하여 배서인 丙에 대한 어음상 권리를 상실한 경우와 같은 때에는 丁이 丙에 대하여 매매대금을 청구하는 것은 부당하다. 왜냐하면 丙은 이미 甲과의 사이에 원인관계상의 채무를 결제하였기 때문이다.

3) 일본 최고재판소는 어음채권에 관한 확정판결 후에 원인채무가 시효소멸하였다는 이유로 청구이의의 소를 제기한 사건에서 원인채권의 시효기간의 연장을 긍정하였다(日最判 78. 1. 23, 民集 32. 1. 1).

급되지 아니한 때에도 원인채권이 소멸되는 수가 있다. 예컨대 채권자가 어음할인을 받고 어음을 배서양도하였으나, 후자로부터 어음상 또는 원인관계상 청구를 받지 않게 된 경우(어음소지인의 과실로 어음채권이 시효 또는 절차의 흠결로 소멸한 경우)와 같다. 이 경우에 어음의 인수인이나 발행인은 이득상환의무를 지게 된다.

⑦ **어음債權에 기한 請求와 原因債權의 消滅時效中斷與否** 원인채권의 지급을 확보하기 위한 방법으로 어음이 수수된 경우에는 어음채권의 행사는 경제적으로 동일한 급여를 위한 원인채권을 실현하기 위한 것일 뿐만 아니라, 원인채권의 소멸시효는 어음금청구소송에서 채무자의 인적 항변에 해당하는 관계로, 채권자가 어음채권의 소멸시효를 중단하여 두어도 채무자가 원인채권의 소멸을 인적 항변으로 주장하면 채권자는 어음상의 권리를 실현할 수 없게 되는 불합리한 결과가 발생하게 되므로, 채권자가 어음채권에 기하여 청구를 하는 경우에는 원인채권의 소멸시효를 중단시키는 효력이 있다(大判 99. 6. 11. 99 다 16378).

⑧ **原因債權의 消滅과 어음債權의 運命** 어음채권과 원인채권이 병존하는 경우에는 일방의 채권의 만족에 의하여 타방의 채권도 소멸한다. 따라서 상사채무인 원인채권이 5년의 경과로 시효소멸한 경우에는 원인채무의 지급을 위하여 약속어음을 발행한 발행인은 위 사유를 들어 약속어음의 수취인에 대하여 약속어음금의 지급을 거절할 수 있다(大判 93. 11. 9. 93 다 16390). 다만 이것은 원인관계상의 당사자와 어음관계상의 당사자가 채권자·채무자 두 사람뿐인 경우에 한한다.

(다) 기존채무의 「담보를 위하여」 어음이 수수되는 경우가 있다.

① **兩債權의 併存** 기존채권의 확보를 위하여 어음이 교부되므로 기존채무는 소멸하지 않고, 따라서 기존채권과 어음채권이 병존한다.

② **兩債權의 行使의 順序** 채권자는 기존채권과 어음채권 중 임의로 어느 하나를 선택하여 행사할 수 있다(日最判 60. 11. 22, 民集 14. 13. 2827 등. 反對: 大判 77. 3. 8, 75 다 1234). 어음상의 권리가 먼저 행사되어도 채무자에게 불이익이 없기 때문이다. 그러나 채권자가 어음을 타인에게 배서양도한 경우에는 어음을 소지하고 있지 않는 한 그 원인채권만을 분리하여 행사할 수 없다(大判 2001. 5. 8. 2000 다 58880).

③ **原因債權의 行使와 어음의 返還** 채권자가 원인채권을 선택하여 이를 먼저 행사하는 경우에는 채무자는 어음과 상환하여 지급한다는 동시이행의 항변권을 가진다고 본다(同時履行抗辯權說).

(라) 이처럼 기존채무의 지급과 관련하여 어음이 수수되는 경우에는 「지급

에 갈음하여」, 「지급을 위하여」 및 「담보를 위하여」 등 세 가지가 있으므로, 당사자의 의사가 명확한 경우에는 그에 따라야 하지만, 당사자의 의사가 불명일 때에는 다음과 같이 처리하여야 한다.

① **兩債權의 倂存推定** 당사자의 의사가 명확하지 아니할 때에는 어음은 기존채무의 지급에 갈음하여 수수된 것이 아니라고 보아, 기존채권과 어음채권이 병존하는 것으로 추정하여야 한다(異論없음. 大判 90. 5. 22, 89 다카 13322; 76. 11. 23, 76 다 1391; 64. 6. 2, 63 다 856). 이렇게 해석하는 것이 채권자에게 유리하기 때문이다.

② **「支給을 위하여」와 「擔保를 위하여」의 區別基準** 원인채권과 어음채권의 양 채권이 병존하는 것으로 보는 경우에도 다시 어음이 지급을 위하여 수수되었는가 또는 담보를 위하여 수수되었는가를 판가름하여야 한다.

(ㄱ) 원인관계상의 채무자가 어음상 유일한 채무자인 경우(예컨대 원인관계상의 채무자가 채권자에게 약속어음을 발행하거나, 채무자가 자기앞 환어음을 발행하여 채권자에게 교부한 경우, 채권자가 발행한 자기지시환어음에 채무자가 인수를 한 경우 등)에는 어음의 수수는 기존채무의 「담보를 위하여」 행하여진 것으로 추정하고(日最判 48. 10. 14, 民集 2. 11. 376), 반면에 원인관계상의 채무자가 어음상 유일한 채무자가 아닌 경우(예컨대 원인관계상의 채무자가 제3자발행의 약속어음이나 제3자인수의 환어음을 채권자에게 배서양도한 경우)에는 어음의 수수는 기존채무의 「지급을 위하여」 행하여진 것으로 추정하는 것이 원칙이다(大判 97. 3. 28, 97 다 126, 133; 95. 10. 13, 93 다 12213).

(ㄴ) 다만 원인관계상의 채무자가 어음상 유일한 채무자인 경우라도 예외적으로 지급을 위하여 어음이 수수된 것으로 보아야 할 때가 있다. 그것은 제3자방지급어음의 경우와 인수되지 아니한 환어음(또는 수표)의 경우이다.

제3자방(方)지급어음에 있어서는 채무자는 어음의 지급에 충당하기 위하여 지급담당자에게 자금을 제공하고 있는 것이 보통인데, 만일 원인채권을 먼저 행사하면 채무자는 2중으로 자금을 준비하지 않으면 안되어 부당하고, 또 이 경우 채권자는 어음채권을 먼저 행사할 것을 양해하고 어음을 취득한 것이라고 보아야 하기 때문이다(다만 제3자방지급의 기재는 지급제시기간경과 후에는 그 효력이 없으므로 그 후에는 어음채권과 원인채권 중 어느 것을 먼저 행사할 것인가는 채권자의 임의에 달려 있다).

인수되지 아니한 환어음(또는 수표)의 경우에도 제3자가 지급인으로서 지급의 업무를 행하므로 채무자는 지급인에 대하여 자금을 제공하고 있는 것이 보통이고, 따라서 채권자는 어음에 의하여 지급인에게 청구함으로써 발행인·지급인·수취인 3자 사이의 관계를 일거에 결제하도록 하는 것이 바람직스럽기 때문이다(大判 76. 6. 22, 75 다 1600). 그러나 채무자가 자기앞환어음을 발행한 경우나 채권자발행의 자기지시환어음에 채무자가 인수를 한 경우 등은 담보를 위하여 한 것으로 보아야 함은 전술한 바와 같다.

③ 區別의 實益 「지급을 위하여」와 「담보를 위하여」를 구별하는 실익은 (ㄱ) 전자의 경우에는 어음채권을 먼저 행사하여야 하나, 후자의 경우에는 그러한 제한이 없으며, (ㄴ) 전자의 경우에는 어음의 지급제시가 없는 한 채무자는 원인채무에 관하여도 이행지체에 빠지지 않고,[1] 그 결과 채권자는 이행지체를 원인으로 하여 계약의 해제를 할 수 없음에 반하여, 후자의 경우에는 원인채권의 변제기가 도래하면, 어음의 제시의 유무에 불구하고, 채무자는 이행지체에 빠지고, 채권자는 원인채권관계의 계약을 해제할 수 있다는 점이다.

(3) 어음의 수수가 기존채무 없이 「好意를 위하여」 또는 「贈與를 위하여」 이루어지는 수도 있다. 이른바 호의어음의 경우에는 수취인이나 발행인이 할인 등을 통하여 이 어음을 이용 내지 환가할 수 있도록 하기 위하여 어음이 수수된다. 호의의 목적으로 환어음을 인수하거나 약속어음을 발행하는 경우의 법률관계는 위임에 해당한다. 또한 어음은 증여의 목적을 위하여도 수수될 수 있다.

제5 어음關係에 의한 原因關係의 인정

어음관계와 원인관계는 법률적으로는 분리되어 있으나, 경제적으로는 관련성을 가지고 있으므로, 어음관계가 원인관계의 내용을 인정함에 있어서 참조되는 경우가 있다. 예컨대 기존채권과 어음채권이 병존하는 경우에는 어음에 기재된 만기는 반대의 사정이 없는 한 기존채권의 변제기로 풀이할 수 있고, 소비대차상의 채무를 확보하기 위하여 차용증서에 갈음하여 발행된 약속어음에 배서한 경우에, 배서인이 그 사정을 알고 원인채무를 담보하는 의미로 배서하였다면 기존채무에 대한 보증채무를 부담한 것으로 인정하며(大判 89. 7. 25, 88 다카 19460; 87. 8. 25, 87 다카 891; 86. 9. 9, 86 다카 1088; 86. 7. 22, 86 다카 783), 타인간의 금전소비대차에 지급담보로 사용할 수 있도록 수표를 발행하여 채권자에게 교부한 경우에는 소비대차상으로 채무자를 위하여 보증채무를 부담할 의사가 있었다고 볼 수 있다(大判 65. 9. 28, 65 다 1268; 74. 5. 14, 74 다 278). 그러나 어음채무와 원인채무와는 각기 발생원인을 달리하는 별개의 법률관계이므로, 어음관계에 의하여 원인관계를 인정함에 있어서는 당사자의 의사 등 제반사정을 고려하여 매우 신중히 판단하여야 한다(大判 94. 8. 26, 94 다 5397; 87. 12. 8, 87 다카 1105; 88. 3. 8, 87 다 446; 73. 9. 25, 73 다 450).

---

1) 대법원은 동시이행항변권을 행사하지 않는 한 이행지체의 책임을 면할 수 없다고 한다(大判 93. 11. 9, 93 다 11203, 11210).

제3절 資金關係

제1 意 義

「자금관계」는 환어음의 발행인(때로는 발행의 수탁자)과 지급인 사이에 존재하는 실질관계, 즉 환어음의 지급인이 어음의 인수 또는 지급을 하는 원인이 되는 법률관계를 말한다. 약속어음에 있어서는 발행인 자신이 지급인에 해당하므로 자금관계가 없다. 자금관계가 존재하기 위하여는 발행인이 지급인에게 지급에 충당할 자금을 보관시키고 있고, 그 자금을 어음의 지급에 충당한다는 뜻의 계약 내지 상관습이 존재하지 않으면 안된다.

제2 態樣과 法的性質

(1) 자금관계의 형태에는 발행인이 지급인에 대하여 지급을 위한 자금을 미리 공급하여 두는 경우가 많지만, 지급인이 먼저 지급을 한 뒤에 발행인에 대하여 그 보상을 청구하는 경우도 있다. 이 후자의 관계를 특히 「보상관계」라고 한다. 그 밖에 기존채무의 변제를 하기 위한 경우, 신용계약에 기하여 인수 또는 지급을 하는 경우, 또 발행인을 신용하고 지급인이 지급하는 경우도 있다.

환어음을 지급한 지급인이 발행인에게 보상을 청구하려면, 어음금을 지급한 것만을 증명하는 것으로서는 부족하고, 자금관계상 발행인에게 구상할 수 있는 관계에 있음을 증명하여야 한다.

(2) 자금관계의 법적 성질도 그 형태가 다름에 따라 일정하지가 않다. 미리 지급자금을 제공하고 지급인에게 지급을 위탁한 경우에는 위임이 되고, 지급인이 아무런 자금관계없이 지급을 한 경우에는 사무관리로 된다. 또 계속적 거래관계에 있는 채무자를 지급인으로 지정한 경우에는 채권의 추심으로 될 것이다.

제3 資金關係와 어음關係의 分離

(1) 어음관계는 자금관계와 전혀 별개의 관계이므로, 어음이 양도되어도 발행인의 지급인에 대한 자금관계상의 권리가 이에 따라 양도되지 아니하며,[1] 어음관계는 자금관계의 유무나 내용에 의하여 아무런 영향을 받지 아니한다. 따라서 어음이 자금 없이 발행되거나 인수되어도 유효하며, 또 발행인은 지급인에게 자금을 공급한 후에도 발행인으로서의 어음상의 의무를 면하지 못한다.

(2) 지급인은 어음상에 지급인으로 표시된 것만으로는 어음상 아무런 의무를 부담하지 아니하고, 인수를 함으로써 비로소 어음상 주된 채무자가 되는데, 지급인은 발행인으로부터 자금을 받았다고 하더라도 꼭 인수를 하여야 할 어음상의 의무를 부담하지 아니하고, 인수의 여부는 지급인의 임의이다.

제4 資金關係와 어음關係의 關聯

자금관계는 어음관계의 경제적 기초를 이루고 있으므로, 어음제도 중에는 자금관계의 존재를 전제로 하여 규정된 것이 있다. 예컨대, 어음관계의 직접 당사자간의 인적 항변의 허용(어 17), 발행인이 인수인에 대하여 가지는 청구권(어 28 II), 이득상환청구권(어 79) 등이 그것이다.

제5 準資金關係

환어음의 발행인과 지급인 사이의 자금관계에 유사한 관계는 인수인과 지급당사자와의 사이, 보증인과 피보증인과의 사이, 참가인수인 또는 참가지급인과 피참가인과의 사이에도 있는데, 이를 준자금관계라고 한다.

1) 이것은 프랑스법에 있어서 환어음이 양도되면 자금에 관한 권리가 법률상 당연히 양도되는 것(프商 116 III)과 크게 다르다.

제4절 어음豫約

(1) 「어음예약」은 일정한 어음행위를 할 것을 약정하는 계약을 말한다. 어음예약에서는 어음의 유형·금액·지급지·만기 등이 정한다. 어음예약은 구술로도 할 수 있지만, 경우에 따라서는 서면으로 행하여지는 수도 있는데, 서면에 의하는 경우에는 이를 「잠정어음(가어음)」이라고 한다.

(2) 어음예약에 의하여 당사자의 일방은 협정한 조건에 적합한 어음행위를 할 의무를 부담하게 되지만, 이것은 어음관계로부터 독립한 것이므로, 어음예약에 정한 조건에 위반하여 발행된 어음도 완전히 유효하고 당사자 사이에 인적 항변사유가 됨에 불과하다. 또한 어음관계의 발생에 반드시 어음예약이 있어야 하는 것은 아니므로, 어음예약 없이 발행된 어음도 완전히 유효하다.

제5절 貨換어음(荷換어음)

제1 貨換어음의 意義·性質

「화환어음」(documentary draft)은 어음상의 권리가 운송중의 물건에 의하여 담보되어 있는 환어음을 말하며, 「荷換어음」 또는 「貨附換어음」이라고도 한다. 화환어음이라고 하는 특수한 어음이 있는 것이 아니라, 보통의 환어음에 운송물(보통 선하증권, 화물상환증에 의한다)이 담보로 되어 있는 경우에, 거래상 이를 화환어음이라고 부르는 것이다. 어음발행의 자금관계는 매매이다.

제2 貨換어음의 機能·效用

화환어음은 격지자간의 매매거래에 있어서 대금회수에 관한 시간적·공간적 장애를 극복하기 위한 방법으로서 이용된다. 즉 甲地의 상인 A가 乙地의 상인 B에게 상품을 매도한 경우에, 매도인 A가 매수인 B를 지급인, 자기를 수취인으로 하는 환어음을 발행하고, 운송위탁물품에 관하여 운송인으로부터 선하증권 또는 화물상환증을 받은 다음에, 위 환어음에 운송증권을 담보로 첨부하여, 甲地에 있는 자기의 거래은행으로부터 할인을 받고 그 할인의 대가를 매매대금의 변제에 충당하든가(割引貨換어음), 또는 추심위임을 한다(推尋貨換어음). 한편 매도인 A의 거래은행은 화환어음을 乙地에 있는 자기의 지점 또는 거래은행에 송부하여, 어음을 매수인인 지급인 B에게 제시케 하고, B가 지급(支給引渡, Documents against Payment: D/P) 또는 인수(引受引渡, Documents against Acceptance: D/A)를 한 때에는 이것과 상환으로 운송증권을 매수인 B에게 교부하고, B는 이것에 의하여 운송인으로부터 물품을 수령하게 된다. 만일 매수인인 지급인 B가 어음의 지급을 거절한 때에는 할인화환어음에 있어서는 할인은행은 매도인인 어음의 발행인 A에 대하여 어음에 의하여 상환청구를 하든가, 또는 운송증권에 의하여 운송물을 입수하여 이를 처분함으로써 어음금의 변제에 충당하고, 추심화환어음에 있어서는 수임은행은 어음과 증권을 A에게 반환한다. 그런데 우리 나라에서는 추심화환어음은 별로 이용되지 아니하므로, 화환어음이라고 하면 할인화환어음을 가리킨다.

이처럼 화환어음은 매도인·매수인 사이에서는 어음금의 지급과 운송중의 상품의 인도를 동시이행의 관계에 있게 하고, 매도인과 할인은행 사이에서는 상환청구권을 운송증권에 의하여 담보시키는 작용을 한다. 이에 의하여 격지매매에 있어서 매도인은 신속히 자금을 이용할 수 있으며, 동시에 매수인이 대금의 지급과 상환으로써만 물건을 취득할 수 있게 함으로써 대금지급거절의 위험을 면할 수 있는 것이다.

제3 貨換어음의 法律關係

1. 賣渡人과 銀行과의 關係

(1) 賣渡人과 割引銀行과의 關係(割引貨換어음의 경우)

(가) 어음關係: 매도인은 할인은행을 수취인으로 하여 환어음을 발행하거나 또는 자기를 수취인, 매수인을 지급인으로 하는 자기지시환어음을 발행하여 이를 할인은행에 배서양도하고, 할인은행은 매도인에게 대가를 지급하고 어음을 취득한다. 그리하여 어음법적으로는 매도인과 할인은행 사이에 어음할인(실무에서는 「네고」, 어음매입, negotiation이라고 한다)이 이루어지고, 매도인은 어음의 배서인으로서 담보책임을 지므로, 위 어음이 매수인에 의하여 인수거절 또는 지급거절이 되면, 할인은행은 매도인에 대하여 상환청구를 할 수 있다. 이들 사이의 법률관계는 화환어음약정서에 의하여 결정된다.

(나) 運送證券關係 화환어음에는 운송증권이 담보로 첨부되어 있으므로, 매도인이 할인은행에 환어음을 배서양도함에 있어서는 어음에 덧붙여 운송증권에 배서(보통 백지식)를 하여 이것을 할인은행에 교부하게 된다.

증권교부의 법적 성질은 운송물상에 질권설정을 목적으로 하는 경우와 운송물의 신탁적 양도를 목적으로 하는 경우가 있는데, 그 어느 것인가는 당사자간의 합의에 따르지만, 그것이 불명할 때에는 후자의 경우로 추정하여야 할 것이다. 왜냐하면 이를 질권설정으로 추정하는 경우에는, 어음이 지급거절된 경우에 할인은행은 먼저 상환청구권을 행사한 후가 아니면 질권을 실행할 수 없음에 반하여, 이를 신탁적 양도로 보는 경우에는 할인은행은 어음이 지급거절되면 즉시 운송물을 처분하여 환가할 수 있으므로, 후자로 풀이하는 것이 당사자의 의사에 합치하기 때문이다. 다만 운송증권에 매수인이 수하인으로 지정되어 있는 때에는 증권상의 권리자는 매수인이므로, 그 증권을 교부받은 할인은행은 운송물 위에 질권을 취득할 수 없고, 단지 증권을 유치함으로써 매수인의 어음금지급을 간접적으로 강제할 수 있을 뿐이다.

(다) 割引銀行의 地位 매도인은 할인은행에 어음과 운송증권의 두 가지를 배서 또는 교부하므로, 매수인에 의하여 어음이 지급거절된 때에는 할인은행은 매도인에 대하여 어음상 담보책임을 물을 수도 있고, 담보로 잡은 운송물을 처분하여 할인어음의 변제에 충당할 수도 있다. 그러나 할인은행은 이것만으로는 부족하다고 생각하여 그 밖에 화환어음약정서 또는 담보차입증에 의하여 양자간의 관계를 상세히 규율하고 있는데, 이에 의하면 할인은행은 어음이 매수인에 의하여 지급거절된 경우에는 곧바로 매도인에게 변제청구를 할 수 있고, 미리 합의된 다른 담보물을 처분할 수 있도록 규정되어 있다.

(2) 賣渡人과 推尋銀行과의 關係(推尋貨換어음의 경우)

매도인은 은행에 대하여 환어음의 추심을 의뢰하는 동시에(추심위임배서에 의한다), 어음의 지급(D/P의 경우) 또는 인수(D/A의 경우)와 상환으로 첨부된 운송증권을 지급인에게 교부할 것을 위임한다. 이 양자간에는 위임관계가 성립되며, 그들 사이의 관계는 대금추심의뢰서의 기재내용에 의하여 결정된다. 따라서 은행이 수임인으로서 선관주의의무를 게을리한 경우에는 손해배상책임이 있다(大判 75. 2. 10, 74 다 597). 은행은 매수인인 지급인으로부터 어음금의 지급을 받으면 이를 매도인에게 교부하고, 추심에 따른 비용과 수수료를 받는다.

2. 賣渡人과 買受人과의 관계

매도인과 매수인 사이에는 화환어음으로 매매대금을 결제하기로 하는 특약 또는 상관습이 있어야 한다.

(1) 買受人의 代金債務消滅時期 매도인이 어음할인에 의하여 은행으로부터 매매대금상당액을 입수하여도 이것만으로 매수인의 매매대금채무는 소멸하지 않고, 매수인이 화환어음의 인수를 한 경우도 마찬가지이다. 매수인이 만기에 어음금의 지급을 하지 않는 경우에는, 매도인은 할인은행으로부터 상환청구를 받거나, 그 제공한

담보를 처분당하게 되기 때문이다. 따라서 매수인이 어음소지인에게 어음금을 지급한 때에 비로소 매도인에 대한 대금지급의 효과가 발생한다.

(2) **運送物의 所有權移轉時期** 매도인은 동산질 또는 소유권의 신탁적 양도의 방법으로 운송증권을 은행에 교부하는 것이 보통이므로, 운송물의 소유권은 동산질의 경우에는 매도인에게, 또 신탁적 양도의 경우에는 할인은행에 각각 귀속되게 된다. 매수인으로서는 어음금의 지급과 상환으로 운송증권을 취득하였을 때에 비로소 운송물의 소유권을 취득한다. 매수인이 현실로 물품을 수령하였을 때 소유권을 취득하는 것은 아니다. 또 운송증권의 수하인이 매수인인 경우에도 매수인이 운송증권을 취득하였을 때 운송물의 소유권을 취득한다. 민법이 형식주의를 취하고 있기 때문이다.

(3) **貨換어음과 同時履行의 抗辯權**

(가) 화환어음의 소지인인 은행은 매도인의 대리인 또는 이행보조자로서 매매의 목적물을 매수인에게 제공하므로, 대금의 지급, 즉 어음금의 지급과 상환으로써가 아니면 운송증권의 인도를 거절할 수 있고, 반면 매수인은 운송증권의 교부와 상환으로써만 대금지급을 할 의무가 있으므로, 이 양자는 동시이행의 관계에 있다.

(나) 운송물이 운송증권보다 먼저 목적지에 도착하는 경우에는 매수인은 보증장을 운송인에게 제출하고 운송물을 임시로 인도받는 일이 있다. 이를 보증도(保證渡)라고 한다.

(4) **賣渡人의 擔保責任** 매매목적물이 운송 도중에 불가항력으로 인하여 멸실·훼손된 경우에는 일반적인 위험부담의 문제로 처리되며(民 537), F.O.B. 또는 C.I.F. 조건부인 경우에는 선적 후의 손해에 대하여는 매수인의 위험부담이 된다. 만일 매매목적물이 운송인의 과실로 인하여 멸실·훼손된 경우에는 매도인이 채무불이행의 책임을 지게 되고, 운송물이 약정한 물건과 틀린 경우에도 매도인이 채무불이행의 책임을 지는 것은 물론이다.

3. 割引銀行과 推尋銀行과의 關係

화환어음을 취결한 할인은행은 추심의뢰서에 환어음과 운송증권을 첨부하여 수입지에 있는 추심은행에 송부한다. 이 경우 추심은행이 할인은행의 본·지점인 때에는 화환어음의 추심의뢰는 동일법인 내부의 사무처리에 지나지 않지만, 양자가 별개의 은행인 때에는 추심의뢰에 따라 양자간에 위임관계가 성립한다. 이 때에 추심은행에 송부되는 환어음에는 추심위임배서를 하고, 운송증권에는 추심은행을 피배서인으로 하는 양도배서를 하는 것이 보통이다. 이 운송증권의 배서양도는 운송물의 소유권을 유보한 채 그 처분권만을 추심은행에 부여하는 것으로 풀이할 수 있다.

4. 推尋銀行과 買受人과의 關係

추심은행과 매수인 사이에는 원래 아무런 계약관계도 없으나, 추심은행은 매도인과의 위임관계에 따라서(추심은행이 취결은행의 본·지점인 경우) 또는 취결은행과의 복위임관계에 따라서(양자가 별개은행인 경우), 매도인의 대리인 또는 이행보조자로서 매수인에게 운송증권을 교부하고 이와 상환으로 환어음의 지급 또는 인수를 받게 된다. 매수인이 추심은행에 어음금을 지급하면 매도인에 대한 매매대금채구는 이행된 것으로 본다.

제4 商業信用狀(貨換信用狀)

1. 意義·機能

(1) 외국무역에 있어서 매수인의 거래은행이 매도인이 발행한 환어음의 인수와 지급을 담보하는 내용의 증서를 「화환신용장」(documentary letter of credit)이라고 한다. 매도인이 발행한 환어음은 운송증권에 의하여 담보되지만(화환어음), 운송증권은 요인증권으로서 그것만으로는 안심할 수 없으므로, 운송증권에 의한 물적 담보 외에 인적 담보인 상업신용장을 첨부하여 환어음을 발행·유통시키는 것이다. 화환신용장은 매도인의 청구에 의하여 매수인이 그 거래은행에 의뢰하여 개설을 받는다. 신용장이 개설되면 매도인은 신용장개설은행을 지급인으로 하는 환어음을 발행하고, 이 신용장과 운송증권을 첨부하여 매도인은 할인은행으로부터 환어음의 할인을 받는 것이다. 그리하여 오늘날에는 화환어음의 법률관계는 신용장 당사자간의 그것으로 용해되어 버렸고, 환어음은 그 기능상의 중요성을 상실하고 단지 선적서류의 일종으로서 영수증의 역할만 담당하게 되었다.

(2) 화환신용장은 「신용장」(letter of credit) 가운데 가장 전형적인 것이고, 따라서 단순히 신용장이라고 하면 화환신용장을 뜻한다. 본래 신용장은 은행이 매수인(輸入商)의 대금지급을 보장함으로써 무역거래의 원활을 꾀하기 위하여 이용되었는데, 오늘날은 상품의 대금결제를 목적으로 하지 않고 금융·보증 등을 의하여 이용되는 것을 비롯하여 여러가지 변종이 생겨났다. 이들 여러 내용의 신용장을 포괄하여 정의한다면, 신용장이란 은행 등이 신용장에 명기된 조건에 합치되는 한 수익자가 발행한 환어음을 지급 또는 인수하거나 지급요구서에 대하여 지급하겠다는 약정(確約)이라고 말할 수 있다.

(3) 화환신용장은 상품매매대금의 지급기능, 담보기능 및 신용기능을 가진다. 신용장에 관한 법원으로서는 荷換信用狀統一規則(Uniform Customs and Practice for Docu-

mentary Credits, 1993 Revision, 이하 UCP라 약칭한다)이 있으며, 美國統一商法典 제5장은 신용장에 관하여 상세한 규정을 두고 있다.

2. 信用狀의 種類

신용장은 여러가지 기준에 의하여 분류할 수 있지만, 상품의 대금결제를 목적으로 하는 신용장을 상업신용장(commercial letter of credit)이라 하고, 상품 이외의 거래를 수행하는 데 사용되는 신용장을 금융신용장(financial letter of credit) 또는 보증신용장(guaranty or standby letter of credit)이라고 한다.

(1) **商業信用狀**은 다시 ① 신용장에 의하여 발행되는 환어음에 운송증권 등 선적서류가 요구되는 「화환신용장」과 그것이 요구되지 않는 「무화환(담보)신용장」, ② 일단 신용장이 발행되면 그 유효기간 내에는 관계당사자 전원(개설의뢰인은 제외)의 합의가 없이는 일방적인 취소나 내용의 변경을 할 수 없는 「취소불능신용장」과 신용장개설은행이 사전통지없이 언제나 일방적으로 신용장의 취소나 내용의 변경을 할 수 있는 「취소가능신용장」, ③ 외국의 수입업자로부터 받은 「원신용장」과 원신용장을 받은 국내의 수출업자가 그 수출품을 생산·가공하는 데 소요되는 원부자재를 국내에서 조달할 때에 자기의 신용장을 믿지 못하는 납품업자들에게 원신용장을 담보로 하여 자기의 거래은행으로부터 납품업자를 수익자로 하여 발행받은 제2의 신용장인 「내국신용장」으로 나눌 수 있으며, ④ 그 밖에도 여러가지 기준에 의하여 분류된다.

(2) **保證信用狀**은 금융이나 보증을 위하여 발행되는 특수한 신용장으로서 주채무자가 계약을 불이행할 경우에 채권자가 은행에 대하여 보증의 실행을 요구할 수 있는 신용장이다. 이것은 은행의 고객(開設依賴人)이 제3자에 대하여 부담하는 이행의무를 확보하기 위하여 이용된다. 예컨대 건축주가 건설업자에게 건축대금을 지급하였으나 건축공사를 불이행하는 경우에 대비하여, 건축주가 건설업자의 거래은행으로부터 보증신용장을 개설받은 때에는, 건설업자가 약정대로 건축공사를 이행하지 아니하면 건축주는 은행으로부터 약정된 금액을 지급받을 수 있다. 이처럼 상업신용장은 기본계약이 예정대로 성립하는 경우에 당사자 사이의 대금결제를 위하여 이용되는 수단임에 반하여, 보증신용장은 당사자 사이의 거래가 원만하게 진행되지 않는 경우에 대비하는 수단이다.

3. 信用狀의 特性

(1) 信用狀의 獨立·抽象性

신용장은 매매계약 등 기본계약에 기하여 발행되지만, 일단 발행이 된 뒤에는 기본계약과 아무런 관계가 없으며(獨立性), 모든 관계당사자는 서류상으로만 거래하고 상품 등의 거래를 행하는 것이 아니다(抽象性). 따라서 상품이 기본계약의 내용과 다르거나, 또는 기본계약이 불이행되더라도 신용장의 효력에는 아무 영향이 없다.

(2) 嚴格一致의 原則

신용장거래는 서류상의 거래이므로, 은행은 제출된 서류가 신용장의 조건에 합치하는가를 엄격히 심사하여 신용장조건과 합치됨이 판명되는 경우에 한하여 지급을 할 수 있다(大判 89. 3. 14, 87 다카 2968). 이를 「엄격일치의 원칙」이라고 하는데,[1] 이것은 자구 하나도 틀리지 않게 완전히 일치하여야 한다는 뜻은 아니다(大判 85. 5. 28, 84 다카 697). 다만 매입은행은 선적서류가 정규성(定規性)과 상태성(常態性)을 갖추고 있는지 여부를 확인하여야 할 거래상의 의무를 부담한다(大判 1977. 4. 26, 76 다 956).

(3) 信用狀의 法的性質

보증설·지시설을 비롯하여 많은 학설이 주장되어 왔으나, 신용장제도는 상관습법으로 발전되어 온 특수한 제도이므로 이를 기존의 법개념의 어느 하나로 설명하기가 어렵다. 신용장은 그 문면상의 조건에 합치하면 대금을 지급하기로 확약하는 특수한 법률관계라고 할 수 있다.

4. 信用狀當事者間의 法律關係

(1) 신용장거래에는 최소한 세 개의 독립된 법률관계가 포함된다.

① **買受人(開設依賴人)과 開設銀行 사이의 契約** 개설은행은 매수인의 의뢰에 따라 신용장을 개설하는데, 양자간의 법률관계는 사무처리를 목적으로 하는 도급계약이고, 유상·쌍무계약이다. 개설은행은 매도인(수익자)에 대하여 신용장조건에 따라 환어음금액을 지급할 의무를 부담한다. 개설은행은 제시된 서류가 신용장조건에 합치하고 상태성과 정규성을 갖추었는지를 조사할 의무가 있으나, 신용장의 진정성립에 관한 실질적 조사의무는 없다(大判 77. 4. 26, 76 다 956; 79. 5. 8, 78 다 2006; 80. 1. 15, 78 다 1015; 93. 12. 24, 93 다 15632).

② **買受人(開設依賴人)과 賣渡人(受益者) 사이의 契約** 매수인과 매도인과의 관계는 매매계약(기본계약)이며, 이 계약에서 매매당사자는 신용장에 의하여 매매대금을 결제하기로 약정한다. 매수인은 신용장개설의무를 부담하며 이것은 매수인의 선이행의무이므로, 이를 불이행하는 경우에는 매도인은 매매계약을 해제할 수 있다(民 454). 매수인이 신용장을 개설한 것만으로 대금지급채무가 소멸되지 않는다(즉 신용장은 지급을 위한 것이다).

③ **開設銀行과 賣渡人(受益者) 사이의 關係** 신용장 자체의 법률관계이며, 이

---

1) Bank of Italy v. Merchants National Bank, 236 N. Y. 106, 140 N.E. 211(1923) (신용장상으로 dried grapes로 되어 있는데 송장상으로 raisin이라고 기재되어 대금지급이 거절되었다); Colorado National Bank of Denver v. Board of Country Commissioners 634 p.2d 32(1981)(신용장상으로 fifteen day sight draft를 요구하였는데, demand draft를 제출하여 신용장상의 책임이 부정되었다).

에 의하여 개설은행은 매도인(수익자)이 발행한 환어음을 신용장조건에 따라 지급할 것을 약정한다. 신용장은 개설의뢰인과 수익자 사이의 매매계약과는 별개·독립의 것이므로, 수익자의 서류가 신용장조건에 합치하는 한 상품이 매매계약과 일치하는가 여부에 관계없이 개설은행은 환어음을 지급하지 않으면 안된다. 개설은행은 매수인과 개설은행 사이(資金關係) 또는 매수인과 매도인 사이(原因關係)에 기한 항변으로써 매도인에게 대항하지 못한다. 이를 허용하면 신용장의 담보기능을 해하기 때문이다. 개설은행이 매도인에 대한 자기의 항변을 주장할 수 있는 것은 물론이다(예컨대 수익자가 사기에 의하여 신용장을 발행받은 경우).

(2) 위에서 살펴본 것처럼 신용장거래에 있어서는 적어도 매수인(개설의뢰인), 개설은행 및 매도인(수익자)의 세 당사자가 필요하다. 그런데 신용장거래의 실제에 있어서는 이들 이외에도 여러 은행이 관계를 맺는다. ① 「통지은행」(advising bank)은 발행된 신용장을 수익자에게 통지하여 주는 역할을 하는 은행인데, 수익자가 거주하는 곳에 있는 개설은행의 본·지점이나 제3의 환거래은행이 이 역할을 담당한다. 통지은행은 신용장에 대하여 아무런 책임을 지지 않는다. ② 「확인은행」(confirming bank)은 개설은행의 공신력이 수익자에게 알려져 있지 않은 경우에 그 신용장에 따라 발행된 환어음의 지급·인수 또는 매입을 확약하는 은행이며, 수익자가 믿을 수 있는 제3의 은행이 확인은행이 된다. 확인은행은 개설은행과 더불어 환어음의 지급·인수 또는 매입의 책임을 진다. ③ 「지급은행」(paying bank)은 수익자가 제시한 환어음에 대하여 직접 지급을 하는 은행으로서 개설은행, 수익자 국내의 거래은행 또는 제3국에 있는 은행이 지급은행이 될 수 있다. ④ 「매입은행」(negotiating bank)은 신용장대금의 지급을 특정한 은행에 국한시키지 않고 있는 신용장(買入信用狀)에서 개설은행 앞으로 발행된 환어음을 매입하여 대금을 결제하여 주는 은행을 가리킨다. 매입은행은 신용장을 매입함에 있어서 서류에 대하여 엄격한 심사의무를 가진다. ⑤ 그 밖에 신용장조건에 의거하여 수익자가 발행하는 환어음이 일람출급이 아닌 경우에 지급에 앞서 인수를 하는 「인수은행」(accepting bank), 신용장의 결제통화가 수입국과 수출국의 통화가 아니고 제3국의 통화인 경우에 제3국에 있는 개설은행의 거래은행으로서 대금을 결제하는 은행을 「결제은행」(settling bank) 또는 「상환은행」(reimbursing bank)이라고 한다.

5. 信用狀의 支給拒絶

신용장개설은행은 제출된 서류가 신용장의 조건에 합치하면 대금을 지급하여야 하는 것이 원칙이다. 그러나 다음의 사유가 있을 때에는 개설은행은 대금의 지급을 거절할 수 있다. ① 제출된 서류가 신용장의 조건에 합치되지 않는 경우(大判 85. 5. 28, 84 다카 697). 그러나 제출된 서류가 신용장상의 조건에 합치되지 아니함에도 불구하고 개설은행이 계속하여 대금을 지급하여 온 관행을 믿고 신용장을 취득한 자에 대하여는 개설은행은 신의칙상 지급의무가 있다(大判 85. 5. 28, 84 다카 697). ② 제출된 서류가 위조된 경우. 이 경우에는 개설은행은 선의의 신용장소지자에 대하여도 지급거절을 할 수 있다. 신용장은 매도인의 사기나 기망행위를 조장시켜 주기 위한 것은 아니기 때문이다. ③ 그 밖에도 개설은행이 면책될 수 있는 경우가 있다.

제 6 절 어음改書

제 1 意 義

넓은 의미로는 이미 발행한 어음에 관하여 지급을 하지 아니하고 새로운 어음을 발행하는 것을 말하고(예컨대 파손된 어음에 관하여 새 어음을 발행하거나 어음의 병합·분할을 위하여 새 어음을 발행하는 것), 좁은 의미로는 어음금의 지급을 유예하기 위하여 만기를 변경한 새 어음을 발행하는 것을 가리킨다. 이것이 어음개서의 가장 중요한 경우이며, 이 경우에 새 어음을 「연기어음」 또는 「개서어음」이라고 부른다. 아래에서는 좁은 의미의 어음개서에 관하여 설명한다.

제 2 어음改書의 方法

어음의 개서에는 구어음을 회수하고 신어음을 발행하는 방법과 구어음을 회수하지 않고 어음소지인이 신·구 양어음을 모두 보유하는 방법의 두 가지가 있다. 우리나라에서는 전자의 방법이 주로 사용되고 있다.

제 3 어음改書의 法的性質

(1) 改書契約과 어음關係의 分離

어음의 개서는 선행하는 민사상의 계약에 따라 행하여지는 수도 있으나, 새 어음의 내용이 개서계약에 위반한 경우 또는 계약에 반하여 구어음이 반환되지 아니한 경우에도 새 어음의 효력에는 아무 영향이 없다.

(2) 舊어음을 回收하는 경우

구어음을 회수하는 경우의 어음개서의 법적 성질에 관하여는 ① 경개설(民 500. 大判 67. 12. 19, 67 다 935), ② 대물변제설(民 466) 및 신의칙설[1]이 대립하고 있다. 경개설은 새 어음채무가

1) 신의칙설은 경개설과 대물변제설을 비판하고 등장한 견해로서, 위 양설에 의하는 경우에는 구어음채무가 소멸하므로 구어음채무에 관하여 존재하였던 담보나 인적 항변 역시 소멸하게 되어 당

무인성을 가지는 것을 부정하게 되어 부당하고, 신의칙설은 구어음을 회수하여도 구어음채무가 즉시 소멸하지 않는다고 보는 것이 문제이다. 이 경우에는 구어음채무가 소멸한다고 보는 것이 당사자의 의사에 합치하고 또 어음채무는 무인성을 특징으로 하고 있으므로, 대물변제설이 타당하다고 본다(通說).

(3) 舊어음을 回收하지 아니하는 경우

이 경우는 다시 두 가지로 나누어 살펴볼 필요가 있다. 즉 ① 구어음을 반환하기로 약정하였으나 이를 어기고 반환하지 아니한 경우인데, 이 경우 구어음채무는 앞에서 설명한 대로 소멸한다고 보아야 한다. 다만 구어음이 만기 전에 제3자에게 선의취득된 때에는 어음채무자는 책임을 면하지 못한다. ② 처음부터 신·구 양 어음을 어음채권자의 수중에 두기로 약정한 경우이다. 이 경우에는 양 어음상의 채권은 병존한다(通說). 이 경우의 당사자의 의사는 구어음상의 채무를 존속시키되 이를 신어음의 담보로 하거나 또는 반대로 신어음을 구어음의 담보로 하는 취지이다(후자의 경우의 개서계약은 구어음채무를 원인관계로 하고 그 지급을 위하여 신어음을 발행하는 계약이다).

이처럼 신·구 양 어음을 채권자의 수중에 두기로 약정한 경우에는 주된 채무자에 변경이 없는 한 채권자는 신·구 어느 어음에 의하여도 권리를 행사할 수 있다. 다만 신어음의 만기전에 구어음에 의한 청구를 받은 경우에는 채무자는 지급유예의 인적 항변을 할 수 있다. 그리고 채무자가 어음금을 지급함에 있어서는 2중지급의 위험을 피하기 위하여 신·구 양 어음의 반환을 청구할 수 있다고 본다. 이에 반하여 구어음을 반환하기로 약정하였으나 이를 반환하지 아니한 경우에는 구어음은 이미 실효되었으므로, 채권자는 신어음에 의하여만 권리를 행사할 수 있다. 이때 신어음에 의하여 청구를 받은 채무자는 구어음의 반환을 청구할 수 있음은 물론이다. 그러나 구어음이 반환되지 않은 것을 모르고 신어음을 취득한 제3자가 청구할 때에는 채무자는 구어음의 반환을 청구하지 못한다.

제4 어음改書의 效力

(1) 舊어음상의 背書人의 責任

구어음상에 배서한 배서인은 신어음에 다시 배서를 하지 아니한 경우에는 신어음에 관하여 어음상의 책임을 지지 않는다고 본다.

사자의 의사에 반하여 부당하다고 비판하면서, 구어음을 반환하는 것은 원칙적으로 불필요하나, 이를 반환하지 아니하면 어음채무자에게 불측의 손해(二重支給)를 입힐 염려가 있으므로 이를 방지하기 위하여 신의칙상 구어음을 반환하는 것일 뿐이고, 구어음의 반환에 의하여 구어음채무는 소멸하지 아니하고, 구어음을 반환받은 후 이를 파기함으로써 비로소 구어음채무가 소멸하는 것이라고 한다.

(2) 舊어음상의 擔保의 承繼問題

① 구어음을 회수하는 경우에 경개설의 입장에서는 어음개서가 지급연기의 수단으로 행하여진 경우에는 구어음이 반환되어도 구어음상의 권리 자체는 소멸하지 않고 동일성을 가지면서 새 어음에 옮겨지고 따라서 이 경우에 신구어음이 체화하는 것은 동일한 권리이므로(大判 67. 12. 19, 67 다 935), 구어음채무에 관한 담보는 신어음채무에 관하여도 존속한다고 한다. 이에 반하여 대물변제설의 입장에서는 신·구 양 어음 채무는 실질적으로 동일성을 가진다는 점을 강조하여 구어음채무에 관하여 존재한 어음 외의 담보는 새 어음채무에 관하여도 여전히 존속한다고 한다(通說). 결국 판례는 신·구 양 어음채무의 법적 동일성을 인정함에 반하여, 통설은 그 법적 동일성은 부인하면서 그 경제적 내지 실질적 동일성을 인정함으로써 결과적으로 동일한 결론에 이르고 있다. 그런데 최근의 유력설은 당사자의 의사를 근거로 하여 구어음채무에 관한 담보가 신어음채무에 이전한다고 한다. 통설에 따른다.

② 구어음을 회수하지 않는 경우에는 신·구어음상의 채무는 병존하므로, 구어음에 부착하였던 담보의 이전이라는 문제는 발생하지 않고, 여전히 구어음채무를 담보하는 것으로 존속한다.

(3) 人的抗辯의 承繼의 문제

구어음취득시에 인적 항변의 존재를 알지 못하였던 자는 신어음으로 개서시에 그 존재를 알았다고 하더라도 신어음에 관하여 항변의 대항을 받지 아니한다(日最判 60. 2. 11, 民集 14. 2. 184). 즉 인적 항변에 관한 선의·악의의 판단은 구어음취득시를 기준으로 하여 결정한다. 이것은 신·구어음상의 채무가 동일성을 가지기 때문이다. 이것은 구어음을 회수한 경우이든 회수하지 아니한 경우이든 마찬가지이다.

제7절 어음割引

제1 意 義

아직 만기가 도래하지 아니한 어음의 소지인이 은행 등 금융업자에게 어음을 양도하고, 은행 등이 어음금액으로부터 만기까지의 이자 기타 비용(割引料)을 공제한 금액을 할인의뢰인(어음소지인)에게 수여하는 거래를 말한다. 어음할인의 대상이 되는 어음은 화환어음, 은행인수어음, 상업어음 등 여러가지가 있으나, 상업어음이 대종을 이룬다.

어음할인의 법률관계는 어음소지인과 은행 등 사이에 어음양도의 채권계약인 원인관계와 그 이행으로서 하게 되는 어음행위(배서가 보통이나 발행도 있다)의 두 단계로 구별할 수 있다. 후자는 어음법상의 문제이므로, 전자인 채권계약의 성질만이 문제된다.

제2 어음割引의 法的性質

여러가지 견해가 대립하고 있으나, 가장 중요한 것은 매매로 보는 것과 소비대차로 보는 것이다. **賣買說**에 의하면, 할인의뢰인은 어음을 양도하고, 그 대가로서 할인대금을 수령할 의사를 가지고 있으며, 은행도 먼저 어음의 주채무자로부터 어음금액의 지급을 받으려고 하는 의사를 가지는 것이니, 당사자의 의사는 어음의 매매에 있다고 풀이한다. 매매설은 어음을 일종의 상품으로 매매하는 것으로 보고, 어음금액으로부터 만기까지의 이자 기타 비용을 공제한 할인금을 어음채권의 현재가치로 보아 매매대금에 상당하는 것으로 본다. 이에 반하여 **消費貸借說**에 의하면, 은행은 어음의 주채무자 이상으로 할인의뢰인의 신용을 중시하고 있는 점, 약정서에 극히 광범위하게 환매사유가 규정되어 있는 점 등을 이유로 하여, 은행의 의사는 어음의 매매라기보다는 대여(貸與)에 있다고 해석하는 것이 자연스러우며, 할인의뢰인도 은행이 정한 조건 내지 약정서에 따라 할인을 받으므로, 어음할인은 소비대차로 보는 것이 옳다고 주장하고 있다. 생각건대, 어음할인은 관계당사자의 의사내용에 따라 그 법적 성질을 달리 할 수 있다. 따라서 어음할인은 어음의 매매인 것이 보통이지만, 소비대차로서 그 이행을 위하여 어음이 수수되는 경우도 있을 수 있다고 본다. 대법원은 어음할인이 원칙적으로 어음의 매매의 성질을 가지는 것으로 보고 있으나(大判 84. 11. 15, 84 다카 1227; 85. 2. 13, 84 다카 1832), 소비대차인 경우가 있음을 인정하고 있다(大判 97. 4. 25, 97 다 6636).

제3 還買請求權

1. 總 說

어음할인은 법적으로는 어음의 매매인 것이 보통이지만, 경제적으로는 은행의 여신행위에 불과하므로, 은행은 어음의 주채무자 또는 할인의뢰인의 신용이 악화한 경우에 대비한 조치로서 환매청구권제도를 마련하고 있다.

2. 還買請求權의 意義

(1) 할인어음이 부도된 경우 등 어음의 신용이 악화된 경우에, 할인은행이 할인의뢰인에 대하여 할인어음의 환매를 청구할 수 있는 권리를 말한다. 환매청구권은

어음거래약정서 또는 상관행에 의하여 인정된다. 이것은 채권매매에 있어서의 매도인의 담보책임(民 579), 어음법상의 상환청구권의 행사(어 43, 77 Ⅰ④)와는 별도로 은행에 주어져 있는 구제수단이다. 은행이 가지는 환매청구권은 어음관계 외의 것이고, 어음상의 청구권에 관한 요건·효력에 좌우되지 아니하므로, 은행에게 매우 유리한 제도이다.

(2) 환매청구권에는 두 가지 종류가 있다. 즉 일정한 사유가 발생하면 당연히 발생하는 것과 일정한 사유가 발생한 연후에 할인은행의 청구에 의하여 비로소 발생하는 것이 그것이다.

3. 還買請求權의 法的性質

(1) 어음할인을 소비대차로 보는 견해(消費貸借說)에 의하면, 환매청구권은 은행의 대여금반환청구권이라고 한다. 즉 할인의뢰인은 대여금의 지급을 위하여 어음을 양도하였는데, 그 어음이 변제의 목적을 달하지 못하거나 달할 수 없음이 명백하여 졌으므로, 은행이 채권회수의 필요에 의하여 대여금의 반환을 청구하는 것이 환매청구권이라고 한다.

(2) 어음할인을 어음의 매매라고 보는 견해(賣買說)는 환매청구권의 성질에 관하여 여러가지로 해석이 갈라진다. 즉 어음상의 청구권에 유사한 청구권이라고 하는 설, 채권매도인의 담보책임이라고 하는 설, 매매계약의 해제로 인한 대금반환청구권으로 보는 설, 재매매의 일방예약이라고 하는 설 등이 있다. 그러나 원인관계상의 권리인 환매청구권을 어음법상의 상환청구권과 동시하는 것은 타당하지 않고, 또 민법의 약정해제 내지 담보책임으로 보는 것도 권리발생의 요건 및 청구금액(民Ⅱ 548)이 상이하여 찬성할 수 없다. 환매청구권이 당연히 발생하는 경우에는 「정지조건부 재매매(再賣買)」이고, 은행의 청구에 의한 경우에는 「재매매의 예약」이라고 풀이하여야 할 것이다(多數說).

4. 還買請求權의 實行

(1) 환매청구권은 성립과 동시에 변제기가 도래하므로 곧 이를 실행할 수 있다. 그러나 은행이 할인의뢰인에 대하여 그 할인한 어음 전부에 관하여 반드시 환매청구를 하는 것은 아니고, 환매청구권은 발생하였어도 이를 실행하지 않고 있는 경우도 적지 않다.

(2) 환매청구권을 특히 약정하는 이유는 일정한 사유의 발생에 의하여 실질적으로 만기전상환청구를 가능하게 함과 함께, 환매청구권의 발생에 의하여 할인의뢰인의 예금에 대하여 상계를 할 수 있는 상태를 만들어, 할인의뢰인의 채권자가 예금을 압류하는 것을 방지하는 데에 있다. 은행이 위 예금에 관하여 상계를 하면 상계의 효력은 환매청구권의 성립시에 소급한다.

(3) 환매청구권은 어음법에 규정이 없는 계약상의 채권이므로, 이를 행사함에 있어서 어음의 제시와 교부를 필요로 하지 아니한다. 그러나 환매청구권은 할인어음과 밀접한 관련이 있으므로, 환매의무자인 할인의뢰인은 은행의 환매청구권행사에 대하여 어음의 반환을 일종의 동시이행의 항변으로서 청구할 수 있다고 본다. 다만 은행이 할인의뢰인의 예금과 환매청구권을 상계하는 경우에는 약정서에 의하여 이 항변권을 배제하고 있다.

5. 還買請求權의 消滅時效

환매청구권은 일종의 채권이고, 상인인 은행 그 밖의 금융업자와의 계약 내지 상관행에 의하여 발생하므로 상사채권으로서 5년의 소멸시효에 걸린다고 본다(64). 시효의 기산점은 일정한 사유가 발생하면 당연히 환매청구권이 발생하는 경우에는 그 사유의 발생시이고, 할인은행의 청구에 의하여 비로소 환매청구권이 발생하는 경우에는 그 청구 시이다.

제8절 어음貸付(어음貸出)

제1 意 義

금전을 대부함에 있어서 차주로부터 차용증서를 받는 대신에 또는 이것과 함께 채권을 확보하기 위하여 어음을 담보로 받는 것을 말한다. 어음대부는 은행의 여신업무의 중요한 일부분이지만, 일반인끼리의 대부에도 널리 이용된다. 어음대부의 경우에 소비대차의 담보를 위하여 교부하는 어음을 「대부어음」이라고 하며, 약속어음이 주로 이용된다.

제2 어음貸付와 어음割引

어음대부는 어음을 이용하여 하는 자금융통방법(자금을 필요로 하는 자가 어음을 은행에 교부하고 은행으로부터 어음금액에서 만기까지의 이자를 공제한 금액을 받음)이라는 점에서 어음할인과 비슷하나, 어음할인은 어음 자체의 매매를 위하여 어음이 수수되는 것임에 반하여, 어음대부는 소비대차상의 채무에 관하여 어음이 수수되는 점에서 다르다. 다만 어음할인 중에도 매매가 아니라 소비대차의 실질을 갖는 것도 있어서 그 어느 것에 속하는가는 결국 당사자의 의사에 따라 구별하여야 한다. 일본 대장성 은행국은 어음작성시기를 기준으로 하여, 그것이 어음거래보다 먼저인 때에는 어음할인으로, 어음거래 이후인 때에는 어음대부로 각각 취급하고 있다. 또 어음할인에 제공되는 어음은 주된 채무자가 할인의뢰인 이외의 자인 것이 보통이고, 은행측에서 보면, 어음상의 의무자는 할인의뢰인을 포함하여 복수임(複名어음)에 반하여, 어음대부의 경우에는 은행에 교부되는 어음은 주된 채무자가 차입의뢰인이고 그 이외의 의무자는 없는 것이 보통이다(單名어음). 또한 어음대부에 있어서는 대부금의 일부를 은행이 예금(정기예금이 많다)으로 구속하는 일이 있는데, 이를 꺽기(兩建預金)라고 말한다.

제3 어음貸付의 法律關係

1. 消費貸借契約의 存在

어음대부의 경우에는 소비대차계약이 있고, 이 계약상의 채무의 이행을 확실히 하기 위하여, 또는 그 채무를 담보하기 위하여 어음이 수수되는 것이 원칙이다.

2. 어음交付의 法的性質

어음대부에 있어서의 어음의 교부는 지급의 담보 내지 확보를 위하여 행하여지므로, 은행은 소비대차상의 채권과 어음상의 채권을 아울러 가진다. 따라서 은행으로서는 어음상의 권리와 원인채권 가운데 어느 것을 행사하는 것도 자유이다. 다만 지급담당자로 금융기관이 지정되어 있는 제3자방지급어음이나, 인수되지 아니한 환어음의 경우에는 어음상의 채권을 먼저 행사하여야 할 것임은 앞에 말한 바와 같다.

또한 어음채권과 원인채권은 동일한 경제적 목적을 가지므로, 어느 일방이 변제되면 목적의 달성에 의하여 타방도 소멸한다. 그러나 어음채권이 시효나 보전절차의 흠결로 소멸한 경우에 원인채권의 운명이 어떻게 되는가에 관하여는 논란이 있으며, 대부어음이 차주에 의하여 발행되어 은행에 바로 교부된 것이라면 원인처권의 행사를 허용하여도 무방하다고 본다.

제 3 편

어 음

제 1 장 序 說

제 2 장 發 行

제 3 장 引 受

제 4 장 어음保證

제 5 장 背 書

제 6 장 支 給

제 7 장 償還請求(遡求)

제 8 장 기타의 制度

제 9 장 拒絶證書

제10장 電子어음

제11장 國際換어음 및 國際約束어음에 관한 유엔協約

제 1 장 序 說

1. 여기에서는 환어음과 약속어음에 관한 구체적 문제를 다룬다. 우리 어음법은 통일어음법에 따라 환어음중심주의의 입법형식을 취하여, 먼저 환어음에 관하여 상세한 규정을 두고, 약속어음에 관하여는 불과 4개조의 규정을 두고 환어음에 관한 규정을 준용하는 형식을 취하고 있다. 본서에서는 환어음과 약속어음을 동시에 비교설명하는 방법에 따르되, 양자에 공통된 제도에 관하여는 특별히 언급을 하지 않고, 환어음에 특유한 제도일 경우에만 이를 밝히기로 한다.

2. 어음 위에 기명날인 또는 서명을 한 어음채무자가 부담하는 어음채무를 개괄적으로 살펴보면,

(1) 환어음의 발행인은 어음의 인수와 지급에 대한 담보책임을 부담한다(어 9 I). 따라서 환어음의 지급인이 어음을 인수하고, 만기에 지급을 하면 그는 아무런 책임을 지지 아니한다. 그러나 만일 지급인이 인수를 거절하거나 또는 인수는 하였으나 지급을 하지 아니할 경우에는 환어음의 발행인은 상환의무자로서 담보책임을 진다(어 43, 44, 48). 환어음의 발행인이 상환의무자로서 담보책임을 이행하고 어음을 환수한 때에는 인수인에 대하여 책임을 물을 수 있다(어 47 III, 28 II).

약속어음의 발행인은 어음상의 주된 채무자로서 어음금을 지급할 절대적 책임을 진다(어 78 I, 28 I).

(2) 환어음의 지급인은 인수를 함으로써 만기에 어음금을 지급할 의무를

부담한다(어28). 약속어음에는 지급인이 없다. 단순히 환어음에 지급인으로 지정되는 것만으로는 지급인은 어음상 아무런 의무도 부담하지 아니한다. 그는 어음에 인수의 기명날인 또는 서명을 함으로써 비로소 만기에 어음금을 지급할 의무를 부담하는 것이다. 인수를 함으로써 지급인은 인수인이 되고 어음상의 주채무자가 된다.

(3) 환어음의 배서인은 반대의 문언이 없으면 인수와 지급에 대한 담보책임을 부담하고(어15 I), 약속어음의 배서인은 반대의 문언이 없으면 지급에 대한 담보책임을 부담한다(어77 I ①). 따라서 환어음의 배서인은 자기의 피배서인과 그 후자에 대하여 지급인이 어음을 인수할 것과 인수인으로서 어음금을 지급할 것에 대한 책임을 지고, 약속어음의 배서인은 자기의 피배서인과 그 후자에 대하여 발행인이 어음금을 지급할 것을 담보한다.

(4) 그 결과 어음소지인에 대하여는 어음상에 기명날인 또는 서명한 모든 전자(환어음의 인수인과 발행인, 약속어음의 발행인, 양어음의 배서인 등)가 합동채무자로서 어음금 등을 지급할 책임을 부담한다(어47 I, 48). 그리고 상환의무자로서 어음을 환수한 자는 다시 자기의 전자에 대하여 어음금 등을 청구할 수 있다(어47 III, 49). 그런데 상환청구가 반복됨에 따라 상환금액이 자꾸 증대하므로, 상환의무자는 어음이 자기에게 순차 상환청구되어 올 때까지 기다리지 아니하고 자기가 아직 청구를 받지 않더라도 자진하여 어음금을 지급하고 어음을 환수할 수 있다(어50). 이 경우에 어음소지인이 많은 어음채무자 가운데 누구에 대하여 책임을 물을 것인가는 소지인의 자유에 속한다(어47 II).

제 2 장 發 行

제 1 절 發行의 意義

「어음의 발행」은 어음이라는 증권을 작성하여 이를 수취인에게 교부하는 행위를 말한다. 어음발행의 기본적 요소는 어음법에 규정된 필수적 기재사항(어음요건)을 기재하고 발행인이 기명날인 또는 서명을 하는 것이다(어 1, 75). 이 어음요건을 갖추어 발행된 어음을 「기본어음」이라고 부른다. 이 증권의 작성 이외에 이를 수취인에게 교부하여야 하는가에 대하여는 어음이론에 따라 견해가 갈라지지만, 교부계약설에 따를 때에는 어음증권이 교부계약에 의하여 수취인에게 교부되지 않으면 안된다. 어음의 발행은 어음을 창조하는 행위이므로 이를 기본적 어음행위라고 부른다.

제 2 절 發行의 性質 및 效力

제 1 換어음의 경우

1. 發行의 性質

(1) 이에 관하여는 여러가지 견해가 대립하고 있다. ① 일찍이는 상환의무의 부담을 목적으로 하는 발행인의 행위라고 보는 견해가 있었으나, 발행인의

상환의무는 법률의 규정에 의한 것이고, 발행인이 의도한 결과가 아니므로 현재 이 설을 취하는 학자는 없다. ② 현재에는 환어음의 발행은 서면에 의한 「지급지시」이고, 지급지시는 한편으로 지급인에 대하여 자기명의로 발행인의 계산에서 어음금을 지급하는 권한을 수여하고, 다른 한편으로 수취인에 대하여 자기명의로 발행인의 계산에서 어음금의 지급을 받는 권한을 수여하는 「2중수권」이라고 보는 견해(支給指示說)가 다수설이다. 그 밖에 ③ 지급인이 발행인의 계산으로 지급할 수 있는 권한은 본래 발행인과 지급인 사이의 자금관계에 속하는 문제이고, 자금관계는 어음관계로부터 분리된 어음 외의 관계이므로, 환어음의 발행은 수취인의 권한을 중심으로 하여 이해할 것이라고 주장하는 견해가 있다. 이 설에 의하면 환어음의 발행은 수취인에 대하여 자기명의로 어음금의 지급을 받을 권한을 수여하는 단독행위이고, 지급인의 지급권한은 환어음에 체화될 성질의 것이 아니고 발행인과 지급인 사이의 자금관계에서 생기는 인적 관계에 지나지 않는다고 한다. 또한 ④ 인수 전의 환어음은 인수를 정지조건으로 하는 지급인에 대한 지급청구권과 인수거절이나 지급거절의 경우의 상환청구권 등의 택일적 관계에 있는 금전채권을 체화하는 유가증권이므로, 환어음의 발행은 이러한 택일적 관계에 있는 금전채권을 수여하는 의사표시라고 풀이하는 견해가 있다.

(2) 생각건대 환어음의 지급인이 그 지급의 효과를 발행인의 계산으로 돌릴 수 있는 것은 환어음상에 기재되는 지급위탁문구에 의한 것이므로, 이것을 자금관계상의 문제로 볼 것이 아니고, 또 환어음의 발행인에게 상환청구권을 부여하려는 의사가 있다고 보는 것은 실제와 맞지 아니하므로, 이를 전제로 하는 마지막 견해도 옳지 못하다. 따라서 환어음의 발행은 수취인에 대한 지급수령권한의 수여 외에 지급인에 대한 지급권한의 수여도 포함한다고 보는 지급지시설이 타당하다고 본다.

2. 發行의 效力

(1) 本質的效力(意思表示上의 效力)

(가) 환어음의 발행은 지급지시이므로, 환어음이 발행되면 수취인은 자기명의로 지급을 받을 수 있는 권한을 취득하고 또 지급인은 발행인의 계산으로 지급을 할 권한을 취득한다.

(나) 그러나 지급인은 자기를 지급인으로 하여 환어음이 발행되어도 그것만으로써는 당연히 지급의무를 부담하는 것은 아니고, 인수를 한 경우에만 지급의무를 부담한다. 즉 지급인은 인수 전에는 지급권한은 있되, 지급의무는 없다. 그러므로 지급인이 인수하기 이전의 환어음에는 확정적인 주채무자는 없고, 인수를 전제로 한 가정적인 주채무자만이 존재한다. 따라서 환어음의 발행에 의하여 인수를 조건으로 하는 어음금지급청구권이 발생한다고 볼 수 있다. 그리고 지급인이 그 권한에 기하여 어음금을 지급한 때에는 이것을 발행인의 계산으로 귀속시킬 수 있다.

(다) 위에서 말한 환어음발행의 본질적 효력은 의사표시상의 효력이다.

(2) 附隨的效力(擔保責任-法律上의 效力)

(가) 환어음의 발행인은 어음을 발행함으로써 그 어음의 인수와 지급을 담보할 책임을 지며(擔保責任), 지급인이 인수와 지급을 거절한 때에는 스스로 지급할 의무를 부담한다(어9 I). 따라서 인수나 지급의 거절을 조건으로 발행인에 대한 상환청구권이 발생한다. 발행인의 담보책임은 의사표시상의 효력이 아니라 어음의 유통을 확보하기 위하여 법률이 인정하는 법정책임으로 본다. 왜냐하면, 발행인이 지급을 담보하지 아니한다는 뜻의 문구를 적어도 효력이 없고(어9 II), 또 환어음은 발행인이 타인(支給人)에게 지급위탁을 하는 것으로서 의사표시의 내용은 발행인의 지급의무를 지향하고 있지 않기 때문이다. 이 점 약속어음의 발행과 다르다.

(나) 위 담보책임 가운데 인수담보책임만은 어음상에 면책문구(引受無擔保文句)를 적어 이를 면할 수 있다(어9 II). 그러나 지급담보책임은 절대로 면할 수 없으며, 지급을 담보하지 아니한다는 뜻의 문구(支給無擔保文句)를 적어도 어음상의 효력이 생기지 아니한다(어9 II後). 지급무담보문구는 어음 자체의 효력에는 영향을 미치지 아니한다(無益的記載事項).

(다) 또한 환어음의 발행인은 복본교부의무(어64)와 이득상환의무(어79)를 부담하는데, 이것도 법의 규정에 의하여 발생하는 어음법상의 의무이다.

(3) 支給指示(委託)의 撤回

(가) 환어음의 발행행위는 지급지시의 성질을 가지므로, 지급인이 인수 또는 지급을 하기 전까지는 언제든지 지급위탁을 철회할 수 있다고 본다(도民790참조). 지급지시가 유효하게 철회된 후에는 지급인이 지급을 하여도 이를 지시인의

계산으로 돌릴 수 없다. 그러나 발행인이 지급지시를 유효하게 철회한 경우에 지급인이 위 철회를 이유로 하여 어음소지인에게 지급을 하지 않으면, 발행인은 상환의무를 면하지 못한다.

(나) 수표법은 지급제시기간 경과 전에는 지급지시를 철회할 수 없도록 제한하는 특칙을 두고 있다(手32).

제2 約束어음의 경우

1. 發行의 性質

약속어음의 발행은 수취인과 어음의 정당한 소지인에 대하여 만기에 어음금액의 지급을 할 의무를 부담하는 행위, 즉 지급약속행위이다. 이것은 의사표시상의 효력이고 또 본질적인 효력이다.

2. 發行의 效力

(가) 약속어음을 발행하면, 발행인은 만기에 어음금액을 지급할 의무를 부담하게 된다(어78 I). 발행인의 이 의무는 의사표시상의 효과이고, 제1차적이고 무조건적인 의무이며, 절대적이고도 최종적인 의무이다. 이를 분설하면 다음과 같다.

① **第1次的·無條件的義務** 배서인의 의무와 같은 상환의무는 원칙적으로 어음소지인이 발행인에 대하여 지급제시기간 내에 지급제시를 하고 발행인이 지급을 거절한 경우에 비로소 발생하는 의무로서, 발행인 다음에 지는 제2차적 의무이고 지급거절의 경우에만 지는 조건부의무이다. 이에 반하여 약속어음의 발행인의 의무는 제1차적으로 부담하는 의무로서 다른 사람에 뒤이어 부담하는 것이 아니고, 또 다른 사람이 지급을 거절한 경우에만 부담하는 조건부의무도 아니다. 만일 약속어음의 소지인이 지급제시기간(어34, 38, 77 I ②③)에 어음을 제시하고 지급을 구하였음에도 불구하고 발행인이 지급을 거절한 경우에는, 소지인은 발행인에 대하여 어음금액 이외에 만기 이후의 연 6푼(分)의 이율에 의한 법정이자의 지급을 청구할 수 있다(어28 II, 48 I ①②, 77 I). 이 경우의 연 6푼의 금액은 지연손해금이 아니라 이자이고, 이자의 기산일은 지급제시의 날이 아

니고 만기일임을 주의하여야 한다(大判 65. 9. 7, 65 다 1139).

② **絕對的義務** 어음소지인이 배서인 등에 대하여 상환청구를 하기 위하여는 소정의 제시기간 내에 적법한 지급제시를 하고, 원칙적으로 지급거절증서를 작성하지 않으면 안된다(어 44 I, 77 I ④). 이러한 어음상의 권리의 보전절차를 취하지 아니한 경우에는 소지인은 상환청구권을 행사할 수 없고, 상환의무자는 책임을 면하게 된다. 즉, 상환의무자의 의무는 어음소지인이 보전절차를 취하는 것을 전제로 하여 발생하는 것이므로, 상대적 의무라고 말할 수 있다. 이에 반하여 약속어음의 발행인은 어음소지인이 보전절차를 취하였는가의 여부에 관계없이 만기로부터 3년의 시효기간 내(어 70 I, 77 I ⑧)에는 지급의무를 지는 것이므로, 그의 의무는 절대적 의무이다.

③ **最終的義務** 상환의무를 이행하고 어음을 환수한 상환의무자는 자기의 전자인 배서인 등에 대하여 재상환청구를 할 수 있고, 또 발행인에 대하여 지급을 청구할 수 있다. 이 경우에 청구할 수 있는 금액은 상환의무를 이행한 자가 지급한 총금액, 그 금액에 대한 연 6푼의 이율에 의하여 계산한 지급일 이후의 이자 및 지출한 비용 등이다(어 49, 77 I ④). 이처럼 상환의무자는 최종적인 의무자는 아니다. 이에 대하여 약속어음의 발행인이 어음금을 지급하고 어음을 환수한 경우에는 어음상의 권리의무는 소멸하고, 발행인이 다시 다른 사람에게 청구한다고 하는 문제는 일어나지 않는다. 그러므로 약속어음의 발행인의 의무는 최종적인 의무이다.

(나) 약속어음의 발행인이 위 지급의무를 부담하는 것은 약속어음 발행의 본질적 효력이다. 따라서 발행인이 지급책임을 지지 않는다는 취지의 문구(免責文句)를 적으면, 이것은 발행의 본질적 효력을 뒤엎는 것이 되므로, 이 경우에는 그 면책문구가 무효로 될 뿐만 아니라, 약속어음 자체가 무효로 된다. 즉 면책문구는 환어음의 경우와는 달리 유해적(有害的) 기재사항이다.

제3절 어음要件

제1 序 說

(1) 어음채무가 유효하게 성립하기 위하여는 일정한 형식적 요건이 구비되지 않으면 안된다. 어음법은 기본어음에 기재하지 않으면 안될 사항을 법정하고 있고(어1·75), 이것을 흠결한 증권은 원칙적으로 어음으로서의 효력을 갖지 못한다고 규정하고 있다(어2 I·76 I). 이것을 「어음요건」 또는 「필수적 기재사항」이라고 한다. 환어음의 어음요건은 아홉 가지이고, 약속어음의 어음요건은 여덟 가지이다. 약속어음에는 지급인이 없으므로 그 기재가 불필요하고, 따라서 어음요건의 수가 하나 줄어든 것이다.

(2) 어음법이 규정한 어음요건 가운데에는 어음의 효력에 본질적인 것이어서 불가결인 것도 있고(예컨대 어1 ①②③⑥⑧ 등), 이를 기재하지 않아도 되는 것이 있으며(예컨대 어1④), 또 다른 기재에 의하여 대체할 수 있는 것도 있다(예컨대 지급지, 발행지).

	(換어음)	(約束어음)	
어음의 基礎要件	1. 換어음文句	1. 約束어음文句	불가결한 要件
	2. 어음金額의 支給委託	2. 어음金額의 支給約束	
어음當事者	3. 支給人	3. 受取人	
	4. 受取人	4. 發行人(記名捺印 또는 署名)	
	5. 發行人(記名捺印 또는 署名)		
發行과 支給의 方式 (日時와 場所)	6. 發行日	5. 發行日	
	7. 滿期	6. 滿期	기재하지 않아도 되는 要件
	8. 發行地	7. 發行地	대체가능한 要件
	9. 支給地	8. 支給地	

어음요건을 그 성질에 따라 분류하면 앞의 도표와 같다.

(3) 앞의 도표에서 알 수 있듯이 환어음과 약속어음의 어음요건은 우선 어음문구의 내용이 다르고, 다음 어음금액의 지급위탁이냐 지급약속이냐의 점이 다르고, 끝으로 약속어음에는 지급인이 없다는 점을 빼고는 양자가 동일하므로, 다음에는 환어음과 약속어음의 경우를 나누지 않고 각 요건을 개별적으로 설명하기로 한다.

제2　個個의 어음要件

1. 어음文句

(1) 어음에는 어음임을 표시하는 글자(어음문구)가 포함되어야 한다(어1①, 75①). 환어음의 경우에는 「증권의 본문 중에 그 증권을 작성할 때 사용하는 국어로 환어음임을 표시하는 글자」(換어음文句)가 있어야 하고, 약속어음의 경우에는 「증권의 본문 중에 그 증권을 작성할 때 사용하는 국어로 약속어음임을 표시하는 글자」(約束어음文句)가 있어야 한다.

(2) 어음문구는 증권을 작성할 때 사용하는 국어로 기재하여야 한다. 따라서 예컨대 한국어로 작성된 어음은 어음문구도 한국어로 기재하여야 한다. 어음작성 상 사용되는 국어에는 제한이 없다. 만일 한 개의 어음에 수개국어를 혼용하여 기재한 경우에는 어음의 핵심인 지급위탁문구 또는 지급약속문구에 사용된 국어로 어음문구를 기재하여야 한다.

(3) 어음문구의 기재장소에 관하여는 증권의 표제로서 기재하면 족한가(表題說), 또는 어음증권의 본문(지급위탁문구 또는 지급약속문구) 중에 기재하여야 하는가(本文說)에 관하여 학설상 다툼이 있으나, 후설이 타당하다(通說).

(4) 어음임을 표시하는 글자로서는 「환어음」 「약속어음」은 물론, 「환어음증서」 「약속어음증서」 등의 글자도 무방하지만, 단순히 「어음」 「증권」 「증서」라고 하는 글자는 부적법하다고 본다.

2. 어음金額의 支給委託 또는 支給約束

(1) 支給委託 또는 支給約束文句

환어음에는 조건 없이 일정한 금액을 지급할 것을 위탁하는 뜻을 적어야 하고(어1②), 약속어음에는 조건 없이 일정한 금액을 지급할 것을 약속하는 뜻을 적어야 한다(어75②). 전자를 지급위탁문구라고 하며, 보통 「위의 금액을 이 환어음과 상환하여 ○○○ 또는 그 지시인에게 지급하여 주십시오」라고 기재하고, 후자를 지급약속문구라고 하며, 「위의 금액을 귀하 또는 귀하의 지시인에게 이 약속어음과 상환하여 지급하겠습니다」라고 기재한다.

(2) 對 象

지급위탁 또는 지급약속의 대상은 일정한 「금액」이어야 한다. 따라서 금전 이외의 물건의 급여를 목적으로 하는 물품어음은 인정되지 아니한다.[1)] 반드시 일정액의 금전의 지급을 목적으로 하는 증권이어야 하지만, 다만 표시될 금전은 강제통용력이 있는 법화에 한정되지 않으며 또한 내국통화는 물론 외국통화의 표시도 무방하다(어41). 어음금액의 최고·최저의 한도는 없다.

(3) 金額의 表示

(가) 어음금액의 표시는 「일정」하여야 한다. 따라서 「100만원 또는 50만원」과 같은 선택적 기재나, 「100만원 이상」 또는 「100만원 이하」와 같이 최고액 또는 최저액만의 기재를 하는 것은 부적법하다. 「만기에 있어서의 환시세에 의한 미화 일백불에 상당하는 한화」라든가, 「만기에 있어서의 1,000파운드의 호밀의 시세에 상당하는 금액」과 같은 기재도 어음면에 금액이 확정되어 있지 아니하므로 부적합하다.

(나) 어음금액은 원칙적으로 「단일」하여야 한다. 따라서 어음금액을 원금과 이자의 두 가지로 나누어 기재하는 것, 예컨대 「100만원+연 5%의 이자」 따위로 기재하는 것은 허용되지 않는 것이 원칙이다. 만일 이처럼 이자를 기재하면 그것을 기재하지 않은 것으로 본다(어5 I 2文). 따라서 당사자들은 미리 만기까지의 이자를 계산하여 이를 어음금액에 포함시켜 기재하여야 한다. 다만 위의 원칙에 대하여는 일람출급 또는 일람후 정기출급의 어음의 경우에는 예외가 인정된다. 이들 어음에 있어서는 만기까지의 기간을 미리 예측할 수 없으므로 이자액도 미리 알 수 없고, 따라서 이를 어음금액에 포함시킬 수 없기 때문에, 이들 어음에 있어서는 어음금액에 관하여 이자가 생길 뜻의 약정을 기재할 수 있다(어5 I). 다만 이 경우에도 이율을 어음에 기재하여야 하며, 만일 이율의 기재를 하지 않으면 이자의 약정을 기재하여도 기재하지 않은 것으로

1) 백미 24가마니를 지급한다는 내용의 약속어음은 무효이다. 大判 64. 8. 31, 63 다 969.

본다(어5 II). 왜냐하면 이율을 기재하지 않으면 이자의 액을 계산할 수 없기 때문이다.

(4) 글자 또는 數字

어음금액은 글자로 표시하든 숫자로 표시하든 상관이 없고, 발행인의 자유이다. 실제에 있어서는 변조를 방지하거나 오류를 피하기 위하여 어음금액을 어음의 수개 소에, 또는 글자와 숫자의 양자로 기재하는 일이 많다. 이러한 경우에 어음금액이 일치하지 아니하는 때에는 글자와 숫자 사이에서는 글자에 의하여, 글자와 글자, 숫자와 숫자 사이에 있어서는 그 최소금액에 의하는 것으로 하였다(어 6, 77 II).[1)]

(5) 記載場所

어음금액을 기재할 장소에는 제한이 없고, 어음문구와 같이 반드시 본문 중에 기재하여야 하는 것은 아니다. 그리하여 어음금액은 본문과 분리하여 기재하고 있는 것이 종래의 관례이다.

(6) 無條件性

지급할 것을 위탁 또는 약속하는 뜻은 「조건 없이」 하여야 한다. 따라서 지급에 조건을 붙이거나 지급방법 또는 지급자금을 한정하는 경우에는 지급위탁 또는 지급약속의 무조건성·단순성을 해하므로 그 어음을 무효로 한다.[2)] 예컨대 「매매목적물의 수령을 확인하고 지급하겠습니다」, 「목적물의 인도와 상환으로 지급하겠습니다」, 「만원권으로 지급하여 주십시오」, 「귀하가 보관 중인 갑회사의 예금 중에서 지급하여 주십시오」 하는 따위의 경우에는 그 어음이 무효로 된다.

3. 支給人의 名稱

(1) 意 義

지급인의 명칭은 지급위탁증권인 환어음에만 필요한 요건이고, 약속어음에 있어서는 지급인은 어음당사자가 아니다. 지급인은 어음금액을 지급할 자이다.

---

1) 따라서 어음금액을 글자와 숫자로 표시한 경우에 숫자만의 변경은 어음의 변조가 되지 아니한다(獨 Stuttgart 高判 36. 12. 2).

2) 大判 71. 4. 20, 71 다 418(甲 수표가 부도될 때에 한하여 유효하다는 조건부로 발행한 어음은 무효이다).

(2) 實在人與否

지급인의 명칭이 적혀 있지 아니하면 그 환어음은 무효이다(백지어음은 예외). 그러나 지급인으로 적혀 있는 자가 실재하지 않는 허무인인 경우(지하실어음 또는 허무어음)에도 그 환어음은 무효가 아니다. 이 경우에는 아무도 인수를 할 수 없지만, 이 어음의 발행인이나 배서인은 담보책임을 진다.

(3) 表示方法

지급인의 명칭을 표시하는 방법으로서는 자연인의 성명, 법인의 상호를 적는 것이 보통이지만, 지급인의 동일성을 인식할 수 있는 한 어떠한 명칭이라도 무방하며(大判 61. 11. 23. 4294 民上 65), 통칭·아호·예명·별명 등을 사용하여도 좋다. 회사 또는 법인을 지급인으로 하는 경우에는 그 상호를 적으면 족하고, 반드시 대표자의 성명을 표시할 필요는 없다. 지급인으로서 권리능력이 없는 사단 또는 조합을 적은 경우에는 어음 자체의 효력을 인정하고 위 사단 또는 조합의 구성원들을 지급인으로 표시한 것으로 보아야 할 것이다.

(4) 複數記載

① 환어음의 지급인을 여러 명 적는 방법에는 중첩적으로 적는 것(甲과 乙)과 선택적으로 적는 것(甲 또는 乙) 및 순차적으로 적는 것(甲을 제1지급인, 乙을 제2지급인) 등이 있는데, 이 가운데 지급인을 중첩적으로 적는 것은 유효하지만(RGZ 46. 132. BEA §6 II), 선택적으로 적는 것은 어음관계를 불명확하게 하므로 무효라고 본다. 수인을 순차적으로 적는 경우는 제1지급인만을 지급인으로 하고 제2지급인을 예비지급인으로 하는 취지라고 해석하여야 할 것이다.

② 수인의 지급인이 중첩적으로 적혀 있는 경우에는, 그 전원이 지급을 거절하지 않는 한 지급거절로 인한 상환청구를 할 수 없다. 그러나 인수거절로 인한 만기 전의 상환청구는 지급인 가운데 1인만이 인수를 거절하여도 가능하다(通說). 그 이유는 수인의 지급인을 적을 때에는 발행인은 지급인들로 하여금 合同責任을 지도록 하려는 의도를 갖고 있기 때문이다.

(5) 自己앞換어음

환어음의 발행인은 자기자신을 지급인으로 적을 수도 있는데(어 3), 이러한 환어음을 자기앞어음이라 한다. 예컨대 본점이 지점을 지급인으로 하여 환어음을 발행하거나, 지점이 타지점을 지급인으로 하여 환어음을 발행하는 경우(지점어음)가 그것이다. 자기앞환어음은 외견상 환어음이나 실제로는 약속어음과 같은 기능을 한다. 왜냐하면 발행인이 지급인으로서 지급을 하기 때문이다.

(6) 當事者資格의 兼倂

(가) 意　義: 　환어음에는 발행인·지급인·수취인의 3당사자가 있어야 하고, 약속어음에는 발행인과 수취인의 2당사자가 있어야 한다. 이들 당사자의 자격은 각각 별개의 인격자에 속하는 것이 보통이나, 어음법은 당사자자격의 두개를 동일인이 가지는 것을 인정하고 있다. 즉 환어음에 있어서는 발행인자격과 수취인자격(어3 I) 및 발행인자격과 지급인자격(어3 II)을 동일인이 가지는 것을 인정하고 있다. 이처럼 동일인이 두개 이상의 당사자자격을 가지는 현상을 「당사자자격의 겸병(兼倂)」이라고 한다.

(나) 認定根據: 　어음관계의 당사자는 일반 사법상의 법률관계에 있어서의 권리의무의 당사자와 같이 서로 이해가 상반하는 관계에 있는 것이 아니고, 어음금액의 지급과 그 지급을 받을 수 있는 지위의 유통성의 확보라고 하는 공동목적을 달성하기 위하여 서로 협동하는 관계에 있으며, 어음관계의 당사자자격은 순전히 형식적·추상적 관념에 불과하므로, 이들 자격이 한 사람에게 겸병되어 어음상에 기재되어도 그 어음은 형식상 위법이라 할 수 없고 유효하다고 보아야 할 것이다. 여기에 어음당사자자격의 겸병을 인정할 수 있는 이론적 근거가 있다. 뿐만 아니라 당사자자격의 겸병은 실제에 있어서도 다음에 보는 바와 같이 매우 필요하다.

(다) 發行人과 支給人 사이의 資格兼倂(어3 II): 　이러한 어음을 「자기앞환어음」이라고 하며, 이에 관하여는 이미 전술하였다.

(라) 發行人과 受取人 사이의 資格兼倂(어3 I): 　이러한 어음을 「자기지시어음 또는 자기수(受)어음」이라고 한다. 甲 乙간의 상품매매에 있어서 매도인 甲이 매수인 乙에게 상품을 송부하고 자기를 수취인으로 하여 매매대금에 상당하는 금액을 乙에게 지급위탁하는 환어음을 발행하여 은행에 할인을 위하여 배서양도하는 경우에 많이 이용된다. 약속어음에 관하여도 자기지시어음이 가능한가에 관하여, 어음당사자는 별개인인 것이 원칙인 점 및 어음법 제3조가 약속어음에 준용되지 않는다는 점 등을 이유로 이를 부정하는 견해(日大判 1903. 10. 10, 民錄 9. 1097 등)도 있으나, 어음당사자는 어음금액의 지급이라는 공동목적을 위하여 협력하는 관계에 있고, 어음관계에 제3자의 개입(예컨대 배서)이 예상되므로, 이를 긍정

하여야 할 것이다.

(마) 受取人과 支給人 사이의 **資格兼併**: 어음법에 규정은 없으나, 이론상으로는 가능할 뿐만 아니라, 실제상으로도 지급인이 발행인의 신용을 이용하거나 또는 지급인이 일면 지급인으로서 행위하고, 타면 타인의 대리인으로서 어음금을 수령할 지위에 있을 때에 이를 이용할 실익이 있기 때문에, 인정된다고 본다.

(바) 發行人·支給人·受取人의 三資格의 **兼併**: 어음법에 규정은 없으나, 자기앞어음과 자기지시어음을 결합함으로써 가능하다고 본다(通說).

4. 受 取 人

모든 어음에는 「지급받을 자 또는 지급받을 자를 지시할 자의 명칭」을 적어야 한다(어 1 ⑥, 75 ⑤). 따라서 수취인을 적지 아니한 어음은 무효이다(다만 백지어음인 경우는 예외이다).

(1) 意 義

지급받을 자 또는 지급받을 자를 지시할 자라 함은 어음의 제1취득자인 수취인을 가리킨다. 어음법이 수취인이라 하지 않은 것은 제1의 취득자인 수취인이 반드시 스스로 어음금액을 수취한다고 말할 수 없고 타인을 지시하는 경우가 있음을 예상하였기 때문이다. 발행인이 「지급받을 자」의 명칭을 적은 어음을 「기명식 어음」, 「지급받을 자를 지시할 자」의 명칭을 적은 어음을 「지시식 어음」이라고 하는데, 어음은 법률상 당연한 지시증권이므로 기명식으로 발행하여도 배서양도할 수 있음은 물론이다(어 11 I).

(2) 表示方法

수취인을 표시하는 방법은 지급인이나 발행인의 경우와 같이 누가 수취인인가를 특정할 수 있을 만한 명칭을 적으면 된다(大判 78. 12. 13, 78 다 1567). 성명·상호·아호에 의한 표시도 유효하고, 실재하지 아니하는 자를 적어도 그 어음은 형식적 요건을 갖춘 것으로 볼 수 있다. 성명을 적은 경우에 오자·탈자가 있더라도 전체로써 수취인을 특정할 수 있는 정도이면 유효하다. 회사 기타 법인의 경우에는 그 상호만 적으면 되고 대표기관을 표시할 필요가 없음은 지급인에 관하여 설명한 바와 같다(大判 78. 12. 13, 78 다 1567). 또 조합이나 권리능력없는 사단이 수취인으로 적혀 있는 경우에는 그 구성원을 수취인으로 표시한 것으로 보아 어음요건을 갖추었다고 풀이하여야 한다.

(3) 複數記載

① 수취인의 복수기재는 중첩적으로(甲과 乙), 선택적으로(甲 또는 乙) 또는 순위적으로(제1수취인 甲, 제2수취인 乙) 할 수 있다. 지급인의 경우와는 달리 선택적·순위적으로 적더라도 어음관계를 불명확하게 하지 않기 때문이다. 왜냐하면 발행인이 어음을 수취인에게 교부함으로써 비로소 어음관계가 발생하고 어음상의 권리자가 생기는데, 어음상의 권리는 어음증권을 취득하는 수취인만이 이를 취득할 수 있기 때문이다.

② 수인의 수취인을 중첩적으로 적었을 때에는 모든 수취인은 공동수취인으로서 전원이 공동으로 권리를 행사하여야 하며, 배서를 함에 있어서도 전원의 명의로 하여야 한다(通說). 그러나 선택적 기재·순위적 기재를 할 때에는 어음소지인인 수취인이 단독으로 배서하고, 또 권리를 행사할 수 있다.

(4) 當事者資格의 兼併

수취인에 관하여도 당사자자격의 겸병이 인정된다. 즉 환어음의 발행인은 스스로 수취인이 될 수 있다(어3 I). 이러한 어음을 자기지시어음 또는 자기수어음이라고 한다는 점 및 약속어음에 관하여도 이것을 인정하여야 한다는 점은 전술하였다. 자기지시어음은 배서·인수 기타의 어음행위를 하지 않고 발행인의 수중에 보관되어 있는 동안에는 아직 어음의 효력이 생겼다고 할 수 없다(交付契約說).

(5) 無記名어음의 不許

어음에는 수취인의 명칭을 적어야 하므로, 무기명어음은 인정되지 않는다.[1] 선택무기명식의 어음(甲 또는 소지인 귀하)은 이를 지시식어음과 동일시하여 효력을 인정하는 견해가 유력하지만, 선택무기명식은 소지인출급식과 동일시할 수 있으므로(手5 II), 인정되지 않는다고 본다.

5. 發行人의 記名捺印 또는 署名

모든 어음에는 발행인이 기명날인 또는 서명을 하여야 한다(어1⑧, 75⑦).

---

1) 영미법상으로는 수취인의 기재는 어음요건이 아니므로, 무기명어음(소지인출급식어음, bearer draft or note)이 인정된다. U.C.C. §3104 (a); BEA §§3 (1), 83 (1).

(1) 意 義

「발행인」은 발행이라는 어음행위를 하는 자이다. 모든 어음행위는 행위자의 기명날인 또는 서명을 요하므로, 발행행위에 있어서도 발행인의 기명날인 또는 서명이 요구된다. 발행인은 어음이라는 증권의 창조자이며, 환어음에 있어서는 제1의 담보의무자이고, 약속어음에 있어서는 제1차적 지급의무자(主債務者)이다.

(2) 記名捺印 또는 署名의 眞否

발행인의 기명날인 또는 서명은 진정한 것이 아니어도 좋고 또 실재하지 않는 자의 기명과 날인 또는 서명이어도 상관없다. 또 기명날인 또는 서명이 위조된 것이라도 무방하나, 이 경우에 위조자가 책임을 지는 것은 별문제이다. 또 발행인의 기명이 그 본명과 일치하여야 하는 것도 아니며(大判 69. 7. 22, 69 다 742), 기명과 날인이 일치될 필요도 없다(大判 78. 2. 28, 77 다 2489). 그러나 발행인의 이름으로 불가능한 것이 적혀 있는 경우(예컨대 외계인 따위)에는 그 어음은 무효이다.

(3) 記名捺印 또는 署名의 資格

발행인의 기명날인 또는 서명은 발행인으로서 기명날인 또는 서명하여야 한다. 따라서 기명날인 또는 서명 앞에 「보증인으로서」 또는 「증인으로서」 따위의 부가어를 적은 경우에는 그 어음은 무효이다.

(4) 記載場所

발행인의 기명날인 또는 서명은 반드시 어음 자체에 하여야 하고, 보충지나 등본에 할 수 없다. 보충지나 등본에 한 발행인의 기명날인 또는 서명은 무효이다(日大判 31. 1. 24, 民集 10. 1. 30).

(5) 手記與否

발행인의 기명은 반드시 수기(手記)하여야 하는 것은 아니다. 서명(自署)도 마찬가지라고 본다.[1]

(6) 共同發行

수인이 공동으로 어음을 발행하는 경우를 말한다.

(가) 種類와 有效性: 수인의 발행인을 중첩적으로 적는 것(甲과 乙), 선택적으로 적는 것(甲 또는 乙) 및 순차적으로 적는 것(제1발행인 甲, 제2발행인 乙) 등이 있다. 중첩적 기재는 유효하지만(異論없음), 선택적 기재와 순위적 기

1) 서명에 관하여도 수기를 요구하지 않는 나라가 많다. U.C.C. §3401 (b); Byles, p.12 f.

재는 어음관계의 확정성과 상환청구조건의 일정성에 반하므로 효력이 없다고 본다(多數說).

(나) 法的性質

① 공동발행은 각각 독립한 수개의 어음행위이고, 어음은 불가분성·문언증권성을 가지므로, 공동발행인은 각자가 어음금을 지급할 합동책임(어 47)을 진다고 본다(通說. 大判 70. 8. 31, 70 다 1360).[1] 공동발행인 중의 1인이 어음금을 지급한 때에는 다른 발행인도 어음상의 책임을 면하지만, 다른 공동발행인에 대하여 어음관계상의 구상은 할 수 없고, 실질관계상의 구상이 허용될 뿐이다.

② 공동발행인은 합동책임을 지는 결과 그 1인에 대한 이행청구는 다른 사람에게 효력을 미치지 않고, 따라서 소멸시효의 중단은 각 발행인에 대하여 하여야 하며, 그 1인과의 사이에 혼동이나 경개가 있더라도 다른 사람에게 영향을 미치지 않는다. 그리고 약속어음에 있어서 배서인에게 상환청구를 하려면, 공동발행인 전원에 대하여 지급제시를 하고 지급거절이 되어야 한다.

(다) 記名捺印 또는 署名의 場所: 발행인의 기명날인 또는 서명은 반드시 어음 자체에 하여야 하므로, 공동발행의 경우에도 모든 공동발행인은 어음 자체에 기명날인 또는 서명을 하여야 하고, 보충지 또는 등본에 기명날인 또는 서명을 한 경우에는 그 기명날인 또는 서명은 공동발행으로서는 무효라고 본다(日大判 31. 1. 24, 民集 10. 26). 왜냐하면 보충지 또는 등본에 할 수 있는 어음행위는 법정되어 있기 때문이다.

(라) 共同發行과 어음保證

① 발행인이 기명날인 또는 서명을 할 곳에 수인이 모두 발행인임을 명시하고 기명날인 또는 서명한 때에는 공동발행이 되고, 그 가운데 1인은 발행인, 나머지는 어음보증인임을 명시한 때에는 각각 발행인과 어음보증인으로서 책임을 지는 점에 관하여는 아무런 의문이 없다.

② 발행인의 기명날인 또는 서명이 행하여질 장소에 단지 복수의 기명날인 또는 서명이 열기되어 있을 뿐, 그들이 발행인인지 어음보증인인지 명시되어

1) 일본에는 공동발행은 복수인에 의하여 행하여지는 1개의 상행위이고(일본상법상 어음에 관한 행위는 절대적 상행위이다. 日商 501 ④), 또 어음법 제47조 제1항은 어음행위자가 합동책임을 진다는 것을 규정하는 데 그치고, 공동발행인 상호간에 연대채무를 부담하는 것까지 금지하는 것은 아니라는 이유로 공동발행인은 상법 제57조에 따라 연대책임을 진다고 보는 견해도 있다. 우리나라에서는 어음행위가 절대적 상행위로 되어 있지 않으므로, 이 견해는 존재할 수 없다.

있지 않은 경우의 처리에 관하여 (ㄱ) 각 기명날인 또는 서명 사이에 주종의 차별이 인정되지 않는 경우에는 이를 공동발행으로 풀이하는 견해, (ㄴ) 첫머리에 기명날인 또는 서명한 자만을 발행인으로 보고, 그 나머지의 기명날인 또는 서명자를 보증인으로 보는 견해, (ㄷ) 첫머리의 기명날인 또는 서명자는 발행인으로 보고, 두번째 이하의 기명날인 또는 서명자는 그가 어음의 지급장소로 기재되어 있는 은행과의 사이에 당좌거래를 갖고 있으면 공동발행인으로 보고, 그러한 거래가 없으면 보증인으로 추정하는 견해, (ㄹ) 이 경우에 어음소지인이 그 선택에 따라 모두를 공동발행인으로 취급할 수도 있고, 첫머리에 기명날인 또는 서명한 자는 발행인, 두번째 이하에 기명날인 또는 서명한 사람은 어음보증인으로 취급할 수도 있다고 하는 견해 등이 대립하고 있다. 기명날인 또는 서명의 크기·배치·형태에 있어서 특별한 차이가 없는 한 발행인이 기명날인 또는 서명할 것으로 예정된 곳에 기명날인 또는 서명한 자는 발행인으로서 기명날인 또는 서명한 것으로 보는 것이 타당하므로, 첫째의 견해에 찬성한다(通說).

공동발행인이든 어음보증인이든 각자 어음금액 전액에 대한 지급의무를 부담하지만, 양자는 다음과 같은 차이가 있다. 즉 (ㄱ) 첫머리에 기명날인 또는 서명한 자만을 발행인으로 보고 다른 사람을 모두 보증인으로 보는 경우에는 첫머리의 기명날인 또는 서명에 형식적 하자가 있는 때에는 그 어음이 무효로 됨에 반하여, 공동발행으로 보는 경우에는 첫머리의 기명날인 또는 서명에 형식적 하자가 있더라도 다른 기명날인 또는 서명에 형식적 하자가 없으면 다른 기명날인 또는 서명자의 책임은 여전히 존재하고, (ㄴ) 공동발행으로 보는 경우에는 1인이 지급을 하면 다른 발행인에 대하여 민법상의 구상권밖에 갖지 못함에 반하여, 보증인은 지급을 하면 피보증인 및 그 어음채무자에 대하여 어음상의 권리를 취득하며(어 32 III), (ㄷ) 어음이 부도된 경우에, 모두를 공동발행으로 보면 전원이 거래정지처분의 대상이 되나, 첫머리의 기명날인 또는 서명자만을 발행인으로 보면 그 자만이 거래정지처분을 받을 뿐이다.

(마) **異時的共同發行**: 어음에 발행인이 기명날인 또는 서명을 하고 이를 수취인에게 교부하여 어음이 유통되고 있는 동안에 다른 사람이 그 어음의 발행인란에 공동발행인으로서 추가로 기명날인 또는 서명을 하는 경우에 관하여, ① 어음의 공동발행을 1개의 행위로 보는 입장에서는 뒤에 공동발행인으

로서 기명날인 또는 서명한 것은 처음의 발행행위와는 때를 달리하는 별개의 행위이므로 공동발행이 아니고, 뒤에 기명날인 또는 서명한 자의 구체적 의사는 본래의 어음채무를 보증하는 데 있으므로 어음보증으로 보는 견해가 있으나, ② 공동발행은 각 발행인이 각각 독립하여 어음채무를 부담하는 발행행위를 하는 것이고 합동책임을 지는 점에 비추어 이를 1개의 행위로 볼 필요는 없으므로 이 경우에는 공동발행이 성립한다고 본다(多數說. 日最判 64. 4. 21, 民集 18. 4. 552). 위 사례와는 달리 어음을 수취인에게 교부하기 전에 수인이 공동발행인으로서 기명날인 또는 서명하는 경우에는 설사 그 수인이 같은 장소에서 동시에 기명날인 또는 서명하지 아니하였더라도 유효하다.

6. 滿期의 表示

(1) 滿期의 意義

「만기」는 어음금액이 지급될 날로서 어음상에 적혀있는 날이다. 만기는 절대적인 어음요건이 아니므로, 이를 적지 아니하여도 어음이 무효로 되지는 않고, 일람출급의 어음으로 본다(어 2 II, 76 II). 만기는 만기일이라고도 하며 거래상 지급기일이라고도 한다. 만기는 어음법 제70조 제1항의 「만기일」과 같으나, 동법 제38조 제1항과 제44조 제3항의 「지급을 할 날」 또는 동법 제41조 제1항의 「지급하는 날」과는 다른 관념이다. 「지급을 할 날」은 보통 만기와 일치하나, 만기가 법정휴일인 때에는 이에 이은 제1의 거래일이 지급을 할 날이 되므로(어 72 I), 이 경우에는 양자가 다르게 된다. 예컨대 1월 1일을 만기로 한 때에는 1일이 휴일이므로 1월 2일이 지급을 할 날이 된다. 또 「지급하는 날」은 현실로 지급이 행하여진 날을 말한다.

(2) 滿期의 單一確定과 可能

만기는 단일하여야 하므로, 어음금액의 일부마다 각별로 수개의 만기를 정하는 분할출급(分割出給)의 어음은 무효이며(어 33 II), 또 각 지급인에 대하여 각각 상이한 만기를 정할 수 없다. 또 만기는 확정할 수 있는 날이어야 한다.[1] 즉 어음 자체에서 알 수 있는 날이어야 하고, 어음 외의 사정에 의하여 좌우되는 날이어서는 안된다. 그러므로 시장개최일을 만기로 하는 시장어음이나 상관례에 따라 만기를 정하는 상관습어음 따위는 인정되지 않는다. 또한 만기

1) '용마산현장 준공후'라는 만기는 무효이다(大判 97. 5. 7, 97 다 4517).

는 어음금액이 지급될 날이므로 그것은 가능한 날이어야 한다. 그러므로 발행일 이전의 날짜를 만기로 하는 어음은 무효이다(大判 2000. 4. 25, 98 다 59682). 이에 반하여 세력에 없는 날, 예컨대 2월 30일, 9월 31일을 만기로 한 어음은 2월말 또는 9월말을 만기로 한 어음으로 풀이하여 유효하다고 본다(多數說. 大判 81. 7. 28, 80 다 1295).

(3) 滿期의 種類

어음법은 만기를 명확하게 하기 위하여 다음의 4가지의 만기만을 인정하고 있고, 그 이외의 만기는 무효로 하고 있다.

(가) 一覽出給 일람의 날, 즉 지급을 위하여 제시가 있었던 날을 만기로 하는 것이며(어 33 I ①), 일람일을 만기로 하는 어음을 일람출급어음이라고 한다. 보통 「어음 제시 즉시 지급하여 주십시오」, 「일람 즉시(또는 청구 즉시) 지급하겠습니다」 따위로 표시된다. 이 경우의 제시는 지급을 위한 제시를 말하며, 인수를 위하여 제시하여도 그 날이 만기가 되는 것은 아니다. 어음법 제34조 제2항은 발행인이 일정한 기일 전에는 일람출급어음의 지급을 위한 제시를 금할 수 있도록 정하고 있으므로, 실제로는 확정일후 일람출급어음과 일정기간경과후 일람출급어음의 두 가지가 있을 수 있다.

일람출급어음에 있어서는 만기의 도래가 어음소지인의 지급제시에 달려 있으므로 어음채무자는 지급제시가 없는 한 오랫동안 채무를 벗어날 수 없게 된다. 그리하여 어음채무자를 부당하게 장기간 구속하는 일이 없도록 하기 위하여 법은 발행일자로부터 1년 내에 지급을 위하여 제시를 하여야 한다고 규정하고 있다(어 34 I 2文). 그러나 발행인은 이 기간을 단축 또는 연장할 수 있고, 배서인은 이것을 단축할 수 있다(어 34 I 3文). 발행인이 정한 제시기간은 모든 어음관계자에 대하여 그 효력이 있으나, 배서인이 정한 기간은 그 배서인에 한하여 이를 원용할 수 있다(어 53 III).

(나) 一覽後定期出給

① 일람 후 일정한 기간을 경과한 날을 만기로 하는 것이며(어 33 I ②), 이러한 어음을 일람후정기출급어음이라 한다. 환어음에 있어서의 일람의 날은 인수를 위하여 제시가 있었던 날을 의미함에 반하여(어 22 I, II 但 참조), 약속어음에 있어서의 일람의 날은 만기를 정하기 위하여 어음을 제시한 날, 즉 글자 그대로 일람을 위하여 제시가 있었던 날을 말한다(어 78 II). 일람후정기출급어음의 만기는 보통 「일람 후 14일을 경과한 날에 지급하여 주십시오」 또는 「어음제시 후 8일이

경과한 날에 지급하겠습니다」 따위로 표시된다.

② 일람후정기출급어음의 만기는 일람까지의 기간, 즉 인수제시(환어음) 또는 일람제시(약속어음)까지의 기간과 일람 후의 일정기간과의 양자에 의하여 결정된다. (ㄱ) 일람까지의 기간은 일람출급어음에 있어서와 같이 발행일자로부터 1년이다(어 23 I, 78 II 1文). 일람후정기출급어음에 있어서도 만기의 도래는 어음의 제시에 달려 있으므로, 그 제시기간을 정할 필요가 있기 때문이다. 발행인은 이 기간(1년)을 단축 또는 연장할 수 있고, 배서인은 이를 단축할 수 있다(어 23 II·III, 78 II). (ㄴ) 일람 후 일정기간의 계산은 ⓐ 환어음의 경우는, 첫째 날짜를 기재한 인수를 한 때에는 그 날짜, 둘째 날짜를 기재하지 아니하고 인수를 한 때에는 인수일자거절증서의 날짜, 셋째 인수를 거절한 때에는 인수거절증서의 날짜를 첫날로 하여 이를 정하고(어 35 I), 넷째 거절증서의 작성이 면제되어 있는 어음에 있어서 인수를 하여도 날짜를 기재하지 아니한 때에는 인수인에 관한 한 인수제시기간의 말일에 인수한 것으로 보아 만기를 정한다(어 35 II). ⓑ 약속어음의 경우에는 일람 후의 일정기간은 발행인이 어음에 일람하였다는 내용을 적고 날짜를 부기하여 기명날인 또는 서명한 날로부터 진행하고, 만일 발행인이 일람사실과 날짜의 기재를 거절한 때에는 상환의무자에 대한 상환청구권을 보전하기 위하여 거절증서를 작성시키고 그 날짜를 첫날로 하여 일람 후의 일정기간을 계산한다(어 78 II 2~4文). 또 거절증서의 작성이 면제되어 있는 경우에는 제시기간의 말일을 첫날로 하여 일람 후의 기간이 진행한다(어 77 I ②, 35 II).

(다) 發行日字後定期出給

① 발행일자로부터 일정기간이 경과한 날을 만기로 하는 것이며(어 33 I ③), 이러한 만기를 가지는 어음을 발행일자후정기출급어음이라고 한다. 예컨대 「발행일자로부터 1개월 후」라고 만기를 표시하는 것이다. 이 만기는 어음채무자에게 자금을 준비하는 기간을 주기 위하여 이용된다.

② 기간의 계산에 관하여는 민법의 규정이 적용되지만(民 159 이하), 어음법은 다음과 같은 규정을 두었다. 즉 기간에는 그 첫날을 산입하지 아니하고(어 73), 발행일자 후 1월 또는 수월에 지급할 어음은 지급하여야 할 달의 대응일을 만기로 하되, 대응일이 없는 때에는 그 달의 말일을 만기로 한다(어 36 I). 발행일자 후 1월 반 또는 수월 반에 지급할 어음은 먼저 전월을 계산한다(어 36 II). 8일 또는 15일이라 함은 1주 또는 2주가 아니고 만 8일 또는 15일의 기간을 말한

다(어 36 IV). 반월이란 만 15일을 말한다(어 36 V). 또 세력(歲曆)을 달리하는 양지(兩地) 간에 발행된 어음이 발행일자후정기출급어음인 때에는 원칙적으로 발행일자를 지급지의 세력의 대응일로 환산하고 이에 의하여 만기를 정한다(어 37 II·IV).

(라) 確定日出給: 확정된 날을 만기로 하는 것이며(어 33 I ④), 이러한 만기를 가진 어음을 확정일출급어음이라고 한다. 가장 많이 쓰이는 만기이며, 2009년 5월 1일과 같이 연월일로 표시하는 것이 보통이지만, 2009년 추석, 2009년 9월 제2화요일과 같이 만기를 표시하는 것도 만기를 정확하게 확정할 수 있으므로 적법하다. 만기의 표시로서 월일만을 기재하고 연호를 누락한 때에도 어음상의 다른 기재로부터 연을 추정할 수 있는 한 유효한 기재로 보아야 한다. 만기는 가능한 날이어야 하므로 발행일보다 앞선 날을 만기로 기재한 어음은 무효라고 본다(서울民地判 75. 12. 10, 75 가 5759). 그러나 발행일과 만기일이 같아도 상관없다(日大判 34. 7. 3, 法學 3. 1466). 세력에 존재하지 않는 날, 예컨대 평년의 2월 29일 또는 9월 31일을 만기로 한 것은 그 달의 말일을 만기로 한 것으로 풀이하여야 할 것이다(通說). 만기는 발행당시 확정할 수 있어야 하므로,「甲의 사망시」또는「발행인이 성년에 달할 때」와 같은 만기의 기재는 무효이다. 또한「2009. 5. 1. 또는 2009. 5. 3.」과 같은 선택적 기재나「2008. 5. 1.부터 2009. 5. 1.까지」와 같이 기간으로 표시하는 것도 무효이다(日大判 28. 6. 20, 新聞 288. 12). 월초, 월중 또는 월종으로 만기를 표시한 경우에는 그 달의 1일, 15일 또는 말일을 말한다(어 36 III).

(4) 滿期의 補充

만기가 적혀 있지 아니한 경우에도 그 어음은 무효로 되지 않고 일람출급의 어음으로 본다(어 2 II, 76 II). 여기에서 만기가 적혀 있지아니한 경우라 함은 전혀 만기를 기재하지 않은 경우와 기재가 있더라도 거래의 통념상 만기의 기재로서의 효력을 갖지 못하는 경우를 말한다. 따라서 만기의 기재가 있고 그것이 부적법한 경우(예컨대 분할출급의 만기)에는 그 어음은 무효로서 구제되지 못한다(어 33 II 참조). 만기가 적혀 있지 아니한 어음에는 만기를 백지로 하여 발행한 백지어음과 만기의 기재가 흠결된 어음의 두 가지가 있는데, 대법원은 이 경우에 특별한 사정이 없는 한 일람출급의 어음으로 볼 것이 아니라 백지어음으로 보아야 하고, 소지인이 이를 보충할 수 있다고 풀이하고 있다(大判 76. 3. 9, 75 다 984). 따라서 백지어음이 아니라고 인정할 특별한 사정이 있는 경우에만 일람출급의 어음으로 보게 된다.

7. 發行日과 發行地

(1) 어음에는 발행일과 발행지를 적어야 한다(어1⑦, 75⑥). 이것은 발행이라는 어음행위를 한 때와 곳을 표시시키기 위하여 요구되는 것으로서, 발행행위라는 법률행위의 일부를 구성한다. 그것은 발행의 의사표시를 언제, 어디에서 하였다는 사실의 표시가 아니고 언제, 어디에서 어음상의 효과를 발생시킬 것을 의욕한다는 의사표시이다. 그러므로 사실과 틀리는 발행일 또는 발행지의 표시도 유효하다. 다만 어음상에 발행일·발행지의 표시가 되면 실제의 발행일·발행지를 결정함에 있어서 그것이 일단 표준이 된다. 발행일과 발행지가 어음요건으로서 가지는 의미는 다르다. 발행일은 불가결한 요건으로서, 그 기재가 없으면 어음 자체가 무효로 된다(大判 93. 11. 23, 93 다 27765). 이에 반하여 발행지는 원칙적으로 필요한 요건이지만, 그 기재가 없더라도 발행인의 명칭에 부기한 지가 있으면 그곳을 발행지로 본다(어2 IV).

(2) 發行日

(가) 意 義: 어음이 발행된 날로서 어음면에 기재된 날짜를 말하며, 실제로 어음이 발행된 날짜를 말하는 것이 아니다. 발행인은 실제로 발행된 날짜보다 뒤의 날짜를 발행일로 기재할 수도 있고(선일자어음), 혹은 그 전의 날짜를 기재할 수도 있다(후일자어음). 발행일은 발행일자후정기출급어음의 만기를 정하는 표준이 되고(어36 I·II), 또 원칙적으로 일람출급어음의 지급을 위한 제시기간을 정하는 표준이 된다(어34 I). 그러나 확정일출급어음에 있어서는 발행일이 그다지 큰 의미를 갖지 아니하다는 이유로 이를 어음요건으로 볼 수 없다는 견해(非要件說)가 유력하여지고 있지만, 확정일출급어음에 있어서도 발행일은 발행인의 능력, 대리인의 대리권의 유무를 정하는 기준이 되고 또 어음법 제1조와 제75조가 명문으로 이를 어음요건으로 하고 있는 점에 비추어 필요불가결한 어음요건이라고 보는 견해(要件說)가 타당하다(通說. 大判 94. 9. 9, 94 다 12098, 12104; 76. 11. 23, 76 다 214; 79. 8. 14, 79 다 1189).

(나) 表示方法: 발행일의 표시방법은 가능한 날을 정확하게 기재하여야 한다. 11월 31일 또는 9월 31일을 발행일자로 기재한 어음은 각각 11월말 또는 9월말을 기재한 것으로 보아 그 효력을 인정하여야 할 것이다. 대법원도

발행일이 1978. 2. 30.로 기재되어 있는 약속어음은 같은 해 2월 말일을 발행일로 하는 약속어음으로서 유효하다고 판시하였다(大判 81. 7. 28, 80 다 1295). 만약 발행일이 만기보다 뒤인 경우에는 불가능한 날이므로 어음을 무효로 한다(도이칠란트의 通說·判例. BGHZ 53. 11. JZ1970. 550).

(다) **複數記載**: 발행일은 단일하여야 한다. 따라서 수개의 발행일의 기재는 어음관계의 확정성을 해하여 허용되지 않는 것으로 본다(通說).

(3) **發行地**

(가) **意 義**: 어음이 발행된 장소로 어음면에 기재된 장소를 말하고, 실제로 어음이 발행된 장소와 일치하지 않아도 상관없다. 발행지는 어음법 제37조, 제41조 제4항의 경우에 필요하고, 또 상환청구의 통지를 발송하는 데 발행지의 기재가 있으면 편리하지만, 주로 국제어음법에 있어서 준거법을 결정하는 데 필요하다(國際私法 51 II, 53 II, 54 II, 55). 그러나 준거법을 결정하는 표준은 어음상에 기재된 곳이 아니라 실제로 발행행위를 한 곳이며, 어음면상의 기재는 단지 추정의 기준이 될 뿐이므로, 발행지를 필수적 기재사항으로 할 필요가 있는지는 입법론상 의문이다.

(나) **어음要件**: 일부 학자는 발행지가 어음요건이 아니라고 주장하였고 이를 따른 하급심판결도 있으나(서울民地判 86. 6. 3, 85 나 2517), 대법원은 어음법의 규정에 충실하게 발행지를 어음요건으로 보아왔으며(大判 85. 8. 13, 85 다카 123), 다만 부정수표단속법위반죄로 형사처벌을 하는 경우에 한하여 동법의 입법취지에 따라 발행지를 기재하지 아니하여도 처벌대상이 된다고 해석하여 왔다(大判 83. 5. 10, 83 도 340). 그런데 대법원 1998. 4. 23. 전원합의체 판결의 다수의견은 「국내에서 발행되고 지급되는 이른바 국내어음」에 있어서는 발행지의 기재가 별다른 의미가 없고, 일반의 어음거래에서 완성된 어음과 같이 널리 유통되고 있으며, 어음교환소와 은행 등을 통한 결제과정에서도 발행지의 기재가 없다는 이유로 지급거절됨이 없이 완성된 어음과 같이 취급되는 것이 관행에 이르렀다는 등의 이유로, 발행지의 기재가 없는 국내어음은 이를 무효로 볼 수 없고, 따라서 발행지의 기재가 없는 상태에서 어음을 지급제시하였다가 지급거절되어도 배서인 등에게 상환청구를 할 수 있다는 놀라운 판시를 하였다(95 다 36466). 그러나 국내어음에 있어서는 발행지가 어음요건이 아니라고 하는 다수의견은 반대의견이 지적하는 바와 같이 입법론으로서는 몰라도 어음법의 해석론으로서는 무리라고 생각한다.

(다) 表示方法: 최소독립의 행정구역을 기재할 필요는 없고, 그것보다도 넓은 지역, 예컨대 한국, 서울특별시 등이라 기재하여도 상관없다. 또 발행지는 어음관계 자체에 관하여 중요한 의의를 가지고 있지 아니하므로, 호텔명이나 선박명을 기재하여도 상관없고 한국은행청주지점이란 기재도 유효하다(大判 84. 7. 10, 84 다카 424).[1] 발행지가 수개 중첩적으로 표시되어 있어도 그것이 동일지역에 속하여 준거법의 단일성을 해하지 아니하는 한 유효한 것으로 본다(通說). 발행인이 수인일 경우에도 발행지의 복수기재가 허용된다.

(라) 發行地의 補充: 발행지의 기재가 없는 때에는 발행인의 명칭에 부기한 지로써 보충된다(어 2 IV, 76 IV). 발행지와 발행인의 명칭에 부기한 지가 모두 없는 경우에는 어음요건의 흠결로서 그 어음은 무효로 보아야 할 것이나, 대법원은 국내어음인 경우에는 유효하다고 본다(大(全)判 98. 4. 23, 95 다 36466).

8. 支 給 地

(1) 意 義

어음금액이 지급될 일정한 지역을 말하며, 지급장소와 구별하여야 한다. 지급장소는 지급지내에서 지급이 행하여질 특정한 지점을 의미한다(어 4, 27 II). 지급지는 지급을 위한 제시, 전자에 대한 상환청구권보전절차, 약속어음의 발행인 또는 환어음의 인수인의 채무이행의 지역으로서 어음법상 중요한 의미를 가지고 있고, 또 민사소송법상 어음의 특별재판적이 되므로(民訴 9), 어음에는 지급지를 기재하여야 한다(어 1 ⑤, 75 ④). 지급지는 발행지와 마찬가지로 다른 규정에 의하여 보충될 수 있는 어음요건이다. 즉 지급지의 기재가 없는 때에는, 환어음에 있어서는 지급인의 명칭에 부기한 지를 지급지로 보고(어 2 III), 약속어음에 있어서는 발행지를, 발행지의 기재가 없는 때에는 발행인의 명칭에 부기한 지(地)를 지급지로 본다(어 76 III·IV).

(2) 支給地의 表示方法

(가) 독립된 최소행정구역, 즉 시·군, 서울특별시와 광역시의 구를 기재할 것이지만, 최소행정구역이 아니라도 사회적으로 통용되는 일정한 지역을 표시

1) 「신라체인 점촌지점」·「한남체인 상주수퍼」라고 기재한 경우에도 위 상호에 포함된 점촌이나 상주를 발행지의 기재로 볼 수 있으므로 적법하지만(大判 84. 7. 10, 84 다카 424, 425), 발행지로서 단순히 「삼진기계」라고 기재한 것은 장소적 개념이 표현되어 있지 아니하여 부적법하다(大判 91. 7. 23, 91 다 8975).

하는 명칭을 기재하여도 무방하다. 예컨대 서울, 청량리 등의 명칭을 기재하여도 된다(大判 81. 12. 8, 80 다 863). 그러나 법이 지급지의 기재를 요구하는 것은 지급장소의 탐지를 용이하게 하기 위한 것이므로, 그 취지를 몰각하게 하는 광범한 지역, 예컨대 영남·호남 등의 기재는 어음을 무효로 한다. 반대로 지급지로서 번지까지 기재한 경우에 그 어음의 지급지는 시·군 또는 특별시나 광역시의 구까지이고, 나머지 읍·면·동·리·번지는 무익적 기재사항으로 보아야 할 것이다. 甲은행 乙지점을 지급장소로 기재한 경우에는 乙지점이 있는 시·군·구를 지급지로 기재한 취지라고 볼 수 있으므로, 그 어음은 유효하다(日大(連)判 26. 5. 22. 民集 5. 6. 428 등).

(나) 지급지로서 기재되는 지역은 실재하는 지역이어야 한다. 실재하지 않는 지역을 지급지로서 기재한 경우에는 어음상의 권리행사가 실질적으로 불가능하므로 이러한 어음은 무효라고 본다(多數說).

(3) 支給地의 單一確定

지급지는 한 곳을 확정적으로 기재하여야 한다. 그러므로 수개의 지급지를 중첩적으로 기재하거나 소지인에게 선택권을 주는 선택적 기재는 부적법하다고 본다(通說). 왜냐하면, 중첩적 기재를 인정하면 소지인은 단기의 지급제시기간 내에 각 지급지의 전부에서 보전절차를 취하여야 하고, 또 선택적 기재를 인정하면 소지인이 선택권을 가진다는 것은 어음상 확정하기 어렵고, 어음면에 지급지로서 기재된 지의 어느 하나에 주소를 가진 예비지급인을 기재한 어음관계자(어 55)는 소지인이 다른 지급지를 선택함으로써 어음법 제56조 제2항 및 제60조에 의한 이익을 받을 수 없게 되기 때문이다.

(4) 支給地와 發行地 또는 支給人의 住所地와의 地理的關係

(가) 同地어음·異地어음: 어음의 지급지와 발행지가 같은 어음을 「동지어음」, 그것이 다른 어음을 「이지어음」(원거리어음)이라고 한다. 연혁적으로는 지급지와 발행지 사이의 격지성(隔地性)이 요구된 일이 있으나, 오늘날에는 양자가 모두 허용되므로 구별의 실익은 없다.

(나) 同地支給어음·他地支給어음: 어음의 지급지가 지급인의 주소지와 같은 어음을 「동지지급어음」이라 하고, 지급지와 지급인의 주소지가 다른 어음을 「타지지급어음」이라 한다. 타지지급어음의 경우에는 발행인은 지급지 내에 있는 지급을 할 제3자(支給擔當者)를 기재하는 것이 보통이고(어 27 I), 발행인이 이를 기재하지 아니하면 지급인 스스로가 이를 기재할 수 있다(어 27 II). 만일 지

급담당자의 기재가 없으면, 지급인이 지급장소에서 스스로 지급을 하여야 한다. 따라서 오늘날에는 지급인이 지급지에 영업소를 가지고 있는 경우에만 타지지급어음이 이용되고 있다.

타지지급어음과 구별하여야 할 것으로 제3자방지급어음이 있다. 제3자방지급어음은 지급담당자와 지급장소를 기재한 어음을 말한다. 그런데 지급장소는 지급지 내이기만 하면 지급인의 주소지에 있거나 다른 지에 있음을 불문하므로(어 4), 제3자방지급어음은 지급인의 주소지와 지급지가 같은 경우(동지지급어음)는 물론이고 지급인의 주소지와 지급지가 다른 경우(타지지급어음)에도 있을 수 있다.

(5) 支給地의 補充

지급지의 기재가 없는 때에는, 환어음에 있어서는 지급인의 명칭에 부기한 지를 지급지로 보고 동시에 지급인의 주소지로 보며(어 2 III), 약속어음에 있어서는 발행지를 지급지로 보고(어 76 III), 발행지의 기재마저 없으면 발행인의 명칭에 부기한 지를 발행지이며 지급지로 본다(어 76 IV). 대법원은 지급장소의 기재에 의한 지급지의 보충을 인정하고 있으나(大判 2001. 11. 30, 2000 다 7387), 의문이다.

제3　어음要件의 欠缺의 效果

(1) 어음요건의 하나라도 기재하지 아니하면 구제규정에 의하여 보충되지 아니하는 한 어음은 무효이다(어 2 I, 76 I). 어음요건을 구비하지 아니한 경우에는 어음이 형식상 불비된 것으로서 기본적 어음행위인 발행이 무효로 되므로, 이를 기초로 한 그 밖의 모든 어음행위, 예컨대 인수·보증·배서 등도 모두 무효가 된다. 어음요건은 어음교부계약의 체결시에 구비되어야 하므로 어음교부시에 어음요건이 흠결되어 있었던 경우에는 후일 어음소지인이 보정하여도 발행의 효력을 추완할 수 없다. 그러나 요건을 흠결하였더라도 미완성어음은 백지어음으로서 유효하다. 그리고 선의의 제3자가 요건불비의 무효어음을 백지어음인 것으로 알고 취득한 경우에는 요건의 흠결이 추완되는 경우가 있을 수 있다(상세한 것은 후술한다). 어음채무자가 의식적으로 어음요건의 일부를 흠결시키고 뒤에 어음소지인이 어음금을 청구할 때 위 요건의 흠결을 원용하는 것은 신의칙에 반하여 허용되지 않는다고 본다.

(2) 어음요건이 흠결되어 있는가 아닌가를 판단함에 있어서는 어음 그 자체만을 기준으로 하여야 하고, 어음의 해석을 위하여 어음증권 외의 사정이나 당사자의 의사를 끌어들여서는 아니된다. 그리고 수개의 해석가능성이 존재하고 그 가운데 하나는 어음을 유효로 하고, 다른 해석은 어음을 무효로 하는 경우에는, 유효한 것으로 해석하여야 한다(어음유효해석의 원칙).

(3) 어음법은 어음의 유통확보의 견지에서 어음요건 중의 일부에 관하여는 그 흠결에 대한 구제규정을 두고 있다(어 2 II~IV, 76 II~IV). 이에 관하여는 이미 앞에서 설명하였다. 그리고 국내어음의 경우에는 발행지를 기재하지 않아도 유효하다는 것이 판례의 입장이다.

제4 證券의 材料·記載方法

어음법은 증권의 재료에 관하여 아무런 제한을 두고 있지 아니하므로, 종이 이외의 물건에 기재하여도 상관이 없다. 기재의 재료는 잉크·볼펜·붓·연필 어느 것이라도 좋다. 어음요건의 기재는 형식적으로 존재하면 족하고 객관적 진실과 일치하여야 하는 것은 아니다. 따라서 객관적 진실과 모순·저촉되는 기재라도 어음 자체의 효력에는 영향이 없다(大判 61. 8. 10, 4293 民上 714). 어음에는 수입인지를 첩부하고 발행인이 날인하여야 하지만, 이를 첩부하지 아니하더라도 어음의 효력에는 영향이 없다.

제4절 어음要件 이외의 記載事項(任意的記載事項)

제1 序 說

어음에는 어음요건 이외에 이를 기재하지 않아도 어음이 무효로 되지 않는 일정한 사항을 기재할 수 있는데, 이를 「임의적 기재사항」이라 한다. 임의적 기재사항은 그 효력에 따라 이를 ① 어음에 기재함으로써 그에 상응하는 어음상의 효력이 생기는 사항(有益的記載事項), ② 어음에 기재하여도 아무런 어음상의 효력이 생기지 아니하는 사항(無益的記載事項), ③ 어음에 기재하면 어음 자체를 무효가 되게 하는 사항(有害的記載事項)으로 나눌 수 있다.

제2 有益的記載事項

1. 總 說

(1) 유익적 기재사항은 어음법에 규정되어 있다. 어음법에 규정이 없는 사항도 유익적 기재사항이 될 수 있는가에 관하여는 어음의 정형성·명확성에 비추어 이를 부정하는 견해가 많으나, 배서인의 담보책임을 일부 제한하거나(어 15 참조), 보증인의 책임을 일정한 금액에 제한하거나 또는 일정한 조건에 결부시키는 등 어음관계자를 해하지 않고 합리성이 인정되는 사항에 대하여는 그 효력을 인정할 수 있다고 본다. 대법원도 어음법에 규정이 없는 유익적 기재사항을 인정하고 있다(大判 86. 3. 11, 85 다카 1600; 86. 3. 25, 84 다카 2438).

(2) 어음법이 인정하는 유익적 기재사항은 다음과 같다.

① 지급인의 명칭에 부기한 지(어 2 Ⅲ)

② 발행인의 명칭에 부기한 지(어 2 Ⅳ)

③ 지급담당자 또는 지급장소(第3者方支給文句)(어 4, 27)

④ 이자문구, 이율 또는 이자기산일의 기재(어 5)

⑤ 인수무담보문구(어 9 Ⅱ 前)

⑥ 배서금지문구(어 11 Ⅱ)

⑦ 인수제시의 명령 또는 금지(어 22 Ⅰ·Ⅱ)

⑧ 인수제시기간의 단축 또는 연장(어 23 Ⅱ)

⑨ 지급제시기간의 단축 또는 연장(어 34 Ⅰ)

⑩ 일정기일 전의 지급제시 금지문구(어 34 Ⅱ)

⑪ 준거할 세력의 지정(어 37 Ⅳ)

⑫ 외국통화 환산율의 지정 또는 외국통화 현실지급 문구(어 41 Ⅱ·Ⅲ)

⑬ 거절증서 작성면제(無費用償還) 문구(어 46)

⑭ 역어음 발행금지 문구(어 52 Ⅰ)

⑮ 예비지급인의 지정(어 55 Ⅰ)

⑯ 복본 번호(어 64 Ⅱ)

⑰ 복본 불발행 문구(單一어음文句)(어 64 Ⅲ)

위에 열거한 유익적 기재사항은 각각 해당되는 곳에서 설명하기로 하고, 여기에서는 다음 몇 가지만을 설명한다.

2. 發行人 또는 支給人의 名稱에 附記한 地

발행인 또는 지급인의 명칭에 부기한 지(肩書地라 한다)는 발행지 또는 지급지의 기재가 없는 경우에 각각 그 흠결을 보충하는 효력을 가진다(어2 III·IV). 뿐만 아니라 지급인의 명칭에 부기한 지는 지급인의 주소지로 본다(어2 III). 여기에서 주소지라 함은 주소의 소재지를 말하며, 제1차적으로는 지급인의 영업소의 소재, 그것이 없는 때에는 지급인의 주소의 소재가 된다(民165). 어음에 기재된 주소지 또는 어음법에 의하여 주소지로 의제되는 지급인의 명칭의 부기지를 어음상의 주소라고 한다. 어음상의 주소가 사실상의 주소와 다른 경우에는 어음의 제시 등의 어음상의 행위는 어음상의 주소를 표준으로 하면 충분하고, 사실상의 주소를 표준으로 할 필요가 없다. 그러나 사실상의 주소에서 제시하여도 물론 상관없다.

3. 第3者方支給文句

(1) 意 義

「제3자방지급문구」(제3자방지급의 기재)이라 함은 「지급담당자」와 「지급장소」의 기재를 일괄하여 말한다. 지급담당자라 함은 지급인·인수인(환어음의 경우) 또는 발행인(약속어음의 경우)에 갈음하여 지급사무만을 집행하는 사람을 말하고, 지급장소라 함은 지급인·인수인 또는 발행인이 어음의 지급을 하여야 할 장소를 말한다. 이처럼 전자는 인적 관념이고, 후자는 장소적 관념이다. 그러나 어음법은 개념이 상이한 이 양자를 엄격히 구별하지 않고 사용하고 있다. 예컨대 어음법에서 「제3자방」(어4, 22 II, 27 I) 또는 「지급장소」(어27 II)라고 할 때에는 양자를 합친 개념이다.

원래 환어음은 지급인의 영업소 또는 주소에서 지급인 자신에 의하여 지급되고, 약속어음은 발행인의 영업소 또는 주소에서 발행인 자신에 의하여 지급되는 것이지만, 어음의 발행인 또는 지급인은 제3자방에서 지급할 것으로 할 수 있다(어4, 77 II). 제3자방지급문구에 의하여 제3자의 주소가 지급장소로 되고, 제3자가 지급담당자가 된다. 이처럼 제3자방에서 지급할 것으로 기재되어 있는 어음, 즉 제3자방지급문구가 있는 어음을 제3자방지급어음이라 한다.

(2) 記載權者

제3자방지급문구를 기재할 수 있는 자는 어음의 발행인이다. 환어음의 지급인은 타지지급어음의 경우에 발행인이 아직 제3자방지급문구를 기재하지 아니한 때(어27 I)와 동지지급어음의 경우(어27 II)에 한하여 인수를 할 때에 이를 기재할 수 있다. 기재권이 없는 사람에 의한 제3자방지급문구의 기재는 어음의 변조로 된다.

(3) 記載方法

「지급장소 서울 중구 서소문동 502, 지급담당자 박도령」이라고 기재할 수도 있으나, 보통은 「지급장소 ◇◇은행 ◇◇지점」 또는 「지급장소 서울 중구 서소문동 50의 2 박도령댁」 등으로 특정한 장소와 특정한 제3자인 사람을 함께 표시한다. 이 경우에 제3자의 주소는 지급지내에 있어야 하나, 지급인의 주소지에 있든 타지에 있든 상관이 없다(어4).

(4) 記載의 效力

지급담당자의 기재가 있는 경우에는 지급을 위한 제시는 이 사람의 주소에서 이 사람에 대하여 하여야 하며, 또 지급거절증서도 이 사람을 거절자로 하여 작성하여야 하고, 지급인을 거절자로 하지 못한다. 그러나 단순히 지급장소로서 기재되어 있는 경우에는 이 장소에서 지급인·인수인(환어음) 또는 발행인(약속어음)에 대하여 지급을 위한 제시와 지급거절증서의 작성을 하여야 한다. 그러므로 어음면의 기재가 단순히 지급장소만의 표시인가 지급담당자까지도 포함하고 있는가를 살펴보아야 한다. 거래의 관례는 지급장소로서 제3자의 주소 외에 성명이 기재되어 있는 때에는 이를 단순한 지급장소로 풀이하지 아니하고 지급담당자의 기재가 있다고 풀이한다. 지급장소로서 은행 지점이 기재되어 있을 때에는 그 은행이 지급담당자이고, 은행의 영업소인 지점이 지급장소가 된다. 지급장소만을 지정하고 인적 요소가 없는 때에는 순수한 지급장소만의 기재가 있는 것으로 보아 그곳에서 지급인·인수인(환어음) 또는 발행인(약속어음) 자신이 지급하는 뜻으로 보아야 한다. 지급담당자는 자기의 명의로 지급인 또는 발행인을 대신하여 어음금액의 지급을 하고 또는 이를 거절할 법률상의 지위에 있으며, 그가 지급을 한 때에는 어음관계를 종국적으로 소멸하게 하는 효력이 있다. 그러나 지급담당자는 지급을 하여도 어음상의 권리를 취득하지 못하고, 지급후에 지급담당자가 인수인 또는 발행인에 대하여 어떠한 권리를 가질 수 있는가 하는 문제는 어음 외의 관계에서 정하여진다. 지급장소는 어음의 필수적 기재사항이 아니므로 이를 기재하지 아니하여도 어음 자체의 효력에는 아무 영향이 없다(大判 59. 8. 27, 4292 民再抗 120).

(5) 記載의 實益

제3자방지급문구를 적으면 ① 어음금의 지급을 용이하게 하고 또 확실하게 한다. 환어음의 지급인 또는 약속어음의 발행인의 거래은행을 지급담당자로 하는 경우에는 지급을 용이하게 할 수 있고, 또 부도시 거래정지처분의 제재가 있으므로 지급을 확실하게 한다. ② 소지인의 추심절차를 간편하게 한다. 소지인으로서는 은행 등 지급장소로 기재된 곳을 찾아가면 되고, 더욱이 환어음의 발행인이 자기의 거래은행을 지급장소로 하면 지급인이 인수를 한 경우에는 인수인으로 하여금 발행인의 거래은행에서 지급을 하게 함으로써 본래 추심채권인 어음채권을 지참채권과 같은 것으로 변경할 수 있는 이점이 있다. ③ 어음할인을 용이하게 한다. 환어음의 지급인 또는 약속어음의 발행인이 은행거래가 없는 경우에는 그 할인이 어려우나 거래은행을 지급장소로 한 경우에는 거래실적 등이 있으므로 쉽게 할인을 받을 수 있다.

(6) 合意에 의한 支給場所의 變更

소지인과 지급인·인수인(환어음) 또는 발행인(약속어음)과의 합의에 의하여 어음면에 기재된 지급장소를 변경하는 것은 허용된다고 본다. 지급장소가 은행 등 지급담당자를 의미하는 경우에는 배서인 등의 이해에도 관계가 있지만, 지급장소의 기재는 주로 지급을 하는 지급인·인수인 또는 발행인과 지급을 받는 소지인의 이익을 위한 것이므로, 이들 사이의 합의만으로 변경할 수 있다고 생각된다(多數說).

(7) 支給地外의 支給場所를 기재한 경우의 效力

① 지급장소는 지급지내에 있어야 하므로, 지급지 외의 장소를 지급장소로 기재한 경우에는 그 기재는 무효이고 지급장소의 기재가 없는 것으로 보아야 한다(大判 70. 7. 24, 70 다 965. 지급지포항시, 지급장소 서울특별시). 이 경우에 어음 자체의 효력에는 영향이 없으므로, 지급지 내에 있는 지급인·인수인(환어음) 또는 발행인(약속어음)의 영업소나 주소에서 지급제시를 하여야 하고, 이를 발견할 수 없을 때에는 그 뜻의 거절증서를 작성하여야 하며, 지급지 외의 지급인 등의 영업소나 주소에서 지급제

시할 필요는 없다(日大判 1903. 4. 16, 民錄 9. 427).

② 지급지 내에 없는 지급장소에서 지급제시를 한 경우에 그 지급제시의 효력이 문제인데, 이러한 어음에 기명날인 또는 서명한 발행인이나 배서인이 스스로 위 지급제시의 무효를 주장하는 것은 금반언의 법칙에 의하여 허용되지 않는다고 본다. 따라서 이 경우 어음소지인은 지급지 내에 있는 주된 채무자의 영업소·주소에서 지급제시할 수도 있고 어음에 기재된 지급장소에서 지급제시할 수도 있는 결과가 된다.

(8) 支給場所記載의 支給提示期間經過後에 있어서의 效力

어음에 기재된 지급장소가 지급제시기간이 경과한 후에도 계속 효력을 가지는가에 관하여는 ① 지급장소의 기재는 여전히 유효하다는 견해, ② 지급장소의 기재는 효력을 잃지만 지급지의 기재는 여전히 유효하다는 견해(日最判 1967. 11. 8, 民集 21. 9. 2300) 및 ③ 지급장소와 지급지의 기재는 모두 효력을 잃는다는 견해 등이 있다. 지급지·지급장소의 기재는 지급제시기간 내에 어음의 제시가 있을 것을 전제로 한 규정이므로 제3설이 타당하다고 본다(多數說). 따라서 어음소지인은 지급지의 내외를 불문하고 주된 채무자의 영업소 또는 주소에서 어음을 제시하고 어음채무의 이행을 구할 수 있다.

4. 利子文句

「이자문구」는 어음금액에 관하여 일정한 이율에 의한 이자가 생길 뜻의 기재를 말한다. 이자문구는 일람출급 및 일람후정기출급의 어음에만 인정된다(어 5 I, 77 II). 확정일출급 및 확정일자후정기출급의 어음에 있어서는 만기일을 발행당시부터 확정할 수 있고 이자를 계산하여 어음금액에 산입할 수 있으므로 이자문구를 적을 수 없고, 이자의 약정을 적어도 이를 적지 아니한 것으로 본다(어 5 I, 77 II). 이율은 어음에 적어야 하며, 이율이 적혀 있지 아니하면 이자를 약정한다는 내용이 적혀 있더라도 이자를 약정하지 아니한 것으로 본다(어 5 II). 왜냐하면 이 경우에는 뒤에 이자의 금액을 계산할 수 없기 때문이다. 이자의 기산일은 특약할 수 있으나, 특약이 없으면 발행당일로부터 기산한다(어 5 III). 이자의 종기는 만기이고, 만기 이후에는 법정이자(어 48 ②)가 약정이자에 갈음하여 발생하게 된다.

제3 無益的記載事項

어음면에 기재하여도 어음상의 효력이 생기지 않는 사항이다.

(1) 어음법에 규정되어 있는 것으로서는 위탁어음문구(어 3 Ⅲ), 일람출급 또는 일람후정기출급어음에 있어서의 이율의 표시가 없는 이자의 기재(어 5 Ⅱ, 77 Ⅱ), 일람출급 또는 일람후정기출급어음 이외의 어음에 있어서의 이자약정의 기재(어 5 Ⅰ, 77 Ⅱ), 환어음발행인의 지급무담보문구(어 9 Ⅱ), 지시문구(어 11 Ⅰ, 77 Ⅰ ①), 상환문구(어 39 Ⅰ, 77 Ⅰ ③), 파기문구(어 65 Ⅰ) 등이 있고,

(2) 어음법에 규정이 없는 것으로서는 대가문구(발행인이 어음대가에 관하여 기재하는 문구, 예컨대 「대가현금수령」 따위), 자금문구(발행인이 資金關係를 표시하기 위하여 기재하는 문구, 예컨대 「본인의 계산으로 지급하여 주십시오」), 통지문구(지급인이 지급을 함에 있어서 발행인의 통지를 받거나 받지 않고 지급하라는 뜻의 문구, 예컨대「통지받은 후 지급하십시오」), 담보부문구(어음상의 권리에 담보를 붙인다는 뜻의 기재, 예컨대 하환어음, 화물담보부 따위), 관할법원의 합의(어음에 관한 재판의 관할법원을 정하는 뜻의 기재, 예컨대 「이 어음에 관한 사건은 서울중앙지방법원의 관할로 할 것을 약속함」 따위) 등 여러가지가 있다.

제4 有害的記載事項

이것을 기재하면 어음 자체가 무효로 되는 사항이다.

(1) 어음법에 규정된 것으로서는 어음법이 정한 네 가지의 만기 이외의 만기를 기재하는 것(어 33 Ⅱ)과 어음금액의 일부마다 각별의 만기일을 정하는 분할출급의 기재(어 33 Ⅱ) 등이 있다.

(2) 어음법에 규정이 없는 것으로서는 어음채권을 원인관계에 의존하도록 하는 기재, 어음의 지급방법을 한정하거나 조건에 걸리게 하는 기재, 지급위탁이나 지급약속에 조건을 붙이는 기재(大判 71. 4. 20, 71 다 418), 또는 환어음의 인수인이나 약속어음의 발행인이 어음상의 책임을 지지 않는다는 기재 등이 이에 속한다. 이러한 것들은 어음의 본질에 반하는 사항이다.

제5절 白地어음

제1 總 說

1. 白地어음의 意義

기명날인 또는 서명 이외의 어음요건을 후일 타인으로 하여금 기재시킬 의사로써 어음이 될 서면에 기명날인 또는 서명을 하여 발행한 미완성어음을 말한다. 백지어음은 완성된 불완전어음, 즉 어음요건을 흠결한 완성어음과 구별하여야 한다. 양자는 어음요건의 전부를 기재한 것이 아니라는 점에서 공통하나, 백지어음은 후일 보충시킬 의도로써 일부러 어음요건을 기재하지 않았다는 점에서 본질적인 차이가 있다. 따라서 백지어음은 유효한 것으로 통용되나 불완전어음은 무효인 것이다.

2. 白地어음의 經濟的機能

백지어음은 어음을 발행할 당시에 원인관계상 지급될 금액이나 변제기 등이 확정되지 아니하여, 후일 그것이 확정되었을 때에 이를 보충시키기로 하거나, 어음에 의하여 금융을 얻고자 하는 자가 금융업자를 미리 결정할 수 없는 경우에 수취인란을 백지로 한 어음을 금융주선업자에게 교부하면서 어음의 할인을 받을 때에 금융업자의 이름을 기입하도록 하는 등의 필요에서 이용된다.

3. 白地어음의 種類

(1) 백지어음은 어음행위의 종류에 따라 백지발행, 백지인수, 백지배서, 백지보증 등 여러가지가 있다. 백지발행은 발행인의 기명날인 또는 서명만이 있는 백지어음을 말하고, 백지인수는 인수인의 기명날인 또는 서명만이 있는 것이며, 백지배서는 배서인의 기명날인 또는 서명만이 있는 것이고, 백지보증은 보증인의 기명날인 또는 서명만이 있는 백지어음을 가리킨다.

(2) 또 백지로 되어 있는 어음요건을 기준으로 하여, 어음요건의 전부(기명날인 또는 서명 이외)가 백지로 되어 있는 것, 수개의 어음요건이 백지로 되어 있는 것, 하나의

어음요건만이 백지로 되어 있는 것 등이 있다. 또 하나의 어음요건의 전부가 백지로 되어 있는 것이 보통이지만, 경우에 따라서는 하나의 어음요건의 일부만이 백지로 되어 있는 것도 있다(예컨대 배서문구는 기재하였으나 피배서인의 성명을 기재하지 않은 백지식 배서).

4. 白地어음의 性質

백지어음을 어음의 일종이라고 보는 견해도 있으나, 백지어음은 미완성의 어음이다. 즉 백지어음은 완전한 완성어음도 아니고 또 불완전한 완성어음(불완전어음)과도 다르므로, 엄격한 의미에서 어음이라고 할 수 없고, 어음으로서의 효력도 없으며, 백지어음인 채로는 인수 또는 지급의 청구를 할 수 없다. 그러나 어음소지인은 언제라도 백지를 보충하여 완전한 어음으로 만들 수 있으므로, 이것은 백지보충권과 그 보충권을 행사하면 완전한 어음이 될 수 있다는 기대권이 체화되어 있는 특수한 유가증권이라고 할 수 있다. 이처럼 백지어음은 언제라도 완전한 어음이 될 수 있으므로, 경제적으로는 완성어음과 같은 가치를 가진다.

5. 準白地어음

어음요건은 모두 기재하고 유익적 기재사항, 예컨대 이자문구·제3자방지급문구만을 후일 소지인으로 하여금 보충시킬 의사로써 기재하지 않고 발행한 어음을 말한다. 이것은 어음요건을 완비하였으므로 완성된 어음이고 백지어음이 아니나, 아직 보충될 자리가 남아 있고 보충이 예정되어 있다는 점에서 백지어음과 공통적 성질을 가지고 있으므로 어음법 제10조를 이에 준용하여야 할 것이다.

제2 白地어음의 要件

1. 어음要件의 全部 또는 一部의 欠缺

(1) 어음요건의 전부 또는 일부가 흠결되어 있어야 한다. 흠결의 정도는 묻지 않으며, 기명날인 또는 서명을 제외한 어음요건의 전부가 흠결되어 있어도 좋고, 어음금액·수취인·지급지 등 일부만이 흠결되어 있어도 좋다. 만기

가 백지로 되어 있는 경우에는 어음법 제2조 제2항에 의하여 일람출급어음으로 보아야 하므로, 만기가 백지인 백지어음을 인정하지 아니하는 학설도 있으나, 어음법 제2조 제2항은 요건이 완비한 것으로 교부하였으나 만기의 기재가 없는 경우에 이를 구제하는 규정이고, 고의로 만기를 백지로 한 경우에는 백지어음이 된다(大判 76. 3. 9, 75 다 984 등).

(2) 환어음문구나 약속어음문구, 지급위탁문구·지급약속문구가 적혀 있지 않은 경우에는 당연히 무효이고 백지어음으로서의 효력이 없다고 하는 견해도 있으나, 위 기재가 없는 경우에도 백지어음이 될 수 있다고 본다(通說). 인쇄된 어음용지에 요건의 일부를 기재하지 않고 어음행위를 한 경우에는 백지어음으로 추정된다(大判 65. 5. 24, 64 다 157; 66. 10. 11, 66 다 1646).

2. 白地補充權의 存在

(1) 기명날인 또는 서명한 자가 뒤에 소지인으로 하여금 백지를 보충하게 할 의사, 즉 보충권수여의 의사가 있어야 한다. 이 점에서 백지어음은 미완성어음으로서, 완성된 불완전어음과 다르다. 후자는 완전한 어음으로서 발행되었음에도 불구하고 어음요건이 흠결되어 무효인 어음이므로 백지어음과 엄밀히 구별하여야 한다.

(2) 이처럼 백지어음이 되기 위하여는 백지부분의 보충기재권, 즉 백지보충권이 부여되었어야 하는데, 보충권의 존부를 결정하는 표준, 결국 백지어음과 불완전어음을 구별하는 표준에 관하여는 다음과 같은 견해가 대립하고 있다.

(가) **主觀說**: 기명날인 또는 서명을 한 자의 의사를 표준으로 하여, 백지를 보충시킬 의사가 있으면 백지어음으로 보고, 그러한 의사가 없으면 불완전어음이라고 보는 견해이다. 이 견해에 의하면 어음소지인이 보충권의 존재를 증명하여야 하는데, 기명날인 또는 서명을 한 자의 의사는 외부에서 알 수 없는 경우가 많아 증명이 극히 곤란할 뿐더러, 만일 이를 증명하지 못하면 어음요건의 흠결로 인하여 어음이 무효로 되므로, 이 견해는 어음거래의 안전을 해할 염려가 있다.

(나) **客觀說**: 어음의 외관상 보충이 예정되어 있는가에 따라 구별하는 견해로서, 어음의 외관상 보충이 예정되어 있다고 인정되는 경우에는 기명날인 또는 서명을 한 자가 보충권을 수여할 의사가 실제 있었느냐 없었느냐에

관계없이 이를 백지어음으로 본다. 객관설에 의하면, 인쇄된 어음용지에 일부 요건을 기재하지 않은 경우에는 모두 백지어음으로 보게 될 것이다. 이 설은 거래의 안전을 위하여 주장된 것인데, 예컨대 발행인이 백지에 기명날인 또는 서명만 하고 다른 모든 어음요건을 보충시킬 의사로써 교부한 경우에는, 주관설에 의하면 백지어음이 되지만, 객관설에 의하면 백지어음으로 될 수가 없어서 불합리하다.

(다) **折衷說**: 주관설 또는 객관설의 문제점을 보완하기 위한 견해인데, 다시 다음 세 갈래로 나뉜다. ① **주관설에 객관설을 가미한 견해**로서, 이에 의하면 백지어음이 되기 위하여는 기명날인 또는 서명을 한 자가 후일 소지인으로 하여금 흠결된 요건을 보충시키게 할 의사가 필요하지만, 다만 서면의 외형상 흠결된 요건을 장래에 보충시킬 것이 예기된다고 인정되는 경우에는 기명날인 또는 서명을 한 자의 명백한 반증이 없는 한 당연히 보충권을 수여한 것으로 인정한다. 따라서 발행인이 백지에 단순히 기명날인 또는 서명만을 하고, 다른 어음 요건 전부를 보충시킬 의사로써 교부한 경우에도 백지어음의 성립을 인정한다(日最判 60. 11. 1. 判時 243. 29 등). ② **주관설에 권리외관설을 결합한 견해**로서, 이에 의하면 원칙적으로 주관설의 입장을 취하되, 백지어음의 외관을 가진 어음에 기명날인 또는 서명을 하여 교부한 어음행위자는 선의의 취득자에 대하여 불완전어음이라는 항변을 제출할 수 없다고 한다. 보충권을 부여하지 아니한 채 불완전어음을 유통시킨 자가 보충된 문구에 따라 책임을 지는 근거는 권리외관법리에 있다. 즉 이 경우 백지어음의 외관은 어음요건의 일부를 기재하지 아니하여 보충이 예정되어 있는 듯이 보이는 것이고, 귀책사유는 기명날인 또는 서명을 한 자가 어음요건의 일부를 기재하지 아니한 채 이를 교부한 것(유통에 둔 것)에 있으며, 제3자가 이를 미완성어음으로 신뢰한 점에 보호사유가 있다. ③ **백지어음추정설**로서, 이 견해에 의하면 기명날인 또는 서명을 한 자가 어음요건의 일부를 기재하지 아니한 어음을 상대방에게 교부한 때에는 특별한 사정이 없는 한 후일 그 소지인으로 하여금 백지부분을 보충시킬 의사로써 교부한 것으로 추정하고, 기명날인 또는 서명을 한 자가 보충권을 수여할 의사가 없었다는 점을 증명하면 면책이 된다고 본다.

(라) **私 見**: 생각건대 절충설 중 첫째와 셋째의 견해에서는 기명날인 또는 서명을 한 자가 보충권을 수여할 의사가 없었음을 증명한 때에는 선의

의 어음취득자에 대하여도 어음상의 책임을 면할 수 있는데, 이러한 해석은 어음거래의 안전을 해하여 부당하다. 따라서 주관설에 권리외관이론을 결합한 견해가 타당하다고 본다(通說. 日最判 56. 7. 20, 民集 10. 8. 1022). 그러나 대법원은 백지어음추정설을 취하고 있다(大判 2001. 4. 24, 2001 다 6718; 67. 2. 28, 66 다 2351; 84. 5. 22, 83 다카 1585).

3. 記名捺印 또는 署名의 存在

백지어음에는 적어도 어음당사자 가운데 어느 누구인가 한 사람의 기명날인 또는 서명이 있어야 한다. 그 기명날인 또는 서명은 반드시 발행인의 그것에 한하는 것이 아니고, 인수인·배서인·보증인 등 누구의 것이라도 상관이 없다. 어음법 제10조가 「발행과 방식」이라는 장 중에 있고, 또 동조가 「미완성으로 발행한」이라고 규정하고 있는 것을 이유로 하여, 백지어음이 되기 위하여는 적어도 발행인의 기명날인 또는 서명이 필요하다고 하는 소수설이 있으나, 어음법 제10조는 보통의 경우를 고려하여 발행에 관하여 규정한 것이고 발행에 한정하는 취지의 규정은 아니라고 본다(通說). 따라서 아직 발행의 기명날인 또는 서명이 없어도 인수, 배서, 보증 등이 이에 선행하여 있을 수 있다. 그러나 실제로는 발행인의 기명날인 또는 서명이 없는 백지어음은 드물다.

4. 未完成인 채로 流通되었을 것

백지어음의 성립에는 완성어음의 성립에 관한 법칙이 원칙적으로 그대로 적용되므로, 백지어음의 성립을 위하여는 원칙적으로 교부계약이 필요하다고 본다(交付契約說). 따라서 백지어음의 작성자가 이를 수취인에게 교부하였어야 한다. 그러나 어음거래의 안전을 위하여 교부계약이 흠결된 경우에도 선의의 취득자에 대하여 백지어음의 작성자가 권리외관이론에 따라 책임을 지는 경우가 있다(日最判 71. 11. 16, 民集 25. 8. 1173).

제3 白地어음의 效力

1. 白地어음에 의한 權利의 行使

(1) 백지어음은 그 자체로서는 미완성의 어음이므로, 백지를 보충하기 전에는 어음상의 권리를 행사할 수 없다(大判 62. 12. 20, 62 다 680; 71. 1. 26, 70 다 602). 따라서 백지어음을 가지고 지급제시를 하여도 적법한 지급제시가 없으므로, 소지인은 배서인 등 상환의무자에 대한 상환청구권을 보전할 수 없고(大判 95. 9. 15, 95 다 23071; 85. 8. 13, 85 다카 123), 또 어음의 주채무자가 이행지체에 빠지지 않는다(大判 70. 3. 10, 69 다 2184).

환어음의 인수인이나 약속어음의 발행인 등 주채무자는 소지인이 어음요건을 보충하여 제시한 때에 비로소 이행지체에 빠지고, 후에 보충을 한다고 하여 보충없이 지급제시한 때에 소급하여 효력이 생기는 것이 아니다. 또 백지어음에 의하여 소를 제기하여도 백지를 보충하지 않으면 승소할 수 없으나, 소송중이라도 변론종결시까지는 유효하게 보충할 수 있고, 이를 보충하면 그 때부터 이행지체에 빠지고 지연이자가 발생한다(大判 70. 3. 10, 69 다 2148; 81. 4. 14, 80 다 2695).

(2) 발행지의 기재가 없는 어음은 그것이 불완전어음이든 백지어음이든 이를 불문하고 이를 유효한 어음으로 보아 그 어음에 의한 권리행사의 효력을 인정하여야 한다는 견해가 있으나, 발행지도 엄연히 어음요건의 하나이므로 위와 같은 해석은 받아들이기 어렵다고 생각한다. 그러나 대법원은 국내에서 발행되고 지급되는 국내어음에 있어서는 발행지의 기재가 없어도 어음으로서 유효하다고 한다(大(全)判 1998. 4. 23, 95 다 36466).

2. 白地어음에 의한 時效의 中斷

백지어음에 의한 소제기에 시효중단의 효력이 있는가에 관하여, 백지를 보충하지 않은 채 지급을 청구하여도 효력이 없다는 이유로, 과거에는 이를 부정하는 견해가 지배적이었다. 그러나 시효제도는 권리 위에 잠자고 있는 자를 보호하지 않는다는 데에 그 취지가 있는 바, 소를 제기하였다는 것은 백지어음상의 권리를 적극적으로 행사한 것이고, 또 백지어음에 관하여 백지를 보충하지 아니한 상태에서 소멸시효가 진행하는 점과 균형을 맞추기 위하여는 백지미보충의 상태에서 어음소지인이 소를 제기하여도 시효중단의 효력이 있다고 풀이하는 것이 타당하다. 대법원도 수취인백지의 백지어음에 의한 소제기에 의하여 시효가 중단되었다고 풀이하고 있다(大判 62. 1. 31, 4294 民上 110, 111).[1] 그러나 금액백지인 백지어음과 만기백지인 백지어음에 관하여는 시효중단의 효력을 부정하는 견해가 유력하다.

3. 白地어음의 讓渡

백지어음은 백지가 보충되기 전에는 아직 어음이 아니므로 어음의 양도방법에 의하여 당연히 양도할 수 있는 것은 아니다. 그러나 백지어음은 보충을 조건으로 하는 어음금지급청구권과 백지보충권을 체화하는 유가증권이므로, 과거부터 어음과 동일한 방법에 의하여 양도하는 방법이 관습법상 인정되어 왔다. 따라서 수취인의 기재가 있는 백지어음은 배서에 의하여, 수취인이 백지인 백지어음은 배서 또는 단순한 인도에 의하여 양도될 수 있다(大判 94. 11. 18, 94 다 23098). 그 밖에 지명채권양도의 방법, 상속 또는 회사의 합병 등의 일반법상의 방법에 의하여도 백지어음을 양도할 수 있다. 백지어음이 양도되면 그 양수인은 조건부어음지급청구권과 백지보충권을 함께 취득한다.

4. 白地어음의 善意取得

백지어음에 관하여 어음의 양도방법이 인정되는 까닭에 그 당연한 귀결로서 백지어음을 선의로 취득한 자에 관하여도 선의취득이 인정된다(어 16 II, 77 I ① 참조). 예컨대 백지어음의 양도인이 무권리자라도 배서 또는 단순한 인도 등 어음법적인 양도방법에 의하여 백지어음을 취득한 양수인이 그 자를 정당한 권리자라고 믿고, 그 믿은 데 과실이 없는 경우에는 백지어음을 선의취득할 수 있다(大判 60. 7. 21, 4293 民上 113). 뿐만 아니라 백지어음의 보충권의 범위에 관한 선의(중대한 과실 없이 일정한 범위의 보충권이 있다고 믿고 어음을 취득한 때)도 마찬가지로 보호하여야 할 것이다.

판례는 금액이 백지인 백지어음을 취득한 자가 발행인에게 보충권의 내용에 관하여 조회하지 아니하였다면, 특별한 사정이 없는 한 중대한 과실이 있다고 한다(大判 95. 8. 22, 95 다 10945; 95. 12. 8, 94 다 18959).

---

1) 발행일 백지의 어음에 의한 소제기에 시효중단의 효력을 인정한 것으로서는 日最判 1970. 11. 11, 民集 24. 12. 1876 참조.

5. 白地어음과 抗辯의 切斷

백지어음에 관하여 어음의 양도방법이 인정되는 결과 백지어음을 선의로 취득한 자에 대하여도 어음항변의 절단이 인정된다. 따라서 백지어음에 관하여 어음권리자와 채무자 사이에 인적 항변사유가 있어도 양수인이 채무자를 해할 것을 알고 취득하지 아니한 한 양수인은 채무자로부터 인적 항변의 대항을 받지 아니한다(어 17, 77 I ① 참조)(日最判 59. 8. 18, 民集 13. 10. 1275). 또 어음의 효력에 관한 항변에 관하여도 양수인이 악의 또는 중대한 과실이 없는 한 채무자로부터 항변의 대항을 받지 아니한다.

6. 白地어음의 除權判決

백지어음에 관하여도 어음의 유통보호와 어음거래의 안전을 위한 제도인 공시최고절차와 제권판결의 제도가 인정된다. 이에 관하여는 전술하였다.

제4 白地어음의 完成(補充)

백지어음은 보충에 의하여 완성된 어음이 된다. 백지어음의 보충은 보충권을 행사함으로써 한다.

1. 補充權의 意義와 性質

(1) 보충권은 백지어음의 흠결된 요건을 보충하여 이를 완전한 어음으로 할 수 있는 권능·자격을 말한다.

(2) 보충권의 법적 성질에 관하여는 ① 미완성어음을 완성시키는 형성권으로 보는 견해(形成權說), ② 대리권의 일종으로 보는 견해(代理權說), ③ 백지어음행위자의 수권에 기하여 백지를 보충함으로써 백지어음을 완성어음으로 성립시킬 수 있는 권능 내지 자격이라고 보는 견해(授權說), ④ 하나의 특수한 권한이라고 풀이하는 견해(特殊權限說) 등이 대립하고 있다.

(3) 생각건대 보통의 형성권은 그 권리자와 상대방 사이에서 효력을 발생하는 것이 보통인데, 백지보충권은 보충권을 행사하는 자와 보충권을 부여한

자 사이에서는 흔히 아무런 법률효과를 발생시키지 않거나, 또는 발생시킨다고 하여도 그 주된 효과를 발생시키는 것이 아니고, 제3자와 보충권수여자 사이에서 법률효과를 발생시킨다는 차이가 있으므로, 형성권설은 정확하지 못하다.[1] 다음 대리권설은 실제문제의 해결에는 매우 편리하지만, 이론적으로는 문제가 있다. 왜냐하면 대리의 경우에는 현명주의의 원칙에 따라 본인의 이름으로 법률행위를 하는 것인데, 보충권행사의 경우에는 보충권자가 보충권수여자의 이름으로 행위하는 것은 아니기 때문이다. 또한 수권이라는 개념에는 의무를 지운다는 요소가 없는데, 보충권자는 오직 보충권수여계약에 정한 범위 안에서만 보충을 할 의무를 지기 때문에, 수권설 내지 법적 지위설도 보충권의 성질에 맞지 않는다. 따라서 백지보충권은 어음법상의 특수한 권한이라고 보는 견해가 옳다고 본다(同旨: Hueck/Canaris, S. 120).

또한 보충권은 재산적 가치를 가지므로 재산권적 성질을 가진다.

2. 補充權의 發生

이에 관하여 보충권은 ① 백지어음행위자가 타인에게 보충을 위임하여 발생하는 것이 아니라, 기명날인 또는 서명을 한 자 자신이 백지어음을 작성한 때에 그것이 발생되어 백지어음에 체화되고 백지어음을 상대방에게 교부한 때에 상대방에게 이전된다고 설명하는 견해와 ② 백지어음행위자와 그 상대방과의 사이의 어음관계 외의 보충계약에 의하여 발생한다는 견해(어음외계약설)가 있다. 그러나 백지어음의 작성만에 의하여 보충권이 발생한다고 보는 것은 당사자의 의사를 전혀 도외시하여 타당하지 않으므로, 어음외계약설이 타당하다고 생각한다(通說).

1) 예컨대 형성권인 계약해제권을 행사하면 해제의 당사자인 계약당사자 사이에서 해제의 효력이 발생함에 반하여, 甲이 환어음에 백지인수를 하고 이를 수취인 乙에게 교부하고, 乙이 丙으로부터 발행의 기명날인 또는 서명을 받고 이를 丁에게 배서양도한 경우에, 어음소지인 丁이 위 백지어음을 보충하면, 위 어음은 보충에 의하여 완전한 어음이 되고, 甲의 백지인수, 丙의 발행, 乙의 배서 등이 모두 효력을 발생하게 되는데, 이것은 보충권행사자 丁과 보충권수여자 甲 사이에서 직접 어떠한 법률효과를 발생하기보다는 甲乙 간의 인수, 乙丙간의 발행, 丙丁 간의 배서 등의 효력을 발생시키는 데 주된 법률효과가 있는 것이고, 어음소지인 丁이 백지인수인 甲에 대하여 어음금청구를 할 수 있게 되는 것은 위 甲乙, 乙丙, 丙丁 간의 어음행위가 유효하여 짐으로써 간접적으로 얻게 되는 효력에 불과하다.

3. 補充權의 範圍와 撤回 등

(1) 範 圍

보충권의 범위는 보충권수여계약에 의하여 정하여지며, 만일 그것이 명백하지 아니한 경우에는 어음거래의 원인관계 또는 어음거래의 관습을 고려하여 신의성실의 원칙에 따라 결정하여야 한다.[1] 범위의 결정을 상대방에게 일임하는 방법으로 수여하여도 좋고, 예컨대 수취인백지의 백지어음에 있어서는 당사자간에 반대의 특약이 없는 한 소지인은 누구라도 수취인으로 보충할 수 있다(大判 62. 2. 8, 4294 民上 547). 다만 어음금액이 백지인 경우에는 발행인은 통상 보충권의 범위를 한정한다고 봄이 상당하다(大判 99. 2. 9, 98 다 37736).

보충권은 어디까지나 일정한 내용을 가지는 구체적 권리이며, 그것이 어음행위자의 기명날인 또는 서명(무인행위)에 의하여 생겨나고 내용적으로 무제한한 추상적 권리라고 풀이하는 것은 타당하지 않다.

(2) 撤 回

일단 부여한 보충권은 백지어음을 회수하지 않는 한 이를 철회하여 소멸시킬 수 없다(大判 60. 12. 25, 4293 民上 176). 백지보충권은 백지어음상의 권리와 함께 백지어음에 체화되어 백지어음과 함께 전전유통되기 때문이다.

(3) 死亡·無能力

백지어음은 그 교부 후에 백지어음행위자가 사망하거나 무능력으로 되거나 또는 그 대리인이 대리권을 상실하여도 이에 의하여 영향을 받지 아니한다. 왜냐하면 백지보충권은 백지어음행위자의 인격에 결부된 권리가 아니라 재산권적 성격을 가지기 때문이다.

(4) 破 産

파산절차의 개시는 백지보충권에 아무런 영향을 미치지 않는다. 백지보충권자가 파산한 경우에는 파산관재인이 보충을 할 수 있고, 백지어음행위자가 파산한 경우에는 보충권자는 파산재단에 대하여 유효하게 보충권을 행사할 수 있다. 왜냐하면 백지어음은 백지보충권 외에 조건부어음채권을 체화하고 있고, 조건부채권은 채무자회생 및 파산에 관한 법률 제3편 제4장 소정의 파산채권

---

1) 발행지·지급지가 모두 「삼진기계」라고 기재되어 있는 어음에 「서울시」를 그 앞에 보충기재하는 것은 소지인에게 부여된 보충권의 범위 내에 속한다(大判 91. 7. 23, 91 다 8975).

에 해당하기 때문이다(回破 427).

(5) 證明責任

백지어음인 경우에는 백지보충권이 수취인 또는 어음소지인에게 수여된 것으로 추정되므로, 수취인 또는 어음소지인에게 백지보충권을 부여할 의사로 발행한 것이 아니라는 점, 즉 백지어음이 아니고 불완전어음으로서 무효라고 하는 점에 관하여는 어음발행인에게 증명책임이 있다(大判 2001. 4. 24, 2001 다 6718; 84. 5. 22, 83 다카 1585; 67. 2. 28, 66 다 2351).

4. 補充權의 行使時期와 時效

(1) 行使時期

보충권은 보충권수여계약에서 정한 기간 내에 행사하여야 하지만, 그러한 제한이 없는 때에는 특별한 제한이 없으며, 만기후에도 보충권이 시효소멸하기까지에는 이를 할 수 있다(大判 69. 7. 8, 69 다 666; 72. 12. 12, 72 다 1576). 구체적으로

① 만기가 기재되어 있는 경우 (ㄱ) 주된 채무자인 환어음의 인수인과 약속어음의 발행인에 대한 관계에 있어서는 만기로부터 3년의 시효기간 내에 지급제시를 하지 않으면 어음상의 권리가 소멸하므로(어 70 I, 77 I ⑧), 백지의 보충도 이 기간 내에 하여야 한다. 다만 주된 채무자에 대하여 어음금청구의 소를 제기한 경우에는 변론종결시까지 이를 보충하여야 한다(大判 95. 6. 9, 94 다 41812; 1964. 12. 29, 64 다 1025). (ㄴ) 배서인 등 상환의무자에 대한 관계에 있어서는 상환청구권을 행사하기 위하여는 지급을 할 날 또는 그 날 이후의 2거래일내(일람출급어음에 있어서는 발행일자후 1년내)에 일정한 보전절차를 취하여야 하고(어 44, 77 I ④, 34 I, 77 I ②), 그 전제로서 완전한 어음의 존재가 필요하므로 그 기간경과 전에 보충하지 않으면 안된다.[1] 백지어음인 채로의 지급제시는 적법한 제시가 아니므로 백지어음에 관하여 작성한 거절증서는 무효이고, 따라서 백지를 보충하지 않고 지급제시를 하고 지

---

1) 어음법 70조 제2항을 근거로 하여 거절증서작성이 면제된 경우에는 만기후 1년내에 보충을 하면 된다고 하는 견해가 있으나(최기원, 197면), 이는 어음법 70조 제2항을 오해한 것이 아닌가 한다. 어음법 70조 제2항은 상환청구의 요건을 갖춘 경우에 상환청구권의 소멸시효의 기산점을 규정한 것이요, 백지어음의 경우에는 만기후 1년 이내에 백지를 보충하면 좋다는 규정은 결코 아니다(거절증서의 작성이 면제된 경우에는 거절증서의 일자가 있을 수 없으므로, 편의상 만기를 시효기간의 시기로 삼는 것뿐이다). 백지어음의 경우에 지급제시기간 내에 백지를 보충하지 아니하면, 아예 적법한 지급제시가 있을 수 없고, 따라서 상환청구권 자체가 발생하지 아니하므로, 그 시효기간은 처음부터 문제가 되지 아니한다.

급제시기간이 경과한 때에는 모든 상환의무자에 대한 상환청구권을 잃는다(大判 76. 11. 23, 76 다 214; 79. 8. 14, 79다 1189).

② 만기가 백지인 경우 보충권이 시효에 의하여 소멸하기 전에 이를 행사하여야 한다.

(2) 時效期間

이에 관하여는 어음법에 아무런 규정이 없으므로 크게 다투어지고 있고, 20년설, 10년설, 5년설, 3년설, 1년설 등이 있다. 즉 백지보충권을 형성권으로 보는 입장에서는 20년설을 취하고 있고(民 162), 보충권을 특정인에 대한 권리로서 채권과 동일시하는 견해에서는 10년설을 주장하고 있으며(民 162), 보충권의 행사를 어음에 관한 행위로서 상행위로 보는 입장에서는 5년설을 취하고(商 64)(日最判 69. 2. 20, 民集 23. 2. 427; 최기원, 287면), 백지어음의 소지인은 언제든지 백지를 보충하여 지급을 청구할 수 있으므로, 만기가 도래한 어음과 같이 보아야 한다는 견해에서는 주된 채무자에 대하여는 3년의 시효에 걸린다고 주장하고(어 70 I)(양승규·박길준 620면), 또 일부 학자는 일람출급어음의 제시기간과 유사하게 발행일로부터 1년의 시효에 걸리는 것으로 풀이한다(어 34 I). 그 밖에 보충권수여계약의 기초가 되는 원인관계상의 채권이 민사채권인가 상사채권인가에 따라 10년 또는 5년으로 시효에 걸린다고 하는 특이한 견해도 있고, 백지보충권은 시효의 대상이 아니므로 제척기간이 적용되어야 한다고 풀이하면서, 백지보충권의 행사기간은 3년이라고 주장하는 견해도 있다(정찬형, 228면; 이철송, 261면).

생각건대 일본에서는 어음에 관한 행위가 절대적 상행위로 되어 있으므로 5년설이 통설·판례이나, 우리나라에서는 어음행위가 절대적 상행위가 아니므로 이를 따를 수 없다. 우리나라에서는 보충권을 형성권의 일종으로 보는 견해가 통설이므로 20년설이 다수설이었지만, 형성권은 소멸시효의 대상이 되지 않는다고 풀이하는 것이 민법상의 통설이므로, 20년설은 그 근본에 있어서 문제점을 내포하고 있다. 어음상의 권리관계를 빨리 해결하기 위하여 특별히 단기의 소멸시효제도를 규정하고 있는 어음법의 취지에 비추어 보아, 10년 또는 20년의 오랜 기간의 소멸시효를 인정하여서는 안된다. 3년의 제척기간을 주장하는 견해는 제척기간에는 중단이 없으므로, 시효의 중단사유가 있더라도 백지어음소지인을 보호할 수 없다는 점을 간과하고 있다. 보충권과 어음채권은 불가분의 관계에 있고, 발행인에 대한 어음채권은 만기의 날로부터 3년이 경과하면 소멸시효가 완성되는 점에 비추어, 백지어음의 보충권의 소멸시효기간은 이를 행사할 수 있는 때로부터 3년으로 봄이 상당하다(大判 2002. 2. 22, 2001 다 71507; 2003. 5. 30, 2003 다 16214).

이에 반하여 수표의 경우 발행인에 대한 상환청구권은 제시기간 경과 후 6개월간 행사하지 아니하면 소멸시효가 완성되는 점에 비추어, 백지수표의 보충권의 소멸시효기간은 이를 행사할 수 있는 때로부터 6개월로 봄이 상당하다(大判 2001. 10. 23, 99 다 64018; 2002. 1. 11, 2001 도 206). 백지보충권의 소멸시효는 보충권을 행사할 수 있는 때로부터 진행한다(大判 97. 5. 28, 96 다 25050).

5. 補充權의 移轉

보충권은 백지어음행위자가 보충계약에 의하여 상대방에게 수여하는 것이나, 상대방은 반드시 자신이 직접 보충하여야 하는 것은 아니고, 백지어음과 같이 이것을 타인에게 양도할 수 있다. 따라서 백지어음은 보충 전에는 미완성어음이면서도 마치 완성된 어음과 마찬가지로 배서에 의하여 또는 수취인의 기재가 백지이거나 최후의 배서가 백지인 경우에는 단순한 인도에 의하여 양도되며, 백지어음의 취득자는 어음의 취득과 동시에 보충권도 취득한다(大判 60. 7. 21, 4293 民上 113). 왜냐하면 보충권은 조건부어음금지급청구권과 함께 백지어음에 체화되어 있으므로 백지어음의 이전에 따라 당연히 이전하기 때문이다. 백지어음이 어음법적 방법에 의하여 양도되는 경우에는 이에 따라 보충권의 선의취득 및 보충권에 관한 항변이 제한된다.

6. 補充權의 濫用

(1) 보충권의 범위·행사시기 등에 관한 제한을 위반하여 하는 보충(예컨대 어음금액으로서 1,000만원까지 기입할 수 있는 보충권을 수여하였는데 3,000만원을 어음금액으로 보충한 경우)을 「백지어음의 부당보충」 또는 「보충권의 남용」이라고 한다. 보충권의 남용이 있는 경우에 백지어음행위자는 보충권을 남용한 자 자신에 대하여는 보충된 문구에 따른 책임을 지지 않고 미리 한정한 바에 따라 책임을 지면 충분하다. 그러나 부당 보충된 어음이 제3자에게 양도된 경우에는 거래의 안전을 보호하기 위하여 제3자가 악의 또는 중대한 과실 없이 부당 보충된 어음을 취득한 때에는, 백지어음행위자는 그에 대하여 부당보충을 대항할 수 없다(어 10, 77 II)(大判 66. 4. 6, 66 다 276). 여기에서 악의라 함은 제3자가 부

당 보충된 사실을 알고 있는 것을 말하고, 중대한 과실이라 함은 조금만 주의를 하면 부당 보충된 어음이라는 것을 알 수 있었던 경우를 말한다(大判 99. 2. 9, 98 다 37736; 95. 6. 30, 95다 10600). 이 경우에 악의 또는 중대한 과실은 청구를 받은 어음행위자(어음채무자)가 증명하여야 한다(日最判 67. 3. 14, 民集 21. 2. 349).

(2) 백지어음을 취득함에 있어서 악의 또는 중대한 과실 없이 일정한 범위의 보충권이 있다고 믿고 이를 취득하여 스스로 보충을 한 경우(예컨대 금액 100만원의 범위 내에서 보충권을 수여받은 자가 보충권의 범위가 200만원이라고 거짓말을 하여 이를 믿은 선의의 제3자가 백지어음을 양수하여 200만원으로 보충한 경우)에도, 백지어음행위자는 위 사람에 대하여 부당보충의 항변을 가지고 대항할 수 없는가, 환언하면 어음법 제10조는 이미 부당 보충된 어음을 취득할 때 외에 취득자 자신에 의한 보충의 경우에도 적용되는가의 문제가 있다. 이 점에 관하여 어음법 제10조는 이미 보충이 행하여져서 정규의 어음과 아무런 차이가 없는 외관을 가지고 있기 때문에 이것을 믿은 선의자를 보호하려는 규정이므로, 아직 보충이 되지 않아 외관상 백지의 존재가 명백한 경우까지 이와 동일시할 수는 없고, 따라서 취득자는 이 점에 관하여 스스로 위험을 지지 않으면 안된다고 하는 견해도 있으나(정찬형, 225면), 어음법 제10조가 어음의 유통을 원활하게 하고 선의이며 중과실이 없는 자를 보호하려는 규정임을 고려할 때, 미완성의 백지어음을 취득한 경우에도 동조를 적용하여 백지어음행위자는 부당보충의 항변으로 대항할 수 없다고 풀이하는 것이 옳을 것이다(通說. BGHZ 54. 2; 日最判 65. 11. 10, 民集 20. 9. 1756). 대법원은 어음금액이 백지인 백지어음을 취득한 자가 그 어음금액을 보충하면서 보충권의 내용에 관하여 백지어음행위자에게 직접 조회하지 않은 경우에는 취득자에게 중대한 과실이 있다고 한다(大判 95. 8. 22, 95 다 10945; 78. 3. 14, 77 다 2020). 어음금액 이외의 사항이 백지인 경우와는 구별하여 취급하는 것으로 풀이된다. 이 경우에 선의이냐의 여부를 판정하는 기준시는 백지어음의 취득시이고 보충시가 아니다.

(3) 여기에서 한 발자국 더 나아가 요건흠결의 완성어음으로서 무효인 경우에 어음취득자가 이를 백지어음으로 알고 취득하여 백지를 보충한 때에 어음소지인은 위 어음에 기하여 청구할 수 있는가가 문제된다. 이 경우에도 요건흠결의 어음상에 기명날인 또는 서명을 한 자는 그 책임 있는 방법으로 백지어음과 같은 외관을 작출하였으므로, 그는 권리외관이론에 따라 어음상의 책임을 진다고 생각한다(BGH NJW 73. 283).

(4) 보충권수여계약을 합의해제하였으나 어음을 회수하지 않고 있는 사이

에 그것이 보충되어 유통된 때에도 어음법 제10조가 적용된다.

7. 補充의 效果

보충권자에 의하여 흠결된 어음요건이 보충되면, 백지어음은 완전한 어음으로 되고 백지어음상의 발행·배서·보증 등 모든 어음행위는 보충된 문구에 따라 그 효력을 발생한다.

(1) 補充의 效力發生時期

백지보충의 효력발생시기에 관하여는 소급설과 불소급설이 대립하고 있다. 소급설에 의하면 백지어음의 백지가 보충되면 백지어음에 행하여진 모든 어음행위는 행위시에 소급하여 효력이 발생한다고 하고, 불소급설에 의하면 백지어음의 백지를 보충한 때로부터 장래에 향하여 효력이 발생하지만, 발생한 효력의 내용은 어음에 기재된 바에 의한다고 한다. 백지어음은 백지를 보충함으로써 완전한 어음이 되고 어음상의 권리가 발생하므로 불소급설이 타당하다고 본다.

우리나라의 판례가 어느 견해를 취하는가에 관하여는 동일한 판결(大(全)判 71. 8. 31, 68 다 1176)을 둘러싸고 소급설로 풀이하는 견해(최기원, 293면)와 불소급설로 보는 견해(정찬형, 229면)가 대립하고 있으나, 대법원은 그 뒤 불소급설의 입장을 명백히 하였다(大判 76. 7. 13, 75 다 1751).

(2) 어음행위의 成立時期

어음행위자의 능력의 유무, 대리권의 존부 등은 백지어음행위시를 기준으로 하여 판단하고, 발행일자·인수일자·배서일자·만기 등도 백지를 보충한 때가 기준이 아니라 백지보충 전에 이미 되어 있는 기재 또는 백지보충에 의하여 기입된 기재를 기준으로 하여야 한다. 예컨대 만기가 2008. 1. 20.인 백지어음이 2008. 1. 10. 배서양도되고 2008. 8. 24. 백지가 보충된 때에는 위 백지어음은 2008. 8. 24. 보충시에 완전한 어음으로 되어 어음상의 권리가 발생하나, 배서를 한 날짜는 보충한 2008. 8. 24.이 아니라 2008. 1. 10.이 되므로, 만기전배서가 되는 것이다. 이처럼 백지보충의 효력의 발생시기와 어음행위의 성립시기는 구별하여야 하며(大判 80. 3. 11, 79 다 1999; 94. 2. 8, 93 다 54927), 이것은 보충의 효과가 소급하는 결과가 아니고, 보충의 효과는 보충시부터 발생하되 어음상의 기재대로 효력이 발생하므로 그 위에 행하여진 어음행위의 효력은 보충시까지 정지되어 있다가 보충에 의하여 발생되는 것이다.

8. 不當補充者의 責任

백지어음을 부당보충한 자는 백지어음행위자에 대하여 채무불이행 또는 불법행위로 인한 손해배상책임을 진다. 또 자기의 후자에 대하여는 자신이 보충한 내용에 따라 어음상의 책임을 진다. 보충권의 범위에 관하여 거짓말을 하면서 백지어음을 양도한 자는 취득자가 부당 보충한 내용에 따라 책임을 져야 할 것이다.

제 3 장
引 受

제1 引受의 意義와 性質

(1) 引受란 환어음의 지급인이 어음금액의 지급채무를 부담하는 것을 목적으로 하는 어음행위이다. 환어음은 지급위탁증권으로서 제3자인 지급인이 어음금액을 지급하게 되는데, 지급인은 지급인으로 지정되었다는 사실만으로 만기에 당연히 어음금액을 지급할 의무를 부담하는 것은 아니다. 왜냐하면 법은 제3자에게 부담을 지우는 계약을 인정하지 않고, 그것은 제3자가 부담에 동의하여야만 가능하기 때문이다. 따라서 지급인이 어음채무를 부담하기 위하여는 지급인의 협력, 즉 인수가 필요하고, 지급인은 인수를 함으로써 비로소 어음금액의 지급의무를 부담하게 되고, 환어음의 주된 채무자인 인수인으로 된다. 인수의 제도는 환어음에만 있고, 약속어음과 수표에는 없다(다만 수표에는 이와 유사한 지급보증의 제도가 있으나, 인수와는 의무의 내용을 달리한다). 인수가 되기 전의 환어음은 단지 금전지급수령권한 혹은 지급거절·인수거절이 있음을 조건으로 한 금전채권이 결합되어 있을 뿐이고, 인수에 의하여 환어음에 비로소 확정적인 어음금지급청구권이 결합되게 되는 것이다.

(2) 인수의 **法的性質**에 관하여는 이를 단독행위로 풀이하는 설이 많으나(大判 80. 2. 12, 78 다 1164), 인수도 역시 어음행위이며, 인수의 의사표시가 어음상에 기재되어 상대방(발행인, 수취인 또는 그 후의 어음취득자)에게 교부되고, 상대방이 승낙의 의사를 가지고 이를 수령함으로써 성립하는 것이므로 계약이라고 보는 것이 타당하다. 어음법 제

29조 제1항은 계약설이 정당함을 뒷받침하여 주며, 제26조 제2항이 부단순 인수를 인수거절로 보고 있는 것도 인수가 계약의 성질을 가진다는 점을 간접적으로 뒷받침하는 것이다.

인수계약의 내용은 어음채무의 설정이고, 어음채무부담의 효력은 인수인의 의사표시에 따라 발생한다. 이 점에서 환어음의 발행인이나 배서인의 채무가 법률의 규정에 따라 발생하는 것과 다르다.

(3) 지급인이 환어음에 일단 기재한 인수라도 그 어음을 반환하기 전에는 이를 말소하여 철회할 수 있다(어29 I). 이를 引受의 抹消 또는 撤回라고 한다. 인수의 말소는 인수행위를 계약으로 파악할 때에 무리 없이 설명될 수 있다. 인수의 말소는 지급인이 잘못하여 인수의 기명날인 또는 서명을 한 경우에 이를 구제하기 위한 것이다. 인수의 기재가 말소된 때에는 인수를 거절한 것으로 보고 또 이 말소는 어음의 반환 전에 한 것으로 추정한다(어29 I). 다만 어음의 반환 전에 인수가 말소된 경우에도 지급인이 소지인이나 기명날인 또는 서명한 사람에게 서면으로써 인수의 통지를 하였을 때에는 인수의 문구에 따라 책임을 부담하여야 한다(어29 II). 이것은 그 통지를 받을 사람들이 그 통지를 신뢰하고 만일 인수를 거절하였더라면 취하였을 자기방어수단을 강구할 기회를 놓치게 되므로 이것을 보호하기 위한 것이다. 인수통지를 서면으로 하게 한 것은 후일의 분쟁을 막기 위한 것이다.

제2 引受를 위한 提示

환어음이 유효하기 위하여는 인수가 꼭 필요한 것은 아니지만, 지급인이 인수를 하여 지급책임을 부담하면 어음의 가치를 높여주고, 지급인이 지급능력이 있는 한 만기에 결제될 개연성이 많으므로, 발행인이 환어음을 발행하여 수취인에게 교부하기 전에 지급인에게 인수를 요청하는 예가 많다. 그러나 인수가 기본어음의 발행에 앞서서 이른바 백지인수의 형식으로 행하여지는 일도 드물지 않다. 그리고 환어음이 인수되지 아니한 채 수취인에게 교부된 경우에는 어음의 소지인은 언제라도 인수를 받는 데 이익을 가지므로, 어음법은 만기에 이르기까지에는 언제라도 지급인에게 인수를 위하여 어음을 제시할 수 있도록 하였다(어21).

1. 引受提示의 意義

「인수를 위한 제시」 또는 「인수제시」는 환어음의 지급인에게 어음을 제시하고 인수를 청구하는 것을 말한다. 인수제시는 어음법상 여러가지 이유에서 필요하다. ① 어음소지인에 대하여는 인수가 있으면 만기에 어음금액의 지급을 청구할 수 있게 되어 어음의 신용이 높아지고 또 인수가 거절되면 만기전이라도 상환청구를 할 수 있게 되는 기능이 있고, ② 지급인에 대하여는 자기를 지급인으로 하는 환어음이 발행되어 있다는 것을 알 수 있는 기회를 얻게 하는 기능이 있다. 또 ③ 일람후정기출급어음에 있어서는 만기를 확정하기 위하여 인수제시가 절대로 필요한 것이다.

2. 引受提示의 自由와 制限

인수제시를 할 것인가 아닌가는 원칙적으로 어음소지인의 자유이며, 그는 어음의 만기에 이르기까지 언제라도 이를 제시할 수 있다(어 21)(引受提示의 自由). 물론 그는 만기까지 인수의 제시를 하지 않고 만기에 지급제시를 하여도 좋다. 그러나 인수제시자유의 원칙에 대하여는 다음의 두 가지 예외가 있다.

(1) 引受提示의 義務가 있는 경우

인수제시를 하여야 하는 경우로는

① 인수제시명령이 있는 경우 발행인 또는 배서인은 기간을 정하거나 정하지 아니하고 인수제시를 하여야 할 뜻을 환어음에 기재할 수 있다(어 22 I·IV). 이것은 지급인으로 하여금 자기를 지급인으로 하는 어음이 발행되었다는 것을 알게 하여 지급의 준비를 하게 함과 아울러, 어음소지인으로 하여금 지급인의 지급의사의 유무를 미리 알 수 있도록 하기 위한 필요가 있기 때문에 인정되는 것이다. 기간을 정하지 아니하였을 때에는 만기의 전일까지 제시하여야 한다(어 21). 배서인은 발행인이 기재한 인수제시의 금지와 모순되지 아니하는 범위내에서 인수제시를 명하는 기재를 할 수 있다(어 22 IV). 인수제시명령의 기재가 있는 경우에는 인수를 위한 제시를 하여야 할 의무가 있으므로, 어음소지인이 위 기간 내에 제시를 하지 아니하면 발행인이 인수제시명령을 기재한 경우에는 모든 상환의무자에 대하여, 배서인이 이를 기재한 경우에는 그 기재를 한

배서인에 대하여, 인수거절 및 지급거절로 인한 상환청구권을 상실한다(어 53 Ⅱ·Ⅲ).

② 일람후정기출급어음의 경우　이 경우에는 발행일자로부터 1년 이내에 반드시 인수를 위하여 제시되어야 한다(어 23 Ⅰ). 이것은 만기의 산정을 위하여 필요하기 때문이다. 발행인은 위 인수제시기간을 단축 또는 연장할 수 있고, 배서인은 위 법정기간 또는 발행인이 지정한 기간을 단축할 수가 있다(어 23 Ⅱ·Ⅲ). 어음소지인이 위 법정기간 또는 발행인이 지정한 기간내에 인수제시를 하지 아니할 때에는 전상환의무자에 대한 상환청구권을 잃고(어 53 ①), 또 배서인이 정한 기간 내에 인수제시를 하지 아니하면 그 배서인에 대한 상환청구권을 잃는다(어 53 Ⅱ).

(2) 引受提示가 금지되는 경우

① 발행인은 인수의 제시를 금지할 수 있다. 이것은 쓸데없이 인수거절을 하게 되는 것을 막기 위하여 인정된다(예컨대 물건의 매도인이 매수인을 지급인으로 하여 환어음을 발행하는 경우에 물건이 매수인에게 도착할 때까지 또는 매수인이 외국여행에서 돌아올 때까지 인수제시를 금지하는 경우). 그 전에 인수제시를 하면 공연히 인수거절될 염려가 있기 때문이다.

② 인수제시의 금지를 할 수 있는 자는 환어음의 발행인뿐이며, 배서인은 이를 할 수 없다. 기간을 정하여 하는 인수제시금지는 발행인이 모든 종류의 환어음에 관하여 할 수 있다. 그러나 기간을 정하지 않고 절대적으로 인수제시를 금지하는 것은 제3자방지급어음, 타지지급어음 및 일람후정기출급어음에 관하여는 허용되지 않고 그 밖의 어음에 관하여만 허용된다(어 22 Ⅱ·Ⅲ). 제3자방지급어음에 있어서는 지급인에게 지급의 준비를 시키고 또는 제3자의 신용의 남용을 막을 필요가 있고, 타지지급어음에 있어서는 지급인에게 지급담당자를 기재할 기회를 줄 필요가 있으며(어 27 Ⅰ), 또 일람후정기출급어음에 있어서는 만기를 정할 필요가 있기 때문에, 인수제시를 절대적으로 금지할 수 없도록 한 것이다. 인수제시를 절대적으로 금지한 어음을 인수불능어음이라 부른다.

③ 인수제시의 금지에 위반하여 인수제시를 한 경우에는 인수가 거절되어도 소지인은 전자에 대하여 상환청구권을 행사할 수 없다. 물론 이 경우에도 지급인이 인수를 하면 그 인수가 유효한 것은 말할 나위가 없다.

3. 引受提示의 當事者

(1) 引受提示를 할 수 있는 자는 어음의 정당한 소지인뿐만 아니라 어음이 단순한 점유자도 포함된다(어 21). 단순한 점유자란 현실로 어음을 소지하고 있는 자를 말한다(예컨대 은행, 사용인 등). 이처럼 단순한 점유자도 제시를 할 수 있다는 점이 지급제시의 경우와 다르다.

(2) 被提示者는 지급인, 그 법정대리인 또는 임의대리인이고, 지급담당자의 기재가 있는 경우에도 지급인이 피제시자이다. 수인의 지급인이 지정되어 있는 경우에는 그 전원이 피제시자이다. 이 경우에 전원이 인수를 거절한 후가 아니면 만기 전의 상환청구를 할 수 없다는 견해와 단 1인이라도 인수를 거절하면 곧바로 상환청구를 할 수 있다는 견해가 대립하고 있으나, 후설이 타당하다고 본다. 지급인이 사망하거나 가설인인 경우에는 인수제시의 의무가 없다고 본다. 왜냐하면 이 경우에는 인수가 불가능하기 때문이다.

4. 引受提示의 時期와 場所

(1) 提示의 時期

인수제시는 만기의 전일까지 하여야 한다(어 21). 만기의 날에는 지급제시를 하여야 하므로, 인수제시는 그 전일까지 하여야 하는 것이다. 인수제시기간이 법정되거나 지정되었을 때에는(어 22, 23) 그 기간 내에 하여야 한다. 인수제시는 거래일에 하여야 하고(어 72 I 후단), 또한 합리적인 시간 내에 하여야 한다. 따라서 지급인이 은행인 경우에는 그 영업시간 내에, 그 밖의 지급인의 경우에는 종업원이 근무하는 시간 내에 영업소에 각 제시하여야 한다. 불합리한 시간에 한 인수제시는 피제시자의 승낙이 없는 한 무효이다. 제시기간이 경과한 후의 인수제시도 금지할 필요는 없으며, 따라서 시효기간 내에는 만기후의 인수도 유효하다고 본다. 다만 인수거절로 인한 상환청구권을 취득하기 위하여는 제시기간 내에 인수제시를 하여야 한다(어 44 II).

(2) 猶豫期間(熟慮期間·考慮期間)

인수제시에 대하여 지급인은 익일에 다시 한번 제시(제2의 제시)할 것을 청구할 수 있다(어 24). 이 하루의 기간을 유예기간 또는 숙려기간 혹은 고려기간이라고 하며, 이것은 지급인이 인수를 함에 있어서 발행인에게 조회하여 그 기명날인 또는 서명의 진위를 문의하거나 혹은 발행인으로부터 지급자금을 공급받는다든가 하는 절차를 밟기 위하여 인정되는 것이다. 숙려기간을 청구한 때에는 소지인은 인수거절이 있음에도 불구하고 익일(휴일일 때에는 이에 이은 제1의 거래일) 제2의 제시를 하여 거절되어야 비로소 상환청구권을 행사할 수 있다. 이 경우에 소지인은 제1의 제시에 관하여 인수거절증서를 작성하고 지급인은 여기에 제2의 제시를 청구한 뜻을 기재하게 한다(어 24 I 本). 제2의 제시에 대하여도 인수거절이 있으면 소지인은 제2의 인수거절증서를 작성하여 상환청구를 할 수 있다.[1] 소지인이 제1의 제시에 관하여 거절증서를 작성하고 제2의 제시를 하지 않은 경우에는 인수거절에 의한 상환청구를 할 수 없다. 다만 이해관계인은 제2의 제시를 청구하였다는 뜻이 거절증서에 기재되어 있는 때에 한하여 그 청구에 응한 제2의 제시가 없었다는 것을 주장할 수 있고, 그러한 기재가 없는 때에는 제1의 제시에 대한 거절증서에 의하여 상환청구를 하여도 이를 배척할 수 없다(어 24 I 後). 또한 어음소지인은 숙려기간 중에 어음을 지급인에게 교부함을 요하지 아니한다(어 24 II). 만일 지급인에게 어음을 교부하면, 지급인이 이를 훼손·변조 또는 횡령할 염려가 있기 때문이다. 그러나 임의로 맡기는 것은 자유이다.

(3) 提示의 場所

인수제시를 할 장소는 지급인의 영업소·주소 또는 거소이다(어 21). 타지지급어음, 제3자방지급어음에 있어서도 같다. 지급담당자가 기재되어 있어도 마찬가지이다. 어음에 지급인의 영업소·주소 또는 거소가 기재되어 있으면 그곳에서 인수제시를 하여야 하고, 그러한 기재가 없는 때에는 사실상의 영업소 또는 주소에서 하여야 한다. 만일 지급인의 영업소나 주소를 발견할 수 없을 때에는 지급지에서 인수거절증서를 작성하여야 한다(通說).

제3 引受의 方法

(1) 인수는 환어음에 「인수」 또는 그밖에 이와 같은 뜻이 있는 글자로 표시하고, 지급인이 여기에 기명날인 또는 서명을 하는 방법에 의하는데(어 25 I 前),

---

1) 만일 제2의 제시에 대하여 인수가 된 경우에는, 제1의 제시에 대한 인수거절증서의 작성비용은 소지인이 인수인 또는 상환의무자에게 부담시킬 수 있다고 본다.

이를 正式引受라 한다. 어음의 앞면에 지급인의 단순한 기명날인 또는 서명이 있으면 인수를 한 것으로 보며(어25 1後), 이를 略式引受라 한다.

인수가 유효하기 위하여는, ① 반드시 어음본지에 기재하여야 하고, 등본 또는 보충지에 이를 할 수 없으며(어25 本), 등본 또는 보충지에 한 인수는 무효이다(通說). ② 인수의 의사표시는 반드시 문서로 하여야 한다. 따라서 어음의 앞면에 이를 기재하고 기명날인 또는 서명을 하여야 한다. 약식인수가 어음의 앞면의 기명날인 또는 서명에 대하여만 인정되고, 어음의 뒷면의 기명날인 또는 서명에 관하여 인정되지 아니하는 것은 백지식 배서와의 혼동을 피하기 위한 것이다(어13 참조). ③ 인수는 반드시 지급인이 이를 하여야 한다. 지급인과 인수인의 동일성은 어음의 기재상 인정되어 어음 자체로부터 알 수 있어야 한다(形式的同一性). 그러나 양자의 표시가 완전히 동일하여야 하는 것은 아니고 거래관념상 동일성이 인정되면 족하다. 이에 대하여 어음상으로는 지급인과 인수인의 표시가 동일하지 않더라도 실제상 양자가 동일인이면 족하다고 하는 반대설(實質的同一性) 및 위 양설의 중간에 서는 것으로서, 지급인과 인수인이 실질상 동일인임에도 불구하고 어음의 기재상으로는 지급인의 이름과 인수인의 이름이 다른 경우(예컨대 상호로 지정된 지급인이 성명을 가지고 인수를 한 경우)에는 인수인에 대하여는 인수가 유효한 것으로 하고, 상환청구에 관하여는 인수의 거절이 있는 것으로 보는 견해 등이 있으나, 어음거래의 안전과 신속을 위하여 형식적 동일성설이 타당하다고 본다(日最判 69. 4. 15, 判時 560. 84).

지급인이 아닌 자가 한 인수는 무효이다. 다만 그의 기명날인 또는 서명이 어음의 앞면에 있을 때에는 발행인의 보증인으로서 책임을 진다.

(2) 인수를 함에 있어서는 위에 말한 인수의 요건에 해당하는 사항 이외의 것을 기재할 수 있다. ① 引受日字는 인수의 요건이 아니므로 반드시 적을 필요는 없는 것이 보통이지만, 일람후정기출급어음 또는 인수제시명령에 따라 일정한 기간 내에 인수제시를 하여야 할 어음에는 인수한 날짜를 적어야 한다(어25 II). 제2의 제시에 의하여 인수되었을 때에는 소지인은 제1의 제시를 한 제시일자의 기재를 청구할 수 있다(어25 II 後). 날짜가 적혀 있지 아니한 경우에는 소지인은 배서인과 발행인에 대한 상환청구권을 보전하기 위하여 인수일자거절증서에 의하여 날짜의 기재가 없었음을 증명하여야 하고(어25 II 後), 일자거절증서의 작성이 면제되어 있거나 이를 작성하지 아니한 때에는 인수인에 대하여

는 날짜가 없어도 인수제시기간의 말일에 인수한 것이라고 본다(어 II 35). 이것은 이자의 청구 등과 관련하여 의미가 있을 것이다. 거절증서의 작성이 면제되어 있는 때에 발행인과 배서인에 대한 관계에서는 언제 인수제시가 있었던 것인가에 관하여 다툼이 있으나, 제35조 제2항을 유추하여 제시기간의 말일이 기준이 된다고 본다. 인수인이 만기에 지급거절하는 경우에 소지인은 발행인·배서인 등에 대하여 상환청구를 할 수 있어야 하고, 이를 위하여는 적법한 기간 내에 인수제시가 되어야 하기 때문이다. ② 他地支給어음, 즉 지급인의 주소지와 다른 지급지를 환어음에 기재한 경우에 발행인이 **第3者方**에서 지급할 뜻을 기재하지 아니한 때에는 지급인은 인수를 함에 있어서 그 제3자를 정할 수 있다. 만약 지급인이 제3자를 정하지 않고 인수를 한 때에는 지급지에서 직접 지급할 의무를 부담한 것으로 본다(어 I 27). 동지지급어음, 즉 지급인의 주소지와 지급지가 같은 경우에는 지급인은 인수를 함에 있어서 지급지에서의 **支給場所**를 정할 수 있으며(어 I 27) 이를 정하지 아니한 때에는 인수인(지급인)의 주소에서 지급하는 것이 된다.

(3) 지급인이 어음의 기재사항에 변경을 가하여 하는 인수를 「不單純引受」라고 하는데, 일부인수·초과인수·변경 또는 제한부인수와 조건부인수가 있다.

① **一部引受**(어음금액의 일부에 대하여 하는 인수)는 적법한 것으로 인정된다(어 I 26). 이 경우에는 인수인은 인수한 금액의 범위 내에서만 지급의 책임을 지고, 인수되지 아니한 나머지 부분에 관하여는 인수거절이 있는 것이므로 소지인은 상환청구를 할 수 있다.

② **超過引受**(어음금액을 초과하여 하는 인수)를 한 때에는 어음금액의 한도에서 인수가 있는 것으로 보고 유효하게 취급하여야 할 것이다.

③ **變更引受**(어음의 내용을 변경하여 하는 인수)는 인수거절로 본다(어 II 26 本). 변경인수를 곧바로 무효로 할 필요는 없으며, 오히려 소지인과 그 전자의 이익을 해하지 않는 한 인수의 효력을 인정하는 것이 타당하다. 그러므로 어음법은 변경인수가 전자에 대한 관계에서는 인수거절로서의 효력을 가지는 것으로 하여, 어음소지인은 거절증서를 작성시켜서 상환청구권을 행사할 수 있게 하였으나, 인수인 자신에 대한 관계에서는 그 인수는 유효한 것이며, 인수인은 인수의 문구에 따라 책임을 지게 하였다(어 II 26 但). 예컨대 만기 또는 지급지를 변경하여 인수를 한 경우에는 인수인은 그 변경된 문구에 따라서 지급의무를 부담하나, 소지인은 인

수거절이 있는 것으로 하여 전자에 대하여 상환청구권을 행사할 수 있으며, 이 경우에는 최초의 만기 또는 지급지를 표준으로 하여 필요한 절차를 밟아야 한다. 또 배서금지인수에 있어서도 인수인은 그 문구에 따라 책임을 부담한다. 즉 이러한 어음도 배서성이 박탈되는 것은 아니고, 그것이 배서양도되었을 때에는 인수인은 소지인의 후자에 대하여 소지인에 대한 것과 동일한 항변으로 대항할 수 있다.

④ **條件附引受**(인수인의 책임에 조건을 붙여서 하는 인수)의 효력은 문제이다. 어음법 제26조 제1항은 어음의 인수는 조건 없이 하여야 한다라고 규정하고 있기 때문이다. 조건부인수(예컨대 선하증권의 교부를 조건으로 지급하겠다는 인수, 학생이 봉급을 받는 것을 조건으로 하는 인수)의 경우에 어음소지인이 인수거절이 있는 것으로 보아 상환청구권을 행사할 수 있다는 점에 관하여는 이론이 없으나(어 26 II 本), 더 나아가 인수인이 그 조건에 따라 어음상의 책임을 지는가, 즉 이 경우에 인수를 유효한 것으로 보아 어음법 제26조 제2항 단서를 유추적용할 것인가에 관하여는 견해가 백중하게 대립하고 있다. 생각건대 만일 이 경우에 위 조문의 유추적용을 인정하여 인수를 유효하다고 본다면 어음채무의 성립을 원인관계와 결부시키는 것도 가능하여지므로 어음채무의 추상성에 반하고, 또 어음면에 나타나지 않는 조건을 인정하는 것이 되어 어음증권의 문언성에도 반하므로, 부정설에 찬성한다. 어음법은 위에 말한 변경인수와 조건부인수를 구별하지 않고 있으나(어 26), 위 양자는 구별하여야 한다. 제26조 제2항은 제1항과는 반대이고, 제1항을 포함하지 않는다.

제4 引受 및 引受拒絶의 效力

(1) 지급인은 인수에 의하여 만기에 어음금액을 지급할 어음상의 의무를 부담한다(어 28 I). 즉 인수를 함으로써 지급인은 환어음의 주채무자인 인수인이 된다. 인수인이 지는 어음금지급의무는 약속어음의 발행인의 그것과 같으며, 어음상 제1차적이고, 무조건적이고, 절대적이며 또 최종적인 의무이다. 따라서 인수인은 최후의 소지인에 대하여 뿐만 아니라, 상환의무를 이행하고 어음을 환수한 소지인과 발행인 등에 대하여도 위 의무를 부담한다(어 28 II). 위 어음금지급의무는 절대적인 것이므로 소지인이 어음상의 권리의 보전절차를 태만히 하였더라도, 예컨대 지급제시기간내에 적법한 지급제시를 하지 아니하였더라

도 그 의무는 소멸하지 않는다(어 53 I 但). 또 인수인의 의무는 최종적이므로, 인수인은 환어음의 발행인이나 다른 어음관계자에 대하여 상환청구를 할 수 없다. 물론 인수인과 이들 사이에 특별한 약정이나 사정이 있는 경우에 일반채권법상의 청구권(예컨대 자금관계상의 항변)을 행사할 수 있는 것은 별문제이다.

여러 사람이 인수한 경우에는 각자가 인수인으로서 전부의 지급의무를 부담한다. 이것은 합동책임(어 47)이지 연대책임이 아니다. 따라서 그 가운데 1인에 대한 지급제시는 다른 인수인에 대하여 그 효력이 생기지 않는다.

(2) 인수인이 지급할 금액은 만기에 지급하는 경우에는 어음금액과 이자이나, 만기에 지급을 하지 아니하여 상환청구권이 발생한 후에는 상환금액(어 48, 49)과 동일한 금액이다(어 28 II).

(3) 전술한 바와 같이 지급인이 인수를 할 것인가 아닌가는 그의 자유이다. 그러나 지급인은 인수제시가 있으면 유예기간을 요청하지 않는 한 즉시 인수의 여부를 결정하여야 한다. 만약 지급인이 인수를 거절하면, 어음소지인은 지급인에 대하여는 아무런 청구권이 없다. 그런데 지급인이 인수를 거절하면, 지급인이 만기에 지급할는지 여부가 불확실하고 또 어음소지인이 이 환어음을 가지고 할인을 받는 것이 어려워지므로, 어음법은 이 경우에 어음소지인은 만기까지 기다릴 필요 없이 곧바로 자기의 전자에게 상환청구권을 행사할 수 있도록 하였다(어 43 ①). 이것이 이른바 「인수거절로 인한 상환청구」이다.

제 4 장 어음保證

제 1 어음保證의 意義와 性質

(1) 어음보증은 어음채무를 담보할 것을 목적으로 하는 종되는 어음행위이다. 즉 발행인, 배서인 등의 신용만으로는 불충분한 경우에 그 신용이 부족한 특정한 채무자(被保證人)에 의한 어음금의 지급을 담보하기 위하여 다른 사람(保證人)이 동일한 내용의 어음채무를 부담하는 것을 목적으로 행하여지는 부속적인 어음행위이다.

환어음의 채무자로서는 인수인·발행인 및 배서인의 셋이 있고, 약속어음의 채무자로서는 발행인과 배서인이 있으나, 어음보증을 한 경우에는 그 밖의 어음채무자로서 보증인이 있게 된다. 보증인은 어음채무에 대하여 일반적으로 보증을 하는 것이 아니라, 어음관계자 중의 1인을 위하여만 보증을 하며, 어음보증인은 피보증인과 합동하여 피보증인의 모든 의무에 관하여 책임을 진다(어 32). 보증은 환어음의 인수인 및 약속어음의 발행인을 위하여는 물론, 상환의무자인 환어음의 발행인과 양 어음의 배서인을 위하여도 할 수 있고, 이에 따라 어음보증인은 인수인·발행인 또는 상환의무자와 동일한 책임을 진다. 그리하여 어음보증인이 환어음의 인수인 또는 약속어음의 발행인을 위하여 보증한 경우에는 거절증서의 작성이 없어도 어음상의 책임을 짐에 반하여, 상환의무자인 환어음의 발행인 또는 양 어음의 배서인을 위하여 보증한 경우에는 상환청구의 요건이 갖추어진 때에 한하여 책임을 지게 된다.

(2) 어음보증은 어음채무를 담보하기 위한 것이지만, 보증을 하게 되면 도리어 어음의 신용부족을 공표하는 것이 되므로, 사인에 의한 보증은 별로 이용되지 않고 동일한 목적을 위하여 담보배서·발행·인수 등의 방법이 많이 쓰이는데, 이를 숨은 어음보증이라고 한다. 이 경우에는 법률상 배서·발행·인수 등의 행위가 있을 뿐이므로 행위자는 배서인·발행인·인수인으로서의 책임을 부담하여야 한다(大判 72. 3. 28, 71 다 2452; 73. 9. 25, 73 다 450). 그러나 최근에는 경제계의 불황으로 인하여 금융기관에 의한 어음보증의 방식이 많이 이용되고 있다. 또한 담보의 목적으로 공동어음행위(공동발행·공동배서·공동인수 등)를 하는 수가 있는데, 이 경우에 여러 사람이 동일한 내용의 어음채무를 부담하는 점에서 어음보증과 비슷하지만, 공동어음행위는 종속성이 없으므로, 종된 행위인 어음보증과 구별하여야 한다.

(3) 어음보증의 법적 성질은 어음법적으로 책임을 부담하는 특수한 종류의 행위이다. 통설과 판례는 어음보증의 성질을 단독행위라고 하면서, 이것이 민법상의 보증과 다른 점이라고 설명하고 있으나(大判 86. 9. 9, 84 다카 2310), 다른 어음행위에 관하여 말한 바와 똑같이 어음보증의 경우에도 교부계약이 필요한 것으로 풀이하여야 할 것이다.

(4) 어음보증은 민법상의 보증과 여러가지 차이점이 있다. 즉 ① 민법상의 보증은 반드시 피보증인을 특정하여야 하고, 따라서 주채무자가 불명일 때에는 보증이 성립하지 않음에 대하여, 어음보증은 누구를 위한 보증인가가 분명하지 아니한 경우에도 유효하고, 이 때에는 발행인을 위하여 보증한 것으로 본다(어 31 IV). ② 민법상의 보증은 주채무에 종되는 성질(附從性)이 완전하므로 주채무의 성립을 보증채무의 성립요건으로 하고 있지만, 어음보증은 어음행위 독립의 원칙에 의하여 그 담보한 채무가 방식의 하자 이외의 사유로 무효인 경우에도 유효하게 성립할 수 있다(어 32 II). 따라서 예컨대 주된 채무자가 무능력이기 때문에 어음상의 의무를 부담하지 않는 경우에도 주된 채무가 어음의 기재상 존재하는 한 어음보증은 유효하게 성립하고, 이와 반대로 주된 채무가 형식상 존재하지 않는 경우, 이를테면 주된 채무가 형식의 불비로 무효인 때나 인수를 하지 아니한 지급인, 무담보배서인을 위한 어음보증은 무효이다. ③ 민법상의 보증에 있어서는 보증인이 최고(催告) 및 검색(檢索)의 항변권을 가지나(民 437)(補充性), 어음보증인은 보증된 자와 동일한 책임을 지므로(어 32 I), 최

고·검색의 항변권을 가지지 못한다. ④ 민법상의 보증에는 방식의 제한이 없으나, 어음보증은 요식행위이다(어 31). ⑤ 민법상의 보증은 특정한 상대방(債權者)에 대하여만 책임을 지나, 어음보증은 불특정한 어음소지인에 대하여도 책임을 부담한다. 민법상의 공동보증인은 분별의 이익이 있으나(民 439), 어음보증에는 그것이 없다. ⑥ 민법상의 보증채무와 어음보증인의 채무는 소멸시효기간이 다르다.

(5) 어음보증 후 보증인의 동의없이 수취인의 기재를 변경하는 것은 어음의 변조에 해당하고, 따라서 보증인은 변경후의 수취인으로부터 어음을 양수한 자에게 보증책임을 지지 않는다(大判 81. 11. 10, 80 다 2689; 81. 10. 13, 81 다 726 등).

제2 어음保證의 當事者와 方式

1. 當 事 者

(1) **保證人**이 될 수 있는 자격에는 아무런 제한이 없다. 제3자는 물론이거니와, 이미 어음상의 채무자로 되어 있는 사람도 무방하다. 그러나 환어음의 인수인이나 약속어음의 발행인과 같은 제1차적인 어음채무자가 보증인이 되는 것은 무의미하고 또 어음관계에 있어서의 전자는 후자에 대하여 담보책임을 지고 있으므로, 전자가 후자를 위하여 보증인이 되는 것도 무의미하다.

(2) 보증을 받는 자, 즉 **被保證人**은 어음채무자이다. 그러므로 환어음의 인수인·발행인·참가인수인, 약속어음의 발행인 및 양 어음의 배서인은 모두 다 피보증인이 될 수 있다. 이에 반하여 어음채무자가 아닌 자를 피보증인으로 하는 보증은 무효이다. 따라서 인수를 하지 아니한 환어음의 지급인, 지급담당자, 무담보배서의 배서인 등을 위한 보증은 그 효력이 없다(通說).

2. 方 式

(1) 어음보증은 어음, 그 등본 또는 보충지에 이를 하여야 한다(어 31 I, 67 III, 77 III). 또한 여기에 「보증」 또는 이와 같은 뜻이 있는 문구를 표시하고 보증인이 기명날인 또는 서명하여야 한다(어 31 II). 그리고 어음보증을 함에 있어서는 누구를 위한 것인가, 즉 피보증인을 표시하여야 한다(어 31 IV). 이상과 같이 「보증」 또는

이와 같은 뜻이 있는 문구를 표시하고 피보증인을 표시하여 하는 보증을 **正式保證**이라 한다. 이에 반하여 피보증인을 표시하지 않고 보증문구만을 표시하여 보증인이 기명날인 또는 서명하는 경우 또는 보증문구조차도 표시하지 않고 보증인의 기명날인 또는 서명만으로 행하는 경우를 **略式保證**이라 한다. 피보증인의 표시가 없는 약식보증의 경우에는 발행인을 위하여 보증한 것으로 본다(어 31 Ⅳ 後, 77 Ⅲ). 법문에는 발행인을 위하여 보증한 것으로 「본다」고 규정되어 있으나, 이것이 간주(看做)규정인가 추정(推定)규정인가에 관하여는 다툼이 있다. 위 규정을 추정규정 내지 해석원칙으로 보고, 기명날인 또는 서명의 위치로 보아 누구를 위하여 보증하였는가가 명백한 때에는 위 규정에도 불구하고 보증인의 진정한 의사에 따라 피보증인을 정할 수 있다는 견해도 있으나(최기원, 349면; BGHZ 22, 148; 77, 1322), 법문의 규정형식을 존중하여 이를 간주규정으로 풀이하여야 할 것이다.

보증인의 기명날인 또는 서명만으로 하는 약식보증은 어음의 앞면에 하여야 한다(어 31). 다만 그것은 지급인 또는 발행인의 기명날인 또는 서명이 아니어야 한다. 왜냐하면 어음의 앞면에 있는 지급인의 단순한 기명날인 또는 서명은 인수로 보고(어 25 Ⅰ 3文), 어음의 앞면에 있는 발행인의 단순한 기명날인 또는 서명은 발행의 의사표시라고 볼 수밖에 없고, 또 발행인 또는 지급인이 스스로 자기를 위하여 보증하는 것은 무의미하기 때문이다. 어음의 뒷면에 단순한 기명날인 또는 서명을 한 보증은 무효이다. 왜냐하면 어음의 뒷면에 있는 단순한 기명날인 또는 서명은 배서로 인정될 뿐(어 14 Ⅱ 後), 어음보증의 요건을 구비하고 있지 않기 때문이다. 어음의 발행인이 기명날인 또는 서명을 할 장소에 수개의 기명날인 또는 서명이 있을 때 이를 공동발행으로 볼 것인가, 또는 그 가운데 일부를 어음보증으로 볼 것인가에 관하여는 이미 앞에서 설명하였다(어음요건 중 발행인의 기명날인 참조).

(2) 어음보증은 어음금액의 일부에 대하여도 할 수 있는데(어 30 Ⅰ), 이를 **一部保證**이라고 한다. 이 경우에는 보증금액을 기재하여야 하며, 그 기재가 없는 때에는 전부의 보증이라고 풀이하여야 할 것이다.

(3) 어음보증에 조건을 붙일 수 있는가(**條件附어음保證**)에 관하여는 의론이 있다. 어음의 발행과 배서의 경우에는 조건을 붙일 수 없다는 규정이 있고(어 1 ②, 75 ②, 12 Ⅰ; 발행의 경우에 조건을 붙이면 발행이 무효로 되고, 배서의 경우에 조건을 붙이면 그 조건의 기재가 없는 것으로 본다), 또 환어음의 인수에 관하여는

조건을 붙이면 조건부인수로서는 전혀 무효이나 인수거절의 효력은 있는 것으로 규정되어 있다(어 26 I·II). 그러나 어음보증에 관하여는 조건을 붙일 수 있는가, 또 조건을 붙이면 어떠한 효력이 있는가에 관하여 아무런 규정이 없다. 그리하여 어음보증에 조건을 붙인 경우의 효력에 관하여는 견해가 여러가지로 갈라지고 있다.

(가) 保證無效說(有害的記載事項說): 이러한 경우에는 어음보증 그 자체가 무효로 된다고 풀이하는 견해이다. 일본의 하급심판결 중에는 예금 중인 정기적립증권을 담보로 하여 그 금액만큼만 어음보증을 한다고 하는 조건부보증을 무효라고 판시한 것이 있다(東京地判 51. 2. 18, 下民集 4. 2. 225). 이것은 어음보증에 조건을 붙이는 것을 어음발행에 조건을 붙이는 것과 동일하게 처리하려는 입장이다. 그러나 어음보증은 발행과 같이 어음을 창설하는 기본적인 행위가 아니므로, 어음보증에 조건을 붙인 경우의 효력을 발행의 경우와 동일시하여 무효로까지 할 필요는 없을 것이다.

(나) 條件無效說(無益的記載事項說): 어음보증에 조건을 붙인 경우에는 마치 배서에 조건을 붙인 경우와 같이 조건만을 무효로 보아 어음보증은 조건이 붙지 않은 것으로서 유효하다고 보는 견해이다. 이 견해는 어음보증은 배서와 마찬가지로 다른 어음채무의 존재를 전제로 하는 부속적 어음행위임을 그 논거로 한다. 그러나 배서는 어음상의 권리를 이전하는 행위로서 거기에 조건을 붙이면 피배서인의 지위를 불안정하게 하여 어음의 유통성을 해할 염려가 있음에 반하여, 어음보증은 이미 발생한 어음채무의 지급을 보다 확실하게 하는 것으로서, 거기에 어떤 조건을 붙이더라도 보증이 없는 경우보다 어음채무의 지급이 확보되고 어음의 유통성을 해하는 일은 없으므로, 배서와 보증을 동일시 하는 것은 무리이다.

(다) 條件有效說(有益的記載事項說): 어음보증에 조건을 붙인 경우에는 그 조건이 붙은 대로의 어음보증으로서 효력을 인정하여야 한다는 견해이다. 어음소지인으로서는 어음보증에 조건을 붙여도 그 조건이 성취된 경우에는 보증인의 책임을 물을 수 있어 유리하고, 또 보증인으로서는 자기 스스로 그러한 조건으로 채무를 부담할 것을 약속한 이상 그 약속대로 책임을 지는 것은 불합리하지 않기 때문이다.

(라) 折衷說: 절충설에는 피보증인(主債務者)이 누구냐에 따라서 조건부어

음보증의 효력을 결정하는 견해(被保證人基準說)와 어음보증에 붙이는 부관을 조건과 조건 이외의 제한으로 구별하는 견해(條件·制限區別說)가 있다. 전자는 발행인과 인수인을 위한 어음보증의 경우에는 무효이고, 배서인을 위한 어음보증의 경우에는 조건을 기재하지 않은 것으로 풀이하는데, 이것은 조건부어음보증의 효력을 일의적으로 결정하지 못하는 난점이 있다. 후자는 어음채무의 추상성을 관철하여, 조건부어음보증은 무효이고, 조건 이외의 제한이 붙은 어음보증은 유효하다고 풀이하는데, 어음보증과 인수가 비슷하기는 하지만, 인수는 환어음의 주채무자를 발생시키는 점에서 약속어음의 발행과 같고 따라서 여기에 조건을 붙이는 것을 허용할 수 없으나, 어음보증은 이미 성립한 어음채무에 관하여 추가적으로 그 지급을 확실히 하는 행위에 지나지 아니하므로 여기에 조건을 허용하여도 큰 불합리는 없다는 점을 간과하고 있다.

어음보증은 어음채무의 지급을 확실히 하기 위한 제도로서, 여기에 조건을 붙여도 특별한 불합리는 없으므로, 조건유효설이 타당하다고 생각한다. 대법원도 어음의 지급기일까지만 지급을 보증한다는 제한을 붙여 보증한 사안에서, 보증은 환어음의 인수와 비슷한 어음행위이므로 어음보증에 대하여 환어음인수의 경우보다 더 엄격하게 단순성을 요구하는 것은 균형을 잃은 해석이며 또 조건부어음보증을 유효로 본다고 하여 어음거래의 안전성이 저해되는 것이 아니라는 이유로, 조건을 붙인 부단순보증은 그 조건부보증 문구대로 보증인의 책임이 발생한다고 판시하여 조건유효설을 취하고 있다(大判 86. 3. 11, 85 다카 1600; 86. 3. 25, 84 다카 2438).

(4) 어음보증인은 보증을 함에 있어서 豫備支給人을 기재하거나(어 55), 拒絕證書의 작성을 면제할 수 있다(어 46 I).

(5) 保證을 할 수 있는 時期에 관하여는 아무 규정이 없으나, 만기 후 또는 거절증서작성 후라도 어음채무의 소멸시효가 완성되기 전에는 보증을 할 수 있다. 그러나 어음채무가 보전절차의 흠결 또는 소멸시효로 인하여 소멸한 뒤에는 보증의 대상이 없으므로 보증이 성립할 여지가 없고 무의미하다.

제3 어음保證의 效力

어음보증에 의하여 어음보증인은 독립하여 어음상의 의무를 부담하지만,

그 의무의 존부 및 범위는 주된 채무에 따른다. 이처럼 어음보증은 종속성과 독립성의 양면을 가지고 있는 점이 특이하다.

1. 保證債務의 從屬性(附從性)

(1) 어음보증인은 보증의 종속성에 의하여 피보증인과 동일한 책임을 진다(어 32 II). 따라서 그 책임의 내용과 범위는 피보증인이 발행인인가 배서인인가 인수인인가에 따라 다르고, 또 배서인의 보증에 있어서는 어떤 배서인의 보증인인가에 따라 책임의 범위가 다르다. 이처럼 보증채무가 종속성을 가지는 결과로, 피보증인이 상환의무자인 경우에는 이에 대하여 권리보전절차를 취하면 보증인에 대하여 절차를 반복할 필요가 없는 동시에, 피보증인에 대한 권리가 보전절차의 흠결로 인하여 소멸한 때에는 보증인의 채무도 소멸한다. 또한 피보증인이 인수인 또는 발행인(約束어음)인 때에는 보증인 역시 권리보전절차에 관계없이 어음채무를 부담한다(大判 88. 8. 9, 86 다카 1858).

(2) 그리고 피보증인의 어음채무(주된 채무)가 지급·상계·면제·혼동 등으로 인하여 소멸한 때에는 보증인의 채무도 따라서 소멸한다. 이것은 주된 채무가 소멸시효의 완성으로 인하여 소멸한 때에도 마찬가지이다(日最判 70. 6. 18, 民集 24. 6. 544). 이것은 만일 이 경우에 보증채무가 소멸하지 않는다고 하면, 어음보증인은 일단 채무를 이행한 후 피보증인에 대하여 구상권을 행사하여야 하는데, 이때 피보증인은 자기의 채무는 이미 소멸하였다는 이유로 구상에 응하지 아니할 터이고, 그러면 보증인은 구상의 길이 막히게 되고, 이것은 어음보증의 성질에 반하기 때문이다.

위에서 본 바와 같이 어음보증채무는 부종성을 가지지만, 이것은 민법상의 보증채무의 부종성과 동일한 내용은 아니다. 민법상의 보증에 있어서는 피보증채무가 무효이든가 취소된 때에는 보증채무도 무효라고 해석되고 있지만, 어음보증에 있어서는 이러한 의미의 부종성은 어음행위독립의 원칙에 의하여 명백히 부정되고 있다. 이처럼 어음보증채무의 부종성은 민법상의 보증의 그것보다 약화되어 있다.

2. 어음保證의 獨立性

위와는 다른 면에서 어음보증은 독립성을 가지고, 피보증채무가 형식상 유효한 경우에는 그것이 실질상 무효이더라도 보증채무는 유효하다(어 32 II). 즉 피보증채무가 방식의 하자에 의하여 어음상 명백히 무효인 경우(예컨대 발행인이 기명무인한 경우)에는 이 어음을 기본으로 한 어음보증도 또한 무효로 되지만, 그 이외의 경우, 즉 실질적으로 피보증인의 채무가 무효인 경우(예컨대 무능력에 의한 취소, 위조의 기명날인 또는 서명 따위)에는 그 위에 행하여진 어음보증은 독립하여 효력을 가진다. 이것은 어음행위독립의 원칙이 어음보증에 관하여도 적용되는 것을 밝혀주고 있다. 또 보증인의 채무는 어음소지인에 대한 관계에 있어서도 피보증인의 채무와는 별개이고, 보증인은 피보증인과 함께 소지인에 대하여 합동책임을 진다(어 47). 따라서 어음보증인은 민법상의 보증인과 달리 최고·검색의 항변권(民 437)을 갖지 않고, 어음소지인은 피보증인과 보증인에 대하여 각별로 또는 공동하여 청구할 수 있다. 그리고 동일한 어음채무에 관하여 수인의 어음보증인이 있는 경우에도 각 어음보증인 상호간에는 분별의 이익(民 439)을 갖지 않고, 합동책임을 진다(어 47 I).

3. 被保證人이 가지는 人的抗辯의 援用의 可否

(1) 어음보증의 부종성·독립성과 관련하여 어음보증인은 피보증인의 인적항변을 가지고 어음소지인에게 대항할 수 있는가(예컨대 甲이 매매대금의 지급을 위하여 乙에게 약속어음을 발행하고 丙이 甲을 위하여 어음보증을 하였는데, 甲乙 사이의 매매계약이 무효이거나 해제된 경우에, 丙은 乙의 어음금청구에 대하여 甲乙 사이의 매매계약의 무효·해제를 주장할 수 있는가) 하는 것이 문제된다. 과거에는 어음보증의 독립성의 이론에 입각하여 이를 부정하여 왔으나(日最判 55. 9. 22, 民集 9. 10. 1313), 이러한 견해를 고집할 때에는 매우 부당한 결과가 나타난다. 예컨대 약속어음의 발행인을 위하여 어음보증을 하였는데, 위 발행인과 수취인 사이의 매매계약이 무효인 경우에, 위 부정설에 따르면, 어음보증인은 수취인의 어음금청구에 대하여 위 매매가 무효라는 항변을 할 수 없어 지급을 하여야 하고, 지급을 한 보증인은 피보증인(발행인)에게 구상을 하게 되고, 피보증인은 다시 수취인에게 그 받은 이득을 부당이득으로서 반환청구하지 아니하면 안되는 복잡한 결과를 가져오고, 이때에 수취인이 부당이득반환의무를 이행하면 수취인에게 보증인에 대한 어음상의 권리행사를 인정한 것은 아무 의미가 없게 된다. 이처럼 부정설은 아무 의미도 없는 결과를 가져오기 위하여 3중의 절차를 강요하는 결과가 되어 부당하다.

(2) 따라서 위와 같은 경우에는 어음소지인이 보증인에 대하여 권리행사를 하는 것을 그 단계에서 저지하는 것이 간편한 해결방법이 되며, 어음소지인의

권리행사를 저지하기 위한 이론으로서는 ① 어음보증의 독립성은 소지인이 피보증인으로부터 지급을 받는 것이 원인관계상 부당하지 아니함에도 불구하고 어음행위의 하자(예컨대 무능력·무권대리)에 의하여 피보증인에게 청구할 수 없는 경우에 보증인에 대한 청구를 확보하여 소지인을 보호하려는 목적의 범위 내에서만 인정할 것이라는 전제하에서, 원인관계가 소멸한 경우에는 어음소지인이 피보증인으로부터 어음금을 지급받을 수 없고, 따라서 이 경우는 어음보증의 독립성의 적용범위에 들지 않으므로, 보증인은 당연히 피보증인이 가지는 항변을 원용할 수 있다고 하는 견해(獨立性範圍外說), ② 보증인이 실질관계상 수취인의 피보증인에 대한 채권담보(전례에서 매매대금채권의 담보)를 위하여 어음보증을 한 경우에는, 보증인도 수취인과 직접적인 인적 관계에 서고, 따라서 수취인의 후자가 아닌 수취인 자신에 대하여는 피보증인의 수취인에 대한 항변을 가지고 대항할 수 있다고 하는 견해(直接關係說), ③ 원인관계의 부존재·무효·취소의 항변은 실질적으로는 소지인이 무권리자라는 항변에 지나지 아니하므로, 어음보증인을 포함하여 모든 어음채무자가 소지인에게 대항할 수 있다고 하는 견해(無權利者抗辯說), ④ 위와 같은 경우에 어음소지인의 어음금청구를 인정하는 것은 신의성실의 원칙에 반하고 권리의 남용에 해당되므로 허용될 수 없다고 하는 견해(權利濫用說) 등이 주장되고 있다. 위 네 가지 견해 가운데 앞의 두 가지는 위 문제를 어음보증에 특유한 문제로서 다루려는 것이고, 뒤의 두 가지는 어음항변에 관한 일반론으로 다루려는 것이다. 넷째의 이론구성이 무난하다고 생각한다. 이것은 어음보증인에 대하여 피보증인이 가지는 인적 항변의 원용을 허용하는 결과로 된다(제3자의 항변의 하나이다). 대법원도 장래 발생할 차용금채무의 담보를 위하여 약속어음을 발행하고 발행인을 위하여 어음보증을 하였는데, 위 어음발행의 원인관계상의 채무가 발생하지 않는 것으로 확정되었음에도 불구하고, 어음수취인이 어음보증인에 대하여 어음금의 지급을 청구한 사건에서, 수취인은 「그때부터 어음발행인에 대하여서 뿐만 아니라 어음보증인에 대하여도 어음상의 권리를 행사할 실질적 이유가 없어졌다 할 것이므로, 어음이 자기의 수중에 있음을 기화로 하여 어음보증인으로부터 어음금을 받으려고 하는 것은 신의성실의 원칙에 반하여 부당한 것으로서 권리의 남용이라 할 것이고, 어음보증인은 수취인에 대하여 어음금의 지급을 거절할 수 있다」라고 판시하여, 권리남용설을 취하고 있다(大判 88. 8. 9, 86 다카 1858).

(3) 그러나 주의할 것은 위에서 말한 것은 어디까지나 피보증인과 어음소지인 간의 원인관계의 부존재·무효·취소의 경우에 한정된 것이고, 그 외의 일반적인 인적 항변, 예컨대 피보증인이 원인관계상 가지는 취소권·해제권 또는 상계권을 피보증인이 스스로 행사하지 않고 있는 동안에 보증인이 이를 원용·행사하는 것은 어음보증의 독립성에 비추어 허용되지 않는다고 본다.

제4 保證債務履行의 效果

1. 어음債務의 消滅

어음보증인이 그 채무를 이행하면(어음채무의 일부를 이행하면 그 범위 내에서) 보증인 자신의 채무가 소멸하는 것은 물론이고, 피보증인의 채무, 즉 주된 채무도 소멸한다. 어음보증인이 무권리자 또는 수령권한이 없는 자에게 지급을 한 경우의 효과에 관하여는 지급인의 면책에 관하여 설명한 바가 그대로 타당하다.

2. 어음保證人의 求償權

(1) 어음보증인이 보증채무를 이행한 때에는 피보증인 및 피보증인의 채무자인 전자에 대하여 어음상의 권리를 취득한다(어 32 III). 이것이 어음법상 인정된 보증인의 구상권이다. 구체적으로 환어음의 발행인의 보증인은 발행인 및 인수인에 대하여 구상권을 취득하고, 또 인수인의 보증인은 인수인에 대하여만 이를 취득하며, 약속어음의 발행인의 보증인은 발행인에 대하여만 구상권을 취득한다. 그리고 양 어음의 배서인의 보증인은 그 배서인과 그 배서인의 모든 전자에 대한 구상권을 취득한다. 이에 반하여 어음보증인은 피보증인(주된 채무자)의 후자(주채무자와 어음소지인의 중간자)에 대하여는 구상권을 취득하지 못한다. 왜냐하면 보증인은 피보증인과 동일한 책임을 지고(어 32 I), 따라서 보증인은 피보증인의 후자에 대하여는 상환책임을 지기 때문이다. 이것은 마치 어음소지인이 자기의 직접의 전자에 대하여서가 아니라 훨씬 앞의 어음관계에서는 어음채무자, 예컨대 수취인이나 환어음의 발행인에 대하여 상환청구를 한 경우에, 이 어음채무자가 자기의 전자에 대하여만 어음상의 권리를 취득하는 것과 같다.

(2) 어음보증인에 의한 구상권 취득의 법적 성질에 관하여는 다툼이 있다.

(가) **原始取得說**: 어음보증인이 보증채무를 이행하면 법률의 규정에 의하여 독립적·원시적으로 구상권을 취득한다고 보는 견해(通說)로서, 어음의 교부를 받지 않더라도 지급만 하면 어음상의 권리를 취득하고, 어음보증인은 그 취득한 권리에 기하여 어음증권의 교부를 청구하여 어음을 교부받아 비로소 자기의 채무자에게 구상할 수 있게 된다. 이에 의하면 어음보증인은 어음소지인이 가지고 있던 권리를 승계취득하는 것이 아니므로, 채무자가 어음소지인에 대하여 가지는 인적 항변으로써 대항을 받지 않으며, 다만 어음법 제17조를 유추적용하여 보증인에 해의가 있는 때에는 악의의 항변이 성립한다고 한다.

(나) **承繼取得說**: 보증인에 의한 구상권취득은 어음상의 권리의 승계취득이라고 풀이하는 견해(少數說)로서, 어음상의 권리의 취득에는 어음의 교부가 필요하다고 한다. 그러나 이것은 임의취득이 아니고 어음보증의 이행이라는 의무에 기한 어음취득이므로, 보증인은 피보증인이 어음소지인에 대하여 가지고 있는 인적 항변으로써 대항을 받지 않는다고 한다.

구상권취득의 법적 성질을 문제로 하는 이유는 주된 채무에 대하여 설정한 담보권이 보증인에게 이전되는가에 대한 해답이 달라지기 때문이다. 원시취득설은 이를 부정함에 반하여, 반대설은 이를 긍정하게 되는 것이 원칙이다.

(3) 어음보증인이 피보증인에 대하여 어음 외의 **實質關係**에 기하여 구상할 수 있는 것은 말할 나위도 없다(民 441~446). 어음보증인은 이러한 실질관계에 기한 구상권과 어음법에 의한 구상권을 선택하여 행사할 수 있다.

(4) **一部保證**을 한 자가 그 금액을 지급한 경우에는 이행한 부분에 한하여 어음상의 권리를 취득하고, 잔부는 여전히 어음소지인에게 귀속한다. 이 경우에 일부보증인은 ① 환어음의 인수인·지급인 또는 약속어음의 발행인이 일부지급한 경우에 준하여, 어음소지인에 대하여 그 지급을 한 뜻의 어음상의 기재와 영수증의 교부를 청구할 수 있고(어 39 Ⅲ 참조), ② 스스로 어음금 전액을 지급하고(보증액을 넘는 부분은 임의취득이 된다) 어음을 환수하여 자기의 의무자에게 청구하든가 또는 그의 어음상의 채무자가 나머지 어음금을 어음소지인에게 지급하고 어음을 환수하기를 기다려 이에 대하여 청구할 수 있으며(어음채무자가 어음을 점유하고 있을 때에는 어음권리자는 어음을 소지·제시하지 않고도 권리를 행사할 수 있다), ③ 환어음의 일부인수에 관한 어음법 제51조 후단의 규정을 유추적

용하여, 일부보증한 금액을 지급한 경우에는 그 후의 권리행사를 위하여 소지인에 대하여 어음의 증명등본을 청구하고 이에 의하여 권리를 행사할 수 있다고 본다.

(5) **共同保證人**이 있는 경우에, 그 중 1인이 어음채무를 이행한 때에는 다른 보증인에 대하여 어음상의 권리를 가지는 것이 아니라, 어음 외의 민사문제로서 공동보증인간의 구상권에 관한 민법의 일반원칙에 따른다(民 448 II, 425).

제5 어음債務에 대한 民法上의 保證

(1) 어음채무에 대한 보증은 어음보증의 방법 외에 어음 외에서 민법상의 보증의 방법으로도 할 수 있다. 어음보증은 민법상의 보증의 이행방법으로서 행하여지는 일도 있고, 민법상의 보증과 전혀 무관계하게 행하여지는 일도 있다. 어음보증이 민법상의 보증계약의 이행방법으로서 행하여지는 경우에는 보증인이 어음소지인에 대하여 민법상의 보증에 관하여 인정되는 항변을 주장할 수 있다는 점에 특색이 있다.

(2) 민법상의 보증은 어음보증에 비하여 다음 두 가지의 이점이 있다. 즉 ① 민법상의 보증인은 어음보증인과 같은 엄격한 책임을 지지 않고, ② 보증의 사실이 어음면상 나타나지 아니하므로 어음이 유통됨에 있어서 피보증인의 신용부족이 공표되지 아니한다는 점이다. 민법상의 보증인의 책임은 민법의 규정에 따라 규율된다.

(3) 민법상의 보증인이 어음금을 지급하고 어음을 환수한 경우에 어떻게 어음으로부터 만족을 받을 수 있는가에 관하여는 다툼이 있다.[1)]

1) 이것은 어음채무자가 누구냐에 따라 구별하여 해결하지 않으면 안된다. 예컨대 甲이 乙을 지급인으로 하여 환어음을 발행하고 乙의 인수를 받은 후 이를 수취인 丙에게 교부하고, 丙이 이를 丁에게 배서양도하였는데, 보증인 A가 丁에 대하여 발행인 甲을 위하여 보증을 하고, 丁이 다시 이를 戊에게 배서양도하였다고 하자. 우선, 어음금을 지급한 민법상의 보증인 A가 민법 제441조의 규정에 따라 피보증인 甲에 대하여 구상권을 취득하는 것은 말할 나위도 없다. 그리고 그는 위 구상권에 관하여 피보증인을 당연히 대위할 것이며(民 481), 피보증인이 가지는 채권과 담보에 관한 권리를 행사할 수 있다(民 482). 그리하여 위의 설례에서 어음의 발행인 甲을 위하여 민법상의 보증을 한 보증인 A가 어음금을 지급한 경우에는 인수인 乙에 대한 어음상의 권리를 행사할 수 있다. 이 경우에 전자(예컨대 引受人)가 주된 채무자(被保證人)에 대하여 가지는 항변, 예컨대 융통어음의 항변을 가지고 민법상의 보증인에게 대항할 수는 없다. 왜냐하면 이론적으로 보증채무를 이행한 보증인은 주채무자의 지위에 서는 것이 아니라, 보증계약의 상대방인 채권자의 지위에 서기 때문이다(民 441). 다음에, 민법상의 보증인 A가 어음금을 지급하여도 자기와 보증계약을 체결한 상

제6 어음의 利用에 의한 原因關係上의 債權의 保證

(1) 어음채권을 담보하기 위하여 민법상의 보증이 이용될 수 있는 것과 반대로, 어음채권이 민법상의 채권을 담보하기 위하여 제공될 수도 있다. 예컨대 소비대차계약에 있어서 대주의 대여금반환채권을 담보하기 위하여 차주의 친구나 친척이 차주가 발행한 환어음을 인수하는 경우가 그러하다. 이러한 거래행위는 보증계약과 유사하지만, 특수한 성질의 담보계약이므로, 대주가 위 환어음에 기하여 인수인에게 어음금의 지급을 청구하는 경우에, 인수인은 최고 및 검색의 항변을 할 수 없다. 만일 이를 허용한다면 그것은 어음채권의 추상성에 반하기 때문이다.

(2) 어음관계와 실질관계는 원칙적으로 분리되어 있으므로, 타인이 발행한 어음에 보증의 취지로 배서를 하거나 인수를 한 경우는 이른바 숨은 어음보증으로서 이 경우에 기명날인 또는 서명을 한 자는 배서인 또는 인수인으로서 어음상의 책임을 질 뿐이고, 그 이상 위 어음발행의 원인으로 되어 있는 소비대차상의 채무까지 보증한 것으로는 볼 수 없다(大判 98. 6. 26, 98 다 2051; 日最判 77. 11. 15, 民集 31. 6. 900). 다만 당사자의 의사를 합리적으로 해석하여, 기명날인 또는 서명을 한 자가 원인관계인 소비대차상의 채무까지 보증하는 취지라고 인정되는 경우에는 원

대방채권자 丁과 그 채권자의 후자 戊에 대하여 어음채권을 취득하지 못하는 것 역시 명백하다. 왜냐하면 보증인은 이들에 대하여는 어음금을 지급하고 어음을 환수할 의무를 지고 있기 때문이다. 이것은 보증인 A가 본래의 보증계약상의 채권자 丁에게가 아니라 그 후의 어음취득자 戊에게 어음금을 지급한 경우에 실제로 문제된다. 끝으로, 다툼이 되고 있는 문제는 주된 채무자(被保證人)와 보증계약의 상대방채권자와의 중간에 있는 사람(中間者)에 대하여 보증인이 구상권을 행사할 수 있는냐, 즉 앞의 설례에서 丁에게 어음금을 지급한 보증인 A는 수취인 丙에 대하여 구상할 수 있느냐 하는 문제이다. 이것은 담보제공자가 경합되는 경우에 누가 우선하느냐의 문제이다. 왜냐하면 위의 설례에서 丙은 丁에 대한 배서인으로서 담보책임을 지고, A는 丁에 대한 보증채무자로서 책임을 지기 때문이다. 이 점에 관하여는 격론이 되고 있고, 대체로 세 가지의 견해가 대립하고 있다. 첫째는 도이칠란트 연방대법원이 채택하는 견해로서, 이에 의하면 보증인은 주된 채무자와 그 전자에 대하여만, 따라서 설례의 경우에는 발행인 甲과 인수인 乙에 대하여만 어음상의 권리를 취득하고, 주된 채무자의 후자, 즉 丙에 대하여는 구상할 수 없다고 한다. 둘째는 도이칠란트의 통설의 견해로서, 보증인은 주된 채무자의 후자, 즉 위 설례의 丙에게 대하여도 구상권을 취득한다고 한다. 셋째는 위 두 가지가 다 부당하다고 배척하고, 보증인은 중간자와 같은 지위에 서므로, 마치 공동보증인의 경우처럼 안분비례로 구상권을 취득한다고 한다. 민법상의 보증인이나 중간 상환의무자 가운데 어느 일방을 우대할 아무런 이유가 없으므로, 양자를 공평하게 취급하는 제3설이 타당하지 않을까 생각된다.

인관계상의 채무에 대하여도 책임을 져야 할 것이다.

대법원은 수표를 담보로 하여 타인으로부터 돈을 빌린다는 사실을 알면서 수표에 대하여 보증을 한 경우에는 대주에 대하여 수표의 액면금 범위 내에서 민법상의 연대보증을 한 것으로 보고 있고(大判 80. 3. 11, 80 다 15), 원인채무의 차용증서에 갈음하여 어음이 발행되고 그 사정을 알면서 원인채무를 담보하는 의미로 어음에 배서를 하였다면 특별한 사정이 없는 한 그 배서인은 원인채무에 대하여 연대보증의 책임을 진 것이라 풀이하고 있다(大判 72. 3. 28, 71 다 2452; 57. 11. 4, 4290 民上 516; 93. 11. 23, 93 다 23459; 94. 12. 2, 93 다 59922).

제 5 장
背　書

제 1 절 總　說

제 1 두 가지의 讓渡方法

어음은 여러가지 목적을 위하여 타인에게 양도할 필요가 있고, 따라서 어음의 유통성을 확보하여 주는 것이 어음법의 가장 중요한 임무의 하나로 되어 있다. 어음을 양도하는 방법에는 두 가지가 있다. 하나는 민법에 규정된 지명채권양도의 방법이고, 다른 하나는 어음법에 규정된 배서와 교부(최후의 배서가 백지식인 경우)의 방법이다. 이들 방법에 의하여 어음을 취득한 자도 역시 위 두 가지 방법에 따라 어음을 다시 제3자에게 양도할 수 있다. 그러나 어음의 양도성 자체를 제한하는 것도 가능하다.

제 2 背書에 의한 讓渡

1. 背書의 意義

(1) 「배서」란 어음의 유통을 조장하기 위하여 법이 특히 인정한 어음의 간편한 양도방법을 말하며, 보통 어음의 배면(뒷면)에 어음상의 권리를 양도한다는 취지의 기재를 하고 기명날인 또는 서명을 하여 이를 교부하는 방법으로 행하므로 이를 배서라고 부르게 된 것이다. 이처럼 배서는 어음법이 특히

인정한 어음법적 양도방법으로서 이에 대하여는 다음에 보는 바와 같이 여러 가지 특수한 효력이 인정되고 있다.

(2) 어음은 「법률상 당연한 지시증권」이므로 지시식으로 발행된 경우는 물론, 기명식으로 발행된 경우에도 배서에 의하여 타인에게 양도할 수 있다(어 11, 77 I ①). 이 경우에 배서는 권리이전 자체의 요건이며 단순한 대항요건이 아니다.

(3) 배서도 어음행위의 하나이므로, 어음에 배서의 기재를 하고 기명날인 또는 서명을 하는 것만으로는 어음상의 권리를 이전할 수 없고, 이에 덧붙여 상대방과의 합의에 의한 어음의 교부가 필요하다(교부계약설).

2. 背書의 性質

(1) 배서의 법적 성질에 관하여는 많은 학설이 대립하고 있으나, 이것은 크게 다음의 두 가지로 나눌 수 있다. 즉 하나는 배서에 의하여 배서인의 권리가 피배서인에게 이전한다고 보는 견해(債權讓渡說)이며, 다른 하나는 피배서인은 배서에 의하여 배서인의 권리를 승계취득하는 것이 아니라 원시적으로 어음상의 권리를 취득한다고 보는 견해(債務負擔說 또는 所有權取得說)이다.

(2) 배서의 법적 성질에 관한 논의는 다음과 같은 현상을 설명하기 위하여 행하여졌다. 즉 어음을 배서양도한 배서인은 뒤에 역배서(어 11 III), 배서의 말소에 의한 어음의 반환(어 16 I 3文, 50 II, 77 I ①) 및 어음의 환수(어 47 III, 49, 77 I ④)에 의하여 다시 어음을 취득하는 일이 있는데, 이 때에는 그 배서인은 배서 전의 원래의 어음항변을 가지고 대항을 받는다. 이것을 설명하기 위하여 배서인은 배서를 하더라도 그 권리를 잃는 것은 아니지 않은가, 그리하여 어음의 점유를 회복할 때에는 과거의 권리가 되살아나는 것은 아닌가 하는 식으로 논의되었던 것이다.

(3) 생각건대 어음의 배서는 배서인의 입장에서 보면 어음상의 권리를 아무 조건없이 피배서인에게 이전하는 것이고, 피배서인의 입장에서 보면 배서인으로부터 어음상의 권리를 무조건으로 승계취득하는 것이라고 보는 것이 이론상 무리가 없을 뿐만 아니라, 현행 어음법의 규정문구와 일치하며(어 11 I·II, 14 I, 18 I), 또한 뒤에 보는 바와 같이 상환자의 법적 지위 등 실제문제를 해결함에 있어서 가장 온당한 결과를 가져오므로, 채권양도설이 타당하다(通說).

채권양도설에 대하여는 어음의 선의취득, 항변의 절단, 배서인의 담보책임

등을 설명하지 못한다는 비판이 가하여지고 있으나, 이것은 어음의 유통을 조장하기 위하여 법률정책상 인정된 효과라고 보면 될 것이다. 또 채권양도설이 배서에 의하여 어음상의 권리가 배서인으로부터 피배서인으로 이전되는 현상을 단순한 채권양도로 설명하는 것을 비판하면서, 배서의 성질은 어음상의 권리(어음채권)의 양도 외에 어음증권의 소유권(어음소유권)의 이전을 포함하는 것이며, 이 양자를 아울러 고찰하여야 한다는 견해가 있으나(어음所有權說),[1] 어음상의 권리의 취득에 어음소유권의 취득이 반드시 필요한 것은 아니므로, 이 비판도 온당치 못하다.

제3 背書 이외의 방법에 의한 移轉

어음상의 권리가 상속, 회사의 합병과 같은 「포괄승계」, 전부명령(民執 229 Ⅲ)·경매와 같은 「특정승계」에 의하여 이전되는 점에 관하여는 아무런 이론이 없다. 문제는 일반적인 지명채권양도의 방법에 의하여도 어음상의 권리를 이전하는 것이 가능한가 하는 점이다.

1. 指名債權讓渡方法에 의한 讓渡可能性

(1) 否定說

이들은 ① 채권양도의 대항요건에 관한 민법의 규정(民 450, 508)은 강행법규이므로, 지시채권인 어음상의 권리를 양도함에 있어서 지명채권양도의 대항요건을 갖추었더라도 양도의 대항력은 인정할 수 없고, ② 어음의 양도방법은 배서라고 하는 방식에 강행법적으로 정형화되어 있고, 배서 이외의 양도방법을 인정하지 않는 것이 법의 취지이며, ③ 지명채권양도방법에 의한 양도를 인정할 실제적 필요가 없고, 이를 인정할 때에는 어음소지인이 배서의 연속이라고 하는 간편한 증명방법을 이용할 수 없는 결과 어음소지인으로 하여금 간편하게 권리를 행사시키고자 한 법의 취지에 어긋나고, ④ 지명채권양도방법의 병용을 인정하는 입장은 증권화된 권리에 관하여 권리와 증권을 분리시켜 양도하는 것을 인정하게 되어, 권리의 측면에만 얽매인 이론으로서 부당하다고 주장한다.

---

1) 이 견해는 어음소유권이 있어야 어음상의 권리가 귀속된다는 이른바 所有權說을 바탕으로 하고 있다. 이에 의하면 배서인이 어음에 배서의 기명날인 또는 서명을 하여 이를 피배서인에게 교부하는 행위는 물권법적 교부계약과 채권법적 교부계약으로 구성되며, 전자는 어음소유권의 이전을 낳고 후자는 어음채무의 설정을 낳는다고 한다. 그러나 어음소유권설의 문제점에 관하여는 이미 앞에서 지적한 바가 있다.

(2) 肯定說

이들은 ① 채권양도의 대항요건에 관한 민법의 규정을 절대적 강행규정으로 풀이할 이유는 없고, 또 민법 제508조를 강행법규라고 풀이하더라도 그것은 지시채권으로서의 양도방법을 규정한 데 그치고, 어음을 지명채권양도의 방법으로 양도하는 경우에는 그와 관계없이 지명채권양도의 대항요건(民 450)을 밟으면 되고, ② 배서의 방식이 정형화되어 있다고 하더라도 그것은 절대적인 것이 아니고, 이것은 배서금지어음(어 11 II)과 배서금지배서(어 15 II, 77 I)가 인정되어 있는 점만 보아도 알 수 있으며, ③ 어음소지인이 권리의 행사에 관하여 배서의 경우와 같이 간이한 자격증명방법을 이용할 수 없다고 하더라도 당사자가 이를 알고 지명채권양도방법을 사용한다면 그것을 무효로 할 필요는 없고 또 그것이 당사자에게 불리하다고 말할 수도 없으며, ④ 지명채권양도의 방법을 이용하는 경우에도 증권의 교부를 요건으로 하므로 증권과 권리의 분리를 인정하는 것은 아니라고 대응한다.

(3) 긍정설이 타당하다고 본다(通說). 일본의 판례(日最判 74. 2. 28, 民集 28. 1. 121)도 이를 긍정하고 있으며, 대법원도 배서금지어음에 관하여 지명채권양도방법에 의한 양도를 인정하여, 간접적으로 이를 긍정하고 있다(大判 89. 10. 24, 88 다카 20774). 따라서 어음상의 권리를 지명채권양도의 방법으로 이전할 수 있음은 이제 당연한 것으로 생각하여도 될 것이다. 다만 보통의 어음을 지명채권양도방법에 의하여 양도하는 예는 비교적 드물다.

2. 問 題 點

(1) 證券의 交付

지명채권양도방법에 의하여 어음상의 권리를 이전하기 위하여는 증권의 교부(인도)가 필요하다고 본다. 왜냐하면 어음은 유가증권이고, 따라서 권리자는 증권을 소지하고 있지 않으면 그 권리를 행사할 수 없으므로, 어음의 교부를 양도의 효력발생요건으로 보아야 하기 때문이다(通說. 大判 89. 10. 24, 88 다카 20774).

(2) 背書의 방법에 의한 讓渡

지명채권양도의 방법을 포함하여 배서 이외의 방법으로 어음상의 권리를 취득한 자가 다시 어음을 제3자에게 양도하는 경우에는 배서에 의하여 이를 양도할 수 있다고 본다(通說).[1] 배서를 할 수 있는 권리는 피배서인인 지위로

---

1) 일본의 판례 중에는 전부명령에 의하여 어음채권을 취득한 자는 어음소지인으로서의 지위를 취득하지 않으면 배서양도를 할 수 없다고 한 것이 있다. 日大判 32. 7. 5, 民集 11. 14. 1481.

부터 생기는 것이 아니라, 어음상의 권리 자체가 구비하고 있는 힘이기 때문이다.

3. 效 力

어음상의 권리를 지명채권양도의 방법에 의하여 이전한 경우에 그 양도의 효력은 일반 채권양도에 관한 법칙에 따른다. 배서금지어음에 관하여는 어음법 제11조 제2항에 명문으로 규정하고 있지만, 보통의 어음에 관하여도 마찬가지이다. 그러므로 ① 양수인은 양도인이 가지는 모든 어음상의 권리를 취득한다. 즉 어음금지급청구권은 물론 상환의무자에 대한 청구권도 취득한다. ② 어음채무자에 대한 권리를 행사하기 위하여 각 채무자에 대하여 각각 대항요건(民 450)을 갖추어야 한다(通說. 大判 89. 10. 24, 88 다카 20774). 최근에 이르러 기명증권에 관하여 권리가 증권에 결합되어 있는 이상 당사자간의 양도의 합의와 어음의 교부만으로 양도의 효력이 생기고, 지명채권양도의 대항요건을 갖출 필요는 없다는 주장이 있고, 그 연장선상에서 어음을 지명채권양도방법에 의하여 양도할 때에도 대항요건이 불필요하다고 하는 견해가 있다(이기수, 151면). 이들은 대항요건을 요구하지 않아도 어음채무자는 어음과 상환하여 지급하면 되므로 충분히 보호된다고 주장한다. 그러나 어음상에 권리자(수취인·피배서인)로 기재되어 있지 아니한 자(예컨대 절도, 사기에 의하여 취득한 자)가 어음을 소지하고 있는 경우에 그 소지인을 권리자로 추정할 수는 없을 것이고, 그에게 지급한다고 면책되는 것은 아니다. 채무자의 확실한 보호를 위하여는 역시 대항요건(民 450)이 구비되어야 한다고 생각한다.[1] ③ 지명채권양도방법은 배서와 달리 어음법적 유통방법이 아니기 때문에 어음법적 보장인 담보적 효력(어 15), 자격수여적 효력(어 16)은 없고, 또 인적 항변의 절단(어 17)이나 선의취득(어 16)도 인정되지 아니한다.

4. 단순한 交付에 의한 讓渡

백지식배서에 의하여 어음을 취득한 소지인은 단순한 교부에 의하여 어음을 양도할 수 있다(어 14 II ③).

1) 졸고, 「지명채권양도방법에 의한 어음채권의 양도」, 지석 김인제 박사 정년기념 현대상사법논집(1997), 635면 이하 참조.

제4 背書禁止어음

1. 意 義

(1) 背書禁止어음은 발행인이 「지시금지」라는 문구 또는 이와 같은 뜻이 있는 문구(예컨대 배서금지)를 적은 어음을 말하며(어 II 11), 「지시금지어음」 또는 「금전(禁轉)어음」이라고도 한다. 이러한 문구가 적힌 어음은 배서성을 박탈당하여 배서의 방법으로 양도할 수 없게 되므로 일종의 기명증권으로 바뀌지만, 양도성 자체를 박탈당하는 것은 아니므로 배서에 의하지 않고 일반 지명채권 양도방법으로 양도하는 것은 가능하다(大判 89. 10. 24. 88 다카 20774).

(2) 배서금지어음은 背書禁止背書(어 15 II, 77 I ①)와 구별하여야 한다. 배서금지어음은 발행인이 배서금지의 기재를 한 어음으로서, 그 어음의 배서성을 박탈함에 반하여, 배서금지배서는 배서인이 하는 것으로서 어음의 배서성을 박탈하는 것은 아니므로 어음은 여전히 배서에 의하여 양도할 수 있는 것이고, 다만 자기의 직접의 피배서인의 후자에 대하여는 담보책임을 지지 아니할 뿐이다.

(3) 환어음의 引受人이 배서금지의 문구를 적은 경우에는 변경인수로 되어(어 II 26), 어음소지인에 대한 관계에서는 인수를 거절한 것으로 보나, 인수인은 그 문구에 따라 책임을 지므로, 인수 이후의 어음소지인에 대하여는 인수 당시의 소지인에 대하여 가졌던 항변사유를 대항할 수 있다. 保證人이 배서금지의 문구를 기재한 경우도 같다.

2. 認定趣旨

배서금지어음은 어음의 발행인이 수취인에 대한 항변의 유보를 원하거나 또는 배서가 계속되어 상환금액이 증대되는 것을 막기 위한 경우에 이용된다. 그리하여 담보어음, 특히 근(根)담보어음에 많이 이용된다.

3. 指示禁止文言의 記載方法

(1) 「지시금지」, 「배서금지」, 「아무개에 대하여만 지급할 수 있음」 따위와 같이 지시를 금지하는 뜻이 어음상의 문구에 나타나 있어야 한다.[1] 「견질용

1) 배서금지의 특약이 있더라도 이를 어음에 기재하지 않은 경우에는 어음의 지시증권으로서의

(見質用)」 또는 「보관용」이라고 기재하는 것만으로는 지시금지어음이라고 볼 수 없다(大判 94. 10. 21, 94 다 9948; 93. 11. 12, 93 다 39102). 또한 「담보를 위하여」, 「보관을 위하여」 따위로도 불충분하다.

(2) 인쇄된 어음용지의 지시문구(「귀하의 지시인에게」라는 문구)를 말소한 경우에 이를 지시금지어음으로 볼 수 있는가?

① 지시문구를 말소하고 이에 덧붙여 지시금지문구를 별도로 적은 경우에는 지시금지어음이 된다.

② 지시문구를 말소하지 않고 지시금지문구를 적은 경우, 즉 어음면상 지시문구와 지시금지문구가 병존하는 경우에 관하여는 학설이 여러 갈래로 나뉜다. 즉 (ㄱ) 이 경우에는 어음상의 기재에 모순이 있으므로 어음이 무효로 된다는 견해, (ㄴ) 원칙적으로 어음은 무효로 되나, 발행인이 소지인에게 지시문구의 말소를 위탁하였다고 인정되는 경우에는 어음 자체는 유효하고 지시금지문구가 우선하여 어음이 지시금지어음이 된다는 견해, (ㄷ) 지시문구와 지시금지문구가 모두 무효로 되므로 그 결과 어음은 기명식으로 되고, 어음법 제11조 제1항에 의하여 법률상 당연히 배서할 수 있다는 견해, (ㄹ) 지시금지문구는 효력이 없고 어음은 지시금지문구가 없는 지시식어음으로서 효력을 가진다는 견해, (ㅁ) 지시금지문구를 우선시켜 지시금지어음으로 보는 견해가 그것이다. 결국 어음 자체가 무효로 된다는 설, 보통의 어음과 같이 지시식어음이 된다는 설, 지시금지어음이 된다는 설로 크게 나눌 수 있다. 지시문구는 인쇄되어 있는 것이고, 지시금지문구는 발행인이 스스로 기입한 것이므로, 발행인의 의도는 지시금지에 있고, 따라서 지시금지어음으로 보는 견해가 옳다(多數說. 大判 87. 4. 28, 86 다카 2630).

③ 지시문구(「귀하의 지시인에게」)만 말소하고 지시금지문구를 적지 아니한 경우에는 지시금지어음이 아니다. 왜냐하면 어음은 지시문구가 없더라도 법률상 당연한 지시증권이기 때문이다(大判 62. 12. 20, 62 다 668).

성격에는 변화가 없고, 배서양도받은 사람이 그러한 특약을 알았다 하더라도 어음의 효력에 영향이 없다(大判 65. 5. 18, 65 다 478). 통상인이 보통의 주의로 쉽게 알아보기 어려운 상태로 지시금지문구를 표시한 경우에는 이를 지시금지어음이라고 볼 수 없다(大判 90. 5. 22, 88 다카 27676).

4. 效 力

(1) 배서금지어음은 배서에 의하여 양도할 수 없고, 따라서 이 어음에 배서를 하여도 그것은 아무런 효력이 없다. 그러므로 지시금지어음의 성질은 기명증권이고, 그것이 체화하는 권리는 지명채권이다.

(2) 그러나 배서금지어음이라도 양도성까지 없는 것은 아니므로 이를 양도할 수 있다. 양도의 방법은 지명채권양도의 방법(民 450)에 의하여야 한다. 따라서 ① 당사자간의 양도의 합의 외에 ② 민법 제450조의 대항요건(통지 또는 승낙)을 구비하여야 하고, 나아가 ③ 어음증권을 양수인에게 인도하여야 한다(大判 89. 10. 24. 88 다카 20774). 최근에 양도의 대항요건을 요하지 않는다는 견해가 유력하게 주장되고 있으나(이기수, 152면), 그것이 이유 없다고 함은 전술하였다. 어음증권을 양수인에게 인도할 것을 요구하는 이유는 배서금지어음도 유가증권성을 잃지 아니하므로, 증권을 소지하지 않는 자는 권리자로 인정되지 않고, 따라서 증권의 인도가 없는 동안에는 양도의 효력이 완성되지 않기 때문이다.

(3) 배서금지어음의 양도의 효력도 지명채권양도의 효력과 동일하다(어 11 II, 77 I ①). 따라서 어음항변의 절단(어 17)은 인정되지 않고, 선의취득(어 16 II)도 인정되지 않으며, 양도인은 담보책임(어 15 I, 77 I ①)을 부담하지 않는다. 그러나 배서금지어음도 어음이므로, 지급을 받기 위하여는 이를 제시하여야 하고(어 38), 또 어음금을 지급할 때에는 이를 환수하여야 한다(어 39).

(4) 배서금지어음이 제권판결(除權判決)의 대상이 되는가에 관하여는 다툼이 있으나, 현행법상 기명증권에 대하여 제권판결을 허용하는 규정이 없으므로 부정하여야 할 것이다(大判 61. 11. 23, 4293 民上 478. 記名證券인 地價證券에 관한 것).

(5) 배서금지문구는 배서에 의한 양도만을 금지하는 효력을 가지므로, 추심위임배서(어 18)나 입질배서(어 19)는 허용된다. 그리고 배서금지의 환어음의 발행인은 담보책임(어 9)을 면하지 못한다.

제2절 背書의 方式과 內容

제1 總　說

(1) 배서는 어음법 제13조 제1항에 따라 서면행위로 하여야 하고 배서인이 기명날인 또는 서명하여야 한다. 배서는 어음 자체 또는 이와 결합된 보충지(補箋) 혹은 등본에 하여야 한다. 어음의 보충지는 어음 자체에 이미 배서가 여러 번 행하여져 더 여백이 없을 때에 이용된다. 등본은 어음원본이 인수제시나 할인의뢰 등의 사유로 타인에게 맡겨져 있는 동안에 소지인으로 하여금 등본에 배서하여 유통시킬 수 있도록 하기 위하여 이용된다.

(2) 배서의 기재를 하여야 할 장소에 관하여는 별다른 제한이 없으나, 보통은 어음의 배면(背面)에 하므로 이를 배서(背書)라고 부르는 것이다. 그러나 어음의 앞면에 하여도 상관이 없다. 어음의 뒷면에 있는 단순한 기명날인 또는 서명은 백지식배서로 보게 되나(어 13 II 後), 어음의 앞면에 배서를 하는 경우에는 반드시 배서임을 명시하여야 한다. 왜냐하면 어음의 앞면에 있는 단순한 기명날인 또는 서명은 어음보증(어 31 III)이나 인수(어 25 I 3文)로 보기 때문이다. 배서의 방식으로서 가장 중요한 것은 기명식배서와 백지식배서의 두 가지이다.

(3) 배서는 제1배서, 제2배서의 순서로 순차적으로 열기하여야 배서의 연속이 있게 되어 어음법에 의한 강력한 보호를 받게 되지만, 이것이 배서의 요건은 아니다. 배서의 날짜는 발행일자와는 달리 배서의 요건이 아니므로 이를 기재하지 않아도 상관없다(大判 68. 6. 25, 68 다 243). 배서에 날짜의 기재가 없는 경우에는 기한전의 배서로 추정된다(어 20 II). 발행일자보다 앞선 배서날짜가 기재된 경우에도 그 배서가 무효로 되는 것은 아니다(大判 68. 6. 25, 68 다 243). 배서인의 주소를 기재하는 것은 배서의 요건이 아니고, 따라서 이를 허위로 기재하였더라도 배서인의 인적 동일성을 해하지 않는 한 허위유가증권작성죄에 해당하지 않는다(大判 86. 6. 24, 84 도 547; 60. 6. 24, 4292 刑上 865).

제2 記名式背書

(1) 배서인이 피배서인을 지정하고, 즉 피배서인의 성명·상호 등을 기재하고 기명날인 또는 서명을 하는 배서의 방식을 말하며, 「정식배서」(正式背書) 또는 「완전배서」(完全背書)라고도 한다.

(2) 피배서인의 표시에 관하여는 어음요건 중 수취인의 기재에 관하여 설명한 것이 대체로 그대로 타당하다. 즉 피배서인의 표시는 거래사회에서 그가 누구인가를 식별할 수 있을 정도이면 족하고(大判 73. 7. 10. 72 다 2551), 피배서인은 중첩적(甲과 乙) 또는 선택적(甲 또는 乙)으로 수인이 될 수 있는데, 이 경우에는 어음을 교부받은 사람이 피배서인이 된다. 배서인 자신을 피배서인으로 하는 것은 실익이 없으므로 인정되지 않는다고 본다.

제3 白地式背書

1. 意 義

(1) 피배서인을 지정하지 않는 배서를 말하며, 「약식배서」(略式背書) 또는 「무기명배서」(無記名背書)라고도 한다. 백지식배서에는 ① 배서의사의 표시, 즉 배서문구의 기재는 있으나 피배서인의 기재가 없는 것(표기의 금액을 「」 또는 그 지시인에게 지급하여 주십시오)과 ② 배서문구의 기재까지 없고 다만 배서인의 기명날인 또는 서명만이 있는 것(어 13 2 前)의 두 가지가 있는데, 후자를 특히 「간략백지식배서」(簡略白地式背書)라고 한다. 간략백지식배서는 반드시 어음 또는 등본의 뒷면이나 보충지에만 할 수 있다(어 13 II 後). 만일 어음의 앞면에다 하게 되면 어음보증(어 31 III) 및 인수(어 25 I 3文)와 혼동될 염려가 있기 때문이다.

(2) 백지식배서는 백지어음행위로서 하는 배서인 백지배서와 구별하여야 하고, 또 백지어음과도 구별하여야 한다. 백지어음은 미완성어음임에 반하여, 백지식배서는 원칙적으로 완성된 어음에 행하는 배서이고, 따라서 그 자체는 완전히 유효한 배서이므로, 백지식배서에 의하여 어음을 취득하는 자는 뒤에 자기의 이름을 기입하지 않더라도 완전한 어음상의 권리자가 된다. 백지어음

은 후에 완성할 것을 전제로 하고 있으나, 백지식배서에 있어서는 그 완성이 필요 없는 것이다.

2. 經濟的作用

(1) 백지식배서에는 피배서인의 기재가 없으므로 어음을 단순한 인도에 의하여 쉽게 이전할 수 있고, 또 어음소지인은 어음에 배서를 하지 않고 양도할 수 있으므로 뒤에 상환의무를 지지 않는다. 백지식배서를 하면 어음취득자가 담보의무를 지지 않고 다시 양도할 수 있는 결과, 상환의무를 꺼리는 사람에 의하여도 어음할인을 받을 수 있어 어음할인이 쉬워진다. 뿐만 아니라 배서가 반복됨으로써 상환금액이 증대하는 것을 막을 수 있는 이점도 있다.

(2) 반면에 최후의 배서가 백지식인 어음은 이를 분실한 경우에 선의의 제3자의 수중에 들어가기 쉬운 결점이 있고, 또 배서가 많아지면 상환의무자가 증가하여 어음의 신용이 높아지게 되는데, 백지식은 그렇지 못하다는 것이 단점이다.

3. 效　　力

(1) 백지식배서에 의하여 어음상의 권리를 취득한 자가 스스로 어음상의 **權利**를 **行使**하기 위하여는 피배서인은 백지로 되어 있는 피배서인란에 자기의 명칭을 보충할 수도 있으나, 이를 보충하지 않고도 어음을 제시하여 어음상의 권리를 행사할 수도 있다(어16 I 2文). 이 경우에 피배서인란에 자기의 명칭을 기재하는 것은 백지어음에 있어서의 요건의 보충과는 달리 꼭 필요한 것은 아니다.

(2) 백지식배서에 의하여 어음을 취득한 자가 어음상의 **權利**를 **讓渡**함에 있어서는 배서에 의하든 어음의 단순한 인도에 의하든 자유이며, 다음의 네 가지 방식으로 이를 양도할 수 있다. 즉 ① 백지로 되어 있는 피배서인란에 자기의 명칭을 보충하고, 이어서 다시 기명식 또는 백지식배서를 하는 방법이 있고, ② 백지에 타인의 명칭을 기재하고 그에게 어음을 인도하는 방법이 있으며, ③ 백지를 보충하지 않고 다시 기명식 또는 백지식의 배서를 하는 방법이 있고(백지식배서 뒤에 다른 배서가 있을 때에는 그 배서를 한 자는 백지식배서에 의하여 어음을 취득한 것으로 본다. 어 16 I 4文), ④ 백지를 보충하지 않은 채 제3자에게 어음을 인도하는 방식 등이다(어14 II, 77 I). 위 네 가지 방법 가운데에서 소지인이 자기의 배서를 하지 않고 어음상의 권리를 양도하는 경우(②

와 ④)에는 그는 어음단체에 가입하지 아니하므로 담보책임을 지지 않는다. 백지를 보충하지 않은 채 제3자에 어음을 인도하는 방식(어 14 Ⅱ ③, 77 Ⅰ)은 어음의 단순한 인도에 의한 양도를 인정하는 것이므로, 배서의 담보적 기능을 기대할 수 없으며, 따라서 단순한 인도에 의한 양도를 지나치게 넓게 인정하려는 것은 문제이다. 이에 반하여 수표는 어음과 같이 법률상 당연한 지시증권이지만, 소지인출급식수표가 인정되고 또 실제 그것이 대부분이므로, 수표에 있어서는 단순한 인도에 의한 양도가 오히려 원칙으로 되어 있다.

제4 그 밖의 方式에 의한 背書

(1) 어음법은 위에 말한 기명식배서와 백지식배서 외에 소지인출급식배서를 인정하고 있다(어 12 Ⅲ). 「所持人出給式背書」는 어음의 소지인에게 지급하여 달라는 뜻을 기재한 배서를 말한다. 이것은 소지인출급의 문구가 적혀 있는 점에서 백지식배서와 다르나, 특정한 피배서인이 적혀 있지 아니한 점에서는 백지식배서와 같으므로, 어음법은 이에 대하여 백지식배서와 같은 효력을 인정하고 있다(어 12 Ⅲ, 77 Ⅰ ①). 다만 이 경우에는 피배서인란을 보충할 수 없다.

(2) 어음법에 특별한 규정은 없으나 「선택무기명식배서(選擇無記名式)배서」 또는 「지명소지인출급식(指名所持人出給式)배서」(특정인을 피배서인으로 하는 동시에 소지인에게도 지급을 하여 달라는 뜻을 기재한 배서)도 인정되며, 이러한 배서는 수표법 제5조 제2항의 취지에 의하여 소지인출급식배서로서의 효력이 있다고 본다(通說).

제5 背書의 內容(記載事項)

1. 原則的記載事項

(1) 배서의 원칙적인 내용은 어음을 타인에게 양도한다는 표시(背書文言)이다. 그 표시방법에 관하여 특별히 규정된 바는 없으나, 보통 「앞면에 적은 금액을 甲 또는 그 지시인에게 지급하여 주십시오」라고 기재하면 된다. 그러나 배서문구는 적지 아니할 수 있다(간략백지식배서의 경우).

(2) 피배서인은 기명식배서의 경우에는 이를 기재하고 백지식배서의 경우에는 이를 기재하지 아니한다.

(3) 배서인의 기명날인 또는 서명은 필수적 요건이다.

(4) 배서에는 조건을 붙여서는 아니된다. 배서에 붙인 조건은 적지 아니한 것으로 본다(어 12 Ⅰ).

2. 有益的記載事項

어음법에 의하여 그 기재가 인정되고 또 이를 기재하면 그 내용에 따른 효력이 생기는 것을 말한다. 배서의 유익적 기재사항으로서는 소지인출급식배서문구(어 12 Ⅲ), 무담보문구(어 15 Ⅰ), 배서금지문구(어 15 Ⅱ), 추심위임문구(어 18 Ⅰ), 입질문구(어 19), 배서일자(어 20 Ⅱ), 인수제시요구문구(어 22 Ⅰ·Ⅳ), 인수제시기간단축문구(어 23 Ⅲ), 지급제시기간단축문구(어 34 Ⅰ), 배서인의 처소(어 45 Ⅲ, 41 Ⅲ, 77 Ⅰ ④), 거절증서작성면제(無費用償還)문구(어 46, 77 Ⅰ ④), 예비지급인의 기재(어 55, 77 Ⅰ ⑤), 등본에만 배서하라는 취지의 문구(어 68 Ⅲ) 등이 있다.

3. 無益的記載事項

어음에 기재하여도 어음상의 효력이 없고, 배서 자체를 무효로 만들지 않는 사항이다. 무익적 기재사항으로서는 배서에 붙인 조건(어 12 Ⅰ後, 77 Ⅰ ①), 대가문구, 제시문구 등이 있다.

4. 有害的記載事項

어음에 기재한 때에는 배서 자체를 무효로 하는 사항을 말한다. 유해적 기재사항으로서는 어음금액의 일부에 대한 배서(一部背書)가 있다(어 12 Ⅱ). 어음상의 권리는 어음과 분리할 수 없는 것이므로 일부를 자기가 유보하고 잔부를 타인에게 양도하는 것은 어음의 본질에 반하여 무효이다.

제6 背書의 當事者

(1) **背書人**은 어음상의 권리자이어야 한다. 그러므로 배서인은 어음의 수

취인이거나, 자기지시어음인 경우의 발행인이거나 또는 어음에 기재된 피배서인이어야 한다. 또한 포괄승계인, 예컨대 상속인이나, 백지식배서에 의하여 어음의 인도를 받은 자도 배서를 할 수 있다. 지명채권양도의 방법에 의하여 어음을 취득한 자도 배서할 수 있음은 전술하였다. 위에 말한 방법에 의하여 권리자로 인정되는 자가 아닌 자에 의하여 배서가 행하여 질 때에는 그 배서는 권리를 양도하는 효력이 없다.

(2) **被背書人**이 될 수 있는 자에는 아무런 제한이 없다. 어음에 이미 기명날인 또는 서명을 하였던 사람도 피배서인이 될 수 있다. 이러한 경우를 역배서 또는 환배서라고 한다.

제3절 背書의 效力

제1 總 說

배서에는 권리이전적 효력, 자격수여적 효력 및 담보적 효력의 세 가지가 있다. 그 가운데 권리이전적 효력과 담보적 효력은 실질적 효력임에 반하여, 자격수여적 효력은 형식적 효력이며, 권리이전적 효력에 기하여 인정되는 것이다. 또 권리이전적 효력은 의사표시상의 효력이고, 담보적 효력과 자격수여적 효력은 당사자의 의사와는 관계없이 법에 의하여 인정되는 효력이다. 또 권리이전적 효력과 자격수여적 효력은 배서의 본질을 구성하는 것이므로 어음을 포함한 모든 지시증권에 관하여 인정됨에 반하여, 담보적 효력은 어음과 수표에만 특유한 효력이고 다른 지시증권에 관하여는 인정되지 아니하는 것이다.

제2 權利移轉的效力

1. 意 義

배서에 의하여 어음상의 일체의 권리는 피배서인에게 이전하고(어14 Ⅰ, 77 Ⅰ ①), 피배서인이 배서인에 갈음하여 어음상의 권리자로 되는데, 이것을 배서의 「권리

이전적 효력」이라고 한다. 배서는 원래 어음상의 권리를 양도하는 행위이므로 이 이전적 효력이 배서의 가장 주된 효력이다. 권리이전적 효력은 의사표시상의 효력이므로 명문의 규정이 없어도 당연히 인정된다. 그러나 권리이전적 효력은 배서 이외의 지명채권양도방법에 의한 양도의 경우에도 인정되므로, 배서의 권리이전적 효력의 의의는 오히려 다른 양도방식에 비하여 보다 강력하게 양수인(被背書人)의 지위를 보호하여 어음의 유통을 보호하는 데에 있다.

배서가 다른 권리양도방식에 비하여 더 강력한 효력을 갖는 것은 ① 무권리자 등으로부터의 선의취득이 인정되는 것(어16 II)과 ② 어음항변의 배제, 즉 인적항변 및 어음의 효력에 관한 항변의 절단이 인정되는 것(어17)의 두 가지이다. 이처럼 보통의 채권양도에 비하여 배서에 대하여 보다 강력한 이전적 효력을 부여한 것을 배서의 권리강화적 효력 또는 권리정화적 이전력이라고 부르기도 한다.

2. 從되는 權利의 移轉問題

보통의 채권양도에 있어서는 원칙적으로 채권에 부종하는 권리, 예컨대 질권·저당권·보증채권 등이 당연히 양수인에게 이전한다. 그런데 배서의 경우에도 어음채권에 종되는 권리가 피배서인에게 이전하는가에 관하여, 배서는 어음상의 권리만을 이전하는 것이고 어음상의 권리는 추상적인 것이라는 점을 논거로 하여 이를 부정하는 견해(否定說, 通說)도 있으나, 어음상의 권리에 민법상의 담보권을 설정하여도 무방하며, 「종(從)은 주(主)의 처분에 따르는 것」이 원칙이고, 또 어음의 유통을 조장하기 위하여 이를 긍정하는 옳다고 본다(肯定說). 부정설은 배서에 의한 어음채권의 양도의 경우에 지명채권양도방법에 의한 양도의 경우보다 더 약한 효력을 인정하는 결과로 되는데, 이는 어음법이 배서의 경우에 보다 강력한 효력을 인정하고 있는 취지에 반한다. 일본 최고재판소도 긍정설을 취하고 있다(日最判 70. 4. 21, 民集 24. 4. 283).

제3 資格授與的效力

1. 意 義

(1) 어음의 소지인이 「배서의 연속」에 의하여 그 권리를 증명한 때에는 적법한 소지인으로 추정된다(어16 I 1文, 77 I ①). 즉 배서가 연속되어 있는 어음의 소지인은 어음상의 권리자로서의 자격이 인정되는데, 이를 배서의 「자격수여적 효력」이라고 한다. 배서인이 배서를 하고 어음을 피배서인에게 교부하면, 권리이전적 효력에 의하여 피배서인이 어음상의 권리자로 된다. 이를 뒤집어 보면, 어음의 기재상 피배서인으로 되어 있는 사람이 어음을 소지하고 있는 때에는 그 사람을 권리자로 인정하여도 대체로 진실에 합치한다. 그리하여 어음의 기재상 피배서인인 자가 어음을 소지하고 있다는 외형적 사실이 있으면 일응 인정되는 것이 배서의 자격수여적 효력이다.

(2) 자격수여적 효력은 다음의 세 가지 국면에서 작용을 한다. ① **權利推定力** 배서가 연속되어 있는 어음을 소지한 자는 어음상의 「권리자로 추정」되므로(어16 I 1文), 어음소지인은 자기의 권리를 행사하기 위하여 자기가 실질적인 권리자임을 증명할 필요가 없다. 그리하여 어음소지인에 대하여는 자기가 실질적인 권리자라는 증명을 할 책임을 면제하여 주었다. 그러나 어음채무자가 위 추정을 뒤엎고 어음소지인이 진정한 권리자가 아니라는 것을 주장·증명하면, 어음소지인의 권리행사를 거절할 수 있음은 물론이다. 다만 이 경우에는 그 소지인이 어음상의 권리를 승계취득하지 아니하였을 뿐만 아니라, 선의취득도 하지 아니하였음을 증명하여야 한다(日最判 66. 6. 21. 民集 20. 5. 1084). ② **善意取得** 배서가 연속되어 있는 어음의 소지인, 즉 형식적 자격자로부터 어음을 취득한 자는 어음법 제16조 제2항에 의하여 어음상의 권리를 선의취득한다. ③ **免責力** 어음채무자가 배서의 연속이 있는 어음을 소지한 형식적 자격자에게 선의로 어음금을 지급하면 어음법 제40조 제3항에 의하여 면책이 된다. 위에 말한 권리추정력, 면책력 및 선의취득의 효력을 총칭하여 자격수여적 효력이라고 부르는 것이 보통이지만, 그 중 권리추정력만을 자격수여적 효력이라고 하는 수도 있다.

2. 背書의 連續

(1) 意 義

배서가 자격수여적 효력을 가지기 위하여는 배서가 연속되어 있어야 한다. 「배서의 연속」이라 함은 어음의 수취인이 제1배서인이 되고, 제1배서의 피배서인이 제2배서의 배서인이 되는 것과 같이(A-B, B-C, C-D), 현재의 소지인을 피배서인으로 하는 배서에 이르기까지 끊임없이 배서가 연속되어 있는 것을 가리킨다.

배서의 연속이 있기 위하여는 다음의 요건이 갖추어져야 한다. ① 제1의 배서는 어음수취인의 것이어야 한다. 그러나 자기지시어음에 있어서는 발행인이 제1의 배서인이 된다. 그리고 약속어음의 발행인이 수취인에 대하여 제1차 배서를 하여도 그것은 어음법상 아무 의미가 없는 것이므로, 배서연속을 판단함에 있어서는 그 기재가 없는 것으로 보아야 한다(大判 65. 9. 7, 65 다 1387). ② 제2차 배서 이후의 배서에 있어서는 직전의 배서의 피배서인이 직후의 배서의 배서인이어야 한다. ③ 어음소지인은 최후의 배서의 피배서인인 것이 보통이지만, 최후의 배서가 백지식인 경우에는 어음을 소지하고 있기만 하면 배서의 연속이 인정된다(大判 68. 12. 24, 68 다 2050). ④ 배서가 어음소지인으로부터 더 계속되거나 어음소지인에 이르기 전에 끝나 버렸으면, 그러한 어음소지인에게는 자격수여적 효력이 인정되지 아니한다. 물론 어음소지인이 자기 이후의 배서를 말소한 경우에는 형식적 자격이 인정된다.

(2) 外形的連續

(가) 배서의 연속은 어음의 기재상 형식적으로 연속되어 있어야 하고 또 이것으로서 족하다(形式的同一性)(大判 71. 4. 30, 71 다 455; 71. 5. 24, 71 다 570). 따라서 예컨대 어음을 절취한 자가 배서를 위조한 경우에도 수취인 또는 전의 배서의 피배서인과 뒤의 배서의 배서인의 명칭이 어음의 기재상 동일하면 배서의 연속은 인정된다(大判 74. 9. 24, 74 다 902; 73. 6. 22, 72 다 2026; 71. 4. 30, 71 다 455).[1] 또 배서의 중간에 실재하지 않는 회사 혹은 설립

1) 여기에서 배서의 연속이 인정된다고 함은 최후의 소지인이 어음상의 권리자로 추정된다고 하는 뜻이고, 배서의 피위조자가 어음상의 채무자로 추정된다는 뜻, 환언하면 피위조자에 대한 어음상의 권리의 성립이 추정된다는 뜻은 아니다. 어음법 제16조 제1항은 어음소지인에게 어음상의 권리가 귀속된다고 추정을 하는 데 그치고, 어음상의 권리의 성립의 진정까지 추정하는 것은 아니다. 따라서 이 규정은 어음채권이 진정하게 성립한 것을 전제로 하여 그러한 어음채권자에 대한 관계에

등기를 마치지 아니한 회사의 배서가 개재되더라도 어음의 기재상 배서가 연속되기만 하면 배서의 연속은 인정된다(日最判 1955. 9. 23. 民集 9. 10. 1403). 이처럼 배서의 연속 여부는 오로지 어음상의 기재에 따라 외관적으로 판단한다(어음외관해석의 원칙). 또 배서의 연속이 인정되기 위하여는 각 배서가 형식적으로 유효하여야 한다. 따라서 배서가 형식상의 흠으로 인하여 무효인 경우에는 그 배서를 제외하고 배서의 연속 여부를 따져야 한다.

(나) 피배서인과 배서인의 명칭이 어음의 기재상 동일하여야 하므로, 양자가 실제상 동일인인 경우에도 형식상 전혀 별개의 명칭을 표시한 때, 예컨대 성명으로 배서받은 사람이 상호로써 배서하는 경우에 양자가 일치하지 않으면, 배서의 연속은 없게 된다. 그런데 수취인 또는 전의 배서의 피배서인과 후의 배서의 배서인의 명칭이 동일한가 어떤가를 판단함에 있어서는 양자의 명칭이 완전히 일치되어야 하는 것은 아니고, 다소의 차이가 있다고 하더라 각각의 표시가 주요한 점에서 일치하고 사회통념상 동일인의 명칭이라고 판단될 때에는 그 동일성이 인정된다. 예컨대 「현대자동차주식회사 김지점장」과 지점장인 「김갑동」 사이에는 동일성이 인정되고, 수취인이 「김갑동」인 어음을 그의 상속인인 김을수가 「김갑동 상속인 김을수」로서 배서양도한 경우에도 배서의 연속이 인정된다(日大判 15. 5. 27. 民錄 21. 8. 21). 또한 수취인이 「한국상사」이고, 제1배서인이 「주식회사 한국상사 대표이사 A」로 기재되어 있으면 양자는 형식적으로 동일인이라고 인정되므로 배서의 연속이 있다(大判 95. 6. 9. 94 다 33156).

(다) 배서는 실질적으로 연속되어 있을 필요는 없고 또 이것만으로써는 부족하다(實質的同一性). 따라서 예컨대 어음상의 권리를 상속, 회사의 합병 등 포괄승계에 의하여 또는 지명채권양도·전부명령 등 특정승계에 의하여 취득한 자는 그 어음상의 권리를 다시 배서양도할 수 있으나, 어음상에 단지 자기의 이름만을 표시하여 배서를 할 때에는 배서의 연속이 끊어지게 된다.

(3) 白地式背書가 있는 경우

백지식배서의 다음에 다른 배서가 있는 때(A-B, B-, C-D)에는 그 배서를 한 배서인(C)은 백지식배서에 의하여 어음을 취득한 것으로 본다(어 16 I 4文). 따라서 그 배서인이 백지식배서의 피배서인으로 자기의 이름을 기재하지 않더라도

서만 작용하는 추정규정이다. 자기의 기명날인 또는 서명이 위조되었다고 주장하는 자에 대하여는 이 규정을 원용할 수 없고, 어음소지인은 그 자의 기명날인 또는 서명이 진정한 것임을 증명하지 않는 한 그 자에 대하여 어음채무의 이행을 청구할 수 없다. 大(全)判 1993. 8. 24, 93 다 4151.

배서의 연속이 있는 것으로 본다. 또한 최후의 배서가 백지식인 경우에는 그 어음을 소지한 자는 적법한 권리자로 추정한다(어 16 I 2文). 즉 소지인이 백지식배서의 피배서인으로서의 자격을 가지는 것으로 추정된다.

(4) 背書가 抹消된 경우

(가) 말소된 배서는 배서의 연속에 관하여는 배서의 기재가 없는 것으로 본다(어 16 I 3文). 말소의 유무는 형식적으로 결정되어야 하며, 권리자에 의한 것이든(大判 95. 5. 24, 94 다 41973), 또 고의로 인한 것이든 과실로 인한 것이든 이를 불문한다. 다만 말소권자가 아닌 자에 의한 말소는 어음의 변조가 된다. 또 말소를 거절증서작성기간 경과 후에 하더라도 배서의 연속에 관하여는 처음부터 배서의 기재가 없었던 것으로 본다(大判 95. 5. 24, 94 다 41973; 64. 5. 12, 63 다 55).

(나) 말소의 방법에는 아무런 제한이 없으며 도말(塗抹)·삭제 등 어느 것이라도 무방하다. 또 배서 전부의 말소이든 그 일부의 말소이든 이를 불문한다. 배서의 말소는 배서의 연속을 깨기도 하고 그것을 회복시켜 주기도 하지만, 실질적 권리관계에 영향을 미치는 것은 아니다. 따라서 어음소지인은 배서의 말소가 무권리자에 의하여 행하여졌다든가 또는 과실로 인한 것임을 증명하여 그 권리를 행사할 수 있다.

(다) 배서란에서 피배서인의 명칭만을 말소한 경우의 처리에 관하여는 ① 권한에 기하여 정당하게 말소된 경우에는 백지식배서로 보고 그렇지 아니한 경우에는 말소를 무효로 보는 견해(權限考慮說), ② 말소부분만의 기재가 없는 것이라고 하여 항상 백지식배서로 보는 견해(白地式背書說)(日最判 86. 7. 18, 民集 40. 5. 977), ③ 이 경우에는 배서 전부의 말소(보통은 배서인의 기명날인의 말소에 의함)가 있는 것으로 보는 견해(背書全部抹消說) 등이 대립하고 있다.

생각건대 배서연속의 유무는 어음의 기재에 따라 형식적으로 판단하여야 하기 때문에 실질적 권한의 유무에 따라 이를 판단하는 권한고려설은 타당하지 않고, 또 백지식배서설에 따르면 소지인은 언제든지 피배서인의 성명만을 말소함으로써 쉽게 자기가 권리자라는 형식적 자격을 만들 수 있게 되어 부정이용의 위험이 너무 많다. 따라서 배서전부말소설에 찬성한다. 배서의 전부가 말소된 것으로 보면 어음소지인은 언제나 자기의 실질적 권리 또는 중단부분의 실질적 권리이전을 증명하여야 하므로 부정이용의 위험이 훨씬 적어지고, 또 피배서인의 표시는 다음 권리자의 지정으로서 배서에서 가장 중요한 의미를 가지므로, 그 지정의 말소에 의하여 배서 전체가 그 의의를 상실한다고 볼 수 있기 때문이다.

(5) 受取人欄의 變造와 背書의 連續

이 경우에는 배서의 연속은 인정된다. 상세한 것은 어음의 변조에 관한 설명부분을 참조하기 바란다.

(6) 背書의 連續 여부를 判定하는 時點

배서의 연속 여부를 판정하는 시점은 어떠한 효력이 문제로 되어 있는가에 따라 다르다. 어음소지인의 주된 채무자에 대한 권리행사에 관하여는 변론종결의 시점, 선의취득에 관하여는 어음취득의 시점, 또 지급의 면책에 관하여는 만기에 지급을 하는 시점이 각각 기준으로 된다(어 16 II, 77 I ①, 40 III, 77 I ③).

제4 擔保的效力

1. 意 義

배서인은 배서를 함으로써 원칙적으로 피배서인과 후자 전원에 대하여 어음의 인수와 지급(환어음의 경우, 어 15) 또는 어음의 지급(약속어음의 경우, 어 77 I ①)을 담보하는 의무를 부담한다. 그러므로 인수나 지급이 거절되면 배서인은 어음금액·이자 및 비용 등을 상환하지 않으면 안된다(어 43 이하, 77 I ④). 이것을 배서의 「담보적 효력」이라고 한다.

2. 根 據

배서는 어음상의 권리의 이전을 주된 목적으로 하기 때문에, 담보적 효력은 배서의 부차적 효력에 불과하다. 배서의 담보적 효력이 의사표시에 의한 효력인가 법정의 효력인가에 관하여는 다툼이 있다. ① 배서인의 담보책임은 원래 배서인이 대가문구를 기재한 때에 인정된 것이었는데, 대가문구가 생략된 경우에도 당연히 그러한 의사를 가진다고 의제한 것에 지나지 않는다고 하여, 그 효력의 근거를 배서인의 의사표시에서 구하는 견해가 있으나, ② 배서의 담보적 효력은 배서인이 배서를 함에 있어서 보통 대가를 받는 것을 고려하여 법이 어음의 유통을 확보하기 위하여 정책적으로 정한 효력이고, 따라서 배서인의 담보책임은 법정의 특별책임이라고 본다(通說). 왜냐하면 배서인이 배서를 함에 있어서 주된 관심은 어음상의 권리를 피배서인에게 양도하는 데에 있고, 어음상의 채무를 담보하겠다는 생각은 없다고 보아야 하기 때문이다.

3. 排除 또는 制限

배서의 담보적 효력은 이를 제한하거나 배제할 수 있다. 즉

(1) 배서인은 자기가 좋아하지 않는 자에 대한 담보책임을 회피하기 위하여 「배서금지배서」를 할 수 있고(어 15 Ⅱ, 77 Ⅰ ①), 이 경우에는 배서인은 자기의 직접의 피배서인에 대하여만 담보책임을 진다.

(2) 배서인은 무담보 등의 문구를 기재하여 「무담보배서」를 함으로써 담보책임을 완전히 배제할 수도 있다(어 15 Ⅰ, 77 Ⅰ ①). 이 경우에는 자기의 피배서인에 대하여서조차 담보책임을 지지 아니한다.

(3) 모든 배서에 대하여 담보적 효력이 인정되는 것은 아니고, 「기한후배서」(어 20)와 「추심위임배서」(어 18)의 경우에는 배서인이 담보책임을 지지 아니한다.

(4) 담보책임은 법정의 효력이므로 어음법과 같은 명문의 규정이 없는 「민법의 지시증권의 배서나 상법상의 지시증권의 배서」에는 인정되지 않는다.

4. 共同背書

배서인이 수인인 경우, 즉 공동배서의 경우에는 각자가 배서인으로서 인수와 지급을 담보하며, 따라서 어음금액 전부에 대한 책임을 진다. 이들의 책임은 공동발행의 경우와 같이 합동책임이며 연대책임이 아니다(어 47 Ⅰ, 77 Ⅰ).

5. 이른바 擔保背書의 문제

(1) 「담보배서」라 함은 어음을 양도한다는 목적은 없이 오직 배서인으로서의 담보책임(어 15)만을 부담할 목적으로 어음에 배서의 기명날인 또는 서명을 하는 것을 말한다. 원래 배서의 주된 목적은 어음상의 권리를 이전하는 데 있고, 담보적 효력은 배서의 종된 효력에 불과한데, 담보배서에 있어서는 주된 효력은 없고 종된 효력만을 그 목적으로 하는 점에 특색이 있다. 이것은 어음의 지급성을 높이려는 데에 그 목적이 있고, 실제로는 어음보증과 동일한 목

적을 수행하고 있으나, 어음보증을 하게 되면 어음채무자의 지급능력이 불완전한 듯한 인상을 주게 되므로, 우리 나라를 비롯한 여러 나라에서 이를 피하기 위하여 담보배서제도가 애용되고 있다.

(2) 담보배서의 법적 처리에 관하여는 ① 이를 부적법하다고 하여 그 효력을 인정하지 않는 견해(不適法說), ② 이것을 어음보증으로 풀이하는 견해(어음保證說) 및 ③ 그 의도된 바에 따라 담보적 효력은 있지만 이전적 효력은 없는 배서라고 보는 견해(特殊背書說) 등이 있다. 담보배서를 부적법하다고 볼 이유가 없으므로, 부적법설은 취할 바 못된다. 또 담보배서는 어음의 뒷면에 하고, 배서인은 자기의 후자에 대하여만 담보책임을 부담함에 반하여, 어음보증에 있어서는 원칙적으로 전자를 위하여도 효력을 미칠 수 있으므로(어32 I, 31 IV 2文참조), 담보배서를 어음보증으로 풀이하는 어음보증설도 부당하다.[1] 권리이전적 효력이 담보적 효력의 필수전제조건이라고 볼 근거는 없고, 당사자가 양효력의 분리를 원할 때에는 이를 인정하여도 상관이 없으며, 현행법은 소지인출급식수표에 배서를 함으로써 이전적 효력없이 담보적 효력만을 부담하는 배서를 인정하고 있으므로, 담보배서는 특수한 배서로서 이론적으로나 실제적으로나 그 유효성을 인정하여 무방하다고 본다.

(3) 담보배서의 경우의 담보적 효력은 양도배서의 경우와는 달리 법정의 효력이 아니라 당사자의 의사표시에 따른 효력이다. 담보배서의 배서인에게도 전자에 대한 상환청구권이 인정되는가에 관하여는 다툼이 있으나, 이를 긍정하여야 할 것이다.

제5 背書의 不連續의 경우

1. 總 說

배서의 연속이 단절된 경우에 그것이 어떠한 법적 효과를 가지는가에 관하여는 ① 배서의 연속의 단절 또는 흠결 뒤에 이루어진 배서는 설사 그 배

1) 그 밖에 담보배서는 보통의 양도배서에 지나지 않는다고 하는 견해가 있다(讓渡背書說. 정찬형, 292면). 이에 의하면 담보배서인은 원인관계없이 어음상의 권리를 취득하여 원인관계없이 이를 양도하는 것으로 볼 수 있고, 권리이전적 효력, 자격수여적 효력 및 담보적 효력이 모두 인정된다고 설명한다. 그러나 이러한 해석은 어음당사자의 의사에 맞지 않는다.

서인이 실질적 권리자임이 증명되었다고 하더라도 무효라고 보는 견해(無效說), ② 배서의 연속이 단절되어 형식적 자격이 없는 자의 배서라도 그가 실질적 권리자인 경우에는 유효하다고 하는 견해(制限的有效說) 및 ③ 형식적 자격도 없고 또 실질적 권리도 없는 자의 배서라도 이를 유효한 배서로 취급하여야 한다는 견해(有效說)(다만 담보적 효력에 한한다) 등이 대립하고 있다. 배서의 연속이 흠결된 경우에도 그 흠결된 부분에 관하여 실질적 권리승계의 존재를 증명하여 가교(架橋)하면, 어음소지인이 어음상의 권리를 행사할 수 있다고 풀이하는 제한적 유효설이 통설·판례의 입장이다(大判 95. 9. 15, 95 다 7024; 95. 9. 29, 94 다 58377; 69. 12. 9, 69 다995).

2. 權利移轉的效力

(1) 배서가 단절된 후의 배서에 의하여서도 어음상의 권리가 이전되고, 나아가 선의취득이나 어음항변의 단절이 가능하다.[1] 그러나 단절된 부분의 실질적 권리는 증명되어야 한다. 배서에 의하여 배서인의 권리가 피배서인에게 이전하는 것은 배서인이 형식적 자격을 가지는 것을 전제로 하는 것은 아니기 때문이다. 이것은 상속인이나 지명채권양도방법에 의한 양수인이 다시 어음을 배서양도할 수 있는 것만 보아도 명백하다.

(2) 배서의 연속이 단절된 후에 행하여진 배서의 피배서인은 형식적 자격이 없으므로 선의취득은 불가하다고 보는 견해가 있으나(정찬형·264면), 어음법 제16조 제1항은 형식적 자격을 갖춘 어음취득자를 보호하기 위한 규정일 뿐이고, 형식적 자격이 흠결된 경우에 어음취득자에 대한 모든 보호를 거절하는 규정은 아니다. 어음법은 일반원칙을 유리하게 변경시킨 것이므로, 어음법이 적용되지 않을 때에는 일반원칙으로 돌아가는 데 지나지 않으며, 일반원칙에 의한 보호까지 거부하는 것은 부당하다. 또한 어음법 제20조 제1항이 만기가 경과하여 유통에 적합하지 아니한 어음의 배서에 대하여 이전적 효력을 인정하는 것처럼, 배서의 연속이 단절되어 유통성이 떨어지는 어음의 배서에 대하여도 이전적 효력을 인정하는 것이 타당하다. 뿐만 아니라 상속·채권양도 등의 경우에는 이를 쉽게 증명할 수 있는 경우가 많으므로 선의취득을 부정하는 것은 어음의 유통을 해하는 결과로 된다. 이상의 이유로 선의취득

---

1) 예컨대 어음이 甲으로부터 乙에게 배서양도되고, 乙로부터 丙에게 지명채권양도의 방법으로 양도되고, 다시 丙으로부터 丁에게 배서양도되고 또 다시 丁으로부터 戊에게 배서양도되었다고 하면, 丁은 甲이 무권리자이거나 甲乙 간에 어음항변이 있더라도 선의취득 및 어음항변의 절단법칙에 따라 보호되나, 乙丙 사이의 사유에 관하여는 모두 대항을 받게 된다. 또한 戊는 비록 앞에 乙丙 간에 배서가 단절되었더라도 丙과 丁 사이의 무권리나 어음항변에 의하여 영향을 받지 않고 선의취득과 어음항변절단의 보호를 받게 되는 것이다.

부정설은 설득력이 약하다.

3. 資格授與的效力

(1) 어음법 제16조 제1항에 의하여 배서가 연속한 어음의 소지인이 적법한 소지인, 즉 형식적 자격자로 추정되는 것은 각각의 배서가 가지는 자격수여적 효력이 집적된 결과에 불과하다. 그러므로 배서의 연속이 단절되면 그 단절된 부분에 관하여 자격수여적 효력이 소멸되는 것은 당연하고, 따라서 그러한 어음의 소지인을 적법한 권리자로 추정하는 효력도 소멸한다. 이것은 배서의 연속이 단절된 부분이 배서의 중간에 개재하는 경우이든 또는 최후의 소지인에 대하여 존재하든 이를 불문한다. 예컨대 甲-乙, 乙-丙, 丁-戊, 戊-己와 같이 배서가 기재되어 있다면 丙과 丁 사이의 배서가 단절되어 있다. 이 경우 어음소지인 己는 연속된 사슬 중 하나가 부러졌으므로 권리자로서의 추정을 받지 못한다.

(2) 이 경우에 어음소지인이 실질적인 권리승계의 사실을 증명함으로써 어음상의 권리를 행사할 수 있는가(위 예에서 어음소지인 己는 丙으로부터 丁으로 어음상의 권리가 이전되었다는 사실을 증명함으로써 자기의 어음상의 권리를 주장할 수 있는가)에 관하여는 ① 상속 등 포괄승계의 경우에 한하여 예외적으로 배서의 단절이 가교(架橋)되었음을 증명하여 어음상의 권리를 행사할 수 있다고 보는 견해와 ② 포괄승계와 특정승계를 구별할 실질적 이유가 없다는 이유로 권리승계의 사실을 증명하면 배서연속의 흠결은 가교되고 어음소지인은 어음상의 권리를 행사할 수 있다고 보는 견해가 대립하고 있다.

원래 배서의 연속이란 제도는 어음소지인의 권리행사를 간편하게 하고 어음채무자의 면책을 쉽게 하고자 하는 데 목적이 있는 것이고, 그것이 흠결된 경우에 어음소지인의 권리행사를 절대적으로 부정하려는 것이 아니므로, 배서의 연속이 단절된 어음의 소지인은 그 단절된 부분에 관하여 실질관계에 따라 권리의 승계사실을 증명하면 그 중단은 가교되어 어음상의 권리를 행사할 수 있다고 보는 견해(架橋說)가 옳다. 만일 이렇게 풀이하지 아니하면 상속이나 지명채권양도방법에 의하여 어음상의 권리를 취득한 자는 어음상의 권리를 행사할 수 없고 공시최고절차를 거쳐야 한다는 결론이 되어 매우 부당하기 때문이다. 그러나 만일 배서의 단절이 가교되지 못하면 최후의 피배서인(어음所持人)은 단절 전의 배서인에 대하여는 물론이고 단절 후의 배서인에 대하여도 권리행사의 자격을 갖지 못한다(通說). 이 경우에는 단절 전의 최후의 피배서인이 적법한 소지인으로 추정된다.

(3) 이 경우에 어음소지인이 증명할 범위에 관하여는 ① 배서의 연속이 흠결된 경우에는 어음소지인에게 형식적 자격이 인정되지 아니하므로 일반원칙에 따라 수취인으로부터 자기에게 이르기까지의 실질적인 권리승계를 전부 증명하여야 한다는 견해(이 견해에 따르면 수취인으로부터 배서가 단절되기까지의 부분, 배서가 단절된 부분, 배서가 단절된 후의 배서부분 등 세 부분 모두를 실질적으로 증명하여야 한다) 및 ② 배서단절 직전의 피배서인까지는 배서의 연속에 의하여 어음상의 권리자로 인정될 수 있으므로, 어음소지인은 배서단절 이후의 권리이전과정만을 증명하여야 한다는 견해도 있으나, ③ 배서의 연속에 의하여 인정되는 형식적 자격은 개개의 배서에 인정되는 자격수여적 효력이 집적된 것에 지나지 아니하므로, 단절부분만을 가교하면 배서의 연속은 회복된다고 본다(大判 95. 9. 15, 95 다 7024; 69. 12. 9, 69 다 995).

4. 擔保的效力

배서의 연속이 절단된 후의 배서도 배서 그 자체로서는 정식의 유효한 배서이기 때문에 담보적 효력을 긍정하여야 한다고 본다(同旨: 大判 95. 9. 29, 94 다 58377). 문제는 배서의 연속은 흠결되었으나 그 흠결이 실질적 권리에 의하여 가교된 경우에만 그 뒤의 배서인에게 담보책임을 인정할 것인가, 아니면 위 흠결된 부분이 가교되지 아니하여 배서인이 형식적 자격은 물론 실질적 권리까지 없는 경우에도 담보적 효력을 인정할 것인가이다.

(1) 배서의 연속은 흠결되어 있으나 그 흠결이 실질적 권리에 의하여 가교된 경우, 즉 형식적 자격은 없으나 실질적 권리는 가지고 있는 자, 예컨대 상속이나 지명채권양도의 방법에 의하여 어음을 취득한 자가 한 배서에 대하여는 담보적 효력을 긍정하여야 할 것이다(通說). 왜냐하면 이 경우의 배서도 그 자체로는 완전한 정식배서이므로, 거기에 담보적 효력을 부정할 아무런 이유가 없기 때문이다.

(2) 배서의 연속이 단절되었을 뿐만 아니라 실질적 권리도 가지지 아니한 자, 즉 실질적 권리에 의하여 배서의 단절부분을 가교하지 못한 자의 배서(예컨대 민법의 규정에 의하여 어음상의 권리를 취득하였다고 믿고 있는 자가 그 취득이 무효임을 모르고 어음에 배서를 하는 경우 또는 어음을 절취하거나 습득한 자가 위조한 호적등본이나 양도증서를 이용하여 자기를 진실한 권리자로 믿

(게 하고 어음을 배서양도하는 경우)에 대하여도 담보적 효력을 인정할 것인가? 그것이 순수한 담보배서인 경우에 담보적 효력이 인정되는 점에 관하여는 거의 이론이 없다(大判 95. 5. 29, 94 다 58377). 그러나 보통의 양도배서에 대하여도 담보적 효력을 인정할 것인가에 관하여는 이를 전면적으로 부정하는 견해(否定說), 그 양도가 유효하거나 양수인이 실질적 권리를 취득하는 경우에 한하여 제한적으로 담보적 효력을 긍정하는 견해(制限的肯定說) 및 담보적 효력을 전면적으로 긍정하는 견해(全面的肯定說) 등이 있다. 생각건대 어음소지인이 어음상의 권리를 취득하는 경우에만 그 전자에 대하여 담보책임을 물을 수 있는 것이므로, 이 경우에 한하여 형식적 자격이 없는 무권리자의 배서에 대하여 담보적 효력을 인정하는 제한적 긍정설이 타당하다고 생각한다(大判 95. 5. 29, 94 다 58377).

제4절 特殊背書

제1 序 說

보통의 배서에 대하여 특수한 형식과 효력을 갖는 배서를 특수배서라고 하는데, 어음법은 특수배서로서 무담보배서, 배서금지배서, 환배서, 기한후배서와 추심위임배서, 입질배서 등 여섯 가지를 규정하고 있다. 이 가운데 앞의 넷은 어음상의 권리의 이전을 목적으로 하는 양도배서이면서도 보통의 배서와 다른 효력을 가지는 것이고, 뒤의 둘은 어음상의 권리의 이전을 목적으로 하고 있지 않은 것이다. 위 여섯 가지 특수배서 외에 특정한 경제적 목적을 위하여 보통의 배서의 방식을 이용하는 것으로서, 숨은 추심위임배서와 숨은 입질배서 및 신탁배서 등이 있다.

제2 無擔保背書

1. 意 義

배서인이 어음상의 담보책임을 지지 않는다는 뜻을 기재한 배서를 말한다

(어 15 I, 77 I ①). 원래 배서인은 배서를 함으로써 피배서인 및 그 후자 전원에 대하여 당연히 담보책임, 즉 환어음에 있어서는 인수와 지급의 담보책임을, 약속어음에 있어서는 지급의 담보책임을 지는데, 배서인은 발행인(어 9 II)과는 달리 어음을 창설하는 자가 아니므로, 위 두 가지 책임을 모두 부담하지 않는다는 기재를 할 수 있다. 이처럼 「무담보문구」를 기재한 배서를 무담보배서라고 한다. 종금사가 무보증 기업어음(C.P)을 매출할 때에는 무담보배서의 방식을 사용하고 있다.

2. 方　式

무담보문구로서는 보통 「무담보」, 「지급무담보」, 「상환무용」 등의 문구가 사용된다. 이 문구는 배서문구와 함께 기재되어야 할 필요는 없으나 적어도 배서와 관련이 있다는 것이 나타나야 하고, 또 기명날인 또는 서명이 수반되어야 한다. 배서인은 어음금액의 일부에 대하여만 담보책임을 지지 않을 수도 있고, 인수담보책임과 지급담보책임 가운데 어느 하나만을 제한할 수도 있다.

3. 效　力

(1) 무담보배서의 배서인은 직접의 피배서인뿐만 아니라 그 후자 전원에 대하여 자기가 기재한 바에 따라 담보책임을 지지 아니한다. 직접의 피배서인에 대하여도 담보책임을 지지 않는 점에서 다음에 설명하는 배서금지배서와 다르다. 다만 무담보의 효력은 그 기재를 한 배서인에 대하여만 발생한다.

(2) 무담보배서에는 담보적 효력이 없을 뿐이고, 권리이전적 효력과 자격수여적 효력에 관하여는 보통의 배서와 다름이 없으므로, 피배서인은 선의취득과 어음항변의 절단에 의한 보호를 잃지 않는다.

(3) 그런데 무담보배서는 어음의 지급이 불확실하다는 것을 공표하는 것이 되므로 실제로는 이 방법을 피하고, 처음에 배서를 받을 때에 백지식배서를 받아 어음을 그대로 인도하는 방법으로 재차 양도하는 수가 많다.

제3 背書禁止背書

1. 意 義

새로운 배서를 금지하는 뜻을 기재한 배서를 말하며(어15 II, 77 I ①), 「금전배서」(禁轉背書)라고도 한다. 배서금지문구로서는 보통 「지시금지」, 「배서금지」 또는 이와 유사한 표현이 이용된다.

2. 效 力

(1) 배서금지배서의 배서인은 자기의 직접의 피배서인에 대하여만 담보책임을 부담하고, 그 뒤의 배서의 피배서인에 대하여는 담보책임을 지지 아니한다(어15 II). 즉 배서금지배서는 피배서인에게 배서를 하면서 피배서인으로 하여금 배서를 하지 말라는 기재를 하는 것이므로, 자기의 배서의 피배서인에 대하여는 담보책임을 져야 하는 반면, 그 뒤의 배서의 피배서인에 대하여는 배서를 금지하였음에도 배서를 한 것이므로 담보책임을 지지 않도록 한 것이다. 그러므로 금지된 배서를 통하여 성립된 비용증가에 대하여는 배서금지배서인이 책임을 지지 않는다. 배서금지배서는 다른 배서인의 담보책임에는 아무런 영향을 미치지 아니한다. 따라서 배서금지배서의 피배서인이나 그 후자가 이 금지에 반하여 다시 배서를 하는 경우에는 이들은 보통의 양도배서를 하는 것이므로 담보책임을 부담한다. 배서금지배서의 경우에는 자기의 직접의 피배서인에 대하여는 담보책임을 지는 점에서, 그에 대하여 조차 담보책임을 지지 않는 무담보배서와 다르다.

(2) 배서금지배서는 발행인의 배서금지의 경우(어11 II)와는 달리 어음에서 배서성을 박탈하는 것은 아니고, 다만 피배서인의 후자에 대한 담보책임만을 면하게 한다. 즉 발행인이 배서금지문구를 적은 때에는 어음은 지시증권성을 잃어 기명증권으로 변하지만(어11 II, 77 I), 배서인은 어음작성자가 아니므로 어음의 성격을 변하게 할 수는 없으므로, 어음법은 배서인이 배서금지문구를 적은 때에는 어음에서 배서성을 박탈할 수 없어서 어음은 여전히 배서에 의하여 양도할 수 있고, 다만 피배서인의 후자에 대하여는 담보책임을 지지 않는 것으

로 하였다(어 II 15).

(3) 배서금지배서의 배서인이 그 뒤의 배서의 피배서인에 대하여 담보책임을 지지 아니한다는 어음법 제15조 제2항 후문의 의미에 관하여는 (ㄱ) 직접의 피배서인 다음의 피배서인에 대하여 상환의무를 지지 않는다는 뜻으로 법문에 충실하게 해석하는 견해(償還義務不負擔說)와 (ㄴ) 배서금지배서의 배서인은 이후의 모든 피배서인에 대하여 담보책임(상환의무)을 지지만, 다만 직접의 피배서인에 대항할 수 있는 항변으로써 이후의 소지인에게도 대항할 수 있다는 뜻으로 풀이하는 견해(어음抗辯不切斷說)가 대립하고 있다.

생각건대 배서금지배서의 목적은 피배서인의 후자에 대한 담보책임을 면하는 데에 있는 것으로 어음법이 명정하고 있고(어 II 15), 피배서인의 후자가 배서금지배서인에게 어음금의 지급을 청구할 수 있다고 하여도 그것은 그 후자가 위 배서금지배서인에 대한 상환청구권이 있기 때문이 아니고, 배서금지배서의 피배서인이 그 배서인에 대하여 가지는 상환청구권을 양수받은 것을 전제로 하여 양수금으로서 청구하는 것으로 보아야 하므로 앞의 견해(通說)가 타당하다.

(4) 배서금지배서의 경우에도 담보적 효력을 제외한 권리이전적 효력과 자격수여적 효력은 보통의 배서와 똑같이 인정되는 것은 당연하다. 따라서 피배서인은 선의취득과 어음항변의 절단에 의한 보호를 받는다.

제4 還背書(逆背書)

1. 意　　義

이미 어음상의 채무자로 되어 있는 자를 피배서인으로 하는 배서(甲→乙→丙→乙)를 말하며, 「역배서」라고도 한다. 위 채무자에는 발행인, 배서인, 보증인, 환어음의 인수인, 참가인수인 등이 포함된다. 아직 인수를 하지 않은 환어음의 지급인은 어음상의 채무자가 아니므로 그에 대한 배서는 환배서가 아니지만, 어음법은 편의상 이것도 환배서에 관한 규정 중에 함께 규정하고 있다(어 III 11).

2. 法律構成

(1) 환배서가 있는 때에는 어음상의 권리와 의무가 동일인에게 귀속하게 되므로, 민법의 원칙에 의하면 채권이 혼동에 의하여 소멸할 터이지만(民 507), 어음법은 환배서를 인정하고, 환배서의 피배서인은 다시 어음에 배서할 수 있다는 뜻을 규정하여(어 11 Ⅲ, 77 Ⅰ ①), 환배서에는 원칙적으로 혼동의 법리를 적용하지 않는다는 것을 명백히 하고 있다. 따라서 환배서에 의하여 어음상의 권리는 소멸하지 않는다.

(2) 환배서를 인정하는 근거에 관하여 과거에는 환배서는 어음의 유통보호를 위하여 정책적으로 인정한 것이라고 풀이하여, 어음법 제11조 제3항을 민법 제507조의 특별규정이라고 설명하였으나, 최근에 이르러서는 환배서는 어음의 유가증권으로서의 성질에 비추어 당연한 것이라고 풀이하고 있다. 어음에 있어서의 소지인의 지위는 개성이 없는 형식적인 것이고, 자기에 대한 유가증권도 하나의 객관적 재산권으로서 취득할 수 있는 것이므로, 민법의 혼동에 관한 규정이 적용되지 않는 것은 당연한 것이라고 하겠다(通說).

3. 效力(被背書人의 地位)

(1) 一般的效力

환배서도 배서이므로 배서로서의 일반적 효력을 가진다. 따라서 환배서를 받은 피배서인은 어음상의 권리를 취득하고(權利移轉的效力), 이에 관하여 선의취득이 인정되며 또 그는 다시 어음상의 권리를 타인에게 배서양도할 수 있다(어 11 Ⅲ 後, 77 Ⅰ ①). 그러나 어음항변의 절단에 관하여는 특별한 취급을 받는다(後述). 환배서의 경우에도 배서의 연속이 있는 한 피배서인은 권리자로 추정되고(資格授與的效力), 또 담보적 효력이 인정된다.

(2) 被背書人의 地位

(가) 환배서가 배서로서 유효하다고 하더라도 그 성질상 그것은 제3자에 대한 배서와 완전히 동일한 효력을 가지지는 못한다. 왜냐하면 환배서의 피배서인은 어음상의 권리자로 되지만, 그는 동시에 어음상의 의무자이기도 하므로, 그 권리행사에 관하여는 당연히 일정한 제한이 있기 때문이다. 그리하여

환배서의 피배서인은 자기 자신에 대하여 어음상의 권리를 행사하지 못할 뿐만 아니라, 의무자로서의 자기와 권리자로서의 자기와의 중간에 존재하는 의무자에 대하여는 원칙적으로 어음상의 권리를 행사할 수 없다. 즉 甲이 乙에게 발행한 약속어음이 乙→丙, 丙→丁으로 배서양도되었다가 丁→丙으로 환배서가 되었다고 하면, 환배서를 받은 피배서인 丙은 발행인 甲에 대하여 권리를 행사할 수 있는 것은 당연하고, 甲이 지급을 거절한 때에는 乙에 대하여 상환청구권을 행사할 수 있다. 그러나 丙은 중간의 의무자인 丁(丙의 前者)에 대하여는 상환청구권을 행사할 수 없다. 왜냐하면 만일 丙이 환배서의 피배서인으로서 배서인인 丁에 대하여 상환청구권을 행사하면, 丁은 다시 丙丁간의 배서의 피배서인으로서 배서인인 丙에 대하여 상환청구를 할 수 있으므로, 결국 丙은 丁에 대한 의무자로서 상환청구권의 행사가 거절되기 때문이다.

(나) 위에 설명한 원칙에 따라 피배서인의 지위를 구체적으로 살펴보면

① 환어음의 **發行人**이 환배서에 의하여 어음을 취득한 때에는 인수인에 대하여만 어음상의 권리를 행사할 수 있다. 그가 어음을 다시 배서양도할 수 있는 것은 말할 나위도 없다.

② 환어음의 인수인이나 약속어음의 발행인 등 어음의 **主債務者**가 환배서를 받은 경우에는 누구에 대하여도 권리를 행사할 수 없다. 그러나 어음상의 권리는 소멸하지 아니하므로, 이들이 다시 어음을 배서양도한 때에는 그 피배서인은 완전한 권리를 취득한다. 다만 어음의 주된 채무자가 환배서에 의하여 어음을 취득하고서도 거절증서작성 후 또는 그 작성기간경과 후까지 어음을 그대로 보유하고 있었던 경우나 혹은 거절증서작성 후 또는 그 작성기간경과 후에 환배서를 받은 경우에는 어음상의 권리는 소멸되는 것으로 본다(多數說). 어음채권이 혼동으로 인하여 소멸하였다고 할 수도 있고, 만기에 지급된 것으로 볼 수도 있다.

③ **背書人**이 환배서에 의하여 어음을 취득하였을 때에는 인수인, 발행인 및 자기의 전자인 배서인에 대하여 권리를 행사할 수 있다. 배서인이 다시 어음을 배서양도할 수 있음은 물론이다.

④ **保證人** 및 **參加引受人**이 환배서에 의하여 어음을 취득하였을 때에는 각각 피보증인 또는 피참가인에 대한 환배서와 같이 보아, 피보증인의 전자 또는 피참가인의 전자에 대하여 권리를 행사하거나 어음을 배서양도할 수 있다.

⑤ 인수를 하지 아니한 支給人에 대한 배서는 환배서는 아니지만, 그가 배서를 받은 경우에는 보통의 어음소지인과 같이 어음상의 권리를 행사할 수 있고, 지급인인 자기에 대하여 지급거절증서를 작성시키고 전자에 대하여 상환청구를 할 수 있으며(어 11 Ⅲ, 手 15 Ⅲ·Ⅴ와 對比), 또는 다시 배서할 수 있다.

(다) 위에 설명한 바와 같이 환배서의 피배서인은 원칙적으로 중간의 의무자에 대하여 어음상의 권리를 행사할 수 없지만, 다음과 같은 사정이 있는 경우에는 예외적으로 권리를 행사할 수 있다. 즉 환배서의 피배서인이 중간의 의무자의 청구를 거절할 수 있는 관계(원인관계상의 사유 등)가 있는 경우에는 권리의 행사가 인정된다. 예컨대 중간의 배서인 丁이 丙에 대하여 환배서한 취지가 발행인 甲을 위한 보증의 의미인 때에는 丁은 丙에 대하여 상환청구권을 행사할 수 없는 관계에 있으므로, 丁은 丙의 상환청구권행사를 거절할 수 없다(日大判 33. 5. 5, 民集12. 11. 1074).

(3) 어음항변의 切斷

보통의 배서의 경우에는 어음항변이 절단되지만(어 17, 77 Ⅰ ①), 특정한 자에 대한 어음항변은 개인적·속인적인 것이므로 환배서를 받은 피배서인이 전의 배서를 하기 전에 특정한 어음채무자로부터 항변의 대항을 받고 있었으면 선의의 제3자에 배서양도하여 일단 항변의 절단이 생겼더라도, 환배서에 의하여 다시 어음을 취득한 때에는 항변절단의 효과는 없고, 종전의 어음항변의 대항을 면하지 못한다(大判 2002. 4. 26, 2000 다 42915; 日最判 65. 4. 9, 民集 19. 3. 647). 그러나 이러한 현상을 설명하기 위하여 환배서에 의하여 구지위가 회복된다고 풀이할 이유는 없다(再遡求에 관한 설명 참조).

(4) 背書의 抹消에 의한 讓渡

종전의 어음소지인이 어음상의 권리를 재취득하는 방법으로서는 위에서 설명한 환배서에 의하는 방법 외에 자기가 한 배서 이후의 모든 배서를 말소한 어음의 반환을 받는 방법이 있다. 이것은 어음법에 명문의 규정은 없지만, 말소된 배서는 배서의 연속에 있어서는 기재하지 아니한 것으로 보므로(어 16 Ⅰ 3文, 77 Ⅰ ①), 그것이 가능하고 유효하다는 점에 관하여는 이론이 없다(日大判 33. 11. 20, 民集 12. 24. 2718).

제5 期限後背書

1. 意　　義

(1) 지급거절증서 작성후 또는 그 작성기간 경과후의 배서를 말하며(어20), 「後背書」라고도 한다. 기한후배서는 만기후배서와 구별하여야 한다. 대체로 어음은 만기전에 배서가 되고, 그 경우에 배서는 완전한 효력을 가진다. 그리고 만기후에 배서가 이루어지더라도 지급거절증서 작성전 또는 지급거절증서 작성기간 경과전에 행하여진 배서는 만기전의 배서와 동일한 효력을 가지므로(어20 Ⅰ本, 77 Ⅰ ①), 이는 기한후배서가 아니다.

어음이 만기에 지급제시되어 정상적으로 지급되면 문제가 없으나, 만일 지급자[1]가 지급을 거절하면 어음소지인은 상환청구를 하기 위하여 지급거절증서를 작성하여야 하고, 지급거절증서를 작성하면 정상적인 배서는 더 이상 불가능하여진다. 그러나 지급거절증서를 작성하지 아니하면 그 작성기간 내에는 아직도 어음을 유효하게 배서양도할 수 있는 것이다. 그리하여 배서가 지급거절증서 작성 후 또는 그 작성기간 경과 후에 이루어졌을 때에만 이를 기한후배서라고 하는 것이다. 기한후배서는 이미 상환청구단계에 들어간 때에 이루어진 것이므로, 보통의 배서와 같이 강력한 효력을 인정할 필요가 없다.

(2) 기한후배서인가의 여부가 다투어지는 경우가 있다.

① 거절증서의 작성이 면제되어 있는 경우(실제로는 거의 대부분이 이에 해당한다)에 지급제시기간 내에 지급거절이 있으면 그 뒤의 배서는 기한후배서가 되는가, 아니면 거절증서작성기간 경과후라고 하는 요건이 충족되어야 비로소 기한후배서가 되는가가 문제되는데, 지급거절증서의 작성에 소요되는 기간, 기준의 확실성 등에 비추어 거절증서작성기간 경과후에 한 배서만을 기한후배서로 보는 견해가 타당하다고 생각한다(多數說).

② 지급거절의 사실이 어음면상 명백하게 된(예컨대 어음의 앞면에 어음교환소에 돌린 스탬프인이 찍히고, 예금부족 등의 이유로 지급거절되었다는 취지의 지급은행의 부전이 첨부되어 있는 경우) 뒤의 배서는 비록 지급거절증서 작성기간내일지라도 기한후배서로 취급하여야 한다는 적극설이 많으나, 어음법 제20조가 지급거절

---

1) 환어음의 인수인·지급인, 약속어음의 발행인 및 이들의 지급담당자를 포함하여 지급자라 표현하기로 한다.

후라는 이유만으로 기한후배서로 하지 않고, 지급거절증서 작성 후 또는 그 작성기간 경과 후의 배서라고 규정하고 있는 취지는 형식적으로 명확한 기준이 될 시점을 정한 것이므로, 위의 경우에도 기한후배서로 취급하여서는 안된다고 본다(大判 87. 8. 25, 87 다카 152).

2. 方 式

기한후배서도 배서의 일종이므로, 배서의 방식은 보통의 배서의 경우와 같다(어 13). 날짜의 기재는 요건이 아니고(大判 68. 6. 25, 68 다 243), 기명식·백지식의 어느 것도 인정된다. 지명채권양도와 같이 채무자에 대한 대항요건(民 450)을 구비할 필요는 없다(어 11 II, 77 I ① 참조)(大判 97. 11. 14, 97 다 38145; 1962. 3. 15, 4294 民上 1257). 그리고 지급거절증서작성 후 또는 그 작성기간 경과 후에 배서방식에 의하지 않고 지명채권 양도방법에 의하여 어음상의 권리를 양도할 수 있음은 물론이다.

3. 期限後背書인 여부의 決定과 證明責任

(1) 기한후배서인가 아닌가는 어음에 기재된 배서날짜에 의하지 않고, 실제로 배서를 한 날짜를 기준으로 하여 결정한다(大判 64. 5. 26, 63 다 967; 68. 7. 23, 68 다 911). 따라서 어음의 배서날짜와 어음교부의 날짜가 다른 경우에는 교부의 날짜를 기준으로 한다. 배서날짜는 그것이 일응 진실한 배서일자라는 추정을 일으킬 뿐이고, 그 이상의 절대적인 것은 아니다. 배서에 날짜의 기재가 없는 경우에는 법률상 기한전의 배서인 것으로 추정된다(어 20 II, 77 I ①).

(2) 인수거절증서(어 44) 작성후의 배서에 관하여는 어음법에 아무런 규정이 없으나, 이 경우에도 어음증권상 이미 상환청구를 개시할 수 있는 어음임이 명백하고 그 신용의 정도도 지급거절증서작성후의 어음과 다를 바 없으므로 역시 기한후배서로 보아야 할 것이다(通說).

(3) 기한후배서인가의 여부가 문제되는 경우에는 기한후배서의 효과를 주장하는 어음채무자에게 그 증명책임이 있다(通說).

4. 效 力

기한후배서는 지명채권양도의 효력만이 있다(어 20 後, 77 ⓧ). 즉 배서의 세 가지 효력 중 담보적 효력(어 15, 77 I ①)은 인정되지 않고, 권리이전적 효력과 자격수여적 효력만이 있다. 그러나 항변의 절단도 선의취득도 인정되지 아니한다. 다만 채무자에 대한 대항요건은 필요하지 않다.

(1) 權利移轉的效力

기한후배서에 의하여도 어음상의 권리가 이전한다(大判 61. 7. 27, 4293 民上 735). 그러나 피배서인은 배서인이 가졌던 권리만을 취득하는 데 그친다. 그리하여 어음이 인수되어 있는 때에는 인수인에 대한 권리를, 거절증서가 작성되어 있는 때에는 전자에 대한 상환청구권을 취득하는 것이나, 그렇지 않으면 아무런 권리도 취득하지 못한다.

① 이 경우에는 抗辯의 切斷이 생기지 아니하며(大判 2002. 4. 26, 2000 다 42915; 83. 9. 27, 81 다카 1293 등 多數), 배서인의 권리에 부착한 하자는 전부 승계된다. 그리하여 기한후배서가 수개 있는 경우에는 어음채무자가 모든 배서인에게 대항할 수 있었던 모든 항변으로써 어음소지인에게 대항할 수 있다. 그것은 기한후배서는 지명채권양도의 효력밖에 없으므로 어음법 제17조가 적용되지 않기 때문이다. 그러나 기한후배서 이전의 배서에 의하여 절단된 인적 항변을 가지고 기한후배서의 피배서인에게 대항할 수 없고(大判 94. 5. 10, 93 다 58721; 90. 4. 25, 89 다카 20740), 또 배서 이후에 배서인에 대하여 발생한 항변을 피배서인에게 대항할 수 없다(大判 94. 1. 25, 93 다 50543; 82. 4. 13, 81 다카 353). 또 기한후배서가 있은 후 발행인이 배서인에 대하여 취득한 채권을 가지고 피배서인과 상계할 수 없다(大判 94. 1. 25, 93 다 50543).

② 기한후배서의 피배서인은 善意取得의 보호를 받을 수 없다고 본다(通說. 日最判 63. 8. 23, 民集 17. 6. 851). 기한후배서의 경우에는 보통의 배서와 같이 어음의 유통을 보호할 필요가 없기 때문이다. 이에 반하여 선의취득과 항변의 절단은 별개이고 기한후배서에도 자격수여적 효력이 인정된다는 점 등을 이유로 하여 선의취득을 인정하려고 하는 견해가 있다.

(2) 資格授與的效力

기한후배서도 배서이므로 자격수여적 효력이 인정된다(大判 61. 7. 27, 4293 民上 735). 따라서 배서가 연속되어 있는 때에는 피배서인은 그 실질적 자격을 증명할 필요없이 어음상의 권리를 행사할 수 있고, 또 이에게 지급한 선의의 어음채무자는 책임을 면한다.

(3) 擔保的效力

기한후배서는 지급될 가능성이 없다는 것이 어음상 명백하여진 뒤의 배서이므로 담보적 효력은 인정되지 아니한다(어 20 I 但, 77 I ①). 따라서 배서인이 어음 외의 관계에서 담보책임을 부담하는 것은 별론으로 하고 어음상으로는 상환책임을 지지 아니한다.

제6 推尋委任背書

1. 意 義

(1) 배서인이 피배서인에게 어음상의 권리를 행사할 대리권을 부여할 목적으로 하는 배서를 말하며(어 18), 「대리(代理)배서」, 「추심(推尋)배서」, 「권한(權限)배서」 또는 「위임(委任)배서」라고도 한다. 추심위임배서는 어음법상 대리권의 특별한 발현형식이라고 말할 수 있다.

(2) 추심위임배서에는 공연한 추심위임배서와 숨은 추심위임배서의 두 가지가 있다. 어음법은 전자에 관하여만 규정하고 있고, 단순히 추심위임배서라고 하면 이것을 가리킨다.

2. 公然한 推尋委任背書

(1) 意義와 方式

배서를 함에 있어서 대리권을 수여하기 위하여 한다는 문구를 명시적으로 기재하여 하는 추심위임배서를 공연한 추심위임배서라고 한다. 보통 「회수하기 위하여」, 「추심하기 위하여」, 「대리를 위하여」 그 밖에 단순히 대리권을 준다는 내용의 문구를 부기하여 한다(어 18 I). 추심위임배서는 피배서인의 성명을 기재하거나 기재하지 않고 할 수 있으나, 추심위임문구를 반드시 기재하여야 하므로 이른바 간략백지식배서(어 13 II)는 하지 못한다(大判 60. 7. 28, 4292 民上 987).

(2) 效 力

추심위임배서는 피배서인에게 어음상의 권리를 행사할 대리권을 부여하는데 그치고 어음상의 권리는 여전히 배서인에게 있으므로, 권리이전적 효력과 담보적 효력은 없다. 권리이전적 효력이 없으므로, 선의취득이나 어음항변의 절단은 인정되지 않는 반면, 지시금지어음(어 11 II)에 대하여도 이를 할 수 있다(通說). 그리고 자격수여적 효력은 대리권자로서의 자격을 부여한다는 범위 내에서 인정된다.

(가) 被背書人의 地位

① 피배서인은 어음으로부터 발생하는 일체의 권리를 행사하는 대리권을 취득할 뿐인데, 어음으로부터 발생하는 일체의 권리에는 어음상의 권리뿐만 아니라 이득상환청구권 등 어음법상의 권리도 포함된다.

이 경우에 피배서인은 배서인의 이름으로 권리를 행사하여야 한다고 본다(朝高判 26. 1. 26, 民集 13. 1; BGH WM 1968, 985). 추심위임배서는 피배서인에게 어음상의 권리를 행사할 대리권을 주는 데 불과하기 때문이다.

피배서인이 취득하는 대리권은 어음상의 권리 등을 행사하는 데 필요한 일체의 포괄적 대리권이고, 재판상 및 재판외의 행위를 할 수 있는 모든 권리를 포함한다. 그리고 피배서인은 위 권리의 범위내에서 권리행사를 위한 형식적 자격(權利推定力)이 부여된다. 따라서 어음채무자가 그를 진정한 대리인이라고 인정하여 변제하면 그 자가 무권리자이어도 중대한 과실이 없는 한 면책된다(免責力)(어 40 Ⅲ, 77 Ⅰ ③).

② 피배서인은 어음상의 권리행사의 대리권을 갖는 데 불과하므로, 어음채무자는 피배서인의 권리행사에 대하여 배서인에게 대항할 수 있는 모든 항변을 가지고 대항할 수 있으나, 피배서인 자신에 대한 항변을 가지고는 대항할 수 없다(어 18 Ⅱ). 즉 추심위임배서에는 어음항변의 절단은 인정되지 아니한다. 그것은 피배서인은 추심의 대리인으로서 독자적인 경제적 이익을 가지지 않기 때문이다.

③ 추심위임배서는 어음상의 권리를 이전하는 것이 아니고, 피배서인은 독자적인 경제적 이익을 가지고 있지 않기 때문에 선의취득이 발생하지 않음은 물론이다. 또한 추심위임배서의 피배서인은 어음상의 권리자가 아니므로 면제·화해 등 권리의 처분이 되는 행위도 하지 못한다.

④ 피배서인은 추심을 위한 대리권을 가지는 데 불과하므로, 양도배서를 할 수 없음은 당연하지만, 자기가 가지는 추심대리권을 다시 배서에 의하여 타인에게 이전할 수는 있다(어 18 Ⅰ 但, 77 Ⅰ ①). 즉 재차 추심위임배서를 할 수 있다. 만일 추심위임배서의 피배서인이 양도배서를 한 경우에는 이를 무효로 볼 것이 아니라, 추심위임배서를 한 것으로 보아 그 효력을 인정하여야 할 것이다.

재추심위임배서의 성질에 관하여는 다툼이 있다. 과거에는 이를 대리권의 양도라고 풀이하는 견해가 유력하였으나, 최근에는 복대리인의 선임이라고 풀이하는 견해가 다수설이다. 앞의 견해에 의하면 피배서인은 재추심위임배서에 의하여 대리권을 잃고 수개의 추심위임배서가 행하여진 경우에는 최후의 피배서인만이 권리행사의 자격을 가짐에 반하여, 뒤의 견해에 의하면 피배서인은 배서를 하여도 대리권을 잃지 않고, 어음의 반환을 받은 경우에는 제2의 추심위임배서를 말소하지 않고도 어음상의 권리행사의 자격이 인정된다. 생각건대 추심위임배서의 피배서인이 추심위임배서를 함으로써 완전히 위임관계로부터 탈퇴한다고 풀이하는 것은 배서인의 의사에 반하므로 다수설의 견해가 옳다고 본다(同旨: 日大判 1927. 7. 7. 民集 6. 8. 380).

(나) 背書人의 地位

① 추심위임배서는 권리이전적 효력이 없고, 당사자간에 담보책임을 부담할 의사도 없으므로 담보적 효력도 없다.

② 추심위임배서를 하여도 배서인은 어음상의 권리를 잃지 않고 어음상의 권리자인 지위를 가지고 있고 또 어음상의 권리자로서의 형식적 자격을 보유하고 있다. 따라서 배서인은 추심위임배서를 말소하거나 환배서를 받지 않더라도 피배서인으로부터 어음을 회수하여 소지하기만 하면 스스로 어음상의 권리를 행사할 수 있다. 또 추심위임배서를 말소하지 않고 그대로 양도배서를 하여도 배서는 연속된다. 추심위임배서를 한 후 추심위임의 문구만을 말소한 경우에는 배서의 연속에 관하여는 단순한 배서의 기재라고 풀이하여야 할 것이다. 또 배서인이 여전히 어음상의 권리자이므로, 어음채무자는 배서인에 대한 항변을 가지고 피배서인에게 대항할 수 있으나, 반대로 피배서인에 대한 어음항변으로써 대항할 수 없음은 전술한 바와 같다.

(다) 背書人과 被背書人의 內部關係

추심위임배서의 배서인과 피배서인 간의 내부관계는 일반 사법상의 관계(위임·고용)이며, 그 권리관계는 이 배서의 기초가 되는 원인행위에 따라 정하여진다. 그러나 수권자인 배서인의 사망 또는 무능력에 의하여 추심의 대리권은 소멸하지 않는다(어 18 Ⅲ. 77 Ⅰ ①). 이러한 사정은 어음면상 명백하지 않으므로 어음채무자 등의 보호를 위하여 필요하기 때문이다. 그리고 내부관계에서 피배서인의 권한이 철회 기타의 사유로 소멸하여도 추심위임배서가 말소되지 않는 한 어음상의 효력은 발생하지 아니하고, 다만 악의로 지급을 한 자만이 면책을 받지 못할 뿐이다. 또 내부적으로 대리권에 제한을 가하여도 추심위임배서로서의 대리권을 제한할 수는 없고, 그것은 당사자간의 문제에 불과하다.

3. 숨은 推尋委任背書

(1) 意義와 目的

(가) 숨은 추심위임배서는 배서의 당사자 사이에서는 단지 추심위임을 목적으로 하지만, 형식상으로는 보통의 양도배서의 방식으로 하는 배서를 말한다.

(나) 숨은 추심위임배서가 이용되는 이유는 여러가지이다. 어음소지인이 공연한 추심위임배서의 방식을 알지 못하거나, 특수한 배서방식의 번잡을 피하거나, 어음소지인이 자기의 일신에 생기는 항변을 절단하기 위하여 이용되기도 하고, 추심위임문구가 피배서인에 대한 불신임을 표명하는 것같이 생각되는 것을 피하거나, 외국인이나 그 대리인이 내국에서 받을 소송상의 불이익 또는 제한을 피하기 위하거나 또는 만기를 기다려 추심을 하든지 혹은 어음을 양도배서(割引)하여 그 대가를 취득하든지 양자택일의 가능성을 가지기 위하여 이용되기도 한다. 그러나 소송행위를 주된 목적으로 한 숨은 추심위임배서는 신탁법 제7조에 위반되므로 무효이다(大判 69. 7. 8, 69 다 362; 82. 3. 23, 81 다 540).

(2) 有效性과 性質

(가) 일찍이는 숨은 추심위임배서는 사실상 통정허위표시(民 108)로서 무효라고 보았던 때가 있었으나, 현재에는 이를 유효한 것으로 보는 데에 이론이 없다. 숨은 추심위임배서는 실질적으로 추심위임의 목적이면서 그 이상의 법적 수단을 부여하는 것이지만, 배서인은 배서를 할 의사를 가지고 있기 때문에 그 배서가 허위는 아니고, 따라서 이것을 허위표시로 볼 수는 없다.

(나) 숨은 추심위임배서의 법적 성질에 관하여는 수많은 학설이 대립하고 있으나 그 가운데 대표적인 것은 다음의 세 가지이다.

① 信託讓渡說　숨은 추심위임배서의 형식(보통의 양도배서)을 중시하여, 어음상의 권리는 피배서인에게 완전히 이전하고, 피배서인은 배서인에 대하여 추심의 목적을 위하여만 권리를 행사할 대인적 채무를 부담하는 데 불과하다고 보는 견해이다. 신탁배서설이라고도 한다.

② 資格授與說　숨은 추심위임배서의 실질을 중시하여, 어음상의 권리는 피배서인에게 이전하는 것이 아니라 여전히 배서인에게 남아 있고, 피배서인

은 다만 자기의 이름으로(이 점이 대리와 다르다) 배서인의 계산으로 어음상의 권리를 행사할 자격·권한을 취득하는 데 불과하다고 보는 견해이다. 권한수여설 또는 자격배서설이라고도 부른다.

③ **折衷說**　숨은 추심위임배서에는 신탁양도인 경우도 있고 자격수여인 경우도 있으며, 그 어느 것인가는 당사자의 의사에 따라 결정하고, 당사자의 의사가 불명일 때에는 자격수여로 추정하여야 한다고 하는 견해이다.

④ **其　他**　그 밖에 (ㄱ) 이 배서를 신탁행위라고 풀이하여 신탁법을 적용함으로써 타당한 결론을 이끌어 내려고 하는 설, (ㄴ) 당사자간과 제3자에 대한 관계를 구별하여 당사자간에서는 권리의 이전이 없으나 제3자에 대한 관계에서는 권리가 이전한다는 설(相對的權利移轉說), 기본적으로는 위 입장에 서면서 제3자의 쪽에서는 추심위임을 이유로 하여 권리의 이전이 없다는 것을 주장할 수 있다는 설(新相對的權利移轉說), (ㄷ) 어음행위 가운데 채무부담행위는 무인이지만 권리이전행위는 유인이라는 2단계설의 입장에서, 이 배서에 의하여 권리는 이전하지 않는다고 하는 설 등 실로 다양한 견해가 대두되고 있다. 이들은 대체로 신탁양도설의 수정설이거나 절충설의 범주에 속한다.

(다) 생각건대, 어음관계에 있어서는 외관주의의 원칙상 형식과 표시를 존중하는 것이 타당하므로 신탁양도설이 옳다고 하겠다. 자격수여설은 당사자간의 실질관계를 어음관계에 끌어들이는 것으로서 부당하다. 그러나 신탁양도설을 관철하면 실제문제의 해결에 있어서 여러가지 난점이 있으므로, 어느 정도 이를 수정·보완하는 노력이 병행되어야 한다. 우리나라의 통설은 신탁양도설이고, 일본의 판례는 대체로 신탁양도설을 취하고 있으나(日最判 56. 2. 7, 民集 10. 2. 27; 69. 3. 27, 民集 23. 3. 601), 신상대적 권리이전설에 접근하는 것도 있다(日最判 64. 10. 16, 民集 18. 8. 1727). 대법원은 아직 뚜렷한 견해를 표시하지 않고 있다(大判 69. 7. 8, 69 다 362; 82. 3. 23, 81 다 540 참조. 大判 60. 8. 18, 4294 民上 851을 근거로 하여 대법원이 신탁양도설을 채택하였다는 견해가 있다). 추심위임배서의 성질을 어떻게 보는가에 따라 다음에 보는 바와 같이 실제적 문제의 해결에 있어서 많은 차이를 가져온다.

(3) 效　力

(가) **權利移轉的效力**:　신탁양도설에 따르면 어음상의 권리가 피배서인에게 이전함에 반하여, 자격수여설에 의하면 권리이전적 효력이 없으므로, 다음과 같은 차이가 있다.

① 배서인에 대한 항변　자격수여설에서는 어음채무자가 배서인에 대한

항변을 가지고 피배서인에게 대항할 수 있다고 본다. 신탁양도설에서는 이를 부정하는 견해가 많으나, 이 경우에 어음에 관하여 실질적 이익을 가지는 것은 배서인이고 피배서인이 아니라는 이유로, 어음채무자는 추심위임임을 증명하여 배서인에 대한 항변으로써 피배서인에게 대항할 수 있다고 본다. 대법원도 숨은 추심위임배서의 경우에는 어음법 제18조의 규정에 의하여 인적 항변이 절단되지 아니한다고 보고 있다(大判 94. 11. 22, 94 다 30221; 90. 4. 13, 89 다카 1084; 70. 7. 28, 70 다 1295).

② **피배서인에 대한 항변** 자격수여설에 의하면 피배서인은 배서인의 권리를 행사할 뿐이므로 어음채무자는 피배서인에 대한 항변을 가지고 피배서인에게 대항할 수 없다. 이에 반하여 신탁양도설에서는 이를 긍정한다.

③ **피배서인의 파산** 피배서인이 파산한 경우에 자격수여설에 의하면 어음상의 권리는 배서인에게 있으므로, 배서인은 당연히 환취권(回破 407)을 가진다. 이에 반하여 신탁양도설의 입장에서는 이를 부정하는 견해가 많으나, 실질적 이익의 귀속에 따라 환취권을 인정하는 견해도 있다.

반대로 배서인의 파산의 경우에는 자격수여설에 의하면 어음은 파산재단에 들어가지만, 신탁양도설에 의하면 그렇지 않다. 그러나 신탁양도설을 취하면서도 실질을 중시하여 어음이 파산재단에 포함된다고 하는 견해도 있다.

④ **피배서인의 배서양도** 자격수여설에 의하면, 피배서인은 어음상의 권리자가 아니므로 피배서인에 의한 어음의 배서양도는 무권리자에 의한 배서로 되고, 따라서 양수인에게 악의 또는 중대한 과실이 없는 한 선의취득이 성립한다. 이에 대하여 신탁양도설에 의하면 피배서인은 어음상의 권리자이므로, 양수인은 선의·악의에 불구하고 어음상의 권리를 당연히 취득한다. 다만 악의의 양수인에 대하여는 악의의 항변을 가지고 대항할 수 있다(어 17).

⑤ **추심위임의 해제** 자격수여설에 의하면 배서인이 추심위임을 해제하면 피배서인은 실질적으로 추심권한을 상실하므로, 어음채무자는 피배서인의 무권한을 이유로 그 청구를 거절할 수 있다. 이에 대하여 신탁양도설에 의하면 추심위임의 해제에 의하여 피배서인은 배서인에게 어음의 반환의무를 지지만 어음을 반환하기까지에는 어음상의 권리자이므로, 어음채무자는 피배서인으로부터의 청구에 응할 수밖에 없게 된다. 그러나 이 결론은 타당하지 아니하므로, 신탁양도설에 서면서도 피배서인의 권리행사는 권리남용으로 된다든가 신의칙에 위반된다든가 하는 따위의 이유로 자격수여설과 같은 결론에 이르는

설이 많다.

⑥ 善意取得 당사자간의 내부관계에 있어서는 추심위임의 목적밖에 없으므로 어느 설에 의하든 피배서인은 어음상의 권리를 선의취득할 수 없다.

(나) 資格授與的效力: 숨은 추심위임배서에 자격수여적 효력이 인정되는 것은 말할 나위도 없다.

(다) 擔保的效力: 추심위임배서의 성질을 어떻게 풀이하든 배서인과 피배서인 사이에서는 배서인의 담보책임은 발생하지 않는다.

제7 入質背書

1. 意 義

(1) 어음상의 권리에 질권을 설정할 목적으로 하는 배서를 말하며(어 19), 담보책임만을 부담하기 위하여 하는 이른바 「담보배서」와는 엄격히 구별하여야 한다.

(2) 입질배서에는 「공연한 입질배서」와 「숨은 입질배서」의 두 가지가 있다. 어음상의 권리에 담보를 설정하는 방법에는 여기에서 설명하는 입질배서 외에 일반 민법의 규정에 따라 담보권을 설정하는 방법이 있다.

2. 公然한 入質背書

(1) 意 義

공연한 입질배서는 어음상의 권리에 질권을 설정하기 위하여 어음에 그 뜻을 기재함으로써 하는 배서이다.

(2) 方 法

보통 배서 자체에 「담보하기 위하여」, 「입질하기 위하여」 그밖에 질권설정을 표시하는 문구를 부기함으로써 한다(어 19 I). 입질배서는 기명식·백지식의 어느 방법에 의하여도 상관이 없다.

(3) 效 力

입질배서에는 권리이전적 효력은 없고 자격수여적 효력과 담보적 효력은 있다(通說). 보통의 양도배서와 달리 입질배서에는 권리이전적 효력 대신에 질권설정의 효력이 인정된다.

(가) **質權設定**의 **效力**-**質權**의 **取得**과 **行使**

① 입질배서의 피배서인은 어음상의 권리 위에 질권을 취득한다. 이것이 입질배서의 본질적 효력이고, 피배서인은 이에 따라 피담보채권에 관하여 다른 채권자에 대하여 우선변제를 받을 권리를 취득한다. 그리고 피배서인은 질권취득의 결과로 어음상의 채무자에 대한 일체의 어음상의 권리를 자기의 이름으로 행사할 수 있다(어19 I, 77 I ①). 즉 피배서인은 지급을 위한 제시, 지급의 수령, 상환청구(遡求), 추심의 소제기 등 어음상의 권리자가 할 수 있는 일체의 재판상·재판외의 행위를 할 수 있다. 이 경우에 입질배서의 피배서인은 추심위임배서의 피배서인과는 달리 배서인을 위하여서가 아니라 질권자로서 자기의 이익을 위하여 자기의 이름으로 권리를 행사하는 것이다.

② 입질배서의 피배서인이 질권을 행사함에 있어서 입질채권의 청구제한에 관한 민법 제353조는 적용되지 않는다고 본다(通說). 민법에 규정된 제한은 어음거래에 관한 신속성의 요청에 반하고, 또 채권관계가 어음상에 기재되어 있지 아니하여 어음거래의 안전을 해할 염려가 있기 때문이다. 그러므로 피담보채권의 변제기가 어음의 만기보다 늦다든가 또는 피담보채권의 금액이 어음금액보다 적은 경우에도 피배서인은 이러한 어음 외의 사정에 의하여 제한을 받지 않는다. 다만 피담보채권의 변제기 전에 권리행사를 한 경우에는 추심금을 공탁하여야 하고, 추심금액이 피담보채권액보다 많은 경우에는 그 차액을 배서인에게 반환하지 않으면 안된다. 이 초과액의 추심은 마치 배서인으로부터 숨은 추심위임배서를 받은 것과 성질이 같다.

(나) **權利移轉的效力**: 입질배서에는 권리이전적 효력은 없으므로, 피배서인은 양도배서나 입질배서를 할 수 없고, 추심위임배서만을 할 수 있는 데 그친다. 입질배서의 피배서인이 양도배서를 하여도 그것은 추심위임배서로서의 효력밖에 생기지 아니한다(어19 I 但, 77 1 ①). 피배서인이 어음상의 권리를 취득하는 것이 아니므로, 어음상의 권리에 관한 포기·면제 등 처분을 할 수 없음은 당연하다.

(다) 어음**抗辯**의 **切斷**과 **善意取得**: 입질배서의 경우에도 어음항변의 절단은 인정된다. 피배서인은 어음상의 권리행사에 관하여 고유한 경제적 이익을 가지므로, 어음채무자는 배서인에 대한 항변으로써 피배서인에게 대항하지 못

한다. 다만 피배서인에게 해의가 있는 때 혹은 악의 또는 중대한 과실이 있는 때에는 물론 대항할 수 있다(어 19 II, 77 I ①). 피배서인에 대한 항변으로써 피배서인에게 대항할 수 있는 것은 당연하다.

마찬가지로 질권의 선의취득도 인정된다. 즉 배서인이 무권리자·무권대리인·무처분권자인 경우에도 악의 또는 중대한 과실없이 입질배서를 받은 피배서인은 어음상의 권리 위에 질권을 선의취득한다.

(라) **資格授與的效力**: 입질배서에도 자격수여적 효력은 인정되지만 그것은 질권자로서의 자격에 한정된다. 그리하여 피배서인은 배서의 연속 있는 어음을 소지하고 있으면 질권자로서의 형식적 자격이 인정되어, 실질적 권리를 증명할 필요없이 어음상의 권리를 행사할 수 있고, 어음채무자도 악의 또는 중대한 과실 없이 지급하면 면책된다(어 40 III, 77 I ③).

(마) **擔保的效力**: 입질배서는 추심위임배서와는 달리 피배서인에게 실질적 권리(擔保權)를 주는 것이고, 피배서인은 추심한 금액으로부터 우선변제를 받는 것을 기대하고 있으며, 또 배서인은 반대의 문구가 없으면 인수와 지급을 담보하는 것이므로(어 15 I, 77 I ①), 입질배서의 배서인도 담보책임을 진다고 본다. 권리이전적 효력이 없으므로 담보적 효력이 없다고 하는 견해는 설득력이 없다. 왜냐하면 담보적 효력은 권리이전적 효력을 전제로 하고 있지 않기 때문이다(이른바 擔保背書를 생각하여 보라). 입질배서의 배서인에게 담보책임을 지우는 것은 배서인이 피담보채권의 의무자가 아닌 경우에 실익이 있다.

3. 숨은 入質背書

(1) 意 義

입질의 목적으로 양도배서를 하는 것을 말한다. 공연한 입질배서보다 실제로 더 잘 이용된다.

(2) 性 質

일반적으로 신탁배서라고 풀이하고 있으나, 입질배서에는 신탁배서와 자격수여배서의 두 가지가 있다는 견해도 있다.

(3) 效 力

① 숨은 입질배서의 피배서인은 실질관계상 질권이라는 고유한 경제적 이익을 가지므로 숨은 추심위임배서에 있어서와 같이 형식과 실질의 상위로 인

하여 생기는 곤란한 문제는 없고, 어음상으로는 형식대로의 효력을 발생한다. 즉 어음상의 권리는 완전히 피배서인에게 이전하고(權利移轉的效力), 피배서인은 어음상의 권리자로서 자기의 이름으로 권리를 행사할 수 있고, 입질의 합의는 어음 외의 관계로서 당사자 간의 인적 항변사유로 됨에 그친다. 이 숨은 입질배서에도 어음항변의 절단(어 17, 77 I ①)이 인정되고, 피배서인은 해의 혹은 악의나 중대한 과실이 없는 한 배서인에 대한 항변의 대항을 받지 아니한다. 또 피배서인은 선의취득의 보호를 받을 수 있는데, 이때 피배서인이 취득하는 권리는 질권이라고 본다. 그리고 배서인이 파산한 경우에 피배서인은 당연히 별제권(回破 411)을 가지고, 피배서인이 파산한 경우에는 배서인은 환취권을 갖지 못한다(回破 407). 그리고 피담보채권액이 어음금액보다 적다든가 또는 피담보채권의 변제기가 어음의 만기보다 늦은 경우에 관하여는 공연한 입질배서에 관하여 말한 바가 그대로 타당하다.

② 숨은 입질배서에는 자격수여적 효력도 인정되어, 피배서인은 어음상의 권리자로서 자격이 인정된다. 따라서 어음소지인의 권리추정력, 선의취득 및 어음채무자의 면책 등의 효력이 인정된다.

③ 숨은 입질배서의 경우에는 숨은 추심위임배서의 경우와는 달리 담보적 효력이 인정된다. 따라서 배서인은 피배서인 및 그 후자에 대하여 담보책임을 부담한다.

제8　信託背書

1. 意　義

피배서인에게 어음상의 권리를 양도하되, 배서인과의 내부관계에서 피배서인은 이를 특정한 목적을 위하여 행사하여야 할 구속을 받는 배서, 즉 어음의 양도담보를 위하여 하는 배서를 말한다. 신탁배서에 관하여는 어음법에 아무런 규정이 없고 일반적인 신탁의 원리에 따라 규율된다. 신탁배서는 여러가지 목적을 위하여 이용될 수 있으나, 진정한 권리자의 신분을 감추고 피배서인으로 하여금 어음의 추심 또는 할인 등을 하게 하거나 또는 피배서인에게 담보권을 설정하기 위하여 이용된다. 앞에 말한 숨은 추심위임배서는 이러한 신탁배서로서의 성질을 가진다.

2. 種　類

신탁배서는 그 뒤에 숨어 있는 목적 내지 기능에 따라 ① 단순한「수권적 신탁배서」또는「자격수여적 신탁배서」와 ②「양도적 신탁배서」로 나누어진다. 전자는 내부적으로 단순히 피배서인에게 어음상의 권리를 행사할 수 있는 자격을 부여하기 위하여 하는 것이고, 후자는 내부적으로도 어음상의 권리를 완전히 피배서인에게 이전하는 것이다. 전자의 경우에 배서는 오직 배서인의 이익에만 봉사하는 것으로서 말하자면「관리신탁」에 속하고, 후자에 있어서는 배서는 피배서인의 이익에만 또는 그 이익에도 함께 봉사하는 것으로서 말하자면「담보신탁」의 범주에 속한다. 위 두 가지 유형 중 어느 것에 속하는가 하는 것은 원칙적으로 배서인과 피배서인 사이의 합의내용에 따라 판단할 것이지만, 그것이 불명한 때에는 원칙적으로 단순한 수권적 신탁배서로 추정하여야 할 것이다. 좁은 의미로 신탁배서라고 하면 양도적 신탁배서만을 가리킨다.

위 두 종류의 신탁배서는 피배서인의 어음상의 권리의 처분가능성, 항변의 절단, 담보적 효력, 제3자이의의 소나 환취권 등 많은 문제에서 차이를 나타낸다.

제 6 장
支　給

제1　總　說

(1) 어음관계가 존재하는 직접의 목적은 지급에 있고, 어음관계는 약속어음의 발행인, 환어음의 지급인 또는 인수인에 의한 지급에 의하여 완전히 소멸한다. 좁은 의미의 지급은 이처럼 어음관계를 소멸시키는 지급을 가리키지만, 널리 지급이라고 하면 그 밖에 어음의 참가지급, 보증인에 의한 지급, 상환의무자에 의한 상환도 포함하여 쓰인다. 후자의 경우에는 어음관계의 일부만(자기와 자기의 후자의 채무만)이 소멸하는 데 불과하다.

(2) 어음의 지급은 변제의 일종이지만, 어음의 특수성 때문에 민법의 일반원칙이 여러가지로 변용되고 있다. 그리하여 어음의 소지인이 그 청구권을 행사하여 어음금의 지급을 받기 위하여는 발행인 또는 인수인에게 어음을 제시하지 않으면 안되고(이것을 지급을 위한 제시 또는 지급제시라 한다), 지급의 시기·방법 및 효과에 관하여 특별한 규정이 있다.

제2　支給의 時期

1. 滿期에 있어서의 支給

(1) 어음은 만기가 되어야 비로소 지급을 청구할 수 있고, 만기가 법정휴일인 때에는 이에 이은 제1의 거래일에 지급을 청구할 수 있다(어 I 72). 후자의

경우에는 만기와 지급을 할 날이 다르게 된다. 만기 후에도 그것에 이은 2거래일 내(支給提示期間內)에는 소지인은 지급제시하여 지급을 청구할 수 있으므로(어 38 Ⅰ), 이 만기에 이은 2거래일 내의 지급은 만기에 있어서의 지급이 된다.

(2) 어음의 만기는 보통 확정일출급 또는 발행일자후정기출급이고, 일람출급과 일람후정기출급은 극히 드물다. 어음에 만기의 기재가 없는 때에는 일람출급어음으로 본다(어 2 Ⅱ).

(3) 어음에 있어서는 법률상이거나 재판상임을 불문하고 이른바 은혜일은 인정되지 아니한다(어 74). 은혜일이란 어음채무자를 위한 지급유예기간을 말하며, 과거에는 이것이 흔히 인정되었다고 한다.

(4) 만기에 있어서의 지급은 특별한 보호를 받는다(어 40 Ⅲ).

2. 滿期 이외에 있어서의 支給

(1) 滿期前의 支給

만기전에는 소지인은 지급을 청구할 수도 없고, 또 지급의 수령을 강제당하지 아니한다(어 40 Ⅰ). 어음채권자는 만기까지 어음의 유통에 관하여 이익을 가지므로, 어음채무자는 채권자에게 기한의 이익을 포기하고 기한 전의 지급을 받으라고 강요할 수 없는 것이다. 물론 만기 전이라도 소지인의 동의가 있으면 지급을 할 수 있으나, 이 경우에도 지급은 오로지 채무자의 위험부담으로 하는 것이고(어 40 Ⅱ), 따라서 소지인이 진실한 권리자가 아닌 때에는 채무자는 설사 선의이더라도 면책되지 아니한다(通說)(어 40 Ⅲ 참조). 그러나 만기전의 상환청구가 허용되는 경우에는 예외이다.

(2) 滿期後(提示期間經過後)의 支給

만기 후라도 지급제시기간 내(지급거절증서 작성기간 경과 전)의 지급은 만기에 있어서의 지급과 같다. 만기 후의 지급은 지급제시기간 경과 후(지급거절증서 작성기간 경과 후)의 지급을 말한다. 만기 후에도 소지인은 약속어음의 발행인 또는 환어음의 인수인 등 주된 채무자에 대하여는 어음채무가 시효소멸할 때까지 어음의 지급을 청구할 수 있고, 채무자는 언제라도 지급을 할 수 있으며, 소지인이 이를 거절하면 수령지체가 된다. 주된 채무자에 의한 만기 후의 지급에 있어서도 선의지급에 따른 지급인의 면책의 보호(어 40 Ⅲ, 77 Ⅰ ③)는 만기에 있어서의 지급과 같다. 그러나 환어음의 단순한 지급인이 만기후에 지급하는 것은 발행인의 지급위탁의 취지에 반하므로, 지급인은 지급의 결과를 발행인의 계산으로 돌릴 수 없고 또 선의지급에 따른 면책의 보호도 받지 못한다.

(3) 支給의 猶豫

(가) 當事者의 意思에 의한 猶豫: 당사자 간에 합의가 있으면 만기를 변경 또는 연기할 수 있다.

① 滿期의 變更 지급의 유예는 어음의 만기일의 기재를 변경하는 방법으로 할 수 있으나, 어음관계자 전원의 합의를 필요로 한다. 이에 동의하지 않는 어음당사자에 대하여는 만기의 변경은 만기의 변조가 되므로 상환청구권보전절차는 변경전의 만기를 기준으로 하여야 한다.

② 支給猶豫의 特約 어음의 지급에 관하여 당사자(예컨대 약속어음의 발행인과 소지인) 사이에서 지급유예의 특약을 하는 방법이다. 이러한 어음 외의 지급유예의 특약은 어음의 만기를 변경시키는 것은 아니고 그 합의의 당사자만을 구속하므로, 특약의 당사자 사이에 인적 항변이 됨에 불과하다. 따라서 예컨대 약속어음의 발행인과 소지인 사이에서 특약을 한 경우에 상환청구권을 보전하기 위하여는 소지인은 어음상의 만기를 기준으로 한 지급제시기간내에 지급제시를 하고 거절증서를 작성하여야 한다. 지급유예의 특약이 있는 경우에는 어음상의 청구권의 소멸시효는 유예기간중에는 그 진행이 정지되며 유예기간이 종료한 때로부터 진행한다(日最判 80. 5. 30, 民集 34. 3. 521).

③ 어음의 改書 어음(舊어음)의 지급을 연기하기 위하여 만기를 변경한 신어음(연기어음)을 발행하는 방법이며, 이를 어음의 개서라고 한다. 어음의 개서에는 구어음을 회수하고 신어음을 발행하는 경우와 구어음을 회수하지 않고 신어음을 발행하는 경우가 있다고 함은 전술한 바와 같다(어음의 실질관계 참조).

(나) 法令에 의한 猶豫: 전쟁·지진·공황 등 긴급상태가 발생한 경우에 법령에 의하여 지급이 유예되는 경우가 있는데, 이를 어음지급유예(moratorium)라고 한다. 이 지급유예에는 만기 자체가 연기되는 것(예컨대 日本의 1923년 關東大震災시에 발하여진 支給猶豫令)과 만기 자체에는 변경이 없이 단지 제시기간과 거절증서작성기간만을 연장하는 것(예컨대 1927년 日本金融恐慌시에 발하여진 支給猶豫令)이 있다.

제3 支給을 위한 提示

1. 意 義

어음소지인이 지급을 청구하기 위하여 어음을 제시하는 것을 「지급을 위한 제시」 또는 「지급제시」라고 한다. 지급제시는 어음금의 청구인이 정당한 소지인인가의 여부를 확인하고, 또 어음금의 지급과 상환으로 어음을 환수할 필요가 있기 때문에 요구되는 것이다. 지급을 위한 제시는 인수를 위한 제시와 구별하여야 한다.

2. 支給提示의 當事者

(1) **提示者**는 어음의 정당한 소지인이다. 배서의 연속있는 어음의 소지인뿐만 아니라, 배서의 연속이 흠결된 어음의 소지인이라도 그 실질적 권리를 증명함으로써 지급제시를 할 수 있다. 또 이들의 대리인이나 사자(영수문구의 기재가 있는 어음을 점유하는 소지인의)도 지급제시를 할 수 있다. 그러나 인수제시와는 달리 어음의 단순한 점유자에 의하여는 할 수 없다.

(2) **被提示者**는 약속어음의 발행인, 환어음의 지급인 또는 인수인과 그들의 대리인이다. 제3자방지급어음에 지급담당자가 지정되어 있는 때에는 그 제3자에게 지급제시를 하여야 한다. 발행인이 수인 있는 경우에는 각각 별개의 발행행위에 의하여 독립하여 어음채무를 부담하였으므로 그 수인 전원에 대하여 제시를 하여야 상환청구를 할 수 있다고 본다.

3. 支給提示의 時期

지급제시는 어음소지인이 지급제시를 하여야 할 시기(支給提示期間)에 하여야 한다.

(1) **確定日出給어음, 發行日字後定期出給어음, 一覽後定期出給어음의** 경우에는 지급의 제시는 원칙적으로 「지급을 할 날(보통은 만기와 일치하지만, 만기가 휴일인 때에는 이에 이은 제1의 거래일)(어 72 I) 및 이에 이은 2거래일 내」에 하여야 한다(어 38 I: 불가항력의 경우에는 예외이다). 그러므로 만기가 휴일인 때에는 그에 이은 거래일인 지급을 할 날을 포함하여 3일 내에 지급제

시를 하면 된다.

(2) 一覽出給어음의 경우에는 「발행일자로부터 1년 내」에 지급의 제시를 하여야 한다(어 34 I). 발행인은 이 기간을 단축 또는 연장할 수 있고, 배서인은 이를 단축할 수 있다. 또 발행인은 일정한 기일까지 지급의 제시를 금지할 수 있는데, 이 경우에는 지급제시기간은 그 기일로부터 개시하게 된다(어 34 II, 77 I ②).

(3) 지급제시는 위에 말한 거래일 중에 合理的인 時間에 하여야 한다(商 63 참조). 따라서 예컨대 은행이 지급담당자인 경우에는 은행의 영업시간내에 지급제시하지 아니하면 지급제시의 효력이 없다.

(4) 提示期間의 계산에 있어서는 그 첫날을 산입하지 아니하며, 그 기간의 말일이 법정휴일인 때에는 이에 이은 제1의 거래일까지 기간을 연장한다. 그러나 기간 중의 휴일은 그 기간에 산입한다(어 72 I·II).

(5) 위에 설명한 지급제시기간은 遡求權을 보전하기 위한 것이다. 이에 반하여 주채무자인 약속어음의 발행인이나 환어음의 인수인에 대하여는 그 채무가 3년의 시효로 소멸되기 전에는 언제든지 어음을 제시하고 어음금을 청구할 수 있는 것이다.

4. 支給提示의 場所

(1) 어음에 支給場所의 기재가 있는 경우

(가) 이 경우에는 지급장소에서 지급제시를 하여야 하고, 지급장소 이외의 장소에서의 지급제시는 제시의 효력이 없다. 지급지 외의 장소가 지급장소로서 지정되어 있는 경우에는 그 지급장소의 지정은 무효이므로(大判 70. 7. 24, 70 다 965), 소지인은 지급지 내에 있는 주된 채무자(약속어음의 발행인, 환어음의 인수인)의 영업소·주소 또는 거소에서 지급제시를 하여야 한다. 지급장소로서 지급담당자와 그 영업소가 기재되어 있는 경우(예컨대 甲銀行 乙支店)에는 지급담당자가 그 영업소에서 지급한다는 취지이므로, 소지인은 그 영업소에서 지급담당자에게 지급제시하여야 한다.

(나) 지급장소의 기재는 지급제시기간 내에 있어서의 지급제시에 한하여 효력이 있으므로(判例와 多數說), 위 기간이 경과하면 주된 채무자의 영업소 또는 주소에서 지급제시를 하여야 한다.

(다) 지급장소의 기재가 있는 경우에도 어음의 소지인과 주된 채무자와의 합의에 의하여 어음에 기재되지 아니한 변경된 지급장소에서 지급제시를 할

수 있다고 본다(日大判 40. 1. 29. 民集 19. 1. 69).

(2) 어음에 支給場所의 기재가 없는 경우

이 경우에는 지급지 내에 있어서의 지급자(환어음의 지급인·인수인, 약속어음의 발행인 및 그 지급담당자)의 영업소·주소 또는 거소(民 516, 524)에서 지급제시를 하여야 한다. 어음상에 지급자의 영업소·주소 또는 거소의 기재가 있어도 지급지 내에 위 기재와 다른 현실의 영업소 또는 주소·거소가 있는 때에는 여기에서 지급제시를 하여야 한다(通說). 지급지 내에 지급자의 영업소 또는 주소·거소가 없을 때에는 지급지 내에서 지급자를 발견할 수밖에 없고, 발견할 수 없을 때에는 지급지 외의 영업소 또는 주소·거소에서 지급제시할 것이 아니라, 지급지 내에서 지급거절증서를 작성하여야 한다.

(3) 어음交換所에 있어서의 제시

(가) 어음의 지급장소나 지급자의 영업소 등이 아닌 어음교환소에서 어음을 제시하는 것이며. 이것도 지급제시로서의 효력이 있으며(어 38 II), 실제로 어음교환소를 통한 제시가 매우 많다. 어음에 지급장소로서 은행의 영업소가 기재되어 있는 경우에는 그 은행이 지급담당자이므로, 어음소지인은 직접 그 은행에 어음을 제시하여 지급을 구할 수 있다(店頭提示). 그러나 실제로는 소지인은 자기가 거래하는 은행에 어음의 추심위임배서를 하고 그 은행을 통하여 추심하는 것이 보통이다. 또 은행이 어음할인에 의하여 어음을 취득하고 있는 경우도 있다. 그리하여 각 은행은 서로 추심할 어음을 지참하고, 타은행으로부터 지급을 받을 어음과 자기가 지급을 할 어음과를 제시·교환하여, 받을 총액과 지급할 총액과의 차액을 결제함으로써 어음의 추심과 지급을 행하고 있다. 이처럼 다수의 은행이 어음을 집단적으로 결제하는 제도가 어음교환이고, 이를 위하여 일정 지역내의 은행이 구성원으로 되어 설치되어 있는 시설을 어음교환소라 하며, 어음교환소는 법무부장관이 지정한다(어 83, 手 69).

(나) 어음교환소에서 어음교환을 행한 뒤에, 약속어음의 발행인 또는 환어음의 인수인의 거래정지처분(不渡處分)을 면하게 하기 위하여, 교환에 돌린 은행의 의뢰에 의하여 어음을 받은 상대방은행으로부터 어음의 반환을 받는 수가 있다(依賴返還). 이러한 경우에도 지급의 제시 및 지급거절의 효력이 없어지는 것은 아니므로, 상환청구권보전의 요건은 갖추어진 것으로 본다(日最判 57. 7. 19.民集 11. 7. 1297).

(다) 어음교환의 법적성질에 관하여 이를 **相計** 또는 **相互計算**으로 보는 견해가 있으나, 상계와 상호계산에서는 채권채무의 대립이 필요한데, 어음교환에 있어서는 제시은행은 실질적으로 어음상의 채권을 가질 필요는 없고 추심위임을 받고 있는 것이 보통이고, 또 지급은행도 실질적으로 어음상의 채무를 질 필요는 없고 단순한 지급인 또는 지급담당자에 지나지 않는 것이 보통이며, 또 상계나 상호계산은 보통 양당사자 간의 관계이지만, 어음교환은 다수당사자 간의 관계이어서 어음교환은 상계나 상호계산과는 다르다. 또 어음교환은 무수한 기장을 생략하기 위한 **對替決濟**라고 보는 견해가 있으나, 어음교환은 기장의 회피보다는 현실적인 지급절차의 회피에 주된 목적이 있으므로, 대체결제설도 따를 수 없다. 또한 은행이 발행한 자기앞수표 또는 약속어음의 교환과 은행이 지급담당자로 되어 있는 어음(은행도어음)의 교환은 성질이 다르고, 전자는 상호계산, 후자는 단지 추심의 방법에 불과하다고 하는 견해(**二分說**)가 있으나, 상호계산으로 보는 것은 앞에 말한 문제가 있고, 추심방법이라고 하는 것은 그 실질을 밝히는 것이 아니라고 생각된다. 따라서 어음교환은 다수당사자의 합의(交換所規則)에 의한 특별한 결제방법(集合的決濟契約)이라고 본다(**特殊決濟方法說**)(多數說. 大判 85. 2. 13, 84 다카 1832).

(4) 電子的送·受信에 의한 제시

소지인으로부터 어음의 추심을 위임받은 금융기관(제시금융기관)이 그 어음의 기재사항을 정보처리시스템에 의하여 전자적 정보의 형태로 작성한 후 그 정보를 어음교환소에 송신하여 그 어음교환소의 정보처리시스템에 입력된 때에는 지급을 위한 제시가 이루어진 것으로 본다(어 38 Ⅲ, 77 Ⅰ ③). 이 방법에 의한 지급제시의 경우에는 지급인 또는 지급인으로부터 지급을 위임받은 금융기관은 배서의 연속의 정부(整否)에 대한 조사를 제시금융기관에 위임할 수 있다(어 40 Ⅲ, 77 Ⅰ ③).

이는 2007.5.17 어음법 개정법률에 의하여 새로 도입된 제도로서, 어음정보의 전자적 송·수신에 대하여 어음법에 따른 지급제시의 효력을 부여한 것이며, 금융기관 사이의 조사업무의 위임을 통하여 어음교환업무의 전자화를 꾀한 것이다. 이 제도의 도입에 의하여 어음의 교환업무에 소요되는 연간 수백 억원의 물류비용을 절감하고 업무처리의 효율화를 기할 수 있게 되었다. 이 제도는 수표의 지급제시에 관한 미국의 check truncation과 유사한 제도이다.

5. 支給提示의 方法

(1) 지급제시는 完成된 어음을 가지고 하여야 한다. 따라서 등본 또는 보충전의 백지어음을 제시하여도 적법한 제시로서의 효력이 없고(大判 64. 12. 29, 64 다 1025; 70. 3. 10,

69 다 2184), 채무자를 이행지체에 빠뜨리지도 아니하며(大判 70. 3. 10, 69 다 2184), 또 상환청구권을 보전하는 효력도 없다(大判 79. 8. 14, 79 다 1189; 76. 11. 23, 76 다 214). 그리고 어음을 상실한 권리자는 제권판결을 얻지 않는 한 적법한 제시를 할 수 없다. 백지어음의 지급제시가 부적법하여 상환청구권보전의 효력이 없다고 하는 어음법규정은 재산권을 침해하는 위헌의 규정은 아니다(憲裁 2000. 2. 24, 97 헌바 41).

은행실무에 있어서는 약관에 의하여 확정일출급의 어음에 관하여는 발행일 또는 수취인란이 백지인 경우에도 지급제시가 있는 때에는 은행이 지급을 하여 왔는 바, 대법원은 최근의 전원합의체 판결을 통하여 국내에서 발행되고 지급될 「국내어음」에 있어서는 발행지를 기재하지 아니한 어음을 지급제시하는 것도 적법하다고 판시하였다(大(全)判 98. 4. 23, 95 다 36466).

(2) 지급제시는 피제시자에게 **現實로** 하여야 한다. 그러나 소지인이 지급제시의 장소에 어음을 가지고 나갔으나 피제시자가 부재하기 때문에 현실로 어음의 제시를 할 수 없었던 경우에는 지급의 제시가 있었던 것으로 된다(日大判 32. 2. 26, 民集 11. 3. 218). 지급자가 지급을 거절하는 것이 명백한 경우에도 제시를 하여야 한다. 약속어음의 발행인이 어음소지인에게 만기당일에 지급장소에서 일부지급을 하거나 또는 담보어음을 교부한 경우에는 당사자간에 제시가 있었던 것과 동일한 효력이 있으나(日最判 54. 3. 19, 民集 8. 3. 711), 이 경우에는 지급제시의 면제가 있었다고 풀이하는 설도 있다. 지급장소인 은행이 어음을 소지하고 있는 경우 또는 채무자가 이미 어음을 점유하고 있는 경우에는 만기가 되면 지급제시가 있는 것으로 볼 수 있으므로, 채무자는 상환이행의 항변을 하지 못하고(大判 2001. 6. 1, 99 다 60948), 발행인이 지급을 하지 않으면 지급거절이 있는 것으로 된다(日最判 64. 3. 19, 民集 8. 3. 711).

(3) 판례는 **裁判上의 請求**에 있어서는 어음의 제시가 필요 없고, 소장의 송달 또는 지급명령의 송달이 있으면 어음의 제시와 동일한 효력이 있는 것으로 보고 있다(大判 58. 12. 26, 4291 民上 38; 64. 11. 24, 64 다 1026 등 多數). 어음의 제시를 수반하지 않는 최고에 시효중단의 효력이 인정되는가에 관하여는 견해가 갈라지나, 권리행사의 의사가 명백하므로 이를 긍정하여야 할 것이다(同旨: 大判 62. 1. 31, 4294 民上 110·111). 따라서 예컨대 내용증명우편에 의한 어음금의 지급최고에도 시효중단의 효력이 인정된다.

6. 支給提示 및 그 懈怠의 效果

(1) 어음소지인은 지급제시를 함으로써 약속어음의 발행인 또는 환어음의

인수인 등 주된 債務者로부터 어음금의 지급을 적법하게 수령할 수 있고, 이들이 지급을 하지 아니할 때에는 이들을 이행지체에 빠뜨린다. 약속어음의 발행인 또는 환어음의 인수인은 어음채권이 시효소멸할 때까지는 어음채무를 면하지 못한다.

지급제시기간 내에 지급제시를 하였음에도 불구하고 지급거절을 한 경우에는 주된 채무자는 상환의무자와 동액의 무거운 책임을 지고(어 28, 78), 또 지급제시기간 경과 후에 지급의 제시를 한 때에는 그때부터 이행지체에 빠지고 연 6푼의 지연이자를 지급하여야 한다(어음法 28 II의 類推適用)(大判 65. 9. 7, 65 다 1139; 81. 4. 14, 80 다 2695).

(2) 어음소지인은 지급제시에 의하여 배서인 등 償還義務者에 대한 상환청구권을 보전할 수 있게 된다(어 43, 77 I ④). 이에 반하여 소지인이 지급제시기간 내에 지급제시를 하지 아니하면 모든 상환의무자에 대한 상환청구권을 상실한다(어 53 I, 77 I ④).

(3) 어음소지인이 지급제시기간 내에 지급제시를 하지 아니하면, 각 어음채무자는 소지인의 비용과 위험부담으로 어음금액을 供託할 수 있다(어 42, 77 I ③). 인수하지 아니한 지급인도 공탁을 할 수 있다고 본다. 또 지급제시기간이 경과하면 어음에 기재된 지급지와 지급장소의 기재는 모두 그 효력을 잃는다(어음의 有益的記載事項에 관한 설명부분 참조).

7. 支給提示의 免除

(1) 재판상 어음금을 청구하는 경우에는 어음을 채무자에게 제시할 필요가 없고, 소장의 송달이 어음의 제시와 동일한 효력을 가진다(大判 59. 2. 19, 4290 民上 588; 70. 7. 24, 70 다 965 등 多數).

(2) 배서인 등 상환의무자가 지급제시를 면제하는 특약을 한 경우에는 당사자 간에서는 그 특약이 유효하다.

(3) 불가항력이 30일을 넘어 계속되는 때에는 어음의 제시 없이 상환청구권을 행사할 수 있다(어 54 IV, 77 I ④). 인수거절증서를 작성한 때에도 같다(어 44 IV, 77 I ④).

(4) 지급지내에 지급자의 영업소 또는 주소·거소가 없고 또 지급지 내에서 지급자를 발견할 수 없을 때에도 지급제시는 요구되지 않는다(다만 지급거절증서는 작성하여야 한다).

제4 支給의 方法

1. 支給의 目的物

(1) 어음금액이 **內國通貨**로 표시되어 있는 경우에는 지급을 하는 자는 그 선택에 따라 각종의 통화(백원권, 천원권, 만원권 등)로써 자유로 지급을 할 수 있다(民 377).

(2) 어음금액이 **外國通貨**로 표시되어 있는 경우에는 특히 외국통화 현실지급문구를 적은 경우(어 41 Ⅲ)를 제외하고는 내국통화로 환산하여 지급할 수 있다(어 41 Ⅰ). 이 경우에 환산율은 어음에 기재가 있는 때에는 그것에 의하고, 기재가 없는 때에는 만기에 있어서의 지급지의 환시세에 의한다(어 41 Ⅰ). 그러나 채무자가 지급을 지체한 때에는 소지인은 그 선택에 따라 만기의 날 또는 지급의 날 가운데 어느 환시세에 의하여도 지급을 청구할 수 있다(어 41 Ⅰ). 환시세의 변동에 의한 불이익을 소지인에게 부담시키는 것은 타당하지 않기 때문이다.

(3) 발행국과 지급국에서 **同名異價**를 가진 **通貨**에 의하여(예컨대, 프랑스의 프랑과 스위스의 프랑) 어음금액을 정한 때에는 지급지의 통화에 의하여 정한 것으로 추정한다(어 41 Ⅳ).

2. 支給의 節次

(1) 지급자는 지급을 함에 있어서 소지인에 대하여 어음에 영수를 증명하는 기재를 하여 이를 교부할 것을 청구할 수 있고(어 39 Ⅰ), 어음과 상환하지 아니하면 어음금을 지급할 필요가 없다(相換證券性). 이처럼 어음의 교부청구를 인정한 것은 그 어음에 관하여 지급필의 증명을 용이하게 함과 동시에, 지급자로 하여금 2중 지급의 위험을 피할 수 있도록 하기 위함이다. 따라서 이미 지급자가 어음을 점유하고 있는 때에는 어음의 교부를 청구할 수 없음은 물론이고, 지급자 자신이 그 어음을 파기하여 멸실시킨 경우에는 소지인은 제권판결을 요하지 않고 어음상의 권리를 행사할 수 있다(日最判 66. 4. 22. 民集 20. 4. 734).

(2) 어음을 환수하지 않고 지급을 한 경우의 효력은 일정하지 않다.

(가) 약속어음의 발행인 등 주된 채무자가 어음을 환수하지 않고 지급을

한 경우에, 종래의 통설과 판례(大判 62. 7. 19, 62 다 181)는 어음상의 권리는 소멸하지 않고 단지 어음채무자와 소지인 사이의 인적 항변으로 됨에 불과하다고 보고 있으나, 이 경우에는 어음상의 권리는 소멸하고, 어음채무자는 지급을 받은 자에 대하여 어음채무소멸의 항변(무권리의 항변)을 주장할 수 있고, 그 이후의 어음소지인에 대하여는 어음채무의 유효성에 관한 항변으로 대항할 수 있다고 본다(어음항변론 참조). 어음의 지급은 어음상의 권리 자체에 관한 것이므로 이를 어음관계 이외의 인적 항변으로 보는 것은 부당하기 때문이다.

(나) 배서인 등 상환의무자가 어음을 환수하지 않고 지급을 한 경우에도 어음상의 권리는 소멸하는 것으로 본다. 어음금의 지급을 받은 자가 다른 어음채무자에게 다시 어음금을 청구하는 경우에 어음채무자는 지급을 받은 자에 대하여는 무권리의 항변을 대항할 수 있고, 그로부터 어음을 취득한 제3자에 대하여는 어음채무의 유효성에 관한 항변으로 대항할 수 있다. 여기에서 주의할 것은 상환의무자가 어음을 환수하지 않고 지급을 한 경우에 소멸하는 권리는 지급을 받는 어음소지인의 어음상의 권리(주된 채무자와 소구의무자에 대한) 뿐이고, 다른 상환의무자가 주된 채무자에 대하여 가지는 어음상의 권리는 소멸하지 않는다는 점이다. 따라서 지급을 한 상환의무자는 지급을 받은 자로부터 어음의 반환을 받은 다음에 주된 채무자에 대하여 어음금청구를 할 수 있는 것이다. 이 점에서 주된 채무자가 어음금을 지급하면 모든 어음상의 권리가 소멸하는 것과 다르다.

(다) 주된 채무자가 어음을 환수하지 않고 지급을 한 후에 그 사정을 모르는 상환의무자가 어음소지인의 청구에 응하여 어음을 환수하고 지급을 한 경우에 그 상환의무자는 주된 채무자에게 어음금의 지급을 구할 수 있을까? 주된 채무자가 소지인에게 어음금을 지급하면 모든 어음상의 권리가 소멸되므로 어음소지인은 무권리자로 되지만, 상환의무자가 어음법 제40조 제3항에서 말하는 사기·중과실이 없이 상환에 응하고 어음을 환수한 경우에는 주된 채무자는 지급을 하였음에도 불구하고 상환의무자의 어음금청구를 거절할 수 없다고 본다. 이것은 주된 채무자가 어음을 환수하지 아니한데 따르는 부득이한 결과라고 생각한다.

3. 一部支給

(1) 소지인은 어음금액의 일부지급을 거절할 수 없다(어 39 II). 일부지급의 수령을 강제하더라도 소지인은 지급되지 아니한 부분에 대하여 전자에 상환청구

를 할 수 있어 소지인의 이익을 해하지 않고 또 상환의무자는 일부지급부분에 대한 상환의무를 면하는 이익이 있기 때문이다.

(2) 일부지급의 경우에는 소지인이 지급을 받지 않은 잔액에 대하여 상환청구권을 행사하기 위하여 어음을 소지할 필요가 있으므로, 지급자는 어음의 교부를 청구할 수 없고, 다만 일부지급한 뜻을 어음에 기재하고 영수증을 교부할 것을 청구할 수 있을 뿐이다(어 39 III). 어음에 일부지급의 기재가 있으면 증권상의 항변으로서 물적 항변이 되지만, 그 기재가 없으면 어음의 효력에 관한 항변으로서 악의 또는 중대한 과실이 없는 한 제3자에 대항할 수 없다(종래의 통설은 이를 인적 항변으로 본다).

(3) 만일 소지인이 일부지급을 거절한 때에는 그 부분에 대한 상환청구권을 상실한다. 일부지급을 거절하지 못하는 것은 상환의무자의 이익을 위한 것이고, 지급제시기간 경과 후에는 이미 상환청구권이 상실되어 있으므로, 이 경우에는 소지인은 일부지급을 거절할 수 있다.

4. 支給 이외의 어음債務消滅原因

(1) 어음채무는 지급(辨濟) 이외에 상계·면제·경개·대물변제·공탁 등 보통의 채무소멸원인으로 소멸한다. 여기에서는 어음법상 특히 인정된 공탁(어 42)에 관하여 설명한다.

(2) 지급제시기간 내에 지급의 제시가 없는 때에는 어음채무자는 소지인의 비용과 위험부담으로 어음금액을 관할관서에 供託하여 그 채무를 면할 수 있다. 지급의 제시가 없더라도 약속어음의 발행인 또는 환어음의 인수인은 시효기간 중에는 채무를 면할 수 없고, 또 어음의 성질상 현재의 소지인을 알 수 없으므로 공탁의 방법을 인정한 것이다. 인수를 하지 아니한 환어음의 지급인은 채무자는 아니지만, 공탁을 할 수 있다고 본다.

제5 支給의 效果와 支給者의 免責

1. 어음상의 權利의 消滅

유효한 지급(狹義)에 의하여 어음은 그 본래의 사명을 다하고, 어음상의 권리는 모두 소멸한다. 지급을 하였으나 어음을 환수하지 아니하여 이것이 제3자의 수중에 들어간 경우에는 악의 또는 중대한 과실이 없는 한 제3자에 대항할 수 없다(어음의 효력에 관한 항변).[1)]

2. 支給者의 免責

원래 채무의 변제는 진정한 권리자에 대하여 하지 않으면 그 효과가 발생할 수 없지만, 어음에 있어서는 지급의 신속을 꾀하고 피지급성을 높여 어음의 유통을 보호하기 위하여, 어음법은 지급을 할 자가 형식적 자격을 가지는 소지인에 대하여 지급을 한 경우에는 사기 또는 중대한 과실이 없는 한 그 자가 무권리자인 때라도 지급자는 면책되는 것으로 규정하고 있다(어 40 III).

(1) 調査할 事項(調査義務)

(가) 지급을 하는 어음채무자는 소지인의 **形式的資格**의 유무에 관하여 조사할 의무가 있다. 형식적 자격에 속하는 사항은 ① 배서의 연속 여부(어 40 III), ② 어음의 형식의 적합여부, ③ 자기의 기명날인 또는 서명의 진부 등 세 가지이다.[2)] 형식적 자격을 구비하지 못한 어음에 관하여 지급을 하면 유효한 지급으로 되지 못한다. 위와 같은 조사의무의 범위 내에서 지급을 할 자는 형식적 자격에 속하는 사항에 관하여 조사할 권한을 가진다고 본다(日大判 1905. 8. 15, 民錄 10. 1084).

(나) 이에 반하여 어음의 외관으로부터 알 수 없는 소지인의 **實質的權利(資格)**에 관한 사항에 대하여는 조사의무가 없다(多數說). 물론 형식적 자격을 가진 소지인이라도 그가 무권리자임을 증명하여 채무자는 어음금의 지급을 거절할 수 있다. 실질적 권리에 속하는 사항은 ① 배서인의 기명날인 또는 서명이 진정한 권리자 또는 권한자에 의하여 행하여졌는가의 여부(어 40 III), ② 소지인이 최후의 피배서인과 동일인인가의 여부(同一性의 흠결), ③ 제시자가 지급수령능력을 가지는가의 여부(무능력자·파산자 등 수령능력의 흠결) 및 소지인의 대리인이라고 칭하는 자가 대리권을 갖는가의 여부(代理權의 흠결)[3)] 등이다. 소지인의 실질적 권리에 관하여 조

---

1) 종래의 통설과 판례는 이를 인적 항변으로 보아 어음소지인에게 해의가 없는 한 대항할 수 없다고 본다. 大判 62. 7. 19, 62 다 181 참조.

2) 어음의 형식의 적합여부와 자기의 기명날인 또는 서명의 진부는 형식적 자격에 관한 사항이 아니라, 실질적 자격에 관한 사항이라고 하는 견해가 있다. 정찬형, 323면 참조.

3) 일본판례(日大判 40. 7. 20, 民集 19. 7. 1379)는 소지인의 대리인이라 칭하는 자에 대한 지급의 효력에 관하여, 어음법 제40조 3항의 문제와는 관계가 없다고 하고, 수령권한에 관하여 민법의 표현대리의 문제라고 판단하고 있다.

사권이 있는가에 관하여는 다툼이 있으나, 지급자는 어음소지인의 실질적 권리에 대하여 사기 또는 중대한 과실이 없을 때에만 면책되므로, 사기 또는 중과실이 되지 않기 위하여는 실질적 권리에 관하여 의심이 있을 때에는 필요한 사항을 조사할 권한이 있다고 본다(民 518 참조). 다만 지급자가 조사한다는 구실로 지급을 지체할 염려가 있으므로, 지급자의 조사권은 자기의 위험 하에서 행사할 수 있고, 조사기간 중 지급자는 지체책임을 지지 않지만, 소지인이 권리자임이 판명되면 지급제시를 받은 때로부터 이행지체의 책임을 부담한다고 본다.

(다) **背書의 連續**이 흠결된 경우에는 지급자의 면책은 인정되지 않는다. 그러나 소지인이 그 부분의 실질적 권리의 승계를 증명하고(예컨대 상속, 합병 등), 지급자가 중대한 과실없이 그 승계를 믿은 경우에는 지급자는 유효한 지급을 할 수 있다고 본다(日最判 56. 2. 7, 民集 10. 2. 27; 58. 10. 24, 民集 12. 14. 3237 등).

(2) **詐欺 또는 중대한 過失이 없을 것(注意義務)**

지급자는 형식적 자격자에게 지급을 하면 면책되지만, 그러기 위하여는 지급을 하는 자에게 실질적 권리에 관하여 사기 또는 중대한 과실이 없어야 한다(어 40 III).

사기란 선의취득의 경우와는 달리 소지인이 무권리자라는 것을 아는 것만으로는 부족하고, 더 나아가 이러한 사실을 용이하게 입증할 확실한 증거방법이 있음에도 불구하고 고의로 지급을 하는 것을 말하고, 또 중대한 과실은 보통의 조사를 하면 용이하게 무권리자라는 것을 입증하여 지급을 거절할 수 있음에도 불구하고 지급을 하는 것, 즉 증명방법이 있는 데도 중과실로 지급을 한 경우를 말한다.

이처럼 지급의 경우와 선의취득의 경우에 그 요건을 달리하고 있는 이유는, 선의취득의 경우에는 그 어음을 취득하는가 않는가는 양수인의 임의임에 반하여, 지급의 경우에는 발행인(약속어음)·지급인 또는 인수인은 만기에 지급을 강제당하는 상태에 있고, 형식적 자격을 가지고 있는 소지인에 대하여 지급을 거절하기 위하여는 그가 무권리자라는 것을 증명하지 않으면 안되고, 또 소가 제기되는 경우 이를 증명하지 못하면 패소되어 많은 신용상의 손실을 입을 염려가 있기 때문이다.

(3) 適用範圍

(가) 어음법 제40조 제3항은 「만기에 지급하는 자」 모두에게 적용된다(우리어음법 제40조 제3항에 「만기에 지급하는 지급인」이라 되어 있는 것은 통일조약의 오역임). 따라서 약속어음의 발행인, 환어음의 인수인·지급인뿐만 아니라 지급담당자도 포함된다.

(나) 어음법 제40조 제3항에 의하여 보호되는 선의의 범위에 관하여는 선의취득의 경우와 똑같이 다툼이 있다. 통설은 선의취득의 경우보다 넓게 소지인의 무권리·무처분권·무권대리 등 실질적 자격, 무능력 및 인적 동일성에 관한 선의도 보호되는 것으로 풀이하고 있다.

(다) 지급자의 면책에 관한 규정은 만기에 있어서의 지급 및 만기후의 지급에 적용되고, 만기전의 지급의 경우에는 적용되지 아니한다(通說).

(4) 僞造·變造어음의 支給과 支給免責

위조된 어음을 지급한 경우에 그 손실을 지급자와 피위조자 가운데 누가 부담할 것인가, 어음금액이 변조된 어음을 지급한 경우에 증가된 부분의 금액에 관하여 지급자와 변조전의 기명날인자 가운데 누가 손실을 부담할 것인가가 등이 문제된다.

(가) 特約이 있는 경우에는 그에 의하여 해결한다. 지급담당자가 은행인 경우에는 보통 예금거래기본약관이 체결되고, 그 약관에서 어음에 사용된 인감과 신고된 인감을 상당한 주의로써 대조하여 상위가 없다고 인정하여 처리하면, 그 어음에 관하여 위조·변조의 사고가 있더라도 은행은 책임을 지지 않는다는 특약을 하는 것이 보통이다. 그러나 은행이 이 약관에 의하여 면책되기 위하여는 상당한 주의를 가지고 인감대조를 하여야 하고, 이 주의의무를 게을리 하면 지급에 의한 손실을 은행이 부담하여야 하는 것은 당연하다(大判 69. 1. 21, 68 다 1708; 75. 3. 11, 74 다 53). 왜냐하면 은행에 지급을 의뢰한 자는 진정한 어음에 대하여만 지급을 의뢰하였기 때문이다.

(나) 特約이 없는 경우에 어음법 제40조 제3항의 지급면책에 관한 규정에 의할 수는 없다. 동조는 어음 자체가 유효한 것을 전제로 하고 있기 때문이다. 이 문제는 지급을 한 자에게 위조·변조의 사실을 식별함에 있어 고의·과실(중과실은 물론 경과실도 포함)이 있느냐 없느냐에 따라 해결하여야 한다고 본다. 그리하여 지급을 한 자에게 고의·과실이 있는 경우에는 불법행위의 법리에 따라 지급을

한 자가 책임을 져야 마땅하다(大判 75. 3. 11, 74 다 53; 69. 1. 21, 68 다 1708 등 多數).

지급을 한 자에게 고의·과실이 없는 경우에 관하여는 ① 어음·수표의 발행인 등 채무자는 자금관계상 어음·수표가 진정한 것을 전제로 하여 지급자에게 지급을 위탁한 것이므로, 특약이 없는 한 위조의 경우에는 지급자가 그 손실을 부담하여야 한다고 풀이하는 견해(多數說), ② 민법 제470조(채권의 준점유자에 대한 변제)를 유추적용하거나, 지급자가 면책된다고 하는 상관습의 존재를 긍정하여 어음의 발행인 등이 그 손실을 부담하여야 한다고 풀이하는 견해(少數說) 및 ③ 금반언칙이나 위험부담의 사상(위험을 방지할 수 있는 지위에 있는 자가 위험을 부담하여야 한다)에 의하여 피위조자가 손실을 부담하여야 한다고 보는 견해 등이 있다. 대법원판결은 지급자부담설을 취한 것이 많으나, 피위조자부담설을 취한 것도 있다.[1] 전자의 견해에 찬성한다.

제6 어음의 不渡와 所持人의 救濟

1. 總 說

어음이 만기에 지급거절된 경우에는 어음소지인은 주된 채무자에 대하여 보통의 소송절차에 따라 어음금청구의 소를 제기할 수도 있고, 어음수수의 직접 상대방에 대하여 원인관계상의 채권을 행사할 수도 있으나, 이것만으로는 소지인의 구제로서 불충분하므로, 어음법은 상환청구의 방법을 인정하고 있고, 어음법 이외의 제도로서 은행의 거래정지처분이라는 제재가 있으며, 그 밖에 많은 나라는 어음소송이라는 간편한 소송절차를 인정하고 있다.

2. 償還請求

만기에 적법한 지급제시를 하였음에도 불구하고 지급이 거절된 어음을 부도어음이라고 하는데, 은행실무상으로는 어음교환소에 제시·교환하였으나 지급에 응하지 않고 반환된 어음을 가리킨다. 어음이 부도된 경우에 소지인은 상환청구의 제도에 의하여 구제될 수 있다(어 43 이하, 77 I ④). 이것은 소지인에게 어음이 만기에 지급된 것과 동일한 경제적 효과를 주기 위한 제도이다(後述).

1) 前說을 취한 것으로서는 大判 71. 3. 9, 70 다 2895가 있고, 後說을 취한 것으로서는 大判 77. 4. 12, 76 다 2873이 있다.

3. 銀行去來停止處分

어음의 부도를 예방하고 어음의 건전한 유통을 확보하기 위하여 어음교환소에 의한 은행거래정지처분(不渡處分)이 있다. 교환에 돌린 어음이 지급되지 아니한 때에는 어음에 부도사유(예컨대 예금부족 또는 무거래 등)를 기재하여 제시은행에 반환하고 부도대전을 수취하는 한편, 어음교환소에 부도어음신고서를 제출한다(어음交換所規約 65, 70, 73). 예금부족의 부도로서 입금통보서가 없을 때 등에는 거래정지처분이 행하여진다(위 規約 78). 거래정지처분을 받은 자에 대하여는 어음교환소 가맹은행이 2년간 당좌예금 및 가계종합예금거래를 할 수 없게 되어 있으므로(위 規約 79), 은행거래정지처분은 기업에 대하여 치명적인 제재이고 이를 받으면 사실상 도산하게 된다.

4. 事故申告擔保金

어음을 분실·도난·사기당한 경우에는 약속어음의 발행인은 사고신고서를 제출함과 아울러 어음금 상당액을 사고신고담보금으로 예탁하여야 한다. 사고신고담보금은 어음지급대금의 부족을 은폐하거나 거래정지처분을 면탈하기 위한 허위의 사고신고가 아님을 보장하고, 정당한 어음권리자로 판명된 자에 대한 어음금지급을 담보하기 위한 것이다. 따라서 어음소지인이 정당한 권리자임이 판명된 경우에는 어음소지인이 수익의 의사표시를 함으로써 지급청구권을 가지며, 어음소지인이 정당한 권리자가 아님이 판명된 경우에는 어음발행인이 그 반환청구권을 가진다(서울어음交換所規約 75조의 2 참조). 과거에는 어음발행인의 일반채권자가 위 담보금에 대하여 압류·전부명령을 받아 집행하는 예가 많아 어음소지인이 보호받지 못하였으나, 이제는 위 신고가 진실이 아닌 경우에는 어음소지인에게 위 담보금에 대한 우선적 지위를 보장하였다(大判 98. 11. 24, 98 다 33154; 96. 3. 12, 95 다 47732; 94. 4. 15, 93 다 61000; 93. 9. 14, 93 나 16376).

5. 어음訴訟

어음이 부도된 경우에 어음상의 권리를 신속하게 실현시키기 위한 제도로서 많은 나라는 이른바 어음소송이란 제도를 인정하고 있다(예, 일본·도이칠란트 등). 어음소송의 특색은 증거방법을 서증 또는 당사자본인신문 등 쉽게 조사할 수 있는 것에 한정하여 심리의 신속을 꾀하고, 승소판결에는 반드시 가집행선고를 붙여 권리의 실현을 강화하고, 원칙적으로 상소를 허용하지 않는 것 등이다. 우리 나라는 어음금청구사건을 단독판사의 사물관할로 하고 있고(민사 및 가사소송의 사무관할에 관한 규칙 2 ① 단서), 이에 관하여는 담보없이 가집행선고를 하여야 하도록 규정하는 등(民訴 213 但) 약간의 배려를 하고 있을 뿐, 외국의 입법례와 같이 특별한 어음소송제도를 두고 있지 않다. 앞으로 입법상 고려할 문제이다.

제 7 장 償還請求(遡求)

제 1 償還請求의 意義

(1)「상환청구」 또는 「소구」라 함은 만기에 어음금의 지급이 없거나 또는 만기전에 지급의 가능성이 현저하게 감퇴되었을 때에, 어음의 소지인이 그 어음의 작성이나 유통에 관여한 자, 즉 환어음의 발행인, 환어음 및 약속어음의 배서인 등 이른바 전자에 대하여 어음금액 기타의 비용의 변제를 구하는 것을 말한다. 원래 어음은 만기에 지급될 것을 예기하여 유통되고 어음의 소지인은 대가를 지급하고 이를 취득하는 것이 보통인데, 소지인이 그 지급을 받지 못하거나 지급이 현저하게 불확실하게 되었을 때에는 그 기대가 깨어질 뿐 아니라 그가 지급한 대가도 잃게 된다. 어음법은 이러한 대가관계를 고려하여 어음의 유통을 확보하기 위하여 특히 상환청구의 제도를 법정하였다. 상환청구제도는 매도인의 하자담보책임제도와 동일한 정신을 어음법적으로 일반화하고 또 엄격화한 것이라고 할 수 있다.

(2) 상환청구에 관하여는 세 개의 입법주의가 있다.

① **二權主義** 인수거절 기타 지급불확실의 경우에는 담보제공의 청구를 하게 하고, 지급거절의 경우에는 상환청구를 인정하는 것이며, 도이칠란트와 일본의 구법이 채용하였던 입법례이다.

② **一權主義** 지급거절시는 물론이고, 인수거절시에도 상환청구를 인정하는 것이며, 영미법이 채택하고 있고, 제네바통일법에서 채용된 것이다.

③ 選擇主義 지급거절의 경우에는 상환청구를 인정하고, 인수거절 등의 경우에는 담보청구와 상환청구 중의 하나를 선택하여 행사할 수 있는 입법례이며, 스칸디나비아제국이 이를 채택하고 있다.

우리 어음법은 통일법을 따라 1권주의를 채택하고 있다.

제2 償還請求의 當事者

1. 償還請求權者

상환청구를 할 수 있는 자는 제1차적으로는 어음의 최후의 정당한 소지인이고(어 43, 47 I), 제2차적으로는 상환의무를 이행하고 어음을 환수하여 새로이 소지인이 된 자이다(어 47 III). 상환의무를 이행한 배서인·보증인과 참가지급인 및 어음채무를 변제한 무권대리인 등이 이에 해당한다. 상환청구권은 지명채권양도의 방법으로도 양도할 수 있다.

2. 償還義務者

(1) 상환청구를 받는 의무자는 환어음 및 약속어음의 배서인·보증인과 환어음의 발행인이다. 약속어음의 발행인, 환어음의 인수인은 주된 채무자이고 상환의무자가 아니다. 특수한 경우로서 무권대리인도 상환의무자가 될 수 있다(어 8, 77 II). 반면 배서인일지라도 무담보배서, 추심위임배서, 기한후배서의 배서인은 담보책임을 지지 아니하므로 상환의무자가 아니다.

(2) 각 상환의무자는 합동하여 상환청구권자에 대하여 책임을 진다(어 47 I, 77 I ④). 合同責任은 일견 連帶責任과 유사하지만 다음의 여러가지 점이 다르다.

① 연대책임은 그 發生原因이 전채무자에 대하여 동일하고 또 그 責任의 範圍도 같으나, 합동책임에 있어서는 발생원인도 책임의 범위도 각 채무자마다 다르다.

② 연대채무에 있어서는 채무자의 1인에 의한 債務의 履行은 다른 채무자의 채무도 소멸시키지만, 상환의무자의 1인의 채무의 이행은 그 자 및 그 자의 후자의 채무를 소멸시킬 뿐이고, 그 자의 전자 및 주된 채무자의 채무에 영향을 미치지 아니한다(大判 89. 2. 28, 87 다카 1356·1357).

③ 연대채무자의 1인에 대한 **請求**는 다른 채무자에 대하여도 그 효력이 미치지만, 합동책임에 있어서는 그렇지 않고, 상환의무자의 1인 또는 주채무자에 대하여 청구하여도 당연히 다른 의무자에 대하여 효력이 미치지는 않는다.

④ 상환의무자 간에는 **負擔部分**이 존재하지 아니하므로, 그 1인에 대하여 채무의 면제 또는 시효완성이 있더라도 그 채무자의 부담부분만큼 다른 채무자의 부담부분이 줄어드는 일은 없다.

제 3 償還請求의 要件

소지인이 상환청구권을 행사하기 위하여는 일정한 상환청구의 원인이 있어야 하고(實質的要件), 또 지급거절증서의 작성 등의 절차를 밟아야 한다(形式的要件). 이것은 만기 전의 상환청구인가 만기 후의 상환청구인가에 따라 다르다.

1. 滿期後의 償還請求

(1) 實質的要件

적법한 지급제시를 하였으나 지급거절을 당하는 것이다(어 43. 77 I ④). 즉

① 어음의 소지인이 **適法**하게 **支給提示**를 하여야 한다. 지급제시를 할 수 있는 자가 피제시자에게 지급제시기간 내에 지급제시의 장소에서 완성된 어음을 가지고 현실로 제시를 하여야 한다. 그러므로 백지를 보충하지 않고 지급제시한 경우에는 지급제시기간 내에 백지를 보충하여 다시 지급제시하지 않는 한 상환청구권을 잃는다. 예컨대 발행지가 백지인 약속어음의 백지를 보충하지 않고 지급제시한 경우에는 상환청구권을 상실하는 것이 원칙이나(大判 95. 9. 15, 95 다 23071; 76. 11. 23, 76 다 214), 다만 대법원은 국내에서 발행되고 지급되는 국내어음에 있어서는 예외적으로 발행지를 보충하지 않고 지급제시하여도 상환청구권을 잃지 않는다고 한다(大(全)判 98. 4. 23, 95 다 36466). 지급인(환어음) 또는 발행인(약속어음)이 미리 지급거절의 의사를 표시한 경우와 같이 지급거절이 확실한 경우에도 지급제시를 하여야 한다. 지급거절증서의 작성의무가 면제되어 있는 경우라도 지급을 위한 제시는 면제되지 아니한다(어 46 II 1文). 다만 인수거절증서가 작성되어 있는 경우와 불가항력의 경우(어 54 II)에는 지급제시의 필요가 없다(어 44 IV. 77 I ④).

② 환어음의 지급인(인수인), 약속어음의 발행인 또는 그 지급담당자가 어

음금액의 전부 또는 일부의 支給을 拒絶하여야 한다. 적극적인 거절뿐만 아니라, 지급인(인수인)·발행인 또는 지급담당자의 부재·소재불명 등의 사유로 지급을 받을 수 없는 경우를 포함한다(拒 3 I ②). 약속어음의 발행인이 수인인 경우에는 그 전원의 지급거절이 있어야 한다. 왜냐하면 이 경우에 상환의무자는 발행인 가운데 어느 누구라도 지급을 할 것을 담보한 것으로 볼 수 있기 때문이다.

(2) 形式的要件

支給拒絶證書를 작성하여 이를 증명하여야 한다(어 44 I, 77 I ④). 지급거절증서의 작성을 요구하고 있는 이유는, 지급거절은 상환의무자 이외의 자(발행인·지급인 등)에게서 생긴 사실이므로, 소지인을 위하여 지급거절의 증명을 간이·신속하게 함과 동시에, 상환의무자를 위하여는 그 증명을 믿고 안심하고 상환의무를 이행할 수 있도록 할 필요가 있기 때문이다. 다만 지급거절증서는 그 작성이 면제된 경우(어 46), 이미 인수거절증서를 작성하고 있는 경우(어 44 IV) 및 불가항력에 의하여 그 작성이 30일을 초과하여 방해된 때(어 54 IV)에는 이를 작성할 필요가 없다.

2. 滿期前의 償還請求

(1) 만기전의 상환청구는 인수거절과 지급불확실의 두 경우에 인정된다.

① 引受拒絶로 인한 滿期前償還請求의 實質的要件은 적법한 기간 내에 환어음의 인수제시를 하였으나 환어음의 인수의 전부 또는 일부의 거절을 당하는 것이다. 인수제시는 적법한 기간 내에 인수제시의 장소에서 피제시자에게 현실로 제시하여야 한다. 인수거절은 지급인이 적극적으로 인수를 거절한 경우뿐만 아니라 부단순인수(어 26 II)가 있는 경우와 지급인의 부재·소재불명의 경우 등도 포함된다. 인수의 일부거절이 있었던 경우에는 그 부분에 관하여 상환청구할 수 있다. 인수제시의 금지에 반하여 인수의 제시를 하여 거절된 때에는 상환청구할 수 없다.

② 支給不確實로 인한 滿期前償還請求의 實質的要件은 환어음의 인수인 또는 인수를 하지 아니한 지급인의 파산, 그 지급정지 또는 그 재산에 대한 강제집행이 주효하지 아니한 것 등이다(어 43 ②). 인수의 제시를 금지한 환어음의 발행인이 파산한 경우(어 43 ③)도 같다. 이 경우에는 인수인·지급인 또는 발행인

의 자력이 불확실하여졌으므로 소지인에게 상환청구권을 부여한 것이다. 여기의 破産은 어음의 발행이 있은 뒤의 것만을 말한다는 견해도 있으나, 발행의 전후를 불문하고 파산절차가 종료되지 않는 한 상환청구의 원인이 된다고 본다. 파산에 관하여는 파산선고의 결정이 있으면 족하고, 그 확정을 요하지 않는다. 파산에 갈음하는 절차로 인하여 파산의 신청을 할 수 없게 된 때, 예컨대 회생절차 또는 개인회생절차 등이 개시된 때에는 파산의 선고가 있는 것과 같이 보아야 할 것이다. 支給停止의 사실의 유무는 파산법상의 지급정지(回破 305 II)를 표준으로 하여 판정하는데, 지급정지란 지급불능을 추정하게 하는 징표로서, 채무자의 지급불능을 외부에서 인식할 수 있도록 하는 행위를 말한다. 채무자가 적극적으로 그러한 취지를 표명한 경우뿐만 아니라 이를 추측케 하는 행위를 한 경우도 포함한다. 그리하여 예컨대 이행기가 도래한 금전채무를 이행하지 못하는 경우, 또는 이들이 발행한 은행도어음이 자금부족으로 지급거절된 경우에는 지급정지가 있는 것으로 본다(大判 84. 7. 10, 84 다카 424·425). 또 강제집행은 누구에 의한 것이라도 좋고 그 强制執行이 實效를 얻지 못한 사실만 있으면 족하다.

③ 약속어음에 관하여도 만기전의 상환청구가 인정된다고 본다. 어음법은 약속어음에 관하여는 만기에 있어서의 지급거절로 인한 상환청구만을 규정하고 있으나(어 77 I ④), 만기전이라도 발행인의 파산·지급정지 또는 그 재산에 대한 다른 채권자의 강제집행이 주효하지 않은 경우에는 상환청구를 인정하여야 할 것이다(多數說. 大判 2003. 3. 14, 2002 다 62555; 84. 7. 10, 84다카 424·425; 93. 12. 28, 93 다 35254).

(2) 滿期前 償還請求의 形式的要件

① 引受拒絶로 인한 상환청구의 경우에는 인수거절증서의 작성이다. 인수거절증서는 인수제시기간이 정하여진 경우에는 그 기간 내에, 그렇지 아니한 경우에는 만기의 전일까지 작성하여야 한다(어 21. 만기의 날은 지급제시를 하여야 하므로 인수제시를 할 수 없다). 또 기간의 말일에 한 인수제시에 대하여 인수인이 숙려기간을 요구한 때에는, 거절증서는 그 익일에 작성하면 된다(어 44 II 2文). 인수거절증서를 작성한 경우에는 만기 도래 후 상환청구를 하는 경우에도 다시 지급을 위한 제시 및 거절증서의 작성을 필요로 하지 않는다(어 44 IV).

② 어음금支給의 不確實로 인한 상환청구를 하는 경우의 형식적 요건은 약속어음의 발행인, 환어음의 인수인 또는 지급인의 지급정지 및 이에 대한 강

제집행이 주효하지 아니한 때에는 지급의 제시와 지급거절증서의 작성이고(어 44 V, 77 I ④), 이들 및 배서금지어음의 발행인 등이 파산을 한 때에는 파산결정서만 제출하면 된다(어 44 IV). 회생개시의 경우에는 회생절차개시결정서 또는 개인회생절차개시결정서(回破 49, 596)를 제출하여야 한다.

3. 拒絶證書의 作成免除

(1) 作成免除

상환청구의 형식적 요건으로서는 원칙적으로 거절증서의 작성이 필요하지만, 상환의무자는 이를 면제할 수 있다(어 46, 77 I ④).

「거절증서」란 상환청구에 관한 일정한 중요 사항을 증명하는 공정증서이다. 그 가장 중요한 것은 인수거절증서와 지급거절증서이다.[1] 거절증서는 상환의무자를 위하여는 상환청구요건의 존재를 확정시키는 한편, 어음의 소지인을 위하여는 그 증명을 쉽게 하는 데 목적이 있으므로, 법은 소지인의 이익을 해하지 않는 한 상환의무자가 그 이익을 포기하는 것을 인정하였다. 그렇게 함으로써 상환의무자는 거절증서의 작성비용의 부담을 면하고, 지급거절 또는 인수거절의 사실이 공표되는 것을 방지할 수 있다. 그리하여 실제상 거절증서의 작성면제가 널리 행하여지고 있다.

(2) 免除權者

거절증서의 작성을 면제할 수 있는 자는 상환의무자이다. 약속어음의 발행인과 환어음의 인수인은 주된 채무자로서 거절증서가 없어도 지급을 할 의무가 있으므로 면제권을 가지지 아니한다고 본다.

(3) 免除의 方法

어음 그 자체에 「무비용상환」, 「거절증서불필요」의 문자 또는 이와 같은 뜻을 가진 문구를 적고 기명날인 또는 서명하여야 한다. 어음의 배서란에 위의 문구가 있으면, 배서인이 위 문구에 따로 기명날인 또는 서명을 하지 않더라도 배서인의 배서의 기명날인 또는 서명만 있으면 위 작성면제의 기명날인 또는 서명도 겸하고 있는 것으로 본다(大判 59. 10. 22, 4291 民上 870; 62. 6. 14, 62 다 171). 면제를 할 수 있는

---

1) 어음법은 그 밖에 제시한 날짜 또는 인수한 날짜의 기재를 거절한 경우(어 25 II, 78), 복본거절의 경우(어 66 II), 원본반환거절의 경우(어 68 II) 등 여러가지의 거절증서에 관하여 규정하고 있다.

기간은 발행시부터 거절증서작성기간이 경과하기 전이다. 어음 외의 서면으로 거절증서의 작성면제를 약정하거나 어음 외에서 그러한 특약을 하더라도 이는 어음상의 효력은 없고, 다만 직접 당사자 간에서만 효력을 가짐에 불과하다.

환어음에 단순히 거절증서의 작성을 면제한다는 기재가 있으면 인수와 지급의 두 거절증서의 작성이 면제된 것으로 보아야 한다.

(4) 免除의 效力

소지인은 거절증서를 작성하지 않고도 상환청구권을 행사할 수 있다. 다만 환어음의 발행인이 한 면제는 모든 소구의무자에 대하여 효력이 있으나, 그 이외의 자, 예컨대 배서인·보증인이 한 면제는 그 자에 대하여만 효력이 있다(어 46 III). 따라서 발행인이 거절증서작성면제의 문구를 적은 때에는 소지인은 거절증서를 작성할 필요가 없으며, 만일 임의로 이를 작성한 때에는 그 비용은 소지인의 부담이 된다(어 46 III). 그러나 발행인 이외의 자가 위 문언을 기재한 때에는 소지인은 면제하지 아니한 자에 대하여는 거절증서를 작성하여야 하므로, 그 비용은 모든 상환의무자가 부담하게 되고, 따라서 면제자라도 그 비용을 같이 부담하게 된다(어 46 III).

거절증서의 작성면제가 있더라도 어음의 지급제시 및 지급거절의 통지까지 면제하는 것은 아니다(어 46 II). 다만 이 경우에는 법정기간내에 지급제시가 있었던 것으로 추정을 받는 효과가 있으므로, 기간의 부준수는 이를 주장하는 자가 증명하여야 한다(어 46 II 後)(大判 62. 6. 14, 62 다 171; 85. 5. 28, 84 다카 242).

4. 不可抗力의 경우의 特則

(1) 상환청구권보전에 필요한 어음의 제시와 기간의 준수가 불가항력에 의하여 방해된 경우에 관하여 어음법 통일회의에서는 이러한 경우에 즉시 상환청구를 허용하자는 주장과 보전기간을 연장하자는 주장이 있었는데 우리 어음법은 이 양자를 병용하고 있다.

(2) 여기에서 不可抗力이란 어음상의 권리의 보전절차를 방해하는 사건으로서, 합리적으로 기대되는 최고의 주의를 가지고도 피할 수 없는 것을 말한다. 지진·홍수·전쟁·스트라이크(strike)·교통차단 등은 물론, 국가의 법령에 의한 금제(자국의 것에 한하지 않는다), 즉 모라토리움(moratorium)도 불가항력에 속한다(어 54 I). 반드시 다수인에게 영향이 있는 일반적 재해에 한하지 않지만, 단순한 인적

사유(예컨대 질병 등)는 포함되지 않는다(어54 Ⅳ). 그리고 불가항력은 보전절차를 취할 기간의 종기에 존재하여야 하고 또 그로써 족하다.

(3) 불가항력이 보전절차에 미치는 효력은 다음과 같다. 즉

① 기간이 연장된다. 법정기간 내에 어음의 제시 또는 거절증서의 작성이 불가항력에 의하여 방해된 때에는 그 기간이 당연히 연장된다. 불가항력이 발생한 때에는 소지인은 자기의 배서인에 대하여 지체없이 이를 통지하고 또 어음 또는 보충지에 그 통지한 뜻을 기재하고 날짜를 부기하여 기명날인 또는 서명하여야 한다(어54 Ⅱ). 불가항력이 종지된 때에는 소지인은 지체없이 인수 또는 지급을 위하여 어음을 제시하여야 하고 또 필요한 경우에는 거절증서를 작성시켜야 한다(어54 Ⅲ).

② 예외적으로 절차 자체가 필요 없게 되는 수가 있다. 즉 불가항력이 만기로부터 30일을 넘어 계속하는 때에는 어음의 제시 또는 거절증서의 작성이 면제되어 소지인은 그러한 절차를 밟을 필요 없이 곧바로 상환청구권을 행사할 수 있다(어54 Ⅳ, 77 Ⅰ ④). 이 30일의 기간은 확정일출급 및 발행일자후 정기출급의 어음에 있어서는 만기일을 첫날로 하여 계산하지만, 일람출급어음 및 일람후 정기출급어음에 있어서는 제시가 있음으로써 만기가 정하여지므로 소지인은 불가항력의 통지를 한 날을 첫날로 하여 계산한다(어54 Ⅴ, 77 Ⅰ ④).

제4 償還請求의 通知

1. 意　義

(1) 상환청구권을 행사하려면 상환청구권자가 상환의무자에 대하여 미리 이를 통지하여야 한다(어45). 이것은 상환의무자에게 인수거절 또는 지급거절의 사실을 알려 상환청구에 응할 준비를 시킴과 함께 나아가 어음을 신속히 환수함으로써 상환금액의 증대를 방지하는 등의 편의를 주기 위한 것이다. 상환청구의 통지는 「상환청구의 통지」 또는 「거절의 통지」라고도 한다.

(2) 상환청구의 통지에 어떠한 의미를 부여하는가는 입법례에 따라 다르다. 통일법계에서는 상환청구의 통지를 소지인의 단순한 의무로 규정함에 반하여(通知義務主義), 영미법계에서는 이를 상환청구의 요건으로 규정하고 있다(嚴格

主義).

2. 通知를 要하는 경우

인수 또는 지급의 거절이 있었던 모든 경우이다. 지급인의 지급정지 또는 지급인에 대한 강제집행 부주효의 경우의 지급제시에 대하여 지급인이 지급거절한 경우도 포함한다. 그러나 파산·회생 및 개인회생절차가 개시된 경우에는 공고가 되므로(回破 51, 313, 597) 통지를 할 필요가 없다. 반면에 지급거절증서의 작성면제가 있더라도 통지의무를 면제하는 것은 아니다(어 46 II). 당사자 사이에 통지의무면제의 특약이 있는 경우에는 그 당사자 사이에서는 통지를 하지 않을 수 있다.

3. 通知의 權利者 및 義務者

(1) **通知를 할 義務者**는 어음의 최후의 소지인 및 후자로부터 상환청구의 통지를 받은 배서인이다(어 45 I). 환어음의 소지인은 발행인과 자기의 직접의 배서인의 쌍방에 대하여 통지를 하여야 하고, 약속어음의 소지인은 자기의 직접의 배서인에게 통지를 하여야 하며, 후자로부터 통지를 받은 배서인은 그 전자에 통지를 하여야 하고, 이것이 순차 환어음의 발행인 또는 약속어음의 수취인(제1배서인)에게 미치게 하여야 한다(順次通知主義). 다만 배서인이 그 처소를 기재하지 아니하거나 그 기재한 처소가 분명하지 아니한 경우에는 그 배서인의 직접의 전자에게 통지하면 된다(어 45 III). 무담보배서인이 있는 경우에도 마찬가지이다. 다만 처소를 명기하지 아니한 배서인이나 무담보배서인도 통지를 받은 때에는 자기의 전자에게 통지를 할 의무가 있다.

(2) **通知를 받을 權利者**는 환어음의 발행인, 환어음·약속어음의 배서인 및 이들의 보증인이다(어 45 I·II). 통지를 받은 배서인은 전자에 다시 통지하여야 하나, 보증인은 다시 통지할 의무가 없다.

4. 通知期間

소지인의 경우에는 거절증서작성일(작성면제의 경우에는 제시일) 이후의 4거래일 내이고, 배서인의 경우에는 통지를 받은 날 이후 2거래일 내이다(어 45 I). 각 기간 내에 통지를 발송하면 족하고 상대방에게 도달하여야 하는 것은 아니라고 본다(發信主義). 왜냐하면 도달을 요구하는 경우에는 수령자의 주소까지의 거리에 따라 통지기간이 좌우되어 불합리하기 때문이다. 보증인에 대하여는 그 피보증인과 같은 기간 내에 통지하여야 한다(어 45 II). 통지가 기간 내에 행하여졌다는 사실은 통지의무자가 이를 증명하여야 하나, 이 기간 내에 통지의 서면을 우편으로 부친 때에는 그 기간을 준수한 것으로 본다(어 45 V).

5. 通知의 內容과 方法

(1) 통지의 내용은 인수 또는 지급의 거절이 있었다는 것을 알리면 족하다. 다만 배서인은 앞의 통지자 전원의 명칭과 처소를 통지하여야 한다(어 45 I). 전자에게 환수의 편의를 주기 위함이다.

(2) 통지의 방법에는 아무 제한이 없다. 구술, 서면, 전화, 팩스 무엇이든 상관없고 단순히 어음을 반환함으로써도 할 수 있다(어 45 IV).

6. 通知懈怠의 效果

통지를 하지 아니한 자도 상환청구권을 잃지 아니한다. 통지는 상환청구권 행사의 요건은 아니고 단지 후자의 전자에 대한 의무에 지나지 아니하기 때문이다. 그러나 통지의 해태에 의하여 손해가 생긴 때에는 어음금액을 넘지 않는 범위 내에서 후자 전원에 대하여 그 손해를 배상할 책임이 있다(어 45 VI).

제5 償還의 金額

(1) 어음법은 각 상환의무자의 책임을 개별적으로 정하는 경우에는 상환관계를 복잡하게 하고 어음거래의 불안을 초래하여 어음의 유통을 해할 염려가 있으므로 상환금액을 일정하게 법정하였다. 상환금액은 소지인이 상환청구를 하는 경우와 어음을 환수한 자가 재상환청구를 하는 경우에 각각 다르다.

(2) 所持人이 **償還請求**를 하는 경우의 상환금액은 ① 인수 또는 지급되지 아니한 어음금액과 이자의 기재가 있으면 그 이자, ② 연 6푼의 이율에 의한 만기 이후의 이자, ③ 거절증서작성비용·통지비용 및 기타의 비용의 합산액이다(어 48 I).

(가) 어음금액은 원칙적으로 어음면에 기재된 어음금액이지만 일부지급이

있었을 때에는 이를 제한 잔액이다. 이자문구의 기재가 있으면(일람출급·일람후정 기출급어음의 경우) 만기까지에 발생한 이자액을 포함한다. 다만 만기 전에 상환청구를 하는 경우에는 만기에 이르기까지의 중간이자를 어음금액으로부터 공제하여야 한다(어 48 II). 그 이율은 소지인의 주소지에서 상환청구를 하는 날의 공정할인율(銀行率), 즉 중앙발권은행(우리 나라에서는 한국은행)의 상업어음할인율에 의한다. 그러나 이자부 어음에 관하여는 상환의 날 이후의 약정이자를 청구할 수 없을 뿐이고 중간이자의 공제는 문제되지 아니한다.

(나) 만기 이후의 이자는 지급제시한 날이 만기일과 다르더라도 만기일을 포함하여 만기 이후의 이자를 청구할 수 있다(日最判 60. 10. 25. 民集 14. 12. 2755). 따라서 이 이자의 성질은 법정이자이고 지연이자가 아니다. 약속어음의 발행인은 상환의무자는 아니지만, 약속어음의 소지인이 발행인에 대하여 어음금을 청구하는 경우에도 적법한 지급제시가 있었던 때에는 만기 이후의 연 6푼의 이자를 청구할 수 있다(大判 65. 9. 7. 65 다 1139). 인수거절 등으로 인하여 만기 전에 상환청구를 하는 경우에는 만기 후의 법정이자는 포함되지 않는다.

(다) 거절증서의 비용은 발행인이 그 작성을 면제한 때에는 청구할 수 없다(어 46 III). 기타의 비용이라 함은 소지인이 거절증서의 작성 및 상환청구통지의 비용 이외에 상환청구권행사보전을 위하여 필요한 비용을 말한다.

(3) 어음을 還受한 자가 再償還請求를 하는 경우의 상환금액은 자기가 상환한 결과를 다시 전자에게 전가시키는 것을 목적으로 하므로, 다음과 같이 정하여져 있다. 즉 ① 상환청구에 응하여 지급한 총금액, ② 위 금액에 대한 연 6푼의 이율에 의하여 계산한 지급일 이후의 이자 및 ③ 기타 지출된 비용이 그것이다(어 49).

제6 償還請求의 方法

1. 總　說

상환청구(遡求)는 금전채무이행의 일반원칙에 따라 상환금액의 지급·대물변제·상계 등의 방법으로 할 수 있다. 일부상환은 일부지급과 달리 청구자가 이를 거절할 수 있다(通說). 어음법은 위의 일반적인 상환채무의 이행방법 외에 특히 역어음에 의한 상환청구의 방법을 인정하고 있다.

2. 逆어음의 發行

(1) 상환청구권자는 어음에 특히 이를 금지하는 기재가 없으면, 자기를 수취인으로 하고 상환의무자의 1인을 지급인으로 하는 일람출급의 환어음을 발행함으로써 상환청구를 할 수 있다. 이를 역어음이라고 한다. 역어음은 어음의 지급지와 상환의무자의 주소지가 다른 경우에 발생하는 환시세의 차이를 제거하는 데 이바지함과 더불어(실제로는 소구의무자의 지급지와 주소지가 외국에 있는 경우에만 의미가 있다), 이 어음에 본어음·거절증서 및 계산서를 첨부하여 할인을 받으면 상환청구권자는 직접 상환을 받은 것과 동일한 효과를 거둘 수 있는 이점이 있다. 상환의무자는 역어음의 지급을 하면 상환의무를 이행한 것으로 된다.

(2) 역어음의 발행인은 상환청구권자이고, 지급인은 상환의무자이며, 지급지는 상환의무자의 주소지이다. 제3자방지급으로 할 수 없다(어 52 I 참조). 만기는 일람출급이고, 발행지는 소지인의 상환청구의 경우에는 본어음의 지급지이고, 재상환청구의 경우에는 상환청구권자의 주소지이어야 한다(어 52 I). 어음금액은 보통의 상환금액 외에 역어음의 중개료 및 인지세를 포함한다(어 52 II). 또 위 금액은 소지인이 발행하는 경우에는 본어음의 지급지로부터 전자의 주소지로 발행하는 일람출급어음의 환시세에 의하여 결정하고, 배서인이 발행하는 경우에는 역어음의 발행인이 그 주소지로부터 전자의 주소지로 발행하는 일람출급어음의 환시세에 의하여 결정한다(어 52 III).

3. 償還請求의 順序와 相對方

(1) 상환청구권자는 상환의무자의 채무부담의 순서에 구속받지 아니하고 그 가운데 누구에게라도 상환청구할 수 있다(順次償還請求 뿐만 아니라 飛躍的 償還請求도 인정된다)(어 47 II). 또 일단 특정인에 대하여 상환청구를 하였더라도 다른 자에 대한 청구권을 상실하지 아니하고 언제든지 다른 자에게 청구할 수 있다(이를 變更權이라 한다)(어 47 IV). 이미 청구를 받은 자의 후자에 관하여도 같다(어 47 IV).

(2) 피청구자의 수에는 제한이 없으므로 동시에 의무자 전원 또는 수인에 대하여 청구할 수 있다(어 47 II).

4. 어음 기타 書類의 交付

(1) 상환의무자는 상환금액의 지급과 상환하여 어음·거절증서 및 영수를 증명하는 계산서의 교부를 청구할 수 있다(어 50 I). 어음을 환수하는 이유는 일단 후자에게 양도한 어음상의 권리를 재취득하여 전자에게 재상환청구를 하기 위한 것이고, 거절증서는 그 때에 상환청구요건의 존재를 증명하기 위하여 필요하고, 또 영수계산서는 이것을 보관하여 상환을 한 사실을 증명하기 위한 것이다. 따라서 상환의무자는 위 서류와 상환하지 아니하면 지급을 거절할 수 있다.

(2) 어음을 환수한 자는 다시 어음상의 권리를 취득하므로 자기 및 후자의 배서를 말소하여 어음상의 권리자로서의 형식적 자격을 갖출 수 있다(어 50 II). 그러나 거절증서의 교부를 받지 않고 어음을 환수한 자는 배서의 말소권이 없다고 본다. 왜냐하면 그는 상환청구에 응할 의무가 없었기 때문이다. 다만 지급거절증서의 작성이 면제되어 있는 경우에는 그러하지 아니하다.

어음을 환수한 자가 자기 또는 후자의 배서를 말소하지 않고도 권리자로서의 형식적 자격을 갖출 수 있는가에 관하여는 ① 말소하지 않고도 형식적 자격을 구비한다고 하는 견해, ② 거절증서와 함께 어음을 소지하고 있는 때에는 형식적 자격이 있지만, 거절증서작성면제의 경우에는 배서를 말소하지 아니하는 한 환수에 관한 증명이 필요하다는 견해 및 ③ 배서를 말소하지 않으면 형식적 자격을 갖지 않고 다만 실질적 권리를 증명하여 권리를 행사할 수 있고, 그 증명에 관하여 거절증서를 가지는 경우 또는 거절증서작성면제의 경우에는 환수의 추정을 받는다는 견해가 있다. 어음과 거절증서를 소지하고 있으면 형식적 자격이 있는 것으로 본다. 왜냐하면 이 경우에는 상환청구에 의하여 어음을 환수한 사실이 인정되기 때문이다.

5. 一部引受의 경우

일부인수가 된 어음의 잔액에 관하여 상환청구를 하는 경우에는 상환자는 소지인으로 하여금 일부지급을 받았다는 취지(인수되지 아니한 금액에 관하여 지급을 받았다는 취지)를 어음에 기재시키고 또 영수를 증명하는 영수증의 교부를 청구할 수 있으며, 동시에 재상환청구를 할 수 있도록 어음의 증명등본(공증을 요한다) 및 거절증서의 교부를 청구할 수 있다(어 51). 일부인수후 인수되지 아니한 어음금액에 대하여 상환청구를 하는 경우에 소지인이 어음을 상환의무자에게 교부하여 버리면 만기에 이르러 인수된 부분의 금액을 청구할 수 없으므로 이를 교부할 수는 없으나, 다른 한편 상환의무를 이행한 자로 하여금 그 전자에 대하여 재상환청구를 할 수 있는 길을 열어 주어야 할 필요가 있으므로, 어음법은 소지인이 어음의 증명등본을 상환자에게 교부하도록 한 것이다. 그러나 일부지급을 받은 뒤에 지급되지 아니한 잔액에 대하여 소지인이 상환청구를 하는 경우에는 어음 기타 서류의 교부를 할 수 있으므로, 이 경우에는 보통의 경우에 취하는 방법에 의한다(어 50).

6. 償 還 權

상환의무자는 상환청구권자의 상환청구에 응하여 수동적으로 상환의무를 이행할 수 있을 뿐만 아니라, 스스로 나아가 상환을 할 수 있다. 이를 상환의무자의 상환권이라고 한다. 이 상환권은 상환청구의 과정을 될 수 있는 대로 단축하여 상환금액의 증대를 방지하기 위하여 또는 전자의 자력이 장래 감소될 염려가 있는 경우에 이에 대한 재상환청구를 일찍 행하려고 할 때에 실익이 있다. 이처럼 상환권이 인정되기 때문에 어음소지인 등은 자기의 전자가 상환신청을 하면 이를 거절할 수 없다. 또 수인의 상환의무자로부터 상환의 신청이 있는 때에는 가장 다수의 상환의무자가 의무를 면하게 할 수 있는 자(예컨대 발행인)의 청구에 응하여야 한다.

第7 再償還聽求

1. 意 義

상환의무를 이행하고, 어음을 환수한 자가 다시 자기의 전자에 대하여 하는 상환청구를 말한다. 상환의무자가 어음소지인 또는 자기의 후자에 대하여 상환의무를 이행한 경우에는 다시 전자인 배서인·보증인·발행인(환어음)에 대하여 상환청구를 할 수 있다(어 49).

2. 法的性質

(1) 상환의무를 이행하고 어음을 환수한 자의 법적 지위에 관하여는 ① 배서인은 배서에 의하여도 그 권리를 상실하지 아니하고, 다만 어음을 소지하고 있지 아니하므로 권리의 행사가 방해되고 있었을 뿐인데, 어음을 환수함으로써 그 권리행사가 가능하게 되는 것이라고 풀이하는 견해, ② 배서에 의하여 어음채권을 절대적으로 상실하는 것이 아니고, 어음의 환수를 법정해제조건으로 하여 이를 이전하는 것이므로, 환수에 의하여 위 해제조건이 성취됨으로써 위 권리가 당연히 배서인에게 복귀하는 것이라고 풀이하는 견해 및 ③ 상환의무를 이행함으로써 법률의 규정에 의하여 어음상의 권리를 재취득하는 것이라고 풀이하는 견해가 대립하고 있으며, 크게 앞의 두 견해와 같이 배서인이 종전의 지위를 회복하는 것 또는 구권리의 회생이라고 풀이하는 견해(權利復活說)와 법률의 규정에 의한 어음상의 권리의 재취득(즉 법률의 규정에 의한 어음채권의 양도)이라고 보는 견해(權利再取得說)로 나눌 수 있다. 이 문제는 배서의 성질을 어떻게 보느냐 하는 문제와 관련되어 있는데, 배서의 성질을 채권양도라고 풀이하는 경우에는 환수에 의한 어음상의 권리의 취득은 법률의 규정에 의한 채권양도 내지 법률의 규정에 의한 어음채권의 재취득이라고 보는 것이 당연하다.

(2) 재상환청구권 취득의 법적 성질을 문제로 하는 이유는 어음채무자가 아닌 자에 의한 환수의 경우에도 재상환청구권이 발생하는가, 후자에 의한 선의취득의 효과는 어떻게 되는가, 어음을 환수하기 이전에 재상환의무자가 파산한 경우에 재상환청구권을 가지고 상계를 할 수 있는가, 담보권의 운명은 어떻게 되는가 등등의 문제를 해결함에 있어서 해답이 달라지기 때문이다.

여기에서는 항변제한의 문제를 중심으로 살펴보기로 한다.

① 어음을 환수한 자는 과거에 자기에게 대항할 수 있었던 항변으로써 다시 대항을 받게 된다(通說). 예컨대 배서인 乙이 매매대금의 지급을 위하여 丙에게 약속어음을 배서양도하고, 丙은 다시 이를 丁에게 배서양도하였는데, 丁이 만기에 이를 지급제시하였으나 지급거절되었다. 乙과 丙 사이의 매매계약이 해제되었다면, 丙이 丁에게 상환의무를 이행하고 丁으로부터 어음을 환수하여 乙에 대하여 재상환청구를 하는 경우에는, 乙은 丙에 대하여 위 매매

계약의 해제를 가지고 대항할 수 있다. 그러나 이것을 설명하기 위하여 어음을 환수한 丙은 과거의 지위를 회복함에 불과하기 때문에 乙은 丙에게 위 항변을 대항할 수 있는 것이라고 이론구성을 할 필요는 없고, 원래 위 항변은 乙과 丙 사이의 인적 관계에 기한 사유를 내용으로 하고 있으므로, 丙이 재차 어음상의 권리를 행사할 때에 乙이 위 항변을 대항할 수 있는 것은 당연한 사리이기 때문이라고 해석하면 될 것이다.

② 어음을 환수한 자는 자기의 후자에 대하여 대항할 수 있었던 항변으로써 대항을 받는가(예컨대 앞의 예와 같이 어음이 乙, 丙, 丁으로 순차 배서양도된 경우에, 乙이 丁에 대하여 상계를 할 수 있었다고 하자. 이 경우에 丙이 丁에게 상환의무를 이행하고 丁으로부터 어음을 환수하여 乙에게 재상환청구를 하는 경우에, 乙은 丁에 대한 위 상계의 항변으로써 丙에게 대항할 수 있는가)에 관하여, 권리부활설에 의하면 일반적으로 丙은 그 선의·악의를 불문하고 전의 소지인 丁에 대한 인적 항변의 대항을 받지 않는다고 풀이할 것이다. 권리재취득설에 의하는 경우에는 丙이 해의인 경우에는 乙의 丁에 대한 인적 항변이 절단되지 않는다고 풀이할 가능성이 있으나(어 17), 실제로는 권리재취득설을 취하는 학자들도 이 경우에 乙은 丁에 대한 상계의 항변으로써 丙의 선의·악의를 불문하고 丙에게 대항할 수 없다고 풀이하는 것이 보통이다. 왜냐하면 후자로부터 어음을 환수하는 것은 상환의무의 이행에 의한 강제적 취득이므로 그 항변에 관하여 선의·악의를 묻지 않고 후자에 대한 항변은 승계되지 아니한다고 보아야 하기 때문이다. 이처럼 과거의 항변이 되살아나고, 후자의 항변이 승계되지 아니하는 점을 설명하기 위하여 권리회복설을 취하여야 할 이유는 없다. 또한 재상환청구권의 소멸시효는 상환의무자가 어음을 환수한 때로부터 진행한다는 점(어 70 III), 어음상의 권리에 대하여 자기의 후자를 위하여 설정한 담보권이 어음을 환수한 배서인에게 이전될 수 있다고 풀이할 수 있는 점도 권리재취득설의 논거로 삼을 수 있다.

3. 要 件

(1) 實質的要件

상환의무자가 그 의무를 이행하고 어음을 환수하는 것이 필요하다. 이 경우의 상환은 유효한 것이 아니면 안된다. 따라서 무권리자에 대하여 상환을 하고 어음을 환수하여도 그 환수는 무효이므로 재상환청구를 할 수 없다. 또한 환수한 어음은 유효한 것이 아니면 안되므로, 시효에 의하여 어음상의 권리 그 자체가 소멸한 어음의 소지인에 대하여 상환을 하여도 전자에 대하여 재상환청구를 할 수 없다.

① 상환의무가 없는 자, 예컨대 무담보배서인 또는 백지식배서에 의하여 양수한 어음을 단순한 교부에 의하여 양도한 자가 소지인의 상환청구에 응하여 상환을 하고 어음을 환수한 경우에도 전자에 대하여 당연히 재상환청구권을 취득하는 것은 아니다. 왜냐하면 어음법 제47조 제3항, 제50조는 모두 「어음채무자」라고 명정하고 있을 뿐만 아니라, 이들의 어음환수는 임의적인 어음의 취득이므로 전혀 무관계한 자가 어음을 취득한 경우와 마찬가지이고, 따라서 재상환청구의 특권을 부여할 필요가 없기 때문이다. 이러한 사람은 민법상의 채권양도나 역배서에 의하여 어음상의 권리를 취득할 수 있을 뿐이라고 본다(大判 98. 8. 21. 98 다 19448. 다만 어음을 교부하면 채권양도가 있었다고 볼 수 있을 것이다). 그러므로 이러한 경우에는 상환의무의 이행으로 어음을 환수한 경우와는 달리 어음을 양도한 소지인에 대한 항변을 가지고 대항을 받는다(大判 98. 8. 21. 98 다 19448). 다만 상환의무자가 아닌 자에 의한 어음환수의 경우에도 재상환청구권을 인정하는 반대설도 없지 않다. 이들은 그가 어음을 양도하지 않고 그대로 소지하고 있었을 때보다 더 불이익을 줄 필요는 없다는 이유를 들고 있으나, 그가 어음을 소지하고 있을 때에는 그가 어음상의 권리자이기 때문에 보호를 받아야 하나, 그가 일단 어음을 양도하였으면 그는 이미 어음상의 권리자가 아니므로, 이를 동일시 할 것은 아니며, 또 의무없이 어음을 환수한 자를 특히 두텁게 보호할 필요도 없기 때문이다.

② 위와는 달리 상환채무는 부담하였지만, 그 요건이 충족되지 아니하여 상환을 할 필요가 없는 자가 상환을 한 경우, 예컨대 거절증서의 작성의무를 면제하지 아니한 배서인(丙)이 거절증서를 작성하지 아니한 어음소지인(丁)에게 어음금을 지급하고 어음을 환수한 경우(상환을 하지 않아도 된다)에는 어음을 환수한 丙은 거절증서의 작성의무를 면제한 자기의 전자(乙)에 대하여 재상환청구권을 취득한다(大判 90. 10. 26. 90 다카 9453). 왜냐하면 이 경우에 어음을 환수한 丙은 어음소지인 丁이 乙에 대하여 가지는 상환청구권을 丁으로부터 양수한 것으로 볼 수도 있고, 또 乙은 만일 어음소지인이 직접 상환청구를 하는 경우에는 어음채무를 면할 수 없기 때문이다.

(2) 形式的要件

거절증서의 작성이 면제되어 있는 경우를 제외하고는 상환 시에 교부받은 거절증서와 어음을 소지하는 것이 필요하다. 이들 서류를 상환청구를 받은 자기의 전자에게 교부하지 않으면 상환을 청구할 수 없다. 재상환청구권자는 반드시 연속한 배서의 최후의 소지인이어야 하는 것은 아니고, 전술한 바와 같이 어음과 거절증서를 소지하고 있으면 자기의 후자의 배서를 말소하지 않고도 재상환청구권자로 추정을 받는다고 본다.

4. 善意償還者의 再償還請求權

실제로는 무권리자이지만 권리자인 형식적 자격을 구비하고 있는 자에 대하여 악의 또는 중대한 과실 없이 상환을 하고 어음을 환수한 선의자는 재상환청구권을 취득한다고 본다. 이 문제는 어음법 제40조 제3항이나 제16조 제2항에 규정되어 있지 않으나, 이러한 선의자를 보호하여야 할 필요가 있기 때문이다. 예컨대 甲이 乙에게 환어음을 발행하고 乙이 丙에게, 丙이 다시 丁에게 각각 배서양도하였는 바, 丙으로부터 丁에의 배서양도가 무효이었던 경우에, 丁이 乙에 대하여 비약적 상환청구를 하여 乙이 선의로 丁에게 상환을 하고 어음을 환수하였다면, 乙은 甲에 대하여 재상환청구권을 취득한다고 본다.

5. 再償還金額

앞에서 설명한 바와 같이 ① 상환청구에 응하여 지급한 총금액, ② 위 금액에 대한 지급일 이후의 연 6푼의 이자 및 ③ 그 밖에 지출된 비용의 합산액이다(어 49).

제8 償還義務와 主債務의 관계

(1) 어음의 주채무자와 상환의무자는 어음소지인에 대하여 합동하여 어음금을 지급할 책임이 있다(어 47 Ⅰ). 즉 합동책임의 관계에 있다.

(2) 그러나 상환의무는 환어음의 인수인 또는 약속어음의 발행인이 부담하는 어음금지급채무를 확실히 하기 위하여 인정된 것이므로, 주채무의 운명이 상환의무에 영향을 미치는 일이 있다. 즉 ① 주채무의 지급·상계 등에 의하여 어음의 목적이 달성된 경우에는 상환의무도 따라서 소멸한다. ② 주채무가

시효소멸한 경우에는 어음의 목적이 달성된 것은 아니지만 상환의무도 따라서 소멸한다고 본다(通說). ③ 상환의무자는 어음항변의 개별성과 어음채무의 독립성에 비추어 원칙적으로 주채무자의 항변을 원용할 수 없으나, 주채무에 관한 지급유예의 특약은 상환의무자가 이를 원용할 수 있다고 본다(前者의 抗辯). 왜냐하면 상환의무자가 이를 항변할 수 없고 바로 어음금을 지급하여야 한다고 풀이하면 상환의무자가 일단 지급을 하고 곧바로 주채무자에게 지급을 청구할 수 있으므로 지급유예는 무의미하여 지기 때문이다. 그리고 주채무가 소멸한 경우에는 상환의무도 따라서 소멸하므로, 이 경우에는 상환의무가 소멸하였다는 내용의 상환의무자 자신의 항변을 주장할 수도 있다.

제 8 장 기타의 制度

제1절 參　　加

제1　總　　說

1. 參加의 意義

(1) 참가란 상환청구를 저지하기 위하여 제3자가 어음관계에 개입하는 것을 말하며, 제3자가 인수를 하는 「참가인수」와 제3자가 지급을 하는 「참가지급」이 있다. 우리 나라에서는 실제상 참가의 제도가 거의 사용되지 않고 있으나, 도이칠란트에서는 참가지급이 비교적 많이 이용되고 있다고 한다.

(2) 참가제도는 어음에 특유한 제도로서 수표에는 이 제도가 없다. 그리고 어음법은 약속어음에 대하여 참가지급에 관한 규정만을 준용하고 있으나(어77 I ⑤), 약속어음에도 참가인수를 인정하여야 한다고 본다(通說). 참가인수는 인수거절만을 원인으로 하는 것이 아니고 만기전의 상환청구를 할 수 있는 모든 경우에 할 수 있으며, 약속어음에도 만기전 상환청구가 가능하기 때문이다.[1] 다만 참가를 하면서 피참가인의 표시가 없는 때에는 약속어음의 발행인이 아니라 제1의 배서인을 위하여 참가인수를 한 것으로 풀이하여야 할 것이다. 왜냐하면 약속어음의 발행인은 상환의무자가 아니기 때문이다.

---

1) 대법원도 약속어음의 만기전 상환청구를 인정하고 있다. 大判 84. 7. 10, 84 다카 424·425.

2. 參加의 當事者

(1) 參加人

참가는 어음의 기재상 참가할 것으로 예정된 사람이 하는 경우와 그렇지 아니한 사람이 하는 경우가 있다. 전자를 예비지급인이라 하고, 후자를 고유의 참가인 또는 좁은 의미의 참가인이라 한다.

(가) 어음의 기재상 참가할 것으로 예정되어 있는 자를 豫備支給人이라 한다. 예비지급인을 지정할 수 있는 자는 환어음의 발행인, 환어음 또는 약속어음의 배서인·보증인이다(어 55 I, 77 I ⑤). 환어음의 지급인 또는 인수인과 약속어음의 발행인은 상환의무자가 아니므로 이를 지정할 수 없다. 예비지급인으로 될 수 있는 자는 참가인이 될 수 있는 자이다. 따라서 환어음의 지급인, 발행인, 배서인 등도 예비지급인이 될 수 있다. 환어음의 발행인, 배서인 또는 보증인을 예비지급인으로 지정한 경우에는 상환청구를 하기 위하여는 어음을 이들에게 인수제시 또는 지급제시하고 인수 또는 지급이 거절되어야 한다. 예비지급인은 지급지내에 주소를 가지는 자이어야 하는 것은 아니지만, 지급지 외에 주소를 가지는 자를 예비지급인으로 지정하여도 그 기재에 따르는 특별한 효과는 발생하지 아니한다(어 56 II, 60 I).

(나) 固有의 參加人이 될 수 있는 자는 제3자뿐만 아니라, 지급인 또는 이미 어음채무를 부담하고 있는 발행인(환어음의), 배서인, 보증인 등이라도 좋다. 다만 인수인(환어음의), 발행인(약속어음의)과 그 보증인은 참가인이 될 수 없다(어 55 III). 왜냐하면 주채무자가 참가인이 되는 것은 무의미하기 때문이다. 지급인이 참가인수를 하면, 그는 인수인으로 책임을 지는 것이 아니므로, 발행인에 대하여 책임을 지지 아니한다.

(2) 被參加人

참가에 의하여 직접 상환청구를 면하게 되는 상환채무자를 피참가인이라 하는데, 피참가인이 될 수 있는 자는 상환의무자, 즉 발행인(환어음의), 배서인 및 이들의 보증인이다(어 55 II). 환어음의 인수인·지급인, 약속어음의 발행인·무담보배서인은 피참가인이 될 수 없다. 따라서 인수인을 위한 참가인수는 부적법하여 무효이고, 이들을 위한 참가지급은 어음상의 주채무의 변제가 될 뿐이다.

3. 參加의 通知

참가를 한 경우에는 참가인은 피참가인에 대하여 2거래일내에 참가의 통지를 하여야 한다(어 55 IV). 위 통지기간의 부준수에 대하여 과실이 있으면 참가인은 이로 인한 손해를 배상하여야 한다. 그러나 그 액은 어음금액의 범위 내에 한정된다(어 55 IV). 이 통지는 피참가인으로 하여금 참가인의 구상(어 63 I)을 피하기 위하여 자진하여 소지인에 대하여 상환을 함으로써(어 58 II) 그 전자에 대하여 상환청구를 할 수 있게 하거나, 혹은 참가인에 대한 상환의 준비를 할 수 있게 하기 위한 것이다. 또 발행인이 피참가인인 경우에는 무자력인 지급인에게 자금을 제공시키지 않게 하며, 이미 제공한 자금을 속히 되찾도록 하기 위하여 필요한 것이다. 따라서 인수거절 또는 지급거절의 사실만을 통지하는 것만으로는 부족하고 참가의 사실을 통지하여야 한다.

제2 參加引受

1. 參加引受의 意義와 性質

(1) **參加引受**는 만기전의 상환청구를 저지하기 위하여 어음을 지급할 것을 약속하는 어음행위이다. 참가인수를 할 수 있는 자는 제3자·지급인·발행인·배서인·보증인 등이다. 지급인 이외의 자만이 참가인수를 할 수 있는 것으로 보는 견해도 있으나, 이는 법의 명문규정에 반한다(어 55 III). 지급인이 인수를 하지 않고 참가인수를 하는 실익은, 참가인수를 하면 발행인에 대하여는 책임을 지지 않고 피참가인의 후자에 대하여만 의무를 지는 데에 있다.

약속어음에 관하여도 참가인수를 인정하여야 한다는 점은 전술한 바와 같다.

(2) 참가인수의 **法的性質**은 상환의무의 인수이다(通說). 왜냐하면 참가인수인은 피참가인과 동일한 의무를 부담하는데(어 58 I), 피참가인은 상환의무자에 한정되어 있으므로(어 55 II), 참가인수인의 의무는 상환의무를 인수하는 데 불과하기 때문이다. 따라서 참가인수인의 채무의 소멸시효기간은 인수인의 그것과 달라 3년이 아니고, 피참가인의 그것과 같다. 또 참가인수인은 이득상환의무자도 아니며(어 79), 참가인수인의 파산은 만기전 상환청구의 원인으로 되지 아니

한다(어 43 참조).

(3) 引受와 參加引受와는 다음과 같은 차이가 있다. ① 참가인수인은 피참가인과 동일한 의무를 부담하고(어 58 I), 피참가인은 상환의무자에 한정되므로(어 55 II) 참가인수인의 의무는 상환의무임에 반하여, 인수인은 어음상의 주된 의무를 부담한다. ② 참가인수인의 의무는 조건부이므로 지급인이 지급하지 않는 경우에만 지급의무를 부담하나, 인수인의 지급의무는 무조건·최종적이다. ③ 참가인수인은 피참가인의 후자에 대하여만 지급의무를 지나, 인수인은 모든 어음상의 권리자에게 지급의무를 부담한다. ④ 참가인수인은 상환청구권 보전절차의 흠결로 인하여 면책되나, 인수인은 이에 불구하고 지급의무를 진다. ⑤ 참가인수가 있어도 어음소지인은 피참가인의 전자에 대하여 여전히 만기전의 상환청구를 할 수 있으나(어 56 III, 58 II), 인수가 있는 경우에는 원칙적으로 만기전 상환청구를 할 수 없다(어 43 참조). 참가인수인이 지급을 한 때에는 피참가인과 그 채무자에 대하여 어음상의 권리를 취득하나, 인수인이 지급을 한 경우에는 아무런 어음상의 권리를 취득하지 못한다(실질관계상의 청구권은 별문제이다).

2. 參加引受의 要件

참가인수는 만기전에 상환청구권을 행사할 수 있는 모든 경우에 할 수 있다(어 56 I). 참가인수를 하기 위하여는 실질적으로 만기전에 상환청구의 원인이 발생하고 있어야 하며, 형식적으로 거절증서의 작성이 면제되어 있는 경우를 제외하고 그 사실이 인수거절증서에 의하여 확정되어 있어야 한다(다만 파산결정서를 제출하여야 하는 경우도 있음은 만기전 상환청구에서 설명한 바와 같다. 어 44 VI 참조). 그러나 인수제시금지어음(어 22 II)에 관하여는 참가인수를 하지 못한다(어 56 I).

3. 參加引受의 方式

(1) 참가인수는 어음 자체에 참가인수문구를 적고 참가인수인이 기명날인 또는 서명함으로써 이를 한다(어 57). 또 참가인수에는 피참가인을 표시하여야 한다. 보통 「甲을 위하여 참가인수함. 乙印」의 형식으로 행한다. 피참가인의 표시가 없는 때에는 환어음의 발행인을 위하여 한 것으로 본다(어 57). 이것은 발행인을 피참가인으로 할 때에 가장 많은 자가 상환의무를 면하기 때문이다(약속어음의 경우에는 제1의 배서인을 위하여 한 것으로 풀이하여야 한다). 그러나 예비지급인의 참가인수는 그 지정자를 위하

여 한 것으로 보아야 할 것이다.

(2) 등본 또는 보충지에도 참가인수를 할 수 있다고 본다(通說). 참가인수는 배서인 또는 보증인을 위하여 하는 일도 있으므로 배서나 보증을 보충지나 등본에 한 경우에는 참가인수도 보충지나 등본에 하여야 하기 때문이다.

(3) 참가인수는 단순하여야 하지만, 일부인수가 있었던 경우에는 그 잔액에 대한 참가인수가 허용된다. 그러나 그 밖의 경우에 일부참가인수는 허용되지 않는다고 본다(어 59 II 참조).

(4) 참가인수를 함에 있어 지급장소를 기재할 필요는 없다(어 27). 그 기재가 없을 때에는 참가인수인의 주소가 지급장소가 된다.

4. 參加引受人의 選擇

(1) 參加引受의 承諾과 拒絕

어음소지인은 원칙적으로 참가인수를 거절할 수 있다(어 56 III). 왜냐하면 소지인이 자기가 신용할 수 없는 제3자의 참가로 인하여 상환청구권을 상실하는 것은 부당하기 때문이다. 그러나 지급지에 주소를 가지는 예비지급인의 기재가 있는 경우에는 이 사람의 참가인수를 거절할 수 없다. 왜냐하면 소지인은 이 사람이 참가할 것을 알고 어음을 취득하였기 때문이다. 또 이 경우에 소지인은 먼저 그 예비지급인에게 어음을 제시하여 참가인수를 청구하여야 하고, 만일 거절하면 거절증서를 작성시켜 참가인수를 거절한 사실을 증명하지 않으면 예비지급인을 기재한 사람과 그 후자에 대한 만기전의 상환청구권을 상실한다(어 56 II). 예비지급인이 여러 사람 있는 때에는 그 전원에 대하여 위에 설명한 제시를 하여야 한다. 제시기간은 만기까지이다.

(2) 參加引受의 競合

피참가인을 달리하는 고유의 참가인수인이 경합하는 경우에, 소지인이 예컨대 발행인을 위한 참가인수를 승낙한 때에는 그 후자를 위한 참가인수를 승낙할 수 없게 된다. 왜냐하면 소지인은 그 후자에 대한 만기전의 상환청구권을 상실하기 때문이다(어 56 III). 이에 반하여 소지인이 예컨대 최후의 배서인을 위한 참가인수를 승낙한 때에는 그 후에 전자, 예를 들면 발행인을 의한 참가인수를 승낙하여도 상관없다. 그러므로 소지인이 상환의무자 전원을 위한 참가인수를 승낙하려고 하면, 먼저 최후의 배서인을 위한 참가인수를 승낙하고,

순차로 발행인을 위한 참가인수에 이르기까지 승낙하도록 하여야 한다. 지급지에 있는 예비지급인(同地豫備支給人)과 그렇지 아니한 예비지급인 또는 예비지급인이 아닌 제3자의 참가인수가 경합할 때에는, 소지인은 동지예비지급인의 참가인수를 선택하여야 한다. 타지예비지급인과 협의의 참가인과의 사이에서는 소지인은 그 중의 누구를 선택할 수도 있고, 또 이들 전원의 참가인수를 거절할 수도 있다. 왜냐하면 타지예비지급인을 기재하여도 그 기재에 특별한 효과가 따르는 것은 아니기 때문이다(어 56 II, 60 I 참조).

5. 參加引受의 效力

(1) 參加引受人의 義務

참가인수인은 어음소지인과 피참가인의 후자에 대하여 피참가인과 동일한 의무를 부담한다(어 58 I). 참가인수인의 의무는 피참가인의 의무와 같고 피참가인의 의무는 상환의무이므로 결국 참가인수인은 상환의무를 부담한다. 그러므로 소지인은 참가인수인에게 청구하기 전에 먼저 지급인에게 지급청구를 하여야 하고, 그 지급을 받지 못한 때에는 지급거절증서작성 등의 상환청구권 보전절차를 밟아야 한다. 만일 이러한 절차를 밟지 아니하면 소지인은 참가인수인에 대한 권리를 상실한다. 이미 인수거절증서를 작성하였더라도 이는 참가인수에 의하여 실효되는 까닭에 어음법 제44조 제4항은 적용되지 않는다. 그리하여 지급지에 주소가 있는 참가인수인에 대한 권리를 보전하기 위하여는 다시 제60조 제1항 소정의 절차를 밟아야 한다. 그렇지 않으면 피참가인과 그 후자에 대한 권리를 상실하고(어 60 II), 그 결과 이와 동일한 의무를 부담하는 참가인수인에 대한 권리도 상실하기 때문이다. 그러나 피참가인의 의무가 실질적 이유로 인하여 무효인 때에도 어음행위독립의 원칙에 의하여 참가인수인의 어음의무에는 아무 영향을 미치지 아니한다.

(2) 被參加人과 그 後者의 免責

참가인수가 있으면 소지인은 피참가인 및 그 후자에 대하여 만기전의 상환청구권을 상실한다(어 56 II·III). 즉 참가인수로 인하여 피참가인과 그 후자는 상환의무의 면책을 받게 된다. 그러나 피참가인의 전자는 참가인수가 있어도 상환의무를 면할 수 없다.

(3) 被參加人과 그 前者의 償還權

참가인수가 있어도 피참가인의 전자는 상환의무를 면하지 못하고 또 피참가인 자신은 만기전의 상환의무를 면하지만, 후일 참가인수인이 참가지급을 할 때에는 참가인수인에게 상환을 하여야 한다. 그리하여 어음법은 피참가인과 그 전자는 참가인수에도 불구하고 자진하여 소지인에 대하여 상환금액(어 48)의 지급(償還)과 상환으로 어음 및 거절증서와 영수를 증명하는 계산서의 교부를 청구할 수 있다고 정하고 있다(어 58 II).

(4) 參加引受人과 被參加人과의 관계

참가인수인과 피참가인 사이에는 참가인수로 인하여 직접 아무런 어음상의 관계를 발생하지 아니한다. 참가인수인이 피참가인의 위임에 의하여 참가인수를 하였을 경우에는 위임의 관계를, 그렇지 아니한 경우에는 사무관리의 관계를 인정할 수 있을 뿐이다. 다만 참가인수인이 참가지급을 한 때에는 어음법 제63조 제1항에 의하여 피참가인에 대하여 어음상의 권리를 취득한다.

제3 參加支給

1. 參加支給의 意義와 性質

(1) 참가지급은 만기전 또는 만기후의 상환청구를 저지하기 위하여 환어음의 지급인이나 인수인 또는 약속어음의 발행인 이외의 자가 하는 지급을 말한다.

(2) 참가지급은 본래의 지급인이 지급을 하지 아니하는 경우에 제2차적으로 지급하는 것이며, 그 결과는 단순히 피참가인의 후자의 의무를 소멸시키는데 불과하다는 점에서 본래의 지급과 다르며, 상환청구권의 행사를 저지하기 위하여 하는 변제 또는 변제에 유사한 행위이다. 또 참가지급은 어음상의 기명날인 또는 서명을 요하지 아니하므로, 참가인수와 같은 어음행위가 아니다.

2. 參加支給의 要件

참가지급은 어음소지인이 만기전 또는 만기후에 상환청구권을 가지는 모든 경우에 이를 할 수 있다(어 59 I). 참가지급을 하기 위하여는 실질적 요건으로서 만기전 또는 만기후의 상환청구 원인이 발생하고 있어야 하고, 형식적 요건으로서 거절증서작성면제와 파산(어 44 VI)의 경우를 제외하고는 그 사실이 거절증서에 의하여 증명되어야 한다.

3. 參加支給人

참가지급인이 될 수 있는 자는 참가인수인·예비지급인 또는 제3자이고, 인수인은 참가지급인이 되지 못한다(어 55 III).

(1) 參加引受人 또는 豫備支給人의 參加支給

지급지에 주소를 가지는 참가인수인 또는 예비지급인이 있는 경우에는 어음소지인은 먼저 이들 전원에게 어음을 제시하고 또 필요한 때에는 거절증서를 작성시킬 수 있는 최종일의 익일까지 지급거절증서를 작성시켜야 하며, 만약 위 기간내에 거절증서의 작성이 없는 때에는 예비지급인을 기재한 자 또는 피참가인과 그 후의 배서인은 의무를 면한다(어 60). 그 결과로 참가인수인에 대한 권리도 상실한다고 함은 이미 전술하였다.

(2) 第3者의 參加支給

위에 말한 참가인수인과 예비지급인이 없는 경우에는 만기전 또는 만기후의 상환청구 원인이 발생하면 어음소지인은 곧 상환청구를 할 수 있다. 그러나 소지인은 순수한 제3자라도 참가지급을 하려고 할 때에는 참가인수의 경우와 달라서 이것을 거절하지 못한다. 왜냐하면 소지인은 참가지급의 경우에도 현실로 지급을 받아 어음의 목적을 달성할 수 있으므로 참가지급인의 개인적 요소를 문제시할 필요가 없기 때문이다. 따라서 제3자의 참가지급을 거절하면, 그 참가지급으로 인하여 어음상의 의무를 면할 수 있었던 사람에 대한 상환청구권을 잃는다(어 61).

(3) 參加支給人의 競合

상이한 피참가인을 위하여 수인의 참가지급희망자가 있는 경우에는 가장 다수의 의무를 면하게 하는 자가 우선한다(어 63 III). 예컨대 발행인을 피참가인으로 하는 참가지급인과 배서인을 피참가인으로 하는 참가지급인이 경합할 때에는 전자가 우선한다. 이것은 상환의무자의 이익을 고려한 것이다. 이 원칙에 위반한 참가지급도 유효하지만, 자기보다 선순위에 있는 참가지급인이 있는 것을 알면서 자진하여 참가지급한 자는 선순위의 참가지급인이 참가지급을 하면 의무를 면할 수 있었던 자에 대한 상환청구권을 잃는다(어 63 III 後). 그러나 어음소지인으로서는 이를 걱정할 필요가 없이 누구의 참가지급을 수령하여도 상관없다.

4. 參加支給의 時期·金額 및 方式

(1) 參加支給의 時期

참가인수인은 원칙적으로 지급거절증서작성기간의 익일까지 참가지급을 하여야 하지만(어 60 I), 참가인수인은 그에 대한 보전절차가 밟아진 때(적법한 기간내에 참가인수인에게 어음을 제시하였으나 참가지급을 하지 아니한 경우)에는 거절증서작성기간의 익일이 경과한다고 하여 지급의무를 면하는 것이 아니므로(어 60 II), 피참가인이 지급을 할 때까지는 참가지급을 할 수 있다고 본다. 예비지급인 기타 제3자의 참가지급은 만기전·만기후 어느 때라도 할 수 있으나, 지급거절작성기간의 익일까지는 하여야 한다(어 59 III, 60 I).

(2) 參加支給의 金額

참가지급인은 피참가인이 지급할 의무가 있는 금액의 전부를 지급하여야 한다(어 59 II). 피참가인은 상환의무자이므로 참가지급의 금액은 어음금액, 만기이후의 이자와 거절증서의 비용 등이다(어 48). 이 금액의 전액을 지급하여야 하며, 지급의 경우와는 달리(어 39 II 참조) 일부참가지급은 허용되지 아니한다(어 59 II). 소지인이 일부참가지급을 영수하는 경우에도 참가지급인은 어음법 제63조에 의한 어음상의 권리를 취득하지 못하고, 다만 그로 인하여 면책된 자에 대하여 민법상의 청구권을 취득할 뿐이다. 또한 상환청구권의 행사를 저지한다는 참가지급의 목적을 달성할 수도 없다.

(3) 參加支給의 方式

참가지급은 어음상에 피참가인을 표시하고 소지인으로 하여금 영수의 기재를 시키는 방법으로 이를 한다(어 62 I). 누구를 위한 지급인가의 표시가 없는 때에는 발행인을 위하여 지급한 것으로 본다(어 62 I 後段, 77 I ⑤). 소지인은 참가지급인에게 위 기재가 있는 어음을 교부하여야 하고, 또 거절증서를 작성시킨 때에는 이것도 함께 교부할 의무가 있다(어 62 II, 77 I ⑤). 이것은 참가지급인이 어음상의 권리를 행사하기 위하여 필요하기 때문이다.

5. 參加支給의 效力

(1) 所持人의 權利消滅

참가지급으로 인하여 소지인의 어음상의 권리는 모든 어음채무자에 대한 관계에서 소멸한다.

(2) 被參加人의 後者의 免責

참가지급으로 인하여 피참가인의 후자는 상환의무를 면한다(어 63 II, 77 I ⑤). 그러나 피참가인은 의무를 면하지 못하고 참가지급인에 대하여 의무를 부담한다(어 63 I).

(3) 參加支給人의 權利取得

참가지급인은 피참가인과 그의 어음상의 채무자에 대하여 어음으로부터 생기는 권리, 즉 어음상의 권리를 취득한다(어 63 I). 이 권리취득의 성질에 관하여 통설은 참가지급인이 소지인의 권리를 승계 또는 대위하는 것이 아니고, 소지인 또는 피참가인에 대한 항변이 부착하지 아니한 독립된 권리를 법정의 효력으로서 어음의 교부없이 원시취득하는 것이고 마치 보증인의 권리취득(어 32 III)과 같다고 한다.

(4) 一般私法上의 補償請求權

참가지급인은 위에 말한 어음상의 권리를 취득하는 외에 일반사법상의 관계에 의하여 보상청구권을 가질 수 있다. 따라서 참가지급인은 위 두 가지 권리를 선택적으로 행사할 수 있다.

제 2 절 複本과 謄本

제1 總 說

어음은 원칙적으로 1통만이 발행된다. 그러나 예외적으로 환어음에 관하여는 수통의 어음(複本)의 발행이 인정된다. 이와 아울러 환어음은 물론 약속어음에 관하여도 등본의 제도가 인정된다. 복본은 그 자체가 하나의 어음이나, 등본은 원본인 어음을 등사한 것으로서 그 자체가 어음은 아니다.

제2 複　本

1. 複本의 意義

복본은 동일한 어음상의 권리를 체화하는 수통의 어음증권으로서, 환어음에만 인정되고 약속어음에는 인정되지 않는다. 이 경우에 수통의 증권은 모두 합하여 하나의 어음채권을 체화하고 있는 것이다. 복본의 하나하나는 모두 완전한 어음이고, 그 사이에 정·부, 주·종의 관계는 없다. 그러나 복본이 체화하는 어음상의 권리는 하나이므로 원칙적으로 그 가운데 1통의 배서에 의하여 각통의 증권상의 권리가 이전하고, 1통의 인수에 의하여 각통의 상환청구권이 소멸하며, 또 1통에 대한 지급에 의하여 다른 각통도 효력을 잃는다. 이처럼 복본에 있어서는 증권은 복수이지만 권리관계는 하나이고, 이 점이 하나의 권리관계에 관하여 하나의 증권이 발행되는 보통의 어음증권과 다르다.

2. 複本制度의 存在理由

복본을 발행하는 목적에는 두 가지가 있다.

① 인수를 위하여 환어음을 원격지에 송부한 경우에도 **背書讓渡**를 함으로써 조속히 환가를 할 수 있도록 하는 데에 이용된다. 타지에 있는 지급인에게 인수를 위하여 환어음을 송부하는 경우에는 그것이 인수되어 어음소지인에게 되돌아올 때까지 수주 또는 수개월이 소요되므로, 그 동안에 어음소지인으로 하여금 어음을 할인하여 현금화하는 것을 가능하게 하기 위하여, 1통은 인수를 위하여 타지에 송부하고, 다른 1통으로 배서양도를 할 수 있도록 한 것이다.

② **盜難·紛失** 등의 위험을 감소시키기 위하여 이용된다. 즉 환어음을 원격지에 송부하는 경우에는 해난 기타의 이유로 도중에 분실·멸실 또는 도난당할 염려가 있으므로, 이에 대비하여 동일한 내용의 수통의 복본을 발행하여 경유지를 달리하여 또는 때를 달리하여 개별적으로 송부하면 안전하게 목적지에 송부할 수 있는 것이다. 따라서 복본은 본질적으로는 해외거래에서만 아직도 의미를 가지고 있다. 그리고 약속어음에서는 인수의 제도가 없으므로 복본제도도 인정되지 않고 있다.

3. 複本의 發行

(1) 發行者

복본은 발행인만이 발행할 수 있다. 소지인은 임의로 이를 작성하지 못한다. 이 점이 등본의 경우와 다르다. 복본은 발행인이 어음의 발행시에 이를 작성할 수 있음은 물론이다(어64 I). 그러나 어음이 먼저 1통으로 발행된 후에도 그것에 1통만으로 발행한다는 뜻을 기재하지 않을 때에는, 소지인은 자기의 비용으로 발행인에 대하여 복본의 교부를 청구할 수 있다(어64 III前). 이 경우에 소지인은 자기의 직접의 배서인에 대하여 이를 청구하고, 그 배서인은 다시 자기의 배서인에 대하여 청구함으로써 이에 협력하여 순차로 발행인에게 미치게 하며, 또 발행인이 복본을 작성하였을 때에는 수취인으로부터 순차로 배서인을 거쳐 새 복본에 배서를 재기(再記)하여 소지인에게 교부하게 된다(어64 III後). 복본의 수에는 제한이 없으나, 실제로는 2통이 보통이다.

복본교부청구권은 어음법상의 권리이지만, 어음상의 권리는 아니므로, 소지인이 복본의 교부를 청구하는 경우에 원어음을 제시하여야 하는 것은 아니다. 그러나 먼저 1통이 발행되고 후에 복본의 교부를 청구하는 경우에는 먼저 발행된 증권에 복본번호를 붙여야 하므로 실제로는 먼저 발행한 증권의 제시가 필요하게 된다. 따라서 원어음을 상실하면 복본의 교부를 청구하지 못하게 된다.

(2) 複本의 方式

복본의 각통은 동일한 어음채권을 표창하므로, 그 각통의 내용은 동일하여야 한다(어64). 또 독립한 단일어음으로 오인되지 않도록 하기 위하여, 복본에는 그 증권의 본문 중에 반드시 번호를 붙여야 한다(어64 I). 예컨대 제1호, 제2호, 제3호 따위와 같다. 보통 「이 제1호(또는 제2호·제3호) 환어음과 상환하여 지급하여 주십시오」라고 기재한다. 만약 번호를 붙이지 아니한 경우에는 그 수통의 복본은 각별의 독립한 환어음으로 본다(어64 II 2文). 각통의 내용이 동일하지 아니한 경우에도 각별의 환어음으로 보아야 할 것이다. 그러나 내용의 동일은 일자일구에 이르기까지 동일하여야 하는 것은 아니고, 거래의 통념상 동일성이 인정될 수 있는 정도의 사소한 차이는 상관이 없다.

4. 複本의 效力

(1) 複本一體의 原則(權利關係의 同一性)

복본은 각통이 하나하나 어음으로서의 효력을 가지지만, 그것은 하나의 법률관계에 관하여 발행되는 것이므로 어음상의 법률관계는 하나이다. 따라서 발행인과 배서인은 수통의 복본에 기명날인 또는 서명을 하여도 한 개의 어음채무를 부담하는 데 불과하고, 또 소지인은 수통의 복본을 소지하더라도 취득하는 어음상의 권리는 한 개에 지나지 않는다. 그러므로 지급제시나 상환청구 등 어음상의 권리의 행사는 1통으로써 하면 충분하고, 또 1통에 대하여 한 지급 또는 상환의 효력은 다른 수통에도 미친다(어 65 I). 이것을 「복본일체의 원칙」이라고 한다. 이것은 복본 위에 특히 1통에 대한 지급이 있는 때에는 다른 복본을 무효로 한다는 취지의 기재(破棄文句)가 없는 때에도 마찬가지이다(어 65 I). 그러나 이 원칙에 대하여는 다음과 같은 예외가 있다.

(2) 例外(각 證券의 獨立性)

당사자가 복본의 각통을 마치 독립한 어음과 같이 취급하거나, 그 복본의 취득자 등 제3자의 신뢰를 보호할 만한 사정이 있는 경우에는 복본일체의 원칙에 대한 예외가 인정된다.

(가) 引受와 複本의 獨立性: 인수와 관련하여 복본이 독립한 어음과 같이 취급되는 경우에는 두 가지가 있다.

① 지급인이 수통의 복본에 대하여 각각 인수를 하는 경우이다. 원래 수통의 복본이 발행된 때에도 지급인은 그 가운데 1통에 대하여만 인수·지급하면 되고, 2통 이상에 인수하여서는 아니된다. 그런데 만약 지급인이 잘못하여 어음소지인이 제시하는 수통에 대하여 모두 인수를 한 경우에는, 인수인은 지급시에 그 수통을 모두 반환받지 않으면 반환받지 아니한 복본에 대하여 책임을 면하지 못한다(어 65 I 但). 따라서 수통에 대하여 인수를 하고 그 수통이 별개로 유통된 경우에는 지급인은 2중·3중의 인수책임을 지는 일이 있음을 주의하여야 한다. 다만 위 규정은 선의의 소지인을 보호하기 위한 것이므로, 악의의 소지인에 대하여는 인수인은 1통에 대한 지급으로써 책임을 면하고, 또 권리관계의 일체성에 비추어 그 수통이 동일한 소지인의 수중에 있는 한 소지인

은 따로 인수책임을 추궁할 수 없다고 생각한다. 만일 지급인이 수통의 복본에 대하여 인수를 하면서 제2호 이하의 인수에 대하여는 예컨대 「제1호에 대하여만 지급함」과 같은 문구를 적은 경우에는 그 효력이 어떠할까? 위와 같은 인수는 어음법 제26조 제1항 소정의 일부인수도 아니고, 동조 제2항 소정의 변경인수도 아니고, 하나의 조건부인수로서 무효라고 본다. 그렇다면 지급인은 최초로 인수한 복본에 대하여만 유효한 인수를 한 것이 되어 그 1통에 대하여만 지급하면 되므로 소기의 목적을 달하는 것이 된다.

② 지급인이 인수되지 아니한 복본에 대하여 지급을 한 경우이다. 지급인이 복본의 1통에 대하여 인수한 때에는 지급은 그 인수된 복본에 대하여 하여야 한다. 그런데 지급인이 잘못하여 인수없는 복본에 대하여 지급한 경우에는, 인수된 복본을 반환받지 아니한 한 이를 제시하는 어음소지인에 대하여 어음금지급의 책임을 면하지 못한다. 이 경우의 인수인의 책임 역시 선의의 소지인에 대하여만 인정됨은 앞의 경우와 같다.

(나) **背書와 複本의 獨立性**: 복본의 각통은 원래 합일적으로 동일인으로부터 동일인에게 함께 유통되어야 한다. 그런데 복본의 소지인이 잘못하여 또는 고의로 각통을 각각 다른 사람에게 배서양도한 때에는 그 배서인과 그 후의 배서인은 반환을 받지 아니한 각통에 관하여 배서인으로서의 책임을 진다(어 65 II). 여기에서 반환을 받지 아니하였다 함은 배서인 자신이 반환을 받지 않는다는 뜻이 아니고, 지급인이 반환받지 아니한 것을 뜻한다. 이 경우에는 어느 1통에 배서한 배서인은 다른 1통에 대하여 인수 또는 지급이 있더라도 그 책임을 면하지 못한다. 그러나 환어음의 발행인이나 따로따로 배서양도한 배서인의 전자가 어음금을 지급하면 모든 복본상의 권리가 소멸한다. 예컨대 甲이 乙에게 환어음을 발행·교부함에 있어서 제1호 어음과 제2호 어음 등 2통의 복본을 발행·교부하였고, 수취인 乙이 제1호어음은 丙에게, 제2호어음은 丁에게 각각 배서양도하였다고 하자. 이 경우에 제1호 어음만이 인수되고 丙의 지급제시에 응하여 지급되었다면, 발행인 甲과 인수인의 모든 어음상의 책임은 소멸한다(제2호 어음의 소지인인 丁에 대하여도: 複本一體의 原則). 그러나 제2호 어음의 소지인 丁이 각별로 배서양도한 乙에 대하여 제2호 어음에 관하여 상환청구를 하면, 乙은 발행인 甲이나 인수인이 위 제2호 어음을 반환받지 아니한 한 丁에 대하여 배서인으로서의 담보책임을 면하지 못한다. 또한

반환받지 아니한 복본에 배서를 한 배서인, 예컨대 제2호 어음을 丁이 戊에, 戊가 己에게 순차 배서양도한 경우에는, 제2호 어음의 소지인 己는 乙, 丁, 戊에게 담보책임을 물을 수 있다.

5. 引受를 위한 複本의 送付

인수를 위하여 복본의 1통을 격지에 송부한 자(위 송부한 복본을 送付複本이라 한다)는 다른 각통으로써 배서양도에 이용할 수 있다(이를 流通複本이라 한다). 그런데 이 경우에 유통복본에 송부복본의 보지자(保持者)의 명칭을 기재하여야 하고, 이 기재가 있는 유통복본의 소지인은 송부복본의 보지자에 대하여 그 반환을 청구할 수 있으며, 송부복본의 보지자는 이 유통복본의 정당한 소지인에 대하여 그 소지하는 복본을 교부하여야 한다(어 66). 송부복본을 보지하는 자의 주소를 기재하는 것은 요구되어 있지 않으나, 어음으로부터 그 주소를 알 수 없으면 송부복본보지자를 알리려는 법의 목적은 달성하기 어려울 것이다. 만일 송부복본의 보지자가 그 교부를 거절하는 때에는 유통복본의 소지인은 ① 송부복본의 교부를 청구하여도 교부되지 아니하였다는 것, ② 유통복본으로써 인수 또는 지급을 받을 수 없었다는 것을 증명하여 전자에 대하여 상환청구를 할 수 있다(어 66 II). 결국 유통복본의 소지인은 두 개의 거절증서, 즉 복본반환거절증서와 보통의 인수 또는 지급거절증서를 작성하여 상환청구를 할 수 있다. 이에 반하여 유통복본에 송부복본의 보지자의 명칭이 기재되어 있지 아니한 경우에는 유통복본의 소지인은 그 송부를 무시하고 유통복본에 의하여 인수 또는 지급의 청구를 하고 그것이 거절되면 복본반환거절증서를 작성하지 아니하고 보통의 상환청구권 보전절차를 취하여(한 가지 지급거절증서만에 의하여) 상환청구를 할 수 있다(通說). 송부복본을 송부하는 경우에는 이를 배서양도할 수 없도록 어음의 뒷면, 즉 배서란에 사선을 그어두는 것이 좋다.

제3 謄 本

1. 謄本의 意義

등본은 어음의 원본을 등사한 것이다. 등본은 복본과 달리 그 자체는 어음의 효력을 가지지 않고, 다만 그 위에 배서·보증을 할 수 있을 뿐이다. 등본은 복본과 함께 어음복제의 한 경우이나 다음과 같은 차이가 있다.

① 복본은 발행인에 의하여만 작성될 수 있으나, 등본은 모든 어음 소지인에 의하여 작성될 수 있다.

② 모든 복본은 인수를 위하여도 이용될 수 있으나, 등본은 오직 배서·보증을 위하여만 이용될 수 있다.

③ 복본은 환어음에만 인정되지만, 등본은 약속어음에도 인정된다(어 67, 77 I ⑥).

④ 등본 작성전에 한 최후의 배서의 뒤에 「이 후의 배서는 등본에 한 것만이 효력이 있다」는 문구 또는 이와 같은 뜻을 가진 문구(이른바 차단문구)를 어음원본에 기재한 때에는 그 후의 배서가 금지되고, 그럼에도 불구하고 원본에 배서를 하면 그 배서는 무효이지만(어 68 III), 복본에는 이러한 제한이 없다.

2. 謄本의 存在理由

① 등본은 어음의 유통을 조장하기 위하여 이용된다. 예컨대 환어음의 소지인이 인수를 위하여 어음을 원격지에 송부하였을 때에 복본발행의 번잡과 위험을 피하여 등본을 작성하고 이에 배서를 함으로써 어음상의 권리를 양도할 수 있는 것이다. 또 보증을 받기 위하여도 이용될 수 있다.

② 등본은 어음원본의 상실의 위험에 대비하기 위하여 이용된다. 즉 어음의 원본은 엄중하게 보관하고, 등본에 의하여 배서 또는 보증을 하는 편법으로서 이용된다. 약속어음의 등본은 이 목적을 위하여만 이용된다.

3. 謄本의 作成과 方法

등본은 복본과 달리 어음소지인이 임의로 작성할 수 있다(어 67). 등본에는 배서된 사항이나 그밖에 원본에 적힌 모든 사항을 정확하게 다시 적고 끝부분임을 표시하는 기재를 하여야 한다. 이 말미를 표시하는 기재를 경계문언이라고 하는데, 이것은 그 증서가 등본임을 표시하는 동시에 새로이 하여지는 어음행위와의 경계를 명확히 하기 위한 것이다. 경계문언은 보통 「이상 등사함」 따위로 표시한다. 만일 등본임을 표시하는 문언이 없는 경우에는 부진정한 기명날인 또는 서명이 있는 독립한 어음으로서의 효력이 있다. 또 등본임을 표시하는 문언은 있으나 등본의 끝부분임을 표시하는 기재가 없는 경우에는, 그 후의 어음행위도 역시 등본으로서의 효력밖에 없다.

또한 등본에는 원본의 보지자를 표시하여야 한다(어 68 I). 이를 원본보지자 표시문구라 하며, 복본의 경우에 관한 어음법 제66조 제1항에 대응하는 규정이다. 그리고 원본의 보지자는 등본의 정당한 소지자에 대하여 그 원본을 교부하여야 한다(어 68 I 2文). 그러나 등본에 원본의 보지자를 기재하지 아니한 경우에도 그 등본이 효력을 잃는 것이 아니다(通說).

4. 謄本의 效力

(1) 謄本上의 背書·保證

등본은 복본과는 달리 그 자체 어음이 아니므로, 이것에 의하여 인수·참가인수 또는 지급을 청구하지 못한다. 어음상의 권리를 행사하는 데에는 반드시 원본이 있어야 한다. 그러나 등본에는 원본과 동일한 방법과 효력으로써 배서 또는 보증을 할 수 있다(어 67). 등본은 작성자가 이를 배서양도하거나 보증을 받음으로써 어음상의 효력이 생기며, 소지인이 이를 작성한 것만으로는 어음법상 아무런 효력이 없다.

(2) 原本에 의한 背書의 禁止

등본작성 전에 한 최후의 배서의 뒤에 「이 후의 배서는 등본에 한 것만이 효력이 있다」는 문구 또는 이와 같은 뜻을 가진 문구(예컨대 등본이 작성되었으므로 배서불가함 따위. 이를 차단문구라 한다)를 원본에 기재한 때에는 원본에 배서를 할 수 없고, 배서를 하더라도 무효이다(어 68 III). 그리고 이 차단문구의 기재는 원본을 배서 이외의 방법으로 양도하는 것, 예컨대 원본의 단순한 교부에 의한 양도, 민법의 규정에 의한 채권양도까지 무효로 한다고 본다(通說). 왜냐하면 배서금지의 기재는 그 후 원본에 의한 모든 양도를 금하고, 오로지 등본만에 의하여 이를 할 수 있게 한 것으로 풀이되기 때문이다. 이 규정은 등본 작성후 원본의 보지자가 원본을 제3자에 배서양도하여 선의의 제3자가 이를 취득한 경우에는 등본의 소지인이 위 원본의 반환을 청구할 수 없으므로 등본의 소지인을 보호하기 위하여 인정된 것이다.

(3) 原本返還請求權과 謄本所持人의 遡求權

(가) 인수를 위하여 원본을 송부한 경우에는 전술한 바와 같이 등본에 그 원본의 보지자를 표시하여야 한다(어 68 I). 이처럼 송부처의 기재가 있는 등본의

소지인은 원본의 보지자에 대하여 원본의 반환을 청구할 수 있다(어 68 I). 보지자가 원본의 반환을 거절한 때에는 등본의 소지인은 원본반환거절증서에 의하여 원본의 교부를 청구하였음에도 불구하고 교부받지 못하였음을 증명하여 등본에 배서 또는 보증을 한 자에 대하여 상환청구권을 행사할 수 있다(어 68 II). 복본반환거절의 경우와는 달리 인수 또는 지급거절증서를 따로 작성할 필요는 없는 한편(등본만으로는 이러한 절차를 밟을 수 없기 때문이다), 등본에 기명날인 또는 서명한 배서인 또는 보증인에게만 상환청구를 할 수 있는 데 불과하다.

(나) 등본에 **원본보지자의 표시가 없는 경우**에 등본의 소지인의 구제수단에 관하여는 ① 등본의 소지인은 원본반환청구권이 없고 원본반환거절증서를 작성할 수도 없으므로 등본에 기명날인 또는 서명한 배서인 또는 보증인에게 상환청구권을 행사할 수 없다는 견해(**遡求權否定說**), ② 등본의 소지인은 원본반환청구권을 가지며, 소지인의 보호를 위하여 특히 거절증서를 작성하지 않고도 등본상의 배서 또는 보증을 한 자에게 상환청구권을 행사할 수 있다는 견해(**遡求權肯定說**), ③ 등본의 소지인은 원본의 반환청구권은 가지나, 상환청구를 함에 있어서는 원본반환거절증서의 작성이 필요하다고 하는 견해(**制限的遡求權肯定說**) 등이 있는데, 최후의 견해가 타당하다고 본다. 이 견해에 의하면, 등본의 소지인은 원본의 보지자를 탐지하여 거절증서를 작성할 수 있을 때에만 상환청구권을 행사할 수 있고, 원본보지자를 찾을 수 없을 때에는 원본반환거절증서를 작성할 수 없으므로 상환청구권의 행사가 불가능하게 된다. 등본의 소지인은 어음상의 권리자이므로 원본반환청구권을 긍정하여야 할 것이고, 또 거절증서의 작성을 전제로 하여 상환청구권을 인정하는 것이 어음법의 태도이기 때문이다.

제 9 장
拒絶證書

제1 拒絶證書의 意義

(1) 거절증서는 어음상의 권리의 행사 또는 보전에 필요한 행위를 한 것과 그 결과를 증명하는 공정증서이다. 이것은 어음소지인이 신속하게 그 권리를 행사할 수 있고, 어음채무자도 그 증명을 믿고 안심하고 어음채무를 이행할 수 있으며, 나아가 어음거래의 안전을 확보할 수 있도록 하기 위하여 인정된 것이다.

(2) 거절증서는 상환청구의 실질적 요건이 존재한다는 점에 대한 증거방법이 될 뿐만 아니라, 그 자체가 상환청구에 필요한 형식적 요건이 된다. 따라서 「거절증서 없으면 상환청구 없다」. 그러나 위 원칙에 대하여는 몇 가지 예외가 있다. 그것은 거절증서의 작성이 면제되어 있는 경우, 어음채무이행의 불확실성으로 인한 상환청구의 경우(파산절차 또는 회생절차의 개시의 경우, 어 44 VI), 불가항력에 의한 면제의 경우(어 54 IV, 77 I ④) 및 인수거절증서를 작성한 뒤의 지급거절의 경우(어 44 IV) 등이다.

(3) 거절증서에 관하여는 어음법에 약간의 규정이 있을 뿐(어 44 I, 77 I ④, 手 39 ①), 그 작성에 관한 사항은 거절증서령(1970. 4. 15. 大統領令 제4919호)에 위임하고 있다(어 84).

제2 拒絶證書의 性質

거절증서는 어음상의 권리의 행사 또는 보전에 필요한 행위를 한 것과 그 결과를 증명하기 위한 유일한 요식증서이다.

(1) 證明證書

거절증서는 어음상의 권리의 행사 또는 보전에 필요한 행위를 하였으나, 그 결과를 얻지 못하였다는 사실을 증명하는 증명증서이다. 반증에 의하여 다툴 수 있으나, 단순한 부인만으로는 증거력을 잃지 않는다.

(2) 證據方法

거절증서는 법률에 의하여 그 작성이 요구되어 있는 경우에는 유일한 증거방법이고(다만 작성면제의 경우에는 그렇지 않다), 다른 증서를 가지고 이것에 갈음할 수 없다. 따라서 상환청구 원인의 존재에 관한 한 유일한 증거방법이다. 다만 수표에 관하여는 거절자 자신의 증명 또는 어음교환소의 증명도 거절증서와 동일한 효력이 인정된다(手 39 ②, ③).

(3) 要式證書

거절증서는 법이 요구하는 일정한 사항을 기재하여야 한다(拒 13). 그러나 어음의 요식성과 같이 엄격하게 해석할 것은 아니고, 거절증서작성의 목적을 달성할 수 있는 정도의 기재가 있는 한 법정사항의 일부의 기재가 없어도 무효로 되지는 않는다.

(4) 獨立한 證書

거절증서는 어음과 다른 독립한 증서로서 어음의 보충적 증권이 아니다. 그러므로 어음의 내용과 거절증서의 내용과는 통일적으로 생각할 수 없고, 전자를 가지고 후자를 보충할 수 없다.

제3 拒絶證書의 種類

거절증서는 일정한 사실(즉 거절된 사실)을 증명하기 위하여 작성되므로, 그 증명하려는 사실의 내용에 따라 여러가지로 구별할 수 있다. 거절증서 가운데 가장 중요한 것은 지급거절증서(어 44 I, 77 I ④)이고, 그 다음이 인수거절증서(어 35, 44 I)이다. 그 밖에 중요한 것으로서는 인수일자거절증서(어 25 II, 78 II)와 복본 또는 원본반환거절증서(어 66 II, 68 II, 77)가 있다. 위에 말한 다섯 가지 외에도 숙려기간요구의 거절증서(어 24), 참가인수거절증서(어 56 II) 및 참가지급거절증서(어 60 I, 77) 등이 규정되어 있으나 이들은 별로 이용되지 않는다.

제 4 拒絶證書의 作成

1. 作成機關

거절증서는 위탁자의 위탁에 의하여 공증인, 집행관(拒 2), 공증인가합동법률사무소(旧辯 59-63), 법무법인(辯 49), 법무법인(유한)(辯 58의16, 49) 또는 법무조합(辯 58의30, 49)이 작성한다. 위탁자는 어음상의 권리를 행사할 수 있는 어음소지인 또는 그 대리인이다. 위탁을 받은 작성기관은 정당한 이유없이 이를 거절하지 못한다(公證 4, 執 14). 공증인 등 작성기관과 위탁자와의 관계는 일종의 위임이지만, 작성기관은 그 공적 지위에서 일정한 사실, 즉 거절사실을 증명하는 것이므로, 거절증서에 의하여 증명한 사실은 자기의 체험에 의하여 확인하고 이것을 공증하여야할 것이며, 위탁자의 진술만에 의거하여 작성하여서는 아니된다.

2. 作成場所

거절증서는 청구를 한 장소, 즉 거절증서에 의하여 증명하려는 행위를 한 장소에서 작성하는 것이 원칙이다. 그러므로 지급 또는 인수를 위한 제시를 한 장소가 작성장소로 되며, 일반적으로는 거절자의 영업소·주소 또는 거소가 이에 해당하나, 거절자의 승낙이 있는 때에는 다른 장소에서도 작성할 수 있다(拒 8 I). 청구를 할 장소를 알 수 없는 때에는 작성기관은 그 장소를 관공서에 조회하여야 하고, 그래도 알 수 없는 때에는 그 관공서나 자기의 사무소에서 거절증서를 작성할 수 있다(拒 8 II).

3. 作成期間

거절증서의 작성기간은 각 거절증서에 관하여 어음법에 규정되어 있다. 예컨대 확정일출급, 발행일자후정기출급 또는 일람후정기출급어음의 지급거절증서는 지급을 할 날에 이은 2거래일내이다(어 44 III 前).

4. 作成方式

(1) 記載用紙

거절증서는 원칙적으로 어음 또는 이에 결합한 부전에 의하여 이를 작성한다(拒 4 I). 즉 어음의 뒷면에 기재한 사항에 계속하여 이를 작성하며, 부전에 할 경우에는 작성기관이 그 접목(接目)에 간인을 하여야 한다(拒 4 II). 따라서 별지에 작성된 거절증서는 무효이다.

어음의 수통의 복본 또는 원본 및 등본을 제시한 경우에도 거절증서의 작성은 1통의 복본이나 원본 또는 부전에 하면 족하고, 이 경우에는 다른 복본 또는 등본에 그 뜻을 기재하고 작성기관이 기명날인하여야 한다(拒 5 I·III). 다만 위 원칙에 대한 예외로서 원본반환거절증서의 작성은 어음의 등본 또는 부전에 의하여 하고(이 경우에는 원본의 반환이 없기 때문이다), 또 인수의 일부거절의 경우의 거절증서의 작성은 작성기관이 어음의 등본을 작성하여 그 등본 또는 부전에 의하여 한다(拒 6 I·II)(이 경우에는 원본이 권리의 유통 또는 실행에 필요하기 때문이다). 어음의 복본·원본 또는 등본에 관하여도 거절증서의 기재사항은 이들 뒷면에 기재한 사항에 계속하여 기재하여야 한다.

(2) 記載事項

거절증서에는 다음 사항을 기재하고 작성자가 기명날인하여야 한다(拒 3). 그러나 이러한 기재사항 중 본질적이 아닌 것은 이를 빠뜨려도 거절증서를 무효로 하지는 아니한다. ① 거절자 및 피거절자의 성명이나 명칭, ② 거절자에 대하여 청구를 한 뜻 및 거절자가 그 청구에 응하지 아니하였거나 거절자의 면회를 할 수 없었던 것 또는 청구를 할 장소를 알 수 없었던 뜻, ③ 청구를 하였거나 이를 할 수 없었던 장소 및 연월일, ④ 거절증서작성의 장소 및 연월일, ⑤ 법정장소 이외의 곳에서 거절증서를 작성하는 경우에는 거절자가 이를 승낙하였다는 사실, 지급인이 제2의 제시를 청구한 때(어 24 I)에는 그 뜻(拒 3 II) 등이다.

(3) 記載方法

거절증서의 기재사항은 어음의 복본·원본 또는 등본의 뒷면에 적은 사항에 계속하여 적어야 하고, 또 부전에 할 경우에는 작성자가 그 접목에 간인을 하여야 한다(拒 4 II). 이것은 거절증서작성당시의 어음의 상태를 명백히 하는 동시에 중간여백을 이용한 부정기입을 방지하기 위한 것이다. 그러나 이 기재방법에 위반하여도 거절증서를 무효로 하는 것은 아니다.

(4) 拒絶證書의 數

동일한 어음에 관하여 수인에 대하여 청구를 하는 경우, 예컨대 수인의 지급인에 대하여 청구하거나, 지급인·예비지급인·참가인수인에 대하여 청구하는 경우 또는 동일인에 대하여 수회의 청구를 하는 경우, 예컨대 지급인이 숙려기간을 요구하는 경우에도 그 청구에 관하여 1통의 거절증서를 작성하면 충분하다(拒 7).

(5) 拒絶證書의 謄本

공증인 등 거절증서작성기관이 거절증서를 작성한 때에는 그 등본에 일정한 사항을 기재하여 이를 그 사무소에 비치하여야 한다(拒 9 I). 이것은 거절증서의 원본이 멸실한 경우에 대비하기 위한 것이다. 그리하여 거절증서가 멸실·분실된 경우에 이해관계인의 청구가 있는 때에는 위 등본에 의하여 새로운 등본을 작성하여 이해관계인에게 교부하여야 하며, 이 등본은 원본과 동일한 효력이 있다(拒 9 II).

5. 拒絶證書의 瑕疵와 그 補正

거절증서에 오류 또는 기재사항의 누락이 있는 경우에 그것이 중요한 사항이면 거절증서의 무효를 초래한다. 일반적으로 어음에 의하여 청구를 하였으나 그 목적을 달성하지 못한 것을 증명하기 위하여 필요한 기재가 중요한 부분이라고 할 수 있다. 또 중요한 부분에 오류 또는 누락이 있더라도 증서자체의 해석에서 분명할 때에는 증서의 효력이 있다. 그리고 중요한 부분에 관한 하자는 거절증서를 무효로 하지만, 이것을 보정하여 적법한 거절증서로 만드는 것은 가능하다. 보정을 할 수 있는 기간은 거절증서 작성기간 내이든가 또는 기간 후라도 작성위탁자에게 거절증서를 교부할 때까지라고 본다. 또 보정한 곳에는 작성자가 기명날인을 하여야 한다.

제10장 電子어음

제1 總 說

2004. 3. 22. 공포된 「전자어음의 발행 및 유통에 관한 법률」(법률 제7197호, 이하 전자어음법 또는 전어라 약칭함)은 일반상거래와 전자상거래에서 디지털 환경에 적합한 전자결제수단으로 사용하기 위하여 종래 종이 등 유형물에 바탕을 둔 실물어음 외에 새로이 전자어음을 어음의 한 형태로 인정하고, 전자어음의 발행과 유통에 관한 특칙을 규정하고 있다. 이 법은 우리나라에서 전자어음이 이용될 수 있는 법적 기초를 마련하였다는 점에 의의가 있다. 전자어음제도에 관하여는 유엔과 외국에서 아직 논의의 단계에 있을 뿐인데, 우리나라가 선구자로서 이에 관한 입법을 하였다. 전자어음에 관하여는 전자어음의발행및유통에관한법률에 특별한 규정이 있는 경우를 제외하고는 어음법을 적용한다(전어 4).

제2 電子어음의 意義와 性質

(1) 일반적으로 전자어음(electronic bills of exchange, electronic promissory notes)이라고 하면 電子文書로 작성되어 관리기관에 등록된 환어음과 약속어음을 통틀어 말하는데, 우리나라에서는 그 가운데서 전자문서로 작성되고, 전자어음관리기관에 등록된 약속어음만을 가리킨다(전어 2 ②).

여기에서 「전자문서」라 함은 정보처리시스템에 의하여 전자적 형태로 작성, 송신, 수신 또는 저장된 정보를 말하고, 「정보처리시스템」이라 함은 전자문서의 작성, 송신, 수신 또는 저장을 위하여 이용되는 정보처리능력을 가진 전자적 장치 또는 체계를 말한다(전자거래기본법 2 ①②).

(2) 전자어음은 금전의 지급을 청구할 수 있는 채권을 포함하고 있으나, 종이 등 유형물에 체화되어 있지 않고 눈에 보이지 않는 전자문서의 형태로 존재하고, 전자어음을 발행하면 전자어음관리기관에 등록하여야 하며(전어 5 I), 전자어음의 배서, 보증 또는 전자어음상의 권리의 행사는 전자문서에 의하여서만 할 수 있다(전어 5 IV). 이처럼 전자어음은 사권인 금전채권을 포함하고 있으나, 증권을 작성하지 않고 전자어음관리기관에 등록되어 관리되므로, 그 법적성질은 유가증권이 아니라 등록증권 내지 전자증권 또는 가치권에 속한다. 다만 형법상 제214조 내지 제217조에 정한 죄의 적용에 있어서는 이를 유가증권으로 본다(전어 22 IV).

제3 電子어음의 發行

1. 어음要件

전자어음은 필수적 기재사항을 기재하고, 발행인이 공인전자서명을 한 다음에, 이를 수취인에게 송신하여 수취인이 이를 수신한 때에 발행의 효력이 발생한다(전어 6).

(1) 이를 분설하면, 어음요건은 ① 약속어음문구(증권의 본문 중에 그 증권의 작성에 사용하는 국어로 약속어음임을 표시하는 문자), ② 지급약속문구(일정한 금액을 지급할 뜻의 무조건의 약속), ③ 만기의 표시, ④ 수취인(지급을 받을 자 또는 지급을 받을 자를 지시할 자의 명칭), ⑤ 발행일과 발행지, ⑥ 발행인의 기명날인 또는 서명, ⑦ 전자어음의 지급을 청구할 금융기관, ⑧ 전자어음의 동일성을 표시하는 정보, ⑨ 사업자고유정보 등이다(전어 6 I).

(2) 어음법 제74조 제4호에서 요구하는 지급지는 따로 기재하지 않고, 위에 말한 전자어음의 지급을 청구할 금융기관(⑥)을 기재하면 그 금융기관이 소재하는 지역을 지급지로 본다(전어 6 II). 전자어음의 동일성을 표시하는 정보란 어음의 번호 등 전자어음을 다른 전자어음과 구별하여 특정할 수 있는 정보를

가리키고, 사업자고유정보란 전자어음과 관련된 당사자의 상호나 사업자등록번호, 회원번호, 법인등록번호 또는 주민등록번호 등 사업자를 식별할 수 있는 정보를 말한다(전어 2 (6)).

(3) 전자어음의 만기는 발행일로부터 1년을 초과할 수 없다(전어 6 (5)). 전자어음의 만기에도 일람 출급, 일람후 정기출급, 발행일자후 정기출급 및 확정일 출급이 모두 가능하다고 본다(어 77, 33 Ⅰ②).

(4) 실물어음과 차이점은 지급지가 요구되지 않는 대신에, 전자어음의 지급을 청구할 금융기관, 전자어음의 동일성을 표시하는 정보, 사업자고유정보 등이 추가로 요구되는 것이다.

2. 白地어음

전자어음의 경우에는 어음법 제10조에 의한 백지어음은 인정되지 아니한다(전어 6 (6)). 따라서 전자어음법이 정한 어음요건의 일부를 기재하지 아니한 경우에는 그 전자어음은 불완전어음으로서 무효이다.

3. 記名捺印 또는 署名

발행인의 기명날인 또는 서명은 발행인이 전자어음에 공인전자서명을 하는 방법으로 한다(전어 6 Ⅲ). 공인전자서명이란 전자서명법 제2조 제3호의 규정에 의한 정보를 말하며(전어 2 ③), 전자서명법에 의하면 공인전자서명이란 전자서명생성정보(전자서명을 생성하기 위하여 이용하는 전자적 정보)가 가입자에게 유일하게 속할 것, 서명 당시 가입자가 전자서명생성정보를 지배 관리하고 있을 것, 전자서명이 있은 후에 당해 전자서명에 대한 변경여부를 확인할 수 있을 것, 전자서명이 있은 후에 당해 전자문서의 변경여부를 확인할 수 있을 것 등의 요건을 갖추고 공인인증서(전자서명법 제2조 제8호의 규정에 의한 전자적 정보, 전어 2 ⑤)에 기초한 전자서명을 말한다(전자서명법 2 ③).

4. 發行의 效力發生

전자어음은 발행인이 전자거래기본법 제6조 제1항에 따라 전자어음을 송신하고 그 수취인이 동법 제6조 제2항의 규정에 따라 수신한 때에 발행의 효력이 발생한다(전어 6 Ⅳ). 이는 교부계약설의 입장을 따른 것으로 풀이된다.

전자거래기본법에 의하면, 전자문서는 수신자 또는 그 대리인이 당해 전자문서를 수신할 수 있는 정보처리시스템에 입력된 때에 송신된 것으로 보고, ① 수신자가 전자문서를 수신할 정보처리시스템을 지정한 경우에는 지정된 정보처리시스템에 입력된 때(다만, 전자문서가 지정된 정보처리시스템이 아닌 정보처리시스템에 입력된 경우에는 수신자가 이를 출력한 때), ② 수신자가 전자문서를 수신할 정보처리시스템을 지정하지 아니한 경우에는 수신자가 관리하는 정보처리시스템에 입력된 때에 각 수신된 것으로 본다(동법 6 I, II). 전자문서는 작성자 또는 수신자의 영업소 소재지에서 각각 송신 또는 수신된 것으로 본다. 이 경우 영업소가 2 이상인 때에는 당해 전자문서의 주된 관리가 이루어지는 영업소 소재지에서 송신·수신된 것으로 본다. 다만, 작성자 또는 수신자가 영업소를 가지고 있지 아니한 경우에는 그의 상거소(常居所)에서 송신·수신된 것으로 본다(동법 6 III).

5. 發行의 登錄

(1) 전자어음을 발행하고자 하는 자는 당해 전자어음을 전자어음관리기관에 등록하여야 한다(전어 5 I). 전자어음관리기관은 법무부장관의 지정을 받은 기관으로서, 대통령령이 정하는 일정한 요건을 갖추어야 한다(전어 3). 금융결제원 등이 이에 해당한다. 전자어음을 공적 기관에 등록관리하는 이유는 전자어음의 경우에는 눈에 보이는 어음증권이 작성되지 아니하므로, 그것이 남발되어 악용될 염려가 크기 때문이다.

(2) 전자어음관리기관은 당해 전자어음의 지급을 청구할 금융기관이나 신용조사기관 등의 의견을 참고하여 전자어음의 등록을 거부하거나 전자어음의 연간 총 발행금액 등을 제한할 수 있다(전어 5 II). 전자어음의 남발을 방지하여 거래의 안전을 도모하고자 함이다.

(3) 전자어음관리기관의 전자어음 등록에 관한 절차 방법 그밖에 필요한 사항은 대통령령으로 정한다(전어 5 III).

제4 電子어음의 背書

전자어음에 배서를 하는 경우에는 전자어음에 배서의 뜻을 기재한 전자문서(배서전자문서)를 첨부하여야 한다(전어 7 ①). 배서전자문서에는 전자어음의 동일성을 표시하는 정보를 기재하여야 한다(전어 7 ②). 실물어음의 배서가 어음의 배면이나 어음과 연결된 보충지에 하는 것과 다르다. 배서인이 피배서인에게 전자어음과 배서전자문서를 송신하고 피배서인이 이를 수신한 때에는 실물어음에 배서의 기명날인 또는 서명을 하고 이를 피배서인에게 교부한 것과 동일한 효력이 있는 것으로 본다(전어 7 ③). 피배서인이 다시 배서를 하는 경우에는 전자어음에 이전에 작성된 배서전자문서를 전부 첨부하고 새로 배서의 뜻을 기재한 배서전자문서를 다시 작성하여 이를 첨부하여야 한다(전어 7 ④).

전자어음의 총 배서 회수는 20회를 초과할 수 없다(전어 7 ⑤). 이것은 전자어음의 배서가 너무 많이 반복되면 이전의 배서의 진정여부를 조사하는 것이 번거롭고 시간이 많이 걸려 전자어음의 유통을 방해할 염려가 있기 때문이다. 배서인이 전자어음에 공인전자서명을 한 때에는 배서의 기명날인 또는 서명을 한 것으로 본다(전어 7 ⑥). 특수배서의 종류와 그 효력은 실물어음의 경우와 같다(전어 4).

전자어음의 경우에도 배서의 연속이 있는 전자어음의 최후의 소지인(전자어음상의 권리의 최후의 피배서인)은 적법한 권리자로 추정된다(전어 4, 어 16 I). 배서의 연속여부는 배서의 기명날인 또는 서명의 효력을 가진 공인전자서명을 할 때에 받은 공인인증서의 날짜에 의하여 판단할 수 있을 것이다.

제5 電子어음의 保證

전자어음에 보증을 하는 자는 전자어음에 보증의 뜻을 기재한 전자문서(보증전자문서)를 첨부하여야 한다(전어 8 ①). 보증인이 전자어음에 공인전자서명을 한 경우에는 보증의 기명날인 또는 서명을 한 것으로 본다. 전자어음은 보증인이 피보증인에게 전자거래기본법 제6조 제1항의 규정에 따라 보증전자문서가 첨부된 전자어음을 송신하고 피보증인이 동법 제6조 제2항의 규정에 따라 이를 수신한 때에 보증의 효력이 발생한다. 보증전자문서에는 전자어음의 동일성을 표시하는 정보를 기재하여야 한다(전어 8 ②). 이것은 보증을 받는 전자어음을 특정하기 위한 것이다.

제6 電子어음의 支給提示

전자어음도 지급을 받기 위하여는 실물어음처럼 지급제시의 절차를 밟아야 한다.

(1) 전자어음의 지급제시는 전자어음의 소지인이 전자어음 및 그 어음에 관한 모든 배서전자문서를 첨부하여 지급청구의 뜻이 기재된 전자문서(지급제시전자문서 또는 지급청구전자문서)를 전자어음의 지급을 청구할 금융기관에 송신함으로써 하며, 당해 금융기관이 위 지급제시전자문서를 수신한 때에 어음법 제38조 제1항의 지급제시가 있는 것으로 본다(전어 9 Ⅰ본). 지급제시를 위한 송신과 수신의 시기는 전자거래기본법 제6조 제1항 및 제2항에 따른다. 전자어음의 지급제시는 위 방법 이외에 전자어음관리기관에 대한 전자어음의 제시로 갈음할 수 있는데, 이것은 어음교환소에 대한 지급제시에 대응하는 것이다(전어 9 Ⅰ단). 이 경우에도 지급을 청구하는 자는 전자어음 외에 모든 배서전자문서를 첨부하여야 한다. 전자어음의 경우에는 실물어음의 경우와 달리 전자어음관리기관이 운영하는 정보처리조직에 의하여 전자어음의 만기일 이전에 자동으로 지급제시가 되도록 할 수 있다(전어 9 Ⅰ단). 자동적 지급제시를 함에는 최초의 수취인이 하는 경우를 제외하고는 전자어음과 지급제시전자문서 외에 자기에 이르기까지의 모든 배서전자문서를 첨부하여야 한다.

(2) 지급제시를 하는 소지인은 지급제시전자문서에 어음금을 수령할 금융기관의 계좌를 기재하여야 한다(전어 9 Ⅲ).

제7 電子어음의 支給과 어음의 消滅

(1) 전자어음의 지급제시를 받은 금융기관이 어음금을 지급하거나 전자어음관리기관의 정보처리조직에 의하여 지급이 완료된 경우에는 어음관계가 소멸하고 어음채무자가 어음을 환수한 것으로 본다(전어 10).

(2) 전자어음의 지급제시를 받은 금융기관이 어음금을 지급할 때에는 전자어음관리기관에 지급사실을 통지하여야 한다(전어 9 Ⅳ본). 이것은 2중 지급의 위험을 방지하기 위한 것이다. 다만 전자어음관리기관에서 운영하는 정보처리조직

에 의하여 지급이 완료된 경우에는 따로 지급사실을 통지하지 아니한다(전어 9 IV 단). 자기가 자기에게 통지하는 것은 불필요하기 때문이다.

(3) 전자어음의 경우에는 약속어음의 지급자(금융기관 또는 전자어음관리기관)가 지급을 할 때에 소지인에 대하여 어음의 영수를 증명하는 기재를 하여 교부할 것을 청구할 수 없다(전어 11). 이것은 어음금의 지급이 전자정보에 의하여 확인될 수 있기 때문이다.

(4) 전자어음의 경우에는 일부지급이 허용되지 아니한다(전어 11). 따라서 소지인은 일부 지급을 거절할 수 있다. 이것은 일부지급의 경우에 발생하는 복잡한 법률관계(영수증의 교부와 일부소구를 위한 절차 등)는 전자어음에는 적당하지 않기 때문이다.

제8 電子어음의 支給拒絶과 償還請求

(1) 전자어음의 소지인이 적법한 지급제시를 하였음에도 불구하고 금융기관이 지급을 거절한 때에 소지인이 전자에게 상환청구를 할 수 있음은 실물어음의 경우와 같다.

(2) 지급제시를 받은 금융기관이 지급을 거절할 때에는 전자문서(지급거절전자문서)로 하여야 한다(전어 12 I). 지급거절 전자문서를 어음관리기관에 통보하고 동 기관이 이를 확인한 경우에는 동 전자문서를 어음법 제44조 제1항에 의한 공정증서(지급거절증서)로 본다(전어 12 II). 전자어음의 소지인이 금융기관으로부터 지급거절전자문서를 수신한 날을 공정증서의 작성일로 본다(전어 12 III). 지급거절전자문서의 확인방법 및 절차 그밖에 필요한 사항은 대통령령으로 정한다(전어 12 IV).

(3) 지급거절을 받은 전자어음의 소지인이 상환청구를 할 때에는 전자어음과 배서전자문서, 지급거절전자문서를 첨부하여 상황청구의 뜻을 기재한 전자문서(상환청구전자문서)를 상환의무자에게 송신하여야 한다(전어 13 I). 상환청구를 하는 소지인은 상환청구전자문서에 어음금을 수령할 금융기관의 계좌를 기재하여야 한다(전어 13 IV, 9 III).

(4) 상환의무자가 상환금액을 지급한 때에는 전자어음관리기관에 지급사실을 통지하여야 한다(전어 13 II). 이것은 금융기관이 어음금을 지급하였을 때의 통지의무(전어 9 IV 본)와 같다. 상환의무자로부터 전자어음관리기관에 지급사실의 통지가

있으면 상환의무자가 전자어음을 환수한 것으로 본다(전어 13 III).

제9 電子어음의 返還과 受領拒否

(1) 전자어음을 발행 또는 배서한 자가 착오 등을 이유로 전자어음을 반환받고자 하는 때에는 그 소지인으로 하여금 전자어음관리기관에 반환의 뜻을 통지하게 하여야 한다(전어 14 I). 그러나 전자어음의 반환은 소지인의 동의가 있는 경우에만 가능하다. 전자어음의 채무자가 아니라, 전자어음의 소지인으로 하여금 전자어음관리기관에 반환의 뜻을 통지하게 한 것은 그 때문이다. 전자어음의 소지인으로부터 그 어음의 반환의 뜻의 통지가 있으면 전자어음은 발행 또는 배서되지 않은 것으로 보며, 전자어음관리기관은 당해 전자어음의 발행 또는 배서에 관한 기록을 말소하여야 한다(전어 14 II).

명문의 규정은 없으나, 전자어음에 보증을 한 자가 착오 등을 이유로 보증을 취소하고자 그 소지인으로 하여금 전자어음관리기관에 보증취소의 뜻을 통지하게 한 때에도, 전자어음은 보증되지 않은 것으로 보고, 전자어음관리기관은 당해 전자어음의 보증에 관한 기록을 말소하여야 할 것이다.

(2) 전자어음의 수신자가 전자어음의 수령을 거부하고자 하는 경우에는 그 수신자는 전자어음관리기관에 그 뜻을 통지하여야 한다. 이 통지가 있으면 수신자가 전자어음을 수령하지 않은 것으로 보며, 전자어음관리기관은 수신자의 청구가 있을 경우 그 수신자가 전자어음의 수령을 거부한 사실을 증명하는 문서를 발급하여야 한다(전어 14 III).

제10 電子어음管理機關

1. 意 義

전자어음관리기관이란 전자어음에 관련된 사항을 처리하기 위하여 법무부장관의 지정을 받은 기관이며(전어 2 IV, 3), 금융결제원, 한국전자거래협회, 신용보증기금 등이 그것이다.

2. 安全性確保義務

전자어음관리기관은 전자어음에 관한 거래의 안전을 확보하고 지급의 확실성을 보장할 수 있도록 전자어음거래의 전자적 전송·처리를 위한 인력, 시설, 전자적 장치 등에 관하여 대통령령이 정하는 기준을 준수하여야 한다(전어15).

3. 電子어음 去來記錄의 生成 및 保存

전자어음관리기관은 전자어음의 발행, 배서, 보증, 권리행사 등이 자신의 전자정보처리조직을 통하여 이루어지도록 하여야 하며, 전자어음별로 발행인과 배서인에 관한 기록, 전자어음 소지인의 변동사항 및 당해 전자어음의 권리행사에 관한 기록을 보존하여야 하고, 전자어음거래를 추적·검색하고 오류가 발생할 경우 이를 확인·정정할 수 있는 기록을 생성하여 보존하여야 한다(전어16 I). 위 규정에 의하여 전자어음관리기관이 보존하여야 하는 기록의 종류와 방법 및 보존기간은 대통령령으로 정한다(전어16 II).

4. 電子어음去來 情報의 提供 등

전자어음관리기관은 이용자의 신청이 있는 경우에는 대통령령이 정하는 바에 따라 해당 전자어음 관련 발행상황 및 잔액 등의 결제정보를 제공하여야 한다(전어17 I). 전자어음거래와 관련하여 이용자의 신상에 관한 사항, 이용자의 거래계좌 및 전자어음거래의 내용과 실적에 관한 정보 또는 자료를 업무상 알게 된 자는 이용자의 동의를 얻지 않고 이를 타인에게 제공하거나 누설하여서는 아니된다(전어17 II 본). 다만 금융실명거래및비밀보장에관한법률 제4조 제1항 단서의 규정에 의한 경우와 그밖의 법률에 정한 경우에는 그러하지 아니하다(전어17 II 단). 전자어음관리기관은 전자어음 발행·유통과 선의의 거래자 보호를 위하여 대통령령이 정하는 경우에는 법무부장관의 사전승인을 얻어 위 사항을 공개할 수 있다(전어17 III).

5. 約款의 明示·通知 등

전자어음관리기관은 전자어음을 등록함에 있어 이용자에게 전자어음거래에 관한 약관을 명시하고, 이용자의 요청이 있는 경우 대통령령이 정하는 바에 따라 당해 약관을 교부하고 그 내용을 설명하여야 한다(전어 18 Ⅰ). 전자어음관리기관이 전자어음거래에 관한 약관을 제정 또는 변경하고자 하는 때에는 법무부장관의 승인을 얻어야 한다. 다만 약관의 변경으로 인하여 이용자의 권익이나 의무에 영향이 없다고 법무부장관이 정하는 경우에는 변경 후 10일 이내에 법무부장관에게 통보하여야 한다(전어 18 Ⅱ).

6. 異議提起와 紛爭處理

전자어음관리기관은 대통령령이 정하는 바에 따라 전자어음관리와 관련하여 이용자가 제기하는 정당한 의견이나 불만을 반영하고, 이용자가 전자어음거래에서 입은 손해를 배상하기 위한 절차를 마련하여야 한다(전어 19 Ⅰ). 전자어음관리기관은 전자어음 등록 시 위 규정에 의한 절차를 명시하여야 한다(전어 19 Ⅱ). 전자어음분쟁조정위원회가 그것이다.

제11 電子어음管理業務의 監督

1. 電子어음管理機關의 監督 및 檢査

법무부장관은 전자어음관리기관에 대하여 이 법 또는 이 법에 의한 명령의 준수여부를 감독한다(전어 20 Ⅰ). 법무부장관은 위 감독을 위하여 필요한 때에는 전자어음관리기관에 대하여 그 업무에 관한 보고를 하게 하거나 대통령령이 정하는 바에 따라 전자어음관리기관의 전자어음관리업무에 관한 시설·장비·서류 그 밖의 물건을 검사할 수 있다(전어 20 Ⅱ). 법무부장관은 전자어음제도의 원활한 운영 및 이용자 보호 등을 위하여 필요한 때에는 전자어음관리기관에 이용자의 전자어음거래정보 등 필요한 자료의 제출을 명할 수 있다(전어 20 Ⅲ). 법무부장관은 전자어음관리기관이 이 법 또는 이 법에 의한 명령을 위반하여 전자어음제도의 건전한 운영을 해하거나 이용자의 권익을 침해할 우려가 있다고 인정되는 경우에는 당해 위반행위에 대한 시정명령, 전자어음관리기관에 대한 주의·경고 또는 그 임직원에 대한 주의·경고 및 문책의 요구, 전자어음관리기관 임원의 해임권고 또는 직무정지의 요구 등의 조치를 할 수 있다

(전어 20 IV). 법무부장관은 전자어음제도의 운영 및 전자어음관리기관의 감독 또는 검사와 관련하여 필요한 경우 금융감독위원회에 협의를 요청하거나 대통령령이 정하는 바에 따라 그 권한의 일부를 위임 또는 위탁할 수 있다(전어 20 V).

2. 電子어음管理機關의 指定取消

법무부장관은 전자어음관리기관이 ① 허위 그 밖의 부정한 방법으로 전자어음관리기관의 지정을 받은 때, ② 정당한 사유 없이 1년 이상 계속하여 영업을 하지 아니한 때, ③ 법인의 합병, 파산, 영업의 폐지 등으로 사실상 영업을 종료한 때 등에는 전자어음관리기관의 지정을 취소할 수 있다(전어 21 I). 전자어음관리기관은 지정이 취소된 경우에도 그 처분 전에 행하여진 전자어음거래의 지급을 위한 업무를 계속하여 행할 수 있다(전어 21 II). 법무부장관은 전자어음관리기관의 지정을 취소하고자 하는 경우에는 청문을 실시하여야 하며, 지정을 취소한 때에는 지체 없이 그 내용을 관보에 공고하고 컴퓨터통신 등을 이용하여 일반인에게 알려야 한다(전어 21 III).

제12 罰則과 過怠料

전자어음법은 전자어음의 유통을 보호하고 이용자의 편익을 도모하기 위하여 많은 벌칙과 과태료를 규정하고 있다. 또한 법무부장관의 지정을 받은 전자어음관리기관은 특정경제범죄가중처벌등에관한법률 제2조의 규정에 의한 금융기관으로 본다(전어 24).

1. 5년 이하의 징역 또는 1억원 이하의 벌금(전어 22 I)

법무부장관으로부터 전자어음관리기관의 지정을 받지 아니하고 전자어음관리업무를 한 자.

2. 3년 이하의 징역 또는 5천만원 이하의 벌금(전어 22 II)

전자어음관리기관에 등록하지 아니하고 전자어음을 발행한 자와 이용자의 동의를 얻지 않고 타인에게 전자어음정보를 제공한 자.

3. 1년 이하의 징역 또는 3천만원 이하의 벌금(전어 22 Ⅲ)

법무부장관에 의한 검사를 기피하거나 방해한 자.

4. 유가증권의 위조 등(전어 22 Ⅳ)

전자어음은 형법 제214 내지 제217조에 정한 죄의 유가증권으로 보아 각 그 죄에 정한 형으로 처벌한다.

5. 1천만원 이하의 과태료(전어 23 Ⅰ)

전자어음관리기관이 안전성 기준을 위반한 때, 법무부장관의 자료제출명령에 대하여 정당한 사유 없이 자료를 제출하지 아니하거나 허위의 자료를 제출한 자.

6. 500만원 이하의 과태료(전어 23 Ⅱ)

전자어음거래의 보존의무를 위반한 자, 이용자의 신청에 대하여 정당한 이유없이 전자어음 관련 발행상황 및 잔액 등의 결제정보를 제공하지 아니한 자, 전자어음거래에 관한 약관의 설명의무 또는 보고의무를 위반한 자, 전자어음 관련 분쟁처리절차를 설치하지 아니한 자.

제 11 장
國際換어음 및 國際約束어음에 관한 유엔協約

제1 制定經緯

1930년 제네바 어음법통일조약과 1931년 제네바 수표법통일조약이 성립한 이래로, 세계각국의 어음법은 통일조약을 기초로 한 통일법계와 영미법계로 나누어져 있다. 영미법계의 여러 나라가 통일조약을 비준하지 아니하였던 이유는 통일조약의 내용이 기본적으로 도이칠란트·프랑스 등 대륙법계 제국의 어음법·수표법에 가까워 영미법계 제국이 받아들이기 어려웠기 때문이다. 이처럼 오늘날 세계의 어음법·수표법이 통일법계와 영미법계로 양분되고, 각국의 어음법·수표법의 내용이 다르기 때문에, 국제간의 거래를 어음과 수표로 결제함에 있어서 여러가지 불편과 복잡한 법률문제가 야기되었다. 그리하여 1966년에 설립된 국제연합 무역거래법 위원회(The United Nations Commission on International Trade Law, UNCITRAL)는 1968년 제1차 회의에서 국제지급증권에 관한 통일규정을 제정할 것을 최우선적 과제에 포함시키기로 하고, 관계기관과의 공동작업 끝에 1981년 국제환어음 및 국제약속어음에 관한 협약초안을 마련하였고, 이에 관한 논의의 결과를 토대로 하여 수차의 수정협약안을 작성하였으며, 최종적으로 1988. 12. 9 제43차 UN총회에서 협약안이 정식으로 채택되었다. 이렇게 성립한 것이 「국제환어음및국제약속어음에관한UN협약」(The United Nations Convention on International Bills of Exchange and International Promissory Notes) 이다(아래에서는 국제어음협약이라 부른다).

제2 適用範圍

(1) 국제어음협약은 국제적으로 거래되는 모든 어음에 적용되는 것이 아니고,

그 표제에 「국제환어음(UNCITRAL협약)」 또는 「국제약속어음(UNCITRAL협약)」이라고 기재하고, 또 본문에도 같은 표현을 기재하여 발행된 어음에 한하여 적용된다(협약 1).

(2) 국제환어음은 ㈎ ① 발행지, ② 발행인의 서명에 부기한 지, ③ 지급인의 명칭에 부기한 지, ④ 수취인의 명칭에 부기한 지, ⑤ 지급지 중 2개 이상이 특정되고 그 특정된 지의 어느 2개가 다른 국가에 속하며, ㈏ 발행지 또는 지급지 중 어느 하나가 증권에 기재되고, 그것이 체약국 내에 있어야 한다(조약 2(1)). 국제약속어음에 관하여도 같은 취지의 규정이 있다(협약 2(2)).

(3) 국제어음협약은 국제수표에는 적용되지 않는다(협약 1(3)). 국제수표협약안도 1981년에 작성되어 논의되었으나, 각국에서 수표의 실무상의 취급이 서로 다르기 때문에 통일법이 어렵고 불필요하다는 의견이 많아서, 1984년 제17차 UNCITRAL총회에서 그 작성작업을 중단하였다.

제3 發 行

1. 어음要件

국제환어음 및 국제약속어음(이하 양자를 합하여 국제어음이라 부른다)의 요건은 대륙법계 어음법이 요구하는 요건보다 완화되어 있다. 그리하여 국제환어음에는 ① 발행인이 지급인으로 하여금 수취인 또는 그 지시인에게 조건 없이 일정한 금액을 지급할 것을 위탁하는 뜻, ② 일람출급 또는 확정기출급의 만기, ③ 발행일, ④ 발행인의 서명 등을 기재하여야 하고, 국제약속어음에는 ① 발행인이 수취인 또는 그 지시인에게 조건 없이 일정한 금액을 지급할 것을 약속하는 뜻, ② 일람출급 또는 확정기출급의 만기, ③ 발행일, ④ 발행인의 서명 등을 기재하여야 한다(협약 3). 여기에서 확정기출급(payable at a definite time)은 확정일출급이 아니라 확정일출급, 발행일자후정기출급, 일람후정기출급 등을 모두 포함하는 개념이다(협약 9(2)).

2. 白地어음

백지어음의 취급에 관하여는 통일법계와 영미법계 사이에 차이가 있었다. 즉 통일법계에서는 백지어음에 대하여도 상관습법상 선의취득과 항변의 절단이 인정되었으나, 영미법상으로는 반드시 그렇지는 아니하였다. 국제어음협약에서는 양측을 조정한 결과, 백지어음을 부당보충한 경우에 어음채무자는 어음소지인이 부당보충을 알고 취득한 경우에 한하여 항변할 수 있도록 하고(협약 12 a), 또 주어진 보충권에 따라 적법하게 보충된 경우에 한하여 그 취득자는 「보호받는 소지인」이 되는 것으로 하였다(협약 29). 보호받는 소지인의 개념에 관하여는 후술한다.

제4 讓 渡

국제어음도 배서 또는 단순한 교부에 의하여 양도할 수 있다. 여기에서는 국제어음의 유통성을 보장하기 위한 제도인 선의취득, 항변의 절단과 양도인의 책임에 관하여 살펴본다.

1. 善意取得

(1) 위조의 배서 또는 무권대리인에 의한 배서가 개재된 경우에 어음의 선의취득이 인정되는가에 관하여는 통일법계와 영미법계 사이에 큰 차이가 있었고, 위조의 배서 또는 무권대리인의 배서가 개재된 어음을 선의로 지급한 자가 면책되는가에 관하여도 동일한 문제가 있었다. 국제어음협약은 양법계의 타협점을 찾아내었으나 그 규정내용은 매우 복잡하다.

(2) 국제어음협약은 위조의 배서가 개재된 경우와 무권대리인에 의한 배서가 개재된 경우를 똑같이 취급하므로, 아래에서는 위조의 배서를 예로 들어 설명하겠다. 甲이 乙을 수취인으로 하여 어음을 발행교부하였던 바, 丙이 乙로부터 위 어음을 절취하여 乙의 배서를 위조하여 이를 선의의 丁에게 양도하였다고 가정하자. 이 경우 통일법계에서는 丁의 선의취득을 인정하지만, 영미법계에서는 위조의 배서는 무효이므로 丁의 선의취득은 인정되지 않는다. 그런데 국제어음협약은 한편 ① 丁의 선의취득을 인정하면서, 다른 한편 ② 위조자 丙 뿐만 아니라 위조자로부터 어음을 양수한 丁에게도 피위조자 乙에 대한 손해배상책임을 인정한다(협약 25(1)). 그리하여 丁의 선의취득을 인정하는 점에서는 통일법계의 해결을 따르지만, 丁은 피위조자 乙에게 손해배상책임을 진다는 점에서는 영미법계의 입장을 따랐다. 그러나 丁으로부터 다시 어음을 취득한 戊나 己는 乙에 대하여 손해배상책임을 지지 않는데, 이 점은 통일조약의 입장을 따랐다. 이처럼 위조자 丙으로부터 직접 취득한 丁에 대하여만 손해배상책임을 인정하는 근거는 「피배서인은 자기에게 배서한 자를 알아야 한다」(An indorsee should know his indorser)는 원리에 있다. 어음은 알지 못하는 자 또는 신뢰할 수 없는 자로부터 취득하여서는 안되고, 그러한 자로부터 취득한 경우에 그 양도인이 도범이나 습득자인 때에는 그 피해자에 대하여 손해배상을 하여야 한다는 것이다.

2. 어음抗辯의 切斷

통일법계에서는 선의취득과 어음항변 절단의 보호를 받기 위한 주관적 요건이 다르다. 즉 선의취득의 보호를 받기 위하여는 악의 또는 중과실이 없어야 하는 반면에(어 16 II 단서), 인적항변 절단의 보호를 받기 위하여는 채무자를 해할 것을 알지 못하여야 한다(어 17 단서). 그러나 영미법에서는 양자를 구별하지 않고 악의가 없으면 선의취득도, 항변의 절단도 인정한다. 국제어음협약에서도 양자를 구별하지 않고 있어서 영미법계의 입장을 채택하고 있다(협약 29). 이처럼 양자를 구별하지 않고 같은 요건 하에서 보호를 받기 때문에, 이 요건을 갖춘 자를 나타내기 위하여 국제어음협약은 「보호받는 소지인」(a protected holder)라는 개념을 쓰고 있다.

3. 보호받는 所持人

국제어음협약이 안출한 「보호받는 소지인」이란 개념은 영미법계의 「정당한 소지인」(a holder in due course)으로부터 유래하는 개념이다. 국제어음협약은 「소지인」(a holder), 「보호받는 소지인」(a protected holder) 및 「보호받는 소지인이 아닌 소지인」(a holder who is not a protected holder)이라는 개념을 쓰고 있다.

여기의 「소지인」은 통일조약 하에서 배서의 연속 있는 어음의 소지인, 즉 형식적 자격자인 소지인에 해당하는 개념이다(협약 15). 중간에 위조의 배서 등이 개재되어도 소지인은 될 수 있다.

이에 반하여 「보호받는 소지인」이 되기 위하여는 다음 요건을 갖추어야 한다. 즉 소지인이 어음의 취득시에 ① 항변의 존재를 알지 못하였을 것 및 ② 그 어음에 대한 유효한 청구권의 존재를 알지 못하였을 것 등이 그 요건 중의 하나이다(기타의 요건은 협약 29조 참조). 여기에서 「항변」(defence)이라 함은 통일법계에서 말하는 물적항변과 인적항변에 해당하고, 「어음에 대한 유효한 청구권」(a valid claim)이라 함은 어음의 반환을 청구하는 권리로서 통일법계에서 말하는 무권리의 주장에 해당한다.

보호받는 소지인이 되기 위하여는 항변 내지 어음에 대한 유효한 청구권의 존재에 관하여 「알지 못하였을 것」(without knowledge)이 필요하다. 「알지 못하였을 것」의 개념에 관하여는 협약에 정의규정이 있는데(협약 6), 그에 의하면 어떤 사람이 어느 사실을 실제로 알고 있는 경우, 또는 그 사실의 존재를 알지 않을 수 없었던 경우에는 사실을 알고 있는 것으로 된다. 구체적 사정에 비추어 알고 있었음에 틀림없다고 인정되는 경우에도 알고 있는 것으로 되므로, 협약의 악의는 우리 어음법 제16조 제2항 단서와 제17조 단서의 중간적인 요건이며, 악의와 중과실의 중간적 개념이라고 할 수 있다.

보호받는 소지인으로부터 악의로 어음을 취득한 자도 보호받는 소지인이 되는 것이 원칙이다(협약 31 I). 왜냐하면 그는 보호받는 소지인의 지위를 승계하여 완전한 권리를 취득하기 때문이다. 이를 엄폐물의 법칙(shelter rule)이라 함은 전술하였다. 다만 보호받는 소지인으로부터 어음을 취득하는 자가 항변이나 청구권의 발생원인이 되는 거래(예컨대 도취 등)에 직접 가담하였거나 전에 이미 어음소지인(보호받는 소지인이 아닌)이었던 경우에는 예외이다.

4. 背書 또는 단순한 交付에 의한 讓渡人의 責任

국제어음협약은 영미법과 같이 배서 또는 단순한 교부에 의하여 국제어음을 양도한 자에게 담보책임을 인정하고 있다. 즉 어음을 배서와 교부 또는 단순한 교부에 의하여 양도하는 사람은 ① 동어음에는 위조 또는 무권한의 서명이 없다는 점, ② 동어음이 변조되지 아니하였다는 점, ③ 양도시에 환어음의 인수인, 미인수환어음의 발행인 또는 약속어음의 발행인으로부터 지급을 받을 수 있는 권리를 침해하는 사실(예컨대 인수인 등이 도산한 경우)을 알지 못하였다는 점을 담보한다(협약 45). 그리하여 예컨대 甲이 어음금액을 1,000만원, 수취인을 乙로 하여 약속어음을 발행하고, 乙이 여기에 백지배서를 하여 丙에게 양도하고, 丙이 어음금액을 1,800만원으로 변조하여 단순한 교부에 의하여 이를 丁에게 양도하고, 丁은 다시 이것을 단순한 교부에 의하여 戊에 양도하였으며, 戊는 어음금액의 변조사실을 알지 못하고 어음을 취득하였다고 가정하자. 위 사례에서 戊는 1,800만원의 어음인 줄 알고 이를 취득하였지만, 甲 또는 乙로부터는 1,000만원의 어음금밖에 받을 수 없으므로(변조 전의 서명자는 원칙적으로 변조 전의 원래 문구에 따라 책임을 진다)(협약 35 I b) 불이익을 받는다. 이 경우 통일조약을 따르는 우리 어음법에 의하면 戊는 변조자 丙에 대하여 불법행위책임을 물을 수 있고, 자기에게 어음을 직접 교부한 丁에 대하여는 매도인의 하자담보책임을 물을 수 있는가가 문제될 뿐이며, 이것은 모두 어음법 외의 해결방법이다. 그런데 국제어음협약에서는 영미법을 따라 양수인 戊는 어음을 배서 또는 단순한 교부에 의하여 양도한 자, 예컨대 丁에 대하여 만기전이라도 어음과 상환하여 戊가 지급한 금액 및 이자를 청구할 수 있도록 한 것이다. 양도인이 담보책임을 지는 상대방은 자기의 직접의 양수인에 한한다. 다만 그 양수인이 이들 사유를 알지 못하고 어음을 취득한 경우에 한한다(협약 45 III). 그리고 위 담보책임은 당사자간의 합의로 배제할 수 있다(협약 35 I 「다른 합의가 없는 한」).

제5 引受와 保證

(1) 환어음의 지급인은 인수하기 전에는 어음채무를 부담하지 않고, 인수를 함으로써 어음상의 책임을 부담하게 되며(조약 40), 이 점에 관하여는 특히 말할 것이 없다.

(2) 어음보증에 관하여는 독립성을 인정하는 통일법계와 독립성을 부정하는 영미법계 사이에 논란이 있었고, 양법계의 타협의 산물로서, 국제어음협약은 ① 부종성만 인정되고 독립성이 인정되지 않는 것과 ② 독립성이 인정되는 것 등 두 종류의 어음보증을 인정하고, 그 중 어느 것을 선택할 수 있도록 하였다(협약 46 Ⅲ·47 Ⅳ). 그리고 ①을 guarantee(일반보증), ②를 aval(어음보증)이라는 글자로 표현하도록 하였다. 요컨대 guarantee는 영미법상의 보증이요, aval은 통일조약을 따른 어음법상의 보증이다. 그리고 국제어음협약에서는 지급인의 보증인이라는 개념을 인정하고 있는데, 그의 책임은 주된 채무자(인수인)와 거의 같다(협약 47 Ⅱ).

제6 支給과 償還請求

(1) 인수제시, 지급제시 및 인수거절과 지급제시로 인한 상환청구는 통일법계와 큰 차이가 없다.

(2) 어음의 지급과 관련하여 선의지급자의 면책이 인정됨은 우리나라에 있어서와 같으나, 위조자나 무권대리인이 개재된 경우의 처리가 다르다. 대체로 앞에 설명한 선의취득의 해결과 유사하나, 어음을 지급한 자의 손해배상책임이 상당히 경감되어 있는 점이 다르다. 예컨대 甲이 乙을 수취인으로 하여 약속어음을 발행교부하였던 바, 丙이 乙로부터 위 어음을 절취하여 乙丙간의 배서를 위조한 다음에 丙이 甲으로부터 어음금의 지급을 받은 경우에, 甲이 면책이 되는가가 문제된다. 통일법계에서는 丙은 배서가 연속한 어음의 「적법한 소지인」이므로 면책이 인정되지만, 영미법계에서는 위조의 배서 또는 무권대리인에 의한 배서가 개재되어 있는 경우에는 배서의 연속있는 어음의 소지인이라도 丙은 「정당한 소지인」이 아니므로 그에게 지급하여도 甲은 면책되지 않는다. 국제어음협약은 두 입장을 절충하여, 이 경우에 한편으로는 甲의 면책을 인정하면서, 다른 한편으로는 위조자 丙 뿐만 아니라 위조자에게 어음금을 지급한 甲에게도 피위조자 乙에 대한 손해배상책임을 인정한다. 즉 선의지급자 甲은 어음법상으로는 면책되지만 손해배상책임을 부담하므로, 면책은 큰 의미가 없다. 다만 선의취득의 경우에는 선의취득자는 위조에 관하여 선의·무과실이어도 책임을 짐에 반하여, 어음금을 지급하는 자는 위조에 관하여 선의·무과실인 경우에는 책임을 지지 않아도 좋은 점(알지 못한 것이 성실하게 행동하지 않거나 상당한 주의를 행사하지 않았던 것에 기인한 경우에만 책임을 진다)(협약 25 Ⅰ, Ⅲ)에서, 선의취득자에 비하여 손해배상책임이 경감되어 있다. 이것은 통일법계와 영미법계 쌍방의 입장을 조정한 결과이지만, 통일법계의 해결에 가까운 것이라고 말할 수 있다.

제7 어음의 喪失·出訴期間

(1) 어음을 상실한 자의 구제수단으로서 통일법계에서는 공시최고에 의한 제권판결제도를 두고 있으나, 영미법계에서는 이러한 구제수단이 없다. 국제어음협약은 공시최고제도를 채택하지 않고, 어음을 상실한 경우에는 어음소지인은 채무자가 2중지급을 함으로써 입게 될 손실을 전보하기 위하여 담보(security)를 제공하고 어음금을 청구할 수 있도록 하였다(협약 78-83).

(2) 출소기간(시효기간)은 어음소지인의 경우에는 주된 채무자에 대한 권리든 상환의무자에 대한 권리든 모두 만기일, 지급거절시 등으로부터 4년간이고, 어음의 지급을 한 당사자는 지급시부터 1년간이다(협약 84).

제8 其 他

국제어음협약은 제네바 통일어음법에 규정되어 있는 참가·복본·등본 등의 제도를 두고 있지 않다. 또 제네바통일어음법 제2부속서 유보조항에 따라 우리 어음법이 규정하고 있는 이득상환청구권의 제도도 없다.

제9 施行時期

국제어음협약은 열번째의 비준서·수락서·승인서 또는 가입서가 기탁된 날로부터 12개월이 경과한 후 바로 다음달의 첫째 날로부터 발효하는 것으로 되어 있다(협약 89). 그러나 이 협약은 제네바통일법계와 영미법계와의 타협의 산물이므로, 대부분의 국가가 이를 받아들일 것으로 전망되기 때문에, 멀지않은 장래에 발효할 것으로 예상된다(2007년 말 현재 8개국이 서명 또는 비준함). 따라서 우리나라에서도 이에 관한 연구와 준비가 필요할 것이다.

제 4 편

수　　표

제 1 장 序　　說

제1　手票의 意義

(1) 수표는 발행인이 지급인(보통은 은행)에 대하여 일정한 금액의 지급을 위탁하는 형식의 유가증권이며, 그 법률적 성질과 형식에 있어서 환어음과 흡사하다. 그러므로 영미법에서는 수표를 환어음의 일종으로 보아, 수표를 「은행 앞으로 발행한 일람출급의 환어음」으로 하고 있다(BEA §73; U.C.C. §3104(f)).

(2) 수표도 어음과 같이 증권의 발행에 의하여 비로소 수표상의 권리가 발생하고(設權證券性), 수표상의 권리의 이전에는 반드시 증권의 교부를 필요로 하고, 수표상의 권리의 행사에는 증권상의 채무자에게 그 증권의 제시가 필요하며(提示證券性)(手 29, 31), 반대로 수표의 채무자는 증권과 상환하지 않으면 채무를 지급할 필요가 없다(相換證券性)(手 34). 또한 수표는 어음과 같이 엄격한 요식증권이고(要式證券性)(手 1, 2), 강력한 유통성을 보장받고 있으므로(流通證券性), 수표상의 권리의 내용은 증권의 문언만에 의하여 정하여지고, 당사자는 증권 이외의 증명방법으로 그 문언의 의의를 변경하거나 보충할 수 없다(文言證券性). 그리고 수표상의 권리는 원인인 법률관계의 존부·무효·취소에 의하여 영향을 받지 않고, 따라서 수표상의 권리의 행사에 있어서는 원인에 관한 증명을 필요로 하지 아니한다(無因證券性). 또한 수표는 지폐나 금권(우표, 수입인지 등)과는 달리, 증권을 상실하여도 그 체화하는 권리가 소멸되지 아니하며, 제권판결을 얻어 그 권리를 행사할 수 있는 점도 어음과 같다.

(3) 이처럼 수표는 환어음과 유사한 점이 많으므로, 수표에 관한 규정 중

에는 환어음에 관한 규정과 공통된 점이 많다. 즉 수표행위독립의 원칙(手10), 수표행위의 대리(手11), 수표의 위조·변조(手10, 50), 백지수표(手13), 선의취득(手21), 항변의 절단(手22), 이득상환청구권(手63), 시효(手51, 52), 기간의 계산(手60~62)에 관한 규정이 그러하다. 그러나 수표는 어음과는 그 발달의 경로를 전혀 달리하고 있고, 또 그 경제적 기능이 전혀 다르기 때문에, 법률적으로도 환어음과 약간 다른 점이 있다.

제2 手票의 沿革과 經濟的機能

(1) 수표도 어음과 같이 이탈리아에 그 기원을 두고 있으나, 어음이 중부 유럽에서 중세말경 송금과 추심의 수단으로서 발전되어 온 것과는 달리, 수표는 네덜란드를 거쳐 영국으로 들어가서 19세기경 주로 지급의 수단으로 발전되어 왔다.

(2) 수표는 경제적으로는 오직 지급의 용구로서 현금대용물인 성질을 가지고 있다. 이것은 오늘날 어음이 주로 신용거래의 수단으로서 이용되는 것과 크게 다르다. 물론 어음도 지급기능을 가지고 있으나, 어음의 주된 기능은 신용의 목적에 이바지하는 데에 있고, 그 지급기능은 부차적으로 이에 수반되는 데 불과하다. 이에 반하여 수표의 지급기능은 본질적이고도 순수하며, 여기에는 신용의 목적에 이바지하는 기능이 없다. 수표에는 위에 말한 지급기능 외에 송금의 수단으로서의 기능도 있고, 이것은 대외거래에서는 아직도 중요한 기능으로 되어 있다. 이러한 경제적 차이로부터 수표와 환어음에 관한 법적 규율에도 차이가 나타나고 있다. 그리하여 수표법은 지급인중심주의로 되어 있고, 수표가 신용증권화하는 것을 방지하기 위한 여러가지 제도를 두고 있는 것이다.

(3) 최근에는 수표의 지급기능을 대신하는 새로운 지급수단이 등장하여 점점 많이 이용되고 있으니, 신용카드와 전자자금이체 등이 그것이다. 이들 새로운 지급수단의 등장으로 인하여 수표의 지급기능은 과거에 비하여 많이 줄어가고 있다.

제3 手票와 換어음의 差異點

수표법은 한편으로는 수표가 지급의 수단으로서의 기능을 다하게 하기 위하여 수표에 의한 지급이 간이·신속·안전하게 행하여지도록 배려하고 있고, 다른 한편으로는 수표가 신용증권화하는 것을 방지하기 위한 대책을 강구하고 있다.

(1) 支給機能의 强化

① 수표는 항상 일람출급으로 되어 있고(一覽出給性)(手 28 I), ② 지급제시기간 내(발행일자로부터 10일간. 手 29 I)에는 지급위탁의 취소를 하여도 그 효력을 인정하지 않고(手 32 I), 또 제시기간경과 후에도 지급위탁의 취소가 없으면 지급은행은 수표의 지급을 할 수 있도록 하고(手 32 II), ③ 수표의 지급인 자격은 은행 기타 금융기관에 한정되고, ④ 발행인이 처분할 수 있는 자금을 지급인인 은행에 대하여 보유하여야 하며(자금계약), 수표의 제시 전에 지급에 충당할 자금(수표계약상의 자금)이 있어야 하며(手 3. 실무상은 자금계약과 수표계약의 양자를 포함한 당좌거래계약을 체결한다), 이를 위반한 때에는 과태료의 제재가 있고(手 67), ⑤ 수표에는 소지인출급식과 지명소지인출급식이 인정되며(手 5), ⑥ 횡선수표제도를 두어 부정한 소지인에 대한 지급의 위험성을 회피하도록 하였고(手 37, 38), ⑦ 참가와 등본의 제도를 인정하지 않고 있으며, ⑧ 간편한 지급거절증명방법이 인정되고 있다(手 39).

(2) 信用機能의 防止

① 지급인에 의한 인수를 금지하고 있고(手 4), 또 인수와 동일한 효과를 가져오는 지급인의 배서와 보증을 금지하고 있고(手 15 III, 25 II), 다만 이에 유사한 지급보증제도가 있을 뿐이고(手 53 이하), ② 지급제시기간과 시효기간을 단축하여 국내수표의 제시기간을 발행일로부터 10일로 제한하고(手 29 I), 이를 임의로 신축할 수 없도록 하고, 시효도 제시기간 경과후 6개월의 단기로 하고 있으며(手 51), ③ 이자의 약정을 무효로 하고 있다(手 7).

제 2 장
發　　行

제 1　發行의 意義와 性質

(1) 수표의 발행은 수표요건을 기재하여 작성한 수표를 최초의 권리자(수취인)에게 교부하는 것을 말한다. 필수적 기재사항을 기재하고 발행인이 기명날인 또는 서명하여 작성한 수표를 기본수표라고 한다.

(2) 수표의 발행행위의 성질은 환어음의 발행행위와 같이 지급지시로서, 지급인에 대하여 발행인의 계산으로 지급할 수 있는 권한을 수여함과 동시에, 수취인에 대하여 수표금액의 지급을 받을 수 있는 권한을 수여하는 2중 수권행위이다. 발행행위는 기본수표를 작성하여 이를 수취인에게 교부함으로써 성립한다(交付契約說).

제 2　手票要件

(1) 수표는 어음과 마찬가지로 엄격한 요식증권으로서 그 기재사항이 법정되어 있고(手1), 그 요건 가운데 하나라도 흠결하면 원칙적으로 증권 자체가 무효로 된다(手2).

(2) 수표요건은 환어음의 그것과 거의 같다. 다른 점은 ① 증권이 수표이므로 수표임을 표시하는 글자를 기재하는 것(手1①), ② 항상 일람출급이므로 만기를 기재할 필요가 없고 이를 기재하여도 무효인 것(手28 I), ③ 수취인의 기재

가 요건으로 되어 있지 않고, 소지인출급식 및 무기명식이 인정되는 것(手5), ④ 지급인이 은행에 한정되는 것(手3)이다.

그리하여 환어음의 요건으로서 아홉 가지가 필요함에 대하여, 수표요건은 수표문구, 수표금액의 지급위탁, 지급인, 발행인의 기명날인 또는 서명, 발행일, 발행지, 지급지 등 일곱 가지로 간소화되어 있다.

1. 手票文句(手1①)

수표에는 수표임을 표시하는 문자, 즉 수표문구를 증권의 본문 중에 그 증권의 작성에 사용하는 국어로 기재하여야 한다(手1①). 이 기재에 의하여 수표는 일람출급의 환어음과 구별된다.

2. 手票金額의 支給委託(手1②)

이자문구를 적을 수 없는 점을 제외하면(手7, 어5), 환어음의 경우와 같다.

3. 支給人의 名稱(手1③)

수표의 지급인이 될 수 있는 자는 은행에 한하며(手3), 여기에서 말하는 은행에는 법령에 의하여 은행과 동시되는 사람 또는 시설을 포함한다(手59). 우체국, 농업협동조합, 축산업협동조합 등 여러가지가 이에 해당한다(수표법의 적용에 있어서 은행과 동시되는 사람 또는 시설의 지정에 관한 규정. 1970. 4. 15. 大統領令 4920號 참조.). 다만 이 규정에 위반하여 발행된 수표도 무효는 아니며(手3但), 발행인이 과태료의 처벌을 받게 된다(手67).

4. 支給地(手1④)

지급지의 기재를 요하지만, 지급지의 기재가 없는 경우에 지급인의 명칭에 부기한 지(地)가 있으면 이를 지급지로 보고, 지급인의 명칭에 부기한 지가 수개 있는 때에는 수표의 초두에 기재한 지를 지급지로 한다(手2 II後). 이러한 부기지도 없는 때에는 발행지를 지급지로 본다(手2 II). 발행지의 기재도 없는 때에는 발행인의 명칭에 부기한 지를 발행지이며 지급지로 보아야 할 것이다(手2 IV). 발행인의 명칭에 부기한 지의 기재도 없는 때에는 그 수표는 수표요건을 흠결하게 된다.

5. 發行日과 發行地(手 1⑤)

(1) 수표에 기재할 발행일자는 사실상 발행된 날과 일치하여야 하는 것은 아니다. 이들이 일치하지 않아도 수표는 유효하며, 실제에 있어서 사실상의 발행일보다 뒤의 날짜를 발행일로 기재한 선일자수표가 많이 이용된다. 수표법은 선일자수표에 있어서도 소지인에게 그 기재된 발행일자가 도래하기 전에 지급제시를 할 수 있도록 하여(手 28 II), 수표가 신용증권화하는 것을 막고 있다.

(2) 발행지의 기재가 없는 수표는 발행인의 명칭에 부기한 지에서 발행한 것으로 본다(手 2 IV). 따라서 발행지는 물론 발행인의 명칭에 부기한 지의 기재가 없는 수표는 수표로서의 효력이 없는 것이 원칙이다. 다만 대법원은 국내에서 발행되고 지급되는 국내수표의 경우에는 발행지를 기재하지 않아도 유효하다고 본다(大(全)判 99. 8. 19, 99 다 23383). 지급지의 기재가 없는 때에는 발행지에서 지급할 것으로 본다는 규정(手 2 III)이 있다고 하여, 반대로 발행지의 기재가 없는 때에 지급지를 발행지로 보아야 하는 것은 아니다(大判 68. 9. 24, 68 다 1516).

6. 發行人의 記名捺印 또는 署名(手 1⑥)

발행인은 지급인에 대하여 처분할 수 있는 자금을 가지고 있는 사람이어야 한다(手 3, 67). 재단법인이 경영하는 학교는 교육을 위한 시설에 불과하므로, 학교장 명의로 수표를 발행한 경우에는 학교 자체가 그 채무를 부담할 수 없고, 그 경영자인 법인도 대표 또는 대리관계가 없는 한 그 책임이 없으므로, 이러한 수표는 학교장 개인의 책임으로 발행한 것으로 보아야 한다(大判 75. 10. 23, 75 다 1222; 56. 9. 22, 4289 民上 276 등).

제3 手票要件 이외의 記載事項

수표에는 위의 요건 이외에도 여러가지 사항을 기재할 수 있다.

1. 有益的記載事項

① 수취인을 기재하여 기명식 또는 지시식으로 발행하는 것(手 5)
② 지시금지문구의 기재(手 5 I ②, 14 II)

③ 제3자방지급문구의 기재(手8)
④ 횡선의 기재(手37, 38)
⑤ 외국통화의 환산율, 외국통화현실지급문구의 기재(手36 II·III)
⑥ 거절증서작성면제문구의 기재(手42 I)
⑦ 지급인의 명칭에 부기한 지(手2 II)
⑧ 발행인의 명칭에 부기한 지(手2 IV)
⑨ 복본의 번호(手48)

위의 사항을 기재한 때에는 그 기재에 대하여 수표법상의 효력이 인정된다.

2. 無益的記載事項

① 이자문구의 기재(手7)
② 발행인의 지급무담보문구의 기재(手12)
③ 일람출급성에 반하는 만기의 기재(手28 I)
④ 위탁수표문구(手6 II)

이상은 수표법상 규정되어 있는 것이고, 그 밖에 위약금문언, 관할의 합의 따위 등은 이를 수표에 기재하여도 수표법상 아무런 효력이 없다.

3. 有害的記載事項

수표법에 규정되어 있는 것은 없으나, 지급을 원인관계에 의존하게 하거나 지급에 조건을 붙이는 등 수표의 본질에 반하는 기재는 수표 자체를 무효로 한다.

제4　手票發行의 效力

수표의 발행은 2중 수권행위로서 지급위탁을 중요한 목적으로 하고 있지만, 동시에 발행인은 지급을 담보한다(手12).

1. 支給委託(支給指示)

수표를 발행함으로써 발행인은 수취인에 대하여 지급인으로부터 수표금의 지급을 받을 권한을 수여하고, 또 지급인에 대하여 발행인의 계산으로 지급인의 명의로 수표금을 지급할 권한을 수여한다(二重授權). 수취인은 지급인에 대하여 지급을 강제할 수 없고(지급인은 수표상에 기명날인 또는 서명 등 수표행위를 한 일이 없다), 다만 지급인이 지급을 하면 자기의 경제적 이익으로 이를 보유할 수 있는 지위에 있을 뿐이다. 수취인의 수령권한과 지급인의 지급권한 등 양자는 모두 수표에 체화되어 수표가 양도되면 따라서 이전한다(多數說).

2. 支給擔保責任

(1) 수표의 발행인은 지급을 담보하므로(支給擔保責任)(手 12), 수표가 부도되는 경우에는 상환의무를 진다. 발행인의 지급무담보문구는 이를 적어도 적지 아니한 것으로 본다(無益的記載事項)(手 12 後). 수표에는 인수제도가 없기 때문에 인수담보책임은 없다.

(2) 발행인의 수표상의 의무는 환어음의 발행인과 같이 지급인의 지급거절을 전제로 하는 제2차적 담보책임이고, 제1차적인 주된 의무가 아니다. 인수제도가 없는 수표에는 환어음의 인수인이나 약속어음의 발행인에 대응하는 확정적인 주채무자가 없다. 한편, 수표의 지급인은 지급인으로 지정된 것만으로는 수표금을 지급할 의무가 없다(大判 59. 11. 26, 4292 民上 359; 70. 11. 24, 70 다 2046). 따라서 수표의 소지인은 그 지급인이 수표금을 지급하면 이를 받을 수 있는 권능은 있으나, 지급인에 대하여 지급을 청구할 수 있는 수표상의 권리가 있는 것은 아니다(大判 64. 4. 28, 63 다 914). 그리고 이 법리는 자기앞수표에 있어서도 같다(大判 59. 11. 26, 4292 民上 359).

(3) 이처럼 수표에는 주된 채무자가 없고 그 지급이 불확실하므로 이를 보충하는 제도로서 지급보증이 있다. 지급인이 지급보증을 하면, 제시기간 경과전에 수표를 제시한 수표소지인에게만 수표금을 지급할 의무를 부담한다(手 55). 제시기간 경과전에 지급제시를 하는 것을 조건으로 하여서만 지급의무를 부담하므로, 환어음의 인수인과 같이 조건 없이 지급할 의무를 부담하는 주채무자가 되는 것은 아니다.

3. 發行人의 死亡 등

수표의 발행 후에 발행인이 사망하거나 능력을 잃더라도 수표의 효력에는 아무런 영향이 없다(手 33).

제5 發行의 制限

1. 總　說

수표는 제시한 때에 발행인이 처분할 수 있는 자금이 있는 은행을 지급인으로 하고(手票資金), 발행인이 그 자금을 수표에 의하여 처분할 수 있는 명시 또는 묵시의 계약(手票契約)에 따라서만 이를 발행할 수 있다. 이것은 수표가 지급증권인 점에 비추어 그 지급의 확실을 기하기 위하여 이를 함부로 발행하지 못하도록 한 것이다. 그러나 이러한 수표발행의 제한은 수표의 발행을 자금관계에 관련시키는 것으로서, 수표의 무인증권성에 반하므로, 이러한 제한규정에 위반하여 수표를 발행하여도 그 수표로서의 효력에는 아무런 영향이 없다(手 3 但). 다만 위 제한규정에 위반하여 수표를 발행한 때에는 과태료의 제재를 받고(手 67), 또 수표계약이 없거나 수표자금이 없는 부정수표를 발행한 때에는 형사책임을 지게 된다(不正手票團束法 2 내지 6).

2. 手票資金

(1) 수표를 발행하려면 발행인이 은행에 처분할 수 있는 자금이 있어야 한다(手 3 前). 이 자금을 수표자금이라 한다. 이것은 발행인이 자기의 계산에서 지급인으로 하여금 지급하게 할 수 있는 권리를 가지는 금액을 말하며, 예금약관·여신약관 등에 의하여 약정되는 것이 보통이다.

(2) 수표자금은 지급제시한 때에 존재하여야 하고 또 이것으로서 족하다(手 3). 즉 발행시에는 자금이 없어도 제시시에 자금이 있으면 상관이 없다. 또 수표가 제3자의 계산으로 발행되는 경우(委託手票)(手 6 II)에는 수표자금은 지급인과 제3자 사이에 존재하고, 발행인은 수표를 발행하여 그 제3자의 자금을 처분할 수 있는 권한이 부여되어 있으면 된다. 수표자금 없이 수표를 발행하여도 수표의 효력에 영향이 없다(手 3 但).

3. 手票契約

(1) 수표는 발행인이 자금을 가지는 은행을 지급인으로 하여 발행하는 것

이지만, 발행인과 지급인인 은행 사이에는 수표발행에 관한 명시 또는 묵시의 계약이 존재하여야 한다(手 3 後). 이를 수표계약이라고 한다. 발행인이 지급인에 대하여 자기의 자금을 지급할 것을 지시하여도 지급인은 지급할 의무를 지는 것은 아니고, 다만 지급을 할 권한만을 취득할 뿐이다. 수표계약은 지급인에게 수표자금에서 발행인이 발행하는 수표를 지급할 의무를 부담시키는 것을 목적으로 하는 것이다.

(2) 수표계약은 은행예금자와 은행 사이에 예금계약·당좌대출계약의 일부로서, 또는 이에 수반하여 체결되는 것이 보통이다.

(3) 수표계약의 법적 성질은 수표의 지급사무를 위탁하는 위임계약으로 본다(通說). 그러나 수표계약에서는 수표의 지급사무에 관한 약정 외에 은행의 지급보증의무의 유무와 그 처리방법, 위조·변조수표를 지급한 경우의 책임의 귀속 등 여러가지 관련사항에 관하여도 약정하는 것이 보통이다.

(4) 당좌거래계약에는 단계상호계산계약이 묵시적으로 포함된다고 본다(多數說). 단계상호계산계약이 포함된다고 풀이하면, 당좌예금잔고에 대한 압류가 가능하게 된다.

(5) 수표계약이 없이 발행한 수표도 무효는 아니다(手 3). 그러나 이러한 계약이 없으면 은행은 지급에 응하지 아니할 것이고, 발행인은 과태료의 처분을 받게 된다(手 67). 지급인은 수표계약 없이 발행된 수표일지라도 발행인의 부담으로 지급할 수 있다. 이를 지급함으로써 지급은행은 수표의 발행인의 지급은행에 대한 위임의 청약을 승낙하는 것이고, 자금이 없는 경우에는 소비대차를 행하는 것으로 풀이할 수 있기 때문이다. 또 위탁수표의 경우에는 수표계약도 지급인과 위탁자인 제3자 사이에 존재하고, 발행인은 수표를 발행하여 그 제3자의 자금을 처분할 수 있는 권한이 부여되어 있으면 충분하다.

(6) 가계수표 용지에 부동문자로 '100만원 이하'라고 인쇄되어 있는 경우에 발행한도액을 초과하여 발행한 가계수표도 수표로서의 효력에는 아무런 영향이 없다. 왜냐 하면 수표자금에 관한 수표계약에 위반하여 수표를 발행한 경우에도 수표로서의 효력에는 영향을 미치지 않기 때문이다(手 3 但). 한편 이 경우에 스스로 발행한도액을 초과하여 기재한 발행인은 신의칙상 어음소지인에게 이를 대항할 수 없다고 본다(大判 98. 2. 13, 97 다 48319).

제6 手票의 預入과 預金의 成立時期

은행에 현금 또는 이와 동일시되는 자기앞수표를 입금하지 아니하고 보통의 수표를 예입한 경우에 언제 예금의 효력이 발생하여 그 해당금액을 현금으로 인출할 수 있는가가 문제된다. 이 문제에 관하여는 수표를 입금한 때에 바로 예금채권이 성립하고, 다만 수표의 추심이 끝날 때까지는 예금의 환급을 하지 않기로 특약이 되어 있는 것으로 보는 견해(**讓渡說**)와 수표의 입금은 수표의 추심의 위임과 추심의 완료를 정지조건으로 하는 예금계약이라고 풀이하여, 수표의 추심이 끝났을 때 비로소 예금채권이 성립하는 것으로 보는 견해(**推尋委任說**)가 대립하고 있다. 대법원 판례는 추심위임설을 따른 것도 있으나(大判 88. 1. 19, 86 다카 1954; 95. 6. 16, 95 다 9754 등 참조; 99. 2. 6, 97 다 34822), 양도설이 주류를 이루고 있고(大判 90. 5. 8, 88 다카 5560; 87. 5. 26, 86 다카 1559; 84. 8. 14, 84 도 1139; 66. 2. 22, 65 다 2505), 일본최고재판소는 추심위임설을 취하고 있다(日最判 71. 7. 1, 判時 644,85).

생각건대 수표는 그 지급이 불확실하므로 이를 입금한 때 바로 예금채권이 성립한다고 풀이하는 것은 무리이다(추심위임설). 현재 은행의 실무에서는 은행이 입금된 타점권(지급장소가 입금된 은행의 타점포이거나 타은행의 점포인 어음·수표)의 추심전에 그 추심이 가능하다고 믿고 당좌거래처가 발행한 어음·수표를 미리 지급하는 예가 있는데, 이러한 경우에 은행을 단순한 추심의 수탁자로 보면, 입금된 어음·수표가 부도된 때에 발행인은 은행에 대하여 입금자에 대한 항변으로써 대항할 수 있게 되어 은행의 지위가 불리하게 된다. 따라서 타점권의 추심이 완료되기 전에 미리 지급하는 경우에 한하여 은행은 위 타점권을 양도담보 또는 숨은 질권의 목적으로 하고 대부를 하는 것이라고 풀이하는 것이 타당할 것이다(折衷說).

제 3 장

支給保證

제1 總 說

(1) 수표는 지급증권으로서 일람출급증권이고, 제시기간도 극히 단기로 되어 있다. 또 수표에는 인수제도가 인정되지 않으므로, 수표에 인수의 기재를 하더라도 이를 기재하지 아니한 것으로 볼 뿐만 아니라(手 4), 이것을 잠탈하는 수단이 되는 지급인의 배서(手 15 III)와 보증(手 25 II)까지지도 허용하지 않고 있다. 이것은 수표가 신용증권화 하는 것을 막기 위한 것이다.

(2) 이처럼 수표에 인수제도를 인정하지 아니하는 결과 지급인이 수표의 지급제시시에 이를 꼭 지급한다는 보장이 없고, 그리하여 수표는 그 지급의 확실성이 결여되어 원활한 유통을 꾀할 수 없게 되는 것도 당연하다. 그리하여 각국은 수표의 지급을 확실하게 하기 위한 제도를 발전시켜 왔는데, 수표법통일회의에서는 이 점에 관한 각국의 제도가 상이하므로 통일수표법 중에 넣지 않고 각 체약국의 유보사항으로 하였다(手票法統一條約 第2附屬書 제6조 참조). 이 유보사항에 따라 우리나라는 지급보증제도를 채택하였다. 수표법은 지급보증제도를 두고 있으나, 실제로 이것이 이용되는 일은 별로 없고, 은행의 자기앞수표에 의하여 같은 목적을 달하고 있다.

제2 支給保證의 意義

(1) 지급보증은 제시기간 내에 수표의 제시가 있는 때에는 지급인이 수표

금액을 지급할 것을 약속하는 수표행위이다. 지급의무를 부담한다는 점에서 환어음의 인수와 유사하고, 보증이라는 용어가 포함되어 있어서 수표의 보증과 혼동하기 쉬우나, 지급보증은 인수와도 다르고 보증과도 다르다.

(2) **支給保證과 引受와의 차이**를 살펴보면, ① 지급보증인의 의무는 인수인의 의무와 같이 절대적인 것이 아니고, 제시기간경과 전에 수표의 제시가 있었던 경우에만 지급의무를 부담한다. 말하자면 지급보증은 「10일간의 효력을 가진 인수」라고 할 수 있다. ② 환어음의 소지인은 지급인에게 인수제시의 권한이 있으므로 인수거절시에는 전자에 대하여 상환청구권을 취득하나, 수표의 소지인은 지급인에게 지급보증을 요구할 권한이 없으므로, 지급인이 지급보증을 거절하여도 상환청구권을 취득하지 못한다. ③ 환어음에 있어서는 일부인수가 인정되나(어26 I), 수표금액의 일부에 대한 지급보증은 인정되지 아니한다. ④ 환어음의 인수인의 어음채무의 소멸시효기간은 만기후 3년임에 반하여, 지급보증인의 그것은 제시기간경과 후 1년이다(어70 I, 手58). ⑤ 환어음의 인수에는 유예기간이 인정되고 있으나(어24 I 後), 수표의 지급보증에는 그러한 것이 없다.

(3) **支給保證과 保證의 차이**를 보면, 지급보증은 지급인이 지급인으로서 수표금지급의무를 부담하는 행위임에 반하여, 보증은 지급인 이외의 자가 타인의 채무의 존재를 전제로 하여 이것을 보증하는 행위이므로 양자는 전혀 다르다. 이제 이를 분설하면, ① 지급보증은 지급인만이 이를 할 수 있음에 반하여, 수표의 보증은 지급인을 제외한 타인만이 할 수 있다(手25 II). ② 지급보증은 지급인이 스스로 의무를 부담하는 행위로서 종속성이 없으나, 수표의 보증은 발행인 또는 배서인이 가지는 상환의무의 존재를 전제로 하여 이를 보증하는 것으로서, 일정한 범위내에서 종속성을 가진다(다만 수표행위독립의 원칙에 의한 제한이 있다. 手 27 II). ③ 지급보증인은 수표의 최종의무자인 지위에 있으므로 수표금을 지급하여도 수표상 아무런 권리를 취득하지 못함에 반하여, 수표의 보증인은 피보증인의 상환책임을 보증하는 데 불과하므로 보증인이 수표의 지급을 한 때에는 피보증인과 그 자의 수표상의 채무자에 대하여 수표에서 생기는 모든 권리를 취득한다(手27 III).

제3 支給保證의 方式과 要件

(1) 지급보증은 수표의 앞면에 「지급보증」 그밖에 지급을 하겠다는 뜻을 적고 날짜를 부기하여 지급인이 기명날인 또는 서명하는 방법에 의하여 한다(手53 II). 이 점에서 수표보증이 수표 또는 보충지에 이를 하고 날짜의 기재를 요하지 않는 것과 다르다(手26 I). 지급보증이 위 요건 가운데 하나라도 흠결하

면 무효이다. 따라서 수표의 뒷면에 한 지급보증은 지급보증으로서의 효력이 없고(大判 72.10. 25, 72 도 1967; 75.4. 8, 74 다 2085), 지급보증에는 이른바 백지식 보증의 방법은 없다.

(2) 지급보증은 조건 없이 하여야 하고, 지급보증에 의하여 수표의 기재사항을 변경한 부분은 이를 변경하지 아니한 것으로 본다(手 54 II). 따라서 수표금액의 일부에 대한 지급보증은 전액의 지급보증으로 보게 된다.

(3) 지급보증의 청구자에는 제한이 없다. 그러나 실제에 있어서는 발행인이 청구하는 것이 보통이라고 한다.

제4 支給保證의 效力

1. 支給保證人의 義務

(1) 支給義務

(가) 지급보증을 한 지급인은 제시기간경과전에 수표를 제시한 경우에 한하여 모든 수표소지인에게 수표의 지급의무를 부담한다(手 55 I). 지급보증인은 제1차적인 수표금 지급의무자인 점에서 수표보증인과 다르고, 제시기간경과전에 지급제시가 있는 경우에만 지급의무를 부담하는 점에서 지급제시의 유무를 불문하고 조건 없이 지급의무를 부담하는 환어음의 인수인과 본질적으로 다르다. 다만 10일간의 제시기간 내에 불가항력이 발생하여 소지인이 제시를 하지 못한 때에는 불가항력의 종료후 지체없이 제시하면 되는 것이므로(手 57, 47 III), 이 경우에는 제시기간 내에 지급제시가 없었더라도 지급보증인의 의무가 소멸되지 아니한다. 이처럼 지급보증인의 지급의무는 제시기간내의 지급제시를 전제로 하므로, 수표소지인이 제시기간 경과후에 지급보증인에게 지급책임의 이행을 청구하려면, 제시기간 내에 적법한 제시를 하였음을 거절증서 또는 이와 동일한 효력이 있는 선언에 의하여 증명하여야 한다(手 55 II).

(나) 지급보증인의 지급의무의 성질에 관하여는 ① 10일의 제시기간내의 제시를 정지조건으로 하는 의무라고 보는 견해와 ② 위 제시기간내의 부제시를 해제조건으로 하는 의무라고 보는 견해가 있으나, 지급보증인은 제시기간경과전에 제시를 한 경우에 한하여 지급할 의무를 부담하는 것이고(手 55 I) 지급보증인의 지급의무는 마치 최후의 상환의무자의 의무와 비슷하므로 정지조건

설이 타당하다고 생각한다.

(다) 지급보증인의 지급의무는 수표상의 의무이다. 그러나 대법원은 수표의 발행인이 수표를 담보로 하여 돈을 차용하는 사실을 알고 채권자의 요구에 의하여 은행이 수표에 지급보증을 한 경우에는 은행은 수표상의 채무 외에 민법상의 차용금채무의 이행을 보증한 것으로 풀이하고 있다(大判 67. 3. 28, 67 다 108; 57. 10. 21, 4290 民上 318). 지급보증에 있어서도 지급보증의 기명날인 또는 서명 외에 지급보증의 청구자에게 수표를 교부하는 교부계약이 있어야 지급보증의 효력이 발생하는 것임은 말할 나위도 없다(交付契約說).

(2) 支給할 金額

본래는 수표금액이지만, 지급거절로 인하여 소지인이 권리보전절차를 밟은 경우에는 상환의무자가 지급할 금액(手 44, 45)과 같다.

(3) 支給義務의 時效

지급보증인에 대한 수표상의 청구권은 다른 수표상의 의무자에 대한 청구권이 6월로 시효소멸하는 것과는 달리 제시기간 경과후 1년간 행사하지 않음으로써 소멸시효가 완성한다. 이것은 지급보증인이 수표상의 의무자 가운데에서는 가장 엄격한 책임을 지기 때문이다.

2. 다른 手票債務者의 債務

지급보증인이 지급을 하여도 그것은 지급과 동일한 효과를 가져오는 것이 아니므로, 발행인. 배서인 기타 수표상의 채무자는 그 책임을 면하지 못한다(手 56).

제 4 장 保 證

(1) 수표법은 수표보증을 인정하고 있다. 예컨대 甲地에 거래은행을 가지는 사람이 乙地에서 甲地의 은행을 지급인으로 하는 수표를 발행하고, 이것을 乙地의 은행에서 할인하고자 할 때에 乙地은행의 거래자의 보증을 받는다면 할인을 용이하게 하는 편의가 있을 것이다. 수표법은 이러한 점을 예상하여 수표보증의 제도를 두고 있으나, 실제상 수표보증은 별로 행하여지지 않고 있다.

(2) 수표의 보증은 앞에서 설명한 지급보증과 혼동하여서는 아니된다. 보증은 타인의 수표상의 의무의 존재를 전제로 하여 이를 보증하는 행위임에 반하여, 지급보증은 타인의 수표상의 의무의 존부에 불구하고 지급인이 수표의 지급을 약속하는 행위이다z.

(3) 수표보증의 방식 및 효력에 관한 규정은 대체로 어음의 보증에 관한 그것과 동일하다(手 26).[1] 다만 수표의 신용증권화를 방지하기 위하여 지급인이 보증을 하는 것을 금하고 있고(手 25 II), 또 수표에는 환어음의 인수인이나 약속어음의 발행인과 같은 주된 채무자가 없으므로, 수표보증은 발행인·배서인 등 상환의무자의 채무에 관하여만 인정된다는 점이 다를 뿐이다.

(4) 대법원은 수표를 담보로 하여 타인으로부터 돈을 빌린다는 사실을 알면서 수표에 대하여 보증을 하는 경우에는 돈을 대여하고 그 수표를 교부받아 소지하는 사람에 대하여 그 수표의 액면금 범위 내에서 민법상의 연대보증을 한 것으로 보고 있다(大判 80. 3. 11, 80 다 15).

1) 수표법 제26조 소정의 방식에 의하지 아니한 보증(구술보증)은 수표법상의 보증으로서의 효력이 없다(大判 64. 9. 8, 64 다 369). 마찬가지로 보증인으로서 기명날인하지 않은 경우에는 수표보증인이라고 할 수 없다(大判 67. 3. 28, 66 다 2376).

제 5 장 讓　渡

제 1 總　說

수표의 양도방법은 수표상의 권리자의 지정방법에 따라 다르다. 수표상의 권리자를 지정하는 방법에는 기명식·지시식·소지인출급식(無記名式)이 있고, 기명식의 특수한 것으로서 배서금지식이 인정되고, 그 밖에 지명소지인출급식(選擇無記名式)도 허용되고 있다(手 5).

1. 記名式手票와 指示式手票

수표는 법률상 당연한 지시증권이기 때문에 지시식인 경우는 물론, 기명식인 경우에도 배서에 의하여 양도할 수 있다(手 14 Ⅰ).

2. 背書禁止手票(指示禁止手票)

기명식으로서 지시금지라는 글자 또는 이와 같은 뜻이 있는 문구를 적은 지시금지수표 또는 배서금지수표는 기명증권으로서, 지명채권양도의 방식에 따라 그 효력으로써만 양도할 수 있다(手 14 Ⅱ). 이 점은 지시금지어음(배서금지어음)의 경우와 같다.

3. 所持人出給式手票

(1) 소지인출급식수표는 증권의 단순한 교부에 의하여 양도된다(民 523)(大判 66. 2. 22, 65 다 2505; 56. 8. 11, 4287 民上 327). 이 경우 증권의 교부는 권리이전의 성립요건이지 단순한 대항

요건이 아니다. 교부에 의한 수표의 양도의 경우에도 선의취득(手 21, 民 524)[1] 및 항변의 절단(手 22, 民 524)[2]이 인정되는 것은 배서에 의한 양도에 있어서와 같다.

(2) 소지인출급식수표는 양도의 합의와 증권의 단순한 교부에 의하여 양도되는 것이므로, 본래 배서에 의한 양도를 할 수 없는 것이다. 그러나 수표법은 소지인출급식 수표에 배서한 배서인도 상환의무를 부담하게 하여, 배서의 담보적 효력을 인정하고 있다(手 20 本). 그러나 이로 인하여 수표가 지시식 수표로 변하는 것은 아니므로(手 20 但), 위 수표도 단순한 교부에 의하여 양도되고, 증권의 점유자는 배서의 연속을 요하지 않고 증권의 소지만으로 정당한 권리자로서의 추정을 받게 된다. 이처럼 소지인출급식수표의 배서에는 담보적 효력만이 인정되고 이전적 효력과 자격수여적 효력은 없다. 배서인은 상환청구에 관한 규정에 따라서 책임을 지게 되므로(手 20 本), 수표소지인은 배서의 순서에 불구하고 어느 배서인에 대하여도 상환청구를 할 수 있으나(手 43 II), 상환의무를 이행하고 수표를 환수한 배서인이 자기의 전자에게 재상환청구를 하려면 전자·후자의 관계를 밝혀야 한다. 이것은 수표면상 배서기재의 순서에 의할 것이 아니라 실제로 배서를 한 시기의 순서에 의하여야 한다. 다만 배서기재의 순서는 배서시기의 전후를 일응 추정시킬 뿐이다.

거절증서나 지급거절선언의 작성후 또는 지급지시기간 경과후에 교부에 의

---

1) 선일자수표인 국고수표를 만연히 현금과 바꾸어 취득한 경우(大判 73. 7. 24, 73 다 517), 일요일에 자기앞수표를 받고 시계를 판 다음 차액을 현금으로 지급하면서 수표 뒷면에 기재되어 있는 전화번호로 전화를 걸어 확인하지 아니한 경우(大判 80. 2. 12, 79 다 2108), 남원에 거주한다는 면식없는 사람으로부터 이리에서 발행된 자기앞수표를 서울에서 취득하면서 그 소지인의 인적 사항을 확인하지 아니한 경우(大判 81. 6. 23, 81 다 167), 수표를 취득함에 있어서 수표의 뒷면에 적힌 전화번호에 전화를 걸어 확인하지 아니한 경우(大判 84. 11. 27, 84 다 466) 등에는 수표의 취득에 중대한 과실이 있으므로 선의취득을 할 수 없다. 그러나 수표를 취득함에 있어서 발행은행에 전화를 하여 진정한 수표인 동시에 사고수표가 아니라는 점을 확인하였다면 주민등록에 의하여 수표소지인의 신분을 더 이상 캐지 아니하였더라도 중대한 과실이 있다고 할 수 없다(大判 87. 8. 18, 86 다카 2502).

2) 대법원은 도지사의 허가없이 수리조합장이 수표를 발행한 경우(大判 62. 4. 18, 4294 民上 1270), 토지개량조합이 도지사의 승인없이 수표를 발행한 경우(大判 65. 7. 20, 66 다 992), 농업은행지점장이 개인의 차금을 위하여 지점장명의로 약속어음을 발행한 경우(大判 63. 1. 17, 62 다 775; 1962. 5. 10, 62 다 127), 특수농업협동조합이 개인으로부터 차금하기 위하여 약속어음 또는 수표를 발행한 경우(大判 82. 6. 8, 82 다 150; 86. 6. 24, 86 다 133) 등에는 위 수표 또는 약속어음의 발행행위는 무효이고, 이에 관한 항변은 물적 항변이므로 누구에게든지 대항할 수 있다고 한다. 이에 반하여 기망에 의하여 수표를 발행한 경우(大判 74. 10. 30, 70 다 1038), 소멸된 기업사채의 지급을 위하여 수표를 발행한 경우(大判 75. 10. 7, 75 다 992)에는 그러한 사정은 인적 항변에 불과하므로, 선의의 소지인에게 이를 대항할 수 없다고 한다.

하여 한 소지인출급식수표의 양도는 기한후배서와 마찬가지로 지명채권양도의 효력밖에 없다(大判 65. 11. 30, 65 다 1996).

4. 指名所持人出給式手票·無記名手票

이것은 소지인출급식수표로 보므로(手 5 II), 소지인출급식수표에 관한 설명이 그대로 타당하다.

제2 手票의 背書

(1) 수표의 배서는 요건(手 15)·방식(手 16, 17 II)과 효력(手 17 I·18, 19)등에 있어서 어음의 배서와 기본적으로 동일하나, 수표의 특성 때문에 다음과 같은 차이점이 있다.

① 수표에는 인수제도가 없으므로(手 4), 배서인은 지급담보책임만 부담할 뿐 인수담보책임을 지지 아니한다(手 18 I).

② 수표의 지급인이 한 배서는 무효이다(手 15 III). 수표는 지급용구이므로 지급인의 수중에 들어간 수표를 또다시 유통시킬 경제적 이유가 없을 뿐더러, 수표에는 인수가 금지되어 있는데(手 4) 지급인의 배서를 인정하면, 지급인이 지급담보책임을 부담하여 실질적으로 인수를 한 것과 같은 결과가 되어, 위 인수금지규정을 쉽게 벗어날 수 있기 때문이다.

③ 수표의 지급인에 대한 배서는 원칙적으로 영수증의 효력만이 있다(手 15 V). 그러나 지급인인 은행이 여러 개의 영업소를 가진 경우에는 예외가 인정되어, 수표발행의 상대방이 된 영업소 이외의 영업소에 대하여 한 배서는 보통의 배서로서의 효력을 가진다(手 15 V 但). 이것은 지급인인 은행의 1영업소 앞으로 발행된 수표를 그 은행의 다른 영업소가 거래처의 요구에 따라 할인할 수 있는 것을 열어주기 위한 것이다.

④ 수표는 금전지급수단으로서 즉시 지급할 성질의 것이므로 입질배서를 인정하지 아니한다(어 19 참조). 수표에 있어서의 기한후배서는 거절증서 또는 지급거절선언의 작성후 또는 제시기간경과후의 배서를 가리킨다(手 24).

⑤ 소지인출급식수표에도 배서가 인정되고 있다(手 20). 환어음에는 소지인출급식이 인정되지 아니하므로 그 배서도 있을 수 없다. 수표에는 등본이 없으므로 등본에 의한 배서는 있을 수 없다.

⑥ 수표에는 참가제도가 없으므로 예비지급인의 기재는 인정되지 아니한다.

(2) 수표의 배서와 관련하여 다음과 같은 점이 실제 거래상 문제된다.

① 거래은행에 수표의 추심을 위하여 이를 예입하는 경우에는 수표의 뒷면에 기명날인 또는 서명을 요구하는 수가 있는데, 이것은 형식에 있어서는 백지식 배서를 한 것이 되어(手 16 II), 보통의 배서로서의 효력이 있다(手 20). 그러므로 이 수표가 잘못하여 유통되게 되면 피배서인이 나타나 있지 아니하므로 영수의 의미로 기명날인 또는 서명을 한 자가 수표상의 책임을 질 염려가 있다. 물론 추심을 의뢰받는 은행이 수표의 지급인인 은행과 같은 은행의 지점일 경우에는 위 기명날인 또는 서명을 영수증의 기재로 볼 수 있을 것이다.

② 은행이 거래처로부터 기명식 수표 또는 지시식 수표를 예금으로 받는 경우에 은행에 대한 배서가 없거나 미비하더라도 은행이 수표의 뒷면에 입금증명을 하여 교환에 돌리는 수가 많다. 이 때에 지급은행은 배서가 미비함에도 불구하고 그 수표를 부도로 하지 않고 지급을 하는 것이 관행으로 되어 있다. 입금증명이 배서의 단절을 가교하는 효력을 가진다고 볼 수는 없으나, 이것은 만일 사고가 있을 때에는 제시은행이 책임을 진다는 의미를 포함하는 제시은행과 지급은행과의 사이의 일종의 손해담보계약으로 볼 수 있을 것이다. 따라서 수표금이 지급된 뒤에 다른 진정한 권리자가 나타난 경우에는 2중지급의 위험은 입금증명을 한 제시은행이 부담한다고 본다. 또 제시은행이 잘못 입금증명을 하여 지급은행이 이를 믿고 지급을 함으로써 손해를 입은 경우에도 제시은행은 지급은행에 대하여 손해배상책임을 진다.

③ 수표의 배서가 원인채권에 대한 보증책임을 지는 것으로 풀이되는 수가 있다. 즉 대법원은 회사가 돈을 차용할 때 회사의 상무로 근무하던 자가 회사의 차용증서에 갈음하여 회사명의로 수표를 발행·교부하면서 그 채무를 담보하는 의미로 그 수표의 뒷면에 배서를 한 경우에는 그 회사의 상무는 그 차용금채무에 대하여 연대보증의 책임을 진다고 한다(大判 75. 3. 11. 75 다 123). 대법원은 이 경우에 차용증서에 갈음하여 수표를 발행하는 점을 강조하고 있다(어음에 관하여 大判 57. 11. 4. 4290 民上 516; 72. 3. 28. 71 다 2452; 73. 9. 25. 73 다 450 등 참조).

제3 手票의 提供과 辨濟의 提供

금전채무를 부담하고 있는 자가 그 변제를 위하여 동액의 수표를 제공하는 것은 당사자간에 수표로서 지급하여도 좋다는 특약 또는 관습이 없는 한 채무의 내용에 좇은 변제의 현실제공이 될 수 없다고 본다(日最判 60. 11. 22, 民集 14. 13. 2827). 보통의 수표(당좌수표·가계수표)는 그것이 지급인에 의하여 반드시 지급된다는 보장이 없기 때문이다. 이에 반하여 은행이 발행한 자기앞수표 또는 은행의 지급보증이 있는 보증수표에 관하여 판례는 이러한 수표는 현금과 동일시할 수 있다고 하여 이를 현실제공으로 보고 있다(大判 60. 5. 19, 4292 民上 784; 56. 7. 12, 4289 民上 220). 은행의 자기앞수표와 은행이 지급보증한 수표는 뒤에 보는 바와 같이 그 지급이 확실하고 지급제시기간 내에는 현금과 같이 통용되므로 「지급제시기간이 경과되지 아니한 경우에 한하여」 이들 수표의 제공은 채무의 내용에 좇은 변제의 현실제공으로 보아야 할 것이다.

제 6 장
提示와 支給

제1 序　　說

수표도 어음과 같이 제시증권이므로, 수표금의 지급을 청구하기 위하여는 수표소지인이 이를 지급인에게 지급제시하여야 한다. 수표의 지급제시와 이에 따른 지급은 대체로 어음에 관하여 설명한 바와 같다. 다만 수표에는 만기가 없으므로 만기전 지급이라는 것이 있을 수 없고, 또 인수제도가 없으므로 소지인의 청구가 없는 경우의 공탁에 관한 규정(어 42)이 없다. 수표는 순수한 지급의 용구이므로 수표법은 수표가 지급증권으로서의 기능을 다하고 신용증권화하는 것을 막기 위하여, 수표를 일람출급으로 하고 또 지급제시기간을 단기로 하고 있다.

제2 手票의 一覽出給性

(1) 수표는 순수한 지급의 용구로서 빨리 금전화할 필요가 있으므로, 수표는 법률상 당연한 일람출급 증권으로 규정되어 있다(手 28 I 前). 따라서 수표소지인은 언제라도 수표를 제시하고 지급을 청구할 수 있으며, 이에 위반되는 모든 기재, 예컨대 확정일 만기의 기재는 그 기재가 없는 것으로 본다(手 28 I 後).

(2) 수표의 일람출급성과 관련하여 이른바 선일자수표와 통지후지급수표의 효력이 문제로 된다. **先日字手票**는 실제의 발행일자보다 후일(장래의 날짜)을 발행일자로 기재한 수표를 말한다. 수표의 일람출급성은 지급의 용구인 수표가 신용

증권화하는 것을 막기 위한 수표법의 기본정신의 표현이고 이를 잠탈하는 것은 허용되지 아니하므로, 선일자수표는 그 발행일자전에 지급제시를 할 수 있고, 지급이 거절되면 상환청구를 할 수 있다(手 28 II).

通知後支給手票는 발행인과 지급인 사이에 통지가 있을 때까지 지급을 하지 않는다는 특약을 한 수표를 말한다. 사기방지의 목적을 위하여 이용된다. 그러나 수표상에 「통지후 지급」의 뜻을 표시한 경우에도 이는 수표법상의 효력은 없고, 이것은 무익적 기재사항이 됨에 불과하다.

제3 支給提示期間

1. 總 說

수표의 지급제시기간은 발행지와 지급지간의 원근에 따라 다른데, 이 기간은 당사자가 임의로 신축할 수 없다(어 34 참조). 기간의 기산점은 수표에 기재된 발행일자이고 실제로 발행된 날이 아니며(大判 82. 4. 13, 81 다 1000, 81 다카 552), 기재된 날 자체는 산입하지 아니한다(手 61). 또 제시기간 중의 휴일은 제시기간에 산입하고, 다만 기간의 말일이 휴일인 때에는 이에 이은 제1의 거래일까지 기간을 연장한다(手 60). 그리고 지급제시는 거래일에 한하여 할 수 있으며(手 60), 합리적인 시간에 하여야 한다(商 63 참조). 따라서 지급제시는 지급인인 은행 등의 영업시간 내에 하지 않으면 아니된다.

2. 內國手票

국내에서 발행하고 지급할 수표는 10일내에 지급을 위하여 제시하여야 한다(手 29 I). 수표법 제29조는 기본권을 제한하는 위헌적 규정은 아니다(憲裁 2001. 1. 18, 2000 헌바29).

3. 外國手票

지급지의 국과 다른 국에서 발행한 수표는 발행지와 지급지가 동일한 주(洲)에 있는 경우에는 20일내, 다른 주에 있는 경우에는 70일내에 제시하여야 한다(手 29 II). 그러나 유럽주의 일국에서 발행하여 지중해연안의 일국에서 지급할 수표와 그 반대의 수표는 동일 주 내에서 발행하고 또한 지급할 것으로 본다(手 29). 세력을 달리하는 양지(兩地) 간에서 발행한 수표는 발행일자를 지급지의 세력의 대응일로 환산하여 계산한다(手 30).

4. 支給提示期間徒過의 效果

수표소지인이 지급제시기간 내에 지급제시를 하지 않은 경우에는 전자에 대한 상환청구권과 지급보증을 한 지급인에 대한 권리를 잃고(手 39, 55 I), 다만 이득상환청구권을 취득한다(手 63). 이 경우에 수표소지인이 해제조건부로 이득상환청구권을 취득한다고 함은 전술하였다. 이 법리는 자기앞수표에 있어서도 같다.이에 반하여 수표의 지급인은 지급제시기간 경과 후에도 지급위탁의 취소가 없는 한 발행인의 계산에서 유효하게 지급을 할 수 있다(手 32 II)(大判 61. 7. 31, 4293 民上 841; 62. 2. 15, 4294 民上 375). 그러나 이것은 지급인의 임의의 권한에 속하는 것이고, 소지인이 권리로서 지급을 구할 수 있는 것은 아니다. 그리고 당사자간의 특약에 의하여 지급제시기간 경과후의 지급을 금지할 수도 있다. 지급제시는 완전한 수표를 가지고 하여야 함은 어음의 지급제시에 관하여 설명한 바와 같다. 따라서 수표요건 중 백지로 되어 있는 부분을 보충하지 않고 지급제시한 경우에는 모든 상환의무자에 대한 상환청구권을 상실한다. 다만 국내수표의 경우 발행지를 기재하지 아니한 경우는 예외이다(大(全)判 99. 8. 19, 99 다 23383).

제4 支給提示의 場所와 方法

1. 支給提示의 場所

(1) 지급지에 있는 지급인(은행)의 영업소이다.

(2) 어음교환소에서도 지급의 제시를 할 수 있다. 어음교환소에서의 수표의 제시도 지급을 위한 제시의 효력이 있다(手 31 I). 어음교환소에서의 제시는 수표를 현실로 제시하여야 하는 것이 원칙이다.

(3) 2007년 수표법개정법률은 電子的 送·受信에 위한 提示의 제도를 도입하였다. 즉 소지인으로부터 어음의 추심을 위임받은 금융기관(제시은행)이 어음교환소에 현실의 수표를 제시하는 대신에 수표의 기재사항을 전자적 정보의 형태로 작성한 후 그 정보를 어음교환소에 송신하여 그 어음교환소의 정보처

리시스템에 입력된 때에는 지급을 위한 제시가 이루어진 것으로 본다(手 32 II). 이 방법에 의한 지급제시의 경우에는 지급인 또는 지급인으로부터 지급을 위임받은 금융기관은 수표의 배서의 연속의 정부(整否)에 대한 조사를 제시은행에 위임할 수 있다(手 35 II). 이 제도는 수표정보의 전자적 송·수신에 대하여 수표법에 따른 지급제시의 효력을 부여한 것이며, 금융기관 사이의 조사업무의 위임을 통하여 수표교환업무의 전자화를 꾀한 것이다. 이 제도의 도입에 의하여 어음·수표의 교환업무에 소요되는 연간 수 백 억원의 물류비용을 절감하고 업무처리의 효율화를 기할 수 있게 되었다. 이 제도는 수표의 지급제시에 관한 미국의 check truncation과 유사한 제도이다.

2. 支給提示의 方法

지급제시의 방법은 어음의 경우와 같다. 즉 완성된 수표를 가지고 하여야 하므로, 백지수표의 제시는 적법한 제시로서의 효력이 없다. 지급제시는 원칙적으로 피제시자에게 현실로 하여야 하지만, 어음교환소에서의 제시는 앞에 말한 바와 같이 수표정보를 전자적으로 송·수신하여 하는 제시도 가능하다. 다만 재판상의 청구에는 수표의 제시가 필요 없고, 소장 또는 지급명령의 송달이 있으면 수표의 제시와 동일한 효력이 있다(상세한 것은 어음의 제시 방법에 관한 설명 참조).

제5 支給委託의 取消

1. 意 義

(1) 수표의 발행인이 수표를 발행함으로써 지급인에 대하여 한 일정금액의 지급위탁을 철회하는 것이다(手 32. 법문에는 취소로 되어 있음).

(2) 지급위탁 취소의 법적 성질에 관하여는 ① 수표관계 외에서 수표계약에 의한 지급사무의 위탁을 철회하는 것으로 보는 견해(支給事務委託撤回說)와 ② 수표관계에서 수표의 발행행위인 지급인에 대한 지급지시 자체를 철회하는 것으로 보는 견해(支給指示撤回說)가 대립하고 있고, 후자는 다시 (ㄱ) 그 효력이 발행인과 지급인간의 관계에서 지급인의 지급권한만을 소멸시킨다고 보는 견해(相對的撤回說)와 (ㄴ) 소지인에 대한 관계에서 소지인의 지급수령권

한까지 소멸시켜 수표를 무효로 한다는 견해(絶對的撤回說)로 나누어진다. 상대적 철회설이 옳다고 본다. 왜냐 하면 지급위탁은 지급인에 대한 지급권한의 수여와 수취인에 대한 수령권한의 수여의 두 가지 의미를 가지는데(二重授權), 그 중 후자는 발행인에 대한 상환청구권과 함께 유가증권인 수표와 결합되어, 수표가 교부되면 소지인에게 넘어가므로, 발행인이 이를 함부로 철회할 수 없음에 반하여, 전자는 어음상의 의사표시가 지급인에 도달한 때에 효과가 발생되는 것으로서 본래 철회가 가능한 것이며, 지급위탁의 취소는 바로 지급권한 수여의 의사표시를 철회하는 것이기 때문이다.

2. 方 法

지급위탁의 취소는 지급인에 대한 의사표시에 의하여 하며, 그 방법은 묻지 않는다. 서면에 의하든 구술에 의하든 상관이 없다. 그 효력은 통지가 도달한 때에 발생한다. 수표의 발행인이 지급은행에 대하여 도난 또는 분실의 신고를 한 경우에는 지급위탁의 취소의 의사표시가 포함되어 있다고 풀이할 수 있다. 그러나 자기앞수표의 경우에는 발행인이 은행이므로, 자기앞수표의 발행의뢰인이 수표를 분실하고 지급은행에 지급의 중지를 요구하여도, 그것은 지급위탁의 취소로서의 의미는 없고, 다만 사고신고로서의 의미밖에 없다.

3. 效 果

지급위탁의 취소의 효력은 지급위탁취소의 성질을 어떻게 풀이하느냐에 따라 다르다. 상대적 철회설에 의하면, 지급위탁의 취소의 효과는 앞에 말한 바와 같이 발행인·지급인간에서만 발생하는 데 불과하고, 수표의 발행행위에 따른 효력의 전부(수취인·소지인에 대한 관계)를 취소하는 것이 아니므로 수표 자체의 효력이 없어지는 것은 아니다. 이에 반하여 절대적 철회설에 의하면, 지급위탁의 취소는 소지인에 대한 관계에서도 지급지시를 소멸시켜 수표를 무효로 만들고, 다만 선의의 수표소지인만이 보호를 받을 뿐이라고 본다. 지급위탁의 취소가 어떠한 효력을 가지는가는 제시기간경과 전인가 경과 후인가에 따라 다르다.

(1) 提示期間經過 前의 取消

① 지급위탁의 취소는 원래 발행인이 자유로 할 수 있는 것이지만, 수표법

은 수표소지인의 지위를 보호하기 위하여 지급제시기간 경과 전에 지급위탁을 취소하는 것을 금지하고 있다(手 32 I). 그 기간 경과 전에 지급위탁의 취소를 하여도 제시기간 내에는 효력이 없고, 제시기간 경과 후에만 효력이 생긴다. 따라서 지급인은 제시기간 내에는 이러한 취소가 있어도 발행인의 자금에 의하여 지급할 수 있다. 이 규정은 강행규정이므로 발행인과 지급인간의 특약으로써 그 적용을 면할 수는 없다(通說).

② 그러나 제시기간 경과 전에 지급위탁을 취소할 수 없다고 하는 수표법 제32조 제1항의 의미는 지급인인 은행은 제시기간이 경과할 때까지는 위 지급위탁의 취소에 따를 필요가 없고, 이에 따르지 않고 제시기간 내에 지급을 하여도 발행인에 대하여 손해배상의무를 지지 않는다는 것이 그 전부이다. 원래 지급인은 제시기간 내에 있어서도 수표를 지급할 의무를 지는 것은 아니고, 그것은 지급인으로 지정되었다는 사유만으로 지급인이 수표상의 의무자가 되는 것은 아니기 때문이다(大判 59. 11. 26, 4292 民上 359; 64. 4. 28, 63 다 914; 70. 11. 24, 70 다 2046). 지급인은 지급보증을 하여야만 비로소 수표금을 지급할 의무를 부담할 뿐이므로, 수표소지인은 지급보증이 없는 한 제시기간의 경과 전이든 후이든 지급인에 대하여 수표상의 권리를 갖고 있지 않다. 따라서 지급인이 위 제32조 제1항의 규정에도 불구하고 발행인의 제의를 존중하여 사실상 지급을 하지 아니하면, 수표소지인은 지급인에게 지급을 강제할 길은 없고, 다만 전자에 대하여 상환청구를 할 수밖에 없다. 따라서 수표가 분실 또는 도난당한 경우에는 이 범위 안에서 발행인이 보호되는 것이다.

(2) 提示期間經過 後의 取消

지급제시기간 경과후에는 발행인은 마음대로 지급위탁을 취소할 수 있다. 발행인이 지급위탁을 취소한 다음에 지급인이 이를 무시하고 지급을 하면, 지급인은 이를 발행인의 계산으로 돌릴 수 없고, 만일 발행인의 계산으로 돌린 경우에는 손해배상의 의무를 부담한다.

그러나 제시기간이 경과함으로써 당연히 지급위탁이 소멸하는 것은 아니므로, 발행인에 의하여 지급위탁이 취소되지 아니하는 한, 지급인은 여전히 발행인의 계산에서 유효하게 지급할 수 있다(手 32 II)(大判 61. 7. 31, 4293 民上 841; 62. 2. 15, 4294 民上 375). 이렇게 처리하는 것이 수표를 발행한 발행인의 보통의 의사에 맞기 때문이다.

제6 支給人의 調査義務

지급인의 조사의무는 어음에 관하여 말한 바와 같다.

1. 形式的資格의 調査義務

(1) 배서로 양도할 수 있는 수표의 지급인은 배서의 연속의 정부(整否)를 조사할 의무는 있으나, 배서인의 기명날인 또는 서명의 진부를 조사할 의무는 없다(手 35). 따라서 수표의 지급에 있어서도 형식적 자격을 조사할 의무가 있는데 그치고, 실질적 권리의 존부에 관하여는 조사할 의무가 없다.

(2) 소지인출급식수표의 경우에는 수표의 단순한 소지인이 형식적 자격자로 인정되므로(手 19), 특히 형식적 자격에 관하여 조사할 필요는 없다.

2. 注意義務

(1) 「제시기간 내에 지급하는 경우」에 수표의 지급인이 면책되기 위한 주관적 요건에 관하여 수표법은 아무런 규정을 두고 있지 않다. 그러나 이 점에 관하여 어음과 수표를 달리 취급할 이유가 없으므로, 수표의 지급인에게도 어음법 제40조 제3항의 규정을 유추하여, 지급자는 형식적 자격자에게 지급을 하면 사기 또는 중대한 과실이 없는 한 면책된다고 본다(通說).

(2) 「제시기간 경과후에 지급하는 경우」에도 지급자에게 조사의무가 있는가가 문제된다. 제시기간을 경과하면, 모든 상환의무자는 상환의무를 면하고, 수표소지인은 이득상환청구권을 취득하게 되지만, 이 경우에도 지급인은 지급위탁의 취소가 없는 한 지급을 할 수 있다(手 32 II). 이처럼 제시기간경과후에 지급할 때에도 지급인의 조사의무에 관하여 수표법 제35조의 적용이 있고, 지급인에게 사기 또는 중대한 과실이 없는 한 그 지급은 유효하다고 본다. 일부 학자는 제시기간이 경과하면 수표법 제35조의 적용은 없고, 민법의 채권의 준점유자에 대한 변제로 보아 민법 제470조에 따라 선의이며 과실 없는 때에 한하여 면책된다고 풀이하고 있으나, 타당하지 않다.

3. 僞造·變造手票의 支給

(1) 수표의 위조·변조의 효과는 어음에 있어서와 동일하다.

(2) 위조·변조수표에 대하여 지급을 한 경우에 지급인과 발행인, 또는 지급인과 피위조자 가운데 누가 그 손실을 부담할 것인가에 관하여는 ① 위조 또는 변조수표의 경우에는 유효한 지급지시가 없고, 따라서 지급인은 발행인의 계산으로 지급할 권한을 가지지 않는다는 점과 ② 한편 은행으로서는 수많은 수표를 처리하여야 하므로 위조·변조의 식별이 곤란하다는 점 등 상반되는 면이 있으므로, 학설은 **發行人負擔說**과 **支給人負擔說**이 대립하고 있다. 지급인의 면책은 수표 자체가 유효한 것을 전제로 하므로, 특약이 없는 경우에는 지급인이 그 손실을 부담하여야 한다고 보며, 판례도 지급인부담설을 따르는 것이 많다(大判 69. 1. 21, 68 다 1708; 1971. 3. 9, 70 다 2895; 75. 3. 11, 74 다 53).

그러나 거래의 실제에 있어서는 지급인인 은행과 발행인인 고객 사이의 수표계약에서 이 경우의 위험부담에 관하여 특약을 하고 있는 것이 보통이며, 이에 의하면 은행은 고객으로부터 미리 인감을 신고받아 놓고, 수표용지를 교부하여, 위 수표용지를 이용하여 발행되고, 위 신고된 인감과 대조하여 상당한 주의를 하여도 위조·변조 등을 식별할 수 없었을 때에는 은행이 책임을 지지 않는 것으로 규정되어 있다. 그러나 이러한 특약이 있더라도 지급인에게 과실이 없는 경우에만 면책되는 것은 말할 나위도 없다(상세한 것은 제3편 제6장 제5 참조).

4. 發行人의 死亡·能力喪失

수표의 발행후 발행인이 사망 또는 능력을 상실하여도 수표의 효력에는 영향이 없으므로(手 33), 지급인은 수표소지인의 형식적 자격만을 심사하면 수표금을 지급할 수 있다.

제7 先日字手票

1. 意義와 必要性

(1) 발행일자를 현실의 발행일보다 후일의 날짜로 기재한 수표를 말하며,

延手票라고도 한다. 선일자수표는 수표의 특수한 형태가 아니라, 보통의 수표에 지나지 않는다.

(2) 선일자수표는 지급제시기간을 사실상 연장하기 위한 때, 수표발행 당시에는 은행에 자금이 없으나 수표에 기재한 발행일까지는 자금을 마련할 수 있다고 예정되는 때, 또는 자금은 있으나 지급은행에 지급할 이자를 경감하기 위한 때(당좌대월의 경우) 등에 이용된다.

2. 有 效 性

(1) 수표법은 선일자수표를 유효한 것으로 취급하고 있다(手 28 II). 만일 이를 무효로 할 때에는 발행일자가 도래한 뒤에 이 수표를 선의로 취득한 사람이 불측의 손해를 입게 되어 수표의 유통성을 크게 해하기 때문이다.

(2) 선일자수표를 유효로 취급하는 것은 수표의 문언성에 비추어 보아도 당연한 결과이다. 수표는 문언증권·추상증권이므로 수표행위는 그 실질적인 내용과는 관계없이 수표면의 기재에 따라 형식적으로 그 효력을 결정하여야 하는데(수표외관해석의 원칙), 수표에 기재된 발행일자는 단순한 사실의 기록이 아니고 수표상의 의사표시의 내용을 이루고, 발행일자로서 수표상에 특정한 날짜가 기재되어 있기만 하면 수표요건은 충족되므로, 수표 발행의 효력에는 영향이 없다.

(3) 선일자수표의 지급제시기간을 실제발행일이 아닌 수표에 기재된 발행일자로부터 10일로 규정한 수표법 제28조 제2항, 제29조는 기본권을 제한하거나 헌법의 경제질서에 저촉되는 위헌적 규정은 아니다(憲裁 2001. 1. 18, 2000 헌바 29).

3. 先日字手票와 法律關係

(1) 手票所持人과 支給人간의 關係

수표는 지급증권으로서 법률상 당연한 일람출급증권이므로(手 28 I), 선일자수표의 발행일자의 도래전에 지급제시를 하여도 그 지급제시는 유효하고, 지급인이 이에 대하여 지급을 하면 그 경제적 효과를 발행인에게 돌릴 수 있다(手 28 II). 만일 선일자수표의 경우에 발행일자전의 지급제시를 금지한다면, 이는 수표의 일람출급성에 반하고 수표를 신용증권화하는 결과가 되어, 수표제도와 모순되기 때문이다. 만일 지급인이 지급을 거절하면 수표소지인은 발행일자까지 기다릴 필요 없이 즉시 전자에 상환청구를 할 수 있다.

(2) 發行人과 受取人간의 關係

선일자수표에 관하여는 발행인과 수취인 사이에서 수표에 기재된 발행일자 전에 지급제시를 하지 않기로 특약을 하는 경우가 많다. 이 특약의 효력에 관하여 ① 이러한 특약은 강행규정인 수표법 제28조 제2항의 변경을 직접 규정하는 것은 아니고 발행인이 자금의 편의상 발행일자까지 지급제시를 하지 말아달라는 것뿐이므로, 선량한 풍속 기타 사회질서에 반하지 않고, 또 현재 우리나라에서 상당히 널리 사용되고 있는데 그 경제적 수요를 전면적으로 억압하는 것은 적당하지 않다는 이유로 이를 유효하다고 보는 견해(有效說)와 ② 수표법 제28조 제2항은 수표의 일람출급성을 철저하게 하려는 데 그 취지가 있으므로, 이러한 특약을 하여도, 원인관계상 채권의 변제기가 드래하지 않은 경우와 같이 원인관계상의 항변을 제출할 수 있음은 별론으로 하고, 특약 자체는 무효라고 풀이하는 견해(無效說)가 대립하고 있다. 수표의 신용증권화와 관련하여 의문이 있으나, 발행인과 수취인 사이에서는 유효하고, 이에 위반하여 지급제시한 때에는 수표예약의 채무불이행으로서 손해배상책임을 진다고 본다(通說). 대법원은 선일자수표의 추심위임을 하면서 발행일자 이전의 지급제시를 금하는 것은 상관없다고 판시하여, 위와 같은 특약의 효력을 간접적으로 시인하고 있다(大判 82. 4. 13, 81 다 1000; 82. 4. 13, 82 다카 55).

4. 先日字手要에 의한 保險料納入

선일자수표에 의하여 보험료를 납입한 경우에는 그 수표를 교부한 날 즉시 납입의 효력이 발생하는 것이 아니다. 따라서 보험약관상 보험자가 제1회 보험료를 받은 후 보험청약에 대한 승낙이 있기 전에 보험사고가 발생한 때에는 제1회 보험료를 받은 때에 소급하여 그 때부터 보험자의 보험금지급책임이 생긴다고 약정되어 있는 경우에, 보험설계사가 청약의 의사표시를 한 보험계약자로부터 제1회 보험료로서 선일자수표를 발행받고 보험료 가수증을 해주었더라도 그가 선일자수표를 받은 날을 보험자의 책임발생시점이 되는 제1회 보험료의 수령일로 볼 수는 없다(大判 89. 11. 28, 88 다카 33367).

5. 發行日字의 制度的意義

선일자수표의 발행일자는 그 날짜 이전에 지급제시가 허용된다고 하여 무의미하여지는 것은 아니다. 이는 수표의 지급제시기간의 기산점이 되고(大判 85. 5. 28, 84

(大判 … 다카 2421), 지급위탁의 취소기간의 기산점을 정하는 표준이 된다. 뿐만 아니라 시효기간도 역시 이 발행일자를 기준으로 한 제시기간이 경과한 때로부터 진행된다(大判 63. 7. 25, 63 다 305).

제8 手票의 割引

일람출급성인 수표의 경우에는 만기가 없으므로 어음할인과 같은 엄격한 의미에서의 수표할인은 성립할 수 없다. 그러나 대법원은 특정기일 전까지 지급제시를 하지 않기로 약정하고 수표금액에서 그 기간까지의 이자를 공제하는 의미에 있어서의 수표할인은 가능하고, 금융기관 아닌 시중에서 이와 같은 의미의 수표할인이 이루어진 경우 거래의 실태에 따라서는 당사자 사이에 수표금 상당의 소비대차계약이 체결되고 그 수표는 소비대차상의 채무를 담보하기 위하여 교부된 것이라고 보고 있다(大判 97. 4. 25, 97 다 6636).

제 7 장
償還請求(遡求)

제1 總 說

(1) 적법한 지급제시기간 내에 수표를 지급제시하였으나 지급이 거절된 경우에는 수표의 소지인은 전자에 대하여 상환청구를 할 수 있다. 수표는 대부분 소지인출급식으로 발행되고, 여기에 배서가 행하여지는 일은 흔하지 아니하므로, 실제에 있어서는 소지인은 수표의 발행인에게 상환청구를 하는 것이 일반적이다.

(2) 상환청구의 의의·당사자(手 39) 및 상환의무자의 합동책임(手 43), 상환청구의 방법, 거절증서의 작성면제(手 42), 상환청구의 통지(手 41), 상환청구금액(手 44) 및 재상환청구금액(手 45), 상환의무자의 권리(手 46), 불가항력에 의한 제시기간의 연장(手 47) 등은 모두 어음의 경우와 같다.

(3) 적법한 지급제시가 되기 위하여는 완성된 수표를 가지고 지급제시하여야 한다. 따라서 백지를 보충하지 아니한 채 지급제시하는 경우에는 적법한 지급제시가 되지 못하여 상환청구권을 상실한다. 대법원은 발행일이 백지인 수표(大判 77. 4. 12, 77 도 161; 83. 5. 10, 83 도 340)를 지급제시하면 적법한 지급제시로 볼 수 없다고 보고, 발행지에 관하여도 같은 입장을 취하여 오다가 1999년 8월 19일 전원합의체판결을 계기로 하여 국내에서 발행되고 지급되는 국내수표의 경우에는 발행지를 기재하지 않고 지급제시하여도 적법하다고 견해를 바꾸었다(大(全)判 99. 8. 19, 99 다 23383).

제2 換어음의 경우와의 差異

(1) 수표는 지급증권으로서 인수의 제도가 없으므로, 인수거절로 인한 만기전 상환청구는 없고, 그 밖의 만기전 상환청구도 없다. 따라서 수표에는 지급거절, 즉 부도로 인한 상환청구밖에 인정되지 아니한다.

(2) 수표는 일람출급으로서 생존기간이 짧으므로 이자의 기재가 인정되지 않고(手 7), 따라서 상환금액에는 수표금액 외에 이자가 가산되지 않는다(手 44 ①과 어 48 ①을 대조). 다만 수표의 경우에도 제시기일 이후의 법정이자는 가산된다(手 44 ②)(어음의 경우에는 만기일이 기산일로 되어 있다. 어 48 I ② 참조).

(3) 수표에는 역어음제도(어 52)가 인정되지 아니하는데, 그것은 수표는 단기간 내에 결제되는 것으로서 역어음과 같은 것을 인정할 필요가 없기 때문이다. 그리고 수표소지인의 전자에 대한 상환청구권의 시효는 어음의 경우와 달리 6개월이다. 재상환청구권의 시효가 6개월인 것은 어음의 경우와 같다(手 51, 어 70 II·III 참조).

(4) 환어음의 상환청구와 가장 두드러지게 다른 것은 지급거절의 증명방법이 간편화되었다는 점이다.

제3 支給拒絶의 證明方法

수표에 관하여 상환청구를 하려면 **實質的要件**으로서 적법한 지급제시에 대하여 지급거절이 있어야 하고, **形式的要件**으로서는 어음의 경우에 인정되는 지급거절증서의 방법 외에 두 가지의 간편한 방법이 인정되고 있으며, 수표소지인이 이를 선택할 수 있다(大判 56. 10. 25. 4289 民上 336).

(1) 支給人의 支給拒絶宣言

지급인이 수표에 제시된 날을 적고 날짜를 부기하여 지급거절의 뜻을 선언하는 것인데(手 39 ②), 이 선언은 수표의 앞면과 뒷면 어디에 하여도 좋다(日最判 56. 9. 28, 民集10. 9. 1221). 이것은 법이 특히 인정한 간편한 방식이므로 수표 그 자체에 하여야 하고, 수표의 보충지에는 할 수 없다고 본다. 따라서 수표가 아닌 지편에 되어 있는 지급인의 지급거절선언은 설사 그 지편이 수표에 부착되어 간인까지 되어 있는 경우라도 부적법하다(大判 82. 6. 8, 81 다 107).

(2) 어음去來所의 支給拒絕宣言

적법한 시기에 수표를 제시하였으나 지급이 없었던 뜻을 증명하고 일자를 부기한 어음교환소의 선언인데(手 39 ③), 지급인의 선언과 달라서 수표상에 할 필요는 없고, 제시의 날을 기재할 필요도 없다. 다만 어음교환소의 지급거절선언은 실제상 행하여지지 않고, 지급인의 지급거절선언에 의하는 것이 보통이다. 지급인 또는 어음거래소의 지급거절선언작성기간은 원칙적으로 지급제시기간경과전이나, 기간의 말일에 제시한 때에는 이에 이은 제1의 거래일에 작성하면 된다(手 40 II).

제 8 장
특수한 手票

제1 自己앞手票

1. 意 義

(1) 발행인이 지급인을 겸하는 수표, 즉 발행인이 자기 자신을 지급인으로 하여 발행하는 수표이다(手6Ⅲ). 수표의 지급인은 은행 기타 금융기관에 한정되므로(手3), 결국 이 수표는 은행이 은행을 지급인으로 하여 발행한 수표이다.

(2) 수표관계의 당사자는 발행인·지급인·수취인의 세 사람인데, 수표관계는 그 수단성 또는 추상성으로 인하여 위 세 사람 사이에 이해의 대립이 없으므로 그 1인이 타인을 겸할 수 있다. 자기앞수표의 경우에는 발행인이 지급인을 겸하므로, 마치 약속어음과 같이 그 지급을 확보할 수 있는 것이다. 자기앞수표는 발행인이 수취인을 겸하는 「자기수(受)수표」 또는 「자기지시수표」와 구별하여야 한다(手6Ⅰ). 자기지시수표는 은행에 예금을 한 자가 이를 인출하는 방법으로 발행하는 수가 많다.

2. 自己앞手票의 效用

(1) 자기앞수표는 지급보증의 대용으로 쓰인다. 우리나라에서 은행의 자기앞수표를 「보증수표」 또는 「보수」(保手)라고 부르는 것은 자기앞수표가 은행이 지급보증한 보증수표와 다름이 없는 수표라는 뜻이다. 수표의 소지인이 은행에 대하여 지급보증을 청구한 때에는 은행은 지급보증을 하는 대신에, 수표

발행인의 당좌계정으로부터 그 금액을 공제하고 은행의 자기앞수표를 발행하여 교부하고 있다. 이것은 1956. 3. 27. 대한금융단협정이 「수표의 지급보증은 반드시 보증은행의 자기앞수표에 의한다」라고 규정하고 있기 때문이다. 그러므로 이 협정에 의하여 우리나라에서는 수표법상의 지급보증제도는 사실상 시행되지 않고 있다. 은행이 지급보증에 갈음하여 자기앞수표를 발행하게 된 이유는 ① 은행이 지급보증을 하면서 거래처로부터 받은 자금을 별단계정이나 당좌계정의 지급보증계좌에 확보한다고 하더라도, 거래처가 파산을 하거나 거래처의 채권자가 위 자금에 대하여 압류를 하면, 위 자금이 은행에 귀속하는가 또는 별제권·상계권 등의 권리를 행사할 수 있는가 하는 까다로운 법적 문제가 생기는데, 자기앞수표를 발행하면서 그 자금을 은행 앞으로 옮겨 놓으면 위와 같은 복잡한 문제는 생기지 아니하여, 지급자금의 확보에 편리하고, ② 지급보증을 하더라도 기본수표가 전문가 아닌 일반거래처에 의하여 작성되면 위조·변조될 위험이 있음에 반하여, 자기앞수표는 전문가인 은행의 고도한 기술과 경험에 의하여 작성된 것이므로 안전하기 때문이다.

(2) 자기앞수표는 현금의 대용으로 쓰인다. 자기앞수표는 보관·휴대·계산이 편리하고 안전하므로, 근래에는 현금의 대용으로 크게 이용되고 있다. 대법원은 은행의 자기앞수표의 제공은 지급제시기간 내에 있어서는 현금의 제공과 같이 채무의 내용에 좇은 현실의 제공이 된다고 풀이하고 있다(大判 60. 5. 19, 4292 民上 784).

(3) 그 밖에도 자기앞수표는 납입용·선물용으로도 쓰이고, 송금용으로도 쓰이는 수가 있다.

3. 自己앞手票의 종류

자기앞수표에는 ① 발행한 점포와 지급할 점포가 다른 것과 ② 양자가 동일한 것 등 두 가지 종류가 있다. 수표법은 발행인과 지급인이 동일은행이면 되고, 반드시 그 점포까지 동일함을 요하지 않으며(手 6 III 참조), 우리 나라에서는 발행인과 지급인이 동일점포인 자기앞수표가 이용되고 있다.

4. 自己앞手票의 法律關係

(1) 發行依賴人과 銀行과의 關係

자기앞수표는 고객의 의뢰에 의하여 은행이 발행하지만, 의뢰인은 수표상의 당사자가 아니므로 은행과의 사이에 수표상의 관계는 없고, 다만 실질관계에서 의뢰인은 수표자금을 제공하고, 이에 대하여 은행이 자기앞수표를 발행·교부한다. 발행의뢰인과 은행 사이의 법률관계의 성질은 은행이 고객에게 자기앞수표라는 유가물을 매매하는 것으로 본다(賣買說). 그 밖에 이를 일종의 위임계약이라 보는 견해와 의뢰인의 현금교부에 대하여 은행이 자기앞수표로 대물변제를 한다는 견해도 있다.

실질관계에 있어서는 발행의뢰인이 지급위탁자가 되지만, 수표관계에서는 어디까지나 발행은행이 지급위탁자가 되므로, 발행의뢰인이 자기앞수표를 분실 또는 도난당하고 은행에 대하여 수표금의 지급의 중지를 요구하는 것은 수표법상의 지급위탁의 취소는 아니고, 다만 사고신고의 의미밖에 없다.

(2) 所持人과 銀行과의 關係

자기앞수표를 발행한 은행은 소지인에 대한 관계에서 발행인과 지급인의 두 개의 지위를 가지게 된다. ① 「지급인으로서의 은행」은 지급제시 기간 동안 및 위 기간이 경과한 후에도 지급위탁의 취소가 없는 동안은 소지인에게 수표금을 지급할 수 있다. 그러나 수표소지인이 은행에 대하여 지급을 청구할 권리가 없는 것은 다른 수표에 있어서와 같다. ② 「발행인으로서의 은행」은 지급제시기간 내에 지급거절이 된 때에는 상환의무를 부담하므로(手 39), 소지인에 대하여 이 담보의무의 이행으로서 수표금을 지급할 의무가 있다. 따라서 자기앞수표의 발행인으로서의 은행은 소지인이 정당한 소지인이 아니라고 증명하지 못하는 한 전소지인으로부터 도난 또는 분실의 신고가 있거나 공시최고의 신청이 있었다는 이유만으로는 상환의무를 면할 수 없다(大判 60. 6. 9. 4292 民上 287; 64. 9. 8. 64 다 464). 그러나 제시기간이 경과한 때에는 발행인으로서의 은행은 상환의무가 없으므로 소지인에 대하여 수표금지급의 의무가 없다. 결국 자기앞수표의 소지인도 보통의 수표의 소지인과 같이 지급제시기간 내에 지급제시하였다가 지급거절된 경우에 한하여 발행인(은행)에 대하여 수표금지급의 상환청구권이 있음에 불과하다(大判 56. 8. 11. 4287 民上 327; 87. 5. 26, 86 다카 1559). 그러나 은행은 자기앞수표를 발행할 때에 그 자금을 확보하고 있고, 따라서 예금부족으로 부도(지급거절)될 염려가 없으며, 제시기간 경과후에도 지급위탁의 취소가 있을 수 없으므로, 실제상으로는 그 피지급성이 확보되는 것이다.

5. 自己앞手票의 利得償還請求權

(1) 자기앞수표에 있어서도 지급제시기간 내에 지급제시를 하지 아니하면 수표소지인은 수표상의 권리를 상실하므로(大判 59. 10. 29, 4292 民上 440), 그 발행인인 은행에 대하여 이득상환청구를 할 수밖에 없다(大判 74. 7. 26, 73 다 1922). 다만 지급제시기간이 경과하여도 지급위탁의 취소가 있을 때까지는 지급인이 유효한 지급을 할 수 있으므로(手 32 II), 발행의뢰인으로부터 도난·분실 등의 신고가 없으면, 제시기간 경과후에도 은행은 자기앞수표를 지급하는 것이 상례로 되어 있다(大判 62. 2. 15, 4294 民上 375). 그러나 이것은 은행이 임의로 지급하는 것이지, 수표소지인에게 수표상의 권리가 있기 때문은 아니다. 따라서 제시기간 경과 후에 자기앞수표를 취득하는 사람은 자기의 위험으로 이를 취득하는 수밖에 없다.

(2) 대법원은 제시기간경과후의 자기앞수표의 양도는 당연히 이득상환청구권의 양도와 그 양도통지의 권능의 양도를 동반한다고 하고, 자기앞수표의 양수인은 은행에 이를 제시한 때에 양도인을 대위하여 양도의 통지를 하는 것으로 보고 있으나(大(全)判 76. 1. 13, 70 다 2462), 이득상환청구권은 수표상의 권리가 소멸할 당시의 정당한 권리자로부터 양도받아야 한다고 하고 있으므로(大判 81. 6. 23, 81 다 167), 제시기간 경과시 수표의 소지인이 정당한 권리자였음을 확인하지 않고 이를 취득하면 이득상환청구권을 취득할 수 없게 된다(상세는 어음의 利得償還請求權에 관한 설명을 참조하라). 그러나 교부에 의하여 전전유통되는 자기앞수표에 있어서 수표상의 권리소멸 당시의 정당한 소지인이 누구였는가를 확인하는 것은 사실상 불가능하므로, 결국 제시기간경과후의 자기앞수표는 이를 취득함에 있어서 신중을 기하지 않으면 안된다.

제2 橫線手票

1. 總　說

「횡선수표」는 수표의 앞면에 두 줄의 평행선을 그은 수표로서, 은행 또는 지급인의 거래처에 대하여만 지급할 수 있는 것이다. 수표는 모두 일람출급식이고 또 소지인출급식이 대부분이므로, 도난·분실 등의 경우에는 악의의 소지인이 지급을 받을 위험이 대단히 크므로, 이 위험을 방지하기 위하여 영국에서는 횡선수표라는 제도를 안출하여 사용하여 왔고, 도이칠란트에서는 계산수표의 제도를 이용하여 왔다. 통일법은 위 양제도를 병용하고 있으나, 유보조항(제2부 속서 제18조 1항)에 의하여 그 중 하나만을 채용하는 것을 허용하고 있으므로, 우리 나라는 횡선수표를 채용하고 있다(手 37, 38).

2. 種類와 方式

(1) **一般橫線手票**는 수표의 앞면에 두 줄의 평행선을 그어서 그 횡선 내에 아무런 기재도 하지 않거나 또는 「은행」 또는 이와 같은 뜻이 있는 문구를 적은 것을 말하고(手 37 Ⅲ 前), **特定橫線手票**는 수표의 앞면에 두 줄의 평행선을 그어서 그 횡선 내에 특정한 은행의 명칭을 적은 것을 말한다(手 37 Ⅲ 後).

(2) 수표에 횡선을 그을 수 있는 자는 발행인과 소지인이다. 보통의 수표는 이를 일반횡선 또는 특정횡선수표로 할 수 있고, 또 일반횡선수표를 특정횡선수표로 할 수 있다(手 37 Ⅰ·Ⅳ 前). 그러나 특정횡선수표를 일반횡선수표로 할 수는 없고(手 37 Ⅳ 後), 특정 또는 일반횡선수표를 보통의 수표로 할 수도 없다(手 37 Ⅴ). 왜냐하면 횡선 또는 지정된 은행의 명칭의 말소는 이를 하지 않은 것으로 보기 때문이다(手 37 Ⅴ).[1)]

3. 效 力

횡선수표는 그 지급과 취득에 있어서 제한을 받는다.

(1) 支給의 制限

① 「일반횡선수표」의 지급인은 은행 또는 지급인의 거래처에 대하여만 지급할 수 있다(手 38 Ⅰ). 따라서 은행 또는 지급인의 거래처가 아닌 사람이 소지인인 때에는 은행 또는 지급인의 거래처를 통하여서만 지급을 받을 수 있다. 그러므로 횡선수표의 습득자나 절취자는 자기의 신원이 밝혀지기 때문에 그 지급을 받는 것을 꺼리게 되어 분실 또는 도난 등의 경우에 위험방지가 되는 것이다. 은행 이외에 지급인의 거래처에 대하여도 지급할 수 있게 한 것은 신원이 확실한 거래처에 대한 지급은 횡선제도의 취지에 반하지 아니하고, 또

---

1) 그러나 화학적 방법으로 교묘하게 횡선을 말소하여 은행이 과실없이 그 소지인에게 수표금을 지급한 때에는 은행이 면책되므로, 횡선수표의 효용은 그렇게 완전한 것은 아니다. Ripert et Roblot, 2170.

이를 인정하지 아니하면 지급은행의 거래처가 일반횡선수표의 지급을 받기 위하여 일일이 다른 은행을 거치지 않으면 안되어 실제상 불편하기 때문이다. 여기에서 거래처라 함은 지급인과 다소 계속적인 거래관계가 있는 자를 말한다. 예컨대 현재 당좌거래를 하고 있는 자는 이에 해당할 것이지만, 보통예금자·정기예금자·어음할인의뢰인 등은 그 계속성·예금액·계좌수·빈도 등 여러가지 사정을 종합하여 해당여부를 결정하여야 할 것이다(서울高判 68. 4. 9, 67 나 874 참조).

②「특정횡선수표」의 지급인은 지정된 은행에 대하여만 또는 지정된 은행이 지급인인 때에는 자기의 거래처에 대하여만 지급할 수 있다(手 38 II). 그러나 지정된 은행은 스스로 현실로 지급을 받거나 또는 다른 은행으로 하여금 추심하게 할 수 있다(手 38 II 但). 피지정은행이 다른 은행에 수표의 추심을 의뢰하는 방법은 지시식수표의 경우에는 추심위임배서(手 23)에 의하고, 소지인출급식수표의 경우에는 수표의 뒷면에 추심위임의 기재를 함으로써 한다.

③「수개의 특정횡선이 있는 수표」의 경우에는 지급인이 어느 지정된 은행에 대하여 지급할 것인가를 정할 수 없으므로 이를 지급하지 못한다(手 38 IV). 그러나 예외적으로 어음교환소에서 추심하기 위하여 제2의 횡선을 하는 것은 상관없다(手 38 IV 但). 이것은 피지정은행이 어음교환소에 가입하지 않은 경우에, 어음교환소에 가입한 은행을 다시 피지정은행으로 하기 위하여 인정하는 것이다.

(2) 取得의 制限

은행은 자기의 거래처 또는 다른 은행으로부터만 횡선수표를 취득할 수 있다. 또 은행은 이 이외의 자를 위하여 횡선수표의 추심을 하지 못한다(手 38). 그 이유는 이를 제한하지 않으면, 횡선수표의 부정소지인은 그 수표를 은행에 양도하거나 또는 은행에 그 추심을 위임하여 용이하게 수표의 지급을 받거나 또는 지급을 받은 것과 동일한 목적을 달성할 수 있기 때문이다. 그러나 은행이 거래처의 배서에 의하여 횡선수표를 양수하였다면, 그 추심 전에 자기의 위험부담으로 수표금을 지급하더라도 상관이 없다(大判 67. 10. 12, 67 다 1955).

(3) 支給·取得制限違反의 效果

위에 말한 제한에 위반하여 횡선수표를 취득하거나, 거래처 이외의 자에게 지급한 은행이나 지급인은 이로 인하여 생긴 손해에 대하여 수표금액의 한도 내에서 배상할 책임을 진다(手 38 V). 이 배상책임은 수표법상 인정된 책임으로서 무과실책임이며, 민법상의 배상책임을 배제하는 것도 아니다. 따라서 손해액이 수표금을 초과하는 때에는 피해자가 민법상의 손해배상을 청구할 수 있다. 그러나 제한에 위반하여 한 수표의 지급이나 취득이 무효로 되는 것은 아니다. 횡선수표의 횡선을 긋는 부분이 잘려나간 경우에 만연히 이를 지급한 은행에 과실책임이 있다(大判 77. 8. 23, 77 다 344).

4. 外國發行 韓國支給의 計算手票

발행인 또는 소지인이 증권의 앞면에 「계산을 위한」의 글자 또는 이와 같은 뜻이 있는 문구를 적고 현금의 지급을 금지한 수표(計算手票)[1]로서 외국에서 발행하여 대한민국에서 지급할 것은 일반횡선수표로서의 효력이 있다(手 65, 涉私 42).

5. 一般橫線의 效力을 排除하는 特約의 效力

수표의 발행인이 수표장의 도난·분실 등에 대비하여 미리 수표용지의 전부에 횡선을 그어놓은 경우에, 횡선을 긋지 아니한 수표를 발행할 필요가 있을 때, 예컨대 즉일 현금지급을 바라거나, 은행과의 거래가 없는 자에게 수표를 교부하고자 할 때에는 횡선을 말소하여도 말소의 효력이 발생하지 아니하므로(手 37 V), 발행인은 은행과 사이에 횡선수표를 이용하면서 횡선의 효력을 배제하는 합의를 하고, 그 편법으로서 발행인이 수표의 뒷면에 은행에 신고된 인감을 찍으면, 지급은행은 이러한 수표의 소지인을 발행인의 사용인 내지 대리인으로 보아 그가 거래처가 아니더라도 그에게 수표금을 지급하는 예가 있다. 이러한 특약은 횡선의 효력을 일반적으로 배제하는 것은 아니고(그러한 특약은 수표법 제37조 제5항에 비추어 무효이다), 다만 발행인과 지급은행 간에서 수표법 제38조의 제한을 위반함으로써 발생하는 손해배상청구권을 포기하는 취지이므로 당사자 간에서는 유효하다고 본다(日最判 54. 10. 29, 裁判所時報 171. 169).

---

1) 계산수표는 수표면에 「계산을 위하여」 또는 이와 같은 뜻이 있는 문구를 적는 것이며, 이 경우에는 수표의 지급은 현금으로 할 수 없고 대체·상계·어음교환 등의 기장계산방법에 의하여만 결제할 수 있게 함으로써 절취자나 습득자가 수표의 지급을 받는 것을 방지하고자 하는 목적을 가지고 있다.

6. 橫線의 變更과 抹消

보통의 수표는 일반횡선 또는 특정횡선수표로 할 수 있고, 또 일반횡선수표는 특정횡선수표로 변경할 수 있다(手37 I·IV前). 그러나 역으로 특정횡선수표를 일반횡선수표로 변경할 수는 없고(手37 IV後), 또 특정 또는 일반횡선수표를 보통의 수표로 변경할 수도 없다(手37 V). 그리고 횡선 또는 특정된 은행의 명칭의 말소는 이를 하지 않은 것으로 본다(手37 V). 요컨대 수표의 지급을 받을 자격을 더욱 엄격하게 하는 변경은 허용되지만, 반대로 이를 완화하는 변경은 허용되지 않는다. 이것은 횡선수표를 절취하거나 습득한 자가 기재사항을 변경하거나 말소하여 지급받는 것을 방지하기 위한 것이다.

제3 旅行者手票

1. 意　　義

「여행자수표」(travellers' cheque; traveler's check)의 개념은 나라에 따라 다르지만, 일반적으로 해외여행자들로 하여금 현금의 휴대에 따르는 위험을 피하게 하고 여행지에서 그 곳의 화폐로 현금화할 수 있게 하는 유가증권을 가리킨다. 영미의 여행자수표는 은행이 그 고객(旅行者)에게 발행하여 주는 증권으로서, 발행은행이 그 해외지점 또는 거래은행에 대하여 고객의 부서(副署)를 조건으로 그 증권기재금액을 지급하라고 지시하는 것이다. 고객은 여행자수표를 교부받을 때에 수표의 상단에 서명을 하여야 하고, 이 수표를 현금대용으로 지급하려 할 때에는 이를 취득하는 상대방의 면전에서 수표의 하단에 부서를 하여야 한다. 이것은 상대방으로 하여금 부서가 본래의 서명과 동일한 것을 확인시켜 도난 또는 분실에 대비하기 위한 것이다. 여행자수표는 배서에 의하여만 양도된다.

2. 機　　能

여행자수표는 해외여행을 할 때에 현금의 휴대에 따른 위험을 제거하고 외국에서 현금의 조달을 가능하게 하는 기능을 가지고 있다. 여행자수표는 국내외의 은행에서 즉시 현금화할 수 있음은 물론, 호텔·음식점·상점 등에서 현금대용의 지급수단으로 이용할 수 있다.

3. 性 質

여행자수표의 법적 성질에 관하여는 수표설, 약속어음설, 환어음설, 여행자신용장설 등 많은 견해가 주장되어 왔는데, 그것은 여행자수표가 해외여행자의 필요에 응하기 위하여 특별히 고안된 제도로서, 종래의 어음·수표의 어느 것과도 같지 않기 때문이다. 우리 나라에서 발매되고 있는 미국식 여행자수표의 법적 성질에 관하여도 그것은 약속어음도, 환어음도, 수표도 아닌 관습법에 의하여 인정되는 자기앞수표와 유사한 특별한 유가증권이라고 하는 견해(特別有價證券說)가 있으나, 이렇게 풀이하는 경우에는 여행자수표에 배서한 배서인에게 담보책임을 물을 수 없는 난점이 있다. 또 여행자인 고객이 자기지시의 환어음을 발행하고, 발행은행이 이를 인수한 것으로 풀이하는 견해(換어음說)도 있으나, 환어음과 수표는 법적 성질이 유사하고, 여행자수표가 수표라는 말을 쓰고 있는 이상, 굳이 환어음이라고 고집할 이유는 없을 것이다. 여행자수표는 고객이 발매은행 또는 그 거래은행을 지급인으로 하여 발행한 수표라고 생각한다(手票說).[1] 물론 이를 수표의 일종으로 보는 경우에는 고객에 의한 부서를 조건으로 하는 점을 어떻게 해결할 것인가가 문제로 되나, 위 부서는 증권 외의 발생이 불확실한 조건이 아니라, 고객의 신원을 확인하기 위한 방법이라고 볼 수 있고, 이로 말미암아 지급위탁이 조건에 걸린다고 볼 수는 없으므로, 상관이 없다고 생각한다.

4. 旅行者手票의 法律問題

(1) 부서를 받지 않고 여행자수표를 취득한 자가 발매은행에 대하여 수표금의 지급을 청구한 경우에는 발매은행은 증권상의 항변을 대항하여 수표금의 지급을 거절할 수 있다고 본다. 여행자수표에는 부서를 받고 취득하여야만 지급한다는 조건이 기재되어 있고, 이는 소지인의 신원을 확인하여 부정사용을

1) 발매은행을 발행인으로 보는 경우에는 발매은행이 자기 자신을 지급인으로 하여 자기앞수표 또는 자기앞환어음을 발행하여 이를 고객에게 교부하는 것으로 볼 수 있으나, 여행자수표에는 발매은행의 서명 내지 기명날인이 없고 회사명칭의 모사인쇄만이 있으므로 수표요건의 흠결이 문제될 수 있기 때문이다.

방지함으로써 여행자수표의 유통성을 강화하려는 목적을 가지고 있는 유익적 기재사항이라고 풀이할 수 있으므로, 위 조건에 반하여 여행자수표를 취득한 자에 대하여는 수표금을 지급할 의무가 없다고 본다.

(2) 여행자수표가 완전한 유가증권이 되는 시기는 발매은행의 대리점이 최초의 매수인에게 여행자수표를 교부한 때라고 본다. 판매대리점이 보관하고 있는 단계에서는 발매은행의 점유가 계속되고 있으므로, 아직 미완성증권이라고 보며, 이 단계에서 그것이 도난당하였다면 아직 완전증권이 아니라고 본다.

(3) 고객이 여행자수표를 분실하거나 도난당한 경우에는 즉시 발매은행이나 그 지점·거래은행에 연락하여 새로운 여행자수표를 교부받을 수 있다. 여행자수표의 경우에는 이를 취득하는 자의 면전에서 부서를 하여야 하고 또 여권 등으로 신원을 확인하므로, 이를 타인이 사용하기는 힘들다. 그러나 부서까지 끝난 여행자수표를 분실하거나 도난당한 경우, 또는 제1의 서명이 된 여행자수표와 함께 여권까지 동시에 분실 또는 도난당한 경우에는 허위의 부서를 하여 여행자수표를 부정사용할 위험성이 있다. 이러한 경우에는 제3자에 의한 선의취득이 가능하다. 그리고 지급은행이 선의·무과실로 지급한 경우에는 면책된다.

제4 郵便手票

1. 意 義

체신관서를 지급인으로 하거나 체신관서(現金出納公務員)가 발행한 수표를 말한다. 우편대체법 제14조, 동법 시행규칙 제27조 이하에 그 절차가 규정되어 있다.

2. 性 質

우편수표에 관하여는 우편대체법상의 특별규정이 먼저 적용되고, 거기에 특별한 규정이 없는 경우에는 수표법의 규정이 적용된다(郵便對替法 14 IV). 수표법의 적용에 있어서 은행과 동일시되는 사람 또는 시설의 지정에 관한 규정(1970. 4. 15. 大統領令 제4920호)에 의하여 우편국은 은행과 동일시되고 있다. 우리 나라에서는 국가기관의 행위라도 순전한 재산법적 관계이면 이를 사법관계로 보는 것이 일반적이고, 우편대체법 제14조 제4항에 의하여 수표법의 규정이 적용되므로, 우편수표는 사법관계로 볼 수 있다.

제 9 장
其　　他

제1　參　　加

수표에는 환어음에 있어서와는 달리 참가인수는 물론 참가지급의 제도도 없다.

제2　複　　本

1. 總　　說

(1) 수표에는 인수제도가 없으므로, 오로지 인수시의 증권유통에 대비하기 위한 「등본제도」는 인정되지 아니한다.

(2) 그러나 「복본제도」는 수표에 관하여도 인정되고 있다. 수표에서는 지급보증을 위하여 1통을 멀리 떨어진 타지에 송부하거나 또는 각국간을 유통하는 도중에 분실되는 것에 대비하기 위하여 복본이 이용된다. 수표법은 다음의 두 가지 조건하에서 복본의 발행을 허용하고 있다(手 48).

(가) 수표의 발행지와 지급지가 멀리 떨어져 있어야 한다. 즉 ① 1국에서 발행하여 타국에서 지급할 수표, ② 1국에서 발행하여 그 해외영토에서 지급할 수표, ③ 1국의 해외영토에서 발행하여 그 본국에서 지급할 수표, ④ 1국의 동일해외영토에서 발행하고 지급할 수표, ⑤ 1국의 해외영토에서 발행하여 그 나라의 다른 해외영토에서 지급할 수표이어야 한다.

(나) 소지인출급식이 아니어야 한다. 그러므로 복본은 기명식 또는 지시식 수표에만 허용된다. 왜냐하면 소지인출급식수표의 복본 각통이 따로따로 양도된 경우에는 그 양도인을 알 수 없으므로, 결국 발행인에게 그 각통에 대하여 책임을 부담시키게 되기 때문이다.

2. 複本의 發行

복본은 발행인이 발행하고, 각 복본에는 그 증권의 본문 중에 번호를 붙여야 한다(手48 2文). 만일 번호를 붙이지 아니한 때에는 그 수통의 복본은 이를 각별의 수표로 본다(手48 3文). 수표에 있어서는 환어음에 있어서와는 달리 그 소지인에게 복본교부청구권이 인정되지 아니한다. 그것은 수표의 복본은 그 소지인에게 수표유통의 편의를 부여하기 위하여 인정된 것이 아니기 때문이다.

3. 複本의 效力

복본은 각통이 각각 하나의 수표이기 때문에 1통으로 지급을 청구할 수 있고, 그 1통에 대한 지급이 있는 때에는 이른바 파기문구(1통에 대한 지급이 다른 복본을 무효로 한다는 뜻의 기재)의 기재가 없는 경우에도 다른 복본을 무효로 하여 의무를 면하게 한다(手49 I). 수인에게 각별로 복본을 양도한 배서인과 그 후의 배서인은 그 기명날인 또는 서명한 각통으로서 반환을 받지 아니한 것에 대하여 책임을 진다(手49 II).

제3 時 效

(1) 수표상의 권리의 시효기간은 어음에 비하여 일반적으로 단축되어 있다. 즉 소지인의 배서인·발행인 기타의 채무자에 대한 상환청구권은 제시기간 경과후 6월로써 소멸시효가 완성하고(手51 I), 또 지급을 한 채무자의 다른 채무자에 대한 상환청구권은 그 채무자가 수표를 환수한 날 또는 그 자가 제소된 날로부터 6월로써 소멸시효가 완성한다(手51 II). 또한 지급보증을 한 지급인에 대한 수표상의 청구권은 제시기간경과후 1년이 경과하면 소멸시효가 완성한다(手58).

(2) 소지인의 수표채무자에 대한 상환청구권의 소멸시효의 기산점은 법정제시기간인 10일이 지난 다음 날부터이다(大判 63. 7. 25, 63 다 305).

(3) 대법원은 기존채권의 지급확보의 방법으로(즉 지급을 위하여) 수표가 수수되었을 때에는 수표금채권과 기존채권은 표리의 관계에 있어서 수표금채권의 재판상 청구는 기존채권에 대한 소멸시효를 중단하는 효력이 있다고 한다(大判 61. 11. 9, 4293 民上 748). 그러나 반대로 이 경우에 기존채권의 재판상 청구는 수표금채권에 대한 소멸시효의 중단의 효력이 없다고 한다(大判 67. 4. 25, 67 다 75). 수표채권이 원인채권보다 더 강력한 점에 비추어 양 채권이 동일인에 귀속되어 있는 경우에는 대법원의 태도를 수긍할 수 있다고 생각한다.

제4　利得償還請求權

(1) 수표의 이득상환청구권도 어음의 경우와 마찬가지이다. 다만 의무자의 범위가 발행인, 배서인 및 지급보증인의 3자로서, 환어음과 비교하여 보면 인수인이 빠진 대신에 지급보증인이 들어가 있는 점이 다르다.

(2) 자기앞수표의 이득상환청구권이 언제 발생하는 것으로 볼 것인가에 관하여는 해제조건설이 타당하다고 함은 앞에 말한 바와 같다. 그리고 수표상의 권리가 소멸할 당시의 정당한 소지인으로부터 자기앞수표를 양수하지 아니하고, 수표상의 권리가 소멸할 당시의 정당한 소지인이 누구인지 가려볼 자료가 없는 자기앞수표를 제시기간 경과후에 양수한 자는 원래의 정당한 소지인을 찾아내어 그로부터 이득상환청구권을 지명채권양도방법에 따라 양도받은 과정을 증명하지 못하는 한 발행인에 대하여 이득상환청구를 할 수 없다는 점도 이미 설명하였다(大判 81. 6. 23, 81 다 167; 83. 3. 8, 83 다 40; 83. 9. 27, 83 다 429). 그러므로 분실된 수표의 악의의 취득자로부터 지급제시기간이 경과한 후에 이를 취득한 소지인은 이득상환청구권을 취득하지 못하는 결과가 된다(大判 78. 6. 13, 78 다 568).

제 10 장
罰　　則

수표가 지급증권으로서의 기능을 다하기 위하여는 그 피지급성이 확보되어야 한다. 그리하여 수표법은 지급위탁의 취소를 제한하고(手 32), 또 발행인이 사망하거나 능력을 상실하여도 그 수표의 효력에 영향을 미치지 않도록 하는 동시에(手 33), 수표의 지급이 거절되는 경우는 대부분이 수표자금이 없는 경우이므로, 이 수표자금을 확보하도록 노력하고 있고(手 3), 이를 벌칙으로써 보강하고 있다. 또한 수표법의 규정만으로는 부정한 수표의 남발을 규제할 수 없으므로, 부정수표단속법이라는 특별법을 제정하여 수표제도의 건전한 발전을 꾀하고 있다.

제 1　手票法上의 罰則

수표의 발행인이 제시한 때에 처분할 수 있는 수표자금을 은행에 가지고 있지 않거나, 그 자금을 수표에 의하여 처분할 수 있는 수표계약이 없이 수표를 발행한 때에는 50만원 이하의 과태료에 처한다(手 67, 罰金等臨時措置法 4 Ⅲ).

제 2　不正手票團束法上의 罰則

부정수표단속법(1961. 7. 3. 法律 제645호)은 부정수표 등의 발행을 단속처벌함으로써 국민의 경제생활의 안정과 유통증권인 수표의 기능을 보장함을 목적으로 하는 법률이다.

(1) 부정수표단속법의 **處罰對象이 되는 者**는 다음과 같다. 즉 ① 부정수표를 발행하거나 작성한 자는 5년 이하의 징역 또는 수표금액의 10배 이하의 벌금에 처한다(同法 2 Ⅰ). 여기에서 부정수표라 함은 가설인의 명의로 발행한 수표, 금융기관(우체국을 포함)과의 수표계약 없이 발행하거나 금융기관으로부터 거래정지처분을 받은 후

에 발행한 수표, 금융기관에 등록된 것과 상위한 서명 또는 기명날인으로 발행한 수표 등을 가리킨다.

② 동법은 또한 수표를 발행하거나 작성한 자가 수표를 발행한 후에 예금부족·거래정지처분이나 수표계약의 해제 또는 해지로 인하여 제시기일에 지급되지 아니한 때에도 위와 동일한 형벌에 처하고 있다(同法 2 II). 부정수표단속법 제2조 제2항은 위헌이 아니다(憲裁 2001. 4. 26, 99 헌가 13).

③ 위의 ①②가 과실로 인한 경우에는 3년 이하의 금고 또는 수표금액의 5배 이하의 벌금에 처한다(同法 2 III).

④ 위와 같은 수표의 발행인이 법인 기타의 단체일 때에는 그 수표에 기재된 대표자 또는 작성자를 처벌하며, 그 법인 또는 단체는 위에 말한 벌금에 처한다(同法 3 I. 兩罰規定). 대리인에 의하여 수표를 발행한 경우에는 본인을 처벌하는 외에 대리인도 처벌한다(同法 3 II).

⑤ 뿐만 아니라 수표금액의 지급 또는 거래정지처분을 면할 목적으로 금융기관에 허위신고를 한 자도 10년 이하의 징역 또는 80만원 이하의 벌금에 처한다(同法 4, 罰金等臨時措置法 4 IV).

⑥ 동법은 또한 형법 제214조에 대한 특칙으로서 수표를 위조 또는 변조한 자는 1년 이상의 유기징역과 수표금액의 10배 이하의 벌금에 처하도록 하고 있다(同法 5).

(2) 부정수표단속법의 **處罰對象이 되는 手票**는 원칙적으로 수표요건을 구비한 완전한 수표이고, 이를 흠결한 경우에는 처벌의 대상이 되지 아니한다. 다만 대법원은 백지수표 중 백지부분이 발행일인 것은 부정수표단속법상의 처벌대상이 되지 아니한다고 하고(大判 83. 5. 10, 83 다 340; 77. 4. 12, 77 도 161), 백지부분이 발행지인 것은 그 처벌대상이 된다고 하여(大判 83. 5. 10, 83 다 340; 83. 9. 13, 83 도 1093), 상이한 취급을 하고 있다.

(3) 동법은 **刑事訴訟法에 대한 特則**을 두어, 동법에 의하여 벌금을 선고하는 경우에는 반드시 가납판결을 하여야 하고, 구속된 피고인에 대하여는 형사소송법 제331조의 규정에도 불구하고 벌금을 가납할 때까지 피고인을 구속하도록 하였다(同法 6). 그리고 금융기관에 종사하는 자는 직무상 위에서 말한 부정수표와 위조·변조된 수표를 발견한 때에는 48시간 이내에, 예금부족 등으로 지급되지 아니한 수표를 발견한 때에는 30일 이내에 각각 수사기관에 이를 고발하도록 의무화하였고, 이에 위반할 때에는 100만원 이하의 벌금에 처하도록 하였다(同法 7). 또한 부정수표를 발행하거나 작성한 자가 그 수표를 회수한 경우, 그 수표를 회수하지 못하였을지라도 수표소지인이 명시한 의사에 반하는 경우에는 각 공소를 제기할 수 없도록 하였다(同法 2 IV).

제 5 편

새로운 支給手段

제 1 장
序　　說

채무의 이행을 위하여 이용되는 지급수단 내지 지급제도는 여러 단계를 거쳐 발전되어 왔다.

(1) 처음에는 조개·금은 등이 이용되다가 뒤에는 동전·지폐 등이 이용되었고, 오늘날에도 소액의 지급에는 주로 이들 화폐가 이용되고 있다. 그러나 화폐를 지급수단으로 이용하는 경우에는 분실의 염려가 많고 또 다액의 금액을 지급할 때에는 이를 산정·휴대·운반하는 데 어려움이 따른다.

(2) 여기에서 화폐에 의한 지급에 따르는 불편을 제거하기 위하여 제2단계로 수표가 지급수단으로 많이 이용되기에 이르렀다. 수표를 이용하는 경우에는 아무리 다액이라도 한 장의 종이로 가능하므로 화폐에 비하여 매우 편리하고, 따라서 수표는 「제2의, 더 편리한 통화」로서 애용되어 왔다. 그러나 수표를 지급수단으로 이용하는 경우에는 이를 인쇄·보관·이전하는 데 많은 비용이 들어가고, 이를 현금화하는 데 약간의 시일이 소요된다. 더욱 결정적인 결점은 수표의 수취인이 수표금의 지급을 확실히 받는다는 보장이 없는 점이다(이 점은 지급보증을 받음으로써 해결할 수 있다).

(3) 이러한 수표의 결점을 보완하기 위한 지급수단으로서 고안된 것이 이른바 신용카드의 제도이다. 신용카드거래에 있어서는 신용카드업자(카드발행회사)가 대금의 지급을 보장하므로, 매도인은 이를 믿고 안심하고 거래를 할 수 있으며, 그런 까닭에 신용카드를 「제3의 통화」라고 말하기도 한다.

(4) 이와 아울러 화폐·수표의 수수에 따르는 비용과 노력을 절약하기 위하여 은행지로의 제도가 이용되어 왔고, 최근에는 컴퓨터의 발달에 따라 컴퓨터를 이용한 지급수단인 전자자금이체제도(Electronic Funds Transfer System: EFTS로 略記하며, 우리나라의 은행실무에서는 자동이체처리제도라고 말한다)가 널리 이용되어 가고 있다. 전자자금이체제도는 점점 각광을 받고 있는 지급수단으로서 「제4의 통화」라고 불러도 무방할 것이다.

(5) 위에 말한 신용카드와 전자자금이체제도는 모두 「현금없는 지급수단」이며, 「현금없는 사회」(cashless society)로 가는 전주곡이라고 말할 수 있다.

제 2 장

信用카드

제 1　信用카드의 槪念

(1) 신용카드(credit card)는 신용을 획득하기 위하여 수시로 이용되는 카드·표찰·증서 기타 신용장치를 가리키며, 여신전문금융업법은 「이를 제시함으로써 반복하여 신용카드가맹점에서 물품의 구입 또는 용역의 제공을 받거나 재정경제부령이 정하는 사항(선불카드의 구입대금 또는 상품권의 구입대금)을 결제할 수 있는 證票로서 신용카드업자(외국에서 신용카드업을 영위하는 자를 포함)가 발행한 것」이라 정의하고 있다(與專 2 ③). 신용카드를 규율하는 법률로서는 信用카드業法(1987. 5. 30. 법률 제3928호)이 제정·시행되다가, 뒤에 이르러 與信專門金融業法(1997. 8. 28. 법률 제5374호)에 흡수되었다. 위 두 법은 신용카드업자에 대한 행정적 감독에 치우쳐 있고, 신용카드업자와 신용카드회원 및 가맹점 사이의 사법적 법률관계에 관한 규정은 매우 미흡하다.

(2) 신용카드는 1920년대 이전에 미국에서 고안되어 백화점·주유소 등에서 이용되어 오다가 1950년대에 이르러 다목적카드가 발행되고 은행이 신용카드사업에 뛰어들면서 광범위하게 이용되기에 이르렀다. 우리 나라에서는 1969년 신세계백화점이 신용카드를 발행한 것이 그 효시(嚆矢)이며, 현재에는 많은 종류의 신용카드가 발행되어 널리 이용되고 있다.

(3) 신용카드는 여러가지 경제적 기능을 수행하고 있다. 즉 ① 신용카드회원에 대하여는 현금대용의 역할을 하고, 신용을 공여하는 기능을 수행하고, ② 가맹점에 대하여는 판매를 촉진시키고 운전자금을 조달하는 이점이 있으며, ③ 신용카드업자에 대하여는 가맹점으로부터 수수료수입을 얻게 하여 주고, 카드회원으로부터 회비를 받기도 하여 수익성을 보장하여 주고, ④ 신용카드를 발행하거나 신용카드거래에 관여하는 은행으로서는 새로운 고객 및 예금의 유치가 가능하고, 또 예금자의 신용상태를 파악할 수 있으며, 분할지급을 인정하는 경우에는 이자수입을 올릴 수도 있

다. 이처럼 신용카드에 의한 거래는 신용카드회원·가맹점·신용카드업자 및 은행 등 모두에게 이익을 주지만, 카드회원에게 무분별한 충동구매를 자극하여 불건전한 소비생활을 조장하는 면이 없지 않다.

제2 信用카드의 種類와 그 法的性質

1. 種 類

(1) 制限目的카드와 多目的카드

그 이용목적의 제한 여부에 따른 분류로서, 전자는 백화점이 발행하는 신용카드와 같이 그 상점에서만 이용할 수 있는 것이고, 후자는 은행카드와 같이 모든 가맹점에서 이용할 수 있는 것이다.

(2) 國內카드와 國際카드

그 사용가능지역에 따른 분류로서, 전자는 국내에서만 사용할 수 있는 것이고, 후자는 국외에서도 사용이 가능한 것이다. 백화점신용카드는 전자의 예이고, 「비자카드」(Visa Card), 「마스터 카드」(Master Card) 등은 후자의 예이다.

(3) 兩當事者카드, 三當事者카드 및 多當事者카드

카드거래의 당사자의 수를 기준으로 한 분류이다. 양 당사자카드는 백화점·호텔이나 특수상품판매점이 그들 점포에서만 통용되는 것으로 발행한 신용카드로서, 이 경우에는 카드회사와 카드회원의 두 당사자가 관계하게 된다. 3 당사자카드는 상품을 팔지 않는 독립의 기업이 발행하여 많은 가맹점에서 통용되는 신용카드이다. 국민카드, 삼성카드, 신한카드 등이 이에 해당한다. 이 경우에는 카드회사, 카드회원 및 가맹점의 세 당사자가 관계하고 있으며, 카드회사는 한편으로는 카드회원과 사이에 계약(보통 會員規約이라 부른다)을 맺고, 다른 한편으로는 가맹점과의 사이에 계약(보통 加盟店規約이라 부른다)을 맺고서, 이 양자 사이를 매개한다. 다 당사자카드는 복수의 은행에 의하여 공동발행되어 많은 가맹점에서 통용되는 것이다. 다당사자카드도 카드회사·카드회원 및 가맹점의 3당사자적 기초 위에 서 있는 점에서는 3당사자카드와 같으나, 다만 카드회사가 단일의 기업이 아니고 수개의 기업에 의하여 공동으로 참여되고 있는 점이 특이하다. 미국의 은행카드(bank card)는 다당사자카드이다.

2. 法的性質

(1) 양 당사자카드는 카드회원의 신용도와 신분을 확인하는 증서에 불과한 것으로 풀이되고 있다.

(2) 3 당사자카드와 다 당사자카드는 카드회원의 회원자격을 증명하는 증거

증권임에 그치지 않고, 더 나아가 카드회사가 신용카드에 의한 거래의 대금을 지급하겠다고 약속하는 손해담보계약상의 책임을 나타내는 증서로서의 성질을 가지고 있다. 카드회사의 대금지급책임은 신용카드가 제3자에 의하여 부정사용된 경우에도 발생하여, 카드회원의 채무에 대한 부종성이 없으므로, 이를 보증계약상의 책임으로 풀이하는 것은 타당하지 않다. 신용카드는 그 종류를 묻지 않고 신용공여기능을 가지고 있으므로, 신용증권의 일종이지만, 어떠한 재산권을 체화하는 유가증권은 아니며, 가맹점은 외관상 유효한 카드회원과 거래하면 그가 진정한 회원이 아닌 경우에도 이로 인한 책임을 지지 아니하므로 면책증권의 성질을 가진다.

제3 信用카드去來의 構造와 當事者간의 法律關係

1. 去來의 構造

(1) 양 당사자카드의 경우에는 카드회사는 신용카드거래를 원하는 고객(會員)과 사이에 카드이용대금의 결제 등을 내용으로 하는 회원규약을 체결하고, 회원에게 신용카드를 발행하여 준다. 카드회원은 카드회사와 제휴한 상점에서 신용카드를 제시하고 매출전표에 서명을 하면 현금의 지급을 요하지 않고 상품을 매수하거나 서비스를 제공받을 수 있고, 매월 일정한 날을 기준으로 하여 그 전 1개월분의 카드사용액을 사후에 지급한다.

(2) 3 당사자카드 이상의 경우에는 카드회사는 회원계약 외에 신용카드에 의한 신용판매를 행하기로 약정한 상점(加盟店)과의 사이에 신용판매와 대금결제 등을 내용으로 하는 가맹점규약을 체결한다. 카드회원은 가맹점에서 신용카드를 제시하고 가맹점에 비치되어 있는 매출전표에 서명을 하고 가맹점으로부터 상품을 매수하거나 서비스의 제공을 받는다. 가맹점은 카드회원의 서명을 받은 매출전표를 카드회사에 송부하고 매출전표의 액면금액으로부터 미리 약정한 일정한 비율의 수수료를 공제한 금액을 카드회사로부터 지급받는다. 대개는 카드회사가 가맹점의 예금계좌에 입금하는 방법으로 지급받는다. 가맹점에 카드이용대금을 지급한 카드회사는 매월 일정한 날까지의 카드회원별 신용카드이용대금을 합산하여, 각 카드회원에게 위 금액에 해당하는 청구서를 보내고, 각 카드회원으로부터 위 청구금액을 지급받는다. 대금지급방법은 카드회원이 카드회사에 직접 납입하는 예도 없지 아니하나, 대개는 은행지로를 이용하거나 카드회원의 예금계좌로부터 자동이체(電子資金移替)의 방법으로 카드회사에 지급되는 것이 보통이다.

2. 當事者間의 法律關係

(1) 양 당사자카드에 있어서는 카드회사와 카드회원 사이의 법률관계밖에 없으나, 3 당사자카드 이상에 있어서는 카드회사와 카드회원 간, 카드회사와 가맹점 간 및 가맹점과 카드회원 간 등 3면의 법률관계가 형성된다. 양당사자카드의 법률관계 및 3당사자카드에 있어서의 가맹점과 카드회원간의 법률관계는 대금지급관계를 제외하면 보통의 매매계약 또는 서비스제공계약이고 거기에 특히 문제될 것은 없다.

(2) 3 당사자카드(다 당사자카드를 포함한다)에 있어서의 카드회사와 카드회원간의 법률관계는 회원규약에 의하여 규율되는데(보통거래약관에 의하고 있다), 회원규약의 내용을 이루는 것은 카드의 발행, 대금결제의 방법, 카드를 타인에게 대여하거나 분실 또는 도난당한 경우의 책임, 계약해지의 사유 등이다. 카드회사와 카드회원 사이의 계약관계는 하나의 계속적 채권관계이며, 그 성질은 일종의 도급계약 내지 위임계약이다.

(3) 카드회사는 카드회원의 카드이용대금을 일단 가맹점에게 지급하고, 그 뒤에 카드회원으로부터 대금상당액을 지급받는데, 이러한 대금결제의 법률관계의 성질에 관하여는 각국에서 다양한 이론이 전개되고 있다. 생각건대 카드회사가 카드회원 및 가맹점의 위임에 기하여 카드회원의 채무를 병존적으로 인수하고, 그 채무인수의 이행으로서 가맹점에게 대금을 지급하고 카드회원으로부터 이를 구상하는 것이라고 본다(併存的債務引受說). 즉 원래의 매매계약 등으로부터 발생한 채권채무관계는 그대로 존재하고, 카드회사가 그 대금채무를 병존적(重疊的)으로 인수한 것으로 본다.

(4) 3 당사자카드(다 당사자카드를 포함한다)에 있어서 카드회사와 가맹점간의 법률관계는 가맹점규약(보통거래약관에 의하고 있다)에 의하여 규율되는데, 가맹점규약에서는 신용판매의 방법과 대금청구의 방법에 관하여 규정하고 있다. 가맹점은 카드회원에 대하여 현금을 요구하거나 현금을 지급하는 고객보다 불리한 대우를 하지 않기로 카드회사와 약정한다. 가맹점과 카드회사 사이의 법률관계도 역시 계속적 채권관계이다.

제4 信用카드에 관련된 法律問題

1. 信用카드의 不正使用

신용카드를 분실하거나 도난당한 경우에는 제3자가 이를 부정사용하는 예가 많은데, 이 경우에 그로 인한 손실을 카드회사·카드회원·가맹점 가운데 누가 부담할 것인가가 문제이다.

① 회원규약 또는 가맹점규약에 의하여 신용카드의 부정사용으로 인한 손실을 카드회원이나 가맹점에 부담시키기로 특약을 하는 일이 많으며, 이 경우에는 그 특약

에 의하지만, 이러한 특약이 있는 경우에도 가맹점(3당사자카드의 경우) 또는 카드회사(양 당사자카드의 경우)는 적어도 카드이용자와 카드회원의 인적 동일성, 카드상의 서명과 매출전표상의 서명의 동일성, 카드에 관한 분실신고의 유무 등을 상거래상 요구되는 주의로써 확인할 의무가 있고, 이러한 주의의무를 다하지 못한 경우에는 신용판매한 가맹점 또는 카드회사가 그 손실을 부담하여야 한다(大判 86. 3. 11. 85 다카 1490). 그리고 카드회원에게 손실을 부담시키기로 하는 특약이 신의칙에 반하거나(大判 86. 3. 11. 85 다카 1490), 또는 선량한 풍속 기타 사회질서에 반하는 경우에는 무효이다.

② 손실의 부담에 관하여 아무런 특약이 없는 경우에는 과실책임주의의 원칙에 따라 과실있는 당사자에게 손실을 부담시키는 것이 타당할 것이다. 대체로 분실·도난의 신고시점을 기준으로 하여, 그 이전의 이용대금은 카드회원이, 그 이후의 이용대금은 카드회사가 부담하는 것이 공평하지만, 신고 전이라도 가맹점에 과실이 있을 때에는 가맹점이 손실을 부담하여야 할 것이다. 여신전문금융업법은 신용카드의 부정사용으로 인한 손실의 부담에 관하여 카드회사는 카드회원으로부터 신용카드의 분실·도난 등의 통지를 받은 때에는 그때부터 당해 신용카드의 부정사용으로 인한 책임을 지는 것으로 규정하고 있으며(與信專門金融業法 16 I), 이 경우에 통지의 방법은 서면·구술·전화·팩스 기타 어느 것이라도 상관이 없다.

③ 신용카드의 부정사용으로 인하여 발생한 손실의 부담문제를 법해석을 통하여 해결하는 데에는 한계가 있으므로, 문제의 근본적 해결을 위하여는 별도의 입법조치가 필요하다고 생각한다. 미국은 1970년 입법에 의하여 카드의 부정사용으로 인한 손실 중 미화 50불의 범위 내에서만 카드회원에게 이를 부담시키고, 그 나머지는 카드회사가 이를 부담하도록 하고 있는데(다만 이 제한은 카드회원이 소비자인 경우에만 적용된다), 우리 나라의 신용카드의 회원규약도 카드회원의 책임을 일정액(20,000원)으로 제한하고 있는 것이 보통이다.

2. 카드會員의 抗辯權

카드회원이 신용카드를 이용하여 상품을 구입하였는데, 그것이 약정한 품질을 갖추지 못하였거나 거기에 하자가 있는 경우에, 카드회원은 이러한 사유를 들어서 카드회사의 대금청구에 대하여 감액청구를 하거나 지급을 거절할 수 있다. 양당사자카드인 경우에는 카드회사가 상품을 판매하였고, 신용카드는 단지 구입자의 신원확인용으로 사용되었을 뿐이므로, 보통의 외상거래에 있어서와 마찬가지로 매수인인 카드회원은 매도인인 카드회사에 대하여 매매계약에 따른 항변을 주장할 수 있다. 3당사자카드나 다당사자카드인 경우에는 상품매매계약의 당사자가 아닌 카드회사가 대금을 청구하므로 항변의 대항이 가능한가 하는 의문이 생기지만, 병존적 채무인수설에 의하는 경우에는 카드회사는 카드회원의 위탁에 의하여 채무인수를 하는 것이고, 카드회사는 위탁의 본지에 따라 선량한 관리자의 주의로 위탁사무를 처리하여야 하므로(民 681), 카드회원으로부터 사전에 통보받은 항변사유는 가맹점에 대하여 이를 주장할 의무가 있고, 따라서 카드회사가 카드회원에게 카드이용대금을 구상하여 오는 경우에는 위 항변사유를 카드회사에 대항할 수 있다고 본다.

3. 카드會員의 保證人의 責任限度

회원규약에서는 카드회원의 신용도에 따라 월간카드이용한도액을 정하고 있는데, 카드회원이 월간카드이용한도액을 초과하여 신용카드를 이용한 경우에 위 제한초과이용액에 대하여 카드회원의 연대보증인이 책임을 지는가가 문제된다. 연대보증인의 의사를 합리적으로 해석하면, 그는 카드회원이 월간이용한도액의 범위내에서 카드를 이용하는 경우를 상정하고 있고, 또 가맹점에서는 한도액 초과여부를 확인할 의무가 있으므로, 연대보증인의 책임은 월간이용한도액으로 제한된다고 본다(大判 86. 1. 28, 85 다카 1626; 86. 2. 25,84 다카 1587; 86. 5. 27, 85 다카 111). 카드회원의 보증인의 책임은 보증계약당시의 카드의 유효기간 내에 한하여 미치고, 카드를 갱신할 때에는 다시 보증인의 승낙을 받아야 한다고 풀이하여야 한다(同旨: 서울民地判 1987. 11. 4, 87 가합 410. 약관심사위원회에서는 1987. 9. 11. 보증인의 책임을 장기화한약관의 조항은 무효라고 의결하였다. 司法行政, 1987. 11, 93면 이하).

제 3 장

電子資金移替

제 1 절 資金移替

(1) 현금 아닌 지급수단으로서는 수표와 신용카드 외에 자금이체제도가 있다. **자금이체**(funds transfer)란 자금을 수수할 당사자 사이에 현금을 이동하지 않고 장부(또는 전자장치)상의 기장(또는 입력)에 의하여 자금을 이체하는 것을 가리킨다. 자금이체는 자금을 지급할 자와 이를 지급받을 자 사이에서 이루어진다. 전자를 채무자, (이체)지급인 또는 자금양도인이라 하고, 후자를 채권자, (이체)수취인 또는 자금양수인이라 부른다.

(2) 자금이체에는 두 가지의 유형이 있다. **貸邊移替**(credit transfer)는 채무자의 지시에 의하여 행하는 자금이체(지급이체라고도 한다)이고, **借邊移替**(debit transfer)는 위와 반대로 채권자의 지시에 의하여 행하는 자금이체이다(추심이체라고도 한다). 우리 나라의 실무에서는 자금이체를 은행지로 또는 지로제도라고 부르고 있으나, 지로제도라는 말은 많은 나라에서는 대변이체(지급이체)를 가리키는 용어로 쓰이고 있으며, 또 은행지로는 지로제도의 한 분야에 지나지 않음을 주의하여야 한다.

(3) 자금이체가 행하여지는 경로는 관련되는 은행의 수에 따라 다르다. 채무자가 채권자와 동일한 은행에 계좌를 가지고 있는 경우에는 양당사자의 계좌에 출금 및 입금기장을 함으로써 자금이체는 간단하게 이루어진다. 이를 **單一銀行間移替**라 한다. 다음에 채무자와 채권자가 지리적으로 근접한 두 개의 상이한 은행에 각각 계좌를 가지고 있는 경우에 위 두 은행 사이에 직접 거래관계가 있거나 공통된 어음교환소에 가입하고 있을 때에는, 이들 사이에서 직접 자금이체가 행하여질 수 있다. 이를 **兩銀行間移替**라 한다. 끝으로 채무자와 채권자가 각각 상이한 두 은행에 계좌를 가지고 있고, 위 두 은행이 지리적으로 멀리 떨어져 있어서 직접 거래관계가 없

거나 동일한 어음교환소에 가입하고 있지 않을 경우에는, 중간에 양은행과 거래관계가 있는 제3의 은행을 매개로 하여 자금이체가 행하여진다. 이를 **三銀行間移替**라 한다. 채무자의 거래은행을 지급은행 또는 개시자은행이라 하고, 채권자의 거래은행을 수취은행 또는 수익자은행이라 하여, 중간에서 매개하는 은행을 중개은행이라 부른다.

(4) 자금이체는 이체를 행하기 위하여 이용되는 수단에 따라 「서면자금이체」와 「전자자금이체」로 나누어진다. 종래에는 장부 등 서면을 이용하여 자금이체가 행하여졌으나, 컴퓨터 등 전자장치가 발달함에 따라 오늘날에 이르러서는 자금이체과정에 전자장치를 이용하기에 이르렀다.

제 2 절 電子資金移替

제 1 意　　義

전자자금이체(Electronic Funds Transfer: EFT)는 종전에 서면에 의하여 행하여지던 자금이체의 절차 중의 일부가 컴퓨터·자기테이프·전화 기타 전자적 기술 또는 장치에 의하여 행하여지는 것을 가리킨다. 우리 나라의 은행·우체국의 실무에서는 자동이체, 자동이체처리 또는 자동대체결제라고 부른다. 전자자금이체제도는 전자기술의 발달에 따라 미국 등 선진국에서 이용되기 시작하여, 오늘날에는 우리 나라에서도 광범위하게 이용되고 있다. 그러나 이에 관한 법률적 분석작업과 대응은 매우 미흡한 상태에 있다. 전자자금이체제도야말로 전자기술의 발달과 발을 맞추어 현금 없는 사회(cashless society)로 나아가는 데 결정적 역할을 할 것으로 기대된다. 1960년대에 성급하게 예언하였던 바와 같이 현금없는 사회가 쉽사리 도래하지는 않겠지만, 적어도 「수표가 적은 사회」(less check society)는 이미 우리 앞에 다가왔으며, 전자자금이체제도가 소비자에 의하여 널리 이용되기에 이르면, 이른바 제4의 통화로서의 구실을 맡게 될 것으로 전망된다.

제 2 電子資金移替의 種類와 具體的應用

여기에도 대변이체와 차변이체의 두 유형이 있다.

(1) **貸邊移替**의 형태를 취하는 것을 보면, 미국에서는 첫째로, 은행 사이에서 대량의 이체를 행하는 것으로서 Fed Wire, CHIPS(New York Clearing House Interbank Payment System), Bank Wire, SWIFT(Society for Worldwide Interbank Financial Telecommu-

nication) 등의 제도가 전국에 걸쳐 이용되고 있고, 지역적으로는 자동어음교환소(ACH; Automated Clearing House)가 많은 곳에 설치되어 있다. 둘째로, 일반 소비자가 이용할 수 있는 것으로서는 기계에 「액세스·카드」(access card, debit card)를 삽입하고 비밀번호(Personal Identification Number: PIN)를 누른 다음 은행원의 도움없이 스스로 예금과 출금을 할 수 있는 ATM(Automated Teller Machine, 自動預金入出金機), 마찬가지 방법으로 출금만을 할 수 있는 CD(Cash Dispenser, 現金自動支給機) 및 고객이 상점에서 물건을 구입하고 그 대금을 현금으로 지급하는 대신에, 그 상점에 설치된 컴퓨터 단말기에 「액세스·카드」와 비밀번호를 넣은 다음, 자기의 계좌로부터 상점의 계좌로 대금상당의 자금을 이체하는 POS(Point of Sale Terminal, 販賣店鋪端末機)가 개발되어 있으며, 그 밖에 전화에 의한 지급(Telephone Bill Paying), 고객이 자기집에 설치된 컴퓨터 터미널을 이용하여 은행에 지급지시를 하는 Home「Electronic」 Banking(家庭電子銀行業務), 회사에 설치된 컴퓨터 터미널로 은행에 지급지시를 하는 Firm Banking(會社電子金融業務) 등 매우 다양한 제도가 개발되어 이용되고 있고, 새로운 유형의 서비스가 계속하여 개발되고 있다. 우리 나라에서는 온·라인(on-line)에 의한 입금이체가 가장 많이 이용되고 있고, 급여지급에 있어서 현금을 지급하지 않고 자기테이프를 이용하여 종업원의 계좌에 직접 입금시키는 급여이체제도의 이용이 확대되어 가고 있으며, 현금자동지급기는 널리 보급되어 있고, 자동예금입출금기도 많이 설치되고 있다.

(2) **借邊移替**의 형태를 취하는 것으로서는 각국에서 계속적·반복적 채무의 추심을 위하여 ACH를 이용하는 것이 주목된다. 즉 보험료·융자금이자와 같이 채무자가 특정한 채권자에게 주기적·반복적으로 지급을 하여야 하는 경우에, 채무자는 먼저 채권자에게 주기적 자금이체를 개시할 수 있는 권한을 수여하고, 채권자는 이에 기하여 주기적인 청구서를 자기의 거래은행에 송부함으로써 미리 승낙받은 이체절차를 개시하며, 거래은행은 자동어음교환소(ACH)를 통하여 지급은행으로부터 자금을 이체받는다. 이러한 자금이체의 예는 매우 많고, 이 경우에 자금이체지시(추심의뢰)는 자기테이프 기타 컴퓨터가 판독할 수 있는 형태로 행한다. 그리하여 전기료·전화료·신용카드대금 등 매월 지급할 의무가 있는 경우에는 고객이 은행에 미리 자동이체처리에 의한 출금을 의뢰하는 약정을 하고, 채권자로부터 은행에 청구가 있을 때에는 고객의 계좌로부터 납기일에 자동적으로 출금되어 버린다.

제3 電子資金移替에 관련된 法律問題

전자자금이체에 관련된 법률문제는 매우 다양하지만, 여기에서는 중요한 몇 가지를 간단히 살펴본다.

(1) 不正移替(無權限移替)

채무자 또는 그로부터 이체의 수권을 받은 자 이외의 자에 의한 자금이체, 예컨대 「액세스·카드」를 절취한 자가 비밀번호를 알아내어 카드를 이용하여 현금지급기로부터 현금을 인출하는 따위를 말한다. 이 경우에는 과실책임의 원칙에 입각하여 고객의 과실유무에 따라 고객의 책임을 결정하여야 하겠지만, 이러한 기준을 채택하는 경우에는 카드를 분실한 고객이 전손실을 부담하여야 하고, 은행은 채권의 준점유자에 대한 변제(民 470)의 법리의 유추에 의하여 면책되는 것이 보통일 것이므로, 고객에게 너무 불리하다. 따라서 이에 관한 입법조치가 필요하다.[1)]

(2) 支給完了의 時點

전자자금이체는 단기간에, 경우에 따라서는 순간적으로 이루어지기 때문에 언제 자금이체의 효력이 확정적으로 발생하여 지급이 완료되는가가 문제된다. 지급이 완료되기까지에는 수표의 지급위탁의 취소와 같이 채무자가 지급지시를 철회할 수 있으므로, 이 문제는 채무자가 언제까지 지급지시를 철회할 수 있는가와도 관련이 있다(다만 지급의 완료와 지급위탁의 철회가 논리필연적인 관계에 있는 것은 아니다). 그러나 이 문제에 관하여는 「法的眞空狀態」라고 말할 수 있을 정도로 아직 명확한 해결지침이 나와 있지 않다.

서면에 의하든 전자장치에 의하든 채권자가 이체자금에 대한 권리를 취득한 때에는 채무자가 이체지시를 취소할 수 없을 것이다. 채권자가 이체된 자금에 대하여 예금채권을 취득하는 시기는 은행에 대하여 예금의 반환을 청구할 수 있는 시기이고, 이는 일반적으로 채권자의 계좌에 이체자금이 입금기장된 때라고 풀이할 수 있을 것이다. 전자자금이체의 경우에는 즉시 자금이체가 종료되므로, 이체지시를 취소하는 것은 사실상 불가능하게 된다. 그러나 전자자금이체의 경우에도 자금이체에 관한 모든 정보를 입력한 뒤 일정한 기간(예컨대 2거래일)이 지난 뒤에야 채권자의 계좌에 입금되도록 하거나(입금기일제도, value dating), 또는 즉시 채권자의 계좌에 입금시키고 채무자로 하여금 일정기간 내에 이를 취소할 수 있도록 하는(입금취소제도, reversibility) 방법을 설정할 수 있다.

---

1) 미국은 입법에 의하여 금융기관 사이의 이체가 아니고, 소비자가 자금이체를 하는 경우에는 그의 책임을 원칙적으로 미화 50불로 제한하고, 다만 고객이 카드나 비밀번호를 분실 또는 도난당한 사실을 발견하고도 2거래일 이내에 은행에 이를 신고하지 아니한 때에는 500불까지 책임을 지며, 또 고객이 정기적으로 송부되는 거래명세에 관한 기간별계산서(periodic statement)를 받고 그 계산서에 나타난 무권한이체를 60일 이내에 은행에 신고하지 아니한 경우에는 고객은 금액의 제한 없이 전손실에 대한 책임을 부담하는 것으로 하였다. 고객이 여행중이거나 입원중일 때에는 그 기간을 위 신고기간의 계산에서 제외한다. 그리하여 소비자는 카드나 비밀번호를 상실한 후 2거래일 내에 신고하거나 또는 정기적인 기간계산서를 송부받고 60일 이내에 무권한이체를 신고하는 경우에만 그 책임이 50불로 제한된다. 부정이체에 관하여 고객에게 책임을 지우기 위하여는 은행이 고객의 책임요건을 증명할 책임이 있다.

(3) 移替指示의 不應 또는 不履行

은행이 고객의 이체지시를 정당한 이유없이 거절하여 손해가 발생한 경우, 예컨대 고객이 은행에 대하여 매매잔대금에 해당하는 금액의 이체를 지시하였는데 은행이 이에 불응하여 매매계약이 해제된 경우에는 금융기관은 위 손해를 배상할 책임이 있다. 다만 고객의 계좌에 충분한 자금이 없었던 경우, 고객의 자금이 압류되거나 기타 법률적 장애가 있었던 경우, 이체지시에 응하면 고객에 대한 여신한도를 초과하게 되는 경우, 전자단말기가 그 거래에 응할 만큼 충분한 현금을 가지고 있지 아니한 경우 기타 면책사유가 있는 경우에는 은행에 손해배상의 책임이 없다. 또한 고객이 은행에 대하여 사전이체지시를 취소하였음에도 불구하고, 은행이 이를 무시하고 자금이체를 함으로써 고객이 손해를 입은 경우에도 은행은 손해배상의무가 있다. 다만 금융기관이 고객이 이체지시를 거절하거나 사전이체지시의 취소에 불응한 경우에도, 불가항력 또는 기계고장 등의 사유로 인한 때에는 은행에 손해배상책임이 없다. 금융기관이 기계고장·정전 등으로 인하여 전자자금이체를 하지 못한 경우에, 이체자금을 받지 못한 채권자는 채무자에 대하여 채무불이행으로 인한 손해배상을 청구하거나 계약을 해제할 수 없다고 본다.

(4) 誤謬의 解決

전자자금이체와 관련하여 여러가지 오류가 발생할 수 있다. 예컨대 고객이 지시하지 아니한 자금이체가 행하여지거나, 부정확한 자금이체가 행하여지거나, 은행의 계산에 착오가 있는 경우와 같다. 이러한 오류의 해결을 위하여는 적절한 입법조치가 요망되는데, 우리나라에서는 고객과 금융기관간의 약관에 의하여 문제를 해결하고 있다.

제2부 保險法

제 1 편

序　　論

제 1 장 保險制度

제1　保險制度의 目的

보험제도가 어떠한 목적을 위하여 존재하는가 하는 문제는 본래 경제학 내지 사회학상의 문제이고 법률과 직접적인 관계는 없지만, 보험법의 체계를 이해하기 위하여는 보험법의 배경을 이루고 있는 보험제도의 목적을 탐구하는 것이 중요하다. 그리하여 보험제도의 목적의 탐구를 「보험본질론」이라고도 한다.

(1) 損害塡補說

보험제도의 목적은 「손해의 전보」에 있다고 보는 견해이다. 손해의 전보란 실제로 발생한 손해를 금전에 의하여 메꾸는 것을 말한다. 연혁적으로 보험은 선박과 적하에 관한 해상보험을 기원으로 하여 육상의 건물 등에 관한 화재보험으로 발전하였는데, 이처럼 재산보험만이 존재하던 시대에는 이 견해가 타당하였다. 그러나 구체적인 손해와 무관하게 보험자가 약정한 정액의 보험금을 지급하는 생명보험(정액보험) 등이 등장함에 따라 이 견해는 모든 보험에 골고루 통용될 수 없게 되었다.

(2) 經濟的需要充足說

「손해」라는 개념을 「경제적 수요」로 바꾸어, 보험제도의 목적은 경제생활상 생기는 여러가지 경제적 수요를 충족하는 데 있다고 보는 견해로서, 예컨대 사람이 생명보험에 가입하는 것은 거기에 무엇인가의 수요가 있기 때문이라고 한다. 이것은 손해보험과 생명보험을 통일적으로 파악하려는 시도이다.

그러나 사람의 사망을 보험사고로 하는 생명보험의 경우에 현실적으로 어떠한 불이익이 생겨서 수요가 발생하는가는 해석상 다툼이 있고, 가동능력의 상실을 경제적 불이익으로 파악한다고 하더라도 보험금의 지급과 위 불이익이 꼭 연동하는 것은 아니라는 비판이 있다. 왜냐 하면 이미 가동능력을 상실한 자에 관하여도 생명보험계약을 체결할 수 있기 때문이다.

(3) 經濟生活確保說

보험제도의 목적은 사고가 발생한 경우에 일정금액의 확실한 지급을 보장함으로써 현재의 경제생활의 불안정을 제거·경감시키는 데 있다고 보는 견해이다. 위의 두 학설이 보험사고 발생시의 보험금의 지급에 중점을 두고 보험제도의 목적을 파악함에 반하여, 이것은 사고가 발생하기 전에 보험제도가 어떠한 역할을 수행하는가에 초점을 맞춘 견해이다. 이 견해는 보험제도의 존재의의를 광범위하게 파악할 수 있는 이점은 있으나, 보험급여 그 자체를 부차적인 의미밖에 없다고 보는 것은 실제와 맞지 않고, 저축 등의 경제적 제도와의 구별이 명백하지 않으며, 경제생활의 안정은 보험급여의 반사적 효과에 지나지 않는다는 비판이 있다.

(4) 金額給與說(財產給與說)

보험제도의 목적은 일정한 우발적 사고가 발생한 경우에 약정한 금액 또는 재산을 지급하는데 있다고 한다. 그 러나 이 견해는 보험과 다른 급여계약(예컨대 복권)을 구별할 수 없다는데 난점이 있다.

(5) 多元說(相對的把握說)

이 견해는 보험제도의 목적을 하나의 관점에서 확정하는 것은 불가능하다고 보고, 이를 다각적으로 파악하려는 것이다. 보험제도의 출발점은 생활의 위험에 대한 보장이었으므로, 보험제도의 본래의 목적은 사람의 경제생활의 안정·확보에 있다고 말할 수 있으나, 이것만으로는 저축·자가보험 등과 차이가 없고, 보험이 이들 제도와 구별되는 것은 사고발생 후에 사고발생 전의 상태로 원상회복을 시킨다는 의미에 있어서 손해의 전보 또는 경제적 수요의 충족도 그 목적의 하나라고 본다. 이 견해가 오늘날 다수설이며, 타당하다고 본다.

보험제도의 목적론은 피보험이익론, 손해보험과 정액보험에 관한 절대설·상대설의 논쟁, 보험계약의 쌍무·유상계약성의 이론구성 등과 관련된다.

제2 保險의 意義

보험(insurance)이란 동일한 우발적인 사고발생의 위험하에 있는 다수인(危險團體)이 통계적 기초에 의하여 산출된 일정한 금액(保險料)을 내어 공동자금을 만들어 두고, 일정한 사고(保險事故)가 발생한 경우에 이 공동자금으로부터 일정한 금액(保險金)을 지급하여 손해의 전보 기타 경제생활의 불안에 대비하는 제도이다. 이를 분설하면, 다음과 같다.

(1) 保險事故

보험은 여러가지 위험(risk)에 대비하기 위한 것이며, 이를 보험사고(Versicherungsfall)라고 한다. 따라서 「위험이 없으면 보험도 없다」(Ohne Gefahr, keine Versicherung). ① 위험은 우연적이고, 불확실하여야 한다. 사고의 불확실성은 화재와 같이 그 발생 여부가 불확실한 경우도 있고, 사망과 같이 그 발생시기만이 불확실한 것도 있으며, 단순히 주관적으로만 불확실성이 존재하여도 좋다(소급보험). ② 위험은 동질성이 있어야 한다. 위험의 동질성은 사고발생의 빈도와 일정한 기간 내에 보험금의 지급을 위하여 필요한 보험료 수입의 정도 등에 대한 통계적 계산을 가능하게 한다.

(2) 保險團體

보험은 같은 경제상의 위험에 놓여 있는 다수인이 공동으로 그 위험에 대비하는 제도이다. 말하자면 이들이 하나의 단체를 구성하고, 이 단체가 위험을 분담하는데, 이 단체를 위험단체(Gefahrengemeinschaft) 또는 보험단체라고 한다. 보험의 단체적 성격은 상호회사가 구성되는 상호보험의 경우에는 명확하게 나타나지만, 영리보험의 경우에는 보험계약자와 보험자 사이에 개별적인 계약이 체결될 뿐 보험계약자 상호 간에는 법률적으로 아무런 관계가 없으므로 그들이 하나의 단체를 이루는지가 분명치 않다. 그러나 영리보험의 경우에도 보험계약자가 갹출한 보험료가 보험자가 지급할 보험금의 재원이 되므로, 많은 보험계약자에 의하여 하나의 위험단체가 구성되고, 보험자는 그 단체의 구성을 중개하는 데 불과하다고 할 수 있다. 따라서 경제적으로 「한 사람은 만인을 위하여, 만인은 한 사람을 위하여」 존재하는 것이다.

(3) 大數法則에 의한 收支相等

보험은 보험단체의 구성원이 미리 일정한 금액(保險料)을 내어 공동자금을 만들어 두고, 구성원 중 일정한 사고를 당한 자가 이 공동자금으로부터 일정한 금액(保險金)을 지급받는 제도이다. 보험사고는 그를 당한 개인의 입장에서 보면 아주 우발적이지만, 동종의 위험에 빠져있는 위험단체 전체에서의 통계자료에 의하면, 특정기간 중의 사고의 발생률은 거의 일정하고, 특히 그 집단의 규모가 커지면 커질수록 그 수치는 일층 안정성을 보인다. 이를 대수의 법칙(principle of large number; Gesetz der grossen Zahl)이라 한다. 그리고 보험자는 「대수의 법칙」을 활용하여 사고발생의 개연성을 예측하고, 이를 바탕으로 보험료수입과 보험금지급이 총액에 있어서 서로 균형을 이루도록 하는데, 이를 「수지상등의 원칙(給與·反對給與均衡의 原則)」이라고 한다. 이 원칙을 통하여 보험사업의 합리적인 경영이 가능하여진다. 다만 대수의 법칙을 지나치게 강조하면 보험계약자나 보험수익자의 이익을 해할 염려가 없지 않음을 경계하여야 한다.

제3 保險과 類似한 制度

(1) 賭博·福券

도박은 당사자간에서 우연한 사건이 발생하면 금전 또는 재물을 수수하는 것이고, 복권은 이것이 많은 사람 사이에서 확률적 계산을 기초로 하여 행하여지는 것이다. 장래의 우발적 사건의 발생에 의하여 급여의 유무가 결정되는 사행행위이고, 다수인의 출연에 의하여 성립하고 전체로서의 급여와 반대급여가 균형을 이루는 점에서, 도박과 복권은 보험과 유사하지만, 도박과 복권은 우연한 사실의 발생을 계기로 적극적 이익을 얻으려고 하는 것이요 다분히 생활의 불안정을 조장함에 반하여, 보험은 손해의 보상 등 경제생활의 안정을 보장하려는 것이므로, 양자는 전혀 다르다.

(2) 貯　蓄

저축도 경제생활의 불안정에 대처하기 위한 제도라는 점에서 보험과 공통되는 면이 있다. 그러나 저축은 개인적으로 장래에 대비하는 것이고, 소정의 필요자금의 적립이 완료되기 전에 사고가 발생하면 그 자금을 즉시 인출사용할 수 없어서 소기의 목적을 달할 수 없는 반면에, 저축기간이 종료하면 본인이 자유로 저축자금을 인출사용할 수 있다는 점에서, 보험이 다수자간에서 우발적인 사고의 발생에 대비하는 것이고, 보험사고가 발생하면 곧 보험금을 지급받아 경제생활의 불안정을 확실하게 제거·감경할 수 있는 반면에, 그것이 발생하지 않는 한 비축재산은 그대로 존속하고 본인이 이를 청구할 수 없는 것과 다르다. 다만 생명보험과 손해보험 중 적립형보험은 저축으로서의 의미가 있다.

(3) 自家保險

자가보험은 많은 건축물 또는 선박을 가진 회사가 그 소유하는 건축물이나 선박에 화재 등 우발적 사고가 발생할 것에 대비하여 각 사업연도마다 일정한 금액을 적립하고, 실제로 사고가 발생하면 그 손해를 보상하는 제도이다. 장래의 우발적 사고에 대비하여 대수의 법칙에 의하여 계산된 일정한 금액을 적립하는 점에서 보험과 비슷하나, 하나의 경제주체가 자기충족을 꾀하는 점에서 저축의 일종이고, 다수인이 집합하여 위험을 분담하는 것이 아니므로 보험과 다르다.

(4) 相互賦金·稧(계)

상호부금 또는 계는 일정한 수의 계좌와 부금을 정하고 다수의 가입자에게 부금(계금)을 납부하게 하고, 그 총액 중에서 추첨 또는 입찰에 의하여 당선된 가입자에게 일정한 금전을 지급하는 것이다. 다수의 가입자로부터 자금을 갹출하고 추첨·입찰 등 우연한 사실에 기하여 금전을 지급하는 점에서 보험과 유사하지만, 그 갹출금액(부금)이 대수의 법칙에 의하여 산출된 것이 아니고, 가입자의 경제생활의 불안정을 제거하기 위한 것이 아니며, 개인의 부금액의 합계액과 급여금액이 거의 동일하고, 수지상등의 원칙이 개개의 가입자에 대하여도 성립하는 점에서 보험과 다르다.

(5) 保 證

보증은 채무자가 채무를 이행하지 않는 경우에 제3자가 채권자에 대하여 채무자와 동일한 내용의 채무를 부담할 것을 약정하는 것(民 428-448)으로서, 채무자의 채무불이행이 우연적이며, 그로 인한 채권자의 손해를 보상하는 점에서 보험과 비슷하다. 그러나 보증은 반드시 유상은 아니고, 다수인의 결합이 아니며, 보증채무액이 대수의 법칙에 의하여 산정되는 것이 아니라는 점에서 보험과 다르다.

(6) 保證保險

보증보험은 보험계약자인 채무자가 계약상 또는 법령상의 의무를 불이행하여 채권자가 손해를 입는 경우에, 보험자가 그 손해를 보상할 것을 약정하고, 보험계약자로부터 그 보수를 받는 것으로서 손해보험의 일종이다. 다만 판례는 이것이 실질적으로 보증의 성격을 가진다고 한다(大判 97. 10. 10, 95 다 46265)(상세한 것은 후술함).

(7) 共　濟

공제조합은 일정한 직업에 종사하는 근로자나 농업에 종사하는 자 등 다수의 경제주체가 하나의 단체로 결합하여, 보험료에 상당하는 일정한 금액을 납입하고, 화재·사망 등 미리 정한 사고가 발생한 경우에 가입자에게 미리 정하여진 일정한 금액을 지급하는 것이다. 각종의 협동조합법 및 육운진흥법에 의하여 운영되는 공제조합이 이에 해당한다(농업협동조합법 58 I ⑥, 58의 2, 125 I ⑤; 수산업협동조합법 65 I ⑥·IV, 105 I ⑤; 축산업협동조합법 53 I ⑮, 102 ⑭; 육운진흥법 8 등). 공제는 구성원의 범위가 직역·지역에 의하여 한정되어 있고, 대수의 법칙이 적용되지 않으며, 공제금액이 위로금 정도에 그치는 일이 많고, 구성원 상호간에 공동의식이 강하다는 점에서 보험과 다른 면이 있지만, 가입자의 범위가 커지고, 대수의 법칙을 기초로 경제적 수요에 따르는 공제금을 지급하는 경우에는 보험의 실질을 가진다고 본다. 공제계약에서 사용되는 각종의 공제약관의 내용이 같은 종류의 보험약관의 내용과 같은 것은 이 때문이다. 판례도 대체로 공제의 성질을 보험으로 보고, 보험계약에 관한 상법의 규정을 여기에 적용하고 있다.[1)]

---

1) 大判 90. 6. 26, 89 도 2537(보험사업의 범위는 그 사업의 명칭이나 법률적 구성형식에 구애됨이 없이 그의 실체 내지 경제적 성질을 실질적으로 고찰하여 해석하여야 할 것인바, 피고인이 운영한 이 사건 상조사업은 실질적인 면에서 고찰할 때 동질적인 경제상의 위험에 놓여있는 다수의 회원이 사망이라는 우연한 사고가 발생한 경우의 재산상의 수요를 충족시키기 위하여 가입회비, 상조비라는 명목으로 일정한 금액을 출연하고 사고가 발생할 때 상조부의금의 명목으로 일정한 금액을 지급한다는 점에서 그 사업명칭이나 출연 또는 지급금의 명칭에 불구하고 보험사업을 영위한 것이라고 하여야 할 것이므로 피고인이 허가 없이 위 상조사업을 영위한 것은 보험업법위반행위에 해당한다); 91. 2. 26, 90 다카 26270(전국화물자동차운송사업조합연합회의 공제사업은 손해보험에 유사한 것이어서 통합공제약관 중 무면허운전으로 인한 사고에 대하여 면책을 규정한 조항은 상법 제659조 제2항 및 제663조의 규정에 위배되지 아니한다); 93. 1. 26, 92 다 4871(공동불법행위자 중의 1인과 사이에 체결한 보험계약이나 공제계약에 따라 보험자나 공제사업자가 피해자에게 손해배상금을 보험금액으로 모두 지급함으로써 공동불법행위자들이 공동면책이 된 경우 그 공동불법행위자는 다른 공동불법행위자의 부담부분에 대하여 구상권을 행사할 수 있고, 보험금액을 지급한 보험자나 공제사업자는 상법 제682조 소정의 보험자대위의 제도에 따라 공동불법행위자의 다른 공동불법행위자에 대한 위와 같은 구상권을 취득한다); 93. 12. 21, 91 다 36420(전국화물자동차운송사

제4 保險의 種類

1. 公保險·私保險

이것은 보험의 설정목적에 따른 구별이다.

(1)「공보험」은 국가 기타의 공법인이 국민경제적 견지에서 공적인 정책의 실현을 목적으로 운영하는 보험이며, 여기에는 일정한 사회정책을 실현하기 위한 사회보험(社會保險)과 산업정책을 실현하기 위한 산업보험(産業保險)이 있다. 사회보험에는 의료보험, 산업재해보상보험, 고용보험, 예금보험, 선원보험, 군인보험 등이 있으며, 산업보험에는 수출보험이 있다. 이에 반하여「사보험」은 개인 또는 사법인이 사경제적 견지에서 운영하는 보험이며, 보험업법에 따라 국내외 보험회사가 운영하는 각종의 손해보험, 생명보험 또는 상해보험이 전형적인 예이다. 사보험은 영리성의 유무에 따라 영리보험과 상호보험으로 나누어진다. 그러나 공보험과 사보험의 경계가 언제나 명백한 것은 아니다.[1)]

(2) 공보험·사보험의 분류는 보험의 설정목적에 따른 분류이므로, 보험사업의 주체를 기준으로 하는 공영보험·사영보험의 분류와 혼동하여서는 안된다.「공영보험」(公營保險)은 국가 또는 지방자치단체 기타의 공법인이 사업주체인 보험이고,「사영보험」(私營保險)은 사인이 사업주체인 보험이다. 공보험

업조합연합회의 대물 및 대인 공제사업은 그 조합원이 자동차의 운행으로 인한 사고로 타인에게 손해배상책임을 부담함으로써 입을 손해를 보상하기 위한 것으로서 성질상 손해보험과 유사한 것이다); 95. 9. 29, 94 다 47261(전국부동산중개업협회가 운영하는 공제제도는 중개업자가 그의 불법행위 또는 채무불이행으로 인하여 거래 당사자에게 부담하게 되는 손해배상책임을 보증하는 보증보험적 성격을 가진 제도라고 보아야 할 것이므로, 그 공제약관에 공제가입자인 중개업자의 고의로 인한 사고의 경우까지 공제금을 지급하도록 규정되었다고 하여 이것이 공제제도의 본질에 어긋난다거나 고의, 중과실로 인한 보험사고의 경우 보험자의 면책을 규정한 상법 제659조의 취지에 어긋난다고 볼 수 없다); 98. 3. 13, 97 다 52622(수산업협동조합법 제132조 제1항 제6호의 규정에 의하여 수산업협동조합중앙회가 회원을 위하여 행하는 선원보통공제는 그 가입자가 한정되어 있고 영리를 목적으로 하지 아니한다는 점에서 보험법에 의한 보험과 다르기는 하지만 그 실체는 일종의 보험으로서 상호보험과 유사한 것이고, 단기소멸시효에 관한 상법 제662조의 규정은 상법 제664조에 의하여 상호보험에도 준용되므로, 공제금청구권의 소멸시효에 관하여도 상법 제664조의 규정을 유추 적용하여 상법 제662조의 보험금 지급청구에 관한 2년의 단기소멸시효에 관한 규정을 준용하여야 한다).

1) 자동차손해배상보장법에 의한 책임보험은 성질상으로는 사보험이지만, 기능상으로는 자동차보유자에게 가입이 강제되어 있고, 보험회사의 영리추구가 배제되어 있는 등 자동차사고의 피해자를 구제한다는 사회적 기능을 담당하고 있어서 공보험의 성격을 다분히 가지고 있다.

은 동시에 공영보험인 경우가 많고, 사보험은 동시에 사영보험인 것이 태반이지만, 그렇지 아니한 경우도 있다. 예컨대 자동차손해배상책임보험은 공보험의 성격을 가지지만 사법인인 손해보험회사에 의하여 영위되고(자배법 5, 20 이하), 체신보험은 사보험에 속하지만 국가(정보통신부)가 이를 영위하고 있다(우체국예금·보험에 관한 법률 3, 25 이하).

(3) 공보험은 그 설정목적을 달성하기 위하여 「강제보험」으로 되어 있는 수가 많고, 수지상등의 원칙이 관철되지 않고 국가나 지방공공단체로부터 공적 보조를 받는 일이 적지 않으며, 보험가입자와 보험운영자 사이의 법률관계는 대체로 각 특별법에 의하여 규율된다. 이에 반하여 사보험은 일반적으로 「임의보험」이고, 그 보험관계는 사법에 의하여 규율된다.

2. 營利保險·相互保險

이것은 사보험의 영리성 유무에 따른 구별이다.

(1) 「영리보험」은 보험자가 영리의 목적[1]으로 영위하는 보험을 말하며, 영리보험을 영위할 수 있는 자는 보험업법에 의하여 금융감독위원회의 허가를 받은 주식회사와 외국보험사업자에 한한다(保險4 I, III). 영리보험에서는 보험가입자는 보험자와 사이에 개별적인 보험계약을 체결하므로, 보험계약자 상호간에는 법률적으로 아무런 관계가 없고, 다만 동일한 보험자를 매개로 하여 간접적으로 보험단체를 구성할 뿐이므로, 순채권적·개인적 법률관계이다. 영리보험은 보험자가 영업으로 보험의 인수를 하므로 상행위가 되며(46 ⑰), 수지의 차액은 보험자에 귀속한다.

(2) 「상호보험」은 보험자가 보험가입자 상호간의 이익을 목적으로 하여 영위하는 보험을 말하며, 상호보험을 영위할 수 있는 자는 보험업법에 의하여 재정경제부장관의 허가를 받은 상호회사에 한한다(保險4 I, III). 상호보험에서는 보험가입자가 사원으로서 직접 상호회사라는 보험단체를 구성하며, 상호회사는 비영리의 사단법인이므로, 사단법인과 사원 사이에는 사원관계가 형성된다. 따라서 상호보험에서 보험가입자는 사원인 지위(사원관계)와 보험계약자인 지위(보험관계)가 병존하고, 양자는 밀접한 관련을 가지고 있다.[2] 선주상호보험이 이

1) 보험계약자로부터 징수하는 보험료 및 그 운용수익의 합계액과 사고발생시의 지급보험금과의 차액을 얻는 것을 목적으로 한다.

2) 상호보험에서 사원관계와 보험관계의 상호관계에 관하여는 여러 학설이 대립하고 있다. ① 상호보험에 가입하는 행위를 보험계약과 사단입사계약으로 분해하여, 양자는 서로 독립성을 가지면서

에 해당한다. 상호보험은 가입자의 책임과 계산으로 보험사업을 영위하고, 그 수지의 차액은 보험가입자에 귀속하므로, 상행위가 아니다.

(3) 영리보험과 상호보험은 위와 같이 보험사업의 운영주체나 계산의 귀속 등에서 차이가 있지만, 보험계약관계에는 별 차이가 없으므로, 상법은 성질에 반하지 않는 한 영리보험에 관한 규정을 상호보험에 준용하고 있다(664). 개정안은 이를 공제 그 밖에 이에 준하는 계약에도 준용하고 있다(안 664).

3. 人保險·財產(物件)保險

이것은 보험사고가 발생하는 객체에 따른 구별이다.

(1) 「인보험」은 사람의 생명·신체에 관하여 생긴 사고를 보험사고로 하는 보험이다. 생명보험, 상해보험, 질병보험 등이 이에 해당한다.

(2) 「재산보험」(광의)은 보험가입자의 재산에 관하여 생긴 손해를 보험사고로 하는 보험이며, 여기에는 보험가입자의 구체적인 물건에 관하여 생긴 손해를 보호대상으로 하는 「물건보험(積極保險)」과 보험가입자의 전재산에 관하여 생긴 손해를 보험사고로 하는 협의의 「재산보험(消極保險)」이 있다. 물건보험에는 화재보험, 운송보험, 해상보험, 항공보험, 도난보험, 자동차보험, 선박보험 등이 있고, 협의의 재산보험에 해당하는 것이 책임보험이다.

(3) 상법은 이 구분을 따르지 않고, 인보험과 손해보험을 대립시키고 있다.

4. 生命保險·損害保險·第三保險業

이것은 보험업법에 따른 구별이다.

(1) 「생명보험」은 사람의 생존 또는 사망에 관하여 약정한 급여의 제공을 약속하고 금전을 수수하는 보험이다(保險 2 ②). 생명보험, 연금보험이 이에 해당한

중첩적으로 병존한다고 풀이하는 견해(重疊說), ② 상호보험에 가입하는 행위는 사원관계와 보험관계라는 2개의 이질적 법적 지위를 동시에 발생시키는 것을 목적으로 하는 독특한 행위이고, 이에 의하여 보험가입자는 사원관계상의 지위와 보험관계상의 지위가 평등하게 결합된 하나의 독특한 법적 지위를 취득한다고 하는 견해(結合說), ③ 보험관계 또는 사단관계의 어느 하나를 중핵적인 것으로 하면서 다른 하나를 부수적인 것으로 설명하는 견해가 있는데, 이것은 다시 보험관계를 본질적으로 보는 保險關係說과 사원관계를 기본으로 삼는 社員關係說로 나뉜다. 상호보험에 가입하는 목적은 보험을 이용하는데 있고, 그것은 상호회사의 형태를 통하여 가능하므로, 양자는 불가분의 일체를 이루고 있으며, 그 가운데서 사원관계가 본질적이라고 하는 사원관계설이 많은 지지를 받고 있다(多數說).

다(保險 4 I ①).

(2) 「손해보험」은 제3보험을 제외한 우연한 사고로 인하여 발생하는 손해의 보상을 약속하고 금전을 수수하는 보험이다(保險 2 ③). 화재보험, 해상보험, 항공·운송보험, 자동차보험, 보증보험, 재보험, 책임보험, 기술보험, 부동산권리보험 등이 이에 해당한다(保險 4 I ②, 令 8 I).

(3) 「제3보험」은 사람의 질병·상해 또는 이로 인한 간병에 관하여 약정한 급여를 제공하거나 손해의 보상을 약속하고 금전을 수수하는 보험이다(保險 2 ④, 4 I ③). 질병보험, 상해보험, 간병보험 등이 이에 해당한다.

5. 損害(不定額)保險·定額保險

이것은 보험사고가 발생한 경우에 보험금의 지급방법에 따른 구별이다.

(1) 「손해보험」은 보험사고가 발생한 경우에 보험자가 지급할 보험금의 액이 구체적으로 발생한 손해액에 따라서 정하여지는 보험이며, 「부정액보험」이라고도 한다. 재산보험은 원칙적으로 부정액보험에 속하지만, 보증보험 중에는 정액보험도 있다.

(2) 「정액보험」은 보험사고가 발생한 경우에 보험자가 지급할 보험금의 액이 구체적인 손해액에 따라 정하여지는 것이 아니라 보험계약에서 미리 약정되는 보험이며, 사고가 발생하면 약정된 금액의 보험금이 지급되는 것이다. 약정된 보험금이 일시에 지급되는 것(一時金保險)과 연금으로 지급되는 것(年金保險)이 있다. 인보험은 정액보험인 경우가 많다. 생명보험은 대표적인 정액보험이지만, 변액보험(變額保險)[1]의 형태가 등장하고 있고, 상해보험과 질병보험에는 정액인 것과 부정액인 것이 있다.

6. 海上保險·陸上保險·航空保險

이것은 보험사고의 발생장소에 따른 구별이다.

(1) 「해상보험」은 해상사업에 관한 사고로 선박 또는 적하 등에 생길 손해를 보상할 것을 목적으로 하는 보험이다(693). 때로는 육상에서의 위험을 담

1) 변액보험은 보험자가 지급하는 보험금액이 변동하는 보험이며, 여기에는 변액생명보험(variable life insurance)과 변액연금보험(variable annuities)이 있다. 1952년 미국에서 도입된 제도이며(Keeton & Widiss, §1.5 (c)(4), p. 25 f. 참조), 우리나라에서도 2001. 7.부터 판매하고 있다.

보하기도 한다. 물건보험이므로, 해상사고를 보험사고로 하는 생명보험·상해보험 등은 해상보험의 개념에 포함되지 않는다.

(2) 「육상보험」은 육상에서 발생하는 사고에 대비하기 위한 보험이지만, 종래 해상보험 이외의 보험을 총칭하는 용어로 사용되어 왔다. 화재보험(683 이하), 운송보험(688 이하), 자동차보험(726의2 이하) 등이 이에 해당한다.

(3) 「항공보험」은 공중에서 발생하는 사고에 대비하기 위한 보험이다. 상법은 아직 이에 관한 구체적 규정을 두고 있지 않으나, 그 위험의 성질이 해상보험의 위험과 유사하므로 해상보험에 준하여 취급하여야 할 것이다(通說). 기체보험, 항공화물운송보험, 항공배상책임보험 등이 포함된다.

7. 個別保險·集合保險

이것은 보험목적의 수에 따른 구별이다.

(1) 「개별보험」은 개개의 물건 또는 사람을 보험의 목적으로 하는 보험이다. 특정인을 목적으로 하는 생명보험이나 특정한 선박을 목적으로 하는 선박보험 등이 이에 해당한다.

(2) 「집합보험」은 물건의 집단 또는 다수인을 보험의 목적으로 하는 보험이다. 집합보험은 다시 물건 또는 사람의 집단이 특정되어 있는 「특정보험(特定保險)」(686)과 집단에 속하는 물건 또는 사람의 교체가 예정되어 있는 「총괄보험(總括保險)」(687)으로 나누어진다. 특정한 건물 내의 모든 동산에 대한 화재보험, 가족 전원을 피보험자로 하는 상해보험은 전자의 예이고, 특정창고에 입출고되는 임치물 전부에 대한 화재보험은 후자의 예이다. 총괄보험 중에서 특히 교체성이 중복되는 것을 「계속보험(繼續保險)」이라고 한다. 예컨대 운송인이 장차 운송할 물건의 특정을 조건으로 하여 체결하는 운송보험계약이 그것이다. 다수인을 보험의 목적으로 하는 집합보험을 특히 「단체보험」이라고 하는데, 대부분 총괄보험의 형태를 취하고 있다.

(3) 집합보험과 복합보험(複合保險)은 구별하여야 한다. 「복합보험」은 동일한 보험의 목적에 대하여 여러 개의 보험사고가 복합되어 있는 보험이며, 예컨대 하나의 건물에 대하여 화재·도난 등의 보험이 겹쳐 있는 경우가 이에 해당한다. 보험의 목적이 다수인 집합보험과 다르다.

8. 原保險·再保險

이것은 보험인수의 순서에 따른 구별이다.

(1)「원보험」은 제1의 보험자가 인수하는 보험이며,「원수보험(元受保險)」이라고도 한다.

(2)「재보험」은 제1의 보험자가 보험금을 지급함으로써 입을 손해에 대하여 다시 제2의 보험자가 인수하는 보험이다(661, 726). 따라서 원보험이 손해보험이든 생명보험이든 재보험은 언제나 손해보험(책임보험)이다.

9. 企業保險·家計保險

이것은 보험이용자의 유형과 경제적 목적에 따른 구별이다.

(1)「기업보험」은 기업인이 기업경영의 불안정에 대비하여 이용하는 보험이고, 해상보험, 운송보험, 기업용 건물이나 시설 등의 화재보험 및 재보험이 이에 해당한다. 기업보험의 경우에는 보험자와 보험계약자의 경제적 지위가 대등하므로, 당사자 사이의 사적 자치를 인정하여도 무방하다(663 但).

(2)「가계보험」은 일반인이 가계생활의 불안정에 대비하여 이용하는 보험이고, 생명보험, 일반주택의 화재보험 등이 이에 해당한다. 가계보험의 경우에는 경제적 약자인 보험계약자의 이익을 보호하기 위한 배려(예컨대 불이익변경금지의 원칙, 663)가 요청된다.

(3) 보통의 화재보험, 자동차보험 등은 가계보험으로도 이용되고 기업보험으로도 이용된다.

10. 任意保險·强制保險

이것은 보험가입이 법률상 강제되는가 여부에 따른 구별이다.

(1)「임의보험」은 보험가입이 법률상 강제되지 않는 보험이며, 영리사보험은 대부분 임의보험이다.

(2)「강제보험」은 보험가입이 법률상 강제되는 보험이며, 공보험은 대부분 강제보험이다. 사보험 중에도 사회정책적 성격을 가진 것은 강제보험으로 되어 있으니, 예컨대 자동차손해배상책임보험(자배법 5, 21), 신체손해배상특약부화재보험(화재로 인한 재해보상과 보험가입에 관한 법률 5), 도시·고압가스사업자의 손해배상책임보험(도시가스사업법 43; 고압가스안전관리법 25) 등이 그것이다.

제 2 장
保 險 法

제 1 保險法의 意義

1. 광의의 保險法

(1) 넓은 의미의 보험법은 보험제도를 규율하는 법규의 전체를 뜻하며, 여기에는 사보험에 관한 법규(「私保險法」)뿐만 아니라,[1] 공보험에 관한 법규(「公保險法」)도 포함된다.

(2) 사보험법은 다시 사법적 법률관계를 규율하는 「보험계약법」과 사보험업의 공법적 감독을 규율하는 「보험감독법」으로 나눌 수 있다. 좁은 의미의 보험법은 보험계약법을 뜻하며, 일반적으로 보험법이라고 하면 이를 가리킨다. 본서에서도 보험계약법을 중심으로 설명하며, 보험감독법에 관하여는 간단히 언급하는데 그친다.

2. 협의의 保險法

(1) 좁은 의미의 보험법은 「실질적」으로 사보험에서의 보험관계를 규율하는 법을 뜻하며, 사법적 법규가 중심을 이루지만 공법적 법규도 일부 포함하고 있다(663 참조).

(2) 좁은 의미의 보험법은 「형식적」으로 「보험」이라는 명칭을 사용한 법

1) 「사보험법」은 사보험에 관한 법규의 전체이므로 사보험에 관한 한 공법적 규율도 포함하고, 따라서 보험에 관한 사법적 법규를 뜻하는 「보험사법」과 구별하여야 한다.

률 또는 법률의 편·장을 말하며, 상법전 제4편 「보험」에 규정되어 있는 법규가 이에 해당한다.

제2 保險法의 沿革

1. 西歐諸國에 있어서의 保險法의 沿革

(1) 보험의 기원에 관하여는 여러 견해가 주장되고 있지만, 14세기 이탈리아의 해상보험이 그 출발점이라고 보는 것이 일반적이다. 해상보험은 그후 영국을 비롯한 서유럽 여러 나라에서 번성하였고, 18세기까지 많은 나라에서 해상보험에 관한 법률이 제정되었으며, 1906년의 영국 해상보험법은 해상보험의 분야에서 가장 권위있는 법률이다.

(2) 화재보험과 생명보험 등의 육상보험은 그보다 늦게 17세기 이후에 완성·보급되었고, 19세기 후반에 이르러 많은 나라에서 상법전 중에 보험에 관한 규정을 두기에 이르렀으나, 프랑스와 도이칠란트의 상법전은 육상보험에 관한 규정을 두지 아니하였다.

(3) 상법과 분리하여 육상보험에 관한 단행법으로서 각국에서 보험계약법이 제정된 것은 20세기에 들어와서이다. 이것은 현대적 보험사업이 본격적으로 발전하고, 이에 따라 보험계약자의 이익을 보호할 필요성이 대두되었기 때문이었다. 이들 보험계약법은 계약에 의하여 변경할 수 없는 절대적 강행규정이나 보험계약자에 대하여 불이익하게 변경할 수 없는 편면적 강행규정을 많이 두어, 보험계약자의 이익보호를 꾀하고 있다(1908년 도이칠란트 보험계약법, 1908년 스위스 보험계약법, 1930년 프랑스 보험계약법 등).

2. 우리 나라에 있어서의 保險法의 沿革

우리 나라에도 고려 광종(光宗) 때의 「제위보(濟危寶)」라든가 조선조의 「향약(鄕約)」과 같이 보험에 유사한 제도가 없지 않았으나, 오늘날 우리의 보험제도는 일본을 통하여 서구의 그것을 계수한 것이다. 즉 일제시대에 조선민사령에 의하여 일본 상법을 의용(依用)하면서 근대적 보험제도가 도입되었으며, 1921년 조선생명보험주식회사가 우리나라 보험업의 효시라고 알려져 있다. 그러다가 해방 후에 1962년 신상법을 제정할 때에 그 제4편에 보험계약에 관한 규정을 두었고, 1991년에 대폭적인 개정을 행하였고, 2007년에 다시 대개정안을 마련하였다.

제3 保險法의 特性

보험계약법은 보험제도의 특수성을 반영하여 다른 상행위와 구별되는 여러 가지 특성을 가지고 있다.

1. 倫理性·善意性

보험계약은 우연한 사고를 전제로 하는 사행계약(射倖契約)이므로, 투기·도박 또는 범죄 등의 부당한 목적으로 악용될 위험(道德的危險)이 있다. 이러한 위험을 방지하기 위하여 보험계약법은 당사자에게 고도의 윤리성과 선의성을 요구하고 있다. 보험계약에 「최대선의의 원칙(doctrine of uberrima fides; principle of utmost good faith)」이 적용된다고 하는 이유도 여기에 있다(안 638 II). 고지의무 위반으로 인한 계약해지(651), 고의로 인한 보험사고에 대한 보험자의 면책(659), 사기로 인한 초과보험의 무효(669 IV)(안 655의 2 I) 등은 위 특성을 나타낸 것이다.

2. 技 術 性

보험제도는 「대수의 법칙」에 의하여 보험사고가 발생할 개연성의 비율을 측정하고, 이를 기초로 하여 예측되는 보험금의 액과 이를 위하여 징수할 보험료의 총액이 균형을 이루도록 하여 운영된다. 이처럼 보험제도는 수리적 계산을 바탕으로 하는 기술적 구조를 가진 제도이므로, 이를 규율하는 보험계약법도 기술적인 성격을 가진다. 계약체결시에 보험계약자에게 고지의무를 부과하는 것(651)은 위험측정에 필요한 자료를 얻기 위한 것이고, 명문의 규정은 없지만 보험료불가분의 원칙이 인정되는 것은 지급보험금액과 보험료총액과의 균형을 꾀하기 위한 것으로서, 모두 보험제도의 기술적 구조를 반영한 것이다.

3. 團 體 性

보험제도는 다수의 보험가입자가 보험단체를 형성하여 위험을 분산하는 구조를 취하고 있다는 의미에서 단체성을 가진다. 상호보험은 물론, 영리보험도 마찬가지이다(그 이유는 전술함). 다만 보험계약의 단체성과 기술성은 동전의 양면과 같은 관계에 있다. 보험계약의 단체성은 보험기업의 경영면과 개개의 보험계약의 규제면에서 나타난다.

우선 보험기업의 경영면에서, 보험자는 각 보험계약자를 평등하게 대우하여야 한다는 원칙(保險契約者平等의 原則; 保險 98)이나,[1] 보험계약의 포괄적 이전이 허용되는 것(保險 140, 141)은 보험제도의 단체성에 기초를 두고 있다.

다음 보험자와 가입자 사이의 개별적 보험계약은 채권관계이지만, 여기에도 단체성이 반영되고 있다. 고지의무제도(651), 위험변경증가에 따른 고려(652, 653) 등이 그것이다. 그러나 보험제도의 단체성을 강조하는 나머지 채권계약의 효력을 지나치게 제약하는 것은 허용되지 않는다고 본다(同旨: 손주찬, 477면; 최기원, 542면. 또한 정희철·정찬형, 535면).

4. 公共性·社會性

보험은 보험자와 보험가입자 사이의 계약이고, 그 인수행위는 상행위에 불과하지만, 보험제도는 개인이나 기업 등 경제주체의 경제·사회생활상의 안정을 확보하기 위하여 불가결한 제도가 되었고, 또 보험자는 다수의 계약자로부터 보험료를 징수하여 거대한 자금을 조성·관리하고 있는데 그것이 적정하게 운영·관리되는 것은 국민경제적으로 매우 중요한 것이므로, 보험은 공공성을 가진다. 그리하여 각국은 보험업에 대하여 국가의 감독권을 행사하고 있다.

우리 나라도 보험자의 자격을 제한하고(保險 4, 6), 보통보험약관의 제정·변경에 금융감독위원회의 인가를 요구하고(保險 5 ③), 당사자간의 특약으로 보험가입자의 이익을 침해할 수 없도록 하고 있는데(663), 이는 보험의 공공성을 고려한 규정이다.

5. 片面的强行性

보험계약법은 사법에 속하지만, 그 기술성·단체성 및 공공성 등으로 말미암아 계약자유의 원칙을 그대로 인정할 수 없다. 그리하여 각국은 일반대중의 이익을 보호하기 위하여 보험계약법을 절대적으로 강행법화하여 이를 전혀 변

1) 보험자는 특정한 보험가입자에게 보험료의 할인 기타 특별한 이익을 제공하는 행위를 할 수 없다. 판례도 이 원칙을 인정한다(大判 66. 10. 21, 66 다 1458).

경할 수 없도록 하거나 또는 편면적으로 강행법화하여 보험계약자에게 불리하게 변경할 수 없도록 하고 있다.

상법은 가계보험에 관하여 보험편의 규정을 당사자간의 특약으로 보험계약자 또는 피보험자나 보험수익자의 불이익으로 변경하지 못한다고 규정함으로써, 보험계약법을 편면적 강행법으로 하였다(663 本).[1] 그러나 기업보험인 재보험 및 해상보험 등의 경우에는 당사자가 기업이고 대등한 경제적 지위에 있으므로, 계약자유의 원칙을 인정하고 있다(663 但).

제4 保險法의 商法上의 地位

(1) 상법은 보험을 기본적 상행위로 규정하고 있으므로(46 ⑰), 「형식적」으로 보험법은 상행위법의 일종이다. 그러나 보험은 앞에서 말한 바와 같이 매매 기타의 상행위와는 다른 특성을 가지고 있고, 또 규율할 내용이 방대하므로 상법은 이를 제2편에서 규정하지 않고 편의상 제4편에서 따로 규정하고 있다.

(2) 보험법은 그 단체성·기술성·공공성 등으로 인하여, 「실질적」으로는 일반 상행위법과 다른 특별한 지위를 가진다. 즉 상행위법은 원칙적으로 사적자치의 원칙에 의하여 지배되고 임의규정이지만, 보험계약법은 이와 달리 사적자치가 제한되어, 일정한 경우에는 계약의 체결이 제한되고(保險 3), 원칙적으로 강행규정이며(663 本), 보험단체 전체의 이익을 고려하고 있다. 이처럼 보험법이 일반 상행위법과 다른 지위를 가지고 있으므로, 영리보험에 관한 규정이 영리를 목적으로 하지 않는 상호보험에도 준용되는 것이다(664). 개정안은 공제 그 밖에 이에 준하는 계약에도 영리보험에 관한 규정을 준용하고 있다(안 664). 이처럼 보험법이 상법의 체계 내에서 특별한 지위를 가지고 있음에 비추어 이를 단행법으로 독립시키는 것이 좋을 것이다.

제5 保險法의 法源

1. 總　說

(1) 보험법은 상법의 일부이므로, 보험법의 법원(法源)[2]은 상법일반의 경우

---

1) 따라서 당사자간의 계약으로 상법의 규정보다 보험자에게 불이익하게 정하는 것은 상관이 없다.

2) 보험법의 법원이라 함은 보험법의 존재형식, 즉 실질적 의의의 보험법에 속하는 각종의 법을 가리킨다.

와 같이 제정법과 관습법 등이다. 보험약관이 보험법의 법원이 되는가에 관하여는 다툼이 있다.

(2) 보험계약에 적용될 법원의 순서는 보험의 인수가 기본적 상행위의 하나로서 상사에 속하므로 상법 제1조에 의한다. 즉 보험계약에 관하여는 첫째 상법의 규정이 적용되고, 둘째 상법에 규정이 없으면 상관습법이 적용되며, 셋째 상관습법도 없으면 민법의 규정이 적용된다. 상법 이외에 상사특별법이 있으면 이것이 상법보다 우선하여 적용된다. 보험약관은 계약의 내용을 이루어 당사자를 구속하지만, 보험법의 법원은 아니라고 본다. 민법은 상법의 규정과 관습법이 없으면 보충적으로 적용되나, 민법이 보험법의 법원이 되는 것은 아니다.

2. 制 定 法

(1) 제정법으로서 가장 중요한 보험법의 법원은 상법 제4편 「보험」의 규정이다. 따라서 보험계약에는 상법 제4편이 적용되지만, 보험계약은 상행위이므로 상법 제2편 「상행위」 제1장 「총칙」의 상행위 일반에 관한 규정도 당연히 적용된다. 보험계약에 관한 상법의 규정은 영리보험에 한하여 적용되지만, 성질에 반하지 않는 한 상호보험에도 준용된다(664). 개정안은 공제 그 밖에 이에 준하는 계약에도 이를 준용한다(안 664)

(2) 제정법으로는 그 밖에 여러 특별법이 있다. 즉 보험업법 중 보험계약과 관련된 사법적 규정(32, 97, 119), 자동차손해배상보장법, 화재로인한재해보상과보험가입에관한법률, 원자력손해배상보장법, 수출보험법 등이 있고, 사회보험법에 속하는 것으로 산업재해보상보험법, 국민건강보험법, 선원보험법, 군인보험법 등이 있다.

3. 慣 習 法

우리 나라에서 보험계약에 관하여 관습법으로 인정된 것은 아직 없으나, 일본에서는 재보험자의 대위권(日商 662)과 관련하여, 원수보험자가 자기의 명의로 권리를 행사하고 회수한 금액은 재보험자에게 교부하여야 한다는 상관습법이 있다고 한다(日大判 40. 2. 21, 民集 19. 4. 273면).

4. 普通保險約款

(1) 約款의 意義

(가) 「보통보험약관」은 보험자가 다수의 동질적 보험거래에 획일적으로 적용하기 위하여 미리 작성한 일반적·정형적·표준적인 계약조항을 말하며, 보통거래약관의 일종이다.

(나) 보험약관에는 이 보통보험약관 외에 특별보통보험약관(부가약관) 및 특별보험약관 등이 있다. 「특별보통보험약관」은 특수한 보험에 있어서 보통보험약관만으로 불충분한 세부적 사항을 보충적으로 정한 약관이며, 사실상 보통보험약관의 내용의 일부를 이루고 있다. 「특별보험약관」은 당사자가 개별적인 보험계약을 체결할 때에 구체적인 사정에 따라 보통보험약관의 내용을 변경하여 특별히 약정하는 조항을 말하며, 이것은 당사자간의 개별약정으로서 보통보험약관이 아니고, 이에 우선한다(개별약정우선의 원칙). 특별보험약관은 해상보험 등 기업보험에서 보험단체의 이익을 해하지 않는 범위 내에서 예외적으로 이용된다.

(2) 約款의 存在理由

보통보험약관은 보험자가 다수의 보험계약자를 상대로 하여 동일한 거래를 대량으로 반복함에 있어서 이를 간이·신속하고 합리적으로 처리하기 위하여 필요한 것이지만, 이러한 일반적인 보통거래약관의 존재이유 외에 보통보험약관에는 다음과 같은 특별한 존재이유가 있다.

즉 첫째, 보험제도는 동질적인 위험에 처하여 있는 다수인으로 구성되는 보험단체를 전제로 하여 기술적으로 그 다수가입자의 위험을 종합평균하여 위험을 분산하는 것이므로 많은 보험가입자를 동일하게 취급하는 것이 요구되고, 이를 위하여는 정형화된 약관이 필요하다.

둘째, 보험제도의 공공성·사회성에 비추어, 사회적·경제적 약자인 보험가입자의 이익을 보호할 필요가 있고, 이를 위하여는 보험계약의 내용에 관한 일반적·정형적 약관을 작성케 하고 국가가 이를 감독하는 것이 편리하다.

(3) 約款의 拘束力과 法源性

(가) 拘束力의 根據: 보험약관은 보험자에 의하여 일방적으로 작성되는

데, 이것이 보험계약자도 구속하는 근거에 관하여는 여러 견해가 주장되어 왔다. 그러나 약관의 규제에 관한 법률(이하 약관규제법이라 약칭한다)이 제정된 후에는 이에 대한 견해가 통일되는 과정에 있다.

① 法律行爲說 이것은 당사자가 약관을 계약의 내용에 포함시키기로 합의하였기 때문에 약관이 당사자를 구속하는 것이라고 보는 견해이다. 이 견해는 당사자의 합의의 의사를 어느 정도 구체적으로 요구하는가에 따라 다시 여러 분파로 갈라진다. 당사자가 약관에 따를 의사를 명시적 또는 묵시적으로 표시한 경우에만 약관의 구속력이 발생한다고 보는 극단적인 견해(採用合意說)도 있으나, 이 견해에 의하면 당사자가 약관의 내용을 알았느냐 몰랐느냐 하는 주관적 사정에 의하여 계약의 효력이 좌우된다는 불안정한 결과를 가져온다. 그리하여 기업이 일방적으로 작성한 약관을 고객이 포괄적으로 승인함으로써 계약이 성립하는 것으로 보는 견해(附合契約說), 당사자가 특히 약관에 의하지 아니한다는 뜻을 표시하지 아니한 경우에는 약관에 의하여 계약을 체결할 의사가 있었던 것으로 추정하는 견해(意思推定說) 등이 유력하게 주장되고 있다.

② 法規說(規範說) 이것은 약관이 법규범의 일종이기 때문에 당사자를 구속하는 것이라고 설명하는 견해이다. 여기에는 약관을 당해 거래권이 제정한 자치법으로 보는 견해(自治法說), 일반적으로 거래가 약관에 의하여 이루어지는 분야에 있어서는 「계약은 약관에 의한다」고 하는 상관습법이 성립되어 있기 때문에 개개의 계약은 약관에 의하여 지배된다고 보는 견해(商慣習法說, 약관 자체가 상관습법이라는 뜻은 아님), 상법 제638조의 3에 의하면 보험자의 설명의무의 이행이 없어도 보험계약의 취소가 없는 한 구속력이 인정되는 것을 근거로 하는 견해(양승규, 70면) 등이 있다.

③ 折衷說 이것은 약관을 법규범으로도 계약으로도 보지 않는 견해이다. 일부 학자는 정관은 기업의 내부질서를 형성하는 제도, 약관은 기업의 외부질서를 형성하는 제도로서 구속력을 가진다고 본다(制度說). 이들에 의하면 제도는 국가의 법과 개인간의 계약의 중간에 위치하고 있다고 한다.

④ 私見과 判例 생각건대 자치법설은 거래권을 단체로 보는 것도 의문이려니와 단체가 법을 제정할 수 있다는 것도 문제이다. 상관습법설은 기업이 새로운 약관을 작성하여 이용하기 시작하는 경우에도 그에 의한다는 상관습법

이 이미 존재한다고 인정하여야 하는 데에 난점이 있다. 순수한 법률행위설은 당사자의 주관적 사정에 따라 계약의 효력이 좌우된다는 문제점이 있다. 따라서 의사추정설이 타당하다고 본다(同旨: 손주찬, 486면).

약관규제법은 사업자에게 약관의 명시 및 설명의무를 과하고 이를 위반한 경우에는 약관을 계약의 내용으로 주장할 수 없다고 규정하고 있어서(동법 3 IV), 법률행위설을 따르고 있다. 그러나 고객의 요구가 없는 경우에는 명시만으로 족하고(동법 3 II), 계약의 성질상 설명이 곤란한 경우에는 설명의무가 없는 점(동법 3 III 但)에 비추어, 순수한 형태의 법률행위설은 아니고, 당사자의 합의를 추정하는 의사추정설을 따르고 있다고 할 수 있다. 대법원도 보험약관의 효력에 관하여「보통보험약관이 계약당사자에게 대하여 구속력을 갖는 것은 그 자체가 법규범 또는 법규범적 성질을 가진 약관이기 때문이 아니라, 보험계약 당사자 사이에서 계약내용에 포함시키기로 합의하였기 때문이라고 볼 것인 바, 일반적으로 당사자 사이에서 보통보험약관을 계약내용에 포함시킨 보험계약서가 작성된 경우에는 계약자가 그 보험약관의 내용을 알지 못하는 경우에도 그 약관의 구속력을 배제할 수 없는 것이 원칙이나, 다만 당사자사이에서 명시적으로 약관에 관하여 달리 약정한 경우에는 위 약관의 구속력은 배제된다」(大判 92. 7. 28, 91 다 5624; 85. 11. 26, 84 다카 2543; 86. 10. 14, 84 다카 122)고 설시하여, 의사추정설을 취한 것으로 이해된다.

(나) 約款의 法源性: 약관이 보험법의 법원이 되는가 하는 문제는 약관의 성질 또는 그 구속력의 근거를 어디에서 구하는가 하는 문제와 직결되어 있다. 즉 자치법설과 제도설은 약관의 법원성을 긍정함에 반하여, 법률행위설과 상관습법설은 이를 부정한다. 위에 본 바와 같이 약관의 구속력은 기본적으로 당사자의 합의를 기초로 하고 있으므로, 약관의 법원성은 이를 부정하는 것이 옳다.

(4) 約款改正의 效力

(가) 보험계약은 체결당시의 약관을 내용으로 하는 것이므로, 보험계약이 체결된 다음에 약관이 변경·개정되더라도 당사자간에 새로운 합의가 없는 한 변경된 약관은 구약관에 의하여 체결된 보험계약에 아무런 영향을 미치지 않는다(소급효의 배제. 서울民地判 82. 12. 8, 82 가합 5565-생명보험; 83. 2. 9, 82 가합 4418-자동차종합보험; 大判 85. 11. 26, 84 다카 2543).

(나) 문제는 자동차보험과 같이 주기적으로 동종의 보험계약을 반복체결하는 계속적 거래관계에 있어서 종전 보험계약의 내용이 된 보험약관을 도중에

가입자에게 불리하게 변경한 경우이다. 이 경우에 보험자로서는 종전 고객과 사이에 새 보험계약을 체결함에 있어서 약관의 변경사실과 변경된 내용을 고객에게 고지하여야 할 신의칙상의 의무가 있으며, 만일 이를 고지하지 않고 보험계약을 체결한 때에는 보험가입자의 추정적 의사에 따라 종전의 약관을 내용으로 한 보험계약이 체결되었다고 보아야 한다(大判 85. 11. 26, 84 다카 2543; 86. 10. 14, 84 다카 122).

(다) 그러나 금융감독위원회는 보험약관 등 기초서류의 변경을 인가하는 경우에 보험계약자·피보험자 또는 보험금액을 취득할 자의 이익을 보호하기 위하여 특히 필요하다고 인정하는 때에는 이미 체결된 보험계약에 대하여도 장래에 향하여 그 변경된 보험약관의 효력이 미치게 할 수 있다(保險 131 III). 이 경우에는 개정된 보험약관이 소급 적용된다.

(5) 約款의 交付·明示

(가) 보험자는 보험계약을 체결할 때에 보험계약자에게 보험약관을 교부하고 그 약관의 중요한 내용을 알려주어야 한다(638의 3 I). 이것은 보험약관이 보험자에 의하여 일방적으로 작성되었으면서도 보험계약의 내용이 되므로, 보험계약이 체결되기 전에 보험계약자에게 그 내용을 알 수 있는 기회를 주기 위한 것이다. 약관의규제에관한법률에서 규정한 약관의 명시·설명의무(同法 3 II, III)와 같은 취지이지만, 상법은 보험계약자의 요구가 없더라도 교부의무를 지우고, 설명의무의 면제를 불허하는 등 보험자의 의무를 강화하였다. 다만 보험약관에 정하여진 사항이 거래상 일반적·공통적인 것으로서 보험계약자가 충분히 예상할 수 있거나 법령에 정하여진 것을 되풀이·부연하는 데 불과한 경우에는 보험자에게 명시·설명의무가 없다(大判 2000. 7. 4, 98 다 62909 등).

(나) 보험자가 위 규정에 위반하여 약관의 교부·명시를 하지 아니한 때에는 보험계약자는 보험계약이 성립한 날로부터 1월 내에 그 계약을 취소할 수 있다(638의 3 II). 이것은 약관의 내용을 알 기회를 갖지 못한 보험계약자를 보호하기 위한 것이다. 1월의 기간은 제척기간이다.

(다) 1월 내에 계약을 취소하지 못한 보험가입자는 어떠한 구제수단을 가지는가? 보험자가 보험약관의 명시·설명의무에 위반하여 보험계약을 체결한 때에는 그 약관의 내용을 보험계약의 내용으로 주장할 수 없으며, 이 범위 내에서 보험가입자는 보호된다(約規 3 IV)(大判 99. 3. 9, 98 다 43342 등 다수). 그 결과 보험계약자나 그 대리인이 약관에 규정된 고지의무를 위반하였다 하더라도 보험자는 이를 이유로

보험계약을 해지할 수 없다(大判 92. 3. 10, 91 다 31883; 96. 3. 8, 95 다 53546 등 다수).

(6) 約款의 解釋

약관의 해석원칙은 약관의 성질을 법규로 보는가 당사자간의 합의로 보는가에 따라 달라진다. 약관규제법은 다음과 같은 해석원칙을 규정하고 있다.

① 信義誠實의 原則　약관은 신의성실의 원칙에 따라 공정하게 해석되어야 하며, 고객에 따라 다르게 해석되어서는 아니된다(約規 5 I). 이 원칙은 구체적으로 客觀的解釋의 原則, 統一的解釋의 原則, 合理的解釋의 原則 등으로 나타난다(大判 95. 5. 26, 94 다 36704).

② 不明確性의 原則　약관의 뜻이 명백하지 아니한 경우에는 고객에게 유리하게 해석하여야 한다(約規 5 II; 大判 94. 10. 25, 93 다 39942). 作成者不利의 原則(contra proferentem)이라고도 한다.

③ 個別約定優先의 原則　당사자가 약관에서 정하고 있는 사항에 관하여 약관의 내용과 다르게 개별적인 약정을 한 때에는 그 개별약정이 약관에 우선한다(約規 4; 大判 85. 11. 26, 84 다카 2543; 89. 3. 28, 88 다 4645; 91. 9. 10, 91 다 20432; 98. 10. 13, 97 다 3163).

(7) 約款에 대한 規制

약관은 사업자에 의하여 일방적으로 작성되는 경우가 많아 상대방인 고객에게 불리한 내용이 포함되는 일이 많다. 그리하여 국가는 약관에 대하여 여러 방법으로 규제를 가하고 있다.

(가) 立法的規制:　국가가 법률로 약관의 효력요건, 약관에 기재할 사항 등을 정하여 규제하는 것이다. 보험약관에 관하여

①「상법」은 불이익변경금지의 원칙(663 本)을 두어, 보험편의 규정은 당사자간의 특약으로 보험계약자 또는 피보험자나 보험수익자의 불이익으로 변경하지 못하도록 하였고, 따라서 이에 위반한 약관은 무효이다(大判 92. 11. 24, 92 다 23629). 불이익변경금지의 원칙은 재보험·해상보험 등 기업보험에는 적용되지 않는다(663 但). 판례는 연안 또는 근해어업에 종사하는 영세민을 주된 가입대상자로 하는 어선공제는 기업보험에 해당하지 않는다고 한다(大判 96. 12. 20, 96 다 23818). 상법상의 약관의 교부·설명의무(638 의 3)는 위에서 설명하였다.

②「약관의규제에관한법률」도 약관의 명시·설명의무(同法 3) 외에 약관의 규제를 위한 실체법적 규정(동법 3~16)과 절차법적 규정(동법 17~23)을 두고 있다.

(나) 行政的規制:　행정관청이 사전에 인가나 신고를 통하여 약관의 내용

을 규제하는 것이다. 보험약관에 대한 규제를 보면,

① 보험사업의 허가신청시에 보험약관을 첨부·제출하여야 하고(保險 5 ③), 보험약관의 변경은 금융감독위원회에 신고하여야 하며(保險 127 I), 이에 위반한 때에는 벌칙의 제재가 있다(保險 209 I ⑬).

인가를 받지 아니한 약관이라도 사법상 당연히 무효로 되는 것은 아니므로, 이러한 약관에 의한 계약도 다른 무효사유가 없는 한 유효하다(日最判 70. 12. 24, 民集 24. 13. 2187, 船舶保險約款). 반대로 관할관청의 인가를 받은 약관이라고 하여 사법상 모두 유효한 것은 아니다. 요컨대 인가의 유무는 약관의 사법상의 효력에 직접적인 영향을 미치지 않는다.

② 공정거래위위원회는 금융감독위원회의 인가를 받은 보험약관이 약관의규제에관한법률에 위반한 사실이 있다고 인정될 때에는 금감위에 그 사실을 통보하고 그 시정에 필요한 조치를 요청할 수 있다(約規 18 I). 공정거래위원회는 준사법적·준행정적 기관이라고 할 수 있다.

(다) **司法的規制**: 법원이 사후에 재판을 통하여 보험약관의 효력을 규제하는 것이다. 대법원은 무면허운전시의 면책을 규정한 보험약관의 조항을 무효로 처리한 예가 있다. 즉 무면허운전면책조항이 보험계약자나 피보험자의 지배 또는 관리가능성이 없는 무면허운전의 경우에까지 적용된다고 보는 경우에는 그 조항은 신의성실의 원칙에 반하는 공정을 잃은 조항으로서 약관의규제에관한법률 제6조 제1, 2항, 제7조 제2, 3호의 각 규정에 비추어 무효라고 볼 수밖에 없기 때문에, 위 무면허운전면책조항은 위와 같은 무효의 경우를 제외하고 무면허운전이 보험계약자나 피보험자의 지배 또는 관리가능한 상황에서 이루어진 경우에 한하여 적용되는 조항으로 수정해석을 할 필요가 있으며, 무면허운전이 보험계약자나 피보험자의 지배 또는 관리가능한 상황에서 이루어진 경우라고 함은 구체적으로는 무면허운전이 보험계약자나 피보험자 등의 명시적 또는 묵시적 승인하에 이루어진 경우를 말한다고 한다(大判 91. 12. 24, 90 다카 23899; 93. 3. 9, 92 다 38928; 97. 9. 12, 97 다 19298 등 다수).

제 3 장
保險監督法

제 1　規制의 必要

세계 각국은 사보험을 경영하는 보험업자에 대하여 공법적 감독규제를 행하는 것이 보통이다. 그 이유는 첫째로, 보험업자의 지급능력을 유지시키려는 것이다. 보험업자가 보험가입자로부터 받은 자금을 적정하게 유지·관리하지 못하고 도산하면 보험금을 지급할 수 없는 사태가 발생하여 보험의 기능을 다할 수 없다. 이를 방지하고 지급능력을 유지시키기 위하여 여러가지로 규제를 할 필요가 있다. 둘째로, 보험제도는 기술적 색채를 띠고 매우 복잡하여 보통의 가입자는 이해하기 어려운 면이 있고, 또 보험업자는 가입자에 비하여 지식과 경제력에서 우월한 지위에 있으므로, 가입자에 대하여 사기적이거나 불공정한 거래를 할 염려가 있다. 이를 방지하고 가입자와 보험업자 사이에 공정한 거래가 행하여지도록 보험사업을 규제할 필요가 있는 것이다.

제 2　保險業法

우리 나라는 보험업법에 의하여 보험업자에 대한 공법적 규제를 하고 있다. 감독의 방법으로서는 실질적 감독주의를 채택하여 보험사업의 허가로부터 보험업무의 전반에 걸쳐 금융감독위원회의 감독을 받도록 하고 있다. 금융감독위원회는 그 권한의 일부를 금융감독원장에게 위탁할 수 있고, 금융감독원장은 그 권한의 일부를 기획재정부가 정하는 바에 의하여 보험협회의 장에게 위임할 수 있다(保險 194 I, II, III).

(1) 保險事業者의 制限

보험사업을 영위하고자 하는 자는 금융감독위원회의 허가를 받아야 하며(保險 4 I), 위 허가를 받을 수 있는 자는 주식회사·상호회사와 외국보험회사에 한한다(保險 4 III). 위 허가를 받고자 하는 자는 그 허가신청서에 ① 정관, ② 사업계획서, ③ 사업방법서, ④ 보험약관, ⑤ 보험료 및 책임준비금산출방법서, ⑥ 위 서류 이외에 대통령령이 정하는 서류를 첨부하여 금융감독위원회에 제출하여야 한다(保險 5).

(2) 他事業兼營 및 保險事業兼營의 制限

(가) 보험회사는 대통령령이 정하는 금융업으로서 해당 법령에서 보험회사가 영위할 수 있도록 허용한 업무와 그 업무의 성격상 보험회사가 겸영하는 것이 가능하다고 금융감독위원회가 인가한 업무를 제외하고는 보험업 외의 업무를 영위하지 못한다. 다만 ① 보험업과 관련된 업무(다른 보험회사를 위하여 그 보험업에 속하는 거래의 중개 또는 대리를 하는 업무를 포함), ② 보험회사가 소유하는 인력·자산 또는 설비 등을 활용하는 업무, ③ 그 밖에 다른 법령에 의하여 허가·인가·승인 또는 등록 등을 필요로 하지 아니하는 업무 등의 부수업무는 이를 영위할 수 있다(保險 11 I).

(나) 보험회사는 생명보험업과 손해보험업을 겸영하지 못한다. 다만 ① 생명보험의 재보험 및 제3보험의 재보험, ② 다른 법령에 의하여 겸영이 가능한 보험종목으로서 대통령령이 정하는 보험종목, ③ 대통령령이 정하는 기준에 따라 제3보험의 보험종목에 부가되는 보험 등은 예외이다(保險 10). 손해보험에서는 보험사고의 발생률이 불안정하고 일시에 거대한 손실이 발생할 수 있는 반면, 생명보험에서는 생활자금의 확보수단으로서 보험금 등의 지급이 지속적으로 확실하게 행하여져야 한다. 따라서 손해보험과 생명보험을 겸영하면, 손해보험업의 손실이 생명보험업에 악영향을 끼칠 염려가 있으므로, 보험업법은 이를 허용하지 않고 있으며, 다만 상해보험 등은 손해보험회사나 생명보험회사 중 어느 것이 행하여도 폐해가 없으므로 그 겸영을 허용한 것이다.

(3) 營業에 대한 規制

보험회사가 금융감독위원회의 허가를 얻어 보험업을 개시한 뒤에도 계속적으로 영업과 관련하여 금융감독위원회 등의 감독을 받는다. 즉 ① 허가신청시에 제출한 정관, 보험약관 등의 기초서류의 변경은 금융감독위원회에 신고하여야 하고(保險 127), ② 금융감독위원회는 공익 또는 보험계약자 등의 보호를 위하여 보험회사에게 감독업무의 수행과 관련한 주주의 현황 기타 사업에 관한 보고 또는 자료의 제출을 명할 수 있으며, 보험회사는 그 업무 및 자산상황에 관하여 금융감독원의 검사를 받아야 한다(保險 133). 또 ③ 금융감독위원회는 보험회사의 업무운영이 적정하지 아니하거나 자산상황이 불량하여 보험계약자 및 피보험자 등의 권익을 해할 우려가 있다고 인정되는 때에는 업무집행방법의 변경 또는 금융감독위원회가 지정하는 기관에의 자산의 예탁을 명하거나 기타 감독상 필요한 명령을 할 수 있다(保險 131 I). 나아가 ④ 금융감독위원회는 보험회사에 업무 및 자산상황 그 밖의 사정의 변경으로 인하여 공익 또는 보험계약자의 보호와 보험회사의 건전한 경영을 크게 해할 우려가 있거나 보험회사의 기초서류에 법령을 위반하거나 보험계약자에게 불리한 내용이 있다고 인정하는 경우에는 청문을 거쳐 기초서류의 변경 또는 그 사용의 정지를 명할 수 있다(保險 131 II). 그리고 ⑤ 금융감독위원회는 보험회사가 보험업법 등에 위반하여 건전한 보험업을 운영하지 못할 우려가 있다고 인정하는 경우에는 금융감독원장의 건의에 따라 보험회사에 대한 주의·경고 또는 그 임원·직원에 대한 주의·경고·문책의 요구, 당해 위반행위에 대한 시정명령, 임원의 해임권고·직무정지의 요구, 6월 이내의 영업의 일부정지 등의 조치를 하거나 금융감독원장으로 하여금 위 조치를 하게 할 수 있다(保險 134 I). 나아가 금융감독위원회는 보험회사가 거짓 그 밖의 부정한 방법으로 보험업의 허가를 받은 때, 허가내용 또는 허가조건을 위반한 때, 영업의 정지기간 중에 그 영업을 한 때, 시정명령을 이행하지 아니한 때에는 6월 이내의 기간을 정하여 영업의 전부정지를 명하거나 청문을 거쳐 보험업의 허가를 취소할 수 있다(保險 134 II).

(4) 財務에 대한 規制

① 보험회사는 매년 대통령령이 정하는 날에 그 장부를 폐쇄하고 금융감독위원회가 정하는 바에 의하여 재무제표와 사업보고서를 금융감독위원회에 제출하여야 하며(保險 118 I), ② 보험사업자의 지급능력과 계산의 건전성을 유지하기 위하여 자산의 평가와 준비금의 적립 등을 규제하고 있으며(保險 9, 114, 120, 123), 금융감독원은 필요하다고 인정되는 때에는 보험사업자에 대하여 업무 및 재산상황에 관한 보고를 하게 할 수 있다(保險 133).

(5) 經營危機時 清算·再建의 規制

보험회사의 경영이 부실하여 보험업의 계속이 곤란하게 된 경우에는 회사의 해산, 계약의 이전, 사업폐지에 따른 정리, 청산 등이 행하여진다(保險 137 이하, 140, 155, 156 이하).

(6) 保險募集의 規制

보험계약은 보험회사 측의 적극적인 권유에 의하여 체결되는 일이 많은데, 이 과정에서 가입자가 거짓말에 의하여 현혹당하는 일이 적지 않다. 따라서 보험업법은 보험모집에 관여하는 보험설계사, 보험대리점 및 보험중개사 등을 규제하고 있다(保險 83, 84 이하, 87 이하, 89 이하).

(7) 外國保險會社의 規制

외국보험회사라 함은 대한민국 외의 국가의 법령에 의하여 설립되어 대한민국 외의 국가에서 보험업을 영위하는 자를 말하는데(保險 2 ⑦), 외국보험회사가 국내에 지점을 두고 보험업을 영위하는 경우에는 국내 보험회사에 준하여 규제를 받는다(保險 74 이하).

제 2 편

保險契約

제 1 장 保險契約의 槪念

제1 保險契約의 意義

(1) 보험계약은 「당사자의 일방이 약정한 보험료를 지급하고 상대방이 재산 또는 생명이나 신체에 관하여 불확정한 사고가 생길 경우에 일정한 보험금이나 그 밖의 급여를 지급할 것을 약정함으로써 효력이 생기는 계약」을 말한다(638). 위 정의는 매우 추상적인 것으로서 보험단체나 대수의 법칙과의 관련이 나타나지 아니하여 유사한 계약과의 구별이 명확하지 못한 흠은 있으나, 보험계약법의 적용범위 등을 정하기 위하여 의미가 있다.

(2) 상법상의 보험계약의 정의가 보험제도의 목적(전술함)에 관하여 어떠한 입장을 전제로 하고 있는가, 또 위 정의는 손해보험과 생명보험(정액보험)을 통틀어 1원적으로 정의한 것인가, 아니면 손해보험과 생명보험을 나누어 2원적으로 정의한 것인가에 관하여는 다툼이 있다.

상법 제638조는 그 형식에 있어서는 일원적으로 규정되어 있으나, 보험의 목적을 「재산이나 생명 또는 신체」라고 하여 손해보험과 인보험을 병렬적으로 결합하고 있으므로, 실질에 있어서는 상대적 평가설에 따라 이원적으로 규정하고 있다고 볼 수 있다(同旨: 손주찬, 493면; 정찬형, 483면). 그러나 상법의 규정과 무관하게 금액급여설에 서서, 보험계약은 미리 정한 우연한 사고가 발생한 때에 일정한 금액을 지급할 것을 약속하는 계약이라고 정의하는 견해도 많다(서돈각·정완용, 353면; 양승규, 79-80면; 최기원, 559면).

제 2 保險契約의 特性

1. 諾成·不要式契約性

(1) 보험계약은 보험자와 보험계약자 사이의 의사표시가 합치(청약과 승낙)함으로써 성립하므로, 낙성계약이다(638).[1)]

① 상법은 보험자의 책임은 당사자간에 다른 약정이 없으면 최초의 보험료를 지급받은 때에 개시한다고 규정하고 있는데(656), 이것은 보험계약의 성립과 무관하고, 보험자의 책임개시의 시기를 정한 것에 지나지 않는다고 설명된다. 그러나 보험약관에서는 보험료를 받기 전에 생긴 손해는 보상하지 않는다고 정하고 있는 것이 보통이므로(예컨대 화재 약관 2 II), 보험계약이 성립하여도 보험료를 납입하지 아니하면 보험금을 받을 수 없어서 사실상 보험의 목적을 달성할 수 없다. 따라서 보험계약이 낙성계약이라고 말하는 것은 이론상은 옳지만 별 의미가 없고, 실질적으로는 요물계약(要物契約)으로 변하였다고 말할 수 있다.

② 보험자가 보험계약자로부터 청약과 함께 보험료 상당액을 받은 때에는 30일 내에 낙부(諾否)의 통지를 발송할 의무가 있으며, 이 기간 내에 통지를 발송하지 아니한 때에는 승낙한 것으로 본다(승낙의 의제: 638의 2 I, II).

(2) 보험계약은 그 성립에 특별한 방식을 요하지 아니하므로, 불요식의 계약이다(638). 실제에 있어서는 보험증권이 작성교부되지만(640), 이는 보험계약의 성립과 무관하다.[2)]

2. 有償·雙務契約性

(1) 보험계약은 보험계약자가 보험료를 지급할 것을 약정하고 보험자가 보험금액 기타의 급여를 지급할 것을 약정하는 계약으로서(638), 양자는 서로 대가관계에 있는 출연(경제적 부담)을 하므로 유상계약이고, 양자는 서로 대가관계에 있는 채무를 부담하므로 쌍무계약이다.

(2) 그런데 보험계약자는 확정적인 보험료지급채무를 부담함에 대하여, 보험자는 보험사고의 발생을 조건으로 하여 보험금액 기타의 급여를 지급할 채

1) 大判 97. 9. 5, 95 다 47398.
2) 大判 96. 7. 30, 95 다 1019; 76. 6. 22, 75 다 605.

무를 부담할 뿐, 보험사고의 발생이 없이 보험기간이 경과하면 보험자는 보험금액 등의 지급채무를 면한다. 여기에서 보험계약을 유상·쌍무계약이라 한다면 보험자가 부담하는 「대가관계에 있는 출연 또는 채무」는 무엇인가가 문제된다. 이에 관하여 보험자가 부담하는 출연 내지 채무는 보험사고가 발생한 경우에 지급하는 「보험금」이라고 보는 견해(保險金給與說), 보험사고의 발생을 조건으로 하는 「조건부급여」 자체라고 보는 견해(條件附保險金給與說)와 피보험자의 경제생활의 불안을 제거·경감하기 위하여 보험사고가 발생하면 보험금을 지급한다고 약속하는 「위험부담의 급여」라고 보는 견해(危險負擔說) 등이 있다. 위험부담설이 다수설이다(서돈각·정완용, 355면; 손주찬, 496면; 최기원, 560면). 생각건대 보험금급여설에 의하면, 보험사고가 발생하지 아니하여 보험금을 지급하지 아니한 경우에는 보험계약이 유상계약이 아닌 것으로 되어, 동일한 내용의 보험계약이 보험사고의 발생·불발생에 의하여 성질을 달리하는 결과로 되어 부당하다. 조건부보험금급여설에 의하면, 보험사고의 발생유무를 묻지 않고 보험자는 이미 급여를 실현하고 있다고 설명하나, 엄격히 말하면 조건부급여란 조건이 성취되지 아니하는 한 아무런 급여도 하지 않는 것이므로, 결국 보험금급여설과 같은 비판을 면할 수 없다. 위험부담설에 의하면 보험자는 보험계약의 성립과 동시에 조건부 보험금 지급의무를 부담함으로써 위험부담을 하는 것이고, 보험사고의 발생에 의하여 행하는 구체적인 보험금 지급은 이 위험부담이라는 급여가 전화(轉化)한 것이라고 설명하지만, 위험부담을 법률적 의무의 이행이라고 보는 것은 다소 무리이다. 보험단체 전체의 구조에서 보면 대수의 법칙에 의하여 보험료와 보험금의 등가성이 유지되고, 급여와 반대급여의 균형이 이루어지는 관계에 있으므로, 이 점에서 보험계약의 유상·쌍무계약성을 찾을 수 있을 것이다(同旨: 양승규, 83 84면; 정찬형, 486면).[1)]

---

1) 보험계약이 성립하여도 보험자의 책임은 최초의 보험료의 지급을 받은 때로부터 개시한다(656). 그렇다면 보험계약이 성립한 후 최초의 보험료를 지급하기 전에도 쌍무계약성이 인정되는가? 초회 보험료의 지급을 조건으로 보험자가 계약상의 의무를 부담하는 것으로 보면 쌍무계약성을 인정할 수 있겠으나, 초회 보험료를 계속하여 지급하지 아니하는 때에는 보험자의 책임은 없는 것이므로, 초회 보험료의 지급을 받기 전에는 쌍무계약성이 없다고 본다(同旨: 손주찬, 498면). 그러므로 보험계약의 쌍무계약성은 초회 보험료가 지급된 후의 문제이다.

3. 射倖契約性

(1) 사행계약은 실정계약(實定契約)에 대립하는 개념으로서, 계약당사자의 쌍방 또는 일방의 급여의 발생여부 및 범위가 계약체결시에는 불명하고, 계약체결 후의 우연한 사실에 달려있는 것을 말한다. 그런데 보험계약은 계약체결시에 보험계약자의 보험료 지급의무의 내용은 확정되어 있지만, 보험자의 급여의무의 구체적 내용은 불확실하고, 그것은 우연한 사고의 발생여부에 달려있으므로, 사행계약이라고 할 수 있다(多數說).[1] 그러나 개별적 보험계약의 입장이 아니라 보험제도 전체로 보면, 보험금을 받는 보험계약자의 계약은 계약자에 유리하지만, 보험사고가 발생하지 않은 계약자의 계약은 보험자에 유리하고, 이들을 집계하면 보험집단 전체로는 수지가 상등하게 되어 사행계약으로 보기 어렵다는 견해도 있다(양승규, 87면).

(2) 보험계약에는 사행계약성이 있고, 이 점에서 도박과 유사하다. 그러나 도박이 일확천금을 꾀하고 근로에 의한 소득획득을 기본으로 하는 경제질서를 파괴하는 반사회적인 행위임에 반하여, 보험의 경우에는 보험사고의 발생에 의하여 보험금을 받아도 그의 재산에 불로소득은 생기지 않고, 이에 의하여 경제생활의 불안정을 제거할 수 있는 적법한 행위이므로, 양자는 엄격히 구별하여야 한다.

(3) 그러나 보험은 사행계약성이 있어서 도박적인 불로소득을 위하여 악용될 위험이 있으므로, 보험계약의 목적·동기에 있어서의 불법성을 제거하기 위한 노력이 요청된다. 그리하여 보험계약에는 다른 유상계약에서 볼 수 없는 특수한 규제가 가하여지고 있다. 예컨대 고지의무(651), 위험변경증가의 통지의무(652), 보험계약자의 고의 등에 의한 위험변경증가의 효과(653), 보험자의 면책사유(659), 초과보험·중복보험의 규제(669, 672, 안 672의 2), 손해방지의무(680), 타인의 생명보험에 있어서의 동의(731), 15세 미만자에 대한 사망보험의 금지(732), 보험수익자의 지정(733) 등이나, 피보험이익을 요구하는 것(668) 등이 그것이다.

---

1) 위험부담설에 의하면, 보험계약시에 부담하는 보험자의 급여는 「보험사고가 발생하면 보험금을 지급한다」는 추상적 위험부담이고, 이것이 우연한 보험사고의 발생에 의하여 구체적 보험금지급의무로 전환하는 것이고, 이처럼 전환의 계기가 우연성에 좌우된다는 의미에서 보험계약의 사행계약성이 긍정된다고 본다.

4. 善意契約性

(1) 보험계약은 「최대선의(uberrima fides, utmost good faith)의 계약」이라고 하는데, 이는 보험계약이 당사자의 신의성실을 바탕으로 성립하는 계약임을 의미한다. 선의계약성은 보험계약의 도박화를 방지하기 위한 것으로서, 상법개정안 제638조 제2항과 영국 해상보험법 제17조는 이를 명문으로 규정하고 있고,[1] 각국의 학설·판례도 이를 승인하고 있다.

(2) 오늘날 신의성실의 원칙은 법의 일반원칙으로서 보험법에만 특유한 것은 아니지만, 보험계약의 사행성에 비추어 보험법의 영역에서 특히 강조되는 것이고, 이를 반영하는 특별규정이 많다(위에서 사행계약성과 관련하여 언급한 651, 652, 653, 659, 669 IV, 672 III, 680 등 참조)(안 655의 2 I).

5. 附合契約性

(1) 보험계약은 다수의 보험가입자를 상대로 하여 대량적·반복적으로 체결되는 것으로서 그 정형화가 요구되므로, 보험자가 일방적으로 작성한 보통보험약관에 의하여 정형적으로 체결되는 부합계약의 성질을 가진다.

(2) 이처럼 보험계약이 부합계약성을 가지므로, 보험계약자의 이익을 보호하기 위한 법적 배려가 요구된다. 보험약관의 금융감독위원회 제출(保險 5 ③), 보험약관의 교부·명시의무(638 의 3), 보험계약자 등의 불이익변경금지(663 本) 등은 그 예이다.

6. 繼續的契約性

(1) 보험계약은 보험자가 일정한 기간 내에 발생한 보험사고에 대하여 보험금을 지급할 책임을 부담하므로, 그 기간 동안 보험자와 보험계약자 사이에 보험관계가 지속되는 계속적 계약이다.

(2) 이처럼 보험계약은 계속적 계약이므로, 보험계약자는 보험료를 모두 지급한 뒤라도 보험계약 체결 후에는 일정한 의무(652 등)를 지고, 또 계약을 해

---

1) 「해상보험계약은 최대선의를 기초로 하는 계약이며, 만일 어느 일방 당사자에 의하여 최대선의가 준수되지 아니하면 상대방 당사자는 계약을 취소할 수 있다」(A contract of marine insurance is a contract based upon the utmost good faith, and, if the utmost good faith be not observed by either party, the contract may be avoided by the other party).

제할 수 있는 경우는 거의 없고, 장래에 대하여 해지를 할 수 있는 것이 원칙이다(649 II, 669 I 등).

7. 獨立契約性

보험계약은 민법상의 전형계약의 어느 것에도 속하지 않는 무명계약(無名契約)이고, 독립한 계약이다. 따라서 도급이나 운송의 부대약정에 의한 위험의 인수(교량공사의 도급인이 일정기간 동안 교량에 대한 위험을 인수하는 등), 위탁매매인의 보증 등은 보험계약이 아니다. 보험계약의 독립성은 법률상의 독립을 의미하는 것이므로, 경제상 다른 계약과 결합하거나 부수하여 이를 체결하는 것은 상관이 없다.

8. 商行爲性

(1) 보험의 인수를 영업으로 하는 경우에는 기본적 상행위가 되고(46 ⑰), 보험자는 당연상인이 된다(4). 따라서 영리보험의 보험자가 체결하는 보험계약은 상행위성이 인정되고, 상행위편 통칙의 상행위 일반에 관한 규정이 적용된다(3).

(2) 상호회사의 보험사업은 영업으로 하는 것이 아니므로, 상호회사에 의한 보험의 인수는 상행위성이 없다. 그러나 상호회사의 보험계약관계도 실질적으로 영리보험과 같으므로, 상법의 보험편의 규정과 그 밖의 상법의 일부규정은 상호보험에도 준용된다(664, 保險 44).

제 2 장 保險契約의 要素

보험계약은 「당사자의 일방이 약정한 보험료를 지급하고 상대방이 재산 또는 생명이나 신체에 관하여 불확정한 사고가 발생한 경우에 일정한 보험금액 기타의 급여를 지급할 것을 약정하는 계약」이므로(638), 당사자, 보험의 목적, 피보험이익, 보험사고, 보험기간, 보험료와 보험금액 등의 요소를 필요로 한다.

제 1 절 保險契約의 關係者

1. 總 說

보험계약의 관계자로서는 ① 보험계약의 직접의 당사자인 「보험자」와 「보험계약자」가 있고(상호보험의 경우에는 보험계약자가 동시에 상호회사의 사원으로서 보험자의 지위를 가진다), ② 보험계약자가 자기 아닌 타인을 위하여 보험계약을 체결하거나 또는 타인의 생명에 대하여 보험계약을 체결하는 경우에는 보험계약자 이외에 「피보험자」 또는 「보험수익자」가 있으며, ③ 그 밖에 보험자의 보조자인 「보험대리점」, 「보험중개사」, 「보험설계사」, 「보험의」와 「보험목적의 소유자·물상담보권자」, 「보험금채권의 질권자」 등이 관계한다. 좁은 의미로 보험계약관계자라고 하면, 위 ①과 ②의 4자를 말한다.

2. 保 險 者

(1) 보험자(insurer)는 보험사업의 주체로서 보험사고가 발생한 때에 보험금을 지급할 의무를 지는 자이다.

(2) 보험자의 자격은 일정한 금액 이상의 자본금 또는 기금을 가진 주식회사 또는 상호회사로서 금융감독위원회의 허가를 받은 자로 제한되어 있다(保險 4 Ⅲ, 6). 이것은 보험사업의 공공성·사회성 때문이다.

(3) 보험자의 수는 하나의 보험계약에서 하나인 것이 보통이지만, 수인의 보험자가 하나의 보험계약을 공동하여 체결하는 수도 있는데, 이를 공동보험이라고 한다. 이 경우에 공동보험자는 연대하여 보험금을 지급할 채무를 부담한다(57 I). 공동보험은 중복보험(또는 병존보험)과 구별하여야 한다. 중복보험은 수인의 보험자가 그들 사이에 연결이 없이 동일한 보험의 목적과 동일한 사고에 관하여 별개로 수 개의 보험계약을 체결하는 것이며, 특별한 규제를 받는다(672).

3. 保險者의 補助者

(1) 保險設計士

① 보험설계사(insurance salesman)는 보험회사(보험자)를 위하여 보험계약의 체결을 중개하는 보험자의 피용자이다(保險 2 ⑧). 과거에는 보험모집인이라 불렸으며, 보험외판원이라고도 한다. 일정한 자격요건을 갖추고, 금융감독위원회에 등록하여야 한다(保險 84). 보험설계사는 특정한 보험회사(보험자)에 종속된 피용자라는 점에서, 독립된 지위에서 보험계약의 체결을 대리하는 보험대리점(保險 2 ⑨)이나, 독립된 지위에서 불특정 다수의 보험자를 위하여 보험계약의 체결을 중개하는 보험중개사(保險 2 ⑩)와 다르다.

② 보험설계사는 소속 보험회사 이외의 보험회사를 위하여 보험을 모집하지 못하고, 보험회사는 다른 보험회사에게 속하는 보험설계사에 대하여 보험의 모집을 위탁하지 못한다(保險 85).

③ 보험설계사는 보험계약의 체결을 권유·중개하는 사실행위를 할 수 있을 뿐 보험회사를 대리하여 보험계약을 체결할 「대리권」이 없고, 판례에 의하

면 「고지수령권」도 없다. 따라서 보험설계사에게 기왕의 병력(病歷) 등을 말하여도 보험회사에 대한 고지라고 볼 수 없다(大判 79. 10. 30, 79 다 1234; 98. 11. 27, 98 다 32564). 그런데 실제로는 보험설계사가 회사의 묵인 하에 다양한 명칭을 사용하면서 보험계약의 체결을 권유하고 있는 바, 이 경우에 보험계약자가 보험설계사에게 대리권이나 고지수령권이 있는 것으로 오인한 때에는 표현대리(民 125, 126, 129)의 법리에 의하여 보험자에게 책임을 지울 수 있을 것이다. 보험업법은 보험설계사가 보험의 모집을 함에 있어서 보험계약자에게 가한 손해를 보험자가 배상할 책임을 진다고 규정하여(保險 102), 민법 제756조의 사용자책임에 대한 특칙을 두고 있다.[1] 이 경우에 보험계약자에게 과실이 있으면 과실상계가 인정된다.

④ 보험설계사에게 「보험료의 수령권」이 있는가에 관하여 다툼이 있으나, 보험료의 분할납입의 경우에 보험회사는 보험설계사를 통하여도 보험료를 수

1) 大判 99. 4. 27, 98 다 54830·54847(타인의 사망을 보험사고로 하는 보험계약에 있어서 보험계약 체결시 피보험자인 타인의 서면에 의한 동의를 얻지 아니하면 상법 제731조 제1항에 위배되어 그 보험계약이 무효가 되는 것이므로, 보험설계사는 보험계약자에게 피보험자의 서면동의 여부에 대하여 구체적이고 상세하게 설명하여 보험계약자로 하여금 피보험자의 서면동의를 받을 기회를 주어 유효한 보험계약을 체결하도록 조치할 주의의무가 있는바, 보험설계사가 보험계약자에게 타인의 사망을 보험사고로 하는 보험계약을 체결할 것을 권유하면서 그와 같은 설명을 하지 아니한 채 미리 준비하여 간 보험청약서 양식에 직접 그 중요내용을 기재하고 보험계약자로부터 그의 인장을 건네받아 보험계약자란에 날인하여 보험청약서를 작성하고, 착오로 보험청약서의 피보험자 동의란에 피보험자의 도장을 받지 않았고, 보험설계사로부터 그 청약서를 건네받은 보험회사의 대리점 역시 이를 지적하여 보완하게 하지 아니한 상태에서 피보험자가 사망하는 보험사고가 발생한 경우, 보험설계사의 주의의무 위반으로 인하여 보험계약자가 보험금을 지급받지 못하게 되었으므로 보험회사는 보험업법 제158조 제1항에 의하여 보험계약자에게 그 손해를 배상할 의무가 있고, 그 손해의 범위는 보험금 상당액이다); 98. 11. 27, 98 다 23690(보험업법 제158조 제1항의 규정은 보험모집에 관하여 보험계약자에게 가한 손해에 대하여 보험사업자에게, 그 손해가 보험사업자의 임원·직원의 행위로 인한 경우에는 무과실책임을 지우고 보험설계사와 보험대리점의 행위로 인한 경우에는 무과실책임에 가까운 손해배상책임을 지움으로써 보험계약자의 이익을 보호함과 동시에 보험사업의 건전한 육성을 기하고자 하는 데 그 의의가 있다. 보험설계사와 영업소장은 보험업에 관한 전문가로서 타인의 사망을 보험사고로 하는 보험계약을 체결할 때에는 피보험자인 타인의 서면에 의한 동의를 얻지 않으면 그 보험계약이 무효로 된다는 사실을 보험계약자에게 설명하여 피보험자의 서면 동의를 받아오게 하여 보험계약을 체결하도록 조치할 주의의무가 있음에도 불구하고, 보험설계사가 그와 같은 사실 자체를 모른 채 보험계약자의 말만 믿고 피보험자 동의란에 자신이 직접 피보험자인 타인의 서명을 대신하였으며, 영업소 소장은 그 사실을 알고 있으면서도 이를 방치함으로써 보험계약자가 피보험자의 서면 동의가 없어도 보험회사가 보험금지급책임을 지는 것으로 잘못 알고 위 보험계약을 체결한 결과, 그 후 피보험자가 교통사고로 사망하는 보험사고가 발생하였으나 위 보험계약이 피보험자의 서면 동의가 없었다는 이유로 보험계약자가 보험금을 지급받지 못하게 된 경우, 위 보험설계사와 영업소장이 보험모집을 하면서 범한 위와 같은 잘못과 보험계약자가 보험금을 지급받지 못하게 된 손해 사이에는 상당인과관계가 있다는 이유로 보험회사에게 보험업법 제158조 제1항 소정의 손해배상책임을 인정하였다).

령하는 예가 있는 점에 비추어 이를 인정하여야 할 것이며(同旨: 서돈각 356면; 최기원, 523면), 판례도 같다.[1)]

(2) 保險代理店

① 보험대리점은 일정한 보험회사를 위하여 보험계약의 체결을 대리하는 자로서, 금융감독위원회에 등록한 자를 말한다(保險 2 ⑨, 87). 보험대리점이 상법상의 대리상(87)에 해당하는가는 보험회사와의 계약을 구체적으로 검토하여 판단할 일이지만, 대체로 상법상의 체약대리상(締約代理商)에 해당한다고 본다. 상법 제87조는 체약대리상 외에 중개대리상(仲介代理商)도 규정하고 있으나, 보험업법 제2조 제9호는 중개대리점에 관하여는 언급하고 있지 않다.[2)] 손해보험의 경우에는 계약기간이 단기이어서 신속하게 보험계약을 체결할 필요가 있으므로 체약대리상이 이용됨에 반하여, 인보험의 경우에는 그 기간이 장기이고 신체검사 등을 거쳐야 하는 특성상 계약체결권을 보험회사에게 집중시킬 필요가 있으므로 중개대리상이 많이 이용된다고 한다(양승규, 94면).

② 보험대리점이 체약대리상인 경우에는 보험회사의 대리인으로서 보험계약 체결권을 가지고, 보험료의 수령권, 고지수령권, 보험계약의 변경·해지권 등을 가진다.[3)] 또한 보험대리점이 보험계약자에 대하여 보험료의 대납을 승낙한 경우에는 승낙과 동시에 보험계약자가 실제로 보험료를 납입한 것과 동일한 효력이 있다고 본다(同旨: 최기원, 565면).[4)] 또 보험대리점이 안 사유는 보험자가 안 것

1) 大判 89. 11. 28, 88 다카 33367(비록 보험설계사가 소속 보험회사와의 고용계약이나 도급적 요소가 가미된 위임계약에 바탕을 둔 소속보험회사의 사용인으로서 보험계약의 체결대리권이나 고지수령권이 없는 중개인에 불과하다 하여도 오늘날의 보험업계의 실정에 비추어 제1회 보험료의 수령권이 있음을 부정할 수 없다).

2) 체약대리상은 거래의 대리를 하는 대리상이고, 중개대리상은 거래의 중개를 할 뿐 대리를 하지 않는 대리상이다(87 참조).

3) 大判 91. 12. 10, 90 다 10315(보험회사 대리점이 평소 거래가 있는 자로부터 그 구입한 차량에 관한 자동차 보험계약의 청약을 받으면서 그를 위하여 그 보험료를 대납하기로 전화상으로 약정하였고, 그 다음날 실제 보험료를 지급받으면서 그 전날 이미 보험료를 납입받은 것으로 하여 보험약관에 따라 보험기간이 그 전날 24:00 이미 시작된 것으로 기재된 보험료영수증을 교부한 경우 위 약정일에 보험계약이 체결되어 보험회사가 보험료를 영수한 것으로 보아야 한다).

4) 大判 95. 5. 26, 94 다 60615(보험회사를 대리하여 보험료를 수령할 권한이 부여되어 있는 보험대리점이 보험계약자에 대하여 보험료의 대납 약정을 하였다면 그것으로 곧바로 보험계약자가 보험회사에 대하여 보험료를 지급한 것과 동일한 법적 효과가 발생하는 것이고, 실제로 보험대리점이 보험회사에 대납을 하여야만 그 효과가 발생하는 것은 아니다); 87. 12. 8, 87 다카 1793(보험자의 대리인이 보험회사를 대리하여 보험계약자와 사이에 보험계약을 체결하고 그 보험료수령권에 기하여 보험계약자로부터 1회분 보험료를 받으면서 2, 3회분 보험료에 해당하는 약속어음을 함께 교부받았다면 위 대리인이 그 약속어음을 횡령하였다고 하더라도 그 변제수령의 효과는 보험자에

과 같은 효력이 있다(646). 개정안은 그 밖에 보험대리점이 보험증권을 보험계약자에게 교부할 수 있는 권한, 보험계약자로부터 청약·통지·해지·취소 등 보험계약에 관한 의사표시를 수령할 수 있는 권한 및 보험계약자에게 보험계약의 체결·변경·해지 등 보험계약에 관한 의사표시를 할 수 있는 권한을 가짐을 명백히 하였다(안 646의 2 I). 다만 보험자는 보험대리점과의 대리계약에서 위 권한 중 일부를 제한할 수 있다. 그러나 보험자는 대리계약상의 권한 제한을 이유로 선의의 보험계약자에게 대항하지 못한다(안 646의 2 II). 피보험자나 보험수익자가 보험료를 지급하거나 보험계약에 관한 의사표시를 할 의무가 있는 경우에는 위 규정을 그 피보험자나 보험수익자에 대하여도 적용한다(안 646의 2 IV).

③ 보험대리점이 중개대리상인 경우에는 보험계약의 체결에 관한 대리권이 없고, 고지수령권·보험료수령권 등도 없다. 또한 그가 안 것을 보험자가 안 것으로 볼 수도 없다. 그러나 보험중개상을 통하여 보험계약을 체결한 보험계약자를 보호하기 위하여 중개대리점의 권한을 명백히 규정할 필요가 있으므로 개정안 제646조의 2 제3항은 이에 관하여 규정하고 있다.[1)]

(3) 保險仲介士

① 보험중개사는 보험자와 보험계약자 사이에서 보험계약의 체결을 중개하는 독립한 상인으로서, 금융감독위원회에 등록을 한 자이다(保險 2 ⑩, 89). 보험중개사는 특정한 보험자만을 위한 보조자가 아니라는 점에서, 특정한 보험자만을 위한 보조자인 보험대리점과 구별되고, 독립한 상인이라는 점에서 보험자의 피용자인 보험설계사와 구별된다.

② 보험중개사는 보험계약의 체결을 중개함에 있어서 그 중개와 관련된 내용을 대통령령이 정하는 바에 의하여 장부에 기재하고 보험계약자에게 알려야 하며 그 수수료에 관한 사항을 비치하여 보험계약자가 열람할 수 있도록 하여야 하고, 또 보험회사의 임원 또는 직원, 보험회사, 보험설계사, 보험대리점, 보험계리사 및 손해사정사의 업무를 겸하여 영위하지 못한다(保險 92).

③ 보험중개사는 보험계약의 체결권이 없으며, 따라서 고지수령권 및 보험료수령권도 없다. 다만 특정한 보험자를 위하여 계속적으로 보험계약의 체결

미치고, 위 어음이 지급결제됨으로써 보험료납부의 효과가 생긴다).

1) 종래 상법 제90조를 유추하여 중개대리점에게 통지수령권을 인정하고, 보험자가 발행한 보험료영수증을 가지고 있을 때에는 보험료수령권을 인정하여야 한다는 견해가 유력하였다(同旨: 양승규, 95면; 獨保 43).

을 중개하는 자에 한하여 보험계약자로부터 보험료를 수령할 수 있는 권한(보험자가 작성한 영수증을 보험계약자에게 교부하는 경우만 해당함) 및 보험자가 작성한 보험증권을 보험계약자에게 교부할 수 있는 권한을 가지는 것으로 하였다(안 646의 2 Ⅲ).

(4) 保險醫

① 보험의는 생명보험의 경우에 피보험자의 신체를 검사하여 위험측정에 관한 전문적인 의견을 보험자에게 제공하는 의사이며, 진사의(診査醫)라고도 한다.

② 보험의는 보험자와의 사이의 고용계약이나 위임계약에 기하여 의학적 자료와 정보를 제공하는 보험자의 보조자이지만, 보험영업에 관한 대리권이 없으므로 보험자의 상업사용인(10 이하)은 아니다.

③ 보험의는 진사의 범위 내에서는 보험자의 기관과 유사한 지위에 있으므로 고지수령권이 있다고 보며, 그의 악의·중과실은 보험자의 악의·중과실과 같은 효력이 있으므로, 보험의에게 악의·중과실이 있는 경우에는 보험자는 고지의무위반을 이유로 보험계약을 해지할 수 없다고 본다(通說. 651 但 참조).

4. 保險契約者

(1) 보험계약자(insurance purchaser)는 보험자의 상대방으로서 자기명의로 보험계약을 체결하고 보험료를 지급할 의무를 지는 자이다. 그 자격에는 아무런 제한이 없으므로, 개인이든 법인이든, 상인이든 비상인이든, 능력자이든 무능력자이든 상관이 없다.

(2) 보험계약은 대리인을 통하여 체결할 수 있으며, 이 경우에는 본인이 보험계약자가 되지만, 대리인이 안 사유는 본인이 안 것과 동일한 것으로 한다(646).

5. 保險契約者의 關係者

피보험자(insured)와 보험수익자(beneficiary)가 있는데, 피보험자는 손해보험과 생명보험 기타의 인보험에 있어서 그 의미가 다르다.

(1) 損害保險契約의 被保險者

① 손해보험에 있어서의 피보험자는 피보험이익의 주체로서 사고가 발생하면 보험자에게 손해의 보상을 청구할 권리를 가지는 자이다. 즉 사고가 발생

하면 보험금을 지급받을 보험금수취인을 가리킨다. 인보험의 경우의 보험수익자에 해당한다.

② 자기 집을 화재보험에 든 경우에는 보험계약자가 동시에 피보험자가 되지만, 아들의 집을 아버지가 화재보험에 든 경우에는 보험계약자는 아버지이지만, 아들이 피보험자이다. 전자를 「자기를 위한 보험계약」, 후자를 「타인을 위한 보험계약」이라고 한다.

(2) 人保險契約의 被保險者

① 인보험에 있어서의 피보험자는 자기의 생명 또는 신체를 보험에 붙인 자, 즉 보험사고가 발생할 객체가 되는 자인데, 자연인에 한한다.

② 자기 생명을 보험에 붙인 경우에는 보험계약자와 피보험자가 동일하지만, 타인의 생명을 보험에 붙인 경우에는 보험계약자와 피보험자가 다르다. 전자를 「자기의 인보험계약」, 후자를 「타인의 인보험계약」이라고 한다. 후자의 경우에는 도박에 이용되거나 살인의 유혹을 받을 염려가 있으므로, 피보험자가 동시에 보험수익자가 아닌 한 피보험자(타인)의 서면에 의한 동의를 얻어야 하고(731), 15세 미만자, 심신상실자 또는 심신박약자의 사망보험계약은 원칙적으로 무효로 하고 있다(732).

③ 인보험의 피보험자는 고지의무(651) 및 위험변경·증가의 통지의무(652)를 지고 있다.

(3) 人保險契約의 保險受益者

① 인보험계약에서 보험사고가 발생한 경우 또는 만기가 도래한 경우에 보험자에 대하여 보험금지급청구권을 가지는 자이다. 그는 보험계약자에 의하여 보험금을 지급받을 자로 지정된다. 손해보험에 있어서는 피보험자가 손해의 보상을 받게 되므로, 피보험자가 보험수익자에 해당하며, 따라서 보험수익자라는 용어를 사용하지 않는다.

② 통설은 인보험계약에서는 원칙적으로 누구라도 보험수익자로 지정할 수 있으며(733), 그 이유는 인보험계약에는 피보험이익이 없기 때문이라고 설명한다. 그러나 인보험계약에도 피보험이익이 필요하다고 보므로(後述), 통설의 설명은 의문이다. 보험계약자와 보험수익자는 동일인인 경우와 별개인인 경우가 있는데, 전자를 「자기를 위한 인보험계약」, 후자를 「타인을 위한 인보험계약」이라고 한다(639).

③ 보험수익자는 보험금청구권을 가지고(639Ⅱ), 선의·무중과실인 경우에는 보험계약의 무효로 인한 보험료반환청구가 가능하지만(648), 계약의 당사자가 아니기 때문에 보험자에 대하여 그 밖의 권리는 없다. 그러나 보험수익자는 보험계약자의 파산의 경우에 제2차적인 보험료지급의무(639Ⅲ), 고의·중과실로 인한 위험증가의 통지의무(653) 및 피보험자의 사망에 관한 통지의무(657)를 지고, 보험사고가 보험수익자의 고의·중과실로 생긴 때에는 보험자는 책임을 면한다(659).

제2절 保險의 目的

(1) 보험의 목적은 보험사고발생의 객체를 말한다. 보험자는 보험계약에서 정한 객체에 보험사고가 발생한 경우에 보험금을 지급하므로, 보험계약에서는 보험의 목적이 무엇인가를 구체적으로 정하여야 한다(666①, 728). 「보험계약의 목적」(피보험이익, 668)과 구별하여야 한다.

(2) 재산보험에 있어서의 보험의 목적은 피보험자의 재화 등이다. 물건보험의 경우는 경제적 이익이 있는 특정한 재화, 즉 건물·선박·기계 등이 보험의 목적이 되지만, 책임보험(협의의 재산보험)의 경우는 채권이나 전재산도 보험의 목적이 된다. 보험의 목적은 1개의 물건(개별보험)이든 다수의 물건의 집합(집합보험)이든 또 계약 당초부터 특정(특정보험)되어 있든 일정한 범위 내에서 교체가 예정(총괄보험)되어 있든 상관이 없다.

(3) 인보험에 있어서의 보험의 목적은 사람의 생명·신체이지만, 생명·신체를 사람의 인격에서 분리할 수 없으므로, 결국 피보험자를 가리키게 된다. 따라서 인보험의 목적은 자연인에 한하고, 특히 사망보험의 경우에는 15세 미만자, 심신상실자와 심신박약자는 원칙적으로 피보험자가 될 수 없다(732, 안 732但). 인보험의 경우에도 피보험자는 특정한 개인일 수도 있고(개인보험), 교체가 예상되는 특정한 단체의 구성원 전원 또는 일부일 수도 있다(단체보험).

제3절 被保險利益

제1 意 義

(1) 피보험이익(insurable interest; versicherte Interesse)은 손해보험계약과 생명보험계약을 통틀어 요구되는 계약의 요소이다(同旨: 정희철, 410면; 양승규, 188면; 安貴玉, 「생명보험의 피보험이익에 관한 연구」, 1998년도 고려대 법학 석사 학위논문 등 참조). 「이익 없으면, 보험도 없다」라는 법언은 이를 가리킨다. 그러나 통설은 이것이 손해보험계약에만 요구되는 특별한 요소라고 보고 있으며,[1] 도이칠란트도 마찬가지이다(Hofmann, S. 204; BGH 1990. 5. 30).

보험계약에 피보험이익을 요구하는 이유는, 보험자의 보험금지급의무가 보험사고의 발생이라는 우연한 사실에 달려 있기 때문에 보험계약이 자칫 도박화할 염려가 있는데, 이를 방지하기 위하여는 피보험자가 보험의 목적에 관하여 어떠한 이익 내지 특별한 관계를 가지는 경우에만 보험의 혜택을 받을 수 있도록 규제할 필요가 있기 때문이다.

(2) 피보험이익은 손해보험계약에 있어서는 보험의 목적에 대하여 보험사고가 발생함으로써 피보험자가 손해를 입게 되는 경우에 피보험자가 그 목적에 대하여 가지는 경제적 이해관계를 뜻하고, 생명보험계약에 있어서는 보험계약자가 피보험자에 대하여 가지는 중요한 관계를 뜻한다(關係說).[2] 이와 달리 피보험이익은 보험의 목적에 대하여 보험사고가 발생함으로써 피보험자가 손해를 입을 염려가 있는 경제적 이익을 뜻한다는 견해(利益說)가 있으나, 어느 설을 취하든 그 결과에 차이가 없다.

(3) 피보험이익은 상법상 「보험계약의 목적」이라고 표현되고 있는데(668, 669 Ⅰ), 이는 「보험의 목적」과 구별하여야 한다(666 ①, 675, 678, 679 등). 보험의 목적은 보험사고발

1) 상법은 손해보험에 관하여만 피보험이익을 요구하는 규정(668)을 두고, 생명보험에 관하여 이 규정을 준용하지 않고 있으나, 이는 입법의 불비라고 본다. 영미의 판례와 학설은 생명보험에 관하여도 피보험이익을 요구하고 있으며, 1984년 오스트레일리아 보험계약법 제18조와 제19조도 피보험이익을 요구하는 전제에서 타인의 생명보험이 허용되는 범위를 명시하고 있다. 오스트레일리아 보험계약법 개정논의 시에는 피보험이익의 요건을 없애고 도박보험을 일반적으로 금지하는 조항을 두자는 의견도 있었으나, 채택되지 아니하였다.

2) Keeton & Widiss, Insurance Law(1988), p. 135(§3. 1 b); Hofmann, S.189.

생의 객체인 재화 또는 사람을 말한다.

따라서 보험의 목적인 재화가 하나인 경우에도 다수의 피보험이익이 있을 수 있고, 그 각각을 보험에 들 수 있다. 예컨대 동일한 운송물에 관하여 화주와 운송인이 각각 운송보험에 든 경우에는 보험의 목적은 동일하지만, 피보험이익은 화주의 경우는 소유권자로서의 이해관계임에 반하여, 운송인의 경우는 손해배상채무(135)의 불발생이라는 소극적 이익이다.

제 2 被保險利益의 地位

피보험이익이 보험계약의 요소로서 어떠한 지위에 있는가에 관하여는

(1) 絶對說

피보험이익은 보험계약의 성립이나 존속을 위한 절대적인 요건으로 보고, 따라서 피보험이익이 없으면 보험계약이 무효로 된다고 한다(독商 895, 英海保 4 II).

(2) 相對說

피보험이익은 보험계약이 도박화하여 사회질서에 반하게 되는 것을 방지하기 위하여 인정되는 정책적 내지 소극적 요건에 불과하다고 보고, 따라서 제644조 단서와 같이 피보험이익이 없는 경우에도 보험계약의 효력을 인정할 수 있다고 한다.

(3) 修正絶對說

손해보험을 물건보험과 같이 기존의 이익의 멸실에 대비한 적극보험과 책임보험과 같이 장래의 소극재산의 발생에 따른 위험에 대처하는 소극보험으로 나누어, 적극보험에 한하여 피보험이익을 보험계약의 요건으로 보고, 소극보험에 관하여는 피보험이익을 인정할 여지가 없다고 보는 견해이다.

제644조 단서는 선의의 당사자를 보호하려는 예외규정이므로, 원칙적으로 피보험이익은 보험계약의 요건이 된다고 본다(絶對說). 절대설에 의하면 기평가보험(670), 신가보험(676 I 但), 보험위부(710), 보험대위(681) 등의 제도를 설명하기 힘들다는 비판이 있으나, 이것은 피보험이익의 개념을 탄력적으로 풀이함으로써 해결할 수 있다고 본다(同旨: 양승규, 190면).

제3 被保險利益의 機能

1. 保險者의 責任範圍의 確定

보험금액은 피보험이익의 평가액인 보험가액을 넘을 수 없는 것을 원칙으로 하므로(principle of indemnity. 665 참조), 피보험이익은 보험금 지급의 범위를 확정하는 기능을 가진다.

2. 超過保險·重複保險의 基準

보험은 이익을 얻기 위한 수단이 아니므로, 초과보험과 중복보험은 규제를 받는다. 초과보험은 보험금액이 보험가액(피보험이익의 평가액)을 초과하는 경우인데, 이 경우에는 보험자 또는 보험계약자는 보험료와 보험금액의 감액을 청구할 수 있다(669). 또 중복보험은 보험의 목적물, 피보험이익, 보험사고 및 보험기간 등을 공통으로 하는 복수의 보험계약이 체결되고, 보험금액의 합계가 보험가액을 초과하는 경우인데, 이 경우에는 보험자는 각자의 보험금액의 한도에서 연대책임을 진다(672). 개정안은 보험금의 총액이 보험가액을 초과하는 경우 이외에 각 보험계약에 의한 보상액의 총액이 손해액을 초과하는 경우도 중복보험에 포함시켰다(안 672 I). 이는 실손보상, 이득금지라는 중복보험의 취지를 살리기 위한 것이다. 이 초과보험과 중복보험의 판단기준으로서 피보험이익이 중요한 의의를 가진다.

3. 賭博과 保險의 區別

도박과 보험은 사행성을 가진 점에서 서로 비슷하지만, 보험은 피보험이익을 전제로 하고, 이익을 추구하는 수단이 아니라는 점에서 도박과 구별된다.

4. 保險契約의 個別化

피보험이익은 보험계약의 주체와 보험의 목적물과의 관계를 특정하여 보험계약의 종류를 구별하는 기능을 가진다. 예컨대 동일한 보험의 목적물(건물)에 관하여 소유자가 가지는 소유자이익에 관한 보험계약과 저당권자가 가지는 담보이익에 관한 보험계약 및 임차인이 가지는 이익에 관한 보험계약 등이 중복보험으로 되지 않고 별개의 보험계약으로 성립할 수 있게 한다.[1)]

제 4 被保險利益의 要件

1. 適 法 性

(1) 피보험이익은 적법한 것이어야 한다. 따라서 선량한 풍속 기타 사회질서에 반하는 사항(民 103)이나 특정한 법률에 위반하는 이익을 피보험이익으로 하는 보험계약은 무효이다. 예컨대 탈세·절도·도박 등에 의하여 얻을 이익, 음란한 도서·도화나 밀수품·금제품의 판매에 의한 희망이익 등은 피보험 이익이 될 수 없고, 이들 이익에 관한 보험계약은 무효이다. 이와 관련하여 상금보험·벌금보험 기타 우발사건보험의 적법성이 다투어지고 있다(김성태, 381, 111면; Birds, p.8).

(2) 피보험이익의 적법성은 당사자의 선의·악의, 능력의 유무를 묻지 않고 객관적인 표준에 따라 결정된다.

2. 經濟的인 價値

(1) 피보험이익은 경제적인 가치가 있는 이해관계이어야 한다. 제668조는 「금전으로 산정할 수 있는 이익」, 즉 경제적 이익에 한하여 피보험이익으로 할 수 있다고 규정하고 있는데, 그것은 조문의 위치로 보아 손해보험에 관한 것이라고 풀이된다. 인보험의 피보험이익에 관하여는 명문의 규정은 없으나, 「경제적인 이해관계나 혈족 또는 인척 등의 친족관계」를 요한다고 본다(Keeton&Widiss, p.179. 상세한 것은 인보험의 피보험이익에 관한 설명을 참조).

(2) 피보험이익을 이루는 경제적인 이해관계는 ① 객관적으로 평가할 수 있어야 하므로, 단순한 정신적·감정적 이익(예컨대 부모의 遺髮에 관하여 가지는 애정이익)이나 종교적 이익 등은 이에 해당하지 않지만, ② 경제적 가치가 있는 한 법률상의 권리관계(소유권·담보권·채권 등. legal interest theory) 뿐만 아니라(大判 88. 2. 9, 86 다카 2933·2934), 사실상의 이해관계(예컨대 화재시 영업불능으로 인한 손해·기대이익 등. factual expectation theory)도 피보험이익이 될 수 있다(Abraham, p.195ff.). ③ 적극적인 손해(현실적으로 생긴 손해)이든 소극적인 손해(기대이익상실로 인한 손해)이든, 구체적인 물

---

1) 영국에서는 피보험이익의 포기가 인정된다. Birds, Modern Insurance Law(3rd ed., 1993), p.54.

건에 관하여 생긴 손해(물건보험)이든, 전재산에 관하여 생긴 손해(책임보험)이든 이를 묻지 않는다.

(3) 피보험이익은 피보험자가 보험의 목적에 관하여 직접적으로 가지는 것이어야 한다. 이와 관련하여 주주가 회사의 재산에 대하여 피보험이익이 있는가에 관하여 다툼이 있다.[1] 주주는 회사의 재산에 대하여 직접적인 이해관계가 없지만, 1인주주의 경우에는 피보험이익을 긍정할 수 있다고 본다.

3. 確定可能性

(1) 피보험이익의 내용을 구성하는 각 요소(피보험이익의 주체, 보험의 목적물, 양자의 관계 등)는 반드시 보험계약의 체결당시에 현존하고 확정되어 있을 필요는 없지만, 보험사고의 발생시(time of loss)까지는 확정되어야 한다(Cal. Ins. Code § 286 참조). 피보험이익이 확정되지 않으면 보험자의 보험금지급의 기준이 되는 손해나 피해자를 확정할 수 없기 때문이다.

(2) 확정이 가능한 한 장래의 이익도 피보험이익이 될 수 있으므로, 예컨대 장래 창고에 입고할 임치물에 대하여도 보험계약을 체결할 수 있고(총괄보험, 687), 적하의 도달에 의하여 취득할 하주의 이익과 같은 희망이익에 관하여도 보험계약을 체결할 수 있다(希望利益保險, 698). 또한 소송계속중의 물건과 같이 그 주체가 불확정한 경우에도 보험사고 발생시까지 확정할 수 있는 한 피보험이익이 인정된다.

제5 被保險利益의 欠缺의 效果

피보험이익이 없으면 보험계약은 무효이다(김성태, 390).[2] 피보험이익의 흠결은 보험자만 주장할 수 있으며(Ryan v. Tickle, 316 N.W.2d 580, 1982), 보험사고 발생 후 보험금을 청구하는 단계에서 비로소 보험자가 피보험이익의 흠결을 주장하더라도 신의칙에 반한다고 할 수는 없다(大判 99. 12. 7, 99 다 39999). 피보험이익이 없다는 사실은 보험자에게 증

1) 영국판례는 이를 부정하지만(Macaura v. Northern Insurance Co. Ltd「1925」 AC 619. 1인주주가 회사소유의 목재를 화재보험에 들었던 사례), 미국판례는 이를 긍정한다(American Indemnity Co. v. Southern Missionary College, 195 Tenn. 513, 260 S.W. 2d. 269(1953); Nationwide Mutual Fire Insurance Co. v. Rhee, 160 Ga. App. 468, 287 S.E. 2d. 257(1981) 등).

2) 서울 民地判 1984.1.19, 83가합3629(타인소유의 물건을 자기소유인 것처럼 화재보험계약을 체결한 경우 무효); 미국에서는 계약체결 후 일정한 기간이 경과하면 피보험이익의 흠결을 주장할 수 없게 하는 주와 피보험이익이 없어도 보험계약을 유효로 하는 주가 있다(Kimball, pp.114, 123).

명책임이 있다(大判 88. 2. 9, 86 다카 2933).

제4절 保險事故

제1 意 義

보험사고는 보험자의 보험금지급책임을 구체적으로 발생시키는 우연한 사고를 말한다. 자동차사고, 화재, 선박의 충돌, 사람의 사망·상해·생존 등이 그 예이다. 제638조의 「불확정한 사고」, 제665조의 「보험사고」 등이 그것이며, 상법에서 「위험」이라고 하면 보험사고발생의 가능성을 의미한다(647, 652, 653).

제2 要 件

(1) 偶然性(不確定性)

보험사고는 우연한 것이어야 한다. 이것은 보험계약의 성립 당시에 사고의 발생자체가 불확정하거나(예컨대 화재) 사고의 발생시기가 불확정한 것(예컨대 사망)을 가리킨다. 우연성 여부는 보험계약 당시를 기준으로 하여 판단한다(644 本).

사고발생의 우연성은 반드시 객관적이어야 하는 것은 아니고, 당사자 쌍방 및 피보험자에게 주관적으로 불확정한 것이면 된다. 따라서 보험계약 당시에 이미 보험사고가 발생하였거나[1] 또는 발생할 수 없게 된 때에는 그 계약은 무효이지만, 당사자 쌍방 및 피보험자가 그 사실을 알지 못한 때에는 그 보험계약은 예외적으로 유효하다(644 但). 이 경우에는 보험계약이 악용될 염려가 없

1) 大判 98. 8. 21, 97 다 50091(보험사고의 객관적 확정의 효과에 관하여 규정하고 있는 상법 제644조는 사고 발생의 우연성을 전제로 하는 보험계약의 본질상 이미 발생이 확정된 보험사고에 대한 보험계약은 허용되지 아니한다는 취지에서 보험계약 당시 이미 보험사고가 발생하였을 경우에는 그 보험계약을 무효로 한다고 규정하고 있고, 암 진단의 확정 및 그와 같이 확진이 된 암을 직접적인 원인으로 한 사망을 보험사고의 하나로 하는 보험계약에서 피보험자가 보험계약일 이전에 암 진단이 확정되어 있는 경우에는 보험계약을 무효로 한다는 약관조항은 보험계약을 체결하기 이전에 그 보험사고의 하나인 암 진단의 확정이 있었던 경우에 그 보험계약을 무효로 한다는 것으로서 상법 제644조의 규정 취지에 따른 것이라고 할 것이고, 또 위 약관규정이 약관의규제에관한법률 제6조 제1항, 제2항 제1호나 같은 법 제7조 제2호에 위반하는 조항으로서 무효라고 볼 수도 없다).

고, 특히 해상의 적하보험의 경우에는 보험기간의 개시시기를 계약성립시보다 소급하여 운송물의 발송시부터 효력을 가지게 하려는 소급보험(643)을 인정할 필요가 있기 때문이다.

(2) 可能性

보험사고는 발생이 가능한 것이어야 한다. 따라서 이미 발생하였거나 발생이 불가능한 사고에 대한 보험계약은 이 관점에서도 무효이다(644 本). 다만 가능성은 주관적으로 가능한 것이면 되므로, 당사자 쌍방과 피보험자가 보험사고가 이미 발생하였거나 발생할 수 없는 것임을 알지 못한 경우에는 보험계약은 유효하다(644 但).

제3 事故의 特定

(1) 보험사고는 계약시에 구체적으로 특정하여야 하며, 그 특정된 보험사고가 발생한 경우에만 보험금을 지급받을 수 있다. 예컨대 상해보험은 피보험자가 급격한 외부적인 우연의 사고로 인하여 신체에 손상을 입는 것을 보험사고로 하므로, 외과적 수술로 인한 피보험자의 상해나 사망은 보험사고에 해당하지 아니한다(大判 80. 11. 25, 80 다 1109).

(2) 사고의 특정은 한 개 또는 한 종류로 제한할 수도 있고, 수 개 또는 수 종류의 사고를 정하여도 되며, 포괄적으로 정하여도 된다. 예컨대 화재보험의 경우는 화재 하나로 보험사고를 제한할 수 있지만, 운송보험이나 해상보험의 경우는 운송이나 항해에 관하여 발생할 수 있는 모든 사고를 포괄하여 보험사고로 삼을 수 있다.

(3) 보험사고가 법정 또는 약정의 면책사유에 해당할 때에는 보험자는 책임을 지지 않는다(659, 660, 692, 706 등).

제5절 保險期間과 保險料期間

제1 保險期間

1. 意　義

(1) 보험기간은 보험자가 위험을 부담하는 기간, 즉 보험자의 책임이 개시되어 종료할 때까지의 기간을 말한다. 보험자는 특정한 기간(보험기간) 내에 발생한 보험사고에 대하여만 책임을 진다.

(2) 보험기간은 당사자 간에 특약이 없으면 보험계약기간과 일치하지만, 실제로는 보험기간을 특약하는 것이 보통이다.

(3) 보험기간은 상법이 규정하는 경우도 있지만(688, 699, 700), 법률의 규정 또는 당사자 간의 특약이 없으면 최초의 보험료를 받은 때로부터 시작된다(656). 보험자는 보험기간 내에 발생한 보험사고에 대하여만 책임이 있으므로, 보험기간의 개시 전 또는 종료 후에 생긴 사고에 대하여는 책임을 지지 않는다. 그러나 보험사고가 보험기간 내에 발생한 이상 손해가 보험기간 경과 후에 발생하여도 보험자는 책임을 진다.

2. 遡及保險

(1) 소급보험은 보험계약 성립 전의 어느 시기를 보험기간의 시기(始期)로 하는 보험이다(643). 보험기간은 원칙적으로 보험계약 성립 후의 일정 시점에 개시하는 것이 보통이지만, 이를 계약의 성립시기 이전으로 소급하여 정하는 것이며, 예컨대 운송 중인 화물에 대하여 적하보험계약을 체결하면서 운송물의 선적시에 소급하여 보험자의 책임이 개시되는 것으로 하거나, 생명보험계약에서 보험자가 보험계약자의 청약을 승낙하면서 청약시부터 보험기간이 개시되는 것으로 하는 것이 이에 해당한다. 이와 반대의 형태가 추급보험(追及保險, Rückdatierung)이다.

(2) 소급보험은 당사자 쌍방 및 피보험자가 보험사고의 발생을 알지 못한 경우, 즉 주관적으로 보험사고가 불확정한 경우에만 가능하다(644 但). 그리고 당

사자 간에 다른 약정이 없으면 최초의 보험료를 받은 때로부터 개시한다. 따라서 소급보험의 계약이 성립하여도 초회의 보험료를 지급하지 않으면 보험자의 소급책임은 발생하지 않는다. 만일 계약당사자가 이미 보험사고가 난 것을 알고 소급보험계약을 체결한 경우에는 그 계약은 무효이고(644 本), 보험계약자는 보험자로부터 보험료를 반환받을 수 없다(648).

제2 保險料期間

1. 意 義

보험료기간은 보험료 산출의 기초인 위험률을 측정함에 있어서 단위가 되는 기간이다. 보험료기간은 보험수리의 원칙에 의하여 정하여지며, 보통 1년을 단위로 하여 보험료율을 정한다. 보험료기간과 보험기간은 일치하는 수가 많지만, 보험료기간이 보험기간보다 짧을 수도 있고(예컨대 운송보험), 보험기간이 수개의 보험료기간으로 나뉠 수도 있다(예컨대 장기 보험계약).

2. 保險料不可分의 原則

(1) 보험료불가분의 원칙이란 일정한 기간에 해당하는 보험료는 하나의 단위(덩어리)를 이루므로, 이를 세분할 수 없다고 하는 원칙이다. 보험료가 일정한 기간을 단위로 하여 그 기간 내의 위험발생률을 기초로 하여 산출되는 점을 근거로 한다. 따라서 보험료기간에 관하여 일단 보험자의 위험부담이 개시되었으면 설사 그 후에 어떠한 사유로 보험계약이 장래에 향하여 해지되거나 실효되어도 보험자는 그 보험료기간에 대응하는 전위험을 불가분의 단위로서 부담한 것이므로, 보험계약자는 나머지 기간에 대한 보험료의 반환을 청구하지 못한다고 한다.

(2) 상법은 이를 명문으로 규정하고 있지 않으므로 이 원칙을 인정할 것인가에 관하여는 다툼이 있으나, 다수설은 보험기술상의 이유로 긍정설을 취하고 있다.[1] 그러나 경험상 위험발생의 개연율은 기간이 짧으면 줄어드는 것이

1) 상법 제669조 제1항 단서와 제667조를 논거로 하여 긍정설을 주장하는 견해(양승규, 105면)와 제649조 제2항을 논거로 하여 부정설을 취하는 견해(채이식, 485면)가 있다. 그러나 위 조문들은 어느 것도 보험료불가분의 원칙에 관한 직접적 규정이라고 보기 어렵다.

고, 또 보험계약자를 보호한다는 관점에서 이 원칙은 문제가 있다고 본다(同旨: 최기원, 575면). 약관에서는 보험계약이 해지 또는 실효된 경우에 보험자는 일할계산을 하여 보험료를 반환하도록 정하는 경우가 많다(화재보험약관 9조 등).

제6절 保險金額과 保險料

제1 保險金額

(1) 보험금액은 보험사고가 발생한 때에 보험자가 피보험자(손해보험의 경우) 또는 보험수익자(인보험의 경우)에게 지급할 금액이다. 보험금액의 지급은 현금으로 하는 것이 원칙이지만, 현물 기타의 급여(의료행위 등)로 할 수도 있다. 또 보험금액은 일시에 지급하기도 하고 연금 형식으로 분할하여 지급하기도 한다.

(2) 보험금액의 의미는 손해보험과 정액보험에서 서로 다르다.

손해보험의 경우에는 보험자는 보험사고로 발생한 실손해액을 보상할 책임을 지므로(665), 보험금액은 보험자가 계약에서 약정한 손해보상책임의 최고한도액을 의미하며(이 때에는 계약에서 정한 보험금액과 사고발생시에 실제로 지급하는 보험금액은 일치하지 않는다), 때로는 보험사고 발생시에 현실적으로 지급되는 손해보상액(보험금)을 뜻하기도 한다(682).

정액보험의 경우에는 보험자는 보험사고가 발생한 때에 약정한 금액을 지급할 책임을 지므로(730), 보험금액은 보험자가 보험사고 발생시에 지급하기로 약정한 금액을 의미한다(이 때에는 계약에서 정한 보험금액과 사고발생시에 실제로 지급하는 보험금액이 일치한다).

(3) 보험금액은 보험사고가 발생한 경우에 지급되므로, 보험기간 중에 보험사고가 발생하지 아니한 때에는 보험금액의 지급없이 보험계약이 종료한다. 그러나 약관에서는 이 경우에 보험료의 전부 또는 일부를 반환하여 주기로 약정하는 수가 있다.

제2 保 險 料

1. 意　　義

보험료는 보험자가 위험을 부담하는데 대한 대가로서 보험계약자가 보험자에게 지급하는 금액을 말한다. 보험료는 「순보험료」와 「부가보험료」로 구성되는데, 양자를 합하여 「영업보험료」라고 한다. 보험료는 그 지급시기, 지급지체시의 효과에 따라 「최초의 보험료」(656), 「제1회 보험료」(650 Ⅰ), 「제2회 이후의 보험료」와 「계속보험료」(650 Ⅱ)로 구분된다.

2. 算　　定

순보험료는 대수의 법칙에 따라 일정한 기간(보험료기간) 내의 위험률과 보험금액을 기초로 하여 보험자가 지급할 보험금 총액과 영수할 보험료 총액이 균형을 이루도록 산정된다. 부가보험료는 대리점수수료, 보험자의 인건비 기타의 비용을 계산하여 산정된다.[1] 보험료불가분의 원칙에 관하여는 전술하였다(제5절 참조).

3. 支給遲滯時의 效果

(1) 보험계약자는 보험자에 대하여 보험료를 지급하여야 한다(638). 보험계약자가 보험료의 지급을 지체하는 때에는 보험자는 일반원칙에 따라 이를 강제징수할 수도 있고(民 389), 손해배상을 청구할 수도 있다(民 390).

(2) 보험계약자가 보험료의 지급을 지체한 경우에 상법은 보험자에게 위 일반적인 구제수단 외에 특별한 구제수단을 규정하고 있는데, 이것은 보험료가 최초보험료인가, 계속보험료인가에 따라 다르다.

① 「최초의 보험료」는 보험자의 책임을 개시시키는 보험료이며(656), 최초보험료를 지급하지 아니한 경우에는 당사자간에 다른 약정이 없으면 계약성립 후에도 보험자의 책임을 발생시키지 못하고, 계약성립 후 2월이 경과하면 그

---

1) 순보험료와 부가보험료의 비율은 보험의 종류에 따라 다르지만, 보통 7 대 3 내지 6 대 4라고 한다. 순보험료에 대한 부가보험료의 비율이 적을수록 보험사업의 효율이 높고, 보험가입자에게 이익이 된다.

계약은 해제된 것으로 본다(650 I). 최초보험료는 일시지급의 경우에는 보험료의 전부이고, 분할지급의 경우에는 제1회 보험료가 이에 해당하는 것이 원칙이다. 제1회 보험료의 지급이 연기된 경우에는 최초보험료가 없게 된다.

② 「계속보험료」는 일단 개시한 보험자의 책임을 계속시키는 보험료이고, 계속보험료가 약정한 지급기일에 지급되지 아니한 때에는 보험자는 상당한 기간을 정하여 보험계약자에게 최고하고 그 기간 내에 지급되지 아니한 때에는 그 계약을 해지할 수 있다(650 II). 제2회 이후의 보험료는 모두 계속보험료가 되지만, 제1회 보험료라도 그 지급이 연기된 경우에는 먼저 보험자의 책임이 개시되고 그 후에 제1회 보험료가 지급되므로 그것은 계속보험료가 된다.

4. 減額·返還請求

(1) 보험계약의 당사자가 특별한 위험을 예기하여 보험료의 액을 정한 경우에 보험기간 중 그 예기한 위험이 소멸한 때에는 보험계약자는 그 후의 보험료의 감액을 청구할 수 있다(647).

(2) 보험계약의 전부 또는 일부가 무효인 경우에는 보험자가 받은 보험료는 위험이 개시되지 아니하였으면 부당이득으로서 반환하여야 할 것이지만, 상법은 보험계약자·피보험자 또는 보험계약자·보험수익자 등이 선의이며 중대한 과실이 없는 때에 한하여 보험료의 전부 또는 일부의 반환을 청구할 수 있게 하였다(648).

제 3 장 保險契約의 締結

제1 總 說

(1) 보험계약은 앞에서 설명한 바와 같이 불요식의 낙성계약이므로, 보험계약자의 청약을 보험자가 승낙하기만 하면 성립한다(638). 그런데 실제로는 보험계약을 체결하고자 하는 자가 보험청약서에 소정의 사항을 기재하여 보험자에게 교부하면, 보험자는 보험의 목적을 검사하거나(손해보험의 경우) 또는 피보험자의 신체를 진사하거나 하지 않고(생명보험의 경우) 승낙의 여부를 결정한다.

(2) 보험계약은 대량·반복적으로 체결되는 특성상 보통보험약관에 의하여 체결된다. 그리하여 상법은 보험계약 체결시에 보험자 측에 약관의 교부·명시의무(638의3)와 보험증권의 교부의무(640)를 지우는 한편, 보험계약자 측에는 고지의무(651)를 부과하고 있다.

제2 保險契約의 成立

보험계약은 불요식의 낙성계약이므로, 청약과 승낙에 특별한 방식이 요구되지는 않는다. 청약과 승낙에 대하여는 민법의 일반원칙(民527이하)이 적용되는 외에 보험의 인수가 상행위이므로(46⑰) 상행위법 통칙의 규정(51,52)이 적용된다.

1. 保險契約의 請約

(1) 보험계약의 청약에는 특별한 방식이 요구되지 않지만, 실제로는 보험계약자는 보험자나 그 대리인이 비치하고 있는 청약서에 필요한 사항을 기재하고, 보험료 상당액을 납부하여 청약을 한다. 이것은 대량의 청약을 효과적으로 처리하기 위한 것이다. 보험계약청약서에는 일정한 질문사항이 있는데, 이를 사실대로 기재하면 고지의무의 이행이 된다(651의 2).

(2) 보험계약의 청약은 당사자간에 다른 약정이 없는 한 보험자가 승낙 여부를 결정하는데 필요한 상당한 기간 임의로 철회하지 못한다고 풀이하는 견해가 있으나(양승규, 107면; 정찬형, 503면. 民 527·529를 논거로 한다), 상대방이 승낙할 때까지는 원칙적으로 철회할 수 있다고 본다. 청약의 철회로 인하여 보험자가 손해를 입는 경우도 있겠으나, 이는 별도로 해결하여야 할 것이요, 청약을 철회할 수 없다고 하는 것은 의사결정의 자유에 반한다.

2. 保險契約의 承諾

(1) 保險契約의 成立時期

보험계약은 적법한 청약이 있더라도 그에 대한 승낙이 없으면 성립하지 못하며, 상대방인 보험자에게 승낙의 의무가 있는 것은 아니다. 보험계약의 성립시기는 보험자가 승낙의 통지를 발송한 때이지만(民 531. 大判 76. 6. 22, 75 다 605), 승낙기간 또는 상당한 기간 내에 청약자에게 도달할 것을 조건으로 한다(民 528, 529). 그러나 영리보험의 경우에는 보험자는 당연상인이므로(46 ⑰, 4), 이 때에는 상법의 규정이 적용되어 대화자간에서는 보험자가 즉시 승낙을 하여야 보험계약이 성립하고(51), 격지자간에서는 승낙기간이 없으면 상당한 기간 내에 승낙의 통지를 발송한 때에 보험계약이 성립한다(52 I). 승낙의 의사표시가 청약자에게 도달하지 않더라도 계약은 성립한다(發信主義).

(2) 承諾與否의 通知義務와 承諾擬制

① 承諾與否의 通知義務　보험자가 보험계약자로부터 보험계약의 청약과 함께 보험료 상당액의 전부 또는 일부의 지급을 받은 때에는 다른 약정이 없으면 30일 내에 그 상대방에 대하여 낙부의 통지를 발송하여야 한다. 다만

인보험계약의 피보험자가 신체검사를 받아야 하는 경우에는 위 기간은 신체검사를 받은 때로부터 기산한다(638의2 I 後). 보험거래의 실제에 있어서는 보험계약의 청약자는 보험설계사 등의 권유에 따라 보험계약청약서를 작성하여 보험료의 전부 또는 일부와 함께 보험자에게 교부하는 것이 보통이고, 이 경우에는 청약자는 보험계약이 유효하게 성립한 것으로 믿는 수가 많으므로, 이러한 실정을 고려하여 보험자로 하여금 청약자에 대하여 승낙 여부의 통지를 발송하도록 한 것이다. 이것은 상시 거래관계에 있는 자로부터 그 영업부류에 속하는 청약을 받은 때에 낙부통지의무를 규정한 상법 제53조에 대한 특칙이다. 보험자의 낙부통지의무는 청약과 함께 보험료의 전부 또는 일부를 받은 때에 한하여 인정된다.

② **承諾의 擬制** 보험자가 청약과 함께 보험료 상당액을 받은 경우에 위 기간(30일) 내에 승낙 여부의 통지를 하지 아니한 때에는 청약을 승낙한 것으로 본다(638의 2 I 前, II). 이것은 신속한 계약의 성립을 통하여 보험계약자의 이익을 꾀하려는 것이다(이에 대한 비판은 김성태, 181면 참조).

③ **承諾前事故에 대한 保險者의 遡及責任** 보험자가 보험계약자로부터 보험계약의 청약과 함께 보험료 상당액의 전부 또는 일부를 받은 경우에 그 청약을 승낙하기 전에 보험계약에서 정한 보험사고가 생긴 때에는 그 청약을 거절할 사유가 없는 한 보험자는 보험계약상의 책임을 진다. 그러나 인보험계약의 피보험자가 신체검사를 받아야 하는 경우에 그 검사를 받지 아니한 때에는 그러하지 아니하다(638의 2 III). 이것은 우리 보험법에 특유한 규정으로서, 승낙이 의제되기 전에 보험사고가 발생한 경우에 보험자의 책임을 인정함으로써 보험계약자측을 보호하기 위한 것이다(이에 대한 비판은 김성태, 183면 참조).

보험자의 소급책임은 「청약과 함께 보험료 상당액의 전부 또는 일부의 지급」을 받았고, 「청약을 거절할 사유」가 없어야 발생한다. 청약을 거절할 사유란 약관에 의하여 보험자가 인수할 수 없는 위험을 목적으로 한 청약이 있는 때를 의미한다(손주찬, 512면).[1] 청약을 거절할 사유의 존부에 관하여 누가 증명책임을 부담하는가 문제이나, 증명책임분배의 일반원칙인 규범설의 입장에서 볼 때

1) 大判 91. 11. 8, 91 다 29170(보험회사가 보험설계사를 통하여 위험보장배수 10배인 '태양보험' 가입 청약을 받고 제1회 보험료를 납부받은 직후 피보험자가 오토바이 운전 중 교통사고로 사망하는 보험사고가 발생하였으나, 피보험자가 오토바이 사용자인 위험 직종으로서 그 약관에 정한 적격 피보험체가 아닌 경우에는 보험회사가 그 승낙을 거절할 수 있다).

보험자가 그 부존재를 증명하여야 한다고 본다(反對: 김성태, 184면).

제3 詐欺에 의한 保險契約

사기에 의한 보험계약은 민법 제110조 제1항의 일반규정에 의하여 취소할 수 있다. 그런데 개정안은 보험계약의 최대선의성(안 638 II)을 반영하여 보험계약의 당사자 또는 피보험자의 사기(詐欺)로 인하여 체결된 보험계약은 무효로 하였다(안 655의 2 I).

보험사기는 보험료 인상 및 중대 범죄 유발 요인으로 작용할 뿐만 아니라 선량한 보험가입자에게 피해를 주는 행위임에도 불구하고 현행 상법에는 보험사기에 관한 규정이 없어 보험사기에 효과적으로 대처하지 못하고 있는 현실을 고려하여 신설한 규정이다. 보험계약자 등의 도덕적 해이를 방지함으로써 선량한 다수 보험계약자를 보호할 수 있을 것으로 기대된다. 사기에 의하여 보험계약이 체결된 경우에 보험자는 그 사실을 안 때까지의 보험료를 청구할 수 있다. 다만, 인보험(人保險)에서 보험수익자를 위하여 적립한 금액은 보험계약자에게 지급하여야 한다(안 655의 2 II).

제4 保險約款의 交付·明示義務

(1) 總 說

보험자는 보험계약을 체결할 때에 보험계약자에게 보험약관을 교부하고 그 약관의 중요한 내용을 알려 주어야 한다(638의 3). 이것은 과거에 보험계약자들이 보험약관의 내용을 잘 알지 못하면서 보험자가 일방적으로 작성한 청약서에 의하여 청약을 함으로써 불이익을 입는 일이 많았음에 비추어, 보험계약자로 하여금 계약의 중요한 내용을 미리 알게 하여 그 이익을 보호하기 위한 것이다.

(2) 適用範圍

원칙적으로 모든 보험계약을 체결할 때에 적용된다. 새로이 계약을 체결할 때는 물론, 계약을 갱신하는 경우에도 적용된다고 본다. 다만 갱신의 경우에

는 전의 약관과 같으면 같다는 점을, 달라졌으면 달라진 점을 알려주어야 할 것이다.[1)]

(3) 明示事項

알려주어야 할 사항은 약관의 중요한 내용이다. 「중요한 내용」은 보험의 종류에 따라 일정하지 않지만, 보험료율의 체계, 보험상품의 내용, 보험청약서상 기재 사항의 변동, 보험계약의 해지사유 및 보험자의 면책사유 등이다.[2)]

따라서 중요한 내용이 아닌 것은 설명하지 않아도 이를 이유로 하여 보험계약을 취소할 수 없다. 판례는 보험자의 면책사유는 중요한 내용에 해당하지 않는다고 한 것이 많은데,[3)] 의문이다. 왜냐하면, 보험자의 면책사유는 보험계

1) 갱신의 경우에는 적용되지 않는다는 견해(최기원, 533면)가 있으나 의문이다(Hofmann, S.29).

2) 大判 99. 3. 9, 98 다 43342(상법 제638조의 3 제1항 및 약관의규제에관한법률 제3조의 규정에 의하여 보험자는 보험계약을 체결할 때에 보험계약자에게 보험약관에 기재되어 있는 보험상품의 내용, 보험료율의 체계, 보험청약서상 기재 사항의 변동 및 보험자의 면책사유 등 보험계약의 중요한 내용에 대하여 구체적이고 상세한 명시·설명의무를 지고 있다고 할 것이어서, 만일 보험자가 이러한 보험약관의 명시·설명의무에 위반하여 보험계약을 체결한 때에는 그 약관의 내용을 보험계약의 내용으로 주장할 수 없다. 상법 제638조의 3 제2항에 의하여 보험자가 약관의 명시·설명의무를 위반한 때에는 보험계약자가 보험계약 성립일로부터 1월 내에 행사할 수 있는 취소권은 보험계약자에게 주어진 권리일 뿐 의무가 아님이 그 법문상 명백하고, 상법 제638조의 3 제2항은 약관의규제에관한법률 제3조 제3항과의 관계에서는 그 적용을 배제하는 특별규정이라고 할 수 없으므로, 보험계약자가 보험계약을 취소하지 않았다고 하더라도 보험자의 설명의무 위반의 법률효과가 소멸되어 이로써 보험계약자가 보험자의 설명의무 위반의 법률효과를 주장할 수 없다거나 보험자의 설명의무 위반의 하자가 치유되는 것이 아니다); 99. 5. 11, 98 다 59842(업무용자동차보험계약 체결시 보험자가 유상운송면책 약관에 관한 명시·설명의무를 위반한 경우, 피보험자의 유상운송 중 발생한 사고에 대하여 면책을 주장할 수 없다).

3) 大判 89. 11. 14, 88 다카 29177(보험계약자가 보통보험약관을 계약내용에 포함시킨 보험계약서를 스스로 작성한 이상 그 약관의 내용이 일반적으로 예상되는 방법으로 명시되어 있지 않다든가 또는 중요한 내용이어서 특히 보험업자의 설명을 요하는 것이 아닌 한 보험계약자는 보험업자의 설명을 듣지 아니하여 알지 못한다는 이유로 약관의 구속력에서 벗어날 수 없다. 피해자가 근로기준법에 의한 재해보상을 받을 수 있는 사람인 경우를 대인배상에 관한 보험회사의 면책사유의 하나로 들고 있는 자동차종합보험보통약관의 규정은 노사관계에서 발생한 업무상 재해로 인한 손해에 대하여는 산업재해보상보험에 의하여 전보받도록 하고 제3자에 대한 배상책임을 전보하는 것을 목적으로 한 자동차보험의 대인배상범위에서는 이를 제외한 취지라고 보는 것이 타당하며, 위와 같은 면책조항을 설명하지 아니하였다고 하더라도 이 사건 면책조항의 구속력은 인정된다); 90. 4. 24, 89 다카 24070(보험계약의 당사자인 원고는 피고회사의 자동차종합보험보통약관을 계약내용에 포함시킨 보험계약서를 스스로 작성하고 피고에게 보험료까지 지급하였음이 분명한 바, 위 약관 제10조 제2항 제4호의 면책규정의 내용이 일반적으로 예상되는 방법으로 명시되어 있지 않다든가(예컨대, 아주 작은 활자로 인쇄되어 있거나 눈에 잘 띄지 않는 곳에 기재되어 있는 경우) 또는 보험업자의 설명을 요할 정도의 중요한 것이라고 보기 어려운 이 사건에 있어서(위 면책조항은 자동차종합보험보통약관에 있어서 일반적이고 공통되는 규정이다), 보험계약자인 원고가 위 약관내용을 자세히 살펴보지 아니하거나 보험업자의 설명을 듣지 아니하여 알지 못한다는 이유로 위 약관의 구속력에서 벗어날 수 없다); 94. 10. 25, 93 다 39942(객관적으로 보아 보험계약자가 약관면책조항의

약자나 피보험자에게 있어서는 보험금의 지급을 받지 못하게 되는 사유로서 매우 중요한 이해관계가 있기 때문이다(또한 후술하는 보험자의 고지의무 참조).

다만 보험계약자가 잘 알고 있는 사항(大判 98. 4. 14, 97 다 39308), 거래상 일반적·공통적이어서 충분히 예상할 수 있는 사항(大判 2001. 7. 27, 99 다 55533) 및 법령에 정하여진 사항(大判 2000. 7. 4, 98 다 62909; 94. 10. 25, 93 다 39942) 등에 관하여는 설명을 요하지 않으며, 설명이 현저히 곤란한 경우(約規 3 Ⅲ 但)에는 설명의무가 면제된다.

(4) 交付·說明時期

「보험계약을 체결할 때」, 구체적으로는 청약자가 청약서에 소정의 사항을 기재하고 보험자에게 교부하기 전에 보험자는 보험계약자에게 보험약관을 교부하고 중요한 내용을 설명하여야 한다(同旨: 최기원, 533면).

(5) 義務違反의 效果

① 契約의 取消　보험자가 약관의 교부·명시의무를 위반한 때에는 보험계약자는 보험계약이 성립한 날부터 1월 내에 그 계약을 취소할 수 있다(638의 3 Ⅱ). 개정안은 취소기간을 「보험증권을 받은 날부터 3개월 이내」로 연장하였다. 종래의 취소기간이 너무 짧아 취소권 행사가 어려웠기 때문이다.

② 契約內容의 主張排除　보험계약자가 1월 내에 계약을 취소하지 못한 때에도 보험자는 그 약관의 내용을 보험계약의 내용으로 주장할 수 없다(約規 3 Ⅳ)(大判 99. 3. 9, 98 다 43342; 98. 6. 23, 98 다 14191 등 다수). 1개월 내에 계약을 취소하지 아니하였다고 하여 약관교부·명시의무를 위반한 하자가 치유되는 것은 아니다(大判 99. 3. 9, 98 다 43342). 그 결과 보험계약자나 그 대리인이 약관에 규정된 고지의무를 위반하였다 하더라도 보험자는 이를 이유로 보험계약을 해지할 수 없다(大判 92. 3. 10, 91 다 31883; 96. 3. 8, 95 다 53546 등 다수).[1]

배우자에 사실혼관계의 배우자가 포함됨을 알았더라면 보험회사와 보험계약을 체결하지 아니하였으리라고 인정할 만한 사정도 엿보이지 않는다면 그 사항은 설명의무의 대상이 되는 약관의 중요한 내용에 해당하지 않는다). 이에 반하여 大判 99. 5. 11, 98 다 59842와 99. 3. 9, 98 다 43342 등은 면책약관을 중요한 내용으로 보고, 이를 설명하지 않은 경우 면책약관의 구속력을 배제하고 있다.

1) 위 판례에 대한 비판적 평석으로서 이상훈, 「고지의무에 관한 최근 판례의 동향」, 보험법연구 3(1999), 184 188면 참조. 그는 취소기간이 경과함으로써 약관의 명시·설명의무위반이라는 보험자측의 잘못은 치유되고, 보험계약자측의 고지의무위반이 있다면 보험자는 보험계약을 해지할 수 있다고 해석하는 것이 옳다고 주장한다. 이처럼 하자의 치유를 인정하는 견해가 다수설이다.

제5 告知義務

1. 總 說

(1) 意 義

(가) 고지의무(duty to disclose)란 보험계약자 또는 피보험자가 보험계약의 체결당시에 보험자에게 중요한 사항을 고지(告知)하거나 부실의 고지를 하지 아니할 의무를 말한다(651). 이것은 보험계약의 체결에 즈음하여 보험계약자 등으로 하여금 보험자가 보험사고발생의 가능성을 측정하는데 필요한 중요한 사항에 관하여 진실한 정보를 제공하도록 하여 보험계약자의 역선택(adverse selection)을 막는 동시에 도덕적 해이(moral hazard)를 방지하기 위하여 요구되는 의무로서, 보험계약에 특유한 의무이다. 다만 오늘날에 이르러서는 보험기술의 발전에 따라 보험계약자 측에서 고지사항을 찾아내어 능동적으로 고지하는 것이 아니라, 보험자의 질문에 기계적으로 대답만 하면 되는 수동적인 의무로 변화하고 있다.

(나) 고지의무는 손해보험계약에도 존재하지만, 법률상 다투어진 사례의 대부분은 인보험, 특히 생명보험계약에 관한 것이다.

(다) 고지의무는 보험계약의 성립 전에 지는 의무라는 점에서, 그 성립 후에 지는 각종의 통지의무(652, 657) 등과 다르다.

(2) 法的性質

고지의무의 법적 성질에 관하여는 다툼이 있다. 생각건대 고지의무를 이행하지 않아도 보험자는 그 이행을 강제하거나 손해배상을 청구할 수 없고, 단지 보험계약자에 대하여 보험계약을 해지할 수 있을 뿐이다(651 本). 따라서 고지의무는 보험계약자가 계약해지에 의한 불이익을 면하기 위한 「자기의무」이고, 또 보험계약의 효과로서 부담하는 것이 아니라 보험자에게 보험금을 청구하기 위한 전제요건으로서 지는 「간접의무」이다(通說).

(3) 認定根據

고지의무가 인정되는 근거에 관하여는 여러 학설이 주장되고 있다.

(가) 危險測定說(技術說): 이 견해는 기존의 계약법리에 의하여는 고지의무를 설명할 수 없다는 전제에서, 고지의무는 보험제도의 기술적 구조의 특수성에 기하여

법이 인정한 독자적 제도라고 본다. 즉 보험자가 보험계약의 청약을 승낙할 것인가 말 것인가, 승낙을 한다면 보험료의 액을 얼마로 할 것인가를 판단하기 위하여는 보험사고의 발생률을 측정하여야 하는데, 그 측정에 필요한 자료를 보험자 혼자서 수집하는 것은 어려우므로, 보험계약자 또는 피보험자의 협력을 얻을 필요가 있고, 그리하여 법률이 보험계약자 또는 피보험자에게 이에 관한 중요한 사실을 고지하도록 한 것이 고지의무라고 한다. 이 견해는 보험자가 보험계약자 또는 피보험자의 협력을 얻을 필요가 있다는 점은 설명할 수 있지만, 보험계약자 또는 피보험자가 왜 보험자에게 협력하여야 할 의무를 지는가를 설명할 수 없다는 비판을 받는다.

(나) **契約法理說**: 이 견해는 계약법에 내재하는 일반법리 또는 보험계약의 법적 구조의 특수성에 기하여 고지의무의 근거를 설명하려고 하는데, 여러 분파가 있다.

① **射倖契約說** 사행계약인 보험계약에 있어서는 당사자 상호의 선의가 중요한데, 보험사고의 발생가능성에 영향을 미치는 사실을 알고 있는 보험계약자가 이를 숨기고 그것을 모르는 보험자와 계약을 체결하는 것은 불공정하기 때문에, 신의칙상 이것을 보험자에게 고지하는 것이 요청되고, 이것이 바로 고지의무라고 한다. 이 견해에 대하여는 보험계약자가 보험자에 협력할 의무를 지는 이유를 설명할 수 있으나, 선의성의 의미가 불명하다는 비판이 가하여지고 있다.

② **締約過失說** 사행계약설을 기본적으로 승인하면서, 고지의무는 「계약체결상의 과실」의 법리를 보험계약의 체결시에 구체화한 것이라고 보는 견해이다. 계약체결상의 과실의 법리는 계약의 일방당사자의 태도에 의하여 선의·무과실의 상대방이 손해를 입은 경우에 신뢰이익에 관한 손해배상책임을 지우는 것이다. 이 견해는 보험계약자가 고지의무를 위반한 경우에 보험자가 기경과보험료를 취득하는 것은 설명할 수 있으나, 보험자가 보험계약자에 대하여 손해배상청구권을 가지지 못하고 계약해지권만을 취득하는 것을 설명할 수 없다는 비판을 받는다.

③ **衡平說** 고지의무는 형평의 이념이 보험계약의 내용적 특질을 통하여 특수한 형태로 발현한 것이라고 보는 견해이다. 즉 위험발생의 개연성에 관한 사실을 알지 못하는 보험자에게 반대의 사실을 믿게 하여 위험의 측정을 그릇치는 것은 보험자에게 불공정한 불이익을 가하는 것이고, 이 불공정을 배제하려면 보험자의 손해를 배상하는 것만으로는 부족하므로, 보험자에게 계약해지권을 인정하여 계약을 해지할 것인가 존속시킬 것인가의 선택권을 부여한 것이라고 한다.

(다) **私 見**: 고지의무는 위 학설 중 어느 하나에 의하여 완전히 설명하기 어렵고, 여러가지 근거가 복합적으로 작용하고 있다고 본다(多數說).

2. 當 事 者

(1) 告知義務者

고지의무를 부담하는 자는 보험계약자와 피보험자이다(651本).

① 보험계약자는 정확히 말하면 보험계약자가 될 청약자이다.

② 피보험자는 인보험의 경우에는 보험사고 발생의 객체가 되는 사람을 가리키고, 손해보험의 경우에는 보험계약상 보험금청구권을 가지는 자를 가리킨다. 인보험의 경우에는 피보험자의 건강상태가 중요하므로, 그가 고지의무를 가지는 것은 당연하고, 보험수익자는 고지의무가 없다(通說).

손해보험의 피보험자는 인보험의 보험수익자와 같은 지위에 있고, 또 타인을 위한 손해보험의 경우에는 피보험자는 보험계약의 당사자가 아닐 뿐더러 계약의 체결을 알지 못하는 때에는 고지의무를 이행할 수도 없으므로, 손해보험의 피보험자가 고지의무를 부담하는가에 관하여는 의문이 없지 않다. 그러나 피보험자는 피보험이익의 주체로서 보험사고의 발생에 영향을 미치는 사실을 알 수 있는 입장에 있고, 보증보험의 경우에 보험계약자와 피보험자의 이해가 엇갈리는 때에는 보험자는 피보험자로부터 고지를 받아 보험인수의 여부를 결정할 필요가 있는 등 손해보험의 피보험자도 고지의무를 진다고 본다(通說).

③ 보험계약자가 수인 있는 경우에는 각자가 고지의무를 지지만, 동일한 사항에 관하여는 1인이 고지하면 된다. 대리인에 의하여 보험계약이 체결되는 경우에는 대리인이 고지의무를 지고, 대리인은 본인이 알고 있는 사실뿐만 아니라 대리인 자신이 알고 있는 사실도 고지하여야 하며, 고지의무의 위반여부는 대리인을 기준으로 판단한다(646).

(2) 告知의 相對方

고지의 상대방은 보험자와 보험자를 위하여 고지수령권을 가지는 자이다.

① 일반적으로 보험계약 체결의 대리권을 가지는 자는 고지수령의 대리권도 가지는 것으로 풀이되고, 따라서 체약대리점은 고지수령권을 가진다. 보험의는 체약대리권은 없으나, 고지수령권을 가진다(大判 2001. 1. 5, 2000 다 40353).

② 그러나 체약대리권이 없는 보험중개사는 고지수령권이 없다. 보험설계

사가 고지수령권을 가지는가에 관하여는 다툼이 있으나, 보험계약의 체결을 중개하는 사실행위만을 한다는 이유로 판례와 통설은 이를 부정하고 있다(大判 79. 10. 30, 79 다 1234).[1] 그러나 보험계약의 청약자는 보험설계사의 권유에 따라 보험계약을 청약하고 보험설계사에게 청약서를 전달하는 것이 거래의 실정이므로, 보험설계사에게 고지수령권을 부여하는 것이 입법론상 요망된다.[2]

3. 告知事項

(1) 重要한 事項

① 고지하여야 할 사항은 「중요한 사항」이다(651). 중요한 사항이란 보험자가 사고발생의 위험률을 측정하여 보험의 인수여부와 보험료율을 정하는데 영향을 미치는 사실을 말한다. 합리적인 보험자(reasonable insurer)가 그 사실을 알았더라면 계약을 체결하지 아니하였거나 또는 적어도 동일한 조건으로는 계약을 체결하지 아니하였으리라고 객관적으로 생각되는 사항을 말하며(objective test), 이러한 입장을 「결정적 영향설」이라고 한다. 영국 해상법 제18조 제2항과 대법원 판결도 이 입장을 취하고 있다(大判 97. 9. 5, 95 다 25268).[3]

② 고지하여야 할 사항이 보험계약자 등이 실제로 알고 있는 사항(actual knowledge; facts which he actually knows)에 한정되는가, 마땅히 알았어야 할 사항(constructive knowledge; facts which he ought to know)까지 포함하는가에 관하여는 다툼이 있다. 후자도 고지사항에 포함된다는 견해가 있으나(서돈각·정완용, 375면; 채이식, 462면), 고지의무제도는 의무자에게 사실의 탐지의무를 지우는 것은 아니므로, 의무자

---

1) 통지수령권에 관한 것으로, 大判 98. 11. 27, 98 다 32564(보험계약자가 보험설계사에 불과한 자에게 피보험차량에 크레인을 장착할 예정이라는 사실을 알려주었을 뿐이라면, 일반적으로 보험설계사가 독자적으로 보험자를 대리하여 보험계약을 체결할 권한이 없을 뿐만 아니라 고지 내지 통지의 수령권한도 없는 점에 비추어 볼 때 그로써 피보험차량의 구조변경에 관한 통지의무를 다한 것이라고 할 수 없으므로, 보험계약자가 나아가 보험계약 체결 후에 보험자에게 크레인 장착을 완료한 사실을 통지하지 아니한 이상, 이는 보험계약자가 상법 제652조 소정의 통지의무를 해태한 것이라고 할 것이어서, 보험자가 보험약관상 규정된 보험계약 체결 후 자동차의 구조변경 사실에 관한 보험계약자의 통지의무에 관한 규정을 보험계약자에게 설명하였는지 여부와 상관없이 상법 제652조에 의하여 위 보험계약을 해지할 수 있다).

2) 일본은 1996년 보험업법 개정시에 보험설계사에게 계약체결의 대리 또는 매개를 할 수 있도록 하였다.

3) 결정적 영향설과 비결정적 영향설에 대한 자세한 분석은 박세민, 「중요성 판단의 문제와 해석-고지의무제도를 중심으로」, 상사법연구 15. 2, 245 266면(1997) 참조. 영국의 상급법원판결은 비결정적 영향설을 취하고 있다. Pan Atlantic Insurance Co. v. Pine Top Insurance Co. [1994] 2 Lloyd's Rep. 427.

가 알지 못하는 사실은 알지 못한 데 과실이 있더라도 고지사항이 아니라고 본다(同旨: 최기원, 537면; 大判 96. 12. 23, 96 다 27871). 그리고 보험자가 계약당시에 알고 있는 사항이나 중대한 과실로 알지 못한 사항은 고지할 필요가 없다(651 但; 大判 2000. 1. 5, 2000 다 40353).

③ 고지대상인 중요한 사항이 구체적으로 어떠한 사항인가는 사실문제에 속하고 보험의 종류에 따라 다르다. 이들은 보험의 목적 또는 피보험자의 신체에 직접 존재하는 위험사항(건물의 구조·재질, 건물 내의 인화물질, 피보험자의 연령·기왕증·현재 건강상태 등), 이들을 둘러싼 환경에 존재하는 위험사항(건물주변의 환경, 피보험자의 직업·신분 등) 및 앞의 두 가지 위험사항의 존재를 추측케 하는 위험사항(타사에 의한 청약거절, 피보험자의 과거병력·입원사실 등)으로 나눌 수 있다. 판례에 의하면, 다른 보험자와 보험계약을 체결한 사실, 청약에 대한 거절 또는 계약해지의 사실, 보험사고의 발생사실, 피보험자의 병력·연령·신분·직업, 피보험자의 부모의 생존여부 등이 중요한 사항이라고 한다.[1)]

④ 고지의 대상인 「중요한 사항」(651)과 보험약관의 명시·설명의무의 대상인 약관의 「중요한 내용」(638의 3)은 어떠한 관계에 있을까? 판례에 의하면, 보험자(보험계약의 체결 또는 모집에 종사하는 자 포함)는 보험계약의 체결에 있어서 보험계약자 또는 피보험자에게 보험약관에 기재되어 있는 보험상품의 내용, 보험료율의 체계 및 보험청약서상 기재사항의 변동사항 등 보험계약의 중요한 내용에 대하여 구체적이고 상세한 명시·설명의무를 지고 있고, 따라서 보험자가 이러한 명시·설명의무에 위반하여 보험계약을 체결한 때에는 그 약관의 내용을 보험계약의 내용으로 주장할 수 없으므로, 보험계약자나 그 대리인이 그 약관에 규정된 고지의무(설명 받지 아니한 사항에 관한 고지의무)를 위반하였다 하더라도 이를 이유로 보험계약을 해지할 수는 없다고 한다(大判 92. 3. 10, 91 다 31883; 98. 11. 27, 98 다 32564 등 다수).

⑤ 중요한 사항인가의 여부가 불명한 경우에는 그것이 중요한 사항이라고 주장하는 보험자가 이를 증명하여야 한다(同旨: 손주찬, 522면).

(2) 事故發生과의 因果關係

① 고지사항은 보험사고의 발생과 인과관계가 있어야 한다. 따라서 보험계약자나 피보험자가 고지의무를 위반한 경우에도 그 위반사실이 사고발생에 영향을 미치지 아니하였음이 증명된 때에는 보험자는 보험금지급책임을 면하지 못한다(655 但).

1) 보증보험계약의 중요한 사항은 주계약상의 거래조건, 금액, 기간, 보험계약자의 신용이나 자력 등이다. 大判 2001. 2. 13, 99 다 13737.

② 이 경우에 고지의무에 위반한 사실과 보험사고 발생과의 사이에 인과관계가 부존재한다는 점에 관한 주장·증명책임은 보험계약자 또는 피보험자에 있다(大判 97. 9. 5, 95 다 25268; 69. 2. 18, 68 다 2082).

(3) 質問表

① 보험계약자나 피보험자는 전문가가 아니므로 계약을 맺을 때에 무엇이 중요한 사항으로서 고지의 대상이 되는지 알기 어려우므로, 실제 거래계에서는 보험자가 보험계약청약서에 미리 고지할 사항을 기재한 질문표를 이용하고 있는 것이 보통이다.

② 질문표에 기재한 사항은 중요한 사항으로 추정한다(651의 2). 따라서 질문표에 기재된 사항에 대하여 대답을 하지 아니하거나 허위의 내용을 기재한 때에는 그것이 중요사항이 아님을 증명하지 못하는 한 고지의무의 위반이 된다.[1]

③ 문제는 질문표에 기재하지 아니한 사항은 중요한 사항이 아닌가이다. 즉 질문표에 기재되지 아니한 사항은 고지할 의무가 없는가하는 문제이다. 질문표는 보험의 전문가인 보험자가 작성하는 것으로서, 고지하여야 할 중요한 사항은 전부 망라되어 있다고 생각되므로, 질문표에 기재되지 아니한 사항은 중요한 사항이 아니고 이에 관하여는 원칙적으로 고지의무가 없다고 보아야 할 것이다(大判 96. 12. 23, 96 다 27971). 다만 질문표에 기재되지 아니한 사항이라도 보험계약

1) 大判 97. 3. 14, 96 다 53314(보험계약자가 보험자와 사이에 직전에 기간이 만료된 보험계약을 체결함에 있어 차량의 주운전자가 변경되는 경우 주운전자 변경신청을 할 것을 서면으로 보험자에게 확약한 때에, 같은 내용의 보험계약을 체결함에 있어 그와 관련하여 보험자로부터 주운전자란이 기재된 보험청약서를 제시받았다면 이는 보험자로부터 서면으로 주운전자에 관한 질문을 받은 것으로 볼 수 있다); 93. 4. 13, 92 다 52085(보험청약시 보험회사의 요구에 의하여 보험계약자가 작성하는 질문표에 기재된 질문사항은 다른 특별한 사정이 없는 한 보험계약에 있어서의 중요한 사항에 해당된다고 추정할 수 있을 뿐 아니라 자동차보험계약에서 유상운송에 이용되는 자동차의 보험료는 기본보험률의 120% 내지 130%인 특별요율에 의하여 산정하도록 되어 있으므로, 보험계약자가 보험계약체결 당시 자동차를 유상운송에 계속적으로 이용할 것임을 알면서도 보험청약서의 유상운송 및 공동사용형태난에 "유상운송 및 공동사용하지 않음"이라고 사실과 다르게 기재하였다면 보험자는 고지의무위반을 이유로 보험계약을 해지할 수 있다); 69. 2. 18, 68 다 2082(보험회사의 질문표에 기재된 질문사항은 다른 특별한 사정이 없는 한 그 보험계약에 있어서의 중요한 사항에 해당된다고 추정할 수 있을 뿐 아니라, 생명보험에 있어서는 그 피보험자의 부모가 보험계약 당시에 생존하고 있는가의 여부와 건강한가의 여부, 지병인 경우에 있어서의 병명, 사망하였다면 그 사인과 사망년월일 등은 현대 의학상으로 보아 피보험자의 생명에 관한 위험을 측정하는 데 있어서 필요하고도 중요한 사항에 해당된다 할 것이므로 만일 보험계약자 또는 피보험자가 위와 같은 중요사항에 대하여 고의 또는 중대한 과실로서 고지를 하지 아니하였다거나 허위로 고지하였을 경우에는 보험자는 그 보험계약을 해지할 수 있다).

자가 알고 있고 또 그것이 사고발생에 영향을 줄 수 있다고 인식하고 있는 경우에는 예외적으로 고지의무를 진다고 본다(同旨: 손주찬, 523면). 이 경우에 그 사항이 중요사항이라는 것과 보험계약자가 악의라는 사실은 보험자가 주장·증명하여야 한다(도保 18조는 이를 입법적으로 해결하고 있다).

4. 時期·方法

(1) 告知의 時期

고지는 보험계약의 성립시까지 하여야 한다. 보통 청약시에 청약서의 질문사항에 응답기재하는 방법으로 고지하지만, 고지의무의 위반여부는 계약의 청약시가 아니라 성립시를 기준으로 하여 판단한다. 따라서 보험계약의 청약후 성립시까지 발생·변경된 사항도 고지하여야 한다.[1)]

(2) 告知의 方法

고지의 방법은 법률상 제한이 없다. 따라서 구술로도 가능하지만 보통 질문표에 의하여 서면으로 한다. 고지는 고지의무자 자신 뿐만 아니라 그 대리인 또는 이행보조자에 의하여도 할 수 있다.

5. 違　　反

(1) 違反의 要件

(가) 主觀的 要件: 고지의무자에게 고의 또는 중대한 과실이 있어야 한다(651). ① 고의란 중요한 사항이 존재한다는 것 및 그것이 고지사항에 해당한다는 것의 두 가지를 알고 있는 것을 뜻한다. 보험계약자가 보험자를 기망하여 계약을 체결하려는 사기의 의사가 있을 필요는 없다. ② 중대한 과실은 고지하여야 할 사실의 존재는 알았으나 그것이 중요한 사항이라는 것 및 그것이 고지하여야 할 사항이라는 것을 알지 못한 데 중대한 과실이 있는 때(거래상 요구되는 간단한 주의를 게을리한 경우)를 뜻한다(多數說. 大判 96. 12. 23, 96 다 27971). 중요한 사실의 존재를 중대한 과실로 알지 못한 경우는 포함되지 않는 것으로 본다.[2)] 보험계약자 등에게 새로운 사

1) 영국의 최근 판례는 고지의무가 보험계약의 청약시부터 보험금 지급시까지 전 과정에 걸쳐서 요구되는 것이라고 한다. Black King Shipping Co. v. Massie Litsion Pride, [1985] 1 Lloyd's Rep. 437.

2) 고지자가 알아야 할 사항을 중대한 과실로 알지 못한 경우도 고지의무위반이 된다고 하는 견해가 있다(서돈각·정용완, 375면; 채이식, 462면; 日大判 대정 6. 10. 26, 民錄 23. 1612면).

실을 탐지할 의무는 없기 때문이다. 다만 업무상 당연히 알 수 있는 사항을 알지 못한 경우는 예외적으로 중대한 과실이 있다고 본다(同旨: 양승규, 119면; 정찬형, 510면. 英海保 18 I 참조).

(나) **客觀的 要件:** 고지의무자가 고지대상인 중요한 사항을 고지하지 않거나(不告知, non disclosure, concealment), 부실의 고지를 하는 것이다(不實告知, misrepresentation). ① 불고지는 중요한 사실인 줄 알면서 고지하지 않는 것이다. 질문표에 기재를 하지 아니하면 불고지가 된다. ② 부실고지는 중요한 사항에 관하여 사실과 다르게 고지하는 것, 즉 허위진술을 뜻한다. 질문표의 질문에 사실과 다르게 답하면 부실기재가 된다(大判 92. 10. 23, 92 다 28259).

(다) **證明責任:** 보험계약자 또는 피보험자가 고지의무를 위반하였다는 사실은 이를 주장하는 보험자가 증명하여야 한다.

(2) **違反의 效果**

(가) **保險者의 解止權**

① 고지의무의 위반이 있으면 보험자는 보험사고의 발생 전후를 불문하고 일정한 기간 내에 보험계약을 해지할 수 있다(651). 이것은 고지의무위반의 경우에 계약을 유지할 것인가(해지권의 포기)의 여부를 보험자의 판단에 맡긴 것이다.

② 해지의 의사표시의 상대방은 보험계약자 또는 그 대리인(상속인)이다. 따라서 피보험자나 보험수익자에 대하여 한 해지는 효력이 없다(大判 89. 2. 14, 87 다카 2973).

③ 해지권의 행사는 보험자의 일방적 의사표시에 의하여 하므로, 그 성질은 형성권이다.

④ 해지의 효력은 그 의사표시가 상대방에 도달한 때에 발생한다(民 543 I, 111).

(a) 保險料: 해지의 효력은 장래에 향하여 발생하므로(民 551), 보험자는 이미 받은 보험료를 반환할 필요가 없고(소급효의 배제), 해지시가 속하는 보험료기간의 종료에 이르기까지 아직 받지 아니한 보험료도 보험료불가분의 원칙에 의하여 이를 취득할 수 있다. (b) 保險金: 보험사고가 발생한 후에도 보험자는 보험금액을 지급할 책임이 없고, 이미 보험금액을 지급한 때에는 그 반환을 청구할 수 있다(655. 소급효의 인정). 그러나 고지의무에 위반한 사실이 보험사고의 발생에 영향을 미치지 아니하였음이 증명된 때에는 보험금을 지급할 책임이 있다(655 但). 즉 고지의무위반과 보험사고의 발생 사이에 인과관계가 없는 경우에는 해지의 원칙적 효과에 대한 예외로서 보험자는 보험금액을 지급할 책임이 있다(다만 제655조 단서의 의미에

관하여는 다음 「해지권의 제한」에서 보는 바와 같이 해지권제한규정으로 보는 것이 통설과 판례의 입장이다). (c) 生命保險에서의 未經過保險料: 생명보험의 경우에 보험계약이 해지된 때에는 보험자는 보험금액의 지급책임은 면하지만, 보험수익자를 위하여 적립한 금액(미경과보험료)을 보험계약자에게 지급하여야 한다(736 I).

(나) 解止權의 制限

① 除斥期間의 經過　고지의무위반을 이유로 하는 계약해지권은 보험자가 그 사실을 안 날부터 1월, 계약을 체결한 날부터 3년 내에 한하여 행사할 수 있다(651). 계약의 해지는 보험사고가 발생한 후에도 할 수 있으며, 보험사고가 발생하여 보험금액을 지급한 후에도 할 수 있다(655). 실제로 보험사고 발생 후에 고지의무의 위반이 밝혀지는 수도 있다.

이 기간은 제척기간이며, 이 기간이 경과하면 보험자는 해지권을 행사할 수 없으므로 불가쟁기간(不可爭期間)이라고도 한다. 해지의 의사표시는 이 기간 내에 보험계약자 등에게 도달하여야 한다(民 543 I, 111).

② 保險者의 故意·重過失　보험자가 계약 당시에 고지의무의 대상인 사실을 알았거나 중대한 과실로 알지 못한 때에는 보험계약을 해지할 수 없다(651 但). 보험자의 대리인(보험대리점) 또는 인보험의 보험의 등 고지수령권이 있는 자가 알았거나 중대한 과실로 알지 못한 경우도 같다.[1)]

보험자의 고의·중과실은 이를 주장하는 보험계약자 측이 증명하여야 한다(서울高判 80. 2. 22, 79 나 2937).

③ 約款의 明示·說明義務違反　앞에 말한 바와 같이 판례에 의하면 보험자가 약관의 중요내용에 대한 명시·설명의무에 위반하여 보험계약을 체결한 때에는 그 약관의 내용을 보험계약의 내용으로 주장할 수 없으므로, 보험계약자나 그 대리인이 그 약관에 규정된 고지의무(설명 받지 아니한 사항에 관한 고지의무)를 위반하였다 하더라도 이를 이유로 보험계약을 해지할 수는 없다고 한다(大判 92. 3. 10, 91 다 31883; 98. 11. 27, 98 다 32564 등 다수).

---

1) 생명보험에서 피보험자의 건강진단을 실시하지 않은 것은 보험자의 중과실이 아니고(서울民地判 82. 10. 12, 82 가단 3246), 보험회사가 진사의에게 위임한 진사절차범위에 조직검사 등의 정밀검사가 포함되어 있지 않는 한 계약자가 고지하지 않은 편도암을 발견하지 못한 것은 진사의의 중대한 과실로 볼 수 없다(서울高判 75. 12. 17, 73 나 950). 보험자에 소속된 의사가 보험계약자의 건강진단 중 고혈압이 있다는 것을 알았더라도 그 의사가 보험자의 보조자로서 보험관련부서에 통보하지 않은 경우에는 보험자에게 악의·중과실이 있다고 보기 어렵다(大判 2001. 1. 5, 2000 다 40353).

④ 因果關係의 不存在

(ㄱ) 통설과 판례는 제655조 단서의 의미를 고지의무에 위반한 사실이 보험사고의 발생에 영향을 미치지 아니하였음이 증명된 때에는 보험자는 계약해지권을 행사하지 못한다고 풀이하고 있다(大判 2001. 1. 5, 2000 다 40353; 94. 2. 25, 93 다 52082; 92. 10. 23, 92 다 28259).[1)]

그러나 제655조 단서는 보험자의 해지권을 제한하는 규정이 아니라, 고지의무 등의 위반이 있으면 제651조에 따라 보험자는 보험계약을 해지할 수 있으나, 계약해지의 효과로서 본래 보험자는 보험금액을 지급할 책임이 없고 이미 지급한 보험금액의 반환을 청구할 수 있는 것이 원칙인데, 그에 대한 예외로서 고지의무의 위반과 보험사고의 발생 사이에 인과관계가 없음이 증명된 경우에는 계약을 해지하였더라도 보험자는 보험금액을 지급할 책임이 있다는 뜻이라고 본다.

왜냐하면, ⓐ 고지의무위반으로 인한 보험계약해지를 규정한 제651조는 인과관계의 존재를 요구하지 않고 있으며, ⓑ 제655조는 계약해지의 사유와는 무관하게 해지의 효력인 보험금지급책임에 관하여만 규정한 것으로 풀이되고, ⓒ 보험자가 보험계약 체결 당시에 고지의무위반의 대상이 된 사항에 대하여 진실을 알았더라면 적어도 동일한 조건으로 보험계약을 체결하지는 아니하였을 터이므로 인과관계가 없더라도 보험계약의 해지를 인정하는 것이 타당하다. ⓓ 그리고 만일 제655조 단서가 인과관계가 없는 경우에 해지권을 제한하는 규정이라고 풀이하면, 다음과 같은 불합리가 있다. 즉 자동차보험 등과 같이 보험사고가 발생하여 보험금을 지급하더라도 그것이 계약의 효력에 영향을 미치지 않는 「자동복원 보험계약」에서, 보험자가 이미 발생한 보험사고와 고지의무 위반사실 사이에 인과관계가 없다는 이유로 보험계약을 해지할 수 없다고 하면, 보험자는 보험계약을 해지하고 싶어도 해지할 수 없어서 그 후에 발생하는 사고에 대하여도 계속하여 보험금을 지급하여야 하는 불합리가 발생하므로, 이러한 경우에는 보험자로 하여금 그 사고에 대하여는 인과관계가 없으니 보험금을 지급하되, 고지의무위반을 이유로 불성실한 보험계약자와의 보험계약을 해지하여 그 후에 발생하는 보험사고에 대하여는 책임을 지지

1) 운전자가 한쪽 눈이 실명된 사실을 보험자에게 고지하지 않은 채 그의 일방과실에 의한 추돌사고가 발생한 경우에는 고지의무위반과 사고발생 사이에 인과관계가 없다고 단정할 수 없다(大判 97. 10. 28, 97 다 33089).

않도록 하는 것이 합리적이다. ⓔ 원래 고지의무제도는 보험자로 하여금 사전에 위험에 대한 정확한 평가와 측정을 내리게 하여 불량위험을 배제시키기 위한 것인데, 사후에 보험사고 발생의 원인과 고지의무의 인과관계를 문제삼는 것은 제도의 취지에 반하기 때문이다(김재걸, 「고지의무위반에 의한 계약해지의 효력에 관한 1고찰」,하촌 정동윤 선생 화갑기념, 21세기 상사법의 전개(1999), 569면; 최병규, 「고지의무에 관한 종합적 검토」, 경영법률 9(1999), 314, 316면; 정찬형, 「상법 제651조와 제655조 단서와의 관계」, 고시연구 2000. 4, 73면 이하 등 참조).

개정안은 「…… 계약을 해지하더라도 보험금을 지급할 책임이 있다.」라고 고쳐, 고지의무위반과 사고발생 사이에 인과관계가 없는 경우에도 계약을 해지할 수 있음을 명백히 하였다(안 655 但).

(ㄴ) 고지의무 위반사실이 보험사고의 발생에 영향을 미치지 아니하였다는 점, 즉 고지의무 위반사실과 보험사고 발생과의 사이에 인과관계가 없다고 하는 사실에 관한 증명책임은 보험계약자 측에 있으며, 그 인과관계의 존재를 조금이라도 규지할 수 있는 여지가 있으면 위 단서는 적용되어서는 안된다(大判 97. 9. 5, 95 다 25268; 97. 10. 28, 97 다 33089 등 다수).

(3) 錯誤·詐欺와의 關係

(가) 問題의 所在: 고지의무의 위반이 있는 경우에도 제척기간이 경과하거나 보험자에게 고의·중과실이 있는 때에는(통설에 의하면 고지의무위반과 사고발생 간에 인과관계가 없는 경우에도) 보험자가 해지권을 행사할 수 없다. 이처럼 보험자가 해지권을 행사할 수 없는 경우에도 계약체결에 즈음하여 보험계약자 측에 사기가 있다든가 또는 보험자 측에 착오가 있었던 때에는 보험자는 민법의 규정에 따라 사기 또는 착오를 이유로 하여 계약을 취소할 수 있는가가 문제된다. 나아가서 보험자가 해지권을 가지는 경우에도 그 대신에 사기 또는 착오를 원인으로 하여 계약의 취소를 할 수 있는가도 문제된다.

(나) 學說의 對立: 이 문제에 관하여는 학설이 대립하고 있다.

① 商法單獨適用說 이것은 상법의 고지의무에 관한 규정은 민법의 사기·착오에 관한 규정의 예외규정이며 특칙이므로, 고지의무위반에 관하여는 상법만이 적용되고 사기·착오에 관한 민법의 일반규정은 적용이 배제된다고 풀이하는 입장이다. 이 설에 의하면 해지권을 행사할 수 없게 된 보험자는 사기·착오를 이유로 한 취소도 주장할 수 없게 되어, 보험계약자에게 유리한 해석이다.

② 民商法重複適用說 이것은 고지의무에 관한 상법의 규정은 사기·착오

에 관한 민법의 규정의 적용을 배제하지 않는다고 풀이하는 입장이다. 그 이유는 고지의무에 관한 상법규정과 사기·착오에 관한 민법규정과는 그 근거·요건·효과를 달리하는 별개독립의 제도이고, 특별법과 일반법의 관계에 있지 않다는 데 있다. 이 설에 의하면, 민법 제109조는 법률행위의 내용의 중요부분에 착오가 있는 때에 적용되는 바, 위험측정을 위하여 중요한 사항은 원칙적으로 보험계약의 동기에 불과하므로 본조가 적용되지 않으나, 예외적으로 계약당사자가 중요사항을 보험계약의 중요부분으로 삼은 때에는 그 사실에 관한 고지의무위반은 동시에 법률행위의 내용의 중요부분의 착오가 되어 보험자는 민법에 따른 계약의 취소도 할 수 있다. 그리고 사기가 있는 경우에는 민법 제110조에 의하여 계약을 취소할 수 있게 된다. 보험자는 상법과 민법에 의한 두 개의 구제수단을 가지므로 보험자에게 유리한 해석이다.

③ **折衷說** 이것은 사기와 착오를 구별하여, 사기의 경우에는 보험계약자 측에 반윤리적 요소가 있어서 보호할 가치가 없으므로 상법과 민법의 중복적용을 인정함에 반하여, 착오의 경우에는 보험계약자 측에 비난받을 요소가 없으므로 민법의 적용을 부정하는 견해이다. 이 설은 고지의무에 관한 상법의 규정은 보험계약 체결시 보험자가 위험측정 상 중요한 사실에 관하여 착오에 빠진 경우에 관한 규정으로서 동기의 착오에 관한 특별법이므로, 일반법인 민법의 착오에 관한 규정은 적용이 배제된다고 한다. 그러나 사기는 상대방을 기망하는 의사를 포함하는 점에서 고지의무위반과는 다르고, 서로 일반법과 특별법의 관계에 있지 아니하므로, 민법의 규정이 적용될 수 있으며, 만일 사기에 관한 민법의 규정이 적용되지 않는다고 해석하면 사기를 한 자가 고지의무를 위반함으로써 상법에 의하여 더 두터운 보호를 받게 되어 불합리한 결과로 된다고 한다.

(다) **私見과 判例:** 절충설이 옳다고 보며, 이것이 오늘날의 통설이다. 따라서 고지의무위반이 있는 경우에 보험자는 자기 측에 착오가 있을 때에는 상법의 규정에 따라 계약의 해지를 할 수 있을 뿐이고, 그 효력은 장래에 향하여 발생하지만, 사기가 있을 때에는 상법의 규정에 따라 계약을 해지할 수도 있고, 민법의 규정에 따라 계약을 취소할 수도 있으며, 계약취소의 경우에는 계약체결시에 소급하여 무효로 할 수 있다. 대법원도 「보험계약자의 고지의무위반이 사기에 해당하는 경우에는 보험자는 상법의 규정에 의하여 계약을

해지할 수 있음은 물론, 민법의 일반원칙에 따라 그 보험계약을 취소할 수 있는 것이다」라고 하여, 절충설을 취하고 있다(大判 98. 6. 12, 97 다 53380; 91. 12. 27, 91 다 1165). 개정안은 사기로 인하여 체결된 보험계약은 무효임을 명문으로 규정하고 있고(안 655의 2 I), 도이칠란트 보험계약법도 같다(도保 22). 보험자는 사기의 사실을 안 때까지의 보험료를 청구할 수 있다. 다만, 인보험(人保險)에서 보험수익자를 위하여 적립한 금액은 보험계약자에게 지급하여야 한다(안 655의 2 II).

6. 保險者의 告知義務

(1) 종래에는 고지의무라고 하면 의례 보험계약자 측의 고지의무라고 생각하여 왔고, 상법도 그러한 입장에 서있다(651). 그러나 최근에는 보험계약의 상대방 당사자인 보험자도 고지의무를 부담한다고 풀이하는 견해가 유력하여지고 있다.[1)]

(2) 보험계약은 최대선의의 계약이고, 최대선의의 의무는 계약당사자 쌍방이 동등하게 부담한다(안 638 II). 따라서 보험자는 보험계약자의 지배를 벗어나서 보험자에게만 알려져 있는 중요한 사실에 관하여는 상대방인 보험계약자에게 고지할 의무가 있다고 하겠다.[2)] 예컨대 보험계약자가 특정한 장소로 운송하려는 화물에 대하여 보험을 들면서 「전쟁위험 부담보약관」을 중요내용으로 한 경우에, 계약의 교섭단계에서는 운송의 목적지에서 전쟁이 발발할 것 같지는 않았으나, 그 후 전쟁의 발발가능성이 일촉즉발의 상태로 높아졌고 이 사실을 보험자는 알았으나 보험계약자는 알지 못하여, 보험계약자가 화물을 선적하여 배를 출항시켰던 바, 그 후 전쟁으로 인하여 그 화물이 손실되었다면, 보험자는 보험계약자에게 전쟁발발에 관한 중요한 사실을 고지하지 아니하여 보험계약자에 대하여 지고 있는 최대선의의 의무를 이행하지 않은 것이고, 따라서

1) 박세민, 「보험자의 고지의무에 관한 연구」, 商事法硏究 17. 2(1998), 371면 이하; Birds, "Insuerer's duty of utmost good faith: damages for non disclosure," [1986] Journal of Business Law 439; Banque Keyser Ullman S.A. v. Skandia Insurance Co. [1987] Lloyd's Rep. 69; Banque Financiere de la Cite S.A. v. Westgate Insurance Co. [1989] 2 Lloyd's Rep. 513, [1990] 2 Lloyd's Rep. 377; Matthews, "Uberrima fides in modern insurance law," in New Foundations for Insurance Law (ed. Rose, 1987), 39; Yeo, "Of reciprocity and remedies duty of disclosure in insurance contracts" (1991), 11 Legal Studies 131 등 참조.

2) 최대선의의무의 상호성은 상법개정안 제638조 제2항과 영국해상보험법 제17조에서 명확히 규정하고 있으며, 고지의무에 관한 기념비적인 판례인 Carter v. Boehm[(1776) 3 Burr. 1905]도 이를 인정하고 있다.

전쟁약관에 의한 면책을 주장할 수 없다고 풀이하여야 할 것이다.[1)]

대법원이 약관의 중요한 내용을 보험계약자에게 설명하지 않은 경우에는 그 약관에 정해진 고지의무를 보험계약자가 이행하지 않아도 보험자는 고지의무위반을 주장할 수 없다고 반복하여 판시하고 있는 것도 보험자의 선의성을 바탕으로 하고 있다고 평가된다.

(3) 보험자의 고지의무의 대상인 중요한 사항은 신중하고 사려 깊은 보험계약자가 보험자가 제시한 조건으로 계약을 체결할 것인지의 여부를 결정하는 데 영향을 주는 사항, 즉 위험을 감소시키는 것으로서 보험계약자에게 알려지지 않은 사실[2)]과 보험자의 책임을 감면시키는 사실이라고 하겠다.

(4) 보험자가 고지의무에 위반한 경우에 보험계약자 등이 가지는 구제수단으로서는 ① 상법 제651조를 유추하여 보험계약을 해지할 수 있다고 본다. 그러나 보험계약을 해지하면 보험계약자 측이 보험금지급청구권을 상실하므로, 별로 도움이 되지 않는다. ② 고지하지 아니한 사항을 보험계약의 내용으로 주장할 수 없다고 본다. 앞에 예로 들은 「전쟁위험 부담보약관」의 경우에 보험자는 이 약관을 주장할 수 없으므로, 보험계약자 등은 손실을 보상받을 수 있다. 대법원은 약관의 명시의무에 관련하여 이러한 결론을 시인하고 있음은 전술한 바와 같다. ③ 나아가 보험계약자 등은 보험자에 대하여 손해배상을 청구할 수 있다고 보는 견해가 있다(영국 판례는 손해배상청구를 부정. Birds, pp. 113ff.). 보험계약자의 고지의무의 법적 성질은 간접의무에 불과하지만, 보험자의 고지의무의 법적 성질은 이와 반드시 같은 것은 아니고, 보험자와 보험계약자 사이의 신뢰관계를 침해하기 때문이라고 한다.[3)]

1) 박세민, 전게논문, 373면, 391 392면; Banque Financiere de la Cit S.A. v. West Gate Insurance Co., [1990] 2 Lloyd's Rep. 377, 389; Law Commission Report No.104(1980) Cmnd. para. 4. 48.

2) 박세민, 전게논문, 400면의 존시(Jauncey)판사의 견해 참조.

3) 박세민, 전게논문, 378 383면; 또한 「보험계약의 본질과 신뢰관계에 관한 법적고찰」, 보험학회지 55. 115면 이하(2000. 4) 참조.

제6 保險證券

1. 意 義

보험증권(insurance policy)은 보험계약의 성립과 내용을 증명하기 위하여 보험자가 소정의 사항을 기재하고 기명날인 또는 서명하여 보험계약자에게 교부하는 증권이다(640, 666, 685, 690, 695, 726의 3, 728, 738).

2. 作成·交付義務

(1) 보험자는 보험계약이 성립한 때에는 지체없이 보험증권을 작성하여 보험계약자에게 교부하여야 한다. 보험계약자의 청구가 없어도 보험자는 이를 작성·교부하여야 한다. 그러나 보험계약자가 보험료의 전부 또는 최초의 보험료를 지급하지 아니한 때에는 보험증권의 작성·교부의무가 없다(640 I). 그러나 보험자가 임의로 보험증권을 작성·교부하는 것은 상관이 없다(同旨: 손주찬, 533-534면).

(2) 기존의 보험계약을 연장하거나 변경한 경우에는 보험자는 새로 보험증권을 작성교부할 필요없이 종전의 보험증권에 그 사실을 기재함으로써 보험증권의 교부에 갈음할 수 있다(640 II).

(3) 보험증권을 멸실 또는 현저하게 훼손한 때에는 보험계약자는 보험자에 대하여 증권의 재교부를 청구할 수 있다. 이 경우에 그 증권작성의 비용은 보험계약자의 부담으로 하지만(642), 약관으로 달리 정할 수 있다.

(4) 보험계약의 당사자는 보험증권의 교부가 있은 날로부터 일정한 기간내에 한하여 그 증권내용의 정부(正否)에 대한 이의를 할 수 있음을 정할 수 있다(異議約款). 이 기간은 1월을 내리지 못한다(641). 이의약관이 없는 경우에는 민법의 일반원칙에 따라 이의를 할 수 있으며, 이의약관의 정함이 있는 경우에 이의기간을 경과하면 원칙적으로 보험증권의 기재내용은 확정되지만, 명백한 착오나 오류는 정정할 수 있다고 본다(同旨: 양승규, 133면; 정찬형, 516면).

3. 記載事項

(1) 보험증권의 기재사항은 법정되어 있다. 여기에는 모든 손해보험에 공

통되는 기재사항, 모든 인보험에 공통되는 기재사항과 각종의 보험에 특별한 기재사항이 있다.

(2) 모든 손해보험증권에 공통된 기재사항은 ① 보험의 목적, ② 보험사고의 성질, ③ 보험금액, ④ 보험료와 그 지급방법, ⑤ 보험기간을 정한 때에는 그 시기와 종기, ⑥ 무효와 실권의 사유, ⑦ 보험계약자의 주소와 성명 또는 상호, ⑧ 피보험자의 주소·성명 또는 상호, ⑨ 보험계약의 연월일, ⑩ 보험증권의 작성지와 그 작성연월일 외에 보험자의 기명날인 또는 서명 등이고(666), 그 밖에 각종의 손해보험에 관하여는 특별한 기재사항(685, 690, 695, 726의 3)이 추가되어 있다. ⑧은 개정안에 의하여 새로 포함된 사항이다.

(3) 모든 인보험증권에 공통된 기재사항은 ① 손해보험증권에 공통된 기재사항 외에 ② 보험계약의 종류, ③ 피보험자의 주소·성명 및 생년월일, ④ 보험수익자를 정한 때에는 그 주소·성명 및 생년월일 등이고(728), 그 밖에 상해보험에 관하여 특칙이 있다(738).

(4) 보험증권은 그 기재사항이 법률로 정하여져 있으므로 요식증권이지만, 어음·수표와 같이 엄격한 요식증권은 아니다. 따라서 일부의 기재가 없는 경우에도 그것이 본질적인 것이 아닌 한 보험증권의 효력에 영향을 미치지 않는다.

4. 法的性質

(1) 보험증권은 보험계약의 성립을 증명하기 위하여 보험자가 작성교부하는 것이므로 「증거증권」(證據證券)이고, 보험자가 보험금을 지급함에 있어서 그 증권의 제시자에게 악의 또는 중과실없이 변제를 하면 책임을 면하므로 「면책증권」(免責證券)이며, 그 기재사항이 법정되어 있으므로 「요식증권」(要式證券)이다. 또 증권의 작성에 의하여 비로소 보험계약상의 법률관계가 발생하는 것이 아니고, 이미 발생하여 있는 법률관계를 명확히 하는 증권에 불과하므로 「비설권증권」(非設權證券)이다.

(2) 보험증권이 유가증권인가에 관하여는 다툼이 있다. 이것은 보험증권을 지시식 또는 무기명식으로 발행할 수 있는가 하는 문제와 관련이 있다.

(가) 人保險證券: ① 인보험증권에는 보험수익자의 성명이 포함되어 있으므로(728 ③), 그것은 기명식으로 발행되는 것이 원칙이다. 그리고 보험수익자를 변경할 때에는 보험자에게 통지하여야 하고, 통지가 없으면 보험자에게 대항할 수 없으며(734, 739), 특히 타인의 사망보험에서 계약상의 권리를 피보험자 이외의 자에게 양도할 때에는 그 타인의 서면에 의한 동의를 요하므로(731 II), 배서에 의한 권리의 양도가 가능한 지

시식으로 발행할 수는 없으며, 더욱이 증권의 소지인이 권리자로 되는 무기명식으로 발행할 수도 없다.[1)]

② 통설은 이처럼 인보험증권이 기명식으로 발행되고, 보험의 목적이 성질상 양도될 수 있는 것이 아니고, 보험계약자가 보험수익자를 변경한 때에는 지체 없이 보험자에게 통지하지 아니하면 보험자에게 대항하지 못한다는 이유로 인보험증권의 유가증권성을 부정한다. 그러나 유가증권의 개념을 넓게 풀이하는 경우에는 그 양도성의 유무가 중요한 것이 아니라 어떠한 권리의 행사에 증권의 소지가 필요한가 아닌가에 따라 유가증권성의 유무가 결정되는데, 인보험증권의 경우에는 증권이 없어도 다른 방법으로 보험수익자임을 증명하면 보험금 청구를 할 수 있으므로, 이 점에서 그 유가증권성을 인정할 수 없다고 본다.

(나) 損害保險證券: ① 손해보험증권의 법정기재사항에는 보험계약자의 성명이 있을 뿐 피보험자의 성명이 없다(666). 그리하여 손해보험증권은 기명식으로 발행하는 외에 지시식이나 무기명식으로도 발행할 수 있다고 풀이되고 있고, 실제에 있어서도 적하보험증권 등은 지시식으로 발행되고 있다.

② 손해보험증권이 유가증권인가에 관하여는 (a) 보험금청구권은 그 성질상 보험료의 지급 등 증권 외의 사정에 달려있고, 손해보험의 경우에는 보험증권의 이전만으로 증권상의 권리를 이전할 수 없고 보험의 목적의 양도에 수반하여 이전되므로 (679 I), 보험증권은 지시식 또는 무기명식으로 발행되어도 유가증권이 아니라고 하는 견해(否定說), (b) 지시식 또는 무기명식으로 발행한 보험증권은 보험사고의 발생으로 인하여 생길 보험금청구권을 체화한 것으로서 동 증권의 소지인은 그 청구권을 취득하여 행사할 수 있으므로 이를 유가증권으로 보아야 한다는 견해(肯定說) 및 (c) 경우를 나누어, 운송보험증권·적하보험증권 등 운송증권 또는 창고증권과 함께 유통되는 보험증권이 지시식·무기명식인 경우에 한하여 예외적으로 유가증권성을 인정하고, 그 이외의 경우에는 유가증권성을 부정하는 견해(折衷說) 등이 대립하고 있는데, 절충설이 통설이다.

③ 생각건대 넓은 의미의 유가증권은 재산적 가치가 있는 사권(私權)을 체화한 증권으로서 그 권리의 행사를 위하여 증권의 소지가 필요한 것을 가리킨다. 따라서 보험증권의 유가증권성을 따지려면 그것이 어떠한 권리를 체화하고 있는가와 그 권리를 행사하기 위하여 보험증권을 소지하고 있어야만 되는가의 두 가지를 검토하여야 한다. 우선 첫째 요건에 관하여 보면, 보험증권은 보험료의 지급 등 증권 외의 사정에 달려 있는 조건부 권리인 보험금지급청구권을 체화(體化)하고 있다고 말할 수 있을 것이다. 다음 둘째 요건에 관하여 보면, 기명식 보험증권의 경우(건물화재보험이나 선박보험의

1) 보험계약자는 계약성립 후에도 보험수익자의 지정권을 행사할 수 있다는 점(733)을 논거로 하여 인보험증권을 무기명식으로 발행하는 것이 가능하다는 견해가 있다(손주찬, 534면). 그러나 증권의 교부를 받은 소지인이 당연히 권리자로 되는 것이 아니므로, 무기명증권은 아니다.

보험증권)는 물론 지시식·무기명식의 보험증권(운송보험증권이나 해상적하보험증권)의 경우에도 증권상의 권리를 행사하기 위하여 꼭 보험증권이 필요한 것은 아니다. 따라서 예컨대 보험증권을 보관한 건물이 소실되어 증권을 제출할 수 없는 경우에는 보험증권을 재발행받지 않고도 보험대리점이 보존하는 자료 등에 의하여 그 권리를 증명하여 보험금의 지급을 청구할 수 있다. 또 보험증권의 재발행을 위하여 공시최고에 의한 제권판결을 얻어야 하는 것도 아니다(642와 360을 대비하여 보라). 그렇다면 보험증권은 모두 유가증권이 아니라고 하여야 할 것이다(否定說). 도이칠란트 연방 대법원도 무기명식으로 발행된 해상보험증권을 단순한 면책증권이라고 판시하여 유가증권성을 부정하였다(BGH NJW 62, 1436).

우리 나라의 통설은 보험증권의 양도성·유통성을 인정할 필요가 있는가 하는 관점에서 보험증권의 유가증권성 여부를 논하고 있는데, 이는 좁은 의미의 유가증권개념(사권을 체화한 증권으로서, 증권상의 권리를 이전·양도하려면 증권의 소지가 필요한 것을 유가증권으로 본다)을 전제로 하고 있다고 생각된다. 그러나 좁은 의미의 유가증권 개념을 전제로 하여 따져보아도 보험증권을 유가증권이라고 보기는 어렵다. 우선 기명식 보험증권은 양도성이 없으므로 유가증권이 아니다. 다음 지시식 또는 무기명식으로 발행된 운송보험증권 또는 해상적하보험증권을 보면, 보험의 목적물인 화물의 인도청구권은 화물상환증·선하증권 등 운송증권에 체화되어 있고, 그 운송증권이 전전유통하는 경우에 이와 함께 보험관계의 이전을 위하여 보험증권이 이용되고 있다. 그리고 보험의 목적물을 양도한 때에는 양수인은 보험계약상의 권리와 의무를 승계한 것으로 추정되므로(679 I. 개정안은 승계하는 것으로 처리함), 보험관계의 이전은 실체관계에 의하여 결정된다. 그러므로 화물의 양도와 관계없이, 지시식 또는 무기명식 보험증권만의 이전(양도)에 의하여 보험관계의 이전이 이루어진다고 보는 것은 타당하지 않다. 따라서 지시식 또는 무기명식 보험증권 그 자체만으로는 양도성이 없기 때문에, 그 유가증권성을 인정할 수 없다고 본다.

설사 통설과 같이 지시식 또는 무기명식 보험증권이 선하증권·창고증권 등과 일체가 되어 유통되는 경우에만 유가증권성을 인정한다고 하더라도, 보험증권은 문언증권(文言證券)이나 무인증권(無因證券)이 아니므로 보험자는 보험계약에 기한 항변으로 그 소지인에 대항할 수 있고, 선의취득도 인정되지 않으며(679 참조. 손주찬, 538면), 보험증권상의 권리는 보험사고의 발생이라는 조건에 걸려 있으므로, 유가증권으로서는 매우 불완전한 것에 지나지 않는다. 결국 보험증권의 유가증권성을 인정하더라도 권리이전적 효력과 자격수여적 효력이 인정될 뿐 선의취득과 항변의 절단이 인정되지 않으므로 별 실익이 없다고 하겠다.[1)]

1) 지시식 또는 무기명식 보험증권의 유가증권성을 인정하는 학자 중에는 권리이전적 효력과 자격수여적 효력 외에 선의취득을 인정하는 이가 있다(坂口光男, 보험법, 91면).

5. 假保險證券(cover notes)

(1) 가보험증권은 보험계약의 청약이 보험자에 의하여 승낙되어 보험계약이 정식으로 성립하기 전에 잠정적인 보험혜택을 주기 위하여 이용되는 제도이며, 잠정적 내지 일시적 보험계약을 증명하는 증권이라고 할 수 있다.[1] 보험중개사를 통하여 보험계약의 청약을 할 때에 보험자에 의하여 승낙 여부가 결정될 때까지 시간이 걸리므로 그 동안에 임시적인 보험의 보호(temporary coverage)를 받기 위하여 발행되며, 영미에서 많이 이용되고 있다. 청약자가 보험료의 전부 또는 일부를 지급하여, 보험자가 그 영수증을 카버노트에 첨부하는 경우에는 보관금영수증(deposit receipt)이라고 한다. 우리 나라는 보험중개사가 별로 이용되지 않으므로, 그 예가 없다고 한다. 다만 상법 제638조의 2 제3항은 카버노트의 기능을 일부 수행하는 셈이다.

(2) 카버노트는 잠정적 보험증권이라고 할 수 있는데, 그 성질은 증거증권이다.

1) Colinvaux's Law of Insurance(1990), p.15; Birds, op. cit., p.74f.; Keeton & Widiss, op. cit., pp.52 ff.

제 4 장
保險契約의 效果

제1 總 說

보험계약의 효과로서 계약당사자인 보험자와 보험계약자 사이에 보험계약관계가 성립하고 서로 상대방에 대하여 일정한 권리의무를 취득한다. 한편 계약당사자가 아닌 피보험자와 보험수익자도 일정한 권리의무를 취득한다. 보험계약의 효과는 손해보험과 인보험에 있어서 차이가 있으므로, 여기에서는 양자에 공통된 것만을 설명한다.

제2 保險者의 義務

1. 保險證券交付義務

보험자는 보험계약이 성립한 때에는 지체없이 보험증권을 작성하여 보험계약자에게 교부하여야 한다($\binom{640}{\text{I}}$). 이에 관하여는 이미 전술하였다.

2. 保險金支給義務

(1) 支給義務의 發生

보험자는 보험기간 중에 보험사고가 발생하면 보험금액 기타의 급여를 하여야 한다. 지급할 보험금액 기타의 급여는 손해보험의 경우에는 손해사정절차에 의하여 정하여진 「실손해액」이고(부정액보험), 생명보험의 경우에는 보험계약에서 정한 보험금액이다(정액보험. 그러나 변액보험의 형태가 있다).

보험금지급의무는 다음의 요건을 갖춘 때에 발생한다.

① 약정한 보험사고가 발생하여야 한다. 예컨대 화재보험의 경우에는 보험의 목적물에 화재가 발생하여 손해가 발생하여야 한다.

② 보험기간 중에 보험사고가 발생하여야 한다. 보험기간이 개시되기 전 또는 보험기간이 경과한 뒤에는 보험사고가 발생하여도 원칙적으로 보험자에게 보험금지급의무가 없다. 보험기간은 보험자가 최초의 보험료를 지급받은 때로부터 개시하지만(656), 당사자간의 약정에 의하여 계약 전의 어느 시기를 보험기간의 시기로 할 수 있다(遡及保險. 643).

보험자의 책임은 최초의 보험료를 지급받은 때로부터 개시하므로(656), 보험계약이 성립한 후에 보험사고가 발생하여도 최초의 보험료를 지급받기 전이면 보험자는 보험금지급책임을 지지 않는다. 반대로 보험계약자로부터 보험계약의 청약과 함께 최초의 보험료를 지급받은 후에 보험사고가 발생하면 보험계약이 성립하기 전이라도 보험자는 그 청약을 거절할 사유가 없는 한 보험금지급책임을 진다(638의 2 III 本). 그러나 인보험계약의 피보험자가 신체검사를 받아야 하는 경우에 그 검사를 받지 아니한 때에는 그러하지 아니하다(638의 2 III 但).

(2) 支給의 方法과 時期

(가) 支給의 方法: 보험금의 지급방법은 금전으로 지급하는 것이 원칙이지만, 당사자 사이에 약정이 있으면 현물(예컨대 유리보험) 또는 기타의 급여(예컨대 치료행위)로 할 수 있다(638). 또 보험금액은 일시에 지급하기도 하고 연금 형식으로 분할하여 지급하기도 한다.

(나) 支給의 時期: 보험자는 보험금액의 지급에 관하여 약정기간이 있는 경우에는 그 기간 내에, 약정기간이 없는 경우에는 보험계약자 또는 피보험자로부터 사고발생의 통지(657 I)를 받은 후 지체없이 지급할 보험금액을 정하고, 그 정하여진 날부터 10일 내에 피보험자 또는 보험수익자에게 보험금액을 지급하여야 한다(658). 여기서 보험금액을 정한다고 함은 주로 손해보험의 경우에 손해액을 사정하여 보험금액을 결정하는 것을 말하는데, 금액결정의 기간이 정하여져 있지 않으므로 결정 후 10일 내라는 시한은 무의미하게 될 염려가 있다. 생명보험의 경우에는 면책사유가 없는 한 미리 정하여진 금액을 지급하므로, 지급할 보험금액을 정할 필요는 없다.

개정안은 보험금의 지급시기를 명백히 하였다. 즉 보험자는 ① 보험금의 지급기간에 관하여 약정이 있는 경우에는 그 기간 내에 지급할 보험금을 정하여 피보험자 또는 보험수익자에게 보험금을 지급하여야 하고, ② 보험금의 지급기간에 관하여 약정이 없는 경우에는 보험사고발생의 통지를 받은 후 손해사정 또는 보험사고조사에 필요한 통상의 기간 내에 지체 없이 지급할 보험금을 정하고, 보험금을 정한 날부터 10일 이내에 피보험자 또는 보험수익자에게 보험금을 지급하여야 한다. 다만, 보험계약자 또는 보험금청구권자의 책임이 있는 사유로 손해사정이나 보험사고조사가 방해된 경우에는 손해사정 또는 보험사고조사에 필요한 통상의 기간의 진행은 정지되고 그 방해가 소멸된 때부터 기간이 진행하는 것으로 하였다(안 658).

(3) 免責事由

다음의 경우에는 보험기간 중에 보험사고가 발생하더라도 보험자는 보험금 지급책임을 면한다. 면책사유는 보험계약자에게 중요한 사항이므로 그가 잘 알고 있는 경우가 아니면 보험자는 그에게 이를 설명하여야 한다. 면책사유에는 법정면책사유와 약정면책사유(면책약관)가 있다. 면책사유(exceptions)와 제외사유 내지 부담보위험(exclusions)을 구별하는 견해도 있다(김성태, 265면; Patterson, Essentials of Insurance Law, 2nd ed., p. 232; Keeton & Widiss, p. 287).[1]

(가) 保險事故의 誘發

① 保險者의 免責 보험사고가 보험계약자 또는 피보험자나 보험수익자의 고의 또는 중대한 과실로 인하여 생긴 때에는 보험자는 보험금액을 지급할 책임이 없다(659). 그러나 사망보험과 상해보험의 경우에는 보험계약자 또는 피보험자나 보험수익자의 고의가 아닌 중대한 과실로 인한 경우에도 보험자는 보험금지급책임을 면하지 못한다(732의 2, 739). 보험계약자 측의 고의·중과실로 보험사고가 발생하였다는 사실은 보험자가 주장·증명하여야 한다(日大判 1925. 11. 28, 民集 4. 12, 677면, 保險判例百選 62면).

② 立法趣旨 (a) 이 경우에는 보험사고의 우연성이 결여되어 보험사고로서의 성질을 잃었고, (b) 이 경우에 보험자의 책임을 인정하는 것은 신의칙에 어긋나고, (c) 이를 방치하면 보험사기나 보험의 도박화에 악용되어 공익에 반

1) 이들에 의하면 exclusions는 excluded events를 의미하고, exceptions는 excepted causes를 의미한다.

하기 때문이라고 한다.

③ **故意·重過失의 意義** 고의는 보험사고의 발생을 인식하면서 감히 그 것을 행하는 것이며, 미필적 고의도 포함한다.[1] 예컨대 피보험자의 자살, 보험계약자에 의한 방화 따위이다. 중대한 과실은 현저하게 주의의무를 다하지 아니하여 보험사고가 발생한 것을 말하며, 거의 고의에 가까운 현저히 주의를 결여한 상태를 말한다(大判 91. 7. 12, 91 다 6351). 예컨대 육교 아래서의 무단횡단, 음주운전, 자동차대여업자가 자동차를 대여함에 있어 운전면허증 사본을 제시받고 그 원본이나 주민등록증을 확인하지 아니한 경우(大判 94. 8. 26, 94 다 4073) 등이 이에 해당한다.

④ **第3者에 의한 保險事故의 誘發(代表者責任理論)** 보험자의 면책을 가져오는 사고유발자의 범위에 관하여는 자기책임주의와 대표자책임이론이 대립하고 있다. (a) 「自己責任主義」는 보험계약자 또는 피보험자나 보험수익자(이하 보험계약자 등이라 한다) 이외의 제3자가 보험사고를 유발한 경우에는 보험자의 면책사유가 되지 않는다고 한다. 다만 보험계약자 등이 제3자를 교사하거나 제3자와 공모한 경우에는 보험계약자 등 자신이 사고를 유발한 것이므로 보험자는 면책된다고 한다. 이 견해에 의하면 법인의 기관(예: 이사), 보험계약자 등의 법정대리인이나 가족(大判 2000. 6. 23, 2000 다 9116)·피용자(大判 1998. 4. 28, 97 다 11898) 등이 보험사고를 유발한 경우에도 보험자는 면책되지 않는다. (b) 「代表者責任理論」(Repräsentantenhaftung)은 보험계약자 등이 보험의 목적물에 관한 위험관리자의 지위에서 완전히 물러나고 그 대신 제3자가 사실상 그 지위에 서게 되면, 그 제3자를 보험계약자 등의 대표자로 보아 그 대표자가 사고를 유발한 것은 보험계약자 등이 스스로 사고를 유발한 것과 다름이 없다고 보고, 보험자의 면책을 인정하는 것이다.

우리나라의 학설은 대표자책임이론을 긍정하는 견해(免責說. 최기원, 598면), 부정하는 견해(負責說. 정희철, 395면; 정찬형, 524면), 보험약관에 이에 관한 규정이 있는 경우에만 면책된다고 하는 견해(折衷說. 손주찬, 542-543면) 등으로 나뉜다. 생각건대 상법 제659조의 문리해석상

1) 大判 98. 10. 20, 98 다 34997(피보험자가 운전면허 없이 혈중 알콜농도 0.13%의 주취상태에서 시동열쇠가 꽂혀 있는 채로 골목길에 주차되어 있던 타인의 차량을 훔쳐 무단운행을 하던 중 신호대기로 정차 중이던 차량을 추돌하여 사망한 사안에서, 위 사고가 비록 피보험자가 타인의 차량을 절취하여 무면허, 음주상태로 운전을 하던 중에 발생한 것이라고 하더라도 그 고의는 특별한 사정이 없는 한 차량의 절취와 무면허, 음주운전 자체에 관한 것이고 직접적으로 사망이나 상해에 관한 것으로 볼 것은 아니며, 피보험자가 무면허라고 하여도 그가 차량을 절취한 장소로부터 사고지점까지 약 10㎞를 운전한 점, 술김에 열쇠가 꽂혀있는 차량을 절취하여 운행하게 된 점 등에 비추어 위 사고는 피보험자의 미필적 고의에 의한 사고라기보다 피보험자의 과실로 인하여 발생하였다고 보는 것이 타당하다).

위 이론의 적용을 부정하는 부책설이 타당하다고 본다. 판례도 면책조항의 확대해석을 금지함으로써 부책설을 취하는 것으로 해석된다.[1)]

⑤ 特約의 可能性 보험계약의 당사자가 제659조에 반하는 특약을 하는 경우에 그 특약의 효력이 문제이다. 보험계약자 측의 고의로 인한 사고유발의 경우에도 보험금을 지급하기로 하는 약정은 범죄를 조장하고 제659조의 입법취지에 반하므로 무효이다(다툼없음). 이에 반하여 보험계약자 등의 중과실로 인한 사고발생의 경우에도 보험자가 책임을 지기로 하는 약정은 원칙적으로 유효하다고 본다(通說).

(나) 戰爭 기타의 變亂

① 보험사고가 전쟁 기타의 변란으로 인하여 생긴 때에는 당사자 간에 다른 약정이 없으면 보험자는 보험금을 지급할 책임이 없다(660).

② 이것을 면책사유로 정한 것은 전쟁 등은 위험측정의 기초인 통상의 사고가 아니고, 이 경우에는 통상의 보험료로써는 감당할 수 없는 막대한 손해가 발생하기 때문이다. 그러나 당사자 간의 특약으로 전쟁의 위험을 인수할 수 있는데, 이를 「전쟁위험보험」(war risk insurance)이라고 한다.

③ 여기서 「전쟁」은 선전포고의 유무를 묻지 아니하고 국가 간의 교전상태를 가리키고, 「변란」은 내란·폭동·소요 등 통상의 경찰력으로는 치안을 유지할 수 없는 전쟁에 준하는 비상사태를 가리킨다.[2)]

---

1) 大判 84. 1. 17, 83 다카 1940(장기화재보통보험 약관 제4조 제2항의 면책조항은 피보험자와 밀접한 생활관계를 가진 친족이나 고용인이 피보험자를 위하여 보험사고를 일으킨 때에는 피보험자가 이를 교사 또는 공모하거나 감독상 과실이 큰 경우가 허다하므로 일단 그 보험사고발생에 피보험자의 고의 또는 중과실이 개재된 것으로 추정하여 보험자를 면책하고자 하는 취지에 불과하고, 피보험자가 보험사고 발생에 자신의 고의 또는 중과실이 개재되지 아니하였음을 입증하여 위 추정을 번복한 때에는 위 면책조항의 적용은 당연히 배제될 것이므로 위 면책조항은 상법 제663조의 강행규정(상법 제659조의 규정보다 보험계약자 등에게 불이익한 특약의 금지규정)에 저촉되지 아니한다); 98. 4. 28, 97 다 11898(동산종합보험보통약관 소정의 「보험계약자, 피보험자(법인인 경우에는 그 이사 또는 법인의 업무를 집행하는 그 밖의 기관) 또는 이들의 법정대리인의 고의 또는 중대한 과실로 생긴 손해」라는 면책조항이 적용되기 위하여는 「보험계약자, 피보험자(법인인 경우에는 그 이사 또는 법인의 업무를 집행하는 그 밖의 기관) 또는 이들의 법정대리인」의 고의 또는 중대한 과실로 생긴 손해에 한하여 면책되는 것이지, 위 「보험계약자나 피보험자 또는 이들의 법정대리인에게 단순히 고용된 자」의 고의 또는 중대한 과실로 생긴 손해는 여기에 해당되지 않는 것으로 보아야 한다). 大判 2000. 6. 23, 2000 다 9116도 부책설을 따르고 있다.

2) 大判 91. 11. 26, 91 다 18682(면책사유로 열거된 「소요」는 폭동에는 이르지 아니하나, 한 지방에서의 공공의 평화 내지 평온을 해할 정도로 다수의 군중이 집합하여 폭행, 협박 또는 손괴 등 폭력을 행사하는 상태를 말하며, 프로야구 경기장에서 연고팀이 역전패 당한 것에 불만을 품은 1,000여명의 관중들이 상대팀 선수들을 태우고 떠나려는 버스 앞을 가로막고 빈 병 등을 던지는

(다) 詐欺에 의한 保險金請求

개정안은 사기에 의한 보험금 청구의 경우에는 일정한 요건 하에 보험자가 면책을 받을 수 있게 하였다. 이는 도덕적 해이를 방지함으로써 보험단체를 보호하고 나아가 선의의 다수 보험계약자를 보호하기 위한 조치이다(안 657의 2).

① 보험계약자, 피보험자, 보험수익자 또는 보험금청구권을 가지는 제3자가 보험금을 청구한 경우에 사기의 목적으로 다음 각 호의 어느 하나에 해당하는 행위를 하여 보험금의 지급 여부 또는 그 산정에 중대한 영향을 미친 때에는 보험자는 그 사실을 안 날부터 1개월 이내에 보험금청구권이 상실된다는 뜻을 통지하여 보험금의 지급책임을 면할 수 있다.

(ㄱ) 손해의 통지 또는 보험금 청구에 관한 서면이나 증거를 위조하거나 변조하는 행위

(ㄴ) 손해의 통지 또는 보험금 청구에 관한 서면에 거짓된 사실을 기재하는 행위

(ㄷ) 그 밖에 보험금의 지급 여부 또는 그 산정에 중대한 영향을 미치는 사항을 거짓으로 알리거나 숨기는 행위

② 위의 경우에 보험자가 이미 보험금을 지급한 때에는 그 반환을 청구할 수 있다.

(라) 기타 法定의 免責事由

① 손해보험에서 보험의 목적의 성질·하자 또는 자연소모로 인한 손해(678), ② 육상운송보험에서 송하인 또는 수하인의 고의 또는 중과실로 인한 보험사고(692), ③ 해상보험에서 발항·항해의 지연으로 인한 손해(702), ④ 적하보험에서 선박의 변경 후의 사고(703), ⑤ 해상보험에서 감항능력의무 위반

소동 중 위 버스에 의해 야기된 교통사고에 있어 위 폭력 사태가 그 일어나게 된 경위와 장소 및 사고발생 당시에 있어서의 폭력행사의 정도 등에 비추어 위 소요에 해당하는 것으로는 보기 어렵다); 94. 11. 22, 93 다 55975(화재보험보통약관에 열거된 면책사유 중 소요는 폭동에는 이르지 아니하나 한 지방에서의 공공의 평화 내지 평온을 해할 정도로 다수의 군중이 집합하여 폭행, 협박 또는 손괴 등 폭력을 행사하는 상태를 말하는 것으로 보아야 할 것인바, 대학생들이 단순히 범민족대회 참가를 봉쇄하려는 경찰의 저지선을 뚫기 위하여 화염병을 투척하기에 이르렀고, 그 폭력 행사의 정도도 경찰에 대하여서만 화염병을 투척하였을 뿐이고 인근의 다른 상가나 행인에 대하여는 아무런 폭행이나 협박 또는 손괴 등을 하지 아니하였으며, 그 시위장소 또한 지하철 역에서 대학교 정문에 이르는 도로에 한정되었고, 다른 지역으로는 확산되지 아니하였음이 분명하다면, 그 대학생들의 폭력사태는 발생경위와 장소 및 당시에 있어서의 폭력행사의 정도 등에 비추어 한 지방의 평화 내지 평온을 해할 정도의 소요 기타 유사한 상태에 해당하는 것으로 보기 어렵다).

으로 인한 손해(706 ①), ⑥ 적하보험에서 용선자·송하인·수하인의 고의·중과실로 인한 손해(706 ②) 등에 대하여는 보험자는 책임이 없다.

(마) 約款에 의한 免責事由

보험자는 보험계약에서 법정 면책사유 이외의 면책사유를 정하는 일이 있는데, 이를 면책약관이라 한다. 면책약관은 선량한 풍속 기타 사회질서(民 103) 또는 신의칙(民 2)에 반하지 않고 상법 제663조의 불이익변경금지의 원칙에 반하지 않으며, 고객에게 불리한 것(約規 7)이 아니면 유효하다.[1)]

(바) 免責事由의 個別適用

동일한 사고로 인하여 피해자에 대하여 배상책임을 지는 피보험자가 수인 있는 경우에는 손해배상책임의 발생요건이나 면책사유는 피보험자별로 개별적으로 적용여부를 판단하여야 하므로, 1인의 피보험자에 면책사유가 있더라도 면책사유가 없는 다른 피보험자에 대한 관계에서까지 보험자가 절대적으로 면책되는 것은 아니다(大(全)判 98. 4. 23, 97 다 19403; 大判 97. 7. 11, 95 다 56859; 96. 5. 14, 96다 4305;).

(4) 消滅時效

① 보험금 청구권은 2년간 행사하지 아니하면 소멸시효가 완성한다(662). 이처럼 단기소멸시효를 정한 것은 보험관계의 신속한 완결을 꾀하기 위한 것이다. 개정안은 보험계약자를 보호하기 위하여 소멸시효기간을 3년으로 연장하였다.

② 소멸시효의 기산점에 관하여는 학설이 여러 가지로 갈라지지만, (a) 보험금액의 지급에 관하여 약정기간이 있는 경우에는 그 기간이 종료한 때로부터 기산하고, (b) 약정기간이 없는 경우에는 보험계약자 등이 사고발생을 통지한 때에는 보험자가 지급할 보험금액을 정하고 그로부터 10일이 경과한 날부

1) 大判 80. 11. 25, 80 다 1109(상해보험은 피보험자가 급격한 외부적인 우연의 사고로 인하여 신체에 손상을 입는 것을 보험사고로 하므로 외과적 수술로 인한 상해나 사망의 경우는 보험사고에 해당하지 아니한다. 따라서 상해보험약관에 외과적 수술 기타의 의료처치의 경우는 보험금 지급의 책임을 지지 아니한다는 취지의 특약조항은 상해보험의 성질상 당연한 경우를 규정한 데 지나지 아니하므로 상법 제663조의 불이익변경금지규정을 위반한 것이라 할 수 없다); 大(全)判 95. 11. 16, 94 다 56852[구 상법(1991. 12. 31. 법률 제4470호로 개정되기 전의 것] 제650조는 보험료가 적당한 시기에 지급되지 아니한 때에는 보험자는 상당한 기간을 정하여 보험계약자에게 최고하고 그 기간 내에 지급하지 아니한 때에는 계약을 해지할 수 있도록 규정하고, 같은 법 제663조는 위 규정을 보험당사자 간의 특약으로 보험계약자 또는 보험수익자의 불이익으로 변경하지 못한다고 규정하고 있으므로, 분납 보험료가 소정의 시기에 납입되지 아니하였음을 이유로 그와 같은 절차를 거치지 아니하고 막바로 보험계약이 해지되거나 실효됨을 규정하고 보험자의 보험금 지급 책임을 면하도록 규정한 보험약관은 위 상법의 규정에 위배되어 무효이다). 97. 7. 25, 97 다 18479도 같다.

터 소멸시효가 진행한다고 본다. (c) 보험계약자 등이 보험사고의 발생을 알고도 보험자에게 통지하지 아니한 때에는 보험사고가 발생한 때부터 소멸시효가 진행하지만, 보험사고의 발생을 과실없이 알지 못할 사정이 있는 경우에는 보험계약자 등이 보험사고의 발생을 알았거나 알 수 있었던 때로부터 보험금청구권의 소멸시효가 진행한다고 본다(同旨: 정찬형, 526면). 판례도 같다.[1]

(5) 保險契約의 解止

보험사고가 발생한 뒤에도 보험자가 보험계약을 해지한 경우에는 보험자는 보험금액을 지급할 책임이 없고(650-653), 이미 지급한 보험금액이 있는 때에는 그 반환을 청구할 수 있다(655). 해지의 사유는 뒤에 설명한다.

3. 保險料返還義務

(1) 返還義務의 發生

보험자는 보험계약이 무효 또는 해지된 경우에 보험료 반환의무를 진다.

① 保險契約의 無效　보험계약의 전부 또는 일부가 무효인 경우에 보험계약자와 피보험자(손해보험의 경우) 또는 보험계약자와 보험수익자(생명보험의 경우)가 선의이며 중대한 과실이 없는 때에는 보험자는 보험료의 전부 또는 일부를 반환할 의무가 있다(648). 위험개시 후에 무효임이 밝혀진 경우도 같다. 이것은 악의·중과실이 있는 보험계약자 측을 제재하기 위한 것이다(손주찬, 545면). 보험자가 보험약관의 교부·명시의무를 위반하여 보험계약자가 보험계약을 취소한 때(638의3 II)에도 보험자는 보험료를 반환하여야 한다고 본다(同旨: 양승규, 144면; 정찬형, 527면). 제648조에 반하여 보험자의 보험료반환의무를 면제하는 특약은 제663조에 위반되어 무효라고 본다(同旨: 손주찬, 545면).

② 保險事故 發生前 保險契約의 解止　보험사고가 발생하기 전에는 보험

1) 大判 99. 2. 23, 98 다 60613(보험사고가 발생한 것인지의 여부가 객관적으로 분명하지 아니하여 보험금청구권자가 과실 없이 보험사고의 발생을 알 수 없었던 특별한 사정이 있는 경우에는 그가 보험사고의 발생을 알았거나 알 수 있었을 때로부터 보험금청구권의 소멸시효가 진행하지만, 그러한 사정이 없는 한 보험금청구권의 소멸시효는 원칙적으로 보험사고가 발생한 때로부터 진행한다); 93. 7. 13, 92 다 39822(특별한 사정이 없는 한 원칙적으로 보험금액청구권의 소멸시효는 보험사고가 발생한 때로부터 진행한다고 해석하는 것이 상당하지만, 보험사고가 발생한 것인지의 여부가 객관적으로 분명하지 아니하여 보험금액청구권자가 과실없이 보험사고의 발생을 알 수 없었던 경우에는 보험금액청구권자가 보험사고의 발생을 알았거나 알 수 있었던 때로부터 보험금청구권의 소멸시효가 진행한다고 해석하는 것이 타당하다). 大判 2001. 4. 27, 2000 다 31168도 같은 취지이다.

계약자는 언제든지 계약의 전부 또는 일부를 해지할 수 있으나, 타인을 위한 보험계약의 경우에는 그 타인의 동의를 얻거나 보험증권을 소지하고 있어야만 그 계약을 해지할 수 있다(649 Ⅰ). 이처럼 계약을 해지한 경우에는 당사자 간에 다른 약정이 없으면 보험자는 미경과보험료를 반환하여 줄 의무가 있다(649 Ⅲ). 「미경과보험료」란 보험계약이 해지된 때 해지 이후의 보험료기간에 해당하는 보험료를 말한다.[1] 보험사고가 발생하지 아니하였더라도 보험자는 해지 이전의 기간 동안 위험을 인수하였으므로, 보험료불가분의 원칙에 의하면 전 보험료기간에 해당하는 보험료는 보험자에게 귀속할 것이지만, 보험계약자를 위하여 해지 이후의 기간에 해당하는 보험료를 반환하는 것이다.

그리고 인보험에서 보험계약이 해지된 때에는 보험자는 보험수익자를 위하여 적립한 금액(보험료적립금)을 보험계약자에게 반환하여야 한다(736, 739).

(2) 消滅時效

보험료 또는 적립금의 반환청구권은 2년간 행사하지 아니하면 소멸시효가 완성한다(662). 개정안은 위 기간을 3년으로 연장하였다(안 662).

제3 保險契約者·被保險者 및 保險受益者의 義務

1. 保險料支給義務

(1) 支給義務의 發生

보험계약은 쌍무·유상계약이므로, 보험자가 위험을 인수하는 대가로 보험계약자는 보험자에게 보험료를 지급하여야 한다(638).

(2) 支給義務者

(가) 보험료의 지급의무자는 제1차적으로 보험계약자이다(638, 639 Ⅲ 本, 650 Ⅰ).

(나) 다만 타인을 위한 보험의 경우에 보험계약자가 파산선고를 받거나 보험료의 지급을 지체한 때에는 제2차적으로 그 타인(손해보험의 피보험자 또는 인보험의 보험수익자)도 보험료를 지급할 의무가 있다(639 但). 다만 타인이 그 권리를 포기한 때에는 보험료지급의무가 없다.

---

1) 보험업법 제120조와 동 시행령 제63조에 의하면, 보험자는 결산기마다 장래에 지급할 보험금·환급금 및 계약자배당금의 지급에 충당하기 위하여 책임준비금을 적립하여야 하고, 보험자가 계상하여야 할 책임준비금은 「보험료적립금」과 「미경과보험료」로 나뉜다.

(다) 타인을 위한 보험에서 보험계약자 대신에 그 타인(피보험자 또는 보험수익자)이 보험료를 지급하기로 하는 약정은 보험계약의 본질적 요소인 보험계약자의 보험료지급의무(638)에 반하여 무효라고 본다(同旨: 손주찬, 547면).

(3) 保險料의 額

보험료의 액은 보험계약에서 정하여지는데, 다음의 경우에는 그 증감의 청구가 허용된다. 보험료의 감액청구권과 증액청구권은 모두 형성권이므로, 당사자의 일방적 의사표시만으로 효력이 발생한다.

(가) 保險料의 減額請求: ① 보험계약의 당사자가 「특별한 위험」을 예기하여 보험료의 액을 정한 경우에 보험기간 중 그 예기한 위험이 소멸한 때에는 보험계약자는 그 후의 보험료의 감액을 청구할 수 있다(647). 특별한 위험의 존재를 전제로 보통보다 높은 보험료를 정한 경우에 한한다. ② 보험금액이 보험계약의 목적의 가액(보험가액)을 현저하게 초과한 때 및 보험가액이 보험기간 중에 현저하게 감소된 때 등 「초과보험」(超過保險)의 경우에는 보험계약자는 보험료의 감액을 청구할 수 있다. 이 경우에는 보험자도 보험금액의 감액을 청구할 수 있다. 그러나 보험료의 감액은 장래에 대하여만 그 효력이 있다(669 I, III).

(나) 保險料의 增額請求: ① 보험기간 중에 사고발생의 위험이 현저하게 변경 또는 증가된 사실을 보험계약자 또는 피보험자가 보험자에게 통지한 때(위험의 객관적 변경·증가)에는 보험자는 1월 내에 보험료의 증액을 청구할 수 있다(652 II). ② 보험기간 중에 보험계약자·피보험자 또는 보험수익자의 고의 또는 중과실로 인하여 사고발생의 위험이 현저하게 변경 또는 증가된 때(위험의 주관적 변경·증가)에는 보험자는 이 사실을 안 날부터 1월 내에 보험료의 증액을 청구할 수 있다(653). 여기의 「보험기간 중」은 「보험계약 체결 이후」의 뜻이다(안 653 참조).

(4) 支給時期와 場所

(가) 支給時期: ① 「최초의 보험료」는 계약 체결 후 지체 없이 그 전부 또는 일부를 지급하여야 하며, 보험계약자가 이를 지급하지 아니하는 경우에는 계약해제사유가 된다(650 I). ② 「계속보험료」(제2회 이후의 보험료)는 약정한 시기에 지급하여야 하며, 보험계약자가 이를 게을리한 때에는 계약해지사유가 된다(650 II).

(나) 支給場所: 보험료의 지급장소에 관하여 상법에 특별규정이 없으므

로, 약관의 규정이나 당사자 간의 합의가 없으면, 민법의 일반원칙에 따라 지참채무가 되어, 채권자인 보험자의 영업소가 지급장소가 된다(民 467 II 但). 실제로는 보험계약자가 거래은행을 통하여 지로나 온·라인으로 납부하는 경우(지참채무)가 많고, 보험회사의 수금원이 보험계약자를 방문하여 수금하는 경우(추심채무)도 있다.

(5) 支給의 方法

(가) 어음·手票에 의한 支給: 보험료는 현금으로 지급하는 것이 원칙이지만, 어음·수표로 지급하는 경우도 있다. 보험자의 책임은 「최초의 보험료를 지급받은 때」로부터 개시하는데(656), 보험료를 어음이나 수표로 받은 경우에도 즉시 보험자의 책임이 개시되는가 문제된다. 즉 어음·수표의 교부시로 볼 것인가, 아니면 어음·수표가 결제된 때로 볼 것인가이다. 이에 관하여는 일반법리에 따르는 설, 해제조건부 대물변제설 및 유예설 등이 대립하고 있다.

① 一般法理에 따르는 견해에 의하면, 은행발행의 자기앞수표를 제외하고는 어음이나 수표의 교부는 「지급을 위하여」 또는 「담보를 위하여」 교부된 것으로 추정하여야 하고, 따라서 실제로 어음·수표가 결제된 때에 보험료의 지급이 있는 것으로 본다. 선일자수표의 경우에도 수표가 결제된 때에 보험료의 지급이 있는 것으로 본다. 그러므로 어음·수표를 교부한 후 결제되기 전에 보험사고가 발생한 경우에는 보험자는 원칙적으로 보험금지급책임이 없다고 한다(정찬형, 530면).

② 解除條件附 代物辨濟說에 의하면, 어음·수표가 뒤에 지급거절되는 것을 해제조건으로 하여, 어음·수표를 교부한 때에 보험료의 대물변제가 있는 것으로 본다. 어음이나 수표는 보험료의 현금지급에 갈음하여 교부된 것으로 보므로, 그 결제까지 기다리지 않고 어음·수표를 교부받은 날부터 보험자의 책임이 개시되고, 뒤에 그것이 부도나면 소급하여 보험료지급의 효력이 상실된다고 본다. 따라서 어음·수표를 교부한 후 결제되기 전에 보험사고가 발생하더라도 보험계약자가 어음·수표를 결제하면(결제하지 않는 일은 없을 것이다), 보험자는 보험금을 지급하지 않으면 안된다고 하고, 선일자수표의 경우에도 이를 교부한 날 보험료지급의 효력이 발생한다고 본다(강위두, 법률신문, 1978호 15면; 채이식, 496면).

③ 猶豫說에 의하면, 보험계약자가 교부한 어음·수표를 보험자가 수취한 때에 보험료의 지급을 유예한 것으로 본다. 즉 보험료의 지급을 위하여 어음·

수표를 수취하면, 보험자는 그때부터 보험사고에 대한 책임을 지고, 보험계약자에 대하여 어음·수표채권을 취득하여, 그 결제시까지 이행을 유예하여 주는 것이라고 본다(최기원, 604면; 장경환, 상사법연구, 1987, 50면). 따라서 보험자가 어음·수표를 교부받은 후 그것이 결제되기 전에 보험사고가 발생하면 보험자는 보험금지급책임을 지고, 다만 뒤에 어음·수표가 부도나면(실제로 부도를 내는 일은 상정하기 힘들다) 책임을 면한다고 본다. 선일자수표의 경우에도 이를 교부받은 때에 보험자의 책임이 발생한다고 본다.

생각건대 일반법리에 의하여 해결하는 경우에는 수표를 교부받은 보험자가 언제 수표의 지급제시를 하느냐에 따라 보험자의 책임개시의 시기가 달라지게 되어 부당하다. 다만 일반법리를 따르는 분들도 보험자가 어음을 교부받으면서 그 지급기일 이전에 보험계약자에게 보험기간이 명시된 보험증권을 교부한 때에는 예외적으로 어음의 교부로써 보험료지급에 갈음한다는 묵시적 합의가 있는 것으로 추정할 수 있거나 보험료를 지급받기 전에 보험기간을 개시하기로 특약을 한 것으로 볼 수 있다고 한다. 해제조건부 대물변제설과 유예설은 보험계약자가 어음·수표(선일자수표 포함)로 보험료를 지급하는 경우에 모두 보험자가 어음·수표를 교부받은 때로부터 보험자의 책임이 개시된다고 보고, 따라서 어음·수표가 실제로 결제되기 전에 보험사고가 발생한 경우에도 보험계약자가 뒤에 어음·수표금을 실제로 지급하지 않는 때를 제외하고는 보험자는 보험금을 지급하여야 한다고 보아, 보험계약자를 보호하는 점에서 같다. 그러나 지급이 불확실한 보통의 어음·수표, 특히 선일자수표를 교부받는 것을 현금의 지급에 갈음한다고 보는 것은 무리한 해석이므로, 유예설이 타당하다고 본다.[1] 대법원은 「선일자 수표는 그 발행자와 수취인 사이에 특별한 합의가 없었더라도 일반적으로 수취인이 그 수표상의 발행일 이전에는 자기나 양수인이 지급을 위한 제시를 하지 않을 것이라는 약속이 이루어져 발행된 것이라고 의사 해석함이 합리적이며, 따라서 대부분의 경우 당해 발행일자 이후의 제시기간내의 제시에 따라 결제되는 것이라고 보아야 하므로, 선일자수

---

1) 어음과 수표를 구별하여 어음의 경우에는 일반의 법리에 따라 어음금이 현실로 지급된 때 보험료를 지급한 것으로 보되, 수표의 경우에는 수표의 교부를 받은 때에 보험료의 대물변제가 있는 것으로 보는 견해도 있다(손주찬, 549 550면; 양승규, 148면). 그러나 어음이 신용증권이고 수표가 지급증권이라고 하여, 그 교부의 성질을 달리 취급할 근거는 없다고 본다. 졸고, 「선일자수표에 의한 보험료지급과 승낙전 사고에 대한 보험자의 책임」, 서울지방변호사회 판례연구 5(1992), 299면 이하 참조.

표가 발행 교부된 날에 액면금의 지급효과가 발생된다고 볼 수 없으니, 보험약관상 보험자가 제1회 보험료를 받은 후 보험청약에 대한 승낙이 있기 전에 보험사고가 발생한 때에는 제1회 보험료를 받은 때에 소급하여 그때부터 보험자의 보험금 지급책임이 생긴다고 되어 있는 경우에 있어서 보험설계사가 청약의 의사표시를 한 보험계약자로부터 제1회 보험료로서 선일자수표를 발행받고 보험료 가수증을 해주었더라도 그가 선일자수표를 받은 날을 보험자의 책임발생시점이 되는 제1회 보험료의 수령일로 보아서는 안된다」고 판시하여, 선일자수표의 교부를 보험료의 대물변제나 보험료지급의 유예로 보지 않고 있다(大判 89. 11. 28, 88 다카 33367). 만일 일반수표에 관하여도 동일한 해석을 한다면 이는 일반의 법리에 따른 해석이라고 볼 수 있을 것이다.

(나) 分割支給: 보험료의 지급방법에는 전 보험기간의 보험료를 일시에 지급하는 것(一時支給)과 분할하여 지급하는 것(分割支給)이 있고(650 I, II 참조), 그 어느 것에 의할 것인가는 보험계약에서 정한다. 일시지급이 원칙이다.

(6) 支給의 懈怠

보험계약자가 보험료의 지급의무를 게을리한 때에는 보험자는 민법의 일반원칙에 따라 강제이행을 청구할 수도 있고(民 389 I), 또 손해배상을 청구할 수도 있다(民 389). 그런데 상법은 보험료의 적시이행을 확보하기 위하여 이를 계약의 해제 또는 해지의 사유로 하였다.

(가) 最初의 保險料의 不支給: 보험계약자가 계약체결 후 지체없이 보험료의 전부(일시지급의 경우) 또는 일부(분할지급의 경우)를 지급하지 아니하는 경우에는 다른 약정이 없는 한 계약성립 후 2월이 경과하면 그 계약은 「해제」(解除)된 것으로 본다(650 I, 民 548). 이처럼 최초의 보험료를 지급하지 아니한 경우에는 계약이 자동해제되는 것으로 하였다. 그러나 최초의 보험료를 지급하지 아니하면 보험자의 책임이 개시되지 아니하고(656), 따라서 보험계약자는 보험사고가 발생하더라도 보험금의 지급을 받을 수 없는 처지에 있었으므로, 계약의 자동해제는 그리 큰 의미는 없다.

(나) 繼續保險料의 不支給: ① 제2회 이후의 보험료, 즉 계속보험료(분납보험료)가 약정한 지급기일에 지급되지 아니한 때에는 상당한 기간을 정하여 보험계약자에게 그 지급을 최고하고 그 기간 내에 지급되지 아니한 때에는 그 계약을 「해지」(解止)할 수 있다(650 II, 民 550). 특정한 타인을 위한 보험의 경우에

보험계약자가 보험료의 지급을 지체한 때에는 보험자는 그 타인에게도 상당한 기간을 정하여 보험료의 지급을 최고한 후가 아니면 그 계약을 해제 또는 해지하지 못한다(650 III). 계속보험료 지급의 연체를 이유로 보험계약을 해지한 경우에도 연체 이전에 발생한 보험사고에 대하여 지급한 보험금의 반환을 구할 수 없다(大判 2001. 4. 10, 99 다 67413).

② 제650조 제3항이 타인을 위한 보험의 경우에 보험료지급지체의 효과로서 계약의 「해지」외에 「해제」까지 규정한 것이 무슨 의미인가 의문이다. 제650조 제3항이 계속보험료의 부지급의 경우에 적용되는 점은 이론이 없으나, 최초보험료의 부지급의 경우에도 적용되는지에 관하여는 다툼이 있다. 제650조 제1항은 최초의 보험료의 지급지체의 경우에는 계약의 해제를 규정하고, 제2항은 계속보험료의 지급지체의 경우에는 계약의 해지를 규정하고 있는데, 제3항에서는 계약의 해제 또는 해지 두 가지를 규정하고 있기 때문이다. 그리하여 타인을 위한 보험의 경우에는 최초보험료의 불지급의 경우에도 타인에게 보험료의 지급을 최고한 후가 아니면 계약을 해제하지 못한다고 해석하는 견해가 있다(이기수, 436면). 그러나 그렇게 풀이하면 자기를 위한 보험의 경우와 균형이 맞지 않는다. 최초의 보험료를 지급하지 아니하면 보험자의 책임조차 개시되지 않는데, 그러한 보험자에게 타인을 위한 보험의 경우에는 2월이 지나기를 기다려 다시 타인에게 최고를 하여야만 해제할 수 있다고 풀이하는 것은 보험자에게 지나친 부담을 주는 것이라고 본다. 따라서 제3항은 제1항의 경우에는 적용되지 않는다고 본다(同旨: 채이식, 484면). 제2항의 경우는 일단 보험자의 책임이 개시됨으로써 타인에게도 권리가 발생하였으므로 계약의 해지를 신중히 하여 보험계약자를 보호할 필요가 있지만, 제1항의 경우는 타인에게 아무런 권리가 생기지 아니하였고, 이러한 타인을 특히 보호할 이유는 없기 때문이다. 따라서 제3항의 해제부분은 입법론상 삭제하여야 한다고 생각한다.

③ 여기에서 약정한 시기에 보험료가 지급되지 아니하였다 함은 보험계약자 측의 귀책사유로 지급되지 아니한 경우를 가리키고, 보험자 측의 귀책사유로 지급되지 아니한 경우에는 보험자가 계약을 해지할 수 없음은 당연하다.[1)]

---

1) 大判 91. 7. 9, 91 다 12875(자동차종합보험계약상의 특별약관에 보험계약자가 분할 납입할 보험료를 제때에 납입하지 아니하면 일단 계약이 실효되고 그 후 계약의 부활을 청구하고 미납된 보험료를 납입하면 계약은 유효하게 계속되나 실효 후 미납 보험료 영수일까지 사이에 생긴 사고에 대하여는 보상하지 아니하기로 되어 있는 경우에도, 보험회사가 보험료율을 타사에 비하여 높게 잘

④ 계속보험료의 부지급으로 인하여 계약이 해지된 경우에도 해지환급금이 지급되지 아니한 때에는 보험계약자는 일정한 기간 내에 연체보험료에 약정이자를 붙여 보험자에게 지급하고 그 계약의 부활을 청구할 수 있다(650의 2). 이에 관하여는 뒤에 상술한다.

(다) 失效約款의 效力: 계속보험료의 지급해태와 관련하여 종래의 보험약관 중에는 보험계약자에 대한 최고와 해지통고의 번거로움을 피하기 위하여, 납입기일부터 일정한 유예기간을 두고 그 유예기간 내에 보험료를 지급하지 아니하면 최고와 해지통고의 절차 없이 곧바로 계약이 실효된다고 규정하고 있었는데, 이를 「실효약관」이라 한다.[1] 이 실효약관이 제650조 제2항에 저촉되어 무효인가에 관하여, 과거의 판례와 학설 중에는 보험단체의 이익을 보호하여야 한다는 이유로 이를 유효로 해석한 것도 있으나(大判 87. 6. 23, 86 다카 2995; 92. 11. 27, 92 다 16218 등; 정찬형, 532면), 이것은 제650조 제2항 및 제663조에 비추어 무효라고 생각한다. 위 실효약관은 공정거래위원회에서 무효라고 의결되었고(공정거래위 의결 94. 8. 25, 94 264; 95. 7. 20, 95-135), 이어 대법원 전원합의체 판결에 의하여 무효로 확정되었다. 즉 대법원은 「구 상법(1991. 12. 31. 법률 제4470호로 개정되기 전의 것) 제650조는 보험료가 적당한 시기에 지급되지 아니한 때에는 보험자는 상당한 기간을 정하여 보험계약자에게 최고하고 그 기간 내에 지급하지 아니한 때에는 계약을 해지할 수 있도록 규정하고, 같은 법 제663조는 위 규정을 보험당사자 간의 특약으로 보험계약자 또는 보험수익자의 불이익으로 변경하지 못한다고 규정하고 있으므로, 분납 보험료가 소정의 시기에 납입되지 아니하였음을 이유로 그와 같은 절차를 거치지 아니하고 막바로 보험계약이 해지되거나 실효됨을 규정하고 보험자의 보험금지급 책임을 면하도록 규정한 보험약관은 위 상법의 규정에 위배되어 무효이다」라고 판시하였고(大(全)判 95. 11. 16, 94 다 56852), 그 후에도 이 입장을 견지하고 있다(大判 97. 7. 25, 97 다 18479 등).[2] 보험회사도 위 판결과 의결에 따라 실효약관을 개정하여, 계속보험료의 부지급의 경우에는 최고를 거쳐 해지하고, 최고로 인한 추가비용을 청구하는 것으로 고쳤다.

못 책정함으로써 다툼이 있어 보험계약자가 그 보험료를 납입기일 내에 납입하지 아니하였고 그 후 보험회사의 영업부장이 시정된 보험료를 납입받으면서 그 영수증에 위 보험의 유효기간을 소급하여 기재하여 주었다면 보험회사는 위 계약실효 후에 발생한 사고에 대하여 보험금지급의무가 있다).

1) 장경환, 「보험약관상의 실효조항의 효력」, 여송 최기원 교수 화갑기념 상사판례연구(1996), 85면 이하; 김성태, 「실효약관의 효력부인」, 상게서, 98면 이하 참조.

2) 기업보험에서 실효약관을 무효로 하는 것은 불합리하다는 견해가 있다(김성태, 307면).

(7) 消滅時效

보험료지급채무의 소멸시효기간은 1년이다(662). 시효기간의 기산점은 최초의 보험료는 보험계약이 성립한 날의 다음 날이고, 계속보험료는 약정한 지급기일의 다음 날이다(650 참조). 개정안은 소멸시효기간을 2년으로 연장하였다(안 662).

(8) 支給의 效果

(가) 최초의 보험료의 지급은 당사자간에 다른 약정이 없으면 보험자의 책임을 개시시킨다(656). 따라서 보험계약이 성립되어도 보험료의 지급이 있기까지는 보험자의 책임은 생기지 않는 것이 원칙이다.

(나) 약정한 기일에 계속보험료의 지급은 이미 발생한 보험자의 책임을 존속시키고, 연체된 계속보험료의 지급은 일정한 요건 하에 보험계약의 부활을 가져온다(650의 2).

(9) 支給義務의 不存在

보험계약 당시에 보험사고가 이미 발생하였거나 또는 발생할 수 없는 것인 때에는 그 계약은 무효이므로(644), 보험계약자는 보험료지급의무가 없다. 이 경우에는 보험자가 위험을 인수하지 아니하였기 때문이다.

2. 通知義務

(1) 危險變更·增加의 通知義務

(가) 通知義務의 對象·目的: ① 보험기간 중에 보험계약자 또는 피보험자가 사고발생의 위험이 현저하게 변경 또는 증가된 사실을 안 때에는 지체없이 보험자에게 통지하여야 한다(652 I 1文).

② 「보험기간 중에」라고 규정되어 있지만, 보험계약의 체결 후 보험기간의 개시 전에 위험의 변경·증가가 있는 경우에도 통지를 요한다고 풀이되므로, 「보험계약의 체결 후」라는 의미로 새겨야 한다. 개정안은 「보험계약 체결 이후에」로 고쳤다(안 752 I).

③ 이 통지의무는 보험자로 하여금 위험의 증가사실을 알게 하여 그에 대한 대책을 세울 수 있는 기회를 주기 위한 것이다.

(나) 危險의 變更·增加: ① 여기에서 「위험」은 사고발생의 가능성을 말하고, 「현저하게 변경 또는 증가」되었다 함은 만일 그 변경 또는 증가된 위험이 보험계약 체결 당시에 존재하였다면 보험자가 보험계약을 체결하지 않았

거나 또는 적어도 그 보험료로는 보험을 인수하지 않았을 것이라고 인정되는 정도의 것을 말한다(大判 2000. 7. 4, 98 다 62909; 97. 9. 5, 95 다 25268).[1)]

② 「변경 또는 증가」라고 하였으나, 위험의 증가가 수반되지 않는 변경(즉 위험의 감소)은 보험자에게 불리하지 아니하여 통지의무가 없으므로, 위험의 변경·증가는 위험의 증가를 가리킨다(同旨: 손주찬, 554면; 최기원, 610면).

③ 위험의 변경 또는 증가의 원인은 객관적인 것이어야 한다. 보험계약자·피보험자 또는 보험수익자의 고의·중과실로 인한 위험의 변경 또는 증가의 경우는 별도로 규율하고 있다(653).

(다) **義務의 法的性質**: 이 의무는 법률상의 진정한 의무가 아니라, 보험자에 의한 계약해지 등의 불이익을 피하기 위한 전제로서 지는 「간접의무 또는 자기의무」이다(多數說).

(라) **通知의 時期와 方法**: 보험계약자 또는 피보험자는 위험의 현저한 변경 또는 증가사실을 안 때에는 지체없이 보험자에게 통지하여야 한다. 지체없이란 보험계약자 등의 책임있는 사유로 늦어지지 않는 것을 말한다. 통지는 발송하기만 하면 되는 것으로 본다(657 I 참조. 同旨: 양승규, 158면; 정찬형, 534면). 통지의 방법에는 제한이 없으므로, 서면에 의하든 구술로 하든 상관이 없다. 전자식 통지도 좋다.

(마) **通知의 效果**: 보험계약자 등으로부터 위험의 현저한 변경 또는 증

---

1) (1) 위험의 증가에 해당하는 경우: 大判 92. 7. 10, 92 다 13301, 13318(보험계약자인 회사의 근로자들이 폐업신고에 항의하면서 위 화재보험의 목적인 공장건물을 상당기간 점거하여 외부인의 출입을 차단하고 농성하는 행위는 위 약관 제8조 (a)항에서 말하는 보험목적물 또는 이를 수용하는 건물에 대한 점유의 성질을 변경하거나 또는 그에 영향을 주어 보험료등을 조정할 필요성이 있게 하는 사정에 해당한다고 할 것인데, 피고는 원고에게 위와같은 사실을 서면으로 고지하여 보험증권상의 배서방법에 의한 승인을 받지 아니하였으므로 위 보험계약은 그 효력을 상실하였다); 98. 11. 27, 98 다 32564(자동차보험에 있어서는 피보험자동차의 용도와 차종뿐만 아니라 그 구조에 따라서도 보험의 인수 여부와 보험료률이 달리 정하여지는 것이므로 보험계약 체결 후에 피보험자동차의 구조가 현저히 변경된 경우에는 그러한 사항이 계약 체결 당시에 존재하고 있었다면 보험자가 보험계약을 체결하지 않았거나 적어도 그 보험료로는 보험을 인수하지 않았을 것으로 인정되는 사실에 해당하여 상법 제652조 소정의 통지의무의 대상이 되고, 따라서 보험계약자나 피보험자가 이를 해태할 경우 보험자는 바로 상법 규정에 의하여 자동차보험계약을 해지할 수 있다); 2000. 7. 4, 98 다 62908(화재보험에서 건물의 구조변경).

(2) 위험의 증가에 해당하지 않는 경우: 大判 99. 1. 26, 98 다 48682(피보험자가 서적도매상에서 일당을 받고 서적의 상·하차, 분류 및 배달업무에 종사하면서 다른 차량과 함께 가끔 자신 소유의 피보험자동차를 이용하여 서적을 배달한 일이 있다는 정도의 사실만으로는 차량의 운송 경위나 목적, 빈도 등에 비추어 볼 때, 업무용자동차종합보험계약의 약관에서 보험자의 면책사유로 규정된 '계속적·반복적인 유상운송제공행위'나 통지의무의 대상인 '위험이 현저하게 변경 또는 증가된 경우'에 해당한다고 보기 어렵다).

가의 통지를 받은 보험자는 1월 내에 보험료의 증액을 청구하거나 계약을 해지할 수 있다(652 II). 이것은 사정변경의 원칙을 반영한 것이다.

(바) 通知懈怠의 效果: ① 보험계약자 또는 피보험자가 사고발생의 위험이 현저하게 변경 또는 증가한 사실의 통지를 게을리한 때에는 보험자는 그 사실을 안 날부터 1월 내에 한하여 계약을 해지할 수 있다(652 I 2文). 1월이 지나면 보험자가 증가된 위험을 전과 동일한 조건으로 인수한 것으로 의제된다.

② 보험자가 통지의무위반을 이유로 보험계약을 해지한 때에는 보험자는 보험금액을 지급할 책임이 없고, 이미 지급한 보험금액이 있으면 그 반환을 청구할 수 있다(655). 보험자가 보험계약자 등으로부터 위험증가의 사실을 통지받지 못하여, 보험사고 발생 후에 비로소 위험증가의 사실을 안 때에도 보험자는 안 날부터 1월 내에 보험계약을 해지하고 보험금의 지급책임을 면할 수 있다. 다만 위험의 현저한 변경이나 증가된 사실이 보험사고의 발생에 영향을 미치지 아니하였음이 증명된 때에는 보험자는 보험금액의 지급책임을 지며, 이 경우에 인과관계가 없다는 사실에 대하여는 보험계약자 등이 증명책임을 진다(通說·判例).[1]

(2) 保險事故發生의 通知義務

(가) 通知義務의 對象·目的: ① 보험계약자 또는 피보험자나 보험수익자는 보험사고의 발생을 안 때에는 지체없이 보험자에게 그 통지를 발송하여야 한다(657 I).

② 이것은 보험자로 하여금 사고원인의 조사, 증거의 보전, 손해의 종류·범위의 확정, 손해의 확대방지·경감 등에 필요한 조치를 강구할 수 있게 하기 위한 것이다.

(나) 義務의 法的性質: 이에 관하여는 보험자의 책임을 묻기 위한 전제조건이라는 견해(前提條件說), 고지의무와는 달리 보험자에 대한 진정한 법률

1) 大判 97. 9. 5, 95 다 25268(보험계약을 체결함에 있어서 중요한 사항의 고지의무에 위반한 경우나, 보험기간 중에 사고 발생의 위험이 현저하게 변경 또는 증가된 사실에 관한 통지의무를 위반한 경우, 또는 보험기간 중에 보험계약자·피보험자 또는 보험수익자의 고의 또는 중대한 과실로 인하여 사고 발생의 위험이 현저하게 변경 또는 증가된 경우에는, 고지의무에 위반한 사실 또는 위험의 현저한 변경이나 증가된 사실이 보험사고의 발생에 영향을 미치지 아니하였다는 점이 증명된 때에는 상법 제655조 단서에 의하여 보험자는 위 각 의무위반을 이유로 보험계약을 해지할 수 없으나, 위와 같은 고지의무에 위반한 사실 또는 위험의 현저한 변경이나 증가된 사실과 보험사고 발생과의 사이에 인과관계가 부존재한다는 점에 관한 주장·입증책임은 보험계약자 측에 있다).

상의 의무라는 견해(眞正義務說)(손주찬, 555면) 및 보험자의 책임을 묻기 위한 전제조건인 동시에 보험자에 대한 진정한 의무라는 견해(前提條件·眞正義務說. 多數說) 등이 있다. 생각건대 보험자가 사고발생을 안 경우에는 보험계약자 등은 사고발생의 통지를 하지 않고도 보험금청구를 할 수 있으므로, 이 통지가 보험금청구의 전제라고 보기는 힘들다. 한편 사고발생의 통지가 없기 때문에 발생·증가한 비용 등 손해에 관하여는 보험자는 손해배상을 청구할 수 있고(657 II), 그 지급할 보험금에서 이를 공제할 수 있으므로, 통지의무는 진정한 의무라고 할 수 있다(日本의 通說). 그러나 시각을 바꾸어 보면, 공제를 받지 않는 「완전한 보험금청구권」을 확보하기 위한 전제조건이라고 할 수도 있을 것이다(坂口, 108면).

(다) 通知의 時期와 方法: 보험사고의 발생을 안 때에 지체없이 보험자에게 그 통지를 발송하여야 한다(657 I). 통지의 방법에는 제한이 없으므로, 서면에 의하든 구술로 하든 상관이 없으며, 전화 기타 전자식 통지도 좋다.

(라) 通知의 義務者와 相對方: ① 통지를 하여야 할 자는 보험계약자, 피보험자(손해보험) 또는 보험수익자(인보험)이다. 보험계약자와 피보험자 또는 보험계약자와 보험수익자 중 어느 한 사람이 통지하면 된다.

② 통지의 상대방은 보험자 또는 그 대리인이다.

(마) 通知義務의 不存在: 보험자가 보험사고의 발생을 알고 있는 경우에는 통지할 의무가 없다고 본다(同旨: 손주찬, 556면. 도保 33 참조). 예컨대 비행기추락사고시와 같이 사고의 발생과 피해자의 성명이 신문·방송을 통하여 널리 알려진 경우와 같다.

(바) 通知懈怠의 效果: 보험계약자 또는 피보험자나 보험수익자가 사고발생의 통지의무를 해태함으로 인하여 손해가 증가된 때에는 보험자는 그 증가된 손해를 보상할 책임이 없다(657 II). 즉 보험금액으로부터 위 손해액을 공제하고 나머지를 지급하면 된다. 입법론으로서는 보험계약자 등이 사기적 의도로 통지의무를 위반한 경우에는 보험자의 보험금지급책임을 면제하는 방안이 검토되어야 할 것이다(獨도保 33 II, 일본 손해보험계약법개정시안 658의 3 참조).

3. 危險維持義務

(1) 義務의 對象·目的

① 보험계약자 또는 피보험자나 보험수익자는 보험계약 체결 이후에 고의

또는 중대한 과실로 사고발생의 위험을 현저하게 변경 또는 증가시키지 아니할 의무를 부담한다(653).

② 이것은 보험계약 체결당시의 위험을 전제로 하여 보험을 인수한 보험자를 보호하고, 나아가 보험단체 전체의 이익을 꾀하기 위한 것이다.

(2) 義務의 法的性質

고지의무와 같은 간접의무 또는 자기의무이다.

(3) 義務違反의 效果

보험계약자 등이 위 의무를 위반한 때에는 보험자는 그 사실을 안 날부터 1월 내에 보험료의 증액을 청구하거나 계약을 해지할 수 있다(653). 보험금액을 지급한 뒤에 그 사실을 안 때에도 계약을 해지하고, 이미 지급한 보험금의 반환을 청구할 수 있다(655 本). 그러나 위험의 현저한 변경 또는 증가와 보험사고의 발생 사이에 인과관계가 없음을 보험계약자 등이 증명한 때에는 그러하지 아니하다(655 但). 개정안은 「그러하지 아니하다」를 「계약을 해지하더라도 보험금을 지급할 책임이 있다」라고 분명히 하였다(안 655 但).

제 5 장
保險契約의 無效·取消·變更·消滅·復活

제 1 保險契約의 無效

1. 保險事故의 客觀的確定

(1) 보험계약 당시에 보험사고가 이미 발생하였거나 또는 발생할 수 없는 것인 때에는 그 계약은 무효이다(644). 보험사고가 이미 발생한 경우에는 보험의 대상이 없고, 발생할 수 없는 경우에는 사고발생의 우연성이 없기 때문이다(Carter v. Boehm, 3 Burr. 1905, 97 Eng. Rep. 1162(1766)에서 Mansfield경의 부수적 의견 참조).

(2) 그러나 사고발생의 우연성은 반드시 객관적이어야만 되는 것은 아니고, 주관적이어도 무방하므로, 계약당사자 쌍방과 피보험자가 계약 당시에 이미 사고가 발생한 사실 또는 사고가 발생할 수 없는 사실을 알지 못한 때에는 그 계약은 유효하게 성립한다(644 但). 대리인에 의하여 계약을 체결한 경우에는 대리인이 안 것은 본인이 안 것과 동일하게 취급된다(646).

2. 詐欺로 인한 超過保險·重複保險

보험계약자의 사기로 인한 초과보험(669 IV 本)과 중복보험(672 III)은 무효이다. 그러나 보험자는 사기의 사실을 안 때까지의 보험료를 청구할 수 있다(669 IV 但, 672 III). 개정안은 사기로 인한 보험계약이 무효이고 보험자는 그 사실을 안 때까지의 보험료를 청구할 수 있다고 하는 일반규정을 두었으므로(안 655의 2), 제669조 제4항과 제672조 제3항은 불필요하게 되어 이를 삭제하였다.

3. 心神喪失者 등의 死亡保險

15세 미만자, 심신상실자 또는 심신박약자의 사망을 보험사고로 한 보험계약은 무효이다(732). 개정안은 심신박약자 자신이 보험계약을 체결하는 경우 등에는 예외적으로 유효로 하고 있다(안 732 但).

4. 社會秩序에 반하는 保險

선량한 풍속 기타 사회질서에 반하는 보험은 무효이다(大判 2005. 7. 28, 2005 다 23858).

제2 保險契約의 取消

1. 保險約款의 交付·明示義務의 違反

보험자가 보험약관의 교부·명시의무를 위반한 때에는 보험계약자는 보험계약이 성립한 날부터 1월 내에 그 계약을 취소할 수 있다(638의 3 II). 개정안은 취소기간을 「보험증권을 받은 날부터 3개월 이내」로 연장하였다(안 638의 3 II).

2. 詐欺에 의한 告知義務의 違反

보험계약자 등의 고지의무위반이 사기로 되는 경우에는 보험자는 보험계약을 취소할 수 있다(民 110).

제3 保險契約의 變更

보험계약은 보험사고 발생의 개연율을 기초로 한 계속적 법률관계이므로, 보험계약이 성립된 뒤에 사정이 변경된 때에는 당초의 보험계약에 영향을 미치게 된다.

1. 危險의 變更·增加

(1) 危險의 自然的 變更·增加

보험기간 중에 보험계약자 또는 피보험자가 사고발생의 위험이 현저하게 변경 또는 증가된 사실을 알고 보험자에게 통지한 때에는 보험자는 1월 내에 보험료의 증액을 청구할 수 있다(652 II). 보험료증액 대신에 계약을 해지할 수도 있다(652 II). 「보험기간 중에」는 「보험계약 체결 이후에」라는 뜻이다(안 652 I 참조).

(2) 危險의 人爲的 變更·增加

보험기간 중에 보험계약자·피보험자 또는 보험수익자의 고의 또는 중대한 과실로 인하여 사고발생의 위험이 현저하게 변경 또는 증가된 때에는 보험자는 그 사실을 안 날부터 1월 내에 보험료의 증액을 청구할 수 있다(653). 보험료증액 대신에 계약을 해지할 수도 있다(653). 여기의 「보험기간 중에」는 「보험계약 체결 이후에」라는 뜻이다(안 653 참조).

2. 危險의 減少

위험의 감소는 원칙적으로 보험관계에 영향을 미치지 않지만, 보험계약의 당사자가 특별한 위험을 예기하여 보험료의 액을 정한 경우에 보험기간 중 그 예기한 위험이 소멸한 때에는 보험계약자는 그 후의 보험료의 감액을 청구할 수 있다(647). 특별한 위험은 예컨대 전쟁위험과 같은 것이다.

제4 保險契約의 消滅

1. 당연한 消滅事由

(1) 保險事故의 發生

① 보험사고의 발생에 의하여 보험자는 보험금지급책임을 부담하므로, 보험계약은 원칙적으로 목적의 달성에 의하여 소멸한다.

② 다만 예외적으로 손해보험계약의 경우에 보험사고로 일부손해가 발생하여 보험금액의 일부만을 지급한 때에는 당사자 간의 약정으로 나머지 보험금액의 한도에서 보험기간 동안 보험계약을 유지시킬 수 있고, 책임보험의 경우에는 보험기간 중에 일어나는 사고건수를 제한하지 아니하므로 보험사고로 보험금액이 지급되어도 보험기간 동안 보험계약은 유지된다.

(2) 保險目的의 滅失

물건보험에서 보험의 목적물이 비담보사고의 발생(예컨대 화재보험의 목적인 건물이 홍수로 유실된 경우) 또는 면책사유(예컨대 화재보험에서 지진에 의한 화재)로 인하여 멸실된 경우에는 피보험이익이 소멸하여 보험계약도 당연히 종료한다.

(3) 保險期間의 滿了

보험자는 보험기간 동안만 위험을 부담하므로, 보험사고가 발생하지 않고 보험기간이 만료되는 경우에도 보험계약은 당연히 소멸한다.

(4) 保險契約의 失效·終了

보험자가 파산선고를 받은 때에 보험계약자가 계약을 해지하지 아니하면 파산선고 후 3월이 경과한 때에 보험계약은 실효한다(654 II). 그러나 보험업법은 보험자의 파산을 해산사유로 규정하고 있고(保險 137 I ⑤), 보험계약자의 이익을 위하여 보험계약의 포괄적 이전(保險 140-149) 등의 대책을 마련하고 있다.

2. 契約의 解除·解止

(1) 契約의 解除擬制

보험계약자가 계약체결 후 지체없이 초회보험료를 지급하지 아니하는 경우에는 다른 약정이 없는 한 계약 성립 후 2월이 경과하면 그 계약은 해제된 것으로 본다(650 I).

(2) 契約의 解止

(가) 保險契約者에 의한 解止

① 保險事故 發生전의 任意解止　보험계약자는 「보험사고가 발생하기 전」에는 언제든지 계약의 전부 또는 일부를 해지할 수 있다. 그러나 타인을 위한 보험에서는 그 타인의 동의를 얻거나 보험증권을 소지하고 있어야만 계약을 해지할 수 있다(649 I). 다만 보험사고의 발생으로 보험자가 보험금액을 지급한 때에도 보험금액이 감액되지 않는 보험(예컨대 자동차보험)의 경우에는 보험계약자는 「보험사고가 발생한 후」에도 보험계약을 해지할 수 있다. 이는 새로운 사고가 발생하기 전의 계약해지를 가능하게 한 것이다.

② 保險者의 破産으로 인한 解止　보험자가 파산선고를 받은 때에는 보험계약자는 3월 이내에 계약을 해지할 수 있다(654). 3월이 지나면 보험계약은 당연히 효력을 잃는다.

(나) 保險者에 의한 解止

① 繼續保險料의 不支給으로 인한 解止　보험계약자가 계속보험료를 약정한

기일에 지급하지 아니한 때에는 보험자는 상당한 기간을 정하여 최고하고, 그 기간 내에 지급하지 아니한 때에는 그 계약을 해지할 수 있다(650 II). 다만 타인을 위한 보험의 경우에는 그 타인에게도 상당한 기간을 정하여 보험료의 지급을 최고한 후가 아니면 그 계약을 해지하지 못한다(650 III).

② 告知義務違反으로 인한 解止 　보험계약 당시에 보험계약자 또는 피보험자가 고의 또는 중대한 과실로 인하여 중요한 사항을 고지하지 아니하거나 부실의 고지를 한 때에는 보험자는 그 사실을 안 날부터 1월 내에, 계약을 체결한 날로부터 3년 내에 한하여 계약을 해지할 수 있다(651 本).

③ 危險의 變更·增加로 인한 解止 　보험기간 중에 사고발생의 위험이 현저하게 변경 또는 증가된 사실을 보험계약자 등으로부터 통지를 받은 때에는 보험자는 그 때부터 1월 내에, 통지를 받지 아니한 경우에는 그 사실을 안 날로부터 1월 내에 계약을 해지할 수 있다(652). 또 보험계약자·피보험자 또는 보험수익자의 고의 또는 중대한 과실로 인하여 보험기간 중에 사고발생의 위험이 현저하게 변경 또는 증가된 때에는 보험자는 그 사실을 안 날부터 1월 내에 계약을 해지할 수 있다(653). 개정안은 자연적 및 인위적인 위험변경·증가의 통지의무의 기간을 종래의 「보험기간 중에」서 「보험계약 체결 이후에」로 고쳤다. 이는 계약은 체결되었으나 보험기간이 개시되지 아니하여 보험자의 책임이 발생하지 않고 있는 동안에도 위험의 변경·증가는 보험자에게 통지하여야 하기 때문이다. 종래 이처럼 해석되어 오던 것을 명문화한 것이다(안 652, 653).

④ 約款에 의한 解止 　약관에서 위의 법정해지사유 이외의 해지사유를 정하고 있는 경우에는 그것이 강행법규(663, 約規 9)에 위반되지 않는 한 유효하므로, 보험자는 이에 의하여 계약을 해지할 수 있다.

제5 保險契約의 復活

1. 意義·效用

(1) 보험계약의 부활이란 보험계약자가 계속보험료를 지급하지 아니함으로써 계약이 해지되었음에도 해지환급금이 지급되지 아니한 경우에, 보험계약자

가 일정한 기간 내에 연체보험료에 약정이자를 붙여 지급하는 등 소정의 절차(부활계약의 청약과 승낙)를 밟아 종전의 계약을 되살리는 것을 말한다(650의 2).

(2) 이 제도는 보험계약이 실효된 경우에 보험계약자가 종전과 같은 내용의 새 계약을 체결하려면 여러 가지 사정(예컨대 보험목적물의 감모, 피보험자의 연령의 증가 등)에 의하여 보험료가 증액되거나 또는 새 계약 자체가 불가능하게 되어 불이익을 입는 것을 막기 위한 것이며, 동시에 보험자에게 이익이 되는 수가 있음을 고려하여 1991년에 도입되었다.[1]

2. 法的性質

보험계약의 부활은 당사자 간의 합의에 의하여 해지 또는 실효된 구 계약을 회복시키는 특수한 계약이다(特殊契約說. 通說). 따라서 부활된 계약은 신계약이 아니라 종전의 계약의 계속이고, 보험계약자의 일방적 의사표시로 부활시킬 수 없고, 보험자의 승낙을 요한다.

3. 要　　件

(1) 계속보험료의 부지급으로 인하여 보험계약이 해지되었어야 한다(650의 2, 650 II). 따라서 초회보험료를 지급하지 아니하여 계약이 해제된 것으로 보는 경우(650 I)에는 계약의 부활은 인정되지 않는다.

(2) 해지환급금이 지급되지 아니한 경우이어야 한다(650의 2). 보험계약자가 미리 지급한 보험료 중 미경과보험료가 있거나 해지환급금을 반환하여야 하는 경우에 보험자가 아직 이를 반환하지 않았어야 한다. 보험자가 해지환급금 등을 지급한 때에는 보험계약관계가 완전히 종료되었기 때문이다. 보험자가 반환할 해지환급금이 없는 경우에도 보험계약자가 보험계약의 부활을 청구할 수 있는가가 문제인데, 가능하다고 본다(同旨: 양승규, 166면; 정찬형, 542면). 보험자가 승낙여부를 결정할 수 있으므로 이를 인정하여도 특별한 불합리는 없기 때문이다.

(3) 보험계약자의 부활계약의 청약과 보험자의 승낙이 있어야 한다.

① 보험계약자는 계약이 해지된 후 일정한 기간(생명보험 표준약관에 의하면 2년) 내에 연체보험료에 약정이자를 붙여 보험자에게 지급하면서 부활계약의 청약을 하여야 한다.

---

1) 과거에는 주로 생명보험에서 약관에 의하여 계약의 부활이 인정되어 왔다.

부활계약의 청약시에 보험계약자 등은 구 계약시와 별도의 고지의무를 부담한다(通說). 이것은 보험계약자가 일단 보험계약을 실효시켰다가 피보험자의 건강상태가 악화된 뒤에 부활의 청구를 하는 것을 막기 위한 것이다.

② 보험자는 부활계약의 청약을 받은 때에는 30일 내에 승낙여부의 통지를 발송하여야 하며, 보험자가 위 기간 내에 낙부의 통지를 발송하지 아니한 때에는 승낙한 것으로 본다(650의 2, 638의 2). 인보험계약의 피보험자가 신체검사를 받아야 하는 경우에는 그 기간은 신체검사를 받은 날부터 기산한다. 보험계약자가 위 부활청약의 요건을 갖추지 못한 청약을 한 경우(예컨대 생명보험에서 해지 후 2년이 지난 후의 부활청약)에도 보험자가 이를 승낙하면 부활계약이 성립한다고 본다(同旨: 손주찬, 561면).

4. 效 果

(1) 보험계약의 부활은 종전의 보험계약을 해지 또는 실효되기 전의 상태로 회복시키는 효력이 있다. 따라서 종전의 계약에 무효·해지·실효 등의 사유가 있었던 때에는 부활 후의 계약에도 그러한 사유가 있게 되나, 다만 보험계약의 부활에 의하여 그 원인이 제거된 때(예컨대 종전의 보험계약 체결시에 고지의무의 위반사실이 있었더라도 부활시에 고지의무를 제대로 이행 한 때)에는 이를 문제삼을 수 없다고 본다.

(2) 보험계약의 부활로 인한 보험자의 책임은 부활계약의 승낙시부터 개시한다. 따라서 보험계약의 해지시부터 부활시까지 사이에 발생한 보험사고에 대하여는 보험자는 보험금지급책임을 지지 않는다(大判 87. 6. 23, 86 다카 2995). 그러나 보험자가 보험계약자로부터 부활계약의 청약과 함께 연체보험료와 약정이자를 받은 경우에 그 청약을 승낙하기 전에 보험사고가 생긴 때에는 그 청약을 거절할 사유가 없는 한 보험자는 보험계약상의 책임을 진다(650의 2, 638의 2 Ⅲ).

제 6 장
他人을 위한 保險契約

제1 總 說

1. 意 義

타인을 위한 보험계약(policy for the benefit of third party, policy for whom it may concern)은 보험계약자가 타인의 이익을 위하여 자기의 명의로 체결한 보험계약을 말한다(639). 즉 보험계약자와 보험계약의 수익자가 다른 보험계약이며, 손해보험에서는 타인이 피보험자인 경우를, 인보험에서는 타인이 보험수익자인 경우를 가리킨다. 이에 반하여 보험계약자가 동시에 피보험자(손해보험의 경우) 또는 보험수익자(인보험의 경우)인 보험계약을 자기를 위한 보험계약이라고 한다. 타인을 위한 보험계약에서 타인이 특정되지 않은 경우를 특히 「불특정인을 위한 보험계약」이라고 한다(639 I 本).

2. 效 用

(1) 타인을 위한 보험계약은 해상보험에서 대리인 또는 중개인이 상품소유자의 이익을 위하여 자기의 이름으로 보험계약을 체결하던 관행에서 비롯되었는데, 오늘날에는 피보험자가 명료하지 않을 때 또는 피보험자가 보험계약자의 신용을 이용하고자 할 때에 이용된다. 손해보험에서는 운송인·운송주선인·창고업자·임차인[1) 등 타인의 물건을 보관하는 자가 그 보관물에 관하여 그

1) 大判 97. 5. 30, 95 다 14800(임차인이 임차건물과 그 안의 동산 및 기계 등에 대하여 자신

소유자를 피보험자로 하여 보험계약을 체결하고, 또 격지매매에서 매도인이 매수인을 피보험자로 하여 보험계약을 체결하는 경우(CIF매매)에 이용된다. 인보험에서는 세대주가 그 가족을 보험수익자로 하여 보험계약을 체결하거나 채무자가 채권자를 보험수익자로 하여 보험계약을 체결하는 경우에 이용된다. 보험업법 제4조 제1항 2.라.에서 규정하고 있는 보증보험계약도 채무자가 채권자를 위하여 체결하는 타인을 위한 보험계약의 하나이다.

(2) 타인을 위한 보험계약도 보험계약자에게 유리한 면이 없지 않다. 이 경우 보험계약자는 보험금지급청구권을 제외한 권리를 가지고 있고, 또 운송인이 화주를 위하여 드는 운송보험, 화재보험의 창고특약의 경우에는 실제로 보험계약자가 보험금청구를 하고 있는 실정이며, 보험계약자가 보험증권을 소지하고 있는 경우에는 보험계약상의 권리에 대하여 처분권이 있으므로 보험계약자가 피보험자를 상대로 보수청구권이나 손해배상청구권을 가지는 경우에 그 이행을 간접적으로 강제할 수 있다.

3. 法的性質

(1) 타인을 위한 보험계약의 법적 성질에 관하여는 다툼이 있으나, 우리나라의 통설과 판례는 이를 「제3자를 위한 계약(民 539 I)」의 하나라고 보고 있다. 물론 민법상 제3자를 위한 계약에서는 제3자가 수익의 의사표시를 함으로써 비로소 제3자의 권리가 발생하는 것이 원칙임(民 539 II)에 반하여, 타인을 위한 보험계약에서는 제3자인 피보험자 또는 보험수익자가 수익의 의사표시를 하지 않더라도 당연히 보험계약상의 이익을 받는다는 점(639 II)에서 차이가 있다. 이 점을 이유로 하여 제3자를 위한 계약을 「상법상의 특수한 계약」이라고 보는 견해가 유력하게 주장되고 있다(손주찬, 507면). 그러나 수익의 의사표시가 민법상 제3자를 위한 계약의 본질적인 요소는 아니라고 풀이되고 있으므로, 타인을 위한 보험계약을 제3자를 위한 계약의 「하나」라고 하여도 무방하다고 본다.

(2) 타인을 위한 보험계약에서 제3자의 수익의 의사표시를 요구하지 않는 이유는 그것은 수익자에게 특별한 부담을 과하지 않기 때문이고, 또 수익자가

을 소유자로 기재하여 보험계약을 체결한 경우에는 위의 보험계약 중 건물에 관한 부분은 보험계약자인 임차인이 그 소유자인 건물주를 위한 물건보험(화재보험)을 체결한 것으로 볼 수 있다).

이를 거절하는 경우가 없다고 생각되기 때문이다. 다만 타인을 위한 보험계약에서 타인의 수익의 의사표시를 요하지 않는다고 하여 그의 의사를 완전히 무시하는 것은 아니다(639 Ⅲ 但).

제2 成立要件

1. 他人을 위한다는 意思表示

타인을 위한 보험계약이 유효하게 성립하려면 계약당사자 사이에 타인을 위한다는 뜻의 명시적 또는 묵시적 합의가 있어야 한다. 그러한 합의의 존재가 명확하지 아니한 때에는 보험계약자의 자기를 위한 보험계약으로 추정된다(通說). 타인을 위한다 함은 타인에게 보험상의 이익을 공여하는 것을 말한다.

2. 委任要件의 排除

(1) 타인을 위한 보험계약은 타인의 위임을 받거나 받지 아니하고 체결할 수 있으므로(639 Ⅰ 本), 타인의 위임은 보험계약 성립의 요건은 아니다.

(2) 그러나 손해보험계약의 경우에 그 타인의 위임이 없는 때에는 보험계약자는 이를 보험자에게 고지하여야 한다(639 Ⅰ 但). 이 고지는 보험자의 주의를 환기하여 도박보험의 위험을 방지할 수 있게 하는 동시에, 그 타인이 통지의무(652, 657), 위험유지의무(653) 또는 손해방지의무(680) 등을 이행할 수 있게 하기 위한 것이다. 따라서 그 고지가 없는 때에는 보험계약자는 타인이 그 보험계약이 체결된 사실을 알지 못하였다는 사유로 보험자에게 대항하지 못한다(639 Ⅰ 但). 예컨대 피보험자가 통지의무 등을 이행하지 못하여 보험자가 보험계약을 해지하여도, 보험계약자는 보험자에게 피보험자가 보험계약체결 사실을 알지 못하여 통지를 하지 못하였다고 대항할 수 없다.

(3) 인보험의 경우에는 보험계약자가 보험수익자를 지정·변경한 때에는 이를 보험자에게 통지하여야 하며, 그 통지를 하지 아니하면 이로써 보험자에게 대항하지 못한다(733, 734, 739).

3. 他人의 要件

(1) 타인을 위한 보험계약에서 그 타인(피보험자나 보험수익자)은 계약체결 시에 특정하는 것이 보통이지만, 이를 특정하지 않고 계약을 체결하는 것도 가능하다(639 I). 따라서 보험사고가 발생할 때의 피보험이익의 귀속자를 피보험자로 하는 보험계약도 유효하다(同旨: 손주찬, 508면; 최기원, 618면). 이처럼 피보험자 또는 보험수익자를 특정하지 않고 체결하는 보험계약을 「불특정인을 위한 보험계약」이라고 한다.

(2) 타인을 위한 보험에서 타인은 보험계약의 당사자가 아니므로, 그의 능력 유무, 의사표시의 하자 등은 문제가 되지 않는다. 다만 보험사고의 객관적 확정의 효과(644), 고지의무(651) 등의 경우에는 피보험자의 선의·고의 또는 중과실이 계약의 효력에 영향을 미친다.

제3 效 果

1. 保險契約者의 權利·義務

(1) 保險契約者의 權利

① 타인을 위한 보험계약의 보험계약자는 원칙적으로 보험금액 기타의 급여청구권(638)은 갖지 못하나, 그 밖의 보험계약상의 여러 권리, 즉 보험증권교부청구권(640), 보험료감액청구권(647), 보험료반환청구권(648), 초과보험의 경우의 보험료감액청구권(669 I), 보험적립금반환청구권(736) 등은 모두 가진다.

② 다만 보험사고 발생 전의 보험계약 해지권은 보험계약자가 그 타인의 동의를 얻거나 보험증권을 소지하고 있는 경우에만 행사할 수 있다(649 I 但). 이것은 보험계약자가 임의로 보험계약을 해지하여 피보험자 또는 보험수익자의 권리를 침해하는 것을 막기 위한 것이다.

③ 그리고 타인을 위한 손해보험에서 보험계약자가 그 타인에게 보험사고의 발생으로 생긴 손해를 배상한 때에는 그 타인의 권리를 해하지 않는 범위 안에서 보험자에게 보험금액의 지급을 청구할 수 있다(639 II 但).

④ 타인을 위한 생명보험에서 보험계약자는 보험수익자를 지정·변경할 권

리가 있다(733 I).

(2) 保險契約者의 義務

보험계약자는 보험계약의 당사자로서 여러 가지 계약상의 의무를 부담한다. 즉 보험료지급의무(639 III 本), 고지의무(651), 위험변경·증가의 통지의무(652), 보험사고발생의 통지의무(657), 위험유지의무(653) 및 손해방지의무(680) 등을 진다.

(3) 保險契約者에 의한 保險事故發生

① 타인을 위한 보험계약에서 보험계약자는 원칙적으로 보험금청구권을 가지지 못한다(전술). 그런데 상법 제639조 제2항 단서는 보험계약자가 그 타인에게 보험사고의 발생으로 생긴 손해의 배상을 한 때(예컨대 물건운송인이 운송물의 소유자인 타인을 위하여 운송물에 대하여 운송보험에 가입하였는데 운송물이 운송인의 과실로 멸실되어 운송인이 운송물소유자에게 위 운송물멸실로 인한 손해를 배상한 때)에는 보험계약자(물건운송인)는 예외적으로 그 타인(운송물소유자)의 권리를 해하지 않는 범위 안에서 보험자에게 보험금액의 지급을 청구할 수 있다고 규정하고 있다(639 II 但).

② 한편 이 경우에 운송물의 멸실로 인한 손해는 타인을 위한 보험에서 제3자인 보험계약자(물건운송인)의 행위로 인하여 생겼으므로, 보험자가 피보험자(운송물소유자)에게 보험금을 지급하였다면 보험자는 피보험자의 제3자(물건운송인)에 대한 손해배상청구권(商 135)을 대위행사할 수 있다(682本, 안 682 I).

③ 여기에서 보험계약자의 보험자에 대한 보험금청구권(639 II 但)과 보험자의 보험계약자에 대한 손해배상청구권이 충돌하는 것은 아닌가 하는 문제가 제기된다. 이에 관하여 일부 학자들은 상법 제639조 제2항 단서가 민법상의 배상자대위(民 399)의 법리를 도입한 것으로 전제하고, 보험금청구권은 보험료지급의 대가로 체결된 별도의 유상계약에 근거한 것인데, 이를 배상한 물건이나 권리의 멸실·훼손으로 생긴 변형물로 보아 배상자대위의 법리를 끌어들인 것은 무리이므로 위 규정은 잘못된 것이며, 위 예에서 가해자인 보험계약자(운송인)가 피해자인 타인(운송물소유자)에게 손해배상을 하는 것은 그 당연한 의무(商 135 참조)의 이행인데, 그로 말미암아 새로이 보험자에게 보험금을 청구할 권리가 생겨난다고 보는 것은 이상하다고 한다(송상현, 「보험금지급의무와 불법행위손해배상의무와의 관계」, 정희철 교수 정년기념 상법논총, 280-282면; 김성태, 353-354면). 그리고 보험계약자가 보험자에 대하여 보험금을 청구할 수 있는 것은 보험계약자(제3자)가 피보험자에 대하여 무과실배상책임을 지는 때에 한한다고 풀이한다(김성태, 354-355면; 최기원, 보험법, 신정판, 128-129면).[1] 대법원도 대한통운(보험계약자, 물건운송인)이 한국전력의 변압기를 운송함에

1) 보험계약자가 고의·중과실로 피보험자에게 손해를 가한 경우에는 보험자가 면책되므로 보험

있어서 한국전력(피보험자, 운송물소유주)을 위하여 현대해상화재보험(보험자)과 사이에 운송보험계약을 체결하고 보험료를 지급한 후 운송도중에 위 변압기의 파손으로 한국전력에 손해를 입혀 현대해상화재보험이 한국전력에 보험금을 지급하고 대한통운에 대하여 대위권을 행사한 사건에서, 「법이 제3자에 대한 보험자대위 규정(상법 제682조)을 둔 이유는 피보험자가 보험자로부터 보험금액을 지급받은 후에도 제3자에 대한 청구권을 보유·행사하게 하는 것은 피보험자에게 손해의 전보를 넘어서 오히려 이득을 주게 되는 결과가 되어 손해보험제도의 원칙에 반하게 되고 또 배상을 하여야 할 의무자인 제3자가 피보험자의 보험금 수령으로 인하여 그 책임을 면하게 하는 것도 불합리하므로 이를 제거하여 보험자에게 그 이익을 귀속시키려는데 있다고 보아야 하며, 이와 같은 보험자 대위의 규정은 타인을 위한 손해보험계약에도 그 적용이 있다. 그러므로 보험계약자는 보험자와의 사이에서는 계약당사자이고 약정된 보험료를 지급할 의무자이지만, 위와 같은 보험자대위 규정의 취지와 그가 피보험이익의 주체가 아니라는 그 지위의 성격에 비추어 보면, 보험자 대위에 있어서 보험계약자와 보험계약자 아닌 제3자를 구별하여 취급하여야 할 법률상의 이유는 없는 것이며, 따라서 타인을 위한 손해보험계약자가 당연히 제3자의 범주에서 제외되는 것은 아니다」라고 판시하여, 이 경우에 상법 제639조 제2항의 적용을 배제하는 해석을 하였고(大判 90. 2. 9, 89 다카 21965), 그 뒤에도 이 입장을 고수하고 있다(大判 2000. 11. 10, 2000 다 29769).

④ 그러나 위와 같은 해석은 의문이다. 운송인이 운송물소유자를 위하여 운송보험에 가입하는 경우 또는 임차인이 건물주를 위하여 임차건물에 대하여 화재보험에 가입하는 경우 등 타인을 위하여 보험계약을 체결하는 보험계약자는 그 타인에게 손해가 발생한 경우 자기의 배상책임을 면하려는 생각으로 보험에 가입하고 보험료를 지급하는 것인데, 위 견해는 이러한 보험계약자의 입장을 전혀 고려하지 않는 문제점이 있다(同旨: 양승규, 181면). 왜냐하면 위 견해와 같이 해석하면 위 설례에서 보험계약을 체결하고 보험료를 납부한 운송인이나 임차인은 보험에 가입하지 아니한 경우와 아무런 차이가 없게 되는 반면, 보험자

계약자의 보험자에 대한 청구는 논의될 여지가 없고, 보험계약자가 경과실로 피보험자에게 손해를 가한 경우에도 보험계약자가 피보험자에게 손해를 배상하면 피보험자의 손해가 없어 보험자의 보험금지급책임이 없으므로 보험계약자가 보험자에게 보험금청구를 할 수 없다고 한다. 김성태, 354-355면.

로서는 가해자인 보험계약자로부터 자기가 피보험자에게 지급한 보험금에 해당하는 돈을 구상하여 아무런 출연을 함이 없이 보험계약자로부터 보험료만 챙겨 이득을 보는 불합리가 있기 때문이다. 그리고 위 견해는 상법 제639조 제2항 단서를 무의미하게 만들어버리는 문제점이 있다. 그러므로 이 경우에는 보험계약자와 보험자의 이익을 조화하는 해결이 바람직하다. 그리하여 타인을 위한 보험계약에서 그 보험계약을 체결한 취지가 보험계약자의 행위로 인하여 피보험자에게 손해가 생긴 경우에 보험계약자의 책임을 면하려는데 있어서 책임보험적인 성격이 있는 때 및 보험계약자가 보험증권을 소지하고 있는 때에는 보험약관에 보험자는 보험계약자에 대한 대위권을 포기한다는 조항을 두는 것이 요망되고, 그러한 조항이 없더라도 보험자는 그러한 사정을 알거나 알 수 있으므로 보험계약자에 대하여 대위권(682 本)을 행사할 수 없으며,[1] 보험계약자가 먼저 피보험자에게 손해를 배상한 때에는 보험자에 대하여 보험금을 청구할 수 있다(639 II 但)고 풀이하여야 할 것이다.[2] 다만 보험계약자의 고의·중과실로 손해가 발생한 때에는 보험자는 보험금지급의무가 없으므로(659), 보험계약자가 경과실로 손해를 가한 때 및 과실 없이도 손해배상책임을 지는 때에 한하여 보험자의 보험계약자에 대한 대위권이 상실된다고 본다.[3]

2. 被保險者·保險受益者의 權利·義務

(1) 被保險者·保險受益者의 權利

① 타인을 위한 보험계약에서 그 타인(손해보험의 피보험자 또는 인보험의 보험수익자)은 당연히 그 계약의 이익을 받는다(639 II 本). 즉 특별한 수익의 의사표시를 요하지 않고 보험사고가 발생하면 보험자에 대하여 직접 보험금액 기타의 급여를 청구할 수 있다.[4]

---

1) 일본에서는 화재보험의 창고특약이나 운송인이 화주를 위하여 드는 운송보험 등에서 실제로 보험계약자가 보험금청구를 하고 있는 실정, 보험계약자가 보험료를 부담하고 보험증권을 소지하고 있으며 또 계약해지권을 가지는 점 등을 근거로 하여, 피보험자는 보험금청구권을 행사할 수 없게 하고 보험계약자가 이를 행사하도록 하여야 한다는 입법론이 있다. 西島, 保險法, 제3판, 30면 참조.

2) 일본의 학자 중에는 이 경우에는 보험계약자, 피보험자 및 보험자 사이에 보험자가 대위권을 포기하고 보험자가 지급한 보험금의 범위 내에서 보험계약자가 면책되는 것으로 합의한 것으로 보는 견해가 있다. 西島, 上揭書, 199면 주1) 참조.

3) 졸고, 「타인을 위한 보험에서 보험자의 보험계약자에 대한 청구권대위의 가부」, 고려법학 41(2003), 1면 이하 참조.

4) 大判 81. 10. 6, 80 다 2699(타인을 위한 보험계약에 있어서 피보험자는 직접 자기 고유의 권리로서 보험자에 대한 보험금지급청구권을 취득하는 것이므로 특별한 사정이 없는 한 피보험자는

이 경우 타인은 자기고유의 권리를 취득하는 것이요, 보험계약자의 권리를 승계하거나 대위행사하는 것이 아니다.

② 보험증권이 발행된 경우에 피보험자 또는 보험수익자가 이를 소지하지 아니한 때에도 보험금청구권을 가지는가가 문제된다. 보험증권은 제시증권·상환증권은 아니므로, 타인은 보험증권 없이도 보험금청구권을 가진다고 본다(同旨: 손주찬, 510면).

③ 이 경우에 보험자는 보험계약자에 대한 모든 항변(예컨대 보험계약자의 고지의무 위반)을 가지고 그 타인에게 대항할 수 있다고 본다(同旨: 정희철, 407면; 양승규, 181-182면; 정찬형, 548면).

(2) 被保險者·保險受益者의 義務

① 피보험자 또는 보험수익자는 보험계약의 당사자가 아니므로 원칙적으로 보험료 지급의무는 없으나, 예외적으로 보험계약자가 파산선고를 받거나 보험료의 지급을 지체한 때에는 그 계약상의 권리를 포기하지 않는 한 보험료 지급의무를 부담한다(639 III 但). 따라서 특정한 타인을 위한 보험의 경우에 보험계약자가 계속보험료의 지급을 지체한 때에는 보험자는 피보험자 또는 보험수익자에게 상당한 기간을 정하여 보험료의 지급을 최고한 후가 아니면 그 계약을 해지하지 못한다(650 III).

② 피보험자 또는 보험수익자는 보험계약의 당사자는 아니지만, 보험계약자와 동일하게 보험사고 발생의 통지의무(657)와 위험유지의무(653) 등을 지고, 피보험자는 나아가 고지의무(651), 위험변경·증가의 통지의무(652)와 손해방지의무(680)를 부담한다.

3. 保險契約者와 被保險者·保險受益者간의 關係

타인을 위한 보험계약은 타인의 위임을 받아서 체결되는 경우도 있고, 위임을 받지 않고 체결되는 경우도 있다. 전자의 경우는 보험계약자와 피보험자 또는 보험수익자 사이에 위임관계가 성립하고, 후자의 경우에는 사무관리가 성립하는 것이 보통이다. 또 법률상 또는 계약상의 의무의 이행으로서 타인을 위한 보험계약이 체결되는 경우도 있다.

보험계약자의 동의가 없어도 보험금의 지급기한을 연기하는 등 그 권리를 행사하고 처분할 수 있다); 92. 11. 27, 92 다 20408(타인을 위한 보험계약에 있어서 피보험자는 직접 자기 고유의 권리로서 보험자에 대한 보험금지급청구권을 취득하는 것이므로 특별한 사정이 없는 한 피보험자는 보험계약자의 동의가 없어도 임의로 권리를 행사하고 처분할 수 있다).

제 3 편

損害保險 總說

제 1 장
損害保險契約의 槪念

손해보험계약(property insurance)은 당사자의 일방(보험자)이 불확정한 사고(보험사고)로 인하여 생길 재산상의 손해를 보상할 것을 약정하고, 상대방이 이에 대하여 보험료를 지급할 것을 약정하는 보험계약이다(638, 665).

1. 損害補償의 槪念

손해보험계약은 일정한 보험사고에 의한 「손해의 보상」(indemnity)을 목적으로 하는 유상계약이다. 그러나 이를 엄격히 해석하여 손해의 보상을 손해보험계약의 본질적 내용으로 파악하고, 손해발생의 전제인 피보험이익의 존재를 계약존립의 절대적 요건으로 삼으면, 기평가보험·신가보험 등 실제의 손해액과 보상액이 다른 제도나 불확정손해에 대하여도 피보험자의 이득방지조치를 강구하고 보험금을 지급하는 보험위부·보험대위 등의 적법성을 설명하기 어렵다. 그리하여 손해와 피보험이익의 개념을 탄력적으로 풀이하여, 여기의 손해는 확정손해 또는 현실손해에 한하지 않고, 불확정손해 또는 개연손해도 포함한다고 보고 있다(피보험이익에 관한 절대설, 상대설, 수정절대설 참조).

2. 損害賠償과의 差異

보험자의 손해보상의무는 불법행위자 또는 채무불이행자가 부담하는 손해배상의무(民 390, 750)와 비슷한 점이 있으나, 양자는 그 성질과 손해의 범위가 다르다. 즉 ① 전자는 보험계약에 따른 위험부담의 목적으로 부담하는 금전지급의무이지만, 후자는 채무불이행 또는 불법행위로 인하여 발생한 손해의 배상을 목적으로 하는 금전지급의무이고, ② 보험자가 부담하는 손해보상액은 보험금액의 한도에서 피보험자가 보험사고로 입은 재산상의 손해에 한정되지만, 불법행위자나 채무불이행자가 부담하는 손해배상액은 그 행위와 상당인과관계에 있는 모든 손해액이다(民 393, 763).

3. 人保險과의 差異

손해보험계약은 손해의 발생을 그 요소로 하고, 실제로 발생한 손해의 보상을 하는 부정액보험임에 반하여, 인보험은 손해의 발생을 요소로 하지 않고 또 원칙적으로 일정한 금액을 지급하는 정액보험이다(상해보험의 경우에는 부정액보험도 있다). 또 손해보험의 경우에 보험사고는 그 발생자체가 우연성을 가지지만, 생명보험의 경우에 사람의 사망은 그 발생 자체는 우연성이 없고 그 발생시기에만 우연성이 있다.

제 2 장
損害保險契約의 種類

1. 商法상의 損害保險

상법이 규정하고 있는 손해보험으로는 화재보험(683 이하), 운송보험(688 이하), 해상보험(693 이하), 책임보험(719 이하) 및 자동차보험(726의 2 이하) 등이 있다. 개정안은 보증보험(안 726의 5 이하)을 추가하였다. 상해보험(737 이하)은 인보험의 하나로 규정되어 있으나, 손해보험의 성질도 가지고 있다.

2. 商法 외의 損害保險

실제로는 상법에 규정이 없는 많은 손해보험 상품이 판매되고 있다. 예컨대 도난보험, 항공보험, 여행보험, 어음보험,[1] 보증보험[2] 등이 그것이다. 이러한 손해보험계약에 대하여는 개별적인 약관 외에 보험계약법의 통칙규정(638-664)과 손해보험계약법의 통칙규정(665-682)이 적용된다.

1) 어음보험에 관하여는 장경환, 「어음보험에서의 구상권의 행사 및 보험증권의 교부」, 경희대 국제법무연구 제3호(1999) 105면 이하 참조.

2) 개정안은 보증보험을 상법상의 보험으로 끌어 들였다.

제 3 장

損害保險契約의 要素

제 1 總　說

손해보험과 인보험에 공통되는 보험계약의 요소인 당사자, 보험의 목적, 피보험이익, 보험사고, 보험기간, 보험료와 보험금액 등에 관하여는 이미 앞에서 설명하였다. 통설은 피보험이익을 손해보험에 특유한 요소로 보고 있으나, 피보험이익은 인보험에도 공통된 요소이며, 이에 관하여는 앞에서 이미 설명하였다. 여기에서는 손해보험에 특유한 점을 중심으로 하여 설명한다.

제 2　保險價額과 保險金額

1. 保險價額

(1) 保險價額의 意義

보험가액은 「피보험이익의 평가액」을 말하는데(669 Ⅲ, 670, 671, 672 Ⅰ, 674), 상법은 보험가액을 「보험계약의 목적의 가액」이라고 표현하는 경우도 있다(669 Ⅰ).

(2) 保險價額의 機能

손해보험계약에서는 피보험자에게 이득을 주는 것이 금지되는데(利得禁止의 原則), 보험가액은 피보험자에게 이득이 생겼는가의 여부를 판단하는 기준이 된다. 보험가액은 보험사고가 발생하였을 때에 보험자가 지급할 보험금의 법정 최고한도액이므로, 보험계약을 체결할 때에 약정되는 보험금액은 원칙적으로 보험가액을 초과할 수 없다(669 Ⅰ). 또한 보험가액은 일부보험·전부보험·초과보험·중복보험 등의 판정을 위한 기준이 된다. 그러나 특정물에 대한 책임을 담보하는 책임보험과 같이 책임부담의 한도가 한정되어 있는 것을 제외하고, 보통의 책임보험에서는 보험가액이 존재하지 않는다.

(3) 保險價額의 評價

(가) 評價의 基準: 피보험이익의 존부와 범위가 일반적·객관적으로 평가되어야 하는 것처럼, 보험가액도 일반적·객관적으로 평가하여야 한다. 즉 고정자산에 관하여는 취득가액으로부터 상당한 감가액을 공제한 가액에 의하고, 유동자산에 관하여는 교환가액, 즉 시가에 의한다. 그러나 기계 등 고정자산에 관하여 취득가액으로부터 감가액을 공제한 액을 보험가액으로 하는 경우에는 보험금의 지급을 받아도 사고를 당한 기계와 같은 성능을 가진 기계를 재구입할 수 없는 수가 있으므로, 재조달가액을 보험가액으로 하는 보험이 필요하며, 이것이 「신가보험(新價保險)」이다(676 Ⅰ 但). 보험가액은 평가의 시기와 장소에 따라 달라지고 이를 둘러싸고 분쟁이 발생할 수 있으므로, 상법은 이에 관하여 다음과 같은 특칙을 두고 있다.

(나) 保險價額이 協定된 경우(旣評價保險): ① 보험가액은 보험계약의 체결시에 당사자간의 합의로 미리 정할 수 있다(670 本). 이처럼 당사자 간에 합의된 보험가액을 「협정보험가액」이라고 하며, 협정보험가액을 정한 경우의 보험을 「기평가보험」, 이를 기재한 보험증권을 「기평가보험증권(valued policy)」이라고 한다(大判 2002. 3. 26, 2001 다 6312). 기평가보험은 민법상의 손해배상액의 예정(民 398)과 같은 취지를 가지고 있다. 보험가액의 협정은 당사자간의 명백한 합의를 요하고 또 보험증권에 기재하여야 한다(685, 690, 695). 따라서 보험계약자가 보험신청서에 일방적으로 견적가액을 기재한 것만으로는 보험가액의 협정이 성립하지 않는다. 기평가보험은 주로 해상보험과 운송보험에서 행하여진다.

② 당사자간에 보험가액이 협정된 때에는 그 가액은 사고발생시의 가액을 정한 것으로 추정한다(670 本). 그러나 그 가액이 사고발생시의 가액을 현저하게 초과할 때에는 사고발생시의 가액을 보험가액으로 한다(670 但). 이 경우 협정가액이 사고발생시의 가액을 현저하게 초과한다는 점에 관하여는 보험자가 증명책임을 진다(大判 2002. 3. 26, 2000 다 6312). 이것은 이득금지의 원칙을 반영한 것이지만, 기평가보험제도를 인정하는 취지에 비추어 보험가액의 협정이 있으면 원칙적으로 그

효력을 인정하고, 다만 사기 등의 목적으로 악용된 경우에 한하여 이를 무효로 하는 것이 입법론상 타당할 것이다(同旨: 양승규, 196면; 정찬형, 556면. 英海保 27 참조).[1)]

(다) 保險價額이 協定되지 않은 경우(未評價保險): ① 보험계약의 체결시에 당사자 간에 보험가액을 정하지 아니한 때에는 사고발생시의 가액을 보험가액으로 한다(671). 이것은 피보험자의 실손해를 보상하려는데 그 취지가 있다. 이처럼 당사자 간에 보험가액에 대한 합의가 없는 보험을 「미평가보험」이라고 하며, 보험가액의 기재가 없는 보험증권을 「미평가보험증권」(open policy)이라고 한다. 해상보험·운송보험 등을 제외한 화재보험 등에서는 미평가보험이 원칙이다. ② 보험가액 평가의 시기는 사고발생시이고(671), 평가의 장소에 관하여는 법률에 규정이 없으나, 사고발생지의 가액을 기준으로 하여야 할 것이다(多數說, 676 참조).

(라) 保險價額不變更主義: 이처럼 보험가액의 협정이 없는 경우에는 보험사고의 발생지와 발생시를 기준으로 하여 보험가액을 산정하여야 하지만, 운송보험·선박보험·적하보험 등에서는 보험의 목적물이 장소적으로 이동하여 보험가액의 정확한 산정이 어렵고 또 보험기간이 비교적 짧고 그 기간 내에 보험가액의 변동이 적기 때문에, 상법은 이러한 종류의 보험에 있어서는 특정한 장소 및 시기에 있어서의 보험가액을 정하고 이를 전보험기간에 적용되는 보험가액으로 하는 방법을 취하고 있다. 이를 「법정보험가액」(法定保險價額) 내지 「보험가액불변경주의」라고 한다. 그리하여 운송보험에서는 운송물을 발송한 때와 곳의 가액과 도착지까지의 운임 기타의 비용의 총액을 보험가액으로 하고(689 I), 선박보험에서는 보험자의 책임이 개시된 때의 선박가액(696)을, 적하보험에서는 선적한 때와 곳의 적하의 가액과 선적 및 보험에 관한 비용의 합계액(697)을 각각 보험가액으로 하고 있다.

(마) 新價保險: 신가보험은 보험사고가 발생한 때의 보험의 목적물의 시가가 아니라 그 때의 목적물의 재조달가액을 보험가액으로 하는 보험계약을 말한다. 손해보험에서 보험자가 지급할 보험금의 금액은 보험사고가 발생한 때와 곳의 보험가액에 의하여 산정하기 때문에(676 本), 화재보험의 목적이 된 기

1) 미국에서는 이 경우 실손과 관계없이 협정가액(face value)을 지급하도록 하는 입법례가 많다. 이를 valued policy law라고 하는데, 이는 보험료의 과다와 보험대리점에 대한 수수료의 과다 등의 폐해가 있으므로, 일부 주에서는 이를 폐지하고 사고발생시의 실손(net actual cash value, ACV)을 보상하여 주고 있다. Kimball, p.193.

계류가 화재로 인하여 멸실 또는 훼손된 경우에는 피보험자는 보험사고 발생시의 기계류의 시가를 기준으로 한 실손해밖에 전보받을 수 없고, 그 결과 수취한 보험금으로는 새로운 기계를 조달할 수 없다. 이러한 불합리를 회피하기 위하여 신조달가액을 전보하여 주는 것이 신가보험이며, 1991년 상법 개정시에 도입되었다(676 但). 이것은 실손전보원칙의 예외이지만, 피보험자에게 이득을 주는 것은 아니므로 이득금지의 원칙에 반하지는 않는다.

2. 保險金額

(1) 保險金額의 意義

보험금액은 보험자가 보상할 금액의 최고한도로서 당사자 간에 약정된 금액을 말한다.

(2) 保險金額의 協定

① 당사자가 계약체결시에 보험금액을 약정하는 이유는 보험자의 급여의무의 한도가 정하여지지 않으면 보험료의 산정이 불가능하기 때문이다. 보험자의 급여의무의 한도는 보험가액에 의하여 결정되는데, 계약 체결시에 보험가액을 산정하는 것은 번잡하고, 대부분의 경우에는 보험사고가 발생하지 아니하여 이를 산정하더라도 쓸모없는 것이 되어버리고, 특히 책임보험에서는 그 산정이 불가능하기 때문에, 당사자는 보험금액을 약정하게 되는 것이다. 그리고 보험계약자가 보험료의 절약 기타의 사유로 일부 손해의 보상만을 바라는 경우가 있는데, 이 경우에는 보험가액보다 낮은 보험금액을 약정하게 된다.

② 보험금액은 원칙적으로 보험가액을 초과하지 않는 범위 내에서 정할 수 있다(669 참조). 보험가액과 보험금액은 전혀 상이한 개념이지만, 해상보험의 희망이익(적하의 도착으로 인하여 얻을 이익 또는 보수)보험에 있어서는 보험가액의 협정이 없는 경우에는 보험금액을 보험가액으로 한 것으로 추정하고 있다(698).

(3) 保險金額의 固定性

보험금액이 유효한 범위 내에서 약정되면, 원칙적으로 보험기간 중에는 변경할 수 없다. 다만 보험가액이 보험기간 중에 물가의 변동 등으로 현저하게 감소한 결과 보험금액이 보험가액을 현저하게 초과한 때에는 보험자 또는 보험계약자는 보험금액의 감액을 청구할 수 있으며, 보험계약자는 보험료의 감액도 청구할 수 있다(669 I).

(4) 保險事故의 發生과 保險金額

① 책임보험 등 보험가액이 없는 보험계약에서는 당사자가 보험금액을 임의로 정할 수 있다. 이 경우에는 보험사고가 발생하여 보험금액의 전부 또는 일부가 지급되어도 보험계약은 종료하지 않는 것이 원칙이며, 보험금액도 줄어들지 않고 당초에 약정한 대로 보험기간중 존속한다.

② 이에 반하여 물건보험·신용보험 등 보험가액이 있는 보험에서 보험의 목적물에 전손(全損)이 생겨 보험자가 보험금액의 전부를 지급하면 보험계약은 소멸한다. 보험의 목적물에 분손(分損)이 생기면 보험자가 보험금액의 일부를 지급하게 되며, 이 경우에는 잔존보험금액을 그 후의 보험기간에 대한 보험금액으로 하거나(殘存保險金額主義), 당초의 보험금액을 그 후의 보험기간에 대한 보험금액으로 한다(保險金額復元主義).

3. 保險價額과 保險金額

보험가액과 보험금액은 일치하는 것이 바람직하지만, 실제에 있어서는 양자가 일치하지 않는 경우가 있다. 이 때에는 초과보험·중복보험 및 일부보험의 문제가 생긴다.

(1) 超過保險

(가) 意 義: ① 초과보험은 보험금액이 보험가액을 현저하게 초과하는 보험을 말한다. ② 초과보험은 원칙적으로 계약의 체결당시에 당사자가 보험금액을 보험가액 이상으로 정한 경우에 발생하지만(669 I·II), 보험기간 중에 물가가 하락하여 보험가액이 현저하게 감소한 경우에도 사후적으로 발생한다(669 III). ③ 또 보험계약자의 사기에 의하여도 발생한다(669 IV, 개정안 655의 2).

(나) 規制趣旨: 보험금액을 보험가액 이상으로 정하는 것을 허용하면 당사자가 보험금액만큼 보상을 받는 것으로 오인하여 보험이 부당한 이득의 목적으로 악용될 염려가 있고, 또 고의로 보험사고를 일으킬 위험성이 있으므로, 상법은 이를 제한하고 있다.

(다) 判斷時期: 초과보험의 판단시점에 관하여는 ① 보험계약 체결시를 기준으로 하여 판단하여야 한다는 견해, ② 보험사고 발생시를 기준으로 하여야 한다는 견해, ③ 보험기간 중의 모든 시점에서 판단하여야 한다는 견해(양승규, 199면) 및 ④ 보험기간 중의 최고의 보험가액을 기준으로 하여 판단하여야 한

다는 견해 등이 대립하고 있다. 상법 제669조 제2항·제3항에서 보험가액은 원칙적으로 계약당시를 기준으로 하되, 보험기간 중에 보험가액이 현저하게 감소된 때에는 보험금액의 감액을 청구할 수 있다고 규정하고 있는바, 보험사고 발생 전에 일시적으로 보험가액이 감소되었더라도 뒤에 다시 상승하면 초과보험은 아니므로, 초과보험 여부는 사고발생시를 기준으로 하여 판단하는 것이 타당하다고 본다(同旨: 손주찬, 575면). 보험계약자가 보험료의 감액을 장래에 대하여만 청구할 수 있는 것은 보험자가 사고 발생시까지 높은 보험가액을 전제로 한 위험을 부담하여 온 점을 고려한 것이다.

(라) 效 果: ① 보험금액이 보험가액을 현저하게 초과한 때의 보험의 효력에 관하여는 그 초과부분을 무효로 하는 입법주의(客觀主義)와 보험계약자의 선의·악의에 따라 그 효력을 달리하는 입법주의(主觀主義)가 대립하고 있는데, 상법은 의용상법의 객관주의를 버리고 주관주의를 채택하였다. 상법이 「현저하게 초과한 때」만을 문제삼는 것은 가급적 보험계약의 효력을 유지하려고 하는 취지이다. 그리하여 ② 보험계약자가 「선의인 경우」(단순한 초과보험)에는 보험자 또는 보험계약자는 보험료와 보험금액의 감액을 청구할 수 있다(669 I 本). 당사자의 감액청구권은 형성권이다. 다만 보험료의 감액은 장래에 대하여만 그 효력이 있다(669 I 但). 이 경우에 당사자가 보험금과 보험료의 감액을 청구하느냐 여부는 그 임의에 속하므로, 당사자가 감액을 청구하지 않으면 초과보험을 인정하는 결과로 된다. 그러나 이 경우에 보험자가 보상할 손해액은 그 손해가 발생한 때와 곳의 가액에 의하여 산정하므로(676 I), 보험계약자는 지급한 보험료에 상응하는 보험금액을 보상받지 못하여 불리하게 되는 반면, 보험자는 유리하게 된다. ③ 보험계약자가 악의인 경우(사기에 의한 초과보험)에는 그 계약은 전부가 무효로 된다. 그러나 보험자는 그 사실을 안 때까지의 보험료를 청구할 수 있다(669 IV, 안 655의 2 II). 이것은 악의의 보험계약자를 제재하려는 취지이다. 여기의 사기는 민법 제110조와 같은 의미이지만, 그 효력이 무효이고 소급하지 않는 점에서 민법의 원칙에 대한 예외를 이룬다. 이 경우에 그 보험계약이 초과보험이라는 점과 보험계약자의 사기는 보험자가 주장·증명하여야 한다(大判 99. 4. 23, 99 다 8599; 88. 2. 9, 86 다카 2933·2934·2935).

(2) 重複保險

(가) 意 義: ① 중복보험이라고 하면 넓은 의미로 동일한 목적물에 관

하여 피보험이익·보험사고 및 보험기간을 공통으로 하는 수개의 손해보험계약이 체결되어 병존하는 경우를 말한다. 여기에는 각 계약의 보험금액의 합계액이 보험가액을 초과하지 않는 것과 그 합계액이 보험가액을 초과하는 것의 두 가지가 있다. 전자의 경우(併存保險)에는 수개의 유효한 일부보험이 병존할 뿐이므로 특별한 문제는 없다. 이에 반하여 후자의 경우에는 그 전부를 유효로 하면 결과적으로 피보험자가 실제로 입은 손해를 초과하는 보험금을 취득하게 되므로, 사고의 유발과 도덕적 위험을 예방하는 조치가 필요하다. 이처럼 수개의 보험계약의 보험금액의 합계가 보험가액을 초과하는 경우(초과중복보험)를 좁은 의미의 「중복보험」이라고 하며, 상법상의 중복보험은 이를 가리킨다(672 I). 개정안은 각 보험금의 총액이 보험가액을 초과하는 경우 이외에 각 보험계약에 의한 보상액의 총액이 손해액을 초과하는 경우도 중복보험으로 정의하고 있다(안 672 I). 이는 이득금지라는 중복보험의 취지를 관철하기 위한 것이다. 수개의 보험계약이 동시에 체결된 경우를 「同時重複保險」, 순차로 체결된 경우를 「異時重複保險」이라고 한다. ② 중복보험은 보험계약의 목적이 고가인 경우에 1인의 보험자와의 보험계약만으로는 불안한 경우 또는 피보험자가 중복을 모르고 다른 보험자와 보험계약을 체결하는 경우 등에 발생한다. ③ 중복보험은 공동보험 및 병존보험과 구별하여야 한다. 「共同保險」(Mitversicherung)은 동일한 피보험이익과 보험사고를 담보하는 보험을 수인의 보험자가 공동으로 인수하는 것이며, 하나의 보험계약에 수인의 보험자가 참여하는 것이다. 「併存保險」(Nebenversicherung)은 하나의 보험계약자가 동일한 피보험이익과 보험사고에 관하여 보험가액의 한도 내에서 서로 연결이 없는 수인의 보험자와 보험계약을 체결하는 것이다(Hofmann, Privatversicherungsrecht, 3. Au. §5 Rdn. 28).

(나) 要 件: ① 동일한 「피보험이익」에 관한 것이어야 한다. 동일한 목적물에 관한 것이라도 피보험이익을 달리 하는 때에는 중복보험이 아니다.[1] 예컨대 동일한 건물에 관하여 소유자가 소유자 이익에 기하여 화재보험계약을

1) 大判 97. 9. 5, 95 다 47398(임가공업자가 소유자로부터 공급받은 원·부자재 및 이를 가공한 완제품에 대하여 동산종합보험을 체결한 경우, 그 보험계약은 임가공업자가 자신이 보관하고 있는 그 보험목적물의 멸실·훼손으로 인하여 손해가 생긴 때의 손해배상책임을 담보하는 소극적 이익을 피보험이익으로 한 책임보험의 성격을 가진 것으로 봄이 상당하므로, 소유자가 동일한 목적물에 대한 소유자의 이익을 부보하기 위하여 체결한 동산종합보험계약과는 피보험이익이 서로 달라 중복보험에 해당하지 않는다).

체결하고, 저당권자가 저당권자 이익에 기하여 보험계약을 체결하여도 중복보험이 아니다(石田, 111면). 또 피보험이익이 동일하면 보험계약자가 달라도 중복보험이 된다(손주찬, 577면). ② 「보험사고」가 동일하여야 한다. 따라서 동일한 건물에 관하여 화재보험과 풍수해보험을 들어도 보험사고가 다르므로 중복보험이 아니다.[1] 다만 수개의 계약의 보험사고가 전혀 동일하여야 하는 것은 아니고, 보험사고의 일부가 다른 보험사고와 공통되면 그 공통되는 사고에 관하여 중복보험이 된다. ③ 「보험기간」이 동일하거나 또는 중복되어야 한다. 수개의 계약이라도 하나의 계약의 보험기간이 종료된 후에 다른 계약의 보험기간이 개시되면 중복보험이 아니다. 보험기간은 전부 중복될 필요는 없고 일부가 공통되면 그 부분에 관하여 중복보험이 된다. ④ 수개의 보험계약을 수인의 보험자와 체결하여야 한다(多數說). 하나의 보험계약만이 있을 때에는 초과보험이 문제될 뿐이며, 하나의 보험자와 수 개의 보험계약을 체결한 경우에도 초과보험의 문제가 생길 뿐이다. 수인의 보험자가 하나의 초과보험계약을 공동하여 체결한 경우에도 중복보험은 아니다. ⑤ 수개의 보험계약의 보험금액의 합계액이 보험가액을 초과하여야 한다. 보험금액의 총계가 보험가액을 초과하지 않는 경우에는 일부보험이 병존할 뿐이다.

(다) 判斷時期: 피보험이익은 변동할 수 있으므로, 어느 시점을 기준으로 하여 수개의 보험계약이 중복보험에 해당하는가의 여부를 판단할 것인가가 문제된다. ① 「동시중복보험」의 경우에는 계약체결 당시의 보험가액에 따라 판단하며(契約締結時說), 중복보험에 해당하는 때에는 보험계약자는 각 보험자에 대하여 각 보험계약의 내용을 통지하여야 한다(672 II). 만일 사고발생시를 기준으로 하여 판단한다면 계약 당시에 중복보험에 해당함에도 불구하고 통지의무를 지지 않는 것이 되어 부당하다(同旨: 손주찬, 579면). 계약체결 당시에는 중복보험이 아니었으나, 계약 체결 후에 보험가액의 감소로 인하여 보험금액의 총액이 보험가액을 초과하게 된 경우에는 손해액을 평가할 때(대체로 사고 발생시와 일치한다)를 기준으로 하여 중복보험 여부를 판단하여야 할 것이다(全保險期間說). 만일 계약체결시를 기준으로 하면 중복보험이 아닌 것이 되어 비례보상(672 I)에 의할 수 없기

1) 大判 89. 11. 14, 88 다카 29177(산업재해보상보험과 자동차종합보험(대인배상보험)은 보험의 목적과 보험사고가 동일하다고 볼 수 없는 것이어서 사용자가 위 보험들에 함께 가입하였다고 하여도 동일한 목적과 동일한 사고에 관하여 수개의 보험계약이 체결된 경우를 말하는 상법 제672조 소정의 중복보험에 해당한다고 할 수 없다).

때문이다(同旨: 손주찬, 579면). ② 「이시중복보험」의 경우에는 두 번째 이후의 계약을 체결할 때의 보험가액를 기준으로 하여 중복보험 여부를 판단한다(後契約締結時說). 후계약체결 후 보험기간 중에 보험가액의 감소로 인하여 보험금액의 총액이 보험가액을 초과하게 된 경우, 즉 사후적 중복보험의 경우에도 비례보상에 관한 규정(672)을 적용하여야 할 것이다(同旨: 손주찬, 579면).

(라) 效 果

① **立法主義** 중복보험의 효력에 관하여는 세 개의 입법주의가 있다. 즉 (a) 先契約優先主義. 동시중복보험의 경우에는 각 보험자의 책임은 각 보험금액의 총 보험금액에 대한 비율에 의하고, 이시중복보험의 경우에는 먼저 체결한 보험자의 책임이 우선하고 후에 체결한 보험자는 전 보험계약과 중복되지 않는 범위 내에서만 책임을 지는 것(日商 632, 633), (b) 連帶主義(按分主義). 동시와 이시를 구별함이 없이 각 보험자는 보험가액까지의 실손해액에 대하여 연대책임을 지고, 손해보상을 한 보험자는 보험금액의 총보험금액에 대한 비율에 따라 다른 보험자에 대하여 구상권을 가지는 것(独保 59), 및 (c) 比例補償主義. 동시와 이시를 구별함이 없이 각 보험자는 그 보험금액의 총 보험금액에 대한 비율에 따라서 손해보상의 책임을 지는 것(스위스保 71) 등이 있다. 우리 상법은 연대주의와 비례보상주의를 병용하면서, 보험계약자가 사기를 친 경우에는 그 보험계약 전부를 무효로 하고 있다.

② **連帶主義·比例補償主義** 중복보험의 경우에는 동시중복보험이든 이시중복보험이든 구별없이 보험자는 각자의 보험금액의 한도에서 연대책임을 지되, 각 보험자의 보상책임은 각자의 보험금액의 비율에 따른다(672 I). 예를 들면 보험가액 5,000만원의 건물에 대하여 보험자 A와 4,000만원, 보험자 B와 3,000만원을 각각 보험금액으로 한 중복화재보험계약을 체결한 경우에 그 보험의 목적이 전부 멸실한 때에는 A는 2,857만원[$5{,}000\text{만원} \times \frac{4{,}000\text{만원}}{7{,}000\text{만원}(4{,}000\text{만원}+3{,}000\text{만원})} = 2857\text{만원}$], B는 2,143만원[$5{,}000\text{만원} \times \frac{3{,}000\text{만원}}{7{,}000\text{만원}(4{,}000\text{만원}+3{,}000\text{만원})} = 2143\text{만원}$]씩을 보상하게 되나, 한 보험자가 그 보상책임을 이행하지 않는 경우에는 A는 4,000만원, B는 3,000만원을 한도로 연대책임을 진다. 만일 보험의 목적이 절반만 멸실한 경우에는 A는 1428만원, B는 1072만원씩의 보상책임을 지나, 한 보험자가 그 보상책임을 이행하지 않는 경우에는 A는 2,000만원, B는

1,500만원의 한도에서 연대하여 보상책임을 진다(양승규, 204면).

③ **詐欺에 의한 重複保險** 중복보험계약이 보험계약자의 사기로 인하여 체결된 때에는 그 계약은 무효로 한다. 그러나 보험자는 그 사실을 안 때까지의 보험료를 청구할 수 있다(672 III). 이것은 악의의 보험계약자를 제재하려는 취지이며, 여기의 사기는 민법 제110조와 같은 의미이지만, 그 효력이 무효이고 소급하지 않는 점에서 민법의 원칙에 대한 예외를 이룬다는 점은 앞에서 초과보험에 관하여 설명한 바와 같다. 개정안은 사기에 의한 계약에 관한 일반규정(안 655의 2 I)을 두었으므로 제672조 제3항을 삭제하였다.

④ **保險契約者의 通知義務** 중복보험의 경우에는 동시중복보험이든 이시중복보험이든 보험계약자는 각 보험자에 대하여 각 보험계약의 내용을 통지하여야 한다(672 II). 이것은 각 보험자에 대하여 연대책임의 발생원인이 되는 중요한 사항이기 때문이다. 통지의무위반에 대하여 제재는 없지만, 보험계약자가 이를 게을리한 때에는 사기로 인한 보험계약이 되어 무효로 될 수 있다(672 III, 669 IV). 통지의무는 넓은 의미의 중복보험(병존보험)의 경우에도 인정된다.

개정안은 보험계약자 외에 피보험자에게도 통지의무를 과하고(안 672의 2 I), 이들이 고의 또는 중대한 과실로 통지를 하지 아니하거나 거짓의 통지를 한 경우에는 보험자는 그 사실을 안 날부터 1개월 이내, 계약을 체결한 날부터 3년 이내에 계약을 해지할 수 있게 하였다. 다만 보험자가 각 보험계약이 체결될 당시에 다른 보험계약의 내용을 알았거나 중대한 과실로 알지 못한 경우에는 계약을 해지할 수 없다(안 672의 2 II).

⑤ **保險者 1인에 대한 權利拋棄** 수개의 보험계약을 체결하여 동시 또는 이시의 중복보험이 생긴 경우에 보험자 1인에 대한 권리의 포기는 다른 보험자의 권리의무에 영향을 미치지 아니한다(673). 즉 다른 보험자는 그 1인의 보험자가 지급의무를 부담할 경우에 산정되는 자기의 부담부분을 지급하면 된다. 이것은 피보험자가 어느 1인의 보험자와 통모하여 다른 보험자를 해하는 것을 막기 위한 것이다. 위의 예에서 A에 대한 권리를 포기한 경우에 B는 피보험자에 대하여 2,143만원 또는 1,072만원의 보상책임만을 부담한다. 만일 A에 대한 권리의 포기를 모르고 A가 보상책임을 불이행한 것으로 알고 B가 3,000만원 또는 1,500만원의 한도에서 피보험자에게 보상책임을 이행하였다면, B는 자기의 부담부분인 2,143만원 또는 1,072만원과 3,000만원 또는

1,500만원의 차액인 857만원 또는 428만원을 A에게 구상할 수 있고, 피보험자에 대하여도 같은 금액을 부당이득의 법리에 의하여 반환청구할 수 있다.

(3) 一部保險

(가) 意 義: 일부보험은 보험금액이 보험가액에 미달하는 경우, 즉 보험가액의 일부를 보험에 붙인 경우를 가리킨다. 이에 대하여 보험가액의 전부를 보험에 붙인 경우(보험금액과 보험가액이 일치한다)를 전부보험이라고 한다.

(나) 發生原因: 일부보험은 보험계약자에 의하여 의식적으로 체결되는 경우와 자연적으로 발생하는 경우가 있다. ① 전자는 보험계약자가 보험가액의 일부만을 보험에 붙이고 나머지는 자신이 위험을 부담하는 경우에 주로 발생하는데, 이는 보험료를 절약하거나, 책임보험·해상보험·자동차보험에서 피보험자의 주의를 환기시키기 위하여 일부를 자가보험으로 할 때에 그 예를 볼 수 있다. 또 수개의 보험회사에 일부씩 분할하여 보험계약을 병존시킨 경우에도 발생한다. ② 후자는 계약체결 후에 물가가 등귀하여 보험가액의 변동이 생기거나 계약체결시 목적물의 저평가에 의하여 발생한다.

(다) 判斷時期: 의식적인 일부보험의 경우에는 보험계약 체결당시의 보험가액을 기준으로 하고, 자연적 일부보험의 경우에는 이를 판정하는 때의 보험가액을 기준으로 하여 판단하여야 한다고 본다(同旨: 양승규, 207면).

(라) 效 果

① 比例補償原則 일부보험의 경우에는 보험자는 보험금액의 보험가액에 대한 비율에 따라 보상할 책임을 진다(674本). 이를 비례보상의 원칙이라고 한다. 예컨대 보험가액이 1억원인 건물에 대하여 보험금액을 6천만원으로 한 경우에 전손인 때에는 보험자는 6천만원을 지급하면 되고, 5천만원의 손해가 발생한 때(분손)에는 6천만원$\times\frac{1}{2}$=3천만원을 지급하면 된다.

② 實損補償契約 일부보험의 경우에도 당사자간의 약정으로 보험자는 보험금액의 한도에서 그 손해액 전액을 보상할 책임을 질 수 있는데, 이를 「실손보상계약」 또는 「제1차위험보험」(first risk policy)이라고 한다(674但). 예컨대 전손의 위험이 적은 물건을 화재보험의 목적으로 하면서 화재로 발생할 최고의 피해로 예상되는 금액을 보험금액으로 하고, 그 전액까지의 손해에 대하여 실손보상을 약정하는 것이다.

(마) 比率保險: 비율보험(Bruchteilversicherung)은 보험자의 손해보상한도

를 보험가액의 일정한 비율로 정하는 보험이다. 예컨대 보험가액이 1,000만 원인 물건에 대하여 70%의 비율보험을 든 경우에는 700만원까지 완전히 보상받을 수 있다. 비율보험은 그 비율의 범위 안에서 전액보험이라는 점에서 일부보험과 다르다. 창고 내에 있는 임치물 중 특히 고가의 물건, 예컨대 양탄자만을 부보하는 경우에도 그 고가물의 가액 전액을 보상받기 위하여 이 보험을 이용할 수 있다(Hofmann, § 14 Rdn. 19).

4. 둘 이상의 保險契約

(1) 通知義務

동일한 보험계약의 목적과 동일한 사고에 관하여 둘 이상의 보험계약이 동시에 또는 순차로 체결된 경우에는 초과보험 또는 중복보험으로 될 가능성이 있고, 이 경우 보험사고가 발생한 때에는 피보험자가 손해의 전보를 넘어 이득을 취할 가능성이 있고, 이는 보험제도의 취지에 반한다. 그리고 이 경우에 두 번째 이후로 보험계약을 체결하는 보험자로서는 다른 보험자가 이미 인수한 위험을 다시 인수할 것인가 여부의 판단을 하여야 한다. 동일한 보험계약의 목적에 관하여 상실이익이나 보수를 보상하는 보험계약(667)과 그 밖의 손해를 보상하는 보험계약이 따로 체결된 경우에도 사정은 같다. 그리하여 개정안은 이 경우에 보험계약자 또는 피보험자는 지체 없이 각 보험자에게 다른 보험계약의 보험자와 보험금을 통지하도록 하였다(안 672의 2 I).

(2) 通知義務의 懈怠

보험계약자나 피보험자가 고의 또는 중대한 과실로 위 통지를 하지 아니하거나 거짓의 통지를 한 경우에는 보험자는 그 사실을 안 날부터 1개월 이내에, 계약을 체결한 날부터 3년 이내에 한하여 계약을 해지할 수 있다. 다만, 보험자가 각 보험계약이 체결될 당시에 다른 보험계약의 내용을 알았거나 중대한 과실로 알지 못한 경우에는 그러하지 아니하다(안 672의 2 II).

(3) 責任保險의 경우

피보험자가 동일한 사고로 제3자에게 배상책임을 짐으로써 입은 손해를 보상하는 둘 이상의 책임보험계약이 동시에 또는 순차로 체결된 경우에는 제672조(중복보험), 제672조의2(둘 이상의 보험계약의 통지의무) 및 제673조(중복보험과 보험자 1인에 대한 권리포기)를 준용한다(안 725의 2).

제 4 장 損害保險契約의 效果

제 1 總 說

손해보험의 경우도 보험계약 일반에 공통되는 효력이 인정된다. 즉 보험자의 보험증권교부의무, 보험금지급의무, 보험료반환의무 및 보험계약자 등의 보험료지급의무, 위험변경·증가의 통지의무, 사고발생의 통지의무, 위험유지의무 등이 발생하지만, 이에 관하여는 전술하였으므로, 여기에서는 손해보험에 특유한 효력을 중심으로 보험자의 손해전보의무, 보험계약자와 피보험자의 손해방지의무 및 보험자의 대위권에 관하여 설명한다.

제 2 保險者의 損害塡補義務

보험자는 보험사고로 인하여 생길 피보험자의 재산상의 손해를 보상할 책임이 있다(665). 다만 보험자의 책임은 당사자 간에 다른 약정이 없으면 최초의 보험료를 받은 때로부터 개시한다(656). 이것은 보험계약자의 보험료지급의무에 대응하는 것이다.

1. 要 件

(1) 保險事故의 發生

보험계약에서 정한 보험사고가 보험기간 중에 발생하여야 한다. 사고는 보험계약에서 정한 것이어야 하므로, 예컨대 화재보험에 가입한 건물이 홍수로 멸실된 경우에는 보험자는 보상의무가 없다. 보험사고가 발생하지 않는 한 보험계약자가 보험료를 지급하였더라도 보험자는 보험금의 지급의무를 지지 않는다. 보험사고와 손해의 발생에 대한 증명책임은 보험계약자가 부담한다(通說).

(2) 損害의 發生

보험사고로 인하여 피보험자가 재산상의 손해를 입어야 한다. 보험사고가 보험기간 내에 발생한 이상 손해는 보험기간 경과 후에 발생하여도 상관이 없고, 또 손해가 보험기간 내에 생겨도 보험사고가 보험기간 개시 전에 발생한 경우에는 보험자는 손해를 보상할 책임이 없다. ① 여기의 손해는 재산상의 불이익을 입는 것이며, 정신적 손해를 포함하지 않는다. 또한 당사자가 보험계약에서 특정한 손해를 가리키므로, 면책조항이나 소손해부담보(小損害不擔保)조항에 해당하는 것은 제외된다. 따라서 여기의 손해는 채무불이행이나 불법행위로 인한 손해와는 다르고, 당사자가 약정한 개별손해를 의미한다. ② 또 보험사고로 인하여 상실된 피보험자가 얻을 이익이나 보수(상실이익)는 원칙적으로 보험자가 보상할 손해액에 산입하지 아니한다(667). 예컨대 건물의 소유주가 건물을 화재보험의 목적으로 한 경우에 건물이 소실한 결과 임대료 수입을 상실하여 입은 손해는 보험자가 보상할 손해에 해당되지 않는다. 다만 당사자간의 특약에 의하여 상실이익을 보험자가 보상할 손해액에 산입할 수 있는데, 이를 「이익보험」이라고 한다. 이익보험은 물건보험에만 인정되고, 책임보험에는 없다. ③ 계약에서 예정한 보험사고와 예정하지 아니한 사고가 경합하여 손해가 발생한 경우(예컨대 건물을 화재보험에 부보하였는데, 지진으로 화재가 발생한 경우)에는 예정된 보험사고가 손해의 발생에 기여한 경우에 한하여 보험자의 보상책임이 발생한다. ④ 보험의 목적에 관하여 보험자가 부담할 손해가 생긴 경우에는 그 후 그 목적이 보험자가 부담하지 아니하는 보험사고의 발생으로 인하여 멸실한 때에도 보험자는 이미 발생한 손해를 보상할 책임을 면하지 못한다(675). 예컨대 화재보험의 목적이 화재로 일부 소실된 후 홍수로 전부 멸실된 경우에는 보험자는 화재로 인한 손해를 보상할 책임을 진다.

(3) 因果關係의 存在

보험사고와 손해와의 사이에는 상당인과관계가 있어야 한다. 보험자가 벼락 등의 사고로 특정 농장 내에 있는 돼지에 대하여 생긴 보험계약자의 손해를 보상하기로 하는 손해보험계약을 체결한 경우에, 농장 주변에서 발생한 벼락으로 인하여 그 농장의 돈사용 차단기가 작동하여 전기공급이 중단되고 그로 인하여 돈사용 흡배기장치가 정지하여 돼지들이 질식사하였다면, 위 벼락사고는 보험계약상의 보험사고에 해당하고 위 벼락과 돼지들의 질식사 사이에는 상당인과관계가 인정된다(大判 99. 10. 26, 99 다 37603).[1] 업무상 재해의 경우에는 업무 외의 사유가 복합적으로 작용하였더라도 인과관계가 인정된다.[2]

2. 損害의 補償

(1) 損害額의 算定

(가) 보험자가 보상할 손해액은 원칙적으로 그 손해가 발생한 때와 곳의 가액에 의하여 산정한 금액(actual cash value)이다(676 I 本).[3]

(나) 그러나 예외적으로 당사자간의 약정에 의하여 보험의 목적의 신품가액에 의하여 손해액을 산정할 수 있다(676 但). 이른바 신가보험(新價保險)의 경우이다. 또한 기평가보험의 경우에는 합의된 보험가액에 의하고(670), 보험가액불변경주의가 인정되는 운송보험·해상보험 등의 경우에는 법정보험가액에 의한다(689, 696-698).

(다) 당사자간에 보험가액이 협정된 때(기평가보험)에는 그 가액을 손해액으로 추정하되, 그 추정가액이 실제의 손해액을 현저하게 초과한 때에는 실손해액에 의한다(670).

---

1) 大判 90. 11. 13, 90 누 3690(버스운전수가 1일 16시간 30분씩 3일을 연속근무하고 1일을 휴무한 뒤 다시 출근하여 버스를 운전하다가 심장마비로 사망한 것은 누적된 과로로 피곤한 상태에서 운전을 하다가 심장마비를 일으킨 데 원인이 있으므로, 산업재해보상법 제3조 제1항 소정의 업무상 사유로 인한 사망에 해당한다).

2) 大判 90. 2. 13, 89 누 990(위 망인이 사망하게 된 것은 평소 누적된 과로와 연휴동안의 과도한 음주 및 혹한기의 노천작업에 따른 고통 등이 복합적인 원인이 되어 심장마비를 일으킨데 그 원인이 있다고 할 수 있으므로 위 김영운의 사망은 산업재해보상보험법 제3조 제1항 소정의 업무상 사유로 인한 사망에 해당한다); 大判 89. 10. 24, 89 누 1186(택시운전업무에 종사하는 자가 업무수행과정에서 교통사고를 당하여 경련장애를 입었고 그후 다시 교통사고를 일으켜 심신의 급격한 충격을 받아 심장마비를 일으켰거나 위 경련장애가 악화되어 뇌출혈을 일으키고 그로 인하여 사망하게 되었다면 위 망인의 사망은 산업재해보상법 제3조 제1항 소정의 업무수행상 재해를 당한 경우에 해당한다).

3) 손해액의 산정방법에는 경제적으로 피보험자에게 동일한 가치를 보장하여 주기 위하여 보험사고의 발생 전후에 있어서의 시장가격의 차액을 따지는 것(economic conception; California rule)과 기능적으로 피보험자에게 사고발생 전과 비슷한 상황을 회복시켜주기 위하여 대체가액에서 감가상각액을 공제하는 것(functional conception; Pennsylvania rule)이 있다(Abraham, p.262; Kimball, p. 191f.)

(라) 손해액의 산정비용은 보험자가 부담한다(676 II).

(2) 損害補償의 方法

보험자는 원칙적으로 금전으로 손해를 보상하지만, 대물(代物)의 교부나 현물의 수선 등으로 할 수도 있다.

(3) 損害補償의 範圍

(가) 보험자의 손해보상의 범위는 원칙적으로 보험계약에서 정한 보험금액의 범위 내에서 피보험자가 보험사고로 입은 실제의 손해액이다. 이 점이 정액보험과 다르다. 구체적으로 ⓐ 「전부보험」의 경우에 전손(全損)(피보험이익이 전부 멸실한 경우)이 발생한 때에는 약정한 보험금액의 전액을 지급하고, 분손(分損)(피보험이익이 일부 멸실한 경우)이 발생한 때에는 실손해액(보험가액과 잔존가액의 차액)을 지급한다. ⓑ 「일부보험」의 경우에 전손이 생긴 때에는 약정한 보험금액의 전액을 지급하고, 분손이 생긴 때에는 실손해액에 보험금액의 보험가액에 대한 비율을 곱한 금액을 지급한다(比例補償의 原則. 674). ⓒ 「초과보험」의 경우에 전손이 발생한 때에는 보험가액을 한도로 하여 지급하고, 분손이 발생한 때에는 실손해액을 지급한다. ⓓ 「중복보험」의 경우에 전손이 발생한 때에는 보험자는 각자의 보험금액의 한도에서 연대책임을 지되, 각 보험자간의 보상책임은 각자의 보험금액의 비율에 따르고(672 I), 분손이 생긴 때에는 보험자는 각자의 보험금액에 분손의 비율을 곱한 금액의 한도에서 연대책임을 지되, 각보험자간의 보상책임은 각자의 보험금액의 비율에 따른다(구체적 계산방법은 중복보험에 관한 설명부분 참조). 개정안에 의하면 보험자는 이와 다른 약정을 할 수 있다(안 672 II).

(나) 보험자는 예외적으로 손해방지비용과 보상액의 합계액이 보험금액을 초과하는 경우라도 손해방지비용을 부담하는 대신(680 1 但), 보험료의 지급을 받지 아니한 잔액이 있으면 그 지급기일이 도래하지 아니한 때라도 보상액에서 이를 공제할 수 있다(677).

(다) 보험사고로 인하여 상실된 피보험자가 얻을 이익이나 보수 등 간접손해는 당사자 간에 다른 약정이 없으면 보험자가 보상할 손해액에 산입하지 아니한다(667).

3. 補償義務의 履行

(1) 保險金의 履行期

보험자는 보험금액의 지급에 관하여 약정기간이 있는 경우에는 그 기간 내에, 약정기간이 없는 경우에는 사고발생의 통지를 받은 후 지체없이 지급할 보험금액을 정하고 그 정하여진 날부터 10일 내에 피보험자 또는 보험수익자에게 보험금액을 지급하여야 한다(658). 개정안은 보험금의 지급시기를 더 분명히 하였다(안 658).

(2) 消滅時效

보험자의 보험금 지급의무(보험금청구권)는 2년이 경과하면 소멸시효가 완성한다(662). 개정안은 소멸시효의 기간을 3년으로 연장하였다(안 662). 소멸시효의 기산점은 그 지급에 관하여 약정기간이 있는 경우에는 약정기간이 종료한 때, 약정기간이 없는 경우에는 원칙적으로 보험사고가 발생한 때이지만, 보험사고의 발생 여부가 객관적으로 분명하지 아니하여 보험금청구권자가 과실 없이 보험사고의 발생을 알 수 없었던 특별한 사정이 있는 경우에는 그가 보험사고의 발생을 알았거나 알 수 있었을 때로부터 소멸시효가 진행한다(大判 99. 2. 23, 98다60613). 통지를 받은 때 또는 지급할 보험금액을 정한 날부터 10일이 경과한 날(658)을 기산점으로 하지 않는 것은 이들 시점은 가변적이고, 보험계약자 등이 통지를 하지 아니하고 있으면 아예 소멸시효가 진행하지 않는다는 모순이 있기 때문이다.

(3) 補償義務의 履行과 保險者의 殘存責任

(가) 보험사고로 전손이 생기고 보험자가 보험금 전액을 지급한 때에는 보험관계가 종료한다.

(나) 분손이 생기고 보험자가 보험가액과 잔존가액의 차액에 해당하는 실손해액을 보상한 때에는 보험계약이 존속하는데, 여기에는 두 가지 경우가 있으니, 하나는 당초의 보험금액에서 지급한 보상금액을 공제한 잔액을 보험금액으로 하여 보험계약이 존속하는 경우(殘存責任)이고, 다른 하나는 당초의 보험금액을 그대로 유지하면서 보험계약이 존속하는 경우(自動復元)이다.

(4) 擔保權者의 保險金請求權에 대한 物上代位

질권 또는 저당권이 설정되어 있는 보험의 목적에 대하여 담보권설정자(채무자)가 자기를 위한 손해보험계약을 체결한 경우에, 그 목적물이 보험사고로 멸실·훼손되어 담보권설정자(피보험자)가 보험금을 받게 된 때에, 담보권자가 그 보험금에 대하여 물상대위권(民 342, 355, 370)을 가지는가에 관하여, 보험금청구권은 담보권과 별개로 보험계약에 의하여 보험료를 지급한 대가로 발생하는 권리이므로 담보권자의 물상대위권이 미치지 않는다는 견해도 있으나, 담보권은 목적물의 교환가치를 취득하는 것을 목적으로 하는 권리이므로, 담보권자는 보험금청구권에 대하여 담보권을 행사할 수 있다고 본다(多數說).[1] 다만 담보권자는 보험금청구권에 대하여 압류·배당요구 등의 조치를 취하여야 한다(民 342, 355, 370; 大判 99. 5. 14, 98 다 62688; 98. 9. 22, 98 다 12812).

4. 免責事由

보험의 목적의 성질·하자 또는 자연소모로 인한 손해는 보험자가 이를 보상할 책임이 없다(678). 예컨대 과일 또는 생선의 부패, 포장의 불충분으로 인한 운송물의 파손이나 자동차의 차량손해보험에서 자동차의 결함, 기계의 자연소모 등으로 인한 손해는 면책사유가 된다. 이것은 위험률산정의 기초로 되어 있지 않고 또 우연한 사고가 아니기 때문이다.

제 3 保險契約者와 被保險者의 損害防止·輕減義務

1. 總 說

(1) 意義·趣旨

① 보험계약자와 피보험자는 손해의 방지와 경감을 위하여 노력하여야 한다(680 本). 이를 「손해방지의무」 또는 「손해방지·경감의무」라고 한다. ② 이 의무는 보험계약의 사행계약성과 도덕적 위험을 고려하여, 보험자에 대한 신의성실의 원칙과 손해방지를 통한 공익보호의 취지에서 인정된 것이다(多數說).

1) 大判 2001. 2. 23, 98 다 59309; 프保 L 121-13, 도保 99-105, 스위스保 57 등 참조.

(2) 法的性質

① 이 의무는 보험계약자가 아닌 피보험자도 부담하는 것이므로, 계약상의 의무가 아니라 형평의 견지에서 법이 특히 인정한 의무이다. ② 또 보험계약자가 이 의무에 위반함으로써 보험자가 손해를 입은 경우에는 보험자는 보험계약자에게 손해배상청구를 하거나 손해보상액에서 공제할 수 있으므로, 고지의무와 같은 간접의무가 아니라 하나의 법적의무이다(스위스保 91 II; 양승규, 222면).

(3) 義務者

손해방지의무를 부담하는 자는 보험계약자와 피보험자이다(680本). 이들이 손해의 방지와 경감에 적합한 지위에 있기 때문이다.

2. 義務의 內容

(1) 義務의 發生時期

손해의 방지·경감의무는 손해의 발생을 전제로 하고 있으므로, 이 의무는 보험사고가 발생한 때로부터 생긴다. 보험의 목적에 보험사고가 발생한 것은 아니나, 그와 동일시할 수 있는 상태가 발생한 때(예컨대 옆집에 화재가 나서 보험의 목적인 건물에 화재가 나는 것이 불가피한 때)에도 손해방지의무가 발생한다(同旨: 양승규, 223면). 보험사고가 발생한 이상 피보험자의 법률상 책임 여부가 판명되지 아니한 상태에서도 피보험자는 손해확대방지를 위한 긴급한 행위를 할 수 있다(大判 94. 9. 9, 94 다 16663; 93. 1. 12, 91 다 42777).

(2) 義務의 範圍(內容)

손해의 방지·경감의무는 보험자가 보상할 손해의 발생이나 확대를 방지하고 경감하기 위하여 노력하는 것을 내용으로 하므로, 보험사고의 발생을 방지하는 것은 이 의무의 내용이 아니다. 또한 보험자가 보상책임을 지지 않는 사고가 생겼으나, 전손만을 담보하는 보험계약에서 분손의 위험밖에 없으면 이 의무는 생기지 않는다(양승규, 223면).

(3) 損害防止行爲의 程度

손해방지행위의 정도는 일률적으로 말할 수 없고, 보험사고의 종류·상태와 사고발생 당시의 보험계약자 등의 상태 등을 참작하여 결정하여야 한다. 보험계약자 등이 보험계약을 체결한다고 하여 손해방지의 노력이 일층 강화되는 것은 아니므로, 그들은 보험계약이 없는 경우에 자기의 손해를 방지하기 위하여 노력할 정도의 노력을 기울이면 된다(通說). 보험계약자 또는 피보험자는 보험자가 손해발생의 통지를 받고 손해의 방지를 위한 지시를 하면 그 지시에 따라야 한다(도保 62; 양승규, 224면).

(4) 義務免除特約의 效力

이 의무는 공익적 요청에 기한 것이므로 이를 면제하는 특약은 효력이 없다(同旨: 손주찬, 586면).

3. 義務違反의 效果

(1) 이 의무를 위반한 경우의 효과에 관하여 상법에 규정이 없으므로 다툼이 있다. 일부 학설은 의무위반이 경과실로 인한 경우와 고의·중과실로 인한 경우를 구별하여, 경과실로 인한 경우에는 채무불이행의 일반원칙에 따라 보험자는 보험계약자 등에 대하여 손해배상을 청구하거나 보험금에서 손해액을 공제할 수 있으나, 고의 또는 중과실로 인한 경우에는 보험자는 보상의무를 면한다고 풀이한다(최기원, 637면). 이에 반하여 통설은 보험계약자 등이 고의 또는 중과실로 이 의무를 위반한 경우에는 보험자에 대하여 손해배상책임을 지고, 보험자는 지급할 보상액으로부터 이를 공제할 수 있다고 본다. 생각건대 보험사고 발생시의 정황을 고려하면 피보험자 등이 경과실로 의무를 위반한 경우에 불이익을 주는 것은 가혹하므로 고의·중과실의 경우에만 손해배상책임을 지우는 통설이 타당하다. 개정안은 종래의 통설을 받아들여 보험계약자나 피보험자가 손해방지의무를 고의 또는 중대한 과실로 위반한 경우에는 보험자는 그 의무가 이행되었더라면 방지하거나 줄일 수 있었던 손해액을 보상액에서 공제할 수 있으나, 위 의무 위반이 손해의 발생 및 확대에 영향을 미치지 아니한 경우에는 공제할 수 없다고 규정하고 있다(안 680 II). 경과실의 경우는 손해배상의무에서 제외하고 있다.

(2) 보험자의 손해배상청구권은 보험계약자 등의 채무불이행이나 불법행위로 인한 것이 아니라 법정의무의 위반에 근거한 것이다(同旨: 양승규, 224면; 정찬형, 568면).

(3) 이 경우의 증명책임에 관하여는, 보험자가 보험계약자 등이 손해방지행위를 하지 아니하였다는 객관적 사실을 증명하면, 보험계약자 등이 고의 또는 중과실이 없다는 사실을 증명하여야 한다고 풀이하는 견해(양승규, 224-225면; Prölss/Martin, §62 Anm. 7)와 보험자가 의무위반과 고의·중과실을 모두 증명하여야 한다는 견해(정찬형, 568면)가 대립하고 있다. 생각건대 도이칠란트보험법 제62조 제2항은 의무위반시에

보험자는 보상책임을 면하되, 보험계약자 등에게 고의 또는 중과실이 있으면 그러하지 않다고 규정하고 있으므로, 증명책임분배의 일반원칙에 따라 의무위반사실은 보험자가, 고의·중과실의 부존재는 보험계약자 등이 증명하여야 하지만, 그러한 명문규정이 없는 우리 나라에서는 보험자가 의무위반과 고의·중과실을 모두 증명하여야 한다고 본다.

4. 損害防止·輕減費用의 負擔

(1) 保險者의 負擔

(가) 「손해방지·경감비용」은 보험자가 담보하고 있는 보험사고가 발생한 경우에 보험계약자 또는 피보험자가 보험사고로 인한 손해의 발생을 방지하거나 손해의 확대를 방지함은 물론 손해를 경감할 목적으로 행하는 행위에 필요하거나 유익하였던 비용을 말한다(大判 95. 12. 8, 94 다 27076). 따라서 보험자가 담보하지 않는 위험으로 보험의 목적에 생길 손해의 방지를 위한 비용은 이에 해당하지 않는다(양승규, 225면; 大判 77. 1. 11, 71 다 2116).

(나) 손해방지·경감비용은 보험자가 전액을 부담한다. 이 비용은 보험자가 부담할 손해보상액을 줄이기 위한 것으로서 보험자의 이익이 되기 때문이다. 이 비용과 보상액이 보험금액을 초과한 경우에도 보험자가 이를 부담하는데(680 但), 이것은 국민경제의 입장에서 손해방지를 장려하기 위함이다. 대법원은 사고발생시 피보험자의 법률상 책임 여부가 판명되지 아니한 상태에서 피보험자가 손해확대방지를 위한 긴급한 행위를 함으로써 발생한 필요·유익한 비용도 보험자가 부담하여야 한다고 본다(大判 93. 1. 12, 91 다 42777).[1]

개정안은 보험자가 원칙적으로 보험금의 한도에서 손해방지·경감비용을 부담하고, 보험자의 지시나 동의에 따라 손해방지·경감비용을 지출한 경우에 한하여 보험금을 초과하더라도 보험자가 위 비용을 부담하는 것으로 하였다(안 680 III).

---

1) 大判 94. 9. 9, 94 다 16663(자동차 소유자인 피보험자가 사고 직후 자신에게 손해배상책임이 있는지 여부를 판단하기 어려운 가운데 중상을 입어 의식을 잃은 피해자를 신속하게 치료를 받게 함으로써 더 이상의 피해상태의 악화를 방지하기 위하여 치료비 채무의 연대보증을 하였다면 피보험자의 책임 유무가 가려지지 아니한 상태에서 그가 손해배상책임을 져야 할 경우에 대비하여 한 최소한도의 손해확대방지행위라고 보아야 하므로 이로 인하여 보험회사의 면책통보 이전까지의 치료비로서 피보험자가 지출한 금원은 보험회사가 보상하여야 할 손해확대방지비용에 해당한다).

(2) 一部保險

일부보험의 경우에 보험자가 부담할 손해방지비용은 보험금액의 보험가액에 대한 비율에 따라 보험자가 이를 부담하고, 나머지 부분은 의무자가 부담한다.

(3) 保險者不負擔約款의 效力

보험자가 손해방지비용을 부담하지 않는다는 내용의 약관은 강행규정인 제680조에 위반하여 무효이다(通說).

제4 保險者代位

1. 序 說

(1) 意 義

보험자대위(subrogation)란 보험자가 보험금액을 지급한 때에 보험계약자 또는 피보험자가 보험의 목적에 대하여 가지는 권리 또는 제3자에 대하여 가지는 권리를 법률상 당연히 취득하는 것을 말한다. 보험대위라고도 한다. 보험자대위는 그 발생근거에 따라 법정대위(legal or equitable subrogation)와 약정대위(contractual or conventional subrogation)로 나누어진다. 전자는 법률의 규정에 의하여 발생하는 것이고, 후자는 당사자간의 약정에 의하여 발생하는 것이다.

(2) 類 型

보험자대위에는 보험자가 취득하는 권리의 종류에 따라 두 가지 형태가 있다. 하나는 피보험자가 보험의 목적에 대하여 가지는 권리를 취득하는 「보험목적에 대한 보험대위(잔존물대위)」이고(681), 다른 하나는 보험계약자 또는 피보험자가 제3자에 대하여 가지는 권리를 취득하는 「제3자에 대한 브험대위(청구권대위)」이다(682).

(3) 適用範圍

보험자대위는 원칙적으로 손해보험에 대하여만 인정되고, 인보험에는 인정되지 않는다. 다만 인보험 중 상해보험의 경우에는 예외적으로 당사자간의 약정으로 피보험자의 권리를 해하지 않는 범위 내에서 보험자대위를 인정하고 있다(729 但).

(4) 法的性質

보험자대위는 민법상의 손해배상자대위(民399)와 같으며, 보험자는 법률의 규정에 의하여 당연히 보험계약자 또는 피보험자의 권리를 취득한다. 따라서 물권변동의 효력발생요건(民186, 188)이나 채권양도에 관한 대항요건(民450) 등은 요하지 않는다(民187).

(5) 認定根據

보험자대위를 인정하는 근거에 관하여는 ① 손해보험은 손해보상을 목적으로 하는 것이고 피보험자에게 어떤 이득을 주려는 것은 아닌데, 보험사고 발생 후에 가치있는 잔존물이 남거나 제3자에 대한 청구권이 발생한 경우에는 피보험자는 보험금을 받아 손실을 보상받은 후에 잔존물 또는 청구권에 의하여 이익을 얻을 가능성이 있으므로, 이러한 이중이득을 막기 위하여 보험자대위가 인정된다고 보는 견해(利得防止說; 損害補償契約說. 通說)와 ② 피보험이익이 전부멸실하여도 잔존물 내지 청구권이 남아 있는 경우에는 그 이익의 가액을 상실된 피보험이익의 가액에서 공제하고 보험자가 보상할 손해액을 산정하여야 마땅하지만, 이것이 기술적으로 곤란하고 시간과 비용을 요하므로, 피보험자에게 신속한 보험보호를 주기 위하여 차감계산 대신에 보험금 전액을 지급하고 보험자로 하여금 잔존물 내지 청구권을 취득하게 한 것이 보험자대위라고 보는 견해(技術說. 田邊, 商法の争點, 제2판, 254, 145면; 西島, 保険法, 제3판, 176면) 및 ③ 이득의 방지는 보험계약에서 당연히 요청되는 것은 아니고, 보험계약이 피보험자에 의한 보험사고의 유발이나 도박 등 부정행위에 이용되는 것을 막기 위한 정책적 수단으로서 인정된다고 보는 견해(政策說. 양승규, 229면) 등이 대립하고 있다.

생각건대 이득방지설은 전부보험의 경우는 설명할 수 있으나, 일부보험의 경우를 설명하기 어렵다. 즉 일부보험의 경우에는 보험금액의 전부를 지급받아도 보상되지 않는 손해가 남으며, 잔존물 또는 청구권의 가액이 보상받지 못하는 손해를 초과하지 않는 한 피보험자에 아무런 이득이 없는데도, 상법은 이 경우에 보험자는 보험금액의 보험가액에 대한 비율에 따라 잔존물 또는 청구권에 대하여 대위권을 인정하고 있기 때문이다(681 但, 682 但). 따라서 보험자대위는 이득의 방지와 기술적 곤란 및 정책적 고려가 두루 고려된 결과라고 본다. 대법원은 보험자대위에 관한 상법 제682조의 규정을 둔 이유는 피보험자가 보험자로부터 보험금액을 지급받은 후에도 제3자에 대한 청구권을 보유·행사하게 하는 것은 피보험자에게 손해의 전보를 넘어서 오히려 이득을 주게 되는 결과가 되어 손해보험제도의 원칙에 반하게 되고 또 배상채무자인 제3자가 피보험자의 보험금 수령으로 인하여 그 책임을 면하게 하는 것도 불합리하므로 이를 제거하여 보험자에게 그 이익을 귀속시키려는데 있다고 한다(90. 2. 9, 89 다카21965).

2. 保險의 目的에 대한 保險者代位(殘存物代位)

(1) 意 義

보험목적의 전부가 멸실한 경우에 보험금액의 전부를 지급한 보험자가 그 목적에 대한 피보험자의 권리를 법률상 당연히 취득하는 제도이며(681), 「보험목적에 관한 보험대위」 또는 「잔존물대위」라고 한다. 예컨대 화재보험에서 불에 타지 않은 석재, 선박보험에서 침몰선에 대한 소유권을 보험자가 취득하는 것이다.

보험자대위는 보험위부(710)와 유사한 제도이지만, 다음과 같은 차이가 있다. 즉 ㉠ 보험자대위는 법률상 당연히 발생하지만, 보험위부는 피보험자의 의사표시에 의하여 발생하는 권리이고, ㉡ 보험자대위에서 보험자는 피보험자에게 지급한 금액 이상으로 잔존물에 대한 권리를 취득할 수 없으나, 보험위부에서는 보험자는 위부된 목적물의 가액이 피보험자에게 지급한 보험금액을 초과하는 경우에도 그 소유권을 취득할 수 있다.

(2) 要 件

(가) 保險의 目的의 全部滅失(全損): (a) 보험의 목적이 전부 멸실하여야 한다(전손). 따라서 분손이 생긴 경우에는 잔존물대위는 인정되지 않는다. 전부멸실이란 보험의 목적물이 종래 가지고 있던 경제적 효용을 전부 상실한 것을 뜻하고, 물리적인 전멸을 의미하지는 않는다. 따라서 잔존물이 남아 있더라도 분손으로 보지 않는다. (b) 당사자간의 특약으로 예컨대 보험의 목적물의 5분의 4 이상의 멸실을 전손으로 인정하는 것(全損擬制)은 무방하다고 본다.

(나) 保險金額의 全額支給: (a) 보험자가 보험금액의 「전부」를 피보험자에게 지급하였어야 한다. 여기의 전부가 증권상(약정상)의 금액 전부인가, 실제상 입은 손해의 전액인가는 다투어진다(Birds, p. 277ff. 참조). 보험자가 보험금액의 일부만을 지급한 때에는 잔존물대위가 인정되지 않는다. 이 점에서 청구권대위(682 但)와 다르다. (b) 손해방지·경감비용(680) 기타의 비용(예컨대 손해액 산정비용. 676 II)은 보험금액의 일부는 아니지만, 보험금액 이외에 이들 비용을 전부 지급하여야만 대위권을 취득한다(通說).

(3) 效 果

(가) 保險의 目的에 대한 權利의 取得: (a) 위의 요건을 구비하면 보험자는 보험의 목적에 대한 피보험자의 모든 권리를 취득한다(676本). 취득의 시기는 보험금액전액의 지급시이다. 보험자의 권리취득은 법률의 규정에 의한 당연한 효과이며, 피보험자에 의한 권리이전절차나 보험자에 의한 권리취득의 효력발생요건 또는 대항요건을 요하지 않는다. (b) 피보험자가 보험금을 지급받기 전에 잔존물을 타인에게 처분한 경우에는 보험자는 보험금에서 이를 공제할 수 있고, 보험금을 지급받은 후에 처분한 경우에는 보험자는 피보험자에 대하여 손해배상을 청구할 수 있다. (c) 잔존물을 점유하고 있는 피보험자는 보험자가 잔존물에 대한 권리를 행사할 수 있도록 협력하는 등 신의칙상 요구되는 의무를 부담한다.

(나) 殘存物에 대한 義務負擔과 代位權抛棄: (a) 보험자는 대위에 의하여 잔존물에 부수하는 의무도 부담한다. 예컨대 선박보험에서 보험자가 난파선에 대한 소유권을 취득하게 되면 난파선의 제거의무를 진다(개항질서법 26). (b) 보험자는 잔존물에 대한 의무부담의 비용이 잔존물의 가액을 초과하는 등 이로 인하여 불이익을 입을 경우에는 대위권을 포기할 수 있다고 본다(通說). 이 때에는 잔존물에 대한 권리와 의무가 피보험자에게 귀속한다. (c) 보험자가 잔존물에 대한 의무를 면하기 위하여 잔존물의 소유권을 피보험자에게 귀속시키기로 하는 약관의 규정은 유효하다(通說).

(4) 一部保險

일부보험의 경우에는 보험자는 보험금액의 보험가액에 대한 비율에 따라 목적물에 대한 권리를 취득한다(681但). 따라서 보험자와 피보험자가 잔존물에 대한 권리를 공유하게 된다.

3. 第3者에 대한 保險者代位(請求權代位)

(1) 意 義

손해가 제3자의 행위로 인하여 생긴 경우에 보험금액을 지급한 보험자가 그 지급한 금액의 한도에서 그 제3자에 대한 보험계약자 또는 피보험자의 권리를 취득하는 것을 말하며(682本), 「제3자에 대한 보험대위」 또는 「청구권대위」라고도 한다. 예컨대 피보험자의 보험의 목적물이 제3자의 불법행위로 인하여 멸실한 경우에 보험자가 피보험자에게 보험금액을 지급하면, 보험자는 피보험자가 그 제3자에 대하여 가지고 있는 손해배상청구권을 취득한다.

(2) 要 件

(가) 第3者의 行爲로 인한 保險事故의 發生: 제3자의 행위로 인하여 보험사고가 발생하고 또 이 사고로 인하여 손해를 입어야 한다.

① 제3자의 「행위」란 보험계약의 목적(피보험이익)에 대하여 손해를 입히는 일체의 행위를 가리키며, 불법행위(예컨대 방화) 뿐만 아니라, 채무불이행(예컨대 임차인의 실화)과 적법행위(예컨대 선장의 공동해손 처분행위. 832) 등도 포함한다. 제3자의 고의·과실로 인한 행위만이 이에 해당하는 것은 아니다.[1)]

② 「제3자」란 보험자·보험계약자 및 피보험자 이외의 자를 말한다. (a) 보험계약자는 원칙적으로 제3자가 아니다. 그러나 타인을 위한 손해보험계약에서 보험계약자는 형식적으로는 계약당사자이지만, 실질적으로는 피보험이익과 상관이 없는 제3자의 위치에 있으므로 문제이다. 형식논리를 강조하는 입장에서는 타인을 위한 보험의 보험계약자도 제682조의 제3자에 해당하지 않는다고 풀이하고 있고(손주찬, 593면; 정찬형, 573면), 반대로 타인을 위한 손해보험계약의 실질을 중시하는 입장에서는 타인을 위한 손해보험계약은 타인의 이익을 위한 계약으로서 그 타인(피보험자)의 이익이 보험의 목적이 되는 것이고 보험계약자의 보험이익이 포함되거나 예정되어 있는 것은 아니라는 이유로 그 보험계약자는 제3자의 범주에 포함된다고 본다(채이식, 564면. 大判 2000. 11. 10, 2000 다 29769; 90. 2. 9, 89 다카 21965; 89. 4. 25, 87 다카 1669). 그러나 타인을 위한 손해보험의 보험계약자를 일률적으로 제3자로 보거나 제3자로 보지 않는 것은 의문이며, 이것은 경우를 나누어 살펴보아야 한다고 생각한다. 먼저 보험계약자를 청구권대위의 대상이 되는 제3자에 포함시키는 견해에 의하면, 보험자가 제3자로서의 보험계약자에 대하여도 청구권대위를 할 수 있게 되는데, 이것은 보험계약자가 많은 의무를 부담하고 있는 점(650, 652, 653, 680)에 비추어 보험계약자에게 가혹하고, 또 타인을 위한 보험계약자인 운송인이나 임차인 등은 자기의 배상책임을 면할 목적으로 보험에 가입하는 것인데(예컨대 세탁업자가 자기에게 세탁을 맡

1) 大判 95. 11. 14, 95 다 33092(보험사고에 의하여 손해가 발생하고 피보험자가 그 손해에 관하여 제3자에게 손해배상청구권을 갖게 되면 보험금을 지급한 보험자는 제3자에게 귀책사유가 있음을 입증할 필요가 없이 법률의 규정에 의하여 당연히 그 손해배상청구권을 취득하게 된다고 할 것이므로, 상법 제682조 소정의 「제3자의 행위」란 「피보험이익에 대하여 손해를 일으키는 행위」를 뜻하는 것으로서 고의 또는 과실에 의한 행위만이 이에 해당하는 것은 아니다).

긴 옷 주인을 위하여 세탁물의 분실 등에 대비하여 손해보험에 가입하거나, 창고업자 또는 운송인이 임치물이나 운송물의 소유자를 피보험자로 하여 손해보험계약을 체결한 경우), 이러한 사정을 무시하고 보험계약자로 하여금 보험자의 대위권행사에 대비하여 다시 책임보험에 가입하라고 요구하는 결과로 되어 부당하다(同旨: 정찬형, 상법강의, 하, 제11판, 2009, 624, 주 2).

다음 보험계약자를 일률적으로 제3자에서 배제하는 견해에 의하면, 타인을 위한 손해보험에서 보험자가 보험계약자에게 대위를 할 수 없어 보험계약자는 보호되지만, 보험계약자는 원칙적으로 보험의 목적에 관한 피보험이익을 갖지 아니하여 제3자의 실질을 가지는 점을 무시하게 되는 난점이 있다.

그렇다면 이 문제는 타인을 위한 손해보험의 형식과 실질 양면을 두루 고려하여 해결하여야 할 것이다. 타인을 위한 손해보험의 보험계약자는 실질적으로 타인의 이익을 위하여 보험계약을 체결하는 사람으로서 제3자에 해당하는 것이 원칙이지만, 그가 자기가 부담할 손해배상책임을 보상받기 위하여 보험계약을 체결하는 경우, 즉 실질적으로 책임보험과 같은 목적을 달성하기 위하여 보험계약을 체결하는 경우(앞의 세탁업자, 창고업자, 운송인 등의 경우)에는 그는 자기의 이익을 위하여 보험계약을 체결하는 사람으로서 제3자와 다르므로, 이 경우에는 보험자는 보험계약자에 대하여 청구권대위를 할 수 없다고 풀이하여야 할 것이다. 이처럼 제한적인 범위 내에서 보험계약자를 제3자로 보는 절충적인 입장이 타당하다고 생각한다. 이렇게 풀이하면 상법 제639조 제2항 단서는 잘못되거나 우스운 규정[1]이 아니라 그 나름대로 의미가 있는 규정이라고 하겠다.[2]

---

1) 송상현, 「보험금지급의무와 불법행위손해배상의무와의 관계」, 정희철교수 정년기념 상법논총, 280-282면; 김성태, 353면.

2) 보험계약자를 제3자로 보지 않으면, 예컨대 세탁업자(보험계약자)가 자기에게 세탁을 맡긴 옷 주인(제3자, 피보험자)을 위하여 옷의 분실 등에 대비하여 손해보험에 가입한 경우 또는 창고업자나 운송인이 임치물이나 운송물의 소유자를 피보험자로 하는 손해보험계약을 체결한 경우와 같이, 보험계약자가 자기의 손해배상책임을 면하기 위하여 타인을 위하여 보험계약을 체결한 경우, 즉 책임보험과 같은 목적으로 보험계약을 체결한 경우에는 매우 부당한 결과를 가져온다. 왜냐 하면 이 경우에 세탁업자가 자기 또는 종업원의 과실로 옷을 손상하거나 분실하여 옷 주인에게 손해를 배상하여도 그는 피보험자가 아니므로 보험자에 대하여 보험금 상당액을 청구할 수 없게 되고, 따라서 그는 보험료를 성실하게 납부하였음에도 불구하고 사고가 발생한 경우에 아무런 보상을 받지 못하여 보험에 가입하지 않은 것과 같게 되는 반면에, 보험자는 옷 주인에게 보상을 하고 나서 가해자인 세탁업자에게 청구권대위에 의하여 구상을 하게 되어, 보험자는 보험료를 모두 챙기고도 아무런 책임을 지지 않게 되어 위험의 부담이 없이 보험료만 얻게 되는 결과가 된다. 결국 세탁업자(보험계약자)는 옷 주인(피보험자, 제3자)을 위하여 보험계약을 체결하고 보험료를 내었음에도 불구하고 보험계약을 체결하지 아니한 경우와 똑같은 처지에 놓이게 되고, 보험자는 보험료만 챙기고

(b) 피보험자는 제3자가 아니다(An insurer cannot have subrogation against its own insured). 따라서 자동차종합보험에서 피보험자의 피용운전사(大判 91. 11. 26, 90 다 10063), 자동차종합보험계약의 기명피보험자로부터 보험에 가입된 굴착기를 운전기사와 함께 임차하여 공사현장에 투입하여 사용 또는 관리중인 자(大判 95. 6. 9, 94 다 4813), 기명피보험자의 승낙을 얻어 자동차를 사용 또는 관리중인 자(大判 93. 1. 12, 91 다 7828) 등 피보험자와 동일시할 수 있는 자에 대하여는 보험자는 청구권대위를 할 수 없다. (c) 보험계약자 또는 피보험자와 공동생활을 하는 가족 또는 사용인을 제3자로 볼 것인가의 문제가 있다. 이들의 「과실로」 인하여 보험사고가 발생한 경우에 청구권대위를 인정하면 사실상 피보험자로부터 보험의 이익을 박탈하는 결과가 되므로, 이들은 제3자에 해당하지 않는다고 보아야 할 것이다(通說, 獨保 67 참조). 그러나 이들이 「고의로」 손해를 발생시킨 경우에는 보호할 필요가 없으므로, 이 경우에는 보험자를 면책시키거나 보험자의 대위권을 인정하여야 할 것이다(양승규, 239면; 西島, 199면). 개정안은 종래의 통설에 따라 보험계약자나 피보험자의 제3자에 대한 권리가 그와 생계를 같이 하는 가족에 대한 것인 경우에는 보험자는 그 권리를 취득하지 못하는 것으로 하되, 다만 손해가 그 가족의 고의로 인하여 발생한 경우에는 그에 대한 대위를 인정하고 있다(안 682 II). (d) 제3자의 수는 문제되지 않는다. 따라서 보험자가 공동불법행위자 중 1인과 체결한 보험계약에 따라 손해배상금을 지급하여 공동불법행위자들이 공동면책된 경우에는 보험자는 다른 공동불법행위자에 대한 구상권을 대위행사할 수 있다(大判 99. 6. 11, 99 다 3143; 98. 12. 22, 98 다 40466; 95. 7. 14, 94 다 36698 등 다수).

(나) 保險契約者 또는 被保險者의 第3者에 대한 權利의 取得: ① 보험계약자 또는 피보험자가 제3자에 대하여 권리를 가지고 있어야 한다. 보통 피보험자가 제3자에 대하여 가지고 있는 불법행위 또는 채무불이행으로 인한 손해배상청구권이 청구권대위의 대상이 된다.[1] 따라서 제3자의 행위로 인하여 보험사고가 발생하여도 피보험자가 제3자에 대하여 아무런 청구권을 가지

아무런 책임을 지지 않는 결과로 된다. 이 경우에 세탁업자가 옷 주인에게 먼저 배상을 하여 준 경우에 보험자로부터 보상을 받을 수 있게 하기 위하여 신설된 규정이 제639조 제2항 단서이다(졸고, 「타인을 위한 보험에서 보험자의 보험계약자에 대한 청구권대위의 가부」, 고려법학 41(2003), 1면 이하 참조).

1) 大判 88. 12. 13, 87 다카 3166(상법 제682조의 보험자대위에 의하여 보험자가 취득하는 권리는 당해 사고의 발생 자체로 인하여 피보험자가 제3자에 대하여 가지는 불법행위로 인한 손해배상청구권이나 채무불이행으로 인한 손해배상청구권에 한한다).

지 못하는 경우에는 보험자가 취득할 권리는 없다.

② 제3자에 의하여 보험사고가 발생한 후 보험자가 보험금을 지급하기 전에 피보험자 등이 제3자에 대한 권리를 행사하거나 처분한 경우에는 청구권이 없으므로, 보험자는 청구권대위를 할 수 없다.[1)]

③ 그러나 피보험자가 보험금을 지급받은 후에 한 처분은 그 효력이 없으므로, 보험자의 대위권행사에 영향이 없다.[2)]

④ 제3자에 대하여 가지고 있는 권리는 피보험자 등 자신이 직접 가지는 것이든 그들의 승계인이 가지는 것이든, 또 보험사고로 직접 발생한 것이든 간접적으로 발생한 것이든 가리지 않는다(양승규, 240-241면).

(다) 保險者의 保險金支給: ① 보험자가 피보험자에 보험금을 「적법하게」 지급하였어야 한다. 따라서 보험자가 보험약관상 면책되거나 또는 담보하고 있지 아니한 사고에 대하여 피보험자에게 보험금을 지급하였더라도 이는 보험계약을 위반한 부적법한 지급 내지 임의의 지급이므로, 보험자는 피보험자의 제3자에 대한 권리를 대위행사할 수 없다.[3)] 그러나 차량 소유자의 차량관리상의 과실과 그 차량 무단운전자의 과실이 경합되어 발생한 교통사고에 있어서 보험자가 차량 소유자와 체결한 보험계약에 따라 피해자들에게 손해배상금을 보험금액으로 모두 지급함으로써 차량 소유자와 무단운전자가 공동면책이 된 경우에는 그 소유자는 무단운전자의 부담부분에 대하여 구상권을 행사할 수 있고, 보험자는 차량 소유자의 무단운전자에 대한 구상권을 대위행사할 수 있다(大判 95. 9. 29, 94 다 61410). ② 청구권대위의 경우에는 잔존물대위의 경우와는 달리 보험자가 보험금의 일부를 지급한 때에도 피보험자의 권리를 해하지 않는

1) 大判 81. 7. 7, 80 다 1643(보험목적물을 임차사용 중에 화재가 발생하여 그 일부가 소실된 경우에 보험금을 지급하기 전에 임차인이 임대인과 사이에 화재복구비용을 일부 지급하고 화재로 인한 나머지 손해배상채무를 면제받기로 화해가 성립된 때에는 보험자의 청구권대위는 인정되지 않는다); 大判 95. 9. 29, 95 다 23521; 93. 6. 29, 93 다 1770(피보험자의 제3자에 대한 권리가 변제나 소멸시효로 소멸한 경우에는 청구권대위를 할 수 없다).

2) 大判 97. 11. 11, 97 다 37609(화재보험의 피보험자가 보험금을 지급받은 후 화재에 대한 책임 있는 자로부터 손해배상을 받으면서 나머지 손해배상청구권을 포기하였다 하더라도, 피보험자의 화재에 대한 책임 있는 자에 대한 손해배상청구권은 피보험자가 보험자로부터 보험금을 지급받음과 동시에 그 보험금액의 범위 내에서 보험자에게 당연히 이전되므로, 이미 이전된 보험금 상당 부분에 관한 손해배상청구권의 포기는 무권한자의 처분행위로서 효력이 없다).

3) 大判 94. 4. 12, 94 다 200(보험약관상 보험자가 면책되는 무면허운전시에 생긴 사고에 대한 보험회사의 보험금지급은 보험약관을 위배하여 이루어진 부적법한 것이므로, 보험회사는 구상권을 대위행사할 수 없다).

범위 내에서 그 권리를 대위행사할 수 있다(682但).

(3) 效 果

(가) 保險者에 의한 權利의 取得: ① 위의 요건이 구비되면 보험자는 지급한 금액의 한도에서 피보험자 등의 제3자에 대한 권리를 이전받아 취득한다(682本). 보험자에 의한 권리의 취득은 법률의 규정에 의한 것이므로, 당사자의 의사표시를 요하지 않고 또 지명채권양도의 대항요건(民450)도 불필요하다. ② 그러나 제3자는 권리자의 변동으로 불이익을 받을 이유가 없으므로, 피보험자 등에 대한 모든 항변을 가지고 보험자에게 대항할 수 있다.

(나) 代位權行使의 範圍: 청구권대위는 보험자가 피보험자 등의 제3자에 대한 권리를 행사하는 것이므로, 보험자는 피보험자가 제3자에 대하여 행사할 수 있는 권리의 범위 내에서, 또한 자기가 피보험자에게 지급한 금액의 한도(682本)에서 대위권을 행사할 수 있다. 그리하여 예컨대 자동차보험에서 보험사고가 피보험자의 과실과 경합하여 발생한 경우에 그 상대방은 피보험자에 대하여 과실상계를 주장할 수 있으므로, 보험자의 대위권행사는 상계된 금액만큼 제한되고, 보험자가 대위권을 행사하여 제3자로부터 회복한 금액이 피보험자에게 지급한 금액을 초과하는 경우에는 그 초과부분을 피보험자에게 돌려주어야 한다.

(다) 共同不法行爲者에 대한 代位: 수인이 공동불법행위로 피보험자에게 손해를 가한 때에는 연대하여 손해배상책임을 지므로(民760), 피보험자에게 보험금액을 지급한 보험자는 공동불법행위자의 1인 또는 전원에게 구상권을 행사할 수 있다. 또 보험자가 공동불법행위자 중 1인과 체결한 보험계약에 따라 손해배상금을 지급하여 공동불법행위자들이 공동면책된 경우에는 보험자는 다른 공동불법행위자 및 그 보험자에 대한 구상권을 대위행사할 수 있다(大判 99. 6. 11, 99 다 3143; 98. 12. 22, 98 다 40466; 98. 9. 18, 96 다 19765; 98. 7. 10, 97 다 17544; 95. 7. 14, 94 다 36698 등 다수. 憲裁 94. 12. 29, 93 헌바 21).

다만 공동불법행위의 경우에도 그중 1인의 불법행위자가 피해자에게 자기의 과실비율에 따른 부담금액만을 지급한 때에는 다른 공동불법행위자(또는 그 보험자)에 대하여 구상권을 취득할 수 없다(大判 95. 9. 29, 94 다 61410). 그 중 1인이 자기의 과실비율에 따른 부담금액에 미달하는 금액을 배상한 경우에도 다른 공동불법행위자에 대한 구상권을 취득하는가에 관하여는 이를 긍정하는 견해와 부정하는 견해가 대립하고 있다. 학설은 긍정설이 다수설이나(곽윤직, 채권총론, 재전정판, 292-293면),

판례는 부정설을 취하고 있다(大判 95. 9. 29, 94 다 61410; 92. 12. 11, 92 다 32562).

(라) 求償權의 消滅時效: 보험금을 지급한 보험자가 청구권대위에 의하여 다른 공동불법행위자에 대하여 가지는 구상권의 소멸시효 기간과 기산점은 대위에 의하여 취득한 권리 자체를 기준으로 판단하여야 한다. 따라서 그 소멸시효기간은 일반채권과 같이 10년이고, 그 기산점은 구상권이 발생한 시점, 즉 구상권자가 현실로 피해자에게 손해배상금을 지급한 때이다(大判 99. 6. 11, 99 다 3143; 98. 12. 22, 98 다 40466; 94. 1. 11, 93 다 32958 등 다수). 다만 공동불법행위자들과 각각 상행위인 보험계약을 체결한 보험자들 상호간에서 손해배상금 지급행위는 상인이 영업을 위하여 하는 행위요, 구상금채권은 보조적 상행위로 인한 채권이므로, 보험금을 지급한 보험자가 다른 공동불법행위자의 보험자에 대하여 직접 행사하는 구상권의 소멸시효기간은 5년이다(大判 98. 7. 10, 97 다 17544).

(마) 被保險者 등에 의한 權利의 處分: ① 제3자에 의한 보험사고가 발생한 후 보험자가 「보험금을 지급하기 전」에 피보험자 등이 제3자에 대한 권리를 행사하거나 면제 기타의 처분을 한 경우에는 보험자는 대위에 의하여 취득할 수 있었던 권리의 가액을 보험금에서 공제할 수 있고, 피보험자 등이 완전한 피해변제를 받았을 경우에는 이중이득금지의 법리에 따라 보험자에게 보험금을 청구할 수 없다(大判 95. 9. 29, 95 다 23521 참조; 도保 67 I 3文). ② 보험자가 「보험금을 지급한 후」, 즉 청구권대위의 효과가 발생한 후에는 피보험자 등은 제3자에 대한 권리를 행사하거나 처분할 수 없으며, 그 처분은 무권리자의 처분으로서 원칙적으로 무효이다. 따라서 피보험자가 제3자에 대한 손해배상청구권을 포기하여도 무권한자의 처분행위로서 무효이고, 보험자는 여전히 제3자에 대하여 청구권대위를 할 수 있다(大判 97. 11. 11, 97 다 37609). 다만 제3자가 보험자의 대위권취득을 알지 못하고 선의이며 과실없이 피보험자에게 채무를 이행한 때에는 채권의 준점유자에 대한 변제(民 470)로서 유효하다(大判 99. 4. 27, 98 다 61593). ③ 만일 피보험자 등이 제3자에 대한 권리를 행사하여 손해배상을 받거나 권리를 처분한 때에는 피보험자등은 이미 보험자로 이전된 권리를 권한없이 침해한 것이므로 부당이득반환 또는 불법행위로 인한 손해배상책임을 면하지 못한다(大判 99. 4. 27, 98 다 61593).

(4) 代位의 制限

① 保險金一部를 支給한 경우 보험자가 보상할 보험금액의 일부를 지급한 때에는 피보험자의 권리를 해하지 아니하는 범위 내에서만 그 권리를 행

사할 수 있다(682但). 예컨대 보험가액 1,000만원의 목적물에 대하여 전부보험계약을 체결하였는데, 제3자의 과실로 인하여 위 목적물이 전부멸실된 경우에 보험자가 600만원을 지급한 때에는 보험자는 제3자에 대하여 600만원의 범위 내에서만 손해배상청구권을 대위할 수 있고, 피보험자는 나머지 400만원의 손해배상청구권을 가진다(大判 88. 4. 27, 87 다카 1012). 따라서 이 경우에는 보험자와 피보험자 쌍방이 제3자에 대하여 권리를 가지는데, 「피보험자의 권리를 해하지 아니하는 범위 내에서」란 피보험자의 제3자에 대한 400만원 손해배상청구권을 우선적으로 보호하여야 한다는 뜻이다.

② **保險金全部를 支給한 경우** 상법은 보험자가 보험금액의 일부를 지급한 경우를 전제로 보험자의 대위권행사를 제한하고 있으나, 보험자가 보험금액의 전부를 지급한 경우에도 아직 피보험자의 손해가 남아 있으면 보험자의 대위권행사를 제한하여야 한다고 본다(通說). 예컨대 화재보험에 붙인 건물이 제3자의 방화로 전소하여 보험금액의 전부를 보상받았으나, 피보험자가 제3자에 대하여 건물 내의 가구 등의 소실로 인한 손해배상청구권을 가지는 경우에도, 보험자는 피보험자의 권리를 해하지 않는 범위 내에서 대위권을 행사하여야 한다.

(5) 一部保險

(가) 잔존물대위의 경우(681但)와는 달리 청구권대위의 경우에는 일부보험에 관하여 규정하고 있지 않다. 따라서 일부보험의 경우에 청구권대위를 어떻게 규율할 것인가가 문제된다. 간단한 설례를 들어 살펴보기로 한다. 보험계약자(피보험자) 甲은 보험가액 1,000만원의 물건에 대하여 400만원은 자기부담으로 하고 乙 보험회사에 600만원의 화재보험을 들었는데, 丙의 중과실로 건물이 전소하여 甲은 乙로부터 보험금 600만원을 지급받았다고 하자.

(나) 피보험자에게 과실이 없고 제3자의 자력이 충분한 경우에는 보험자는 지급한 보험금액의 범위 내에서 보험금액의 보험가액에 대한 비율로 대위권을 취득하고, 피보험자는 보상받지 못한 부분에 대한 손해배상청구권을 가지게 되어, 보험자와 피보험자는 제3자에 대한 손해배상청구권을 분할하여 행사하면 된다. 위 설례에서 甲은 丙에 대하여 400만원, 乙은 丙에 대하여 600만원의 손해배상청구권을 행사할 수 있다.

(다) 그러나 제3자의 자력이 불충분하거나 피보험자에게 과실이 있어서 과

실상계가 인정되는 경우에는 제3자로부터 받을 수 있는 손해배상금을 보험자와 피보험자 사이에 어떻게 분배할 것인가 문제이다. 위 설례에서 병의 자력이 불충분하여 800만원밖에 배상능력이 없는 경우에, 이 800만원을 갑과 을 사이에 어떻게 분배할 것인가이다. 이 문제에 관하여는 세 가지 견해가 대립하고 있다. ㉠ 絶對說(限度主義, 보험자우선설). 보험자는 보험금액의 지급한도에서 우선적으로 대위한다고 보는 견해이다. 위 예에서 乙은 600만원의 한도에서 대위하고 甲은 나머지 200만원을 취득한다(甲은 총 800만원을 지급받는다). ㉡ 相對說(比例主義, 보험자·피보험자비례설). 제681조 단서를 유추하여 보험자는 보험금액의 보험가액에 대한 비율에 따라 대위한다고 보는 견해이다. 위 예에서 乙은 800만원$\times\frac{600}{1,000}$=480만원을 대위하고 甲은 320만원을 취득한다(甲은 총 920만원을 지급받는다). ㉢ 差額說(損害額超過主義, 피보험자우선설). 제682조 단서를 유추하여 보험자는 피보험자의 권리를 해하지 않는 범위 내에서 대위한다고 보는 견해이다. 위 설례에서 甲이 400만원을 취득하고 그 나머지 400만원을 乙이 대위한다(甲은 총 1,000만원을 지급받는다). ㉣ 생각건대 보험자대위는 피보험자의 이중이득을 방지하기 위한 것이고, 보험자는 구상권에 관계없이 보험료의 대가로서 보험금액을 지급하는 점에 비추어, 피보험자에게 가장 유리한 차액설이 타당하다고 본다(多數說). 다만 차액설은 권리행사의 순서에 따라 피보험자가 받게 될 총액이 달라진다는 문제점을 안고 있다는 비판을 받고 있다(김성태, 481면). 미국에서는 위 세 가지 방법 외에 두 가지의 해결방법이 더 주장되고 있다(Keeton & Widiss, p. 234, note 1 참조).

4. 再保險과 請求權代位

재보험의 경우에는 먼저 원보험자가 원보험계약의 피보험자에게 보험금을 지급하고 제3자에 대한 권리를 대위취득하고, 다음에 재보험자가 원보험자에게 재보험금을 지급한 때에 그 한도에서 원보험자의 제3자에 대한 대위권을 다시 대위취득한다. 그러나 제3자에 대한 대위권의 행사에 있어서는 원보험자가 자기의 명의로 재보험자의 수탁자의 지위에서 행사하고, 제3자로부터 회수한 금액을 재보험자에게 교부한다(通說).

5. 保險者代位와 直接請求權

책임보험에서 제3자는 피보험자가 책임을 질 사고로 입은 손해에 대하여 보험금액의 한도 내에서 보험자에게 직접 보상을 청구할 수 있는데(724 II), 이 직접청구권도 보험자대위의 대상이 된다. 판례는 「상법 제682조의 보험자 대위에 의하여 보험자가 취득하는 권리는 당해 사고의 발생 자체로 인하여 피보험자가 제3자에 대하여 가지는 불법행위로 인한 손해배상청구권이나 채무불이행으로 인한 손해배상청구권을 포함하는 것이고, 한편 같은 법 제724조 제2항에 의하여 피해자에게 인정되는 직접청구권의 법적 성질은 보험자가 피보험자의 피해자에 대한 손해배상채무를 병존적으로 인수한 것으로서 피해자가 보험자에 대하여 가지는 손해배상청구권이므로, 이와 같은 피해자의 직접청구권도 역시 상법 제682조의 보험자 대위에 의하여 보험자가 취득하는 권리에 당연히 포함된다」고 한다(大判 99. 6. 11, 99 다 3143; 98. 9. 18, 96 다 19765 등 다수).

제 5 장 損害保險契約의 變更·消滅

제1 總 說

손해보험계약도 보험계약 일반의 변경·소멸사유(예컨대 보험사고의 발생, 보험목적의 멸실, 보험계약의 해지 등)로 인하여 변경·소멸한다. 여기에서는 손해보험계약에 특유한 변경·소멸사유인 보험가액의 변경, 피보험이익의 소멸 및 보험의 목적의 양도에 관하여 설명한다.

제2 保險價額의 變更

보험금액이 보험가액을 현저하게 초과한 때(초과보험, 669 I)나 보험기간중에 보험가액이 현저하게 감소된 때(669 III)에는 보험자 또는 보험계약자는 보험료와 보험금액의 감액을 청구할 수 있다. 그러나 보험료의 감액은 장래에 대하여서만 그 효력이 있다(669 I 但). 이에 관하여는 전술하였다.

제3 被保險利益의 消滅

(1) 보험계약이 성립한 후 보험기간중에 피보험이익이 보험사고 이외의 사유로 소멸한 경우에는 보험자의 책임이 개시되었느냐 아니냐를 묻지 않고 그 보험계약은 무효로 된다. 예컨대 화재보험의 경우에 보험의 목적이 홍수로 유실된 때, 운송보험의 경우에 보험의 목적에 대한 운송계약이 취소된 때, 책임

보험의 경우에 피보험자가 책임을 질 가능성이 없어진 때(자동차를 폐차하여 운행하지 않는 때) 등에는 피보험자는 피보험이익을 잃게 되므로 보험계약은 당연히 종료한다. 여기에서 피보험이익의 소멸은 절대적 소멸을 말하고 도난·분실 등 상대적 소멸은 포함되지 않는다.

(2) 보험자의 책임개시 이전에 피보험이익의 소멸로 보험계약이 무효로 된 경우에 보험계약자와 피보험자가 선의이며 중대한 과실이 없는 때에는 보험자에 대하여 보험료의 전부 또는 일부의 반환을 청구할 수 있다(648).

(3) 보험자의 책임개시 후에 피보험이익의 소멸로 보험계약이 무효로 된 때에는 보험자는 이미 위험을 부담하였으므로, 그때까지의 보험료를 지급받을 수 있다(도保 68 II). 그 이후의 보험료는 보험료불가분의 원칙상 보험자가 보유할 수 있으나, 실제로는 단기 요율(料率)에 의하여 보험료를 정산하는 것이 일반적이다(양승규, 251면).

제4 保險의 目的의 讓渡

1. 總 說

(1) 意 義

「보험의 목적의 양도」는 피보험자가 보험의 대상인 목적물을 개별적으로 타인에게 양도하는 것을 말한다. 보험계약상의 권리·의무가 포괄적으로 승계되는 상속이나 회사의 합병과 다르고, 피보험자가 보험사고의 발생으로 인하여 보험자에 대하여 취득한 보험금지급청구권의 양도와도 다르다.

(2) 認定理由

피보험자가 보험의 목적물을 양도하면 양도인인 피보험자는 피보험이익을 상실하므로 그를 피보험자로 한 보험계약은 소멸하고, 양수인과 보험자 사이에는 아무런 관계가 없으므로 양수인을 위한 보험계약도 없다. 그러나 이러한 원칙을 관철하면 양도인은 그동안에 지급한 보험료를 회수하지 못하여 낭비하게 되고, 양수인은 새로 보험계약을 체결할 때까지 무보험의 불안한 상태에 놓이게 된다. 따라서 보험자가 피보험자의 교체로 불이익을 입지 않도록 하면서 보험목적의 양수인으로 하여금 보험관계를 양수할 수 있도록 하면 관계되는 당사자 모두에게 유익하고 편리하다. 그리하여 상법은 피보험자가 보험의 목적을 양도한 때에는 양수인은 보험계약상의 권리와 의무를 승계한 것으로 추정하고 있다(推定主義·679).[1] 개정안은 이 경우에 양수인이 당연히 보험계약상의 권리와 의무를 승계하는 것으로 규정한다(當然移轉主義).

2. 權利·義務承繼推定의 要件

(1) 保險關係의 存續

보험의 목적물의 양도 당시에 양도인과 보험자 사이의 보험계약이 유효하게 존속하고 있어야 한다. 즉 보험계약이 해지·실효 기타의 사유로 소멸되지 않았어야 한다. 면책사유가 있는 보험계약의 경우에는 보험계약은 그 상태로 양수인에게 이전하므로, 보험자는 양수인에게 면책사유를 대항할 수 있다.

(2) 特定·個別化된 物件

① 보험의 목적은 동산·부동산 등 특정되고 개별화된 물건이어야 한다. 따라서 의사·변호사 등의 책임보험과 같이 보험목적이 물건과 무관한 경우에는 그 지위가 양도되어도 보험관계의 이전이 인정되지 않고, 보험목적이 물건이라도 특정되지 아니한 집합보험의 경우(686, 687)에는 보험목적이 양도되더라도 보험관계가 이전되지 않는다. 다만 책임보험이라도 가옥 등 물건에서 생기는 책임에 관한 것은 물건이 양도되면 보험계약의 이전이 추정된다(通說).

② 물건이라도 선박의 양도에는 보험자의 동의를 얻어야 하고(703의 2), 자동차의 양도에는 보험자의 승낙을 얻어야 하므로(726의 4), 선박 및 자동차의 보험에는 제679조가 적용되지 않는다.

(3) 保險目的의 物權的移轉

보험의 목적물이 물권적으로 이전되어야 하며, 단순한 채권적 양도계약만으로는 부족하다. 또 보험목적의 양도는 양도인과 양수인 사이의 개별적 계약에 의한 것이어야 하며, 상속·합병 등 포괄승계는 포함되지 않는다. 그러나 영업양도와 경락 등에 의한 이전의 경우에는 보험관계의 이전이 추정된다고 본다(通說·도보 73).

---

1) 도이칠란트보험법은 이 경우에 당연히 보험계약상의 권리·의무가 양수인에게 이전하는 것으로 하고 있다(도보 69). 이를 當然移轉主義라고 하는데, 입법론상 당연이전주의의 도입을 주장하는 견해가 있다(양승규, 257면).

3. 保險의 目的의 讓渡의 效果

(1) 權利·義務의 移轉

피보험자가 보험의 목적을 양도한 때에는 양수인은 보험계약상의 권리·의무를 승계한 것으로 추정한다(679 I). ① 따라서 양수인은 반증이 없는 한 피보험자로서의 권리(보험금청구권)를 취득한다. 「타인을 위한 보험계약」에서는 피보험자인 타인만이 변경되므로 보험계약의 성질에 변함이 없으나, 「자기를 위한 보험계약」에서는 피보험자의 지위뿐만 아니라 보험계약자의 지위도 승계되어,[1] 양수인은 보험계약자의 지위에서 보험료반환청구권(647, 648), 보험계약해지권(649) 등을 가진다(通說). ② 양수인은 피보험자로서 위험변경·증가의 통지의무(652), 보험사고발생의 통지의무(657), 위험유지의무(653), 손해방지·경감의무(680) 등을 부담한다. 그리고 자기를 위한 보험계약에서는 양수인은 보험계약자의 지위를 가지므로, 양도후의 보험료기간에 해당하는 보험료지급의무를 진다(638).

(2) 移轉의 推定

양수인이 보험계약상의 권리와 의무를 승계한 것으로 추정하는 것이므로, 당사자는 반대의 의사를 증명하여 위 추정을 배제할 수 있다. 대법원은 보험목적의 양수인이 종전 보험을 승계할 이익이 거의 없어 피보험이익이 동일한 보험계약을 다시 체결한 경우에는 보험승계의 추정이 번복되었다고 본다(大判 96. 5. 28, 96 다 6998; 97. 11. 11, 97 다 35375). 승계의 추정이 번복되는 경우에는 보험계약상의 권리·의무가 양수인에게 승계된 것으로 의제하여야 한다는 견해가 있으나(채이식, 524면), 양도인과 보험자 사이의 보험계약은 피보험이익의 소멸로 당연히 실효한다고 본다(多數說). 개정안에 의하면 권리와 의무가 당연히 양수인에게 이전한다(안 679 I).

(3) 保險者에 대한 通知義務

(가) 通知義務: ① 피보험자가 보험의 목적을 양도한 때에는 양도인 또는 양수인은 보험자에 대하여 지체없이 그 사실을 통지하여야 한다(679 II). 피보험자는 보험자에 대하여 여러 가지 면에서 중요한 의미를 가지기 때문이다.

---

1) 자기를 위한 보험계약의 경우에 보험목적을 양도하는 때에는 양도인은 여전히 보험계약자의 지위를 가지고, 양수인은 피보험자의 지위만을 가지므로, 당연히 타인을 위한 보험계약이 된다는 견해가 있다(정희철, 431면).

양도인 또는 양수인 중의 어느 일방이 통지하면 되고, 통지의 방법에는 제한이 없다. ② 양도인 또는 양수인에 의한 통지를 민법 제450조의 통지와 같이 보험자 기타 제3자에 대한 대항요건으로 보는 견해도 있으나, 상법이 대항요건을 규정함에는 「대항하지 못한다」라고 명백히 표현하고 있는 점(337 I, 734 I)에 비추어, 이 통지는 양도의 대항요건은 아니고 단순히 보험자를 보호하기 위한 규정이라고 본다(多數說). 그리고 양도의 통지 외에 따로 민법 제450조의 대항요건을 갖출 필요는 없다(양승규, 257면).

(나) **通知義務의 懈怠**: 통지의무를 위반한 경우의 효과에 관하여 상법에는 아무런 규정이 없다. 이에 관하여는 ㉠ 위험변경·증가시의 보험자의 보호규정(652)을 유추적용하자고 하는 견해(정희철, 431면), ㉡ 보험목적의 양도로 보험계약 내지 위험이 변경되는 것이므로 통지의무를 게을리한 때에는 보험약관의 정함에 따라 그것을 양도한 날로부터 일정한 기간이 경과한 후에 생긴 사고에 대하여는 보험자가 보상책임을 지지 않는다고 풀이하는 견해(양승규, 256면), ㉢ 입법적으로 해결하여야 한다는 견해(최기원, 651면) 등이 있으나, ㉣ 보험목적의 양도를 보험자에게 통지하지 아니한 경우에도 보험약관에 다른 정함이 없는 한 양수인은 양수사실을 증명하여 보험금을 청구할 수 있으며, 다만 보험자가 선의로 양도인에게 보험금을 지급하여도 이의를 제기하지 못하고, 그로 인하여 보험자가 손해를 입은 때에는 이를 배상하여야 한다고 본다(多數說). 개정안은 양도인 또는 양수인이 양도의 통지를 하지 아니한 상태에서 양도일부터 1개월을 지나 보험사고가 발생하고, 보험자가 위 승계를 하지 않으리라는 사정이 인정되는 경우, 보험자는 보험금을 지급할 책임을 면하고, 아울러 보험자는 보험목적이 양도된 사실을 안 날부터 1개월 이내에 보험계약의 해지를 통지할 수 있다. 이 경우 보험계약자가 해지 통지를 받은 후 15일이 지나야 해지의 효력이 생긴다(안 679 II, III).

(다) **約款에 의한 通知義務의 懈怠**: 보험약관 중에는 보험목적의 양도시에 보험자에게 통지할 의무를 정하고(자동차보험 보통약관 42), 위험의 증가가 있는 경우에는 보험자는 보험계약을 해지할 수 있다고 규정하고 있는 예가 있다(화재보험보통 약관 9, 11). 이에 따른 통지의무를 위반한 경우에 관하여, 대법원은 화재보험의 목적물이 양도된 경우 그 양도로 인하여 현저한 위험의 변경 또는 증가가 있고 동시에 보험계약자 또는 피보험자가 양도의 통지를 하지 않는 경우에는 보험자는 통

지의무 위반을 이유로 당해 보험계약을 해지할 수 있으나, 보험목적의 양도로 인하여 현저한 위험의 변경 또는 증가가 없는 경우에는 양도의 통지를 하지 않더라도 통지의무 위반을 이유로 당해 보험계약을 해지할 수 없다고 하고(大判 96. 7. 26, 95 다 52505), 피보험자가 보험기간 중 자동차를 양도할 때에는 권리·의무의 승계를 약정하고 피보험자 또는 양수인이 그 뜻을 회사에 서면으로 통지하여 회사의 승인을 받은 때에 한하여 양수인에 대하여 보험계약을 적용한다고 규정한 자동차종합보험보통약관 제42조는 상법 제663조(불이익변경금지조항), 약관의규제에관한법률 제6조(신의칙)에 위반하거나 동법 제12조 제2호에 해당하는 조항으로서 무효라고 할 수 없으므로, 지입(持入)회사를 기명피보험자로 하여 자동차종합보험에 가입한 지입차주가 다른 지입회사로 자동차소유권 이전등록을 하였으나 보험승계절차를 취하지 않은 경우에는 보험자는 차량의 양도 후에 발생한 사고에 대하여 면책된다고 한다(大判 96. 5 31, 96 다 10454).

(라) **通知義務의 履行 — 危險의 變更·增加:** 통지의무를 이행한 경우의 효과에 관하여 상법은 아무런 규정을 두고 있지 않으나, 보험목적의 양도로 인하여 보험사고 발생의 위험이 현저하게 변경 또는 증가한 경우에는 제653를 유추하여 보험자는 그 사실을 안 때로부터 1월 내에 보험료의 증액을 청구하거나 계약을 해지할 수 있다고 본다(通說). 여기에서 위험이라고 함은 보험사고 발생의 가능성을 가리키는 것이고, 「위험의 현저한 변경 또는 증가」라 함은 그 정도의 위험이 계약 체결 당시에 존재하였다고 한다면 보험자가 계약을 체결하지 아니하였거나 또는 적어도 동일한 조건으로는 그 계약을 체결하지 아니하였으리라고 생각되는 정도의 위험의 변경 또는 증가를 말하고, 이러한 정도의 위험의 변경 또는 증가가 있었는지 여부는 보험목적물의 사용·수익방법의 변경 등 양도 전후의 구체적인 여러 사정을 종합하여 인정·판단하여야 할 것이요(이에 관한 증명책임은 그 존재사실을 들어 보험계약의 해지를 주장하는 자가 부담한다), 화재보험의 목적물의 양도로 인하여 소유자가 바뀌었다고 하여 당연히 위험의 현저한 변경 또는 증가가 있었다고 볼 수는 없다(大判 96. 7. 26, 95 다 52505).

제 4 편

損害保險 各論

제 1 장 火災保險

제 1 火災保險契約의 意義

화재보험계약은 화재로 인하여 생길 손해를 보상하기로 하는 손해보험계약이다(683). 화재보험의 보험사고는 화재이므로, 화재 이외의 위험을 보험사고로 하는 보험은 화재보험이 아니다. 화재보험에는 보통의 화재보험 외에 각종의 특수화재보험이 있다. 화재로 인한 재해보상과 보험가입에 관한 법률은 백화점·시장 등 특수건물에 대하여는 신체손해배상특약부 화재보험에 가입할 것을 강제하고 있다(동법 5, 4).

제 2 火災保險契約의 要素

1. 保險事故

화재보험(fire insurance)의 보험사고는 「화재」이다(683). 화재는 사회통념상 화재로 인정할 수 있는 성질과 규모를 가진 화력의 연소작용이다. 난로 등 연소기구 없이 발생하거나 또는 연소기구를 벗어난 불로서 자력으로 연소(延燒)하는 힘을 가진 것을 말한다(Prölss/Martin, § 82 Anm. 2). 따라서 자력으로 퍼져나갈 힘이 없는 불은 화재에 해당하지 않는다. 예컨대 담배불로 야회복에 구멍을 뚫은데 불과한 경우, 화로의 숯이 튀어 양탄자를 그을린 경우 등은 화재보험금을 청구할 수 없다. 그리고 불꽃이 생기지 않고 단순히 스스로 발열하여 생긴 손해도 화

재보험의 보험사고가 아니다. 그러나 화재의 개념은 특약에 의하여 한정시킬 수 있다.[1)]

2. 保險의 目的

화재보험의 목적은 화재의 위험이 있는 유체물이며, 동산과 부동산이 모두 포함된다. 상법 제685조는 건물과 동산에 관하여 규정하고 있으나, 이것은 가장 일반적인 대상을 예시한 것에 불과하고 이에 한정하는 취지는 아니다. 건물 이외에 교량·입목 등의 부동산도 보험의 목적이 될 수 있고, 동산의 경우에는 특정된 동산 외에 집합된 동산도 보험의 목적이 될 수 있다(686, 687).

3. 被保險利益

화재보험의 피보험이익은 목적물이 동일하더라도 피보험자가 누구인가에 따라 다르다. 즉 동일한 건물이라도 소유자로서의 피보험이익, 임차인으로서의 피보험이익(점포휴업보험) 또는 담보권자로서의 피보험이익(채권보전보험)은 서로 다르고, 따라서 이들 피보험이익이 겹치는 경우에도 중복보험이 되지 않는다. 피보험이익이 불분명한 경우에는 소유자로서의 피보험이익으로 보아야 한다고 생각한다(通說).

제3 火災保險契約에 관한 特則

1. 火災保險證券

화재보험증권에는 손해보험증권의 일반적 기재사항(666) 이외에 다음의 사항을 기재하여야 한다. 즉 ① 건물을 보험의 목적으로 한 때에는 그 소재지, 구조와 용도, ② 동산을 보험의 목적으로 한 때에는 그 존치한 장소의 상태와 용도, ③ 보험금액을 정한 때에는 그 가액 등이다. 그 이외의 사항을 기재하는 것도 가능하다.

---

1) 미국은 friendly fire와 hostile fire를 구별하고 있으나, friendly fire에 의한 손해를 보상대상에서 제외하는 이른바 friendly fire rule은 점차 폐기되어 가고 있다(Keeton & Widiss, p.486ff.). friendly fire란 난로 등 불이 발생하는 통상의 장소·시설에서 생기는 불을 뜻하고, hostile fire는 그 이외의 불을 말한다.

2. 保險者의 補償責任

(1) 危險普遍의 原則

화재로 인하여 보험의 목적물에 손해가 생긴 때에는 보험자는 그 화재의 원인을 묻지 않고 그 손해를 보상할 책임이 있다(683). 이를 위험보편의 원칙이라고 한다. 그러나 이 원칙은 법률이나 보험약관에 면책사유가 없는 경우에만 통용된다. 상법상으로는 ① 보험계약자나 피보험자의 고의 또는 중과실로 인하여 생긴 사고(659), ② 전쟁 기타의 변란으로 생긴 사고(660), ③ 목적물의 성질·하자 또는 자연소모(678) 등의 면책사유가 있는 경우에는 보험자는 보상책임을 지지 않는다. ①의 경우에 피보험자 등의 중과실로 생긴 손해를 보상한다는 특약은 유효하지만, 고의로 생긴 손해를 보상한다는 특약은 선량한 풍속 기타 사회질서에 반하여 무효라고 보며, ②, ③의 경우에 보험자가 보상책임을 지기로 하는 내용의 약관은 유효하다고 본다(同旨: 최기원, 654면).

(2) 補償責任의 範圍

보험자가 보상할 손해는 화재의 발생과 상당인과관계에 있는 모든 손해이다. 따라서 보험사고로 인한 손해가 아닌 것은 보상의 범위에 속하지 않는다.[1] 상당인과관계가 있는지 여부는 사실인정의 문제이지만, 보험사고와 피보험이익과의 관계를 고려하여 판단하여야 한다. 그리하여 화재가 발생한 틈에 물건이 도난당한 경우에는 도난으로 인한 손해는 화재와 상당인과관계가 없으므로 보험자는 보상할 책임이 없다.

(3) 消防費用 등의 補償責任

보험자는 화재의 소방 또는 손해의 감소에 필요한 조치로 인하여 생긴 손해를 보상할 책임이 있다(684). 이들 손해는 화력의 연소에 의한 손해는 아니지만, 화재의 소방으로 인한 손해는 화재 발생시에 당연히 생기는 것이므로 포함시켰고, 손해의 감소에 필요한 조치로 인한 손해는 사회경제적으로 장려하여야 할 행위로 인한 것이므로 손해방지비용(680 但, 안 680 Ⅲ)과 같이 보험자에게 부

1) 大判 99. 5. 11, 99 다 8155(화재보험의 피보험자가 부가가치세 납세의무자인 사업자이고, 보험사고로 소훼된 보험목적 건물을 수리하는 것은 자기사업을 위하여 사용할 재화나 용역을 공급받는 것으로서 피보험자가 그 수리비용을 지급할 때 징수당하는 부가가치세는 부가가치세법 소정의 매입세액에 해당하여 피보험자의 매출세액에서 공제하거나 뒤에 환급받을 수 있는 경우, 그 부가가치세 상당액은 보험사고로 인하여 피보험자가 입은 손해에 해당하지 아니한다).

담시킨 것이다. 여기의 소방비용은 보험계약자와 피보험자에 의한 것뿐만 아니라, 소방서원 기타의 자의 행위에 의한 것도 포함한다(同旨: 정희철, 433면; 정찬형, 590면).

3. 集合保險

집합보험은 경제적으로 독립한 다수의 물건을 보험의 목적으로 한 경우를 말하며(인보험에서는 다수인을 보험의 목적으로 하는 경우이며, 단체보험이라고도 한다), 동산화재보험에서 많이 이용된다. 하나의 물건을 보험의 목적으로 한 개별보험에 대응하는 개념이다. 집합보험은 다시 특정보험과 총괄보험으로 나누어진다.

(1) 特定保險

집합보험에서 다수의 물건이 특정되어 있는 것을 특정보험이라 한다. 집합된 물건을 일괄하여 보험의 목적으로 한 때에는 피보험자의 가족과 사용인의 물건도 보험의 목적에 포함된 것으로 본다. 이 경우에는 그 보험은 그 가족 또는 사용인을 위하여서도 체결한 것으로 본다(686). 예컨대 주택화재보험에서 보험계약자가 그 집에 있는 가구와 집기 등 모든 물건에 대하여 보험계약을 체결한 경우에는 가족 또는 사용인의 물건도 보험의 목적에 포함된 것으로 보고, 그 가족 또는 사용인을 위하여 타인을 위한 보험계약을 체결한 것으로 보는 것이다(639 참조). 그리하여 피보험자의 가족이나 사용인은 그 소유인 물건이 화재로 멸실된 때에는 당연히 보험자에게 손해의 보상을 청구할 수 있다. 그러나 약관에서 특히 보험증권에 기재하지 아니하면 보험의 목적에서 제외하기로 약정한 경우에는 보험증권에 기재하지 아니한 물건은 보험보호를 받을 수 없다(火保約款 6 II).

(2) 總括保險

집합된 물건을 일괄하여 보험의 목적으로 한 때에 그 목적에 속한 물건이 보험기간 중에 수시로 교체된 경우에도 보험사고 발생시에 현존한 물건은 보험의 목적에 포함된 것으로 보는 것을 총괄보험이라고 한다(687). 포괄보험·개괄보험이라고도 한다. 총괄보험은 보험계약을 체결할 때에 계약의 내용의 일부 또는 전부가 확정되어 있지 아니한 이른바 예정보험(open policy)의 일종이다. 예컨대 창고에 보관되어 있는 물건이 매일 변동되는 경우에 이 집합물에 관하여 일정한 범위를 정하여 보험에 가입하는 것이며, 이 경우 창고에 화재가 발생하면 위 창고에 현존하는 물건은 위 범위 내에서 모두 보험보호를 받는다. 반대로 피보험자의 소유에 속하는 물건이라도 집합된 물건에서 분리되거나 제3자에게 양도된 때에는 보험의 목적에서 제외된다.

제 2 장

運送保險

제 1 運送保險契約의 意義

(1) 운송보험(transport insurance)계약은 육상운송에 있어서 운송인이 운송물을 수령한 때로부터 수하인에게 인도할 때까지 생길 손해를 보상할 책임을 지기로 하는 손해보험계약이다(688). 널리 운송보험이라고 하면 해상운송과 항공운송 및 복합운송을 포함한 모든 운송에서 운송물에 관하여 생길 손해를 보상하는 것을 목적으로 하는 손해보험을 가리키지만, 상법상 운송인은 육상운송인을 가리키고(125), 운송보험은 육상운송에서의 보험사고로 인한 손해의 보상을 목적으로 하는 것만을 가리킨다. 상법은 해상보험에 관하여는 따로 규정하고 있고(693 이하), 항공보험에 관하여는 아무런 규정을 두고 있지 않다.

(2) 육상운송에서의 「육상」에는 육지 외에 호천(湖川)·항만도 포함되지만(125), 실제에 있어서는 항만에서의 보험사고는 해상보험계약에 의하여 보호되는 것이 보통이다. 그리고 적하해상보험약관에서는 통과약관(transit clause)에 의하여 적하의 집하장에서 선적항과 양륙항을 거쳐 수하인의 창고에 이르기까지의 내륙운송 중에 생긴 사고도 담보하고 있으며, 복합운송이 널리 행하여지고 있는 실정에 비추어, 모든 종류의 운송을 통합하여 운송보험을 규정하는 것이 바람직하다(同旨: 양승규, 273면).

제2 運送保險契約의 要素

1. 保險의 目的

운송보험의 목적은 운송물이다. 운송에 이용되는 용구(예컨대 자동차, 기차) 자체의 보험은 운송보험이 아니고 차량보험에 해당하며, 운송중인 여객의 생명·신체에 관하여 생기는 사고를 보험사고로 하는 보험도 운송보험이 아니라 생명보험, 상해보험 또는 책임보험에 속한다. 여기의 운송물은 운송계약의 목적인 운송물에 한하지 않으며, 운송인이 자기 소유의 물건을 자기를 위하여 운송하는 경우에도 운송보험의 목적으로 할 수 있다.

2. 保險事故

운송보험의 보험사고는 육상운송 중에 운송물에 관하여 생길 수 있는 모든 사고이며, 이를 「운송위험」이라 한다. 충돌·탈선·전복과 같은 운송에 특유한 사고로 인한 운송물의 멸실·훼손 뿐만 아니라, 운송에 부수하여 생길 수 있는 도난·화재·폭발·지진·침수 등 운송물에 손해를 미치는 일체의 위험을 포함한다. 이것은 운송도중에는 운송물이 화주의 관리를 벗어나 있으므로 화주가 운송인을 감독할 수가 없고, 또 손해가 발생하여도 그 원인의 증명이 곤란하기 때문이다. 그러나 약관에서는 특정의 보험사고를 제외하고 있는 경우가 많다.

3. 被保險利益

운송보험의 피보험이익은 피보험자가 운송물에 대하여 가지는 경제적 이해관계이다. 운송물의 소유자로서 가지는 이익이 보통이지만, 그 밖에 운송물의 도착으로 인하여 얻을 수 있는 이익(희망이익보험. 689 II), 운송인의 운임에 대한 이익 및 송하인 또는 수하인에게 손해배상책임을 지는 경우의 손해와 같은 소극적 이익(책임보험) 등이 있다.

4. 保險價額

(1) 旣評價保險

운송보험에 있어서의 보험가액은 당사자간의 합의가 있으면 그에 따른다(670).

(2) 未評價保險

① 보험가액에 관하여 당사자간에 합의가 없으면 운송물을 발송한 때와 곳의 가액과 도착지까지의 운임 기타의 비용(예: 세금, 포장비)을 보험가액으로 한다(689 I). 이것은 운송보험의 경우에는 보통 보험기간이 짧고 운송도중의 사고로 손해가 생긴 때와 곳의 가액(676)을 정하기 어렵기 때문에, 「보험가액불변경주의」를 택한 것이다. 운임 기타의 비용은 운송물의 멸실로 인하여 지출하지 않게 된 때(134)에는 보험가액에 산입하지 않는다.

② 운송물의 도착으로 인하여 얻을 이익, 즉 희망이익은 약정이 있는 때에 한하여 보험가액 중에 산입한다(689 II). 여기의 희망이익은 운송물이 도착지에 도착한 다음 이를 매각하여 얻을 이익이므로, 도착지의 예정가격에서 그 운송물의 발송지가액과 운임 기타의 비용을 공제하여 계산한다.

5. 保險期間

(1) 운송보험의 보험기간은 운송인이 운송물을 수령한 때로부터 수하인에게 인도할 때까지이다(688). 이것은 운송물이 운송을 위하여 운송인에게 맡겨져 있는 전기간을 보험기간으로 하는 취지이다. 따라서 특약이 없는 한 운송물의 운송이 종료하더라도 그것을 인도할 때까지 생긴 손해에 관하여는 보험자는 보상책임을 진다.

(2) 운송인이 운송물을 수령한 후에 보험계약이 체결된 경우에는 보험자의 책임은 소급의 특약이 없는 한 계약성립후 최초의 보험료를 지급받은 때부터 개시한다고 본다(通說). 그러나 실제로는 보험기간을 특약하는 것이 보통이다.

(3) 운송물을 수하인에게 인도할 수 없는 등의 사유로 이를 공탁하거나 경매(142-145)한 때에는 인도가 있는 경우에 준하여 그때에 보험기간이 종료한다고 본다(通說).

제3 運送保險契約에 관한 特則

1. 運送保險證券

운송보험증권에는 일반 손해보험증권에 기재하는 사항(666) 외에 ① 운송의 노순(路順)과 방법, ② 운송인의 주소와 성명 또는 상호, ③ 운송물의 수령과 인도의 장소, ④ 운송기간을 정한 때에는 그 기간, ⑤ 보험가액을 정한 때에는 그 가액 등을 기재하여야 한다(690).

2. 保險者의 補償責任

운송인은 다른 약정이 없으면 운송물을 수령한 때로부터 수하인에게 인도할 때까지 운송물에 관하여 생긴 손해를 보상할 책임이 있는데(688), 그 보상액은 운송물을 발송한 때와 곳의 가액과 도착지까지의 운임 기타의 비용의 합계액을 기준으로 한다(689 I). 이것은 운송의 특성을 고려하여 손해가 발생한 때와 곳의 가액(676)에 의하지 않고, 보험가액불변경주의를 택한 것이다.

3. 保險契約의 變更

(1) 운송보험계약은 다른 약정이 없으면 운송의 필요에 의하여 일시 운송을 중지하거나 운송의 노순 또는 방법을 변경한 경우에도 그 효력을 잃지 아니한다(691). 이것은 육상운송에 있어서 위와 같은 조치를 취할 필요성이 있는 점을 고려한 것이다.

(2) 운송의 필요에 따른 운송의 일시 중지 또는 변경에 의하여 사고발생의 위험이 현저하게 변경 또는 증가한 경우에 보험자는 제653조에 의하여 보험료의 증액을 청구하거나 또는 보험계약을 해지할 수 있는가에 관하여는 이를 긍정하는 견해도 있으나(양승규, 278면; 채이식, 574면; 정찬형, 595면), 제691조는 해상운송(701의 2, 703)과 달리 육상운송에서는 노순 또는 방법의 변경이 위험을 크게 증가시키지 않는 점을 고려한 특칙이라고 풀이되므로, 제653조의 적용이 없다고 본다(同旨: 서돈각·정완용, 439-440면; 一部同旨: 손주찬, 609면).

4. 保險者의 免責

운송보험에서는 보험사고가 보험계약자 또는 피보험자의 고의 또는 중과실로 생긴 경우(659) 외에, 송하인 또는 수하인의 고의 또는 중과실로 인하여 발생한 때에도 보험자는 이로 인한 손해를 보상할 책임을 면한다(692). 송하인 또는 수하인은 보험계약자나 피보험자는 아니지만, 운송계약상 일정한 권리·의무를 가지므로(139-141), 이들의 고의·중과실로 발생한 보험사고에 대하여 보험자를 면책시킨 것이다.

제 3 장 海上保險

제1　海上保險契約의 意義

(1) 해상보험(marine insurance)계약은 해상사업에 관한 사고로 인하여 생길 손해를 보상할 것을 목적으로 하는 손해보험계약이다(693). 가장 중요한 것은 선박보험(hull insurance), 적하보험(cargo insurance) 및 선주상호보험(P & I insurance) 등이다.

(2) 해상보험은 바다를 무대로 국제적으로 활동하는 해운업자나 무역업자 등 기업이 주로 이용하므로 기업보험에 속하고, 또 국제적 성질을 가진다. 그리하여 해상보험의 실무에서는 영국의 보험약관이 널리 이용되고 있다. 대법원도 이러한 실정을 참작하여, 해상보험증권 아래에서 야기되는 일체의 책임문제를 영국의 법률 및 관습에 의하여 처리한다는 「영국법준거약관」은 오랜 기간 동안에 걸쳐 해상보험업계의 중심이 되어 온 영국의 법률과 관습에 따라 당사자간의 거래관계를 명확하게 하려는 것으로서, 우리 나라의 공익규정 또는 공서양속에 반하는 것이 아니고 보험계약자의 이익을 부당하게 침해하는 것이 아니므로 유효하다고 본다(大判 77. 1. 11, 71 다 2116; 91. 5. 14, 90 다카 25314; 96. 10. 11, 94 다 60332; 98. 5. 15, 96 다 27773). 따라서 영국법 준거약관이 적용되는 선박보험계약에 있어서 고지의무 위반을 이유로 한 보험계약의 해지에 관하여는 영국 해상보험법 18조, 17조가 적용되고, 같은 법 소정의 고지의무 위반을 이유로 한 보험계약의 해지는 우리 상법 651조 소정의 그것과는 그 요건과 효과를 달리하고 있으므로, 이에 대하여 상법 655조의 인과관계에 관한 규정은 적용될 여지가 없다고 한다(大判 96. 3. 8, 95 다 28779).

이처럼 해상보험에서는 영국해상보험법(Marine Insurance Act of 1906)이 사실상 법원(法源)의 하나로 기능하고 있다. 다만 이러한 해석은 선박보험에 관하여는 제한없이 적용되지만,[1] 적하보험에 관하여는 제한적으로 적용됨을 주의하여야 한다. 즉 적하보험에 사용되는 영국법 준거조항은 보험금청구에 대한 보상책임의 유무와 지급방법에 관하여 영국의 법률과 관습이 준거법이 된다는 것을 의미할 뿐, 보험계약의 보험목적물이 무엇인지에 관한 사항, 즉 보험계약의 성립여부 및 효력에 관한 사항에까지 영국의 법률과 실무에 따르기로 한 것으로 볼 수 없으므로, 이러한 사항에는 우리 나라의 법률이 적용되어야 한다(大判 98. 7. 14, 96 다 39707. 최종현, 「영국해상보험법상의 고지의무」, 보험법연구 3, 193-197면).

제2 海上保險의 種類

1. 被保險利益에 의한 分類

(1) 船舶保險

① 선박보험(insurance on ship, hull insurance)은 보험의 목적인 선박의 소유자로서의 피보험이익에 관한 보험이다(696 I). 선박보험의 보험의 목적에는 선박자체 외에 선박의 속구, 연료, 양식 기타 항해에 필요한 모든 물건이 포함된 것으로 본다(696 II). 다만 선박의 의장품은 선박의 종물이라도 당사자의 합의로 보험의 목적에서 제외할 수 있다(大判 78. 12. 26, 78 다 2028).

② 선박보험의 피보험이익은 선박소유자의 이익 외에 담보권자의 이익, 선박임차인의 사용이익도 포함되므로, 선박임차인도 추가보험의 보험계약자 및 피보험자가 될 수 있다(大判 88. 2. 9, 86 다카 2933, 2934, 2935).

(2) 積荷保險

적하보험(insurance on goods, cargo insurance)은 보험의 목적인 적하(운송물)의 소유자로서의 피보험이익에 관한 보험이다(697). 적하는 해상운송의 객체가 될 수 있는 모든 물건을 뜻하며, 상품에 한하지 않는다(생동물 포함).

---

1) 이와 관련하여 청구권대위에 대하여 보험자가 제3자를 상대로 소를 제기하는 경우에 보험자가 원고적격을 가지는가, 피보험자가 원고적격을 가지는가가 문제된다. 실무에서는 보험자가 원고로 된다.

(3) 運賃保險

운임보험(insurance on freight, freight insurance)은 운송인 등이 운임에 대하여 가지는 피보험이익에 관한 보험이다(706 ①).

여기의 운임은 개품운송계약·용선계약 또는 여객운송계약의 어느 것에 의한 것이든 불문한다. 운임은 비용을 포함한 총운임을 말하지만, 당사자간의 특약으로 순운임을 대상으로 할 수 있다.

(4) 希望利益保險

희망이익보험(insurance on profits on goods, expected profit insurance)은 적하의 도착으로 인하여 얻을 이익 또는 보수인 희망이익을 피보험이익으로 한 보험이다(698, 689 II). 적하의 도착으로 얻을 이익은 적하의 매도인이 그 도착으로 얻을 이익·이윤을 말하고, 보수는 운송주선인·중개인·위탁매매인 등이 적하의 도착으로 인하여 받을 구전·수수료 등을 말한다.

(5) 船費保險

선비보험(disbursements insurance)은 선박의 의장(艤裝) 기타 선박의 운항에 필요한 모든 비용의 부담자로서의 피보험이익에 관한 보험이다. 이들 비용은 운임보험에 포함되지만, 이를 분리하여 보험에 가입하면 선비보험이 된다. 상법은 이에 관하여 규정하고 있지 않다.

(6) 不稼動損失保險

선박이 해난사고로 손상당하여 가동이 불능하게 된 경우에 선주 및 선체용선자가 불가동기간중에 지급하여야 할 선박경상비 또는 상실할 운임 기타 용선료의 부담자로서의 피보험이익에 관한 보험이다. 운임보험 또는 선비보험의 하나이며, 선박가액의 10%를 한도로 하여 선박보험에 추가하여 가입한다(협회선박 약관 20 (a)).

(7) 船主相互保險(P & I 보험)

(가) 선박의 운항에 수반하여 발생하는 여러 배상책임 중에서 선주 등(선박소유자·용선자 내지 선박운항자)이 제3자, 선원 및 하주에 대하여 부담하는 배상책임 및 비용을 피보험이익으로 하는 보험이다. 「P & I 보험」 또는 「P I보험」이라고도 하며, Protection and Indemnity Insurance의 약칭이다. 구체적으로는 ① 운송화물의 손해에 대한 책임, ② 선원·여객 등의 사상 또는 질병에 대한 책임, ③ 해양 등의 오염으로 인한 손해에 대한 책임 및 그 제거비용, ④ 선박충돌에

의한 손해에 대한 책임, ⑤ 부표·잔교·해저전선·어구 기타 시설물의 손해에 대한 책임, ⑥ 기타 선박의 운항으로 인하여 선주 등이 부담하여야 하는 책임과 비용을 담보하는 보험(선주상호보험조합법 3)이다. 선박보험으로 부보되지 않는 위험을 대상으로 한다.

(나) P I 보험은 보통 이를 전문으로 행하는 통칭 P I 클럽(영국의 UK Club, The Britania Club, 미국의 American Club, 일본의 PIA Japan, JPIA 등)이 인수하는 것이 보통이지만, 예외적으로 로이드나 미국의 일부 보험회사가 보통의 선박보험과 아울러 부수적으로 P I 보험을 인수하는 일도 있다. 선박보험에 의하여 전보되는 손해는 P I 보험의 전보범위에서 제외된다. 우리나라에서도 선주상호보험조합법(1999년 제정)에 의하여 한국선주상호보험조합이 설립되어, 2000. 1.부터 업무를 수행하고 있다.

2. 保險期間에 의한 分類

(1) 航海保險

항해보험(voyage policy)은 특정한 항해의 기간을 보험기간으로 하는 보험이며(699), 적하보험에서 많이 이용된다.

(2) 期間保險(定時保險)

기간보험(time policy)은 일정한 기간(6개월 또는 1년 등)을 보험기간으로 하는 보험이며, 선박보험에서 많이 이용된다.

(3) 混合保險

혼합보험(mixed policy)은 일정한 기간과 항해기간의 양자를 기준으로 하여 보험기간을 정하는 보험(예컨대 부산에서 로스앤젤스까지 15일)으로서, 선박보험에서 많이 이용된다.

제3 海上保險契約의 要素

1. 保險의 目的

해상보험계약에서 보험의 목적은 해상사업에 관한 사고로 인하여 손해가 생길 재산이며(693), 이것은 (육상)운송보험계약에서 운송물만이 보험의 목적이 되는 것(688)과 다르다. 그리하여 해상보험의 목적에는 선박(696)·적하(697)·희망이익(698)·운임(706 ①)·선비 등이 모두 포함된다. 선박에는 영리선(740) 외에

국·공유의 선박이나 건조 중의 선박(874)도 포함되며, 적하는 해상운송의 객체인 운송물을 가리킨다. 그러나 선박에 승선한 여객이 항해 중에 입은 인적손해는 인보험의 목적이 될 뿐 해상보험의 목적이 될 수 없다.

2. 保險事故

(1) 해상보험계약의 보험사고는 해상사업에 관한 모든 사고이다(包括責任主義. 693). 해상사업에 관한 사고란 항해의 결과 또는 항해에 부수하여 생기는 모든 위험으로서 예측하기 어려운 우연한 사고를 말한다. 이것은 선박의 침몰·좌초·충돌·악천후 등 해상사업에 고유한 위험뿐만 아니라, 화재·해적·폭발·도난·포획·억류·투하(投荷), 선원의 악행(barratry), 부두 또는 하치장에서 하역중의 사고 등이 포함된다. 전쟁위험은 당사자간에 특약이 있는 경우에만 담보한다(660).

(2) 컨테이너의 발달에 따른 복합운송과 문전에서 문전으로(from door to door) 또는 창고에서 창고로(from warehouse to warehouse)의 운송이 보편화함에 따라 적하보험에서 당사자간의 특약에 의하여 운송물이 보험증권에 기재된 선적지의 창고로부터 최종의 목적지의 창고에서 수하인에게 인도될 때까지의 육상위험을 담보하는 수가 있다(위험의 확대).[1] 반대로 선박보험계약의 내용을 이루는 협회선박기간보험약관(Institute Time Clauses Hulles, 1983. 10. 1.)에 의하여 보험사고를 「해상 고유의 위험」(perils of the seas)만으로 제한할 수도 있다(위험의 제한).[2]

---

1) 大判 88. 9. 27, 84 다카 1639, 1640(관세법의 규정에 따라 설영한 자가보세장치장은 보세구역으로서 세관장의 엄격한 관리감독을 받는 것은 사실이나 자가보세장치장에 반입된 물품은 화주의 지배하에 있고 그 보관책임도 화주에게 있으며 다만 관세확보라는 관세행정목적의 범위내에서 세관장의 감독을 받는데 불과하다. 원고와 피고들 사이의 보험계약에 따라 발급된 보험증권에는 보험기간의 종기가 원고의 최종창고에 입고될 때까지로만 기재되어 있고 그 최종창고의 뜻이 무엇인지는 구체적으로 명시되어 있지 않는 바, 그 최종창고의 의미는 이 사건 보험계약에 적용할 협회약관(ICC) 제1조의 운송약관과 양하후 위험담보약관(RADC)에서 규정하고 있는 최종창고와 같은 의미로 해석할 수밖에 없는 바, 위 운송약관이나 양하후 위험담보약관에 규정된 최종창고는 반드시 자가보세장치장을 제외하는 개념이 아님을 주의해야 할 것이다).

2) 大判 98. 5. 15, 96 다 27773(해상 고유의 위험(perils of the seas)이라 함은 해상에서 보험의 목적에 발생하는 모든 사고 또는 재난을 의미하는 것이 아니라, 해상에서만(of the seas) 발생하는 우연한 사고 또는 재난만을 의미하며, 우연성이 없는 사고, 예컨대 통상적인 바람이나 파도에 의한 손상, 자연적인 소모 등은 이에 해당하지 아니한다).

3. 保險期間

해상보험계약의 보험기간은 기간보험의 경우에는 문제가 없으나, 항해보험과 혼합보험의 경우에는 기간의 시기와 종기가 명확하지 못한 때가 있으므로, 상법은 다음과 같은 특별규정을 두고 있다.

(1) 船舶保險

① 항해단위로 선박을 보험에 붙인 경우에는 보험기간은 하물 또는 저하(底荷)의 선적에 착수한 때에 개시하고(699Ⅰ), 하물 또는 저하를 양륙한 때에 종료한다(700本前). ② 다만 하물 또는 저하의 선적에 착수한 후에 보험계약이 체결된 경우에는 보험기간은 계약이 성립한 때에 개시하고(699Ⅲ), 불가항력으로 인하지 않고 양륙이 지연된 때에는 그 양륙이 보통 종료될 때에 보험기간이 종료된 것으로 한다(700但).

(2) 積荷保險

① 적하를 보험에 붙인 경우에는 보험기간은 하물의 선적에 착수한 때에 개시하고, 출하지를 정한 경우에는 그곳에서 운송에 착수한 때에 개시하며(699Ⅱ), 양륙항 또는 도착지에서 하물을 인도한 때에 종료한다(700本). ② 다만 하물의 선적에 착수한 후에 보험계약이 체결된 경우에는 보험기간은 계약이 성립한 때에 개시하고(699Ⅲ), 불가항력으로 인하지 않고 양륙이 지연된 때에는 그 양륙이 보통 종료될 때에 보험기간이 종료된 것으로 한다(700但).

(3) 希望利益保險

희망이익은 독립하여 보험에 붙이는 것이 아니라 적하보험과 함께 취급되므로, 그 보험기간의 개시와 종료의 시기는 적하보험과 같다.

4. 保險價額

(1) 旣評價保險

당사자간에 보험가액을 정한 때는 원칙적으로 그 가액을 보험가액으로 한다(670).

(2) 未評價保險

당사자간에 보험가액을 정하지 아니한 때에는 사고발생시의 가액을 보험가액으로 하지만(671), 해상보험의 목적물은 항해 중에 계속 장소를 이동하고 또 사고 발생지가 바다 한 가운데일 경우에는 그곳의 보험가액을 정하는 것이 곤란하므로, 상법은 미리 보험가액의 평가방법을 법정하여 문제를 해결하고 있다(保險價額不變更主義).

(가) 船舶保險: ① 선박보험에서는 보험자의 책임이 개시될 때의 선박가액을 보험가액으로 하며, 이 경우에는 선박의 속구·연료·양식 기타 항해에 필요한 모든 물건도 보험의 목적에 포함된 것으로 하므로(696), 그 물건의 가액도 보험가액에 포함된다. 「보험자의 책임이 개시될 때」는 제699조에 의하여 판단한다. ② 상법은 보험가액의 산정시기만을 규정하고 산정장소에 관하여는 규정하고 있지 않다. 그리하여 영업용 고정자산의 평가방법(31 ②)에 의하여야 한다는 견해가 유력하나(양승규, 291면), 보험자의 책임이 개시될 때에 선박이 존재한 곳을 표준으로 하여야 한다고 본다(同旨: 손주찬, 614면; 정찬형, 601면).

(나) 積荷保險: 적하보험에서는 선적한 때와 곳의 적하의 가액과 선적 및 보험에 관한 비용을 보험가액으로 한다(697). 적하의 가액이란 적하의 거래가액을 말하고, 선적에 관한 비용은 포장비·통관수수료·관세 등을 달하며, 보험에 관한 비용은 보험료 등을 말한다.

(다) 希望利益保險: 적하의 도착으로 인하여 얻을 이익 또는 보수의 보험(희망이익보험)에서는 계약으로 보험가액을 정하지 아니한 때에는 보험금액을 보험가액으로 한 것으로 추정한다(698). 희망이익만의 보험은 이용되지 않고, 적하보험에 부수하여 적하가액의 일정비율을 가산하여 부보(付保)하는 것이 보통이다.

제4 海上保險契約의 特則

1. 海上保險證券의 記載事項

해상보험증권에는 일반 손해보험증권의 기재사항(666) 이외에, ① 선박보험에서는 그 선박의 명칭·국적과 종류 및 항해의 범위, ② 적하보험에서는 선박의 명칭·국적과 종류, 선적항, 양륙항 및 출하지와 도착지를 정한 때에는 그 지명, ③ 보험가액을 정한 때에는 그 가액 등을 기재하여야 한다(695).

2. 保險關係의 變更·消滅

일반적으로 보험관계에서 위험의 증가 등 사정변경이 있는 경우에는 보험자는 보험관계를 변경하거나 소멸시킬 수 있는데(652, 653), 상법은 해상보험의 특성을 고려하여 이에 관한 특칙을 규정하고 있다.

(1) 航海變更

항해의 변경(change of voyage)은 발항항 또는 도착항의 어느 일방 또는 쌍방을 변경하는 것인데, 상법은 다음 세 가지로 나누어 규율하고 있다. 즉

① **發航港의 變更** 선박이 보험계약에서 정하여진 발항항이 아닌 다른 항에서 출항한 때에는 보험자는 책임을 지지 않는다(701 Ⅰ).

② **到着港의 變更** 선박이 보험계약에서 정하여진 도착항이 아닌 다른 항을 향하여 출항한 때에도 보험자는 책임을 지지 않는다(701 Ⅱ). 이 경우에는 도착항의 변경이 보험계약자 또는 피보험자의 귀책사유로 인한 것인가 아닌가는 불문한다.

③ **責任開始 후의 到着港變更** 보험자의 책임이 개시된 후에 보험계약에서 정하여진 도착항이 변경된 경우에는 보험자는 그 항해의 변경이 결정된 때부터 책임을 지지 아니한다(701 Ⅲ). 이 경우에는 보험계약자 또는 피보험자의 귀책사유로 변경된 때에만 보험자가 면책되고, 전쟁이나 항구의 봉쇄 등 보험계약자 등의 책임없는 사유로 도착항을 변경한 때에는 보험자는 변경 후의 사고에 대하여도 보상책임을 진다(양승규, 315면).

(2) 航路離脫(離路)

항로이탈(이로, deviation)은 원래의 항해를 유지하면서 계약에서 정한 예정항로 또는 통상적·관행적인 항로를 벗어나는 것을 말한다. 선박이 정당한 사유없이 보험계약에서 정하여진 항로를 이탈한 경우에는 보험자는 그때부터 책임을 지지 아니한다. 선박이 손해발생 전에 원항로로 돌아온 경우에도 같다(701의 2). 항로이탈은 선박의 항해를 지연시키고, 항해에 관한 위험을 변경시키기 때문이다.

(3) 發航 또는 航海의 遲延

피보험자가 정당한 사유 없이 발항 또는 항해를 지연한 때(delay in voyage)에는 보험자는 발항 또는 항해를 지체한 이후의 사고에 대하여 책임을 지지

아니한다(702). 이 경우에는 위험이 증가하였는가 여부는 문제되지 않고, 위험이 변경되었으면 족하다(Templeman on Marine Insurance, 5th ed. 1981, p. 86). 발항의 지연은 선박보험에서는 시발항, 적하보험에서는 선적항에서의 출항의 지체를 말하고, 항해의 지연은 중간항에서의 출항의 지체를 말한다(양승규, 319면).

(4) 船舶變更

적하보험의 경우에 보험계약자 또는 피보험자의 책임있는 사유로 인하여 선박을 변경한 때에는 보험자는 그 변경 후의 사고에 대하여 책임을 지지 아니한다(703). 선박은 그 종류와 규모 등 특성에 따라 보험사고 발생에 큰 영향을 미치기 때문이다. 책임개시 전에 선박변경을 한 경우에는 보험자의 책임이 개시하지 않고, 책임개시 후에 선박변경을 한 경우에는 보험자는 면책된다. 희망이익보험은 적하보험과 같이 이용되기 때문에 희망이익보험의 경우에도 선박변경은 보험자의 면책사유가 된다.

(5) 船舶의 讓渡 등

선박보험의 경우에 보험자의 동의없이 피보험자가 선박을 양도한 때, 선박의 선급을 변경한 때, 선박을 새로운 관리로 옮긴 때에는 보험계약은 종료한다(703의 2). 이것은 선박보험에서 피보험자와 선박의 관계를 중시하고 있는 거래의 실정을 따른 것이며, 제679조 제1항에 대한 특칙이다.

(6) 船長의 變更

해상보험계약에서 선장의 개성은 중시되지 않으므로 선장의 변경은 보험계약의 효력에 영향을 미치지 않는다.

제5 海上保險者의 損害補償義務

1. 補償하는 損害

해상보험자는 보험기간 중에 해상사업에 관한 사고로 인하여 보험의 목적에 생긴 피보험자의 손해를 보상할 책임이 있다(693). 보험자는 원칙적으로 피보험자가 입은 손해 중 보험사고와 상당인과관계에 있는 직접손해를 보상할 책임을 지지만, 상법은 예외적으로 다음과 같은 간접손해에 대하여도 보험자에게 보상책임을 지우고 있다.

(1) 共同海損으로 인한 損害

① 보험자는 피보험자가 지급할 공동해손(general average)의 분담액을 보상할 책임이 있다. 그러나 보험의 목적의 공동해손 분담액이 보험가액을 초과할 때에는 그 초과액에 대한 분담액은 보상하지 아니한다(694).

② 공동해손의 처분(832)이 있는 경우에 선박 또는 적하의 이해관계인은 공동해손의 분담의무를 짐으로써(833) 손해를 입지만, 이 손해는 선박이나 적하 그 자체의 가치가 감손하여 생긴 직접손해가 아니므로, 본래 이것은 책임보험(719)으로 담보하여야 할 성질의 것이다. 따라서 이러한 손해를 담보하기 위한 선박보험 또는 적하보험을 허용할 것인가가 문제되는데, 상법은 공동해손 분담의무에 따른 손해에 관하여도 보험자의 보상책임을 인정한 것이다. 이것은 당사자의 편의를 도모함과 동시에, 공동해손 분담액이 선박 또는 적하의 현존액을 한도로 하는 점에서, 선박 또는 적하 자체의 피보험이익이 결손된 것과 동일하게 취급할 필요가 있기 때문이다. 그리고 공동해손 분담액이 보험가액을 초과하는 경우에 그 초과액까지 보험자에게 부담시키는 것은 가혹하므로, 그 초과액에 대한 분담금은 보상하지 아니하도록 하였다.

③ 손해액을 보상한 보험자는 피보험자가 공동해손 분담의무자에 대하여 가지는 공동해손 분담청구권을 대위하여 행사할 수 있다(682).

(2) 海難救助料

보험자는 피보험자가 보험사고로 인하여 발생하는 손해를 방지하기 위하여 지급할 구조료(salvage charge)를 보상할 책임이 있다. 그러나 보험의 목적물의 구조료 분담가액이 보험가액을 초과할 때에는 그 초과액에 대한 분담액은 보상하지 아니한다(694의 2). 구조료는 해상사업에 특유한 비용손해이고, 공동해손 분담액과 같은 성질의 것이므로, 보험자가 이를 보상하도록 한 것이다.

(3) 特別費用

보험자는 보험의 목적의 안전이나 보존을 위하여 지급할 특별비용(particular charge)을 보험금액의 한도 내에서 보상할 책임이 있다(694의 3). 이것은 손해방지·경감비용의 성질을 가지며, 제680조 제1항 단서(안 680 III)에 대한 특칙이라고 할 수 있다.

(4) 衝突로 인한 損害

선박이 충돌한 경우에 보험의 목적인 선박에 손해가 생기면 보험자는 당연히 보상할 책임이 있지만, 충돌로 인하여 다른 선박에 손해가 생긴 경우에 그 배상액에 대하여 보험자가 책임을 지는가에 관하여 상법에 아무런 규정이 없으므로, 보험자는 그에 대한 책임이 없다고 본다. 이것은 선박 자체의 가치의 감손이 아니고 선박과 관련하여 발생한 법률상의 책임으로서 책임보험의 대상이 되며, 실제로는 충돌약관(collision clause, running down clause)에 의하여 보험자가 75%의 범위 내에서 이를 보상하고 있다.

2. 損害補償의 範圍

(1) 總 說

해상보험의 보험자는 보험기간 중에 보험사고로 생긴 피보험자의 손해를 보상할 책임이 있는데, 그 보상은 보험계약에서 정한 보험가액을 한도로 하여 보험금액의 범위 내에서 이루어진다. 그리고 보험자는 손해액 이외에 손해방지비용(680 Ⅰ, 안 680 Ⅲ)과 손해산정비용(676 Ⅱ)을 부담한다. 보험자의 손해보상책임은 전손이냐 분손이냐에 따라 다르다. 전손(全損, total loss)은 보험의 목적이 전부 멸실되었거나 부보(付保)된 종류의 물건으로서의 기능을 완전히 잃을 정도로 파손된 것을 말하며(英海保 57), 여기에는 현실전손(現實全損, actual total loss)과 추정전손(推定全損, constructive total loss)이 있다(英海保 56 Ⅱ, 57, 60). 분손(分損, partial loss)은 전손에 이르지 아니한 손해이다(英海保 56 Ⅰ). 해상보험자의 보상책임은 약관에 의하여 이를 한정 또는 증액하는 예가 많다.[1)]

(2) 全損의 경우

① 보험사고로 피보험이익의 전부가 멸실한 전손의 경우에는 보험가액의 전액이 손해액이고, 보험자가 보상할 금액이다. 보험가액은 기평가보험의 경우에는 당사자 사이에서 정한 금액이고(670), 미평가보험의 경우에는 선박보험에서는 보험자의 책임이 개시될 때의 선박가액(속구 등 포함)이고, 적하보험에서는 선적한 때와 곳의 적하의 가액과 선적 및 보험에 관한 비용이다(696, 697).

② 선박의 존부가 2월간 분명하지 아니한 때에는 그 선박의 행방이 불명한 것으로 하고, 이 경우에는 전손으로 추정한다(711). 그러므로 선박이 2월간

---

1) 포획·압류 제외약관(F. C. & S Clause, Free of Capture and Seizure Clause), 충돌약관(Collision Clause, Running Down Clause), 증가보험(Increased Value Policy, Disbursements Policy) 등. Healey & Sharpe, Cases and Materials on Admiralty(3rd ed., 1999), pp. 803-808 참조.

행방불명인 경우에는 보험자는 피보험자에게 전손으로 인한 손해를 보상하여야 한다. 적하의 경우에도 선박과 함께 행방불명인 때에는 전손으로 추정된다.[1)]

(3) 分損의 경우

보험사고로 피보험이익의 일부가 멸실한 분손의 경우에는 보상액의 산정이 곤란하므로, 상법은 이에 관한 특별규정을 두고 있다.

(가) 船舶의 分損

① **全部修繕의 경우** 선박의 일부가 훼손되어 그 훼손된 부분의 전부를 수선한 경우에는 보험자는 수선에 따른 비용을 1회의 사고에 대하여 보험금액을 한도로 보상할 책임이 있다(707의2 I).

② **一部修繕의 경우** 선박의 일부가 훼손되어 그 훼손된 부분의 일부를 수선한 경우에는 보험자는 수선에 따른 비용과 수선을 하지 아니함으로써 생긴 감가액을 보상할 책임이 있다(707의2 II).

③ **修繕을 하지 아니한 경우** 선박의 일부가 훼손되었으나 이를 수선하지 아니한 경우에는 보험자는 그로 인한 감가액을 보상할 책임이 있다(707의2 III).

④ **事故가 數回 發生한 경우** 보험기간 중에 여러 차례 사고가 발생하여도 보험자는 각 사고마다 보험금액을 한도로 보상책임을 지며, 각 보상액의 합계가 보험금액을 초과하여도 상관이 없다. 즉 하나의 사고에 대하여 손해보상을 하여도 보험금액이 감소되지 않고, 원래대로 자동 복원된다(프保 L 173-12, 선박보험약관 11).

(나) 積荷의 分損

보험의 목적인 적하가 훼손되어 양륙항에 도착한 때에는 보험자는 그 훼손된 상태의 가액과 훼손되지 아니한 상태의 가액과의 비율에 따라 보험가액의 일부에 대한 손해를 보상할 책임이 있다(708). 예컨대 적하의 정상가격이 1,000만원이고, 훼손된 상태의 가격이 500만원인 경우에는 감가율이 50%이므로, 전부보험인 때에는 보상액이 500만원이고, 보험금액이 600만원인 일부보

1) 大判 91. 5. 14, 90 다카 25314(분손부담보조건의 적하보험계약에 있어서 피보험자가 보험자로부터 손해를 전보받기 위하여는 손해가 보험증권상에 열거된 부보위험으로 인하여 발생하였다는 적극적 사실을 입증하여야 함이 일반적인 원칙이기는 하나, 화물이 선박과 함께 행방불명된 경우에는 현실전손으로 추정되고(영국해상보험법 제58조), 그 현실전손은 일응 부보위험인 해상위험으로 인한 것으로 추정되어 보험자는 전보책임을 면할 수 없는 것이며, 부보위험으로 인한 손해라는 추정은 보험자가 부보위험이 아닌 다른 위험 내지 면책위험으로 인한 것일 가능성이 있음을 주장하고 그 가능성이 보다 우월하거나 동일함을 입증하는 경우에 한하여 깨어지는 것이라고 할 것이다).

험인 때에는 보상액이 300만원(1,000만원×50%×$\frac{600만원}{1,000만원}$=300만원)이 된다(674). 상법은 적하가 훼손된 경우만을 규정하고 있으나, 적하의 일부 멸실로 수량이나 중량이 감소된 경우도 동일하게 처리하여야 할 것이다(通說).

(다) 積荷의 賣却

항해도중에 불가항력으로 보험의 목적인 적하를 매각한 때에는 보험자는 그 대금에서 운임 기타 필요한 비용을 공제한 금액과 보험가액과의 차액을 보상하여야 한다(709 I). 불가항력으로 인한 적하의 매각은 적하의 훼손 자체는 아니지만, 이 경우에는 보통 통상가액보다 싼 가액으로 적하를 매각하므로, 그 차액을 훼손으로 인한 손해에 준하여 취급한 것이다. 불가항력으로 적하를 매각한 때란 선장의 적하처분권이 인정되는 경우, 즉 선박수선료, 해난구조료 기타 항해의 계속에 필요한 비용을 지급하기 위하여 적하의 전부나 일부를 처분하는 경우(774 I ④)를 가리킨다. 이 경우 매수인이 대금을 지급하지 아니한 때에는 보험자가 그 금액을 지급하여야 하며, 보험자가 그 금액을 지급한 때에는 피보험자의 매수인에 대한 권리를 취득한다(709 II).

(라) 運賃의 分損

해상운송인은 운송물의 전부 또는 일부가 송하인의 책임없는 사유로 멸실한 때에는 운임을 청구하지 못하고(812, 134 I), 선박의 침몰 등으로 운송계약이 종료하거나 법정사유로 운송계약이 해지된 때에는 운송의 비율에 따라 현존하는 운송물의 가액의 한도에서 운임을 청구할 수 있을 뿐이다(807 II, 808 II). 따라서 이 경우에는 해상운송인은 운임의 일부만을 지급받게 되어 운임의 분손이 생기며, 운임의 분손이 있는 경우에는 보험자는 피보험자가 잃은 운임의 운임총액에 대한 비율에 따라 보상을 하여야 한다(英海保 70).

(4) 約款에 의한 補償責任

해상보험의 실무에서는 당사자간의 약정(memorandum)에 의하여 해상보험자의 보상책임의 범위를 한정하는 것이 보통이다.

(가) 全損만의 擔保: 이것은 보험자가 전손의 경우에만 보상책임을 지고 단독해손·공동해손·손해방지비용 기타 전손 이외의 모든 손해와 비용에 대하여는 책임을 지지 않기로 하는 약관이다. T.L.O.(Total Loss Only)약관이라고 하는데, 보험자의 보상범위가 너무 좁아 그리 많이 이용되지는 않는다.

(나) 分損不擔保: 이것은 보험자가 전손 이외에 공동해손(832)에 대하여만

보상책임을 지고, 선박 또는 적하의 어느 일방에만 생긴 단독해손에 대하여는 원칙적으로 보상책임을 지지 않지만, 선박의 침몰·화재·좌초·충돌로 인한 손해에 대하여는 단독해손이라도 보험자가 보상책임을 지는 것이며, F.P.A.(Free of Particular Average)약관이라고 한다.

(다) 分損擔保: 이것은 전손뿐만 아니라 공동해손·단독해손을 포함한 모든 분손에 대하여도 보험자가 보상책임을 지는 것이며, WA(with average), AR(all risks)약관이라고 한다.

3. 保險者의 免責事由

해상사업에 관한 사고로 인한 손해는 그 범위가 광범하여, 상법과 약관은 일반보험계약 면책사유(659, 660, 678) 외에 해상보험자에 특유한 면책사유를 상세히 규정하고 있다.

(1) 法定免責事由

(가) 堪航能力注意義務의 懈怠로 인한 損害: 선박보험 또는 운임보험의 경우에는 발항당시 안전하게 항해를 하기에 필요한 준비를 하지 아니하거나 필요한 서류를 비치하지 아니함으로 인하여 생긴 손해에 대하여 보험자는 보상책임을 지지 아니한다(706 ①). 이것은 항해의 특성을 고려하여 감항능력 주의의무(787)를 게을리하여 생긴 손해에 관하여 해상보험자를 면책시킨 것이다. 이 규정은 적하보험에는 적용되지 않는다(大判 86. 11. 25, 85 다카 2578).

(나) 傭船者·送荷人·受荷人의 故意·重過失로 인한 損害: 적하보험의 경우에는 용선자·송하인 또는 수하인의 고의 또는 중과실로 인하여 생긴 손해에 대하여 보험자는 보상책임을 지지 않는다(706 ②, 또한 692 참조). 이들은 보험계약자나 피보험자는 아니지만, 용선자와 송하인은 해상물건운송계약의 당사자이고, 수하인은 운송물을 수령할 권리를 가지는 자이므로, 이들의 고의·중과실로 인한 손해를 보험계약자 등의 고의·중과실과 같이 본 것이다.

(다) 航海 중의 通常費用: 도선료·입항료·등대료·검역료 기타 선박 또는 적하에 관한 항해 중의 통상비용에 대하여 보험자는 보상책임을 지지 아니한다(706 ③). 이러한 통상비용은 항해에 관하여 당연히 지출될 것이 예상되는 비용이며, 우연한 사고로 인한 손해라고 볼 수 없기 때문이다.

(라) 小損害免責: 소손해면책(franchise, franchise clause)이란 보험사고로 생

긴 손해가 보험가액의 일정한 비율 또는 일정한 금액 이하의 소액인 경우에는 보험자가 보상책임을 지지 않는 것을 말한다. 따라서 손해가 보험자의 면책한도액을 초과하는 때에는 보험자는 그 손해의 전부를 보상하여야 한다. 이에 반하여 보험사고로 생긴 손해액이 보험가액의 일정한 비율 또는 일정한 금액 이하인 경우에는 보험자가 보상책임을 지지 않고, 나아가 손해액이 일정한 비율 또는 일정한 금액을 초과하는 경우에도 일정한 한도액까지는 피보험자가 부담하게 하여 이를 공제하고 이를 초과하는 부분에 대하여만 보험자가 보상책임을 지는 것을 공제소손해면책(excess clause, deductible franchise) 또는 공제손해(deductible average)라고 한다. 이것은 소액손해의 계산을 위한 비용과 시간의 낭비를 막고 또 소액손해를 유발하는 도덕적 위험을 방지하기 위한 것이다. 일정한 한도까지는 피보험자가 자가보험자가 되는 셈이다.

구상법 제707조는 「공동해손이 아닌 손해 또는 비용으로서 그 계산에 관한 비용을 산입하지 아니하고 보험가액의 100분의 2를 초과하지 아니하는 때에는 보험자는 이를 보상할 책임이 없다」라고 규정하여 소손해면책을 인정하였는데, 개정상법은 소액면책의 비율을 보험거래의 실정에 맞추어 약관으로 정할 수 있게 하기 위하여 이를 삭제하였다. 선박보험에서는 소손해면책을 인정하는 것이 보통이다.

(2) 約款상의 免責事由

해상보험자는 보험약관에 면책사유를 규정하여, 보험자가 담보하지 않는 위험의 범위를 정하는 것이 보통이다. 이러한 해상보험의 면책사유에는 불이익변경금지의 원칙이 적용되지 않는다(663 但).

제6 豫定保險

1. 總 說

(1) 意 義

예정보험(floating policy, open policy, declaration policy)계약이란 보험증권에 기재할 계약내용의 일부(선박·적하의 종류, 보험금액 등)가 계약체결 당시에 아직 확정되어 있지 아니한 보험계약을 말한다. 이에 대하여 보험계약의 내용이 전부 확정되어 있는 것을 확정보험계약이라 한다.

(2) 效 用

예정보험은 보험계약의 체결 당시에 계약내용의 일부를 확정할 수 없는 경우에 이용된다. 특히 계속적인 해외무역에 종사하는 무역업자들은 하물의 종류·항로·조건 등을 미리 정하여 두고 그 범주에 속하는 모든 적하를 보험에 붙이기로 하는 장기적하보험계약(long term cargo insurance contract)의 형식으로 예정보험을 이용하는 수가 있다. 예정보험은 해상보험, 특히 적하보험과 희망이익보험에서 가장 많이 이용되고 있지만, 운송보험·재보험·화재보험(총괄보험) 등에서도 이용된다.

(3) 性 質

예정보험은 그 불확정한 사항이 확정된 때에 보험자가 당연히 위험을 담보하는 것이므로, 독립한 보험계약이며, 보험계약 자체는 이미 성립되어 있는 것이다. 따라서 장래 일정한 보험계약을 체결할 것을 약정하는 보험계약의 예약과 구별하여야 한다. 보험계약자는 미확정부분이 확정된 때에는 이를 보험자에게 통지할 의무를 지는데(704 I), 이 통지에 의하여 계약의 내용이 확정된다(통지에 의하여 비로소 계약이 성립하는 것은 아니다).

(4) 種 類

예정보험계약에는 개개의 보험의 목적에 대하여 체결되는 「개별적 예정보험계약」과 일정한 기준에 의하여 정하여지는 다수의 보험의 목적에 대하여 포괄적으로 체결되는 「포괄적 예정보험계약」이 있는데, 후자가 일반적이다.

2. 船舶未確定의 積荷豫定保險

(1) 意 義

선박미확정의 적하예정보험(floating policy on cargoes, open policy on cargo)이란 적하보험계약에서 보험계약의 체결당시에 하물을 적재할 선박을 지정하지 아니한 경우를 말한다(704 I). 이는 개별적으로 또는 포괄적으로 행하여진다.

(2) 趣 旨

이것은 보험계약의 체결장소와 선적지가 다르거나 선적시가 보험계약체결시와 다른 경우에 선박만을 지정하지 않고 적하보험계약을 체결하게 함으로써 무보험의 위험을 없애주기 위하여 이용된다.

(3) 契約의 效果

① **通知義務**　선박미확정의 적하예정보험에서 보험계약자 또는 피보험자가 그 하물이 선적되었음을 안 때에는 지체없이 보험자에 대하여 그 선박의 명칭·국적과 하물의 종류·수량과 가액의 통지를 발송하여야 한다(704 I). 이것은 일반적으로 적하를 운송할 선박이 중요한 사항에 속하기 때문이다. 통지의무는 이를 위반하여도 손해배상책임이 발생하지 아니하므로 간접의무에 불과하다. 보험계약자 또는 피보험자가 통지의무를 지는 시기는 「하물이 선적되었음을 안 때에는 지체없이」이다. 이 때에는 선박의 명칭과 국적을 알 수 있기 때문이다. 선적사실을 안 때가 보험사고 발생 전이냐 아니냐를 묻지 않는다. 통지의 방법에는 제한이 없으나, 통지의 증명책임은 보험계약자 측에 있다(同旨: 양승규, 286면).

② **通知義務의 懈怠**　위 통지를 해태한 때에는 보험자는 그 사실을 안 날부터 1월 내에 계약을 해지할 수 있다(704 II).[1] 계약의 해지는 보험사고의 발생 전후를 불문한다.

제7 保險委付

1. 總　說

(1) 意　義

보험위부(abandonment)는 보험의 목적이 전부 멸실한 것과 동일시할 수 있는 일정한 경우에, 피보험자가 보험의 목적에 대하여 가졌던 모든 권리를 보험자에게 위부(委付)하고, 보험자에 대하여 보험금액의 전부를 청구할 수 있게 하는 제도이다. 원래 손해보험에서 피보험자는 피보험이익의 전부 또는 일부가 멸실한 것을 증명하지 못하면 보험금을 청구할 수 없는데, 보험위부는 그에 대한 예외로서 피보험자가 보험의 목적에 대한 권리를 위부하면 피보험이

---

1) 大判 66. 1. 25, 64 다 53은 「선박미확정의 적하해상보험계약에서 화물을 철선에 실을 것을 전제로 하여 이를 기준으로 한 보험료율에 의하여 보험료를 지급한 경우에 그 화물을 목선에 적재할 때에는 선적 전에 보험자에게 통고하고 목선에 해당하는 추가보험료를 지급하여야만 그 보험계약이 유효하게 존속되는 것이다」라고 판시하고 있는데, 이에 대하여는 적하예정보험의 본질을 그르친 것이라는 비판이 있다(양승규, 287면, 주 11).

익의 멸실을 증명하지 않고도 보험금을 청구할 수 있게 하는 것이다.

(2) 效 用

해상보험에서는 현실적으로 전손이 생긴 것은 아니더라도 경제적으로 이와 동일시할 수 있는 경우 또는 전손으로 된 것이 확실하나 그 증명이 어려운 경우가 있는데, 이러한 경우에 피보험자로 하여금 전손에 준하여 보험금의 전액을 청구할 수 있게 하여 피보험자를 보호하기 위한 것이다.

(3) 沿 革

해상보험의 초기에는 선박이 행방불명된 경우 등에 보험의 목적이 전손된 것으로 추정하여 일단 보험금을 지급하고 뒤에 피보험자가 보험의 목적에 대한 권리를 회복하면 보험금액을 반환하도록 하였는데(推定主義), 이에 의하면 피보험자는 보험금을 지급받더라도 안심하고 이를 다른 곳에 투자할 수 없다는 불편이 있었다. 그리하여 이러한 불편을 제거하기 위하여 16세기경에 현재의 보험위부제도가 확립되었다고 한다.

(4) 法的性質

보험위부는 일정한 형식을 요하지 않는 불요식의 법률행위이고, 보험자의 승낙을 요하지 않는 단독행위이며, 피보험자의 일방적 의사표시로 효력이 발생하는 것이므로 형성권의 하나이다. 보험자대위와의 차이에 관하여는 잔존물대위에 관한 설명을 참조하라.

2. 保險委付의 原因

상법은 보험위부의 원인으로서 다음 세 가지를 규정하고 있다(710).

(1) 船舶·積荷의 占有喪失

피보험자가 보험사고로 인하여 자기의 선박 또는 적하의 점유를 상실하여 이를 회복할 가능성이 없거나 회복하기 위한 비용이 회복하였을 때의 가액을 초과하리라고 예상될 경우에는 피보험자는 이를 위부할 수 있다(710 ①). 피보험자가 선박 또는 적하의 점유를 상실한 원인은 묻지 아니하므로, 포획이나 압류 등의 경우도 포함된다. 포획은 교전국 또는 교전단체가 전쟁의 목적을 위하여 선박의 점유를 빼앗는 것이고, 압류는 국내외의 관공서가 전쟁·범죄수사·검역 등의 필요에서 선박 또는 적하를 압류하는 것이다. 선박의 행방불명은 1991년 개정 전의 상법에서는 위부원인의 하나였으나(개정전상법 710 ②), 개정법은 이를 전손으로 추정하고 있다(711). 선박의 침몰은 위부원인이 아니라, 보험사고의 발생이 된다.

(2) 船舶의 修繕費用이 過多한 때(경제적 수선불능)

선박이 보험사고로 인하여 심하게 훼손되어 이를 수선하기 위한 비용이 수선하였을 때의 가액을 초과하리라고 예상될 경우에는 피보험자는 이를 위부할 수 있다(710 ②). 수선비용의 계산에 있어서는 단일사고(single accident)로 인한 비용 또는 같은 사고에서 야기되는 일련의 손해(좌초 후의 약탈 등)로 인한 비용을 기준으로 하고, 여러 번의 보험사고로 인한 분손에 대한 수선비용을 합산하여서는 안된다(大判 89. 9. 12, 87 다카 3070). 이것은 보험목적물에 대한 전손만의 보험에 가입한 자가 어떤 보험사고로 손상을 입고도 이를 수리하지 아니 하고 있다가 후의 보험사고로 입은 손해와 합하여 추정전손을 주장하지 못하도록 하기 위한 것이다. 선박이 절대적으로 수선불능인 때는 개정 전의 상법에서는 위부원인이었으나(개정전 상법 778 I ①), 현행상법에서는 보험사고의 발생으로 보게 된다(손주찬, 626면). 선박이 수선불능으로 된 때에는 원칙적으로 이에 적재한 적하를 위부할 수 있으나(양승규, 326면), 선장이 지체없이 다른 선박으로 적하의 운송을 계속한 때에는 그 적하를 위부할 수 없다(712).

(3) 積荷의 修繕費用·運送費用이 過多한 때(경제적 수선불능)

적하가 보험사고로 인하여 심하게 훼손되어서 이를 수선하기 위한 비용과 그 적하를 목적지까지 운송하기 위한 비용과의 합계액이 도착하는 때의 적하의 가액을 초과하리라고 예상되는 경우에는 피보험자는 그 적하를 위부할 수 있다(710 ③). 적하보험은 적하를 보험의 목적으로 하고 있으나, 선박의 항해상의 위험을 담보하고 있고, 따라서 적하의 운송 중에 선박의 충돌 등 해상사업과 관련한 사고로 적하가 훼손된 경우에는 이를 다른 선박에 옮겨 운송하거나 수선을 하게 되는데, 이들 비용의 합계액이 도착시의 적하의 가액을 초과하리라고 예상되면 이를 위부할 수 있게 한 것이다.

3. 保險委付의 要件

(1) 委付의 通知

① 피보험자가 위부를 하고자 할 때에는 상당한 기간 내에 보험자에 대하여 그 통지를 발송하여야 한다(713 I). 상당한 기간은 피보험자가 위부의 원인을

증명하고 위부권을 행사할 수 있는 합리적 기간을 말한다. 통지의 방법에 대하여는 제한이 없으므로, 구술·서면·팩스 기타 적당한 방법으로 할 수 있다. ② 위부권은 형성권이므로, 일단 위부의 통지를 한 후에 피보험자가 일방적으로 철회할 수 없다(通說). ③ 피보험자가 위부의 원인이 생긴 후에 상당한 기간 내에 위부의 통지를 발송하지 아니하면 위부권을 잃고, 그 손실은 분손으로 취급된다(英海保 62 Ⅰ). 따라서 피보험자는 통상의 방법으로 손해를 증명하여 보험금을 청구할 수 있다(通說).

(2) 委付의 無條件性

위부는 무조건이어야 한다(714 Ⅰ). 위부에 조건이나 기한을 붙이는 것은 당사자간의 법률관계를 신속·간명하게 해결하려는 위부제도의 취지에 반하기 때문이다.

(3) 委付의 範圍

① 위부는 보험의 목적의 전부에 대하여 이를 하여야 한다(714 Ⅱ 本). 위부는 전손의 경우와 같이 보험금액의 전부를 받게 할 것을 목적으로 하기 때문이다(710). ② 그러나 위부의 원인이 그 일부에 대하여 생긴 때에는 그 부분에 대하여서만 이를 할 수 있다(714 Ⅱ 但). 위부의 원인이 보험의 목적의 일부에 대하여 생긴 때란 예컨대 전 평가액의 일부는 선박, 나머지 일부는 적하에 충당되고 있음이 보험증권상 명시되어 있는 경우에 하물이 선적되지 않은 상태에서 선박에만 위험이 발생한 때를 가리키며, 이 경우에는 선박에 대하여만 위부를 할 수 있다. ③ 보험가액의 일부를 보험에 붙인 일부보험의 경우에는 위부는 보험금액의 보험가액에 대한 비율에 따라서만 이를 할 수 있다(714 Ⅲ). 그러므로 이 경우에 피보험자가 위부권을 행사하면 보험의 목적은 보험자와 피보험자가 공유하게 된다.

(4) 다른 保險契約 등에 관한 通知

① 피보험자가 위부를 함에 있어서는 보험자에 대하여 보험의 목적에 관한 다른 보험계약과 그 부담에 속한 채무의 유무와 그 종류 및 내용을 통지하여야 한다(715 Ⅰ). 이것은 보험자에게 중복보험의 유무를 알리고, 또 담보물권자가 보험의 목적에 대하여 권리행사를 할 경우에 대비할 기회를 주기 위한 것이다. 이 통지에 관하여는 그 기간이 정하여 있지 않다. ② 보험자는 위 통지를 받을 때까지 보험금액의 지급을 거부할 수 있고(715 Ⅱ), 보험금액의 지급에

관한 기간의 약정이 있는 때에는 그 기간은 위 통지를 받은 날로부터 기산한다(715 Ⅲ).

4. 保險委付의 承認·不承認

(1) 承認·不承認의 意義

보험위부는 피보험자의 일방적 의사표시에 의하여 효력이 발생하는 것이므로, 보험자의 승인은 위부의 효력발생요건이 아니고, 다만 위부의 원인에 대한 증명을 더 요구하지 않는다는 뜻이다(양승규, 330면).

(2) 委付의 承認

보험자가 위부를 승인한 후에는 그 위부에 대하여 이의를 하지 못한다(716). 그러므로 보험자가 위부를 승인하면 피보험자는 위부의 원인을 증명할 필요없이 보험금액의 지급을 청구할 수 있다.

(3) 委付의 不承認

보험자가 위부를 승인하지 아니한 때에는 피보험자는 위부의 원인을 증명하지 아니하면 보험금액의 지급을 청구하지 못한다(717). 이 경우에는 피보험자는 구체적으로 위부의 원인을 증명하여야 한다.

5. 保險委付의 效果

유효한 보험위부가 이루어지면 피보험자는 보험금청구권을 취득하는 동시에 보험의 목적에 관한 모든 서류를 보험자에게 교부할 의무를 지고, 보험자는 보험의 목적에 대한 권리를 취득한다.

(1) 被保險者의 權利·義務

① 피보험자가 보험위부를 한 때에는 보험금액의 전부를 청구할 스 있다(710). 그러나 보험의 목적의 일부에 위부원인이 생긴 때에는 그 부분에 대한 보험금액만을 청구할 수 있다(714 Ⅱ 但). 또한 일부보험의 경우에 위부를 한 때에는 보험금액의 보험가액에 대한 비율에 따라서만 청구할 수 있다(714 Ⅲ).

② 피보험자가 위부를 한 때에는 보험의 목적에 관한 모든 서류를 보험자에게 교부하여야 한다(718 Ⅱ). 이것은 보험자의 권리행사를 용이하게 하기 위한 것이다. 또 보험위부의 효과가 발생한 경우에도 피보험자는 손해방지의무(680 本, 안 680 Ⅰ)를 지며, 이로 인한 비용은 보험자에게 청구할 수 있다(680 但, 안 680 Ⅲ).

(2) 保險者의 權利·義務

(가) 保險者의 權利: ① 보험자는 위부로 인하여 그 보험의 목적에 관한 피보험자의 모든 권리를 취득한다(718 I). 그러나 일부보험의 경우에는 보험금액의 보험가액에 대한 비율에 따라 그 권리를 취득한다(714 III). 따라서 보험위부에 의하여 보험의 목적에 대한 모든 권리는 당연히 보험자에게 이전한다. ② 여기의 「모든 권리」에 보험의 목적물이 잔존하는 경우에 그에 관한 소유권 기타 피보험자가 보험의 목적에 대하여 직접 가지는 권리가 포함되는 것은 명백하다. 그런데 위부의 원인인 손해가 제3자의 행위에 의하여 생긴 경우에 피보험자가 제3자에 대하여 취득하는 권리, 예컨대 선박의 충돌로 인한 손해배상청구권도 여기에 포함되는가에 관하여는 견해의 대립이 있다. 이를 부정하는 제외설(消極說)은 피보험자가 제3자에 대하여 가지고 있는 권리는 위부에 의하여 이전되는 것이 아니라, 보험자가 보험금을 지급한 때에 보험자대위(682)에 의하여 보험자에게 이전하는 것이라고 본다(서돈각·정완용, 457-458면; 채이식, 592면). 그러나 보험위부는 보험의 목적을 보험자에게 이전하고 그 목적물에 관한 완전한 손해의 보상을 전손의 증명없이도 받고자 하는 제도이므로, 보험자는 위부된 물건에 관하여 피보험자와 동일한 지위에 선다고 보는 것이 옳고, 따라서 피보험자가 제3자에 대하여 가지는 권리도 보험자가 취득한다고 보는 포함설(積極說)이 타당하다고 본다(通說). 다만 선박보험에서 피보험자의 운임청구권은 운임이 독립하여 보험의 목적이 되는 점에 비추어 보험자가 위부에 의하여 취득하는 권리에 포함되지 않는다고 본다. ③ 위부에 의하여 피보험자의 권리가 보험자에게 이전되는 시기에 관하여 상법에 특별한 규정이 없으나, 위부의 의사표시가 보험자에게 도달한 때에 그 권리가 이전한다고 본다(通說). 보험자가 보험금액을 지급하였는가 여부는 문제되지 않는다.

(나) 保險者의 義務: 보험위부에 의하여 보험자가 보험의 목적에 대한 권리를 취득함으로써 그 목적에 따르는 공·사법상의 의무를 부담하는 수가 있다. 예컨대 침몰된 선박을 위부하였을 때에는 보험자가 그것을 제거할 의무를 부담한다(개항질서법 26). 그리하여 보험의 목적에 대한 권리를 취득함으로써 의무를 부담하는 경우에는 이 부담을 덜기 위하여 보험의 목적에 대한 권리를 포기하여 의무를 면할 수 있다.

6. 保險委付의 現代的 意義

근래에는 보험위부의 경우 부수되는 의무·부담(선체철거 의무, 어업보상 부담 등)을 피하기 위하여 보험위부는 거의 행하여지지 않고 있으며, 일본에서는 이러한 사정을 고려하여 새로이 해석전손(解釋全損)의 제도를 도입하였다(戸田·西島, 307-308면, 田村·平出, 255-256면).

제 4 장
責任保險

제 1 責任保險契約의 槪念

1. 責任保險契約의 意義

책임보험(liability insurance)계약이란 피보험자가 보험기간중의 사고로 인하여 제3자에게 배상할 책임을 진 경우에 보험자가 그로 인한 손해를 보상할 것을 목적으로 하는 손해보험계약이다(719). 이것은 피보험자가 보험사고로 인하여 보험의 목적에 직접 입은 재산상의 손해(직접손해)를 보상하는 것이 아니라, 제3자에게 손해배상책임을 짐으로써 입은 간접손해를 보상할 것을 목적으로 하는 점에서 일반손해보험과 다르고, 또 사회생활을 하는 중에 제3자에게 본의 아닌 가해행위를 하고 그 배상을 함으로써 손해를 입은 경우에 그 손해를 보험자에게 전가하기 위한 보험으로서 손해보험계약 중에서 특수한 지위를 가진다. 미국에서는 책임보험의 보험료가 재산보험의 총보험료 중 절반을 넘는다고 한다(Kimball, p. 248).

2. 責任保險契約의 性質

(1) 損害保險性

책임보험은 피보험자가 제3자에 대하여 손해배상을 함으로써 입은 손해를 보상하는 보험이므로, 손해보험에 속한다. 상법도 책임보험을 손해보험의 장에 규정하고 있다.

(2) 財產保險性

책임보험은 피보험자의 특정한 물건에 대한 손해를 보상하는 것이 아니라, 피보험자의 전재산에 대하여 생기는 손해를 보상하는 것이므로, 이른바 재산보험(협의)에 속한다.

(3) 消極保險性

책임보험은 피보험자의 특정한 재산에 직접적으로 발생하는 적극적 손해를 보상하는 것이 아니라 피보험자가 제3자에 대한 배상책임을 이행함으로써 간접적으로 발생하는 소극적 손해(부채)를 보상하는 것이므로, 소극보험에 해당한다.

3. 責任保險의 種類

(1) 對人賠償責任保險·對物賠償責任保險

이것은 배상책임의 객체에 따른 분류이다. 「대인배상책임보험」은 피보험자가 타인의 인적손해(사망·상해 등)에 대하여 손해배상책임을 짐으로써 입은 손해를 보상하는 책임보험이고, 「대물배상책임보험」은 피보험자가 타인의 물적손해(물건의 손괴 등)에 대한 손해배상책임을 짐으로써 입은 손해를 보상하는 책임보험이다. 자동차손해배상책임보험 중 대인배상책임은 전자에 속하고, 대물배상책임은 후자에 속한다.

(2) 營業責任保險·職業人責任保險·個人責任保險

이것은 피보험자가 누구냐에 따른 분류이다. 「영업책임보험」은 피보험자가 영업자로서 영업으로 인하여 타인에게 부담하는 배상책임에 따른 손해를 보상하는 책임보험이고, 승강기책임보험(승강기제조 및 관리에 관한 법률 11의 3)·원자력손해배상책임보험(원자력손해배상법 7) 등이 이에 해당한다. 「직업인책임보험」은 피보험자가 전문직업인으로서 그 직업과 관련하여 타인에게 부담하는 손해배상책임에 따른 손해를 보상하는 책임보험이며, 의사책임보험·공인회계사책임보험 등이 이에 속한다. 「개인책임보험」은 피보험자가 개인으로서 타인에게 부담하는 손해배상책임에 따른 손해를 보상하여 주는 책임보험이고, 자가용자동차의 운전자책임보험이 이에 속한다.

(3) 有限賠償責任保險·無限賠償責任保險

이것은 보험금액의 한도액의 유무에 따른 분류이다. 「유한배상책임보험」은 피해자 1인 또는 하나의 사고를 기준으로 보험자의 보상책임의 한도액이 정하여진 책임보험이고, 「무한배상책임보험」은 보험자의 보상책임의 한도액을 정하지 않고, 피보험자가 일정한 사고로 인하여 제3자에게 손해배상책임을 짐으로써 입은 모든 손해를 보상하여주는 책임보험이다. 대물배상책임보험은 언제나 유한이지만, 대인배상책임보험은 유한인 것과 무한인 것이 있다. 자동차종합보험에서 대인배상책임보험은 무한배상책임보험이다.

(4) 任意責任保險·强制責任保險

이것은 보험가입의 강제여부에 따른 분류이다. 「임의책임보험」은 보험계약자가 책임보험에 가입하느냐 여부를 임의로 정할 수 있는 책임보험이고, 「강제책임보험」은 법률상 책임보험에 가입하는 것이 강제되어 있는 책임보험이다. 강제책임보험은 피해자의 보호라는 사회적 요청에 따른 것이며, 산업재해보상보험(동법 7) 등 많은 강제책임보험이 있다.

제2 責任保險의 發展과 機能

(1) 18세기 후반에 이르러 기계문명이 급속히 발전하면서 인류의 생활은 매우 편리하게 되었으나, 여기에는 불가피하게 많은 재해(산업재해·교통재해 등)가 수반하였다. 그 결과 이들 재해의 피해자를 구제할 필요성이 높아졌으나, 로마법 이래의 전통적인 과실책임주의만으로는 이에 대처하기에 미흡하였다. 그리하여 민법의 과실책임주의를 수정하여, 과실이 없는 경우에도 책임을 지우는 위험책임이론 내지 보상책임이론이 제창되었고 각국의 판례와 입법에 의하여 수용되기에 이르렀다. 그러나 이처럼 기업에 무과실책임을 과하여도 그 기업의 배상자력이 불충분한 경우에는 피해자는 피해의 보상을 받지 못하게 되고, 또한 기업은 손해의 배상을 위한 자금이 모자라 파탄을 겪게 되고, 그 결과 산업의 발전이 저해되고 고용의 기회를 박탈하는 등의 사회적 폐해가 발생하였다. 여기에서 기업의 무과실책임을 인정하면서 한편으로는 피해자로 하여금 충분한 피해의 변상을 받을 수 있도록 하고, 다른 한편으로는 기업으로 하여금 피해의 변상 후에도 영업을 계속할 수 있게 하기 위한 제도로서 책임보험제도가 등장하게 되었다. 이처럼 책임보험은 산업의 발전과 함께 비교적 늦게 발전한 보험이며, 교통수단의 발달과 사회 각 분야의 책임강화의

추세에 따라 현대보험의 총아로 자리잡고 있다.

(2) 이처럼 책임보험은 피보험자가 부담할 손해배상책임을 보험자에게 전가하기 위한 제도이며, 이 제도를 이용함으로써, 책임을 부담하는 피보험자는 자기의 재산의 보전을 꾀하고 도산의 위험을 방지할 수 있고(被保險者의 保護機能), 또한 손해를 입은 제3자는 보험자로부터 보상을 받음으로써 피보험자의 자력이 불충분하여 배상을 받지 못할 위험에서 벗어날 수 있게 되며(被害者의 保護機能), 이러한 관점에서 책임보험은 실질적으로 타인을 위한 보험의 기능을 수행한다고 할 수 있다(同旨: 양승규, 341면; 정찬형, 68면; 채이식, 594면).

제3 責任保險契約의 要素

1. 保險의 目的

(1) 책임보험에 있어서의 보험의 목적은 피보험자가 제3자에 대하여 부담하는 손해배상책임(소극재산)이며, 그 배상책임의 담보가 되는 것은 피보험자의 전재산이다(同旨: 정희철, 453면; 양승규, 343면; 정찬형, 619면). 이 점이 일반손해보험에서 보험의 목적이 가옥·선박과 같은 피보험자의 특정한 물건인 것과 다르다. 책임보험은 피보험자가 일정한 사고로 인하여 제3자에게 부담할 손해배상책임에 따른 손해를 보상하는 것이므로, 그 손해는 채무의 부담 또는 재산의 감소 등의 소극적 형태로 발생한다.

(2) 피보험자가 제3자의 청구를 방어하기 위하여 지출한 재판상 또는 재판 외의 필요비용은 보험의 목적에 포함된 것으로 한다. 피보험자는 보험자에 대하여 그 비용의 선급을 청구할 수 있다(720 I). 이 비용은 피보험자가 제3자에 대하여 손해배상책임을 지지 않는 경우에도 보험의 목적에 포함된 것으로 한다(通說).

(3) 영업책임보험의 경우에는 피보험자의 대리인 또는 그 사업감독자의 제3자에 대한 책임도 보험의 목적에 포함된 것으로 한다(721). 이것은 영업을 보호하기 위한 것이다.

2. 被保險利益과 保險價額

(1) 被保險利益

① 책임보험의 피보험이익에 관하여는 (a) 피보험자가 제3자에 대하여 재산적 급여를 하는 책임을 질 사고가 발생하지 않음으로 인하여 가지는 경제적 이익(정희철, 454면; 서돈각·정완용, 461면; 양승규, 344 345면; 정찬형, 619면), 또는 피보험자의 전재산에 관하여 재산의 감소를 가져오는 사고가 발생하지 않는 경우에 피보험자가 가지는 경제적 이익(최기원, 672면)이라고 보아 피보험이익의 관념을 인정하는 긍정설과 (b) 책임보험에는 피보험이익의 관념이 있을 수 없다는 부정설이 대립하고 있다. 부정설은 책임보험에서 피보험자가 제3자에 대하여 부담할 배상책임액이 피보험자의 전재산을 초과할 수도 있으므로, 피보험자가 전재산에 대하여 가지는 경제적 이익이 피보험이익이라는 견해는 성립할 수 없고, 따라서 이러한 의미의 피보험이익은 책임보험계약의 요소로 논할 필요가 없다고 한다(손주찬, 「책임보험계약의 문제점」, 상사법의 제문제, 311면).

② 생각건대 손해의 개념을 좁게 풀이하여 전재산에 생길 수 있는 현실손해만으로 이해한다면, 책임보험에는 현실손해를 초과하여 급여가 행하여지는 수도 있으므로 피보험이익이 없다고 해석할 여지가 있다. 그러나 책임보험에 있어서도 피보험자는 제3자에 대한 배상책임을 보험자에게 전가함으로써, 배상책임을 이행한다면 입게 될 경제적 손해를 벗어날 수 있는 이익을 가지고 있으며, 이것이 책임보험의 피보험이익이라고 생각할 수 있다.

(2) 保險價額

① 책임보험의 피보험이익은 전술한 바와 같이 피보험자가 제3자에 대하여 손해배상책임을 짐으로써 입는 손해를 벗어날 수 있는 경제적 이익이며, 이는 사전에 금전으로 산정하기가 어려우므로, 책임보험에는 보험가액(피보험이익의 평가액)이라는 개념은 원칙적으로 없다. 따라서 책임보험에는 일부보험(674)·초과보험(669)·중복보험(672, 안 672의 2) 등의 문제도 없다.

② 다만 예외적으로 물건보관자의 책임보험(725)과 같이 보험자의 책임이 일정한 목적물에 생긴 손해로 제한되어 보험가액을 산정할 수 있는 경우에는 일부보험·초과보험·중복보험이 인정될 수 있고, 수개의 책임보험이 동시 또

는 순차로 체결되어 보험금액의 총액이 피보험자의 제3자에 대한 손해배상액을 초과하는 경우에는 중복보험(672, 673)에 준하여 각 보험자의 보상책임을 정하여야 한다(725 의 2).

3. 保險事故

(1) 책임보험에서는 사고로 인하여 제3자인 피해자가 먼저 손해를 입고, 피보험자에게 배상책임이 있으면 제3자에게 그 손해를 배상함으로써 피보험자가 손해를 입는다. 여기에서 무엇을 책임보험의 보험사고로 볼 것이냐가 문제된다.

(2) 이에 관하여는 ① 피보험자가 제3자에게 배상책임을 지게 되는 원인이 되는 사고가 발생한 것을 보험사고로 보는 견해(損害事故說, 約定事故說), ② 피보험자가 제3자인 피해자로부터 그 책임에 관하여 배상청구를 받은 것을 보험사고로 보는 견해(賠償請求說. 722. 최기원, 673면), ③ 피보험자가 법률상의 배상책임을 부담하게 된 것을 보험사고로 보는 견해(責任負擔說. 719. 손주찬, 634면; 채이식, 599면), ④ 피보험자가 제3자에 대하여 부담할 채무가 확정된 것을 보험사고로 보는 견해(債務確定說. 723 I), ⑤ 피보험자가 제3자에게 손해배상의무를 이행한 것을 보험사고로 보는 견해(賠償義務履行說. 724 I) 등 다양한 견해가 대립하고 있다. 이것은 상법이 책임보험의 보험사고의 개념을 규정하지 않고, 또 관련된 각 규정의 내용이 통일되어 있지 않기 때문이다.

(3) 생각건대 배상청구설은 보험자는 보험기간 중에 일어난 사고에 대하여는 피해자인 제3자가 그 기간이 경과한 후에 배상청구를 하더라도 보상책임을 지고, 반대로 보험기간 전에 발생한 사고에 대하여는 보험기간 중에 청구를 하여도 보상책임을 지지 않는다는 점에 비추어 부당하다. 책임부담설과 채무확정설은 보험자는 피보험자에게 책임이 없는 경우에도 재판상·재판외의 필요비용을 부담하는 점(720 本)에 비추어 옳지 못하다. 그리고 배상의무이행설은 피해자가 피보험자의 책임이행 전에 보험자에게 직접 보험금을 청구할 수 있는 점(724, 725)에 비추어 부당하다. 제3자인 피해자에게 약정사고가 발생하더라도 제3자가 배상청구를 하지 않는 한 피보험자의 배상의무는 잠재적인 것이고, 또 제3자의 손해배상청구권이 시효로 소멸하면 피보험자는 배상책임을 지지 않게 되는 점에서 의문은 있지만, 제3자가 피보험자에게 손해배상청구를 할 수 있는 사고가 보험기간 중에 발생한 것을 보험사고로 보는 손해사고설이

비교적 무난하다고 본다(多數說). 이러한 해석이 상법 제719조, 제724조 제2항 및 제725조에 합치한다고 본다(同旨: 정찬형, 621면).

4. 被保險者의 損害賠償責任

책임보험은 피보험자의 제3자에 대한 손해배상책임을 전제로 하여 성립하므로, 손해배상책임의 발생원인과 범위 및 제3자의 범위 등이 그 중심문제가 된다.

(1) 損害賠償責任의 發生原因

피보험자의 손해배상책임은 법률상의 책임이든 계약상의 책임이든, 또 채무불이행에 기한 것이든 불법행위에 기한 것이든 묻지 않는다. 원칙적으로 민사책임에 한하지만, 자동차운전사의 운행과실로 인한 벌과금과 같이 형사책임으로 인한 손해를 포함시키는 경우가 있다(운전자보험 약관 1 II ②).

(2) 損害賠償責任의 範圍

민사상의 손해배상책임에서는 채무자는 원칙적으로 고의·과실로 인하여 발생한 모든 손해에 대하여 배상책임을 진다(民 390, 750). 그런데 책임보험의 보험자는 보험계약자·피보험자의 고의·과실로 인하여 발생한 모든 손해에 대하여 보상책임을 지는 것이 아니고, 보험계약자·피보험자의 고의로 인한 손해에 대하여는 원칙적으로 보상책임을 지지 않고(659 참조; 도保 152), 예외적으로만 보상책임을 진다(자동차보험 표준약관 14 I 참조). 이에 반하여 보험계약자·피보험자의 중대한 과실로 인하여 생긴 손해에 대하여 보험자가 보상책임을 지는가에 관하여는 다툼이 있으나, 책임보험제도의 취지에 비추어 이를 긍정하는 것이 옳다고 본다(同旨: 양승규, 351면; 배상책임보험약관 4 ①; 도保 152; 商 732의 2, 739 참조).[1]

(3) 第3者의 範圍

제3자는 피보험자 이외의 피해자를 말하며, 피보험자의 동거가족은 제3자에 포함되지 않는다고 본다(多數說). 피해자를 치료한 병원은 제3자에 해당되지 않는다(서울民地判 95. 4. 19, 94 가합 17036).

1) 제659조를 근거로 보험자의 보상책임을 부정하는 견해가 있다(김성태, 602면).

제4 責任保險契約의 效果

1. 保險者의 義務

(1) 損害補償義務

책임보험자는 피보험자가 보험기간 중의 사고로 인하여 제3자에게 배상책임을 진 경우에 이를 보상할 책임이 있다(719).

(가) 損害補償의 要件: 책임보험자가 피보험자에 대하여 손해보상책임을 지기 위하여는 ① 보험기간 중에 손해사고(보험계약에서정한 사고)가 발생하고 이로 인하여 제3자가 인적·물적 손해를 입어야 한다(719 前). 예컨대 자동차책임보험에서 자동차사고가 발생하여 제3자의 생명·신체·재산에 손해가 생겨야 한다. ② 피보험자(가해자)가 제3자(피해자)에 대하여 법률상 손해배상책임을 져야 한다. 따라서 손해사고가 불가항력에 의하여 발생한 경우에는 피보험자에게 손해배상책임이 없으므로 책임보험자도 보상책임을 질 여지가 없으며, 자가운전 자동차 종합보험의 피보험자가 자동차를 정차시킨 후 자동차 열쇠를 그대로 꽂아둔 채 잠시 부근 약국에 수금을 하러 간 사이에 뒷좌석에 타고 있던 친구가 정차상태를 바로잡기 위하여 운전하다가 교통사고를 일으킨 경우에 피보험자는 보험약관상의 자동차운전자로서의 지위를 갖고 있지 않아 배상책임이 없으므로, 보험회사도 위 보험약관에 따른 보상책임이 없다(大判 91. 9. 24, 91 다 19906). 또한 제3자인 피해자에게 과실이 있어 과실상계에 해당하는 경우에는 피보험자의 손해배상책임이 그만큼 줄어들므로, 보험자의 보상책임도 당연히 줄어든다(大判 81. 7. 7, 80 다 2271 참조). ③ 보험자에게 면책사유가 없어야 한다. 상법은 책임보험자의 면책사유에 관하여 특별히 규정한 바는 없으나, 보험계약자 또는 피보험자의 고의로 인한 사고의 경우에는 보험자는 원칙적으로 면책되지만(도保 152 참조), 중과실로 인한 사고의 경우에는 보험자는 보상책임을 진다고 본다. 이것은 피해자의 보호를 위한 것이다.

(나) 損害補償의 範圍: ① 책임보험자의 보상책임의 범위는 보험금액의 한도유무에 따라 다르다. 유한책임보험에서는 피해자 1인이나 물건 또는 매사고에 따른 보험자의 책임한도액을 정하고 있으므로, 보험자는 보험금액의

한도 내에서 피보험자가 피해자에게 지급한 손해배상액을 보상하여야 한다. 이에 대하여 무한책임보험(인보험에 한함)에서는 피보험자는 그 사고와 상당인과관계에 있는 모든 손해를 피해자에게 배상하여야 하므로, 보험자는 피보험자가 지급한 모든 손해배상액을 보상하여야 한다. ② 보험자는 피보험자의 제3자에 대한 변제·승인·화해 또는 재판으로 인하여 「확정된 채무」(723 I) 외에, 피보험자가 제3자의 청구를 방어하기 위하여 지출한 「재판상 또는 재판 외의 필요비용」도 부담하여야 한다(720 I). 또한 피보험자가 담보의 제공 또는 공탁으로써 재판의 집행을 면할 수 있는 경우에 보험자에 대하여 보험금액의 한도 내에서 그 담보의 제공 또는 공탁을 청구한 때에는 「담보의 제공 또는 공탁의 비용」도 부담하여야 한다(720 II). 이러한 비용은 일반 손해보험에서 손해방지비용(680 I 但)에 해당하는데, 그것이 보험자의 지시에 의한 것인 경우에는 그 금액에 손해액을 가산한 금액이 보험금액을 초과하는 때에도 보험자가 이를 부담하여야 한다(720 III). 이들 비용은 피보험자가 제3자에 대하여 손해배상책임이 없는 경우에도 보험자가 보상하여야 한다.[1)] ③ 영업책임보험의 경우에는 피보험자의 대리인 또는 그 사업감독자의 제3자에 대한 책임으로 인한 손해도 보험자가 보상하여야 한다(721).

(다) **損害補償의 時期**: 보험자는 특별한 기간의 약정이 없으면 피보험자로부터 채무확정의 통지(723 I)를 받은 날로부터 10일 내에 보험금액을 지급하여야 한다(723 II). 그러나 보험자는 피보험자가 책임을 질 사고로 인하여 생긴 손해에 대하여 제3자가 그 배상을 받기 전에는 보험금액의 전부 또는 일부를 피보험자에게 지급하지 못한다(724 I). 제3자가 피보험자로부터 손해배상을 받기 전에 보험자가 피보험자에게 보험금을 지급함으로써 제3자의 권리를 침해한 때에는 보험자는 그에 대한 책임을 면하지 못한다(스위스保 60 II).

(라) **둘 이상의 責任保險**: 피보험자가 동일한 사고로 제3자에게 배상책임을 짐으로써 입은 손해를 보상하는 둘 이상의 책임보험계약이 동시에 또는 순차로 체결된 경우에 그 보험금액의 총액이 피보험자의 제3자에 대한 손해배상액을 초과하는 때에는 중복보험에 관한 규정(672, 안 672의 2, 673)이 준용된다. 따라서

---

1) 大判 93. 1. 12, 91 다 42777(손해배상책임이 없는 피보험자가 가해자로서 교통사고 직후 자신의 책임 유무를 판단하기 어려운 가운데 의식을 잃은 피해자를 신속하게 치료받게 함으로써 피해상태의 악화를 방지하고자 치료비채무를 연대보증하였다면 이로 인하여 지출한 치료비 중 보험자의 면책통보시까지 발생한 부분은 보험자가 보상하여야 한다).

각 보험자는 각자의 보험금액의 한도에서 연대책임을 지고, 각자의 보험금액의 손해배상액에 대한 비율에 따른 보상책임을 지며, 보험계약자는 각 보험자에 대하여 각 보험계약의 내용을 통지하여야 한다(725의 2, 672 I·II, 안 672의 2). 그리고 보험계약자의 보험자 1인에 대한 권리의 포기는 다른 보험자의 권리의무에 영향을 미치지 아니한다(725의 2, 673). 원래 책임보험에서는 피보험이익을 평가할 수 없으므로 계약 체결 시에는 중복보험 여부의 판정이 불가능하고, 보험사고가 발생하여 피보험자가 배상할 손해액이 확정되어야 각 보험자의 보험금액의 합계가 제3자에 대한 손해배상액을 초과하는지 여부를 알 수 있는데, 이 경우에도 피보험자가 부당한 이익을 얻지 못하도록 중복보험에 관한 규정을 준용하고 있는 것이다.

(2) 防禦義務

(가) 意 義: 보험자의 방어의무(duty of defense, duty to defend)란 피해자인 제3자가 보험계약에서 정한 사고로 인하여 인적·물적 손해를 입고 피보험자를 상대로 손해배상청구의 소를 제기한 경우에 보험자가 피보험자를 위하여 이를 방어하여야 할 의무를 말한다. 상법 제720조 제1항 후문, 제3항, 보험자의 소송대행의 특약(배상책임보험약관 13 I; 자동차보험 표준약관 9 등) 등은 보험자의 방어의무를 전제로 한 것이다(同旨: 양승규, 355-356면).

(나) 防禦費用의 性格: 보험자가 방어의무의 이행을 위하여 지출한 비용의 성격에 관하여는 손해방지비용(680)의 일부로 보는 견해(손해방지비용설; 多數說), 책임보험제도의 합리적 운용을 위하여 법이 정책적으로 인정하는 부수적 채무로 보는 견해(부수적 채무설; 손주찬, 638면) 및 책임보험의 본질적 급여인 보험금청구권의 일부로 보는 견해(보험급여설; 김성태, 601면) 등이 대립하고 있다. 상법 제720조가 피보험자의 방어비용을 보험의 목적에 포함된 것으로 규정하고 있는 이상 제3설이 타당하다고 본다. 판례(大判 95. 12. 8, 94 다 27076)의 입장이 무엇인지는 불분명하다(양승규, 363면; 김성태, 599면 참조).

(다) 違反의 效果: 보험자가 방어의무를 성실하게 이행하지 못하여 피보험자가 손해를 입은 경우(승소할 자가 패소하거나 배상액이 증가된 경우)에는 보험자는 피보험자에 대하여 손해배상책임이 있다고 본다(Stockdale v. Jamison, 416 Mich. 217, 330 N.W. 2d 389(1982) 참조). 이 경우 보험자의 배상책임은 반드시 보험금액의 한도에 한정되지 않는다고 본다(同旨: 양승규, 356-357면. 또한 위 Stockdale사건 참조). 방어비용이 보험금액을 초과하는 때에도 보험자는 방어의무를 진다고 본다.

2. 被保險者의 義務

(1) 通知義務

① 피보험자는 제3자에게 배상책임을 질 사고(손해사고)가 발생한 것을 안 때에는 지체없이 보험자에게 그 통지를 발송하여야 한다(657). 그리고 책임보험의 특성에 기하여 피보험자는 나아가서 배상청구통지의무와 채무확정통지의무를 부담한다.

② 피보험자가 제3자로부터 배상의 청구를 받은 때에는 지체없이 보험자에게 그 통지를 발송하여야 한다(722). 제3자로부터의 청구는 정당한 것이든 아니든, 또 재판상의 것이든 아니든 묻지 않는다. 통지의 방법에는 제한이 없으나, 청구의 중요한 내용을 알려야 한다. 피보험자가 통지의무를 게을리한 때에는 보험자는 만일 통지를 받고 개입하였더라면 피보험자의 손해배상액을 줄일 수 있었던 금액만큼을 보험금액에서 공제할 수 있고, 이미 보험금액을 지급한 경우에는 위 금액을 구상할 수 있다고 본다(通說). 개정안은 종래의 통설을 받아들여, 피보험자가 위 통지의무를 게을리하여 손해가 증가된 경우에는 보험자는 그 증가된 손해를 보상할 책임이 없는 것으로 하였다. 다만, 피보험자가 보험사고발생의 통지(657 I)를 발송한 경우에는 그러하지 아니하다(안 722 II).

③ 피보험자가 제3자에 대하여 변제·승인·화해 또는 재판으로 인하여 채무가 확정된 때에는 지체없이 보험자에게 그 통지를 발송하여야 한다(723 I). 이 경우에는 확정된 채무의 내용과 그 증거를 제시하여 통지하여야 할 것이다(同旨: 양승규, 358면). 피보험자의 채무확정통지의무는 보험자의 보험금지급시기를 정하는 기준이 될 뿐이므로(723 II), 이 의무를 게을리하더라도 보험자의 손해보상의무에 아무런 영향이 없다(通說).

(2) 保險者와의 協議義務

① 피보험자가 손해사고로 제3자에게 손해를 배상하여도 이를 보험자가 보상하므로 궁극적으로는 보험자의 부담으로 돌아간다. 따라서 피보험자가 제3자와 변제·승인 또는 화해에 의하여 채무를 확정함에 있어서는 보험자와 협의하여야 한다고 본다(通說). 다만 피보험자의 결정권을 부당하게 제약하지 않

기 위하여 상법은 피보험자가 보험자의 동의없이 제3자에 대하여 변제·승인 또는 화해를 한 경우에는 보험자가 그 책임을 면하게 되는 합의가 있는 때에도 그 행위가 현저하게 부당한 것이 아니면 보험자는 보상할 책임을 면하지 못한다고 규정하고 있다(723 Ⅲ).

② 그리하여 피보험자가 제3자와 사이에서 보험자의 책임을 가중시키는 내용으로 「현저하게 부당한」 변제·승인 또는 화해를 한 경우에는 보험자는 그에 대한 보상을 거절할 수 있다고 본다. 이 경우에 보험자가 전액의 보상을 거절할 수 있는가(양승규, 361면; 정찬형, 626면), 아니면 부당한 부분만의 보상을 거절할 수 있는가(채이식, 601면)에 관하여 다툼이 있으나, 이 경우에 보험자가 피보험자와 제3자 사이의 공모 등을 증명하는 것은 거의 불가능하므로, 전액의 보상을 거절할 수 있다고 본다. 대법원은 확정판결에 의하지 아니하고 가해자인 피보험자와 피해자 사이의 서면에 의한 합의로 배상액이 결정된 경우에는 보험회사는 보험약관에서 정한 보험금 지급기준에 의하여 산출된 금액의 한도 내에서 보험금을 지급할 의무가 있다고 반복하여 판시하고 있는데,[1] 이들 사건은 피보험자에게 배상책임이 있고, 현저하게 부당하지 아니한 금액으로 화해가 된 경우에 관한 것이라고 풀이된다.

1) 大判 92. 11. 24, 92 다 28631(판결에 의하지 아니하고 가해자인 피보험자와 피해자 사이의 서면에 의한 합의로 배상액이 결정된 경우 보험회사는 보험약관에서 정한 보험금 지급기준에 의하여 산출된 금액의 한도 내에서 보험금을 지급할 의무가 있다); 94. 4. 12, 93 다 11807(확정판결에 의하지 아니하고 피보험자와 피해자 사이에 서면에 의한 합의로 손해배상액을 결정한 경우에는 보험회사는 위 보험약관에서 정한 보험금 지급기준에 의하여 산출된 금액의 한도 내에서 보험금을 지급할 의무가 있다); 95. 11. 7, 95 다 1675(피보험자는 판결의 확정, 재판상의 화해, 중재 또는 서면에 의한 합의로 손해액이 확정되었을 때에 보험회사에 대하여 보험금의 지급을 청구할 수 있고, 보험회사는 그 보험약관의 보험금 지급기준에 의하여 산출한 금액을 보상하되, 다만 소송이 제기되었을 경우에는 대한민국 법원의 확정판결에 의하여 피보험자가 손해배상 청구권자에게 배상하여야 할 금액(지연배상금 포함)을 보상하도록 규정하고 있는 자동차종합보험 보통약관 아래서, 확정판결에 의하지 아니하고 피보험자와 피해자 사이의 서면에 의한 합의로 배상액이 결정된 경우에는 보험회사는 그 보험약관에서 정한 보험금 지급기준에 의하여 산출된 금액의 한도 내에서 보험금을 지급할 의무가 있다); 98. 3. 24, 96 다 38391(약관의규제에관한법률 제6조의 규정에 위배되어 무효라고 볼 수 없는 보험약관 아래서 확정판결에 의하지 아니하고 피보험자와 피해자 사이의 서면에 의한 합의로 배상액이 결정된 경우에는 보험자는 위 보험약관에서 정한 보험금 지급기준에 의하여 산출된 금액의 한도 내에서 보험금을 지급할 의무가 있다).

3. 保險者와 第3者와의 關係

(1) 序 說

① 책임보험은 피보험자를 위한 보험이고, 피해자에게 보험금청구권을 인정하는 타인을 위한 보험이 아니므로, 피해자인 제3자의 입장에서 보면 책임보험계약은 타인 사이의 계약에 불과하다. 이처럼 보험관계(보험계약자·피보험자와 보험자간)와 책임관계(피보험자와 제3자)가 분리되어 있으므로, 법률적으로는 피해자는 보험자에 대하여 직접 아무런 권리가 없고, 가해자인 피보험자에 대하여 손해배상청구권만을 가질 뿐이다. 그러나 보험자의 보험금 지급은 피해자인 제3자에 대한 배상금지급에 충당하기 위한 것이므로, 경제적으로는 피해자는 보험자에 대하여 일정한 관련을 가진다.

② 상법 제724조 제1항은 「보험자는 피보험자가 책임을 질 사고로 인하여 생긴 손해에 대하여 제3자가 그 배상을 받기 전에는 보험금액의 전부 또는 일부를 지급하지 못한다」고 규정하고 있는데, 이는 피해자인 제3자를 보호하기 위한 것이며, 피해자와 보험자 사이의 관련을 반영한 것이다.

(2) 第3者의 直接請求權

(가) 總 說: 1991년 개정상법은 나아가서 피해자인 제3자의 보험자에 대한 직접청구권(direct payment, Direktanspruch)을 인정하였다. 즉 「제3자는 피보험자가 책임을 질 사고로 입은 손해에 대하여 보험금액의 한도 내에서 보험자에게 직접 보상을 청구할 수 있다. 그러나 보험자는 피보험자가 그 사고에 관하여 가지는 항변으로써 제3자에게 대항할 수 있다」(724 II). 이것은 과거에 제725조가 「임차인 기타 타인의 물건을 보관하는 자가 그 지급할 손해배상을 위하여 그 물건을 보험에 붙인 경우에는 그 물건의 소유자는 보험자에 대하여 직접 그 손해의 보상을 청구할 수 있다」고 규정하여, 보관자책임보험의 경우에 한하여 피해자인 물건소유자의 직접청구권을 인정하던 것을 모든 책임보험으로 확대한 것이다. 피해자의 직접청구권이 인정되는 경우는 법률 또는 약관에서 이를 인정하는 경우에 한한다(大判 92. 11. 27, 92 다 12681).[1)]

1) 大判 92. 11. 27, 92 다 12681(책임보험에 해당하는 대인배상보험에 있어서 피해자인 제3자가 보험자에 대하여 직접 손해배상금을 청구할 수 있는 경우는 상법 제725조나 자동차손해배상보장법 제12조 등에서와 같이 법률에 특별히 이를 규정하고 있거나 보험당사자 사이에 체결된 보험

(나) 根 據: 피해자의 보험자에 대한 직접청구권의 근거에 대하여는 책임보험의 본질적 요소로 보아 모든 책임보험에 대하여 직접청구권을 인정하는 견해(本質說), 법규정에서 인정한 효과라고 보는 견해(法規說) 및 당사자의 의사표시의 효과로 보는 견해(意思表示說) 등이 대립하고 있으나, 책임보험의 내용과 목적은 다양하므로, 모든 책임보험에 일률적으로 직접청구권을 인정할 것은 아니고, 보험관계와 책임관계가 분리되어 있는 현행법 체계하에서는 법규설이 옳다고 본다(同旨: 양승규, 363면).

(다) 性 質: 직접청구권의 법적 성질에 대하여는 손해배상청구권으로 보는 견해(김성태, 「직접청구권의 본질」, 보험법연구 I, 183면)와 보험금청구권으로 보는 견해(이광복, 「책임보험에 있어서 직접청구권의 본질」, 1996년 고려대법학석사 논문)가 대립하고 있다. 생각건대 피해자와 보험자 사이에는 보험관계가 없으므로, 이를 보험금청구권으로 볼 수 없으니, 손해배상청구권설이 옳다고 본다. 대법원도 「상법 제724조 제2항에 의하여 피해자에게 인정되는 직접청구권의 법적 성질은 보험자가 피보험자의 피해자에 대한 손해배상채무를 병존적으로 인수한 것으로서 피해자가 보험자에 대하여 가지는 손해배상청구권이고, 피보험자의 보험자에 대한 보험금청구권의 변형 내지는 이에 준하는 권리가 아니다」라고 하여 손해배상청구권설을 취하고 있다(大判 2000. 6. 9, 98 다 54397; 2000. 12. 8, 99 다 37856; 94. 5. 27, 94 다 6819; 99. 2. 12, 98 다 44956).[1)]

(라) 行 使: ① 피해자인 제3자가 보험자에게 직접 보상을 청구하는 경우에는 보험금액의 한도 내에서 청구하여야 한다(724 II 本). ② 직접청구를 받은 보험자는 피보험자가 그 사고에 관하여 가지는 항변으로써 제3자에게 대항할 수 있다(724 II 但). 보험자는 보험계약자와 피보험자에 대한 항변도 제3자에게 대항할 수 있다고 본다(通說). 왜냐 하면 보험자와 직접 관계가 없는 제3자의 개입이 있다고 하여 보험자가 불이익을 받을 이유는 없기 때문이다. 그러나 보험자와 피보험자 사이에서 보험금청구권이 부존재한다는 판결이 확정되었더라도 그 판결의 효력은 당사자가 아닌 피해자(제3자)에게 미치지 아니하므로

계약의 약관에서 이를 인정하는 경우에 한한다). 同旨: 81. 1. 13, 80 다 874; 88. 12. 13, 87 다카 3166.

1) 이와 반대로 大判 93. 4. 13, 93 다 3622는 「자동차종합보험보통약관에 피보험자가 피해자에게 지는 손해배상액이 판결에 의하여 확정되는 등의 일정한 경우에는 피해자가 보험회사에 대하여 직접 보험금의 지급을 청구할 수 있도록 규정되어 있다 하더라도, 위 약관에 의하여 피해자에게 부여된 보험회사에 대한 보험금액청구권은 상법 제662조 소정의 보험금액청구권에 다름 아니므로 이를 2년 간 행사하지 아니하면 소멸시효가 완성된다」고 판시하고 있다.

(民訴 218 I), 그 사유만으로 피해자가 보험자에 대한 직접청구권을 행사하지 못하는 것은 아니다(大判 95. 2. 10, 94 다 4424). ③ 보험자가 제3자로부터 직접 보상의 청구를 받은 때에는 지체없이 피보험자에게 이를 통지하여야 한다(724 III). 이것은 제3자가 보험자와 피보험자의 쌍방으로부터 배상액을 받아내는 것을 막기 위한 것이다. ④ 이 경우에 피보험자는 보험자의 요구가 있을 때에는 필요한 서류·증거의 제출, 증언 또는 증인의 출석에 협조하여야 한다(724 IV).

(마) 消滅時效: ① 제3자의 직접청구권의 소멸시효기간에 관하여는 그 법적 성질과 관련하여 다툼이 있다. 이것을 보험금청구권으로 볼 경우에는 2년(개정안에 의하면 3년)의 소멸시효에 걸린다고 풀이되지만(662), 손해배상청구권으로 볼 경우에는 손해를 안 날부터 3년, 불법행위가 있은 날부터 10년(民 766)이 경과하면 소멸시효가 완성하는 것으로 풀이할 수 있다(김성태, 「직접청구권의 본질」, 보험법연구 I, 188-190면). 생각건대 위에서 직접청구권의 성질은 손해배상청구권이라고 하였으나, 그 소멸시효기간은 보험자와 제3자의 입장을 고루 고려하여 판단하여야 할 것이다. 그렇다면 직접청구권은 손해배상청구권이지만, 보험자로서는 그와 직접 관련이 없는 제3자가 개입한다고 하여 더 불리해질 이유가 없고, 또 제3자는 여전히 피보험자에 대한 청구권을 가지므로, 제3자의 보험자에 대한 직접청구권의 소멸시효기간은 피보험자의 보험자에 대한 보험금청구권과 같이 2년이라고 보아야 할 것이다(同旨: 정찬형, 629면; 서울高判 97. 3. 28, 96 나 19873). 대법원은 직접청구권이 보험금청구권에 다름없다는 이유로 2년간 행사하지 아니하면 소멸시효가 완성된다고 한다(大判 93. 4. 13, 93 다 3622; 97. 11. 11, 97 다 36521). ② 소멸시효의 기산점은 피보험자의 보험금청구권과 같이, 제3자가 보험사고의 발생여부 불명으로 과실 없이 보험사고의 발생을 알 수 없었던 사정이 있는 경우에는 보험사고의 발생을 알았거나 알 수 있었을 때부터, 그러한 특별한 사정이 없는 경우에는 원칙적으로 보험사고가 발생한 때부터 진행한다고 본다(大判 99. 2. 23, 98 다 60613; 97. 11. 11, 97 다 36521).

(바) 被保險者의 保險金請求權과의 關係: ① 제3자의 직접청구권이 인정되는 경우에는 제3자는 피보험자에 대한 손해배상청구권과 보험자에 대한 직접청구권의 두 가지 권리를 가지며, 그 가운데 어느 것을 먼저 행사하는가는 그의 자유이다. 만일 제3자가 보험자에 대한 직접청구권을 행사하여 보상을 받으면 피보험자는 제3자에 대한 손해배상책임을 면한다(大判 75. 7. 22, 75 다 153). 만일 피보험자에 대한 배상청구권을 먼저 행사하여 만족을 받으면 보험자에 대한 직

접청구권을 잃는다. ② 피보험자가 보험자에 대하여 가지는 보험금청구권(723 I, II)과 제3자가 보험자에 대하여 가지는 직접청구권(724 II)의 관계에 관하여, 상법 제724조 제1항은 제3자의 직접청구권이 피보험자의 보험금청구권에 우선한다는 것을 선언하고 있다. 따라서 보험자로서는 제3자가 피보험자로부터 배상을 받기 전에는 피보험자에 대한 보험금 지급으로 직접청구권을 갖는 피해자에게 대항할 수 없고, 보험자는 제3자가 피보험자로부터 배상을 받기 전에는 상법 제724조 제1항의 규정을 들어 피보험자의 보험금지급 청구를 거절할 권리를 가진다(大判 95. 9. 26, 94 다 28093). 그러나 피보험자가 제3자에게 이미 손해배상금을 지급하였거나 상법 또는 보험약관이 정하는 방법으로 피보험자의 제3자에 대한 채무가 확정되면, 피보험자는 상법 제724조 제1항의 규정에 불구하고 보험자에게 바로 보험금청구권을 행사할 수 있다(大判 95. 9. 29, 95 다 24807; 95. 9. 15, 94 다 17888).

(3) **保險者의 求償權**: ① 공동불법행위자와 보험계약을 체결한 보험자 중의 1인이 피해자에게 보험금(또는 직접보상금)을 지급한 경우에 이로 인하여 면책이 된 다른 보험자에 대하여 직접 구상권을 행사할 수 있는가에 관하여, 대법원은 「공동불법행위자 중의 1인과 보험계약을 체결한 보험자가 피해자에게 손해배상금을 모두 지급함으로써 다른 공동불법행위자들의 보험자들이 공동 면책되었다면 그 손해배상금을 지급한 보험자는 다른 공동불법행위자들의 보험자들이 부담하여야 할 부분에 대하여 구상권을 행사할 수 있다」고 한다(大判 99. 2. 12, 98 다 44956; 98. 7. 10, 97 다 17544; 98. 9. 18, 96 다 19765 등). ② 이 구상권의 소멸시효기간에 관하여는 판례는 일반 민사채권으로서 10년이 경과하면 소멸시효가 완성된다고 본 것이 대부분이나(大判 99. 6. 11, 99 다 3143; 98. 12. 22, 98 다 40466; 96. 3. 26, 96 다 379; 94. 1. 11, 93 다 32958), 상사채권으로서 5년이 경과하면 된다고 한 것도 있다(大判 98. 7. 10, 97 다 17544). 학설로서는 보험금청구권과 같이 보아야 한다는 이유로 2년설이 주장되고 있다(정찬형, 630면).

제5 營業責任保險

1. 意 義

영업책임보험은 피보험자가 경영하는 사업과 관련하여 생기는 사고로 제3자에게 지는 배상책임을 보험의 목적으로 하는 책임보험을 말한다(721). 여기의 사업은 피보험자가 일정한 물적·인적 설비를 갖추어 영위하는 경제활동을 가리키며, 반드시 영리의 의사를 요건으로 하는 것은 아니다. 영업책임보험에는 생산물책임보험, 주차장책임보험, 항공책임보험 등 여러 가지가 있다.

2. 保險目的의 擴大

(1) 영업책임보험의 경우에는 피보험자의 대리인 또는 그 사업감독자의 제3자에 대한 책임도 보험의 목적에 포함된 것으로 한다(721). 일반적으로 사업자는 그 보조자로서 상업사용인 기타 피용자를 사용하는데, 이들이 사무집행에 관하여 제3자에게 손해를 가하면 사용자로서 손해배상책임을 지고, 사용자에 갈음하여 그 사무를 감독하는 자도 같은 책임이 있다(民 756). 이러한 점을 고려하여 영업책임보험의 경우에는 보험자의 보상범위를 대리인과 사업감독자의 배상책임까지 확대하였다. 이것은 기업의 안정적 유지를 도모하고, 사업주·대리인·사업감독자 및 피해자 사이의 이해관계를 합리적으로 조정하기 위한 것이다.

(2) 여기의 「대리인」은 피보험자가 영위하는 사업을 위하여 피보험자를 대리할 권한이 있는 자로서, 상업사용인은 당연히 포함된다. 「사업감독자」는 그 사업의 지휘·감독을 담당하는 자이며, 그 해당여부는 구체적 사실관계에 따라 판단하여야 한다. 이들의 「제3자에 대한 책임」은 피보험자가 경영하는 사업에 관하여 생긴 책임에 한하므로, 사업과 관련없이 제3자에 가한 손해에 대하여 보험자는 보상책임이 없다. 이 경우에 영업책임보험은 그 대리인 또는 사업감독자를 위한 보험(타인을 위한 보험)이 된다(양승규· 368면).

제6 保管者의 責任保險

1. 意　義

보관자의 책임보험은 임차인 기타 타인의 물건을 보관하는 자가 그 물건의 멸실 등으로 지급할 손해배상책임을 담보하기 위하여 그 물건을 보험에 붙인 책임보험이다(725). 창고업자 등 물건의 보관자는 자기 또는 사용인이 임치물의 보관에 관하여 주의를 해태하지 아니하였음을 증명하지 아니하면 물건의 멸실 또는 훼손에 대하여 손해배상책임을 면하지 못하는데(160), 보관자의 책임보험은 이들의 손해배상책임을 보험자에게 전가함으로써 사업의 유지·발전을 꾀하고, 피해자를 보호하는 기능을 가진다.

보관자의 책임보험은 보관자가 자기를 위하여 자기의 명의로 체결하는 보험계약이므로(물건의 소유자가 아니라 보관자 자신을 피보험자로 한다), 소유자를 피보험자로 하는 타인을 위한 보험계약(639)이 아니다. 그러나 경제적으로는 타인인 소유자가 보호를 받으므로 타인을 위한 보험의 기능을 하고 있다(同旨: 정희철, 461면; 정찬형, 632면).

2. 要　件

(1) 보험계약자가 타인의 물건을 보관하는 자이어야 한다. 물건의 보관자는 임료를 내고 타인의 물건을 사용수익하는 임차인이든 수수료를 받고 타인의 물건을 보관하는 창고업자든 상관이 없다.

(2) 보험의 목적은 자기가 보관하는 물건의 멸실·훼손으로 소유자에게 지게 될 손해배상책임이어야 한다. 보험자가 보상책임을 지는 사고의 원인은 보험계약에서 정할 수 있다(화재, 도난, 일체의 사고 등).

3. 效　果

(1) 所有者의 直接請求權

보험사고가 발생하면 물건의 소유자는 보험자에 대하여 직접 그 손해의 보상을 청구할 수 있다(725). 보관자책임보험계약은 물건의 보관자와 보험자 사이에서 체결되고, 피보험자도 보관자 자신이므로, 물건의 소유자는 보험관계의 당사자가 아니지만, 물건소유자의 이익보호를 위하여 보험자에 대한 직접청구권을 인정한 것이다. 이 규정은 구상법하에서는 중요한 의미를 가졌으나, 제3자의 직접청구권(724 II)을 규정한 현재에는 주의적 규정에 불과하다.

(2) 保管者의 權利와 所有者의 權利와의 關係

보관자의 책임보험에서는 보험자에 대하여 피보험자인 물건의 보관자는 보험금청구권을 가지고, 제3자인 물건의 소유자는 직접보상청구권을 가진다. 이를 제3자인 소유자의 입장에서 보면, 물건의 소유자는 물건의 보관자에 대한 손해배상청구권과 보험자에 대한 직접청구권을 가지며, 그 어느 것을 행사하는가는 소유자의 자유이다. 만일 소유자가 보관자에게 손해배상을 청구한 때에는 보관자는 소유자에게 손해배상책임을 이행하고 보험자에게 보험금액의 지급을 청구하거나 소유자로 하여금 보험자에게 직접청구권을 행사하도록 요구할 수 있다. 소유자가 보관자로부터 손해배상을 받은 경우에는 보험자에 대한 보상청구권을 잃는다. 보험자가 소유자의 요구에 따라 직접 그에게 손해보상금을 지급하는 경우에는 보험자는 피보험자인 보관자에게 이를 통지하여야 하며(724 Ⅲ), 보관자의 소유자에 대한 책임은 보험금의 한도에서 면제된다. 피보험자인 보관자는 소유자에 대한 손해배상책임을 이행하기 전에는 보험자로부터 보험금의 지급을 받을 수 없으므로(724 Ⅰ), 보관자와 소유자가 동시에 보험자에게 청구한 때에는 소유자의 권리가 우선한다.

(3) 責任保險과 所有者自身의 保險과의 關係

보관자의 책임보험 이외에 소유자는 타인이 보관하는 동일한 물건에 대하여 자기의 소유권을 피보험이익으로 하여 보험계약을 체결할 수 있다(예컨대 보관자책임보험의 대상인 물건을 소유자가 화재보험에 붙인 경우). 이 경우에 동일한 물건에 대한 두 개의 보험계약은 피보험이익이 다르므로 중복보험이 아니고, 보험사고가 발생하면 소유자는 두 보험계약으로 인한 청구권을 함께 가지게 된다. 그러나 이중이득금지의 원칙에 따라 소유자는 일방에서 손해의 보상을 받으면 타방의 청구권을 잃게 된다. 다만 위 예에서 화재보험자가 소유자에게 보험금을 지급한 때에는 그 보험자는 소유자가 보관자에 대하여 가지는 권리를 대위하여 취득하므로(682), 화재보험자는 보관자책임보험자에 대하여 소유자의 권리를 대위하여 행사할 수 있다.

제7 再保險契約

1. 意義 및 機能

(1) 재보험(reinsurance)이란 어떤 보험자가 인수한 보험계약상의 책임의 전부 또는 일부를 다른 보험자에게 인수시키는 보험계약을 말한다(661). 이 재보험에 대하여 원인이 된 최초의 보험을 원보험(原保險, 元受保險) 또는 주보험(主保險)(original insurance)이라고 한다.

(2) 재보험은 여러 가지 기능을 가진다. 즉 위험을 양적·질적 및 장소적으로 재분산하고, 원보험자는 재보험자로부터 새로운 보험기술과 정보를 제공받

음으로써 보험경영의 합리화를 꾀하는 동시에, 위험측정이 어려운 신종보험에도 과감하게 진출할 수 있게 한다. 재보험계약은 외국의 보험회사와 체결하는 경우가 많다.

2. 法的性質

(1) 재보험계약의 성질에 관하여, 그것은 당사자가 위험의 분산과 이익의 획득이라는 공동의 목적을 추구하는 조합계약이라고 보는 견해(組合契約說)도 있으나, 재보험계약에는 조합에 관한 규정을 적용할 수 없고 또 각 보험자의 공유재산이 있는 것도 아니므로 이는 부당하다. 우리 나라에서는 재보험계약이 위험의 분산이라는 보험의 기능을 가지는 점에 착안하여 이를 보험계약의 일종으로 보는데 견해가 일치되어 있다(保險契約說).

(2) 재보험계약을 보험계약의 일종으로 보는 경우에는 다시 원보험계약과 동일한 보험계약인가 별개의 독립한 보험계약인가의 문제가 있다. 재보험을 원보험과 같은 성질을 가진 보험이라고 보는 견해(原保險契約說)도 있으나, 재보험은 원보험과 독립한 책임보험의 일종으로 보는 견해(責任保險契約說)가 옳다고 본다(通說). 왜냐하면 재보험은 원보험이 손해보험이든 생명보험이든 손해보험의 성질을 가지고, 재보험자는 원보험자가 피보험자 또는 보험수익자에게 보험금지급책임을 진 경우에 그 손해를 보상하기 때문이다. 그리하여 상법은 재보험에 책임보험에 관한 규정을 준용하고 있다(726).

3. 種 類

(1) 全部再保險과 一部再保險

이것은 재보험자가 인수하는 원보험의 위험의 범위에 따른 분류이다. 「전부재보험」은 원보험자가 인수한 위험의 전부를 재보험에 붙이는 것이고, 「일부재보험」은 원보험자가 인수한 위험의 일부만을 재보험에 붙이는 것을 말한다. 일부재보험이 보통이다.[1)]

(2) 特別再保險과 一般再保險

이것은 재보험계약의 체결방법에 따른 분류이다. 「특별재보험」은 원보험자가 그 인수한 위험에 대하여 위험의 분산이 필요한가를 개별적으로 판단하여

1) 전부재보험을 금지하는 입법례로서는 뉴욕보험법 §77(5) 참조.

필요성이 인정되는 경우에 한하여 임의로 재보험에 붙이는 것이며,「개별적 재보험」또는「임의적 재보험」(facultative reinsurance)이라고도 한다. 이에 반하여「일반재보험」은 원보험자가 재보험자와 사이에 미리 담보할 위험 기타의 조건에 관하여 포괄적 합의를 하여 두고 그 조건에 합치하는 원보험계약이 체결되면 자동적으로 재보험관계가 생기는 것이며,「포괄적 재보험」또는「의무적 재보험」(treaty reinsurance)이라고도 한다. 일반재보험은 예정보험계약의 일종이며, 오늘날 많이 이용되고 있는 재보험의 형태이다.

(3) 比例的再保險과 非比例的再保險

이것은 원보험계약과 재보험계약과의 관계 및 재보험자의 위험인수의 정도에 따른 분류이다.「비례적 재보험」(proportional reinsurance)은 재보험자가 원보험자의 인수위험을 일정한 비율로 인수하는 재보험이며, 보험료와 보험금을 위 비율에 따라 분배하는 것이고,「비비례적 재보험」(non-proportional reinsurance)은 재보험자가 원보험계약과는 전혀 다른 조건으로 원보험계약상의 위험을 인수하는 재보험이다.

비례적 재보험은 다시 원보험자와 재보험자가 고정된 비율에 따라 위험을 부담하는「비율재보험」과 원보험자가 일정한 보유액을 차지하고 그를 초과하는 보험금액을 재보험에 붙이는「초과재보험」(excess-of-loss reinsurance) 및 양자를 혼합하여 원보험계약의 보험금액의 일정비율을 재보험에 붙이고, 그 잔여금액이 원보험자의 최고보유액을 초과하는 경우에 그 초과액도 재보험에 붙이는「비율초과재보험」으로 나뉜다.

4. 再保險의 法律關係

재보험계약의 법률관계에 대하여 상법은 두 개의 조문(661, 726)만을 두고 있으므로, 구체적인 사항은 당사자간의 특약이나 거래의 관행에 따라 정할 수밖에 없다.

(1) 當事者간의 關係

(가) 責任保險原則의 準用: 재보험계약의 법적 성질은 책임보험이므로, 상법은 재보험계약에 책임보험에 관한 규정을 준용하고 있다(726). 따라서 재보험자는 책임보험의 보험자로서의 권리의무를 가지고, 원보험자는 책임보험의 보험계약자·피보험자로서의 권리의무를 가진다.

(나) 再保險者의 義務: ① 재보험자의 의무 중 가장 중요한 것은 손해보상의무이다(719). 재보험자가 원보험자에게 보험금을 지급한 때에는 재보험금의 한도에서 원보험자의 제3자에 대한 권리를 대위에 의하여 취득한다(682). 그러나 실제로는 원보험자가 재보험자의 수탁자로서 자신의 이름으로 대위권을 행사하고 그에 의하여 회수한 금액을 재보험자에게 교부하는 것이 상관습이다(손주찬, 648면; 양승규, 376면; 정찬형, 637면).

② 재보험자의 보험금지급의무의 발생시기에 관하여는 한 때 원보험자가 원보험금을 지급한 때라고 보는 견해(原保險金支給時說)가 주장된 일이 있으나, 오늘날은 원보험계약상의 보험사고가 발생하여 그 피보험자에게 보험금지급의무를 지는 때라고 보는 견해(原保險者責任負擔時說)로 통일되어 있다.

(다) 原保險者의 義務: 원보험자는 재보험료지급의무 이외에, 보험계약자 또는 피보험자가 부담하는 각종의 의무, 즉 고지의무(651)·각종 통지의무(722, 723 I, 652)·손해방지의무(680, 720) 등을 부담한다. 그 밖에 재보험에 특유한 의무로서 원보험자는 최대선의로 재보험에 관한 사무를 집행할 의무를 진다. 그리하여 원보험자는 원보험의 체결로부터 종료에 이르기까지 모든 법률관계를 합리적으로 처리하여야 하고, 자의적 업무처리는 허용되지 않는다.

(2) 原保險과 再保險과의 關係

(가) 原保險契約과 再保險契約의 獨立性: 원보험계약과 재보험계약은 법률상 독립된 전혀 별개의 계약이므로, 각 계약관계에서 생기는 문제는 다른 계약에 영향을 미치지 아니한다(661 後). 따라서 원보험자는 재보험자에 의한 재보험금의 부지급을 이유로 원보험계약의 피보험자에 대한 원보험금의 지급을 거절하지 못하고, 또 원보험계약자의 보험료부지급을 이유로 재보험료의 지급을 거절하지 못한다. 마찬가지로 원보험계약의 해지나 무효의 원인이 당연히 재보험계약에 영향을 미치는 것도 아니다.

(나) 原保險被保險者와 再保險者와의 關係: 재보험자와 원보험계약의 피보험자 사이에는 직접적인 법률관계는 없으나, 재보험에는 책임보험에 관한 규정이 준용되고(726), 책임보험의 피보험자는 보험자에게 직접 보상을 청구할 수 있으므로(724 II本), 원보험계약의 피보험자는 원보험자가 보험금을 지급하지 않으면 재보험자에게 직접 보상금을 청구할 수 있으며, 이 경우에는 재보험자는 원보험자에 대하여 가지는 항변으로써 제3자, 즉 원보험계약의 피보험자에게

대항할 수 있다(724 II 但).

(다) 原保險契約者와 再保險者와의 關係: 재보험자와 원보험의 보험계약자 사이에는 직접적인 법률관계가 없으므로, 원보험의 보험계약자는 재보험자에 대하여 직접 재보험료를 지급할 의무는 없다. 다만 원보험계약자가 원보험자에 대한 원보험료를 지급하지 아니함으로 인하여 원보험자가 재보험료를 지급하지 않으면, 재보험자는 민법상 채권자대위규정(民 404)에 의하여 원보험자를 대위하여 원보험의 보험계약자에 대하여 원보험료의 지급을 청구할 수 있다.

제8 商法 외의 責任保險

(1) 상법은 임의책임보험에 관하여 규정하고 있으나, 특별법에서는 강제책임보험에 관하여 규정하고 있는 것이 많으며, 또 전문직업인에 대한 책임추궁이 강화됨에 따라 직업인책임보험이 널리 이용되고 있다.

(2) 의무책임보험은 무과실책임의 보편화와 피해자의 보호라는 사회정책적 고려에 따른 것으로서, 우리나라에서는 자동차손해배상보장법에 의한 「자동차손해배상책임보험」(동법 5), 화재로인한재해보상과보험가입에관한법률에 의한 「신체손해배상특약부 화재보험」(동법 5), 원자력손해배상법에 의한 「원자력손해배상책임보험」(동법 7), 산업재해보상보험법에 의한 「산업재해보상보험」(동법 7) 등이 있다.

(3) 직업인책임보험으로서 최근 각광을 받는 것은 「회사임원배상책임보험」이다.[1] 이것은 이사의 책임을 추궁하는 주주의 대표소송과 제3자에 의한 소송이 늘어나면서 많이 이용되고 있다. 이 보험의 특성은 회사가 보험계약자로서 체결하는 타인을 위한 보험이라는 데 있다. 피보험자는 회사의 이사·감사 및 이에 준하는 자이며, 보험자는 피보험자가 회사의 임원으로서 업무와 관련하여 행한 행위(부작위 포함)로 인하여 손해배상책임을 짐으로써 입은 손해를 전보하여 준다. 피보험자가 주주대표소송에 패소한 경우의 손해(소송비용 포함)는 특약조항에 의하여 담보하는 것이 보통이다.

---

1) 김영선, 「전문직업인배상책임보험」, 상사법연구 18. 2(1999), 211면 이하 참조.

제 5 장

自動車保險

제1 總　　說

(1) 意　義

자동차보험은 피보험자가 자동차를 소유·사용 또는 관리하는 동안에 발생한 사고로 인하여 피보험자에게 생긴 손해를 보험자가 보상할 것을 목적으로 하는 손해보험계약이다(726의 2). 오늘날 자동차가 육상운송의 중추로서 기업과 개인에 의하여 애용되는 불가결한 운송도구로 발전됨에 따라 자동차보험은 매우 중요한 사회제도의 하나가 되었다. 그러나 상법은 자동차보험에 관하여 겨우 3개의 조문을 두고 있으므로, 많은 문제가 보험약관에 맡겨지게 되었다.

(2) 種　類

자동차보험계약은 보험자가 담보하는 위험에 따라 다음과 같이 분류된다.

(가) 自己車輛損害保險(車輛保險): 우연한 사고로 피보험자의 자동차에 생긴 물적 손해를 보상하는 손해보험이다. 보험의 목적은 자동차와 그 부속품, 부속기계장치이다(약관 13).

(나) 自己身體事故保險(自損事故保險): 자동차의 보유자, 그 가족, 운전자 등 피보험자가 피보험자의 자동차에 의한 사고로 사망·부상하여 입은 손해(인적 손해)를 보상하는 인보험이다(약관 11). 말하자면 피보험자의 상해의 원인을 자동차사고로 한정하는 상해보험이다.

(다) 無保險自動車에 의한 傷害保險: 피보험자가 무보험자동차에 의한 사고로 사망·부상하여 입은 손해(인적 손해)를 보상하는 인보험이다(약관 12).

(라) 自動車損害賠償責任保險: 피보험자가 자동차의 사고로 제3자에 대하여 손해배상책임을 짐으로써 입은 손해를 보상하는 책임보험인데, 여기에는 대인배상책임보험과 대물배상책임보험이 있다.

① 對人賠償責任保險 피보험자가 자동차사고로 제3자를 사상케 하여 부담하는 손해배상책임에 의하여 입은 손해(인적 손해)를 보상하는 책임보험이다(약관 10). 여기에는 강제책임보험과 임의책임보험이 있다.

② 對物賠償責任保險 피보험자가 자동차사고로 제3자의 재물을 손괴하여 부담하는 손해배상책임에 의하여 입은 손해(물적 손해)를 보상하는 책임보험이다(약관 10). 그러나 자동차에 싣고 있는 물건 또는 운송중인 물건에 생긴 손해에 대한 배상책임은 대물배상책임보험에 포함되지 않고, 운송보험에 의하여 보상된다.

이처럼 자동차보험은 물건보험·인보험·책임보험 등 여러 성질의 보험으로 구성되어 있는 종합보험이다.

제2 自己車輛損害保險

1. 意 義

자기차량손해보험 또는 차량보험은 피보험자의 자동차에 대한 우연한 사고로 생긴 손해의 보상을 목적으로 하는 손해보험(물건보험)이다(약관 13).

2. 保險의 目的

차량보험의 목적은 자동차, 그 부속품과 부속 기계장치이다. 자동차는 자동차관리법의 적용을 받는 자동차와 중기관리법의 적용을 받는 중기 중 대통령령이 정하는 중기를 말하고(自賠法 2 ①), 부속품과 부속기계장치란 자동차에 통상 붙어 있거나 장치되어 있는 것, 예컨대 라디오·시계·히터·부동액·윤활유 등을 가리킨다. 통상 붙어 있거나 장치되어 있는 것이 아닌 것은 보험증권에 특히 기재된 때에만 보험의 목적에 포함된다(약관 13 I).

3. 保險者의 補償責任

(1) 補償責任의 要件

(가) 保險事故의 發生: 피보험자동차를 소유·사용·관리하는 동안에 타차와의 충돌·접촉, 추락·전복 또는 차량의 침수, 화재·폭발·낙뢰, 날아온 물체나 떨어지는 물체에 의한 충격, 피보험자동차 전부의 도난 등 차량 자체에 직접적으로 사고가 발생하여야 한다(약관 13 I). 다만 고의로 인한 자손(自損)은 제외된다(약관 14 I (6) ①).

(나) 自動車의 滅失·毁損: 위 사고로 자동차와 그 부속품 또는 부속기계장치가 파손되어 손해가 발생하여야 한다(약관 13 I, 2 Ⅲ (2)). 손해와 보험사고 사이에는 상당인과관계가 있어야 함은 물론이다.

(2) 保險價額

보험자가 보상할 손해액은 자동차의 보험가액에 의하여 결정하는데, 보험가액은 보험개발원이 정한 차량기준가액표에 따라 보험계약을 맺었을 때에는 사고발생 당시의 보험개발원이 정한 최근의 차량기준액을 말하고, 위 차량기준액이 없거나 이와 다른 가액으로 보험계약을 맺었을 때에는 보험증권에 기재된 가액이 손해가 생긴 곳과 때의 가액을 현저하게 초과할 때에는 그 손해가 생긴 곳과 때의 보험가액으로 한다(676, 약관 16 ⑨).

(3) 補償額

보험회사는 「피보험자동차에 생긴 손해액」과 「비용」을 합한 액수에서 보험증권에 기재된 「자기부담금」을 공제한 금액을 보험금으로 지급한다(약관 13 I (2)). 피보험자동차에 생긴 손해액이란 보험증권에 기재된 보험가입금액을 한도로 하며, 보험가입금액이 보험가액보다 많은 경우에는 보험가액을 한도로 보상한다(약관 13 I (2) ①). 비용이란 손해의 방지와 경감을 위하여 지출한 비용 등을 말한다(약관 13 I (2) ②). 전손의 경우 또는 보험회사가 보상하여야 할 금액이 보험가입금액 전액 이상인 경우에는 자기부담금을 공제하지 않는다(약관 13 I (2) ③).

4. 免責事由

피보험자 등의 고의, 사기·횡령, 전쟁·내란 등, 핵연료물질의 영향, 무면허운전이나 음주운전 등으로 인한 손해 등이 면책사유로 규정되어 있다(약관 14 I (3)).

제3 自己身體事故保險

1. 意 義

자기신체사고보험 또는 자손사고보험이란 피보험자가 피보험자동차의 사고로 인하여 사망하거나 상해를 입은 경우에 보험자가 일정한 보험금을 지급하는 보험이다(약관 11). 자기신체사고보험은 피보험자의 상해를 보험사고로 하는 보험이므로, 그 성질은 사망보험(730) 또는 상해보험(737)에 속한다.

2. 保險者의 補償責任

(1) 保險事故

피보험자가 피보험자동차를 소유·사용·관리하는 동안에 생긴 피보험자동차의 사고로 사망하거나 상해를 입어야 한다(약관 11 I).

(2) 被保險者

피보험자에는 ① 기명피보험자 외에 ② 그와 동거하는 친족으로서 피보험자동차를 사용 또는 관리중인 자, ③ 기명피보험자의 승낙을 얻어 피보험자동차를 사용 또는 관리중인 자, ④ 기명피보험자의 사용자, ⑤ 전 각호의 자를 위하여 피보험자동차를 운전중인 자, ⑥ 제1호 내지 제5호에 규정하는 자의 부모·배우자 및 자녀, ⑦ 제1호 내지 제4호에 규정하는 피보험자의 피용자로서 산업재해보상보험법에 의한 재해보상을 받을 수 있는 사람 등이 포함된다(약관 11 II). 피보험자의 범위가 매우 넓은 것이 특징이다.

(3) 補償額

피보험자가 상해를 입은 직접적인 결과로 「사망한 경우」에는 보험증권에 기재된 사망보험가입금액을 피보험자의 상속인에게 지급하고, 피보험자가 상해를 입은 직접적인 결과로 「의사의 치료를 요하는 때」에는 치료비가 1만원을 넘는 경우에 상해구분 및 급별 보험가입금액표에 따라 보험증권에 기재된 보험가입금액 한도 내에서 실제치료비(부상보험금)를 피보험자에게 지급하며,

치료를 받은 후에도 「신체에 장해가 남는 경우」에는 후유장해구분 및 급별 보험가입금액표에 따라 보험증권에 기재된 보험가입금액 한도 내에서 후유장해보험금을 피보험자에게 지급한다(약관 11 I (2)).

(4) 假支給保險金의 支給

보험자는 보상할 금액의 50% 해당액을 가지급보험금으로 지급할 수 있다(약관 15 III (1)).

3. 免責事由

피보험자의 고의로 인한 경우, 피보험자가 무면허 또는 음주운전을 한 경우, 전쟁·사변 등에 의한 경우, 지진·태풍 등에 의한 경우 등에는 보험자는 보험금을 지급하지 않는다(약관 14 I (4)).

제4 無保險自動車에 의한 傷害保險

1. 意 義

피보험자가 무보험자동차에 의하여 생긴 사고로 죽거나 다쳤을 때에 그 손해에 대하여 배상의무자가 있을 경우에 보험자가 보상하는 보험이다(약관 12 I (1)). 무보험자동차란 피보험자동차 이외의 자동차로서, ① 자동차보험 대인배상 II나 공제계약이 없는 자동차, ② 자동차보험 대인배상 II나 공제계약에서 보상하지 않는 경우에 해당하는 자동차, ③ 이 약관에서 보상될 수 있는 금액보다 보상한도가 낮은 자동차의 대인배상 II나 공제계약이 적용되는 자동차, ④ 피보험자를 죽게 하거나 다치게 한 자가 명백히 밝혀지지 않은 경우에 그 자동차 등을 말한다(약관 16 ⑤).

2. 保險者의 補償責任

(1) 保險事故

피보험자가 피보험자동차 이외의 무보험자동차에 의하여 생긴 사고로 죽거나 다쳤어야 한다(약관 12 I (1)).

(2) 被保險者

피보험자는 ① 기명피보험자 및 기명피보험자의 배우자(피보험자동차에 탑승중이었는지 여부를 불문함), ② 기명피보험자 또는 그 배우자의 부모 및 자녀(피보험자동차에 탑승중이었는지 여부를 불문함), ③ 피보험자동차에 탑승 중이었던 경우로서 기명피보험자의 승낙을 얻어 피보험자동차를 사용 또는 관리중인 자. 다만 자동차정비업, 주차장업, 급유업, 세차업, 자동차판매업, 자동차탁송업, 대리운전업(대리운전자 포함) 등 이 업무로서 피보험자동차를 위탁받은 경우는 제외한다. ④ 위에서 규정한 피보험자를 위하여 피보험자동차를 운전중인 자 등이다(약관 12 II).

(3) 補償額

보험자가 보상할 보험금액은 이 약관의 「보험금지급기준에 의하여 산출한 금액」과 「비용」을 합한 금액에서 「공제액」을 공제한 금액이다. 보험금지급기준에 의하여 산출한 금액은 1인당 2억원을 한도로 하고, 비용은 손해의 방지와 경감을 위하여 지출한 비용과 남으로부터 손해배상을 받을 수 있는 권리의 보전과 행사를 위하여 지출한 비용을 말하며, 공제액은 대인배상, 대물배상, 자기신체사고 책임보험 등에 의하여 받을 수 있는 보험금을 말한다(약관 12 I (2) ③).

3. 免責事由

손해가 피보험자의 고의로 생긴 경우, 피보험자의 무면허운전 또는 마약·약물 등의 영향 하에 운전 중 생긴 경우, 영리를 목적으로 요금 또는 대가를 받고 피보험자동차를 사용하다가 생긴 경우, 전쟁·사변 등으로 생긴 경우, 지진·태풍 등으로 생긴 경우 등에는 보험자가 보상하지 않는다(약관 14 I ⑤).

제5 自動車損害賠償責任保險

1. 總 說

이것은 자동차보험 중 가장 중요한 것이며, 피보험자가 자동차 사고로 제3자에 대하여 손해배상책임을 짐으로써 입은 손해를 보상하는 책임보험이다. 여기에는 피보험자가 자동차사고로 제3자의 생명·신체에 가한 인적 손해를 보상하는 대인배상책임보험과 제3자의 재물에 대하여 가한 물적 손해를 보상하는 대물배상책임보험이 있다.

대인배상책임보험에는 보험가입이 강제되는 강제책임보험과 그것이 강제되지 않고 피보험자의 의사에 맡겨져 있는 임의책임보험이 있다. 강제책임보험은 보험금액이 한정되어 있는 유한배상책임보험임에 반하여, 임의책임보험은 보험금액이 한정되어 있지 않는 무한배상책임보험이다. 자동차보험약관에서는 대인배상책임보험 중 강제·유한배상책임보험을 「대인배상 I」이라고 하고, 임의·무한배상책임보험을 「대인배상 II」라고 한다. 이에 대하여 대물배상책임보험은 사고 1건당 1천만원의 금액을 초과하는 부분은 보험가입이 강제되지 않는 임의책임보험이며(自賠法 5 II, 令 3 III), 보험금액이 제한되어 있는 유한배상책임보험이다.

이상 요컨대 자동차를 보유하고 있는 자는 반드시 대인배상책임보험 중 강제·유한배상책임보험(대인배상 I)에 가입하여야 하지만(自賠法 5 I, 6, 29 I), 그 이상의 대인배상책임보험(임의·무한배상책임보험, 대인배상 II)과 사고 1건당 1천만원을 넘는 대물배상책임보험에 가입하느냐 않느냐는 본인의 자유에 속한다.

2. 對人賠償責任保險

(1) 强制責任保險(對人賠償 I)

(가) 保險契約締結의 强制: 자동차손해배상보장법(이하 자배법이라 약칭한다)에 의하면, 자동차를 운행하고자 하는 자는 자동차의 운행으로 다른 사람이 사망하거나 부상할 경우에 피해자에게 일정한 금액의 지급책임을 지는 책임보험 또는 책임공제에 가입하여야 한다(同法 5). 이처럼 자동차를 운행하고자 하는 자는 자동차사고로 인한 인적 손해의 배상을 보장하기 위하여 책임보험에 가입하는 것이 강제되어 있고, 이 보험에 가입하지 아니한 자동차는 운행할 수 없다(同法 6). 뿐만 아니라 이 보험에 가입하지 아니한 보유자는 형사처벌을 받는다(同法 29 ①).

(나) 保險者의 補償責任

① 保險事故 자동차의 운행으로 남을 죽게 하거나 다치게 함으로써 손해배상책임을 지게 되는 것이다(自賠法 5, 약관 10 I (1)). 「자동차」는 자동차관리법의 적용을 받는 자동차와 중기관리법의 적용을 받는 중기 중 대통령령이 정하는 중기를 말하고, 「운행」은 사람 또는 물건의 운송여부에 관계없이 자동차를 당해 장치

의 용법에 따라 사용하는 것을 말한다(自賠法 2 ①②).

② 被保險者 자동차의 보유자와 운전자이다. 「보유자」는 자동차의 소유자 또는 자동차를 사용할 권리가 있는 자로서 자기를 위하여 자동차를 운행하는 자를 말하고, 「운전자」는 다른 사람을 위하여 자동차의 운전 또는 운전의 보조에 종사하는 자를 말한다(自賠法 2 ③④). 구체적으로는 (a) 보험증권에 기재된 피보험자(기명피보험자), (b) 기명피보험자와 동거하는 친족으로서 피보험자동차를 사용 또는 관리중인 자, (c) 기명피보험자의 승낙을 얻어 피보험자동차를 사용 또는 관리중인 자(승낙피보험자), (d) 기명피보험자의 사용자, (e) 전 각호의 피보험자를 위하여 피보험자동차를 운전중인 자 등이다(약관 10 II).

③ 保險金額 자배법에 의한 강제책임보험의 보험금액은 법령(자배법 시행령 3)에 의하여 그 한도액이 정하여져 있다. 사망의 경우는 물론, 부상의 경우도 그 급별에 따라 보험금액이 법정되어 있다. 따라서 이는 정액보험이고 또 유한배상책임보험이다.

④ 保險金請求 자배법은 피해자의 직접청구권을 인정하고 있는데(同法 12), 이것은 1991년 개정상법(724)이 직접청구권을 인정하고 있는 후에는 큰 의미가 없다.

⑤ 假支給保險金 보험자는 보상할 금액의 한도 내에서 피보험자 또는 손해배상청구권자에게 가지급보험금을 지급할 수 있다(약관 15 III).

⑥ 免責事由 보험계약자·피보험자의 고의로 인한 손해에 대하여는 보험자는 보상책임이 없다(약관 14 I (1) 本). 따라서 피보험자의 중대한 과실로 인하여 발생한 손해, 무면허·음주 운전 중에 생긴 손해에 대하여도 보상책임이 있다. 피보험자 등의 고의로 인하여 손해가 생긴 경우에도 보험자가 자배법 제12조의 규정에 의한 피해자의 직접청구에 응하여 피해자에게 손해배상액을 지급한 때에는 피보험자에게 구상할 수 있다(약관 14 I (1) 但).

(2) 任意責任保險(對人賠償 II)

(가) 保險契約의 締結: 이것은 앞에 말한 대인배상 I의 책임보험에 가입한 경우에 한하여 체결할 수 있으나, 대인배상 II의 책임보험에만 단독으로 가입하는 경우에는 대인배상 I로써 지급되는 금액을 공제한 액수를 보험금으로 지급한다. 이것은 어떤 사정으로 대인배상의 책임보험에 가입하지 않고 대인배상 II의 책임보험계약이 체결된 경우에도 대인배상 I의 책임보험에 가입

한 것으로 의제하는 것이다. 이 경우 계약의 체결 여부는 계약자의 자유이다.

(나) 保險者의 補償責任

① 保險事故　자동차의 운행으로 남을 죽게 하거나 다치게 함으로써 손해배상책임을 지게 되는 것이며(약관 10 I (1)), 대인배상 I과 같다.

② 被保險者　(a) 기명피보험자, (b) 기명피보험자와 동거하는 친족으로서 피보험자동차를 사용 또는 관리중인 자, (c) 기명피보험자의 승낙을 얻어 피보험자동차를 사용 또는 관리중인 자, (d) 기명피보험자의 사용자, (e) 전 각호의 피보험자를 위하여 피보험자동차를 운전 중인 자 등으로서(약관 10 II), 대인배상 I의 경우와 같다.

③ 保險金額　보험자가 대인사고로 피해자 1인당 지급하는 보험금은 이 약관의 「보험금지급기준에 의하여 산출한 금액」과 「비용」을 합한 액수에서 공제액(대인배상 I로서 지급되는 금액)을 공제한 금액이고, 보험증권에 기재된 보험가입금액을 한도로 한다. 비용은 보험계약자나 피보험자가 약관에 따라 지출한 손해의 방지와 경감을 위하여 지출한 비용을 말한다(약관 10 I (2) ②).

④ 保險金請求　제3자인 피해자는 보험자에 보상금을 직접 청구할 수 있다(724 II, 약관 15 2).

⑤ 假支給保險金　보험자는 보상할 금액의 한도 내에서 피보험자 또는 손해배상청구권자에게 가지급보험금을 지급할 수 있다(약관 15 III).

⑥ 免責損害　다음 손해는 보험자가 보상하지 않는다. 즉 (a) 보험계약자·피보험자의 고의, (b) 전쟁·사변 기타 이와 유사한 사태, (c) 지진·태풍 등 천재지변, (d) 핵연료물질의 영향 등으로 인한 손해, (e) 피보험자가 손해배상에 관하여 제3자와의 사이에 다른 계약을 맺고 있을 때에 그 계약으로 말미암아 늘어난 손해, (f) 피보험자 본인이 무면허운전을 하였거나 피보험자의 명시적·묵시적 승인 하에서 피보험자동차의 운전사가 무면허운전을 하였을 때에 생긴 사고로 인한 손해, (g) 요금이나 대가를 목적으로 반복적으로 피보험자동차를 사용하거나 대여한 때에 생긴 사고로 인한 손해, (h) 피보험자 본인이 음주운전을 하였거나 피보험자의 명시적·묵시적 승인 하에서 피보험자동차의 운전자가 음주운전을 하였을 때에 생긴 사고로 인한 손해 중 200만원(약관 14 I (2), 2).

⑦ 免責被害者　다음 사람이 죽거나 다친 경우에는 보상하지 않는다. 즉 (a) 기명피보험자 또는 그 부모, 배우자 및 자녀, (b) 피보험자동차를 운전 중

인 자 또는 그 부모, 배우자 및 자녀, (c) 기명피보험자로부터 허락을 얻어 피보험자동차를 운행하는 자 또는 그 부모, 배우자 및 자녀, (d) 배상책임의무가 있는 피보험자의 피용자로서 산업재해보상법에 의한 재해보상을 받을 수 있는 사람, (e) 피보험자가 피보험자동차를 사용자의 업무에 사용하는 경우에 그 사용자의 업무에 종사중인 다른 피용자로서 산업재해보상법에 의한 재해보상을 받을 수 있는 사람 등이다(약관 14 I (2) ⑨).

3. 對物賠償責任保險

(1) 保險契約의 締結

대물배상책임보험은 당사자가 임의로 가입할 수 있고, 그 계약체결이 강제되지 않는다.

(2) 保險者의 補償責任

(가) 保險事故: 피보험자동차를 소유·사용·관리하는 동안에 피보험자동차의 사고로 남의 재물을 없애거나 훼손하여 생긴 손해에 대한 배상책임을 지는 것이다(약관 10 I (1)).

(나) 被保險者: (a) 기명피보험자, (b) 기명피보험자와 동거하는 친족으로서 피보험자동차를 사용 또는 관리중인 자, (c) 기명피보험자의 승낙을 얻어 피보험자동차를 사용 또는 관리중인 자, (d) 기명피보험자의 사용자, (e) 전 각 호의 피보험자를 위하여 피보험자동차를 운전 중인 자 등으로서(약관 10 II), 대인배상 I, II의 경우와 같다.

(다) 保險金額: 보험자가 대물사고로 매 사고당 지급하는 보험금은 약관의 보험금지급기준에 의하여 산출한 금액과 비용을 합한 액수에서 공제액을 공제한 금액이며, 보험증권에 기재된 보험가입금액을 한도로 한다(약관 10 I (2)).

(라) 保險金請求: 제3자인 피해자는 보험자에 보상금을 직접 청구할 수 있다(724 II, 약관 15 II).

(마) 假支給保險金: 보험자는 보상할 금액의 한도 내에서 피보험자 또는 손해배상청구권자에게 가지급보험금을 지급할 수 있다(약관 15 III).

(3) 免責事由

다음 손해는 보험자가 보상하지 않는다.

(가) (a) 보험계약자·피보험자의 고의, (b) 전쟁·사변 기타 이와 유사한 사

태, (c) 지진·태풍 등 천재지변, (d) 핵연료물질의 영향 등으로 인한 손해, (e) 피보험자가 손해배상에 관하여 제3자와의 사이에 다른 계약을 맺고 있을 때에 그 계약으로 말미암아 늘어난 손해, (f) 피보험자 본인이 무면허운전을 하였거나 피보험자의 명시적·묵시적 승인 하에서 피보험자동차의 운전사가 무면허운전을 하였을 때에 생긴 사고로 인한 손해, (g) 요금이나 대가를 목적으로 반복적으로 피보험자동차를 사용하거나 대여한 때에 생긴 사고로 인한 손해(약관 14 I (3) ①-⑧), (h) 피보험자 본인이 음주운전을 하였거나 피보험자의 명시적·묵시적 승인 하에서 피보험자동차의 운전자가 음주운전을 하였을 때에 생긴 사고로 인한 손해 중 50만원(약관 14 II) 등이다. 이것은 대인배상 II의 면책사유와 대체로 같다.

(나) (a) 피보험자 또는 그 부모, 배우자 및 자녀가 소유·사용 또는 관리하는 재물에 생긴 손해, (b) 피보험자가 사용자의 업무에 종사하고 있을 때 피보험자의 사용자가 소유·사용 또는 관리하는 재물에 생긴 손해, (c) 피보험자동차에 싣고 있거나 운송중인 물품에 생긴 손해,[1] (d) 남의 서화·골동품·조각물 기타 미술품과 탑승자와 통행인의 의류나 소지품에 생긴 손해 등이다(약관 14 I (3) ⑨-⑬).

4. 自賠法과 約款의 解釋상 問題點

(1) 자배법과 자동차종합보험약관의 해석을 둘러싸고 많은 논의가 있다. 자배법상으로는 「자기를 위하여 자동차를 운행하는 자」, 자동차의 「운행」,[2] 「운전자」[3] 등의 개념이 자주 쟁점이 되었고, 자동차종합보험약관상으로는 면

1) 운송보험의 목적이 되기 때문이다.

2) 大判 91. 7. 9, 91 다 14291(야간에 편도 2차선 직선도로의 2차선에 주차시켜 놓은 15톤 덤프트럭을 오토바이가 추돌한 사고에 대하여 트럭 소유자에게 자동차손해배상보장법 소정의 자기를 위하여 자동차를 운행하는 자로서의 손해배상책임을 인정함); 98. 6. 23, 98 다 10380(절취당한 자동차 보유자의 운행자성을 부정한 사례); 98. 9. 4, 98 다 22604(동승자가 주차한 자동차에서 하차하다가 차량 밖의 터널바닥으로 떨어져 다친 사고가 자동차의 운행으로 인한 사고라고 함); 97. 12. 11, 97 나 7560(아파트 단지 내의 경사진 비탈길에 사이드 브레이크를 채우지 않고 기아를 중립으로 둔 채 돌멩이만 받쳐 주차된 차량을 밀다가 그 차량과 함께 비탈길로 굴러 사망한 경우, 차량 소유자에게 자동차 운행자로서의 책임을 인정한 사례).

3) 大判 83. 6. 14, 82 다카 1831(자동차를 운전할 권한이 없는 자가 그 자동차 관리권자의 동의없이 임의로 운전하여 사고를 일으킨 경우에는 무단운전자가 자동차손해상보장법 제3조의 책임을 지는 것이 원칙이라 할 것이나, 그 무단운행이 자동차관리권자의 책임에 돌릴 원인에 의하여 가능하게 되었다면 관리권자도 위 법조의 책임이 있다).

책피보험자 또는 면책손해와 관련하여 수많은 판례가 집적되어 있다.

(2) 여기에서는 면책사유 중 일부에 관한 중요판례를 소개하는데 그치고, 그 나머지는 생략하기로 한다.[1)]

① 자동차를 매도하고 이를 인도하였을 뿐 아니라 그 소유명의까지 이전한 경우에는 매수인은 매도인인 「기명피보험자의 승낙을 얻어 피보험자동차를 사용 또는 관리중인 자」(약관 10 II (3))로 볼 수 없다.[2)]

② 「무면허운전」은 보험사고와 사이에 인과관계의 존부를 묻지 않고 면책사유가 되며,[3)] 무면허운전 중의 사고를 면책사유로 한 것은 손해발생시의 상황에 의한 면책사유에 해당하고, 손해의 발생원인에 의한 면책사유를 규정한 것이 아니며,[4)] 상법 제659조 제1항은 보험사고를 직접 유발한 자, 즉 손해발생원인에 전적인 책임이 있는 자를 보험의 보호대상에서 제외하려는 것이므로, 보험약관에서 이러한 손해발생원인에 대한 책임조건을 경감하는 내용으로 면책사유를 규정하는 것은 상법 제663조의 불이익변경금지에 저촉되겠지만,

---

1) 상세한 것은 박세민, 자동차보험법의 이론과 실무(2007) 참조.

2) 大判 96. 7. 30, 96 다 6110(차량 매수인이 매도인의 승낙을 얻어 기명피보험자를 매도인으로 하고 주운전자를 매수인으로 하여 보험회사와 사이에 체결한 자동차종합보험계약이 유효하게 성립하였다 하더라도, 매도인이 차량에 대한 운행지배 관계 및 피보험이익을 상실한 것으로 인정되는 경우에 있어서는 매수인을 약관에 정한 기명피보험자의 승낙을 얻어 자동차를 사용 또는 관리중인 자로 볼 수 없고, 매도인이 매수인에게 차량을 인도하였을 뿐 아니라 당해 차량사고 이전에 그 소유명의까지 이전해 주었다면, 특별한 사정이 없는 한 매도인은 사고 당시 차량에 대한 운행지배 및 피보험이익을 상실한 것으로 보아야 한다).

3) 大判 90. 6. 22, 89 다카 32965(자동차종합보험보통약관에 「무면허운전을 하였을 때 생긴 손해」에 관하여는 면책된다고 규정한 경우, 면책사유에 관하여 「무면허운전으로 인하여 생긴 손해」라고 되어 있지 않으므로 무면허운전과 사고 사이에 인과관계의 존재를 요구하고 있지 않으며, 위 약관조항의 취지는 무면허운전의 경우 사고의 위험성이 통상의 경우보다 극히 증대하는 것이어서 그러한 위험은 보험의 대상으로 삼을 수 없다는 취지 외에도 보험자로서는 무면허 운전과 사고 사이의 인과관계의 존재여부를 입증하기가 곤란한 경우에 대비하여 사고가 무면허 운전 중에 발생한 경우 인과관계의 존부에 상관없이 면책되어야 한다는 취지도 포함되었다고 할 것이고, 도로교통법과 중기관리법은 무면허운전이나 조종을 금지하면서 그 위반에 대하여는 형벌을 과하고 있고, 또 국민은 누구나 무면허운전이나 조종이 매우 위험한 행위로서 범죄가 된다는 것을 인식하고 있는 터이므로, 그와 같은 범죄행위 중의 사고에 대하여 보상을 하지 아니한다는 약관의 규정이 결코 불합리하다고 할 수 없으므로 위 면책조항이 무면허운전과 보험사고 사이에 인과관계가 있는 경우에 한하여 적용되는 것으로 제한적으로 해석할 수 없다)

4) 大判 97. 9. 12, 97 다 19298(무면허운전면책조항은 사고 발생의 원인이 무면허운전에 있음을 이유로 한 것이 아니라 사고 발생시에 무면허운전 중이었다는 법규위반 상황을 중시하여 이를 보험자의 보험 대상에서 제외하는 사유로 규정한 것이므로 운전자의 운전면허가 정지되거나 취소된 경우에도 위 면책규정상의 무면허운전에 해당된다고 보아야 할 것이고, 위 면책조항이 무면허운전과 보험사고 사이에 인과관계가 있는 경우에 한하여 적용되는 것으로 제한적으로 해석할 수는 없다).

손해발생원인과는 관계없이 손해발생시의 상황이나 인적 관계 등 일정한 조건을 면책사유로 규정하는 것은 위 상법 제659조 제1항의 적용대상이라고 볼 수 없는 것인바, 자동차종합보험보통약관 소정의 「자동차의 운전자가 무면허운전을 하였을 때에 생긴 사고로 인한 손해를 보상하지 아니한다」는 이른바 무면허운전면책조항은 사고발생의 원인이 무면허운전에 있음을 이유로 한 것이 아니라 사고발생시에 무면허 운전중이었다는 법규위반상황을 중시하여 이를 보험자의 보상대상에서 제외하는 사유로 규정한 것이므로 위 상법 제659조 제1항의 적용대상이라고 보기 어렵다(大(全)判 91. 12. 24, 90 다카 23899).

③ 「피보험자동차의 유상운송」(약관 14 I (2) ⑤, (3) ⑤)은 범법행위일 뿐 아니라 위험률에 차이가 있어 면책사유로 한 것인데, 1회 또는 가끔 하는 유상운송은 이에 포함되지 않는다(大判 92. 9. 22, 92 다 28303; 99. 1. 26, 98 다 48682). 그리고 1개월 이상의 기간을 정한 임대차계약에 의하여 임차인이 피보험자동차를 전속적으로 사용하는 경우는 면책사유에서 제외되는데, 이것은 비사업용 자동차가 임차인의 비사업용으로 사용될 경우로만 한정된다(大判 93. 2. 23, 92 다 49508).

④ 대인배상책임보험에서는 「배상책임의무가 있는 피보험자의 사용인으로서 산업재해보상보험법에 의한 보상을 받을 수 있는 사람」이 죽거나 다쳐도 보험자가 보상하지 않는데, 이는 산재보험에 의하여 보상받도록 하려는 취지이며,[1] 따라서 산업재해보상보험법에 의하여 보상을 받을 수 없는 경우에는 당연히 면책사유에서 제외된다.[2]

---

1) 大判 95. 11. 24, 95 다 39540(자동차종합보험계약의 대인배상 책임보험계약에 있어서 그 사고의 피해자가 배상책임 의무 있는 피보험자의 피용자로서 근로기준법에 의한 재해보상을 받을 수 있는 사람인 경우에는 그 사고로 인하여 피보험자가 입게 된 손해를 보험자가 보상하지 아니하기로 정한 자동차종합보험 보통약관상의 면책조항은, 노사관계에서 발생하는 재해보상에 대하여는 원칙적으로 산업재해보상보험에 의하여 전보받도록 하고 제3자에 대한 손해배상책임을 전보하는 것을 목적으로 한 자동차보험의 대인배상 범위에서는 이를 제외하려는 데 그 취지가 있는 것이므로, 피해자가 산업재해보상보험법에 의한 재해보상을 받을 수 있는 사람인 경우에는 보험자는 위의 면책약관에 따라 피보험자에 대하여 보상책임을 지지 아니한다).

2) 大判 91. 5. 14, 91 다 6634(자동차종합보험보통약관에서 피해자가 배상책임있는 피보험자의 피용자로서 근로기준법에 의한 재해보상을 받을 수 있는 사람인 경우를 보험자의 면책사유로 규정한 것은 사용자와 근로자의 노사관계에서 발생한 업무상 재해로 인한 손해에 대하여는 노사관계를 규율하는 근로기준법에서 사용자의 각종 보상책임을 규정하는 한편 이러한 보상책임을 담보하기 위하여 산업재해보상보험법으로 산업재해보상보험제도를 설정하고 있음에 비추어 노사관계에서 발생하는 재해보상에 대하여는 원칙적으로 산업재해보상보험에 의하여 전보받도록 하려는 데에 그 취지가 있는 것이므로, 근로기준법상의 업무상 재해라고 할지라도 산업재해보상보험법에 의하여 보상을 받을 수 없는 경우는 위 면책사유의 적용대상에서 제외하여야 한다); 99. 3. 23, 98 다 63773도 同旨.

⑤「음주운전면책약관」의 효력은 인보험에 속하는 자기신체사고보험과 물건보험인 자기차량손해보험의 경우에 각각 다르다. (ㄱ) 사망이나 상해를 보험사고로 하는 인보험에 관하여는 보험자의 면책사유를 제한하여 보험사고가 비록 중대한 과실로 인하여 생긴 것이라 하더라도 보험금을 지급하도록 규정하고 있는 점(732의 2, 739)이나 인보험이 책임보험과 달리 정액보험으로 되어 있는 점에 비추어 볼 때, 인보험에 있어서의 무면허운전이나 음주운전 면책약관의 해석이 책임보험에 있어서의 그것과 반드시 같아야 할 이유가 없으며, 음주운전의 경우에는 보험사고 발생의 가능성이 많을 수도 있으나 그 정도의 사고 발생 가능성에 관한 개인차는 보험에 있어서 구성원 간의 위험의 동질성을 해칠 정도는 아니라고 할 것이고, 또한 음주운전이 고의적인 범죄행위기는 하나 그 고의는 특별한 사정이 없는 한 음주운전 자체에 관한 것이고 직접적으로 사망이나 상해에 관한 것이 아니어서 그로 인한 손해보상을 해준다고 하여 그 정도가 보험계약에 있어서의 당사자의 선의성·윤리성에 반한다고는 할 수 없으므로, 자기신체사고 자동차보험(자손사고보험)과 같은 인보험에 있어서의 음주운전 면책약관이 보험사고가 전체적으로 보아 고의로 평가되는 행위로 인한 경우뿐만 아니라 과실(중과실 포함)로 평가되는 행위로 인한 경우까지 포함하는 취지라면 과실로 평가되는 행위로 인한 사고에 관한 한 무효라고 보아야 한다는 것이 대법원의 입장이다(大判 90. 5. 25, 89 다카 17591; 98. 4. 28, 98 다 4330; 99. 2. 12, 98 다 26910).[1] 헌법재판소도 상해보험에서 피보험자가 무면허운전과 음주운전 중 상해를 입은 경우에 보험자를 면책시키는 면책약관은 고의로 인하여 보험사고가 생긴 경우에는 유효하지만, 과실(중과실포함)로 인하여 보험사고가 생긴 경우에는 무효라고 보고 있다(憲裁決 99. 12. 23, 98 헌가 12, 99 헌가 3·10, 99 헌바 33·50·52·62·65 병합). 그러나 위 대법원판결과 헌법재판소의 결정에 대하여는 보험계약의 본질, 도덕적 위험, 상해보험의 해석원리 및 비교법적 관점에서 비판이 있다(장경환, 「무면허 음주운전 면책 위헌결정에 대한 의견」, 손해보험 2000. 2, 15-24면).

(ㄴ) 그러나 자기차량 손해보험은 물건보험으로서 손해보험에 속하기는 하나 보험금이 최종적으로 귀속될 자가 보험계약자 또는 피보험자 자신들이므로 대인·대물배상 보험에 있어서와 같이 제3자(피해자)의 보호를 소홀히 할 염려가 없을 뿐만 아니라, 보험계약자나 피보험자의 지배관리가 미치지 못하는 자동차 운전자의 음주운전 여부에 따라 보호를 받지 못한다고 하더라도 자기

1) 인보험에 관하여도 동일한 취지의 판결이 있다(大判 98. 3. 27, 97 다 48753).

차량 손해보험의 보상금 상한이 제한되어 있어 보험계약자나 피보험자가 이를 용인할 여지도 있는 점 등에 비추어 보면, 보험계약자나 피보험자가 입은 자기차량 손해가 자동차종합보험약관상의 음주 면책조항과 같이 보험계약자 등이 음주운전을 하였을 때에 생긴 손해에 해당하는 경우에는 그 면책조항의 문언 그대로 아무런 제한 없이 면책되는 것으로 해석하여야 할 것이고, 이렇게 해석한다 하여 약관의규제에관한법률 제6조 제1항, 제2항, 제7조 제2호, 제3호의 규정에 반하는 해석이라고 볼 수는 없다(大判 98. 12. 22, 98 다 35730).

⑥ 승객이 사망하거나 부상한 경우에는 승객이 아닌 자와 달리 운행자에게 무과실책임을 지우고 있는 자동차손해배상보장법 제3조 단서 제2호는 자유시장질서에 위반되지 않고, 재산권을 침해하지도 않으며, 평등의 원칙에 위반되지 아니하여 합헌이다(憲裁決 98. 5. 28, 96 헌가 4, 97 헌가 6·7, 95 헌바 5). 이 결정에 대하여도 논란이 있다(찬성: 양창수, 「자동차손해배상보장법 제3조 단서 제2호의 합헌성」, 인권과 정의 98. 2, 65-78면. 반대: 양승규, 「자동차손해배상보장법 제3조 단서 제2호의 위헌성」, 서울대 법학 39. 2, 53-68면(1998)).

⑦ 자동차의 정비, 세차, 주차, 판매, 수송을 위하여 타인에게 차를 위탁한 경우에 이들 자동차취급업자가 기명피보험자의 승낙을 얻어 피보험자동차를 사용 또는 관리중인 자(승낙피보험자)에 해당하는가가 문제된다. 과거의 약관에는 이에 관한 규정이 없었는데, 판례는 위 법률관계는 도급이므로 자동차의 지배권은 차량취급업자에 있고, 따라서 차량의 소유주는 정비 등을 맡긴 사이에 일어난 사고에 대하여 책임이 없다고 한다(大判 87. 7. 7, 87 다카 449-엔진오일교환업자; 89. 6. 13, 88 다카 13851-자동차육상운송업자). 발레 파킹을 의뢰한 경우도 같다고 본다. 다만 대리운전을 부탁한 경우에는 대리운전자가 독립한 업자에 고용된 자인가 여부에 따라 달라질 것이다. 개정안은 이들이 피보험자에 포함되지 아니함을 명백히 규정하였다(약관 10 II (5), 12 II (1) ④).

제6 自動車保險契約의 特則

1. 自動車保險證券

자동차보험증권에는 일반손해보험증권에 기재하는 사항(666) 외에 ① 자동차소유자와 그 밖의 보유자의 성명과 생년월일 또는 상호, ② 피보험자동차의 등록번호, 차대번호, 차형년식(車型年式)과 기계장치, ③ 차량가액을 정한 때에는 그 가액 등을 기재하여야 한다(726의 3).

2. 自動車의 讓渡

(1) 피보험자가 보험기간 중에 자동차를 양도한 때에는 양수인은 보험자의 승낙을 얻은 경우에 한하여 보험계약으로 인하여 생긴 권리와 의무를 승계한다(724의 6 I). 이것은 물건보험의 경우에 보험의 목적이 양도된 때에는 양수인이 보험계약상의 권리와 의무를 승계한 것으로 추정하는 원칙(679 I)에 대한 특칙으로서, 자동차운행에 따른 위험률은 운전자가 누구인가에 따라 크게 달라지기 때문에, 보험자의 승낙 없이 보험계약상의 권리의무의 승계를 인정하는 것은 부당하기 때문이다. 따라서 보험자의 승낙 없이 피보험자로부터 자동차를 양수한 자가 자동차의 운행 중 사고가 발생한 경우에는 양수인은 기명피보험자의 승낙을 받아 자동차를 사용 또는 관리중인 자라 할 수 없으므로, 이로 인한 손해에 대하여는 보험자는 보상책임이 없는 반면에(大判 92. 4. 10, 91 다 44803; 93. 4. 13, 92 다 8552), 양수인이 보험자의 승낙을 받고 자동차를 양수한 경우에는 비록 양수인 명의로 자동차등록명의를 변경하지 않고 있는 동안에 사고가 발생하여도 보험자는 보상책임을 진다(大判 93. 4. 13, 92 다 6693). 또 자동차등록명의만을 양수인으로 넘기고 실제는 양도인이 자동차를 운행하다가 사고가 발생한 경우에는 실질적인 자동차의 양도가 있는 것이 아니므로, 보험자는 보상책임을 진다(大判 93. 6. 29, 93 다 1480).

(2) 보험자가 양수인으로부터 양수사실을 통지받은 때에는 지체없이 낙부(諾否)를 통지하여야 하고 통지받은 날부터 10일 내에 낙부의 통지가 없을 때에는 승낙한 것으로 본다(726의 4 II). 이것은 승낙을 받지 못한 양수인의 지위가 불안한 것을 가능한 한 조속히 해소시키기 위하여, 보험자에게 낙부통지의무를 부과하고, 위 의무를 게을리한 때에는 승낙을 의제한 것이다(638의 2 II 대비).

통지 또는 승낙의 방법에는 제한이 없으나, 보험약관에 의하여 서면에 의한 통지를 요구하고 있다(약관 18 I).

제 6 장
保證保險

제 1 總 說

(1) 意 義

보증보험(fidelity or guaranty insurance)계약은 보험자가 보험계약자의 피보험자에 대한 계약상의 채무불이행 또는 법령상의 의무불이행으로 인한 손해를 보상할 것을 약정하고, 보험계약자가 이에 대하여 보험료를 지급할 것을 약정하는 보험계약이다(안 726의 5). 개정안이 손해보험의 일종으로 새로 규정한 것이다. 보험업법은 보증보험이란 보험자가 매매·고용·도급 기타의 계약에 의한 채무 또는 법령에 의한 의무의 불이행으로 인하여 발생할 채권자 기타 권리자의 손해를 보상할 것을 채무자 기타 의무자에게 약정하고, 채무자 기타 의무자로부터 그 보수를 수수하는 보험계약이라 정의하고 있다(保險 2 ③). 대법원은 「보증보험이란 피보험자와 어떠한 법률관계를 가진 보험계약자(주계약상의 채무자)의 채무불이행으로 인하여 피보험자(주계약상의 채권자)가 입게 될 손해의 전보를 보험자가 인수하는 것을 내용으로 하는 손해보험으로, 형식적으로는 채무자의 채무불이행을 보험사고로 하는 보험계약이나, 실질적으로는 보증의 성격을 가지고 보증계약과 같은 효과를 목적으로 하는 것이므로, 보증보험계약은 주계약 등의 법률관계를 전제로 하고 보험계약자가 주계약에 따른 채무를 이행하지 아니함으로써 피보험자가 입게 되는 손해를 보험약관의 정하는 바에 따라 그리고 그 보험계약금액의 범위 내에서 보상하는 것이다」라고 한다(大判 2000. 12. 8, 99 다 53483;

2001. 2. 9, 2000 다 55089; 2001. 2. 13, 99 다 13737; 90. 5. 8, 89 다카 25912).[1)]

(2) 效 用

보증보험은 채권자가 채무자의 채무불이행으로 인하여 손해를 입는 것을 방지하기 위하여 이용되는 것으로서, 마치 보증인을 세우거나 물적 담보를 제공하게 하는 것과 같은 효과가 있으므로, 채권자에 대하여는 채권담보의 기능을 가지고, 채무자에 대하여는 신용보완의 기능을 가진다. 이것은 보증인을 세우거나 물적 담보를 제공하는데 따르는 번거로움을 제거할 수 있고, 보증인이 무자력하거나 물적 담보가 부실한 경우의 위험을 배제할 수 있어서 많이 이용되고 있다.

(3) 法的性質

(가) 總 說: 보증보험은 보험계약자(채무자)가 계약상의 채무 또는 법령상의 의무를 불이행함으로써 피보험자(채권자)가 입는 손해를 보상하는 손해보험의 일종이지만, 경제적으로는 보증의 기능을 수행하므로, 그것은 보험성과 보증성의 양면성을 가지고 있다. 보험계약자가 채무자라는 점에서, 채권자가 보험계약자가 되는 신용보험과 구별된다. 대법원도 「보험계약자인 채무자의 채무불이행으로 인하여 채권자가 입게 되는 손해의 전보를 보험자가 인수하는 것을 내용으로 하는 보증보험계약은 손해보험으로, 형식적으로는 채무자의 채무불이행을 보험사고로 하는 보험계약이나 실질적으로는 보증의 성격을 가지고 보증계약과 같은 효과를 목적으로 하므로, 민법의 보증에 관한 규정은 보증보험계약에도 적용된다」고 한다(97. 10. 10, 95 다 46265; 99. 6. 8, 98 다 53707). 개정안은 보증보험계약에 관하여 보증채무에 관한 민법의 규정을 준용하고 있다(안 726의 7).

(나) 保險性

① 損害保險性 보증보험은 계약상의 채무 또는 법령상의 의무의 불이행으로 생긴 채권자의 손해를 보상할 것을 목적으로 하므로 손해보험의 일종으로 본다(通說). 보증보험의 경우에는 보험사고의 우연성이 없고(보험계약자의 고의에 의한 채무불이행도 보험사고로 인정되기 때문), 보험계약자 등의 고의·중과실로 인하여 보험사고가 발생한 경우에도 보험자가 보상책임을 지기 때문에(일반 손해보험에서는 이 경우에 보험자가 면책됨, 659 I), 이를 손해보험으로 보기 어렵다는 견해도 있으나, 고의에 의한 사고라도 계약 성립 시에 그 발생이 불확실하다면 보험사고의 우연성은 인정될 수 있고, 보험계약자 등의 고

1) 김성태, 「보증보험계약의 성질」, 상사판례연구, 258면 이하 참조.

의·중과실로 사고가 발생한 경우의 보험자의 면책도 절대적인 것은 아니고, 이 경우에 보험자의 보상책임을 인정하는 약관의 규정은 신의칙 또는 사회질서에 반하지 않는 한 유효한 것이므로, 반대설이 내세우는 논거는 보증보험의 손해보험성을 인정하는데 장애가 되지 않는다고 본다. 따라서 보증보험에는 일반적으로 상법상 보험에 관한 통칙규정이 적용된다(大判 95. 9. 29, 93 다 3417).

② **責任保險性** 보증보험은 보험계약자의 배상책임을 보험자가 담브하는 점에서 책임보험과 유사한 면이 있으나, (a) 보증보험은 보험계약자의 피보험자에 대한 배상책임을 담보함에 반하여, 책임보험은 피보험자의 제3자에 대한 배상책임을 담보하고, (b) 보증보험은 계약상의 채무 또는 법령상의 의무의 불이행으로 인한 배상책임을 담보함에 반하여, 책임보험은 일체의 원인으로 인한 배상책임을 담보한다.

③ **他人을 위한 保險性** 보증보험은 형식상 보증계약자와 피보험자가 다르다는 점에서 타인을 위한 보험(639)이다. 그러나 보험계약자는 보증보험에 가입하기 위하여 보험자에게 인적·물적 담보를 제공하는 일이 많으므로, 실질적으로 자기를 위한 보험의 성격도 없지 않다. 따라서 이를 「자기를 위한 보험과 타인을 위한 보험의 융합형태」라고 보는 견해도 있다(양승규, 408면). 그리하여 개정안은 보증보험계약에 관하여 타인을 위한 보험에 관한 제639조 제2항 단서의 적용을 배제하고, 보험계약자의 보험자에 대한 보험금 청구를 부정하고 있다(안 726의 6 I).

(다) **保證性**: 보증보험은 보험계약자(채무자)가 채무 또는 의무를 이행하지 않는 경우에 보험자가 보상책임을 지는 점에서 민법상의 보증과 같은 성질과 기능을 가진다. 따라서 민법의 보증에 관한 규정, 특히 민법 제441조 이하에서 정한 보증인의 구상권에 관한 규정은 보증보험계약에도 적용된다(大判 97. 10. 10, 95 다 46265). 개정안은 보증보험계약에 관하여 보증채무에 관한 민법의 규정을 준용하고 있다(안 726의 7).

그러나 보증보험과 보증은 다음과 같은 차이가 있다. 즉 (a) 당사자의 면에서, 보증보험은 보험계약자와 보험자 사이의 계약이나, 민법상의 보증은 보증인과 채권자 사이의 계약이고, (b) 계약의 효력 면에서, 보증보험의 보혐자는 보증료를 받고 독립된 채무를 부담하므로 최고 및 검색의 항변권이 없지만, 민법상의 보증인은 주채무자에 종된 채무를 부담하므로 최고 및 검색의 항변권(民 437)을 가진다.

(라) 保險性과 保證性의 結合: 이처럼 보증보험은 보험성과 보증성의 양면성을 가지므로, 손해보험에 관한 규정 중에는 보증보험에 적용되지 못하는 것이 있다(後述).

(4) 種 類

보증보험은 보험자가 인수하는 위험의 종류에 따라 여러 가지로 분류할 수 있다. 보험업법은 「계약에 의한 채무」의 이행을 보증하는 보험과 「법령에 의한 의무」의 이행을 보증하는 보험으로 나누고 있다(保險 5 I). 이행보증보험·할부판매보증보험[1]·지급계약보증보험·사채보증보험·신원보증보험 등은 전자의 예이고, 납세보증보험·인허가보증보험 등은 후자의 예이다

제2 法律關係

(1) 當事者

보험계약자·피보험자 및 보험자의 셋이 있는데, 보험계약자와 피보험자는 보험증권에 기재된 주계약의 채무자와 채권자로서 이해가 대립되는 자이므로, 동일인이 겸할 수 없다. 따라서 보증보험은 타인을 위한 보험계약(639)이 된다.

(2) 保險의 目的

(가) 보험계약자와 피보험자 사이에서 계약 또는 법령에 의하여 피보험자가 보험계약자에 대하여 가지는 무형의 채권이다. 채권이 보험의 목적인 점에서 물건이 보험의 목적인 화재보험·운송보험 등과 다르고, 피보험자의 보험계약자에 대한 채권의 불이행으로 인한 손해를 담보하는 점에서 피보험자의 제3자에 대한 배상책임으로 인한 손해를 담보하는 책임보험과 다르다.

(나) 보증보험은 보험계약자인 채무자와 피보험자인 채권자 사이의 주계약을 전제로 하고 있지만, 그 주계약이 반드시 보증보험계약을 체결할 당시에 이미 확정적으로 유효하게 성립되어 있어야 하는 것은 아니고, 장차 체결될 주계약을 전제로 하여서도 유효하게 보증보험계약이 체결될 수 있다(大判 99. 2. 9, 98 다 49104).

---

1) 할부판매보증보험은 누가 보험계약자가 되느냐에 따라 보증보험이 될 수도 있고, 신용보험이 될 수도 있다. 우리나라에서는 할부구입을 한 매수인이 보험계약자가 되어 보증보험의 형태로 운영되지만, 일본에서는 할부판매업자가 보험계약자가 되어 신용보험의 형식으로 운영된다.

(3) 補償責任

(가) 보증보험에서 보험자의 보상책임이 발생하기 위하여는 보험계약자의 주계약상의 채무불이행이라고 하는 보험사고의 발생과 이에 기한 피보험자의 재산상 손해의 발생이라는 두 가지 요건을 필요로 하며, 위 두 요건은 별개의 문제이다(大判 99. 6. 22, 99 다 3693).

(나) 보상액은 보험약관이 정하는 바에 따라 그 보험금액을 한도로 하지만(大判 99. 9. 3, 99 다 23055; 99. 4. 9, 98 다 19011; 97. 11. 14, 95 다 11009; 95. 9. 29, 93 다 3417), 당사자 간에 정액보상특약이 있는 경우에는 그 정한 금액을 보상하여야 한다.

(다) 보험자는 보험계약자의 사기를 이유로 보증보험계약을 취소하더라도 피보험자가 그러한 기망행위가 있었음을 알았거나 알 수 있었던 특별한 사정이 없는 한 이로써 피보험자에게 대항할 수 없다(大判 99. 7. 13, 98 다 63162).[1] 개정안은 보험계약자의 사기, 고의 또는 중대한 과실이 있는 경우에도 이에 대하여 피보험자에게 책임이 있는 사유가 없으면 제651조(고지의무위반으로 인한 계약해지), 제652조(위험변경증가의 통계와 계약해지), 제653조(보험계약자 등의 고의나 중과실로 인한 위험증가와 계약해지), 제655조의2(사기에 의한 계약), 제659조 제1항(보험자의 면책사유) 및 제672조의2(둘 이상의 보험계약의 통지의무)를 적용하지 아니한다고 명문으로 규정하고 있다(안 726의 6 II).

1) 大判 99. 7. 13, 98 다 63162(보험계약자인 채무자의 채무불이행으로 인하여 채권자가 입게 되는 손해의 전보를 보험자가 인수하는 것을 내용으로 하는 보증보험계약은 손해보험으로서, 형식적으로는 채무자의 채무불이행을 보험사고로 하는 보험계약이지만 실질적으로는 보증의 성격을 가지고 보증계약과 같은 효과를 목적으로 하고, 그 중 자동차할부판매보증보험과 같은 경우 피보험자는 보증보험에 터잡아 할부판매계약을 체결하거나 혹은 이미 체결한 할부판매계약에 따른 상품인도의무를 이행하는 것이 보통이므로, 일반적으로 타인을 위한 보험계약에서 보험계약자의 사기를 이유로 보험자가 보험계약을 취소하는 경우 보험사고가 발생하더라도 피보험자는 보험금청구권을 취득할 수 없는 것과는 달리, 보증보험계약의 경우 보험자가 이미 보증보험증권을 교부하여 피보험자가 그 보증보험증권을 수령한 후 이에 터잡아 새로운 계약을 체결하거나 혹은 이미 체결한 계약에 따른 의무를 이행하는 등으로 보증보험계약의 채권담보적 기능을 신뢰하여 새로운 이해관계를 가지게 되었다면 그와 같은 피보험자의 신뢰를 보호할 필요가 있다 할 것이므로, 주채무자에 해당하는 보험계약자가 보증보험계약 체결에 있어서 보험자를 기망하였고, 보험자는 그로 인하여 착오를 일으켜 보증보험계약을 체결하였다는 이유로 보증보험계약 체결의 의사표시를 취소하였다 하더라도, 이미 그 보증보험계약의 피보험자인 채권자가 보증보험계약의 채권담보적 기능을 신뢰하여 새로운 이해관계를 가지게 되었다면, 피보험자가 그와 같은 기망행위가 있었음을 알았거나 알 수 있었던 경우이거나, 혹은 피보험자가 보험자를 위하여 보험계약자가 제출하는 보증보험계약 체결 소요 서류들이 진정한 것인지 등을 심사할 책임을 지고 보험자는 그와 같은 심사를 거친 서류만을 확인하고 보증보험계약을 체결하도록 피보험자와 보험자 사이에 미리 약정이 되어 있는데, 피보험자가 그와 같은 서류심사에 있어서 필요한 주의의무를 다하지 아니한 과실이 있었던 탓으로 보험자가 보증책임을 이행한 후 구상권을 확보할 수 없게 되었다는 등의 특별한 사정이 없는 한 그 취소를 가지고 피보험자에게 대항할 수 없다).

(라) 보증보험에서 보험자의 면책사유는 보통의 손해보험의 경우와 크게 다르다. 보증보험은 보증에 갈음하는 기능을 가지고 있고 보험자의 보상책임의 법률적 성질은 본질적으로 보증책임과 같으므로, 보험자는 「보험계약자」의 채무불이행이 고의에 의한 것이든 과실에 의한 것이든 그 손해를 보상할 책임을 지며, 따라서 상법 제659조 제1항은 보증보험계약에는 원칙적으로 그 적용이 없다(大判 98. 3. 10, 97 다 20403; 97. 1. 24, 95 다 12613; 95. 9. 29, 93 다 3417). 그러나 「피보험자」의 고의·중과실 또는 이보다 넓게 피보험자의 책임있는 사유로 인한 보험사고를 면책사유로 규정한 약관의 규정은 유효하다(大判 99. 6. 22, 99 다 3693).[1]

(마) 보증보험에서는 원칙적으로 직접청구권은 인정되지 않는다. 즉 보증보험계약이 실질적으로는 보증의 성격을 가지고 보증계약과 같은 효과를 목적으로 하는 것이라고 할지라도 그 보상은 보험약관이 정하는 바에 따라 그 보험금액의 범위 내에서 보상하는 것이며, 보증보험계약의 보증성에서 곧바로 피보험자가 보험약관이 정한 집행권원이 없이도 보험자에 대하여 직접청구권을 취득한다고 볼 수는 없다(大判 99. 4. 9, 98 다 19011). 개정안은 이를 명문으로 규정하고 있다(안 726 의 6 I).

(4) 擔保債權의 讓渡

보증보험은 실질적으로는 보증의 성격을 가지고 보증계약과 같은 효과를 목적으로 하므로 민법의 보증에 관한 규정이 준용되고, 따라서 보증보험이 담보하는 채권이 양도되면 당사자 사이에 다른 약정이 없는 한 보험금청구권도 그에 수반하여 채권양수인에게 함께 이전된다(大判 99. 6. 8, 98 다 53707).

(5) 保險者의 代位와 求償權

(가) 보증보험의 경우에 제682조(제3자에 대한 보험자대위)의 규정이 적용되는가에 관하여는 다툼이 있다. 보증보험에서는 보험사고가 보험계약자에 의하

1) 大判 99. 6. 22, 99 다 3693(선급금 이행보증보험약관에서 「보험자는 피보험자의 책임 있는 사유로 생긴 손해는 보상하지 아니한다.」고 규정하고 있는 경우, 위 약관 규정은 보상하지 아니하는 피보험자의 재산상 손해에 관한 규정이라 할 것이고, 한편 상법 제659조 제1항은 「보험사고가 보험계약자 또는 피보험자의 고의 또는 중대한 과실로 인하여 생긴 때에는 보험자는 보험금을 지급할 책임이 없다.」고 규정하고 있는바, 위 상법 규정은 보증보험에는 그대로 적용될 수 없는 규정일 뿐 아니라 보상하지 아니하는 보험사고에 관한 규정이므로, 두 규정은 별개의 요건에 관한 것으로서 서로 저촉 여부의 문제가 발생할 수 없는 것이고, 위 약관 규정이 보상하지 아니하는 피보험자의 귀책사유를 상법 제659조 제1항보다 넓게 규정하였다 하여 위 약관 규정이 상법 제659조 제1항 및 불이익변경을 금지한 같은 법 제663조의 규정에 위반된다고 할 수 없으며, 또한 위 약관 규정이 신의성실의 원칙에 반하여 공정을 잃은 것이라거나, 상당한 이유없이 사업자의 손해배상범위를 제한하거나 사업자가 부담하여야 할 위험을 고객에게 이전시키는 조항이라고 볼 수도 없으므로 약관의규제에관한법률 제6조, 제7조에 위반되어 무효라고 할 수도 없다).

여 발생하는데 보험계약자는 보험계약의 당사자이지 제3자가 아니며, 보험금을 지급한 보험자는 보증채무를 이행한 보증인과 같은 지위에 있으므로, 보험자대위는 있을 수 없다고 하는 견해가 유력하다(양승규, 415-416면; 정찬형, 663면). 그러나 보증보험계약은 타인을 위한 보험계약의 형식으로 이루어지고, 타인을 위한 보험계약에서는 보험계약자도 제3자에 포함되고(大判 89. 4. 25, 87 다카 1669; 90. 2. 9, 89 다카 21965), 보험자대위의 취지가 2중이득의 방지에 있는 점에 비추어, 보증보험의 보험계약자는 제3자이며, 그에 대한 보험자대위가 인정된다고 본다(同旨: 최기원, 693면). 입찰보증보험약관에서 「보험자는 보험금을 지급할 때에는 피보험자의 이익을 해하지 않는 범위내에서 피보험자가 보험계약자에 대하여 가지는 권리를 대위하여 갖는다」고 규정한 것(10 I)은 이 점을 밝힌 것으로 본다.

(나) 보증보험에서 보험금을 지급한 보험자는 변제자대위의 법리에 따라 피보험자가 보험계약자에 대하여 가지는 채권 및 그 담보에 관한 권리를 대위하여 행사할 수 있다(大判 97. 11. 14, 95 다 11009).

(다) 보증보험에서 보험금을 지급한 보험자는 보증채무를 이행한 보증인과 같은 지위에 있으므로, 민법 제441조 이하에서 정한 보증인의 구상권에 관한 규정에 따라 구상할 수 있다(大判 97. 10. 10, 95 다 46265).

제3 解止와 失效

(1) 보증보험계약도 보험기간의 만료, 보험사고의 발생 등 보험계약 일반의 소멸사유로 소멸한다.

(2) 보증보험에서도 보험자는 보험계약자 등의 의무위반(651 653)이 있을 때에는 계약을 해지할 수 있고, 보험계약자도 보험사고의 발생 전에는 원칙적으로 언제든지 계약의 전부 또는 일부를 해지할 수 있다(649). 그러나 보증보험은 채권담보적 기능이 있으므로, 주계약상의 채권·채무가 존속하고 있는 동안에는 보험계약자는 피보험자의 동의없이 마음대로 계약을 해지할 수 없다고 본다(同旨: 양승규, 417면; 최기원, 693면).[1)]

1) 다만 大判 74. 12. 10, 73 다 1591은 보험사고의 발생 전에 보험계약자의 보증보험계약의 해지권을 인정하고 있다(상법 제649조 소정 사유 즉 보험사고가 발생하기 전에 보험계약자에 의하여 계약의 전부 또는 일부가 임의 해지된 경우에는 그 해지의 효과로서 그 범위에서 민법 제541조의 적용이 배제된다).

제 7 장
新種保險

신종보험이란 특별한 종류의 보험이 아니라, 비교적 최근에 나타난 보험을 총칭하는 것이며, 상법에 규정된 화재보험, 운송보험, 해상보험, 책임보험, 자동차보험, 보증보험(개정안) 이외의 손해보험을 가리킨다. 도난보험, 항공보험, 원자력보험, 신용보험, 어음보험, 부동산권리(권원)보험 등 여러 가지가 있으나, 여기에서는 신용보험 및 부동산권리(권원)보험만을 설명한다.

제1 信用保險

(1) 신용보험은 보증보험과 마찬가지로 채무불이행에 의하여 채권자가 입는 손해를 전보하는 보험이다. 보증보험과 신용보험의 구별기준에 관하여는 다툼이 있으나, 보통 채무자가 보험계약자가 되어 채권자를 피보험자로 하여 보험계약을 체결하는 제3자를 위한 보험계약을 보증보험이라고 하고, 채권자가 보험계약자가 되는 경우를 신용보험이라고 한다. 그러나 보험계약자가 채무자냐 채권자냐 하는 법형식에 의하지 않고, 경제적 기능을 기준으로 하여 채무자에 대한 여신행위를 목적으로 하는가, 채권자를 위한 신용위험의 담보를 목적으로 하는가에 따라 양자를 구별하는 견해도 있다(西島梅治, 301면).

(2) 신용보험에는 두 가지 유형이 있다. 하나는 피용자의 불성실한 행위로 인하여 생긴 사용자의 재산적 손해를 전보하는 것이고, 다른 하나는 대출금을 회수하지 못할 위험을 담보하는 것이다. 신원보증보험(신원신용보험이라 부르는 것이 정확하다)은 전자의 예이고, 신용카드보증보험(신용카드신용보험이라 부르는 것이 정확하다)은 후자의 예이다.

제 2 不動産權利(權原)保險

부동산권리(권원)보험(title insurance)이란 부동산에 관한 권리의 하자로 인하여 피보험자(부동산소유자, 저당권자 등)가 입게 되는 손실을 보상하는 보험을 말한다. 즉 부동산에 관한 계약 체결 당시에 부동산에 관한 권리에 대한 정보가 불완전하여 생기는 위험(존재한다고 믿은 권리의 하자나 부존재 또는 예상 못한 다른 권리의 존재)에 따른 손해를 보상하여 주는 보험이다. 예컨대 문서위조·사기·선순위담보권 등 등기부로부터 발견할 수 없는 잠재된 위험으로 인하여 피보험자의 부동산상의 권리에 하자가 생길 때 이를 보상해주는 보험이다. 다른 보험이 계약체결 후의 우연한 사고에 대비하는 것임에 반하여, 부동산권리보험은 계약체결 당시에 존재하였던 사고에 대비하는 것이라는 점에 특색이 있다. 부동산 등기제도가 없는 미국에서는 부동산 거래의 안전장치로 부동산권리보험이 활성화되어 있다. 우리나라에는 삼성화재보험 등에 의하여 2001년 7월에 도입되었다.

제 5 편

人 保 險

제 1 장 總　說

제1　人保險契約의 意義

(1) 인보험(insurance of the person)계약은 보험자가 피보험자의 생명 또는 신체에 관하여 보험사고가 생길 경우에 계약이 정하는 바에 따라 보험금 기타의 급여를 지급할 것을 약정하고, 이에 대하여 보험계약자가 일정한 보험료를 지급할 것을 약정하는 보험계약이다(727, 638). 인보험은 보험의 목적이 사람의 생명·신체인 점에서, 보험의 목적이 물건 기타의 재산인 손해보험(665)과 구별된다.

(2) 상법은 인보험에 생명보험과 상해보험의 두 가지를 포함시키고 있다. 전자는 보험사고가 발생하면 손해액과 관계없이 일정한 금액을 지급하는 정액보험이고, 후자는 상해의 정도에 따라 소정의 급여를 하는 경우가 많으나, 의료비의 지급을 하는 경우와 같이 부정액보험일 수도 있다. 개정안은 인보험의 하나로 새로 질병보험을 추가하였다(739의 2-739의 4).

(3) 인보험계약의 보험금은 당사자 간의 약정에 따라 분할하여 지급할 수 있다(안 727 II). 보험금의 분할지급은 인보험의 공통적인 특질이므로, 개정안은 인보험 통칙에 보험금 분할지급의 근거 조항을 신설하고, 동시에 연금보험에 관한 규정(735의 2)은 불필요하게 되었으므로 이를 삭제하기로 하였다.

제2 人保險契約의 特性

1. 保險의 目的과 保險事故

인보험의 목적은 사람이고, 보험사고는 사람의 생명 또는 신체에 관한 사고이다. 이 점에서 물건 기타의 재산을 보험의 목적으로 하고, 물건 기타 재산에 생긴 사고를 보험사고로 하는 손해보험과 다르다. 인보험의 보험사고 중의 하나인 사망은 발생시기만이 불확정하다는 점에서, 발생여부와 시기 등이 모두 불확정한 손해보험의 보험사고와 인보험의 상해 또는 질병과 다르다.

2. 保險金額

(1) 인보험 중 생명보험은 보험사고가 발생하면 보험자가 보험계약에서 정한 보험금을 지급하는 정액보험(定額保險)이고, 상해보험·질병보험은 상해정도나 치료일수에 따라 일정액의 급여를 하는 것이 보통인 점에서, 보험사고로 입은 실손해의 보상을 목적으로 보상금을 지급하는 손해보험(不定額保險)과 다르다. 그러나 인보험 중 상해보험·질병보험에서는 의료비 등 피보험자가 상해나 질병으로 입은 경제적인 손실을 보상하는 부정액보험도 있다.

(2) 최근에는 각국에서 변액보험(變額保險)이 판매되고 있는데, 이는 지급되는 보험금액이 변동하는 생명보험 또는 연금보험이다. 변액생명보험은 생명보험의 기능에 투자신탁의 기능이 부가된 것이고, 보험계약자로부터 납입받은 보험료 중 보험료적립금을 특별계정으로 분리하여 통상보다 손실위험성이 높은 방법(주식 등에 투자)으로 운용하고, 그 운용실적에 따라 보험금액 또는 해약환급금의 액을 변동시키는 보험이다. 분리계정의 운용에서 생기는 투자손익은 보험계약자가 부담한다. 구체적으로 살펴보면, 계약체결시에 기본보험금액을 약정하고, 운용실적이 예정이율을 상회할 때에는 기본보험금액을 초과하는 금액이 지급되고, 반대로 운용실적이 예정이율을 하회할 때에는 기본보험금액에 미달되는 금액이 지급된다. 이처럼 지급되는 보험금액은 변동되지만, 그 금액은 손해액과는 무관한 것이고, 또 기본보험금액은 약정되어 있으므로, 정액보험인 생명보험의 성질을 잃지 않고 있다고 본다(김선정, 「변액보험과 계약자보호」, 상사법연구, 16 (1997), 209면, 230

면 참조).

변액보험은 책임준비금을 주식 등의 유가증권에 투자하여 그 투자성과를 보험금과 연계시켜 주가의 상승을 통해서 인플레이션에 대처하면서 경제성장에 따르는 이익을 보험계약자에게 환급해주는 목적으로 개발된 것으로, 인플레이션에 의한 생명보험급여의 실질가치의 하락에 대처하려는 목적을 가진다. 변액보험은 정액보험료를 납입하는 형태와 자유형 보험료를 납입하는 방식(변액유니버설보험)이 있다. 변액보험의 사망보험금은 분리계정기금의 투자수익률과 직접적으로 관련이 있으나 투자성과에 관계없이 최소한의 사망보험금에 대한 보증금액이 있다. 즉 변액보험에 있어서 사망보험금은 최소한의 보증에 대한 최소보증사망보험금과 변동보험금으로 나누어진다. 또한 변액보험에도 배당부상품과 무배당상품이 있다. 일본이나 미국에서는 일정한 판매자격시험제도를 만들어 시험에 합격하고 교육을 이수한 설계사에게 판매할 권한을 주고 있다. 미국의 경우에 변액보험은 증권법의 규제를 받으며 변액보험을 판매하려는 보험회사 또는 판매회사는 모두 중개거래인(broker dealer)으로서 등록해야 하며 관계되는 사람들은 증권업무에 대한 시험을 합격해야 한다. 이와 같이 일정한 자격요건이 요구되는 이유는 변액보험에서 투자위험을 계약자가 부담하게 되는 것이므로 원금손실의 가능성이 높으며 이와 관련하여 계약자들이 보험회사를 상대로 변액보험 상품에 대하여 사전에 충분한 설명이나 소개가 없었음을 이유로 하여 원금보전을 위한 소송의 가능성이 농후하므로 자산운용과 투자부문 등에 전문적인 지식이 요구되고 상품판매에 대하여 충분한 설명과 소개를 하여야 하기 때문이다. 변액보험이 생명보험의 성질을 보유하고는 있으나 개인의 보장과 저축이라는 전통적인 생명보험에 비교하여서는 위험한 상품이다. 우리나라에서도 금융감독위원회가 보험업 감독규정을 개정함에 따라 2001년 7월부터 생명보험사의 변액보험 판매가 허용되고 있다.

3. 被保險利益

(1) 통설은 정액보험의 성격을 강조하여 인보험에는 피보험이익이 없으며, 이것이 손해보험과 크게 다른 점이라고 설명한다. 그러나 피보험이익의 개념을 금전으로 산정할 수 있는 이익으로 좁게 풀이할 것은 아니고, 인보험이 도박이나 범죄의 수단으로 악용되는 것을 막기 위하여는 피보험이익의 개념을

탄력적으로 이해하면서 인보험에도 피보험이익이 필요하다고 해석하여야 할 것이다(同旨: 양승규, 421-422면; 안귀옥, 「생명보험의 피보험이익에 관한 연구」, 1998년도 고려대 법학석사 학위논문, 68-70면).[1)]

(2) 생명보험에 있어서의 피보험이익이란 보험계약에 의하여 보험보호를 받을 수 있는 이익을 어느 특정인이 가지고 있을 때에 그가 가지는 경제적 이해관계라고 할 수 있다. 생명보험에서도 피보험이익이 요구된다면 타인을 위한 생명보험계약의 체결이나 보험수익자 지정시에 보험계약자와 피보험자 또는 보험수익자간에 경제적 이해관계의 존재가 필수조건으로 요구되어져야 할 것이다. 그런데 우리 보험법은 타인의 생명보험인 경우에는 피보험자의 동의를 얻도록 하고 또한 보험계약자가 보험수익자를 지정, 변경할 때에도 동의를 얻도록 하고 있을 뿐이다(731 I·734 II). 따라서 법조문 형식으로는 통설의 견해가 타당한 듯하다. 그러나 제668조에서 규정하고 있는 「금전으로 산정할 수 있는 이익」의 개념은 인보험에서 피보험자와 보험수익자와의 관계에서도 추상적으로 인정할 수 있는 것으로 해석되어질 수 있는데, 그것은 타인의 생명보험인 경우에 피보험자의 동의를 얻도록 하고 또한 보험계약자가 보험수익자를 지정·변경할 때에 동의를 얻도록 하는 것과 관련하여 피보험자와 경제적 이해관계 또는 이와 유사한 관계가 전혀 없는 제3자가 보험수익자가 되는 것은 거의 예상할 수 없기 때문이다. 따라서 제668조를 보다 유연하게 해석한다면 우리 보험법 하에서도 인보험계약에서 피보험이익의 개념을 인정할 수 있을 것이다(김동석, 「피보험이익」 고시연구(94. 9), 73-82면; 상홍규, 「계약관계에 있는 상대방의 생명보험에 대한 피보험이익」 기업환경의 변화와 상사법(춘강 손주찬교수 고희기념논문집)). 이러한 피보험이익은 인보험의 계약체결시 요구된다.

생명보험 분야에서 피보험이익의 주요 예는 다음과 같다.

① 자신의 생명(Own life). 모든 사람은 누구나 자기 생명에 관하여 피보험

1) 대륙법계에서는 사람의 생명 또는 신체에 대하여 금전적인 산정이 있을 수 없다는 이유에서 피보험이익을 손해보험계약에 한하여 인정하고 있으나 영미법계에서는 모든 보험분야에 관하여 피보험이익을 인정하고 있고 생명보험계약에서도 피보험이익의 존재를 보험계약의 유효요건으로 하고 있다. 영미법상 인보험에서 요구되는 피보험이익은 선량한 풍속 기타 사회질서(public policy)와 관련이 있다. 영미법계에서는 자기의 생명보험계약의 경우에는 일반적으로 자기의 생명에 대하여 무제한의 피보험이익이 있는 것으로 간주되며, 선량한 풍속 기타 사회질서나 도박보험 등의 문제가 발생할 여지가 많은 타인의 생명보험계약의 경우에는 혈연관계나 경제적 이해관계가 존재하여 타인의 생존으로부터 어떤 이익을 기대할 수 있는 경우에 한정적으로 인정되고 있다. 예를 들면 피보험자의 보증인이나 채권자로서 보험계약을 체결하는 경우이거나 피보험자와 배우자관계 또는 혈연관계에 있는 자로서 피보험자의 생존으로 어떠한 이익이 기대된다고 인정될 수 있는 경우에 피보험이익이 존재한다고 본다. 이처럼 타인의 생명보험계약에서 특히 피보험이익의 존재가 강하게 요구되고 있고 이러한 피보험이익은 보험계약의 체결 시에 요구되고 있다.

이익이 있다.

② 배우자(Spouses). 남편과 부인 사이에는 각자의 생명에 대하여 피보험이익을 가진다. 약혼자나 사실혼관계에 대해서도 피보험이익의 존재를 추정한다.

③ 다른 가족관계(Other family relationship). 부자간의 관계에 있어서 자녀가 성년인 경우를 제외하고 부모와 자녀 사이에 각각의 생명에 대하여 피보험이익이 인정되는 것이 일반적이다. 형제자매간의 피보험이익에 대하여는 판례가 대립하고 있는 추세이다. 그 밖의 가족관계에서는 혈연관계만으로 피보험이익이 당연히 인정되는 것은 아니라는 입장이다.

④ 사업상의 관계.

(ㄱ) 공동사업자(Partners). 동업자(조합원)들은 한 동업자가 사망하여서 생기는 손해만큼 서로의 생명에 대하여 피보험이익이 있다.

(ㄴ) 고용관계(Employers and employee). 피용자는 사용자의 생명을 보험에 들 수 있다. 그러나 엄격히 말하면 피용자의 피보험이익은 그의 고용계약상의 잔여기간에 해당하는 그의 봉급의 한도에 한한다.

(ㄷ) 채권자와 채무자(Creditor and debtor). 채권자는 채무자가 돈을 갚기 전에 사망하면 금융상의 손해를 보기 때문에 채무자의 생명에 피보험이익을 가지고 있다. 그래서 채권자는 채무자의 부채의 액수와 이자를 보험에 들 수 있다. 채무자는 채권자의 생명에 대응하는 피보험이익이 없다. 임대인도 임차인의 생명에 대하여 피보험이익이 있다고 하며 반대의 경우에는 부정하고 있다(고택근, 「피보험이익에 관한 연구」 1996년도 경희대 법학박사 학위논문, 127-140면; 정찬형, 「미국법상 생명보험에서의 피보험이익」 보험법연구 3(1999), 393-412면).

제3 人保險證券

인보험증권에는 손해보험증권에 기재할 사항(666) 외에, ① 보험계약의 종류, ② 피보험자의 주소·성명 및 생년월일, ③ 보험수익자를 정한 때에는 주소·성명 및 생년월일 등을 기재하여야 한다(728). 보험수익자는 보험계약 체결시에 반드시 정하여야 하는 것은 아니고, 계약체결 후에 정할 수도 있다(733 참조).

제4 重過失事故에 대한 保險者의 不免責

보험사고가 보험계약자 또는 피보험자나 보험수익자의 고의 또는 중과실로 인하여 생긴 때에는 보험자는 보험금액을 지급할 책임이 없는 것이 원칙이지만(659 I), 피보험자의 사망을 보험사고로 한 보험계약, 즉 생명보험에서는 사고가 보험계약자 또는 피보험자나 보험수익자의 중과실로 생긴 경우에도 보험자는 보험금액을 지급할 책임을 면하지 못하고(732 의 2), 이 규정은 상해보험에도 준용되고 있다(739). 이처럼 인보험에서는 중과실사고에 대하여도 보험자가 면책되지 않는 점이 손해보험에 대한 큰 특색인데, 이것은 피보험자의 사망시 유족 등 보험수익자를 보호하기 위한 것이다.[1] 상법 제732조의 2는 위헌이 아니다(憲裁決 99. 12. 23, 98 헌가 12 등).

제5 保險者代位의 禁止

(1) 인보험자는 보험사고로 인하여 생긴 보험계약자 또는 보험수익자의 제3자에 대한 권리를 행사하지 못한다(729 本). 인보험에서는 보험의 목적이 멸실한 경우에 잔존물이 있을 수 없으므로 보험목적에 관한 대위(681, 잔존물대위)는 있을 수 없으나, 제3자에 대한 대위(682, 청구권대위)는 이론상은 가능하다(예컨대 제3자의 불법적 가해행위로 피보험자가 사망한 경우에

1) 大判 98. 10. 20, 98 다 34997(상법 제732조의2는 「사망을 보험사고로 한 보험계약에는 사고가 보험계약자 또는 피보험자나 보험수익자의 중대한 과실로 인하여 생긴 경우에도 보험자는 보험금액을 지급할 책임을 면치 못한다.」라고 규정하고 있고, 위 규정은 상법 제739조에 의해 상해보험계약에도 준용되며, 한편 상법 제663조는 당사자 간의 특약으로 보험계약자 또는 피보험자나 보험수익자에게 불이익하게 위 각 규정을 변경하지 못하도록 규정하고 있는바, 상해 또는 사망을 보험사고로 하는 보험계약상의 무면허·음주 등 면책약관이 만일 보험사고가 전체적으로 보아 고의로 평가되는 행위로 인한 경우뿐만 아니라 과실(중과실 포함)로 평가되는 행위로 인한 경우까지 보상하지 아니한다는 취지라면 과실로 평가되는 행위로 인한 사고에 관한 한 위 각 규정들에 위배되어 무효라고 봄이 상당하다); 99. 2. 12, 98 다 26910(자동차종합보험계약상의 「무보험자동차에 의한 상해특약」은 상해보험의 일종으로서, 상법 제732조의2, 제739조, 제663조의 규정에 의하면 사망이나 상해를 보험사고로 하는 인보험에 관하여는 보험사고가 고의로 인하여 발생한 것이 아니라면 비록 중대한 과실에 의하여 생긴 것이라 하더라도 보험금을 지급할 의무가 있다고 할 것이므로, 그 약관 중 「피보험자가 무면허운전을 하던 중 그 운전자가 상해를 입은 때에 생긴 손해는 보상하지 아니한다.」고 규정한 무면허운전 면책조항이 보험사고가 전체적으로 보아 고의로 평가되는 행위로 인한 경우뿐만 아니라 과실(중과실 포함)로 평가되는 행위로 인한 경우까지 보상하지 아니한다는 취지라면 과실로 평가되는 행위로 인한 사고에 관한 한 무효라고 보아야 한다).

는 피보험자의 상속인은 가해자에 대하여 불법행위로 인한 손해배상청구권이 있고, 보험수익자에게 보험금을 지급한 보험자는 피보험자의 가해자에 대한 손해배상청구권을 대위행사할 수 없는 것은 아니다). 그럼에도 불구하고 인보험에서 보험자의 청구권대위를 금지하고 있는 이유는, 손해의 보상을 목적으로 하는 손해보험에서는 손해의 보상을 받은 피보험자가 제3자에 대한 청구권을 행사하여 배상을 받으면 이득을 보게 되어 실손보상이라는 손해보험제도의 취지에 반하기 때문에 보험자에게 청구권대위를 인정할 근거가 있으나, 인보험에서는 보험자의 책임이 계약에 의하여 고정되어 있고 실손보상의 원칙에 의하여 책임을 지는 것이 아니며, 따라서 피해자가 가해자인 제3자에 대하여 청구권을 가지느냐 아니냐는 보험자와 무관한 사실이라는 점(예컨대 질병으로 사망하느냐, 교통사고로 사망하느냐는 보험자가 보험계약을 체결할 때에 고려하지 않은 사실이다) 및 생명에는 일정한 가액이 있는 것이 아니므로 사망자의 유족이 보험금을 받고 또 가해자로부터 손해배상을 받아도 이를 가리켜 부당하게 이득을 취득한다고 볼 수 없는 점 등에 있다.

(2) 그러나 상해보험의 경우에 당사자간에 다른 약정이 있는 때에는 보험자는 피보험자의 권리를 해하지 아니하는 범위 안에서 그 권리를 대위하여 행사할 수 있다(729 但). 이것은 상해보험이 손해보험의 성격을 가지고 있는 경우(예컨대 상해의 치료에 필요한 의료비와 약품대를 지급하기로 약정한 경우)에는 손해보험과의 형평을 기하기 위하여 예외적으로 청구권대위(682)를 인정한 것이다. 다만 상해보험에서 인정되는 청구권대위는 제682조와 같이 법률의 규정에 의하여 당연히 인정되는 법정대위가 아니라, 당사자 간의 약정(보험약관)이 있을 때에만 인정됨을 주의하여야 한다.[1)]

1) 국민건강보험법 제53조는 보험자의 제3자에 대한 구상권을 인정하고 있다. 즉 ① 보험자는 제3자의 행위에 의한 보험급여사유의 발생으로 보험급여를 한 때에는 그 급여에 요한 비용의 한도 내에서 당해 보험급여를 받은 자의 제3자에 대한 손해배상청구의 권리를 얻는다. ② 제1항의 경우에 있어서 보험급여를 받을 자가 제3자로부터 이미 손해배상을 받은 때에는 보험자는 그 배상액의 한도 내에서 보험급여를 하지 아니한다.

제 2 장
生命保險

제1　生命保險契約의 意義

(1) 생명보험(life insurance)계약이란 보험자는 피보험자의 생명에 관한 사고가 생길 경우에 약정한 보험금액을 지급하고, 이에 대하여 보험계약자가 보험료를 지급할 것을 약정하는 보험계약을 말한다(730, 638). 개정안은 「피보험자의 생명에 관한 사고가 생길 경우」를 「피보험자의 사망, 생존, 사망과 생존에 관한 보험사고가 생길 경우」로 구체화하였다(안 730). 원래 생명보험은 사망, 생존, 또는 생존과 사망을 보험사고로 할 수 있는 것임에도 불구하고, 현행법은 「생명에 관한 사고」라고 규정하여 사망만이 보험사고가 될 수 있는 것처럼 오해할 수 있고, 따라서 생사혼합보험 및 생존보험의 근거 조항으로 양로보험 및 연금보험 규정을 별도로 두고 있었다. 그리하여 개정안은 생명보험이 사망, 생존, 사망과 생존을 모두 보험사고로 할 수 있음을 명백히 규정함과 동시에 현행 양로보험(735) 및 연금보험(735의 2)에 관한 조항을 삭제하기로 한 것이다.

(2) 생명보험은 인보험의 일종이나, 사람의 생존·사망 또는 사망과 생존을 보험사고로 하는 점에서 상해를 보험사고로 하는 상해보험과 구별되고, 또 보험사고가 발생한 경우에 보험자가 지급할 보험금이 피보험자에게 구체적 손해가 있느냐의 여부 또는 손해의 액수와 무관하게 계약에서 정한 일정한 금액이라는 점(정액보험)에서 실제의 손해를 보상하는 손해보험계약(부정액보험)과 다르다.

(3) 생명보험에는 당사자가 정한 보험금 이외에 보험가액의 관념이 없으므

로, 보험가액과 보험금액의 관계에서 발생하는 초과보험·중복보험·일부보험의 문제는 없다.

(4) 사람의 사망시기는 불확정하므로, 사람은 자기의 노후생활의 안정을 꾀하거나 자신이 사망한 경우에 가족의 생계를 보장할 수단을 찾게 되는데, 사회보장제도가 완벽하지 않는 상황에서는 생명보험이 이를 위한 최적의 수단이 된다. 생명보험은 나아가 보험자로 하여금 축적된 자산을 효율적으로 운용하여 보험수익자에게 수익을 분배하여 줌으로써 저축의 기능을 수행하고, 또 피보험자가 약정기간 동안 생존하거나 사망한 때에는 보험자로부터 약정한 보험금을 수령하여 경제생활의 안정을 이룩할 수 있게 함으로써 생활보장의 기능을 수행한다.

제2 生命保險契約의 種類

1. 保險事故에 의한 分類

(1) 死亡保險

(가) 피보험자의 사망을 보험사고로 하여 보험금을 지급하는 생명보험이다. 여기의 사망은 실제의 사망 외에 피보험자의 행방불명으로 실종선고(民 27)를 받은 때 및 생사가 확인되지 아니한 피보험자를 정부기관이 재해로 인하여 사망한 것으로 인정하는 때를 포함한다(약관 6 ②).

(나) 사망보험은 다시 보험기간에 따라 종신보험(終身保險)과 정기보험(定期保險)으로 나뉜다. 「종신보험」은 보험기간을 정하지 않고 피보험자의 사망시기가 보험기간의 만료시가 되는 보험이며, 이 보험에서는 보험료지급기간을 따로 정한다. 「정기보험」은 보험기간을 일정한 기간으로 한정하여 그 기간 내에 피보험자가 사망한 때에는 보험금을 지급하고, 피보험자가 보험기간의 만료시까지 생존하면 원칙적으로 만기보험금을 지급하지 않고 보험계약이 소멸하는 보험이다.

(다) 사망보험에서는 15세 미만자, 심신상실자 또는 심신박약자를 피보험자로 한 경우에는 그 보험계약은 무효로 한다(732). 왜냐하면 무능력자에 대한 사망보험을 인정하면 무능력자인 피보험자가 살해되는 등 그것이 악용될 염려

가 있기 때문이다. 그러나 개정안은 심신박약자 자신이 보험계약을 체결하거나 제731조에 따른 서면동의를 할 때에 의사능력이 있는 경우에는 이를 유효로 하였다(안 732 但). 이 경우에는 악용의 위험이 없고 또 그 가족을 보호할 필요가 있기 때문이다.

(2) 生存保險

(가) 피보험자가 일정한 기간까지 생존할 것을 보험사고로 하는 생명보험이다. 피보험자가 보험기간이 끝날 때까지 생존한 때에 보험금을 지급하므로, 그가 보험기간 안에 사망하면 보험자는 보험금지급책임이 없다.

(나) 생존보험에는 교육보험·혼자보험(婚資保險) 등이 있으며, 그 특수한 형태로 피보험자가 생존하고 있는 동안에만 매월 일정한 보험금을 연금으로 지급하는 생명연금보험(735의 2)이 있다.

(3) 混合保險

사망보험과 생존보험을 결합한 보험으로서, 피보험자가 일정한 기간까지 생존하면 생존보험금을, 그 기간 안에 사망하면 사망보험금을 지급하는 것이다. 사람의 사망시기는 일정하지 아니하므로, 일정한 보험기간까지 피보험자의 사망을 보험사고로 한 경우에 보험사고의 발생 없이 보험기간이 끝난 때에도 보험자에게 보험금의 지급책임을 인정하는 양로보험(養老保險, 735)이 널리 이용되는데, 이것은 혼합보험의 일종이다.

2. 被保險者의 數에 의한 分類

(1) 個人保險

피보험자 1인의 생사를 보험사고로 하는 생명보험이며, 「단독보험」이라고도 한다. 생명보험계약은 개인보험의 형식으로 체결되는 것이 보통이다.

(2) 連生保險

피보험자 2인(부부, 형제 등) 중 1인의 사망을 보험사고로 하여 다른 1인이 보험금액을 지급받기로 하는 생명보험이다. 2인 중 특정한 1인이 사망한 경우에 다른 1인이 생존할 것을 조건으로 보험금액을 지급하는 것을 특히 생잔보험(生殘保險)이라고 한다.

(3) 團體保險

(가) 단체(특정한 회사 또는 특정한 공장)의 구성원의 전부 또는 일부를 포괄적으로 피보험자

로 하여 그의 생사를 보험사고로 하는 생명보험이다(735의 3). 보통 단체의 대표자가 그 단체에 속하는 사람들의 전부 또는 일부를 피보험자로 하여 그들의 복리를 위하여 보험계약을 체결하므로, 단체보험은 타인을 위한 생명보험계약의 형태를 취하는 것이 보통이지만, 보험계약자 자신을 보험수익자로 하여 자기를 위한 생명보험계약으로 체결할 수도 있다.[1] 그리고 보험자는 개별적인 조사를 하지 아니하고 단체에서 실시한 신체검사 등을 토대로 보험을 인수하는 것이 보통이다.

(나) 단체보험의 경우에는 단체의 대표자가 단체구성원인 타인의 사망을 보험사고로 하여 보험계약을 체결하는 때에도 타인인 피보험자의 서면에 의한 동의(731)를 요하지 않는다(735의3 Ⅰ). 이 경우에는 보험계약자에 의한 피보험자의 생명에 대한 위험이 없기 때문이다. 다만 보험계약자가 피보험자가 아닌 자(예컨대 단체자신)를 보험수익자로 지정하는 경우에도 피보험자의 동의가 필요 없는가에 관하여는 논란이 있었는데, 개정안은 단체의 규약에서 명시적으로 정하는 경우 외에는 그 피보험자의 서면에 따른 동의를 받도록 하였다(안 735의3 Ⅲ). 이를 통하여 단체의 구성원과 그 유족의 이익을 보호할 수 있을 것으로 기대된다.

(다) 단체보험계약이 체결된 때에는 보험자는 보험계약자(단체의 대표자)에 대하여서만 보험증권을 교부한다(735의3 Ⅱ). 단체의 구성원은 수시로 바뀔 수 있는 점을 고려하여 사무처리의 편의를 꾀한 것이다. 보험료는 그 단체가 부담하거나 단체와 피보험자가 분담하여 지급하고, 구성원인 피보험자에게 보험사고가 발생하면 보험자는 보험수익자에게 보험금액을 지급한다.

3. 保險金額의 支給方法에 의한 分類

(1) 一時保險

보험사고가 발생한 때에 보험자가 보험금액의 전부를 일시에 지급하는 보험이며, 「자금보험」(資金保險)이라고도 한다. 당사자 간에 다른 약정이 없으면

1) 大判 99. 5. 25, 98 다 59613(단체보험의 경우 보험수익자의 지정에 관하여는 상법 등 관련 법령에 별다른 규정이 없으므로 보험계약자는 단체의 구성원인 피보험자를 보험수익자로 하여 타인을 위한 보험계약으로 체결할 수도 있고, 보험계약자 자신을 보험수익자로 하여 자기를 위한 보험계약으로 체결할 수도 있을 것이며, 단체보험이라고 하여 당연히 타인을 위한 보험계약이 되어야 하는 것은 아니므로 보험수익자를 보험계약자 자신으로 지정하는 것이 단체보험의 본질에 반하는 것이라고 할 수 없다).

이 방법에 의한다.

(2) 年金保險

보험사고가 발생한 때에 보험자가 보험금액을 일시에 지급하지 않고 약정에 따라 연금으로 분할하여 지급하는 보험이다(735의 2). 여기에는 피보험자가 일정한 나이가 된 때부터 사망할 때까지 매년 연금을 지급하는 「종신연금보험」과 일정한 기간을 정하여 그 기간 동안만 매년 연금을 지급하는 「정기연금보험」이 있다. 개정안은 인보험의 보험금은 당사자간의 약정에 따라 분할하여 지급할 수 있다는 일반규정을 두고(안 727 II), 연금보험에 관한 규정인 제735조의 2를 삭제하기로 하였다.

4. 身體檢査의 有無에 의한 分類

(1) 有診査保險

보험계약자 또는 피보험자의 고지 이외에 진단의가 피보험자의 신체검사를 실시하고, 보험자는 보험의의 진단보고서를 토대로 하여 보험을 인수하는 생명보험이다. 일정액 이상의 고액보험에서는 피보험자의 신체검사를 시행하는 것이 보통이다.

(2) 無診査保險

보험의의 신체검사를 거치지 않고 보험계약자 등의 고지의무에 의존하여 계약을 체결하는 생명보험이다. 보험가액이 낮은 경우에는 무진사보험이 일반적이다.

5. 保險契約者·被保險者 및 保險受益者 간의 關係에 의한 分類

(1) 생명보험계약의 당사자는 보험자와 보험계약자이다. 생명보험에는 그밖에 그 사람의 생사가 보험사고로 되어 있는 피보험자와 보험사고가 발생한 때에 보험금을 지급받는 보험수익자가 관계한다. 피보험자의 개념은 손해보험과 생명보험에서 다르다. 손해보험에서는 피보험자는 피보험이익의 주체로서 보험사고의 발생시에 보험금의 지급을 받는 자이지만, 생명보험에서는 피보험자란 보험사고인 생사의 주체인 사람으로서, 손해보험의 보험의 목적에 해당한다. 생명보험의 피보험자는 사망이 가능한 자연인에 한한다.

(2) 보험계약자와 피보험자가 동일인인 생명보험, 즉 보험계약자가 자신을

피보험자로 한 생명보험을 「자기의 생명보험」이라 하고, 보험계약자가 타인을 피보험자로 한 생명보험을 「타인의 생명보험」이라고 한다. 타인의 생명보험은 특별한 규율을 받고 있다(731).

(3) 보험계약자와 보험수익자가 동일인인 생명보험, 즉 보험계약자가 자신을 보험수익자로 한 생명보험을 「자기를 위한 생명보험」, 보험계약자가 타인을 보험수익자로 한 생명보험을 「타인을 위한 생명보험」이라고 한다. 타인을 위한 생명보험에서는 보험수익자의 지정·변경이 문제된다(733, 734).

6. 기타의 基準에 의한 分類

그 밖에 생명보험은 보험계약자에게 이익배당이 행하여지느냐 아니냐에 따라 「이익배당부보험」(利益配當附保險)과 「무배당보험」(無配當保險)으로 나뉘고,[1] 피보험자의 표준체 여부에 따라 표준체보험(標準體保險)과 표준하체보험(標準下體保險)으로 나뉜다. 「표준체보험」은 피보험자의 신체상태가 표준체인 경우에 표준보험료에 의하여 체결되는 생명보험계약이고, 「표준하체보험」은 피보험자의 건강 등에 결함이 있어 표준하체인 경우에 특별보험료를 지급하거나 보험금삭감 등의 조건을 붙여 체결되는 생명보험계약이다.

제3 他人의 生命保險

1. 意 義

「타인의 생명보험」은 보험계약자가 자기 이외의 제3자를 피보험자로 한 생명보험을 말하며, 이에 반대되는 것이 자기 자신을 피보험자로 한 「자기의 생명보험」이다.

2. 契約의 制限

(1) 制限의 理由

타인의 생명보험계약을 무제한으로 인정하면 타인의 생사에 대하여 도박행

1) 이익배당부 보험과 무배당보험을 판매하면서 회사의 형태가 상호회사가 아니라 주식회사인 우리나라 생명보험사의 기업공개와 상장차익에 관한 논문으로, 박세민, 「생명보험사의 기업공개와 상장차익귀속에 관한 법적 고찰」, 상사법연구 18. 3(2000), 143-160면 참조.

위를 하거나 또는 고의로 피보험자의 생명에 위해를 가할 염려가 있으므로, 어떠한 형태로든 이를 제한할 필요가 있다.

(2) 制限에 관한 立法例

타인의 생명보험을 제한하는 방법에 관하여는 여러 입법례가 있다. 첫째는 피보험자인 타인의 생사에 관하여 피보험이익을 가지는 경우에만 이 보험계약을 체결할 수 있다고 하는 주의(利益主義)이다. 영미,[1] 네델란드, 벨기에, 포르투갈 등이 이 주의를 취하고 있다. 그러나 미국에서도 피보험자의 동의를 요하는 판례와 입법이 증가하고 있다.[2] 둘째는 보험수익자가 피보험자의 친족이어야 한다는 주의(親族主義)로서, 일본 구상법이 택하였던 제도이다. 셋째는 피보험자의 동의를 얻어야 한다는 주의(同意主義)로서, 도이칠란트(도保 159), 프랑스(프保 L.132 2), 스위스(스위스保74), 일본(日商 674) 등이 채용하고 있는 입법주의이다. 넷째는 피보험이익이 있거나 피보험자의 동의를 요하는 주의(折衷主義)이다(헝가리상법 499). 피보험이익주의와 보험수익자제한주의는 타인의 생명보험의 이용범위를 너무 제한하는 것이므로, 동의주의가 타당하며, 우리 상법도 이 주의를 따르고 있다(731).

3. 被保險者(他人)의 同意

(1) 同意가 필요한 경우

타인의 생명보험에서 피보험자의 동의를 얻어야 하는 경우는 다음과 같다.

① 타인의 생명보험 중 타인의 사망을 보험사고로 하는 경우, 즉 사망보험 또는 생사혼합보험(양로보험)의 경우에는 피보험자의 동의를 요한다(731 I). 따라서 타인의 생명보험이라도 생존보험의 경우에는 피보험자의 동의를 요하지 않는다.

타인의 동의를 요하는 경우에 이를 얻지 않으면 그 생명보험은 무효이다(大判 98. 11. 27, 98 다 23690; 99. 4. 27, 98 다 54830). 그리고 타인의 사망을 보험사고로 하는 보험계약을 체결할 당시에 보험설계사가 그 타인의 서면에 의한 동의를 얻어야 하는 사실을 모르고 보험계약자에게 이를 고지하지 아니하여 피보험자의 동의 없이 보험계약이 체결된 상태에서 피보험자가 사망하는 보험사고가 발생한 경우에는

---

1) Keeton & Widiss, §3.5(c)(1), p. 181 참조.

2) Keeton & Widiss, §3.5(c)(4), p. 185 참조.

보험설계사의 주의의무 위반으로 인하여 보험계약자가 보험금을 지급받지 못하게 되었으므로, 보험회사는 보험계약자에게 보험업법 제158조 제1항 소정의 손해를 배상할 의무가 있고, 그 손해의 범위는 보험금 상당액이다(大判 98. 11. 27, 98 다 23690; 99. 4. 27, 98 다 54830).

② 피보험자의 동의를 얻어 일단 성립한 「보험계약으로 생긴 권리」를 피보험자가 아닌 자에게 양도하는 경우에도 피보험자의 동의를 요한다(731 Ⅱ). 이 경우에도 피보험자의 생명에 대하여 위해를 가할 염려가 있으며, 피보험자의 동의를 요하게 한 규정의 잠탈수단으로 악용될 수 있기 때문이다. 여기에서 「보험계약으로 생긴 권리」는 보험수익자의 보험금청구권 등을 말한다. 이 경우에 피보험자의 동의가 필요한 것은 보험사고가 발생하기 전의 양도에 한한다. 보험사고가 발생한 뒤, 즉 피보험자가 사망한 뒤에는 동의를 할 수 없을 뿐만 아니라, 보험금청구권은 보통의 금전채권으로서 그 양도에 특별한 폐해가 없기 때문이다. 보험수익자의 권리를 피보험자에게 양도하는 경우에는 피보험자가 양도에 합의한 것이 전제되고 이미 동의를 얻은 것이기 때문에 따로 피보험자의 동의를 요하지 않는다. 「피보험자가 아닌 자에게」라고 한 것은 그 까닭이다.

③ 보험계약자가 타인의 생명보험계약을 체결한 후에 보험수익자를 새로 지정할 때 또는 피보험자의 동의를 얻어 생명보험계약을 체결한 후에 보험수익자를 변경할 때에도 피보험자의 동의를 요한다(734 Ⅱ, 731 Ⅰ). 보험수익자를 피보험자로 변경하는 경우에는 동의를 요하지 않는다는 견해가 있으나(최기원, 701면), 이 경우는 보험계약자가 일방적으로 변경하는 것이므로 합의에 의한 양도의 경우(731 Ⅱ)와 구별하여야 하고, 따라서 피보험자의 동의를 요한다고 본다(同旨: 김성태, 837면).

④ 타인의 생명보험에서 처음부터 피보험자와 보험수익자가 동일인인 경우에도 피보험자의 동의를 요하는가가 문제인데, 동의를 요한다고 본다(同旨: 손주찬, 665면). 피보험자가 사망하면 그 상속인이 보험수익자가 되므로, 이 경우에는 피보험자와 보험수익자가 다른 경우와 다를 바 없고, 양자가 다른 경우에 예상되는 위험이 그대로 존재하기 때문이다. 의용상법 제674조 제1항 단서가 이 경우 동의를 요하지 않는다고 규정하고 있다가 신상법 제정 시에 삭제된 것은 바로 이 때문이다.

(2) 同意의 性質

① 동의는 보험계약 또는 양도계약의 성립요건이 아니고 동의가 있을 때까지 계약의 효력이 생기지 않는 효력발생요건이다(通說). 따라서 보험계약이 성립되었더라도 동의가 없으면 그 효력이 생기지 않는다(大判 92. 11. 24, 91 다 47109; 96. 11. 22, 96 다 37084; 98. 11. 27, 98 다 23690).

② 타인의 사망을 보험사고로 하는 보험계약에서 피보험자의 서면동의를 얻도록 한 상법의 규정(731)은 당사자 사이의 특약으로 배제할 수 없는 강행법규이다(通說. 大判 89. 11. 28, 88 다카 33367; 96. 11. 22, 96 다 37084; 98. 11. 27. 98 다 23690).

③ 피보험자의 동의는 그 보험계약에 이의가 없다는 의사의 표명으로서 준법률행위이므로(同旨: 양승규, 434면), 이에 관하여는 법률행위에 관한 민법의 일반원칙이 유추적용된다(西島, 324면).

(3) 同意의 方式·時期

① 동의의 방식은 서면에 의하여야 한다(731 I). 이것은 동의의 유무를 둘러싼 분쟁을 예방하기 위한 것이다. 따라서 서면에 의하지 아니한 동의는 효력이 없다고 본다.

② 동의의 시기에 관하여는 계약 성립 전에 동의를 얻지 못하여도 계약 성립 후에 동의를 하면 계약이 효력을 발생한다고 보는 견해(양승규, 435면; 정찬형, 673면)와 계약 체결시까지 동의를 얻어야 하므로, 계약 체결시 이후에는 동의를 얻어도 효력이 없다는 견해(大判 96. 11. 22, 96 다 37084)가 대립하고 있으나, 동의주의의 취지에 비추어 前說이 타당하다고 본다.

(4) 同意의 撤回

피보험자가 서면에 의한 동의를 하여 보험계약의 효력이 발생한 뒤에는 피보험자는 이를 임의로 철회할 수 없고, 보험계약자와 보험수익자의 동의가 있어야 철회할 수 있다(通說). 다만 동의의 의사 자체에 하자가 있는 때에는 의사표시의 일반원칙(民 107 110)에 의하여 그 동의의 무효 또는 취소를 주장할 수 있다.

(5) 同意를 요하지 않는 경우

단체가 규약에 따라 구성원의 전부 또는 일부를 피보험자로 하는 생명보험계약을 체결하는 경우에는 피보험자의 동의를 요하지 않는다(735의 3 I). 이러한 단체보험의 경우에는 개별보험의 경우와 같이 타인의 생명보험이 악용될 염려가 없기 때문이다.

4. 契約의 禁止

15세 미만자, 심신상실자 또는 심신박약자의 사망을 보험사고로 한 보험계약은 무효이다(732). 이것은 이들을 피보험자로 한 생명보험계약을 허용하면 정신능력이 불완전한 이들의 생명에 대한 위험이 증대될 염려가 있기 때문이다. 이 규정은 타인의 생명보험 뿐만 아니라, 자기의 생명보험에도 적용된다. 그러나 개정안은 심신박약자 중 의사능력이 있는 자는 예외적으로 생명보험계약의 피보험자가 될 수 있도록 하였다(안 732 但). 이제는 직장에 취업하여 생계를 유지하거나 보조하고 있는 심신박약자가 생명보험계약에 가입할 수 있게 되어, 그 유족의 생활 안정에 이바지할 것으로 기대된다.

제4 他人을 위한 生命保險

1. 總 說

(1) 意 義

「타인을 위한 생명보험」은 보험계약자가 자기 이외의 제3자를 보험수익자로 지정한 생명보험을 말한다. 예컨대 자기의 배우자·자녀 기타 자기와 특별한 관계에 있는 자를 보험수익자로 한 생명보험이 이에 해당한다. 타인을 위한 보험(639)의 일종이다. 이에 대하여 보험계약자가 자신을 보험수익자로 한 생명보험을 「자기를 위한 생명보험」이라 한다.

(2) 種 類

타인을 위한 생명보험에는 ① 보험계약자와 피보험자가 동일인이고, 보험수익자만 별개인인 경우(자기가 자기의 사망을 보험사고로 하는 생명보험에 가입하면서 자기의 자녀를 보험수익자로 지정한 경우), ② 피보험자와 보험수익자가 동일인이고 보험계약자가 별개인인 경우(남편이 처의 사망을 보험사고로 하는 생명보험에 가입하면서 처를 보험수익자로 하는 경우. 이 경우는 타인의 생명보험이므로 피보험자인 처의 동의가 필요하다), ③ 보험계약자·피보험자·보험수익자가 모두 별개인인 경우(남편이 처의 사망을 보험사고로 하는 생명보험에 가입하면서 자녀를 보험수익자로 하는 경우. 이 경우도 타인의 생명보험이므로 피보험자인 처의 동의가 필요하다). ①의 경우는 자기의 생명보험이고, ②와 ③의 경우는 타인의 생명보험이다.

2. 保險受益者의 數·資格

(1) 보험사고가 발생한 경우에 보험금을 수령할 자로 지정된 보험수익자는 반드시 1인이어야 하는 것은 아니고, 선택적으로 또는 보험금의 일부씩 병렬적으로 수인을 지정하여도 상관이 없다.

(2) 생명보험계약의 보험수익자는 손해보험계약에서의 피보험자와는 달리 피보험이익을 가질 필요가 없으므로 누구라도 지정할 수 있는 것으로 풀이되고 있으나, 생명보험의 경우에도 피보험이익의 관념을 인정하고 그 이익이 있는 자만이 보험수익자가 될 수 있다고 풀이하는 것이 옳다고 본다.

(3) 타인의 생명보험에서 보험수익자를 지정하지 아니한 때에는 피보험자를 위한 보험으로 보고, 피보험자가 사망한 때에는 그 상속인이 보험수익자의 지위를 상속한다고 본다(同旨: 양승규, 437면).

3. 保險受益者의 權利·義務

(1) 保險受益者의 權利

타인을 위한 보험계약에서 보험수익자로 지정된 자는 당연히 그 계약의 이익을 받으므로(639 Ⅱ), 보험사고가 발생하면 보험자에 대하여 보험금의 지급을 청구할 수 있다. 보험수익자는 보험금청구권을 포기할 수 있으며, 포기의 의사표시는 보험자에 도달하여야 한다. 보험수익자가 위 권리를 포기한 때에는 위 계약은 보험계약자의 자기를 위한 보험계약이 되는 것이며, 보험자가 보험금지급의무를 면하는 것은 아니다.

(2) 保險受益者의 義務

보험수익자는 보험사고발생의 통지의무를 부담한다(657 Ⅰ). 보험수익자가 이 통지의무를 게을리한 때에도 보험수익자의 보험금청구권에는 영향이 없으나, 이로 인하여 증가된 손해에 대하여 보험자는 보상할 책임이 없다(657 Ⅱ). 그리고 보험계약자가 파산선고를 받거나 보험료의 지급을 지체한 때에는 보험수익자가 그 권리를 포기하지 않는 한 보험료를 지급할 의무가 있다(639 Ⅲ).

4. 保險受益者의 指定·變更

(1) 指定·變更權

① 민법의 일반원칙에 의하면, 보험계약자에 의하여 지정된 보험수익자가 일단 보험금청구권을 취득한 뒤에는 보험계약자는 그의 동의 없이 이를 변경 또는 소멸시키지 못한다(民 541). 그러나 상법은 이에 대한 특칙으로서, 보험계약자는 계약을 체결할 당시에 보험수익자를 지정할 수도 있고, 후일에 보험수익자를 지정 또는 변경할 권리를 유보할 수도 있다고 규정하고 있다(733 I). 또 자기를 보험수익자로 지정한 때에도 후일 이를 변경할 수 있다. 이처럼 보험계약자에게 보험수익자의 지정·변경권을 인정한 것은 보통 생명보험은 장기계약이어서 사정변경이 생길 수 있고, 보험수익자의 지정·변경은 보험계약자에게는 매우 중요하지만 보험자에게는 그리 중요한 것이 아니고 이를 허용하여도 무방하기 때문이다.

② 보험수익자의 지정·변경권은 보험계약자의 일방적 의사표시만으로 효력이 발생하므로, 그 법적 성질은 형성권이다.

(2) 保險受益者의 地位

① 보험계약자가 보험수익자를 지정하지 아니하고 사망한 때에는 피보험자를 보험수익자로 하고, 보험계약자가 일단 보험수익자를 지정하였으나 변경권을 행사하지 아니하고 사망한 때에는 보험수익자의 권리가 확정된다. 다만 보험계약자가 사망한 경우에는 그 승계인이 변경권을 행사할 수 있다는 약정이 있는 때에는 보험수익자의 권리가 확정되지 않고 승계인이 변경권을 가진다(733 II).

② 보험수익자가 보험존속 중에 사망한 때에는 보험계약자는 다시 보험수익자를 지정할 수 있다. 이 경우에 보험계약자가 지정권을 행사하지 아니하고 사망한 때에는 보험수익자의 상속인을 보험수익자로 한다(733 III).

③ 보험계약자가 보험수익자의 지정권을 행사하기 전에 보험사고가 생긴 경우에는 피보험자 또는 보험수익자의 상속인을 보험수익자로 한다(733 IV). 즉 보험계약자가 보험수익자를 지정하기 전에(2항) 사망한 경우에는 아직 보험수익자가 없으므로 피보험자의 상속인을 보험수익자로 하고, 보험수익자가 보험존

속 중에 사망하고 보험계약자가 아직 보험수익자를 지정하기 전에(3항) 보험사고가 생긴 때에는 그 사망한 보험수익자의 상속인을 보험수익자로 하는 것이다.

(3) 指定·變更의 通知(對抗要件)

보험계약자가 계약체결 후에 보험수익자를 지정 또는 변경할 때에는 보험자에 대하여 그 통지를 하지 아니하면 이로써 보험자에게 대항하지 못한다(734 I). 이것은 보험자가 그 사실을 모르고 변경전의 보험수익자에게 보험금을 지급하여 손해를 입을 염려가 있기 때문이다. 통지의 방법에는 제한이 없으나, 약관에서는 보험증권에 보험자의 승인의 배서를 받도록 규정하는 예가 많다.

(4) 被保險者의 書面同意

타인의 생명보험에서 보험수익자를 지정하거나 변경하는 경우에 그 타인을 보험수익자로 하지 않는 때에는 그 타인의 서면동의를 얻어야 한다(734 II, 731 I).

제5 生命保險契約의 效果

1. 保險者의 義務

(1) 保險金支給義務

① 생명보험의 보험자는 다른 보험계약의 보험자와 같이 보험사고가 발생하면 약정한 보험금액을 지급하여야 한다(730, 638). 따라서 보험사고의 발생 없이 보험기간이 종료하면 보험자는 보험기간 동안 위험을 부담하였으므로 보험자는 보험금액을 지급할 의무가 없는 것이다. 그러나 상법은 사망보험에 관하여는 특칙을 두어, 보험사고의 발생 없이 보험기간이 종료한 때에도 보험금액을 지급할 것을 약정할 수 있도록 하였다(735). 이것은 보험사고가 발생하지 않으면 보험자는 보험료를 받아 수익은 있고 지출은 없는 점을 고려하여, 보험수익자의 이익을 꾀하는 동시에 보험가입의 동기를 유발하기 위하여 이를 돌려줄 수 있게 한 것이다.

② 사망을 보험사고로 한 보험계약에서는 사고가 보험계약자 또는 피보험자나 보험수익자의 「중대한 과실」로 인하여 생긴 경우에도 보험자는 보험금

액을 지급할 책임을 면하지 못한다(732의 2). 이것은 상법 제659조 제1항에서 보험사고가 보험계약자 또는 피보험자나 보험수익자의 「고의 또는 중대한 과실」로 인하여 생긴 때에는 보험자는 보험금액을 지급할 책임이 없다는 원칙에 대한 특칙이다. 따라서 상법상 사망보험의 경우에는 보험사고가 보험계약자, 피보험자 또는 보험수익자의 고의로 인하여 생긴 때에만 보험자가 면책된다. 그리하여 대법원은 음주운전·무면허운전으로 인한 사망이나 상해의 경우에도 그 고의는 음주운전·무면허운전 자체에 관한 것이고 직접적으로 사망이나 상해에 관한 것이 아니라는 이유로 보험자의 보험금지급책임을 인정하고 있다(大判 98. 10. 20, 98 다 34997).[1)2)] 이것은 사망보험의 경우에 유족 등 보험수익자를 보호하기 위한 인도적 배려에서 둔 정책적 규정이지만, 도덕적 위험을 유발할 수 있다는 이유로 입법론상 반대하는 견해도 있다(양승규, 451면). 그러나 헌법재판소는 제732조의 2는 위헌이 아니라고 한다(99. 12. 23, 98 헌가 12 등). 외국의 입법이나 우리 나라의 약관에서는 고의로 인한 보험사고의 경우에도 보험기간 개시일부터 일정기간(2년)이 경과하면 면책되지 않는 것으로 규정하고 있다(생명약관 8 I ① 참조).

그러나 생명보험의 저축적·보장적 기능에 비추어 피보험자의 고의를 보험계약자 또는 보험수익자의 고의와 동일하게 보험자의 면책사유로 하는 것은 불합리하고, 실무상 통용되는 약관의 내용과 일치하지 않는다. 그리하여 개정안은 피보험자의 고의를 보험계약자 또는 보험수익자의 고의와 다르게 평가하여, 보험사고가 보험계약자 또는 보험수익자의 고의로 발생한 경우에는 보험자가 면책되지만, 보험사고가 피보험자의 고의로 발생한 경우에는 보험자는

1) 大判 98. 10. 20, 98 다 34997(피보험자가 운전면허 없이 혈중알콜농도 0.13%의 주취상태에서 시동열쇠가 꽂혀 있는 채로 골목길에 주차되어 있던 타인의 차량을 훔쳐 무단운행을 하던 중 신호대기로 정차 중이던 차량을 추돌하여 사망한 사안에서, 위 사고가 비록 피보험자가 타인의 차량을 절취하여 무면허·음주 상태로 운전을 하던 중에 발생한 것이라고 하더라도 그 고의는 특별한 사정이 없는 한 차량의 절취와 무면허·음주운전 자체에 관한 것이고 직접적으로 사망이나 상해에 관한 것으로 볼 것은 아니며, 피보험자가 무면허라고 하여도 그가 차량을 절취한 장소로부터 사고지점까지 약 10㎞를 운전한 점에 비추어 운전기능이 없었다고 추정할 수는 없을 뿐만 아니라, 술김에 열쇠가 꽂혀 있는 차량을 절취하여 운행하게 된 점 등에 비추어 보더라도, 다른 특별한 사정이 없는 한, 위 사고는 피보험자가 사고발생 가능성을 인식하면서도 이를 용인하고 감행한 미필적 고의에 의한 사고라기보다 피보험자의 과실로 평가되는 행위로 인하여 발생하였다고 보는 것이 타당하다는 이유로, 이와 달리 피보험자의 미필적 고의에 의한 사고이므로 면책약관에 따라 보험자에게 보험금 지급의무가 없다고 본 원심판결을 파기하였다).

2) 입법론상 음주운전·무면허운전 등 범죄행위 중에 생긴 사고로 인한 사망이나 상해의 경우에는 보험자를 면책시키는 것이 타당하다고 본다.

원칙적으로 면책되지 않고 예외적으로 피보험자가 자살한 경우에만 면책되도록 하였다(안 732의 2 I). 또한 둘 이상의 보험수익자 중 일부가 고의로 피보험자를 사망하게 한 경우에는 위의 규정에도 불구하고 보험자는 사망사고와 관련이 없는 다른 보험수익자에 대하여 보험금의 지급 책임을 면하지 못하도록 하였다(안 732의 2 II). 현행법상 이 문제에 관하여는 아무런 규정이 없는데, 개정안은 보험수익자가 둘 이상인 경우의 법률관계를 명확히 하여 법적 안정성을 꾀하게 되었다.

(2) 積立金返還義務

① 보험사고발생전의 보험계약자에 의한 보험계약의 임의해지(649), 보험료 부지급으로 인한 보험계약의 해제·해지(650), 고지의무위반으로 인한 보험계약의 해지(651), 위험의 변경·증가로 인한 보험계약의 해지(652, 653), 보험자의 파산으로 인한 보험계약의 해지(654), 보험자의 면책사유(659, 660) 등으로 인하여 보험자의 보험금액 지급책임이 면제된 때에는 보험자는 보험수익자를 위하여 적립한 금액을 보험계약자에게 지급하여야 한다(736 本). 여기에서 「보험수익자를 위하여 적립한 금액」이란 보험자가 결산기마다 계상하여야 할 책임준비금(保險 120 I)을 말하며, 보험실무에서는 납입보험료 또는 해지환급금이라 부른다. 책임준비금은 보험료적립금과 미경과보험료로 구성된다(令 63 I).

② 다만 보험사고가 보험계약자의 고의 또는 중대한 과실로 인하여 생긴 때에는 보험자는 보험수익자를 위하여 적립한 금액을 보험계약자에게 지급할 의무가 없다(736 但, 659 I).

③ 보험자가 보험수익자를 위하여 적립한 금액을 보험계약자에게 반환할 의무는 2년이 경과하면 소멸시효가 완성한다(662). 개정안은 위 기간을 3년으로 연장하였다(안 662).

(3) 約款에 의한 義務

(가) 解止還給金返還義務: 생명보험계약은 장기인 것이 보통이므로, 보험사고 발생 전에는 언제든지 계약을 해지할 수 있는데, 이 경우에 보험수익자를 위하여 적립한 책임준비금 중에서 일정한 비용을 공제한 금액을 보험계약자에게 반환할 것을 약관으로 정하는 일이 많다(생명약관 20). 이것을 해약반환금 또는 환매가액이라고 한다.

(나) 利益配當義務: 생명보험에서는 약관으로 보험자가 영업상의 이익을

보험계약자에게 배당할 것을 약정하는 수가 많다. 이 경우에는 보험자가 이익배당의무를 진다.

(다) 保險證券貸付義務: 약관에서는 보험계약자가 보험증권을 담보로 하여 해약환급금의 범위내에서 보험자에게 대출을 청구할 수 있다는 규정을 두고 있는데, 이 경우에는 보험자는 보험계약자에 대하여 대부의무를 진다(생명약관 21).

이 보험증권대부의 법적 성질에 관하여는 해약환급금의 일부 선급(先給)으로서 소비대차가 아니라고 보는 견해(정희철, 485면; 정찬형, 680면), 특수한 소비대차라고 보는 견해(손주찬, 672면; 양승규, 454면) 및 상계의 방법으로 변제하는 소비대차라고 보는 견해(최기원, 708면) 등이 있으나, 보험과 대부의 밀접성·불가분성에 비추어 해약환급금의 일부 선급으로 보는 것이 옳다고 본다(日最判 97. 4. 24, 民集 51. 4. 1991면 참조).

2. 保險契約者·被保險者·保險受益者의 義務

(1) 이들이 보험료지급의무(650, 638)와 통지의무(652, 657)를 지는 것은 이미 앞에서 말하였다.

(2) 개정안은 동일한 피보험자의 사망을 보험사고로 하여 둘 이상의 생명보험계약을 체결할 경우에는 보험계약자 또는 피보험자는 보험자의 요구에 응하여 보험자에게 그 사실을 고지할 의무를 지웠다. 고지의무의 대상에 다른 생명보험계약의 체결 사실도 포함되는지 여부에 관하여 해석상 논란이 있었으나, 동일한 피보험자에 관한 다른 생명보험계약의 존재 여부를 보험자에게 미리 고지하게 함으로써 보험계약자 측의 도덕적 위험에 대처할 필요가 있으므로, 개정안은 이를 고지의무의 대상에 포함시켰다. 즉 보험자는 보험계약 당시에 보험계약자 또는 피보험자에게 피보험자의 사망을 보험사고로 하는 다른 생명보험계약의 보험자 및 보험금을 고지하도록 요구할 수 있게 하였고, 보험계약자나 피보험자가 고의 또는 중대한 과실로 위 고지를 하지 아니하거나 거짓의 고지를 하고, 보험자가 보험계약 당시에 그 사실을 알았더라면 보험계약을 체결하지 아니하였을 것이라고 인정되는 경우에는, 보험자는 그 사실을 안 날부터 1개월 이내에, 보험계약을 체결한 날부터 3년 이내에 한하여 보험계약을 해지할 수 있게 하였다. 다만, 보험자가 보험계약 당시에 그 사실을 알았거나 중대한 과실로 알지 못한 경우에는 계약을 해지할 수 없다(안 732의 3).

3. 保險金請求權의 保護

생명보험의 수급권은 유족의 생활 안정을 꾀한다는 공익적 성격이 강함에도 불구하고 현행법상 이에 대한 압류가 제한되어 있지 아니하여 생명보험 수급권자인 유족의 보호에 미흡한 상태에 있다(民執 246 참조). 그리하여 개정안은 보험수익자의 직계존비속 또는 배우자가 사망함으로써 보험수익자가 취득하는 사망보험금 청구권의 2분의 1에 해당하는 금액에 대하여는 압류할 수 없도록 하였다(안 734의 2 I). 보험수익자가 사망보험금청구권을 취득하는 보험계약이 둘 이상인 경우에는 압류금지의 비율을 각 보험계약별로 적용한다(안 734의 2 II). 이는 생명보험의 사회보장적 기능을 반영한 것으로서 유족의 생활 안정에 이바지할 것으로 기대된다.

제 3 장 傷害保險

제 1 傷害保險契約의 意義

(1) 상해보험(accident insurance, occurrence insurance)계약이란 보험자는 피보험자의 신체의 상해에 관한 보험사고가 생길 경우에 보험금액 기타의 급여를 할 것을 약정하고, 이에 대하여 보험계약자는 보험료를 지급할 것을 약정하는 인보험계약을 말한다(737, 638). 여기에서 기타의 급여란 치료 또는 의약품의 급여 등 현금 이외의 급여를 말한다.

(2) 상해보험은 보험자가 보험금을 일시금으로 지급하는 것이 보통이지만, 연금의 형식으로 지급하는 것도 있다. 또 상해보험은 상해의 태양에 따라 일정한 금액을 지급하는 정액보험의 형태가 보통이지만, 치료의 실비를 지급하는 부정액보험의 형태도 있다.

(3) 상해보험의 보험계약자는 제3자를 피보험자로 하는 「타인의 상해보험계약」을 체결할 수 있고, 피보험자와 보험수익자가 다른 「타인을 위한 상해보험계약」을 체결할 수도 있다. 다만 후자의 경우에는 피보험자의 동의를 요한다고 본다(도保 179).

(4) 상해보험은 질병보험과 구별하여야 한다. 상해보험은 외부로부터의 급격한 사고에 의한 신체의 상해를 보험사고로 함에 대하여,[1] 질병보험은 피보

1) 大判 80. 11. 25, 80 다 1109(상해보험은 피보험자가 급격한 외부적인 우연의 사고로 인하여 신체에 손상을 입는 것을 보험사고로 하는 것이므로, 피보험자가 겨드랑 밑의 악취제 거를 위한 수술 중에 급성신부전증으로 사망한 경우는 상해보험사고에 해당되지 아니한다. 상해보험 약관에 「외과적 수술 기타의 의료처치의 경우는 보험금 지급의 책임을 지지 아니한다」는 특약은 상해보험

험자의 내부적 원인에 의하여 발생한 질병을 보험사고로 하기 때문이다.

제2 傷害保險契約의 法的性質

1. 人保險

상해보험은 보험의 목적이 사람의 신체라는 점에서 인보험에 속한다(727). 상해보험과 생명보험은 다같이 인보험이지만, 상해보험은 사람의 신체에 관한 상해를 보험사고로 하는 점에서, 사람의 사망 또는 생존을 보험사고로 하는 생명보험과 다르다. 또 상해보험은 외부적 원인에 의한 상해를 보험사고로 하는 점에서, 질병·부상·사망 또는 분만 등을 보험사고로 하는 질병보험 또는 의료보험과 다르다.

2. 損害保險

상해보험에서는 피보험자의 보험사고로 인한 실질손해를 산정할 수 없는 경우가 많으므로(예컨대 각선미를 자랑하는 여배우가 다리를 상해보험에 드는 경우), 손해보상을 본질로 하는 손해보험과는 원칙적으로 다른 성질을 가진다. 그러나 상해보험 중에도 손해보험의 성질을 가지는 것이 있다. 즉 상해보험약관에서 규정하는 보험금 중 사망보험금은 순정액보험이고 후유장해보험금은 준정액보험으로서 각 생명보험과 같은 성질을 가지나, 치료비·입원비 등 의료보험금은 실손보상의 부정액보험으로서 손해보험의 성질을 가진다(상해약관 12-14).

이처럼 상해보험은 생명보험(정액보험)과 손해보험(부정액보험)의 성질을 아울러 가지고 있다.[1)]

제3 傷害保險契約의 保險事故

상해보험계약의 요소 중에서 가장 중요하고 문제가 많은 것이 그 보험사

의 성질상 당연한 경우를 규정한 것이므로 보험당사자의 불이익으로 상법의 규정을 변경한 것이 아니어서 상법 제663조에 위배되는 것이 아니다).

1) 보험업법은 상해보험을 제3보험업의 보험종목으로 분류하고 있다(保險 4 Ⅰ ③). 다만, 생명보험사업과 손해보험사업을 겸영하지 못한다고 하면서도 상해보험을 포함한 제3보험의 보험종목에 부가되는 보험에 관하여는 예외로 하고 있다(保險 10).

고인데, 상법은 단순히 「신체의 상해」라고 규정하고 있고(737), 상해보험보통약관은 「급격하고도 우연한 외래의 사고로 인하여 피보험자의 신체에 입은 상해」라고 규정하고 있다(동 약관 3 I). 이 경우에 상해를 원인으로 한 사망도 보험사고에 포함된다. 보험사고를 분설하면 다음과 같다.

(1) 「급격한 사고」이어야 한다(急激性). 이것은 피보험자가 예기하지 아니하였거나 예기할 수 없었던 순간에 돌발적으로 사고가 발생하여, 원인인 사고로부터 결과인 상해에 이르기까지의 과정이 직접적이고 시간적 간격이 없는 것을 뜻한다. 「예측불능」과 「불가피」의 두 요소를 포함한다(西島, 381면). 예컨대 길에서 넘어지거나 다른 사람으로부터 구타당하여 입은 상해는 급격성이 있지만, 장시간 걷다가 구두에 쓸리어 까진 상처는 급격성이 없다.

(2) 「우연한 사고」이어야 한다(偶然性). 이것은 피보험자의 고의에 의한 사고가 아니라 그의 의사와 무관하게(unfreiwillig) 상해를 입은 것을 말한다. 교통사고, 낙마, 연기나 유독가스에 의한 질식, 침대로부터의 추락 등으로 입은 상해가 이에 해당한다. 상해보험보통약관은 세균성 음식물중독, 상습적으로 흡입·흡수·섭취한 결과로 생긴 중독증상은 보험사고에서 제외하고 있다(동 약관 3 II). 자살, 싸우다가 입은 상해, 선천성심장결함이 있는 자가 수영장에 뛰어 들어가 심장마비로 사망한 경우 등은 우연성이 없다. 이처럼 피보험자 자신의 의사에 기한 행위에 의하여 사고가 유발된 경우와 사고 그 자체는 피보험자가 관여하지 않고 발생하였지만, 피보험자가 사고의 발생을 예견하고 이를 방지할 수 있었음에도 불구하고 이를 방치한 경우에는 보험자는 면책된다.

(3) 「외래의 사고」이어야 한다(外來性). 이것은 상해의 원인이 외부적인 사고에 기인하는 것, 즉 상해가 피보험자의 신체적 결함에 의하여 내부적으로 발생한 것이 아니라는 것을 뜻한다(大判 2001. 8. 21, 2001 다 27579). 상해의 원인이 피보험자의 신체 밖으로부터의 작용이라는 뜻이며, 상해 자체가 신체 밖에서 발생하여야 한다는 뜻은 아니다. 따라서 무거운 물건을 들어 올리다가 허리를 다친 경우는 상해 자체는 피보험자의 신체 내부에서 발생하였으나, 상해의 원인은 외래성을 가지므로, 보험사고에 포함된다. 익사는 경우를 나누어 생각하여야 한다. 배의 침몰이나 홍수 등으로 익사하는 경우는 외부로부터 신체에 작용한 사고로서 외래성이 인정된다. 그러나 성인이 욕조나 풀에서 익사한 경우의 대부분은 외상과 타박상이 없고 의식장해가 선행하는데, 의식장해가 발생하는 원인

은 뇌의 혈류장해나 부정맥·심근경색 등 피보험자 자신의 병이라고 하는 것이 법의학상의 유력설이므로, 이 경우는 외래성이 인정되기 어려울 것이다(西島, 381면; Eichelmann, Der Tod beim Baden im Rahmen der Unfallversicherung, Ver R 1972 S. 414). 대법원은 겨드랑 밑의 악취제거를 위한 수술 중에 급성 신부전증에 의하여 사망한 경우는 보험사고에 포함되지 않지만(大判 80. 11. 25, 80 다 1109), 피보험자가 술에 취하여 자다가 구토로 인한 구토물이 기도를 막음으로써 사망한 경우는 술에 만취된 상황이 피보험자의 신체적 결함, 즉 질병이나 체질적 요인 등에서 초래된 것이 아니라 피보험자가 술을 마신 외부의 행위에 의하여 초래된 것이므로 외래의 사고에 해당한다고 한다(大判 98. 10. 13, 98 다 28114).[1)]

(4) 「신체의 상해」이어야 한다. 따라서 신체의 손상이 없는 단순한 정신적 충격은 이에 해당하지 않으며, 일사병으로 인하여 사망한 경우, 용변을 보던 중 외부적 요인 없이 자발성 뇌출혈로 사망한 경우(서울高判 85. 12.4, 85 나 2788)와 같이 자연발생적이거나 체질 또는 질병에 의한 것은 상해가 아니다(양승규, 465면).[2)] 피보험자의 신체의 상해와 사고 간에는 상당인과관계가 있어야 한다.

(5) 상해상보험에서 보험금을 청구하는 자는 외래적 사고로 인하여 신체의 상해가 발생한 사실(인과관계 포함)을 증명하여야 한다(大判 2001. 8. 21, 2001 다 27579). 이 경우에 급격성

1) 大判 98. 10. 27, 98 다 16043(평소 술을 좋아하고 주벽이 심한 편이었던 피공제자가 술에 취한 상태에서 타고 있던 택시를 세워 내린 후 교량 난간을 타고 넘어 도합 8.32m의 다리 아래로 뛰어 내려 강물에 빠져 익사한 경우, 피공제자가 사고 직전 택시 안에서 뒷좌석에 타고 있는 여자 승객들에게 강에 떨어뜨려 죽이겠다고 욕설을 하였다고 하여 사고 당시 사람이 강물에 뛰어 들면 사망할 수도 있음을 분별할 수 있을 정도로 변별능력을 갖추고 있었다고 보기보다는, 기억 및 판단 등의 능력이 미약한 상태에서 아무런 사고작용 없이 단순히 반사적으로 반응하다가 급기야 명정상태(酩酊狀態)에서 목적성을 상실한 나머지 충동적으로 다리 아래로 뛰어내려 익사한 것으로 봄이 상당하고, 이와 같이 피공제자가 추락 당시 병적인 명정상태에 있었던 이상 그 사고는 위 망인이 예견하지 못한 우발적인 사고에 해당한다고 할 것이고, 또한 사망의 직접적인 원인이 된 것은 물에 의한 기도의 폐쇄이므로 그 자체로 외래의 사고임이 명백하므로, 비록 위 망인에게 평소 주벽이 심한데도 불구하고 명정에 이를 정도로 과음한 중대한 과실이 있다고 하더라도, 위 익사사고는 농업협동조합에서 시행하는 새생활공제 및 재해보장공제의 각 공제약관에서 사망공제금의 지급 대상으로 열거하고 있는 재해의 하나인 「익수」에 해당하는 사고로서, 위 공제금의 지급 대상에서 제외될 수 없다); 91. 6. 25, 90 다 12373(생명보험계약상의 보험약관에 특약보험금의 지급사유인 재해를 「우발적인 외래의 사고」라고 정의하고 질병, 또는 체질적 요인이 있는 자로서 경미한 외인에 의하여 발병하거나 그 증상이 더욱 악화되었을 때에는 그 경미한 외인은 우발적인 외래의 사고로 보지 아니한다고 규정하고 있는 경우에 있어 피보험자가 방 안에서 술에 취하여 선풍기를 틀어놓고 잠을 자다가 사망한 것을 우발적인 외래의 사고로 보지 아니한 원심판결에 심리를 다하지 아니하거나 보험약관의 해석에 관한 법리를 오해한 위법이 있다 하여 파기한 사례).

2) 大判 99. 8. 20, 98 다 40763(상해보험의 경우 피보험자의 체질 또는 소인 등이 보험사고로 인한 후유장해에 기여하였다는 사유를 들어 보험금의 지급을 감액할 수 없다).

과 외래성은 청구자가 증명하여야 하지만, 우연성은 보험자에 의한 반증이 없는 한 추정하는 것이 옳다고 본다. 왜냐 하면 그렇게 하지 않으면, 보험자의 면책사유(고의)에 대한 증명책임을 피보험자에게 전가하는 것이 되어 부당하기 때문이다(同旨: 최기원, 712면. 獨保 180 a 참조).

제4 傷害保險契約에 관한 特則

1. 傷害保險證券

상해보험증권에는 일반 손해보험증권의 기재사항(666) 및 인보험증권의 기재사항(726)을 기재하여야 하는데, 피보험자와 보험계약자가 동일인이 아닐 때에는 그 보험증권 기재사항 중 「피보험자의 주소·성명 및 생년월일」에 갈음하여 「피보험자의 직무 또는 직위」만을 기재할 수 있다(738). 이것은 1공장 내의 전 공원을 피보험자로 하거나 자동차의 운전자를 피보험자로 한 상해보험의 경우와 같이 일정한 직위 또는 직무에 있는 자에게 보험사고가 발생하면 보험자가 책임을 부담하는 보험계약을 체결하는 경우를 상정한 것이다.

2. 生命保險에 관한 規定의 準用

(1) 상해보험에 관하여는 제732조(15세 미만자 등에 대한 계약의 금지) 및 안 제732조의 2(생명보험자의 면책사유)를 제외하고 생명보험에 관한 규정을 준용한다. 이것은 상해보험이 생명보험과 같이 인보험에 속하기 때문이다. 면책사유에 관하여는 별도의 규정을 두었다(안 737의 2).

(2) 다만 상해보험 중에는 손해보험의 성질을 가진 것도 있어서 생명보험에 관한 규정의 준용만으로는 부족하므로, 상해보험에 관하여 보다 상세한 규정을 두어야 한다는 주장이 많았다(同旨: 정희철, 488면; 양승규, 471면; 정찬형, 684면). 그리하여 개정안은 실손(實損) 보상적 상해보험계약에 관하여는 그 성질에 반하지 아니하는 범위에서 손해보험에 관한 규정을 준용하기로 하였다(안 739 II).

3. 傷害保險의 免責事由

현재 상해보험에는 생명보험에 관한 규정이 준용되므로(739), 중과실에 의한 사고의 경우에도 보험자가 면책되지 아니하고(732의 2), 대법원은 음주·무면허운전 등에 대한 보험자 면책약관은 불이익변경금지원칙(663)에 반하여 무효라고 하고 있는데, 이는 범죄행위이자 고도의 위험성이 있는 음주·무면허운전 등을 조장할 뿐만 아니라 사고의 우연성을 전제로 하는 보험원리에도 반한다. 그리하여 개정안은 상해사고가 보험계약자 등의 중과실에 의한 경우에는 원칙적으로 보험자가 면책되지 아니하지만, 예외적으로 그 사고가 반사회성 및 고도의 위험성이 모두 있는 행위로서 대통령령으로 정하는 행위인 경우에는 당사자 간의 약정에 따라 보험자가 면책될 수 있도록 규정하였다(안 737의 2). 이는 상해보험에서 음주·무면허운전 등 면책 조항의 효력을 인정하는 근거를 마련한 것으로서, 보험계약자의 도덕적 해이를 방지하고 보험의 건전성을 확보하는 데에 이바지할 것으로 기대된다.

제 4 장
疾病保險

제 1 疾病保險契約의 意義

질병보험(sickness insurance)계약이란 보험자는 피보험자의 질병에 관한 보험사고가 발생할 경우 보험금이나 그 밖의 급여를 지급할 것을 약정하고, 이에 대하여 보험계약자는 보험료를 지급할 것을 약정하는 인보험계약을 말한다(739의 2).

현행법은 질병보험에 관하여 특별한 규정을 두고 있지 아니하여, 질병보험에 관한 법률관계가 오로지 해석과 약관에 의하여 규율되어 왔다. 따라서 질병보험을 둘러 싼 법률관계가 명확하지 못하다는 난점이 있었다. 이러한 사정을 고려하여 개정안은 질병보험에 관한 규정을 신설하여 이에 관한 법률관계를 명확히 하였다.

제 2 疾病保險契約의 性質

질병보험은 보험의 목적이 사람의 질병이라는 점에서 인보험의 일종이다. 사보험의 경우를 가리키며, 공보험의 경우에는 건강보험이라고 한다.

질병보험이라도 치료비 등 실손보상적 보험금을 지급하는 경우에는 손해보험의 성질을 가진다.

제3 疾病保險契約의 法的規律

질병보험에 관하여는 그 성질에 반하지 아니하는 범위에서 생명보험 및 상해보험에 관한규정을 준용한다(안 739의 4). 상해보험에 관한 규정을 준용하므로, 실손(實損) 보상적 질병보험계약에 관하여는 손해보험에 관한 규정이 준용된다(안 739 II).

제4 疾病保險의 免責事由(故意에 의한 疾病의 惡化)

피보험자가 질병을 악화시켜 보험금을 취득할 목적으로 통상적으로 받아야 할 치료를 받지 아니하여 질병이 악화된 경우에는 보험자는 그로 인하여 악화된 부분에 대하여는 보험금을 지급할 책임이 없다(안 739조의 3).

이는 고령·말기 암 환자 등과 같이 개선의 여지가 없는 경우를 제외하고 통상적으로 받아야 할 치료를 고의로 받지 아니하는 경우에는 보험자가 면책되도록 한 것으로서, 고액의 보험금을 노려 고의로 치료를 게을리하는 도덕적 해이를 방지하기 위한 것이다.

제3부 海 商 法

제 1 편

序　論

제 1 장
海商法의 槪念

제 1 절 海商法의 意義

제1 序 說

(1) 상법을 기업에 관한 법으로 이해하는 기업법설의 입장에서 보면, 해상법은 해상기업(海上企業)에 관한 법으로서 상법의 1부문을 이룬다. 「해상기업」이란 직접 바다를 무대로 하여 선박을 이용하여 운영되는 기업을 말하며, 여기에는 그 중심을 이루는 해상운송기업 외에 해난구조기업·해상예선(曳船)기업·어업(의제상인)·준설업 등이 포함된다. 널리 「해사(海事)에 관한 기업」에는 위의 해상기업 외에 해상보험업·해상매매업·해상금융업 등이 있고, 이들은 바다와 관련을 가지는 점에서 해상기업과 같은 특색을 가지지만, 해상기업과 해사에 관한 기업은 구별하여야 한다. 예컨대 해상보험업은 해상사업에 관한 사고를 보험사고로 하지만(693), 보험업으로서의 특성은 육상보험과 같고, 해상매매업이나 해상금융업도 기업으로서의 특성은 육상매매업이나 육상금융업과 다를 바가 없다. 또 이들은 해상기업을 전제로 하거나 이에 부수하는 점에서 해상기업 그 자체와 다르다. 따라서 해상법의 대상이 되는 기업은 해상기업에 한정된다.

(2) 해상기업은 많은 위험이 도사리고 있는 넓은 바다를 무대로 하여 선박을 이용하여 행하기 때문에 대규모의 자본이 필요하다. 그리하여 항허의 위험

성, 기업의 대규모성 및 해양의 광대성 등이 해상기업의 큰 특성이라고 할 수 있고, 이것이 해상법의 여러 규정에 반영되어 있다.

제2 實質的 意義의 海商法

「실질적 의의의 해상법」은 해상기업에 특유한 법규의 전체를 뜻한다. 이것은 주로 상법 제5편 「해상」편에 규정되어 있으나, 그 외에 많은 특별법에도 이와 관련된 사항이 규정되어 있다. 해상법은 해상기업에 특유한 사법법규만을 가리킨다고 보는 견해(정찬형, 688면)가 있으나, 해상법은 해상기업에 관한 사법법규가 중심을 이루지만, 해상기업에 관련된 공법법규도 일정한 범위 내에서는 여기에 속한다고 본다. 널리 해사에 관한 법에는 ① 해상기업의 조직 및 활동에 관한 법규, ② 선박의 항행에 관한 법규, ③ 해양의 항행에 수반하여 발생하는 섭외적 사항에 관한 법규 등이 있는데, 이 가운데 ①에 속하는 것이 실질적 의의의 해상법에 해당하는 것이다.

제3 形式的 意義의 海商法

(1) 「형식적 의의의 해상법」은 상법 제5편 「해상」을 말한다. 상법 제5편은 해상기업조직(제1장 제1절 내지 제4절), 해상기업금융(제1장 제5절), 해상기업활동(제2장) 및 해상기업위험(제3장)에 관하여 규정하고 있다.

(2) 형식적 의의의 해상법을 규정하는 입법의 체제를 보면, 이를 상법의 1부분으로 규정하는 나라(예컨대 도이칠란트, 프랑스, 일본, 우리나라)와 독립된 단행법으로 규정하는 나라(예컨대 미국과 영국)가 있다. 해상법의 특수성에 비추어 이를 단행법으로 규정하고, 아울러 항공운송법도 조속히 입법하여야 할 것이나, 이번 개정에서 해상법의 단행법화는 장래의 과제로 넘겼다.

제4 實質的 意義의 海商法과 形式的 意義의 海商法의 相互關係

(1) 실질적 의의의 해상법은 학문적 입장에서 통일적·체계적으로 파악한 개념이고, 형식적 의의의 해상법은 법률정책적 입장에서 실제적 편의를 위하

여 상법전에 규정한 것이므로, 양자는 반드시 그 범위가 서로 일치하지는 않는다. 그리하여 실질적 의의의 해상법에 속하는 사항이 모두 상법전에 규정되어 있지는 않으며(많은 특별법·조약 등이 있다), 또 형식적 의의에 속하는 상법전에 규정된 것이 모두 실질적 의의의 상법에 해당하는 것은 아니다(예컨대 선박저당권에 관한 규정 787, 789).

(2) 그러나 실질적 의의의 해상법은 새로운 제도를 끊임없이 발전시키면서 형식적 의의의 해상법의 제정 및 개정에 영향을 미치고 있으므로, 양자 사이에는 밀접한 관계가 있다.

제2절 海商法의 地位

제1 民商法과의 관계

(1) 해상법은 해상기업에 관한 법으로서 기업에 관한 법인 상법의 1부문이며, 「상행위 그 밖의 영리를 목적으로 항해에 사용하는 선박」(740)을 이용하여 영리를 추구하는 점에서 다른 상기업과 공통성을 가진다. 그러나 동시에 해상법은 상법에 대하여 특별법의 지위를 가진다. 즉 해상법이 규율하는 선장·해상운송에 관한 규정은 상법총칙상의 상업사용인이나 상행위법상의 운송업에 관한 규정에 대한 특칙이며, 공동해손·해난구조 등에 관한 규정은 해상기업에 특유한 제도에 관한 규정이다.

(2) 해상법은 민법에 대하여도 특별법의 지위에 있다. 원래 상법 전반이 민법에 대한 특별법이지만, 선박·선박소유자·선박공유·선박임대차(선체용선)·선박우선특권·선박저당권에 관한 규정은 민법상의 동산·소유권자·공유·임대차·담보물권에 관한 규정에 대한 특칙을 이루는 것이다. 따라서 해상기업에 관한 법률관계에 대하여는 해상법의 규정, 해상법 이외의 일반상법의 규정 이외에 민법의 일반규정이 보충적으로 적용된다(1 참조).

(3) 그리하여 일반 민상법에 대한 관계에서 해상법의 규정을 보면 ① 일반상법의 규정을 변경한 규정(선장·해상운송 등), ② 해상기업에 특유한 제도(공동해손·해난구조 등), ③ 민법의 규정을 변경한 규정(선박·선박소유자·용선·

선주책임제한제도·선박우선특권 등) 세 가지로 분류할 수 있다.

제2 海事法과의 관계

(1) 해상기업을 대상으로 하는 법(海法 또는 海事法)에는 해상법 외에 선박의 항행이라는 사실적 활동에 관한 법규(항행의 안전, 항만의 출입, 국제항해 등에 관한 감독법규 등)와 해양의 항행에 수반하는 국제적 관계에 관한 법규(외국무역에 관한 법규 등) 등이 포함되므로, 해상법은 해사법의 일부라고 할 수 있다. 그러나 해상법을 제외한 해법은 주로 행정적 감독을 위주로 하는 점에서 해상기업 주체 사이의 사법적 규율을 중심으로 하는 해상법과 다르다. 그러나 해상법도 해법의 일부이므로, 때로는 해상법을 해법이라 부르기도 한다.

(2) 해상기업을 대상으로 하는 법규 중에는 해상노동자에 관한 노동법인 선원법이 있으나, 선원법은 해상기업에 관계하는 노동자인 선원의 생존적 이익을 목적으로 하는 점에서 해상기업 주체간의 사경제적 이익의 조정을 목적으로 하는 해상법과 구별된다. 또 해상기업을 대상으로 하는 법규로서 해운법이 있으나, 해운법은 해상운송기업의 건전한 발전을 꾀하는 행정적 감독법으로서 해상법과 구별하여야 하고, 또 해상기업의 건전한 발전을 꾀하기 위한 행정적 감독법규인 업법(業法)이나 해상기업에 관한 사회전체적 이익의 조정을 목적으로 하는 경제법도 해상법과 구별하여야 한다.

제 2 장 海商法의 特殊性

제1 海商法의 特殊性

(1) 해상기업은 바다를 무대로 활동하기 때문에 항상 위험이 수반하고, 또 선박 등을 이용하여야 하므로 대자본이 필요하다. 그리하여 상법은 자본조달을 쉽게 하는 한편, 자본에 대한 해상위험을 극복하게 하기 위하여 선박소유자 등의 유한책임, 특수한 기업형태인 선박공유 등을 규정하고, 선박채권·정박료 등의 제도를 두고 있다.

(2) 또 바다는 넓고 선박은 고립상태로 운항하게 되므로 선장에게 광범하고도 포괄적인 대리권을 부여하고 있으며, 선박의 운항에는 많은 위험이 따르므로 선박충돌, 공동해손, 해난구조 등의 제도를 두고 있다. 그리고 물건운송에 관하여 정기용선·선하증권·해상화물운송장 등의 제도를 마련하고 선적·보관·양륙 등에 관하여 특수한 기술적 배려를 하고 있다.

제2 海商法의 自主性

(1) 해상법은 그 대상의 특수성으로 인하여 법규제의 면에서도 특수성이 인정되고, 따라서 상법 중에서도 독립한 부문을 형성하고 있으며, 일반 민상법의 규정 및 원칙에 대하여 자주성을 가진다고 설명되어 왔다.

(2) 확실히 해상기업은 육상기업보다 먼저 발달하였고, 해상기업의 특수성을 반영한 해상법이 그보다 늦게 형성된 상법의 다른 부분에 대하여 독자성·

자주성을 가졌던 것은 사실이며, 19세기 초의 유럽 학자(Pardessus, Ehrenberg 등)들은 해상법의 자주성을 역설하였었다.

그러나 오늘날에 와서는 해상법의 자주성은 절대적인 것은 아니고, 그 독립성도 많이 퇴색하였다. 즉 ① 해상법의 제도가 육상법에도 채택되고(예컨대 선하증권·해상보험은 육상운송의 화물상환증·보험제도 일반으로서 상법에 채택됨), ② 해상법상의 제도가 새로운 제도의 발달로 인하여 퇴화하고(예컨대 선박공유제도는 회사제도의 발달에 따라 이용도가 줄어들고, 모험대차제도는 새로운 채권담보제도인 선박우선특권·선박저당권제도로 바뀜), ③ 민법상의 제도가 해상법에 도입되고(예컨대 선박채권제도), ④ 통신기술의 발달로 인하여 해상법의 기술적 특수성이 많이 변천하는 등(예컨대 광범한 대리권을 가진 선장은 순수한 항해기술상의 권한만을 가지는 경향이 있음), 해상법의 자주독립성이 퇴색하고 있다.

(3) 그러나 해상법의 여러 제도는 아직도 상대적인 의미에서는 여러 특수성을 가지고 있고 그 범위 내에서는 독자성을 가진다고 하겠다. 그러므로 해상법에 특별한 규정이 없기 때문에 일반 민상법을 보충적용하는 경우에도 먼저 해상법 중에서 유추적용이 가능한 규정과 원칙을 찾아내는 노력을 기울여 해상법의 특수성을 존중하여야 할 것이다.

제3 海商法의 傾向

(1) 해상법은 해상기업에 관한 법으로서 그 내용이 각국에 걸쳐 동일하고, 많은 통일조약과 국제적 약관에 의하여 규율되므로 「통일적 경향」을 가진다.

(2) 해상법은 해상기업의 진보를 반영하므로 「진보적 경향」을 가지고, 해상법에서 발전한 제도가 일반화되는 수가 많다.

(3) 해상법은 세계적 관습법으로 존재하던 것이 각국에서 제정법으로 정비된 것이고, 또 입법의 불비는 해상기업에서 발전된 진보적 관습법 내지 상관습에 의하여 보충되고 있으므로, 그것은 「관습법기원의 경향」을 가진다.

(4) 해상법은 사회적 혼란이나 사회적·정치적 변혁의 와중에서도 그 영향을 받지 않고 변하지 않으며 그 자체의 합리적 발전을 지속하고 있으므로, 「부동(不動)의 경향」을 가진다.

제 3 장
海商法의 發展

제 1 海商法의 沿革

(1) 해상법의 기원이 고대의 어느 시기까지 거슬러 올라가는가에 관하여는 견해가 갈라지고 있다. 기원전 1700년경 바빌로니아의 「하무라비」(Hammurabi)법전에도 해법에 관한 10여개의 조문이 있었다고 하지만, 이것이 후세에 영향을 미쳤는지는 불명하고, 기원전 300년경의 「로오드」해법(Rhodian sea law)은 권위가 있었으며 특히 공동해손법은 유명한 것으로 알려져 있다. 그러나 실제로 로오드해법은 로오드섬(Rhodes)의 해법이 아니라 바빌로니아의 것이었으며, 그것이 편찬된 시기도 800년경이라고 하는 견해도 있다(Schoenbaum, p. 4 ff.). 어떻든 로오드해법은 로마시대에 편찬되고 지중해연안에서 통용되었기 때문에 해상법의 역사는 고대 로마법에서 시작된다고 일반적으로 이해되고 있다.

(2) 중세에 들어 와서는 해상법은 항해도시를 중심으로 하여 발달하였고, 각 도시는 이들 관습법 내지 판례법을 수집편찬하게 되었는데, 이 해법은 혹은 「아말피」(Amalfi), 「오레롱」(Oléron) 등 도시의 이름을 따기도 하고, 혹은 「콘솔라토 델 마레」(consolato del mare) 등 더 거창한 이름을 붙이기도 하였는데, 11-12세기경의 오레롱해법(Roles d'Oléron)은 「위스비」(Wisby)해법의 기초가 되어 영미해상법에 큰 영향을 미쳤고, 「콘솔라토 델 마레」는 「바르셀로나」 해사법원의 판례를 집대성한 것으로서 유럽대륙에 큰 영향을 미쳤다고 한다.

(3) 근세에 들어 와서 각국이 국내법으로 해상법을 제정하면서부터 해상법

은 중세와 같은 국제적·통일적 발전을 지속할 수 없게 되었다. 이러한 변화의 효시는 프랑스의 1681년 해사조례(海事條例)(Ordonnance de la marine)이었고, 이것은 1807년의 프랑스 상법전(Code de commerce)에 수용되었고, 도이칠란트도 1861년 도이칠란트보통상법 및 1897년의 도이칠란트신상법을 제정하였다. 영국은 판례에 의하여 독자적인 해상법을 형성하였는데, 뒤에 공·사법에 걸친 상선법(1854년)이 제정되었다.

제2 海商法의 國際的統一

(1) 해상법은 원래 세계적 관습법으로 생겨났는데, 근세에 들어와서 각국이 이를 독립한 상법전에 편입함으로써 국가간에 차이를 보이게 되었다. 그리하여 세계의 해상법은 프랑스·도이칠란트·영미 등의 법계로 나뉘고, 각 법계의 내부에서도 세부에 있어서는 나라마다 차이가 있게 되었다. 그런데 세계경제의 발전은 해상법의 통일을 요망하였으므로, 19세기 말경부터 해상법의 통일운동이 비롯되었다.

(2) 해상법을 국제적으로 통일하는 방법에는 국제적 약관에 의하는 방법, 국제조약에 의하는 방법 및 각국의 국내법을 통일하는 방법 등이 있다. 1873년 런던에서 설립된 국제법협회(International Law Association)는 공동해손에 관한 「요크·앤트워프」규칙(1864, 1877, 1924, 1950, 1974년), CIF매매에 관한 「왈소·옥스포드」규칙(1932) 등 국제적인 보통거래약관을 제정하여 각국에서 채용되기에 이르렀고, 1897년 벨기에에서 설립된 국제해사위원회(국제해법회)(Comité Maritime International)는 많은 통일조약의 초안을 작성하였고, 이를 바탕으로 하여 선박충돌조약(1910년), 해난구조조약(1910, 1967, 1989년), 선주책임제한조약(1924, 1957, 1976년), 선하증권통일조약(1924, 1968, 1979년), 해상우선특권저당권조약(1926, 1967, 1993년), 유류오염손해민사책임조약(1969, 1992년), 유류오염국제기금조약(1971, 1992년) 등이 성립하였다. 또 최근에는 국제연합(United Nations)에서 국제연합해상물건운송조약(1978년), 국제연합국제복합물건운송조약(1980년) 등이 작성되고 있다.

그러나 해상법의 전면적 통일은 앞으로 오랜 시일을 필요로 할 것이다.

제 4 장

海商法의 法源

제1 序　　說

해상법의 법원(法源)이란 실질적 의의의 해상법의 존재형식을 말한다. 해상법도 상법의 일부이므로 상법 일반의 법원으로 설명한 것은 그대로 타당하다.

제2 制 定 法

1. 商 法 典

상법전 제5편의 「해상」은 해상법에 관한 가장 중요한 법원이다. 우리 해상법은 일본의 해상법을 기본으로 하고 있었는데, 1991년에 선박소유자의 책임제한과 해상운송인의 손해배상책임 등에 관하여 큰 개정이 있었고, 2007년에는 개품운송, 복합운송, 전자선하증권, 해상화물운송장 등을 반영하면서 해상법의 체계를 일신한 대폭적인 개정이 있었다.

2. 特別法令

해상에 관한 특별법령은 매우 많은데, 그 대부분은 행정법령에 속한다. 중요한 것만을 들어 보면, 선박법, 국제선박등록법, 선박등기법, 선박안전법, 선원법, 선박직원법, 도선법, 항만법, 항로표지법, 항만운송사업법, 개항질서법, 해상교통안전법, 해양사고의 조사 및 심판에 관한법률, 수난구호법, 해운법,

해양오염방지법, 해양환경관리법, 한국해운조합법, 선주상호보험조합법 등과 상법의 일부 규정의 시행에 관한 법률 등이 있으며, 그 밖에 유류오염손해배상보장법과 선박소유자책임제한절차법이 있다.

3. 條 約

헌법에 의하여 체결·공포된 조약과 일반적으로 승인된 국제법규는 국내법과 같은 효력을 가지므로(憲 6 I), 해상기업에 관한 조약은 해상법의 법원이 된다. 그러나 해상법에 관한 많은 통일조약 가운데 우리나라가 가입한 것은 그리 많지 않으며, 다만 중요한 조약의 일부 규정은 상법 중 해상편에 도입되어 국내법화하였다.

제3 慣習法

해상법의 특성 중의 하나로 관습법적 기원성이 거론되는 것처럼 해상법의 분야에서는 상관습법이 매우 중요하다. 그리고 법적 확신에 의하여 상관습법까지는 못되었으나 널리 통용되는 상관행, 예컨대 하도지시서·적하수령서에 관한 상관습도 의사표시의 해석을 위하여 중요한 기능을 하고 있다.

제4 普通去來約款

해상운송은 대체로 해상운송약관에 의하여 이루어지고 있다. 이 운송약관이 해상법의 법원이 되는지 여부는 약관의 법적 성질을 무엇으로 보느냐에 달려 있다. 이를 자치법으로 보아 법원성을 긍정하는 견해도 있으나, 이것은 당사자의 의사에 의하여 계약의 일부로 되는 것이므로, 해상법의 법원은 아니라고 본다(通說).

제 5 장
海商法의 現代的 課題

오랜 역사를 가진 해상법은 현재 해양환경의 급격한 변화에 따라 새로운 변신을 요구받고 있다. 선박의 자동화에 따른 선원의 감축, 선박의 고속화와 인터넷의 발전에 따른 무권화와 전자선하증권의 출현, 컨테이너의 이용에 의한 육해공 복합운송의 보편화, 통신기술의 발전에 따른 선장의 역할 변화, 유류오염 등 해양오염의 빈발 등은 그 중요한 예이다. 여기에서 해상법은 새로운 환경에 대응하여 국내와 국제적으로 새로운 법적 규율을 검토하여야 할 것이다(同旨: 重田・中元・志津田・伊藤, 海商法, 29-32면).

제 2 편

海上企業組織

제 1 장
總　　說

해상기업은 바다를 무대로 하여 선박을 도구로 삼아 선박소유자 등의 기업주체가 선장 등의 보조자를 이용하여 영리활동을 영위한다. 그리하여 해상기업은 선박소유자 등이 기업주체가 되어 선박이라는 물적 조직과 해상기업보조자라는 인적 조직을 이용하여 활동을 하는 경제적 단위체를 이룬다. 여기에서는 이들 물적 조직과 인적 조직을 설명한다.

제 2 장
物的組織(船舶)

제1 船舶의 意義

선박의 개념은 그것을 규정하고 있는 개별 법령에 따라 일정하지 않지만, 해상법상의 선박은 「상행위 그 밖의 영리를 목적으로 항해에 사용하는 선박」을 말한다(740). 이를 분설하면 다음과 같다.

(1) 商行爲 기타 營利의 目的

해상법상의 선박은 영리를 목적으로 하여야 한다. 영리를 목적으로 하는 한 상행위를 목적으로 하는 선박(상선)이든 상행위 이외의 영리행위를 목적으로 하는 선박(예컨대 어선)이든 상관이 없다. 이 영리성을 요구하는 것은 상법이 상행위인 영리행위를 하는 당연상인(4)과 상행위 이외의 영리행위를 하는 의제상인(5)을 인정하는 입법주의와 균형을 맞춘 것이다. 따라서 학술탐험선·스포츠용 선박 등 영리를 목적으로 하지 않는 선박은 여기의 선박에 해당하지 않는다. 그러나 국·공유의 항행용 선박 중 대통령령으로 정하는 경우를 제외하고는 이러한 비영리선에도 해상법이 준용되므로(741 I; 船舶 29), 해상법의 적용범위는 국·공유의 선박 중 일부를 제외한 모든 항행선까지 미치며, 국·공유의 선박이라도 영리를 목적으로 하면 당연히 해상법이 적용된다(2 참조). 따라서 국·공유의 선박이 공용에 제공되는 경우(公用船)에 해상편의 규정을 준용하는 것이 적합하지 아니하다고 대통령령으로 정하는 때에 한하여 해상법의 적용이 배제된다(741 I 但).

(2) 航海에 使用

「항해」라 함은 호천·항만(湖川·港灣)을 제외한 해상에서의 항행을 말한다.

호천·항만의 범위는 선박안전법시행령 제2조 제2호의 규정에 의한 평수구역(平水區域)으로 하며(商施規 3), 평수구역은 호수·하천 및 항내의 수역(항만법에 의하여 항만구역이 지정된 항만에 있어서는 그 구역)과 해양수산부령이 정하는 수역을 말한다. 항해라는 용어는 해상법상 두 가지 의미로 쓰인다. 하나는 선박의 운항, 즉 선박을 조정하여 해양을 항행하는 것(navigation, Seefahrt)을 뜻하며(740, 744, 850), 발항항 또는 기항항에서 화물과 여객을 적재하고, 선박을 안전·신속하게 목적항으로 이전하여, 이를 안전하게 양륙·상륙시키는 등 각종의 행위를 포함하는 개념이고, 다른 하나는 선박의 장소적 이동(voyage, Reise), 즉 선박을 어느 항구로부터 다른 항구로 보내는 것을 뜻한다(701, 766 ②, 768, 755).[1)]

해상을 항행하는 선박을 항해선(航海船, seagoing vessel)이라고 한다. 따라서 영리선이라도 충주호와 같은 내수만을 항행하는 내수선(內水船, inland vessel)은 해상법상의 선박이 아니다.[2)] 그러나 항해선과 내수선 사이의 충돌과 해난구조에 관하여는 법적용상의 혼란을 막기 위하여 양 선박 모두에 해상법을 적용한다(876, 882).[3)]

(3) 社會通念상의 船舶

① 선박(vessel)은 수면 또는 수중을 항행하는데 사용하는 부양(浮揚)구조물을 말한다. 역사적으로 선박은 범선·증기선으로부터 컨테이너선(container), 래쉬선(lash), 롤온·롤오프선(roll-on, roll-off, RORO) 등의 화물선, 호버·크래프트선(hover craft, air cushion), 수중익선(水中翼船), 프레셔·보트(pressure boat; yacht, motor boat, jet ski 등) 등의 선박과 해저자원의 탐사개발을 위한 오프·쇼어·모바일·크래프트(off shore mobile craft; drilling rig, 굴삭선 등) 등의 해상구조물 등 여러 형태로 발전되어 왔다.[4)]

(ㄱ) 「수면 또는 수중」을 항행하여야 하므로, 잠수함이나 수중익선 등은 선

1) 戶田, 12-13면.

2) 大判 91. 1. 15, 90 다 5641(선박임차인에 관한 상법 제766조의 규정은 항해에 사용하는 선박, 즉 해수를 항해하는 항해선에 한하여 적용되고, 호천이나 항만을 항행하는 내수선에는 적용되지 않는다).

3) 일본에서는 국제해상물품운송법에 의하여 외항선과 내항선을 구별한다. 선적항과 양륙항이 모두 일본 국내에 있는 경우를 내항선, 선적항이나 양륙항의 어느 하나 또는 양자 모두가 일본 국외에 있는 경우를 외항선이라 한다. 물건운송에 관하여 내항선에는 일본 상법의 해상편이 적용되고, 외항선에는 국제해상물품운송법이 적용된다(동법 1).

4) 重田 등, 30면.

박이지만, 이착륙을 위하여만 수면을 이용하는 수상비행기와 비행선은 선박이 아니다.[1)]

(ㄴ) 또 물을 「항행」하는 용도에 제공되는 구조물이어야 하므로, 스스로 항행능력이 있을 필요는 없지만, 어느 목적지까지 사람 또는 물건을 운반하는데 적합한 것이어야 한다. 따라서 일정한 장소에 고정되어 있는 부표, 부선거(浮船渠), 해상호텔, 수상창고 등은 선박이 아니다.[2)] 준설선은 준설물의 운반을 겸하는 한 선박에 해당한다고 본다. 건조 중의 선박은 특별한 목적을 위하여는 선박으로 보는 수가 있으나(790), 진수 전에는 선박으로 볼 수 없다. 인양불능한 침몰선과 난파선, 땅 위에 전시된 고선박 등 더 이상 항해능력을 상실한 물체도 선박이 아니다.[3)]

(ㄷ) 선박은 「부양」하는 구조물, 구체적으로는 요형(凹型, hollow)의 구조이어야 한다. 따라서 뗏목, 제트·스키 등은 부양성과 항행공용성이 없으므로 선박이 아니다.

② 다만 단정(短艇) 또는 주로 노 또는 상앗대로 운전하는 선박에 대하여는 해상법의 규정을 적용하지 않는다(741 II). 단정이나 노 또는 상앗대로 운전하는 선박은 추진기구로서 기관이나 돛(帆)을 사용하지 않는 선박을 가리키며, 규모가 작기 때문에 해상법의 적용대상에서 제외한 것이다. 이에 반하여 기관이나 돛을 이용하는 선박은 아무리 규모가 작아도 해상법이 적용된다.

제2 船舶의 性質

선박은 본래 동산이지만, 다음과 같은 특성이 있다.

---

1) 호버·크래프트(hover craft)는 수면에 공기를 분사하여 에어·쿠숀을 만들어 기체를 부상시켜 고속으로 항행하는 운송용구인데, 수상비행기와 같이 자유로 공간을 항행하는 것이 아니라 항시 수면에 근접하여 이동할 수 있는 것이므로, 이것이 항공기인지 선박인지 문제된다. 영국은 1968년에 호버·크래프트법을 제정하여, 호버·크래프트에 의하여 운송되는 여객과 수하물에 관하여는 항공운송법에 의하고, 물건운송에 관하여는 해상물건운송법에 의하도록 하고 있다.

2) Harmer v. Bell, 7 Moore P.C. 267, 13 Eng. Rep. 884(1952)(dry dock); Pavone v. Mississippi Riverboat Amusement Corp., 52 F. 3d 560, 1995 AMC 2038(5th Cir. 1995)(floating casino).

3) Schoenbaum(3rd ed.), 38.

1. 合 成 物

(1) 선박은 선체(hull)·선교(bridge)·갑판(deck)·기관(boiler)·추진기관(propulsion)·조타(steering machinery)·선창(hold)·선실(cabin) 등의 각 부분이 유기적으로 결합되어 있는 하나의 독립된 합성물이다.

(2) 선박 자체와 구별할 것으로 속구(屬具, appurtenances)가 있다. 속구는 선박의 상용(常用)에 제공되기 위하여 선박에 부속된 물건이지만, 선박의 구성부분으로 되지 아니한 독립한 물건을 말한다. 예컨대 닻(anchor), 구명정(life boat), 무선전신설비, 레이더, 나침반, 해도(海圖) 등이다.

(3) 속구와 민법상의 종물의 관계를 보면, 민법상 종물은 주물의 상용에 제공되고 또 소유자의 소유에 속하는 것을 요건으로 하여 주물의 처분에 따르는데(民 100), 선박의 속구에는 선박소유자의 소유에 속하지 않는 것도 있으므로(예컨대 선박임차인이 자기소유의 보트를 선박에 부속시킨 경우), 속구가 항상 종물은 아니고, 양자는 관념상 구별하여야 할 것이다. 그러나 상법은 선박의 속구목록에 기재한 물건을 선박의 종물로 추정하고 있으므로(742), 그 속구가 선박소유자의 소유가 아니라는 증명이 없는 한, 속구는 선박과 운명을 같이 한다(民 100 II).

2. 不動產類似性

(1) 선박은 동산이지만, 그 가격이 고가이고 용적이 크며, 사용가치가 커서 임대 등의 형식으로 소유와 점유가 분리되는 경우가 많으므로, 법적으로 부동산과 유사한 취급을 하는 경우가 많다. 즉 일정한 규모(총톤수 20톤) 이상의 선박은 등기를 하여야 하고(743, 船登 2), 강제집행에 있어서 부동산과 동일한 방법에 의하고(民執 172), 형법상 건조물과 같이 취급되고(刑 319), 국제법상 선박을 영토의 연장으로 본다.

(2) 이처럼 선박을 부동산으로 보는 것은 중세 게르만법에서 선박을 「떠있는 섬」 내지 「해상의 가옥」으로 보는데서 유래한 것이며, 로마법과 프랑스법계에서는 선박을 동산으로 본다.

3. 擬 人 性

(1) 선박은 하나의 물건으로서 권리의 객체에 지나지 않지만, 사람과 비슷한 취급을 받는 수가 있다. 즉 ① 선박은 자신의 명칭을 가지고(船舶 11), ② 국적이 인정되며(船舶 2), ③ 행정상의 보호와 감독을 위하여 정하여진 특정한 장소(사람의 주소에 해당)인 선적항이 있다(船舶 7, 施令 2). 선적항(船籍港, port of registry)은 선박소유자가 그 선박의 등기·등록을 하고, 선박국적증서의 교부를 받은 곳으로서, 한국선박의 소유자는 한국 내에 선적항을 정하여야 한다(船舶 7 I). 선적항은 선박의 등기와 등록의 관할지가 되고(船舶 8, 船登 4), 일정한 민사소송(民訴 10 I, 13)의 관할지가 되고, 선장의 대리권의 범위는 선적항을 기준으로 하여 구별되고 있다(749).

(2) 선박을 사람으로 보는 사상은 일찍이 「콘솔라토 델 마레」에도 나타나 있고, 영미에서는 현재도 해사소송에서 선박을 직접 소송당사자로 하는 대물소송(action in rem)이 인정되고 있다. 선박우선특권제도(777)도 선박의 의인성이 나타나 있는 제도이다. 그러나 현행법상 선박은 그 자체가 인격을 가지는 것은 아니고, 개인이나 법인의 소유에 속하는 것이다.

제3 船舶의 國籍

1. 意　　義

선박의 국적(船籍, nationality of ships)은 선박이 속하는 국가를 나타내는 표지로서, 사람의 국적에 해당한다. 선박의 국적은 국제법·섭외사법·행정법상 중요한 의의가 있다. 즉 국적을 가진 선박은 공해 상에서 선적국의 움직이는 영토의 일부로 간주되고, 포획·중립·해적 등의 문제에 있어서 결정기준이 되고, 항세(港稅)부담의 표준이 된다. 또 섭외사법상으로 기국법(旗國法)주의 하에서는 선박의 국적은 준거법의 결정기준이 된다.

2. 韓國船舶의 要件

(1) 선박의 국적취득요건에 관하여는 여러 입법주의가 있다. 즉 ① 선박이 등록국에서 제조될 것(origin), ② 등록국의 승무원이 승선할 것(seaman), ③

선박이 등록국의 국민의 소유재산일 것(property) 등 선박과 등록국 사이에 밀접한 관련을 요하는 엄격주의(rigid law)도 있고, 아무런 요건도 요구하지 않는 완화주의(relaxed law)도 있으나, 위 둘의 절충주의(balanced law)로서 선박의 소유권의 전부 또는 과반수가 자국민에 속하는 것을 요건으로 하는 소유자주의가 많은 나라에서 채택되고 있다.

(2) 우리나라는 소유자국적주의를 취하고 있으나, 「자국민소유」의 요건이 절대적인 것은 아니다(船舶 2). 그리하여 ① 국유 또는 공유의 선박, ② 대한민국 국민이 소유하는 선박, ③ 대한민국의 법률에 의하여 설립된 상사법인이 소유하는 선박, ④ 대한민국에 주된 사무소를 둔 제3호 이외의 법인으로서 그 대표자(공동대표인 경우에는 그 전원)가 대한민국국민인 경우에 그 법인이 소유하는 선박 등이 한국선박이다. 한국선박은 등기를 한 후에 선적항을 관리하는 지방해양수산청에 등록을 하고 선적국적증서를 교부받아야 한다(船舶 8).

(3) 한국선박의 특권으로서는 ① 대한민국 국기를 게양할 수 있고(船舶 5), ② 불개항장에 기항하고, 국내 각 항간에 여객과 화물의 운송을 할 수 있으며(船舶 6), ③ 등기 및 등록을 하고, 선적국적증서를 교부받을 수 있고(船舶 8), ④ 선박장려금을 교부받을 수 있는 것(해운산업육성법 4) 등이다.

(4) 이처럼 한국선박은 많은 특권을 가지므로, 국적의 상실은 선박소유자에게 불리하고 또 국가의 해운조장정책에도 어긋난다. 따라서 상법은 선박국적의 유지를 위한 배려를 하고 있다. 즉 선박공유자의 지분의 이전 또는 그 국적상실로 인하여 선박이 대한민국의 국적을 상실할 때에는 다른 공유자는 상당한 대가로 그 지분을 매수하거나 그 경매를 법원에 청구할 수 있다(760). 이 매수권은 형성권이다.

3. 便宜置籍

제2차 세계대전 후에 세계의 해상수송구조의 변화를 배경으로 하여, 다른 나라에 등록되어 있지 않은 한 자기 나라와 특별한 관계가 없는 선박에 대하여 아무런 요건도 과하지 않고 자유로 등록을 인정하고 국적을 부여하는 경향(완화주의)이 나타났다. 이를 편의치적(flags of convenience)이라고 하고, 그러한 나라에 선적등록을 한 선박 가운데 실제로는 외국인 또는 외국법인이 소유하는 선박을 편의치적선이라고 부른다. 이 외에 제2선적제도, 오프·쇼어

(off shore)선적제도 등 새로운 형태의 편의치적도 급증하고 있다(酒卷·石山, 170면).

편의치적은 자국정부의 행정적 규제나 제 세금으로부터 벗어나려는 목적으로 이용되며, 주로 탱커(유조선), 벌크·캐리어(곡물운반선) 등의 부정기 부문을 중심으로 선복량이 확대되고 있고, 리베리아·파나마·코스타리카·온듀라스 등에 편의치적을 가진 선박이 세계의 총선복량의 30%를 초과한다고 한다.

선박의 국적에 관한 국제조약으로서는 1982. 12. 10. 해양법에 관한 유엔협약(UN Convention on the Law of the Sea, LOS Convention)과 1986. 2. 7. 선박등록조건에 관한 유엔협약(UN Convention on Conditions for Registration of Ships) 등이 있다. 후자는 기국과 선박 사이에 진정한 관련(genuine link)을 요구하여, 편의치적을 규율하려 하고 있으나, 미국의 반대로 아직 시행되지 못하고 있다.

제4 船舶登記

1. 公示의 必要

(1) 선박의 공시는 여러가지 이유로 필요하다. 즉 국제적으로는 내외국선박에 대한 취급을 달리하기 위하여 필요하고, 국내적으로는 자국선에 대하여 항해의 안전 기타의 단속 또는 관리를 하기 위하여 필요하다(공법상의 필요). 그리고 선박의 소유권·담보권 등의 귀속을 명백히 하고 그 거래의 안전을 위하여도 정확한 공시가 필요하다(사법상의 필요).

(2) 우리나라는 선박의 공시에 관하여 등기와 등록의 두 가지 제도를 두고 있다(二元主義). 선박의 등기는 선박에 관한 사법상의 권리상태를 공시하는 것을 목적으로 함에 대하여, 선박의 등록은 국적의 부여를 비롯하여 행정상의 단속을 목적으로 하는 공법상의 제도이고, 양자는 그 목적을 달리하고 있다.

2. 船舶의 登記

(1) 선박의 등기는 총톤수 20톤 이상의 선박에 관하여 선박등기부에 일정한 사항을 기재하는 것으로서, 선적항을 관할하는 지방법원, 동 지원 또는 등기소에서 한다(船登 4). 선박의 등기사항에는 소유권의 보존 및 이전(743), 저당권(787, 790)·선체용선(849)에 관한 사항 외에 선박관리인의 선임(764 II, 선등규 8 VI) 등이 있다.

(2) 선박에 관한 등기의 효력은 등기사항에 따라 다르다. 즉 선박소유권이전등기는 제3자에 대한 대항요건이고(743), 저당권설정등기는 효력발생요건이며(787 Ⅲ, 民 186), 선체용선등기는 제3자에 대한 효력요건이다(849 Ⅱ). 선박저당권등기는 건조 중인 선박에도 할 수 있다(790, 787).

3. 船舶의 登錄

(1) 총톤수 20톤 이상의 한국선박의 소유자는 선박의 등기를 한 후 선적항을 관할하는 지방해양수산청에 그 선박의 등록을 신청하여야 하고, 등록신청을 받은 지방해양수산청은 이를 선박원부에 등록하고 신청인에게 선박국적증서를 교부하여야 한다(船舶 8).

(2) 선박의 등록을 위한 선적항은 선박이 항행할 수 있는 수면에 접한 곳에 한하며, 선적항은 선박소유자의 주소지에 이를 정한다(船舶施令 2).

제 5 船舶의 種類

선박은 여러 기준에 의하여 분류할 수 있다.

1. 韓國船舶·外國船舶

이것은 선박의 국적에 따른 구별이다. 한국선박은 한국의 국적을 가진 선박이고(船舶 2), 외국선박은 한국의 국적을 가지지 아니한 선박이다. 한국선박은 위에 말한 특권과 의무를 가진다.

2. 登簿船·不登簿船

이것은 선박의 등기·등록의무의 유무에 의한 구별이다. 등부선은 등기·등록의무를 지고, 또 선박국적증서의 교부를 받을 수 있는 선박이고, 부등부선은 그 이외의 선박을 말한다. 총톤수 20톤 이상의 기선 및 범선과 총톤수 100톤 이상의 부선은 등부선이고(船登 2), 총톤수 20톤 미만의 기선 및 범선과 총톤수 100톤 미만의 부선은 부등부선이다(船舶 26).

3. 定期船·不定期船

이것은 선박을 운행하는 상태에 따른 구별이다. 정기선(liner)은 컨테이너선과 같이 미리 정한 발착시간표와 항로에 따라 정기적으로 운항하는 선박을 말하고, 부정기선(tramper)은 유조선·곡물운반선과 같이 선복의 수요에 응하여 불특정한 항로를 부정기적으로 운항하는 선박을 말한다. 해상법은 양자에 달리 적용되는 특별한 규정을 두고 있지는 않지만, 정기개품운송의 발달은 부정기의 용선계약을 주요대상으로 하여 온 해상법의 해석에 중요한 영향을 주고 있다(예컨대 代船約款, 換積約款의 유효성).

4. 汽船·帆船·艀船

이것은 선박의 추진기관에 의한 구별이다. 기선은 기관을 사용하여 추진하는 선박(기관과 돛을 모두 사용하는 경우로서 주로 기관을 사용하는 것을 포함한다)이고, 범선은 돛을 사용하여 추진하는 선박(기관과 돛을 모두 사용하는 경우로서 주로 돛을 사용하는 것을 포함한다)이며, 부선은 자력항행능력이 없어 다른 선박에 의하여 끌리거나 밀려서 항행하는 선박이다(船舶 1의 2). 해상법상 이들에 달리 적용되는 규정은 없다.

5. 貨物船·旅客船

이것은 운송의 대상에 의한 구별이다. 화물선은 물건의 운송을 하는 선박이고, 여객선은 여객의 운송을 하는 선박이며, 양자의 운송을 겸하는 화객선(貨客船, semicargo boat)도 있다. 해상법은 제2장 운송과 용선에서 운송의 대상을 물건운송(개품운송, 항해용선, 정기용선, 선체용선)과 여객운송으로 나누어 규율하고 있으나, 선박을 화물선과 여객선으로 나누고 있지는 않다. 다만 여객의 안전운항을 위하여 여객선에 대하여 특별한 설비를 요구하고 엄중한 검사를 요구하고 있다(船舶安全法 4, 6).

6. 船舶의 等級에 의한 區別

선박거래의 당사자에게 중요한 관심사는 그 선박이 안전하게 항해를 할 수 있는 능력을 가지고 있는가이다. 이러한 선체 및 장비의 성능을 조사하기 위하여 주요 해운국에는 선급협회(船級協會, classification society)가 설치되어 있고, 이 협회에서 검사를 받고 일정한 선급을 증명받은 선박은 해운거래의 실제에 있어서 그 성능을 인정받는다. 현재 세계적으로 권위를 인정받고 있는 것은 영국의 「로이드」선급협회(Lloyd's Register of Shipping)이며, 미국의 American Bureau of Shipping(ABS), 프랑스의 Bureau Véritas(BV), 일본해사협회(NK), 노르웨이 선급협회(DNV)와 한국선급(KR) 등이 있다. 선급협회가 증명하는 선급은 선박임대차계약서(선체용선계약서),[1] 용선계약서 및 해상보험증서 등에 기재되며, 사법상으로는 그 증명을 받은 시점에서 선박의 감항능력을 사실상 추정하는 효력이 있고, 공법상으로는 선급법인의 검사를 받고 선급의 등록을 한 선박은 설비와 만재흘수선에 관하여 해양수산부장관의 선박검사를 받아 이에 합격한 것으로 본다(船舶安全法 8의 2).

제6 船舶所有權

1. 船舶所有權의 得喪

선박소유권의 득상원인은 일반동산의 경우와 대체로 같으나, 선박은 부동산에 유사한 성격도 있으므로, 이것에 따른 차이가 있다.

(1) 취득원인으로서 특수한 것은 국제법상의 포획, 선박법위반으로 인한 몰수(船舶 32, 33), 행정법상의 수용 등과 해상법상의 선박공유지분의 매수 또는 경매청구(760, 761), 선장의 경매(753), 보험위부(710) 등이 있고, 조선계약에 의한 건조로 선박의 소유권을 취득하는 경우가 많다. 등기선박은 부동산으로 취급되므로, 선의취득의 규정(民 249)은 적용되지 않는다.

(2) 선박소유권의 상실은 상대방에 의한 선박소유권 취득에 의하여 생길 수도 있으나(상대적 상실), 그 밖에 선박의 침몰·해체(해철, 解撤)·포기에 의하여도 발생한다.

---

1) 개정상법은 선박임대차라는 용어를 사용하고 있지 않고 있고(구법 제765, 766조 참조. 또한 신법 제766조 제1호 참조), 실무에서는 나용선계약이라는 표현을 쓰고 있다.

2. 船舶所有權의 讓渡

(1) 讓渡의 方法

선박의 양도는 당사자간의 무방식의 합의에 의하여 성립하지만, 실제로는 매매계약서를 작성하는 것이 보통이다. 나라에 따라서는 서면의 작성을 요구하는 수도 있다.

(2) 讓渡의 效力

① 총톤수 20톤 이상의 등기선의 양도는 당사자간에서는 양도의 합의만으로 효력이 발생하지만(743 本), 이를 제3자에 대항하려면 이전등기와 선박국적증서의 명의개서를 요한다(743 但). 이것은 민법상 부동산물권변동에 관하여 등기를 효력발생요건으로 한 형식주의(民 186)에 대한 중대한 예외이다. 이것은 취항 중에 있는 선박의 특성을 고려한 것이다(손주찬, 702면; 정찬형, 704면).

② 총톤수 20톤 미만인 비등기선의 양도는 민법의 동산물권변동의 일반원칙에 따라 인도에 의하여 효력이 발생한다(743, 民 188)(大判 66. 12. 20, 66 다 1554; 99. 6. 22, 99 다 7602; 大決 98. 5. 18, 97 마 1788 등 다수).

③ 건조 중의 선박에 관하여는 저당권의 설정에 관하여만 등기가 인정되므로(790, 787), 소유권이전의 경우에는 일반동산에서와 같이 인도가 효력발생요건이다(民 188).

④ 선박의 소유권이 이전되면, 반증이 없는 한 속구의 소유권도 이전한다(742, 民 100).

(3) 第3者에 대한 關係

① 항해 중에 있는 선박이나 그 지분을 양도한 경우에 당사자간에 다른 약정이 없으면 양수인이 그 항해로부터 생긴 이익을 얻고 손실을 부담한다(763).[1] 항해상의 손익을 매매일을 기준으로 나누는 것은 번잡하고 당사자간에 불공평하기 때문에 그 항해의 전체를 단위로 하여 계산하는 것이다. 항해로부터 생긴 손익은 그 항해에 의하여 취득한 총수입과 총지출의 차액인 이익 또는 손실을 말한다. 다만 이것은 당사자간의 효과이고, 제3자에 대한 관계(운송계약, 보험계약 등)에서는 양도인이 권리의무의 주체가 된다(同旨: 손주찬, 703면).

---

1) 이 규정은 선박공유와는 관계가 없는 것으로서, 제1절 선박에 관한 부분에 두어야 할 것이다.

② 선원법은 선박소유권이 양도되면 양도인과 선원 사이의 근로계약은 종료되고, 양수인과 선원 사이에 종전과 같은 내용의 새로운 근로계약이 체결된 것으로 본다. 다만 양수인 또는 선원은 72시간 이상의 예고기간을 두고 서면으로 통지함으로써 근로계약을 해지할 수 있다(船員法 37).

③ 선박매매의 경우에 매매당시에 이미 선적이 끝났거나 선적작업이 진행되고 있는 때에는 다른 약정이 없는 한 양수인이 기존 운송계약을 수행할 의무를 진다고 본다(同旨: 손주찬, 703면).

제 3 장
人的組織

제 1 절 總　　說

해상기업의 주체에는 자기소유의 선박을 이용하여 이를 경영하는 「자선의장자」(自船艤裝者, Reeder)와 타인소유의 선박을 이용하여 이를 경영하는 「타선의장자」(他船艤裝者, Ausrüster)가 있으며, 전자에는 선박소유자와 선박공유자가 있고, 후자에는 항해용선자, 정기용선자, 선체용선자 및 운항수탁자가 있다. 해상법에서 선박소유자란 좁은 의미로는 자기소유의 선박을 해상기업에 이용하는 자를 말하지만, 넓은 의미로는 선박공유자·항해용선자·정기용선자·선체용선자 등을 포함한 의미로 쓰인다.

제 2 절 海上企業의 主體

제 1　船舶所有者

이것은 좁은 의미의 선박소유자(shipowner), 즉 선박에 대하여 물권법상의 소유권을 가지는 자로서, 상행위 그 밖의 영리를 목적으로 그 소유선박을 항해에 이용하는 자를 말한다. 선박을 소유하고 또 이용하는 자이므로 「이용선주」라고도 하며, 해운실무에서는 선주(船主)라고도 한다.

제2 船舶共有者

1. 總 說

(1) 意 義

선박공유자는 선박을 공유하는 자로서, 상행위 등을 할 목적으로 그 공유선박을 항해에 사용하는 자를 말한다. 즉 여기에도 공유와 이용의 두 요건이 필요하다.

(2) 沿 革

선박공유는 중세부터 16·7세기경에는 크게 이용되었지만, 그 후에 자본의 결합과 해상위험의 분산에 적합한 주식회사형태의 발달에 따라 19세기 후반부터는 쇠퇴의 길을 걷고 있으며, 우리나라에서는 어선 등에서 이용되고 있었다. 그런데 최근에 이르러 선박공유는 주식회사 상호간의 공유, 주식회사와 선박정비공단과의 공유 등 새로운 형태로 이용되고 있고, 선박의 대형화, 전용선화, 조선가격의 앙등 등의 이유로 그 이용이 증가되면서 그 중요성이 재평가되고 있다(酒卷·石山, 188면).[1)]

(3) 性 質

선박공유는 단순히 민법상의 공동소유관계(民 262 이하)가 아니다. 또 선박공유에 관한 상법의 제규정은 선박공유자 사이에 민법상의 조합관계가 있는 것을 전제로 하지만(通說), 이것은 민법상의 조합관계와도 다르다. 즉 지분다수결에 의한 의사결정(756), 지분가격에 비례한 비용·책임·손익분담(757, 758), 지분의 자유양도성(759), 결의반대자의 지분매수청구권(761), 선박관리인의 선임제도(764), 탈퇴와 제명제도의 불인정 등에 비추어 볼 때, 선박공유는 공동기업의 한 형태이며, 조합이나 인적회사보다 물적회사에 가깝다고 할 수 있다(通說). 이에 반하여 제759조가 「선박공유자 사이에 조합관계가 있는 경우에도」라고 규정한 것과 위에 말한 특수성을 근거로 하여, 선박공유는 민법상의 조합을 수반하지 않고 권리능력없는 사단을 수반하는 것으로 보는 소수설이 있다(竹井, 海商法, 96면 이하).

---

1) 도이칠란트에서 1994년에 조사한 바에 의하면 항해선의 16%가 선박공유의 형태로 운영되고 있다고 한다. Herber, S. 140.

2. 內部關係

(1) 業務執行

① **業務執行의 決定** 공유선박의 이용 기타의 업무집행에 관한 사항은 공유자의 지분의 가격에 따라 그 과반수로 결정한다(756 I). 이것은 민법상의 조합에서 업무집행은 조합원의 과반수로 결정하는 것(民 706), 인적 회사의 업무집행은 총사원의 과반수로 결정하는 것(195, 269, 民 706)과 다르고, 물적 회사와 유사하다(369, 575). 다만 선박공유에 관한 계약을 변경하는 사항은 공유자의 전원일치로 결정하여야 한다(756 II).

② **業務執行의 機關** 선박공유자는 그 업무집행기관으로서 선박관리인을 선임하여야 한다(764 I 前). 선박관리인을 선박공유자 중에서 선임할 때에는 공유자의 지분의 과반수로 하지만(756 I), 선박공유자가 아닌 자를 선박관리인으로 선임함에는 공유자 전원의 동의가 있어야 한다(764 I 後). 선박관리인의 선임과 그 대리권의 소멸은 이를 등기하여야 한다(764 II). 선박관리인은 업무집행에 관한 장부를 비치하고 그 선박의 이용에 관한 모든 사항을 기재하여야 한다(767). 선박관리인은 매 항해의 종료 후에 지체없이 그 항해의 경과사항과 계산에 관한 서면을 작성하여 선박공유자에게 보고하고 그 승인을 얻어야 한다(768).

(2) 計 算

① **費用·債務의 負擔** 선박공유자는 그 지분의 가격에 따라 선박의 이용에 관한 비용과 이용에 관하여 생긴 채무를 부담한다(757).

② **損益分配** 손익의 분배는 매 항해의 종료 후에 있어서 선박공유자의 지분의 가격에 따라서 한다(758). 이것은 민법상의 조합에서 손익분배의 비율이 원칙적으로 당사자가 정한 비율에 의하는 것(民 711)과 다르다.

(3) 持分의 讓渡

① **讓渡의 自由** 각 선박공유자는 다른 공유자의 승낙없이 그 지분을 타인에게 양도할 수 있다(759 本). 이처럼 지분의 자유양도성을 인정한 것은 민법상의 조합(民 704, 273)이나 인적 회사(197, 269)에서 그 지분을 마음대로 양도할 수 없는 것과 크게 다르며, 해상기업의 위험성을 고려하여 선박공유자를 보호하기 위한 것이다.

② 讓渡의 制限 그러나 선박관리인인 공유자는 그 지분을 자유로 양도할 수 없고(759 但), 다른 공유자 전원의 동의가 있어야 한다(同旨: 손주찬, 753-754면; 정찬형, 707면). 선박관리인은 선박공유자와 밀접한 신뢰관계에 있기 때문이다. 또 선박공유자의 지분의 이전 또는 그 국적상실로 인하여 선박이 대한민국의 국적을 상실할 때에는 다른 공유자에게 지분매수권 또는 경매청구권이 있으므로(760), 그 범위 내에서 자유양도성이 제한된다. 이에 관하여는 전술하였다.

(4) 持分買受請求權

① 序 說 다음 두 경우에는 선박공유자에게 지분매수청구권이 인정된다. 지분매수청구권은 상대방의 승낙을 요하지 않고 일방적 의사표시로 당연히 일정한 가액으로 지분을 매수할 의무를 발생시키므로, 그 성질은 형성권이다(通說).

② 新航海·大修繕의 決議가 있은 경우 선박공유자가 신항해를 개시하거나 선박을 대수선할 것을 결의한 때에는 그 결의에 이의가 있는 공유자는 다른 공유자에 대하여 상당한 가액으로 자기의 지분을 매수할 것을 청구할 수 있다(761 I). 이 청구를 하고자 하는 자는 그 결의가 있은 날로부터, 결의에 참가하지 아니한 경우에는 결의통지를 받은 날로부터 3일 내에 다른 공유자 또는 선박관리인에 대하여 그 통지를 발송하여야 한다(761 II). 이것은 주식회사에서 결의반대주주에게 주식매수청구권이 인정되는 것(374의 2, 522의 3, 530의 11)과 같으며, 신항해나 대수선은 선박공유자에게 공유관계를 계속할 것인가를 재고할 만큼 중요한 이해관계가 있기 때문이다.

③ 共有者인 船長이 解任된 경우 선장이 선박공유자인 경우에 그 의사에 반하여 해임된 때에는 다른 공유자에 대하여 상당한 가액으로 그 지분을 매수할 것을 청구할 수 있다(762 I). 선박공유자가 위 매수청구를 하고자 하는 때에는 지체없이 다른 공유자 또는 선박관리인에게 그 통지를 발송하여야 한다(762 II).

3. 外部關係

(1) 第3者에 대한 責任

① 선박공유자는 선박의 이용에 관하여 생긴 채무에 대하여는 그 지분의 가격에 따라 이를 부담한다(757, 民 712. 持分責任主義. 通說). 이 규정의 해석에 있어서 선박공유

자가 대외적으로 연대채무를 지는가, 분할채무를 지는가를 둘러싸고 다툼이 있다. 통설은 제757조는 민법상 조합원의 손실분담의 균일성(民 712) 및 다수당사자의 상행위로 인한 채무의 연대성(57)에 대한 특칙으로서, 각 선박공유자는 지분의 가격에 따른 분할채무를 지고, 이것은 해상기업의 위험성을 고려하여 선박공유자의 책임의 경감과 분산을 꾀한 것이라고 본다. 이러한 통설에 대하여, 선박공유자는 대외적으로는 상법 제57조 제1항에 따라 연대책임을 지고, 대내적으로만 제757조에 의하여 지분의 가격에 따라 채무를 분담한다고 풀이하는 소수설이 있다(채이식, 690면; 이기수, 632-633면). 그러나 상법 제757조는 선박공유라는 기업형태의 특수성을 반영한 규정이고, 제3자를 보호하기 위한 규정이 아니며(田中誠二, 해상법상론, 증보판, 101면), 이것이 대내적으로 선박공유자 상호간에만 적용된다고 풀이하는 것은 적당하지 않다고 본다. 제757조의 법적 성질에 관하여는 이를 임의규정으로 보는 견해와 대외관계에서는 거래상대방의 보호를 위하여 강행규정으로 보아야 하지만 대내관계에서는 부담부분의 변경이 가능한 임의규정이라고 풀이하는 견해가 대립하고 있다.

② 선박공유자는 제769조 이하의 선박소유자의 책임제한규정에 따라 그 책임을 제한할 수 있다고 본다(774 I ①). 다만 각 선박공유자가 직접 책임제한절차의 개시신청을 할 수 있는가에 관하여는 다툼이 있다(후술함).

(2) 船舶管理人

① **選任·解任**　선박관리인의 선임과 등기에 관하여는 전술하였다. 선박관리인의 해임에 관하여는 특별한 규정이 없으나, 선임의 경우와 같이 선박공유자의 지분의 과반수로 해임할 수 있다고 본다(764 I·756 I).

② **代表權의 範圍**　선박관리인은 선박의 이용에 관한 재판상 또는 재판외의 모든 행위를 할 권한이 있다(765 I). 선박관리인의 대리권에 대한 제한은 선의의 제3자에게 대항하지 못한다(765 II). 다만 선박관리인의 위 대표권에 대하여 다음과 같은 제한이 있다. 즉 (a) 선박을 양도·임대 또는 담보에 제공하는 일, (b) 신항해를 개시하는 일, (c) 선박을 보험에 붙이는 일, (d) 선박을 대수선하는 일, (e) 차재(借財)하는 일 등은 선박공유자의 서면에 의한 위임(特別授權)이 없으면 이를 할 수 없다(766). 위의 사항은 매우 중요하여 선박공유자들 자신이 결정할 성질의 것이기 때문이다. 선박관리인도 선박소유자와 같이 그 책임의 제한을 청구할 수 있다(774 I ①).

4. 解散과 淸算

선박공유의 해산과 청산에 관하여 상법에는 아무런 규정이 없으므로, 민법의 조합에 관한 규정(民 720 이하)에 의하여야 할 것이다. 선박공유를 권리능력없는 사단으로 보는 견해에서는 물적회사의 규정을 유추적용하여야 한다고 주장한다.

제3 傭船者(船體傭船者, 定期傭船者, 企業型 航海傭船者)

타인으로부터 배를 빌려 물건운송의 영업을 하는 광의의 용선(傭船, charter party)에는 여러 형태가 있으나, 국제적으로 가장 중요한 것은 선체용선, 정기용선 및 항해용선의 세 가지이다. 이 가운데 선체용선자와 정기용선자는 모두가 해상기업의 주체가 되지만, 항해용선자 중에서는 기업형 항해용선자만이 해상기업의 주체가 된다(상세한 설명은 운송과 용선 부분으로 미룬다).

1. 船體傭船

선체용선(bareboat charter, 선박임대차)은 용선자의 관리·지배하에 선박을 운항할 목적으로 선박소유자가 용선자에게 선박을 제공할 것을 약정하고 용선자가 이에 따른 용선료를 지급하기로 약정하는 계약이다(847 I). 이처럼 선체용선의 경우에는 선체만(bareboat)을 빌리고 용선자 스스로 선장·해원을 선임·감독함으로써 용선자가 선박을 점유(possession)하는 것이 특징이다. 그런데 때로는 용선자의 지시에 따라 선박소유자가 선장과 선원을 선체와 함께 제공하는 수가 있는데(선원부 선체용선), 이것은 선원이 딸려 오므로 좁은 의미의 선체용선은 아니다. 그러나 이 경우에도 선장 등은 용선자의 피용자이고 용선기간 동안 용선자가 선장을 통하여 선박을 점유하는 점에서 선체용선과 같으므로, 상법은 선박소유자가 선장 그 밖의 해원을 공급할 의무를 지는 경우에도 용선자의 관리 지배 하에서 해원이 선박을 운항하는 것을 목적으로 하면 이를 선체용선계약으로 본다(847 II). 단순한 선체용선과 선원부 선체용선의 두 형태를 총괄하여 demise charter라고 한다.[1] 선체용선의 경우에는 용선자가 대외적으

1) demise charter와 bareboat charter(선체용선)라는 말은 보통 호환적으로 사용되지만, 엄격하

로 자기의 이름으로 해상운송계약을 체결하고 거래에 관한 법적 및 경제적 효과의 귀속자가 되는 해상기업의 주체가 된다.

2. 定期傭船

정기용선(time charter)은 선박소유자가 용선자에게 선원이 승무하고 항해장비를 갖춘 선박을 일정한 기간동안 항해에 사용하게 할 것을 약정하고 용선자가 이에 대하여 기간으로 정한 용선료를 지급하기로 약정하는 계약이다(842). 정기용선의 경우에는 용선자가 일정한 기간 선체를 빌리면서 선박소유자에 의하여 선임된 선장·해원도 함께 인수하여 이용하기 때문에, 용선자가 아니라 선박소유자가 자신이 선임·감독하는 선장·선원을 통하여 선박을 계속 점유하는 것이 특징이다. 선체뿐만 아니라 선원까지 빌리는 점에서 단순한 선체용선과 구별되고, 선박소유자가 선원을 통하여 선박을 계속 점유하는 점에서 용선자가 선박을 점유하는 선원부 선체용선과 구별되며, 일정한 기간동안 용선을 하는 점에서 항해 단위로 용선을 하는 항해용선과 구별된다.

정기용선의 경우에는 용선자가 대외적으로 자기의 이름으로 해상운송계약을 체결하고 거래에 관한 법적 및 경제적 효과의 귀속자가 되는 해상기업의 주체가 된다.

3. 航海傭船

항해용선(voyage charter)은 특정한 1회의 항해를 할 목적으로 선박소유자가 용선자에게 선원이 승무하고 항해장비를 갖춘 선박의 전부 또는 일부를 물건의 운송에 제공하기로 약정하고 용선자가 이에 대하여 운임을 지급하기로 약정하는 계약이다(827 I). 이는 대량화주들이 자신의 화물을 운송하기 위하여 용선을 하는 것으로서 단순한 해상물건운송계약(contract of affreightment)에 지나지 않고(Schoenbaum, 3rd ed., p. 682), 이를 운송형 항해용선이라고 부를 수 있다(김인현, 35면). 물건

게 말하면 양자는 구별된다. demise charter 중에는 용선자가 스스로 선장·해원을 선임하는 경우 외에 용선자의 지시에 따라 선박소유자가 선장과 선원을 선체와 함께 제공하는 경우(선원부 선체용선)가 있는데, 후자는 선원도 딸려 오므로 선체만을 빌리는 엄격한 의미의 선체용선(bareboat charter)은 아니다. 그러나 이 경우에도 선장 등은 용선자의 피용자이고 용선기간 동안 용선자가 선장을 통하여 선박을 점유하므로, 선체용선의 기본특징을 공유하고 정기용선과 다르다. Healy & Sharpe, Cases and Materials on Admiralty, 3rd. ed., 1999, p. 286.

운송을 목적으로 하는 항해용선에 관한 규정은 그 성질에 반하지 아니하는 한 여객운송을 목적으로 하는 항해용선계약에도 준용한다(827 II).

넓은 의미의 항해용선계약에는 선박소유자가 특정한 1회의 항해에 한정되지 않고 일정한 기간 동안 반복하여 용선자에게 선박을 제공할 의무를 지지만 항해를 단위로 운임을 계산하여 지급하기로 약정한 경우도 포함된다(827 III). 이 경우에는 용선자가 선박소유자로부터 항해를 단위로 용선을 하여 자신이 운송인(해상기업의 주체)으로서 운송을 인수하는 것이므로, 이를 기업형 항해용선이라 할 수 있다(김인현, 35면). 기업형 항해용선계약에도 그 성질에 반하지 아니하는 한 운송형 항해용선에 관한 규정을 준용한다(827 III).

항해용선은 선박의 점유를 선박소유자가 가지는 점에서 정기용선과 공통점이 있으나, 항해를 단위로 하여 선박을 빌리는 점에서 일정한 기간동안 선박을 빌리는 정기용선과 구별된다. 또 운송형 항해용선은 용선자가 화주의 지위를 가지는 데 그치는 점에서 용선자가 운송인의 지위를 가지는 정기용선이나 선체용선과 다르다. 그리고 기업형 항해운송은 용선자가 선박과 함께 선장·선원을 인수·이용함으로써 선박소유자가 선박을 점유하는 점에서 용선자가 선박을 점유하는 선체용선과 구별된다(Schoenbaum, 3rd ed., p. 676ff; Healy & Sharpe, 3rd ed., p. 286ff.).

운송형 항해용선자는 화주의 지위를 가질 뿐 운송인(해상기업의 주체)으로서의 지위를 가지지 못함에 반하여, 기업형 항해용선자는 재운송을 인수하므로 운송인으로서 해상기업의 주체가 된다.

제4 運航委託契約에 의한 運航受託者

1. 運航委託契約

운항위탁계약은 선박소유자가 선장 이하의 선원을 붙여 선박을 수탁자에게 제공하고, 수탁자는 자기의 명의로 위탁자인 선박소유자의 계산으로 위 선박을 운송사업에 사용하는 계약을 말한다. 수탁자는 약정한 시기에 계산서류를 작성하여 위탁자인 선박소유자에게 보고하고, 약정한 비율에 의한 보수를 지급받는다. 선박의 정기용선계약에서는 운송량의 다과를 불문하고 정액의 용선료를 지급받는데, 운항위탁계약에서는 선주는 실적이 좋은 운항자(operator)에게 운항을 위탁함으로써 운송량에 따라 보다 많은 수입을 얻을 수 있으며, 수탁자는 운임시세가 감소하리라고 예상하는 때에는 정액의 용선료를 지급할 의무를 부담하지 않고 일정한 비율의 보수를 받는 편이 안전하므로, 경쟁이 심한 해운업계에서는 효율적인 경영을 꾀하기 위하여 운항위탁계약이 이용된다(加藤·金澤, 230면).

2. 運航受託者

운항수탁자는 자기의 명의로 선박을 사용하여 운송사업을 영위하므로, 해상기업의 주체(해상운송인)의 하나이다(774 I ① 참조). 그러나 운항위탁계약에서는 운항작업의 책임은 운항위탁자인 선박소유자와 선장에 있으므로, 운항수탁자는 이 작업에 대하여 지시·감독을 할 수 없으며, 선장 등 선원에 대하여 지휘·명령권도 없다. 감항능력주의의무(794)도 위탁자인 선주에 있다(加藤·金澤, 230면). 다만 운항수탁자가 위탁받은 선박을 자사선과 마찬가지로 자기의 지배 하에 두고 자기 업무에 종속시킨 결과 선주도 사실상 운항수탁자의 지휘감독을 받는 관계에 있다고 보여 지고, 운항위탁자로부터 노무의 공급을 받는 관계에 있을 뿐이라고 인정되는 때에는 운항수탁자에게도 신의칙상 선박의 안전을 배려할 의무가 있다고 본다(日最判 90. 11. 8. 判 662. 175면).

제3절 海上企業의 補助者

제1 總　說

(1) 해상기업은 그 기업활동을 위하여 많은 보조자를 필요로 한다. 그 보조자로서는 해상에서 선박의 운항을 보조하는 선장·해원 등의 선원, 도선사(導船士), 예선업자(曳船業者), 적하감독인 등이 있고(海上補助者), 육상에서 상사(商事)에 관하여 보조하는 지배인 기타의 상업사용인, 선박대리상, 선박중개인, 운송주선인, 창고업자 등이 있다(陸上補助者).

(2) 해상보조자 중 선원은 해상기업의 주체에 의하여 고용되고 그의 지휘감독을 받는 종속적 보조자임에 반하여, 육상보조자는 해상기업의 주체의 지

휘감독을 받지 않고 그에게 고용되지 않은 독립적 보조자이다. 해상보조자 중 도선사와 예선업자는 독립적 보조자인 면과 종속적 보조자인 면이 있다. 이 가운데 육상보조자에 관하여는 상법총칙과 상행위법에서 이미 설명하였으므로, 여기에서는 해상보조자 중 상법이 규정하고 있는 선장을 중심으로 설명하기로 한다.

제2 船　　長

(1) 船長의 概念

(가) 意　義:　넓은 의미로 선장이란 특정한 선박의 항해지휘자를 말하며, 여기에는 선박소유자 또는 선박공유자이면서 동시에 선장을 겸하는 동시선장(同時船長) 또는 자선선장(自船船長)도 포함된다(762). 좁은 의미로 선장이란 선박소유자의 피용자로서 특정선박의 항해를 지휘하고, 그 대리인으로서 항해에 관한 여러 가지 법정권한을 가진 자를 말하며, 상법에서 선장이라고 하면 보통 이를 가리킨다.

선장의 지위는 역사적으로 변천하고 있다. 로마에서는 선장은 단지 선박의 기술상의 우두머리이고, 선주의 노예에 불과하였으므로, 그 권한은 미약하였다. 중세에 이르러 공동기업의 형태로 해상운송이 이루어지면서 선장은 공동기업의 경영자의 1인이 이를 맡게 되었으므로, 오늘의 선장과는 크게 달랐다. 그 후 선주가 승선하는 제도가 쇠퇴하면서 선장이라는 지위가 선주로부터 분화되었으나, 선장은 선주의 사용인이라기보다는 기업의 공동경영자인 지위를 가졌었다. 그러다가 근세에 이르러 기선에 의한 항해의 시대가 되면서 선장은 오로지 임금을 목적으로 하는 사용인으로 되었다. 당시에는 통신기관의 불비로 육상과의 연락이 두절되어 있었으므로 선장에게 항해에 필요한 일체의 권한이 부여되어 있었으나, 오늘날과 같이 통신기관이 발달하고, 회사의 지점·대리점이 확산되어, 선박소유자에 의한 지휘감독이 가능한 시대가 되면서, 점차 선장의 대리권이 축소되는 경향에 있다. 그리하여 현대에는 선장은 항해에 관한 기술상의 장으로서의 의미를 가지는데 그치고, 이러한 변화는 장래의 해상법 개정에서 검토되어야 할 것이다.

(나) 權限의 特色:　협의의 선장은 선박소유자의 피용자로서 포괄적·정형

적 대리권을 가지는 점에서 지배인·대표이사 및 선박관리인과 비슷하나, 선장은 특정선박의 지휘자이고(748), 선박권력을 가지며, 그 대리권의 범위가 항해단위로 정하여지는 점(749 이하) 등에서 이들과 다르다.

(다) 代船長·代行船長: 대선장은 선장이 불가항력으로 인하여 그 직무를 집행하기 불능한 때에 선장에 의하여 선임되어 선장의 직무를 집행하는 자이다(748). 대행선장은 선장이 부득이한 사유로 직무를 수행할 수 없을 때에 선박직원법에 의하여 선장의 직무를 대행하는 자로서, 자동화선박에서는 1등 운항사(항해전문), 기타의 선박에서는 1등 항해사가 대행선장이 된다(船舶職員法 11). 대선장은 상법상의 선장이지만, 대행선장은 상법상의 선장이 아니므로 선박소유자 등의 대리권이 없다.

(2) 船長의 選任과 解任

(가) 選 任

① 선장은 선박소유자가 선임한다(745). 여기의 선박소유자에는 선박공유자와 선체용선자(850)가 포함된다. 다만 선박공유의 경우에는 선박관리인이 선박공유자를 대리하여 선장을 선임한다(765). 보통 선박소유자 등은 선장을 고용하여 특정한 선박의 선장에 임명한다. 선장의 선임행위는 고용계약과 위임계약의 혼합계약이며, 선장선임 시에 대리권수여계약이 수반된다고 본다. 선장은 해기사의 면허를 가지고 있는 자 중에서 선임하여야 한다(船舶職員法 4, 11).

② 선장이 불가항력으로 인하여 그 직무를 집행하기가 불능한 때에는 대선장을 선정하여야 하며(748), 선장이 대선장을 선정하지 않는 경우에 대행선장이 직무를 행한다고 본다(船舶職員法 11 II ① 참조).

(나) 終 任

① 선장은 일반적 종임사유(선장의 사임·사망·금치산 등)로 인하여 종임되는 외에, 선박소유자의 해임에 의하여도 종임한다(745). 선박소유자는 자유로 선장을 해임할 수 있으나, 다만 정당한 사유없이 선장을 해임한 때에는 선장은 이로 인하여 생긴 손해의 배상을 청구할 수 있다(746).

② 선장이 선박공유자인 경우에 그 의사에 반하여 해임된 때에는 다른 공유자에 대하여 상당한 가액으로 그 지분을 매수할 것을 청구할 수 있다(762 I). 이 경우에는 선장은 지체없이 다른 공유자 또는 선박관리인에게 그 통지를 발송하여야 한다(762 II). 지분매수청구권은 형성권이다.

③ 선장이 항해중에 해임 또는 임기가 만료된 경우에는 다른 선장이 그 업무를 처리할 수 있는 때 또는 그 선박이 선적항에 도착할 때까지 그 직무를 집행할 책임이 있다(747). 선장은 선박의 지휘자로서 항해중 잠시라도 없어서는 안되기 때문이다.

(3) **船長의 公法상의 地位**

선장은 선박의 운항지휘자로서 항행법상 중요한 지위에 있다. 이것은 항해중에는 국가권력이나 선박소유자의 감독이 미칠 수 없다는 선박의 고립성을 고려하여 인정된 것이다.

(가) **船長의 職務權限(船舶權力)**: 선장은 국가권력과 해상기업자의 지배권이 미치지 않는 선박공동체의 책임자로서 다음과 같은 공법상의 직무권한을 행사할 수 있는데, 이를 선박권력(Schiffsgewalt)이라고 한다. 즉 선장은 해원을 지휘·감독하며, 배안에 있는 자에 대하여 선장의 직무를 수행하기 위하여 필요한 명령을 할 수 있고(船員法 6), 해원이 상급자의 직무상 명령에 따르지 아니한 때 등에는 이를 징계할 수 있으며(同法 24), 흉기, 폭발하거나 불붙기 쉬운 물건, 유해화학물질관리법에 의한 유독물 그 밖에 위험성이 있는 물건에 대하여 보관·폐기 등 필요한 조치를 할 수 있고, 해원 그 밖에 배안에 있는 자가 인명 또는 선박에 위해를 줄 염려가 있는 행위를 하는 때에는 그 위해를 방지하는데 필요한 조치를 할 수 있다(同法 25). 또 선장은 해원 그 밖에 배안에 있는 자의 행위가 인명 또는 선박에 위해를 미치거나 선내질서를 매우 어지럽게 하는 때에는 관계행정기관의 장에게 선내질서의 유지 등을 위하여 필요한 원조를 요청할 수 있고(同法 26), 선박 내에서 발생하는 범죄에 관하여는 사법경찰관의 직무를 행하고(司法警察官의職務를행할자와 그職務範圍에관한法律 7), 출생과 사망에 관한 기재사무를 수행한다(가족관계의 등록 등에 관한 법률 49, 91). 다만 선장의 권한남용에 대하여는 벌칙이 있다(船員法 131).

(나) **船長의 船員法상의 義務**: 법은 선장에게 위에 말한 권한을 부여하는 일방, 선박항행의 안전과 해상위험의 극복을 위하여 선장에게 많은 의무를 부과하고 있다.

① **堪航能力檢査義務** 선장은 출항 전에 선박이 항해에 견딜 수 있는가와 화물이 실려 있는 상태 및 항해에 적합한 장비·인원·식료품·연료 등이 갖추어져 있는지를 검사하여야 한다(船員法 7). 여기에서 출항 전이란 첫 출항의 경우뿐만 아니라, 중간 기항항을 출발하는 경우도 포함한다. 선박의 감항능력(seaworthiness), 즉 선박이 안전하게 항해를 할 수 있는 능력의 유무는 선내의 인명과 재산의 안전에 중대한 영향을 미치게 되기 때문에 선장에게 이 의무를 지운 것이다. 선장이 이에 위반하면 벌칙의 제재를 받는다(船員法 135 ①).

감항능력의 검사는 반드시 선장이 스스로 하여야 하는 것은 아니고, 신용 있는 선급협회의 검사증명을 받으면 감항능력의 구비 및 상당한 주의로 검사하였다는 사실이 추정된다(정희철, 533면; 中村眞澄, 50면).

위에 말한 선장의 공법상의 감항능력주의의무 외에, 사법상 운송계약에서 선박소유자(운송인)도 감항능력주의의무(794, 826 II, 841 I)를 부담한다. 양자는 별개이므로, 선장은 선박소유자의 이행보조자로서 상법 제794조에 의한 주의의무를 이행하고, 또 선원법 제7조에 의한 주의의무를 이행하여야 한다(손주찬, 768면).

② **航海成就義務** 선장은 항해의 준비가 끝난 때에는 지체없이 출항하여야 하며, 부득이한 사유가 있는 경우를 제외하고는 예정항로를 따라 도착항까지 항행하여야 한다(船員法 8). 선박소유자·여객 및 화주는 항로의 변경에 이해관계를 가지기 때문이다.

③ **直接指揮義務** 선장은 선박이 항구를 출입할 때 또는 선박이 좁은 수로를 지나갈 때 그 밖에 선박에 위험이 생길 염려가 있는 때에는 선박의 조종을 직접 지휘하여야 한다(船員法 9).

④ **在船義務** 선장은 화물을 싣거나 여객이 타기 시작할 때부터 화물을 모두 부리고 여객이 다 내릴 때까지 선박을 떠나서는 아니된다(船員法 10).

⑤ **船舶危險時 措置義務** 선장은 선박에 급박한 위험이 있는 경우에는 인명·선박 및 화물을 구조하는데 필요한 조치를 다하여야 한다(船員法 11). 그 위반에 대하여는 벌칙이 있다(同法 132).

⑥ **人命·財産救助義務** 선박이 서로 충돌한 경우에는 각 선박의 선장은 서로 인명과 선박을 구조하는데 필요한 조치를 다하여야 하며, 선박의 명칭·소유자·선적항·출항항 및 도착항을 상대방에게 통보하여야 한다. 다만, 자기가 지휘하는 선박에 급박한 위험이 있는 경우에는 그러하지 아니하다(船員法 12). 또한 선장은 다른 선박 또는 항공기의 조난을 안 경우에는 인명을 구조하는데 필요한 조치를 다하여야 한다. 다만, 자기가 지휘하는 선박에 급박한 위험이 있는 경우와 해양수산부령이 정하는 경우에는 그러하지 아니하다(船員法 13).

⑦ **死亡의 경우의 措置** 선장은 선박의 항행 중 배안에 있는 자가 사망한

때에는 해양수산부령이 정하는 바에 의하여 수장(水葬)할 수 있으며(船員法 17), 배안에 있는 자가 사망하거나 행방불명된 경우에는 법령에 특별한 규정이 있는 경우를 제외하고는 해양수산부령이 정하는 바에 의하여 배안에 있는 유류품에 대하여 보관 등 필요한 조치를 하여야 한다(船員法 18).

⑧ **在外國民送還義務** 선장은 외국에 주재하는 대한민국의 영사가 법령의 정하는 바에 의하여 대한민국 국민의 송환을 명한 때에는 정당한 사유 없이 이를 거부하지 못한다(船員法 19).

⑨ **書類備置義務** 선장은 해양수산부령이 정하는 경우를 제외하고는 배안에 (a) 선박국적증서 또는 선적증서, (b) 승무원명부, (c) 항해일지, (d) 화물에 관한 서류, (e) 선박검사증서, 항행하는 해역의 해도, 기관일지, 속구목록 및 선박의 승무정원증서 등의 서류를 비치하여야 한다(船員法 20, 同施行規則 13). 이 의무의 위반에 대하여는 벌칙이 있다(同法 135).

⑩ **航海에 관한 報告義務** 선장은 다음의 사항을 지체없이 해양수산관청에 보고하여야 한다. (a) 선박의 충돌·침몰·멸실·화재·좌초, 기관의 손상 그 밖의 해난이 발생한 경우, (b) 항행 중 다른 선박의 조난을 안 경우(무선통신에 의하여 알게 된 경우를 제외한다), (c) 인명 또는 선박의 구조에 종사한 경우, (d) 배안에 있는 자가 사망하거나 행방불명이 된 경우, (e) 예정항로를 변경한 경우, (f) 선박이 억류되거나 포획된 경우, (g) 그 밖에 선박에 관하여 중대한 사고가 일어난 경우 등이다(船員法 21).

⑪ **乘務員名簿의 公認申請義務** 선장은 선박소유자가 공인신청을 할 수 없는 때에는 선박소유자에 갈음하여 선원의 승하선교대가 있을 때마다 선박에 비치한 승무원명부에 그 사실과 승선선원의 성명을 기재하여 해양수산관청의 공인을 받아야 한다(船員法 44).

(4) 船長의 私法상의 地位

선장은 사법상 해상기업자의 대리인의 지위에 있으며, 이것은 선박소유자를 위한 직권, 적하이해관계인을 위한 직권 및 그의 의무와 책임에 나타나고 있다.

(가) 船長의 船主를 위한 職權

① 總 說

(ㄱ) 선장은 선주와 사이의 대리권수여계약에 기하여 선주를 대리할 권한을 가지며, 그 대리권은 포괄적이고 정형적이란 점($^{749}_{I}$), 이에 관한 제한은 선의의 제3자에게 대항할 수 없다고 하는 점(^{751})은 앞에서 이미 말하였다. 그런데 선장의 대리권은 선박소유자의 기업거래상의 행위 중에서 원칙적으로 항해를 함에 필요한 행위에만 미친다는 특색이 있다. 선장의 선주를 위한 대리권은 임의대리권이라는 점에서, 선장의 적하이해관계인 및 구조료채무자를 위한 대리권이 법정대리권인 것과 다르다. 선장의 대리권은 선적항 내와 외에서 다르다.

(ㄴ) 선장의 대리권의 범위를 정하는 입법주의에는 첫째, 선장의 행위의 종류에 따라 선장의 권한을 법정하는 영국주의(船長主義),[1] 둘째 선박소유자의 주소지(船籍港)인가 아닌가에 따라 선장의 권한을 정하는 프랑스주의(住所地主義),[2] 셋째 선박의 선적항의 내외를 기준으로 하여 선장의 권한을 정하는 도이칠란트주의(營業港主義)[3] 등이 있다. 우리 상법은 선적항주의(도이칠란트주의)를 취하고 있다(通說).

② 船籍港에서의 代理權

(ㄱ) 선적항에서는 선장은 특히 위임을 받은 경우 외에는 해원의 고용과 해고를 할 권한만을 가진다($^{749}_{II}$).[4] 선적항에서는 선장은 선박소유자의 직접 지휘를 받을 수 있으므로 일반적으로 대리권을 인정할 필요는 없으나, 해원의 적부는 선장이 가장 잘 알고 있으므로, 그 고용과 해고에 관한 대리권을 인정한 것이다. 선적항에 대하여는 등록항설과 (영업)본거항설의 대립이 있으나, 대법원은 발주자에게 인도하기 전의 미등기선에 관하여 본거항설을 취하고 있다.[5]

1) 행위의 종류를 일반행위와 특별행위로 구분하여, 일반행위에 대하여는 선장에게 광범한 대리권을 인정하지만, 모험대차 등 특별한 행위는 선박소유자의 지시를 받을 수 없고 불가피한 경우에만 할 수 있다.

2) 선박이 선박소유자의 소재지에 있는 때에는 특별한 수권이 있어야 한다.

3) 선적항(Heimathafen) 외에서는 광범한 대리권을 인정하고, 선적항 내에서는 제한된 대리권을 인정한다.

4) 大判 68. 5. 28, 67 다 2422(선박에 승무하는 해원의 고용은 선장 고유의 대리권에 속하는 것이므로 선원이 선장과 승선계약을 한 날짜에 피고공사에 입사한 것으로 볼 것이지 그후 총재에 의하여 정식으로 발령된 날에 입사한 것으로 볼 것이 아니다).

5) 大判 91. 12. 24, 91 다 30880(상법 제773조 소정의 「선적항」은 선박의 등기 또는 등록을 한 등록항의 뜻 외에 해상기업의 본거항의 뜻도 갖는 것이므로, 선박소유자인 건조업자가 발주자에게 인도하기 위하여 계선관리중인 미등록 선박은 계선관리하고 있는 항구를 본거항으로 보아야 할

(ㄴ) 그러나 선장은 선적항 내에서도 선박소유자의 위임없이 운송물의 공탁 및 인도(803)와 운임 기타 체당금의 수령 및 운송물의 유치(807 II)를 할 수 있고, 선박소유자의 위임에 의하여 선하증권의 발행(852 III)을 할 수 있다.

③ **船籍港 외에서의 代理權**

(ㄱ) **原 則** 선적항 외에서는 선장은 항해에 필요한 재판상 또는 재판 외의 모든 행위를 할 권한이 있고(749 I), 선장의 대리권에 가한 제한은 선의의 제3자에게 대항할 수 없다(751). 이처럼 선장은 포괄적·정형적·불가제한적인 대리권을 가진다. 여기에서 항해라 함은 선장의 임기 동안의 전 항해를 뜻하는 것이 아니라, 특정항해에서 선적항을 떠나 그곳에 귀항할 때까지의 항해과정을 말한다. 항해에 필요한 재판상의 행위란 선장이 선박소유자의 소송대리인(民訴 87)으로서 하는 소송행위를 말하고, 항해에 필요한 재판외의 행위란 항해를 하는데 필요한 모든 행위, 예컨대 선원의 고용, 도선사의 사용, 연료·식량·속구 등의 구입, 선박의 수선 등 선박운항에 필요한 행위와 운임의 수령 등 경영상의 행위를 모두 포함한다. 선장이 선적항 외에서 운송계약과 보험계약을 체결할 수 있는가에 관하여는 견해가 갈라지고 있고 소극설도 많지만, 이들은 운송을 위하여 필요한 행위이고 선장은 해상기업의 보조자이므로 이를 긍정하는 것이 옳다고 본다(大判 75. 12. 23, 75 다 83).[1]

(ㄴ) **例 外** 선장의 선적항 외에서의 대리권은 다음과 같이 제한 또는 확장된다.

㉠ **信用行爲·積荷處分行爲에 관한 權限의 制限** 선장은 선박수선료, 해난구조료 기타 항해의 계속에 필요한 비용을 지급하여야 할 경우 외에는 선박 또는 속구를 담보에 제공하거나 차재하는 등의 신용행위(750 I ①②)를 할 수 없고, 적하의 전부 또는 일부를 처분하는 적하처분행위(750 I ③)를 할 수 없다. 신용행위는 선박소유자에게 큰 부담을 주고 그에게 중대한 이해관계가 있기 때문이며, 적하처분행위(적하의 매각·입질 및 사용을 포함)는 선장이 선박소유자의 대리인으로서 하는 것으로서 선박소유자가 적하이해관계인에게 이로 인한 손해배상책임을 지기 때문이다. 이 경우의 손해배상액은 그 적하가 도달할 시기의

것이다).

1) 大判 75. 12. 23, 75 다 83(상법 773조 1항 소정 선적항 외에서의 선장의 항해에 필요한 재판상 또는 재판외의 모든 행위를 할 권한 가운데에는 개품운송계약에 관한 권한도 포함되고 운송도중의 사고발생으로 인한 화물의 피해변상책임에 관한 특약도 운송계약내용의 일부라 할 것이다).

양륙항의 가격에서 지급을 요하지 않는 비용을 공제한 금액이다(750 II). 매각·입질 또는 사용 시의 적하의 가격이 적하가 도달할 시기의 양륙항의 가격을 초과할 때에는 적하이해관계자는 부당이득으로서 그 차액의 반환을 선박소유자에게 청구할 수 있다. 이 경우의 선장의 적하처분행위는 다음에 말하는 적하이해관계인을 위한 선장의 적하처분행위(752)와 구별하여야 한다. 「항해의 계속에 필요한 비용」은 선박에 저당권을 설정하거나 차재를 하지 아니하면 지급을 할 수 없는 것을 말하며, 예컨대 선적항 외에 정박중 선주로부터 송금이 단절되어 선원의 식료 등이 부족하여 항해불능으로 된 경우에 선박에 저당권을 설정하거나 차재를 하여 취득한 금전이 이에 해당한다(日大判 29. 2. 19. 新聞 1995. 15면).

㉡ **船舶의 緊急賣却權(競賣權)** 선적항 외에서 선박이 수선하기 불능하게 된 때에는 선장은 해무관청의 인가를 얻어 이를 경매할 수 있다(753). 선장의 권한은 선박의 안전항행을 계속하는 데 있으므로, 선박의 경매는 선장의 권한을 예외적으로 확대한 것이다. 선박의 수선불능은 구체적인 경우에 개별적으로 판단할 문제이지만, 상법은 이에 대한 객관적 기준을 정하고 있다. 즉 선박이 그 현재지에서 수선을 받을 수 없으며 또 그 수선을 할 수 있는 곳에 도달하기 불능한 때(사실상의 불능)와 수선비가 선박의 가액의 4분의 3을 초과할 때(경제적 불능)에는 수선하기 불능한 것으로 본다(754 I). 위 선박의 가액은 선박이 항해 중 훼손된 경우에는 그 발항한 때의 가액으로 하고, 기타의 경우에는 그 훼손 전의 가액으로 한다(754 II). 여기의 수선비는 구조비·임시수선비·우항비(迂航費)·본수선비는 물론, 그 선박의 구상태를 회복하는데 필요한 일체의 비용을 말한다.

(나) **船長의 積荷利害關係人을 위한 職權:** 선장은 원래 적하를 양륙항까지 안전하게 운송하여야 할 임무를 가지고 있고, 법률상 적하이해관계인과는 아무런 관계가 없지만, 항해 중 긴급한 사태가 발생한 경우에는 적하에 대하여 임기응변의 조치를 취할 필요가 있다. 그리하여 상법은 선장에게 적하이해관계인을 위한 적하처분의 권한을 부여하였다. 이것은 중세에 적하이해관계인의 대리인이 선박에 같이 승선하여 적하를 관리하던 제도가 폐지된 후에 선장에게 그 대리인의 권리의무를 부여한 것이다. 이것은 적하이해관계인을 위하여 인정된 일종의 법정대리권이다(通說. 그러나 사무관리설과 위임설도 있다)

① **積荷處分權** 선장이 항해 중에 적하를 처분하는 경우에는 이해관계인

의 이익을 위하여 가장 적당한 방법으로 하여야 한다(752 I). 선장이 적하를 처분하는 경우는 항해상의 위험이나 적하의 위험이 생긴 때이다(예컨대 해난으로 인한 적하의 침수, 항해의 지연으로 인한 적하의 부패, 전시중 적하가 전시금제품으로 된 때 등). 「적하의 처분」에는 양륙·투기 등의 사실상의 처분과 매각 등 법률상의 처분이 모두 포함된다. 「이해관계인」이란 적하처분권을 가지는 화주, 송하인, 수하인 및 선하증권소지인을 말한다. 「항해 중」이란 선박의 항해 중을 뜻하는 것이 아니라 적하의 항해 중을 말하고, 따라서 선적항에서 적하의 수취·선적에 의하여 적하가 선장의 점유·보관에 놓여진 때부터 양륙항에서 적하의 양륙·인도에 의하여 적하가 선장의 점유·보관을 떠날 때까지를 뜻한다. 「가장 적당한 방법」이란 적극적으로 이익을 꾀할 목적으로 적하를 처분하는 것(예컨대 유리한 매각처분)이 아니라, 적하에 관하여 소극적·보수적 처분을 하는 것(예컨대 운송의 위탁 또는 적하의 건조)을 말한다. 선장의 적하처분권은 선장의 권리인 동시에 의무이다.

② 積荷處分의 效果

(ㄱ) 선장은 적하이해관계인의 법정대리인의 지위에서 적하를 처분하는 것이므로, 그 효과는 당연히 적하이해관계인에 귀속한다. 선장이 한 행위가 법률행위이든 사실행위이든 불문한다.

(ㄴ) 그러나 처분행위에 전혀 관여하지 아니한 적하이해관계인에게 적하처분에 따른 부(負)의 효과까지 부담시키는 것은 부당하므로, 상법은 과실 없는 이해관계인은 선장의 처분행위로 인하여 적하에 생긴 채무에 관하여 적하의 가액을 한도로 하여 책임을 지는 것으로 하였다(752 II 本). 그러나 이해관계인에게 과실이 있는 때에는 그 책임은 무한이다(752 II 但).

(ㄷ) 선장이 이해관계인의 이익을 위하여 가장 적당한 방법으로 적하를 처분하지 아니한 경우에는 선장은 이해관계인에 대하여 손해배상책임을 지고(750 II), 선박소유자도 또한 같은 책임을 진다(769 ①).

③ 危險物處分權

(ㄱ) 인화성·폭발성 그 밖의 위험성이 있는 운송물은 운송인이 그 성질을 알고 선적한 경우에도 그 운송물이 선박이나 다른 운송물에 위해를 미칠 위험이 있는 때에는 선장은 언제든지 이를 양륙·파괴 또는 무해조치할 수 있다(801 I). 이것은 헤이그규칙 제4조 제6항을 수용한 것이다. 여기에서 「위험성이 있는 운송물」은 물리적으로 위험한 물건만을 가리키고 법률적으로 선박 또는

다른 운송물에 위해를 미칠 운송물(예컨대 전시금제품)은 포함되지 않으며, 후자는 제800조의 적용대상이 된다

(ㄴ) 선장의 위험물처분에 의하여 그 운송물에 발생한 손해에 대하여는 운송인은 그 배상책임을 면한다(801 II; 일본 國際海上物品運送法 11 참조).

다만 공동해손처분(865)으로 인하여 운송인이 지는 분담책임(866)은 면하지 못한다(801 II). 여기에서 공동해손분담책임은 그 위험운송물이 선박과 다른 운송물에 공동위험을 미치게 된 경우의 처분에 의한 것이 아니고, 다른 원인에 의하여 선박과 운송물에 공동위험이 생긴 경우에는 제801조 제2항과 관계없이 공동해손에 관한 규정(866)이 적용된다는 취지이다(손주찬, 776면).

(다) 救助料債務者를 위한 職權

해난구조가 있는 경우에 피구조선의 선장은 보수(구조료)를 지급할 채무자에 갈음하여 그 지급에 관한 재판상 또는 재판 외의 모든 행위를 할 권한이 있다(894 I). 따라서 선장은 그 보수(구조료)에 관한 소송의 당사자가 될 수 있고(894 II), 그 확정판결은 구조료의 채무자에 대하여도 효력이 있다(民訴 218 III). 「보수를 지급할 채무자」란 구조된 선박 및 적하의 소유자 등을 말한다. 구조료채권자는 이들에게 개별적으로 권리를 행사할 필요가 없고, 구조료채무자를 위한 법정대리권을 가진 선장을 상대로 청구하거나 소를 제기하면 된다. 이것은 선장이 해난구조에 관하여 잘 알고 있는 점, 구조료의 채권자와 채무자가 다수인 경우에 집단적 처리를 하는 것이 편리한 점 및 구조료채무자를 알 수 없는 경우(예컨대 선하증권의 소지인을 알지 못하는 경우) 등에 채권자의 권리행사를 용이하게 할 필요가 있는 점 등을 고려한 것이다.

(라) 船長의 私法상의 義務와 責任

① 船長의 義務

(ㄱ) **重要事項報告義務** 선장은 항해에 관한 중요한 사항을 지체없이 선박소유자에게 보고하여야 한다(755 I). 중요한 사항은 예컨대 충돌, 해난, 포획, 선내에서의 출생 또는 사망 등을 가리킨다.

(ㄴ) **計算書承認을 받을 義務** 선장은 매 항해를 종료한 때에는 그 항해에 관한 계산서를 지체없이 선박소유자에게 제출하여 그 승인을 얻어야 한다(755 II).

(ㄷ) **船舶所有者의 請求에 따른 報告義務** 선장은 선박소유자의 청구가 있

을 때에는 언제든지 항해에 관한 사항과 계산의 보고를 하여야 한다(755 Ⅲ). 제1항은 중요사항에 관하여만 보고의무를 규정하고, 제2항은 매 항해가 종료한 때에만 계산서승인을 규정하고 있으나, 선박소유자의 청구가 있을 때에는 그러한 제한없이 항해에 관한 모든 사항을 보고하고 또 언제든지 계산의 보고를 하여야 한다.

② **船長의 責任**

㈀ **損害賠償責任** 선장은 선박소유자에 대하여 수임인의 지위에 있으므로 선량한 관리자의 주의의무를 진다(民 681). 따라서 선장이 그 직무집행에 관하여 선관주의의무를 위반한 경우에는 손해배상책임을 진다. 그리고 선박소유자 이외의 용선자·송하인 기타의 이해관계인에게 고의·과실로 인한 위법행위로 손해를 가한 경우에는 불법행위로 인한 손해배상책임을 지고, 이 경우에 선박소유자는 선장의 사용자로서 손해배상책임을 진다(大判 92. 9. 8, 92 다 23292).[1]

㈁ **海員의 選任·監督責任** 선장은 선박소유자에 갈음하여 그 사무를 감독하는 자이므로, 선원의 선임·해임에 과실이 있을 때에는 해원이 그 사무집행에 관하여 제3자에게 가한 손해에 대하여 손해를 배상할 책임이 있다(民 756).[2]

제3 海 員

(1) 해원은 배안에서 근무하는 선장이 아닌 선원을 말하며, 선원은 임금을 받을 목적으로 배안에서 근로를 제공하기 위하여 고용된 자이다(船員法 3 ①-③). 해원은 다시 직원과 부원으로 나뉘며, 직원은 항해사·기관장·기관사·통신장·통신사·운항장·운항사 그 밖에 대통령령이 정하는 해원을 말하고, 부원은 직원이 아닌 해원을 말한다(船員法3 ④⑤). 선박직원이 되고자 하는 자는 해양수산부장관의 해기사면허를 받아야 한다(船舶職員法 4).

(2) 상법은 선원을 선장과 해원(774 Ⅰ ③) 또는 선장·해원 및 그 밖의 사용인(773 ①)으로 나누고 있을 뿐, 해원을 다시 직원과 부원으로 나누고 있지 않다.

---

1) 大判 92. 9. 8, 92 다 23292 (피예인선의 선장 및 기관책임자의 과실과 같은 선박의 설치관리상의 하자로 선박에 실려 있던 장비가 바다에 가라앉아 유실되는 등의 사고가 발생한 경우에는 선장은 불법행위자로서, 선박소유자는 선장 등의 사용자 겸 소유자로서 각자 손해배상책임이 있다).

2) 구상법 제771조는 이를 명문으로 규정하고 있었으나, 민법 제756조 제2항과 중복되므로 1991년 개정 시에 삭제되었다.

상법상 해원은 선장과 달리 선박소유자를 대리할 권한이 없다. 따라서 해원의 행위는 해상 기업활동으로서의 효력이 없다.

제4 船舶使用人

(1) 선박사용인이란 좁은 의미로는 선박상의 노무에 종사하기 위하여 임시로 고용된 자를 말하고, 도선사·예선업자·하역업자, 그 밖에 선적·양륙·계선(繫船)·이선(離船) 등 작업에 종사하는 자가 이에 해당한다. 선박사용인은 넓은 의미로는 위에 말한 자 외에 선장과 해원 등 선원을 포함하지만, 상법상의 선박사용인은 좁은 의미의 선박사용인을 말한다(774 Ⅰ ③, 794, 795).

(2) 선박사용인은 선박소유자 또는 선장에 의하여 고용되며, 선박사용인의 행위로 인하여 발생한 손해에 대하여 선박소유자가 책임을 지는 경우에는 선박소유자와 동일하게 책임제한을 주장할 수 있다(774 Ⅰ ③). 또한 선박사용인의 과실로 인하여 운송물에 발생한 손해의 배상청구가 선박사용인에 대하여 제기된 경우에는 선박사용인은 운송인이 주장할 수 있는 항변과 책임제한을 주장할 수 있다(798 Ⅱ). 이것은 이른바 「히말라야 조항」(Himalaya clause)의 취지를 받아들인 것이다.[1]

제5 導船士·曳船業者 등

(1) 導船士

도선사(pilot)란 일정한 구역(導船區)에서 도선업무를 할 수 있는 도선사의

1) 「히말라야 조항」은 영국의 Adler v. Dickson(The Himalaya) 사건([1955] 1. Q. B. 158, [1954] 2 Lloyd's Rep. 122 (Q. B. 1954), appeal dismissed, [1954] 2 Lloyd's Rep. 267)의 판결에서 생겨난 결과로서, 해상운송인의 사용인(피용자)들도 해상운송인의 면책이나 책임제한 등을 원용할 수 있다는 뜻을 정한 약관이다. 위 사건에서는 여객선 히말라야호의 승객인 아들러의 부인이 배에서 부두로 추락하여 상해를 입었는데, 승선표에는 운송인의 면책조항이 기재되어 있어서, 운송인을 상대로 손해배상청구소송을 제기하여도 아무런 배상을 받을 수 없으므로, 위 배의 선장과 갑판장을 상대로 소송을 제기하였다. 그런데 영국의 법원은 승선표에 선장과 갑판장의 면책조항이 없으므로, 선장과 갑판장은 원고에게 불법행위로 인한 손해배상책임을 져야 한다는 판결을 내렸다. 그러나 이처럼 운송인에 대하여는 면책을 인정하면서 그 사용인(피용자)에게 책임을 지우는 것은 부당할 뿐더러, 사용인에게 책임을 인정한다면 운송인의 책임을 제한하는 것이 아무런 의미가 없기 때문에, 이 사건 이후에는 히말라야 조항을 두게 된 것이다.

면허를 받은 자를 말한다(導船法 2 ②). 도선(pilotage)은 도선구에서 도선사가 선박에 탑승하여 당해 선박을 안전한 수로로 안내하는 것이며(導船法 2 ①), 일정한 경우에는 강제도선이 요구되고 있다(導船法 20). 도선사는 선주를 위하여 선장에 의하여 고용된 선박사용인의 일종이지만(749 II), 독립된 도선업의 영업자이다.

도선사가 선박에 승선하여 도선을 하다가 제3자에게 가한 손해에 대하여 선박소유자가 배상책임을 지는가가 문제이다. 임의도선의 경우에는 민법 제756조에 의하여 선박소유자가 사용자책임을 진다는데 견해가 일치하고 있다(日大判 35. 6. 3, 判決全集 商 19. 993면). 강제도선의 경우에는 견해가 갈라지고 있지만, 선장이 선박의 운항에 전혀 관여하지 않는 것이 아닌 한 선박소유자는 제3자에 대하여 손해배상책임을 진다고 본다(Schoenbaum, 3rd ed., §§ 11-6 참조). 선박충돌의 경우에는 명문의 규정이 있다(880).

(2) 曳船業者

좁은 의미의 예선업자는 예선업을 하는 자이며, 예선업(towage)이란 항만에서 선박의 입·출항을 보조하기 위한 예선업무를 행하는 사업을 말한다(고용형 예선업). 예선업을 하고자 하는 자는 해양수산부장관에게 등록하여야 한다(港灣法 29). 넓은 의미의 예선업에는 고용형 외에 운송형도 포함된다. 예선계약이란 예선자가 예선(tug)을 이용하여 피예인물(tow)을 가항수역의 일 지점으로부터 다른 지점으로 예인하고, 이에 대하여 피예선자가 예선료를 지급할 것을 약정하는 계약이다. 해양수산부장관은 항만시설의 보호 및 선박의 안전을 위하여 필요하다고 인정될 경우에는 일정규모 이상의 이동선박에 대하여 예선사용의무를 명할 수 있다(同法 34의 6).

예선계약의 성질은 예선열(曳船列)의 운항지휘권이 예선에 있는 경우에는 운송계약의 성질을 가지고, 그 운항지휘권이 피예선에 있는 경우에는 도급계약 또는 고용계약의 성질을 가진다(通說). 다만 운송계약이 되기 위하여는 예선열의 운항지휘권이 예선에 있는 것만으로는 부족하고, 예선이 피예선을 그 보관하에 두는 것이 필요하다는 유력설이 있다(日 松山地判 61. 8. 25, 下民集 12. 8. 1966면). 예선의 과정에서 예선자와 피예선자는 자기의 과실에 의하여 상대방에게 가한 손해를 배상할 책임이 있다. 쌍방과실의 경우에는 과실의 비율에 따라 배상책임을 진다. 예선열이 제3자에게 가한 손해에 관하여는 예선열일체(曳船列一體)의 원칙에 따라 피예선자에게 책임이 있다는 견해(日大判 38. 9. 10, 民集 17. 1731면)가 있었으나, 계약의 유형에 따라 운송계약의 경우에는 예선만이 제3자에게 배상책임을 지고, 고용계약의 경우에는 피예선만이 책임을 진다고 하겠다. 도급계약의 경우에는 견해가 갈라지지만, 피예선에 운항지휘권이 있는 만큼 피예선이 책임을 진다고 본다(상세는 Schoenbaum, 3rd ed., pp. 727 ff; 734 f. 참조).

제4절 船主責任制限制度

제1 總 說

1. 海上企業者의 責任制限

해상법은 해상기업자를 보호하기 위하여 일찍부터 그의 기업상의 채무를 제한하는 여러 가지 제도를 발전시켜 왔다. 선박소유자의 책임제한, 운송인의 책임제한, 공동해손, 해난의 구조료 등이 그것이며, 최근에는 환경오염(유류오염)에 대한 책임제한문제가 가장 중요한 현안으로 등장하고 있다(Healy & Sharpe, p. 756). 선박소유자의 책임제한제도는 선박소유자가 하나의 사고로 인하여 부담하게 된 모든 손해의 배상책임을 총체적으로 제한하는 총체적 책임제한(global limitation of liability)임에 반하여, 해상운송인의 책임제한제도는 해상운송인 측의 상업과실로 인하여 개개의 운송물에 대하여 생긴 개별적인 손해의 배상책임을 제한하는 개별적 책임제한이다. 여기에는 포장별 책임제한(package limitation)과 중량당 책임제한이 있다. 해상법이 인정하는 개별적 책임제한에는 그밖에 공동해손의 경우에 그 분담책임이 선박과 적하의 현존가액으로 제한되고(868), 해난 구조의 경우에 구조료(보수)의 한도가 구조된 목적물의 가액을 초과하지 못하는 것(884) 등이 있다.

2. 總體的責任制限과 個別的責任制限과의 關係

(1) 해상운송인의 개별적 책임제한은 선박소유자의 총체적 책임제한에 영향을 미치지 아니한다(797 IV). 따라서 해상운송인이 선박소유자나 용선자인 경우(769, 774 I ①)에는 해상운송인의 자격에서 운송물에 대하여 개별적 책임제한을 받고

(797), 위 제한된 개별 채무액을 포함하여 다시 그가 부담할 채무의 전체에 대하여 선박소유자의 자격에서 총체적 책임제한을 받아(769 이하), 이중으로 책임제한의 혜택을 입게 된다. 결국 선박소유자인 운송인은 위 둘 중 유리한 하나의 제도를 선택하여 책임제한을 할 수 있다.

(2) 해상법이 이처럼 운송물에 대한 해상기업자의 책임을 이중으르 제한하는 점에 대하여는 많은 비판이 있다. 즉 운송인으로서의 개별적 책임제한이 인정되는 경우에는 계약책임에 한하여 선주의 총체적 책임제한이 부정되어야 한다는 주장(石井照久, 海商法, 153면)과 적어도 인적 손해의 경우에는 피해자를 보호하기 위하여 운송인의 총체적 책임제한은 배제되어야 한다는 주장(이균성, 국제해상운송법연구, 246면; 홍승인, 「해상기업주체의 책임제한에 관한 연구」, 1991년도 한국외대 박사학위논문, 14면) 등이 있다.

제2 責任制限의 根據

해상기업자의 책임에 관하여는 일찍이 중세로부터 각국에서 다양한 방법으로 유한책임을 인정하여 왔다. 선박소유자의 책임을 제한하는 근거로서는 ① 해상기업은 다액의 자본이 투하되고 위험성이 크므로 이를 보호육성할 필요가 있다는 점, ② 선장의 대리권의 범위가 대단히 광범하여 선박소유자에게 무한책임을 지우는 것이 가혹하다는 점, ③ 선장 등 고급선원은 국가가 공인한 자격을 가지는 자이고 또 항해 중의 선원의 행위에 대하여는 선박소유자의 지휘감독이 곤란하다는 점, ④ 해상기업에서도 소유와 경영이 분리되어 있으므로, 상법상 소유와 경영이 분리된 물적회사의 경우에 유한책임이 인정되는 것과 같이 선박소유자의 책임을 제한할 필요가 있다는 점 등을 들고 있다. 그러나 통신기관이 발달하고 금융기관도 정비되어 있으며, 지점·대리점이 각국에 설치되어 있고, 육상에서도 대규모의 기업이 다수 활동을 하고 있는 오늘날에 이르러서는 선박소유자의 책임제한의 근거로 주장된 것들의 다부분은 그 의미를 잃었다. 그렇지만 해상기업은 그 위험이 크고, 손해가 발생하면 그 금액이 거액이며, 국가적으로 해운업을 보호육성할 필요가 있다는 점에서 선박소유자의 책임제한은 여전히 그 존재이유가 인정된다고 본다(同旨: 손주찬, 707면; 최기원, 740면; Schoenbaum, §14-1, p. 482; 戶田·西島, 168면). 일본 최고재판소도 연혁적 이유, 해상기업의 위험과 국제성 및 민법상의 사용자책임의 일반원칙(民 756 I 但)에 의하여 선주책임제한제도의 합헌성을 인정하였다(日最決 80. 11. 5. 民集 34. 6. 765).

제3 責任制限에 관한 立法主義

(1) 각 立法主義

선박소유자의 책임제한의 형태 내지 입법주의에는 다음과 같은 것이 있으나, 현재에는 영국·도이칠란트·프랑스·일본·북유럽 4개국 등 세계의 주요 해운국이 1976년의 「해사채권에 대한 책임제한에 관한 협약」(International Convention on Limitation of Liability for Maritime Claims)을 따르고 있으므로, 이들은 연혁적인 의미밖에 없다.

① **委付主義** 선박소유자는 원칙적으로 인적 무한책임을 부담하지만, 항해 종료시의 해산(海産. 선박·운임 등)을 채권자에게 넘겨주고 그 책임을 면할 수 있는 제도이다. 위부주의는 매 항해마다 위부에 의한 면책을 인정하므로, 항해주의(航海主義)를 취한 것이다. 1967년 개정 전의 프랑스상법과 1975년 개정 전의 일본상법이 채택하였던 제도이며, 현재 라틴아메리카의 일부 국가가 채용하고 있다.

② **執行主義** 선박소유자는 채무의 전액을 부담하지만, 그의 책임은 항해 종료시의 해산에 한정되어, 채권자는 이 해산에 대하여만 강제집행을 할 수 있고, 해산 이외의 육산(陸產)에 대하여는 강제집행을 할 수 없는 제도이다. 집행주의 역시 당연히 항해주의를 취한다. 위부가 없어도 처음부터 책임이 해산에 한정되는 물적 유한책임이라는 점이 위부주의와 다르다. 1972년 개정 전의 도이칠란트상법이 취하였던 제도이다.

③ **船價責任主義** 선박소유자는 항해종료시의 해산의 가액을 한도로 하여 인적 유한책임을 지지만, 아울러 해산의 위부에 의한 면책을 인정하는 제도이다. 이것도 항해주의이다. 1935년 개정 전의 미국법이 취하였던 제도이다.

④ **金額責任主義** 선박소유자의 책임을 매 항해마다 정하지 않고 매 사고에 따라 정하되(事故主義), 그의 책임을 일정한 법정금액으로 제한하는 제도이다. 선박소유자의 책임액은 인적 손해와 물적 손해로 나누어, 손해를 발생시킨 선박의 총 톤수에 각각 일정한 비율을 곱하여 산정한 금액에 한정된다. 1854년 상선법 이래로 영국이 채용하고 있는 제도로서, 1957년과 1976년 조약도 이 주의를 채택하고 있으며, 위 조약을 국내법화한 주요해운국(프랑스, 도이칠란트, 일본, 북구 4국)이 이를 채택하고 있다.

⑤ **選擇主義** 선박소유자의 책임은 원칙적으로 무한책임으로 하되, 위부주의·선가책임주의 및 금액책임주의를 병용하여, 선박소유자는 그 중 하나를 선택하여 책임을 제한하는 제도이다. 이것도 항해주의이다. 1928년 개정 전의 벨기에 상법이 채택하였던 제도이다.

⑥ 併用主義　1924년 선박소유자책임제한조약이 채용하는 제도로서, 선가책임주의에 금액책임주의를 병용하는 것이다. 1924년 조약에 의하면, 물적 손해에 대한 선주의 책임은 원칙적으로 항해종료시의 선박의 가액을 한도로 하거나(선가책임주의), 선박의 적량 1톤에 관하여 영화 8파운드의 비율로 산출한 금액을 한도로 하고(금액책임주의), 인적 손해에 관하여는 적량 1톤에 관하여 8파운드의 비율로 산출한 금액을 한도로 하되, 이 금액으로 전부의 배상이 불가능한 때에는 채권자는 그 잔액에 관하여 다른 채권자와 경합하여 물적 손해에 관한 금액의 배분에 참가할 수 있다. 1935년 개정된 미국법, 1928년 개정 벨기에 상법은 이를 채택하고 있다.

(2) 각 立法主義의 優劣

위부주의와 집행주의는 물적 유한책임을 인정하는 것으로서, 과거에 1항해를 모험적인 하나의 기업으로 보고 선박을 중심으로 한 해산을 마치 책임의 주체인 것처럼 파악하였던 시대의 유물로서 현대의 조류에 맞지 않을 뿐더러, 해산이 멸실된 경우에는 채권자는 아무런 구제를 받을 수 없어 부당하다. 선가책임주의는 인적 유한책임이라는 점에서 위의 두 주의보다는 낫지만, 선가의 결정에 문제가 있을 뿐더러 채권자가 받을 손해배상액이 가해선의 선가에 의하여 좌우되므로, 실제로는 물적 유한책임의 경우와 같은 난점이 있다. 위 여러 주의를 절충한 병용주의와 선택주의는 자연히 각 주의의 장단점을 가진다. 이에 대하여 금액책임주의는 그 책임의 범위가 명료하고, 해산의 멸실이 책임액과 관계가 없고, 절차가 간명하다는 점에서 선박소유자의 책임을 제한하는 방법으로서 가장 합리적이라고 평가되고 있다. 다만 금액책임주의는 사고주의이므로, 항해기업의 경영상 총체적인 계산의 기초를 불확실하게 할 염려가 있고, 사고가 반복되는 경우에는 선주의 책임에 제한이 없는 것과 같은 결과가 될 수 있다는 비판이 있으나, 이러한 극단적인 경우를 가상한 비판은 정당하지 않고, 채권자의 보호라는 측면에서 금액책임주의가 가장 우수하다고 본다.

(3) 船舶所有者責任制限條約의 成立과 그 改正

각국의 선박소유자책임제한의 형태가 다른 것은 선박에 의한 기업활동이 국제적으로 전개되는 실정에 맞지 아니하므로 19세기 말 이래로 선주의 책임제한에 관한 국제적 통일이 시도되었다.

① 그 결과로 1924년에 「해상항행선박의책임제한에관한약간의규칙의통일에관한국제조약」(이하 「1924년 선주책임제한조약」 또는 1924년 조약이라 약칭한다)이 성립하였다. 미국의 1935년 개정법은 이를 받아들였다. 그러나 이 조약은 선가책임주의와 금액책임주의를 병용하는 타협적 형태를 채용하여 많은 문제점이 수반되었기 때문에 주요해운국은 이를 국내법으로 받아들이지 아니하였다.

② 그리하여 제2차 세계대전 후에 새로운 국제조약안이 검토된 끝에 1957년 브뤼셀에서 「해상항행선박의소유자의책임제한에관한국제조약」(이하 「1957년 선주책임제한조약」 또는 1957년 조약이라 한다)이 성립하였다. 1957년 조약은 1924년 조약

의 병용주의를 고쳐 금액책임주의와 사고주의를 채용하였다. 즉 사고마다 물적손해에 관하여는 선박의 톤수에 1,000 금프랑을 곱한 액, 인적 손해에 관하여는 톤수에 3,100 금프랑을 곱한 액으로 선주의 책임을 제한하고, 동일사고에서 인적 손해와 물적 손해가 모두 발생한 경우에는 톤수에 3,100 금프랑을 곱한 액을 한도로 하여, 그 가운데 2,100 금프랑의 부분(제1부분의 기금)을 인적 손해에 충당하고, 나머지 1,000 금프랑의 부분(제2부분의 기금)을 물적 손해에 충당하되, 제1부분의 기금으로 인적 손해의 변제에 부족한 경우에는 제2부분의 기금을 인적 손해의 부족부분과 물적 손해에 안분비례에 의하여 배분하여 충당하는 것으로 하였다. 1957년 조약에는 30여개국이 비준·가입하였었다.

③ 1957년 조약이 성립하고 약 20년이 경과함에 따라 책임한도액이 지나치게 저액이 되고 금과 통화의 연결이 끊어지게 되어, 이를 개선하는 새로운 조약의 필요성이 인식되었고, 그리하여 1976년 런던에서 「1976년 해사채권에관한책임제한에관한조약」(Convention on Limitation of Liability for Maritime Claims. 이하 「1976년 해사채권책임제한조약」 또는 1976년 조약이라 부른다)이 성립하였다. 1976년 조약은 1957년 조약의 금액책임주의를 유지하면서, 선주의 책임한도액의 인상(동 조약 6, 7)을 중심으로 하여, 책임제한주체의 확장(동조약 1), 비제한채권의 확장(동조약 3), 책임제한조각(阻却)사유의 엄격화(동조약 4) 및 책임한도액의 단위의 변경(동조약 8) 등을 실현한 것이다. 1976년 조약은 영국, 프랑스, 도이칠란트, 일본 등 주요해운국에서 이를 받아들여 국내법화하였으며, 우리 상법도 1991년 개정에 의하여 이 조약을 수용하였다.

④ 1976년 조약이 성립된 이후 약 20년이 경과하면서 물가의 상승에 따라 책임한도액의 현실화가 요청되어, 1996년 5월 국제해사기구는 1976년 조약에 대한 개정의정서(Protocol of 1996 to Amend the Convention on Limitation of Liability for Maritime Claims 1976; LLMC PROT)를 채택하였다. 이것은 책임한도액의 인상, 인적 손해와 물적 손해에서 책임한도액의 4단계통일 등을 주요내용으로 하고 있다(상세는 송상현·김현, 신정판 해상법원론, 1999, 125면 이하 참조). 그러나 아직 이 개정의정서를 입법한 국가는 없다.

제4 商法상의 責任制限制度

1. 總 說

(1) 우리 상법은 선박소유자의 책임제한에 관하여 세번에 걸쳐 입법주의를 바꾸어 왔다. 즉 의용상법은 위부주의를 채택하였으나(依用商法 690), 이것은 문제점이 많으므로, 1962년 신상법은 1924년 조약을 수용하여 선가책임주의와 금액책임주의를 병용하는 병용주의를 채택하였었다(新商法 746 이하). 그러나 병용주의 역시

선가산정의 타당성 등 문제가 있고, 금액책임주의에 의한 책임한도액이 현실에 맞지 아니하므로, 1991년 개정법은 1976년 조약을 수용하여 금액책임주의로 일원화하였다.

(2) 1976년 조약은 각국이 국내법에 의하여 자국 내의 항구 사이만을 운항하는 내항선과 총톤수 300톤 이하의 선박에 대하여는 책임제한제도의 적용을 달리할 수 있도록 규정하고 있으나(동조약 15 II), 상법은 이러한 특칙을 두고 있지 아니하므로, 상법상의 책임제한제도는 내항선과 300톤 이하의 선박에도 적용된다(일본은 내항선에 대하여 선주책임제한제도의 적용을 배제하고 있다. 일본 선주책임제한법 3 IV 참조).

(3) 2007년 개정법은 1996년 선주책임제한조약에 대한 개정의정서의 입장을 받아들여 선주의 책임제한액을 상향조정하였다(여객의 경우 46, 666 계산단위→175,000 계산단위 등; 770 I ①).

2. 責任制限의 主體

책임제한제도는 선박소유자를 위하여 생겨났지만, 책임제한을 주장할 수 있는 자는 선박소유자에 한하지 않는다. 상법상 책임제한의 주체는 다음과 같다.

(1) 船舶所有者 등

선박소유자는 물론, 용선자·선박관리인 및 선박운항자도 책임을 제한할 수 있다. 동일한 사고에서 발생한 선박소유자의 책임과 용선자·선박관리인 및 선박운항자의 책임이 경합하는 경우에는 그 책임의 총액은 선박마다 법정책임한도액(770)을 초과하지 못한다(774 II).

① **船舶所有者**　자기가 소유하는 선박을 해상기업에 이용하는 이용선주를 말한다. 선박소유자에는 선박공유자가 포함된다(일본의 선박소유자등의책임제한에관한법률 제17조 제2항은 선박공유자가 각자 책임제한절차의 개시신청을 할 수 있다고 명문으로 규정하고 있다). 선박소유자가 상법 제770조에 의하여 책임제한을 받는 경우에는 민법의 규정(民 756)에 의한 손해배상책임을 지지 않는다(大判 70. 9. 29, 70 다212).[1]

② **傭 船 者**　여기의 용선자는 기업형 항해용선자(827)와 정기용선자(842)를 가리킨다(774 I ①). 전부용선자와 일부용선자를 가리지 않으며, 선박의 리스이용자도 책임제한의 주체가 된다고 본다. 정기용선자는 해상기업의 주체이므로

---

1) 大判 70. 9. 29, 70 다 212(선장 기타 해원이 직무를 행함에 당하여 고의 또는 과실로 제3자에게 손해를 끼친 경우에 선박소유자가 지는 책임은 상법 제746조(개정법 770)의 규정에 의한 선주의 책임이니 민법 제756조의 규정은 그 적용이 배제된다).

책임제한의 주체가 되는 것이고, 기업형 항해용선자는 자기명의로 재운송을 하는 자로서 손해배상책임을 부담하므로 책임제한의 주체가 된다(841 I, 797). 선체용선자(847, 선박임차인)도 책임제한의 주체가 되지만, 이에 대하여는 별도의 규정이 있다(850 I). 운송형 항해용선자는 단순한 화주이므로, 제3자에 대한 책임제한이 문제되지 않는다.

③ **船舶管理人** 선박관리인은 선박공유에서 선박공유자에 의하여 선임되고 법정권한을 가지는 대리인(765, 766)으로서 해상기업의 주체는 아니지만, 감독자로서 스스로 손해배상책임을 부담하는 경우(民 756)가 있으므로, 책임제한주체에 포함된 것이다(774 I ①). 선박관리인이 선박공유자를 개별적으로 대리하여 책임제한신청을 하는 것은 아니다.

④ **船舶運航者** 선박운항자란 위에서 말한 자 이외의 선박운항의 주체를 말하며, 여기에는 전에 말한 선박수탁자(해상기업의 주체 참조) 및 어선운항자가 포함된다(774 I ①).

(2) 無限責任社員

선박소유자 및 용선자·선박관리인 및 선박운항자가 법인인 경우에는 그 무한책임사원도 책임제한을 주장할 수 있다(774 I ②). 이것은 인적회사의 무한책임사원이 법인의 손해배상채무에 대하여 책임을 지는 경우(212, 269)에 무한책임사원을 보호하기 위함이다. 동일한 사고에서 발생한 모든 채권에 대한 선박소유자 및 그 무한책임사원에 의한 책임제한의 총액은 선박마다 제770조에 의한 책임한도액을 초과하지 못한다(774 II).

(3) 船長·海員·導船士 기타 船舶使用人

자기의 행위로 인하여 선박소유자 또는 용선자·선박관리인 또는 선박운항자(이하 선박소유자 등이라 약칭한다)에 대하여 책임을 생기게 한 선장·해원·도선사와 선박소유자 또는 용선자·선박관리인 또는 선박운항자의 사용인 또는 대리인(이하 선장 등이라 약칭한다)도 책임제한을 주장할 수 있다(774 I ③). 선장 등에게도 책임제한을 인정한 것은, 이들의 행위로 인하여 사용자인 선박소유자 등이 책임을 지고 나아가 선장 등도 책임을 지는 경우(民 756, 750)에, 만일 선장 등이 책임제한을 주장할 수 없다고 하면, 선박소유자 등으로부터 책임제한의 대항을 받은 채권자가 선장 등에 대하여 전액의 손해배상을 청구할 수 있게 되고, 해상기업자의 책임은 제한되는 반면에 그보다 자력이 약한 선장 등은 책임제한을 받지 못하게 되어 불합리하기 때문이다.[1] 동일한 사고에서 발생한 모든 채권에 대한 선박소유자 등 및 선장 등에 의한 책임의 총액은 선박마다 제770조에 의한 책임한도액을 초과하지 못한다(774 II).

(4) 海難救助者

① 해난 구조자가 구조활동에 직접 관련하여 제3자에게 손해를 입혀 부담하는 손해배상책임에 대하여도 책임제한을 주장할 수 있다(775). 해난 구조자란 위난을 맞은 선박 또는 적하의 구조작업에 직접 관계된 역무를 제공하는 모든 자를 말한다. 여기의 구조는 구조전문사업자에 의한 경우뿐만 아니라 재난현장을 지나가던 선박이 우연히 구조하는 경우도 포함한다.

② 구조활동은 구조선에 의하는 경우, 피구조선에서 하는 경우 및 선박에 의하지 아니한 경우 등이 있는데, 구조선에 의하는 경우는 제769조 제1호에 의하여 책임제한을 주장할 수 있으므로, 제775조의 규정은 피구조선에서 하는 경우 및 선박에 의하지 아니한 경우에 특히 의미가 있다. 다만 구조활동을 선박으로부터 행하지 아니한 경우[2] 및 구조를 받는 선박에서만 한 경우에는 책임의 한도액이 구조선에 의한 구조의 경우와 다르다(775 II). 구조자의 사용자 등도 책임제한을 주장할 수 있다고 본다(774 I ③ 유추해석. 同旨: 정찬형, 730면).

(5) 責任保險者

상법에 명문규정은 없으나, 선박소유자 등 책임제한권자의 배상책임을 보험으로 인수한 책임보험자도 선박소유자 등 피보험자와 동일하게 책임제한을 주장할 수 있다(通說). 왜냐하면 상법은 책임보험에서 제3자의 보험자에 대한 직접청구권을 인정하고 있고(724 II 本), 이 때 보험자는 피보험자가 그 사고에 대하여 가지는 항변으로써 제3자에게 대항할 수 있으므로(724 II 但), 선박사고 등으로 인한 손해배상채권자가 책임보험자에게 직접 보상청구를 하는 경우에는 책임보험자는 피보험자인 선박소유자 등이 가지는 책임제한사유를 항변으로 주장할 수 있기 때문이다. 상법 제774조에 책임보험자를 책임제한권자로 굳이

1) 주식회사의 대표이사, 유한회사의 이사 및 법인의 대표기관도 피해자에 대하여 불법행위로 인한 책임을 지는 경우(389, 567, 民 35 I 但)가 있으므로, 이들도 책임제한의 주체에 포함시켜야 한다는 주장이 있다(이균성, 「개정해상법과 해상기업관계자의 총체적 책임제한」, 송연 양승규 교수화갑기념, 현대상법의 과제와 전망, 1994, 433면).

2) 선박을 사용하지 않고 하는 구조자까지 책임제한주체에 포함시킨 것은 해상기업주체만을 대상으로 하는 전통적인 해상법 체계에서는 이례에 속하는 제도이다(손주찬, 716면).

열거하지 아니한 이유는 여기에 있다(同旨: 송상현·김현, 128면; 1976년 조약 참조. 反對: Lucas, pp. 1043-1044).

3. 責任制限債權

(1) 一般責任制限債權

선박소유자 등 앞에 말한 책임제한청구권자는 청구원인의 여하에 불구하고 다음 각호의 채권에 대하여 제770조의 규정에 의한 금액의 한도로 그 책임을 제한할 수 있다. 「청구원인의 여하에 불구하고」(whatever the basis of liability may be)란 그 원인이 채무불이행이든 불법행위든 가리지 않는다는 뜻이다.[1)]

① 船舶 내 또는 船舶運航과 관련한 人的·物的損害에 관한 債權

(ㄱ) 선박에서 또는 선박의 운항에 직접 관련하여 발생한 사람의 사망, 신체의 상해 또는 그 선박 이외의 물건의 멸실 또는 훼손으로 인하여 생긴 손해에 관한 채권은 책임제한이 인정된다(769 ①). 사람의 사상 또는 물건의 멸실·훼손으로 인한 손해가 선박 내에서 생기거나 선박의 운항과 직접 관련하여 생겨야 한다. 따라서 어로활동을 하다가 어선 상에서 생긴 손해에 관한 채권은 제한채권이 아니다. 선박 내에서 생긴 손해의 예로서는 여객·전송객·하역인부의 사상, 적하·수하물의 멸실·훼손 등이 있고, 선박 외에서 선박의 운항과 관련하여 생긴 손해의 예로서는 선박충돌의 경우 상대방 선박의 승객·선원의 사상, 상대방 선박의 선체·적하·어업시설의 멸실·훼손 등이 있다.

(ㄴ) 인적 손해는 여객과 선원 또는 상대방의 선원이 입은 손해로서, 여객에 관한 인적 손해와 여객 이외의 사람에 관한 인적 손해로 나뉜다(770 I ①②). 물적 손해는 선박충돌 시에 상대선의 멸실·훼손, 자선 및 상대선에 실린 적하의 멸실·훼손, 항의 구축물·정박시설·부두·항로표지 등의 손해(通說), 어획물의 손해 등을 가리킨다.[2)] 선박 이외의 물건에 한하므로, 당해 선박은 제외되는데,

---

1) 그러나 1991년 상법개정 전의 대법원판례는 선주유한책임제도는 불법행위를 원인으로 하는 경우에는 적용되지 않는다는 입장을 고수하여 왔다. 大判 87. 6. 9, 87 다 34(선박소유자의 유한책임한도에 관한 상법 제746조, 제747조의 규정 등은 운송계약 불이행으로 인한 손해배상청구권에 있어서만 적용되고 선박소유자의 일반불법행위로 인한 손해배상을 구하는 경우에 있어서는 적용이 없다); 89. 4. 11, 88 다카 11428; 89. 11. 24, 88 다카 16294 등.

2) 大判 98. 3. 25, 97 마 2758(예인선의 선장 및 선원들이 예인선과 일체로서 영리 목적으로 사용되는 리스 임차 피예인선인 부선(barge)을 그 안전수칙에 위반하여 안개로 인한 시계제한 상태에서 운행하던 중 무선 연락 등으로 선행 선박의 항해 방향, 시속 등을 확인하지 않은 채 너무 근접하여 그 선박을 추월하다가 피예인선이 그 선박과 충돌한 경우, 예인선의 선박소유자는 그 피용인인 선장이나 선원들의 위와 같은 항해상의 잘못으로 인하여 발생한 사고로 인한 손해를 상대방

이것은 선박이 멸실·훼손된 경우에 선체용선자의 선박소유자에 대한 책임 또는 선장 등의 선박소유자에 대한 책임을 책임제한의 대상에서 제외하기 위한 것이다(손주찬, 717-718면).

② **運送物·旅客 등의 運送遲延損害에 관한 債權** 운송물, 여객 또는 수하물의 운송의 지연으로 인하여 생긴 손해에 관한 채권은 책임제한이 인정된다(769 ②). 이것은 운송의 지연, 즉 운송계약상의 채무불이행으로 인한 손해배상채권의 하나이다. 여기의 지연에는 환적(換積)으로 인한 지연도 포함된다.

③ **非契約상의 權利侵害로 인한 損害에 관한 債權** 제1호 및 제2호 이외에 선박의 운항에 직접 관련하여 발생한 계약상의 권리 이외의 타인의 권리의 침해로 인하여 생긴 손해에 관한 채권도 책임제한의 대상이 된다(769 ③). 권리침해로 인한 손해란 예컨대 어업권을 침해한 경우의 손해, 선박충돌의 경우 상대방선박의 매점·음식점 등의 영업권을 침해한 경우의 손해 등 선박운항에 직접 관련하여 발생한 불법행위로 인한 채권을 말한다. 「계약상의 권리 이외의 권리」를 침해하여야 하므로 제3자의 계약상의 권리가 침해된 경우의 손해는 제외되며, 「타인의 권리의 침해」이어야 하므로 당해 선박의 멸실·훼손으로 인한 손해는 제외된다.

④ **損害防止措置 또는 그 結果로 인한 損害에 관한 債權** 제1호 내지 제3호의 채권의 원인이 된 손해를 방지 또는 경감하기 위한 조치에 관한 채권 또는 그 조치의 결과로 인하여 생긴 손해에 관한 채권은 책임제한의 대상이 된다(769 ④). 이것은 선박소유자 등 및 선장 등이 손해방지조치를 취함으로써 발생하는 제2차적인 손해에 관한 채권이다. 다만 당해 선박의 소유자 등 및 선장 등이 가지는 채권은 제외된다. 「손해를 방지 또는 경감하기 위한 조치에 관한 채권」은 예컨대 사고를 일으킨 선박에서 기름이 흘러 나와 어장에 손해를 입힐 염려가 있는 경우에 그 기름을 제거하거나 기름이 유출될 염려가 있는 선박의 파손부분을 수리하는데 드는 비용을 말하고, 「그 조치의 결과로 인하여 생긴 손해에 관한 채권」은 예컨대 위 예에서 기름을 제거하는 약제를 사용할 때에 어장 내지 어업에 가한 손해, 손해방지조치의 작업 중에 선체나

선박소유자에게 배상할 책임이 있으며, 그 손해배상채권은 상법 제746조 제1호가 정하는 '선박의 운항에 직접 관련하여 발생한 그 선박 이외의 물건의 멸실 또는 훼손으로 인하여 생긴 채권'으로서 선박소유자의 책임제한 대상 채권에 해당한다).

적하에 가한 손해 등을 말한다. 그러나 선박소유자 등 원래 손해를 방지할 법적의무를 지는 자가 손해방지조치를 취하면서 지출한 비용에 대한 채권은 여기에 포함되지 않는다(773④)(손주찬, 719면).

(2) 海難救助者의 責任制限債權

① 해난 구조자 또는 그 피용자의 구조활동과 직접 관련하여 발생한 사람의 사망이나 신체의 상해, 재산의 멸실이나 훼손, 계약상 권리 외의 타인의 권리의 침해로 인하여 생긴 손해에 관한 채권 및 그러한 손해를 방지 혹은 경감하기 위한 조치에 관한 채권 또는 그 조치의 결과로 인하여 생긴 손해에 관한 채권에 대하여는 선박소유자의 유한책임에 관한 규정(769-774)의 규정에 따라 구조자도 책임을 제한할 수 있다(775 I). 다만 구조활동의 성격상 운송물·여객 또는 수하물의 운송의 지연으로 인하여 생긴 손해에 관한 채권(769②)은 여기에서 제외되고(775 I), 여객의 사망 또는 신체의 상해로 인한 손해에 관한 채권(770 I ①)도 책임제한의 대상에서 제외된다(775 I).

② 여기에서 「구조자」라 함은 구조활동에 직접 관련된 용역을 제공한 자를 말하며, 「구조활동」이라 함은 함은 해난구조 시의 구조활동은 물론 침몰·난파·좌초 또는 유기 그 밖의 해양사고를 당한 선박 및 그 선박 안에 있거나 있었던 적하 그 밖의 물건의 인양 제거 파괴 또는 무해조치 및 이와 관련된 손해를 방지 또는 경감하기 위한 모든 조치를 말한다(775 IV).

「구조활동과 직접 관련하여 발생한 사람의 사망·신체의 상해, 재산의 멸실이나 훼손, 계약상 권리 외의 타인의 권리의 침해로 인하여 생긴 손해에 관한 채권」은 해난 구조자가 그의 구조활동과 관련하여 과실 등에 의하여 제3자에게 인적·물적 손해를 입혀 손해배상책임을 지는 경우에, 그 제3자가 구조자에 대하여 가지는 채권(882)을 말하고,「구조자 또는 그 피용자의 구조활동과 직접 관련하여 발생한 …… 손해를 방지 혹은 경감하기 위한 조치에 관한 채권 또는 그 조치의 결과로 인하여 생긴 손해에 관한 채권」은 구조자 등이 손해방지조치를 취함으로써 발생하는 제2차적인 손해에 관한 채권을 뜻한다.

③ 해난 구조자의 책임제한채권에는 (a) 구조활동과 직접 관련하여 발생한 사람의 사망·신체의 상해로 인하여 생긴 손해에 관한 채권, (b) 구조활동과 직접 관련하여 발생한 재산의 멸실이나 훼손으로 인하여 생긴 손해에 관한 채권, (c) 구조활동과 직접 관련하여 발생한 계약상의 권리 이외의 타인의 권

리의 침해로 인하여 생긴 손해에 관한 채권, (d) 위의 손해를 방지 혹은 경감하기 위한 조치에 관한 채권 또는 그 조치의 결과로 인하여 생긴 손해에 관한 채권이 포함된다(775 ①).

④ 구조자의 사용인의 행위로 인하여 구조자에게 위 제한채권이 성립한 경우에는 그 사용인도 구조자와 동일하게 책임제한을 할 수 있다(775 Ⅰ, 774 Ⅰ ③의 준용).

(3) 責任保險者의 責任制限債權

선박소유자 등 책임제한주체를 피보험자로 하고 책임제한채권의 담보를 목적으로 한 책임보험계약이 체결된 경우에, 채권자가 책임보험자에 대하여 직접 보상을 청구하는 때에는 책임보험자도 피보험자와 동일하게 책임제한을 주장할 수 있다(724 Ⅱ 前述). 이 경우에 책임보험자는 채권자로부터 보상청구를 받은 때에는 지체없이 피보험자인 선박소유자 등에게 통지하여야 하고(724 Ⅲ), 피보험자는 책임보험자의 요구가 있을 때에는 필요한 서류·증거의 제출, 증언 또는 증인의 출석에 협조하여야 한다(724 Ⅳ).

4. 責任非制限債權

선박소유자 등은 다음 채권에 대하여는 그 책임을 제한하지 못한다(773).

(1) 船長 그밖의 使用人의 船舶所有者에 대한 債權

선장·해원 기타의 사용인으로서 그 직무가 선박의 업무에 관련된 자 또는 그 상속인·피부양자 그 밖의 이해관계인의 선박소유자에 대한 채권은 책임제한의 대상이 아니다(773 ①). 선장·선원 등이 선박소유자 등에 대하여 가지는 고용계약상의 채권(보수채권 등) 및 불법행위로 인한 채권을 모두 포함하며, 이것은 경제적 약자인 이들을 정책적으로 보호하기 위한 것이다. 여기의 사용인은 선박의 업무에 관련되기만 하면 선박에 승무하지 않아도 상관이 없다(예컨대 부두에서 선박의 접안작업에 종사하는 자도 포함한다). 해난 구조자의 사용인이 구조자(사용자)에 대하여 가지는 채권도 책임제한의 대상이 아니라고 본다(同旨: 손주찬, 722면).

(2) 海難救助料 및 共同海損分擔金債權

해난구조로 인한 구조료채권 및 공동해손의 분담에 관한 채권은 선박소유자 등의 책임제한의 대상이 아니다(773 ②). 「해난구조로 인한 구조료 채권」은 해난을 맞은 선박 또는 적하를 의무 없이 구조한 자가 가지는 구조료채권을 말하고(882), 「공동해손의 분담에 관한 채권」은 선장이 선박과 적하의 공동위험을 면하기 위하여 선박 또는 적하를 처분함으로써 생긴 손해나 비용을 이해관계인이 분담하는 경우의 채권을 말한다(866, 867). 위 두 가지 채권을 책임제한채권에서 제외한 것은 구조료채무 및 공동해손분담채무에 관하여는 상법상 별도의 유한책임제도가 인정되고 있고(775, 868), 구조료채권의 경우에는 책임제한을 배제함으로써 구조활동을 촉진시킬 필요가 있고, 공동해손분담채권의 경우에는 선주에 대한 것만 제한하면 선주만 보호하게 되어 적하이해관계인과 사이에 균형이 맞지 않기 때문이다.

(3) 油類汚染損害에 관한 債權

1969년 11월 29일 성립한 유류오염손해에 대한 민사책임에 관한 국제조약 또는 그 조약의 개정조항이 적용되는 유류오염손해에 관한 채권은 책임제한의 대상이 아니다(773 ③). 유조선의 경우에는 1969년 유류오염손해민사책임조약(CLC. International Convention on Civil Liability for Oil Pollution Damage. 1992년 개정)과 1971년 유류오염손해보상국제기금설치조약(IFC. International Convention on the Establishment of an International Fund for Compensation for Oil Pollution Damage. 1992년 개정) 및 이들 조약의 비준과 함께 제정된 「유류오염손해배상보장법」에 의하여 선박소유자의 책임이 제한되고 있으므로, 상법에서 따로 책임제한을 규정할 필요가 없어서 이를 규정하지 아니한 것이다. 여기에서 주의할 것은 위 조약은 유류를 화물로 싣고 실제로 운송하는 선박, 즉 유조선만이 적용대상이므로, 일반선박이 유류를 유출시킨 경우에는 적용이 없고, 이 경우에는 상법이 규정한 선박소유자의 책임제한규정(769 ③, ④)에 의하여 책임이 제한된다는 점이다(손주찬, 723면).

(4) 沈沒船舶의 引揚·除去 등에 관한 債權

침몰·난파·좌초·유기 그 밖의 해난을 당한 선박 및 그 선박 안에 있거나 있었던 적하 기타의 물건의 인양·제거·파괴 또는 무해조치에 관한 채권은 책임제한의 대상이 아니다(773 ④). 1976년 조약은 이를 책임제한채권으로 규정하고 있으나(2 I (d)(e)), 각국은 그 적용을 배제하는 권리를 유보하였으므로, 상법은 위 규정을 배제하기로 하였다. 그 이유로서는 이를 제한채권으로 하면 난파물제거의무의 이행이 원활하게 이루어지지 못할 염려가 있는 점, 침몰선의 철거에는 막대한 비용이 소요되므로 이를 제한채권에 포함시키면 다른 피해자에 대한 배상액이 적게 되는 점, 이를 유보하는 나라가 많은 점, 행정관청은 침몰물의 제거명령을 하고 또 제거의 대집행을 할 수 있는 점 등을 들 수 있다.

(5) 原子力損害에 관한 債權

원자력손해에 관한 채권은 책임제한 대상이 아니다(773 ⑤). 「원자력손해」란 핵연료물질의 원자핵분열과정의 작용 또는 핵연료물질이나 그에 의하여 오염된 것의 방사선작용 또는 독성적 작용(이의 섭취 또는 흡입에 의하여 인체에 중독 및 그 속발증을 미치는 것을 말한다)에 의하여 생긴 손해인데, 당해 원자력사업자가 받은 손해 및 당해 원자력사업자의 종업원이 업무상 받은 손해는 제외된다(原子力損害賠償法 2). 원자력손해에 관하여는 원자력손해배상법에 의하여 원자력사업자의 책임이 1공장 또는 1사업소마다(원자로를 선박에 설치하는 경우에는 1척마다) 각각 90억원을 한도로 대통령령이 정하는 금액의 범위 안에서 과학기술처장관의 승인을 얻은 금액으로 제한되어 있기 때문이다(同法 6).

5. 責任制限排除事由

책임제한이 인정되는 채권이라도 그것이 선박소유자와 제774조 제1항에 게기한 자 등 책임제한권자 자신의 고의 또는 손해발생의 염려가 있음을 인식하면서 무모하게 한 작위 또는 부작위로 인하여 생긴 손해에 관한 것인 때에는 책임제한을 주장할 수 없다(769 但, 774).

(1) 立法理由

이 경우에 책임제한을 배제한 것은 자기에게 귀책사유가 있는 책임제한권자에게 책임제한의 이익을 향수시키는 것은 불합리하기 때문이다.

(2) 內 容

(가) 故意로 인하여: 여기의 「고의」는 1976년 조약 제4조의 "with the intent to cause such loss"를 번역한 것으로, 손해야기의 의사, 즉 해의(害意)를 의미하며, 보통의 고의보다는 엄격한 개념이다(同旨: 酒卷·石山, 202면).

(나) 損害發生의 염려가 있음을 인식하면서 無謀하게 한 作爲 또는 不作爲로 인하여: 이것은 1976년 조약 제4조의 "personal act or omission, committed recklessly and with knowledge that such loss would probably result"를 번역한 것이다. 「손해발생의 염려가 있음을 인식하면서 무모하게」라는 용어는 대륙법계의 법학에서는 생소한 개념인데, 그 의미에 관하여는 상법

상의 운송인의 책임요건인 「운송인의 고의 또는 중대한 과실」(137)과 관련하여 견해의 대립이 있다. 즉 그것은 (a) 「중과실보다 고의에 더 가까운 개념」이라고 보는 견해(손주찬, 720면; 송상현·김현, 142면; 정찬형, 734면), (b) 「미필적(소극적) 고의」라고 보는 견해(이균성, 「개정해상법과 해상기업관계자의총체적 책임제한」, 송연 양승규 교수 화갑기념현대상법의 과제와 전망, 1994, 438면 주 22), (c) 「고의에 준하는 중과실」에 해당한다고 보는 견해(최기원, 748면), (d) 「손해의 발생을 인식하고 한 행위뿐만 아니라 중대한 과실로 손해가 발생하지 않을 것으로 믿거나 혹은 중대한 과실로 손해발생가능성에 대한 인식이 미치지 못하고 행한 모든 행위」를 의미한다고 풀이하여, 중과실과 같은 개념으로 보는 견해(채이식, 713면) 등이 대립하고 있다. 생각건대 여기에서 손해발생의 염려가 있음을 인식한다고 함은 선박소유자 등이 현실로 인식하고 있는 것을 의미하므로, 선량한 관리자의 주의의무를 기준으로 하여 추상적으로 과실의 유무와 경중을 판단하는 중과실과는 이질적인 것이며, 또 손해발생에 관한 단순한 개연성의 인식에 그치는 인식있는 과실과도 다른 것이다. 이것은 손해의 발생을 의욕하는 것(여기의 고의)은 아니지만, 손해발생의 염려가 있음을 현실로 인식하면서도 무모하게 행위를 하는 것이므로, 손해의 발생을 용인하는 것으로 고의에 가까운 개념이라고 본다((a)와 同旨. 戶田·西島, 173면). 예컨대 선박의 노후, 태풍의 접근, 명백히 능력이 모자라는 선원의 탑승 등의 사정을 알면서 굳이 출항하는 경우가 이에 해당할 것이다.

(3) 適用範圍

책임제한배제사유의 유무는 책임제한권자 별로 판단한다. 따라서 선박소유자 등은 자신의 고의로 인한 경우와 무모한 행위의 경우에 한하여 책임제한을 주장할 수 없고, 스스로 책임제한을 주장할 수 있는 피용자에게 고의 또는 무모한 행위가 있는 경우에는 선박소유자 등은 책임제한을 주장할 수 있다.[1)]

1) 大判 95. 6. 5, 95 마 325(선박충돌 사고로 인한 손해배상채권은 상법 제746조(개정법 769) 제1호가 규정하는 「선박의 운항에 직접 관련하여 발생한 그 선박 이외의 물건의 멸실 또는 훼손으로 인하여 생긴 손해에 관한 채권」에 해당하고, 그러한 채권은 불법행위를 원인으로 하는 것이라 하여도 「청구원인의 여하에 불구하고」 책임을 제한할 수 있는 것으로 규정하고 있는 같은 법 제746조 본문의 해석상 책임제한의 대상이 된다. 상법 제746조 단서에 의하여 책임제한이 배제되기 위하여는, 책임제한의 주체가 선박소유자인 경우에는 선박소유자 본인의 고의 또는 손해발생의 염려가 있음을 인식하면서 무모하게 한 작위 또는 부작위가 있어야 하는 것이고 선장 등과 같은 선박소유자의 피용자에게 고의 또는 무모한 행위가 있었다는 이유만으로는 선박소유자가 상법 제746조 본문에 의하여 책임을 제한할 수 없다고는 할 수 없으며, 상법 제750조(개정법 774) 제1항 제1호에 의하여 용선자가 책임제한의 주체인 경우에도 용선자 자신에게 고의 또는 무모한 행위가 없는 한 피용자에게 고의 또는 무모한 행위가 있다는 이유만으로 책임을 제한할 수 없다고 볼 것은 아니다-선장에게 고의 또는 무모한 행위가 있다고 주장된 사례); 95. 3. 24, 94 마 2431(상법 제

그러나 선박소유자 등으로부터 선박의 관리·운항 등에 관한 권한을 수여받은 자(고위경영진, 최고의사결정자, 임원 등)에게 고의 또는 무모한 행위가 있으면 그것은 선박소유자 자신의 배제사유로 평가하여야 한다는 견해가 유력하다(채이식(하), 713면; 酒卷·石山, 203면; Schoenbaum, 3rd ed., p. 823; Healey & Sharpe, p. 825).[1)]

(4) 證明責任

책임제한배제의 주관적 요건은 책임제한의 배제를 주장하는 채권자에게 증명책임이 있다.

6. 責任制限이 미치는 範圍

(1) 人的損害·物的損害

선박소유자 등의 책임한도액은 동일한 선박의 동일한 사고에서 생긴 손해라도 ① 여객의 사상으로 인한 손해, ② 여객 이외의 사람의 사상으로 인한 손해(위 두 손해는 인적 손해) 및 ③ 그 이외의 손해(물적 손해)로 나누어 정하여진다(770).

(2) 船舶·事故別

여객의 사상으로 인한 손해, 여객 이외의 자의 사상에 의한 손해 및 그 이외의 손해에 의한 각 책임한도액은 선박마다 동일한 사고에서 생긴 각 책임한도액에 대응하는 선박소유자에 대한 모든 채권에 미친다(770 II). 이것은 책임한도액은 선박마다 사고별로 정하여지는 것을 의미한다. 즉 동일한 선박이라도 하나의 항해에서 두 번 사고가 발생하면 책임한도액은 두개 형성되고(事故主義), 책임기금도 두개가 형성된다. 여기의 사고는 사회통념상 하나의 원인에

746조 단서의 규정에 의하여 책임제한이 배제되기 위하여는 책임제한의 주체가 선박소유자인 경우에는 선박소유자 본인의, 상법 제750조 제1항 제1호 소정의 용선자 등인 경우에는 그 용선자 등 본인의, 같은 조항 제3호 소정의 피용자인 경우에는 피용자 본인의, 각 고의 또는 손해발생의 염려가 있음을 인식하면서 무모하게 한 작위 또는 부작위가 있어야 하는 것이며, 위 피용자에게 위와 같은 고의 또는 무모한 행위가 있었다고 하더라도 선박소유자 본인에게 그와 같은 고의 또는 무모한 행위가 없는 이상 선박소유자는 상법 제746조 본문에 의하여 책임을 제한할 수 있다- 선박대리점, 도선사 및 선장에게 고의 또는 무모한 행위가 있다고 주장된 사례). 同旨: 大判 96. 12. 6, 96 다 31611.

1) 大判 2006. 10. 26, 2004 다 27482 (운송인이 법인(회사)인 경우에는 그 법인의 관리업무의 전부 또는 특정부분에 관하여 대표기관에 갈음하여 사실상 회사의 의사결정 등 모든 권한을 행사하는 사람은 설령 이사 또는 임원이 아니더라도 그의 행위를 운송인인 회사 자신의 행위로 봄이 상당하다고 하여 대표기관에 준하는 지위에 있는 차장과 대리를 운송인 자신에 해당하는 것으로 설시함).

의하여 시간적으로 인접하여 발생하는 사건을 말한다(채이식, 721면).

(3) 救助者의 경우

해난 구조자의 책임한도액은 구조선으로부터 구조한 경우와 선박 외 또는 피구조선으로부터 구조한 경우(구조선 이외로부터 구조한 경우)에 따라 다르고(775 Ⅰ, Ⅱ), 구조선박으로부터 구조한 경우에는 구조선마다 동일한 사고로 인하여 생긴 모든 채권에 미치고, 구조선 이외로부터 구조한 경우에는 구조자마다 동일한 사고로 인하여 생긴 모든 채권에 미친다(775 Ⅲ).

7. 責任限度額

(1) 責任總額의 制限

동일한 사고에서 발생한 모든 채권에 대한 선박소유자, 용선자·선박관리인·선박운항자, 법인인 선박소유자 등의 무한책임사원, 선박소유자 등의 사용인 등에 의한 책임제한의 총액은 선박마다 제770조에 의한 책임한도액을 초과하지 못한다(774 Ⅱ). 예컨대 동일한 선박의 동일한 사고에서 발생한 손해에 대하여 선박소유자와 선장이 모두 책임이 있는 경우에는 각자가 유한책임을 지지만, 이 경우에 피해자인 채권자가 선박소유자와 선장을 상대로 각각 손해배상청구를 하는 경우에도 그는 선박소유자와 선장을 합하여 하나의 한도액만을 받을 수 있다. 따라서 피해자로서는 선박소유자만을 상대로 청구하는 경우나 선박소유자와 선장 등 두 책임제한주체를 상대로 청구하거나 배상받을 수 있는 책임한도액은 같다.

(2) 反對債權의 控除

선박소유자 등이 책임의 제한을 받는 채권의 채권자에 대하여 동일한 사고로 인하여 생긴 손해에 관한 채권을 가지는 경우에는 그 채권액을 공제한 잔액에 대하여 책임의 제한을 받는 채권으로 한다(771). 예컨대 쌍방 선박의 과실로 인하여 선박충돌사고가 발생하여 쌍방의 선주가 손해배상청구권을 가지는 경우에는 쌍방의 채권액을 차감계산하고 그 잔액만을 책임제한의 대상으로 한다. 이것은 각 채권액을 차감하지 않고 전액에 대하여 채권을 행사하게 한다면 일방은 책임제한을 받고 타방은 책임제한을 받지 않는 경우 또는 쌍방의 채권액이 크게 다른 경우 등에는 불공평하기 때문이다(또한 879 참조).

(3) 각 損害별 責任限度額

상법은 여객의 사상으로 인한 손해에 관한 채권, 여객 외의 사람의 사상으로 인한 손해에 관한 채권 및 그 밖의 손해에 관한 채권으로 나누어 책임한도액을 정하고 있는데, 이것은 1976년 조약이 사람의 사상으로 인한 손해에 관한 채권의 책임제한과 기타의 책임제한 등 둘로 나누어 규정한 것(동조약 6, 7)을 약간 변경하여 수용한 것이다. 2007년 개정법은 책임한도액을 대폭 상향조정하였다.

(가) 旅客의 死傷으로 인한 損害: 여객의 사망 또는 신체의 상해로 인한 손해에 관한 채권에 대한 책임의 한도액은 그 선박의 선박검사증서에 기재된 여객의 정원에 17만 5천 계산단위를 곱하여 얻은 금액으로 한다(770 I ①). 여기의 「여객」은 여객운송계약에 따라 운송되는 자 및 운송인의 동의를 얻어 물건운송계약에 따라 운송되는 차량 또는 생동물(生動物)을 호송하는 자를 말한다(1976년 조약 7). 「계산단위」란 국제통화기금(International Monetary Fund, IMF)의 1 특별인출권(special drawing rights, SDR)에 상당하는 금액을 이른다(770 I ①).[1] 「선박검사증서」는 여객의 정원 등을 기재하는 문서이며, 해양수산부장관이 발급한다(船舶安全法 9). 여객 1인이 배상받을 수 있는 최고한도액은 과거에는 46,666 계산단위(약 7천만원)로 지나치게 낮아 여객에 대한 손해배상이 충분하지 못하였는데, 이를 17만 5천 계산단위(약 2억원)로 상향하였고, 이것은 항공여객운송에서 약관에 의하여 승객 1인이 받을 수 있는 금액인 10만 계산단위보다 큰 금액이다.

(나) 旅客 외의 사람의 死傷으로 인한 損害: 여객 외의 사람의 사망 또는 신체의 상해로 인한 손해에 관한 채권에 대한 책임의 한도액은 그 선박의 톤수에 따라서 다음 각 목(目)에 정하는 바에 의하여 계산된 금액으로 한다.

① 300톤 미만의 선박의 경우에는 일률적으로 167,000 계산단위에 상당하는 금액을 한도로 한다(770 I ② 但).

1) 특별인출권은 세계무역에서 1% 이상의 수출고를 차지하는 국가 중에서 수출액이 많은 5개국의 통화로 바스켓을 구성하고, 각 통화의 비중은 위 수출에서 각국이 차지하는 비율에 따라 정하며(미화는 기축통화로서의 중요성을 감안하여 수출에서 미국이 차지하는 비율에 50%를 더한 33%로 계산한다), 바스켓에 포함되는 각국 통화의 실제액은 대미 환율에 따라 계산하고, 그것을 합산하여 1 SDR의 가격을 정한다고 한다. 이것은 금이 기준통화로서의 기능을 잃게 됨에 따라 그 대신에 창출된 제도이며, 1978. 7. 1. 신바스켓 방식이 채용된 이래 5년마다 그 내용을 재검트하도록 되어 있다. 2000. 7. 3. 현재 1 SDR은 약 1.33달러(약 1,500원)에 상당한다.

② 300톤 이상 500톤 이하의 선박의 경우에는 일률적으로 333,000 계산단위에 상당하는 금액을 한도로 한다(770 I ② 가).

③ 500톤을 초과하는 선박의 경우에는 가목의 금액(333,000 계산단위)에 500톤을 초과하여 3,000톤까지의 부분에 대하여는 매톤당 500 계산단위, 3,000톤을 초과하여 30,000톤까지의 부분에 대하여는 매톤당 333 계산단위, 30,000톤을 초과하여 70,000톤까지의 부분에 대하여는 매톤당 250 계산단위, 70,000톤을 초과한 부분에 대하여는 매톤당 167 계산단위를 각 곱하여 얻은 금액을 순차로 가산한 금액을 한도액으로 한다(770 I ② 나). 이처럼 500톤을 초과하는 경우에는 톤수에 따라 책임한도액이 증가하는 비례방식을 취하되, 그 증가비율은 점차 감소하는 체감방식을 사용하고 있다.

(다) 기타의 **損害**: 여객 및 여객 외의 사람의 사상으로 인한 손해 이외의 손해에 관한 채권에 대한 책임한도액은 그 선박의 톤수에 따라서 다음 각 목에 정하는 바에 의하여 계산된 금액으로 한다. 이 금액은 여객 이외의 사람에 대한 사상의 경우의 한도액의 약 절반에 해당한다.

① 300톤 미만의 선박의 경우에는 일률적으로 83,000 계산단위에 상당하는 금액을 한도액으로 한다(770 I ③ 但).

② 300톤 이상 500톤 이하의 선박에 대하여는 일률적으로 167,000 계산단위에 상당하는 금액을 한도액으로 한다(770 I ③ 가).

③ 500톤을 초과하는 선박의 경우에는 가목의 금액(167,000 계산단위)에 500톤을 초과하여 30,000톤까지의 부분에 대하여는 매톤당 167 계산단위, 30,000톤을 초과하여 70,000톤까지의 부분에 대하여는 매톤당 125 계산단위, 70,000톤을 초과한 부분에 대하여는 매톤당 83 계산단위를 각 곱하여 얻은 금액을 순차로 가산한 금액을 한도액으로 한다(770 I ③ 나). 500톤을 초과하는 경우에는 비여객에 대한 인적 손해의 경우와 같이 톤수의 증가에 따른 비례식과 증가비율의 체감식을 아울러 사용하고 있다.[1]

1) 大判 98. 3. 25, 97 마 2758(상법 제747조 제1항 제3호는 선박소유자의 책임제한에 관한 여러 입법주의 중 이른바 금액주의를 채택하면서 '그 선박'의 톤수에 따라 정하여진 금액을 책임의 한도액으로 하도록 하고 있는바, 예인선이 피예인선을 예인하면서 예선열을 이루어 운항하던 중에 선박소유자의 책임을 제한할 수 있는 채권이 발생한 모든 경우에 항법 분야에서 통용되는 이른바 예선열 일체의 원칙을 적용하여 예인선과 피예인선이 일체로서 상법 제747조 제1항 제3호가 정하는 '그 선박'에 해당하는 것으로 의제할 근거는 없다. 따라서 예인선 소유자의 책임한도액은 예인선과 피예인선 두 선박에 대하여 각각 상법 제747조 제1항 제3호에 따라 산정한 금액을 합한 금

(라) 海難救助에 관련된 損害에 대한 責任限度額: 이것은 구조가 누구에 의하여 행하여졌는가에 따라 다르다.

① 救助船에 의한 救助의 경우 해난의 구조가 구조선에 의하여 이루어지고 구조와 관련하여 손해가 발생한 경우(구조작업의 과실로 여객이나 여객 이외의 자의 사상 또는 물적 손해가 발생한 경우)에는 일반책임제한채권의 경우와 같다(775 I). 즉 구조와 관련하여 발생한 여객의 사상으로 인한 손해, 여객 외의 사람의 사상으로 인한 손해 및 기타의 손해로 3분하여 각각 책임한도액이 정하여진다.[1)]

② 救助船에 의하지 아니한 救助의 경우 구조활동을 선박으로부터 행하지 아니한 경우(예컨대 헬리콥터에 의한 구조, 잠수부에 의한 구조 등) 또는 구조를 받는 선박에서만 행한 경우(예컨대 구조선을 동원하지 아니한 경우 등)에는 제770조의 규정에 의한 책임한도액에 관하여 1,500톤의 선박에 의한 구조자로 본다(775 II). 그리하여 여객의 사상으로 인한 손해의 경우에는 여객 1인당 175,000 계산단위를 곱한 금액을 한도액으로 하고, 여객 외의 사람의 사상으로 인한 손해의 경우에는 1,500톤의 선박을 사용한 구조자로 보므로, 833,000 계산단위[333,000(500톤)+500,000(500×1,000톤)=833,000]가 책임한도액이 되며, 그밖의 손해의 경우에는 334,000 계산단위[167,000(500톤)+167,000(167×1,000톤)=334,000]가 책임한도액이 된다.

구조활동이 일부는 구조선에 의하여, 다른 일부는 구조선에 의하지 않고 행하여진 경우에는 어느 쪽이 주도적이었는가에 따라 책임한도액을 정하여야 할 것이나, 그것이 불명한 경우에는 구조선에 의한 것으로 보아 책임한도액을 정하여야 할 것이다(同旨: 손주찬, 731면; 정찬형, 740면).

③ 救助者의 使用人에 의한 損害에 대한 責任限度額 구조자의 사용인이 구조활동을 함에 있어서 여객이나 여객 아닌 사람의 사망 또는 신체의 상해로 인한 손해 또는 그밖의 물적 손해를 가한 경우에 이들이 배상책임을 지는 때(民 750, 756 등)에는 이들 사용인도 책임제한을 할 수 있는데, 이 경우의 책임한도액은 사용자인 구조자와 같다. 즉 여객의 사상으로 인한 손해, 여객 외의 사람의 사상으로 인한 손해 및 물적 손해로 나누어 한도액을 정한다(770 I 類推適用).

액이 되며, 양 선박의 총톤수를 합한 총톤수를 기준으로 상법 제747조 제1항 제3호에 따라 그 한도액을 산정한 원심판결은 잘못이다).

1) 여객의 사상으로 인한 손해에 관한 채권에 대하여 구조자의 책임제한이 인정되는가에 관하여 1976년 조약이 이를 배제하고 있으므로 다툼이 있으나, 상법 제775조는 제769조 내지 제774조의 규정을 모두 준용하고 있으므로, 통설은 이를 인정한다.

(마) 責任制限을 위한 船舶톤數: 여객 외의 사람의 사상으로 인한 손해의 경우 및 물적 손해의 경우에는 선박톤수에 의하여 책임한도액이 결정된다(770 I ②③). 여기에서 선박의 톤수는 국제항해에 종사하는 선박의 경우에는 선박법에서 규정하는 국제 총톤수에 의하고, 그 밖의 선박의 경우에는 동법에서 규정하는 총톤수로 한다(772). 국제총톤수는 1969년의 「선박톤수측정에관한국제협약」(International Convention on Tonnage Measurements of Ships) 및 부속서의 규정에 따라 주로 국제항해에 종사하는 선박의 크기를 나타내기 위하여 사용되는 지표이며, 총톤수는 우리나라의 해사에 관한 법령의 적용에 있어서 선박의 크기를 나타내기 위하여 사용되는 지표를 말한다(船舶法 3).

8. 責任制限節次

(1) 總 說

책임을 제한하고자 하는 선박소유자 등은 채권자로부터 책임한도액을 초과하는 청구금액을 명시한 서면에 의한 청구를 받은 날부터 1년 내에 법원에 책임제한절차개시의 신청을 하여야 한다(776). 이 절차에 필요한 사항을 정한 법률이 「선박소유자등의 책임제한절차에 관한 법률」이다.

(2) 責任制限節次開始의 申請

선박소유자 등은 그 책임을 제한하기 위하여 관할지방법원(선박소유자책임제한절차법 2)에 서면으로 책임제한절차개시의 신청을 할 수 있다(同法 9). 위 신청을 함에는 사고를 특정함에 필요한 신청의 원인사실 및 이로 인하여 발생한 제한채권의 총액이 책임한도액을 초과함을 소명하여야 한다(同法 10). 법원은 책임제한절차개시의 신청이 상당하다고 인정하는 때에는 신청인에 대하여 14일을 넘지 않는 일정한 기일에 책임한도액에 상당하는 금액 및 이자를 법원에 공탁할 것을 명하여야 한다(同法 11). 이로써 책임제한기금이 형성된다. 책임절차개시의 신청이 있는 경우에 법원은 신청에 의하여 결정이 있을 때까지 수익채무자(선박소유자 등 책임제한권자)의 재산에 대하여 진행 중인 강제집행, 가압류·가처분 또는 임의경매절차의 정지를 명할 수 있다(同法 16).

(3) 責任制限節次開始의 決定

법원은 신청의 각하사유가 없으면 책임제한절차 개시결정을 한다. 책임제한절차는 개시결정이 있는 때부터 효력이 생긴다(同法 19). 법원은 개시결정과 동시에 관리인을 선임하고, 제한채권의 신고기간과 조사기일을 정하여 공고한다(同法 20, 21). 책임제한절차가 개시된 경우에는 제한채권자는 공탁된 금전과 이자에서 배당을 받을 수 있고, 제한채권자는 기금 이외의 신청인 또는 수익채무자의 재산에 대하여 권리를 행사하지 못하고(同法 27), 제한채권으로 신청인 또는 수익채무자의 다른 채권과 상계하지 못한다(同法 28). 이에 위반할 때에는 신청인 또는 수익채무자는 강제집행에 대한 이의의 소 또는 담보권실행에 대한 이의의 소로써 다투어야 한다(同法 29, 30).

(4) 管理人

관리인은 책임제한절차의 필수적 기관이며, 제한채권의 조사기일에 있어서의 의견진술, 배당 기타 법에서 정한 권한을 행사한다(同法 34). 관리인은 법원의 감독을 받으며, 선량한 관리자의 주의로 그 직무를 수행하여야 한다(同法 35, 36).

(5) 責任制限節次에의 參加

제한채권자가 기금으로부터 배당을 받기 위하여는 책임제한절차에 참가하여야 한다. 제한채권자는 신청인에 대한 제한채권으로 책임제한절차에 참가할 수 있고, 제한채권을 변제한 신청인 또는 수익채무자는 그 변제의 한도에서 변제받은 제한채권자를 대위하여 책임제한절차에 참가할 수 있다(同法 42). 책임제한절차에 참가하기 위한 신고는 제한채권의 내용 등을 기재한 서면으로 하여야 한다(同法 43). 책임제한절차에의 참가는 시효중단의 효력이 있다(同法 49). 신청인 및 수익채무자는 신고한 제한채권자 이외의 제한채권자로서 아직 참가하지 아니한 자의 성명 또는 상호 및 주소를 안 때에는 지체없이 이를 법원에 신고하여야 한다(同法 50). 법원의 사무관 등은 법원에 신고된 제한채권에 관하여 제한채권자표(制限債權者表)를 작성하여야 한다(同法 51).

(6) 制限債權의 調査와 確定

제한채권의 조사기일에는 신고된 채권에 관하여 제한채권인 여부와 제한채권인 경우에는 그 내용 및 상법 제770조 제1항 각호의 구별에 의한 제한채권의 분류를 조사한다(同法 53). 신청인, 수익채무자 및 책임제한절차에 참가한 자 또는 이들의 대리인은 제한채권의 조사기일에 출석하여 신고된 채권에 대하여 이의를 진술할 수 있다(同法 54). 제한채권의 조사기일에서 관리인 및 신청인 등의 이의가 없는 때에는 신고된 채권이 제한채권인 것 및 그 내용과 상법 제770조 제1항 각호의 구별에 의한 제한채권의 분류가 확정된다(同法 56). 이에 반하여 이의가 있는 채권에 대하여는 사정(査定)의 재판을 하고(同法 57), 이에 불복이 있는 자는 이의의 소를 제기할 수 있다(同法 59).

(7) 配 當

배당기금(同法 11-15)은 관리인의 소송비용 등을 제외하고는 배당에만 충당한다(同法 65). 관리인은 조사기일이 종료된 후에 배당을 받을 제한채권자의 성명 등 일정한 사항을 기재한 배당표를 작성하여 법원의 인가를 받아야 한다(同法 66). 관리인은 배당표에 따라 배당을 실시하고(同法 69), 배당의 실시가 완료된 때에는 관리인은 지체없이 이를 법원에 보고하여야 한다(同法 77). 위 보고가 있는 때에는 법원은 책임제한절차의 종결을 결정하고 그 뜻을 공고하여야 한다(同法 78).

(8) 責任制限節次의 廢止

법원은 기금이 충족되지 않는 경우(同法 80 ① ③)와 신청인이 부담하는 비용 등의 예납의무가 이행되지 않는 경우(同法80 ②) 등에는 직권 또는 당사자의 신청에 의하여 책임제한절차의 폐지의 결정을 하여야 한다(同法 80). 신청인이 알고 있는 수익채무자 및 책임제한절차에 참가한 자 전원의 동의를 얻어 책임제한절차의 폐지의 신청을 한 때(同法 81) 및 신청인이 파산선고를 받고 책임제한절차를 속행하는 것이 파산채권자를 현저히 해할 염려가 있는 경우에 파산관재인의 신청이 있는 때(同法 82)도 같다.

9. 特別法상의 責任制限

(1) 油類汚染損害

제773조 제3호는 1969년 11월 29일 성립한 유류오염손해에대한민사책임에관한국제조약 또는 그 조약의 개정조항이 적용되는 유류오염손해에 관한 채권을 선박소유자 등의 책임제한채권에서 제외하고 있다. 이것은 「유류오염손해배상보장법」에 의하여 선박소유자의 책임이 제한되고 있기 때문이다. 위 법에 의하면 산적유류(散積油類)를 화물로서 운송하기 위하여 건조되거나 개조된 항해선(유조선)의 소유자 등은 선박으로부터 유류가 유출 또는 배출되어 초래된 오염에 의하여 선박외부에서 발생한 손실 또는 손해와 방제조치의 비용 및 방제조치로 인한 추가적 손실 또는 손해 등에 대한 배상책임을 제한할 수 있으며(同法 6), 이 경우의 책임한도액은 ① 5천톤 이하의 선박의 경우에는 300만 계산단위에 상당하는 금액이고, ② 5천톤을 초과하는 선박의 경우에는 위

금액(300만 계산단위)에 5천970만 계산단위에 상당하는 금액의 범위 안에서 5천톤을 초과하는 매 톤당 420 계산단위를 곱하여 얻은 금액을 가산한 금액이다(同法 7).[1]

(2) 原子力損害

제773조 제5호는 원자력손해에 관한 채권을 책임제한의 대상에서 제외하고 있는데, 이것은 원자력손해에 관하여는 「원자력손해배상법」에 의하여 원자력사업자의 책임이 제한되어 있기 때문이다. 위 법에 의하면 선박소유자 등의 책임은 원자로를 선박에 설치하는 경우에는 1척마다 90억원을 한도로 대통령령이 정하는 금액의 범위 안에서 과학기술부장관의 승인을 얻은 금액으로 제한되어 있다(同法 6).

제 5 절 船舶金融(船舶擔保)

제 1 관 總 說

1. 船舶金融의 必要와 變遷

해상기업을 경영함에는 선박의 건조·장비·수선, 항해용 물자의 구입, 도선 및 예선의 보수의 지급 등을 위하여 많은 자금이 필요하다. 옛날에는 이를 위하여 한편으로는 선박공유나 코멘다와 같은 조합조직을 이용하면서, 다른 한편으로는 이른바 모험대차(冒險貸借. bottomry)의 제도를 이용하였다. 이것은 채권자가 선박 또는 적하 위에 물적담보권을 가지고, 채무자인 선박소유자가 무사히 항해를 마치고 귀항한 때에는 원금에 고율의 이자를 붙여 반환할 의무를 지지만, 사고로 인하여 선박 내지 적하가 멸실한 때에는 그 반환의무가 없는 사행계약적 성질을 가지는 소비대차계약이었다. 그러다가 주식회사가 생

1) 1989. 3. 24. Alaska 근해에서 발생한 Exxon Valdez 호 사건은 당시까지 발생한 유류오염(oil spill) 사건 중 가장 큰 것이었고, 이를 계기로 여러 조치와 입법이 뒤따랐다. 소송사건(Barier v. Exxon)은 화해로 종결되었고, 직접손해 외에 간접손해와 징벌적 손해의 배상도 포함되었다. 우리나라에서는 1993년 여수에서 제5금동호 사건이 발생하였고(大判 2004. 4. 28, 2001 다 36733), 물질적 손해 외에 정신적 손해의 배상도 인정하였다. 1995년에는 Sea Prince호 사건이, 2007년에는 태안기름유출사건이 발생하였다.

겨나고, 19세기 후반에 이르러 보험업과 은행업이 발달하고 통신기구가 발전함에 따라 모험대차는 불필요하게 되고, 그 대신에 선박우선특권·선박저당권 등의 제도가 이용되기에 이르렀다. 해상기업금융에 관한 법적 규율의 대부분은 민법 및 일반 상법의 일반원칙에 의하므로, 여기에서는 상법이 규정하는 선박우선특권과 선박저당권에 관하여만 설명한다.

2. 船舶金融에 관한 統一條約

선박우선특권과 선박저당권에 관한 각국의 법제에는 상당한 차이가 있었으므로, 국제적으로 이에 관한 법적 규율을 통일하려는 노력이 있었고, 그 결과로 1923년과 1926년의 브뤼셀 외교회의에서 통일조약이 성립되기에 이르렀다. 이것이 「해사우선특권 및 저당권 규정 통일조약」(International Convention for the Unification of Certain Rules relating to the Maritime Liens and Mortgages)인데, 이 조약은 1976년에 개정되었고, 1993년에는 이를 대체할 새 조약인 「선박우선특권 및 저당권 국제조약」(International Convention on Maritime Liens and Mortgages)이 성립하였다. 우리 상법은 1926년 통일조약을 기초로 그 뒤의 국제적 추이를 일부 반영한 것이다(서돈각·정완용, 673면; 손주찬, 873면).

제 2 관 船舶優先特權

1. 船舶優先特權의 意義

(1) 선박우선특권(maritime lien)은 일정한 법정채권(777 I ①-④)을 가지는 채권자가 선박, 그 속구, 그 채권이 생긴 항해의 운임 및 그 선박과 운임에 부수한 채권에 대하여 다른 채권자보다 우선하여 변제를 받을 수 있는 해상법상의 특수한 담보물권이다(777 II 1文).[1] 선박우선특권을 인정하는 이유는 선박채권자는 선박소유자의 일반재산에 대하여 강제집행을 하기 어려운 장소에 있는 반면,

---

1) 大判 78. 5. 23, 77 다 1679(상법 861조에서 말하는 선박우선특권 있는 채권이라 함은 선주 또는 선박운항자가 선박에 관하여 같은 조 제1항 각호에 정한 노력·물품 또는 비용을 제공받고 그로 인한 채무를 이행하지 아니하는 경우에 그 선박을 담보로 하여 그로부터 다른 채권보다 우선하여 변제받을 수 있도록 하기 위하여 생기는 것이지, 선주 또는 선박운항자가 같은 조 제1항 각호에 정한 노력 등에 대하여 자기의 대리인으로 하여금 그 노력 등의 제공자에게 대가를 지불하고 그 노력 등의 제공을 받는 경우에는 선박우선특권 있는 채권이 발생할 여지가 없다).

해상기업자의 일반채권자는 선박 및 적하 등의 해산에 대하여도 강제집행을 할 수 있으므로, 만일 선박채권자를 위하여 선박우선특권을 인정하지 아니하면 해상기업자가 신용을 얻기가 어려워지고, 선박의 항해에 지장을 주기 때문이다. 그리고 선박소유자는 책임제한 등의 이익을 향유하므로 그 상대방에게 선박우선특권을 인정함으로써 양자간의 균형을 맞추기 위한 것이다.

(2) 선박우선특권의 법적 성질은 해상법상의 특수한 담보물권이다. 우선변제권이 인정되는 물적 담보권이라는 점에서 (선박)저당권과 같고, 따라서 그 성질에 반하지 아니하는 한 민법의 저당권에 관한 규정을 준용한다(777 II 2文).

그러나 선박우선특권은 법률상 당연히 인정되는 법정담보물권임(non-consensual)에 반하여, 저당권은 당사자간의 저당권설정계약에 의하여 발생하는 약정담보물권이고, 선박우선특권은 공시가 되지 않고(unrecorded) 피담보채권이 제한되며 저당권(질권)보다 선순위인 점(788)에서, 등기에 의하여 공시되고 피담보채권에 제한이 없으며 선박우선특권보다 후순위인 저당권과 다르다.

2. 船舶優先特權을 발생시키는 債權

선박우선특권을 발생시키는 피담보채권은 다음의 채권으로 제한되어 있다. 이처럼 그 피담보채권을 제한한 이유는 선박우선특권은 공시가 되지 않고 또 공시가 되지 않음에도 공시를 한 저당권에 우선하므로, 저당권자 등 다른 선박채권자의 이익을 보호하고 나아가 선박금융의 원활을 꾀하기 위함이다. 그리하여 최근에는 국제회의에서도 선박우선특권의 수를 줄여 저당권의 기능을 강화하려는 방향으로 논의되고 있다.

(1) 債權者의 共同利益을 위한 債權

채권자의 공동이익을 위한 소송비용, 항해에 관하여 선박에 과한 제 세금, 도선료와 예선료,[1] 최후입항후의 선박과 그 속구의 보존비와 검사비 등은 선박우선특권이 인정된다(777 I ①). 이들 채권은 「담보의 원인을 이루는 채권」(causum pignoris facere)으로서 다른 채권자에게도 이익을 준 것이기 때문이다.

「선박과 속구의 경매에 관한 비용」은 개정법에 의하여 삭제되었는데, 이는 집행비용으로서 매각대금으로부터 당연히 우선변제를 받으므로 굳이 선박우선

1) 예선료는 공동이익이나 공익성이 박약하다는 이유로 선박우선특권의 피담보채권에서 제외하는 것이 타당하다는 비판이 있다.

특권으로 열거할 필요가 없기 때문이다(주석민사집행법, 제2판, §102, 471면; 民執 102 Ⅰ, 150 Ⅰ).[1] 「최후 입항후」에서 말하는 최후의 항은 목적하는 항해가 종료되어 돌아온 항뿐만 아니라 선박이 항해 도중에 경매 또는 양도처분으로 항해가 중지되어 경매되는 경우에는 항해를 폐지한 시기에 있어서 선박이 존재하는 항도 포함한다.[2] 그러나 연근해를 운행하는 유류운송선이 출항 준비 중에 발생한 화재로 인한 수리를 마친 후 항해를 계속한 경우에 그 수리비는 최후의 입항 후에 발생한 것이 아니므로 여기에서 말하는 선박보존비 등에 해당하지 않는다(大判 98. 2. 9, 97 마 2525·2526). 판례는 항해를 위한 선박과 속구의 상태 및 기능을 유지·보전하기 위한 선박에 대한 수리공사비와 검사비도 「최후입항후의 선박과 그 속구의 보전비 및 검사비」에 해당한다고 한다(大判 80. 3. 25, 79 다 2032).

(2) 社會政策的理由가 있는 債權

선원 그 밖의 선박사용인의 고용계약으로 인한 채권(777 Ⅰ ②)은 경제적 약자인 선원 등의 보호를 위하여 선박우선특권이 인정된다. 같은 이유로 이들 채권은 선박소유자의 유한책임에서도 제외되고 있다(773 ①). 여기의 고용계약으로 인한 채권은 고용계약 존속 중의 모든 항해로 인한 운임의 전부에 대하여 우선특권이 있다(781).

(3) 責任制限을 받는 債權

① 해난구조로 인한 선박에 대한 구조료 채권과 공동해손의 분담에 대한 채권 및 ② 선박의 충돌 그 밖의 항해사고로 인한 손해, 항해시설 항만시설 및 항로에 대한 손해와 선원이나 여객의 생명 신체에 대한 손해의 배상채권 등에 대하여는 책임제한에 의한 불이익이 인정되므로(773 ②, 769 이하), 공평의 원칙에서 그에 대한 보상으로서 이들 채권에 대하여는 선박우선특권이 인정된다(777 Ⅰ ③, ④). 여기의 「선박의 구조에 대한 보수」에는 계약에 의한 구조료채권이 포

---

1) 선박경매를 위하여 선박의 압류시부터 경락대금지급시까지의 정박료는 선박경매의 집행비용이고, 여기에서 말하는 선박과 속구의 경매에 관한 비용에 해당하지 않는다. 大判 98. 2. 10, 97 다 10468.

2) 大決 98. 2. 9, 97 마 2525·2526; 大判 96. 5. 14, 96 다 3609(상법 861조 1항 1호가 최후 입항후의 선박보존비 등에 대하여 선박우선특권을 부여하는 것은, 이러한 채권이 없으면 다른 채권자들도 선박 경매대금으로부터 변제를 받기가 불가능하게 될 것이라는 점에서 이러한 비용은 경매에 관한 비용에 준하는 성질을 가지기 때문이고, 따라서 최후 입항후라는 의미는 목적하는 항해가 종료되어 돌아온 항 뿐만 아니라 선박이 항해 도중에 경매 또는 양도처분으로 항해가 중지되어 경매되는 경우의 선박보존비용도 달리 보아야 할 필요가 없으므로, 항해를 폐지한 시기에 있어서 선박이 존재하는 항도 포함하는 것으로 해석함이 상당하다).

함된다(887). 제777조 제4호는 선박우선특권에 관한 1926년 조약의 문언을 보다 충실하게 따른 것이다.

3. 船舶優先特權의 目的物

(1) 船舶과 그 屬具

위 피담보채권이 발생한 선박과 그 속구이다. 선박은 등기·등록의 유무를 불문하고, 속구는 종물의 여부를 묻지 않는다. 이동식 소화기는 속구에 속하나, 식당과 무도장의 비품은 제외된다(Lucas, 5th ed. p. 407). 영미에서는 화물도 운선특권의 목적물에 포함되지만(Schoenbaum, p. 443), 우리나라는 운송물유치권으로 해결하고 있다.

(2) 運 賃

위 피담보채권을 발생시킨 항해의 운임을 말하며, 지급을 받지 아니한 운임(미수운임)과 지급을 받은 운임으로서 선박소유자나 그 대리인이 소지한 금액(기수운임)에 한하여 우선특권을 행사할 수 있다(779). 그러나 선원 기타 선박사용인의 고용계약으로 인한 채권에 한하여는 고용계약 존속 중의 모든 항해로 인한 운임의 전부에 대하여 우선특권이 있음은 전술하였다(781).

(3) 船舶과 運賃의 附隨債權

「선박과 운임에 부수한 채권」은 ① 선박 또는 운임의 손실로 인하여 선박소유자가 제3자에 대하여 가지는 손해배상청구권(878, 879 등), ② 공동해손으로 인한 선박 또는 운임의 손실에 대하여 선박소유자가 가지는 보상청구권(865 이하), ③ 해난구조로 인하여 선박소유자가 가지는 보수청구권(889 I) 등을 말한다(778). 다만 보험계약에 의하여 선박소유자에게 지급할 보험금과 기타의 장려금이나 보조금은 제외된다(780).

4. 船舶優先特權의 順位

(1) 優先特權相互간의 順位

① 동일항해로 인한 채권의 우선특권이 경합하는 때에는 그 우선의 순위는 제777조 제1항 각호의 순서에 의한다(782 I). 그러나 구조료청구권과 공동해손분담청구권의 우선특권이 경합하는 때에는 후에 생긴 채권이 전에 생긴 채권에 우선한다. 동일한 사고로 인한 채권은 동시에 생긴 것으로 본다(782 II).

② 수회의 항해에 관한 채권의 우선특권이 경합하는 때에는 후의 항해에 관한 채권이 전의 항해에 관한 채권에 우선한다(783 I). 이것은 후의 항해에 관하여 생긴 우선특권이 전 항해에 관하여 생긴 우선특권을 보존하고 그 담보의 원인이 되기 때문이다. 다만 선원 그 밖의 선박사용인의 고용계약으로 인한 채권의 우선특권은 그 최후의 항해에 관한 다른 채권과 동일한 순위로 한다(783 II). 이것은 고용계약으로 인한 채권을 다른 채권보다 우대하려는 사회정책적 목적에 따른 것이다.

③ 위 각 규정에 의한 동일순위의 우선특권이 경합하는 때에는 각 채권액의 비율에 따라 변제한다(784).

(2) 다른 債權 또는 擔保物權과의 順位

① 선박우선특권은 다른 일반채권에 우선함은 물론, 선박질권이나 선박저당권에 우선한다(788). 이것은 당사자가 임의로 설정한 저당권에 우선권을 인정하면 정책상 특별히 우선특권을 인정하는 목적을 달성할 수 없고, 또 저당권의 목적인 선박은 선박우선특권을 수반하는 채권에 의하여 보존된 경우가 많기 때문이다. 등기한 선박은 질권의 목적으로 하지 못한다(789). 저당권의 목적이 되기 때문이다.

② 선박우선특권과 유치권이 경합하는 경우에는 유치권자는 우선변제권이 없으므로 법률상 선박우선특권이 우선하지만, 유치권자는 채권의 변제를 받을 때까지 그 선박을 유치할 수 있으므로, 사실상은 유치권이 선박우선특권보다 강한 지위에 있다.

5. 船舶優先特權의 效力

(1) 선박우선특권은 목적물에 대한 우선변제권(777 II)과 경매권(民執 274, 268)이 있다.

(2) 선박우선특권은 그 선박소유권의 이전으로 인하여 영향을 받지 아니한다(785). 선의의 취득자에 대하여도 마찬가지이다. 이를 우선특권의 추급권(追及權)이라고 한다.[1]

1) 大判 74. 12. 10, 74 다 176(상법 제861조 소정의 선박우선특권을 가진 선박채권자는 선박을 양수한 사람에게 채무의 변제를 청구할 수 없고 다만 선박우선특권의 추급성에 의하여 선박이 우선특권의 목적물이 될 뿐이다).

6. 船舶優先特權의 消滅

(1) 선박우선특권에는 그 성질에 반하지 아니하는 한 민법의 저당권에 관한 규정을 준용하므로(777Ⅱ 2文), 선박우선특권은 민법의 저당권 소멸원인에 의하여 소멸한다.

(2) 선박우선특권은 그 채권이 생긴 날로부터 1년 이내에 실행하지 아니하면 소멸한다(786). 이처럼 단기의 제척기간을 정한 것은 선박우선특권의 영속은 선박의 담보력을 저하시키고, 또 후의 항해에 관한 선박우선특권은 전의 항해에 관한 것에 우선하므로 오랫동안 우선특권을 존속시키는 것은 실질적 의의가 없기 때문이다.

7. 建造 중의 船舶

선박우선특권에 관한 규정은 건조 중의 선박에 준용한다(790). 해운산업을 보호하기 위하여는 선박을 운항하는 경우에 보호하는 것만으로는 부족하고, 선박을 취득하는 경우에도 보호를 하여야 한다. 그리하여 건조 중의 선박에 대하여도 선박우선특권에 관한 규정을 준용하여, 선박소유자와 조선자의 금융편의를 꾀하고 있으나, 그 예는 거의 없다고 한다.

제3관 船舶抵當權

1. 船舶抵當權의 意義

선박저당권(ship mortgage)은 등기선박을 목적으로 하여 계약에 의하여 설정되는 상법상 특수한 저당권이다(787Ⅰ). 저당권은 민법상 원칙적으로 부동산에 대하여만 인정되는데, 상법은 선박의 부동산 유사성을 고려하여 선박저당권제도를 인정하고 있다. 선박의 저당권에는 민법의 저당권에 관한 규정을 준용한다(787Ⅲ).

2. 船舶抵當權의 目的物

(1) 선박저당권의 목적은 등기한 선박에 한한다(787Ⅰ). 비등기선과 미등기선

은 질권의 목적이 될 수 있을 뿐 저당권의 목적이 될 수 없고, 반대로 등기선은 질권의 목적이 되지 못한다(789).

(2) 선박의 저당권은 그 속구에도 미친다(787 II). 속구이면 속구목록에 기재된 것이든 아니든 또 종물이든 아니든 묻지 않고 저당권의 목적이 된다.

(3) 선박공유의 공유지분은 선박관리인의 지분을 제외하고는 선박저당권의 목적이 될 수 있다(759).

3. 船舶抵當權의 順位

(1) 선박저당권 상호간의 순위는 등기의 전후에 의한다(787 III, 民 370, 333).

(2) 선박저당권과 선박우선특권이 경합하는 경우에는 선박우선특권이 우선한다(788).

(3) 선박저당권은 법률상은 유치권에 우선하나, 사실상은 유치권이 저당권에 우선한다.

(4) 선박저당권과 등기한 선체용선권(849)이 경합하는 경우에는 등기의 전후에 의하여 순위가 결정된다.

(5) 선박저당권은 언제나 일반채권에 우선한다(787 III, 民 356).

4. 船舶抵當權의 效力

선박저당권의 효력은 부동산저당권의 효력과 같다. 따라서 선박과 속구에 대하여 경매권(民 363)과 우선변제권(民 356)이 있다.

5. 建造 중의 船舶

건조 중의 선박에 대하여도 선박저당권에 관한 규정을 준용하여, 선박소유자와 조선자의 금융편의를 꾀하고 있다(790).

제4관 船舶에 대한 强制執行

제1 船舶에 대한 執行節次

선박에 대한 강제집행절차는 민사집행법에 규정되어 있으며, 그 부동산 유사성을 고려하여 원칙적으로 부동산의 강제경매절차에 따른다(民執 172). 부동산에 대한 집행절차 중 강제관리(民執 163)는 선박에 대하여 인정되지 않는다. 부동산강제경매절차에 따르는 것은 등기선박에 한하며, 등기능력이 없는 선박은 동산강제집행절차에 따르고, 등기능력은 있으나 미등기인 선박은 채권자가 채무자를 대위하여 등기를 하고 경매신청을 하는 것이 보통이다(주석민사집행법, 제2판, §172, 40면).

제2 船舶의 押留와 假押留

(1) 선박의 압류는 선박경매개시결정에 의하여 하는데(民執 172, 83), 선박은 집행절차 중 압류항에 정박하게 하여야 한다. 다만 법원은 영업상의 필요 기타 상당한 이유가 있다고 인정한 때에는 채무자의 신청에 의하여 선박의 항행을 허가할 수 있다. 이 경우에는 채권자·최고가매수신고인·차순위매수신고인 및 경락인의 동의가 있어야 한다(民執 176).[1]

(2) 선박의 가압류명령에 따른 가압류집행은 ① 등기할 수 있는 선박의 경우에는 가압류등기를 하는 방법이나 집행관에게 선박국적증서등을 선장으로부터 받아 집행법원에 제출하도록 명하는 방법으로 한다. 이들 방법은 함께 사용할 수 있다. ② 가압류등기를 하는 방법에 의한 가압류집행은 가압류명령을 한 법원이, 선박국적증서 등을 받아 제출하도록 명하는 방법에 의한 가압류집행은 선박이 정박하여 있는 곳을 관할하는 지방법원이 각 집행법원으로서 관할한다(民執 295). 법원은 채권자의 신청에 따라 선박을 감수(監守)하고 보존하기 위하여 필요한 처분을 할 수 있다. 위 처분을 한 때에는 경매개시결정이 송달되기 전에도 압류의 효력이 생긴다(民執 178).

제3 船舶의 押留·假押留의 禁止

(1) 항해의 준비를 완료한 선박과 그 속구는 압류 또는 가압류를 하지 못한다(744 I 本). 여기에서 항해의 준비를 완료한 선박이란 선박의 의장(艤裝), 선원의 승선, 필요서류의 비치, 화물의 선적, 여객의 승선 등이 완료한 상태에 있

1) 개정법의 심의과정에서 제744조의 삭제, 담보제공의 약속에 의한 압류·가압류의 사전방지제도 등이 논의되었으나, 실현되지 못하였다.

는 선박을 말한다(船員法 7 참조). 압류·가압류의 금지는 항해의 종료시까지 계속되므로, 도중항에서의 압류·가압류도 금지된다고 본다. 이처럼 항해준비를 완료한 선박에 대한 압류·가압류를 금지한 이유는 만일 선박이 예정대로 발항하지 못하면 선박소유자 이외의 적하소유자나 여객 등 많은 이해관계인에게 영향을 미치게 되고, 또 항해준비의 완료 전에 압류·가압류를 할 수 있음에도 불구하고 오랜 기간에 걸친 항해준비가 끝날 때까지 권리행사를 태만히 한 권리자를 보호할 필요가 없기 때문이다. 그러나 입법론상 이러한 제한은 문제이다(영미법은 압류금지를 인정하지 않는다).

(2) 항해를 준비하기 위하여 생긴 채무에 대하여는 위 압류·가압류 금지규정을 적용하지 아니한다(744 I 但). 이러한 채무를 위하여 압류·가압류를 인정하는 이유는 그 채무에 의하여 선박이 발항할 수 있게 되었고, 이러한 채무는 항해준비의 종료시가 변제기가 되어 그 이전에는 압류할 수 없으며, 압류를 인정하지 않으면 선박소유자는 항해를 위한 금융을 얻을 수 없기 때문이다. 항해를 준비하기 위하여 생긴 채무란 그 항해를 위한 연료·식량 등의 채무를 말한다.

(3) 상법에 명문의 규정은 없으나, 발항 직전 또는 발항 후에 발생하고 발항준비가 완료되기 전에 압류의 집행을 할 수 없는 계약 또는 불법행위로 인한 채권(예컨대 선박충돌, 해난구조에 의한 채권)에 대하여는 발항의 준비가 완료된 후에도 압류·가압류가 가능하다고 본다(同旨: 정찬형, 845면; 重田 등, 109면).

(4) 압류·가압류의 금지규정은 총톤수 20톤 미만의 선박에 적용하지 아니한다(744 II). 따라서 이러한 선박은 언제라도 압류·가압류를 할 수 있다.

제 3 편

海上企業活動(海上運送)

제 1 장 總 說

제1 海上運送의 概念

(1) 선박을 이용하여 해상에서 하는 기업활동에는 여러 가지가 있으나, 그 가장 중요한 것은 선박을 이용하여 해상으로 물건 또는 여객을 운송하는 것이다. 해상기업에는 해상운송업 이외에 예선업·해난구조업 등도 있으나, 그 중심은 해상운송업이다.

(2) 해상운송이란 해상에서 선박에 의하여 물건 또는 여객을 운송하는 것이다. 여기에서 해상이란 호천(湖川)·항만을 제외한 해상을 말한다(호천·항만, 즉 평수구역에서의 운송은 육상운송이다)(125). 여기에서 선박이란 상행위 그 밖의 영리를 목적으로 항해에 사용하는 것을 말하지만, 단정 또는 주로 노 또는 상앗대로 운전하는 것은 제외된다(740, 741 II). 해상운송은 운송이라는 점에서 육상운송과 공통되므로 육상운송에 관한 규정 중 다수가 해상운송에 준용되지만(815, 826, 841), 해상에서 선박에 의하여 한다는 점에서는 성질이 다르기 때문에 육상운송에 관한 제2편 제9장과는 별개로 제5편 제2장에 해상운송에 관한 특별규정을 두고 있다. 해상운송계약은 당사자의 일방이 해상운송을 인수하고, 이에 대하여 타방이 보수(운임)를 지급할 것을 약정하는 계약이다. 해상운송을 인수하는 자를 해상운송인이라 한다.

제2 海上運送의 種類

(1) 해상운송은 운송인이 운송수단을 소유하고 이를 이용하여 스스로 운송

을 인수하는가 여부에 따라 두 가지로 나누어진다. 하나는 선박을 소유하고 있는 자가 자기의 선박을 이용하여 물건 또는 여객을 운송하는 것(自船艤裝者)이며, 이 경우에는 운송을 인수하는 선박소유자와 운송을 위탁하는 화주 또는 여객과 사이에 운송계약이 체결된다. 다른 하나는 선박을 소유하고 있지 아니한 자가 선박소유자로부터 선박을 빌려서 그 빌린 선박을 이용하여 물건 또는 여객을 운송하는 것(他船艤裝者)이다. 이 경우에는 운송을 하는 자가 선박소유자로부터 선박을 빌리는 제1단계의 용선계약과 빌린 선박을 이용하여 화주 또는 여객으로부터 운송을 인수하는 제2단계의 운송계약 등 두 개의 계약이 존재한다.[1] 용선계약에 이은 제2단계의 운송계약은 선박소유자에 의한 운송계약과 기본적으로 동일한 내용을 가진다. 넓은 의미의 해상운송은 운송계약에 의한 운송과 용선계약을 이용한 운송을 모두 포함하지만, 좁은 의미의 해상운송은 전자만을 뜻한다.

(2) 해상운송은 운송의 인수가 일반에게 개방되어 있는가 여부에 따라 일반운송(一般運送, common carriage) 내지 공공운송(公共運送)과 개별운송(個別運送) 내지 사용운송(私用運送, private carriage)으로 나누어진다.[2] 일반운송인(common carrier)은 운송을 위탁하는 자가 있으면 그가 누구이든 선복이 부족하거나 운송물이 특히 위험한 것이 아닌 한 원칙적으로 이를 인수하는 운송인을 말하고, 개별운송인(private carrier)은 특정한 화주와 운송계약을 체결하고 그 이외의 자의 운송은 인수하지 아니하는 운송인을 말한다. 일반운송의 예로서는 일반선(general ship)에 의한 운송이 있고, 개별운송의 예로서는 용선계약에 의한 운송이 있다.[3] 다만 용선자라도 일반공중으로부터 운송을 인수하는 경우에는 일반운송인이 된다. 일반운송은 일반 공중에게 개방되는 것이므로 공적 규제가 강함에 반하여, 개별운송에 대한 규제는 상대적으로 약하다. 개품운송계약은 일반운송계약에 유사하고, 항해용선계약은 개별운송에 해당한다고 볼 수 있다(송상현·김현, 신정판, 238면).

역사적으로 해상에서의 운송형태를 보면, 화주가 타인의 배 전부를 빌려 거기에 화물을 실어 보내는 개별운송 형태의 항해용선계약이 먼저 생겨났고,

---

1) 김인현, 107면; Chuah, Law of International Trade(2nd ed., 2001), p. 187.

2) 일반운송은 계약운송(契約運送, contract carriage) 또는 부정기선운송(tramp shipping)이라고도 한다.

3) Schoenbaum, 3rd ed., § 8-3.

그 뒤에 화주가 개개의 화물의 운송을 위탁하는 일반운송 형태의 개품운송계약이 생겨났다. 그리하여 개정 전 상법은 항해용선계약에 관하여 대부분의 규정을 할애하고, 개품운송계약에 관하여는 몇 개의 규정만 추가적으로 두고 있었다. 그러나 오늘날 해상운송에서 주된 자리를 차지하고 있는 것은 하나의 선박에 관하여 수많은 화주로부터 컨테이너에 넣은 화물 등 개개의 운송물의 운송을 인수하는 개품운송이므로, 개정 전의 상법은 해상운송의 현실을 반영하지 못하고 있었다. 개정법은 변화된 해상운송의 추세를 반영하기 위하여 항해용선계약과 별도로 개품운송에 관한 절을 두었다.

(3) 해상운송은 운송의 대상에 따라 해상물건운송과 해상여객운송으로 나누어진다.

(4) 운임을 받고 물건 또는 사람의 운송을 인수하는 운송계약은 물건운송(개품운송)과 여객운송으로 나누어지고, 용선료를 주고 선박을 빌려 물건의 운송을 실행하거나 인수하는 용선계약은 항해용선, 정기용선 및 선체용선으로 나누어진다. 그러나 항해용선은 그 실질이 운송계약이다. 상법 제5편 제2장은 이러한 입법체계를 따르고 있다.[1)]

제3 海上運送法

(1) 해상운송에 관한 법률관계를 규율하는 해상운송법은 해상법의 중심을 이루는 법이고 동적(動的)인 법이다. 19세기 이후에 세계경제와 해사기술의 발전은 해상운송계약에 많은 변화를 가져왔으나, 해상법은 이에 맞추어 개정되지 못하였기 때문에 해상운송의 현실과 성문법 사이에는 큰 괴리가 있었다. 예컨대 2007년 개정 전의 상법 해상편 제4장 「운송」은 이용도가 적은 전부용선계약을 중심으로 하고 있고, 개품운송계약에 관하여는 충분한 규정을 두고 있지 않으며, 또한 통운송과 복합운송에 관한 규정도 없었던 관계로, 현실과 법 사이의 괴리를 메꾸기 위하여 상관습법·상관습 및 보통거래약관 등이 중요한 역할을 하여 왔다. 개정 상법은 개품운송에 관하여 규정하고, 용선을 항해용선, 정기용선 및 선체용선으로 구분하여 규율하고 또 복합운송에 관한 규정을 신설하였다.

---

1) 일찍이 이러한 체계를 주장하여 서술한 역저로서는 김인현, 해상법(2003)이 있다.

종래 해상운송과 관련하여 선하증권 또는 용선계약서에 특정한 법규(미국의 COGSA 또는 Hague Visby Rules)가 어떠한 법규나 약정보다 최우선적으로 적용된다(예컨대 The Hague Rules shall apply)는 조항을 두는 수가 많다. 이를 지상약관(至上約款) 또는 지존조항(至尊條項)(Clause Paramount, Paramount Clause)이라 하며, 이를 통하여 지정된 법규가 준거법이 된다.

(2) 1991년 개정 상법은 국제해상운송에 관한 많은 조약을 수용하였다. 즉 1924년의 선하증권통일조약(Hague Rules)과 1968년의 선하증권개정의정서(Hague Visby Rules(종래의 프앙카레 프랑을 IMF의 특별인출권(SDR)으로 바꾼 1979년 개정의정서 포함))의 중요규정을 수용하였고, 1978년의 국제연합해상물건운송조약(Hamburg Rules)의 내용도 부분적으로 참작하였다(서돈각·정완용, 611면). 2007년 개정법은 위 조약에 한층 더 접근하는 내용으로 고쳐졌다. 그런데 국제해사위원회(CMI. Comité Maritime Internationale)는 Hague Visby 규칙과 Hamburg 규칙의 개정작업을 진행 중이다.

제 2 장
傭船契約

제 1 절 總　　說

제1　意　　義

용선계약(charter party)이란 주로 물건의 운송을 목적으로 하여 어느 사람(용선자)이 선박소유자 등으로부터 선박의 전부 또는 일부를 빌리고 그 대가로 용선료 또는 운임을 지급하는 계약이다(Schoenbaum, 3rd ed., p. 676). 용선계약의 표준적인 형태에는 항해용선(voyage charter), 정기용선(time charter) 및 선체용선(bareboat charter, demise charter)의 세 가지가 있고, 상법도 이러한 관점에서 용선계약을 규율하고 있다. 그러나 항해용선(운송형)의 실질은 운송계약으로서 정기용선 및 선체용선과 전혀 다르다(후술). 용선계약은 여러 기준에 의하여 분류할 수 있다.

제2　種　　類

(가) 全部傭船契約과 一部傭船契約:　운송에 제공되는 선복(船腹. space)이 선박의 전부인가 일부인가에 따른 구별이다. 일부용선은 수인의 용선자가 하나의 선박소유자에게 각기 다른 운송물의 운송을 의뢰하는 경우에 이용되었다. 상법은 양자를 달리 취급하는 경우가 있다(832, 833).

(나) **航海傭船契約과 期間傭船契約**: 용선계약의 존속이 하나 또는 수회의 항해(항차, 航次)로 한정되어 있는 경우를 항해용선계약(voyage charter)이라 하며, 수차의 연속항해를 일괄하여 계약하는 것을 특히 연속항해용선계약(consecutive voyage charter)이라 한다. 여기에는 항해용선자가 화주와 운송계약을 맺는 경우와 항해용선자 자신이 화주로 되는 경우가 있다. 전자에서는 항해용선자가 운송인으로서의 지위에 있는 반면, 후자에서는 단순히 운송인의 상대방으로서 화주의 지위에 있다(김인현, 「선박운항과 관련한 책임주체확정에 관한연구」, 1999년도 고려대 법학박사 학위논문, 49면; Gilmore & Black, The Law of Admiralty, 2nd ed., p.193). 이에 반하여 용선계약의 존속이 일정한 기간에 한정되어 있는 경우를 기간용선계약(time charter)이라고 한다.[1] 기간용선은 거의 정기용선으로 바뀌어 고유한 의미의 기간용선은 별로 존재하지 않는다고 한다(정희철, 545면).

(다) **主傭船契約과 再傭船契約**: 용선자가 다시 제3자와 용선계약을 체결하는 경우에 본래의 용선계약을 주용선계약(head charter), 뒤의 용선계약을 재용선계약(sub-charter)이라고 한다.

(라) **航海傭船契約·定期傭船契約과 船體傭船契約(裸傭船契約)**: 선박에 대한 점유가 선박소유자와 용선자 중 누구에게 있는가 및 선박소유자가 선박만을 빌려주는가, 선박과 함께 선원도 빌려주는가에 따른 구별이다.

① 항해용선계약(voyage charter)은 좁은 의미로는 특정한 항해를 할 목적으로 선박소유자가 용선자에게 선원이 승무하고 항해장비를 갖춘 선박의 전부 또는 일부를 물건의 운송에 제공하기로 약정하고 용선자가 이에 대하여 운임을 지급하기로 약정하는 계약이다(827 I). 넓은 의미로는 선박소유자가 일정한 기간 동안 용선자에게 선박을 제공할 의무를 지지만 항해를 단위로 운임을 계산하여 지급하기로 약정한 경우도 포함한다(827 III). 어느 경우이든 항해용선자는 선박의 점유를 가지지 못한다.

---

1) 大判 99. 2. 5, 97 다 19090(선박의 이용계약이 선박임대차계약인지, 항해용선계약인지 아니면 이와 유사한 성격을 가진 제3의 특수한 계약인지 여부 및 그 선박의 선장·선원에 대한 실질적인 지휘·감독권이 이용권자에게 부여되어 있는지 여부는 그 계약의 취지·내용, 특히 이용기간의 장단(長短), 사용료의 고하(高下), 점유관계의 유무 기타 임대차 조건 등을 구체적으로 검토하여 결정하여야 한다. 해상구난업무를 위하여 선장 및 선원이 딸린 채로 예인선을 빌린 사안에서, 그 이용기간, 이용료, 해상구난업무의 성격 및 작업중 사고를 용선자가 책임지기로 한 점 등에 비추어 보면 위 선박이용계약은 항해용선계약이 아니라 선박임대차와 유사하게 선박사용권과 아울러 선장과 선원들에 대한 지휘·감독권을 가지는 노무공급계약적 요소가 수반된 특수한 계약이라고 보아야 한다).

② 정기용선계약(time charter)은 선박소유자 또는 선박임차인(선체용선자)이 용선자에게 선원이 승무하고 항해준비를 갖춘 선박을 일정한 기간 동안 항해에 사용하게 할 것을 약정하고, 용선자가 이에 대하여 기간으로 정한 용선료를 지급할 것을 약정하는 계약이다(842). 선박소유자가 선박의 점유를 가진다. 정기용선계약은 종래 보통거래약관에 의하여 행하여져 오던 것을 1991년 상법개정시에 이에 관한 중요사항을 명문화한 것이다.

정기용선은 용선자가 해상기업의 주체(운송인)의 지위를 가지는가 여부의 점에서 항해용선과 구별된다. 항해용선계약의 원칙적 형태인 운송형 항해용선(contract of affreightment, contract of carriage)에서는 용선자는 해상기업의 주체가 아닌 단순한 화주임에 반하여, 정기용선계약의 용선자는 대외적으로 자기의 이름으로 운송계약을 체결하고 거래에 관한 법적·경제적 효과의 귀속자가 되는 해상기업의 주체이다. 다만 기업형 항해용선에서는 용선자가 재운송을 인수하고 용선료와 재운송임의 차액을 취득하여 해상기업의 주체가 되므로, 정기용선의 용선자와는 운임의 계산(기간단위 또는 항해단위)에서만 차이가 있을 뿐이다.

또 정기용선은 선박에 대한 점유가 누구에게 있는가에 따라 선체용선(나용선)과 구별된다. 즉 선체용선에서는 용선자가 선박을 점유하고 선원의 선임·감독권을 가짐에 반하여, 정기용선에서는 용선자는 선박의 점유를 가지지 못하고 선박소유자(선주)가 여전히 선박의 점유를 가지고 선원의 선임·감독권을 가지며, 용선자는 선박소유자가 임용한 선원을 선박과 함께 이용할 수 있는데 그친다. 그러나 양자는 모두 해상기업의 주체라는 점에서는 같다.

③ 선체용선계약(bareboat charter)은 용선자의 관리 지배 하에 선박을 운항할 목적으로 선박소유자가 용선자에게 선박을 제공할 것을 약정하고 용선자가 이에 따른 용선료를 지급하기로 약정하는 계약이다. 선박소유자가 용선자에게 선박만을 일정한 기간 대여하고, 계약기간 동안 용선자가 선원 및 항해장비 등 의장(艤裝)을 책임지고, 선박의 점유권과 지배권을 취득하는 것이며, 그 성질은 선박임대차에 해당한다(同旨: 손주찬, 782면).[1] 과거에 나용선이라 부르던 것이다. 다

1) 선박소유자가 선장 및 선원을 임명한 후에 이들을 용선자의 대리인으로 행위하게 하여, 용선자가 이들을 지배하는 경우는 demise charter에 해당한다. Healy & Sharpe, p. 286; 송상현·김현, 347-348면.

만 넓은 의미로는 선박소유자가 선장 그 밖의 해원을 공급할 의무를 지지만, 용선자의 관리 지배 하에서 해원이 선박을 운항하는 것을 목적으로 하는 것(따라서 용선자가 선박의 점유를 가진다)도 선체용선계약에 포함된다.

제3 傭船契約에 관한 法的規律

(1) 세 개의 法律關係 용선계약에 관한 법적 규율은 ① 선박소유자와 용선자 사이의 내부관계, ② 용선자와 화주 및 제3자에 대한 외부관계 및 ③ 선박소유자와 제3자 사이의 관계로 나눌 수 있다. 이 가운데 가장 중요한 선박소유자와 용선자 사이의 관계는 용선계약에 따르고, 용선자와 화주 및 제3자 사이의 관계는 운송계약 및 일반적 법리에 따른다. 선박소유자와 화주 및 제3자 사이에는 원칙적으로 아무런 관계가 없으나, 용선자에 대한 채권자의 보호가 문제된다.

(2) 제3자의 保護 용선자는 선박 등 해산(海産)을 소유하고 있지 아니하므로 제3자가 용선자에 대한 채권을 가지고 있더라도 이를 강제집행에 의하여 확보하는 것이 쉽지 않다. 그리하여 용선자에 대한 채권자를 보호하기 위한 방안이 필요한데, 여기에는 해산을 소유한 선박소유자에게 연대책임을 지우는 방법과 계약운송인과 실제운송인을 구별하여 신용이 우수한 실제운송인에게 연대책임을 지우는 방법이 있다. 상법은 전자의 방법을 택하고 있다.

그런데 전자의 방법을 취하더라도 용선의 종류에 따라 이를 일률적으로 취급할 수 없다. 일반적으로 자력의 면에서 화주의 지위에 있는 항해용선자가 가장 취약하고, 정기용선자와 선체용선자가 좀 나은 편이다. 그리하여 개정전 상법 제806조의 해석상 항해용선의 경우에 선박소유자의 책임을 인정하는 데에 이론이 없음에 반하여, 정기용선의 경우에도 이러한 보호를 줄 필요가 있는지 크게 다투어졌었다. 이 문제는 정기용선의 성질에 관한 논의와 맞물려 더욱 복잡하여 졌다.[1] 이번 개정법의 입법과정에서도 정기용선의 경우에 선박

1) 개정전 상법 제806조의 표제는 「재운송계약과 선박소유자의 책임」으로 되어 있는데, 정기용선자가 화주와 운송계약을 체결하는 것이 재운송계약에 해당하는가가 문제이었다. 정기용선을 운송계약으로 보는 견해에서는 정기용선자가 화주와 운송계약을 체결하는 것을 재운송계약으로 본다(채이식, 251면). 상세한 것은 김인현, 「상법 제806조의 적용에 대한 법적 검토」, 한국해법학회지 24. 1, 193면 참조.

소유자의 책임을 인정할 것인가에 관하여 많은 논의가 있었고, 반대의견이 우세하였으나, 개정상법은 제809조에서 항해용선 외에 정기용선의 경우에도 선박소유자가 제3자에 대하여 책임을 지도록 하였다.

용선의 경우에 선박소유자의 연대책임을 인정하는 것은 화주의 보호에 치우친 것으로서 이러한 방법을 취하는 나라는 일본(국내운송에 한함) 이외에는 없다(김인현, 128면). 그러므로 이 규정을 삭제하거나 실제운송인과 계약운송인의 개념을 도입하여 해결하는 것이 바람직하다(同旨: 김인현, 128면).

제 2 절 定期傭船

1. 意 義

(1) 정기용선계약(time charter)이란 선박소유자 또는 선박임차인(선체용선자)이 용선자에게 선원이 승무하고 항해준비를 갖춘 선박을 일정한 기간 동안 항해에 사용하게 할 것을 약정하고, 용선자가 이에 대하여 기간으로 정한 용선료를 지급할 것을 약정함으로써 그 효력이 생기는 계약을 말한다(842). 기간으로 정한 용선료를 지급하는 점에서 일정한 기간 용선을 하지만 항해단위로 용선료를 지급하는 기업형 항해용선과 구별된다.

(2) 정기용선계약은 1850년대에 영국에서 발생하여 주로 발틱해의 목재와 광석의 운송에 이용되었고, 현재에도 다음과 같은 이유로 타선을 이용하는 해상기업에서 선체용선(선박임대차) 대신에 국제적으로 널리 이용되고 있다. 즉 선박소유자로서는 선장 기타의 선원의 인적 조직을 그대로 유지하므로, 장래 스스로 해상기업을 경영하는 경우에 이를 쉽게 동원할 수 있고, 또 계약기간 중이라도 이들 선원을 통하여 자기의 선박을 적정하게 보존·관리할 수 있는 이점이 있고, 정기용선자로서는 선원의 선임·해임과 급여 등 번잡한 절차와 비용을 선주에게 부담시킴으로써 스스로 경영상의 부담을 지지 않아도 되고, 또 해운거래에서 선박에 대한 수요가 급증하면 정기용선에 의하여 쉽게 이에 대처할 수 있고, 반대로 선박에 대한 수요가 감소하면 계약을 해제하여 신속히 원상으로 회복할 수 있는 이점이 있기 때문이다.

2. 普通去來約款

(1) 국제해운상 정기용선계약의 보통거래약관으로서 세계적으로 널리 이용되는 것으로는 「볼타임양식」(Baltime Form; The Baltic and International Maritime Conference Uniform Time Charter; 약칭 BALTIME)과 「프로듀스양식」(New York Produce Exchange Form; Time Charter Government Form approved by the New York Produce Exchange; 약칭 NYPE)이 있다.[1] 전자는 1909년 발틱·백해(白海)회의(뒤에 국제해운동맹)에서 제정되어 여러 차례 개정된 것(마지막 1950년)이며, 후자는 1913년 미국 뉴욕 물품거래소가 제정하여 수회에 걸쳐 개정한 것이다(마지막은 1993년 서식이나, 실무적으로는 1946년 서식이 가장 널리 사용된다).

(2) 이들 약관 중 정기용선계약의 특징을 나타내는 주요 내용은 ① 일정기간 선박을 임차한다는 선박대여·용선약관(let and hire clause), ② 선주가 선박을 용선자의 자유이용에 맡긴다는 처분약관(disposal clause), ③ 선장 기타의 선원을 용선자의 지휘에 맡긴다는 선원사용약관(employment clause)과 이에 부대하여 용선자가 선원의 행위에 대한 불만족을 이유로 그 교체를 요구할 때에는 선주는 곧 그 사실을 조사하여 정당하다고 인정할 때에는 지체없이 선원의 임면을 한다는 불만족약관(misconduct clause), ④ 선원의 급료·식료, 선박의 보험료·수선비 등을 선주가 부담하고, 연료 등 적하에 관한 제비용, 운송계약에 따르는 제세금, 항비·도선료 등 항해비용은 용선자가 부담한다는 순용선약관(net charter clause) 등이다.

3. 法的性質

정기용선계약의 법적성질에 관하여는 국내외에서 다양한 학설이 주장되고 있다. 우리나라에서는 ① 운송계약인 용선계약의 일종으로 보는 견해(傭船契約說. 정희철, 514면; 정찬형, 712면), ② 선박임대차와 노무공급계약의 혼합계약으로 보는 견해(混合契約說. 多數說), ③ 선박임대차계약에 근접하면서 노무공급계약을 수반하는 특수계약으로 보는 견해(特殊契約說. 양승규·박길준, 621면; 大判 92. 2. 25, 91 다 14215),[2] ④ 정기용선계약을 용선자 자신의 화

1) 1981년 서식을 ASBATIME이라고 한다.

2) 당사자간에 체결된 정기용선계약이 그 계약 내용에 비추어 선박에 대한 점유권이 용선자에게 이전되는 것은 아니지만 선박임대차와 유사하게 용선자가 선박의 자유사용권을 취득하고 그에 선원

물을 운송할 목적으로 체결하는 적하지향형과 선박의 이용을 목적으로 하는 선박지향형으로 나누어, 전자는 운송계약, 후자는 선박임대차계약으로 보는 견해(類型說. 배병태, 판례월보 193, 31-33면), ⑤ 정기용선계약은 임대차관계이지만, 선박소유자도 선장 등의 임면권을 가지고 선박의 관리책임의 일부를 부담하므로, 선박의 항행과 관리로 인하여 제3자에게 손해가 생긴 때에는 정기용선자와 선박소유자가 연대책임을 진다고 보는 견해(連帶責任說. 박홍대, 재판자료 52집, 122면) 등이 있다. 앞에서 말한 바와 같이 정기용선계약은 용선계약(운송형 항해용선)과 다르므로 용선계약설은 부당하고, 용선자에게 선박의 점유권이 없으므로 선박임대차로 보는 견해도 부당하다. 정기용선계약은 선박을 빌려 사용하지만, 선원 등의 지휘·감독을 통하여 선박의 점유가 선주에게 있으므로, 특수계약설이 옳다고 본다.[1)] 다만 용선계약설을 제외하고는 정기용선자는 제3자에 대하여 제850조 제1항에 의한 책임을 진다고 보고 있는 점에서 모든 학설이 일치한다(774 I ① 참조).

4. 定期傭船者와 船舶所有者와의 關係

정기용선자와 선박소유자와의 관계는 상법, 약관, 해사관습 및 민법의 임대차계약에 관한 규정에 의한다. 선박소유자는 정기용선자에게 감항능력 있는 선박을 사용할 수 있는 상태로 유지하여 주고, 선원 등 인적설비와 항해장비 등 물적설비를 갖추어 줄 의무가 있다. 이에 대하여 정기용선자는 약정한 용선료를 지급하고 빌린 선박을 일정한 기간 동안 영업을 위하여 자유로 사용할 수 있다.

의 노무공급계약적인 요소가 수반되는 것이라면 이는 해상기업활동에서 관행적으로 형성 발전된 특수한 계약관계라 할 것으로서 이 경우 정기용선자는 그 대외적인 책임관계에 있어서 선박임차인에 관한 상법 제766조의 유추적용에 의하여 선박소유자와 동일한 책임을 지는 것이라 할 것이므로 정기용선자는 선장이 발행한 선하증권상의 운송인으로서의 책임을 부담한다 할 것이다.

1) 선박의 이용계약이 선박임대차계약인지, 항해용선계약인지 아니면 이와 유사한 성격을 가진 제3의 특수한 계약인지 여부 및 그 선박의 선장·선원에 대한 실질적인 지휘·감독권이 이용권자에게 부여되어 있는지 여부는 그 계약의 취지·내용, 특히 이용기간의 장단(長短), 사용료의 고하(高下), 점유관계의 유무 기타 임대차 조건 등을 구체적으로 검토하여 결정하여야 할 것이다. 따라서 해상구난업무를 위하여 선장 및 선원이 딸린 채로 예인선을 빌린 경우에 그 이용기간이 짧고, 그 이용료는 1일당 금 660,000원으로 하며, 해상구난업무의 성격상 선장은 용선자가 지정하는 장소로 이동하여야 하고, 구조업무를 행하기 위하여는 단순한 항해기술 외에 전문기술을 필요로 하는 점, 작업 중 발생하는 사고에 관하여는 용선자가 책임지기로 한 점 등을 고려하면, 이 사건 선박의 이용계약은 항해용선계약으로는 볼 수 없고, 선박임대차와 유사하게 선박사용권과 아울러 선장과 선원들에 대한 지휘·감독권을 가지는 노무공급계약적 요소가 수반된 특수한 계약관계로 봄이 상당하다(大判 99. 2. 5, 97 다 19090).

(1) 定期傭船者의 權利

(가) 船長指揮權: 정기용선자는 약정된 범위 안의 선박의 사용을 위하여 선장을 지휘할 권리가 있다(843 I). 선장·해원 그 밖의 선박사용인이 정기용선자의 정당한 지시에 위반하여 정기용선자에게 손해가 발생한 경우에는 선박소유자가 이를 배상할 책임이 있다(843 II). 지시의 부당성에 관한 증명책임은 선박소유자에게 있다.

(나) 船員交替要求權: 정기용선자는 선장 기타 해원의 행위에 대한 불만을 이유로 그 교체를 요구할 수 있으며, 이 경우에는 선주는 곧 그 사실을 조사하여 정당하다고 인정할 때에는 지체없이 선원을 교체하여야 한다(NYPE 1946 clause 9).

(2) 定期傭船者의 義務

(가) 傭船料支給義務: 정기용선자는 선박을 선원과 함께 일정기간 항해에 사용하는 대가로 선박소유자 또는 선박임차인에게 약정한 용선료를 지급할 의무가 있다(842). 만일 정기용선자가 위 의무의 이행을 게을리하는 때에는 선박소유자 등은 다음과 같은 구제수단을 가진다.

① 契約解除·解止權 정기용선자가 용선료를 약정한 기일에 지급하지 아니한 때에는 선박소유자는 계약을 해제 또는 해지할 수 있다(845 I). 그리고 위의 약관에 의하면 선박소유자가 취항한 선박을 철수할 수 있다(NYPE 1946 clause 5). 선박소유자는 나아가 정기용선자에 대하여 손해배상청구권이 있다(845 IV).

② 運送物留置權 및 競賣權

(ㄱ) 要 件 정기용선자가 선박소유자에게 용선료·체당금 그 밖에 이와 유사한 정기용선계약에 의한 채무를 이행하지 아니한 경우에는 선박소유자는 그 지급과 상환하지 아니하면 운송물을 인도할 의무가 없고(844 I, 807 II), 이 경우 선박소유자는 용선료 등의 지급을 받기 위하여 법원의 허가를 얻어 운송물을 경매하여 우선변제를 받을 권리가 있으며(844 I, 808 I), 선장이 수하인에게 운송물을 인도한 후에도 선박소유자는 그 운송물에 대하여 경매권을 행사할 수 있다. 그러나 인도한 날로부터 30일을 경과하거나 제3자가 그 운송물의 점유를 취득한 때에는 그러하지 아니하다(844 I, 808 II). 이것은 선박소유자를 보호하기 위한 것이다.

(ㄴ) 範 圍 선박소유자의 운송물에 대한 유치권 및 경매권은 정기용선자

가 운송물에 관하여 약정한 용선료 또는 운임의 범위를 넘어서 이를 행사하지 못한다(844 II).

(ㄷ) **船荷證券의 善意取得者** 선박소유자는 정기용선자가 발행한 선하증권을 선의로 취득한 제3자에게는 위의 운송물유치권과 경매권을 대항하지 못한다(844 I 但). 이것은 문언증권인 선하증권의 선의취득자를 보호하기 위한 것이다.

(나) **船舶返還義務:** 정기용선자는 용선기간이 만료하면 그 선박을 용선기간이 개시한 때에 인수한 상태로 선박소유자에게 반환하여야 하며, 선박에 손상이 있는 경우에는 정기용선자가 이에 대한 책임을 진다. 반환의 시기와 예정항은 기간 만료 이전에 선박소유자에게 통지하여야 한다(NYPE 1946 clause 4).

(3) **定期傭船契約 상의 債權의 消滅**

정기용선계약에 관하여 발생한 당사자 간의 채권은 선박이 선박소유자에게 반환된 날부터 2년 내에 재판상 청구가 없으면 소멸한다. 개정법에 의하여 기간이 1년에서 2년으로 연장되었다. 그러나 이 기간은 당사자의 합의에 의하여 더 연장할 수 있다(846 I, 814 I 但). 2년의 기간은 제척기간이다(通說). 위 기간을 단축하는 선박소유자와 용선자의 약정은 이를 운송계약에 명시적으로 기재하지 아니하면 그 효력이 없다(846 II, 840 II).

5. 定期傭船者와 第3者와의 관계

(1) **船舶所有者와 동일한 權利義務負擔** 정기용선계약은 선박임대차(선체용선)에 근접하면서 노무공급계약을 수반하는 특수계약이므로, 정기용선자와 제3자와의 사이에 선체용선에 관한 제850조 제1항이 유추적용되는 지 여부가 문제된다. 통설과 판례는 이를 긍정하여, 정기용선자는 선박의 사용에 관한 사항에는 제3자에 대하여 선박소유자와 동일한 권리의무가 있다고 풀이하여 왔다.[1)]

선박충돌과 같은 불법행위의 경우에도 정기용선자가 제850조 제1항을 유

1) 大判 92. 2. 25, 91 다 14215(당사자간에 체결된 정기용선 계약이 그 계약 내용에 비추어 선박에 대한 점유권이 용선자에게 이전되는 것은 아니지만 선박임대차와 유사하게 용선자가 선박의 자유사용권을 취득하고 그에 선원의 노무공급계약적인 요소가 수반되는 것이라면 이는 해상기업활동에서 관행적으로 형성 발전된 특수한 계약관계라 할 것으로서, 이 경우 정기용선자는 그 대외적인 책임관계에 있어서 선박임차인에 관한 상법 제766조의 유추적용에 의하여 선박소유자와 동일한 책임을 지는 것이라 할 것이므로 정기용선자는 선장이 발행한 선하증권상의 운송인으로서의 책임을 부담한다 할 것이다). 또한 大判 2003. 8. 22, 2001 다 65977 참조.

추하여 제3자에 대하여 책임을 지는가에 관하여, 대법원은 이를 긍정한 일이 있으나,[1] 다수설은 불법행위자인 선장의 사용자인 선박소유자가 대외적인 책임의 주체가 된다고 본다(民 756; 채이식, 685면; 김인현, 117면).[2]

(2) **責任制限** 정기용선자가 선박의 운항에 관련하여 제3자에게 책임을 지는 경우에는 선박소유자와 동일하게 그 책임을 제한할 수 있다(774 I ①). 또한 운송인으로서의 포장당 책임제한, 중량당 책임제한(797, 798) 및 각종 면책제도의 혜택을 받을 수 있다.

6. 船舶所有者와 제3자와의 關係

(1) **定期傭船者의 運送契約에 대한 船舶所有者의 責任** 선박의 소유자와 제3자와는 아무런 관계가 없지만, 정기용선자가 자기의 명의로 제3자와 운송계약을 체결한 경우에는 그 계약의 이행이 선장의 직무에 속한 범위 안에서 선박소유자도 그 제3자에 대하여 감항능력주의의무(794) 및 운송물에 관한 주의의무(795)의 규정에 의한 책임을 진다(809). 개정전 상법 하에서는 정기용선의 경우에 서박소유자가 책임을 지는가를 둘러싸고 다툼이 있었다. 정기용선자는 선박을 소유하지 아니하여 자력이 없으므로 제3자의 보호를 위하여 선박소유자에게도 책임을 지운 것이나, 이 규정에 관하여는 삭제의견이 많다. 정기용선자의 책임과 선박소유자의 책임은 부진정연대관계에 있다고 본다. 다만 이 규정은 항해용선자 또는 정기용선자가 개품운송을 인수하는 경우에 한하여 적용되고, 그들이 운송형 항해용선을 인수하는 경우에는 적용되지 않는다.[3]

제850조 제2항의 우선특권에 관한 규정도 정기용선에 유추적용된다고 본다. 그리하여 정기용선자가 도선료를 지급하지 아니할 때에는 도선료 채권자는 선박우선특권을 행사하여 선박을 경매할 수 있다(同旨: 김인현, 120면).[4]

(2) **船舶所有者의 運送義務** 정기용선자가 제3자와 운송계약을 체결하여

---

1) 大判 1994. 1. 28, 93다18167(주 1)의 92. 2. 25, 91다14215 판결은 운송계약과 관련한 계약상의 책임에 관한 것인데, 대법원은 불법행위에 관한 이 사건에서 이를 선례로 인용하고 있다).

2) 정기용선을 임대차계약으로 보는 견해에서는 정기용선자가 불법행위책임도 부담하는 것으로 풀이한다(손주찬, 772면).

3) 제809조가 운송주선인이 운송인 되는 경우를 제외한 것은 문제점으로 지적되고 있다. 왜냐하면 이 경우에는 제3자를 보호할 필요성이 매우 크기 때문이다. 김인현, 「개정 상법 해상편에 대한 고찰」, 17면.

4) 日高松高裁 1985.4.30, 금융법무 1117. 38(선박용 연료유 대금을 우선특권으로 한 압류).

운송물을 선적한 후 선박의 항해 중에 선박소유자가 계약을 해제 또는 해지한 때에는 선박소유자는 적하이해관계인에 대하여 정기용선자와 동일한 운송의무가 있다(845 II). 이것은 적하이해관계인을 보호하기 위한 것이다. 이 경우에도 적하이해관계인은 정기용선자에 대하여 손해배상을 청구할 수 있다(845 IV).

(3) **傭船料·運賃債權을 목적으로 하는 質權設定의 擬制** 선박소유자가 계약의 해제 또는 해지 및 운송계속의 뜻을 적하이해관계인에게 서면으로 통지를 한 때에는 선박소유자의 정기용선자에 대한 용선료·체당금 그 밖에 이와 유사한 정기용선계약상의 채권을 담보하기 위하여 정기용선자가 적하이해관계인에 대하여 가지는 용선료 또는 운임의 채권을 목적으로 질권을 설정한 것으로 본다(845 III). 이 경우에도 선박소유자가 손해를 입은 때에는 정기용선자에 대하여 배상을 청구할 수 있다(845 IV).

제 3 절 船體傭船(裸傭船)

1. 意 義

(1) 선체용선계약(demise charter, bareboat charter)은 좁은 의미로는 용선자의 관리·지배하에 선박을 운항할 목적으로 선박소유자가 용선자에게 선박을 제공할 것을 약정하고 용선자가 이에 따른 용선료를 지급하기로 약정함으로써 그 효력이 생기는 계약(847 I)을 뜻한다. 넓은 의미로는 선박소유자가 선장 그 밖의 해원을 공급할 의무를 지지만, 용선자의 관리·지배하에서 해원이 선박을 운항하는 것을 목적으로 하는 것도 포함한다(847 II). 과거에 나용선 또는 선박임대차라 부르던 것이며, 이 경우에도 타인의 선박을 임차한다는 것과 상행위를 목적으로 그 선박을 항해에 사용한다는 것의 두 요건이 필요하다.

선체용선의 경우에는 선박소유자는 단지 선박을 임대하고 임대료(용선료)를 받을 뿐 스스로 해상기업을 경영하지 아니하므로, 그는 해상기업의 주체가 아니며, 선박의 소유와 경영이 분리되게 된다. 선체용선은 중세에 상인이 선박소유자로부터 이를 임차하여 자기의 화물을 운반한 데서 비롯되었으며, 자선운송(自船運送)으로부터 오늘의 운송계약으로 진전하는 과정에서 이용된 과도 기적 형태로서, 스스로 선박을 소유하는데 따르는 경제적 비용부담을 피하고 일정기간 자기 상선대(商船隊)의 증강을 꾀하기 위하여 이용되며, 유조선업의 경우에 많이 이용된다고 한다(田村·平出, 보험법·해상법, 155면).

(2) 선체용선과 항해용선 및 정기용선은 선박의 점유, 즉 선장 그 밖의 선원의 선임·감독권이 누구에게 있느냐에 따라 구별된다. 선체용선의 경우에는 선장 그 밖의 선원의 선임·감독권이 용선자에게 있고 용선자가 선박을 점유함에 반하여(선박소유자가 선원을 공급할 의무를 부담하는 경우에도 선원에 대한 감독권이 용선자에게 있다), 항해용선 및 정기용선에 있어서는 선박소유자(선주)가 선원의 선임·감독권을 가지고 이를 통하여 선박을 점유하며, 용선자는 선박을 점유하지 못한다.

2. 種 類

(1) 선체용선에는 선박만을 임차하는 형태와 선원부 선박을 임차하는 형태의 두 가지가 있는데, 전자가 일반적인 형태이다(847 I). 선체만(bareboat)을 빌리는 것이므로 선체용선 또는 나용선(裸傭船, bareboat charter)이라 부른다. 후자의 경우에도 선원은 용선자의 피용자인 점에서 정기용선(time charter)의 경우에 선원이 선주의 피용자인 것과 구별된다. 후자까지 포함하여 넓은 의미의 선체용선을 가리킬 때에는 demise charter라 표현한다.

(2) 선체용선에는 국적취득부(國籍取得附) 선체용선과 단순 선체용선이 있다. 전자는 용선자가 선가에 해당하는 금액을 장기로 분할하여 납입하고 용선기간이 종료되면 그 선박을 매수 또는 인수할 권리를 가지는 경우(848 II 前)를 가리키고, 후자는 그러한 약정이 없는 경우이다. 국적취득부 선체용선에 대하여는 국적선과 동일한 법적 지위가 인정된다.[1)]

3. 法的性質

선체용선계약은 선박소유자가 용선자에게 선박을 사용하게 하고, 이에 대하여 용선자가 차임에 해당하는 용선료를 지급하기로 약정하는 계약이므로 그 성질은 임대차계약(民 618)이다. 다만 민법상의 임대차계약에서는 임대인에게 임차물에 대한 수선의무가 있으나(民 623), 선체용선계약에서는 용선자에게 선박에

1) 예컨대 선원법 2 I; 국제선박등록법 3 I ②; 선박직원법 3 등.

대한 수선의무가 있는 등(Barecon 2001, §10(a))의 차이가 있으나,[1] 민법상의 규정은 대부분이 임의규정이므로 당사자가 별도로 정할 수 있다. 그리하여 상법은 그 성질에 반하지 아니하는 한 선체용선계약에 민법상 임대차에 관한 규정을 준용하고 있다(848 I).

4. 船體傭船者와 船舶所有者와의 關係

(1) 船體傭船者의 權利와 義務　선체용선자와 선박소유자와의 관계는 양자간의 용선계약에 의하고, 특약이 없으면 해사관습에 의하며, 해사관습도 없으면 민법의 임대차에 관한 규정(民 618 654)을 준용한다(848 I). 그리하여 선박소유자는 용선자의 관리지배 하에 선박을 운항할 수 있도록 용선자에게 선박을 제공하여야 할 의무를 지고, 용선자는 선박소유자에게 이에 따른 용선료를 지급할 의무를 부담한다(847). 선체용선자는 일반 임차인과 달리 선박의 수선의무를 부담한다(Barecon 2001, §10(a)).

(2) 國籍取得附 船體傭船 등　용선기간이 종료된 후에 용선자가 선박을 매수 또는 인수할 권리를 가지는 경우 및 금융의 담보를 목적으로 채권자를 선박소유자로 하여 선체용선계약을 체결한 경우에도 용선기간 중에는 선체용선자와 선박소유자 사이에서는 일반 선체용선의 경우와 동일한 권리와 의무가 있다(848 II).

(3) 船體傭船登記請求權　등기선의 경우에는 선체용선자는 선박소유자에 대하여 선체용선등기에 협력할 것을 청구할 수 있다(849 I). 이것은 반대의 특약이 없는 경우에 등기협력청구권이 인정되는 민법 제621조에 대한 특칙이다.

(4) 船體傭船契約상의 債權의 消滅　선체용선계약에 관하여 발생한 당사자 사이의 채권은 선박이 선박소유자에게 반환된 날부터 2년 이내에 재판상 청구가 없으면 소멸한다. 다만, 이 기간은 당사자의 합의에 의하여 연장할 수 있다(851 I). 위 기간을 단축하는 선박소유자와 용선자의 약정은 이를 운송계약에 명시적으로 기재하지 아니하면 그 효력이 없다(851 II, 840 II).

---

1) Barecon은 표준선체용선계약서로서 Bimco Standard Bareboat Charter Code Name을 가리킨다. 2001년형이 최신의 것이다.

5. 船體傭船者와 第3者와의 관계

(1) 船舶利用에 관한 法律關係

① 선체용선자(선박임차인)가 상행위 그 밖에 영리를 목적으로 선박을 항해에 사용하는 경우에는 선박의 이용에 관한 사항에는 제3자에 대하여 선박소유자와 동일한 권리의무가 있다(850 I). 따라서 선체용선자는 한편으로 해상기업의 주체로서 운임·체선료(정박료)·구조료, 선박충돌로 인한 손해배상청구권 등의 권리를 가지고, 다른 한편으로 제3자에 대하여 선박소유자와 동일한 의무와 책임을 진다. 따라서 선체용선자가 선박의 항해에 관련된 손해에 대하여 책임을 지는 경우[1)]에는 제769조 이하의 규정에 따라 그 책임을 제한할 수 있으며(774 I ①), 송하인의 청구에 응하여 선장이 선하증권을 발행한 때에는 선하증권 상의 화물의 인도책임을 지는 것은 선박소유자가 아니라 선체용선자이다(日大判 35. 9. 4, 民集 14. 1495). 그러나 위 규정은 선박의 이용에 관한 사항에 한하여 적용되므로, 선박의 양도, 저당권의 설정 등 그 밖의 사항에 관하여는 선박용선자는 선박소유자로서의 취급을 받지 못한다.

② 선체용선자가 상행위 그 밖에 영리 이외의 목적으로 선박을 항해에 사용하는 경우에도 제850조의 규정이 준용된다(船舶 29). 제850조는 해상기업을 조장하고 제3자를 보호하기 위한 규정이므로, 타인소유의 선박의 점유를 취득하여 이용하는 자에 대하여는 그것이 임대차 이외의 원인(사용대차, 사무관리 등)에 의한 경우에도 유추적용되어야 할 것이다(同旨: 손주찬, 756면).

(2) 船舶賃貸借登記의 效力

선체용선을 등기한 때에는 그 때로부터 제3자에 대하여 효력이 생긴다(849 II). 따라서 선체용선의 등기를 마치면 선박의 양수인에 대하여도 효력이 생긴다. 그러나 비등기선에 대하여는 이 규정이 적용되지 않는다.

6. 船舶所有者와 第3者와의 關係

선박의 소유자와 제3자는 아무런 관계가 없지만, 선박의 이용에 관하여 생긴 우선특권은 선박소유자에 대하여도 그 효력이 있다(850 II 本). 이것은 선박채권

1) 大判 75. 3. 31, 74 다 847(선박임차인이 항해중에 선장의 과실로 제3자에게 가한 손해에 대하여는 선박임차인에게 손해배상책임이 있고 임대인인 선박소유자에게는 그 책임이 없다).

자를 보호하기 위한 것이다. 다만 선박우선특권자가 선박의 이용이 계약에 반함을 안 때에는 그러하지 아니하다(850 II 但).

제4절 航海傭船

1. 意 義

(1) 항해용선계약(voyage charter)은 일반적으로 특정한 항해를 할 목적으로 선박소유자가 용선자에게 선원이 승무하고 항해장비를 갖춘 선박의 전부 또는 일부를 물건의 운송에 제공하기로 약정하고 용선자가 이에 대하여 운임을 지급하기로 약정함으로써 그 효력이 생기는 계약을 가리킨다(827 I). 그러나 물건운송을 목적으로 하는 항해용선계약에 관한 규정은 그 성질에 반하지 아니하는 한 여객운송을 목적으로 하는 항해용선계약에도 준용한다(827 II). 넓은 의미의 항해용선계약에는 선박소유자가 특정한 1회의 항해에 한정되지 않고 일정한 기간 동안 반복하여 용선자에게 선박을 제공할 의무를 지지만 항해를 단위로 운임을 계산하여 지급하기로 약정한 경우도 포함된다(827 III).

(2) 일정한 기간의 항해용선은 정기용선과 비슷하지만, 정기용선의 용선자가 해상기업의 주체임에 반하여 보통의 항해용선의 용선자는 화주로서의 지위를 가질 뿐 해상기업의 주체가 아니며, 또 항해용선의 용선자는 비록 일정한 기간 용선을 하더라도 항해의 회수(항차, 航次)를 단위로 운임을 계산하는 점에서 기간을 단위로 운임을 계산하는 정기용선과 다르다. 또 항해용선에서는 선박소유자가 선박의 점유를 가지는 점에서, 선체용선에서 용선자가 선박의 점유를 가지는 것과 구별된다.

2. 種 類

항해용선계약은 용선자가 화주로서 자신의 화물을 싣는 경우와 자신의 선복을 이용하여 선박소유자(운송인)의 입장에서 타인의 화물을 받아 싣는 경우가 있다. 전자를 운송형 항해용선, 후자를 기업형 항해용선이라 할 수 있다(김인현, 121면). 보통 항해용선이라고 하면 운송형 항해용선(contract of affreightment)을 가리킨다. 보통의 항해용선에 있어서의 용선자는 화주로서 개품운송계약에서의 송하인과 같은 지위에 있다. 이에 반하여 기업형 항해용선에서의 용선자는 재운송을 인수하여 해상기업의 주체로서의 지위를 가진다.

3. 航海傭船者와 船舶所有者와의 關係

(1) 傭船契約書의 交付 항해용선계약의 당사자는 상대방의 청구에 의하여 용선계약서를 교부하여야 한다(828). 용선계약서의 형식에는 제한이 없으나, 가장 널리 쓰이는 형식은 BIMCO(Baltic and International Maritime Conference in Copenhagen)의 형식이다(Schoenbaum, 3rd ed., p. 682).[1]

(2) 運送物의 船積

① 船積準備完了의 通知 선박소유자는 운송물을 선적함에 필요한 준비가 완료된 때에는 지체 없이 용선자에게 그 통지를 발송하여야 한다(829 I). 다만 용선자 외의 제3자가 선적인인 경우에 선장이 그 제3자를 확실히 알 수 없거나 그 제3자가 운송물을 선적하지 아니한 때에는 선장은 지체 없이 용선자에게 그 통지를 발송하여야 한다(830 前). 이 경우 선적기간 이내에 한하여 용선자가 운송물을 선적할 수 있다(830 後).

② 船積期間 운송물을 선적할 기간의 약정이 있는 경우에는 그 기간은 선박소유자로부터의 통지가 오전에 있은 때에는 그 날의 오후 1시부터 기산하고, 오후에 있은 때에는 다음날 오전 6시부터 기산한다. 이 기간에는 불가항력으로 인하여 선적할 수 없는 날과 그 항의 관습상 선적작업을 하지 아니하는 날을 산입하지 아니한다(829 II). 위 기간을 경과한 후 운송물을 선적한 때에는 선박소유자는 상당한 보수(滯船料, demurrage)를 청구할 수 있다(829 III). 반대로 선적기간이 경과하기 전에 선적이 종료한 경우에는 절약된 일수에 따라 선박소유자가 용선자에게 조출료(早出料, dispatch money)를 지급하기로 약정할 수 있다.

(3) 運送物의 揚陸 운송물을 양륙함에 필요한 준비가 완료된 때에는 선장은 지체없이 수하인에게 그 통지를 발송하여야 한다(838 I). 운송물을 양륙할 기간의 약정이 있는 경우에는 그 기간은 선박소유자로부터의 통지가 오전에 있은 때에는 그 날의 오후 1시부터 기산하고, 오후에 있은 때에는 다음날 오

1) 용선계약서의 기재사항에 관하여는 Schoenbaum, 3rd ed., pp. 683-684 참조.

전 6시부터 기산한다. 이 기간에는 불가항력으로 인하여 선적할 수 없는 날과 그 항의 관습상 선적작업을 하지 아니하는 날을 산입하지 아니한다(838 II·829 II). 위 양륙기간을 경과한 후 운송물을 양륙한 때에는 선박소유자는 상당한 보수(체선료)를 청구할 수 있다(838 III).

(4) **傭船料의 算定** 용선료는 운송물의 선적을 개시한 날부터 그 양륙을 종료한 날까지의 기간에 의하여 그 액을 정하되, 약정한 선적기간 또는 양륙기간이 경과한 후에 운송물을 선적 또는 양륙한 경우에는 그 기간경과 후의 선적 또는 양륙기간은 이를 선적 또는 양륙기간에 산입하지 아니하고 제829조 제3항 및 제838조 제3항에 따라 별도로 보수를 정한다(841 II).

(5) **傭船者의 發航請求權, 船長의 發航權** 용선자는 운송물의 전부를 선적하지 아니한 경우에도 선장에게 발항을 청구할 수 있다. 이는 용선자의 편의를 위한 것이다. 또 선적기간의 경과 후에는 용선자가 운송물의 전부를 선적하지 아니한 경우에도 선장은 즉시 발항할 수 있다. 위의 경우에 용선자는 운임의 전액과 운송물의 전부를 선적하지 아니함으로 인하여 생긴 비용을 지급하고, 또한 선박소유자의 청구가 있는 때에는 상당한 담보를 제공하여야 한다(831).

(6) **契約의 解除·解止**

(ㄱ) **發航 전의 契約解除**

ⓐ **전부용선의 경우** 전부용선자는 발항 전에는 운임의 반액을 지급하고 계약을 해제할 수 있다. 왕복항해의 용선계약인 경우에 전부용선자가 그 회항 전에 계약을 해지하는 때에는 운임의 3분의 2를 지급하여야 한다. 선박이 다른 항에서 선적항에 항행하여야 할 경우에 전부용선자가 선적항에서 발항하기 전에 계약을 해지하는 때에도 이와 같다(832).

ⓑ **일부용선과 송하인의 경우** 일부용선자나 송하인은 다른 용선자와 송하인 전원과 공동으로 하는 경우에 한하여 계약의 해제 또는 해지를 할 수 있다. 전원과 공동으로 하는 경우 외에 일부용선자나 송하인이 발항 전에 계약을 해제 또는 해지한 때에는 운임의 전액을 지급하여야 한다. 발항 전이라도 일부용선자나 송하인이 운송물의 전부 또는 일부를 선적한 경우에는 다른 용선자와 송하인의 동의를 얻지 아니하면 계약을 해제 또는 해지하지 못한다(833).

(ㄴ) 契約解除 또는 解止의 擬制

용선자가 선적기간 내에 운송물의 선적을 하지 아니한 때에는 계약을 해제 또는 해지한 것으로 본다(836).

(ㄷ) 解除 또는 解止 시의 費用등의 負擔

ⓐ 부수비용·체당금 등의 지급의무 전부 또는 일부용선자나 송하인이 계약을 해제 또는 해지를 한 때에도 부수비용과 체당금을 지급할 책임을 면하지 못한다. 회항 전 또는 선적항에서 발항하기 전에 계약을 해지하는 때에는 전부용선자 또는 송하인은 부수비용과 체당금 외에도 운송물의 가액에 따라 공동해손 또는 해난구조로 인하여 부담할 금액을 지급하여야 한다(834).

ⓑ 선적·양륙비용의 부담 계약의 해제 또는 해지 시에 운송물의 전부 또는 일부가 이미 선적되어 있었을 때에는 그 선적과 양륙의 비용은 용선자 또는 송하인이 부담한다(835).

(ㄹ) 發航 후의 契約解除

발항 후에는 용선자나 송하인은 운임의 전액, 체당금·체선료와 공동해손 또는 해난구조의 부담액을 지급하고 그 양륙하기 위하여 생긴 손해를 배상하거나 이에 대한 상당한 담보를 제공하지 아니하면 계약을 해지하지 못한다(837).

(7) 船舶所有者의 責任輕減 禁止 항해용선계약에 의하여 감항능력주의의무(794)에 관한 선박소유자의 의무 또는 책임을 경감 또는 면제하는 당사자 사이의 특약은 효력이 없다. 운송물에 관한 보험의 이익을 선박소유자에게 양도하는 약정 또는 이와 유사한 약정도 또한 같다(839 I). 다만 위 규정은 산 동물의 운송 및 선하증권 그 밖에 운송계약을 증명하는 문서의 표면에 갑판적(甲板積)으로 운송할 취지를 기재하여 갑판적으로 행하는 운송에 대하여는 적용하지 아니한다(839 II, 799 II).

(8) 船舶所有者의 債權·債務의 消滅 선박소유자의 용선자 또는 수하인에 대한 채권 및 채무는 그 청구원인의 여하에 불구하고 선박소유자가 운송물을 인도한 날 또는 인도할 날부터 2년 이내에 재판상 청구가 없으면 소멸한다(840 I 前). 다만 이 기간은 당사자의 합의에 의하여 연장할 수 있다(840 I 後, 814 I 但). 위 기간을 단축하는 선박소유자와 용선자의 약정은 이를 운송계약에 명시적으로 기재하지 아니하면 그 효력이 없다(840 II).

(9) **陸上運送에 관한 규정의 準用** 운송물멸실과 운임(134), 손해배상의 액(137), 고가물에 대한 책임(136), 수하인의 지위(140) 등의 규정은 항해용선에 준용된다(841 Ⅰ). 보통의 항해용선은 단순한 운송계약의 성질을 가지기 때문이다.

(10) **個品運送에 관한 규정의 準用** 송하인의 선장에 대한 운송에 필요한 서류의 교부(793), 운송인의 감항능력주의의무(794), 운송인의 운송물에 관한 주의의무(795), 운송인의 면책사유(796), 운송인의 책임의 한도(797), 비계약적 청구에 대한 책임한도, 히말라야 조항 및 운송인과 그 사용인 또는 대리인의 운송물에 대한 책임제한금액의 총액의 제한(798 Ⅰ-Ⅲ), 위법선적물의 처분(800), 위험물의 처분(801), 운송물의 공탁 등(803), 운송물의 일부 멸실·훼손에 관한 통지(804 Ⅰ-Ⅳ), 운송물의 중량·용적에 따른 운임(805), 운송기간에 따른 운임(806), 수하인의 의무와 선장의 유치권(807), 운송인의 운송물경매권(808), 운송계약의 종료사유(810), 법정사유로 인한 해제 등(811), 운송물의 일부에 관한 불가항력(811), 선장의 적하처분과 운임(813) 등의 규정은 항해용선에 준용된다. 보통의 항해용선은 개품운송과 같이 단순한 운송계약의 성질을 가지기 때문이다.

4. 航海傭船者와 第3者와의 관계

항해용선자(기업형)가 운송인이 되어 물건을 운송하는 경우(재운송계약)에는 항해용선자가 해상기업의 주체로서 운송계약상의 책임을 진다(850 유추).

5. 船舶所有者와 第3者와의 관계

선박의 소유자와 제3자는 아무런 관계가 없지만, 항해용선자가 자기의 명의로 제3자와 운송계약(재운송계약)을 체결한 경우에는 그 계약의 이행이 선장의 직무에 속한 범위 안에서 선박소유자도 그 제3자에 대하여 감항능력주의의무(794) 및 운송물에 관한 주의의무(795)의 규정에 의한 책임을 진다(809). 항해용선자는 선박을 소유하지 아니하여 자력이 없으므로 선박소유자에게도 책임을 지운 것이다. 항해용선자의 책임과 선박소유자의 책임은 부진정연대관계에 있다고 본다.

제 3 장 運送契約 通則

제 1 海上運送契約의 種類

상법은 운송계약을 운송의 대상에 따라 물건운송과 여객운송으로 나누어 규율하고 있고, 운송의 방법에 따라 개품운송과 항해용선으로 나누어 규율하고 있다.

제 2 海上運送契約의 性質

(1) 都給契約性

해상운송계약은 육상운송계약과 마찬가지로 물건 또는 여객을 장소적으로 이동시키는 일(운송)의 완성을 목적으로 하므로 도급계약의 하나이다(通說; 判例).[1] 그러나 상법이 해상운송에 관하여 상세한 규정을 두고 있고 상관습과 약관이 발달하여 있으므로, 민법의 도급계약에 관한 규정(民 664 이하)이 적용될 여지는 거의 없다.

(2) 商行爲性

해상운송의 인수를 영업으로 할 때에는 상행위가 되며(46 ⑬), 이를 자기명의로 하는 자는 당연상인이 된다(4). 운송인이 운송을 인수한 후에 물건 또는

1) 육상운송에 관하여, 大判 83. 4. 26, 82 누 92(물품운송계약이란 당사자의 일방이 물품을 한 장소로부터 다른 장소로 이동할 것을 약속하고 상대방이 이에 대하여 일정한 보수를 지급할 것을 약속함으로써 성립하는 계약을 말하며, 일의 완성을 목적하는 것이므로 도급계약에 속한다).

여객을 운송하는 행위는 사실행위이며, 운송계약의 이행행위에 지나지 않는다(정찬형, 744면).

(3) 附合契約性

해상운송계약은 해상운송인이 정한 약관에 따라 체결되는 것이 보통이므로 부합계약의 하나이다. 부합계약성의 강약은 운송의 종류에 따라 다르며, 여객운송계약이 가장 강하고, 개품운송계약이 그 다음이며, 용선계약이 가장 약하다(酒卷·石山, 230면).

제3 海上運送業의 主體

해상운송을 인수하는 해상운송인(해상기업자)은 선박소유자, 용선자(정기용선, 선체용선 및 기업형 항해용선의 경우) 또는 선박운항자, 운송주선인 등이며, 운임지급자는 송하인(개품운송의 경우), 용선자(운송형 항해용선의 경우) 또는 여객(여객운송의 경우)이다. 물건운송에서는 물건의 도착지에서 물건을 수령하는 수하인(802-804, 807, 808, 814, 815, 140, 838 I, 840, 841, 140 등)이 있으나, 수하인은 해상물건운송계약의 당사자는 아니다.

제 4 장
海上物件運送契約

제 1 절 總　　說

제 1 意　　義

(1) 해상물건운송계약이란 당사자의 일방(해상운송인)이 상대방(송하인 또는 항해용선자)에 대하여 선박에 의한 물건의 해상운송을 인수하고, 이에 대하여 상대방이 보수(운임 또는 용선료)를 지급할 것을 약정함으로써 성립하는 계약이다. 물건의 운송이란 점에서 해상여객운송과 다르다.

(2) 운송의 목적인 「물건」은 운송할 수 있는 모든 유체동산을 말하며, 재산적 가치의 유무 또는 거래의 대상 여부를 묻지 않는다. 다만 법령에 의하여 운송이 금지된 물건은 운송계약의 목적이 될 수 없다. 상법상으로는 운송물(792, 794 내지 808 등)·적하(積荷. 750, 752 등)·하물(荷物. 872, 699, 700 등) 등으로 표현되고 있다. 운송물이 부족할 때에 선박의 안정을 유지하기 위하여 싣는 토사·물 등의 저하(底荷. ballast)는 운송계약의 목적물이 아니므로 운송물이 아니다.

(3) 물건의 운송이 되기 위하여는 물건이 「운송인의 보관 하」에 놓여져야 한다. 따라서 예선계약의 경우에 예선열(曳船列)의 지휘권이 예선에 있는 때에는 피예선은 예선의 보관 하에 있으므로 해상운송계약이 되지만, 예선열의 지휘권이 피예선에 있을 때에는 운송계약이 아니고, 도급계약 또는 고용계약이 된다(通說).

제2 種 類

1. 序 說

상법 제5편 해상, 제2장 운송과 용선에서는 해상에서의 물건운송을 개품운송, 항해용선, 정기용선 및 선체용선 등 넷으로 나누어 규율하고 있다.

개품운송은 개개의 물건의 운송을 인수하는 것으로서 그 성질은 물건의 운송계약이다. 항해용선(원칙적인 형태)은 선박소유자가 용선자에게 특정 항해동안 선박을 사용하여 물건의 운송에 제공하게 하고 그 대가로 운임을 받는 것이며, 용선자는 그 선박에 자신의 화물을 실어 그 자신이 화주가 되는 것이다. 이러한 형태의 항해용선을 운송형 항해용선이라고 한다. 이 경우의 항해용선자는 개품운송에 있어서의 송하인과 같이 화주의 지위에 있을 뿐이므로 그 항해용선은 운송계약의 성질을 가진다. 때로는 항해용선자가 자신이 빌린 선복의 일부를 이용하여 다른 송하인 또는 용선자로부터 물건의 운송을 인수하고 운임 또는 용선료를 받는 경우(재운송계약)가 있는데, 이 경우에는 그 항해용선자는 해상기업의 주체가 되며, 이러한 형태의 항해용선을 기업형 항해용선이라 한다.[1]

이에 반하여 정기용선과 선체용선에 있어서는 제1차적으로 선박소유자와 용선자 사이에 선박을 빌리기로 하는 용선계약이 있고, 제2차적으로 용선자와 화주 사이에 물건의 운송에 관한 계약이 체결된다. 이 경우에 제1차계약인 용선계약은 운송계약이 아니고 제2차계약만이 운송계약에 해당한다.[2] 이처럼 개품운송과 운송형 항해용선은 운송계약으로서의 성질을 가짐에 반하여, 정기용선과 선체용선 및 기업형 항해용선에서 선박소유자와 사이의 제1차계약인 용선계약은 운송계약의 성질을 가지지 않음을 유의하여야 한다.

2. 個品運送契約

개품운송계약(carriage in a general ship)이란 컨테이너운송과 같이 운송인이 개개의 물건을 해상에서 선박으로 운송할 것을 인수하고, 송하인이 이에 대하

1) 김인현, 121면.
2) 김인현, 107면.

여 운임을 지급할 것을 약정하는 해상운송계약을 말한다(791). 개품운송계약은 운송물의 개성(종류·용적·성질 등)과 그 운송의 결과에 중점이 있고, 선박의 개성이 문제되지 아니한다. 따라서 개품운송계약에서는 대선약관(代船約款)과 환적약관(換積約款)이 많이 이용된다. 개품운송계약은 선박 또는 선복에 중점을 두지 아니하므로 임대차성이 없고, 도급계약의 성질을 가진다.

3. 航海傭船契約

항해용선계약(voyage charter)은 일반적으로 특정한 항해를 할 목적으로 선박소유자가 용선자에게 선원이 승무하고 항해장비를 갖춘 선박의 전부 또는 일부를 물건의 운송에 제공하기로 약정하고 용선자가 이에 대하여 운임을 지급하기로 약정함으로써 그 효력이 생기는 계약을 가리킨다(827 I). 화주가 특정한 선박의 선복의 전부 또는 일부를 빌려 물건의 운송에 제공하는 것으로서 물건운송계약의 실질을 가진다.

넓은 의미의 항해용선계약에는 선박소유자가 특정한 1회의 항해에 한정되지 않고 일정한 기간 동안 반복하여 용선자에게 선박을 제공할 의무를 지지만 항해를 단위로 운임을 계산하여 지급하기로 약정한 경우도 포함된다(827 III).

물건운송을 목적으로 하는 항해용선계약에 관한 규정은 그 성질에 반하지 아니하는 한 여객운송을 목적으로 하는 항해용선계약에도 준용한다(827 II).

4. 個品運送契約과 航海傭船契約과의 差異

개품운송계약과 항해용선계약은 물건의 운송을 목적으로 하는 점에서 공통되지만, 경제적 작용에 큰 차이가 있다. 즉 ① 항해용선계약은 항로와 운항기일을 한정하지 않는 부정기선에 이용되고, 소형선박이 이용되는 것이 보통이지만, 개품운송계약은 일정한 항로, 일정한 기항지를 일정한 운항기일에 일정한 운임표에 따라 운항하는 정기선에 이용되고, 대형선박이 이용되는 것이 보통이고, ② 항해용선계약은 선박소유자와 용선자 사이에서 개별적 절충에 의하여 계약이 체결되므로 계약자유의 원칙이 적용되지만, 개품운송계약은 다수의 상대방과 계약하는 것이 보통이므로 선박소유자가 일방적으로 작성한 보통거래약관에 의하여 계약이 체결되어 부합계약의 성질을 가진다. ③ 또 항해용선계약에서는 재운송계약이 허용되지만, 개품운송계약에서는 이것이 허용되지 않는다.

다음의 설명은 원칙적으로 개품운송과 항해용선(운송형)의 양자에 공통한 것이며, 그 어느 하나에 특유한 것은 이를 하나하나 밝혔다.

제 2 절 海上物件運送契約의 成立

제 1 契約의 當事者

1. 基本當事者

해상물건운송계약은 물건의 운송을 의뢰하는 「송하인」(shipper, 개품운송계약의 경우) 또는 「용선자」(charterer, 운송형항해용선의 경우)와 물건의 운송을 인수하는 「해상운송인」(carrier) 사이에서 체결된다. 해상운송인에는 선박소유자 이외에 선체용선자(선박임차인), 정기용선자, 기업형 항해용선자(재운송계약의 경우, 809) 및 운항수탁자 등이 있다.

2. 其他關係者

해상운송계약의 당사자는 아니지만, 계약에 관계되는 자로서 운송주선인·선적인 및 수하인이 있다. 운송주선인(forwarder)은 자기의 명의로 물건운송의 주선을 하는 자이며[114], 물건운송의 위탁자와 해상운송인 사이에서 주선행위를 한다. 선적인(loader)은 운송인과 용선자 또는 송하인 사이의 운송계약에 기하여 자기명의로 물건을 선적하는 자이다. 용선자 또는 송하인이나 그 대리인이 선적인으로 되는 것이 보통이지만, 때로는 상품의 매도인, 운송주선인, 위탁매매인 기타 단순한 수탁자가 선적인이 되는 수도 있다. 수하인(consignee)은 양륙항에서 운송물(적하)의 인도를 받을 자로 지정된 자 또는 현실로 그 인도를 받은 자이다.

제2 契約의 締結

1. 契約締結의 自由

해상운송계약은 특별법령에 다른 규정이 없는 한 원칙적으로 그 방식과 내용을 자유로 정할 수 있다. 해상운송계약은 해상운송인이 직접 체결하는 수도 있으나, 자기의 대리점 또는 선박중개인을 통하여 체결하는 수가 많다. 다만 연안무역, 즉 일국의 연안에 있는 각 항구간의 화물과 여객의 운송은 국제법상 자국선에만 인정되며, 우리 선박법도 이 원칙을 밝히고 있다(船舶法 6).

2. 契約締結의 方式

해상운송계약은 불요식의 낙성계약(諾成契約)이므로, 청약과 승낙의 의사표시가 합치되면 성립하고, 특별한 방식이나 서면의 작성을 요하지 아니한다. 그러나 실무상은 용선계약서 또는 선하증권 등의 증서를 만드는 방식이 이용되고 있다. 항해용선계약의 경우에는 상대방의 요구에 따라 운송계약서(용선계약서)를 교부하여야 하지만(828), 이것은 계약성립의 요건은 아니고 단순한 증거증권이다. 또 운송인은 송하인 또는 용선자의 청구에 의하여 선하증권 또는 해상화물운송장을 교부하여야 하지만(852, 855, 863), 이것 역시 계약성립 후에 작성되는 것으로서 계약성립의 요건은 아니다. 그러나 선하증권은 용선계약서와는 달리 운송물인도청구권을 체화(體化)한 유가증권이다.

제3절 海上物件運送契約의 內容

제1 總 說

해상운송계약이 체결되면, 해상운송인은 계약의 내용에 따라 선박을 제공하고, 운송물을 수령·선적·적부(積付)하며, 그 동안에 선하증권을 발행교부하고, 그 후에 운송의 실행으로서 발항·항해를 하여 목적지에서 운송물을 양륙하여 수하인에게 물건을 인도할 의무를 부담한다. 상법은 개품운송과 용선으로 나누어 이를 규율하고 있으나, 이들 규정은 원칙적으로 임의규정이므로, 실제로는 보통거래약관과 상관습이 중요한 역할을 하고 있고, 선하증권 또는 용선계약서에 지상약관(Clause Paramount)을 삽입하는 것이 보통이다.

제2 海上物件運送人의 義務

1. 船舶回航·堪航能力注意義務

(1) 船舶回航義務

① 해상운송인은 운송계약에 따라 송하인·용선자에게 선박을 제공하고, 선박이 다른 항구에 있으면 약정한 선적항으로 회항시켜야 한다. 용선계약의 경우에는 선박의 톤수·속력 등 개성이 중시되므로 이를 계약에서 정하는 일이 많고, 따라서 이처럼 특정된 선박을 제공하여야 하지만, 개품운송계약의 경우에는 보통 선박의 개성은 중시되지 아니하므로 대선약관(代船約款)·환적약관(換積約款)이 이용되는 수가 많다.

② **船積準備完了 通知義務** (a) 항해용선계약의 경우에는 운송물을 선적함에 필요한 준비가 완료된 때에는 해상운송인은 지체없이 용선자에게 그 통지를 발송하여야 한다(829). 통지의 상대방은 원칙적으로 용선자이지만, 예외적으로 제3자를 선적인으로 정한 때에는 그 제3자에게 통지하여야 한다. 그러나 선장이 그 제3자를 확지할 수 없거나 그 제3자가 운송물을 선적하지 아니한 때에는 선장은 지체없이 용선자에게 그 통지를 발송하여야 한다. 이 경우에는 선적기간 내에 한하여 용선자가 운송물을 선적할 수 있다(830). 용선자가 이 기간 내에 선적하지 아니하면 운송계약을 해제 또는 해지한 것으로 본다(836).

(b) 개품운송계약의 경우에는 해상운송인이 정기선에 의하여 정해진 운항시간표에 따라 운송물을 수집하여 선적·운송을 하므로, 송하인에게 개별적으로 선적준비완료의 통지를 할 의무는 없다.

③ **碇泊義務·運送必要書類交付義務** (a) 항해용선계약의 경우에는 해상운송인은 선적기간 동안 약정 또는 관습에 따라 정하여지는 선적장소(berth)에 선박을 정박시키고 선적을 기다려야 한다. 선적기간은 운송물을 선적하는데 필요한 기간이며, 당사자 간의 약정에 의하여 정하여지고, 당사자 간의 약정

이 없으면 선적항의 관습에 의한다. 선적기간과 양륙기간을 합하여 정박기간(laytime, laydays)이라고 한다. 선적기간의 약정이 있는 경우에는 그 기간은 선적준비완료의 통지가 오전에 있은 때에는 그 날의 오후 1시부터 기산하고, 오후에 있은 때에는 다음 날 오전 6시부터 기산한다. 이 기간에는 불가항력으로 인하여 선적할 수 없는 날과 그 항의 관습상 선적작업을 하지 아니하는 날을 산입하지 아니한다(829 II). 용선자는 선적기간 내에 선적을 하고 또 운송에 필요한 서류를 선장에게 교부하여야 한다(841, 793).

위 기간을 경과한 후 운송물을 선적한 때에는 운송인은 상당한 보수(滯船料·碇泊料. demurrage)를 청구할 수 있는(829 III) 외에, 그 기간 경과 후에는 선장은 즉시 발항할 수 있다(831 II). 반대로 선적기간 경과 전에 선적이 종료한 경우에는 절약된 일수에 따라 해상운송인이 용선자에 대하여 조출료(早出料. dispatch money)를 지급하는데, 이에 관하여 상법에는 아무런 규정이 없고 당사자 사이의 합의에 맡겨져 있다.

(b) 개품운송계약의 경우에는 운송인이 선적을 하므로 송하인을 위하여 선박을 정박시킬 의무는 없고, 반대로 송하인이 당사자 간의 합의 또는 선적항의 관습에 의한 때와 곳에서 운송인에게 운송물을 제공하여야 하며(792 I), 아울러 운송에 필요한 서류를 선장에게 교부하여야 한다(793). 송하인이 위에서 정하여진 때와 곳에서 운송물을 제공하지 아니한 때에는 계약을 해제한 것으로 본다. 이 경우에는 선장은 즉시 발항할 수 있고, 송하인은 운임의 전액을 지급하여야 한다(792 II).

(2) 堪航能力注意義務

(가) 意　義:　① 감항능력주의의무(duty of seaworthiness)란 해상운송인이 용선자·송하인에게 제공하는 선박이 발항 당시에 안전하게 항해를 할 수 있는 능력, 즉 감항능력을 가지는 선박이라는 것을 담보하는 의무를 말한다(794, 841 I). 감항능력을 결하는 것을 불감항(不堪航)이라고 한다.

② 감항능력주의의무의 성질이 과실책임인가 무과실책임인가에 관하여 의용 상법상으로는 다툼이 있었으나,[1] 상법은 이것이 과실책임임을 명백히 하고, 무과실의 증명책임을 운송인에게 부담시키고 있다(794, 841 I). 이것은 1924년의

1) 영미 보통법상으로는 무과실책임이었으나, Harter법에 위하여 수정되었다. Schoenbaum, 3rd ed., p. 599.

Hague 규칙(3 I) 및 1968년의 Visby 규칙(3 I)을 따른 것이다.

③ 1978년 Hamburg 규칙은 감항능력주의의무에 관한 규정을 두고 있지 않은데, 이것은 발항당시에 한하지 않고 항해 중에도 이 의무를 부담시키려는 취지이다(손주찬, 796면).

(나) 內 容: ① 감항능력주의의무에는 항해능력(협의의 감항능력), 운항능력 및 감하능력의 세 가지가 포함된다. 즉 감항능력주의의무는 (a) 선박이 안전하게 항해를 할 수 있게 할 것(航海能力), (b) 필요한 선원의 승선, 선박의 장(艤裝)[1]과 필요품의 보급(運航能力), (c) 선창·냉장실 기타 운송물을 적재할 선박의 부분을 운송물의 수령·운송과 보존을 위하여 적합한 상태에 둘 것(堪荷能力) 등을 의미한다.

② 운송인이 감항능력을 구비하여야 할 시기는 선박의 「발항당시」이다(794, 841 I). 발항당시란 개개의 운송계약마다 「선적개시시부터 발항시까지」를 의미한다(通說). 선적 후 발항 전 항내에 있을 때에도 해상위험으로 인한 운송물의 멸실 등으로 인한 손해가 발생할 수 있기 때문이다. 여기의 「발항」은 선적항을 발항하는 것이며, 각 기항항을 발항하는 것은 아니다(同旨: 손주찬, 796면). 따라서 선적항을 발항하여 도착항까지의 전 항해를 위하여 필요한 주의를 다하여야 하며, 기항지의 발항시마다 감항능력의 유무를 판단하는 것은 아니다(최기원, 780면).

③ 감항능력의 유무는 특정한 항해, 특정한 운송물과의 관계에서 상대적으로 판단된다(同旨: 손주찬, 796면; 酒卷·石山, 241면). 그러므로 동일항해에 있어서도 운송물에 따라 어느 운송물에 대하여는 감항능력을 가지나, 다른 운송물에 대하여는 이를 갖지 못하는 경우도 있을 수 있다.

④ 감항능력을 갖추려면 구체적으로 선체가 견고하여야 하고,[2] 설계·구조·설비·성능이 항해를 감내할 수 있어야 하며,[3] 안전항해에 필요한 수의 능력

---

1) 선박의장이란 그 항해에 필요한 서류와 속구를 비치하고 기타 장치를 하는 것이다(손주찬, 795면).

2) 大判 85. 5. 28. 84 다카 966(바다를 예정된 항로를 따라 항해하는 선박은 통상 예견할 수 있는 위험을 견딜 수 있을 만큼 견고한 선체를 유지하여야 하므로 발항 당시 감항능력이 결여된 선박을 해상운송에 제공한 선박소유자는 항해중 그 선박이 통상 예견할 수 있는 파랑이나 해상부유물의 충격을 견디지 못하고 파열되어 침몰하였다면 불법행위의 책임조건인 선박의 감항능력유지의무를 해태함으로써 운송물을 멸실케 한 과실이 있다 할 것이다).

3) 大判 76. 10. 29, 76 다 1237(발항하기 이전부터 유류검량관의 파손부위가 이미 낡아서 발항

을 갖춘 선원이 승선하여야 한다.[1] 성격이 포악하고 호전적인 성격의 선원을 태우면 감항능력주의의무를 게을리한 것이 된다.

(3) 注意程度

상법은 단순히 「주의를 해태하지 아니하였음을 증명하지 아니하면」이라고 규정하고 있는데(794), 여기의 주의는 「상당한 주의」(due diligence)를 뜻한다. 상당한 주의는 그 상황에서 보통의 신중한 운송인에게 일반적으로 요구되는 주의이며, 그 주의의무를 다하였는가 여부는 객관적으로 판단하여야 한다.

(4) 義務違反의 效果

① 운송인은 자기 또는 선원 기타의 선박사용인이 감항능력주의의무를 해태하지 아니하였음을 증명하지 아니하면 운송물의 멸실·훼손 또는 연착으로

당시 선박소유자가 상당한 주의로서 세밀히 검량관의 노후여부를 조사하였더라면 이를 사전 발견하여 예방할 수 있었을 것인데 위와 같은 주의의무를 다하지 아니하고 선박이 운송물(옥수수)을 싣고 항해중 강풍과 풍랑을 만나 전후 좌우로 심하게 동요하므로 제3번 창밑의 탱크에 저장된 중유가 역상류하면서 위 검량관의 낡은 부위에 생긴 틈과 구멍으로 새어나와 부근에 쌓인 운송물을 오염시켜 훼손한 경우에 선박소유자는 상법 787조에 의한 손해배상책임을 면치 못한다); 98. 2. 10, 96 다 45054(선박은 약정된 항해에서 통상 예견되는 황천(荒天) 기타 기상이변에 대비한 준비가 되어 있어야 할 것인바, 해당 항로를 항해하는 선박이 통상 예견할 수 있는 정도의 돌풍이나 삼각파도에 의하여 선체 자체의 손상이나 인명피해 없이 화물창구 덮개의 일부만이 파손되었다면 발항 당시 선박이 불감항의 상태에 있었고, 선주 또는 그 선박사용인이 발항 전 상당한 주의로써 선체의 각 부분을 면밀히 점검 조사하여 감항능력의 유무를 확인하였어야 한다. 선적항을 출항하여 항해하던 중 레이더 장비의 노후에 따른 성능유지를 위하여 필요한 일상적인 점검을 받고 선용품도 공급받기 위하여 다른 항구로 임시 기항하였다면 선주는 선적항을 출항할 당시 선박에 설치된 레이더 장비의 성능과 고장 여부를 점검하여 감항능력을 유지 확보하여야 하는데도 이를 게을리 하였다고 할 것이다).

1) 大判 89. 11. 24, 88 다카 16294(선박소유자에게는 자기소유의 선박이 발항할 당시 안전하게 항해를 감당할 수 있도록 필요한 인적·물적 준비를 하여 감항능력을 확보하여야 할 주의의무가 있는 것이고, 이러한 감항능력주의의무의 내용에는 선박이 안전하게 항해를 하는데 필요한 자격을 갖춘 인원수의 선장과 선원을 승선시켜야 할 주의의무가 포함되어 있는 것이므로 선박의 출항당시 관할 항만 당국으로부터 취직공인을 받은 선장이 승선하지 아니하였고, 이러한 사실을 위 선박의 소유자가 알지 못하였으며, 보수교육을 받지 아니하여 어로장으로서의 취직공인마저 받지 못한 어로장이 위 선박의 항해를 지휘하다가 그 항해상의 과실로 사고를 일으켰다면, 비록 그 어로장이 선장과 동종의 해기면장을 보유하고 있었더라도 위 선박은 출항당시 인적 감항능력을 충분히 갖추지 못한 상태에 있었다고 할 것이고, 따라서 이러한 사실을 알지 못한 선박의 소유자에게도 특별한 사정이 없는 한 감항능력주의의무를 다하지 아니한 과실이 있다고 할 것이다).

다만 다음의 경우에는 감항능력주의의무의 위반이 없다고 한다. 大判 95. 8. 22, 94 다 61113(원칙적으로 선박직원법에 따른 해기사면허가 없는 선원이 승선한 선박은 소위 인적 감항능력을 결여한 것으로 추정되나, 선원이 그 면허를 소지하였는지 여부만이 선박의 인적 감항능력의 유무를 결정하는 절대적인 기준이 되는 것은 아니고, 비록 그 면허가 없다고 하더라도 사실상 특정 항해를 안전하게 수행할 수 있는 우수한 능력을 갖춘 선원이 승선하였다면 이러한 경우까지 선박이 인적 감항능력을 결여하였다고 할 수는 없다).

인한 손해를 배상할 책임을 면하지 못한다(794, 841 I).

② 이 의무 또는 책임을 경감하거나 면제하는 당사자 간의 특약은 무효이며, 운송물에 관한 보험의 이익을 운송인에게 양도하는 약정 또는 이와 유사한 약정도 또한 무효이다(799 I). 다만 산 동물의 운송 및 선하증권 그밖의 운송계약을 증명하는 문서의 표면에 갑판적(甲板積)으로 운송할 취지를 기재하여 갑판적으로 행하는 운송의 경우에는 이 의무 또는 책임을 경감하거나 면제하는 특약도 유효하다(799 II). 항해용선의 경우도 같다(855 V). 산 동물의 운송이나 갑판적으로 행하는 운송은 항해상 많은 위험이 따르므로, 이 특약을 금지하면 운임이 많아지거나 운송인이 운송을 기피할 염려가 있기 때문이다.

2. 船積에 관한 義務

(1) 總 說

① 선적이란 운송물을 선박 내에 반입하는 것이며, 그 형태에는 송하인 또는 항해용선자가 자기의 책임으로 운송물을 작은 배 또는 화차로 본선의 선측까지 운반하여 이를 선박 내에 반입하는 것(Free In & Out. 일본에서는 直積·自家積이라 한다)과 송하인 또는 항해용선자가 해상운송인의 육상 지점에서 운송물을 인도하고 해상운송인의 책임으로 운송물을 선내에 반입하는 것(Gross Term. 일본에서는 總積이라 한다)이 있다. 개품운송계약과 항해용선계약은 모두 송하인 또는 항해용선자가 직접 선적하는 것을 전제로 한 법규정을 두고 있으나(792, 829 I), 항해용선계약을 제외하면 오늘날 이 형태는 거액의 단일화물 또는 특수화물의 개품운송계약에서 행하여질 뿐, 그 외의 정기선에 의한 개품운송계약에서는 운송인에 의한 선적이 관행으로 되어 있다.[1]

② 송하인에 의한 직접선적에서는 선적작업 중에 송하인이나 항해용선자로부터 해상운송인에게 운송물이 인도되지만, 운송인에 의한 선적에서는 선적개시 전에 육상에서 운송물의 인도가 이미 종료되어 있다. 운송물의 인도는 운송물의 점유를 이전하는 것이고, 선적은 선박 내로 이를 이동시키는 것이다.

③ 개품운송계약에서 송하인 직접선적의 경우에는 송하인은 당사자간의 합의 또는 선적항의 관습에 의한 때에 운송인에게 운송물을 제공하여야 하고(792 I), 항해용선계약에서 용선자는 운송인으로부터 선적준비완료의 통지를 받

1) 최종현, 「선하증권상 FIO조항의 효력」, 法曹 2007. 2, 82면 이하.

으면 지체없이 선적을 하여야 한다(829 Ⅰ, Ⅲ).

(2) 運送物受領義務

운송인은 운송계약에 따라 송하인 또는 용선자가 제공하는 운송물을 수령할 의무가 있다(795 Ⅰ, 841 Ⅰ). 운송물의 인도와 수령은 계약 또는 선적항의 관습에 따라 적당한 시기에 적당한 방법으로 하여야 한다. 다만 법령 또는 계약에 위반한 선적물(800)과 위험물(801)은 수령을 거절하거나 포기할 수 있다. 송하인 또는 용선자는 선적기간 내에 운송에 필요한 서류를 선장에게 교부하여야 한다(793, 841 Ⅰ). 「운송에 필요한 서류」는 검역증명서, 관세납부서, 관세명세서 등을 가리킨다. 다만 수령의무까지 강행규정으로 하는 것은 문제이다(헤이그·비스비규칙 7 참조).

(3) 運送物積付義務

① 운송인은 수령한 운송물을 선내에 적부할 의무가 있다(795 Ⅰ). 적부(積付)란 운송물을 선창(船艙. hold)내에 계획적으로 배치하는 것을 말한다. 적부의 적절여부는 운송물의 보관·운송은 물론, 선박과 항해의 안전에도 영향을 미치므로, 보통 선원 이외의 전문 하역업자에 맡겨서 한다. 선장 등은 화물이 서로 부딪치거나 혼합되거나 선박의 동요에 의하여 손상을 받지 않도록 운송물을 적부하여야 한다.[1)]

② 운송물을 선창 이외의 장소에 적부하는 것, 특히 갑판적(甲板積)은 특약 또는 관습이 없으면 금지된다.[2)] 왜냐하면 갑판적은 위험이 크고 공동해손의 처분대상이 되기 때문이다(872 Ⅱ). 그러나 컨테이너에 의한 갑판적이 늘어나고, 특히 갑판적을 전제로 한 컨테이너 전용선이 생겨남에 따라 선하증권 약관에 해상운송인의 갑판적의 권리가 명기되는 것이 보통인데, 이 경우에는 운송인의 책임을 경감 또는 면제할 수 있다(799 Ⅱ).

---

1) 大判 83. 3. 22, 82 다카 1533(해상운송에 있어서 운송물의 선박적부시에 고박·고정장치를 시행하였으나 이를 튼튼히 하지 아니하였기 때문에 항해중 그 고박·고정장치가 풀어져서 운송물이 동요되어 파손되었다면 특단의 사정이 없는 한 불법행위의 책임조건인 선박사용인의 과실을 인정할 수 있고 불법행위로 인한 손해배상청구에 대하여 운송인이 불가항력에 의한 사고라는 이유로 그 불법행위 책임을 면하려면 그 풍랑이 선적 당시 예견 불가능한 정도의 천재지변에 속하고 사전에 이로 인한 손해발생의 예방조치가 불가능하였음이 인정되어야 한다).

2) 大判 74. 8. 30. 74 다 353(원심이 선박에 화물을 적재함에 있어 본건 화물과 같은 유류등이 들은 드럼통이라 하더라도 일반화물과 같이 선창내에 선적하는 것이 원칙이고 갑판상에 선적하는 것은 부적당하고 위험도가 높으므로 당사자 사이에 특별한 약정이 없는 한 운송인은 선창내에 화물을 적재할 것이고 갑판상 적재는 할 수 없다 할 것이라고 설시하였음에 잘못이 있다 할 수 없다).

(4) 船荷證券交付義務

운송인은 운송물을 수령한 후 송하인 또는 용선자의 청구에 의하여 1통 또는 수통의 선하증권을 교부하여야 한다(852 Ⅰ·855). 선하증권은 운송인이 교부하는 것이 원칙이나, 선장 기타의 대리인에게 그 교부를 위임할 수 있다(852 Ⅲ).

3. 航海에 관한 義務

(1) 發航義務

① 해상운송인은 운송물의 선적·적부 등 항해의 준비가 완료된 때에는 운송의 실행을 위하여 지체없이 선박을 발항시켜야 한다(船員法 8前 참조). 발항시기는 용선계약의 경우에는 계약에서 정한 바에 의하고, 정기선에 의한 개품운송계약의 경우에는 미리 공시된 발착시간표에 의한다. 선적기간 및 약정한 초과정박기간이 경과하기 전에는 해상운송인은 운송물의 선적이 완료되지 않은 한 선박을 발항시킬 수 없다. 이들 기간은 용선자 또는 송하인이 선적할 수 있는 권리를 확보한 기간이기 때문이다.

② 다만 항해용선계약에서 다음의 경우에는 선적기간 내에 운송물의 전부가 선적되지 아니한 때에도 「해상운송인」은 예외적으로 발항할 수 있다. 즉 (a) 용선자가 선장에게 발항을 청구한 때(831 Ⅰ). 이것은 도착지의 시장상황 등을 고려하여 용선자에게 발항청구권을 인정한 것이다. 이 경우에 용선자는 운임의 전액과 운송물의 전부를 선적하지 아니함으로 인하여 생긴 비용을 지급하고 운송인의 청구가 있는 때에는 상당한 담보를 제공하여야 한다(831 Ⅲ). 「운송물의 전부를 선적하지 아니함으로 인하여 생긴 비용」이란 적부변경비용·저하투입비용 등을 말한다. (b) 선적기간이 경과한 후에도 운송물의 전부를 선적하지 아니한 때(831 Ⅱ). 이 경우에도 해상운송인은 운임전액과 비용 및 담보제공을 청구할 수 있다(831 Ⅲ).

③ 또한 개품운송계약에서 정해진 시기까지 송하인이 운송인에게 운송물을 제공하지 아니한 경우에는 계약을 해제한 것으로 보고(792 前), 「선장」은 즉시 발항할 수 있으며, 송하인은 운임의 전액을 지급하여야 한다(792 後).

(2) 直航義務

해상운송인은 선적항을 발항한 후에는 원칙적으로 예정항로를 변경하지 않고 또 상당한 속력으로 양륙항까지 직항하여야 한다(船員法 8後 참조). 이것은 항로이탈

(航路離脫, 離路. deviation)을 하여서는 안된다는 의미인데, 항로이탈은 운송물의 연착과 해상위험의 증가를 초래하는 원인이 되기 때문이다. 상법에 명문규정은 없으나, 운송계약에서 당연한 의무라고 본다. 다만 해상운송인은 해상에서의 인명이나 재산의 구조행위 또는 이로 인한 항로이탈 그 밖의 정당한 이유가 있는 경우에는 예외적으로 항로이탈을 할 수 있다(796⑧). 그러나 해운실무에서는 해상운송인의 항로이탈의 자유를 정하는 특약(항로이탈약관)을 하는 것이 보통이다.

(3) 運送物保管·處分義務

① 해상운송인은 선적항에서 운송물을 수령한 때부터 양륙항에서 인도할 때까지 선량한 관리자의 주의로 이를 보관·운송하여야 한다(795 Ⅰ).[1]

② 해상운송인은 원칙적으로 운송물을 선적한 선박으로 양륙항까지 운송을 하여야 하고, 다른 선박으로 환적하는 것은 허용되지 않는다. 왜냐하면 운송물의 환적은 그 멸실·훼손·연착의 원인이 되기 쉽기 때문이다. 그러나 해운실무에서는 환적약관(換積約款)에 의하여 환적을 허용하는 관행이 있다.

③ 해상운송인은 용선자·송하인 또는 선하증권소지인의 지시에 따라 운송의 중지, 운송물의 반환 기타의 처분을 하여야 할 의무를 부담한다(815, 139).

④ 해상운송인은 법령 또는 계약에 위반하여 선적한 위법선적물을 언제든지 양륙할 수 있고, 그 운송물이 선박 또는 다른 운송물에 위해를 미칠 염려가 있는 때에는 이를 포기할 수 있다(800 Ⅰ, 841 Ⅰ). 선장이 위 물건을 운송하는 때에는 선적한 때와 곳에서의 동종운송물의 최고운임의 지급을 청구할 수 있다(800 Ⅱ, 841 Ⅰ). 그리고 이것은 운송인 그 밖의 이해관계인의 손해배상청구에 영향을 미치지 아니한다(800 Ⅲ, 841 Ⅰ). 또한 인화성·폭발성 기타의 위험성이 있는 운송물은 해상운송인이 그 성질을 알고 선적한 경우에도 그 운송물이 선박이나 다른 운송물에 위해를 미칠 위험이 있는 때에는 선장은 언제든지 이를 양륙·파괴 또는 무해조치를 할 수 있다. 운송인은 위 처분에 의하여 그 운송물에 발생한 손해에 대하여는 공동해손분담책임을 제외하고 그 배상책임을 면한다(801, 841 Ⅰ).

---

1) 大判 78. 3. 28, 77 다 1401(그 자체 습기와 열이 있는 찹쌀을 열대지방에서 온대지방으로 운송하는 경우 운송인으로서는 운송도중이거나 정박중이거나를 불문하고 부패 변질되지 아니하도록 환기장치를 세심히 사용하거나 상당한 주의를 하여야 한다).

4. 揚陸에 관한 義務

(1) 揚陸港入港義務

해상운송인은 운송계약에서 정한 일시까지 약정된 양륙항 또는 항해용선자나 송하인이 지정권을 가지는 경우에는 그가 지정한 양륙항에 입항하고, 또 특약·관습에 의하여 정하여진 적당한 양륙장소에 정박하여야 한다.

(2) 揚陸準備完了通知義務

① 개품운송계약의 경우에 운송물이 도착한 때에는 운송인은 수하인에게 운송물 도착의 통지를 하여야 한다(802).

② 항해용선계약의 경우에 운송물을 양륙함에 필요한 준비가 완료된 때에는 선장은 지체없이 수하인에게 그 통지를 발송하여야 한다(838 I). 이것은 약정한 양륙기간의 기산점이 된다(838 II, 829 II).

③ 그러나 항해용선계약의 경우이든 개품운송계약의 경우이든 실제로는 선하증권이 발행되고 전전유통되어 운송인이 선하증권소지인을 알지 못하므로, 선하증권상에 통지를 받을 자가 지정되어 있지 아니한 한 특약 또는 관행에 따라 광고로 통지를 대신한다.

(3) 碇泊義務

① 항해용선계약의 경우에는 운송인은 용선자가 운송물의 전부를 양륙하는데 필요한 기간 선박을 정박시킬 의무가 있다. 이 기간을 양륙기간이라고 한다. 양륙기간은 당사자의 합의 또는 양륙항의 관습에 따라 정한다. 양륙기간의 약정이 있는 경우에 그 기간의 기산은 선적기간의 기산과 같다(838 II, 829 II). 만일 용선자가 양륙기간이 경과한 후 운송물을 양륙한 때에는 운송인은 상당한 보수(체선료)를 청구할 수 있다(838 III).

② 개품운송계약의 경우에는 운송인이 양륙을 하므로(802 참조), 용선계약의 경우와 같은 정박의무·양륙기간 등의 관념은 없다.

(4) 揚陸義務

① 양륙의 방법에는 수하인이 운송물을 수령하여 스스로 양륙을 하는 것(FIO, Free In & Out. 일본에서는 直取라고 한다)와 거액의 화물 이외에 정기선에 의한 개품운송계약에서 해상운송인이 운송물을 양륙하는 것(Gross Term. 일본

에서는 總揚이라 한다)의 두 가지가 있다.

② 상법상 개품운송계약의 경우에는 운송인이 양륙을 하고(802), 항해용선계약의 경우에는 수하인이 양륙을 한다(838 I). 특약이 없으면 운송물을 선창에서 꺼내어 선측에서 양륙하기까지의 양륙비용은 운송인이 부담하고, 그 이후는 수하인이 부담한다.

5. 引渡에 관한 義務

(1) 運送物引渡義務

(가) 引渡義務: 해상운송인은 양륙항에서 수하인 또는 선하증권소지인에게 운송물을 인도할 의무가 있으며, 이 인도에 의하여 해상운송인의 운송계약상의 채무이행이 종료한다. 여기서 인도란 해상운송인이 운송물의 점유를 수하인에게 이전하는 것을 말하며, 장소적으로 선박 내에서 육상으로 운송물을 이전하는 작업인 양륙과 다른 개념이다. 수하인이 운송물을 수령하여 스스로 양륙을 하는 경우에는 양륙도중에 선측에서 인도가 이루어지지만, 해상운송인이 운송물을 양륙하는 경우에는 육상에 있는 운송인의 지점(支店)에서 인도가 이루어진다. 운송물을 인도할 상대방은 선하증권이 발행되어 있는가 아닌가에 따라 다르다. 다만 인도의 단계까지 운송인에게 주의의무를 과하고 이를 강행규정(799)으로 관철하는 것은 문제이다(헤이그·비스비규칙 7 참조).

(나) 船荷證券이 發行되어 있는 경우

① 정당한 所持人 선하증권이 발행되어 있는 경우에는 운송물을 인도할 상대방은 선하증권의 정당한 소지인이고, 인도는 증권과 상환하여 하여야 한다(861, 129). 다만 판례는 선하증권에 수하인으로 표시되어 있고 그 증권을 소지한 보증은행의 인도지시가 있는 경우에는 위 원칙은 적용될 여지가 없다고 한다(大判 74.12.10, 74 다 376). 선하증권이 발행되어 있는 경우에 해상운송인은 원칙적으로 실질적 권리자인 증권의 정당한 소지인에게 인도하여야 면책되지만, 예외적으로 증권의 형식상 정당한 소지인에게 인도한 경우에는 그가 실질적 권리자가 아닌 때에도 운송인에게 악의·중과실이 없는 한 면책된다(65, 民 513, 518).

② 數通의 船荷證券이 發行된 경우 수통의 선하증권이 발행된 경우에는 수인의 소지인이 동일한 운송물의 인도를 청구하는 일이 있을 수 있다. 그리하여 상법은 양륙항에서 인도를 청구하는가, 양륙항 외에서 인도를 청구하는

가, 1인이 인도를 청구하는가, 수인이 인도를 청구하는가에 따라 그 처리를 달리하고 있다. 즉

(a) 양륙항에서 수통의 선하증권중 1통을 소지한 자가 운송물의 인도를 청구하는 경우에도 선장은 그 인도를 거절하지 못한다(857 I). 이 경우에 그 청구한 1통의 소지인이 운송물의 인도를 받은 때에는 다른 선하증권은 그 효력을 잃는다(857 II). 이것은 양륙항에서 운송물의 인도를 청구하는 자는 보통 정당한 소지인이며, 이 때에 1통의 소지인에 의한 인도청구를 부정하면 수통의 선하증권을 발행한 취지를 무의미하게 만들기 때문이다. 따라서 이 경우에는 따로 선하증권소지인이 있는 것을 알고 있어도 운송물의 인도를 거절하지 못한다. 양륙항에서도 2인 이상의 선하증권소지인이 운송물의 인도를 청구한 때에는 선장은 지체없이 운송물을 공탁하고 각 청구자에게 그 통지를 발송하여야 한다(859 I). 또 양륙항에서 1통의 선하증권소지인에게 운송물의 일부를 인도한 후에 다른 소지인이 운송물의 인도를 청구한 경우에도 그 인도하지 아니한 운송물에 대하여는 공탁·통지 등을 하여야 한다(859 II).

(b) 양륙항 외에서 선하증권에 의한 운송물인도청구가 있는 경우에는 선장은 선하증권의 각통의 반환을 받지 아니하면 운송물을 인도하지 못한다(858). 즉 양륙항 외에서는 1통에 의한 청구에 응하여 운송물을 인도할 수 없다. 이 경우에는 사기 등 폐해가 생길 염려가 있기 때문이다.

③ **引渡實務－保證渡·荷渡指示書** 위에서 말한 것처럼 선하증권이 발행되어 있는 경우에는 선하증권과 상환하여 운송물을 인도하여야 한다. 그러나 해운실무에서는 운송인이 수하인을 신뢰하여 선하증권과 상환하지 않고 운송물을 인도(假渡 또는 空渡)하거나, 또는 은행 등의 보증서를 받고 선하증권과 상환하지 않고 수하인에게 운송물을 인도(保證渡)하는 상관습이 있고, 또한 하도지시서(荷渡指示書)를 제출하는 자에게 인도하는 예가 많다.

(ㄱ) **假引渡(空引渡)·保證渡** 운송인이 수하인의 편의를 꾀하기 위하여 선하증권과 상환하지 않고 운송물을 인도하는 것을 가인도(가도) 또는 공인도(공도)라고 한다. 그리고 운송인이 가인도를 함에 있어서 수하인으로부터 「증권과 상환하지 않고 인도함으로써 발생하는 일체의 손해에 관하여 책임을 진다」는 내용의 보증장(letter of guarantee)을 받는 경우를 특히 보증도(보증인도)라고 한다. 보증장은 수하인의 거래은행이 발행하는 수가 많다. 이것은 선하

증권이 운송물보다 늦게 도착하는 경우에 운송물의 변질과 보관비용의 증가를 방지하고, 수하인에게는 운송물을 조속히 처분할 수 있는 기회를 주는 동시에, 운송인에게는 빨리 운임을 회수할 수 있도록 하는 방법으로 생겨난 것이다.

보증도의 상관습에 대하여는 상법 제129조(제861조에 의하여 선하증권에 준용됨)의 강행규정에 반하고 선량한 풍속 기타 사회질서에 반한다는 이유로 무효라고 보는 견해가 있었으나, 오늘날에는 판례와 대부분의 학설이 그 유효성을 인정하고 있다. 이에 대한 해답은 제129조가 운송인에게 인도거절권만을 규정한 것인가 아니면 인도거절의무까지도 규정한 것인가, 그것은 강행규정인가 임의규정인가에 따라 다르다. 대법원은 제129조가 거절의무까지도 규정하였다고 하면서도, 보증도의 상관습은 보증도로 인하여 정당한 선하증권 소지인이 손해를 입게 되는 경우에 운송인이 그 손해를 배상하는 것을 전제로 하고 있는 것이므로, 무효하지 않다고 한다(大判 92. 2. 14, 91 다 4249; 92. 2. 25, 91 다 3002). 아마도 임의규정으로 보는 것 같다.

여기에서 주의할 것은 보증도가 유효하다고 하여, 운송인의 선하증권소지인에 대한 책임이 면제되는 것은 아니라는 점이다. 즉 운송인이 선하증권의 정당한 소지인에게 운송물을 인도할 수 없는 경우에는 운송인은 운송계약상의 채무불이행으로 인한 손해배상책임과 운송물의 소유권침해에 의한 불법행위로 인한 손해배상책임을 아울러 지게 된다. 대법원 역시 운송인이 보증도를 함으로써 선하증권 소지인에게 운송물을 인도하지 못하게 된 경우에는 운송계약상의 채무불이행이 됨은 물론, 그 운송인의 행위는 선하증권 소지인의 운송물에 대한 권리의 위법한 침해로서 불법행위가 된다고 한다. 그리고 이 경우에 운송인은 특별한 사정이 없는 한 그 권리 침해의 결과를 인식한 것으로 보아야 하고, 만약 그 결과의 발생을 인식하지 못하였다면 그와 같이 인식하지 못하게 된 점에 운송인으로서의 주의의무를 현저히 결여한 중대한 과실이 있다고 한다(大判 89. 3. 14, 87 다카 1791; 99. 4. 23, 98 다 13211). 이처럼 보증도가 유효하다고 하는 것은 불법행위의 요건으로서의 위법행위에 해당하지 않는다는 뜻은 아니라는 점을 유의하여야 한다(상세한 것은 상행위법의 화물상환증에 대한 설명을 참조).[1)]

(ㄴ) **荷渡指示書** 하도지시서(delivery order)는 선하증권이 발행되어 있는 운송물의 인도를 지시하는 증권이며, 운송물을 양륙항에서 수인의 매수인에게 분할매각하

1) 보증도의 유효성과 위법성을 분리하여 고찰하는 통설·판례와는 달리, 보증도는 유효하므로 위법하지 않고 따라서 불법행위를 구성하지 않는다고 하는 견해도 유력하다. 최기원, 787면; 이균성, 민사판례연구, 7. 300면; 서헌제, 인권과 정의, 98. 12. 88면 등.

기 위하여, 운송물의 가인도 또는 보증도를 하기 위하여 또는 매수인을 비밀로 하기 위하여 이용된다. 상관습 내지 상관습법상의 증권이며, 아직 그 형식과 내용이 정형화되지 아니한 발전도상의 증권이다. 따라서 하도지시서의 성질과 효력에 관하여는 학설과 판례가 대립하고 있는 실정이다(상세한 것은 졸저, 商法總則·商行爲法, 개정판, 636면 이하 참조).

하도지시서에는 세 가지 유형이 있다. 즉 해상운송인이 선장 또는 해상운송인지정의 양륙대리업자에게 발행하는 것(자기 앞 하도지시서)과 선하증권소지인이 제3자인 해상운송인 또는 해상운송인지정의 양륙대리업자에게 발행하는 것(타인 앞 하도지시서)이 있는데, 후자는 다시 그 제3자가 승인의 의사표시로 부서(副署)를 한 것과 부서를 하지 아니한 것으로 나뉜다. 우리 나라에서는 자기앞 하도지시서가 많이 이용된다.

하도지시서가 면책적 효력을 가지는 면책증권이라는 점에 대하여는 이론이 없으나, 운송물의 인도청구권을 체화한 유가증권인가에 관하여는 다툼이 있다. 자기앞 하도지시서와 타인 앞 하도지시서 중 승인의 부서가 있는 것은 운송물인도청구권을 체화하는 유가증권이지만, 승인의 부서가 없는 타인 앞 하도지시서는 그 소지인의 운송물수령권한을 체화한 면책증권에 불과하다고 본다(多數說)(일본의 판례). 하도지시서에 선하증권에 인정되는 물권적 효력(133, 861)이 인정되는가에 관하여도 다툼이 있으나, 물권적 효력은 일정한 형식을 갖춘 증권에 특히 인정되는 효력이므로, 이를 부정하여야 할 것이다(多數說. 日最判 73. 3. 29, 判時 705. 103).

(다) 船荷證券이 發行되어 있지 않은 경우

① **受荷人의 受領義務** 선하증권이 발행되지 아니한 경우에는 운송물인도의 상대방은 수하인이다(802, 815, 140). 개품운송계약의 경우에는 운송인으로부터 운송물도착통지를 받은 수하인은 당사자의 합의 또는 양륙항의 관습에 의한 때와 곳에서 지체없이 운송물을 수령하여야 한다(802).[1] 이것은 정기선에 의한 개품운송계약에서는 운송인이 모든 화물을 양륙하는 관행을 반영한 것이며, 육상운송의 경우와 다른 점이다.

수하인(선하증권소지인 포함)이 운송물을 수령하는 때에는 운송계약 또는 선하증권의 취지에 따라 운임·부수비용·체당금·체선료, 운송물의 가액에 따른 공동해손 또는 해난구조로 인한 부담액을 지급하여야 한다(807 I).

② **受荷人의 通知義務** 수하인이 운송물의 일부 멸실 또는 훼손을 발견한 때에는 수령후 지체없이 그 개요에 관하여 운송인에게 서면에 의한 통지

1) 大判 66. 4. 26, 66 다 28(상법 제798조에 의하면 선장이 화물의 수하인에게 운송물을 양륙하도록 통지하였음에도 불구하고 그 정한 기간 내에 양륙을 하지 아니한 때에는 선박소유자는 상당한 보수를 청구할 수 있다).

를 발송하여야 한다. 그러나 그 멸실 또는 훼손이 즉시 발견할 수 없는 것인 때에는 수령한 날부터 3일 내에 그 통지를 발송하여야 한다(804 I). 위 통지가 없는 경우에는 운송물이 멸실 또는 훼손없이 수하인에게 인도된 것으로 추정한다(804 II). 위 규정은 운송인 또는 그 사용인이 악의인 경우에는 적용하지 아니한다(804 III). 운송물에 멸실 또는 훼손이 발생하였거나 그 의심이 있는 경우에는 운송인과 수하인은 서로 운송물의 검사를 위하여 필요한 편의를 제공하여야 한다(804 IV). 위 각 규정에 반하여 수하인에게 불리한 당사자의 특약은 효력이 없다(804 V, 相對的强行法規).

여기의 수하인에는 선하증권이 발행된 경우에 그 정당한 소지인이 포함된다. 악의란 운송물이 멸실 또는 훼손되었음을 아는 것이다.[1] 수하인 또는 선하증권의 정당한 소지인이나 그 대리인이 통지의무를 지므로, 보증도에 의하여 운송물을 인도받은 자가 선하증권을 취득하지 못한 때에는 그에게 통지의무가 없고, 따라서 그가 운송물의 멸실·훼손 등을 통지하지 아니하였더라도 멸실 또는 훼손 없는 운송물이 인도되었다는 추정력은 생기지 않는다(손주찬, 805면).

③ **受荷人의 地位** 수하인의 지위에 관하여는 육상운송의 수하인의 지위에 관한 규정(139, 140)이 준용되고 있다(815). 수하인은 운송계약의 당사자는 아니지만 운송물의 지리적 이전과 의사실현의 정도에 따라 그 지위가 점차 발전되고 강화된다. 즉 (a) 「운송물이 도착지에 도착하기 전」에는 수하인은 운송물에 대하여 아무런 권리의무를 가지지 못하고, 이 단계에서는 송하인만이 운송계약상의 권리의무를 가지고, 운송물에 대한 처분권을 가진다(139). (b) 「운송물이 도착지에 도착한 때」에는 수하인은 송하인과 동일한 권리를 가진다(140 I). 즉 수하인은 운송인에 대하여 운송물의 인도청구나 처분지시를 할 수 있고, 이와 관련된 손해배상청구권을 취득한다. 그러나 이 단계에서는 아직 송하인의 권리가 소멸하지 아니하므로(140 II), 송하인의 권리와 수하인의 권리가 병존하지만, 송하인은 운송물처분권을 행사하여 수하인의 운송물인도청구를 막을 수 있으므로, 송하인의 권리가 우선한다. (c) 「운송물이 도착지에 도착한 후 수하인이 그 인도를 청구한 때」에는 수하인의 권리가 송하인의 권리에 우선한다(140 II). 그러나 수하인이 그 권리를 포기한 때에는 송하인이 그 권리를

1) 大判 87. 6. 23, 86 다카 2107(상법 제812조에 의하여 준용되는 같은 법 제121조 제3항에 규정된 운송인이나 그 사용인이 "악의인 경우"라 함은 운송인이나 그 사용인이 운송물에 훼손 또는 일부멸실이 있다는 것을 알면서 이를 수하인에게 알리지 않고 인도된 경우를 가리킨다).

행사할 수 있고 또 수하인이 운송물의 수령을 거부하거나 수령할 수 없는 때에는 송하인의 처분지시를 받아야 하므로, 이 단계에서는 아직 송하인의 권리가 완전히 소멸하지는 않지만, 수하인의 권리가 우선하는 것이다. (d)「수하인이 운송물을 수령한 때」에는 운송인에 대하여 운임 기타 운송에 관한 비용과 체당금을 지급할 의무를 부담한다(807 I). 그러나 송하인의 운임 등의 지급의무가 소멸하는 것은 아니고, 어느 한편에서 이행할 때까지 양자의 의무는 병존한다(부진정연대채무).

④ **海上貨物運送狀(sea waybill)에 기재된 受荷人에 대한 引渡** 해상운송인은 진정한 수하인에게 운송물을 인도하여야 하는 것이 원칙이지만, 운송인이 운송물을 인도함에 있어 수령인이 해상화물운송장에 기재된 수하인 또는 그 대리인이라고 믿을만한 정당한 이유가 있는 때에는 수령인이 권리자가 아니라고 하더라도 운송인은 그 책임을 면한다(864 II).[1] 이것은 해상화물운송의 신속성과 효율성을 높이기 위하여 무권리자에 대하여 운송물이 인도된 경우에도 운송인이 해상화물운송장에 기재된 수하인 또는 그 대리인임을 확인하기 위하여 모든 합리적인 주의의무를 다하였음을 증명한 경우에는 운송인의 책임을 면제하여 준 것이다. 이처럼 무권리자에게 운송물을 인도한 경우에 운송인이 화물운송장에 기재된 수하인을 확인하기 위하여 합리적 주의의무를 다하면 면책을 인정한 점에서 선하증권의 경우에 운송인의 면책을 인정하지 않는 것과 다르다.

(2) 運送物供託權·供託義務

(가) 해상운송인은 다음의 경우에는 운송물을 공탁하여야 한다. 즉

① **受荷人의 受領懈怠** 수하인이 운송물의 수령을 게을리한 때에는 선장은 이를 공탁하거나 세관 그밖에 법령이 정하는 관청의 허가를 받은 곳에 인도할 수 있다. 이 경우에는 지체없이 수하인에게 그 통지를 발송하여야 한다(803 I). 여기의 수하인에는 선하증권의 소지인이 포함된다.

② **受荷人의 受領拒絕** 수하인을 확실히 알 수 없거나 수하인이 운송물의 수령을 거부한 때에는 선장은 이를 공탁하거나 세관 그밖의 관청의 허가를 받은 곳에 인도하고 지체없이 용선자 또는 송하인 및 알고 있는 수하인에게

1) 이것은 국제해법학회의 CMI Uniform Rules for Sea Waybills 1990 제7조를 따른 것인데, 여기에서는 'reasonable care'라는 표현을 쓰고 있다.

그 통지를 발송하여야 한다(803 II). 수하인을 확실히 알 수 없는 때란 선하증권의 소지인을 알지 못하거나 수통의 선하증권을 발행한 경우에 2인 이상의 소지인이 운송물의 인도를 청구한 경우 등을 가리킨다.

③ **數通의 船荷證券이 發行된 경우** 수통의 선하증권이 발행된 경우에 2인 이상의 선하증권소지인이 운송물의 인도를 청구한 때에는 선장은 지체없이 운송물을 공탁하고 각 청구자에게 그 통지를 발송하여야 한다(859 I). 선장이 제857조 제1항의 규정에 의하여 양륙항에서 1통의 선하증권소지인의 청구에 의하여 운송물의 일부를 인도한 후 다른 소지인이 운송물의 인도를 청구한 경우에도 그 인도하지 아니한 운송물에 대하여는 같다(859 II). 위와 같이 공탁한 운송물에 대하여는 수인의 선하증권소지인에게 공통되는 전자로부터 먼저 교부를 받은 증권소지인의 권리가 다른 소지인이 권리에 우선한다(860 I). 격지자에 대하여 발송한 선하증권은 그 발송한 때를 교부받은 때로 본다(860 II).

(나) 위 규정에 의하여 운송물을 공탁하거나 세관 그밖의 관청의 허가를 받은 곳에 인도한 때에는 선하증권소지인 그밖의 수하인에게 운송물을 인도한 것으로 본다(803 III).

제 3 海上物件運送人의 權利

1. 運賃請求權

(1) **請求權者와 支給義務者** 해상운송인은 해상운송을 인수한 데 대한 보수로서 송하인 또는 항해용선자에 대하여 운임청구권을 가지고, 운송물을 수령한 후에는 수하인에 대하여도 운임청구권을 취득한다(807 I, 841 I).[1] 수하인에는 실질적 수하인도 포함된다.[2] 용선자가 지급하는 운임을 특히 용선료라고 한

1) 大判 96. 2. 9, 94 다 27144(구 상법(1991. 12. 31. 법률 제4470호로 개정되기 전의 것) 제799조는 「개개의 물건의 운송을 계약의 목적으로 한 때에는 수하인은 선장의 지시에 따라 지체 없이 운송물을 양륙하여야 한다.」고 규정하고 있으나, 한편 상법 제800조 제1항에는 「수하인은 운송물을 수령하는 때에는 운송계약 또는 선하증권의 취지에 따라 운임, 부수비용, 체당금, 정박료, 운송물의 가액에 따른 공동해손 또는 해난구조로 인한 부담액을 지급하여야 한다.」고 규정하고 있으므로, 수하인 또는 선하증권의 소지인은 운송물을 수령하지 않는 한 운임 등을 지급하여야 할 의무가 없다고 보아야 할 것이고, 따라서 수하인이 운송인으로부터 화물의 도착을 통지받고 이를 수령하지 아니한 것만으로 바로 운송물을 수령한 수하인으로 취급할 수는 없으며, 상법 제800조 제1항 소정의 운임 등을 지급할 의무도 없다).

2) 大判 77. 7. 26, 76 다 2914(원심이 피고회사들이 선하증권 3장을 위 은행으로부터 교부받아

다. 수하인과 용선자 또는 송하인의 운임채무는 전술한 바와 같이 부진정연대채무의 관계에 있다(同旨: 손주찬, 828면).

(2) 發生要件

(가) 原 則: 운임청구권은 운송의 완료, 즉 운송물이 목적지에 도착하여야 발생하며, 목적지에서 운송물의 인도와 상환으로 지급하는 것이 원칙이다. 따라서 운송물의 전부 또는 일부가 송하인 또는 용선자의 책임 없는 사유로 인하여 멸실한 때에는 그 도착이 없으므로 운송인은 그 운임을 청구하지 못하며, 운송인이 이미 그 운임의 전부 또는 일부를 받은 때에는 이를 반환하여야 한다(810 I ④, II; 841, 134 I). 그러나 해운실무에서는 이와 달리 용선계약이나 선하증권의 특약에 따라 선적과 동시에 운송인이 운임을 취득한다.

(나) 例 外: 다음의 경우에는 예외적으로 운송물이 목적지에 도착하지 아니한 경우에도 운임청구권을 가진다. 즉

① 운송물의 전부 또는 일부가 그 성질이나 하자 또는 송하인이나 항해용선자의 과실로 인하여 멸실한 때에는 운송인은 운임의 전액을 청구할 수 있다(815, 841, 134 II).

② 선장이 항해의 계속에 필요한 비용 등을 지급하기 위하여 적하를 처분하였을 때(750 I) 및 선박과 적하의 공동위험을 면하기 위하여 적하를 처분하였을 때(865)에는 운송인은 운임의 전액을 청구할 수 있다(813).

③ 항해도중에 선박의 침몰 또는 멸실, 선박의 수선불능 및 선박의 포획 등의 사유가 생긴 때에는 운송인은 운송의 비율에 따라 현존하는 운송물의 가액의 한도에서 운임을 청구할 수 있다(810 II).

④ 운송인은 운송계약이 해제 또는 해지된 경우에도 운임의 전부 또는 일부를 청구할 수 있는 경우가 있다(後述).

그 소지인으로서 원고회사로부터 화물을 인도받고, 또는 이른바 공도의 방법으로 화물을 인도받은 후에 선하증권 11장을 교부받아(위 별표 (12)항 기재 선하증권 1장을 아직 교부 받지 못하였다) 그 소지인이 된 사실을 인정하고, 선하증권의 소지인으로서 인도받은 화물에 대하여는 물론 위 공도에 의하여 인도받은 뒤에 선하증권을 교부 받은 화물에 대하여도 결과적으로 선하증권의 소지인이 된 것이므로, 피고 회사들은 수하인의 지위에 있다고 볼 것이라 하고, 아직 선하증권을 교부받지 못한 것이 있다 할지라도 위에서 본 바와 같이 해당 화물의 실수요자로서 원고와 소외 판본방적 주식회사 사이의 운송계약상 「실질적인 수하인의 지위」에서 공도를 받은 것이므로, 운송인인 원고와 사이에는 화물의 점유로 인도받은 수하인의 지위에 있는 자로 볼 것이라 하였음은 그대로 수긍할 수 있다 할 것이고 수하인의 법률상 의미를 오해한 위법 있음에 해당한다고 볼 수 없다).

(3) 運賃額

운임의 액과 계산방법은 운송계약에서 정하는 경우가 많지만, 상법은 이에 관하여 다음과 같은 보충규정을 두었다. 즉

① 운송물의 「중량 또는 용적」으로 운임을 정한 때에는 운송물을 인도하는 때의 중량 또는 용적에 의하여 그 액을 정한다(805). 이것은 중량과 용적이 변동되는 일이 있기 때문이다.

② 「기간」으로 운임을 정한 때에는 운송물의 선적을 개시한 날로부터 그 양륙을 종료한 날까지의 기간에 의하여 그 액을 정한다. 위 기간에는 불가항력으로 인하여 선박이 선적항이나 항해도중에서 정박한 기간, 항해도중에 선박을 수선한 기간, 초과정박일수(선적기간 또는 양륙기간이 경과한 후 운송물을 선적 또는 양륙한 일수) 등을 산입하지 아니한다(806).

2. 滯船料請求權

항해용선계약의 경우에 선적기간 또는 양륙기간이 경과한 후에 선적 또는 양륙을 한 때에는 그 초과정박기간에 대하여 운송인은 상당한 보수를 청구할 수 있다(829 Ⅲ, 838 Ⅱ). 이를 체선료(滯船料) 또는 대박료(待泊料)라고 한다(구상법에서는 이를 정박료-碇泊料-라고 불렀다. 800 Ⅰ). 체선료의 법적 성질에 대하여는 손해배상설(채이식, 736면; 정찬형, 788면), 법정특별보수설(최기원, 799면; 이기수, 보험·해상법, 427면) 및 특약에 의한 경우는 보수, 특약이 없는 경우는 손해배상이라고 보는 절충설이 대립하고 있다. 상법이 「보수」라는 문언을 사용하고 있고, 용선자의 선적의무와 양륙의무는 소구(訴求)가능한 진정한 의무는 아니고 그 위반이 채무불이행이 되는 것은 아니며, 체선료는 해상운송인에게 손해가 발생하지 아니한 경우에도 당연히 발생하므로, 이것은 형평의 관점에서 인정된 법정의 특별보수라고 본다. 판례도 같다.[1)]

---

1) 大判 2005. 7. 28, 2003다12083; 大判 94. 6. 14, 93 다 58547(선박소유자가 약정 양륙기간을 초과한 기간에 대하여 용선자에게 청구할 수 있는 소위 정박료 또는 체선료는 체선기간 중 선박소유자가 입는 선원료, 식비, 체선비용, 선박이용을 방해받음으로 인하여 상실한 이익 등의 손실을 전보하기 위한 법정의 특별보수이므로 선박소유자의 과실을 참작하여 약정 정박료 또는 체선료를 감액하거나 과실상계를 할 수 없다); 大判 94. 11. 25, 93 도 3274(양륙기간을 약정한 용선계약에 있어서 용선자가 약정한 기간내에 양륙작업을 완료하지 못하고 기간을 초과하여 양륙한 경우에 있어 선박회사가 그 초과한 기간에 대하여 용선자에게 청구할 수 있는 이른바 체선료는 그 체선기간 중 선박소유자가 입는 선원료, 식비, 체선비용, 선박이용을 방해받음으로 인하여 상실한 이익 등의 손실을 전보하기 위한 법정의 특별보수라고 할 것이므로, 선적항에서의 체선료는 다른 특별한 사정이 없는 한 수입물품의 거래가격을 신고할 때 가산하여야 할 관세법 제9조의 3 제1항

3. 受荷人에 대한 請求權

수하인이 운송물을 수령하는 때에는 해상운송인은 운송계약 또는 선하증권의 취지에 따라 운임·부수비용·체당금·체선료, 운송물의 가액에 따른 공동해손 또는 해난구조로 인한 부담액을 수하인에게 청구할 수 있다(807 I). 부수비용이란 창고료, 검사비용, 관세, 운송물공탁비용 등이다.

4. 債權의 擔保 — 留置權·競賣權

(1) 留置權

해상운송인은 수하인이 운송계약 또는 선하증권의 취지에 따라 운임·부수비용·체당금·체선료, 운송물의 가액에 따른 공동해손 또는 해난구조로 인한 부담액을 지급할 때까지 운송물을 유치할 수 있다(807 II, 841 I).

(2) 競賣權

해상운송인은 제807조 제1항의 규정에 의한 금액(운임·부수비용·체당금·정박료, 운송물의 가액에 따른 공동해손 또는 해난구조로 인한 부담액)의 지급을 받기 위하여 법원의 허가를 얻어 운송물을 경매하여 우선변제를 받을 권리가 있다(808 I, 841 I). 선장이 수하인에게 운송물을 인도한 후에도 운송인은 그 운송물에 대하여 경매권을 행사할 수 있다. 그러나 인도한 날로부터 30일을 경과하거나 제3자가 그 운송물에 점유를 취득한 때에는 그러하지 아니하다(808 II, 841 I). 법원의 허가를 요하며, 운송물의 인도전후를 불문하는 점이 특이하다(民 322와 대비).

5. 海上運送人의 債權·債務의 消滅

(1) 개품운송계약에서 해상운송인의 송하인 또는 수하인에 대한 채권 및 채무는 그 청구원인의 여하에 불구하고 운송인이 수하인에게 운송물을 인도한 날 또는 인도할 날부터 1년 이내에 재판상 청구가 없으면 소멸한다. 그러나 이 기간은 당사자의 합의에 의하여 연장할 수 있다(814 I). 이처럼 운송인의 송하인 또는 수하인에 대한 채권 및 채무에 대하여 단기의 제척기간을 정한 것은 항해의 계산관계를 신속하게 정리하기 위한 것이다. 육상물건운송인의 책

제6호 소정의 "운송에 관련되는 비용"에 포함된다고 보아야 한다).

임이 1년의 단기소멸시효로 소멸하고(147, 121), 특별소멸사유(146)가 있는 것과 다르다.

운송인이 인수한 운송을 다시 제3자에게 위탁한 경우에 송하인 또는 수하인이 위의 기간 이내에 운송인과 배상 합의를 하거나 운송인에게 재판상 청구를 하였다면, 그 합의 또는 청구가 있은 날부터 3개월이 경과하기 이전에는 그 제3자에 대한 운송인의 채권·채무는 위 규정에 불구하고 소멸하지 아니한다. 운송인과 그 제3자 사이에 기간연장의 약정이 있는 경우에도 또한 같다(814 II). 이 규정은 운송인의 제3자에 대한 채권(재운송인에 대한 구상채권) 또는 제3자의 운송인에 대한 채권을 보호하기 위하여 둔 것으로서, 운송인과 제3자간의 제2차 계약관계에까지 1년의 제척기간을 적용하면 그 기간이 너무 짧기 때문이다. 송하인 또는 수하인으로부터 재판상 청구를 받은 운송인이 그로부터 3개월 이내에 그 제3자에 대하여 소송고지를 하면 3개월의 기간은 그 재판이 확정 그 밖에 종료된 때부터 기산한다(814 III). 이는 제3자에게 소송에 참가할 수 있는 기회를 부여하여 참가적 효력이 미치게 하려는 것(民訴 75, 77)으로서, 운송인이 제3자에 대하여 별도의 소송을 제기하지 않고도 제3자에 대한 제척기간을 확보할 수 있게 하여 준다.

(2) 항해용선계약에서 선박소유자의 항해용선자 또는 수하인에 대한 채권 및 채무는 그 청구원인의 여하에 불구하고 선박소유자가 수하인에게 운송물을 인도한 날 또는 인도할 날부터 2년 이내에 재판상 청구가 없으면 소멸한다. 그러나 이 기간은 당사자의 합의에 의하여 연장할 수 있다(840 I). 위 2년의 기간을 단축하는 선박소유자와 용선자의 약정은 이를 운송계약에 명시적으로 기재하지 아니하면 그 효력이 없다(840 II). 정기용선에 관하여도 유사한 규정이 있다(846).

항해용선에서 선박소유자의 항해용선자 또는 수하인에 대한 채권 및 채무의 제척기간은 개품운송에서 해상운송인의 송하인 또는 수하인에 대한 채권 및 채무의 그것에 비하여 1년이 더 연장되어 있다. 이는 항해용선의 경우 종래의 제척기간 1년이 너무 짧다는 업계의 주장을 수용한 것인데, 개품운송의 경우에도 기간을 연장하는 것이 좋았을 것이다. 다만 개정법이 시행되기 전에 체결된 항해용선계약에는 혼란을 방지하기 위하여 종전대로 1년의 제척기간이 적용된다(부칙 5 I).

(3) 여기의 수하인에는 선하증권의 소지인도 포함된다.[1] 「청구원인의 여하에 불구하고」란 계약상의 청구뿐만 아니라 불법행위로 인한 손해배상청구에도 적용되며,[2] 또한 운송인의 악의나 고의 여부 등을 가리지 아니하고 적용된다는 뜻이다(大判 97. 4. 11, 96 다 42246; 97. 9. 30, 96 다 54850). 운송물이 전부 멸실한 경우의 제척기간은 그 「운송물을 인도할 날」부터 기산하며(大判 76. 9. 14, 74 다 1215), 「운송물을 인도할 날」이라고 함은 통상 운송계약이 그 내용에 좇아 이행되었으면 인도가 행하여져야 했던 날을 말한다(大判 97. 11. 28, 97 다 28490).

제4절 海上物件運送契約의 終了

해상물건운송계약도 계약의 일반 종료사유에 의하여 종료하지만, 상법은 해상운송의 특성을 고려하여 이에 관한 특칙을 두었다.

제1 任意解除 또는 解止

1. 發航 전의 任意解除 또는 解止

(1) 全部傭船의 경우

① 발항 전에는 항해용선자는 운임의 반액을 지급하고 계약을 해제할 수 있다(832 I). 이 경우에 용선자는 부수비용과 체당금을 지급할 책임을 면하지 못

1) 大判 97. 9. 30, 96 다 54850(상법 제811조는 "운송인의 용선자, 송하인 또는 수하인에 대한 채권 및 채무는 그 청구원인의 여하에 불구하고 운송인이 수하인에게 운송물을 인도한 날 또는 인도할 날부터 1년 내에 재판상 청구가 없으면 소멸한다" 고 규정하고 있는바, 해상운송계약에 따른 선하증권이 발행된 경우에는 그 선하증권의 정당한 소지인이 위 규정에서 말하는 수하인이므로, 선하증권 소지인의 해상운송인에 대한 채권의 경우에도 상법 제811조가 적용된다).

2) 大判 97. 4. 11, 96 다 42246(상법 제789조의3 제1항은 운송인의 책임에 관한 상법의 규정은 운송인의 불법행위로 인한 손해배상의 책임에도 적용하도록 되어 있고, 같은 법 제811조는 '그 청구원인의 여하에 불구하고' 운송인의 수하인 등에 대한 채권 및 채무에 대하여 적용하도록 되어 있으므로, 운송인의 악의로 인한 불법행위채무 역시 운송인이 수하인에게 운송물을 인도한 날 또는 인도할 날부터 1년 내에 재판상 청구가 없으면 소멸한다); 99. 10. 26, 99 다 41329(해상운송계약에 따른 선하증권이 발행된 경우에는 그 선하증권의 정당한 소지인이 상법 제811조의 '수하인'이고, 상법 제811조는 운송인의 해상운송계약상의 이행청구 및 채무불이행에 따른 손해배상청구의 경우뿐만 아니라 운송인의 불법행위에 따른 손해배상청구 등 청구원인의 여하에 관계없이 적용되므로, 상법 제811조는 선하증권의 소지인이 운송인에 대하여 운송물에 대한 양도담보권을 침해한 불법행위에 따른 손해배상책임을 묻는 경우에도 적용된다).

한다(834 I).

② 이 반액지급원칙의 예외로서, 왕복항해의 용선계약인 경우에 그 회항 전에 계약을 해지하는 때 및 선박이 타항에서 선적항에 항행하여야 할 경우에 선적항에서 발항하기 전에 계약을 해지하는 때에는 운임의 3분의 2를 지급하여야 한다(832 II, III). 위 예외의 경우에도 항해용선자는 부수비용과 체당금을 지급할 책임을 면하지 못하고(834 I), 나아가 운송물의 가액에 따라 공동해손 및 해난구조로 인하여 부담할 금액을 지급하여야 하며(834 II), 또한 이미 운송물의 전부 또는 일부를 선적한 때에는 그 선적과 양륙의 비용도 부담한다(835).

③ 이들 임의해제 또는 해지의 경우에 지급하여야 하는 「운임의 반액 또는 3분의 2」의 액을 공적운임(空積運賃) 또는 공선운임(空船運賃)이라고 하는데, 이것은 본래의 운임도 아니고, 손해배상금이나 위약금도 아닌 일종의 법정해약금이다(通說).

④ 항해용선자가 선적기간 내에 운송물의 선적을 하지 아니한 때에는 계약을 해제 또는 해지한 것으로 본다(836).

(2) 一部傭船 또는 個品運送의 경우

① 일부용선자나 송하인은 다른 용선자와 송하인 전원과 공동으로 하는 경우에 한하여 발항 전에 운임의 반액 또는 3분의 2를 지급하고 계약을 해제 또는 해지할 수 있다(833 I). 이 경우의 효과는 전부용선의 경우(832)와 같다(834, 835).

② 일부용선자나 송하인이 다른 용선자와 송하인 전원과 공동으로 하지 않고 발항전에 계약을 해제 또는 해지를 한 때에는 운임의 전액을 지급하여야 한다(833 II).

③ 발항전이라도 일부용선자나 송하인이 운송물의 전부 또는 일부를 선적한 경우에는 다른 용선자와 송하인의 동의를 얻지 아니하면 계약을 해제 또는 해지하지 못한다(833 III). 이 경우에는 적하의 환적에 의한 발항의 지연 또는 다른 적하의 훼손위험이 있기 때문이다.

2. 發航 후의 任意解止

발항 후에 송하인이나 항해용선자가 계약을 해지하는 경우에는 해상운송인에게 주는 불이익이 발항 전보다 훨씬 크므로 상법은 해지자의 책임을 엄격하게 규정하고 있다. 즉 발항 후에는 송하인이나 항해용선자(전부 또는 일부)는 운임의 전액, 체당금, 체선료와 공동해손 또는 해난구조의 부담액을 지급하고 그 양륙하기 위하여 생긴 손해를 배상하거나 이에 대한 상당한 담보를 제공하지 아니하면 계약을 해지하지 못한다(837). 「양륙하기 위하여 생긴 손해」는 양륙비 외에 양륙을 위한 회항비, 체선비 기타 양륙과 상당인과관계가 있는 모든 손해를 말한다(정찬형, 792면).

제2 法定事由에 의한 解除 또는 解止

1. 發航 전의 任意解除

① 항해 또는 운송이 법령에 위반하게 되거나 그 밖에 불가항력으로 인하여 계약의 목적을 달할 수 없게 된 때에는 각 당사자는 계약을 해제할 수 있다(811 I, 841 I). 이 경우에는 송하인 또는 항해용선자는 공적운임을 지급할 필요가 없으며, 해제의 여부는 당사자의 자유에 속한다.

② 불가항력(810 I ④, 812 I, 841 I)의 사유가 운송물의 일부에 대하여 생긴 때에는 송하인 또는 항해용선자는 운송인의 책임이 가중되지 아니하는 범위 내에서 다른 운송물을 선적할 수 있다. 송하인 또는 항해용선자가 위 권리를 행사하고자 하는 때에는 지체없이 운송물의 양륙 또는 선적을 하여야 한다. 그 양륙 또는 선적을 해태한 때에는 운임의 전액을 지급하여야 한다(812 II, 841 I).

2. 發航 후의 任意解止

발항 후 항해도중에 항해 또는 운송이 법령에 위반하게 되거나 그 밖에 불가항력으로 인하여 계약의 목적을 달할 수 없게 된 경우에는 송하인 또는 항해용선자는 계약을 해지할 수 있으나, 이 경우에는 송하인 또는 항해용선자는 운송의 비율에 따른 운임을 지급하여야 한다(811, 841 I).

제3 法定事由에 의한 終了

해상물건운송계약은 ① 선박이 침몰 또는 멸실한 때, ② 선박이 수선할 수 없게 된 때, ③ 선박이 포획된 때, ④ 운송물이 불가항력으로 인하여 멸실된 때에는 법률상 당연히 종료한다(810 I). 위 ① 내지 ③의 사유가 항해도중에 생긴 때에는 송하인 또는 항해용선자는 운송의 비율에 따라 현존하는 운송물의 가액의 한도에서 운임을 지급하여야 하지만(810 II, 841 I), ④의 경우에는 운송물이 현존하지 아니하므로 송하인 또는 항해용선자는 전혀 운임을 지급할 필요가 없다(815, 134 I).

제5절 海上物件運送人의 損害賠償責任

제1 總 說

(1) 운송법의 중심과제는 운송인의 책임에 관한 부분이며, 그 요체는 운송인의 책임을 합리적인 범위로 제한하여 운송업의 존립과 발전을 꾀하면서 동시에 송하인(화주)과 여객의 이익을 보호하는 것이다. 그리하여 해상운송법에서도 해상운송인에게 어떠한 요건 하에서 그 책임을 인정하고 그 책임한도액을 어떻게 정할 것인가가 주요한 과제로 되어 있다. 운송인인 선주의 총체적 책임제한(769 이하, global limitation)과 운송인의 개별적 책임제한(797 이하, package limitation) 등은 그러한 노력의 소산이다. 이들 제도 이외에 19세기에 해상운송인은 막강한 경제력을 이용하여 면책약관을 남용하여 송하인의 권익을 지나치게 침해하였고, 이 면책약관에 관한 각국 법원의 해석이 상이하여 결과적으로 각국의 해상법이 통일성을 결여하게 되었다.

(2) 여기에서 위에 말한 폐단을 시정하고 해상물건운송인의 권리의무를 통일하기 위하여 국제법협회와 국제해사위원회가 앞장서서 국제적인 통일법규의 제정작업에 착수하였고, 그 결과 여러 개의 국제조약이 체결되었다. 즉 1924년에는 헤이그에서 「선하증권에관한약간의규정의통일에관한국제조약」(International Convention for the Unification of Certain Rules of Law relating to Bills of Lading)이 채택되었는데, 이를 「헤이그규칙」(Hague Rules)이라고 통칭한다. 그 후 1968년에는 브뤼셀에서 그 동안의 사회경제적 변동을 참작하여 「헤이그규칙에대한개정의정서」(정식명칭은 「선하증권에관한약간의규정의통일에관한국제조약개정의정서」)(Protocol to Amend the International Convention for the Unification of Certain

Rules of Law relating to Bills of Lading)가 채택되었는데, 이를 「비스비규칙」(Visby Rules)이라고 하며, 비스비규칙에 의하여 개정된 내용을 포함하는 헤이그규칙을 「헤이그·비스비규칙」(Hague Visby Rules)이라고 한다.[1]

헤이그·비스비규칙은 금본위제에 기초한 프왕카레 프랑을 화폐단위로 채택하고 있었는데, 1971년 금본위제도가 폐기됨에 따라 1979년에 국제통화기금이 사용하는 특별인출권(SDR. Special Drawing Rights)을 계산단위로 사용한다는 내용으로 헤이그·비스비규칙을 개정하는 개정의정서가 다시 채택되었다(1979년 개정의정서의 비준은 1968년 개정의정서를 비준하는 효력도 있다). 그런데 1978년에 유엔무역개발위원회(UNCTAD)와 국제상거래법위원회(UNCITRAL)는 위 헤이그·비스비규칙을 대체하기 위하여 「국제연합해상물건운송조약」(United Nations Convention on the Carriage of Goods by Sea)을 성립시켰다. 이를 「함부르크규칙」(Hamburg Rules)이라고 통칭한다.[2]

함부르크규칙은 화주국인 개발도상국의 입장이 주로 반영된 것이므로, 선주국인 중요 해운국들은 이를 수용하지 않고 있다. 함부르크규칙을 채택한 국가는 조약발효 후 5년 이내에 헤이그규칙을 폐기하여야 한다.

(3) 우리 상법(1991년, 1997년 개정)은 1968년 헤이그·비스비규칙(1979년 개정의정서 포함)을 수용한 것이며, 해상운송법의 운용상 필요한 한도에서 1978년의 함부르크규칙을 일부 참작한 것이다. 영국·프랑스·도이칠란트·일본 등은 헤이그·비스비규칙을 수용하였으며, 미국은 헤이그규칙을 수용하고 있다.

(4) 상법상 해상물건운송인과 육상물건운송인의 책임을 비교하여 보면,

① 책임원인에 있어서, 운송인은 전자에서는 언제나 과실책임주의에 의하여 손해배상책임을 지고 무과실의 증명책임을 지고 있으나(135), 후자에서는 상사과실의 경우에만 과실책임주의에 의하여 손해배상책임을 지고 무과실의 증명책임을 질 뿐(795 I), 항해과실과 선박화재의 경우에는 원칙적으로 손해배상책임을 지지 않고(795 II), 다만 항해과실 중 감항능력주의의무위반(794)의 경우에만 책임을 진다. 「상사과실」(商事過失, 商業過失, faute commerciale)은 운송물의 수령·선적·운송·보관·양륙·인도 등 운송물 그 자체의 취급에 관한 주의를

1) 헤이그·비스비규칙은 1977. 6. 23. 발효하였고, 1979년 개정의정서는 1984. 2. 14. 발효하였다.

2) 함부르크규칙은 1992. 11. 1. 발효하였다.

게을리한 경우의 과실이고, 「항해과실」(航海過失, 海技過失, faute nautique; errors in navigation or management of the vessel; nautical faults)은 선장·해원·도선사 기타 운송인의 사용인이 항해 또는 선박의 관리에 관하여 주의를 게을리한 경우의 과실, 즉 항해기술상의 성격을 가지는 과실이다.

② 손해배상액에 있어서 육상물건운송의 경우에는 그것이 정형화되어 있는데 그침(137)에 반하여, 해상물건운송의 경우에는 일정한 금액으로 제한되어 있어서 훨씬 더 경감되어 있다(797, 798).

제2 責任主體·請求權者

1. 責任主體

(1) 海上物件運送人

해상물건운송과 관련하여 발생한 손해배상책임을 부담하는 자는 해상물건운송인이다. 1991년 개정 전의 상법에서는 책임의 주체가 선박소유자로 되어 있었으나, 헤이그규칙에 따라 운송인(carrier)으로 고쳤다(794, 795). 여기의 운송인에는 선박소유자, 정기용선자, 선체용선자(선박임차인) 및 기업형 항해용선자가 포함된다.

항해용선자 또는 정기용선자가 자기의 이름으로 제3자와 운송계약을 체결한 경우(재운송계약의 경우)에는 그 계약의 이행이 선장의 직무에 속한 범위 안에서 선박소유자도 그 제3자에 대하여 책임부담의 주체가 된다(809). 과거에 재운송계약의 주체에 정기용선자가 포함되는가에 관하여 다툼이 있던 것을 입법적으로 해결하였다. 그 결과 「선박소유자→항해용선자→화주」로 이어지는 운송의 경우는 물론, 「선박소유자→정기용선자→화주」로 이어지는 운송의 경우에도 선박소유자는 항해용선자 또는 정기용선자와 함께 책임을 진다. 슬로트용선(slot charter) 내지 스페이스용선(space charter)[1]의 경우에도 제809조가

1) 정기선사들이 확정된 선박일정을 가지고 운항하는 경우에 용선자가 일정한 선복(船腹)을 빌려서 자신이 운송인으로 영업활동을 하는 것을 가리킨다. 슬로트용선자는 선복을 빌려서 물건을 운송한다는 점에서 정기용선자와 비슷하지만, 확정된 선박의 항해일정의 한도 내에서만 물건을 운송할 수 있다는 제한을 받는다. 이처럼 항로의 지정권이 용선자에 있지 않고 선주에게 있다는 점에서 슬로트용선은 항해용선에 가깝다고 할 수 있다(김인현, 39면).

적용된다고 본다.[1] 이 규정은 개품운송(선박소유자→항해용선자→개품운송에서의 송하인, 선박소유자→정기용선자→개품운송에서의 송하인인 경우)에만 적용되고, 항해용선(선박소유자→항해용선자→화주로서의 항해용선자, 선박소유자→정기용선자→화주로서의 항해용선자인 경우)에는 적용되지 않는다(841 I 참조).[2]

화주로부터 물건운송을 위탁받은 운송주선인(계약운송인)이 자신의 선박이 없어 실제운송인인 해상운송인(선박소유자)과 운송계약을 체결하는 경우(재운송계약, 선박소유자→운송인으로서의 운송주선인→송하인인 경우)에도 선박소유자가 809조에 의하여 책임의 주체가 되는가? 이 경우 계약운송인인 운송주선인은 손해배상을 감당할만한 해산이 없으므로 함부르크규칙 제10조는 실제운송인인 선박소유자에게 연대책임을 지우고 있으나, 제809조의 문면상 운송주선인은 책임의 주체가 될 수 없다고 본다. 입법론상 검토할 문제이다.[3]

위에 말한 책임주체는 상사과실 등의 경우에는 그 책임을 제한할 수 있다(797).

(2) 海上物件運送人의 使用人 등

운송물에 관한 손해배상청구가 운송인의 사용인 또는 대리인에 대하여 제기된 경우에 그 손해가 그 사용인 또는 대리인의 직무집행에 관하여 생긴 것인 때에는 그 사용인 또는 대리인은 운송인이 주장할 수 있는 항변과 책임제한을 원용할 수 있다(798 II 本).[4] 이것은 이른바 「히말라야 조항」을 수용한 것이다. 위의 규정은 운송물에 관한 손해배상청구가 운송인 이외의 실제운송인 또는 그 사용인이나 대리인에 대하여 제기된 경우에도 이를 적용한다(798 IV).[5] 실제운송인은 계약당사자인 운송인으로부터 위임을 받고 운송계약의 이행을 하는 자이다. 이 경우에 운송인 또는 실제운송인과 그 사용인 또는 대리인의 운송물에 대한 책임제한금액의 총액은 제797조 제1항의 규정에 의한 운송인의 책임한도를 초과하지 못한다(798 III, IV).[6] 다만 그 손해가 그 사용인 또는 대리인의 고

1) 同旨: 김인현, 「2007.7.3. 개정상법 해상편에 대한 고찰」, 17면.

2) 김인현, 상게논문 17면.

3) 김인현, 상게논문 17-18면.

4) 이것은 헤이그규칙(4의 2 II)에 따른 것이며, 선장 또는 선원 등 사용인에 관하여 「히말라야 조항」(주 14 참조)을 수용한 것이다. 그러나 스티브도어(stevedore, 항만하역업자)나 터미널 오퍼레이터(terminal operator) 등도 위 규정을 원용할 수 있는가에 관하여는 다툼이 있다(Schoenbaum, §9 20, p. 331 f.; 酒卷·石山, 263면).

5) 이것은 함부르크규칙(10 II, V)을 따른 것이며, 제774조 제1항 제3호와 같은 취지이다.

6) 이것은 헤이그·비스비규칙 제4조의 2 제3항에 따른 규정이며, 상법 제774조 제2항과 취지

의 또는 운송물의 멸실·훼손 또는 연착이 생길 염려가 있음을 인식하면서 무모하게 한 작위 또는 부작위로 인하여 생긴 것인 때에는 운송인이 주장할 수 있는 항변과 책임제한을 주장할 수 없다(798 II 但).

(3) 責任保險者

피해자로부터 직접 손해보상의 청구를 받은 책임보험자는 피보험자(운송인)의 항변을 원용할 수 있으므로(724 II 但), 그도 운송인의 면책사유나 책임제한사유를 주장할 수 있다(同旨: 정찬형, 773면).

2. 請求權者

해상물건운송인에 대하여 배상책임을 물을 수 있는 자는 선하증권이 발행되어 있는 경우에는 그 소지인이고, 선하증권이 발행되지 아니한 경우에는 수하인이다.

제3 責任原因

1. 責任을 지는 경우

(1) 商事過失이 있는 경우

① 운송인은 자기 또는 선원 그밖의 선박사용인이 운송물의 수령·선적·적부·운송·보관·양륙과 인도에 관하여 주의를 해태하지 아니하였음을 증명하지 아니하면 운송물의 멸실·훼손 또는 연착으로 인한 손해를 배상할 책임이 있다(795 I). 운송인의 주의의무를 선적 이전의 수령과 양륙 이후의 인도의 단계까지 확대하고 있는 것이 특징이다. 이것은 해상물건운송인이 상사과실(상업과실; duty of care for the cargo를 위반한 경우)에 대하여 과실책임주의에 따라 손해배상책임이 있고, 나아가 무과실의 증명책임을 진다는 점(過失推定主義)을 밝힌 것이다. 민법상의 채무불이행의 경우에도 채무자에게 무과실의 증명책임이 있으므로, 이 규정은 민법의 원칙(民 390)에 대한 예외는 아니다. 위 규정이 운송물의 멸실·훼손 또는 연착으로 인한 손해 이외의 손해에 관하여도 적용되는가에 관하여는 육상운송의 경우와 같이 다툼이 있으나, 이를 부정하는 경우에

를 같이 한다.

도 운송인은 책임액의 제한(797, 798)을 받는다(同旨: 정찬형, 774면).

②「선원 그밖의 선박사용인」은 운송인이 직접 고용한 자든 아니든 계속적 사용인이든 일시적 사용인이든 이를 묻지 아니하고,「주의」는 상당한 주의(due diligence)를 뜻하며, 과실은「운송물의 수령·선적·적부·운송·보관·양륙과 인도」[1]에 관한 것이다.[2]「운송물의 멸실」은 물리적 멸실 뿐만 아니라 도난·유실·몰수 기타 무권리자에 대한 인도 등을 포함한다.[3]「훼손」은 운송물의 가액이 감손되는 상태에 이른 모든 경우를 말하고, 운송물이 파손·변질된 경우 외에 기계의 부품이 분실된 경우를 포함한다.「연착」은 운송물이 계약에 정하여진 일시 또는 통상 도착할 일시에 도착하지 않은 것을 말한다.

③ 운송인이 위 손해배상책임을 면하기 위하여는 자기 또는 선원 그밖의 선박사용인에게 과실이 없음을 증명하여야 한다(796 但). 이것은 운송인 측의 과실이 추정됨을 의미한다.

---

1) 〈적부에 관하여〉 大判 83. 3. 22. 82 다카 1533(해상운송에 있어서 운송물의 선박적부시에 고박·고정장치를 시행하였으나 이를 튼튼히 하지 아니하였기 때문에 항해중 그 고박·고정장치가 풀어져서 운송물이 동요되어 파손되었다면 특단의 사정이 없는 한 불법행위의 책임조건인 선박사용인의 과실을 인정할 수 있고, 불법행위로 인한 손해배상청구에 대하여 운송인이 불가항력에 의한 사고라는 이유로 그 불법행위책임을 면하려면 그 풍랑이 선적 당시 예견불가능한 정도의 천재지변에 속하고 사전에 이로 인한 손해발생의 예방조치가 불가능하였음이 인정되어야 한다)

〈보관·운송에 관하여〉 大判 78. 3. 28, 77 다 1401(본건 찹쌀을 3개 화물창에 나누어 선적하였는데 양륙항에 도착하여 양륙하였을 때 위 찹쌀중 8.934 톤 정도가 습기와 땀으로 젖어 부패·변질되었거나 포대가 일부 찢어져 누출되어 손실이 생긴 등 손상사실을 인정할 수 있는바, 본건 찹쌀이 그 자체 습기와 열이 있고 또 열대지방에서 온대지방으로 운송하는 것인 만큼 운송도중이거나 정박중이거나를 불문하고 환기장치를 세심히 사용하거나 상당한 주의를 하여야 하는데도 이를 게을리하여 일어난 것이다).

〈인도에 관하여〉 大判 89. 3. 14, 87 다카 1791(해상운송인 또는 운송취급인이 선하증권과 상환하지 아니하고 운송물을 선하증권 소지인 아닌 자에게 인도함으로 인하여 선하증권 소지인에게 운송물을 인도하지 못하게 된 경우 그 운송인 또는 운송취급인의 행위는 선하증권소지인의 운송물에 대한 권리의 위법한 침해로서 불법행위가 되며, 운송인 또는 운송취급인은 특별한 사정이 없는 한 그 권리침해의 결과를 인식한 것으로 보아야 하고 만약 그 결과의 발생을 인식하지 못하였다면 그와 같이 인식하지 못하게 된 점에 운송인 또는 운송취급인으로서의 주의의무를 현저히 결여한 중대한 과실이 있다) .

2) 수령과 인도에 관한 과실까지 포함되는 점에서 운송물의 선적·적부·운송·보관·양륙에 관한 과실만을 책임원인으로 하는 헤이그·비스비규칙(2, 3)과 다르다

3) 大判 90. 2. 13, 88 다카 23735(해상운송인이 선하증권의 정당한 소지인에게 선하증권과 상환으로 운송물을 인도하지 아니하고 임의로 운송계약상의 통지선에 인도하고 그가 이를 불법반출 멸실시킨 경우에는 선하증권소지인의 선하증권에 의한 운송물인도청구권이 이행불능되게 된 것이므로 해상운송인은 운송계약상의 채무불이행으로 인한 손해를 배상할 책임이 있다).

(2) 堪航能力注意義務를 違反한 경우

① 해상물건운송인은 항해과실에 대하여는 원칙적으로 책임을 지지 않지만, 예외적으로 감항능력주의의무(duty of seaworthiness)를 다하지 못한 경우에는 운송물의 멸실·훼손 또는 연착으로 인한 손해를 배상할 책임이 있다(794).[1)]

② 이 경우의 운송인의 배상책임은 과실책임이고, 또 무과실의 증명책임은 운송인에게 있다(전술).

2. 責任을 지지 않는 경우

(1) 航海過失이 있는 경우

① 운송인은 선장·해원·도선사 그 밖의 선박사용인의 항해 또는 선박의 관리에 관한 행위로 인하여 생긴 운송물에 관한 손해를 배상할 책임을 면한다(795 II 本 前). 항해과실에 대한 면책은 종래 널리 행하여진 면책약관을 강행적으로 금지하기 위한 타협책으로 법정된 것이지만, 그 이론적 근거로서는 선박의 조종 등은 고도의 기술성을 가지고 있어서 운송인이 이에 개입하기 어려운 점, 선박사용인의 경미한 과실이 막대한 손해를 발생시키는 점, 선장 기타 선원에 대하여 엄중한 행정적 감독이 행하여지므로 운송인에게 항해과실에 대한 면책을 인정하여도 부주의한 사고를 부추길 염려가 없는 점 등을 들 수 있다.[2)]

② 「항해과실」은 순수하게 항해기술에 관한 과실로서, 「항해에 있어서의 과실」(errors in navigation)과 「선박의 관리에 관한 과실」(errors in the management of the vessel)을 포함한다. 전자는 선박의 운항을 지휘하는 행위에 관한 과실로서 그 의미가 비교적 명확하며, 예컨대 선박의 충돌·좌초 등을 초래한 항로의 선택·선박조작 등의 잘못이 있는 경우가 이에 해당한다. 그러나 항해에 있어서의 과실(책임을 지지 않음)과 감항능력주의의무위반(책임을 짐)의 구별

1) 大判 98. 2. 10, 96 다 45054(선박은 약정된 항해에서 통상 예견되는 황천(荒天) 기타 기상이변에 대비한 준비가 되어 있어야 할 것인바, 해당 항로를 항해하는 선박이 통상 예견할 수 있는 정도의 돌풍이나 삼각파도에 의하여 선체 자체의 손상이나 인명피해 없이 화물창구 덮개의 일부만이 파손되었다면 발항 당시 선박이 불감항의 상태에 있었고, 선주 또는 그 선박사용인이 발항 전 상당한 주의로써 선체의 각 부분을 면밀히 점검 조사하여 감항능력의 유무를 확인하였더라면 화물창구 덮개의 노후 등 하자를 발견하여 안전성을 확보할 수 있었는데도 이를 다하지 아니함으로써 선박의 화물창구 덮개 일부가 파손되고 거기로 해수가 유입되어 운송물이 침수되는 사고가 발생하였다고 봄이 상당하다).

2) 항해과실에 대한 면책은 시대착오적인 제도라고 비판을 받고 있고, 함부르크규칙은 이를 폐지하고 있다.

이 어려운 경우가 있다. 예컨대 해도를 이용하지 아니하여 발생한 좌초는 항해과실에 해당하지만, 잘못된 해도 또는 항해설비를 이용하여 발생한 좌초는 감항능력주의의무의 위반이다. 그러나 잘못된 해도를 비치하였더라도 선장이 해도를 이용하지 않고 육안으로 항해 중 발생한 좌초는 항해과실에 해당한다.[1)]

이에 반하여 후자는 그 의미가 명확하지 않아 무엇이 선박의 관리에 관한 과실인가에 관하여 다툼이 있으나, 대체로 그 행위의 목적을 객관적으로 관찰하여, 그것이 주로 선박의 이익을 위한 행위이면 그에 관한 과실은 선박의 관리에 관한 과실이고, 거꾸로 그 목적이 주로 적하의 이익을 위한 행위이면 그에 관한 과실은 이에 해당하지 않고 상사과실이라고 볼 수 있다.[2)] 따라서 예컨대 선박의 안전성을 위하여 저하탱크에 넣은 해수가 넘쳐서 운송물에 손해가 발생한 경우는 선박관리상의 과실에 해당한다(同旨: Schoenbaum, §8-26, p. 608; 戸田·西島, 244면; 酒卷·石山, 264면).

(2) 船舶火災의 경우

① 운송인은 선박에서의 화재로 인하여 생긴 운송물에 관한 손해를 배상할 책임을 면한다(795 II 本). 이 화재면책규정(fire clause)은 선박에서의 화재는 거액의 손해를 발생시킨다는 점, 과실의 판정이 곤란하다는 점 등을 근거로 한다.[3)] 여기의 화재는 선박 내에 원인이 있는 화재만을 뜻한다고 보며, 따라서 육상 기타 선박 외에서 발생하여 선박으로 번진 화재, 운송물을 거룻배 또는 부두에 옮긴 후에 발생한 화재는 포함되지 않는다(同旨: 大判 2002. 12. 10, 2002 다 39364; Schoenbaum, 3rd ed., §8-27, p. 614; 中村, 217면. 反對: 손주찬, 810면). 이 경우에는 운송인의 사용인이 화재의 원인을 알고 있으므로, 운송인은 이를 증명하여 책임을 면할 수 있기 때문이다.

② 그러나 선박의 화재가 운송인의 고의 또는 과실로 인한 경우(795 II 但)[4)] 및

---

1) Schoenbaum, 3rd ed., §8-26(pp. 609-610).

2) 상사과실과 선박의 관리에 관한 과실의 구별기준에 관하여는 Schoenbaum, 3rd ed., §8-26(p. 608) 참조.

3) 함부르크규칙은 선박화재의 면책을 폐지하였으나(5), 청구자(화주)가 운송인의 과실을 증명하여야 하므로, 실질적으로는 운송인을 면책시키는 것과 크게 다를 바 없다.

4) 大判 73. 8. 31, 73 다 977(원심은 본건 선박에서의 화재는 난방용 난로를 고정시키지 않고 피워놓은 견습선원이나 위 난로를 잘못하여 넘어뜨린 승객에게만 과실이 인정되고 선박소유자인 피고회사 자신의 과실로는 볼 수 없다고 판시하였으나, 선박안전법 제2조 제1항 제6호의 규정에 의하면 소방시설을 하게 되어있고 1962. 4. 3 공포시행된 각령 제630호인 선박설비규정 제93조의 규정에 보면 선박에 곤로를 설치할 경우에는 이동하지 아니하도록 고정할 것을 소방시설로서 요구하고 있음에도 불구하고 본건 선박에 따로 고정시켜 놓은 난로 등이 있음에도 이를 이용하지 아니하고 따로 난방용 난로를 고정시키지 않고 피워 놓은 것인지의 여부도 조사하지 아니하고 선박소유자

선박의 감항능력주의의무의 위반으로 인한 경우[1]에는 운송인은 면책되지 않는다(同旨: 손주찬, 810면). 여기의 「운송인의 고의 또는 과실」에는 선원 그밖의 사용인의 고의·과실은 포함되지 않는다(同旨: Schoenbaum, 3rd ed., §8-27, p. 614; 손주찬, 811면; 中村, 217면).

(3) 高價物의 不告知 및 運送物의 不實告知

① 화폐·유가증권 기타의 고가물에 대하여는 송하인이 운송을 위탁할 때에 그 종류와 가액을 명시한 경우에 한하여 운송인이 손해를 배상할 책임이 있다(815, 136). 따라서 송하인이 이를 고지하지 아니한 경우에는 운송인은 자기 또는 그 사용인이 악의가 아닌 한 책임을 면한다.

② 송하인이 운송물의 종류 또는 가액을 고의로 현저하게 부실의 고지를 한 때에는 운송인은 자기 또는 그 사용인이 악의인 경우를 제외하고 운송물의 손해에 대하여 책임을 면한다(797 III 但).[2]

(4) 法定免責事由가 있는 경우

(가) 운송인은 다음 각호의 사실이 있었다는 것과 운송물에 관한 손해가 그 사실로 인하여 보통 생길 수 있는 것임을 증명한 때에는 이를 배상할 책임을 면한다(796).

① 海上 그밖에 航行할 수 있는 水面에서의 危險 또는 事故 보통 「바다의 위험」(perils of the sea)이라고 부르는 것이다. 단순한 해상의 위험(perils on the sea)이 아니라, 해수·폭풍·충돌·좌초 등 바다에 고유한 자연력에 의한 위험(peculiar to the sea)으로서, 운송인 또는 그 사용인이 예방 또는 방지할 수 없었던 것(of an extraordinary nature, unexpected)을 가리키며, 증명책임은 피보험자에 있다(大判 2001. 5. 15, 99 다 26221). 강철을 추운 지방에서 더운 지방으로 운송하는 중 발생한 녹으로 인한 손해, 갑판에 적절하게 선적하였으나 나쁜 일기 때문에 컨테이너와 그 내용물이 파손된 손해는 바다의 위험에 해당한다.[3] 그 범위는 「그 밖에 항행할 수 있는 수면」에까지 미치므로, 하천·항만에 특유한 위험을

인 피고의 과실이 아니라고 판시한 원심판단은 본조 제2항 단서에 규정된 선박소유자의 과실에 관한 법리를 오해하였다 할 것이다); 77. 12. 13, 75 다 107(원심은 피고회사의 과실에 의한 화재로 인하여 그 소유의 선박인 도라지호의 제1하치장에 적재하였던 이 건 원고 소유의 방송기재가 소훼되거나 침수로 인하여 훼손된 사실을 적법히 인정하고, 피고는 불법행위자로서 이에 대한 손해를 배상할 책임이 있다고 하였는 바 이는 정당하고, 거기에 상법 제788조의 법리를 오해한 위법이 있을 수 없다).

1) 서울民地判 84. 2. 23, 82 가합 6826.

2) 이것은 헤이그·비스비규칙 제4조 5 (e)를 따른 것이다.

3) Jo Desha Lucas, Admiralty, Cases and Materials, 5th ed., p. 680.

포함한다.

② 不可抗力　불가항력(Act of God)은 자연력에 의하여 생긴 재해로서 아무리 주의를 하여도 방지할 수 없는 것을 말하며, 해상 고유의 위험으로 볼 수 없는 결빙, 낙뢰 등이 이에 해당한다. 태풍은 바다의 위험으로 볼 수도 있고, 불가항력으로 볼 수도 있을 것이다.

③ 戰爭·暴動 또는 內亂　위 ①·②가 자연력에 의한 사유(natural forces)임에 반하여, 이것과 ⑤·⑦은 사람에 의한 인위적 사유(human forces)이다. 전시 중 군함에 의한 충돌, 폭도에 의한 적하의 투척, 내란시 선박의 강제침탈 등이 이에 속한다.

④ 海賊行爲 그 밖에 이에 준한 行爲　해적행위에 준한 행위로서는 강도행위를 들 수 있다. 일반인 또는 선원에 의한 절도행위는 여기에 해당하지 않는다.

⑤ 裁判상의 押留, 檢疫상의 制限 그 밖의 公權에 의한 制限　「재판상의 압류」가 면책사유가 되기 위하여는 그 압류가 해상운송인의 귀책사유로 인한 것이 아니어야 하고, 따라서 예컨대 선박의 수선비의 지급을 게을리하여 압류를 받은 경우에는 면책되지 않고, 선원의 과실로 선박충돌이 생겨서 가압류를 받은 경우에 지체없이 해제조치를 강구하지 아니하면 연착으로 인한 손해배상책임을 면하지 못한다.[1] 「검역상의 제한」은 전염병 등의 예방을 위한 제한을 말하고, 「그 밖의 공권에 의한 제한」은 운송인이나 운송물에 대하여 항구의 출입·선적·양륙 등을 금지 또는 제한하는 것이며, 수출입금지(embargo), 선박 또는 운송물의 공용징수 또는 출항금지 등이 그 예이다.

⑥ 送荷人 또는 運送物의 所有者나 그 使用人의 行爲　여기의 행위에는 작위뿐만 아니라 부작위도 포함된다. 이것은 ⑨·⑩과 더불어 송하인 등의 귀책사유로 인한 것이므로, 운송인이 이에 대하여 면책되는 것은 당연하다. 예컨대 송하인이 운송물의 종류·성질에 관하여 허위의 통고를 행한 경우, 운임의 절약을 위하여 부패물에 관하여 냉장을 요구하지 않고 운송을 의뢰하는 행위 등이 이에 해당한다.

⑦ 同盟罷業 그 밖의 爭議行爲 또는 船舶閉鎖　여기의 쟁의행위는 반드시

---

1) 충돌로 인한 손해 자체는 항해과실에 의한 것으로서 면책의 대상이지만, 가압류해제를 위한 조치를 게을리한 점에 운송인의 귀책사유가 있기 때문이다.

운송인과 그 사용인 간에 생긴 것에 한하지 않고, 예컨대 항만노동자의 동맹파업도 포함된다. 쟁의가 정치적 이유에 의한 것이든 경제적 이유에 의한 것이든 이를 묻지 않는다. 다만 운송인 측에 귀책사유가 없어야 한다. 그리고 쟁의 중이라도 운송인은 운송물보관에 관한 주의의무를 면하지 못하므로, 통풍·감시 등을 게을리하여 생긴 운송물의 손해에 대하여는 배상책임을 진다.

⑧ **海上에서의 人命이나 財產의 救助行爲 또는 이로 인한 航路離脫 그 밖의 정당한 이유로 인한 航路離脫** 해상에서의 인명 또는 재산의 구조로 생긴 손해는 주로 적하의 연착에 의한 손해인데, 이에 대하여는 운송인은 면책된다. 「항로이탈」은 전술한 바와 같이 선박이 예정항로를 변경하는 것이며, 해상보험계약상 보험자의 법정면책사유의 하나이다(701의 2). 본 호는 정당한 이유로 항로이탈을 한 경우에는 이로 인한 연착에 대하여 운송인이 손해배상책임을 지지 않는다는 것을 밝히고 있다. 예컨대 나포 등 선박에 대한 급박한 위험을 피하기 위한 항로이탈 등이 이에 속한다.

⑨ **運送物의 包裝의 不充分 또는 記號의 表示의 不完全** 운송물의 포장은 운송물의 안전한 운송을 위하여 필요하지만, 장기간을 요하고 많은 해상위험을 안고 있는 해상운송에서는 특히 견고하고 안전한 포장이 요구된다. 따라서 송하인의 불충분한 포장으로 인한 손해에 대하여는 운송인이 책임을 지지 않는다. 이것은 송하인의 귀책사유로 인한 것이기 때문에 당연하다.

⑩ **運送物의 특수한 性質 또는 숨은 瑕疵** 「특수한 성질」로 인한 손해란 운송물의 고유한 특성으로 인한 손해로서, 예컨대 과일의 부패, 곡물의 충해 등을 말하고, 「숨은 하자」(inherent vice)란 운송인이 상당한 주의를 하여도 발견할 수 없는 하자로서, 예컨대 건조가 잘 안된 곡물의 발효, 습기를 포함한 양모의 자연발화 등을 말한다.

⑪ **船舶의 숨은 瑕疵** 선박의 숨은 하자(latent defects, defect in the ship)는 감항능력에 관한 문제이므로, 감항능력주의의무에 위반한 경우에 운송인이 책임을 지는 것(794)과 본 호는 충돌될 염려가 있다. 그러므로 본 호에서 말하는 「선박의 숨은 하자」는 좁게 풀이하여야 하고, 운송물의 선적, 적부 및 양륙에 사용하는 기계의 결함으로서 상당한 주의를 하여도 발견할 수 없었던 것(예컨대 기중기 등의 고장)을 가리킨다고 본다(일본 국제해상물품운송법 4 II ⑪ 참조).[1)]

1) Schoenbaum, 3rd ed., 8-30, p. 623; 일본법의 해석으로서 부두상의 기중기 등의 고장을 가

(나) 위에 말한 법정면책사유가 있더라도 해상운송인 측이 운송물의 수령·선적·적부·운송·보관·양륙과 인도에 관하여 상당한 주의를 다하였더라면 그 손해를 피할 수 있었음에도 불구하고 그 주의를 다하지 아니하였음을 적하이해관계인 측에서 증명한 때에는 운송인은 손해배상책임을 면하지 못한다(796 但). 원래 상사과실의 경우에는 운송인에게 무과실의 증명책임이 있는데(795 I), 법정면책사유가 있는 때에는 운송인은 그 무과실을 증명할 필요는 없고, 위 법정면책사유에 해당하는 사실이 있다는 것을 증명하면 되고, 이에 대하여 적하이해관계인 측에서 운송인의 과실을 증명하면 운송인이 책임을 지고, 이를 증명하지 못하면 운송인은 면책되는 것이다. 이 점에서 법정면책사유는 운송인의 무과실 증명책임을 경감하는 것일 뿐 그를 종국적으로 면책시키는 것은 아니다.

(5) 免責約款

다음 제6에서 말하는 면책약관에 해당하는 사실이 있는 경우에도 운송인은 배상책임을 부담하지 않는다.

제4 責任限度

1. 賠償範圍의 制限

(1) 해상물건운송인의 손해배상액에 관하여는 육상물건운송인의 경우와 같은 특칙이 있다. 즉 손해배상의 일반원칙에 의하면, 운송물의 멸실·훼손 또는 연착 등 운송인의 채무불이행으로 인한 손해배상은 통상의 손해를 그 한도로 하고, 특별한 사정으로 인한 손해는 채무자가 그 사정을 알았거나 알 수 있었을 때에 한하여 배상의 책임이 있으며(民 393), 그 손해에는 「받은 손해」 뿐만 아니라 「잃은 이익」도 포함된다.

(2) 그런데 상법은 운송물이 전부 멸실 또는 연착된 경우의 손해배상액은 「인도할 날」의 도착지의 가격에 의하고, 운송물이 일부 멸실 또는 훼손된 경우의 손해배상액은 「인도한 날」의 도착지의 가격에 의하되, 운송물의 멸실·훼손 또는 연착이 운송인의 고의나 중대한 과실로 인한 때에는 운송인은 모든 손해를 배상하여야 하며, 운송물의 멸실 또는 훼손으로 인하여 지급을 요

리킨다고 보는 견해가 있다(中村, 221면).

하지 아니하는 운임 기타 비용은 위 배상액에서 공제되는 것으로 하였다(815, 137). 이것은 특별한 사정으로 인한 손해는 설사 운송인이 알거나 알 수 있었을 때에도 배상책임을 지지 않는다는 것이며, 민법의 일반원칙을 수정한 것이다. 이처럼 손해배상의 범위에 관하여 특칙을 둔 것은 운송인의 책임을 제한하여 운송업의 발전을 꾀하기 위한 것이다. 전부멸실의 경우의 「인도할 날」은 선하증권이 발행되어 있는 경우에는 그 소지인이 현실로 증권을 제시한 날이 아니라, 운송물이 통상 양륙항에 도착하여 증권소지인이 증권을 제시하면 운송물의 인도가 행하여질 날을 가리킨다(日大判 22. 6. 25, 新聞 2023. 20면).

(3) 고가물에 관한 특칙은 위에서 이미 말하였다(815, 136).

2. 賠償額의 制限(個別的責任制限)

(1) 總 說

① 1991년 개정상법은 해상물건운송인의 책임을 운송물의 포장당 또는 선적단위당 일정한 금액으로 제한하는「개별적 책임제한」 내지 「포장당 책임제한」(package limitation, limitation per package)의 제도를 도입하였는데, 이것은 헤이그·비스비규칙 제4조 제5항의 취지를 받아들이되, 그 금액은 1936년 미국 해상물건운송법(COGSA. The Carriage of Goods by Sea Act) 제4조 제5항을 참고한 것이다. 2007년 개정상법은 매 포장당 책임한도액을 인상하고, 이에 추가하여 「중량당 책임제한」(limitation per kilogramme of gross weight)의 제도를 도입하는 동시에, 포장당 책임한도액과 중량당 책임한도액 중 더 큰 금액을 책임의 한도액으로 하였다(797 I 本). 이는 헤이그·비스비규칙 제4조 제5항의 내용을 그대로 수용한 것이다.

② 해상운송인은 해상기업의 주체로서 제769조 이하의 규정에 따라 「총체적 책임제한」(global limitation)을 인정받고 있는데, 여기에서 다시 개별적 책임제한을 인정받음으로써 이중으로 책임제한을 인정받게 된다. 이러한 이중적 책임제한은 운송인에 대한 과잉보호라고 하는 비판이 적지 아니하나, 상법 제797조 제4항은 「제1항 내지 제3항의 규정은 제769조 내지 제774조 및 제776조의 규정의 적용에 영향을 미치지 아니한다」고 규정하여, 위 두 가지 책임제한이 경합적으로 인정됨을 분명히 하고 있다.

(2) 運送人의 責任 중 制限이 인정되는 部分

운송인에게 개별적 책임제한이 인정되는 책임은 상법 제794조 내지 제796조의 규정에 의한 운송인의 손해배상의 책임이다(797 I). 즉 ① 감항능력주의의무위반(항해과실)으로 인한 운송물의 멸실·훼손 또는 연착으로 인한 손해배상책임(794), ② 상업과실로 인한 운송물의 멸실·훼손 또는 연착으로 인한 손해배상책임(795 I), ③ 운송인의 과실로 인한 화재로 생긴 운송물에 관한 손해배상책임(795 II 但)(운송인의 고의 또는 과실로 인한 화재로 생긴 손해는 제한대상이 아니다. 795 II 但), ④ 불가항력 기타의 면책사유로 운송물이 멸실·훼손 또는 연착되어 손해가 생긴 경우에 적하이해관계인이 운송인의 주의의무위반을 증명하여 운송인이 지는 손해배상책임(796 但) 등이 제한의 대상이 된다.

(3) 運送人의 責任限度額

① 매 포장당 666.67 計算單位와 1 kg당 2 計算單位 중 큰 金額 위에 말한 제한대상인 책임을 지는 경우에 운송인은 운송물의 매포장(package)당 또는 선적단위(unit)당 666.67 계산단위(약 100만원)의 금액과 중량 1 킬로그램당 2 계산단위의 금액 중 큰 금액을 한도로 그 책임을 제한할 수 있다(계산단위의 환산시점 大判 2001. 4. 27, 99 다 71528). 2007 개정법 이전에는 매 포장당 책임한도액이 500 계산단위(약 75만원)였고, 중량당 책임제한제도는 없었다. 그리하여 중량이 무거운 고가의 운송물(자동차, 기계 등)이 멸실된 경우에 운송인의 책임이 너무 적어 화주의 불만이 컸었다.

② 包裝·船積單位 이처럼 손해액이 포장 또는 선적단위의 개수에 의하여 정하여지는데, 예컨대 여러 개의 물건을 끈으로 연결한 경우, 하나의 컨테이너 안에 여러 개의 물건을 넣은 경우에 이것이 하나의 포장인가 여러 개의 포장인가와 같이, 포장 및 선적단위의 개념이 문제된다. 선적단위는 포장을 하지 않고 운송되는 물건, 예컨대 곡물· 석탄 등의 벌크화물(bulk cargo)이나 포장을 하지 않은 상태에서 운송되는 기계와 설비 등의 경우에 손해액의 산정을 위하여 이용된다. 상법은 운송물의 포장 또는 선적단위의 계산에 관하여 다음과 같은 해석기준을 정하고 있다. 즉

(a) 컨테이너 그 밖에 이와 유사한 운송용기가 운송물을 통합하기 위하여 사용되는 경우에 그러한 운송용기에 내장된 운송물의 포장 또는 선적단위의 수를 「선하증권 그밖에 운송계약을 증명하는 문서에 기재한 때」에는 그 각

포장 또는 선적단위를 하나의 포장 또는 선적단위로 본다. 이 경우를 제외하고는 이러한 운송용기 내의 운송물 전부를 하나의 포장 또는 선적단위로 본다(797 II ①).

(b) 운송인이 아닌 자가 공급한 운송용기 자체가 멸실 또는 훼손된 경우에는 그 용기를 별개의 포장 또는 선적단위로 본다(797 II ②). 이것은 컨테이너·팔레트(pallet) 기타 이와 유사한 운송용구에 의하여 운송을 하는 경우에는 그 운송물의 포장 또는 선적단위의 수는 선하증권에 기재되어 있을 때에는 그에 의하지만, 선하증권에 명기되어 있지 아니한 경우에는 컨테이너 수를 기준으로 한다는 뜻이며, 이러한 뜻의 선하증권상의 조항을 「컨테이너조항」이라고 한다. 예컨대 30개의 피아노를 실어 보내는 경우에 선하증권에 단순히 「1 container containing pianos」라고 기재한 경우에는 컨테이너가 하나의 포장이 되고, 만일 「1 container containing 30 pianos」라고 기재하면 30개의 포장을 받은 것이 된다. 따라서 위 예에서 운송물이 멸실된 경우에 선하증권에 어떻게 기재하였는가에 따라 그 손해액은 30배의 차이가 나는 것이다. 문제는 송하인이 컨테이너를 포장하여 온 경우에 운송인이 그 내용을 모르기 때문에 선하증권에 「1 container said to contain 30 pianos」라고 부지문언(不知文言)을 부기한 said to contain(s.t.c.) 조항[1]의 경우에 책임한도액 산정에 있어서 컨테이너 안의 30개가 기준이 되는가 컨테이너 1개가 기준이 되는 가인데, 이에 관하여는 s.t.c.조항은 제797조 제2항을 변경하는 것은 아니므로 선하증권에 기재된 30개가 기준이 된다고 보는 견해(Scrutton on Charterparties, 20th ed. (1996), p. 113; 戸田·西島, 200면)와 실제로 컨테이너에 내장되었던 포장 또는 선적단위의 수를 기준으로 하여야 한다는 견해(최종현, 「선하증권상의 不知約款의 효력」; 岡部邦男, 「改正國際海上物品運送法と實務の接點(8)」, 海運 788, 106면)가 대립하고 있다. 생각건대 부지약관이 기재되고 그것이 유효한 경우(컨테이너 등)에는 선하증권의 추정적 효력(854 I, 헤이그규칙 3 IV)이 발생하지 아니하므로(주 1)의 영국 판례 참조), 후자의 견해가 옳다고 본다(同旨: 최종현, 상게논문).

③ **計算單位** 여기에서의 계산단위는 국제통화기금의 특별인출권(SDR)을 말한다(770 I ①).

---

1) s.t.c. clause와 unknown clause(不知約款)의 효력은 동일하다. Noble Resources Ltd. v. Cavalier Shipping Corporation(The Atlas)[1996] 1 Lloyd's Rep. 642.

(4) 責任制限의 排除

다음의 경우에는 운송인의 개별적 책임제한이 인정되지 않는다.

① **運送人측의 故意 등으로 인한 損害** 운송물에 관한 손해가 운송인 자신의 고의 또는 그 손해가 생길 염려가 있음을 인식하면서 무모하게 한 작위 또는 부작위로 인하여 생긴 것인 때에는 운송인의 책임은 제한되지 않는다(797 I 但). 운송인 「자신」에게 고의 등이 있는 경우에 한하므로, 운송인의 해상에서의 피용자(선원 기타 선박사용인) 또는 육상에서의 피용자(보세창고업자) 등 이행보조자에게 고의 또는 무모한 행위가 있다 하더라도 운송인은 책임제한을 할 수 있다(大判 2001. 4. 27, 99 다 71528). 운송인이 법인인 경우에는 법인의 대표기관 뿐만 아니라 법인의 내부적 업무분장에 따라 그 법인의 관리업무의 전부 또는 특정 부분에 관하여 대표기관에 갈음하여 사실상 회사의 의사결정 등 모든 권한을 행사하는 사람은 설사 이사회의 구성원 또는 임원이 아니라도 대표기관에 준하는 지위에 있는 것으로 볼 수 있다(大判 2006. 10. 26, 2004 다 27082). 다만 대표기관에 준하는 자는 회사의 고급사용인(부분적·포괄적 대리권을 가진 사용인 이상)이어야 하고 그 범위를 지나치게 확대하는 것은 입법의 취지에 반할 것이다.[1] 여기에서 「손해가 생길 염려가 있음을 인식하면서 무모하게」의 뜻은, 선박소유자 등의 총체적 책임제한에서 설명한 바와 같이, 손해의 발생을 의욕하는 것은 아니지만, 손해발생의 염려가 있음을 현실로 인식하면서도 무모하게 행위를 하는 것이므로, 고의에 가까운 개념이다.

② **運送物의 價額을 船荷證券에 記載한 경우** 송하인이 운송인에게 운송물을 인도할 때에 그 종류와 가액을 고지하고 선하증권 기타 운송계약을 증명하는 문서에 이를 기재한 경우에는 당해 문서에 기재된 가액에 따라 손해를 배상하여야 한다. 그러나 송하인이 운송물의 종류 또는 가액을 고의로 현저하게 부실의 고지를 한 때에는 운송인은 자기 또는 그 사용인이 악의인 경우를 제외하고 운송물의 손해에 대하여 책임을 면한다(797 III).

(5) 滅失·毁損·延着 이외의 運送物損害의 경우

제815조에 의하여 준용되는 제137조는 운송인 등이 운송에 관한 주의의무를 해태하여 운송물의 멸실·훼손 또는 연착으로 인한 손해가 발생한 경우의

1) 채이식, 701면; 최기원, 해상법, 194면; 서돈각·정완용(하), 546면 참조. 위 2004 다 27082 사건은 법인격이 무시된 특수한 경우이지만 대리급 직원도 운송인 자신에 해당하는 것으로 보았다. 이에 대한 평석은 김창준, 「운송인의 책임배제사유」, 한국해법학회지 29권 2호(2007), 7면 이하 참조.

손해액에 관하여 규정하고 있을 뿐이다. 따라서 운송에 관한 주의의무해태로 인하여 운송물에 관하여 멸실·훼손 또는 연착 이외의 사유로 손해가 발생한 경우의 손해액은 민법의 일반원칙(民 393)에 따라 산정한다. 이 경우에도 개별적 책임제한이 인정됨은 물론이다.

제5 不法行爲責任과의 관계

1. 不法行爲責任의 制限

(1) 해상물건운송인의 운송계약상의 채무불이행으로 인한 손해배상책임에 관한 규정은 운송인의 불법행위로 인한 손해배상책임에도 이를 적용한다(798 I). 운송인의 채무불이행이 불법행위의 요건을 갖추는 경우도 있는데, 만일 이 경우에 책임제한이나 면책사유가 채무불이행의 경우에만 적용되고 불법행위의 경우에는 적용되지 않는다고 하면, 피해자는 운송인을 상대로 하여 불법행위를 주장함으로써 위 제한이나 면책사유를 벗어날 수 있게 되어 해상물건운송인을 보호하려는 법의 취지가 몰각되고 만다. 그리하여 상법은 청구권경합설의 입장에서 불법행위가 성립하는 경우에도 해상운송인은 책임제한과 면책사유를 주장할 수 있다는 점을 명백히 한 것이다.[1] 이것은 헤이그·비스비규칙 제4조의 2를 수용한 것이다.

(2) 대법원은 이 문제에 관하여, 처음에는 청구권경합설의 입장을 관철하여, 운송계약상의 면책특약이나 상법상의 면책조항은 오로지 운송계약상의 채무불이행책임에만 적용될 뿐 당사자 사이에 명시적 또는 묵시적 합의가 없는 한 불법행위로 인한 손해배상책임에는 적용되지 않는다는 견해를 고수하여 왔다(大判 80. 11. 11, 80 다 1812). 그러다가 1983. 3. 22의 전원합의체 판결을 통하여, 운송인이 발행한 선하증권에 면책약관이 기재된 경우에는 당사자간에 불법행위책임에 관하여도 위 면책약관을 적용하기로 하는 묵시적 합의가 있다고 보아야 한다

1) 상법 제789조의 3(개정법 제798조) 제1항이 결과적으로 법조경합설을 따른 것이라고 풀이하는 견해가 있다(정찬형, 782면). 그러나 위 상법규정은 채무불이행과 불법행위의 성립요건을 통합한 것은 아니고, 불법행위는 불법행위의 요건을 갖춘 경우에만 성립하고, 불법행위가 성립하더라도 책임제한과 면책사유에 관한 규정이 적용된다고 하는 뜻이므로, 청구권경합설의 입장을 취한 것으로 본다(同旨: 손주찬, 821면).

고 하면서, 위 면책약관의 효력은 당연히 운송인의 불법행위책임에도 미친다고 하고, 다만 운송인의 고의 또는 중대한 과실로 인한 불법행위의 경우에는 면책약관이 적용되지 않는다고 견해를 바꾸었다(82 다카 1533; 91. 8. 27, 91 다 8012). 그러나 대법원은 면책특약이 선하증권에 기재되지 않고 운송계약에만 포함되어 있을 때에는 여전히 당사자간에 명시적·묵시적 합의가 없는 한 위 면책특약은 불법행위책임에는 미치지 않는다고 하고 있다. 그러나 제798조(구법 789 조의 3)의 신설로 인하여 대법원의 위 판결은 그 효력을 잃었다고 본다.

2. 運送人과 履行補助者의 責任總額

(1) 운송물에 관한 손해배상청구가 운송인의 사용인 또는 대리인에 대하여 제기된 경우에 그 손해가 그 사용인 또는 대리인의 직무집행에 관하여 생긴 것인 때에는 그 사용인 또는 대리인은 운송인이 주장할 수 있는 항변과 책임제한을 원용할 수 있다(798 II 本). 이것은 헤이그·비스비규칙 제4조의 2의 취지에 따른 규정이며, 이른바 히말라야 조항을 입법한 것이라 함은 전술한 바와 같다. 그러나 그 손해가 그 사용인 또는 대리인의 고의 또는 운송물의 멸실·훼손 또는 연착이 생길 염려가 있음을 인식하면서 무모하게 한 작위 또는 부작위로 인하여 생긴 것인 때에는 그러하지 아니하다(798 II 但).

(2) 이처럼 동일한 운송물에 관한 손해에 관하여 운송인과 그 사용인 또는 대리인의 쌍방에 대하여 배상청구를 하는 경우에는 운송인과 그 사용인 또는 대리인의 운송물에 대한 책임제한금액의 총액은 제797조 제1항의 규정에 의한 책임한도액을 초과하지 못한다(798 III). 이것은 송하인 등 적하이해관계인이 운송인과 그 사용인이나 대리인 중 일방으로부터 배상을 받은 후에 타방에 대하여 실손해액과 받은 배상액과의 차액을 청구하는 것을 막기 위한 것이다. 따라서 송하인이 운송인과 그 사용인이나 대리인 쌍방에 대하여 청구하여도 어느 일방으로부터 받을 수 있는 제한액 이상을 받을 수 없다. 이것은 헤이그·비스비규칙 제4조의 2 제3항의 취지를 받아들인 것이며, 총체적 책임제한에 관한 제774조 제2항과 같은 취지이다.

제6 免責約款

1. 總 說

원래 해상물건운송의 운송인은 옛부터 운송 중에 생긴 물건의 손해에 관하여는 그 배상책임을 경감하거나 면제하기 위하여 선하증권 등에 면책약관을 삽입하여 널리 이용하여 왔다. 그 결과 선하증권을 이용한 거래를 안심하고 할 수 없다는 우려의 목소리가 무역업자·은행업자·보험업자 등으로부터 높아졌고, 심지어 「선박소유자에게는 운임을 받는 것 이외에 아무런 의무가 없는 것 같다」(There seems to be no other obligation on the shipowner than to receive the freight)라고 말할 지경에 이르렀다. 이러한 사태를 해결하기 위하여 19세기 말부터 국제적으로 면책약관의 제한과 정리를 위한 운동이 전개되었고, 그 최초의 결실이 1893년 미국의 하터법(Harter Act)이었다. 그러나 하터법은 국내법이라는 한계가 있었고, 또 명목적인 법정배상액의 특약, 보험에 관한 이익의 양도약관, 가혹한 통지의무의 특약 등을 통하여 사실상 선주의 책임이 면제되는 결과로 되었으므로, 제1차 세계대전 이후에 다시 면책약관 제한운동이 전개되어 1924년의 헤이그규칙 등이 성립하게 된 것이다. 이러한 역사적 흐름에 따라 상법은 육상물건운송의 경우와는 달리 해상물건운송의 경우에는 운송인으로 하여금 면책약관 등에 의하여 자기의 책임을 경감 또는 제한하는 특약을 할 수 없도록 강력하게 규제하고 있는데(799 I), 이것은 운송인의 책임을 제한한 것에 대응한 조치로 볼 수 있다.

2. 原則的禁止

① 責任減免의 特約　해상물건운송인의 책임 및 그 제한에 관한 상법의 규정(제794조 내지 제798조)에 반하여 운송인의 의무 또는 책임을 경감 또는 면제하는 당사자간의 특약은 효력이 없다(799 I 1文, 839). 따라서 운송인에게 불이익한 특약은 유효하다. 해상물건운송인의 손해배상책임제한에 관한 약관이 실질적으로 책임면제와 같은 경우에는 그 약관은 무효이다.[1)]

---

1) 大判 88. 9. 27, 86 다카 2377(해상운송인의 책임결과의 일부를 감경하는 배상액제한약관은 원칙적으로 상법 제790조에 저촉되지 않는다고 할 것이지만 배상책임을 면제하는 것과 다름없다고

② **保險金請求權의 讓渡** 운송물에 관한 보험의 이익을 해상물건운송인에게 양도하는 약정 또는 이와 유사한 약정은 효력이 없다(799 I 2文, 839). 이것은 이른바 「보험이익향수(享受)약관」[1]에 관한 것으로서, 여기의 「보험의 이익」은 보험금청구권을 말한다. 송하인이 운송물에 관하여 보험(적하보험)에 가입한 후에 그 보험금청구권을 운송인에게 양도하고, 운송인이 보험금을 수취한 경우에 한하여 송하인에게 손해배상을 할 뜻을 약정하는 것으로서, 약관 자체는 운송인의 면책을 목적으로 하지 않지만, 운송인은 보험금을 받은 후에 배상금을 지급하게 되어 실질적으로 배상책임을 지지 않는 결과가 되기 때문이다.

3. 例外的許容

① **生動物의 運送** 산 동물을 운송하는 경우에는 해상물건운송인의 책임을 상법의 규정보다 경감하거나 면제하는 특약도 유효하다(799 II 前, 839 II). 산 동물의 운송에는 많은 위험이 수반되므로, 면책약관을 허용하지 아니하면 운임이 비싸지거나 운송의 인수를 거절할 염려가 있기 때문이다. 헤이그규칙 제1조 (c)와 함부르크규칙 제5조 제5항을 따른 것이다.

② **甲板積貨物** 선하증권 그 밖에 운송계약을 증명하는 문서의 표면에 갑판적으로 운송할 취지를 기재하여 갑판적으로 화물을 운송하는 경우에는 해상물건운송인의 책임을 상법의 규정보다 경감하거나 면제하는 특약도 유효하다(799 II 後, 839 II). 갑판적의 경우에도 산 동물의 경우와 같은 위험이 있기 때문이다. 헤이그규칙 제1조 (c)를 따른 것이다.

③ **傭船契約** 위 책임경감 또는 면제특약의 금지규정은 다음 두 가지 경우를 제외하고는 용선계약에는 이를 적용하지 아니한다. 운송인의 책임감면특약의 효력을 금지하는 것은 개품운송계약에서 약자인 송하인을 보호하기 위한 것인데, 용선계약의 당사자는 대등한 경제력을 가지고 있기 때문이다.

(ㄱ) 제794조의 규정에 반하는 경우. 운송인이 감항능력주의의무를 위반한

할 정도로 적은 액수를 책임한도액으로 정한 배상액제한약관은 실질적으로는 책임제외약관과 다를 바 없는 것이므로 상법 제790조에 저촉되어 무효라고 할 것이고, 배상액제한약관에서 정한 책임한도액이 배상책임을 면제하는 것과 다름없는 정도의 소액인가의 여부는 그 책임한도액이 해상운송의 거래계에서 관행으로 정하여지고 있는 책임한도액 및 운송인이 받은 운임등과 비교하여 볼 때 실질적으로 운송인의 배상책임을 면제하는 정도의 명목상의 금액에 불과한 것인가의 여부에 따라 결정하여야 한다).

1) 日最判 74. 3. 15, 民集 28. 2. 222면.

경우에 그 책임을 감면하는 특약은 용선계약의 경우에도 무효이다(841 I, 794). 감항능력은 선박의 안전운항을 위하여 반드시 갖추어야 할 의무이기 때문이다.

(ㄴ) 용선계약에 따른 선하증권의 소지인에 대한 관계. 용선계약의 경우에도 그에 따라 선하증권이 발행된 때에 배서양도 또는 인도에 의하여 이를 취득한 제3자에 대하여는 운송인의 책임감면특약은 무효이다(855 V). 결국 용선계약에서 책임감면특약이 허용되는 것은 선하증권이 발행되지 않은 경우, 선하증권이 발행되었더라도 용선자가 이를 소지하고 있는 경우 등이다.

제7 順次海上運送人의 責任

(1) 수인이 순차로 해상에서 운송할 경우에는 각 운송인은 운송물의 멸실·훼손 또는 연착으로 인한 손해를 연대하여 배상할 책임이 있다(815, 138 I). 여기의 순차운송은 통운송의 형태 중 연대운송에 해당하는 것이다.

(2) 운송인 중 1인이 손해를 배상한 때에는 그 손해의 원인이 된 행위를 한 운송인에 대하여 구상권이 있다. 이 경우에 그 손해의 원인이 된 행위를 한 운송인을 알 수 없는 때에는 각 운송인은 그 운임액의 비율로 손해를 분담한다. 그러나 그 손해가 자기의 운송구간 내에서 발생하지 아니하였음을 증명한 때에는 손해분담의 책임이 없다(815, 138 II, III).

(3) 순차해상운송의 경우에는 복합운송인의 책임에 관한 제816조가 적용되지 않는다고 본다.

제8 責任의 消滅

1. 受荷人의 通知義務

(1) 수하인이 운송물의 일부 멸실 또는 훼손을 발견한 때에는 수령 후 지체없이 그 개요에 관하여 운송인에게 서면에 의한 통지를 발송하여야 한다. 그러나 그 멸실 또는 훼손이 즉시 발견할 수 없는 것인 때에는 수령한 날부터 3일내에 그 통지를 발송하여야 한다(804 I, 841 I). 위 통지가 없는 경우에는 운송물이 멸실 또는 훼손 없이 수하인에게 인도된 것으로 추정한다(804 II, 841 I). 위 각

규정은 운송인 또는 그 사용인이 악의인 경우에는 적용하지 아니한다(804 III, 841 I). 여기의 수하인에는 선하증권의 정당한 소지인이 포함된다.

(2) 운송물에 멸실 또는 훼손이 발생하였거나 그 의심이 있는 경우에는 운송인과 수하인은 서로 운송물의 검사를 위하여 필요한 편의를 제공하여야 한다(804 IV, 841 I).

(3) 수하인 또는 선하증권소지인이 위 통지를 하지 않아도 손해배상청구권을 잃지는 않지만, 운송인에게 손해배상을 청구하려면 그 멸실 또는 훼손이 운송물의 인도 후에 생긴 것이 아님을 스스로 증명할 책임이 있다.

2. 運送人의 責任의 消滅

해상운송인의 송하인 또는 수하인에 대한 채무의 소멸(814)과 선박소유자의 항해용선자 또는 수하인에 대한 채무의 소멸(840)에 관하여는 본 장 제2절 해상물건운송계약의 통칙, 제2관 해상물건운송계약의 내용, 제3 해상물건운송인의 권리 중 「5. 해상운송인의 채권의 소멸」부분의 설명을 보라.

제6절 특수한 物件運送契約

제1 再運送契約

(1) 意 義

① 용선자가 자기의 명의로 제3자와 운송계약을 체결한 경우에 이를 재운송계약이라고 한다(809). 용선계약에서는 배에 실리는 운송물이 누구의 것이냐는 문제로 되지 아니하므로, 용선자는 용선계약에서 다른 약정을 하거나 선박소유자의 이익을 해하지 않는 한 용선한 선박(선복)에 자기의 물건을 싣지 않고 그 선복을 이용하여 다시 제3자와 운송계약을 체결하고 제3자의 물건을 실어 운송을 할 수 있다. 예컨대 선박소유자→항해용선자→송하인의 경로를 거쳐 선박으로 물건의 운송이 이루어질 수 있다. 이 경우에 선박소유자와 항해용선자 사이의 계약(용선계약)을 「주운송계약」(original charter, head charter)이

라고 하고, 이에 기초한 항해용선자와 제3자인 송하인 사이의 계약을 「재운송계약」(subcharter)이라고 한다. 재운송계약은 선박소유자와 용선자 사이의 주운송계약을 기초로 하는 경우 외에 용선자와 용선자 사이(예컨대 정기용선자와 항해용선자 사이)의 주운송계약을 기초로 하여 체결될 수도 있다. 재운송계약 자체는 용선계약이든 개품운송계약이든 상관이 없으나(따라서 재운송계약은 재용선계약과 구별하여야 한다), 개품운송계약인 경우가 많다고 한다.

② 재운송계약에 관한 개정전 상법 제806조는 항해용선자와 운송계약을 체결한 송하인을 보호하기 위하여 해산을 가지는 선박소유자에게 책임을 지우려는 규정이었으므로, 동조의 용선자가 항해용선자를 가리킨다는 점에 대하여는 이론이 없었으나, 정기용선자도 이에 포함되는가에 관하여는 다툼이 있었다. 개정법 제809조는 정기용선자도 포함됨을 명백히 하였다.

그러나 선박소유자와 정기용선자 사이의 용선계약을 운송계약(주운송계약)으로 보는 것은 문제이다. 선체용선의 경우에도 제809조가 적용되는지 의문이지만, 제850조를 따로 두어 제3자를 보호하고 있고, 제809조가 선체용선자를 제외하고 있으며, 선체용선자는 독립한 해상기업의 주체이고. 이 규정은 외국에 유사한 예가 별로 없는 점[1]에 비추어 이를 부정하여야 할 것이다.

③ 재운송계약의 목적은 용선자가 그 계약상대방인 제3자로부터 취득하는 운임과 주운송인인 선박소유자 등에게 지급할 운임과의 차액을 이득하는 데 있다.

④ 재운송계약은 주운송계약과 별개의 독립한 제2의 계약이며, 그에 의하여 제3자와 선박소유자 등(주운송인) 사이에 직접적인 법률관계가 생기는 것은 아니다. 이것은 선박의 전부 또는 일부의 전대차계약 또는 주운송계약상의 채권양도는 아니다.

⑤ 재운송계약과 운송주선인에 의한 운송계약과는 실제로 구별하기 어려운 경우가 많다. 그러나 재운송계약에서 용선자는 물건의 운송 자체를 인수하는 자임에 반하여, 운송주선인은 다만 운송의 주선을 하는 자에 불과하다.

(2) 效 力

(가) 主運送契約 當事者간의 관계: 용선자와 선박소유자 등 사이의 관계

1) 일본은 국내운송에 한하여 주운송자의 책임을 인정하고 있다. 日商 759, 日 國際海上物品運送法 제20조 제1항 참조.

는 용선계약이 정하는 바에 의한다. 용선자는 용선계약에 반대의 약정이 있거나 선박소유자 등을 해하지 않는 한 선박소유자 등의 승낙이 없어도 재운송계약을 체결할 수 있다.

(나) **再運送契約 當事者**간의 관계: 용선자와 그 상대방인 송하인 등과의 관계는 재운송계약이 정하는 바에 의한다. 따라서 용선자는 상대방에 대하여 재운송계약상의 운송인으로서의 권리의무를 가지고, 운송물의 멸실 등으로 인한 손해배상책임을 지는 경우에는 운송인으로서 책임제한을 주장할 수 있고(797), 또 선박에서 또는 선박의 운항과 관련하여 생긴 인적·물적 손해에 대하여 책임을 지는 경우에는 선박소유자와 같이 책임제한을 할 수 있다(774 I ①).

(다) **船舶所有者** 등과 **再運送契約**의 **相對方**과의 관계: 선박소유자 등과 재운송계약의 상대방인 송하인 등과의 사이에는 원칙적으로 아무런 법률관계가 없다. 따라서 선박소유자 등은 재운송계약의 송하인이나 수하인에 대하여 직접 주운송계약상의 운임의 지급을 청구할 수 없다.[1]

다만 예외적으로 용선자가 자기의 명의로 제3자와 운송계약을 체결한 경우에는 그 계약의 이행이 선장의 직무범위에 속한 범위 안에서 선박소유자도 제794조(감항능력주의의무)와 제795조(운송물에 관한 주의의무)의 규정에 의한 책임을 진다(809).[2] 이것은 주운송계약의 이행에 관하여 선장에 대한 지휘감독권을 가지는 것은 선박소유자라는 점 및 재운송계약의 상대방인 송하인이나 수하인이 주운송계약의 운송인인 선박소유자를 상대로 하여 직접 책임을 소구(訴求)하는 것이 편리하다는 점 등을 고려한 것이다. 「선장의 직무범위에 속한 범위 안에서」란 당직 근무, 선박의 조종, 선하증권의 발행, 운송물의 보관 및 인도 등 운송물에 관한 사고를 가리킨다.[3]

이 경우의 용선자는 운송인의 지위에 있으므로, 용선자도 운송인으로서 감항능력주의의무와 운송물에 관한 주의의무 및 그에 따른 책임이 있다(通說). 이

---

1) 大判 98. 1. 23, 97 다 31441(재용선계약의 경우에는 선주와 용선자 사이의 주된 운송계약과 용선자와 재용선자 사이의 재운송계약은 각각 독립된 운송계약으로서 선주와 재운송계약의 운송의뢰인(재용선자)과의 관계에서는 아무런 직접적인 관계가 없으므로 선주가 직접 재용선자에 대하여 주된 운송계약상의 운임 등을 청구할 수는 없고, 수하인에 대한 관계에서도 수하인이 화물을 수취하여도 수하인은 재용선계약의 운송인인 용선자에 대하여 운임 지불 의무를 부담하는 것일 뿐 선주가 수하인에 대하여 주된 운송계약의 운임 등을 직접 청구할 수는 없다).

2) 1991년 개정 전에는 「선박소유자만」으로 규정되어 있었다.

3) 김인현, 127면.

경우에 용선자는 계약운송인(contractual carrier), 선박소유자는 실제운송인(actual carrier)으로서 책임을 지는 것이다.[1)2)] 그러나 선박소유자는 이 범위를 넘어서는 제3자에 대하여 책임을 질 이유가 없으므로, 주운송계약과 재운송계약의 면책약관이 다른 경우에는 그 다른 부분에 관하여는 용선자가 책임을 진다(日大判 27. 4. 27.新聞 2709. 15면).

이 경우에는 선박소유자는 운송인으로서의 책임제한(797)을 주장할 수 있을 뿐만 아니라, 선박소유자로서의 책임제한(770)을 주장할 수 있다.

제2 通運送契約

(1) 意 義

① 통운송(through carriage)계약이란 하나의 운송계약에 수인의 해상운송인이 관여하는 것을 말한다. 이 경우에는 동일한 운송물을 수인의 해상운송인이 지리적 구간을 달리하며 운송하게 되는데, 이것은 거래의 지역적 범위가 넓어져서 1인의 운송인이 단독으로 발송지부터 도착지까지의 전구간에 걸쳐 운송을 하는 것이 곤란하게 되어 생겨난 운송의 형태이다.

② 통운송을 이용하면, 매도인인 송하인은 1인의 운송인을 상대로 하여 한 번 계약을 체결하면 되므로 중계지에 있는 운송인과 일일이 계약을 체결하는 수고와 비용을 절약할 수 있고, 또 상품의 발송지로부터 도착지까지의 전구간에 걸쳐 확정된 운임을 미리 확실히 알고 이를 상품대금에 산입할 수 있는 이점(특히 CIF매매의 경우)이 있다. 이처럼 통운송은 격지자간의 매매를 용이하고 신속하게 행할 수 있게 하여주므로 근래에 많이 이용되고 있다.

③ 통운송은 수인의 운송인이 각각 독립하여 각 구간의 운송을 인수하는 부분운송과 구별하여야 한다. 이것은 법적으로 수개의 독립한 운송계약이 접속하여 체결된 것에 지나지 않는다.

---

1) 同旨: 손주찬, 784면. 일본에서는 이 경우에 용선자는 책임을 면한다고 본다. 酒卷·石山, 235면; 中村, 144면 등. 일본상법 제759조는 「선박소유자만」 책임을 진다고 규정하고 있음에 반하여, 우리 상법 제806조는 「선박소유자도」 책임을 진다고 규정하고 있음을 주의하여야 한다.

2) 그러나 재운송계약을 중심으로 하여 고찰하면, 주운송계약의 선박소유자는 재운송계약에 있어서의 용선자의 이행보조자에 불과하므로, 제806조를 삭제하는 것이 옳다고 하는 견해가 있다. 그리하여 일본의 외항선에 관한 국제해상물품운송법은 위 상법규정에 해당하는 일본상법 제759의 적용을 배제하고 있다(同法 20 참조).

(2) 種 類

통운송에는 ① 최초의 해상운송인(元受海上運送人)만이 전 운송구간의 운송을 인수하고, 그 전부 또는 일부를 다른 해상운송인에게 맡기는 하수운송(下受運送), ② 수인의 해상운송인이 공동하여 전 구간의 운송을 인수하고 내부관계에서 각 해상운송인이 특정 구간의 운송을 분담하는 동일운송(同一運送) 및 ③ 서로 연락관계를 가지는 수인의 해상운송인이 하나의 통선하증권에 의하여 최초의 송하인을 위하여 하는 의사로 순차 각 구간의 운송을 인수하는 연대운송(連帶運送, 順次運送) 등이 있다. 이 가운데 ①을 「단독통운송계약」이라고 하고, ②와 ③을 「공동통운송계약」이라고 한다.

(3) 效 力

①의 계약에서는 원수해상운송인만이 선하증권에 서명하고(단독통선하증권), 송하인에 대하여 책임을 부담하며, 하수해상운송인은 운송계약의 당사자가 아니고 원수해상운송인의 이행보조자에 불과하다. 따라서 하수해상운송인의 운송중 운송물이 멸실한 경우에는 원수해상운송인만이 손해배상책임을 부담한다.

②의 계약에서는 수인의 해상운송인이 공동의 당사자로서 운송을 인수하고 그 전원이 서명한 공동통선하증권이 발행되고, 이들 해상운송인은 연대채무자가 되고(57), 각인이 송하인 및 수하인에 대하여 연대책임을 진다.

③의 경우에는 최초의 해상운송인이 1통의 통선하증권에 각 해상운송인의 각 담당 운송구간을 명기한 다음에, 자기의 서명 및 제2 이후 구간의 해상운송인의 대리서명을 한다. 이들 해상운송인 사이에는 당연히 연대책임이 생기는 것은 아니므로, 상법은 운송물의 멸실 등에 대하여 각 해상운송인에게 연대책임을 부담시키고 있다(815, 138). 이처럼 동일운송과 연대운송의 경우에는 각 해상운송인이 연대책임을 지는 것으로 규정되어 있으나, 실제로는 통선하증권에 각 해상운송인이 각 담당 운송구간에 자기의 책임을 한정하고, 그 책임을 분할·비연대로 한다는 뜻을 특약하는 것(책임분할약관, 책임제한약관)이 보통이다.

제3 複合運送契約

(1) 意 義

복합운송(combined transport, multimodal transport)계약이란 통운송 중 두 종

류 이상의 운송수단을 이용하여 육·해·공에 걸쳐 운송을 실행하는 경우를 말한다. 상법은 복합운송을 해상운송인이 인수한 운송에 해상 외의 운송구간이 포함된 경우라고 정의하고 있다(816 I). 예컨대 선박과 항공기, 선박과 열차, 자동차와 열차, 자동차·선박·항공기 등을 이용하여 동일 물건을 운송할 것을 내용으로 하는 통운송계약을 말한다. 이에 대하여 동일한 운송수단에 의하여 구간을 달리하면서 동일한 물건을 운송하는 통운송, 예컨대 열차에 의하여 서울로부터 모스크바까지 수인의 운송인이 운송하는 경우를 단순통운송(unimodal transport)이라고 한다. 오늘날의 국제거래는 컨테이너에 의한 복합운송이 일반적이다.

(2) 種 類

복합운송에는 두 가지가 있다. 하나는 운송의 일부분에 관하여 실운송을 하는 운송인(예컨대 선박회사)이 그 전후의 구간에 관하여 이용운송을 인수하여 전 구간에 대한 책임을 지는 형태이고, 다른 하나는 스스로 아무런 운송수단을 가지지 아니한 운송인이 전 구간에 걸쳐 일관하여 이용운송을 인수하는 형태이다.[1] 후자의 형태의 복합운송인을 「운송수단 비운행 운송인」(non-vessel operating common carrier, NVOCC)라고 한다.

(3) 複合運送人의 責任

복합운송 과정에서 운송물의 멸실·훼손으로 인하여 손해가 발생한 경우 그 책임을 어느 운송인에게 부담시킬 것인가의 문제가 발생한다.

수개 국 사이에서 이루어지는 국제복합운송에 관하여는 국제연합무역개발회의(UNCTAD)가 작성하여 1980년에 성립한 「국제연합국제물건복합운송조약」(The United Nations Convention on International Multimodal Transport)이 있다. 그런데 이 조약은 국제복합운송인의 책임에 관하여 통일책임제(uniform liability system)를 채택하고 있음에 반하여, 실무에서는 거의 연결책임제(network system)를 따르고 있으므로, 위 조약이 발효까지는 상당한 시간이 걸릴 것으로 예측된다.[2]

---

1) 실운송(實運送)은 운송인이 실제로 지배·운항하고 있는 운송수단을 이용하여 하는 운송이고(예컨대 화물자동차회사가 자기소유의 자동차로 운송을 하는 경우), 이용운송(利用運送)은 스스로 아무런 운송수단을 지배·운항하지 않으면서 이들을 지배하는 다른 운송인에게 위임하여 운송계약상의 의무를 이행하는 자이다(예컨대 아무런 운송수단이 없는 자가 다른 화물자동차회사에 의뢰하여 운송을 하는 경우). 이용운송인은 송하인으로부터 받는 운임과 실운송인에게 지급하는 운임의 차액을 수입으로 삼는다.

2) 통일책임제는 운송물의 멸실·훼손이 어느 구간에서 발생하였는가를 따지지 않고 통일적으로

상법은 복합운송의 경우에 운송인은 손해가 발생한 운송구간에 적용될 법에 따라 책임을 지도록 규정하였다(816 I). 그리고 어느 운송구간에서 손해가 발생하였는지 불분명한 경우 또는 손해의 발생이 성질상 특정한 지역으로 한정되지 아니하는 경우에는 운송인은 운송거리가 가장 긴 구간에 적용되는 법에 따라 책임을 지도록 하고, 다만 운송거리가 같거나 가장 긴 구간을 정할 수 없는 경우에는 운임이 가장 비싼 구간에 적용되는 법에 따라 책임을 지도록 하였다(816 II).

제4 繼續運送契約

계속운송계약(Dauerfrachtvertrag)은 해상운송인이 송하인에 대하여 일정한 기간 일정한 운임율로써 일정한 적하의 불특정수량을 수시·부분적으로 운송할 것을 약정하고, 매회 운송할 적하의 수량, 선적의 일시와 장소, 양륙항의 결정 등을 송하인에게 유보하는 것을 내용으로 하는 운송계약을 말한다. 이에 의하여 정기해상운송인은 다른 업자와의 경쟁을 배제하고 운송을 독점할 수 있고, 송하인은 비교적 저렴한 운임으로 계속적으로 운송을 할 수 있는 이점이 있다.

제5 混合船積契約

혼합선적계약(Bulkladung, Sammelsendung)은 해상운송에서 상이한 용선자 또는 송하인이 자기의 적하를 동종·동질의 다른 적하와 혼합하여 운송할 것을 승낙하고 체결하는 물건운송계약을 말한다. 이것은 곡물 또는 유조선에 의한 원유의 운송에 주로 이용되고 있다.

복합운송인의 책임요건과 책임한도액을 결정하는 방법이고, 연결책임제는 운송물의 멸실·훼손이 발생한 구간을 특정할 수 있는 경우에는 그 운송구간에서 운송을 한 운송인에게 적용할 법에 따라 복합운송인의 책임을 정하고, 그것을 특정할 수 없는 경우에는 계약에서 별도로 정한 바에 따라 복합운송인의 책임을 정하는 방법이다.

제 5 장
運送證書

제 1 절 序 說

개정법은 종래의 선하증권 외에 새로 해상화물운송장을 상법상의 제도로 도입하고 양자를 운송증서라는 표제 하에 포괄하여 규정하고 있다. 선하증권에 관하여는 그 기재사항에 운송인의 성명을 추가하고, 선하증권기재의 효력을 보완하고, 새로 전자선하증권에 관한 규정을 두었다. 그리고 해상화물운송장의 발행과 효력에 관한 규정도 신설하였다. 이것은 해상운송의 고속화 등 환경의 변화에 따른 업계의 요구를 수용한 것이다.

제 2 절 船荷證券

제 1 總 說

1. 意 義

선하증권(Bill of Lading, B/L)은 해상물건운송에서 운송인이 운송물을 수령 또는 선적하였음을 증명하고, 도착지에서 이를 그 정당한 소지인에게 인도할 채무(소지인 측에서 보면 운송물인도청구권)를 체화(體化)한 유가증권이다. 육상운송에서의 화물상환증에 대응하는 것이지만, 운송기간이 비교적 장기이고, 선박에 의하여 대량의 상품이 운송되는 해상운송에서는 CIF 등의 매매형태와 화환어음의 이용 등과 관련되어 일찍부터 선하증권이 널리 이용되어 왔다. 그러나 개정 전 상법은 거의 이용되지 않는 화물상환증에 관하여 상세한 규정을 두고 이를 선하증권에 준용하는 방법을 취하고 있었다(구법 820).

19세기에 들어 와서 항해기술과 경제사정이 변화함에 따라 선하증권에도 많은 변화가 있었으니, 수령선하증권·통선하증권의 출현과 면책약관을 중심으로 한 보통거래약관의 발달이 그것이다. 최근에는 해상운송의 고속화로 말미암아 선하증권이 수하인에게 도달하기 전에 운송물을 실은 선박이 먼저 양륙항에 도착하는 일이 빈번하게 발생하므로, 시간과 비용을 절약하기 위하여 전통적인 선하증권제도의 개선이 요구되고 있고, 이에 대처하기 위하여 서류의 발행없이 전자적 방법으로 처리하는 「전자문서교환」(EDI)이나 「전자 선하증권」제도[1]의 도입 및 선하증권의 발행에 갈음하여 「해상화물운송장」(sea waybill)을 발행하는 등 두 가지 해결방법이 모색되고 있다.[2]

2. 性 質

(1) 선하증권은 앞에서 말한 바와 같이 운송물인도청구권을 체화한 유가증권인데, 그 유가증권으로서의 특성은 다음과 같다. 즉 ① 선하증권은 법률상 당연한 지시증권(861, 130 本)이므로, 배서에 의하여 양도할 수 있으나, 배서금지의 기재가 있는 때에는 지명채권양도방법(民 450)에 의하여만 양도할 수 있다(861, 130 但). 선하증권은 무기명식 및 선택무기명식으로도 발행할 수 있으며, 이 경우에는 증권의 단순한 교부(인도)에 의하여 양도할 수 있다(65, 民 523, 525). ② 선하증권은 그 기재사항이 법정되어 일정한 형식이 요구되므로 요식증권이고(853), ③ 선하증권을 작성한 경우에는 이와 상환하지 아니하면 운송물의 인도를 청구할 수 없으므로 상환증권이지만(861, 129),[3] 이에 대한 예외로서 보증도의 상관습이 인정

---

1) 손주찬, 「전자식 선하증권과 해상법」, 한국해법학회지 21. 2, 19면 이하(1999); 송상현, 「전자식 선하증권에 관한 국제적 동향」, 서울대 법학 32. 1·2, 1면 이하(1991. 8); Kreuzer, Abschied von Wertpapier?(1988); 심종석, 전자선하증권의 권리이전에 관한 법적 고찰, 통상법률 2004. 12(64호), 131면 이하 등 참조.

2) 일본은 내국항간의 물건운송에서는 선하증권의 발행에 갈음하여 화물수취증을 발행하는 관행이 있다고 한다(重田 등, 183면).

3) 〈채무불이행〉 大判 90. 2. 13, 88 다카 23735(해상운송인이 선하증권의 정당한 소지인에게 선하증권과 상환으로 운송물을 인도하지 아니하고 임의로 운송계약상의 통지선에 인도하고 그가 이

되고 있음은 앞에서 말한 바와 같다. ④ 선하증권은 운송물의 수령을 원인으로 하여 발행되므로 요인증권이지만(852), ⑤ 선하증권을 작성한 경우에는 운송물에 관한 처분은 선하증권으로써 하여야 하므로, 처분증권이고(861, 132), ⑥ 선하증권에 의하여 운송물을 받을 수 있는 자에게 선하증권을 교부한 때에는 운송물 위에 행사하는 권리의 취득에 관하여 운송물을 인도한 것과 동일한 효력이 있으므로 인도증권이다(861, 133).

(2) 1991년 상법개정 전에는 화물상환증의 문언증권성에 관한 제131조를 선하증권에 준용하고 있었으나, 개정법은 이를 준용하는 대신에 제814조의 2에서 선하증권이 발행된 경우에는 운송인이 그 증권에 기재된 대로 운송물을 수령 또는 선적한 것으로 추정하고, 운송인은 선하증권을 선의로 취득한 「제3자에게 대항하지 못한다」는 별개독립의 규정을 두었었다. 그런데 2007년 개정법은 개품운송에서 운송인이 송하인에게 발행한 선하증권과 용선계약에서 선박소유자가 용선자 또는 제3자에게 발행한 선하증권에 관하여 당사자 사이에서는 문언증권성을 추정하고 선하증권을 선의로 취득한 제3자 사이에서는 문언증권성을 의제하고 있다(854, 855 Ⅱ, Ⅲ).

제2 種 類

1. 受領船荷證券·船積船荷證券

이것은 선하증권의 발행시기에 따른 구별이다. 수령선하증권(received B/L)은 운송물의 수령 후 선적 전에 발행하는 선하증권이고, 선적선하증권(shipped or on board B/L)은 운송물의 선적 후에 발행하는 선하증권이다. 선하증권은 운송물을 선박에 선적한 후에 발행하는 선적선하증권이 본래의 모습이다. 그런데 개품운송계약에서 운송인으로서는 대량의 운송물을 단기간에 신속하게 선적하기 위하여 미리 송하인에게 운송물의 인도를 요구할 필요가 있고, 송하인

를 불법반출 멸실시킨 경우에는 선하증권소지인의 선하증권에 의한 운송물인도청구권이 이행불능되게 된 것이므로 해상운송인은 운송계약상의 채무불이행으로 인한 손해를 배상할 책임이 있다).

〈불법행위〉 大判 99. 4. 23, 98 다 13211(해상운송인 또는 선박대리점이 선하증권과 상환하지 아니하고 운송물을 선하증권 소지인 아닌 자에게 인도하는 것은 그로 인한 손해의 배상을 전제로 하는 것이어서, 그 결과 선하증권 소지인에게 운송물을 인도하지 못하게 되어 운송물에 대한 그의 권리를 침해하였을 때에는 고의 또는 중대한 과실에 의한 불법행위가 성립된다).

으로서는 조기에 화환어음의 취결에 의한 금융편의를 원하며, 수하인으로서는 선박도착 전에 선하증권을 입수하여 운송물의 수령에 지장이 없게 하는 것을 원하게 되어 수령선하증권이 생겨났다. 수령선하증권이 생겨난 초기에는 그 적법성을 둘러싸고 논의가 분분하였으나, 상법은 거래계의 실정을 존중하여 두 가지 형태를 모두 인정하고 있다(852 I, II). 선적선하증권에는 선적의 표시가 행하여진다.

2. 記名式船荷證券·指示式船荷證券·無記名式船荷證券

이것은 수하인의 표시방법에 따른 구별이다. 기명식 선하증권(straight B/L)은 수하인의 성명이 선하증권에 기재되고, 그만이 증권상의 권리자가 되며, 양도성이 인정되지 않는다. 증권면에 「양도불가」의 문언이 기재되어야 한다. 지시식 선하증권(order B/L)은 선하증권에 기재된 수하인 또는 그로부터 배서양도를 받은 자가 권리자로 되는 것이며, 배서에 의한 양도성이 인정된다. 무기명 선하증권(bearer B/L)은 수하인을 기재하지 않고, 증권의 정당한 소지인이 권리자가 되며, 단순한 교부에 의하여 권리가 이전되는 것이다.

3. 通船荷證券·中間船荷證券·複合船荷證券

이것은 통운송계약에서 선하증권의 발행인에 따른 구별이다. 통선하증권(through B/L)은 최초의 운송인이 전 운송구간에 대하여 발행하는 선하증권으로서, 여기에는 최초의 운송인만이 기명날인 또는 서명을 하는 방식(單獨通船荷證券)과 전 운송인이 기명날인 또는 서명하는 방식(共同通船荷證券)이 있다. 중간선하증권(local B/L)은 단독통운송증권이 발행된 경우에 중간운송인이 자기의 운송구간에 대하여 최초의 운송인에게 발행하는 선하증권이다. 복합선하증권(combined or multimodal B/L)은 해상·육상·항공을 통한 복합운송에서 운송인이 전 구간의 운송에 대하여 발행하는 선하증권이다.

4. 無事故(留保)船荷證券·事故(留保)船荷證券

선하증권상에 운송물에 관한 사고의 기재가 있는가 없는가에 따른 구별이다. 무사고선하증권(clean B/L)은 선하증권상에 「외관상 양호한 상태」(in apparent good order and condition)라는 문구가 기재된 것이며(보통 미리 인쇄되어 있음), 사고선하증권(claused or foul B/L)은 운송물의 손상, 개수의 부족 등 사고에 관한 언급(예컨대 case damaged 등)이 부기되어 있는 것이다. 운송인은 선하증권을 발행함에 있어서 수령한 운송물을 외부로부터 점검하여 이상이 있으면 이에 관한 언급을 기재하여야 하고, 이상이 있음에도 외관상 양호한 상태에 있다고 기재한 경우에는 선의의 선하증권소지인에게 대항할 수 없다. 그런데 유보부선하증권은 화환어음의 취결 시에 은행이 수취하지 아니하므로(신용장 통일규칙 32 b), 송하인은 장래 운송인이 입을 일체의 손해를 보상한다는 뜻의 보상장(補償狀, letter of indemnity, L/I)을 운송인에게 제출하고 무유보선하증권을 발행받는 것이 국제적인 관행이다. 그런데 보상장이 악용되는 일도 있어서 그 효력을 둘러싸고 다툼이 있다. 보상장은 원칙적으로 유효하되, 그것이 사기적으로 이용되거나 선량한 풍속 기타 사회질서에 위반되는 경우에만 무효라고 보아야 할 것이다(일본의 多數說).

5. 自家船荷證券과 混載船荷證券

운송주선인이 여러 화주(송하인)의 운송물을 모아 하나의 운송인에게 운송을 위탁하는 경우에 운송인이 운송주선인에게 발행하는 선하증권을 혼재 선하증권(groupage B/L) 또는 주(主) 선하증권(master B/L)이라 하고, 운송주선인이 각 화주에게 발행하는 선하증권을 자가 선하증권(house B/L)이라 한다. 이러한 예는 여러 화주의 운송물을 통합하여 혼재컨테이너로 운송하는 경우에 자주 볼 수 있다. 자가 선하증권의 소지인은 자기와 계약을 체결한 운송주선인에 대하여 계약상의 책임을 물을 수 있으나, 운송인에 대하여 직접 운송물의 인도를 청구할 수 없으므로 자가 선하증권은 유가증권으로 볼 수 없다.[1)]

6. 그 밖의 船荷證券

용선 선하증권(傭船船荷證券, charterparty B/L)은 용선자가 스스로 운송물의 운송을 인수하는 경우에 송하인과 사이에 용선계약 조항의 일부를 언급하여 발행하는 선하증권으로서, 선하증권의 소지인에게 용선계약의 효력이 미치게 하기 위한 것이다.[2)] 적 선하증권(赤船荷證券, red B/L)은 빨간 색의 문자로 인

1) Schmitthoff's Export Trade, The Law and Practice of International Trade(10th ed., 2000), p. 280.

2) Panchauds Frères Sa v. Etablissements General Grain Co., Court of Appeal. [1970] 1 Lloyd's

쇄된 선하증권이며, 여기에는 운송인이 법령 또는 약관에 의하여 면책될 손해에 대하여까지 배상책임을 지기로 특약을 하는 것과 운송인이 보험자의 대리인으로서 보험계약을 체결하는 것이 있다. 후자의 경우에는 보험증권의 성질을 겸유하게 된다. 약식 선하증권(略式船荷證券, short form B/L)은 선하증권 이면의 약관의 전부 또는 일부를 생략하고 운송조건의 전부 또는 일부를 증권 외의 서류에 따르기로 하여 발행되는 것이고, 환적 선하증권(換積船荷證券, transshipment B/L)은 환적 조건이 기재된 선하증권이다. 교환 선하증권(交換船荷證券, switch B/L)은 본래의 선하증권과 교환하여 그 일부 내용을 변경하여 발행하는 선하증권이고, 최초의 화주의 정체를 숨기거나 선적일을 바꾸거나 또는 부당하게 관세를 회피하거나 하는 목적으로 발행된다. 선일자 선하증권(先日字船荷證券, backdated B/L)은 실제의 선적일보다 뒤의 날짜를 선적일로 기재한 선하증권이다. 매수인은 이러한 선하증권을 거절할 수 있으나, 아무런 이의 없이 이를 수취한 경우에는 운송물의 수령도 거절할 수 없다.[1] 시기경과 선하증권(時期經過船荷證券, stale B/L)은 신용장거래에서 선하증권과 선적서류가 그 발행일부터 약정기간 또는 일정한 기간(21일)이 경과하여 제시된 경우에 그 선하증권을 말한다. 이 경우에는 은행이 그 선하증권의 수취를 거절할 수 있다(UCP 1993 § 43 (a)). 컨테이너 선하증권(container B/L)은 컨테이너 운송인이 운송물을 육상의 선적지부터 최종 도착지까지 컨테이너로 복합운송을 하는 경우에 발행하는 선하증권이다. 이 선하증권은 다른 선하증권과 다른 여러 특색을 가진다.[2]

제3 發　行

1. 發 行 者

발행자는 운송인(852 I, II) 또는 선박소유자(855)이다. 다만 운송인은 선장 또는 그 밖의 대리인에게 선하증권의 교부 또는 수령선하증권에 선적의 뜻을 표시

Rep. 53.

1) Schmitthoff's Export Trade, The Law and Practice of International Trade(10th ed., 2000), § 15-023.

2) 상세는 위의 Schmitthoff's Export Trade, Ch. 16 참조.

하는 것을 위임할 수 있다(852 III).[1]

「그 밖의 대리인」은 육상 영업소의 대리인, 지점의 지배인 또는 대리상을 말한다. 오늘날에는 해상운송인의 영업소 또는 대리점에서 (수령)선하증권을 발행하는 것이 보통이다.

2. 請求權者·謄本의 交付

선하증권의 발행을 청구하는 자는 송하인 또는 용선자이다(852, 855). 선하증권의 교부를 받은 용선자 또는 송하인은 발행자의 청구가 있는 때에는 선하증권의 등본에 기명날인 또는 서명하여 교부하여야 한다(856).

3. 發行時期·發行通數

(1) 선하증권은 운송물을 수령한 후에 발행하거나(852 I, 855 I · 수령선하증권), 선적한 후에 발행한다(852 II 前. 선적선하증권). 수령선하증권을 발행한 후에 선적을 한 경우에는 선하증권에 선적의 뜻을 표시하여야 한다(852 II 後).

(2) 선하증권은 송하인 또는 용선자의 청구에 의하여 동일한 운송물에 관하여 수통을 발행할 수 있다(852 I·II, 855 I). 이것은 선하증권을 송부하는 도중의 분실에 대비하거나 송하인이 증거를 보존하거나 또는 수하인의 신용이 악화된 경우에 운송물의 처분권을 행사하기 위하여 이용된다. 수통의 선하증권이 발행된 경우에는 각통의 증권이 모두 선하증권으로서의 효력을 가진다. 이 경우에 각 선하증권에는 발행된 수를 기재하여야 한다(853 I ⑩).

4. 形　　式

선하증권에 기재할 사항은 법정되어 있으나(法定記載事項), 선하증권의 본질 또는 강행법규에 반하지 않는 다른 사항을 기재할 수 있다(任意的記載事項).

(1) 法定記載事項

(가) 선하증권에는 ① 선박의 명칭·국적 및 톤수, ② 송하인이 서면으로

1) 大判 97. 6. 27, 95 다 7215(상법 제813조의 규정에 의하여 운송인이 송하인에게 선하증권을 발행, 교부함에 있어 운송인 본인만이 이를 발행할 수 있는 것이라고 볼 수 없고, 그 대리인을 통해서도 발행할 수 있으며, 이 경우에 선하증권에 직접 서명하여 이를 송하인에게 교부한 행위자는 대리인이고 운송계약상의 운송인이 아니다).

통지한 운송물의 종류, 중량 또는 용적, 포장의 종별, 개수와 기호, ③ 운송물의 외관상태, ④ 용선자 또는 송하인의 성명·상호, ⑤ 수하인 또는 통지수령인의 성명·상호, ⑥ 선적항, ⑦ 양륙항, ⑧ 운임, ⑨ 발행지와 그 발행연월일, ⑩ 수통의 선하증권을 발행한 때에는 그 수, ⑪ 운송인의 성명 또는 상호, ⑫ 운송인의 주된 영업소 소재지 등을 기재하고 운송인이 기명날인 또는 서명하여야 한다(853 I).

(나) 위 ②의 기재사항 중 운송물의 중량·용적·개수 또는 기호가 운송인이 실제로 수령한 운송물을 정확하게 표시하고 있지 아니하다고 의심할 만한 상당한 이유가 있는 때 또는 이를 확인할 적당한 방법이 없는 때에는 그 기재를 생략할 수 있다(853 II). 이것은 이 경우에 무사고선하증권을 발행하면 운송인이 선의의 증권소지인에 대하여 책임을 지기 때문이다.

(다) 송하인은 그가 서면으로 통지한 위 ②의 기재사항이 정확함을 운송인에게 담보한 것으로 본다(853 III). 따라서 운송인이 실제로 수령한 물건과 선하증권 상의 기재가 상위하여 운송인이 선의의 선하증권소지인에게 손해배상책임을 지는 경우(854 II)에는 송하인은 운송인이 입은 모든 손해를 배상하여야 한다.

(라) 운송인이 선하증권에 기재된 통지수령인에게 운송물에 관한 통지를 한 때에는 송하인 및 선하증권소지인 그 밖의 수하인 또는 용선자에게 통지한 것으로 본다(853 IV, 855 I). 이것은 해운실무의 관행을 따른 것이다.

(마) 선하증권의 요식성은 그다지 엄격한 것이 아니므로, 그 일부의 기재가 누락되었다고 하더라도 그것이 선하증권의 본질에 관한 것이 아닌 한 선하증권을 무효로 만들지는 않는다. ⑪과 ⑫는 2007년 개정 시에 추가된 사항이다.

(2) 任意的記載事項

(가) 선하증권에는 법정기재사항 이외의 사항도 기재할 수 있는데, 실제로는 운송인의 면책에 관한 규정과 지상약관 등이 기재된다. 그러나 이러한 면책약관은 강행법규에 위반하여서는 안된다(799 참조).

(나) 대법원은 면책약관의 효력의 범위에 관하여 그것은 오로지 운송계약상의 채무불이행책임에만 적용될 뿐, 당사자 사이의 명시적 또는 묵시적 합의가 없는 한 불법행위로 인한 손해배상책임에는 미치지 않는다는 견해를 고수하여 왔다. 그러다가 1983. 3. 22.의 전원합의체판결(82 다카 1533)을 통하여 운송인이

발행한 선하증권에 면책약관이 기재된 경우에는 당사자간에 위 면책약관을 불법행위책임에도 적용하려는 묵시적 합의가 있는 것으로 보아야 한다고 견해를 바꾸었다. 그러나 1991년 개정상법은 불법행의의 경우에도 면책약관의 효력이 미치는 것으로 유추해석할 수 있는 근거를 마련하였고, 2007년 개정법도 이를 따르고 있다(798 I 참조).

제4 效 力

선하증권의 효력과 관련하여 문제가 되는 것은 그 채권적 효력(854, 855 II)과 물권적 효력(861, 133)이다.[1)]

1. 船荷證券의 債權的效力

(1) 意 義 선하증권의 채권적 효력이란 선하증권의 소지인과 발행인인 해상운송인 사이의 채권적 관계를 정하는 효력을 말한다. 선하증권은 운송물 인도청구권을 체화하고 있으므로, 그 소지인은 운송인에 대하여 선하증권에 기재된 운송물의 인도를 청구할 수 있다. 선하증권의 채권적 효력은 헤이그·비스비규칙 제3조 제4항을 따른 것이다.

(2) 當事者 사이의 效力 선하증권이 발행된 경우에는 당사자 사이, 즉 개품운송에 있어서 운송인과 송하인 사이 또는 항해용선에 있어서 선박소유자와 용선자 사이에서는 그 증권에 기재된 대로 운송계약 또는 용선계약이 체결되고 운송물을 수령 또는 선적한 것으로 추정한다(推定的效力)(854 I, 855 II).

(3) 第3者에 대한 效力 선의의 제3자, 즉 선하증권을 선의로 취득한 소지인에 대하여는 운송인 또는 선박소유자는 선하증권에 기재된 대로 운송물을 수령 혹은 선적한 것으로 보고, 선하증권에 기재된 바에 따라 운송인으로서

---

1) 大判 98. 9. 4, 96 다 6240(선하증권은 해상운송인이 운송물을 수령한 것을 증명하고 양륙항에서 정당한 소지인에게 운송물을 인도할 채무를 부담하는 유가증권으로서, 운송인과 그 증권소지인 간에는 증권 기재에 따라 운송계약상의 채권관계가 성립하는 채권적 효력이 발생하고, 운송물을 처분하는 당사자 간에는 운송물에 관한 처분은 증권으로서 하여야 하며 운송물을 받을 수 있는 자에게 증권을 교부한 때에는 운송물 위에 행사하는 권리의 취득에 관하여 운송물을 인도한 것과 동일한 물권적 효력이 발생하므로, 운송물의 권리를 양수한 수하인 또는 그 이후의 자는 선하증권을 교부받음으로써 그 채권적 효력으로 운송계약상의 권리를 취득함과 동시에 그 물권적 효력으로 양도 목적물의 점유를 인도받은 것이 되어 그 운송물의 소유권을 취득한다).

책임을 진다(看做的效力, 擬制的效力)(854 II, 855 III 1 文). 용선자의 청구에 따라 선박소유자가 제3자에게 선하증권을 발행한 경우에도 또한 같다(855 III 2 文). 이 경우의 제3자는 제833조 내지 제835조 및 제837조의 규정에 의한 송하인으로 본다(855 IV). 이 경우 제799조의 규정에 위반하여 운송인으로서의 의무와 책임을 감경 또는 면제하는 특약을 하지 못한다(855 V).

(4) 空券과 運送物相違의 경우　예컨대 운송인이 실제로 운송물을 전혀 선적하지 아니하고 쌀 100 가마니를 선적한 듯이 기재하여 선하증권을 발행한 경우(空券, non-receipt) 또는 실제로는 밀가루 100 포대를 선적하였는데 쌀 100 가마니를 선적한 듯이 기재하여 선하증권을 발행한 경우(運送物相違, 不實記載, misdescription, false statements)를 상정하자.

이 경우에는 첫째로, 운송인과 송하인·용선자 등 운송계약의 당사자 사이에서는 증권에 기재된 대로 운송계약이 체결되어 쌀 100 가마니를 선적한 것으로 추정한다는 것이다. 송하인 등이 악의인 경우에도 같다. 여기의 악의는 선하증권의 기재가 사실과 다르다는 것을 알면 족하고 그 이상으로 사실이 어떠한가까지 알 필요는 없다고 본다(同旨: 戸田·西島, 253면). 그러므로 운송인은 반대사실의 증거, 예컨대 본선수령증(mate's receipt)[1]이나 홀수계산서(draft survey)에 달리 기재된 것을 내세워 위 추정을 번복할 수 있을 뿐,[2] 반증을 내세워 위 추정을 번복하지 못하는 한 선하증권에 기재된 바에 따라 운송인으로서의 책임을 면하지 못한다.

둘째로, 선하증권을 선의로 취득한 제3자에 대하여는 선하증권에 기재된 대로 운송물을 수령 혹은 선적한 것으로 보고 선하증권에 기재된 바에 따라 운송인으로서 책임을 진다. 즉 선의의 증권취득자에 대하여는 실제로 쌀을 싣지 아니하였다는 사실을 증명하여도 대항하지 못하고, 쌀 100 가마니를 실은 것으로 보고 운송인은 책임을 져야 한다는 뜻이다. 선하증권을 악의로 취득한 제3자에 대한 효력에 관하여는 규정이 없으나, 당사자 사이에도 추정적 효력을 인정하는 점에 비추어 악의의 소지인에 대하여도 추정적 효력이 미친다고 본다. 그렇다면 운송인은 선하증권의 악의 취득자에게는 반대사실의 증거에

1) 본선수령증(mate's receipt)의 기재사항은 선적일, 운송물의 표시, 개별 포장, 운송물의 수자·무게 또는 용적, 결함 또는 운송물의 수령상태 등이다. Schmitthoff's Export Trade, The Law and Practice of International Trade(10th ed., 2000), §15-003 참조.

2) 김인현, 176면.

의하지 않는 한 증권에 기재된 운송물의 인도책임을 지고, 선의의 증권취득자에게는 반대사실의 증거가 있는 경우에도 증권에 기재된 바에 따라 운송물의 인도책임을 지게 되며, 만일 증권에 기재된 운송물을 인도하지 못할 때에는 채무(운송계약)불이행의 책임을 진다고 하겠다. 결국 선하증권은 문언증권이라고 말할 수 있다.

(5) FCL(Full Container Load) 화물의 경우에는 송하인이 컨테이너에 화물을 채워 넣으므로(積入, vanning), 운송인은 그 내용을 확인할 수 없다.[1] 그리하여 운송인은 선하증권에 「송하인에 의하면 …… 운송물이 포함되어 있다고 함」(said to contain, STC조항), 「명세서는 송하인에 의하여 제공됨」(particulars furnished by merchant), 또는 「수량부지」(quantity unknown) 등이라고 기재한다. 이를 부지약관(unknown clause)이라 하는데, 그 효력이 문제이다. 제853조 제2항은 선하증권의 기재사항 중 운송물의 중량·용적·개수 또는 기호가 운송인이 실제로 수령한 운송물을 정확하게 표시하고 있지 아니하다고 의심할 만한 상당한 이유가 있는 때 또는 이를 확인할 적당한 방법이 없는 때에는 그 기재를 생략할 수 있다고 규정하고 있으므로, 이를 생략하고 기재하지 아니하면 책임을 지지 않지만, 일단 운송물의 중량·용적·개수 또는 기호를 기재하면 설사 부지약관을 부기하더라도 그 부지약관은 효력이 없는 것으로 풀이된다.[2] 그러나 운송인이 포장을 뜯지 아니하면 내용을 확인할 수 없는데 상품 가치의 손상 등 사유로 포장을 뜯고 조사할 수 없는 경우 또는 송하인이 직접 컨테이너에 넣고 세관이 봉인을 하는 경우 등 운송인이 운송물의 내용·개수 등을 확인하는 것이 사실상 불능한 경우에도 부지약관의 효력을 부정할 것인가 여부가 문제이다. 이러한 경우에는 예외적으로 부지약관의 효력을 인정하고, 송하인 등이 운송물의 개수·화물상태 등을 증명하여야만 운송인에 대하여 책임을 물을 수 있다고 보아야 할 것이다.[3] 운송물의 중량만 기재하고 개수는

---

1) FCL(full container load)은 1개의 컨테이너 안에 1개 회사의 화물만이 적재되는 경우를 가리킨다. 이러한 화물을 FCL cargo(만재화물)라고 하고, FCL cargo를 취급하는 곳을 C. Y. (container yard)라고 한다. 이에 반하여 LCL(less than container load)은 1개 컨테이너 내에 1개 회사 이상의 화물이 혼적되는 경우를 가리킨다. 이러한 화물을 LCL cargo(소량화물)라고 하며, LCL cargo를 취급하는 곳을 C. F. S. (container freight station) 라고 한다.

2) 채이식, 726면; Schmitthoff's Export Trade, The Law and Practice of International Trade (10th ed., 2000), §15-036.

3) 同旨: 김인현, 177면; Schoenbaum, §8-12.

모른다고 기재하는 경우와 같이 일부 사항에 관한 부지약관은 그 사항에 관하여 유효한 것으로 인정된다.[1)]

(6) 1991년 상법개정 전에도 화물상환증의 문언증권성에 관한 제131조를 준용하여(구법 820), 선하증권의 문언증권성이 인정되었으나, 당시에는 선하증권의 요인증권성과 관련하여 선하증권의 문언증권성을 부인하는 견해로부터 그 문언증권성을 강조하는 견해 등 다양한 견해의 대립이 있었다. 1991년 개정법 제814조의 2는 선하증권의 문언증권성을 입법적으로 강화하였는데, 2007년 개정법은 이를 더욱 분명히 하였다.

2. 船荷證券의 物權的效力

(1) 선하증권의 물권적 효력이란 선하증권의 인도가 증권에 기재된 운송물 자체의 인도와 동일한 효력이 있다는 것을 말한다. 즉 선하증권에 의하여 운송물을 받을 수 있는 자(지시식의 경우에는 배서의 연속 있는 피배서인, 무기명식의 경우에는 증권소지인)에게 선하증권을 교부한 때에는 운송물 위에 행사하는 권리(예컨대 소유권)의 취득에 관하여 운송물을 인도한 것과 동일한 효력이 있으므로(861, 133), 물권변동의 효력발생요건을 구비하게 된다.[2)]

(2) 운송물 자체를 인도한 것이 아니라 단순히 선하증권이라는 종이를 교부하였는데도 마치 운송물 자체를 인도한 것과 같은 효력이 있다는 상법 제133조가 어떠한 법리에 의한 것인가에 관하여는 민법 제190조의 목적물반환청구권의 양도와 관련하여 많은 학설이 대립하고 있다. 현재 우리나라에서는 ① 제133조는 민법 제190조에 대한 특칙으로서, 민법이 규정한 점유취득원인에 추가하여 「상법이 특별히 인정한 점유취득원인」이라고 보는 절대설(絶對說)과 ② 제133조는 점유취득의 특별한 원인을 규정한 것이 아니고, 민법 제190조가 규정한 목적물반환청구권의 양도에 의한 간접점유의 취득원인에 관하여 하나의 방법을 예시한 것에 불과하다고 보는 엄정상대설(嚴正相對說)을 주장하는 이는 없고, 다음의 세 학설이 주장되고 있다. 즉

---

1) Schmitthoff's Export Trade, Ibid.

2) 大判 97. 7. 25, 97 다 19656(은행이 수입물품에 양도담보를 설정하기로 하는 수입거래약정을 체결하고 국세의 법정기일 전 수입업자로부터 선하증권을 취득한 경우, 그 수입물품에 대한 동산 양도담보는 은행이 물품의 인도를 받은 것과 동일한 효력이 있는 선하증권을 취득한 날에 성립되고, 제3자에게 대항하기 위하여 따로 확정일자에 의한 대항요건을 갖출 필요는 없다).

③ 代表說. 제133조는 민법 제190조를 강화한 특칙이라고 보는 견해이다. 선하증권의 교부를 민법 제190조에 따른 운송물에 대한 반환청구권의 양도로 보지만, 선하증권이 운송물을 대표하는 것으로 보기 때문에, 이 경우에 한하여 민법 제450조에 의한 대항요건은 필요 없다고 한다(이 점에서 엄정상대설과 다르다). 이 설은 운송인이 운송물을 「직접점유」(타주점유)하고 있을 것을 원칙적으로 요구하지만, 운송인이 운송물의 직접점유를 상실한 때에도 운송인이 점유회수청구권(民 204)을 가지는 동안에는 운송인이 운송물을 점유하고 있는 것으로 본다(通說).

④ 折衷說. 제133조는 민법 제190조의 목적물반환청구권의 양도는 아니고(이 점에서 엄정상대설 및 대표설과 다르고 절대설과 같다), 그와 달리 선하증권에 담겨 있는 운송물인도청구권을 유가증권법과 물권법의 원리에 따라 양도하는 특별한 방식을 규정한 것이며(이 점에서 물권법적 시각에서만 접근하는 절대설과 다르다), 증권의 교부를 운송물의 인도로 보는 인도의 대용물을 규정하고 있다고 보는 견해이다. 따라서 운송인이 운송물을 「직접점유」하고 있어서 증권의 소지인이 그 인도청구권을 가지는 것이 필요하지만, 운송인이 운송물을 직접점유하고 있는 이상 증권의 소지인을 위하여 점유하는 것, 즉 타주점유일 것은 요하지 않는다. 이처럼 운송인의 점유가 타주점유임을 요하지 않고 「자주점유」라도 좋다고 하는 점(따라서 운송인이 운송물을 횡령한 경우에도 물권적 효력이 인정된다)이 엄정상대설 및 대표설과 다르다. 민법 제190조와 다른 양도방법이라고 보므로, 민법 제450조에 의한 대항요건은 필요하지 않다(도이칠란트의 有力說).

⑤ 物權的效力否定說. 선하증권의 물권적 효력은 채권적 효력의 반사적 효과에 지나지 않는다고 한다.

(3) 생각건대 선하증권의 교부는 하나의 종이의 인도이고 멀리 떨어진 곳에서 운송되고 있는 운송물의 인도가 아님에도 불구하고, 제861조·제133조는 「선하증권의 교부=운송물의 인도」라고 규정하고 있으니, 이를 둘러싸고 견해의 대립이 있는 것은 당연하다. 선하증권은 운송물의 처분과 유통을 편리하게 하기 위하여 마련한 제도이므로, 물권적 효력의 문제는 이론적인 면 외에 실제적 관점을 고려하여 해결하여야 할 것이다. 절대설은 운송물이 제3자에 의하여 절취되어 운송인이 이를 점유하고 있지 않는 경우에도 선하증권의 취득

자가 운송물의 소유권을 취득한다고 보는 점에서 문제가 있다. 한편 운송인이 운송물을 점유하고 있지만 점유매개의사가 없이 자주점유하고 있는 경우(예컨대 횡령)에 증권의 소지인을 보호하지 않게 되는 대표설은 실제적으로 부당하다. 또한 엄정상대설이나 물권적효력부정설은 제133조의 존재의의를 부정하므로 받아들이기 어렵다. 이렇게 본다면 제133조의 존재의의를 살리면서 동시에 선하증권을 통한 운송물의 거래안전을 최대한 보호하는 절충설이 가장 합당하다고 하겠다(同旨: 이기수, 제3판 상법학 상, 277면). 절충설에 대하여는 형식주의를 취하는 우리나라에서 문제가 있다는 비판이 있으나, 절충설은 민법 제190조 이외의 점유이전의 새 방법을 인정하는 것이요, 점유의 이전 없는 물권변동을 인정하는 것이 아니므로, 형식주의의 요건을 갖추고 있는 것이다(상세한 것은 상권, 화물상환증에 관한 설명 참조).

제5 電子船荷證券

제1 意 義

전자선하증권(electronic B/L)은 종래의 종이 선하증권에 갈음하여 송하인 또는 용선자의 동의를 얻어 법무부장관이 지정하는 등록기관에 등록을 하는 방식으로 발행하는 선하증권이다. 즉 종이 없이 전자문서의 형태로 발행하는 선하증권이다. 종래의 서면 선하증권은 이를 발행·유통·심사하는 과정이 복잡·엄격하여 시간이 걸리는 흠이 있었으므로, 그 유통과정을 간편하게 하고 시간을 줄이기 위하여 전자 선하증권을 고안하게 되었다.

전자선하증권제도로서는 CMI가 개발한 공개제도(open system)를 취하는 CMI 전자선하증권 규칙(CMI Rules for Electronic Bills of Lading)과 ICC, SWIFT 및 TTC가 공동 개발한 폐쇄제도(closed system)를 취하는 Bolero 전자선하증권 안(The Electronic Bills of Lading Project-Bolero) 등 두 가지가 개발되었는데,[1] 개정상법은 두 제도를 절충하여 입법을 하였다.

---

1) 상세는 Paul Todd, Cases and Materials on International Trade Law(2003), §16-026～§16-040; J.C.T. Chuah, Law of International Trade(2nd ed.,2001), §6.03-§6.05 참조.

제2 發 行

전자선하증권에는 종이 선하증권과 같이 ① 선박의 명칭 국적 및 톤수, ② 송하인이 서면으로 통지한 운송물의 종류, 중량 또는 용적, 포장의 종별, 개수와 기호, ③ 운송물의 외관상태, ④ 용선자 또는 송하인의 성명 상호, ⑤ 수하인 또는 통지수령인의 성명 상호, ⑥ 선적항, ⑦ 양륙항, ⑧ 운임, ⑨ 발행지와 그 발행연월일, ⑩ 수통의 선하증권을 발행한 때에는 그 수, ⑪ 운송인의 성명 또는 상호, ⑫ 운송인의 주된 영업소 소재지 등의 정보가 포함되어야 하며, 운송인이 전자서명을 하여 송신하고 용선자 또는 송하인이 이를 수신하여야 그 효력이 생긴다(862 Ⅱ). 그러나 전자선하증권은 1통만이 발행되는 것이므로 ⑩호에 해당하는 정보를 요구한 것은 입법의 실수이다.

제3 流 通

전자선하증권은 종이 선하증권과 같이 배서의 방법으로 그 권리를 양도할 수 있다.

배서의 방법은 전자선하증권의 권리자가 배서의 뜻을 기재한 전자문서를 작성한 다음 전자선하증권을 첨부하여 지정된 등록기관을 통하여 상대방에게 송신하는 방식으로 한다(862 Ⅲ). 위의 방식에 따라 배서의 뜻을 기재한 전자문서를 상대방이 수신하면, 개품운송계약에서 송하인의 청구에 따라 운송인이 발행한 선하증권(852) 및 용선계약에서 용선자의 청구에 따라 선박소유자가 발행한 선하증권(855)을 배서하여 교부한 것과 동일한 효력이 있고, 전자선하증권과 배서의 뜻을 기재한 전자문서를 수신한 권리자는 종이 선하증권(852 및 855)을 교부받은 소지인과 동일한 권리를 취득한다(862 Ⅳ).

제4 效 力

전자선하증권은 종이 선하증권(852 및 855)과 동일한 법적 효력을 갖는다(862 Ⅰ 2문). 따라서 전자선하증권의 발행인인 운송인과 송하인 사이 또는 선박소유자와 용선자 사이에서는 선하증권에 기재된 대로 개품운송계약 또는 용선계약이 체결되고 운송물을 수령 또는 선적한 것으로 추정한다(추정적 효력, 854 I, 855 II).

또 선하증권을 선의로 취득한 소지인에 대하여 운송인 또는 선박소유자는 선하증권에 기재된 대로 운송물을 수령 혹은 선적한 것으로 보고 선하증권에 기재된 바에 따라 운송인으로서 책임을 진다(간주적 효력, 854 II, 855 III).

제5 細部事項

전자선하증권의 등록기관의 지정요건, 발행 및 배서의 전자적인 방식, 운송물의 구체적인 수령절차 그 밖에 필요한 사항은 대통령령으로 정한다(863 V).

제3절 海上貨物運送狀

제1 總 說

(1) 해상화물운송장(sea waybill, Seefrachtbrief)은 해상운송인이 운송물의 수령 또는 선적을 증명하고 또 운송의 조건을 알릴 목적으로 송하인 또는 용선자에게 발행하는 서면으로서, 매매계약과 관련 없이 물건을 운송하는 경우(예컨대 해외에 있는 조립공장에 부품을 보내는 경우) 또는 선하증권보다 운송물이 먼저 양륙항에 도착하는 경우 등에 많이 이용되어 왔다. 해상화물운송장의 장점은 운송물의 인도를 받기 위하여 이를 제시하지 않아도 되는 것이고, 따라서 운송물이 운송장보다 먼저 도착한 경우에 수하인이나 운송인은 운송장의 도착을 기다림으로 인한 양륙 또는 인도의 지연을 피할 수 있다는 점이다. 당사자들은 텔렉스나 팩시밀리로 해상화물운송장을 전송할 수 있다. 해상화물운송장에는 보통 헤이그·비스비규칙에 따른다는 규정이 기재된다(송상현·김현, 258면; Schoenbaum, §9 8, p. 301; 中村, 151면; 田村·平出, 210면).

상법은 이에 관하여 아무런 규정을 두고 있지 않다가 2007년 개정시에 이를 상법상의 제도로 도입하고 그 발행 및 효력 등에 관한 규정을 두었다. 아울러

(2) 해상운송증서에는 두 개의 중요한 유형이 있으니, 그 하나는 선하증권이고, 다른 하나는 해상화물운송장이다. 이 두 증서는 역사적 기원을 달리하므로 그 성질과 기능·효력 또한 다르다. 선하증권은 해상운송의 필요를 충족하기 위하여 1500년경 생겨난 것이다. 해상운송은 오랜 기간이 걸리므로 운송 중 운송물을 양도할 필요가 있고, 따라서 운송물(인도청구권)을 체화(표상)하는 문서가 필요하게 되어 선하증권이 생겨났다. 이에 반하여 화물운송장은 17·8 세기 경에 유럽의 육상운송에서 생겨났고, 이 육상운송은 시간이 오래 걸리지 아니하므로 운송 중에 운송물을 사고 팔 필요가 없었고, 따라서 화물운송장은 운송물(인도청구권)을 표상할 필요가 없었다. 그리하여 선하증권은 운송물인도청구권을 체화하는 유가증권으로 되어, 운송인은 이를 소지한 자에게 운송물을 인도할 의무를 부담하는 문서로 되었음에 반하여, 해상화물운송장은 운송인과 무관하게 송하인이 수하인에게 운송물의 내역을 알려주는 문서에 머물렀다. 그리하여 화물운송장에 수하인으로 기재된 자는 자기가 수하인임을 밝히고 운송물의 인도를 구하면 운송장의 제시 없이도 운송물이 도달하는 즉시 이를 인도받을 수 있는 것이다(Paul Todd, Cases and Materials on International Trade Law(2003), §15-019). 이처럼 해상화물운송장은 운송물의 인도청구권을 체화하는 유가증권이 아니고 증거증권에 불과하며, 양도성이 인정되지 않는다. 발행인인 운송인은 해상화물운송장에 명기된 수하인에게 직접 운송물을 인도한다.

제2 發 行

(1) 發行者·請求者

운송인은 용선자 또는 송하인의 청구가 있으면 개품운송계약 또는 용선계약에서 선하증권을 발행하는 대신 해상화물운송장을 발행할 수 있다(863 Ⅰ 1문).

해상화물운송장은 당사자 사이의 합의에 따라 전자식으로도 발행할 수 있다(863 Ⅰ 2문).

(2) 記載事項

해상화물운송장에는 해상화물운송장임을 표시하는 외에 선하증권의 기재사항(853 Ⅰ 각호), 즉 ① 선박의 명칭 국적 및 톤수, ② 송하인이 서면으로 통지한 운송물의 종류, 중량 또는 용적, 포장의 종별, 개수와 기호, ③ 운송물의 외관상태, ④ 용선자 또는 송하인의 성명 상호, ⑤ 수하인 또는 통지수령인의 성명 상호, ⑥ 선적항, ⑦ 양륙항, ⑧ 운임, ⑨ 발행지와 그 발행연월일, ⑩ 수통의 선하증권을 발행한 때에는 그 수, ⑪ 운송인의 성명 또는 상호, ⑫ 운송인의 주된 영업소 소재지 등을 기재하고 운송인이 기명날인 또는 서명하여야 한다(863 II).

해상화물운송장의 기재사항 중 운송물의 중량 용적 개수 또는 기호가 운송인이 실제로 수령한 운송물을 정확하게 표시하고 있지 아니하다고 의심할 만한 상당한 이유가 있는 때 또는 이를 확인할 적당한 방법이 없는 때에는 그 기재를 생략할 수 있다(863 III, 853 II).

운송인이 해상화물운송장에 기재된 통지수령인에게 운송물에 관한 통지를 한 때에는 송하인 및 해상화물운송장소지인 그 밖의 수하인에게 통지한 것으로 본다(863 III, 853 IV).

제3 效 力

해상화물운송장은 그 양도성(유통성)이 없다는 점을 제외하고는 대체로 선하증권과 같다. 다만 선하증권과는 달리 무권리자에 대한 운송물 인도의 경우에도 일정한 요건 하에 인도의 효력을 인정하여 운송인을 보호하고 있다.

(1) 推定的 效力

해상화물운송장이 적법하게 발행된 경우에는 운송인이 그 운송장에 기재된 대로 운송물을 수령 또는 선적한 것으로 추정한다(864 I). 해상화물운송장은 전전유통하는 것이 아니므로 선의의 제3자의 문제는 생기지 않는다.

(2) 無權利者에 대한 引渡

운송인이 운송물을 인도함에 있어 수령인이 해상화물운송장에 기재된 수하인 또는 그 대리인이라고 믿을만한 정당한 이유가 있는 때에는 수령인이 권리자가 아니라고 하더라도 운송인은 그 책임을 면한다(864 II). 이것은 해상화물운송의 신속성과 효율성을 증대시키기 위한 것이다. 「수하인 또는 그 대리인이라고 믿을만한 정당한 이유가 있는 때」란 CMI의 해상화물운송장통일규칙(1990) 제7조의 「수하인이라 주장하는 자가 실제로 수하인임을 확인하기 위하여 합리적인 주의(reasonable care)를 다 하였음을 증명하면」이라고 하는 표현에서 「합리적인 주의」를 다한 때와 같은 의미라고 본다. 이처럼 무권리자에 대한 인도의 효력이 인정되는 점이 선하증권과 크게 다르다.

제 6 장

海上旅客運送契約

제 1 절 總　說

1. 海上旅客運送契約의 意義

(1) 해상여객운송계약이란 해상운송인이 특정한 여객을 출발지에서 도착지까지 해상에서 선박으로 운송할 것을 인수하고, 상대방이 이에 대하여 운임을 지급할 것을 약정함으로써 성립하는 계약을 말한다(817). 운송의 객체가 여객이고 성질상 운송인의 보관에 놓일 수 없다는 점에서 해상물건운송계약과 다르지만, 해상운송계약의 일종이라는 점에서는 해상물건운송계약과 공통된다. 따라서 상법은 해상여객운송에 관하여는 약간의 특별규정을 두고 있을 뿐, 나머지는 육상여객운송과 해상물건운송계약에 관한 규정을 준용하고 있다(826).

(2) 해상여객운송계약의 성질에 관하여, 해상여객운송은 육상여객운송과 달리 운송인이 여객에게 객실과 음식을 제공하는 점을 강조하여, 운송의 완성을 목적으로 하는 도급계약 외에 임대차계약(침실), 매매계약(음식) 및 고용계약(심부름꾼) 등이 혼합된 무명계약이라고 보는 견해가 있으나, 여객운송계약에서 여객은 사전에 위에 말한 일체의 대가를 포함한 운임을 지급하고 객실과 음식 등의 제공을 조건으로 한 하나의 운송이라는 일의 완성을 목적으로 하는 계약을 체결하는 것이므로, 그 성질은 순수한 도급계약(民 664 이하)에 속한다고 본다(通說).

2. 海上旅客運送契約의 種類

해상여객운송계약에도 물건운송계약에서와 같이 선박의 전부 또는 일부를 이용하여 여객을 운송하는 용선계약과 개개의 여객의 운송을 목적으로 하는 개별운송계약이 있다. 용선계약은 단체유람관광이나 이민운송의 경우에 이용될 뿐이고, 주로 정기선에 의한 개별운송계약이 이용된다.

3. 傭船契約의 경우 旅客의 保護

여객운송을 위한 항해용선계약의 경우에 선박소유자와 용선자의 사이는 물건운송에 관한 규정을 준용하여 해결하고(827 II), 용선자와 여객의 사이는 재운송계약인 여객운송계약에 의하여 규율한다. 선박소유자와 여객과의 사이에는 직접적인 법률관계가 없다. 그런데 해산(海産)을 가지지 아니한 항해용선자의 책임을 인정하는 것만으로는 여객을 충분히 보호할 수 없으므로, 해산을 가진 선박소유자에게 연대책임을 지울 필요가 있다. 다행히 물건운송을 위한 항해용선계약에서는 송하인을 보호하기 위하여 선박소유자에게 연대책임을 지우는 규정을 두고 있으나(809), 그 규정은 여객운송을 위한 항해용선계약에 준용되고 있지 않다(제827조 제2항은 제3절의 규정만을 준용하여, 제1절에 규정된 제809조는 준용에서 제외되고 있다). 그러나 여객운송을 위한 항해용선계약에서 여객을 보호할 필요는 물건운송을 위한 항해용선계약에서 제3자(송하인 등)를 보호할 필요와 동일하므로, 여객운송을 위한 항해용선계약에도 제809조를 유추적용하여, 그 계약의 이행이 선장의 직무에 속한 범위 안에서 선박소유자도 용선자와 함께 여객에 대하여 책임을 진다고 풀이하여야 할 것이다. 1991년 개정법은 구법 제830조 제1항에서 구법 제806조를 준용하여 선박소유자에게 연대책임을 지웠었다.

4. 海上旅客運送에 관한 國際條約

해상여객운송도 국제적으로 행하여짐에 따라 이에 관한 법적 규율(특히 운송인의 책임제한)을 통일하기 위한 운동이 전개되었고, 그 결과로 1961년에 브뤼셀 해사법외교회의에서 「해상여객운송규칙 통일 국제조약」(International Convention for the Unification of Certain Rules relating to the Carriage of Passengers by Sea)

이 성립하였고, 1967년에 역시 브뤼셀에서 「해상여객수하물규칙 통일 국제조약」(International Convention for the Unification of Certain Rules relating to the Carriage of Passenger Luggage by Sea)이 성립하였다. 그런데 여객과 수하물의 운송은 동시에 행하여지므로 두 조약을 통일하는 것이 바람직하고 더구나 두 조약 사이에는 조화되지 않는 부분도 있어서, 1974년 아테네에서 열린 해사법 외교회의에서 위 두 조약을 수정·통합하여 「해상여객 및 수하물운송 아테네조약」(Athens Convention relating to the Carriage of Passengers and their Luggage by Sea)이 성립되었다. 1974년 조약은 1976년 런던 의정서를 통하여 책임한도액의 산정에 사용하던 단위인 프왕카레·프랑을 국제통화기금의 특별인출권(SDR)으로 바꿨다. 1974년 조약(1976년·1990년 의정서 포함)은 운송인의 과실책임주의와 과실추정주의를 바탕으로 하면서, 운송인의 책임한도액을 제한하고 있다. 아테네조약은 그 추가의정서와 함께 발효하고 있으나(重田 등, 210면; 加藤·金澤, 301면), 우리나라와 일본은 이를 비준하지 않고 있다. 개정상법은 아테네조약 중 개별적 책임제한제도를 제외하고 나머지 상당부분을 수용하였다(채이식, 798면).

제2절 海上旅客運送契約의 成立

1. 契約當事者

해상여객운송계약의 당사자는 해상운송을 인수하는 해상여객운송인과 이를 위탁하는 용선자(용선계약의 경우) 및 여객(개별운송계약의 경우)이다. 개별운송계약의 경우에는 여객 자신이 당사자가 되는 것이 보통이지만, 부모가 자녀의 운송을 위탁하는 경우와 같이 그렇지 않은 경우도 있다.

2. 契約의 締結

(1) 해상여객운송계약은 특별한 형식을 요하지 않는 낙성(諾成)·불요식(不要式)의 계약이므로, 당사자 사이의 의사의 합치에 의하여 성립한다. 용선계약의 경우에는 용선계약서(827 II·828)를 작성하고, 개별운송계약의 경우에는 승선표를 발행하는 것이 보통이지만, 이것들은 계약성립의 요건은 아니다.

(2) 승선 전에 승선권이 발매되는 보통의 경우에는 승선권 구입 시에 계약이 성립하고, 승선 후에 승선권을 구입하는 경우에는 승선 시에 계약이 성립한다고 볼 수 있다. 승선권에는 여러 가지 종류가 있어서 그 성질을 한마디로 말하기는 어려우나, 대체로 운송청구권이라는 사법상의 권리를 체화하고 있는 유가증권이라고 말할 수 있다(상세한 것은 상권의 육상운송의 승선권에 대한 설명을 참조). 다만 기명식의 선표는 타인에게 양도하지 못한다(818). 이것은 민법상 지명채권이 일정한 요건 하에서 양도성을 가지는데 대한 특칙이다(民 450 참조). 기명식 선표가 양도성이 없다고 하여 그 유가증권성을 잃는 것이 아님은 물론이다(어음·수표법의 유가증권의 개념에 관한 설명 참조).

(3) 해상여객운송은 많은 사람을 상대로 하여 대량·반복적으로 이루어지므로, 계약의 체결은 여객이 운송인에 의하여 작성된 운송약관을 따르기로 하고 승선표를 구입하는 방법에 의하므로, 부합계약의 형태를 취한다. 그러므로 여객운송인의 면책약관을 규제하는 것이 중요하고, 따라서 상법은 물건운송인의 면책약관의 제한에 관한 규정을 여객운송인에게도 준용하고 있다(826 I, 799 I, 827 II, 839).

제3절 海上旅客運送契約의 效力

제1 海上旅客運送人의 義務

해상여객운송인의 의무에 관하여는 그 성질상 육상여객운송인 및 해상물건운송인에 관한 규정이 준용된다(826). 여기서 주목할 것은 해상여객운송인도 감항능력주의의무를 부담한다는 점이다(826, 794). 감항능력의 내용으로서는 운송의 객체가 여객이라는 점에 비추어 제794조에 규정된 것 외에 여객의 생명·안전 및 보건위생에 관한 설비를 갖추는 것도 요구된다(通說).

(1) 乘船에 관한 義務

해상운송인은 계약에 정하여진 특정한 선박을 소정의 시기 및 장소에 회항시키고 승선준비를 마치고 여객이 승선할 수 있는 상태에 두어야 한다. 여객이 승선시기까지 승선하지 아니한 때에는 선장은 즉시 발항할 수 있다. 항해 중도의 정박항에서도 이와 같다(821 I).

(2) 手荷物에 관한 義務

① 여객운송인은 여객이 계약에 의하여 선내에서 휴대할 수 있는 수하물에 대하여는 다른 약정이 없으면 따로 운임을 청구하지 못한다(無賃運送義務. 820).

② 여객이 사망한 때에는 선장은 그 상속인에게 가장 이익이 되는 방법으로 사망자가 휴대한 수하물을 처분하여야 한다(824).

(3) 航海·上陸에 관한 義務

① 해상운송인은 여객이 승선 후에 지체없이 발항하여야 하고, 정당한 이유가 있는 경우를 제외하고는 항로이탈을 하지 말고 직항을 하여 여객을 목적항에서 안전하게 상륙시킬 의무가 있다

② 여객의 항해 중의 식사는 다른 약정이 없으면 운송인이 부담한다(819 I).

③ 항해 도중에 선박을 수선하는 경우에는 운송인은 그 수선 중 여객에게 상당한 거처와 식사를 제공하여야 한다. 그러나 여객의 권리를 해하지 아니하는 범위 내에서 상륙항까지의 운송의 편의를 제공한 때에는 그러하지 아니하다(819 II). 이 경우에 여객은 항해의 비율에 따른 운임을 지급하고 계약을 해지할 수 있다(819 III).

제2 海上旅客運送人의 責任

1. 旅客에 대한 責任

(1) 운송인은 자기 또는 사용인이 운송에 관한 주의를 해태하지 아니하였음을 증명하지 아니하면 여객이 운송으로 인하여 받은 손해를 배상할 책임을 면하지 못한다(826 I, 148 I). 이것은 운송인의 과실책임주의와 과실추정주의를 밝힌 것이다. 운송인은 운송에 관한 과실이 없음을 증명하여 책임을 면할 수 있다.[1)]

---

1) 大判 87. 10. 28, 87 다카 1191(해상여객운송에 있어서 운송인이 승선자의 수와 하선자의 수를 확인하지 아니하였다고 하여 그것이 인명사고의 원인이 될 운송에 관한 주의의무의 범위에 속한다고 할 수 없다. 상법 제830조에 의하여 준용되는 동법 제148조의 규정은 여객이 해상운송 도중 그 운송으로 인하여 손해를 입었고 또 그 손해가 운송인이나 그 사용인의 운송에 관한 주의의무의 범위에 속하는 사항으로 인하였을 경우에 한하여 운송인은 자기 또는 사용인이 운송에 관한 주의를 게을리 하지 아니하였음을 증명하지 아니하는 한 이를 배상할 책임을 면할 수 없다는 것이지, 여객이 피해를 입기만 하면 그 원인을 묻지 않고 그 책임을 지우는 취지는 아니라 할 것이므로, 여객이 입은 손해라도 그것이 운송인 또는 그 사용인의 운송에 관한 주의의무의 범위에 속하지 아니하는

(2) 여객 사상의 경우에 손해배상액을 정함에는 법원은 피해자와 그 가족의 정상을 참작하여야 한다(826 I, 148 II). 이것은 물건운송의 경우에 손해배상액의 제한(797)과 달리 손해배상액의 개별화를 규정한 것이다. 다만 선박소유자인 운송인은 제770조 제1항에 의한 총체적 책임제한을 주장할 수 있다. 즉 그 선박의 선박검사증서에 기재된 여객의 정원에 17만5천 SDR(계산단위)을 곱하여 얻은 금액으로 책임이 제한된다. 우리 상법과는 달리 1974년 아테네협약 및 1976년 의정서는 여객운송인의 책임의 개별적 제한에 관한 규정을 두고 있다. 동 협약 제7조 제1항에 의하면 여객운송인의 책임한도액은 여객의 사상에 대하여 여객 1인당 46,666 SDR이며, 1990년 의정서는 책임한도액을 175,000 SDR로 인상하였다.

(3) 감항능력주의의무(794)를 해태하여 여객에게 손해를 가한 경우에 운송인의 책임을 감면하는 당사자간의 특약은 효력이 없다(826 I, 799 I).

(4) 항해용선자가 자기의 명의로 제3자와 운송계약을 체결한 경우(재운송계약)에는 그 계약의 이행이 선장의 직무에 속한 범위 안에서 선박소유자도 그 제3자(여객)에 대하여 감항능력주의의무위반(794)으로 인한 책임을 진다고 본다(827 II, 809 유추).[1]

2. 手荷物에 대한 責任

(1) 託送手荷物에 대한 責任

① 해상여객운송인은 탁송수하물에 관하여는 해상물건운송인과 동일한 책임을 부담한다. 이것은 해상물건운송인의 책임에 관한 많은 규정이 준용되기 때문이다(826 II). 즉 해상여객운송인에 대하여는 제794조(감항능력주의의무), 제795조(운송물에 관한 주의의무), 제796조(운송인의 면책사유), 제797조(책임의 한도), 제798조(비계약적청구에 대한 적용), 제799조(운송인의 책임경감금지), 제800조(위법선적물의 처분), 제801(위험물의 처분), 제804(운송물의 일부멸실·훼손에 관한 통지), 제807조(수하인의 의무, 선장의 유치권), 제809조(항해용선자 등의 재운송계약시 선박소유자의 책임), 제811조(법정사유로 인한 해제)와 제814조(운송인의

한 운송인은 그로 인한 손해를 배상할 책임이 없다).

1) 미국에서는 선박소유자가 여객에 대하여 감항능력주의의무를 지지 않는다. Lucas, Admiralty, Cases and Materials(5th ed., 2003), p. 591.

채권·채무의 소멸) 등의 규정이 준용되어, 그는 해상물건운송인과 동일한 책임을 진다.

② 탁송수하물에 관한 해상여객운송인의 책임에 관하여는 육상여객운송인의 책임에 관한 규정도 준용된다(826 II). 즉 제134조(운송물멸실과 운임), 제136조(고가물에 대한 책임), 제149조 제2항(수하물의 공탁·경매권) 등의 규정이 준용된다.

(2) 携帶手荷物에 대한 責任

① 해상운송인은 휴대수하물에 관하여는 육상여객운송인과 동일한 책임을 부담한다(826 III, 150).

② 휴대수하물에 관한 해상여객운송인의 책임에 관하여는 해상물건운송인의 책임에 관한 일부 규정이 준용된다. 즉 제797조(책임의 한도) 제1항과 제4항, 제798조(비계약적청구에 대한 적용), 제799조 제1항(운송인의 책임경감금지), 제809조(항해용선자 등의 재운송계약시 선박소유자의 책임)와 제814조(운송인의 채권·채무의 소멸) 등의 규정이 준용된다.

제3 海上旅客運送人의 權利

1. 運賃請求權

해상여객운송인은 여객의 운송에 대한 보수로서 운임을 청구할 수 있다. 운임의 지급시기는 운송계약이 도급계약이라는 점에 비추어 운송이 완료한 도착 시이어야 하겠으나(民 665), 승선표와 상환으로 선급하는 것이 관행이다. 운임은 당사자간의 합의에 의하여 정하는 것이 원칙이나, 실제는 운송인이 일방적으로 작성한 운임표에 의하는 것이 보통이다.

2. 發 航 權

여객이 승선 시기까지 승선하지 아니한 때에는 선장은 즉시 발항할 수 있다. 항해중도의 정박항에서도 이와 같다. 이 경우에는 여객은 운임의 전액을 지급하여야 한다(821).

3. 手荷物揚陸·抛棄·破壞權

(1) 선장은 법령 또는 계약에 위반하여 선적한 수하물을 언제든지 양륙할 수 있고 그 수하물이 선박 또는 다른 운송물에 위해를 미칠 염려가 있는 때에는 이를 포기할 수 있다. 선장이 위 수하물을 운송하는 때에는 선적한 때와 곳에서의 동종 운송물의 최고운임의 지급을 청구할 수 있다. 위 규정은 운송인 그 밖의 이해관계인의 손해배상청구에 영향을 미치지 아니한다(826 II., 800).

(2) 인화성·폭발성 그 밖의 위험성이 있는 수하물은 운송인이 그 성질을 알고 선적한 경우에도 그 수하물이 선박이나 다른 운송물에 위해를 미칠 위험이 있는 때에는 선장은 언제든지 이를 양륙·파괴 또는 무해조치할 수 있다(826 II., 801 I).

4. 留 置 權

해상운송인이 수하물의 운송을 인수하여 그 인도를 받은 때에는 수하물의 운임에 관하여 그 변제를 받을 때까지 수하물 위에 유치권을 가진다고 본다(民 320).[1]

5. 債權의 消滅

해상여객운송인의 수하물(탁송·휴대)에 대한 채권은 청구원인의 여하에 불구하고 개별 여객운송계약의 경우에는 운송인이 수하인에게 수하물을 인도한 날 또는 인도할 날부터 1년 내에 재판상 청구가 없으면 소멸하고(826 II., 814 I), 용선여객운송의 경우에는 선박소유자가 용선자 또는 수하인에게 운송물을 인도한 날 또는 인도할 날로부터 2년 이내에 재판상 청구가 없으면 소멸한다(827 II., 840 I). 그러나 이 기간은 당사자의 합의에 의하여 연장할 수 있다(827 II, 840 I., 814 I 但). 개별여객운송(개품운송)과 용선여객운송(항해용선)의 경우에 제척기간을 달리한 것은 이해하기 힘들다.

---

1) 도이칠란트 상법 제674조는 여객의 운임에 대하여 수하물을 유치할 수 있다고 규정하고 있으나, 운임을 선급하는 것이 보통이므로 별 실익이 없는 규정이다.

제4절 海上旅客運送契約의 終了

해상여객운송계약은 운송의 완료에 의하여 정상적으로 종료하는 외에 계약의 일반적 종료사유에 의하여 종료한다. 상법은 해상의 특수한 위험을 고려하여 다음과 같은 특수한 종료사유를 규정하고 있다.

1. 旅客의 任意解除·解止

(1) 여객은 발항 전에는 운임의 반액을, 발항 후에는 운임의 전액을 지급하고 운송계약을 해제할 수 있다(822).

(2) 항해의 중도에서 선박을 수선하는 경우에는 여객은 항해의 비율에 따른 운임을 지급하고 계약을 해지할 수 있다(819 III).

2. 不可抗力에 의한 解除·解止

(1) 항해 또는 운송이 법령에 위반하게 되거나 그 밖에 불가항력(객관적 불가항력)으로 인하여 계약의 목적을 달할 수 없게 된 때에는 각 당사자는 계약을 해제할 수 있다. 위의 사유가 항해도중에 생긴 경우에 계약을 해지한 때에는 용선자 또는 송하인은 운송의 비율에 따른 운임을 지급하여야 한다(826 II, 811).

(2) 여객이 발항 전에 사망·질병 그 밖의 불가항력(주관적 불가항력)으로 인하여 항해할 수 없게 된 때에는 운송인은 운임의 10분의 3을, 발항 후에 그 사유가 생긴 때에는 운송인의 선택으로 운임의 10분의 3 또는 운송의 비율에 따른 운임을 지급하고 각각 계약을 해제할 수 있다(823).

3. 法定原因(不可抗力)에 의한 當然終了

여객운송계약은 ① 선박이 침몰 또는 멸실한 때, ② 선박이 수선할 수 없게 된 때, ③ 선박이 포획된 때 등에는 발항 전후를 불문하고 당연히 종료한다(825 1文). 다만 그 사유가 항해도중에 생긴 때에는 여객은 운송의 비율에 따라 운임을 지급하여야 한다(825 2文).

제 4 편

海上企業危險(海上損害)

제 1 장 總 說

해상기업은 해상을 무대로 하여 활동하므로 여러가지 해상위험에 직면하게 되고 여러가지 해상사고를 겪게 된다. 그리하여 이들 해상위험에 어떻게 대처하고 또 그로 인한 손해를 각 이해당사자 사이에 어떻게 적정하게 배분하여 해상기업의 발전을 꾀하는 동시에 이해당사자를 보호할 것인가 하는 것이 해상법의 중요한 과제의 하나이다. 이에 대하여 우리 해상법은 공동해손·선박충돌·해난구조 및 해상보험의 제도를 두어 대처하고 있다. 이 중에서 공동해손과 해난구조는 사전에 적극적으로 해상위험을 극복하는 제도이고, 선박충돌과 해상보험은 사후에 소극적으로 해상위험을 극복하는 제도라고 말할 수 있다.

제 2 장
共同海損

제 1 절 總　　說

1. 共同海損의 意義

(1) 海　損

항해에 수반하여 선박 또는 적하에 발생하는 일체의 손해와 비용을 넓은 의미의 해손(海損; 海上損害. average)이라고 한다. 광의의 해손은 다종다양한데, 이를 통상해손(小海損, petty average)과 비상해손(협의의 해손)으로 나눈다. 통상해손은 통상의 항해에 수반하여 규칙적으로 생기는 손해를 말하며, 선체·기관의 자연소모, 연료비, 도선료, 예선료, 입항세 등이 이에 해당한다. 통상해손은 해상운송인이 부담하고 최종적으로 운임 또는 용선료에 산입되는 것이므로, 특별한 문제는 없다. 이에 반하여 비상해손은 통상 예견할 수 없는 항해상의 비상사고로 발생하는 손해이며, 이것은 다시 단독해손(單獨海損. particular average, P/A)과 공동해손(general average, G/A)으로 나뉜다.

(2) 共同海損

공동해손이란 선박과 적하의 「공동위험」을 면하기 위하여 선장이 선박 또는 적하에 대하여 한 처분으로 인하여 생긴 손해 및 비용을 말하고(865), 이 손해는 선박·운임 및 적하에 의하여 「공동으로 분담」된다(866). 선박의 침몰을 방지하기 위한 투하(jettison), 피난항에서의 비용, 항해를 종료하기 위한 수선비 등이 이에 해당한다(Schoenbaum, 3rd ed., §15-1, p. 866). 그러나 승객을 구하기 위한 투하(投

荷)는 공동해손이 아니다.[1] 선장에 의한 처분행위를 공동해손행위라고 한다. 이에 반하여 단독해손은 선박 또는 적하 중 「어느 하나」에만 생긴 손해이며, 특히 쌍방에 과실이 있는 선박충돌의 경우를 제외하고는 그 물건(선박 또는 적하)의 소유자만이 「단독으로」 손해를 부담한다. 공동해손을 제외한 모든 비상해손이 여기에 속한다. 이처럼 단독해손은 손해에 관련된 자가 손해를 부담하면 되므로 별문제가 없으나, 공동해손과 단독해손 중 선박충돌의 경우에는 각 이해관계인 사이에 손해를 분담시켜야 하므로, 특수한 법적 규제가 필요하다. 상법은 공동해손에 관하여 상세한 규정을 두고, 단독해손 중 선박충돌에 관하여는 별도의 장에서 규율하고 있다.

2. 共同海損의 基本觀念

공동해손제도가 어떠한 근거에 의하여 인정되는가에 관하여는 국내외에서 많은 논의가 있었으나, 형평설(衡平說)과 위험공동단체설(危險共同團體說)이 유력하다. 전자는 「선박을 가볍게 하기 위하여 적하를 버린 경우에 전체를 위한 희생은 전체에 의하여 분담되어야 한다」는 취지의 「로오드해법」(海法)에 기원을 둔 견해로서, 공동해손은 정의와 형평에 근거를 두고 있다고 설명하는 것이며, 영미의 학설이다. 이에 반하여 후자는 선박과 적하는 해상에서 고립된 위험공동단체(Gefahrengemeinschaft)를 구성한다고 보는 데서 출발하는 견해로서, 이 위험공동단체가 해상위험에 직면한 경우에는 선박 또는 적하의 부분적 희생에 의하여 전체의 이익을 꾀하여야 하고, 만일 이해관계인이 이기적 태도를 취하면 다른 재산의 구조가 불가능하게 될 뿐만 아니라 자기의 재산조차 안전을 확보할 수 없게 되므로, 전체의 이익을 위하여 선장에게 최선의 조치를 강구시키고 그로 인하여 생긴 손해는 이해관계인 간에 공평하게 분담시킨다는 것이다. 결국 공동해손이 인정되는 근거는 선박과 적하가 위험공동단체를 구성하는데 있다고 보는 것이다(通說). 생각건대 공동해손은 손해의 공평한 분배와 위험의 분산 등을 모두 고려한 제도라고 하겠다(Schoenbaum, § 15-1, p. 866).

3. 共同海損의 法的性質

공동해손의 법적 성질에 관하여는 공동대리나 부당이득의 법리로 설명하는

1) Dabney v. New England Mut. Marine Ins. Co., 14 Allen(Mass.) 300(1867).

견해도 있으나, 의사표시가 아닌 공동해손행위를 대리의 관념으로 설명하는 것은 적당하지 않고, 또 공동해손을 분담하는 자가 법률상 원인없이 타인의 재산으로 인하여 이익을 얻었다고 보기도 힘들므로, 공동해손은 이해관계인에게 분담의무를 발생케 하는 해상법상의 특수한 법률요건으로 보는 것이 옳다(通說).

4. 共同海損에 관한 國際條約

(1) 공동해손은 매우 오래된 제도로서 그 기원은 로오드해법 중의 투하(投荷. jettison)에 관한 규정에 있다고 한다. 공동해손은 해상항해에 종사하는 관계자 모두의 「공평의 원리에 기한 자연법」(Burglass, Marine Insurance and General Average in the U.S., 3rd ed., p.177)으로 생성되어, 약 2,000년에 걸친 역사의 시련을 견뎌온 제도이다.

(2) 그런데 공동해손에 관한 각국의 법규에 차이가 있고, 또 선박소유자와 화주의 국적이 다르든가, 운송계약의 체결지와 선적항 또는 양륙항이 각각 다른 나라에 있는 경우에는 복잡한 섭외적 법률관계가 생긴다. 그리하여 일찍부터 공동해손법의 국제적 통일의 필요성을 느끼게 되어 그 방향의 노력이 행하여졌다. 그리하여 1864년 화란의 요크시(York)와 1877년 앤트워프시(Antwerp)를 거쳐 1890년에 이른바 「요크·앤트워프규칙」(York Antwerp Rule. YAR)이라 불리는 18개 조문의 규칙이 제정되었고, 이것은 그 후 1924년, 1950년, 1974년에 개정을 받았고, 최후로 1994년에 시드니에서 요크·앤트워프 규칙의 전면개정이 이루어졌고, 이것은 1995년 1월 1일부터 사용되고 있다.[1]

제 2 절 共同海損의 要件

1. 危險要件

(1) 공동해손은 선박 및 적하의 「공동위험」(common peril or danger)을 면하기 위한 것이어야 한다. 따라서 선박 또는 적하의 어느 하나에 대한 위험밖에 없는 경우에는 공동해손이 성립하지 않는다.

---

1) 그 상세한 내용은 손주찬, 850면; 송상현·김현, 493면 등 참조. 우리 상법은 1974년의 YAR을 기초로 한 것이다.

(2) 위험은 「현실적」(real and substantial)이어야 하지만, 급박할(imminent) 필요는 없다. 예컨대 선박이 그 시점에서 폭풍우권에 들어가지 아니하였더라도 곧 피난항으로 피난하는 것이 적당하면 현실의 위험은 존재하는 것이라고 할 수 있다. 과거의 미국 판례 중에는 위험이 급박할 것(imminent peril)을 요구한 것이 있으나, 근래의 판례는 이것을 결정적 기준으로 보지 않는다(Schoenbaum, §15-2, p. 867).

(3) 위험이 「객관적으로」 존재하여야 하는가에 관하여는 통설은 이를 요구하고 있으나, 위험의 객관적 존재는 요구되지 않는다고 본다. 만일 이를 요구하면 선장이 처분을 주저할 염려가 있고, 또 상법은 선장에 의한 처분과 선박 또는 적하의 보존 간의 인과관계를 요하지 않기 때문에(866과 789 日商 對比), 실제로 위험은 없어도 그 상황에서 보통의 선장의 합리적 판단으로 위험이 있다고 인정될 사정이 있으면 충분하다고 본다(同旨: 송상현·김현, 496면; 최기원, 823면; Schoenbaum, §15-2, p. 867). YAR A조의 해석에서도 위험의 객관적 존재는 필요하지 않다.

(4) 위험의 「발생원인」은 묻지 않는다. 따라서 위험이 제3자의 과실로 인하여 생긴 경우는 물론, 이해관계인의 과실로 생긴 경우에도 공동해손은 성립한다. 선박 또는 적하의 하자가 있거나 그 밖의 선박소유자 또는 그 피용자인 선장 등의 과실있는 행위로 인하여 생긴 경우라도 상관이 없다. 다만 공동해손의 분담자는 그 책임이 있는 자에 대하여 구상권을 행사할 수 있다(870). YAR D조도 같다. 이것은 공동해손에 해당하는 사고가 발생하면 과실이 있더라도 일단 공동해손으로 인정하여 손해와 비용을 처리하고, 다음에 과실 있는 자에게 구상을 하게 함으로써 사고 후에 항해를 신속히 재개하여 완수하도록 하기 위한 것이다.

2. 處分要件

선장이 위험을 면하기 위하여 선박 또는 적하에 관하여 고의로 비상처분(공동해손행위, voluntary sacrifice)을 하여야 한다.

(1) 「선장」이 「선박 또는 적하」에 대하여 한 처분이어야 한다. 처분의 주체는 선장이어야 하며(多數說. YAR A조는 반대), 선장에는 대선장(748), 대행선장(船舶職員法 11) 또는 선장의 수임인이 포함된다. 처분의 대상은 선박 또는 적하이며, 어느 한쪽만을 처분하여도 좋다.

(2) 「고의」로 한 처분이어야 한다. 이것은 선박 또는 적하에 관하여 선장

의 의사에 기하여 처분을 하는 것을 말하며, 투하(投荷), 피난항으로의 입항 등 사실행위(범선을 이용하던 시대에는 돛의 절단도 포함되었다)인 경우도 있고, 예선계약의 체결 등 법률행위인 경우도 있다. 따라서 파도에 의한 적하의 유실 등 자연력에 의하여 공동의 안전이 유지되어도 공동해손은 아니다.

(3) 「비상의」 처분이어야 한다. 항해에 수반하는 통상의 처분에 의하여 생긴 손해 또는 비용은 이해관계인이 당연히 예상하는 것이므로 공동해손이 아니다.

3. 損害(費用)要件

(1) 공동해손이 성립하기 위하여는 선장의 처분에 의하여 「손해 또는 비용」이 생겨야 한다. 손해는 선박 또는 적하 자체의 멸실 또는 훼손을 말하고, 비용은 피난항의 입항비, 도선료, 예선료 또는 해난구조계약에 의한 구조료 등을 말한다.

(2) 손해 또는 비용은 선장의 처분과 「상당인과관계」에 있는 것이어야 한다. 어느 범위의 손해 또는 비용이 공동해손이 되는가에 관하여는 ① 선박 및 적하의 공동안전을 도모하기 위하여 생긴 손해 또는 비용만을 공동해손으로 하는 공동안전주의(共同安全主義), ② 선박 및 적하의 공동안전을 위한 것뿐만 아니라 항해의 속행에 필요한 공동의 손해 또는 비용도 공동해손으로 인정하는 공동이익주의(共同利益主義) 및 ③ 선박 및 적하의 공동안전 및 공동이익과 무관하게 선장의 처분과 상당인과관계에 있는 손해 또는 비용을 공동해손으로 인정하는 희생주의(犧牲主義) 등이 있는데, 상법은 희생주의에 의하고 있다(865). 따라서 피난항의 입항비 외에 정박비·출항비 등도 공동해손이 되지만, 공동해손행위와 무관한 수선비는 공동해손이 되지 않는다. 또 물을 뿌려 불을 끄는 과정에서 발생한 손해는 공동해손에 해당하지만, 열과 연기 등 불 자체 때문에 생긴 손해는 공동해손이 아니다.

4. 殘存要件

선장의 처분 후에 선박 및 적하의 일부가 잔존하여야 한다(866, successful avoidance).

(1) 처분과 보존 사이에 인과관계를 요하는가에 관하여는 공동해손행위로 인하여 선박 또는 적하가 보존되어야 한다고 이를 요구하는 인과주의(因果主

義)와 단순히 선박 또는 적하가 잔존하면 충분하고 처분의 주효 여부를 불문하는 잔존주의(殘存主義)가 대립하고 있는데, 입법론으로서는 잔존주의가 우수하다. 예컨대 좌초한 선박을 부양시키려고 투하를 하였으나 성공하지 못하고 다시 예선에 의하여 암초를 벗어난 경우에, 인과주의를 취하면 투하에 의한 손해는 공동해손이 아니라는 결과로 되어 불합리하고 또 투하에 의하여 손해를 입은 하주는 공동해손분담청구권을 취득할 수 없고 선박소유자(운송인)에 대하여 손해배상을 청구하게 되므로, 선장이 공동해손행위를 주저할 염려가 있기 때문이다. 상법은 잔존주의를 취하고 있다(866. 日商 789 참조).

(2) 잔존하는 목적물의 범위에 관한 입법주의에도 선박의 잔존을 요하는 선박잔존주의(船舶殘存主義), 선박 및 적하의 쌍방의 잔존을 요하는 병존주의(併存主義) 및 선박 또는 적하의 전부 또는 일부가 잔존하면 족한 종류불문주의(種類不問主義) 등이 있는데, 상법은 종류불문주의를 택하고 있다(866).

제3절 共同海損의 效果

1. 總 說

공동해손이 성립하면 공동해손행위에 의하여 생긴 손해 및 비용은 각 이해관계인이 분담하게 되고, 손해를 입은 자 또는 비용을 지출한 자는 보존된 재산의 이해관계인에 대하여 분담청구권을 취득한다(866). 위험공동단체의 구성원이 다른 구성원의 희생에 의하여 공동위험을 면한 경우에는 위험을 면한 자는 그 위험을 면한 이익의 비율에 응하여 또 그 이익의 한도에서 손해를 분담하고, 동시에 손해를 받은 자도 평등하게 공동해손을 분담하는 것이 공평하기 때문이다. 그리하여 공동해손의 정산에 있어서는 한편으로는 공동해손에 속하는 손해와 비용의 범위와 가액이 결정되고, 다른 한편으로는 공동해손을 분담하는 재산의 가액과 분담액이 결정된다. 그리고 공동해손에 속하는 손해와 비용은 「분담청구재단」(分擔請求財團)을 구성하고, 공동해손을 분담하는 재산은 「분담재단(分擔財團)」을 구성한다.

2. 分擔請求財團(共同海損債權)

(1) 分擔할 損害의 範圍

공동해손행위와 상당인과관계에 있는 모든 손해와 비용이 이해관계인에 의하여 분담될 손해의 범위에 포함된다.

(가) 다만 다음의 손해는 제외되어, 단독해손이 된다. 즉 ① 속구목록에 기재하지 아니한 속구, ② 선하증권 그 밖에 적하의 가격을 정할 수 있는 서류 없이 선적한 하물, ③ 종류와 가액을 명시하지 아니한 화폐나 유가증권 그 밖의 고가물은 보존된 경우에는 그 가액을 공동해손의 분담에 산입하고, 손실된 경우에는 공동해손의 액에서 제외한다(872 I). 이러한 물건은 그 가액을 산정하기가 어렵고, 특히 고가물은 고가물임을 명시하였으면 보호받을 수 있었기 때문이다. 또한 ④ 갑판에 적재한 하물도 보존된 경우에는 그 가액을 공동해손의 분담에 산입하고, 손실된 경우에는 공동해손의 액에서 제외한다. 갑판적 하물은 해양위험이 있는 경우에 먼저 투기되는 것이 보통이기 때문이다. 다만 갑판에 선적하는 것이 관습상 허용되는 경우와 그 항해가 연안항행에 해당되는 경우에는 이를 공동해손에 포함시킨다(872 II). 연안항행의 경우에는 갑판적이 일반적이기 때문이다. 다만 해운실무에서는 갑판적 하물도 선창내 적재하물로 보고 갑판적 하물이 투기되어도 공동해손을 구성한다는 특약을 선하증권에 삽입하여 두고 있다.

(나) 이에 반하여 선박에 비치한 무기, 선원의 급료, 선원과 여객의 식량과 의류가 손실된 경우에는 그 가액을 공동해손의 액에 산입한다(871 後).

(2) 損害額算定의 基準

손해액의 산정은 손해를 받은 자에게 만일 공동해손행위가 없었더라면 항해 종료시에 존재하였을 가액을 회복시켜 주는 것을 목적으로 한다.

(가) 선박의 손해액은 「도달의 때와 곳의 가액」으로 한다(869 本 前). 즉 수선불능인 때에는 도착지 및 도착시의 가액을 기준으로 하여 현존가액 또는 선박의 매각대금을 공제한 액으로 하고, 수선가능한 때에는 수선비를 손해액으로 하되, 신구교환에 의하여 증가(增價)한 부분을 공제한다.

(나) 적하의 손해액은 「양륙의 때와 곳의 가액」으로 하되(869 本 後), 그 손실로

인하여 지급을 면하게 된 모든 비용을 공제하여야 한다(869但). 다만 선하증권 그 밖에 적하의 가격을 정할 수 있는 서류에 적하의 실가보다 고액을 기재한 경우에 그 하물이 보존된 때에는 그 기재액에 의하여 공동해손의 분담액을 정하고, 적하의 실가보다 저액을 기재한 경우에 그 하물이 손실된 때에는 그 기재액을 공동해손의 액으로 한다(873 I). 위 규정은 적하의 가격에 영향을 미칠 사항에 관하여 허위의 기재를 한 경우에 준용한다(873 II). 이것은 금반언의 원칙을 반영한 것이다.

(다) 비용에 관하여는 특별한 규정이 없으나, 운송인이 지출한 금액 및 부담한 채무의 액이 손해액이 된다.

(3) 損害額의 利子

공동해손인 손해 또는 이에 기한 공동해손분담청구권에는 정산 중에 법정이자를 가산하여야 한다고 본다(同旨: 정찬형, 815면).

(4) 共同海損債權의 消滅

공동해손으로 인하여 생긴 채권 및 공동위험의 책임이 있는 자에 대한 구상채권(870)은 그 계산이 종료한 날부터 1년 내에 재판상 청구가 없으면 소멸한다. 그러나 이 기간은 당사자의 합의에 의하여 연장할 수 있다(875).

3. 分擔財團(共同海損債務)

(1) 分擔의 原則

공동해손은 위험공동단체를 구성하는 선박 및 적하에 관한 각 이해관계인에 의하여 분담되는데, 이를 분담재단이라고 함은 전술하였다. 분담원칙에 관하여는 입법주의가 나누어져 있으나, 상법에 의하면 그 위험을 면한 선박 또는 적하의 가액과 운임의 반액과 공동해손의 액과의 비율에 따라 각 이해관계인이 이를 분담한다(866). 공동해손인 손해 자체도 공동해손을 분담하는 이유는 만일 이를 분담에서 제외하면 처분을 받은 재산의 소유자만 손해의 전액을 전보받게 되어 불공평하게 되기 때문이다. 또 운임을 반액으로 한 것은 정산의 편의를 위한 것이다. 다만 선박에 비치한 무기, 선원의 급료, 선원과 여객의 식량과 의류는 보존된 경우에도 그 가액을 분담재단에서 제외한다(871前). 이것은 공동위험의 방지용이거나 생활필수품이기 때문이다.[1)]

1) 위 원칙에 따라 각 이해관계인이 공동해손을 분담하는 비율을 수식으로 나타내면 다음과 같

(2) 分擔額의 算定

(가) 공동해손의 분담액을 정함에 있어서도 손해액의 산정의 경우와 마찬가지로, 선박의 가액은 「도달의 때와 곳」의 가액으로 하고, 적하의 가액은 「양륙의 때와 곳」의 가액으로 한다. 그러나 적하에 관하여는 그 가액 중에서 멸실로 인하여 지급을 면하게 된 운임 기타의 비용을 공제하여야 한다(867). 채무액의 산정시기에 관하여는 즉시주의와 항해종료주의가 있는데, 상법은 후자를 택하고 있다.

(나) 선하증권 그 밖에 적하의 가격을 정할 수 있는 서류에 적하의 실가보다 고액을 기재한 경우에 그 하물이 보존된 때에는 그 기재액에 의하여 공동해손의 분담액을 정하고(873 I 前), 적하의 실가보다 저액을 기재한 경우에 그 하물이 손실된 때에는 그 기재액을 공동해손의 액으로 한다(873 I 後). 위 규정은 적하의 가격에 영향을 미칠 사항에 관하여 허위의 기재를 한 경우에 준용한다(873 II). 이것은 금반언의 원칙을 반영한 것이며, 부실기재에 대한 제재의 의미도 있다.

(3) 債務者(共同海損分擔者)의 有限責任

공동해손의 분담책임이 있는 자는 선박이 도달하거나 적하를 인도한 때에 현존하는 가액의 한도에서 그 책임을 진다(868). 즉 분담자의 책임은 현존하는 물건의 가액을 한도로 하는 유한책임이다. 이것은 공동해손제도가 공동해손행위에 의하여 위험을 면한 이해관계인들이 그 위험을 면한 이익에 비례하여 손해를 분담하는 제도의 취지에 비추어 당연하다.

4. 共同海損의 精算

(1) 精算者

정산의무자에 관하여는 상법에 명문의 규정은 없으나, 선장이 정산의무자라고 본다(通說). 그러나 선박소유자 또는 운송인이라고 하는 견해도 있다. 이론적으로 공동해손제도는 위험공동단체에서의 합리적 조치이고, 그 책임자인 선장을 중심으로 하는 제도이므로, 통설이 옳다고 본다. 다만 현재의 관행은

다. 공동해손인 손해를 GA, 선가를 S, 적하의 가격을 C, 운임의 반액을 F로 표시하면, 선박소유자의 분담액은 GA×S÷(S+C+F+GA), 적하소유자의 분담액은 GA×C÷(S+C+F+GA), 운임권리자의 분담액은 GA×F÷(S+C+F+GA), 공동해손인 손해의 희생자의 분담액은 GA×GA÷(S+C+F+GA)가 된다.

선박소유자를 의무자로 하고, 정산 그 자체는 전문가인 공동해손정산인(average adjuster)이 행하고 있다.

(2) 精算地

공동해손의 정산지는 특약 또는 관습이 없는 한 항해종료의 지, 즉 선박과 적하가 종국적으로 분리하는 곳인 최후의 적하의 양륙지이다(通說. 867, 869 참조). 그러나 항해가 중단된 경우에는 중단지가 정산지가 된다.

(3) 精算時期

정산은 양륙항에서 수하인에게 적하를 인도할 때까지 종료하여야 하나(807 I 참조), 실제로는 정산에 오랜 기간이 걸리므로, 선장은 수하인이 공탁하는 공탁금과 상환하여 또는 공동해손정산증서로 공탁금의 제공을 약속케 하거나 혹은 적하보험자의 공동해손분담 보증장을 제출시키고 운송물을 인도하는 것이 보통이다(송상현·김현, 827면).

(4) 精算節次

선박보험자는 공동해손정산인의 조력을 받아 공동해손정산서(general average statement)를 작성하는데, 여기에는 정확한 공동해손금액과 이해관계인들의 공동해손분담금을 기재한다. 공동해손정산서는 독자적인 법적 효력을 가지는 것은 아니나, 그 내용에 관하여 법적 분쟁이 발생하는 일은 거의 없다. 운송물의 적하보험자가 공동해손금분담금 지급을 보장하는 보증장을 제출한 경우에는 적하보험자는 공동해손정산서에 기재된 내용의 채무를 부담하는 것으로 간주된다(송상현·김현, 504면).[1)]

(5) 數回의 共同海損이 있었던 경우의 精算

동일 항해 중에 수회의 공동해손이 있는 경우의 정산방법에 관하여는 상법과 YAR에 아무런 규정이 없다. 그리하여 제1의 공동해손과 제2의 공동해손이 행하여진 경우에 어느 공동해손을 먼저 정산할 것인가가 문제되는데, 제2의 공동해손을 먼저 정산하여 각 재산의 분담액을 확정하고, 그 분담액을 각 분담재산으로부터 공제한 잔액에 관하여 제1의 공동해손을 정산하여야 할 것

1) 나까무라(中村) 교수에 의하면, 정산절차는 다음과 같다. 즉 선장은 공동해손행위를 한 후 최초의 기항지에서 해난보고서를 해운관청에 제출하고 또 수하인에게 통지한다. 그리고 선박소유자는 해손맹약서(海損盟約書. average bond, average agreement)를 작성하여 수하인의 동의를 구하고 서명을 받는다. 해손맹약서에는 공동해손의 사실, 정산인의 선임, 공탁금비율, 공탁금이 부족한 경우의 추징 또는 잉여금의 환급 등이 기재된다(中村, 246면).

이다(通說). 왜냐하면 공동해손은 항해종료의 때와 곳의 현존가액으로 분담하는 것이고(868), 그 현존가액은 제2의 공동해손의 분담액을 공제하여야만 밝혀지기 때문이다.

(6) 共同海損의 證明責任

공동해손으로 주장된 손해 및 비용에 대한 증명책임은 공동해손의 청구자가 부담한다.

5. 損害의 回復과 分擔金返還義務

선박소유자·용선자·송하인 그 밖의 이해관계인이 공동해손의 액을 분담한 후 선박·속구 또는 적하의 전부나 일부가 소유자에게 복귀된 때에는 그 소유자는 공동해손의 상금(償金)으로 받은 금액에서 구조료와 일부손실로 인한 손해액을 공제하고 그 잔액을 반환하여야 한다(874). 여기의 「상금」은 그 사람이 분담한 금액을 포함한 전 손해액이다. 이것은 소유자의 부당이득을 방지하기 위한 것이며, 반환된 금액은 분담률(866)에 따라 이해관계인 전원에게 분배된다.[1)]

---

1) 의용 상법은 준공동해손(동법 799)을 인정하고 있었으나, 현행 상법은 준공동해손이라는 개념을 인정하지 않고 있다.

제 3 장 船舶衝突

제 1 절 總　　說

(1) 선박의 충돌은 항해기술과 설비기기(設備機器)의 진보에도 불구하고 해상 기업활동에서 불가피하게 발생하는 사고이다. 선박의 충돌에 따른 손해배상은 본래 민법의 불법행위에 관한 규정에 따라 처리할 문제이나, 충돌의 예방, 충돌한 경우의 과실의 판정, 충돌로 생긴 손해배상의 문제 등은 전통적으로 해사법의 규제대상으로 되어 왔다. 상법은 이에 관하여 몇 개의 조문을 두고 있다.

(2) 선박충돌은 당사자간의 손해배상의 문제를 넘어서 해상교통의 안전을 위하여 국가도 관심을 가져야 할 문제이기 때문에, 선박충돌에 관하여는 상법 외에 공법에서도 이에 관한 규정을 두고 있다. 해상교통안전법(同法 13 16), 선원법(同法 12) 등이 그 예이다.

(3) 선박충돌은 영해의 내외 또 선박국적의 내외를 불문하고 발생하여 복잡한 섭외사법상의 문제를 야기한다. 따라서 이 점에 관한 각국의 법적 규제를 통일할 필요가 있으므로, 1910년에 브뤼셀에서 「선박충돌규정 통일조약」(International Convention for the Unification of Certain Rules of Law with respect to Collisions between Vessels)이 성립하였고, 1952년에 역시 브뤼셀에서 「충돌 및 항해사고 형사재판관할 통일조약」(International Convention for the Unification of Certain Rules relating to Penal Jurisdiction in Matters of Collision or Other Incidents of

Navigation)과 「충돌사건 민사재판관할 통일조약」(International Convention on Certain Rules concerning Civil Jurisdiction in Matters of Collision) 등이 성립하였다. 우리 상법상의 선박충돌에 관한 규정은 1910년 통일조약을 참작하여 만든 것이다(손주찬, 859면).

제2절 船舶衝突의 意義(要件)

선박의 충돌(collision)이라 함은 2척 이상의 선박이 그 운용상 작위 또는 부작위로 선박 상호 간에 다른 선박 또는 선박 내에 있는 사람 또는 물건에 손해를 생기게 하는 것을 말하며, 직접적인 접촉의 유무를 묻지 아니한다(876 II).

(1) 충돌은 「2척 이상의 선박」사이에 발생한다. 선박은 상법의 적용(740) 또는 준용(船舶法 29)을 받는 선박을 말하므로, 단정 또는 주로 노 또는 상앗대로 운전하는 선박(741)과 공용에 제공된 국유선 또는 공유선은 제외된다. 그러나 사유선(私有船)이면 항해선 상호간 뿐만 아니라 항해선과 내수항행선 간의 충돌도 상법의 적용대상이 된다(876). 다만 사유선이라도 내수항행선 간의 충돌은 상법상의 충돌이 아니다. 단정 또는 주로 노 또는 상앗대로 운전하는 선박과 항해선의 충돌, 공용에 제공된 국·공유선과 사유선의 충돌에도 상법은 적용되지 않는다.

(2) 충돌은 선박과 선박 사이의 「직접적인 접촉」에 의하여 발생하는 경우(collision)와 직접적인 접촉이 없이 발생하는 경우가 있다. 예컨대 선박이 다른 선박과의 충돌을 피하기 위하여 좌초하든가 또는 부두·잔교·부표·암벽 등에 충돌하여 손해를 받은 경우가 있는데, 이를 간접충돌(間接衝突, allision)이라고 한다(Schoenbaum, § 12-1, p. 762). 2007년 개정 전에는 직접충돌만을 규율하였으나, 개정법은 간접충돌도 함께 규율하고 있다. 선체의 연장으로 볼 수 있는 닻에 의한 접촉도 충돌이 된다(손주찬, 860면).

(3) 선박충돌의 「장소」는 수면이든 수중이든 불문하며, 해상이든 평수구역이든 묻지 않는다(876 I). 또 2척 이상의 선박 간의 충돌이면 선박의 일방 또는 쌍방이 정박 중이라도 상관이 없다.

(4) 충돌로 인하여 「손해」가 발생하여야 한다. 손해발생이 없으면 당사자

사이에 사법상의 문제가 발생하지 않기 때문이다. 손해란 선박이 완전히 침몰된 경우에는 그 선박의 시장가격과 운임의 합계액이고, 일부 손괴를 받은 경우에는 수리비용과 수리기간 동안 선박을 사용하지 못하여 상실한 예상수입이다. 동일 선박소유자에 속하는 선박끼리 충돌한 경우에는 손해배상의 문제는 생기지 않지만, 하주·보험자 등 이해관계인이 다른 경우에는 상법상의 선박충돌로서 취급할 필요가 있다.

제3절 船舶衝突의 效果

선박충돌로 인하여 생기는 사법상의 효과의 중심은 손해의 부담이다. 이것은 선박충돌이 과실로 인한 것인가 여부, 과실로 인한 경우라면 일방의 과실로 인한 것인가 쌍방의 과실로 인한 것인가에 따라 다르다. 먼저 불가항력으로 인한 충돌의 경우를 살펴보고, 다음에 과실에 의한 경우는 선주상호간의 관계와 제3자에 대한 관계로 나누어 살펴본다. 실무상 선박충돌사고에서의 과실비율은 해양안전심판원의 원인재결(해난의 조사 및 심판에 관한 법률 4, 5)을 참고하여 정한다.[1)]

1. 不可抗力 또는 原因不明의 경우

선박의 충돌이 불가항력으로 인하여 발생하거나 충돌의 원인이 명백하지 아니한 때에는 피해자는 충돌로 인한 손해의 배상을 청구하지 못한다(877). 즉 불가항력의 경우에는 「물건의 멸실은 소유자의 부담으로 한다」(res perit domino)는 원칙에 따라 손해를 입은 각 선박의 소유자가 이를 부담한다. 또 상대방의 과실을 증명할 수 없는 원인불명의 경우에도 손해를 입은 선박의 소유자가 이를 부담한다. 이 경우에는 제3자에 대하여도 선박소유자는 아무런 책임을 지지 않는 것이 원칙이다.

2. 船舶所有者 相互간의 關係

(1) 一方의 船舶에 過失이 있는 경우

① 선박의 충돌이 일방의 선원의 과실로 인하여 발생한 때에는 그 일방의

1) 선박충돌과 선박의 과실에 관하여 大判 70. 9. 22, 70 다 1248 참조.

선박소유자는 피해자에 대하여 충돌로 인한 손해를 배상할 책임이 있다(878). 선박의 충돌이 일방 선박의 도선사의 과실로 인하여 발생한 경우에도 같다(880).

② 이 경우에 손해배상책임을 지는 선박소유자는 제769조에 의한 선주유한책임을 주장할 수 있고, 선원 등이 손해배상책임을 지는 경우에는 그 선원 등도 유한책임을 주장할 수 있다(774 I ③).

③ 이 경우에 일방선박의 과실은 피해자가 증명하여야 한다. 미국에서는 선박이 법령을 위반한 경우 인과관계(과실은 제외)에 관한 증명책임이 선주로 전환된다(Pennsylvania rule)(Schoenbaum, § 12-3, p. 773 ff).

(2) 雙方의 船舶에 過失이 있는 경우

① 선박의 충돌이 쌍방의 선원의 과실로 인하여 발생한 때(both-to-blame collision)에는 쌍방의 과실의 경중에 따라 각 선박소유자가 손해배상의 책임을 분담한다(proportional fault rule; comparative fault rule).[1] 그 과실의 경중을 판정할 수 없는 때에는 손해배상의 책임을 균분하여 부담한다(879 I). 선박의 충돌이 쌍방 선박의 도선사의 과실로 인하여 발생한 경우에도 같다(880). 이 경우에는 민법의 공동불법행위에 관한 규정은 적용되지 않는다(大判 72. 6. 13, 70 다 213).

② 이때 과실 있는 쌍방 선박소유자가 부담하는 책임의 성질에 관하여는 단일책임설과 교차책임설이 대립하고 있다. 단일책임설(single liability)은 충돌이라는 불법행위를 하나로 보고 이로 인한 손해도 하나로 하여, 각 선박의 손해액과 과실의 비율을 기준으로 차감계산을 한 결과 일방의 선박소유자만이

1) 大判 82. 10. 12, 82 추 1(시정이 20-30미터의 극히 제한된 상태에서 레이다가 전연 그 성능을 발휘하지 못하여 다만 무중신호만을 취명하면서 항해한 것은 선원으로서의 주의의무를 다하지 못한 것이며, 이 사건 충돌선박인 제1수협호와 청양호가 다같이 무중신호를 취명하였으나 서로가 상대선의 무중신호를 듣지 못했으니 두 선박 모두 기적의 성능이 불량하였거나 다른 선박의 무중신호 청취에 주의를 다하지 아니한 것이며, 제1수협호는 약 7.5놋트, 청양호는 약 3.5놋트의 속력으로 항해하였으나 시정 20-30미터에서 상대선을 발견하고 기관 전속후진과 급전타로서는 두 선박의 성능으로 보아 충돌은 불가피한 것이므로 쌍방이 모두 무중 안전속력을 지키지 아니하여 일어난 것으로 결국 충돌사고의 원인은 심한 안개 속에서 다른 선박의 무중신호 청취를 소홀히 하고 선원의 상무를 다하지 아니하여 무모한 항해를 시작하고 무중 안전속력을 지키지 아니한 제1수협호 선장과 청양호 선장 쌍방의 운항에 관한 직무상 과실에 있다고 판시한 원심조치는 정당하다); 83. 9. 13, 81 추 2(엔젤호는 약 20노트, 엔젤 2호는 약 25노트의 속력으로 항해하였으나 농무로 시정이 10미터 정도로 극히 제한된 상태에서는 상대선을 발견하고 기관 전속후진과 급전타로서는 두 선박의 성능으로 보아 충돌은 불가피한 것이므로 무중 안전속력을 지키지 않고 무중좌전타 금지조항을 지키지 않은 선박과 무중 안전속력을 지키지 않은 선박이 충돌하였다 해도 이는 선장 쌍방의 운항에 관한 직무상 과실로 인한 것이라고 할 것이다).

상대방에 대하여 손해배상청구권을 가진다고 보는 견해이고, 교차책임설(cross liability)은 각 선박의 소유자가 그 분담할 손해의 비율에 따라 상호 불법행위로 인한 손해배상청구권을 가진다고 보는 견해이다. 이 경우에 충돌이라는 사실은 하나이지만, 그것은 쌍방의 선원의 과실이 경합하여 발생한 것이요, 이론상 두 개의 불법행위책임이 성립하므로, 교차책임설이 타당하지만(通說),[1] 상법은 선주유한책임을 적용함에 있어서 단일책임설을 채택하여, 동일한 사고로 인하여 상대방에 대하여 채권을 가지는 경우에는 그 채권액을 공제한 잔액이 책임제한대상채권이 되는 것으로 규정하였다(771).

3. 船舶所有者와 第3者간의 關係

(1) 一方의 船舶에 過失이 있는 경우

일방선박의 과실로 인하여 선박충돌이 생긴 경우에 과실선박의 선주는 무과실의 상대방 선박내의 적하·여객(선원포함)에 입힌 손해에 대하여는 불법행위로 인한 손해배상책임을 지고(民 750), 과실선박내의 적하·여객에 가한 손해에 대하여는 운송계약상의 채무불이행으로 인한 손해배상책임을 진다(794, 795 I, 826). 이 때에 자선적하의 손해가 항해과실로 인한 것인 때에는 과실선박의 소유자는 면책된다(795 II).

(2) 雙方의 船舶에 過失이 있는 경우

선박충돌이 쌍방선박의 과실로 인하여 생기고, 그 일방 또는 쌍방 선박의 적하·여객이 손해를 입은 경우에 각 선박소유자의 책임이 문제이다. 민법의 일반원칙에 의하면, 이 경우에 쌍방 선박의 소유자는 공동불법행위자로서 연대하여 손해배상책임을 지게 되지만(民 760), 상법은 통일조약에 따라 인적 손해와 물적 손해로 나누어 특칙을 두고 있다.

(가) 人的損害의 경우: 선박의 충돌이 쌍방의 선원의 과실로 인하여 발생한 때(both-to-blame collision)에 제3자의 사상에 대한 손해배상은 쌍방의 선박소유자가 연대하여 그 책임을 진다(879 II). 이 경우에 각 선박소유자는 원래

1) 양설의 차이점은 다음과 같다. 갑·을 양선박이 쌍방과실로 인하여 충돌하여 갑선박에 6억원의 손해, 을선박에 4억원의 손해가 발생하고 쌍방의 과실이 평등한 비율이었던 경우에, 교차책임설에 의하면 갑선의 선주는 을선의 손해 중 2억원을 분담하고, 을선의 선주는 갑선의 손해 중 3억원을 분담하고, 각자 상대방에 대하여 그 지급을 청구할 수 있지만, 단일책임설에 의하면 갑선의 선주가 을선의 선주에 대하여 1억원을 청구할 수 있는 채권만이 발생한다(中村, 252면).

자선여객(선원포함)에 대하여는 채무불이행책임을 지고 타선여객(선원포함)에 대하여는 불법행위책임을 지는 것이지만, 상법은 자선여객·타선여객을 불문하고 언제나 공동불법행위책임을 지는 것으로 하였다. 그러나 과실선박 쌍방의 내부관계에서는 과실의 경중에 따라 손해를 분담하고(879 I 1文, comparative fault rule), 과실의 경중을 판정할 수 없는 때에는 균분하여 부담한다(879 I 2文).

(나) 物的損害의 경우

① 선박의 충돌이 쌍방의 선원의 과실로 인하여 발생한 때에 제3자의 물적손해에 대한 손해배상에 관하여는 상법에 아무런 규정이 없다. 그리하여 이 경우에 상법 제879조 제1항을 적용할 수 있는가에 관하여, 동조는 과실선주 상호간의 내부관계를 정한 것이므로 선주와 제3자 간에는 적용할 수 없다고 하는 견해(否定說)와 선주 상호 간 뿐만 아니라 선주의 제3자에 대한 관계에도 적용할 수 있다고 하는 견해(肯定說)가 대립하고 있으나, 동조는 선주와 제3자 간에도 적용된다고 하는 긍정설이 옳다고 본다(通說). 판례도 같다.[1] 따라서 쌍방의 과실의 경중에 따라 각 선박소유자가 손해배상의 책임을 분담하되(comparative fault rule),[2] 그 과실의 경중을 판정할 수 없는 때에는 손해배상의 책임을 균분하여 부담하고(分割責任), 이 경우에는 민법상의 공동불법행위에 관한 규정의 적용은 배제된다.

② 쌍방의 과실로 인하여 선박이 충돌하여 각 선박 위의 적하에 손해가 생긴 경우에, 각각의 선주(비운송선주)는 상대방 선주(운송선주)와 그 적하의 하주 사이의 운송계약에 있는 면책약관을 원용할 수 있는가가 문제된다.[3] 일찍

1) 大判 72. 6. 13, 70 다 213(상법 제846조는 구상법 제797조와는 달리 통일조약 제4조에 따라 명문으로서 제3자의 사상으로 생한 손해에 한하여 연대책임을 인정하고 재산상의 손해에 대하여는 각선주의 과실정도에 의한 분할책임을 규정하고 있으므로 상법 제843조에 의하여 선박충돌로 인하여 생긴 손해의 배상에 관하여는 위 상법규정(제846조)만이 적용되고 민법상의 공동불법행위 관한 규정은 그 적용이 배제된다고 할 것이니 원심이 이 사건 손해의 배상에 관하여 피고 (1) (2)에게 그 과실정도에 따라 분할지급을 명한 것은 정당하다).

2) 이와 달리 미국에서는 손상된 적하를 싣지 아니한 상대방 선박으로부터 과실의 비율에 따른 손해액이 아니라 적하에 대한 손해액 전액의 배상을 받을 수 있다(innocent cargo rule). Allied Chemical Corp. v. Hess Tankship Co., 661 F. 2d 1044(5th Cir. 1981) 참조.

3) 구체적으로 말하면, 갑선과 을선이 충돌하여 양 선박 위의 적하에 손해가 발생한 경우에, 갑선(을선) 선주는 자선인 갑선(을선) 적하의 하주에 대하여 자기와 사이의 면책약관을 원용하여 면책을 할 수 있다. 이 경우에 갑선(을선) 선주는 상대방 선인 을선(갑선) 적하의 하주와 사이에는 면책약관이 없는데, 갑선(을선) 선주가 을선(갑선) 선주와 을선 적하의 하주 사이의 면책약관을 원용할 수 있는가의 문제이다.

이는 당사자간의 계약의 효력은 제3자에 미치지 않는다는 이유로 부정설이 유력하였으나, 긍정설이 옳다고 본다(通說). 왜냐하면 이 경우에 면책약관의 원용을 부정하면, 비운송선주는 하주에 지급한 배상액을 포함한 금액에 관하여 운송선주에 대하여 과실의 비율에 따른 구상권을 행사할 터인데, 이 구상관계에서 운송선주는 비운송선주에게 면책약관을 대항할 수 없기 때문에, 결국 운송선주는 그 하주와 사이에 면책약관을 둔 것이 아무런 의미가 없게 되어 부당하다. 그리하여 최근에는 면책액관은 연대채무자의 1인에 대한 채무의 면제(民 419)에 상당하는 것으로 보아 비운송선주에 의한 면책약관의 원용을 인정하고 있다.

제4절 曳船과의 衝突

1. 曳船契約의 類型

예선(towage)계약이란 당사자의 일방인 예선 선주가 타방인 피예선 선주에 대하여 예선행위를 할 것을 약정하고 타방이 이에 대하여 보수(예선료)를 지급하기로 약정하는 계약을 말한다. 예선계약에는 예선 선주가 예선이라는 일 자체의 이행을 목적으로 하여 고용계약(民 655 이하)으로서의 성질을 가지는 것과 예선이라는 일의 완성을 목적으로 하여 도급계약으로서의 성질이 있는 것으로 대별되고, 후자는 다시 예선 선주가 피예선을 자기의 보관하에 두고 예선을 하는가 여부에 따라 물건운송계약으로서의 성질을 가지는 것[1]과 단순한 도급계약의 성질을 가지는 것으로 나뉜다. 고용형의 예선계약에서는 예선열의 지휘권이 피예선에 있음에 반하여, 도급형 또는 운송형의 계약에서는 예선열의 지휘권이 예선에 있다(中村, 256면; 酒卷·石山, 289면).

2. 曳船과 被曳船의 衝突

예선과 피예선 간의 충돌도 피예선이 예선의 보관 하에 있지 아니한 경우에는 상법상의 선박충돌이라고 본다(同旨: 정찬형, 820면).

1) 미국에서는 예선계약과 운송계약을 엄격히 구별한다고 한다. 송상현·김현, 373면.

3. 曳船列과 第3船의 衝突

일찍이는 예선과 피예선은 하나의 배라는 원칙 또는 예선열 단일항행(曳船列單一航行)의 원칙에 따라 예선열과 제3선이 충돌한 경우에는 피예선의 선주만이 책임을 지는 것이 원칙이었다. 그러나 이것은 경우를 나누어 판단할 문제라고 본다. 즉 예선계약의 성질에 따라, 운송계약의 경우에는 예선 선주가 피예선의 과실에 대하여 책임을 지고, 고용계약의 경우에는 피예선 선주가 책임을 지지만, 도급계약의 경우에는 피예선의 지휘에 과실이 없는 한 예선의 과실에 대하여 예선이 책임을 진다고 본다(同旨: 中村, 257면).

제5절 船舶衝突債權의 消滅

선박의 충돌로 인하여 생긴 손해배상의 청구권은 그 충돌이 있은 날부터 2년 내에 재판상 청구가 없으면 소멸한다. 그러나 이 기간은 당사자의 합의에 의하여 연장할 수 있다(881). 이처럼 2년의 단기 제척기간을 둔 것은 선박충돌을 둘러싼 법률관계를 조속히 매듭짓기 위한 것이다.

제 4 장
海難救助

제 1 總　　說

1. 海難救助의 意義

(1) 좁은 의미로 해난구조라고 하면 해난을 만난 선박 또는 적하를 의무 없이 구조하는 경우(純粹構造, pure salvage)만을 가리키지만, 넓은 의미로 해난구조라고 하면 해난을 만난 선박 또는 적하를 계약에 기하여 구조하는 경우(契約救助, contract salvage)도 포함한다. 2007년 개정 전에는 좁은 의미의 해난구조만을 규율하고 있었으나, 개정법은 계약구조에도 성질에 반하지 않는 한 순수구조에 관한 규정을 적용하기로 하였다($\binom{887}{\text{I}}$).[1)]

대부분의 해난구조는 전문적인 해난구조회사와의 구조계약에 의하여 이루어진다. 이 경우에 영국의 LOF(Lloyd's Open Form)이 사용되고, 구조료는 구조 완성 후 중재에서 결정된다.

---

1) 1999. 2. 5 개정된 해양사고의 조사 및 심판에 관한 법률은 종래 해난(海難)이라고 부르던 용어를 해양사고(海洋事故)로 고쳤고, 상법상의 「해난」이라는 용어도 모두 「해양사고」로 고쳤다(동법 부칙 제6조 제7항). 그런데 해양사고의 정의에 유류오염사고도 포함되어 그 용어의 적합성에 의문이 제기되어, 2007년 개정법은 다시 해난이라는 용어로 되돌아갔다. 그러나 해난심판에 관한 위 법률에서는 여전히 해양사고라는 용어를 쓰고 있다. 해양사고의 조사 및 심판에 관한 법률에 의하면 해난이란 해양 및 내수면에서 발생한 ① 선박의 구조·설비 또는 운용과 관련하여 사람이 사망 또는 실종되거나 부상을 입은 사고, ② 선박의 운용과 관련하여 선박 또는 육상·해상시설에 손상이 생긴 사고, ③ 선박이 멸실·유기되거나 행방불명된 사고, ④ 선박의 충돌·좌초·전복·침몰이 있거나 조종이 불가능하게 된 사고, ⑤ 선박의 운용과 관련하여 해양오염피해가 발생한 사고 등을 가리킨다(同法 2 ①).

(2) 해난구조에는 재산구조(property salvage), 인명구조(life salvage) 및 보물구조(treasure salvage)의 세 가지가 있으나, 상법상의 구조는 재산구조이다[882].

(3) 종래 대륙법에서는 구원과 구조를 구별하여, 구원(救援. assistance)은 선원이 조난물을 점유하고 있는 중에 선원과 협력하여 이를 구출하는 것이고, 구조(救助. salvage)는 선원의 점유를 떠나 선원이 이를 지배할 능력을 상실한 선박 또는 적하를 구출하는 것으로 하였고, 이것은 양자간에 구조료의 차이를 두기 위함이었다. 그러나 영미법에서는 양자를 구별하지 않고 있으며, 그 사이에 구조료의 차이를 두는 것은 적당하지 않으므로, 상법은 양자를 구별하지 않고 있다.

2. 法的性質

해난구조의 법적성질에 관하여는 예부터 사무관리 또는 부당이득으로 보는 견해가 주장되어 왔다. 그러나 사무관리는 단지 사무관리를 개시하면 성립함에 비하여, 해난구조는 선박 또는 적하의 구조라는 결과를 얻어야 하므로 사무관리설은 부당하고, 또 해난구조의 피구조자가 법률상 원인없이 타인의 재산에 의하여 이익을 얻었다고 볼 수도 없으므로 부당이득설도 옳지 않다. 따라서 좁은 의미의 해난구조는 구조료청구권을 생기게 하는 해상법상의 특수한 법률요건이라고 본다(通說). 다만 구조계약에 의한 해난구조는 구조라는 일의 완성에 대하여 구조료를 지급하는 것이므로 도급계약의 일종이다.

3. 沿　革

(1) 고대에는 해적행위와 더불어 조난선박의 약탈이 널리 행하여져 왔다. 그리고 연안의 주민은 외국선을 적국선으로 보고 약탈행위를 바라기까지 하였다. 그러다가 로마공화국의 말기에 로마법이 조난선박의 약탈을 금지하고 약탈자에 대하여 엄중한 제재를 과하기에 이르렀다. 그러나 봉건시대로 접어들면서 사태는 다시 악화되어, 봉건영주 중에는 난파물취득권이라는 특권을 행사하여 난파물을 차지하여 중요한 수입원으로 삼는 자도 나타났고, 심지어 영주가 고의로 타인의 선박을 난파시키는 일도 있었다고 한다. 그리하여 정치적·종교적·국제적으로 난파물의 약탈을 금지하려고 시도하였으나, 큰 성과는 올리지 못하였다.

(2) 그 뒤 중세의 「오레롱」 해법은 형벌로써 난파물의 점탈(占奪)을 금지하였고, 「콘솔라토·델·마레」는 조난자의 권리를 보호하고, 구조자에는 구조한 물건 위에 비례적인 권리를 인정하여 해난구조를 장려하였다. 그러나 평화적인 해상항행은 근세에 들어와서 비로소 가능하여졌다. 1681년 프랑스해사칙령에 해난구조에 관한 제 규정이 마련되었고, 그것이 현대적 해난구조법의 시조가 되었다. 그리고 19세기 이후에는 각국의 법제가 소극적으로 약탈을 금지하는 입장으로부터 적극적으로 해난구조를 장려하는 입장으로 이행하였다. 그리하여 구조자에 보수를 줌으로써 해난구조를 장려하는 동시에 해상교통의 안전을 꾀하게 된 것이다.

(3) 20세기에 들어 와서 국제해사위원회에 의하여 해난구조에 관한 법규의 통일작업이 진행되어, 1910년 브뤼셀에서 「해양구원·구조규정 통일조약」(Convention for the Unification of Certain Rules of Law respecting Assistance and Salvage at Sea)이 성립하여 1967년에 개정되었으며, 1989년에는 새로이 「국제구조조약」(International Convention on Salvage)이 성립하였다.

(4) 우리 상법은 대체로 1910년의 통일조약을 따르고 있다. 상법은 주로 선박과 적하 등 해산(海産)의 구조에 중점을 두고 있고, 인명구조는 주로 선원법·선박안전법·수난구호법 등에 의하여 규율되고 있다.

제2 海難救助의 要件

항해선·내수항행선 또는 그 적하 그 밖의 물건이 어떠한 수면에서 위난에 조우한 경우에 의무없이 이를 구조하여야 한다(882).

1. 海難要件

선박 또는 적하가 해난(marine peril)에 조우(遭遇)하여야 한다.

(1) 해난이란 항해에 관한 위난(危難)으로서 선박의 자력만으로 극복할 수 없는 것, 즉 선박 또는 적하의 전부 또는 일부가 멸실·훼손될 염려가 있는 해상위험을 말한다. 해난은 반드시 급박한 것임을 요하지 않으나, 현실로 예견할 수 있는 것이어야 한다. 예컨대 선박이 암초에 좌초한 경우, 해안으로부터 멀리 떨어지지 않은 곳에서 동력이 없이 표류하는 경우, 바다를 항해 중이

지만 선원이 황열병에 걸린 경우, 태평양상에서 폭풍에 조우하여 예정한 연료를 다 쓰고 가장 가까운 석탄 공급지까지 항행할 수 있는 가망이 없는 채 산호초에 임시 정박하여 풍랑의 위험에 노출되어 있는 경우(朝高判 27. 8. 19, 朝高判決錄14. 4. 261면)와 같다. 위험은 객관적으로 존재할 필요는 없고, 구조 개시시의 상황에 비추어 위험이 존재한다고 합리적으로 걱정하였으면 된다.[1)]

(2) 해난의 발생원인에는 제한이 없으며, 자연력에 의한 것이든 인위적인 것이든 상관이 없다. 항해에 고유한 위험에 한하지 않으며, 예컨대 정박 중의 선박의 화재도 해난에 해당한다. 또 선박이 고립무원의 상태에 있어야 하는 것도 아니다.

(3) 해난의 발생장소도 제한이 없으며, 반드시 해상에 한하지 않고, 호천·항만이라도 상관이 없다. 상법이 「어떠한 수면에서」(882)라고 한 것은 이 뜻이다. 도크(船渠) 내의 선박의 구조가 해난구조에 해당하는가가 문제이나, 널리 구조를 장려하려는 목적과 형평의 견지(구조자의 위험과 보수)에서 이를 긍정하여야 할 것이다(同旨: 酒卷·石山, 293면).

2. 目的物要件

선박·적하 그 밖의 물건이 구조되어야 한다(success in whole or in part).

(1) 선박은 상법의 적용(740, 741) 또는 준용(船舶法 29)을 받는 선박이면 되고, 항해선에 한하지 않으며, 항해선과 내수항행선 간의 구조도 포함한다. 그러나 내수항해선 상호간의 구조, 단정 또는 주로 노 또는 상앗대로 운전하는 선박 상호간의 구조, 국공유선이나 군함의 구조는 상법상의 해난구조가 아니다. 그러나 내수항행선의 구조에도 상법의 규정을 유추적용하여야 할 것이다. 침몰선이나 난파선은 구조의 목적물이 아니며, 그 인양은 해난구조가 아니다.[2)]

적하는 반드시 운송계약의 목적물에 한하지 않으며, 선박장비인 무기, 선원과 여객의 식량 및 의류 등도 포함된다. 해면에 떠 있는 시체의 금전이나 떠 있는 목재, 해수에 충돌한 수상비행기 등도 구조의 목적물에 해당한다. 그러나 우편물, 환어음, 육상비행기 등은 구조의 목적물인 선박 또는 적하가 아니라고 한다.[3)]

1) Faneuil Advisors, Inc. v. O/S Sea Hawk, 50 F. 3d 88(1st Cir. 1995).
2) Schoenbaum, §14-7; Healey & Sharpe, p. 678.
3) Schoenbaum, §14-2; Healey & Sharpe, p. 727 f.

그 밖의 물건은 속구나 여객의 수하물 등을 가리킨다.

(2) 동일인의 소유에 속하는 선박(sister ship) 상호간의 구조도 상법상의 해난구조에 해당한다(891).

(3) 구조의 목적물은 선박·적하 등 해산(海産, maritime property)에 한하므로, 인명구조(life salvage)는 원칙적으로 상법상의 해난구조에 해당하지 않는다(882 참조). 다만 재산구조(property salvage)와 함께 인명구조가 있는 경우에는 인명구조에 종사한 자도 예외적으로 구조료의 분배를 받을 수 있다(888 II). 이 경우에 인명구조자는 재산의 피구조자에 대하여 직접 구조료청구권을 가지는 것이고, 재산구조자가 받은 구조료로부터 분배를 받는 것은 아니다. 인명의 피구조자는 구조료를 부담하지 않는다. 인명구조를 무상으로 한 이유는 인명구조는 숭고한 도의정신에 기한 행위로서 보수청구권과 어울리지 않는 점, 보수를 지급하려 해도 보수액의 산정기준이 없는 점, 연혁적으로 해난구조제도는 약탈금지와 관련하여 발달한 것이라는 점 등에 있다.[1] 그러나 국고 기타 공적자금에서 구조료를 지급하는 방안이 검토되어야 할 것이다(酒卷·石山, 294면). 보물구조에 해난구조(salvage)의 법리가 적용되어야 하는가, 아니면 유실물습득(finds)의 법리가 적용되어야 하는가는 문제이다(Schoenbaum, §14-7).

3. 救助要件

의무 없이 구조행위를 하였어야 한다(voluntary nature).

(1)「의무 없이」란 사법상의 의무가 없다는 뜻이다. 따라서 조난선의 선원 또는 승객이 자선 또는 그 적하를 구조한 경우, 도선사가 스스로 유도하는 선박을 구조한 경우, 예선이 피예선을 구조한 경우 등에는 원칙적으로 해난구조는 성립하지 않는다. 그러나 도선계약이나 예선계약의 이행이라고 볼 수 없는 특수한 노력을 제공한 경우에는 예외적으로 해난구조가 인정된다(890의 반대해석). 반대로 사법상의 의무가 없으면 공법상 선원법이나 수난구조법에 의하여 구호할

---

1) 인명구조는 세 가지 형태로 행하여진다. 첫째는 인명·재산의 병행구조(life-property salvage)로서, 인명과 재산의 쌍방을 모두 구조하는 것이고, 둘째는 인명·재산의 분리구조(independent life-property salvage)로서, 한쪽 구조자는 재산만을 구조하고, 다른 쪽 구조자는 재산구조에 참여하지 않으면서 인명만을 구조하는 것이며, 셋째는 순수한 인명구조(pure life salvage)로서, 재산구조 없이 인명만을 구조하는 것이다. 인명·재산의 병행구조의 경우와 인명·재산의 분리구조의 경우에는 인명구조에 대하여 구조료가 지급되지만, 순수 인명구조의 경우에는 구조료가 지급되지 않는다. Schoenbaum, §14-8.

의무를 지는 자가 구조한 경우에도 해난구조가 성립한다.

(2) 해난구조는 그 결과가 발생하였어야 한다. 즉 구조료청구권이 발생하기 위하여는 구조가 주효하였어야 한다. 이것을 「불성공 무보수」(no cure, no pay)원칙이라 하며, 구조의 가장(假裝)에 따른 폐해를 피하기 위한 것이다. 입법 상 구조가 주효할 것을 요하는가에 관하여는 결과주의(結果主義)와 노력주의(勞力主義)가 대립하고 있으나, 상법은 「그 결과에 대하여 상당한 보수를 청구할 수 있다」라고 규정하여(882), 결과주의를 채용하였다.

선박 또는 적하가 어떠한 상태에 있을 때에 구조활동이 주효하였다고 볼 것인가는 사실인정의 문제이지만, 적어도 선박 또는 적하의 일부가 해난를 면하고 상대적으로 안전한 상태(예컨대 좌초를 벗어나게 하거나 부양하거나 소화를 한 것 등)에 있으면 된다고 본다. 따라서 일단 구조의 결과가 있은 후에 별개의 해난을 만나 선박 또는 적하가 멸실하여도 구조료청구권에는 영향이 없다.

다만 환경손해가 발생할 우려가 있는 경우에 손해의 경감 또는 방지의 효과를 수반하는 구조작업에 종사한 구조자는 구조의 성공 여부에 관계없이 또 보수의 한도(884)의 규정과 상관없이 구조에 소요된 모든 비용을 특별보상으로 청구할 수 있다(885 I). 이는 1989년 국제해난구조협약 제14조의 특별보상제도를 도입한 것이다.

(3) 구조행위는 반드시 육체적인 구조활동에 한정되는 것은 아니며, 단순히 기술적 조언을 하는 행위(예컨대 항로를 변경하라는 조언)[1]도 그것이 재산을 구조하는 결과를 가져오면 구조행위로 될 수 있다(구조행위의 구체적 예는 Gilmore & Black, pp.536-537 참조).

제3 海難救助의 效果

해난구조가 성공하면 구조자는 구조료청구권을 취득하고 선박소유자와 그 밖에 구조된 재산의 권리자(피구조자)는 구조료를 지급할 의무를 부담한다. 구조자가 구조행위와 관련하여 환경손해를 감경 또는 방지하기 위한 노력을 한 경우에는 별도로 특별보상을 청구할 수 있고, 선박소유자와 그 밖에 구조된 재산의 권리자는 특별보상을 할 의무를 진다(886).

---

1) South American S.S. Co. v. Atlantic Towing Co. 22 F.2d 16(5th Cir.1927).

1. 船舶所有者 등의 救助料 등 支給義務

(1) 支給義務者

구조료의 채무자는 구조된 선박의 소유자 및 구조된 적하의 소유자(피구조자)이다. 이들은 제1차로 구조에 대한 보수를 지급할 의무를 부담하고, 제2차로 특별보상금을 지급할 의무를 부담한다. 특별보상금은 환경손해가 발생할 우려가 있는 상황에서 구조행위가 이루어진 경우에 한하여 문제된다. 예컨대 원유 수송선이 좌초하여 유류가 유출하는 등 환경손해가 발생할 우려가 있는 경우에 이를 감경 또는 방지하는 효과를 수반하는 구조작업이 이루어진 때에는 선박소유자와 그 밖에 구조된 재산의 권리자는 특별보상을 하야야 한다(886). 구조에 대한 보수와 특별보상의 비율은 구조된 선박 또는 재산의 가액에 비례한다(886).

인명의 구조를 받은 자는 원칙적으로 구조료를 지급할 의무가 없다(888 II, 883 참조). 다만 재산구조와 함께 인명구조를 한 경우에 인명을 구조한 자는 구조된 사람으로부터가 아니라 구조된 물건의 소유자로부터 구조료를 받는다.

(2) 支給의 限度(人的 有限責任)

선박소유자는 당사자 사이에 다른 약정이 없으면 구조된 목적물의 가액을 초과하지 아니하는 한도 내에서 구조료채무를 지급할 책임이 있고, 선순위의 우선특권이 있을 때에는 그 우선특권자의 채권액을 공제한 잔액을 초과하지 아니하는 한도 내에서 지급할 책임을 진다(884). 이것은 피구조물 소유자의 일반적인 의사와 합치하기 때문이다.

그러나 선주책임제한제도는 구조료채무에 관하여는 적용되지 아니한다(773 ②).

2. 救助者의 救助料請求權

(1) 救助料請求權의 發生

① 해난구조가 성립한 때에는 그 효과로서 구조자에게 구조료청구권이 발생한다(882). 해난구조에 대하여 구조료를 인정하는 이유는 육상에서와는 달리 해상에서는 선박은 고립무원의 상태에 있고, 해난에 조우한 선박을 구조할 가

능성이 있는 것은 다른 선박밖에 없으므로, 일체의 위험을 무릅쓰고 위 선박 또는 적하를 구조한 자에게 상당한 보수를 주는 것은 형평의 관념에 맞기 때문이다. 구조료는 해난구조에 대하여 법률상 당연히 인정되는 보수이지만, 구조료 중에는 구조를 위하여 지출한 비용도 포함된다(883). 예선의 본선 또는 그 적하에 대한 구조에 관하여는 예선계약의 이행으로 볼 수 없는 특수한 노력을 제공한 경우가 아니면 구조료청구권이 없다(890).

② 구조료의 청구권자는 각각 독립하여 해난구조에 종사한 선장·해원 및 선박소유자이고(889 I), 각자가 청구권을 가진다. 선박소유자는 구조에 종사하지는 않았지만 구조를 위하여 그 선박을 출연한 자이므로 구조료청구권을 가진다. 그러나 예외적으로 (a) 구조받은 선박에 종사하는 자(rule against self salvage), (b) 고의 또는 과실로 인하여 해난사고를 야기한 자, (c) 정당한 거부에 불구하고 구조를 강행한 자 및 (d) 구조된 물건을 은닉하거나 정당한 사유 없이 처분한 자 등은 구조료청구권이 없다(892). 동일소유자에 속한 선박상호간에 있어서도 구조에 종사한 자는 구조료청구권이 있다(891). 선체용선에서는 용선자가 구조료청구권자가 된다(850 I).

(2) 救助料額

① 救助料額에 관한 約定이 있는 경우

구조료액에 관하여 당사자간에 특약이 있는 경우에는 그에 따르지만, 해난 당시에 특약을 하였는데 그 액이 현저하게 부당한 때에는 법원은 제883조에 정한 제반사정을 참작하여 그 액을 증감할 수 있다(887 II). 이것은 해난에 조우한 급박한 상황에서 부당하게 성립한 계약의 내용을 시정하기 위한 것이다.

② 救助料額에 관한 約定이 없는 경우

구조료액에 관하여 당사자간에 특약이 없는 경우에는 당사자간의 합의에 의하여 그 액을 결정한다. 만일 그 액에 대하여 당사자간에 합의가 성립하지 아니한 때에는 법원은 당사자의 청구에 의하여 구조된 선박·재산의 가액, 위난의 정도, 구조자의 노력과 비용, 구조자나 그 장비가 조우했던 위험의 정도, 구조의 효과, 환경손해방지를 위한 노력 그 밖의 제반사정을 참작하여 그 액을 정한다(883). 2007년 개정법은 법원이 참작할 사유를 보다 구체적으로 열거하였다.

③ 救助料額의 限度

앞에서 설명한 것처럼 구조료액(구조의 보수액)은 다른 약정이 없으면 구조된 목적물의 가액을 초과하지 못하며, 선순위의 우선특권이 있을 때에는 그 우선특권자의 채권액을 공제한 잔액을 초과하지 못한다(884).

④ 救助者의 過失과 非行

구조자는 상당한 주의로 구조활동을 하여야 할 의무가 있으므로, 구조활동상의 과실로 인하여 손해가 발생한 경우에는 구조료에서 이를 공제할 수 있고, 만일 구조자에게 중과실이 있거나 구조자가 재산을 약탈한 경우에는 구조료를 몰수할 수 있다고 본다(Schoenbaum, 3rd ed., p. 841).

(3) 救助料의 分配

① 共同救助者간의 分配

(a) 수인(보통은 수 척의 선박)이 공동으로 구조에 종사한 경우를 공동구조라 하는데, 이 경우에 그 보수액 분배의 비율에 관하여는 제883조의 규정을 준용한다. 즉 당사자간에 합의가 있으면 그에 의하고, 그 합의가 없으면 법원이 당사자의 청구에 의하여 구조된 선박·재산의 가액, 위난의 정도, 구조자의 노력과 비용, 구조자나 그 장비가 조우했던 위험의 정도, 구조의 효과, 환경손해방지를 위한 노력 그 밖의 제반사정을 참작하여 그 액을 정한다(888 I, 883). 공동구조가 되기 위하여는 수인이 각각 독립한 구조자이어야 하므로, 1인의 선장 밑에서 복수의 선원이 구조에 종사한 경우는 이에 해당하지 않는다.

(b) 인명의 구조에 종사한 자도 구조료의 분배를 받을 수 있으나(888 II), 앞에 말한 바와 같이 피구조자는 구조료의 지급의무가 없고, 구조된 선박 또는 적하의 소유자에 대하여 청구하여야 한다.

② 船舶所有者와 船員간의 分配

선박이 구조에 종사하여 구조료를 받은 경우에 선박소유자와 선원 간에서는 먼저 선박의 손해액과 구조에 들어간 비용을 선박소유자에게 지급하고 그 잔액을 절반하여 선장과 해원에게 지급하여야 한다(889 I). 이 때에 해원에게 지급할 보수액의 분배는 선장이 각 해원의 노력, 그 효과와 사정을 참작하여 그 항해의 종료 전에 분배안을 작성하여 해원에게 고시하여야 한다(889 II).

(4) 救助料支給에 관한 船長의 權限

① 선장은 구조료를 지급할 채무자에 갈음하여 그 지급에 관한 재판상 또

는 재판외의 모든 행위를 할 권한이 있다(894 I). 또 선장은 구조료에 관한 소송에서 당사자가 될 수 있고 그 확정판결은 구조료의 채무자에 대하여도 효력이 있다(894 II). 상법이 선장에게 이러한 권한을 인정한 것은 선장이 해난구조에 관하여 실제의 사실을 가장 잘 알 수 있는 입장에 있고, 구조료채무자가 다수인 경우에 구조료채권자가 다수의 채무자를 상대로 일일이 권리를 행사하는 것은 불편하다는 점을 고려한 것이다.

② 선장이 구조료를 받을 채권자를 위하여도 그 지급에 관한 재판상 또는 재판외의 행위를 할 권한이 있는가에 관하여는 상법에 명문의 규정은 없으나, 상법이 선장에게 구조료채무자를 위하여 지급에 관한 권한을 수여한 취지는 구조료채권자에게도 그대로 타당하므로, 이 경우에도 제894조를 유추적용하여야 할 것이다(通說). 따라서 선장이 구조료채권자에 갈음하여 소를 제기한 경우에는 그 판결은 채권자인 선박소유자·선장 및 해원에 대하여도 미친다고 본다.

(5) 救助者의 優先特權·留置權

① 優先特權

(a) 선박이 구조된 경우에 구조자는 구조료채권에 관하여 선박, 그 속구, 그 채권이 생긴 항해의 운임, 그 선박과 운임에 부수한 채권에 대하여 우선특권이 있다(777 I ③). 이 우선특권은 그 선박소유권의 이전으로 인하여 영향을 받지 아니한다(785).

(b) 적하가 구조된 경우에 구조자는 구조료채권에 관하여 그 적하에 대하여 우선특권이 있다. 다만 채무자가 그 적하를 제3취득자에게 인도한 후에는 그 적하에 대하여 이 권리를 행사하지 못한다(893 I). 적하에 대한 우선특권에는 그밖에 선박채권자의 우선특권에 관한 규정을 준용한다(893 II).

② 留置權

해난구조자는 구조물을 점유하고 있는 동안에는 구조료의 지급시까지 유치권(民 320)을 가진다.

(6) 救助料請求權의 消滅

구조료청구권은 구조가 완료한 날부터 2년 이내에 재판상 청구가 없으면 소멸한다(895 本). 그러나 이 기간은 당사자의 합의에 의하여 연장할 수 있다(895 但). 이처럼 구조료채권에 관하여는 2년의 단기제척기간을 두고 있다.

3. 救助者의 特別補償請求權

(1) 선박 또는 그 적하로 인하여 환경손해가 발생할 우려가 있는 경우에 손해의 경감 또는 방지의 효과를 수반하는 구조작업에 종사한 구조자는 구조의 성공 여부 및 제884조의 보수의 한도 규정과 상관없이 구조에 소요된 비용을 특별보상(special compensation)으로 청구할 수 있다. 이것은 2007년 해상법 개정시에 1989년 국제해난구조협약(International Convention on Salvage, 1989) 제14조를 도입한 것이며, 환경보호를 위하여 「불성공 무보수」(no cure, no pay) 원칙과 보수의 한도(884)에 대한 예외를 인정하여, 환경손해방지작업을 한 경우에는 구조가 성공하지 못하였더라도 지출한 비용을 액수의 제한 없이 보상받도록 한 것이다(885 I). 이것은 말하자면 해난구조의 하나로서 「환경의 구조」(salvage of environment)를 인정한 셈이다.[1] 여기에서 비용(expense)이라 함은 구조작업에 실제로 지출한 합리적인 비용 및 사용된 장비와 인원에 대한 정당한 보수를 말한다(885 II).

(2) 구조자는 발생할 환경손해가 구조작업으로 인하여 실제로 감경 또는 방지된 때에는 보상의 증액을 청구할 수 있고, 법원은 구조료결정시의 사정(883)을 참작하여 증액 여부 및 그 금액을 정한다. 그러나 증액된 금액은 실제로 지출한 비용(885 I)의 배액을 초과할 수 없다(885 III). 이와 반대로 구조자의 고의 또는 과실로 인하여 손해의 감경 또는 방지에 지장을 가져 온 경우에는 법원은 구조자가 실제로 지출한 비용(885 I) 또는 증액한 금액(885 III)을 감액 혹은 부인할 수 있다(885 IV).

(3) 하나의 구조작업을 시행한 구조자가 위에서 말한 특별보상을 청구하는 것 외에 해난구조의 보수(882)도 청구할 수 있는 경우(환경손해도 줄이고 재산의 구조도 성공한 경우)에는 그 중 큰 금액을 구조료로 청구할 수 있다(885 V).

---

1) Healey & Sharpe(3rd ed.), p. 714.

판례 찾아보기

우리나라 판례

[大法院判決]

[高等法院判決]

[地方法院判決]

[憲法裁判所判決]

日本判例

[大審院判決]

[最高裁判所判決]

[朝鮮高等法院判決]

[地方法院判決]

獨逸判例

[最高裁判所判決]

英國判例

美國判例

우리말 찾아보기

ㄱ

ㅈ

외국말 찾아보기

V

W

Y

〔著者 略歷〕
서울大學校 法科大學 卒業
司法大學院 修了
서울大學校 大學院 卒業
美國 California 大學校 法科大學(Boalt Hall, Berkeley) 修學
法學博士(서울大學校)
高等考試 行政・司法 兩科合格
서울 民事・刑事地方法院判事
大法院裁判硏究官
서울高等法院判事
辯護士
早稻田大學 交換硏究員
司法試驗・行政高試・辨理士試驗 등 各種 試驗委員
法務部 法務諮問委員會 民事訴訟法改正特別委員會 委員
法務部 法務諮問委員會 商法改正特別委員會 委員
法務部 法務諮問委員會 民事特別法制定特別分科委員會 委員
經濟企劃院 約款審査委員會 委員
韓國商事法學會 會長
韓國民事訴訟法學會 會長
韓國民事執行法學會 會長
KBS理事
서울特別市 都市計劃委員
서울特別市人事委員會 委員
高麗大學校 法科大學 學長・法務大學院長
韓國企業支配構造改善委員會 委員
司法試驗管理委員會 委員
法務部會社法改正委員會 委員長
現 高麗大學校 法科大學 名譽敎授
法務法人 忠正 辯護士
學術院 會員
韓國上場會社協議會 監査業務諮問委員會 委員長
公正去來委員會 約款審査諮問委員會 委員長
서울特別市 人事委員會 副委員長

〔著 書〕
學說・判例 註釋 어음・手票法(共著)
註釋商法 Ⅰ, Ⅱ(上), Ⅱ(下)(共著)
註釋 어음法 Ⅰ, Ⅱ, Ⅲ(共著)
新體系解說 民事訴訟(全)(共著)
閉鎖會社의 法理
어음・手票法(第五版)
民事訴訟法(第三版補正版)
會社法(第七版)
商法總則・商行爲法(改訂版)
商法(上)(第五版)

商 法(下) [제 4 판]

2000년 8월 25일 초판발행
2003년 9월 5일 개정판발행
2008년 3월 20일 제 3 판발행
2011년 1월 5일 제 4 판1쇄발행

저 자 鄭 東 潤
발행인 裵 孝 善
발행처 도서출판 法 文 社

413-756 경기도 파주시 교하읍 문발리 526-3
등 록 1957년 12월 12일 / 제2-76호(윤)
전 화 (031)955-6500~6 FAX (031)955-6525
E-mail (영업) bms@bobmunsa.co.kr
(편집) edit66@bobmunsa.co.kr
홈페이지 http://www.bobmunsa.co.kr
조 판 (주) 성 지 이 디 피

정가 42,000원 ISBN 978-89-18-01298-8